清儒學案

第三册

徐世昌等 編纂
沈芝盈 梁運華 點校

中華書局

清儒學案卷五十一

望溪學案

阮文達輯清一代經解，不收望溪之作，蓋漢、宋顯分門户也。望溪學宗宋儒，於宋、元人經説，薈萃折衷其義理名物，訓詁則略之。館修三禮義疏，義例出其手定。文章源於經術，姚氏惜抱承其緒，傳衍甚遠，桐城文派，遂爲一代大宗。述望溪學案。

方先生苞

方苞字靈皋，又字鳳九，號望溪，桐城人，寄籍上元。兄舟，諸生，高才篤行，好左氏傳、太史公書，著述未成而卒。先生少從之學，以孝弟相勖。循覽五經注疏大全，少者三數周。補諸生，游京師，入太學，安溪李文貞公見其文曰：「韓、歐復出，北宋後無此作也。」萬徵士斯同降齒與之交，曰：「子於古文信有得，願勿溺也。」於是一意求經義。好讀宋儒書，謂「宋五子之前，其窮理之學未有如五子者。五子之後，推其緒而廣之，乃稍有所得；其背而馳者，皆妄鑿牆垣而植蓬蒿，學之蠹也。」舉鄉試第一。康熙丙戌成進士，聞母疾，歸侍，家居三年。以戴名世南山集之獄牽連被逮，在繫經歲，穿經不輟。讞論重辟，聖祖矜疑，五次折本不下。李文貞陳其文學，力救之，免死，隸旗籍。召至南書房，試以湖南洞苗歸化碑文、黄鐘萬事根本論、時和年豐賦，聖祖嘉賞，命入直南書房。又移直蒙養齋，編校樂曆律算諸書，諸皇子皆呼之曰先生，充武英殿總裁。世宗即位，命出旗籍，授左中允，三遷爲内閣學士。免趨直，專司書局，教習庶吉士。充一統志總裁，校訂春秋日講。高宗在亮陰，將行三年之喪，下廷議。尚書魏公廷珍諮於先生，爲陳古人以次變除之制，内外臣工各分差等爲除服之期。魏公上其議，終格不行。再直南書房，充纂修三禮義疏副總裁，命選有明及本朝名家制義，頒布以爲舉業準的。擢禮部右侍郎，以足疾辭，詔免隨班，許數日一赴部。迭上疏請定經制；又請矯除積習，興起人材；又請九卿會議有異議者，並列上聞，翰詹科道與議，得專疏自達；又請定庶吉士館課散館則例；又請定孔氏家廟祀典，及湯斌從祀孔廟，熊賜履、郭琇入賢良祠；又請禁種煙燒酒；又論南河督臣違衆議，開毛城鋪之愎。所言或行或不行。自康熙朝，先生雖未與廷議，於時政得失，每就李文貞公及徐文定公陳讜言，多得採取上達，見諸施行。復與鄂文端、朱文端、蔡文勤、楊文定諸公相引重，多有所建議。性抗直，遇會議屢有爭執，爲時所忌。於是河督疏訐有所屬託，先生自知孤立，以老病自請解任，許之。以原銜食俸，仍留教習庶吉士，充經史館總裁。會庶吉士散館，請後到者補試，被劾徇私，落職，仍在三禮館修書。洎周禮義疏成，乞解書局，賜侍講銜回籍。乾隆十四年卒，年八十有二。

先生篤於倫理，制行方嚴，造次必遵禮法。自以脱纍囚而登朝列，忠悃圖報，於國計民生大端，竭誠獻替，不恤出位之咎。如邊務河工，所持議皆切中利害，世稱讜言。嘗論爲學宗旨曰：「制行繼程、朱之後，文章在韓、歐之間。」衛道尤力，遇同時學人攻程、朱者，反覆剖辨，必伸其説而後已。於諸經尤深於三禮、春秋。通志堂輯刊宋、元人經説，凡三度芟薙，取其粹言而會通之。御纂三禮義疏，特命總其事，發凡起例，皆出手定。自著之書，周官集註十二卷、周官析疑四十卷、周官辨一卷、儀禮析疑十七卷、禮記析疑四十六卷、喪禮或問一卷、春秋通論四卷、春秋直解十二卷、春秋比事目録四卷、詩義補正八卷、左傳義法舉要、删定管子荀子、離騷正義、史記註補正各一卷。文集初爲門人王兆符、程崟編刊，後同邑戴鈞衡重編，正集十八卷、外集十卷、補遺二卷，行於世。删定通志堂宋元經解，未刊行，未見傳本。子道章，雍正壬子舉人，有學行。參年譜、全祖望撰神道碑、馬其昶撰桐城耆舊傳。

禮記析疑序

自明以來，傳註列於學官者，於禮則陳氏集説，學者弗心饜也。壬辰、癸巳間，余在獄，篋中惟此本，因悉心焉。始視之，若皆可通，及切究其義，則多未審者，因就所疑而辨析焉。蓋禮經之散亡久矣，羣儒各記所聞，記者非一時之人，所記非一代之制，必欲會其説於一，其道無由。第於所指之事、所措之言無失焉，斯已矣。然其事多略，舉一端而始末不具，無可稽尋。其言或本不當義，或簡脱而字遺，解者於千百載後，意測而懸衡焉，其焉能以無失乎？注疏之學，莫善於三禮，其參伍倫類，彼此互證，用心與力，可謂艱矣。宋、元諸儒，因其説而紬繹焉。其於辭義之顯然者，亦既無可疑矣，而隱深者則多未及焉。用此知古書之藴，非一士之智、一代之學所能盡也。然惟前之人既闢其徑涂，而言有端緒，然後繼事者得由其間而入焉。乃或以己所得瑕疵前人，而忘其用力之艱，過矣！余之爲是學也，義得於記之本文者十五六，因辨陳説而審詳焉者十三四，是固陳氏之有以發余也。既出獄，校以衛正叔集解，去其同於舊説者，而他書則未暇徧檢。蓋治經者求其義之明而已，豈必説之自己出哉！後之學者，有欲滙衆説而整齊之，則次以時代，而録其先出者，可矣。

周官析疑序

周官一書，豈獨運量萬物，本末兼貫，非聖人不能作哉？即按其文辭，舍易、春秋、文、武、周、召以前之詩書，無與之並者矣。蓋道不足者，其言必有枝葉，而是書指事命物，未嘗有一辭之溢焉。常以一字二字盡事物之理，而達其所難，顯非學士文人所能措注也。凡義理必載於文字，惟春秋、周官，則文字所不載，而義理寓焉。蓋二書乃聖人一心所營度，故其條理精密如此也。嘗考諸職所列，有彼此互見而偏載其一端者，有一事而每職必詳者，有略舉而不更及者，有舉其大以該細者，有即其細以見大者，有事同辭同而倒其文者，始視之若樊然淆亂，而空曲交會之中，義理寓焉。聖人豈有意爲如此之文哉？是猶化工生物，其巧曲至，而不知其所以然，皆元氣之所旁暢也。觀其言之無微不盡而曲得所謂如此，況夫運量萬物而一以貫之者乎？余初爲是學，所見皆可疑者。及其久也，義理之得，恒出於所疑。因録示生徒，使知世之以周官爲僞者，豈獨於道無聞哉，即言亦未之能辨焉耳！

周官集注序

朱子既稱周官徧布周密，乃周公運用天理熟爛之書，又謂頗有不見其端緒者，學者疑焉。是殆非一時之言也。蓋公之兼三王以施四事者，具在是書。其於人事之始終，百物之聚散，思之至精，而不疑於所行，然後以禮樂兵刑食貨之政散布六官，而聯爲一體。其筆之於書也，或一事而諸職各載其一節以互相備，或舉下以該上，或因彼以見此。其設官分職之精意，半寓於空曲交會之中，而爲文字所不載。迫而求之，誠有茫然不見其端緒者。及久而相說以解，然後知其首尾皆備，而脈絡自相灌輸，故歎其徧布而周密也。余嘗析其疑義，以示生徒，猶苦舊說難自別擇，乃並纂録合爲一編，大恉在發其端緒，使學者易求。故凡名物之纖悉，推說之衍蔓者，概無取焉。蓋是經之作，非若後世雜記制度之書也。其經緯萬端，以盡人物之性，乃周公夜以繼日窮思而後得之者。學者必探其根原，知制可更，而道不可異，有或異此，必蔽虧於天理，而人事將有所窮，然後能神而明之，隨在可濟於實用其然，則是編所爲發其端緒者，特治經者所假道，而又豈病其過略也哉！

春秋通論序

記曰：「屬辭比事，春秋教也。」凡先儒之說，就其一節，非不持之有故，言之成理也。而比以異事而同形者，則不可通者，十八九矣。惟程子心知其意，故曰：「春秋不可每事必求異義，但一字異，則義必異焉。」然經之異文，有裁自聖心而特立者，如魯夫人入各異書之類是也。有沿舊史而不能革者，稱人、稱爵、稱字、稱名、或氏、或不氏之類是也。其閒毫芒之辨，乍言之若無可稽尋，及通前後而考其義類，則表裏具見，固無可疑者。抑嘗考詩、書之文，作者非一，而篇自爲首尾，雖有不通，無害乎其可通者。若春秋，則孔子所自作，而義貫於全經。譬諸人身，引其毛髮，則心必覺焉。苟其説有一節之未安，則知全經之義俱未貫也。又凡諸經之義，可依文以求，而春秋之義，則隱寓於文之所不載，或筆或削，或詳或略，或同或異，參互相抵，而義出於其間。所以考世變之流極，測聖心之裁制，具在於此。非通全經而論之，末由得其間也。余竊不自忖，謹師戴記與程子之意，别其類爲三十有六，而通論其大體凡九十章，又通例七章，使學者知所從入。至盡其義類，與聖心同揆，而無一節之不安，則願後之君子繼事焉耳。

春秋直解序

自程、朱二子不敢以春秋自任，而是經爲絶學矣。夫他書猶孔子所删述，而是經則手定也。今以常人自爲一書，其恉意端緒必有可尋，況聖人之不得已而有言者乎？蓋屈摺經義以附傳事者，諸儒之蔽也。執舊史之文爲春秋之法者，傳者之蔽也。聖人作經，豈豫知後之必有傳哉！使去傳而經之義遂不可求，則作經之志荒矣！舊史所載，事之煩細，及立文不當者，孔子削而正之，可也。其月日、爵次、名氏，或略或詳，或同或異，策書既定，雖欲更之，其道無由，而乃用此爲褒貶乎？於是脱去傳者、諸儒之說，必義具於經文始用焉，而可通者十四五矣。然後以義理爲權衡，辨其孰爲舊史之文，孰爲孔子所筆削，而可通者十六七矣。余之始爲是學也，求之傳注而樊然淆亂，按之經文而參互相抵，蓋心殫力屈，幾廢者屢焉。及其久也，然後知經文參互，及衆說殽亂而不安者，筆削之精義每出於其間。所得積多，因取傳注之當者，并己所見，合爲一書，以俟後之君子。其功與罪，則非蒙者所能自定也。

文集

讀古文尚書

先儒以古文尚書辭氣不類今文，而疑其僞者多矣。抑思能僞爲是者，誰歟？夫自周以來，著書而各自名家者，其人可指數也。言之近道，莫若荀子、董子。取二子之精言，而措諸伊訓、大甲、說命之間，弗肖也。而謂左丘明、司馬遷、揚雄能爲之與？而況其下焉者與？然則其辭氣不類今文，何也？嘗觀史記所采尚書，於「肆覲東后」則易之曰「遂見東方君長」，「太子朱啟明」則曰「嗣子丹朱開明」，「有能奮庸熙帝之載」則曰「有能成美堯之事者」，如此類不可毛舉。因是疑古文易曉，必秦、漢間儒者得其書，苦其奧澀，而稍以顯易之辭更之，其大體則固經之本文也。無逸之篇，今文也，試易其一二奧澀之語，則與古文二十五篇之辭氣其有異乎？遷傳儒林曰：「孔氏有古文尚書，而安國以今文讀之，遂以起其家逸書。」而安國自序其書，謂科斗書廢已久，時人無能知者，以所聞伏生之書，考論文義，定其可知者，增多二十五篇。夫古文既不可知，僅就伏生之書以證而得之，則其本文缺漫，及字體爲伏生之書所不具者，不稍爲增損，以足其辭，暢其指意，此增多二十五篇，所以獨爲易曉，而與伏生之書異與？然則遷所云「以今文讀之」者，即余所謂「以顯易之辭通其奥澀」，而非謂以隸書傳之也。

讀大誥

昔朱子讀大誥，謂「周公當時，欲以此聳動天下，而篇中大意，不過謂周家辛苦創業，後人不可不卒成之，且反覆歸之於卜，意思緩而不切，殊不可曉。」嗚呼！此聖人之心，所以與天地相似，而無一言之過乎物也。蓋紂之罪，可列數以聳人聽。而武庚之罪，則難爲言。所可言者，不過先王基業之不可棄，與吉卜既得，可徵天命之有歸而已。夫感人以誠不以僞，此二者，乃周人之實情，可與天下共白之者也。其於武庚，則直述其鄙我周邦之言，未嘗有一語文致其罪。其於友邦君，第動以友，伐厥子之私義，而不敢謂大義當與周同仇也。非聖人而能言不過物如是與？不惟此也。周初之書，惟牧誓爲不雜。武王數紂之罪，惟用婦言、棄祀事。而剖心、斮脛、焚炙、刳剔，諸大惡弗及焉。至於暴虐姦宄，則歸獄於多罪逋逃之臣。故讀牧誓，而知聖人之心之敬，雖致天之罰，誓師聲罪，而辭有所不敢盡也。讀大誥，而知聖人之心之公，審己之義，察人之情，壹稟於天理，而修辭必立其誠也。然大誥之書，自漢至宋千有餘年，讀者莫之或疑。至朱子而後得其間焉，是又治經者所宜取法也夫。

讀尚書記

書説之謬悠，莫如君奭篇。序稱「召公不悦」，及周公代成王作誥而弟康叔，自唐以後，衆以爲疑。朱子出，其論始定。然折之以理，而未得其情也。余既辨周官，正戴記，然後悟曰：「是二者，亦劉歆之爲耳。」蓋歆承莽意，作明堂記，奏定居攝踐阼之儀，而戴記所傳無是也。故豫徵天下有逸禮、古書、周官文字者，令記説於廷中，以示明堂記所自出，不徒購其書，而徵其人，使記説利其無稽也，故前後至者以千數。而又多爲之徵，於文王世子之篇竄焉。周末諸子言禮者，莫篤於荀卿，而網羅舊聞莫先於史記，故於荀氏、司馬氏之書亦竄焉。奏稱周公踐阼，而召公不悦，所以探漢大臣之心，而多爲之變，以擕之也。而於記無可附，故於君奭之序竄焉，而並竄魯、燕世家以爲之徵。莽改元，稱康誥「王若曰：『朕其弟，小子封。』」以爲周公受命稱王之文。則當是時尚無篇首「周公作洛衆會」之文也。使此文前具，則必引爲明證，而不徒虚爲之説矣。歆知其説爲天下所心非，故復竄此以設疑於後世爾。蓋是篇乃伏生之書，博士弟子所循誦也。若早竄焉，則衆譁然，而辨其非矣。蘇氏謂康誥之首，乃洛誥錯簡。羣儒因之，亦非也。其地其時，實與多士篇應，而「見士於周」，義亦近焉。蓋五服之國，各登其民治而貢士於周，故公因而告之。然大義無存焉。雖存而不論焉，可也。余閔漢、唐諸儒爲歆所蔽，使聖人之經受其誣，而記禮者及荀氏、司馬氏亦爲歆而受惡，故辨其所由然，使後有考焉。

讀尚書又記

西伯受命稱王，而斷虞、芮之訟，及以是年改元。自歐陽氏辨其妄，羣儒昭然若發矇矣。然特謂司馬氏、孔氏、毛氏之妄耳。書之傳，詩之序，自前世多疑其僞，惟史記爲完書。遷知六藝必折衷於孔子，文王服事殷，武王未受命，周公成文、武之德而追王，孔子之言甚著，而敢妄爲異説乎？蓋莽既稱康誥以爲周公居攝稱王之文，故復爲此以示居攝。稱王而復臣節者，周公也。受命稱王而不復爲人臣者，文王也。紂君天下數十年，西伯斷二國之訟，諸侯鄉之，遂以是年改元，制正朔。況孺子襁抱，劉崇、翟義滅，宗室王侯公卿大夫郡國吏士同心相推戴乎？緯書言文王受命，有白魚負圖、赤雀銜書之瑞，亦莽受銅符、帛圖、金策，據以即真之符驗也。詩、書之文曰「文王受命惟中身」，謂繼世而爲諸侯也；曰「文王受命，有此武功」，謂受命爲西伯而專征伐也。以受命爲稱王，自史記始，而後爲書傳、詩序者因之耳。史記宣、成間始少出而未顯，今所傳，乃歆所校録，而可據爲信乎？周本紀「詩人〔一〕道西伯，蓋受命之年稱王」，至「王瑞自太王興」，不獨與論語、中庸顯背，繩以文義，亦多駢旁枝。削之，前後語意正相承無間。朱子謂史記之妄，歐陽氏所辨明矣。惟九年大統未集，實爲痕瑕。嗚呼！武成之篇，古文也。古文尚書、毛詩皆自歆發。歆爲三統曆，考上世帝王，以爲文王受命九年而崩，則武成及周本紀之文爲歆所增竄，尚何疑乎？嗚呼！歆之徧竄羣書，

〔一〕「人」下原有「蓋」字，據史記周本紀删。

以曲爲彌縫，乃其姦之所以卒發於後世與？

讀君牙冏命吕刑文侯之命費誓秦誓

尚書自畢命以下，所存六篇，先儒多未達其義。余嘗考之，費誓則事可傳也，君牙、冏命、秦誓則言不可廢也，吕刑、文侯之命則事不可没也。三代之刑典，至穆王而始變；文、武之舊都，至平王而終棄，可無志乎？吕刑之言，雖或不可廢，而孔子録之，則非以其言也。觀文侯之命，無一言之當物，而弗删，則以著事變，而非有取於其辭義，審矣。司馬遷作史記，於費誓具詳焉，於秦誓删取焉，而文侯之命則没之。蓋以其言無足存，而不知事不可没也。用此觀之，聖人删述之義，羣賢莫之能贊，豈獨春秋之筆削哉！

書存文侯之命，而宣王中興，用賢討叛，事列正雅者，其誓誥策命之文，無一見焉。先儒以謂亡於幽王之亂，而余竊意所亡者，不惟宣王之書，自君牙以下六篇，皆孔子摭拾於亂亡之餘，非得之周室之史記也。自唐、虞、夏、商，非關一代廢興之故，不以列於書。故周書自畢命以前，皆造周毖殷、保世靖民之大政也。若專取辭意之善，則成、康之際，周、召共政，史逸作册，其命官之辭，遠過於君牙、冏命者必多矣。孔子乃舍彼而取此，義安處與？用此知康王以前，策命之大者，已與誓誥並列於學官，而立爲四術。其餘内史所藏，孔子蓋未之見也。吕刑則布在四方，而有司籍之。若魯、若晉、若秦之書，則其國傳之。君牙、冏命，則其家守之。子嘗學禮，而病杞、宋之無徵，故於周書，惜其僅有存者而録之，以垂法戒焉耳。使得諸周内史所藏，則豈宜闊希而不類如此哉！使内史之籍尚存，而孔子未之見，亦不宜竟以君牙以下六篇，續備有周一代之書，而定以百篇之數。抑觀君牙、冏命、秦誓，而又以歎世變之亟焉。文、武之政刑，皆變亂於穆王，而讀其書，彬彬乎，去成、康不遠也。秦穆悔過思賢之言，可法於後世，而力逞其忿，以遂前愆，言與行顯背，而謂可塗民之耳目。夏、殷之末造，未嘗有是也。二帝三王純一忠敬之風，其尚可復也哉！此又序書之隱義也。

讀二南

二南之序曰：「繫之周公，繫之召公。」余少受詩，反覆焉，而不得於心。及觀朱子集傳云：「得之國中，而雜以南國之詩，謂之周南；得之南國者，直謂之召南。」然後心愜焉。而漢廣、汝墳所以獨列於周南，則其義未之前聞也。夫周道興於西北，自北而南，地相直者，正江、漢也，風教遠烝於此。則周之西南，沿漢與江，庸、蜀、羌、髳、微、盧、彭、濮之怙冒舉諸此矣。至於汝墳，則又自西而益東，自南而漸北，殷、商國畿而外，皆周之宇下，所謂三分天下有其二也。且其辭義，以視召南諸篇，亦瑩然而出其類。方是時，被化之國，其上之風教，雖能應於關雎、麟趾，而下之禮俗，猶未盡淳。觀漢廣之愛慕流連，而知其不可求，則與行露、野有死麕悄乎其有懼心者異矣。草蟲、殷雷，自言其傷而已耳。汝墳則憂在王室，而勉其君子於文王以服事殷之心。若或喻之，録此二詩，而被化之先後，疆略之廣輪，觀感之淺深，一一可辨矣。十三國之風，其篇次列於周大師，或孔子更定，所不敢知。而二詩之在周南，則爲周公所手訂，决也。惟何彼穠矣，其作於鎬、洛，若齊人爲之，皆不宜以入召南。豈秦火之後，詩多得之諷誦，漢之經師失其傳，而漫以附焉者與？

讀行露

行露之詩，世儒多引韓詩及劉向列女傳，以謂申人之女，許嫁於酆，夫家不備禮而欲迎之，雖致獄訟，女終不行。誣矣哉！嬰與向胡同而傳此乎？蓋此詩既女子所自作，則失怙恃，且無兄弟之依，可知矣。曰許嫁，則許之者必父兄也。遭家之變，莫爲之主，雖自歸於舅姑，不得謂非義，况其夫就而迎之乎？既有獄訟，以召伯之明，則必開以大義，而官爲之配矣。其詩曰：「誰謂汝無家？」信如所傳，是故有室家之約也。以一禮未備，而終不肯行，則將轉而之他乎？此害義傷教，不近於人情，而可列正始之風，以爲教於閨門、鄉黨、邦國與？嬰、向之蔽，良由未達於「室家不足」之云，而以辭害義，不知設詐以求偶，即此已不足爲人夫。此貞女所以疾之深，而拒之決也。以朱子之勤經，豈其未見嬰、向之書？蓋嚴而斥之，以無溷後人。而羣儒乃援集傳「禮或未備」一語，以曲證其誣辭，不亦悖乎？

讀邶鄘至曹檜十一國風

漢、唐諸儒，於變風傅會時代，各有主名，以入於美刺。朱子既明辨之，而世儒猶曉曉。蓋謂一國之詩，數百年之久，所存必政教之尤大者。閭閻叢細之事，男女猥鄙之情，即閒録以垂戒，不宜其多乃至於此。而不知删詩之指要，即於是焉存。蓋古者自公卿至於列士職以詩獻，而衰世之臣孰是如大雅之舊人、家父、凡伯者乎？故淇澳、緇衣而外，士大夫憂時閔己之詩，所存無幾，而叢細猥鄙之辭，則無一或遺。蓋民俗之真，國政之變，數百年後，廢興存亡，昏明之由，皆於是可辨焉。稽之春秋，中原建國，兵禍結連，莫劇於陳，鄭、衛次之，宋又次之，而淫詩惟三國爲多。樂記雖云宋音燕女溺志，然特論其音，且燕女非必淫奔也。以此知天惡淫人，不惟其君以此敗國亡身殞嗣，其民夫婦男女亦死亡危急焦然無寧歲也。而淫詩之多寡，實與兵禍之疏數相符，則删詩之指要，居可知矣。齊、晉、秦三國最强，而兩國無淫詩。齊襄災及其身，崔杼弑君，陳氏竊國，皆由女禍，故齊詩終於猗嗟、載驅、敝笱，始於雞鳴。秦之亡，以親奄豎，疾師儒，故秦詩始於車鄰、駟鐵，終於夏屋。唐俗勤儉，固其所以興也。然纖嗇筋力，則黠以利而易動，故其後趙盾、欒書皆爲國人所附，而晉卒分於三族，乃桓叔、武公爲之嚆矢耳。國以此始，亦必以終，茲非其明鑑與？若魏、若曹、若檜，國小而鄰逼，故君民同憂，未敢淫逞。而君少偷惰，臣或貪愚，則國非其國矣。總而計之，邶、鄘無徵，魏、檜早滅，衛、鄭以下七國之亡徵，並於所存之詩見之，非聖人知周萬物，而百世莫之能違，其孰能與於此！然則鄭之亡轉後於陳，而衛之亡又後於宋，何也？鄭之淫風盛於下而未及其上，衛有康叔、武公之遺德，雖至季世，猶多君子。國於天地，必有與立，或同始而異終，或將傾而復植，豈可以一端盡哉！以是知天命無常，國之興亡，一以人事爲準也。

讀邶鄘魏檜四國風

魏、檜之詩，皆作於未并於晉、鄭之先，其辭其事可按而知也。晉自桓叔以後，陰謀布德，以收晉民，而魏偪介焉，所任非人，賢者思隱，吏競於貪。此君子所以歎心憂之誰知，而小人則已望樂郊而思適也。檜風之作，蓋在厲王之世，有識者憂宗周之殞，爲將及焉，此萇楚、匪風所以作也。羣儒乃以比於邶、鄘，謂所言皆晉、鄭之事，而朱子亦承用焉。集傳謂魏詩爲晉作，檜詩爲鄭作。並引蘇氏檜詩之説必出自他人。朱子誤記爲子由耳。夫晉至武、獻，思啟封疆，方欲用其民而撫輯之，豈復有「碩鼠」之號？而檜并於鄭，在東遷以後，武、莊强盛，王室再造，大難已夷，又何風駭、車傾之懼乎？邶、鄘舊國之詩無一存焉，何也？以諸國之風比類以求其義，必其君有大美大惡，民心以動，國俗以移，而後風謠作焉。魯、宋望國，歷年久長，而詩無風，況蕞爾之邶、鄘，立國又日淺哉！魯、宋之君，有篡弒而無淫昏。篡弒之惡，宜載於册書，而國之臣民則不忍作詩以刺也。其俗由舊，而無大改更，故無風之可陳。觀魯爲吴公子札所歌風詩止十五篇可知。孟子説詩，必以意逆志，而又在於論其世，其此類也與？

讀王風

世儒謂，讀王風而知周之不再興。非深於詩者之言也。方是時，上之政教雖偵，而下之禮俗未改，其君子抱義而懷仁，其細民畏法而守分，以道興周，蓋視變魯、變齊而尤易焉。黍離、兔爰，憂時閔俗，百世以下，猶使人悱惻而流連。「大車檻檻」，師都猶能正其治也。「君子陽陽」，匿跡下僚而不改其樂也。采葛憂良臣之見讒，丘中懼賢者之伏隱。觀其朝，有若榮公、皇父、師尹之敗類者乎？君子於役發乎情，止乎禮義者，無論矣。葛藟悲無兄弟，則宗子收族，大功同財之淳風猶未泯也。戍者懷其室家，而於君長無怨言。思奔之女，自誓於所私。按其辭意，亦未嘗心非。其大夫觀其民，有若晉國之誣於欒氏，齊、魯之隱民心歸於陳、季者乎？十篇之中，淫志溺志，敖辟煩促之音，無一有焉。蓋自周公師保萬民，君陳、畢公繼治於伊、洛，自上以下，莫不漸於教澤，傾於德心，而知禮義之大閑。故降至春秋，篡弒攘奪接跡於諸夏之邦，而王室則無之，以衆心之不可搖奪也。子穨、子帶、子朝之亂，國民鄉順，官師守常，故侯伯公卿倚是以定謀，而亂賊皆應時誅討。使當是時上有宣王，下有方、召，則其興也勃矣！況能託國於周、孔乎！然孔子志在東周，其於齊、衛之君，猶睠睠焉。而適周，則未嘗一自通於共主，及二三執政，何也？蓋周之政在世卿久矣。以羇旅之士，一旦奉社稷以從，非聖如湯、文，安能蹈此？故必得大國而用之，踐桓、文之迹，然後能成周、召之功。此孔子之志事也。世儒以周不能興，遂謂王風氣象薾然，不可振起。是所謂見其影而不見其形者也。孟子言「誦詩讀書，道在知人論世」，而自道其學曰「知言」，有以也夫！

讀齊風

余少讀著，疑與鄭之丰、衛之桑中爲類，而非譏不親迎。親迎之禮，壻本御輪三周，先俟於門外，且跬步之頃，而三易其瑱。不惟無此禮數，亦非事之情。及少長，見班固地理志，然後得其徵。蓋此女所奔者非一人。東方之日，則奔之者非一女也。齊自襄公鳥獸行，下令國中，長女不得嫁，爲家主祠，名曰巫兒。至東漢之初，俗猶未改。故當其時，奔者亦若無怍於父兄，受其奔者亦可無憎於里黨，蓋惟聽其奔，然後可以安人情，別天屬也。顯言而公傳道之，是以鄭、衛之詩，按其辭，可知爲淫奔。而著與東方，其事其辭，與夫婦之唱隨者，幾無辨也。國語稱襄公田狩畢弋，不聽國政，而惟女是崇，則還與盧令，亦同時所作耳。齊之立國，能强由其民，習於武節，而其後篡弑竊國之釁，皆由女寵。其詩十一篇，二爲遊田，五爲男女之亂，而冠以古賢妃之警其君。蓋齊之所以始終者，具此矣。孔子删詩，事有細而不遺，辭有污而不削，以是乃廢興存亡之所自也。非然，則鄭、衛、齊、陳之淫聲慢聲，胡爲而與雅、頌並立與？

書周頌清廟詩後

舊説此周公既成洛邑而朝諸侯，率之以祀文王之樂歌。蓋以四時祫祭，皆於太廟，無獨祀文王之禮。然武王革殷之後，洛邑未作之前，不宜竟無祀文王之樂歌。尚書武成「王來自商至於豐」，則「邦、甸、侯、衛，駿奔走，執豆籩」，尚在五廟中之稷廟。及武王遷鎬，乃立天子之七廟，而周公於是時特起大義，立廟於豐，獨祀文王。成王作洛，至於豐而發命，則豐廟作於遷鎬之初可知。凡爵命公侯卿大夫，皆於豐廟。康王命畢公保釐東郊，則步自周至於豐。江、漢之詩，召虎錫命告於文人是也。蓋祫祭先公先王於后稷之廟，率諸侯以致孝享，宜也；爵命當世之公侯卿大夫，而臨以上古之侯伯，則義有未安。鎬京雖有文王之廟，然后稷及先公先王皆式臨焉，而獨受命於文王之廟，非文王之心之所安也。郊祀后稷，而别立明堂以宗祀文王，亦此義也。然則載見辟王，何以有獨祀武王之詩？曰：此其事與文王異。是乃成王免喪，初遇吉祭，奉武王之主，以入王季之廟，而特祀焉。儀禮所稱「吉祭猶未配」，謂此也。蓋事應祧之祖之，終不可缺一，時祭故必祫於太廟，奉祧主以藏夾室，然後特祀新主於所入之廟。文王，侯伯也，吉祭於廟，不宜有樂歌。成、康以降，後王皆有吉祭，而不爲樂歌。古人事君親要於誠信，不敢溢言虚美，以滋天下後世之口實也。

又書清廟詩後

或謂武成「丁未祀於周廟」，天子諸侯之出，歸告於祖禰之正禮也。即事者，惟邦、甸、侯、衛耳。

「越三日庚戌，柴，望，大告武成」，告至於前所告者之正禮也，以順天革命，故特舉柴望耳。「既生魄，庶邦冢君暨百工受命於周」，乃庶邦君臣受命於周之始。古者爵命必於祭，安知非此時特祭於文王之廟而作是詩也？然方是時，先公先王之樂歌未作，不宜先薦文王之詩。五廟之舊制未更，樂章不宜首舉清廟爲義。且朱子既據孔疏所推日曆，而升「既生魄」三語於「丁未」之前，則未知孰爲定論也。或謂據戴記，天子犆礿祫禘祫嘗祫烝，則時祭亦有犆，安知此詩非用於犆祭時乎？不知以禘爲時祭，乃漢儒約春秋所書魯禘傅會而爲之説，前儒之辨明矣。雖夏、殷之世，禮文質略，事亦難舉。至周，則前期卜日卜尸，散齋七日，致齋三日。使日祭一廟，祭之明日繹而賓尸，自致齋以至終事，兼旬中無一日之閒。

人力則實不能勝國事，則一切廢置，加以天地、社稷、山川、百神之事，六服羣辟朝聘會同之政，日不暇給矣。用此知時祭必無殖，而凡祀文王之樂歌，皆始作豐廟時所薦也。

讀周官

嗚呼！世儒之疑周官爲僞者，豈不甚蔽矣哉！中庸所謂「盡人物之性，以贊天地之化育」者，於是書具之矣。蓋惟公達於人事之始終，故所以教之、養之、任之、治之之道無不盡也。惟公明於萬物之分數，故所以生之、取之、聚之、散之之道無不盡也。運天下猶一身，視四海如奥阼，非聖人而能爲此乎？然自漢何休、宋歐陽修、胡宏，皆疑爲僞作。蓋休耳熟於新莽之亂，而修與宏近見夫熙寧之弊，故疑是書晚出，本非聖人之法，而不足以經世也。莽之事不足論矣。熙寧君臣所附會以爲新法者，察其本謀，蓋用爲富强之術，以視公之依乎天理，以盡人物之性者，其根源較然異矣。就其善者，莫如保甲之法，然田不井授，民無定居，而責以相保相受，有辠奇衺相及，則已利害分半，而不能無拂乎人情矣。修與宏不能明辨，安石所行，本非周官之法，而乃疑是書爲僞，是猶懲覆顛而廢輿馬也。是書之出，千七百年矣。假而戰國、秦、漢之人能僞作，則冬官之缺，後之文儒有能補之者乎？不惟一官之全，小司馬之缺，有能依倣四官之意，以補之者乎？其所以不能補者，何也？則事之理有未達，而物之分有未明也。嗚呼！三王致治之迹，其規模可見者，獨有是書。世變雖殊，其經綸天下之大體，卒不可易也。若修與宏者，皆世所稱顯學之儒，而智不足以及此，尚安望爲治者，篤信而見諸行事哉？必此之疑，則惟安於苟道而已。此余所以尤痛疾乎後儒之浮說也！

周官辨僞一

凡疑周官爲僞作者，非道聽塗說，而未嘗一用其心，即粗用其心，而未能究乎事理之實者也。然其間決不可信者，實有數事焉。周官九職貢物之外，别無所取於民，而載師職則曰：「近郊十一，遠郊二十而三，甸稍縣都皆無過十二。」市官所掌，惟廛布與罰布，而廛人之絘布、總布、質布，别增其三。夏秋二官，毆疫禬蠱，攻貍蠹，去妖鳥，毆水蟲，所以除民害，安物生，肅禮事也，而以戈擊壙，以矢射神，以書方厭鳥，以牡橭象齒殺神，則荒誕而不經。若是者，揆之於理則不宜，驗之於人心之同然則不順，而經有是文，何也？則莽與歆所竄入也。蓋莽誦六藝以文姦言，而浚民之政，皆託於周官。其未篡也，既以公田口井布令，故既篡下書，不能遽變十一之說，而謂漢法，名三十税一，實十税五，則其意居可知矣。故歆承其意，而增竄閭師之文，以示周官之田賦，本不止於十一也。莽立山澤、六筦、榷酒、鑄器，税衆物以窮工商，故歆增竄廛人，以示周官征布之目，本如是其多也。莽好厭勝、妖妄、愚誣，爲天下訕笑，故歆增竄方相、壺涿、哲蔟、庭氏之文，以示聖人之法，固如是其多怪變也。夫歆頌莽之功，既曰發得周禮以明因監；而公孫禄數歆之罪，又曰顛倒五經，使學士疑惑。則此數事者，乃莽與歆所竄入，決矣！然猶灸數事之外，五官具完，聖人制作之意，昭如日星，其所僞託，按以經之本文，而白黑可辨也。古者公田爲居，井竈場圃取具焉，國賦所入，實八十畝。孟子及春秋傳所謂十一，乃總計公私田數以爲言。

若周之賦法，不過歲入公田之穀，并無所謂十一之名也，又安從有二十而三與十二之道哉！閭師之法，通乎天下，又安有近郊遠郊甸稍縣都之别哉！載師職所以特舉國宅、園廛、漆林，以田賦之外，地征惟此三者耳。今去「近郊十一」，至「無過十二」之文，而載師職固辭備而義完矣。周官之田賦，更無可疑者矣。周之先世，關市無征。及公制六典，商則門征其貨，賈則關市征其廛，蓋以有職則宜有貢，又懼所獲過贏，而民爭逐末耳。肆長之斂總布，蓋總一肆買賒官物所入之布而斂之，非别有是征也。若質布，則本職無是。絘布，則通經無是也。今去「絘布、質布、總布」之文，而廛人職固辭備而義完矣。周官之市征，更無可疑者矣。方相氏之索室毆疫也，庭氏之射妖鳥也，硩蔟氏之覆妖鳥之巢也，乃聖人明於幽明之故，而善除民惑也。害氣時作，妖鳥夜鳴，人之所忌。其氣餒足以召疾殃，故立爲經常之法，俾王官帥衆而毆之，引弓而射之，則民志定，其氣揚，而夭厲自息矣。夫疫可毆也，而蒙熊皮，黄金四目，與莽之遣使負鷩持幢，何異乎？卜得吉兆，以安先王之體魄，而入壙戈擊四隅，以毆方良，與莽之令武士入高廟，拔劍四面提擊，何異乎？妖鳥之巢可覆也，而以方書日月星辰之號懸其巢；妖鳥之有形者可射也，不見其形而射其方，猶有説也。神之降，不以德承焉，不以其物享焉，而射之，可乎？水蟲之怪可毆也，而其神可殺乎？神無形而有死，神死而淵可爲陵。其誑燿天下，與莽之鑄威斗，鐫銅人，膺文桃湯，赭鞭鞭灑屋壁，異事而同情。今於方相氏去「蒙熊皮、黄金四目」及「大喪」以下之文；於硩蔟氏去「以方書」下之文，覆其巢，則鳥自去矣。以方書懸巢上，是不覆其巢也，與上文顯背。於壺涿氏去「若欲殺其神」以下之文，於庭氏去「若神也」以下之文，則四職固辭備而義完矣。其他更無可疑者矣。凡世儒所疑於周官者，切究其義，皆聖人運用天理之實。惟此數事，揆以制作之意，顯然可辨其非真，而於莽事，則皆若爲之前轍，而開其端兆，然則非歆之竄入，而誰乎？昔程子出大學、中庸於戴記，數百年以來，莫有異議。朱子斥詩小序雖有妄者，欲復開其喙，而信從者稀矣。惜乎！是經之大體，二子斷爲非聖人不能作，而此數事，未得爲二子所薙芟也。雖然，理者，天下之公也；心者，百世所同也。然則姑存吾説，以俟後之君子，其可哉！

周官辨僞二

媒氏：「仲春之月，大會男女，奔者不禁。」近或爲之説曰：「是乃聖人之所以止佚淫而消鬬辯也。每見甿庶之家，嫠者改適，猜釁叢生，變詐百出，由是而成獄訟者，十四三焉。豈若天子之吏，以時會之，而聽其相從於有司之前，可以稱年材，使各得其分願哉！管子治齊，以掌媒合獨，猶師其意，則斯乃民治之所宜也，審矣！」嗚呼！管子生政散民流之後，而姑爲一切之法，是不可知。若成周之世，則安用此哉！自文王后妃之躬化遠蒸江、漢，至周公作洛，道洽政行，民知秉禮而度義也，久矣。又況周官之法，冠昏之禮事，黨正教之；比户之女功，酇長稽之。凡民之有衺惡者，雖未麗於法，而已坐諸嘉石，役諸司空，任諸州里，尚何怨曠陰私暴詐之敢作哉！管子合獨之政，乃取鰥寡而官配之。若會焉而聽其自奔，則雖亂國污吏，能布此爲憲令乎？蓋莽之法，私鑄者伍坐，没入爲官奴婢，傳詣鍾官者以十萬數，至則易其夫婦，民人駭痛。故歆增竄媒氏之文，以示周官之法，官會男女，而聽其相奔，則以罪没而易其夫婦，猶未爲已甚也。莽之母死，而不欲爲之服。歆與博士獻議，周禮王爲諸侯緦衰，弁而加環經，同姓則麻，異姓則葛。今周禮司服無「弁而加環經」三語，則媒氏之文，爲歆所增竄也，決矣。按：莽欲九錫，則增易左傳，謂周公越九錫之檢。莽欲稱假皇帝，則云書逸嘉禾篇，周公奉鬯，立於阼階，延登贊曰：「假王涖政，勤和天下。」其僞構經文，皆歆爲之謀主也。又以文義覈之，於「奔者不禁」下，承以「無故而不用令者罰之」，則所謂「不用令」，未知其何指也？既曰「大會男女」，又曰「司男女之無夫家者而會之」，重見贅設，失言失序。必削去「仲春之月」以下三十七字，然後媒氏之文與義皆完善。嗚呼！聖人之法，所以循天理而達之也。聖人之經，所以傳天心而播之也。乃爲悖理逆天之語所混淆，至於二千餘年而不可辨，則歆誠萬世之罪人也。余嘗病班史於莽之亂政姦言，纖悉不遺，於義爲疏，於文爲贅。然周官之爲歆所僞亂者，乃賴班史而備得其徵，豈非聖人之經，天心不欲其終晦，而既蝕復明，固有數存乎其間邪？或曰：「歆於司服職轉不竄入三語，何也？蓋他職所增，皆怪變不經，故必竄入，以惑人聽。司服職則本有爲諸侯緦衰及其首服皆弁經之語，而「弁而加環經，同姓則麻，異姓則葛」，乃禮家之常談，衆共知之。歆之姦心，以周官雖藏册府，而恐吏民或私有其書，故以莽之亂政，竄入諸官，頒示天下。而於己所獻議，禮家之常談，轉不竄入，使人疑古書之傳有同異，以比於易、詩、書之文，引用或有增損者。正所謂顛倒五經，使學士疑惑也。

書周官大司馬四時田法後

聖人之政，盡萬物之理而不過者，不惟其大，惟其細。聖人之文，盡萬事之情而無遺者，不以其詳，以其略。周公五官之典皆然，而大司馬四時田法尤其顯著者也。蓋觀春與秋，而知冬夏之田，王及諸侯皆不與焉。春著王與諸侯所執之鼓，秋著所載之旗，冬夏則特標羣吏。盛暑隆寒，不宜以武事煩尊者。學士冬夏不習舞，亦此義。且官徒殷，則勞費大也。觀虞人所萊之野，樹表者三百五十步，圍禁前後之屯百步，而知鄉遂公邑都家之車徒，皆前期各習於其地，而赴禁圍者無幾焉。鄉師前期出田法於州里，大司馬前期命修戰法茇舍治兵，所辨號名旗物，畿以内毋漏焉，則前期而備教之，可知矣。使偏陳於禁圍，則一鄉一遂之車徒有不能容矣。此所以事習而民不煩也。魯人大蒐，自根牟至於商、衛，革車千乘，殆其遺教與戰法田法之詳，至冬狩始見者。雖各修於其地，然必待築場納稼之後，乃可偏簡車徒，稽人畜旗物軍器。行於三時，則奪農功，而無地以陳車馬，辨夜事。於仲夏者，人可露處，而衣裝約也。於茇舍特舉辨軍之夜事，則知「以教坐作、進退、疾徐、疏數之節」，通乎三時矣。於夏舉礿，於冬舉蒸，則祠嘗視此矣。於春舉社，則秋報可知矣。於秋舉方，則春祈可知矣。小雅「以社以方」，疏謂：「皆秋報也。」大雅「方社不暮」承「祈年」之後，必春祈也。吕氏月令所述，多周制。孟春命祀山林川澤，邦畿四面皆有之。月令於春未及方祭，疑即方也。仲春命民社。二者正次祈穀之後，可與大雅相證。於秋冬曰「致禽」，則春夏獻禽之約可知矣。於冬特舉饁獸，則秋猶未敢備取，而不足以供四郊之饁可知矣。田法戰法，冬詳其目，而春舉其綱。仲冬大閱，「司馬建旗於後表之中」，至「不用命者斬之」，即春蒐「以旗致民，平列陳，如戰之陳」也。「中軍以鼙令鼓」，至「鳴鐃，且卻，坐作如初」，即春蒐「所教坐作、進退、疾徐、疏數之節」也。「以旌爲左右和之門」，至「車徒皆譟」，即春蒐「表貉，誓民，鼓，遂圍禁」也。前期修戰法，四時所同，而於冬乃出之，則三時專辨其一，而大閱備舉，其全具見矣。使以晚周、秦、漢人籍之，則倍其文尚不足以詳其事。經則略舉互備，括盡而無遺，是之謂聖人之文也。

讀儀禮

儀禮志繁而辭簡，義曲而體直，微周公手定，亦周人最初之文也。然其志惟施於成周爲宜。蓋自二帝三王彰道教以明民，凡仁義忠敬之大體，雖町隸曉然於心，故層累而精其義，密其文，用以磨礲德性，而起教於微眇，使之益深於人道焉耳。後世淳澆樸散，縱性情而安恣睢，其於人道之大防，且陰決顯潰而不能自禁矣。乃使戔戔於登降進反之儀，服物采色之辨，而相較於微忽之間，不亦末乎？吾知周公而生秦、漢以降，其用此必有變通矣。獨是三代之治象，與聖人彷徨周浹之意，可就其節文數度，省想而得之。故昌黎韓子讀此，惜不得進退揖讓於其間。然其辭以類相從，其義以合而見，而韓子乃分剟而別著爲篇，則非吾之所能知矣。

書考定儀禮喪服後

余少讀儀禮喪服傳，即疑非卜氏所手訂，乃一再傳後，門人記述而閒雜以己意者。而於經文，則未敢置疑焉。惟尊同者不降，時憯然不得於余心。乃試取傳之云爾者，剟而去之，而傳之文，無復舛複支離而不可通曉者。更取經之云爾者，剟而去之，而經之義無不即乎人心，然後知是亦歆所增竄也。蓋喪服之有厭降，見於子思、孟子之書。惟尊同不降，則秦、周以前載籍，更無及此者。而於莽之過禮竭情以侍鳳疾，及稱供養太皇太后，義不得服功顯君，事尤切近，故假是以爲比類焉。嗚呼！先王制禮有迹，若相違而理歸於一者，以物之則各異，而所以爲則者無不同也。尊同而不降，物之則無是也。曾是可厚誣先聖，而終蔽人心之同然者乎？夫莽誦六藝，以文姦言，其於易、春秋間有稱引，皆自爲之説而謬其指。書之傳，詩之序，雖有假託，而經文則未嘗增易焉。然則公孫禄皆謂「顛倒五經，使學士疑惑」者，喪服經、傳之文尤顯見於當時，而爲老師宿儒所指斥者歟？時周官始出，戴記尚未列於學官。

讀孟子

余讀儀禮，嘗以謂雖周公生秦、漢以後，用此必有變通。及觀孟子，乃益信爲誠然。孟子之言養民也，曰制田里，教樹畜而已。其教民，則謹庠序之教，申之以孝弟之義。凡昔之聖人所爲深微詳密者，無及焉。豈不知其美善哉！誠勢有所不暇也。然由其道層累而精之，則終亦可以至焉。其言性也亦然。所謂踐形養氣，事天立命，間一及之，而數舉以示人者，則無放其良心，以自異於禽獸而已。既揭五性，復開以四端，使知其實不越乎事親從兄。而擴而充之，則自無欲害人，無爲穿窬之心。始蓋其憂世者深，而拯其陷溺也迫，皆昔之聖人所未發之覆也。嗚呼！周公之治教備矣，然非因唐、虞、夏、殷之禮俗層累而精之，不能用也。而孟子之言，則更亂世，承污俗，旋舉而立有效焉。有宋諸儒之興，所以治其心性者，信微且密矣，然非士君子莫能喻也。而孟子之言，則雖婦人小子，一旦反之於心，而可信爲誠然。然則自事其心，與治天下國家者，一以孟子之言爲始事，可也。

辨明堂位

明堂位列戴記，先儒以爲誣舊矣，而余尤疑是篇不知何爲而作也。謂周人記之，則於明堂方位、度數、朝會、禮儀宜詳；謂魯人自侈大，則宜先周公勳勞、法則，以及山川、土田、附庸、殷民、周索、命誥、典册，而無一具焉。至魯君臣相弑，三傳無異辭，初誦經書者，皆識焉。記者能詳四代之服器官，而獨昧於此，豈不異哉！及讀前漢書，然後知此莽之意，而爲之者劉歆之徒耳。莽之篡，無事不託於周公。其居攝也，羣臣上奏，稱明堂位以定其儀。故記所稱，莫不與莽事相應。其稱周公踐天子之位，以治天下，朝諸侯於明堂，以莽踐阼，背斧依，南面朝羣臣也。賊臣受九錫以爲篡徵，自莽始，故備舉魯所受服器官，以爲是猶行古之道耳。其稱魯君臣未嘗相弑，又以示傳聞不可盡信，若將爲平帝之弑設疑也。其篇首曰：「昔者周公朝諸侯於明堂之位，天子負斧依南鄉而立。」易周公以天子，與當日羣臣所奏，周公始攝，則居天子之位，非乃六年然後踐阼，隱相證也。莽贊稱假皇帝，則奏稱書逸嘉禾篇「周公奉鬯，立於阼階，延登，贊曰：『假王涖政，勤和天下。』」書既逸矣云云者，誰實爲之？又況漫無所稽之雜記哉！或疑周公踐阼，倍依以朝諸侯，別見史記魯、燕世家，而荀卿儒效篇亦曰「以枝代主」，疑明堂記或有所授。不知古用簡册，祕府而外，藏書甚希。太史公書，宣、成間始少出。自向校遺書，歆卒父業，以序七略，東漢宗之。凡後世子史之傳，皆歆所校録也。歆既僞作明堂記，獨不能增竄太史公、荀子之文哉！詩、書而外，周人之書，成體而不雜者，莫如左氏春秋傳，史克之頌，祝鮀之言，於魯先世事詳矣，無一語及此。而悖亂之說，皆見於歆以後始顯之書，則歆實僞亂增竄，以文莽之姦也，決矣。嘗考魯世家削去「成王臨朝」至「匑匑如畏然」，燕世家削去「成王既幼」至「召公乃說」，前後文義脗合無間。而周本紀所謂「周公攝行政當國」，與尚書「位冢宰，正百工」義正相符。是則劉歆之徒所未及改更，而尚存其舊者。且金縢乃伏生之書，始出即列於學官，稱「王與大夫盡弁」，又云「公爲詩以貽王，而王亦未敢誚公」，則年非甚少，斷可識矣。以是觀之，凡言成王幼者，皆莽、歆之誣妄也。蓋欲言周公踐阼，則不得不言成王幼，不能踐阼耳。昔韓子論學，首在别古書之正僞。取其正者以相參伍，而得其會通，則昭昭然如分黑白矣。

書考定文王世子後

余少讀世子記，怪其語多複嗒枝贅。既長，益辨周公踐阼之誣，武王夢帝與九齡之妄，而未有以黜之。及觀前漢書，王莽居攝，羣臣獻議，稱明堂位周公踐阼，以具其儀，然後知是篇誣妄語亦當時所增竄也。是篇所記，教世子之禮也，而稱成王不能涖阼者再，周公踐阼者三。成王幼而孤，無由習世子之禮，非關不能踐阼也。周公抗世子之法，於伯禽豈必踐阼而後法可抗哉？其强而附之，增竄之跡，隱然可尋。莽將即真，稱天公使者見夢於亭長曰：「攝皇帝當爲真。」故僞附此記，以示年齒命於天，而夢中得以相與，昔周文、武實見此兆，則亭長之夢，信乎其有徵矣。嘗考周官，顯悖於聖道者，實有數端，而察之莫不與莽事相應。故公孫禄謂「歆顛倒五經，使學士疑惑，其罪當誅」。意當其時，老師宿儒必具見周官、禮記本文，而憤其僞亂，故禄亦疾焉。余於周官之不類者，既辨而削之，乃并芟薙是篇，稍移其節次，而發其所以然之義。孟子曰：「余豈好辨哉，予不得已也！」之數者，乃禮義之大閑，自前世或疑而未決，或習而不知其非，故不自揆，刊而正之，以俟後之君子。

莽之亂政，皆託於周官，而僭端逆節，一徵以禮記。其引他經，特遷其説，謬其指，而未敢易其本文。其受九錫，奏稱：「謹以六藝通義，經文所見，周官、禮記宜於今者，爲九命之錫。」蓋他經則遷就其義，而周官、禮記則增竄其文之徵也。蓋武帝時，五經雖並列於學官，而易、詩、書、春秋傳誦者多，故説可遷，指可謬，其本文不可得而易也。儀禮孤學，自高堂生而外，學者徒習其容，而不能通其義。故於喪服，微竄經文，附以傳語。至戴記，則後出而未顯。周官，自莽與歆發故，恣爲僞亂，然恐海内學士，或閒見周官之書，而傳儀禮、戴記者，能辨其所增竄，故特徵天下有逸禮、古書、毛詩、周官、爾雅、天文、圖讖、鍾律、月令、史篇文字者，並詣公車。至者以千數，皆令記説廷中。而又使歆卒父業，典校羣書而頒布之。使前見周官、儀禮、戴記之本文者，亦謂歆所增竄，雜出於廷中記説，而疑古書所傳，或有同異。其巧自蓋者，可謂曲備矣。自班固志藝文，壹以歆所定七略爲宗，雖好古之士無所據以別其真僞，而每至歆所增竄，則鮮不以爲疑。蓋書可僞亂，而此理之在人心者不可蔽也。戴氏所述禮記，無明堂位。至東漢之初，馬融始入焉。其爲歆所僞作，無可疑者。而此記所稱周公踐阼，及他誣妄語，莫不與莽事相應。一如莽之亂政，分竄於諸官，先聖之經，古賢之記，爲歆所僞亂者，轉賴其自蓋之迹，以參互而得之，豈惟人心之不可蔽哉！蓋若天所牖焉，後之人或以專罪余，則非余之所敢避也。

莽之求書，先逸禮，以戴氏所傳無明堂位及此記所增竄也。次古書，以稱周書逸嘉禾篇，假王涖政也。次毛詩，以毛氏後出未顯，俾衆疑。其引詩而遷其說，謬其指者，或出於毛氏也。如謂「普」天之下，莫非王土」，爲以天下養之類。次周官，其亂政皆分竄於諸官也，並及爾雅雜家，使衆莫測也。易、春秋無求焉，以莽事無所託，雖有稱引，而於本文無增竄也。昔朱子謂戴記所傳，或雜以衰世之禮。然相提而論，其誣枉未有若「周公踐阼，居天子之位」者；其妖妄未有若「武王夢帝與九齡」，而「文王復與以三」者；其悖謬未有若「大夫爲其父母兄弟之未爲大夫者之喪服如士服」，及「士之子爲大夫則其父母不能主」者。凡此，皆先儒所深病，蒙士所心非也。莽爲其母功顯君服天子之弔服，而不主其喪，則雜記之文，毋亦歆所增竄，以示大夫士相去一閒耳。而古者，子爲大夫，於父母之服即有變，況踐阼居天子之位乎？子爲大夫，父母之爲士者，尚不敢主其喪，況居天子位，與尊者爲體，而可私屈爲母喪主乎？歆既邪惡，而文學乃足以濟其姦。凡所增竄，辭氣頗與戴記、周官爲近，故歷世以來，羣儒雖究察其非，終懷疑而未敢決焉。班史謂：「自書傳所載，亂臣賊子，無道之人，考其禍敗，未有如莽之甚者。」余攷自古承學之士，通經習禮，而爲妖爲孽，亦未有如歆之甚者也。然莽以六藝文姦言，當其時即交訕焉。而歆蠹蝕經傳，以誣聖人，亂先王之政，至於千七百餘年，而莫敢薙芟，則歆之罪，其更浮於莽也與！

文王十三生伯邑考辨

余少閱大戴記，稱文王十三生伯邑考，即辨其誣而未得證驗。先兄曰：「『文王嘉止，大邦有子。』

安有是？」然猶不能無疑。及考王莽傳，平帝年十有二，而莽欲以女配。故歆先竄此於大戴記，以示文王始婚，亦年十有二，然後莽請考論五經，以定天子之娶禮。又恐戴記出宣、元間，學者多見其書，故其後復徵羣士，使記説逸禮於廷中，以欺惑學士。莽之篡，無事不託於文、武、周公。蓋夏、殷以前，先聖之事與言，所傳甚希，衆皆耳熟焉，難以鑿空構立。而經傳諸子，皆周人之書，遭秦火而始出於漢，故使歆典校，卒向之業，以售其姦。自東漢相傳，以至於今，皆歆所校録也。學者可溺於前儒傳授之言，而不別其真僞哉！

成王立在襁褓之中辨

武王崩，成王幼，在襁褓之中。説見家語，又見史記，又見賈誼保傅篇。而漢書亦云：「武帝命畫周公負成王圖以賜霍光」。蓋莽與歆既曰成王不能踐阼，則年宜甚幼，而金縢之篇無是也。其書乃伏生所傳，舊列學官，不可譸張爲幻，故於戴記竄焉。又恐戴記出宣、元間，學者間有其書，故欲多爲之徵，而論語乃世儒所習誦，故又於家語竄焉。漢興，博學多聞，莫如賈生；繼春秋，創史法，囊括載籍，爲世所宗，莫如太史公，故又於二書竄焉。至漢書所云，或武帝偶命作圖，以示立少子之意；或其事亦歆等構造；又或史官所記，本周公輔成王圖，而歆易爲負，班固因之，皆不足據也。衆言樊亂，必折諸經。金縢之篇曰：「王與大夫盡弁。」則既冠明矣。「公以詩貽王，而王亦未敢誚公。」則已甚達於世事矣。以是知古書中言成王幼不能踐阼者，皆妄也。而況云「在襁褓之中」哉！㚔而金縢之篇尚存，不然，則歆之怪變竟無從而得之矣。或又以王自稱「沖子」，周、召稱王「孺子」爲疑，是惑也。盤庚之誥自稱「沖人」，范文子爲大夫，贊軍謀，而武子呼爲「童子」，嗣君之自謂，師保之規箴，其稱言義當若此，不可以弗察也。

讀經解

此記中間所述多荀卿語，疑出於漢之中葉而傳荀氏之學者爲之也。三代盛時，國不異政，家無殊俗，詩書禮樂布在庠序，以爲四術。降至春秋，王道雖微，而周禮未改，孔子贊易，作春秋，其徒守之。陵夷至於戰國，百家放紛，儒術大絀焉，有一國而專立一經以爲教者哉！遭秦滅學，至漢景、武之間，諸老師各抱一經，以授其徒，於是齊、魯、燕、趙、鄒、梁之學興，而承其學者，復以教於鄉邑。各自爲方，不能相通，而其人之性質行能，亦漸摩於經說而別異焉。記者既列教之所由分，並其說之有所失，而又念一道德而同風俗，非羣儒之私教所可冀也。所以養君德，施政教，正俗化，莫急於禮，而禮非天子不能行。禮之興，然後君德可成，而百官得其宜，萬事得其序，和仁信義得其質，宗廟朝廷得其秩，室家鄉里得其情。禮之廢，則君臣、父子、夫婦、長幼恩薄道苦，序失行惡，其亂百出，而不可禁禦。凡此，皆荀氏所謂「原先王，本仁義，禮正其經緯蹊徑。不道禮憲，而求之於詩、書，不可以得之」之本指也。夫六經火於秦，並出於漢。而禮之廢，則自漢始。河間獻王獻古邦國禮五十六篇，武帝不用，而沿襲秦故，以定宗廟百官之儀。其士禮之僅存者，亦未布頒，以爲民紀。自是以來，學者循誦易、詩、書、春秋之文，而虚言其義，有得有失，一如記所稱，而禮則湮沈殘缺。每至郊廟大議，衆皆冥昧，而莫知其原。閭閻士庶喪祭賓婚，蕩然一無所守，而競於淫侈。記所云「以舊禮爲無所用而去之者」，意在斯乎？學者可習其讀而弗察歟？

書辨正周官戴記尚書後

余以王莽傳辨周官所僞亂，循是以考戴記、尚書及子史傳注，然後知舍莽政之符驗，周官無可疵者；舍莽事之比類，古聖無見誣者。循是以討去之，然後諸經之賊蝕，一旦而廓然。嗚呼！書更秦火，篇殘文缺而已耳。而歆所僞亂，則混淆於本文之中，伏闇而不可見，疊出互證，深固難摇。自程、朱二子出，然後能辨古書之真僞。而後之儒者，知以理義爲衡，故凡周官、戴記、書傳、詩序之紕謬，雖未辨所從生，而鮮不以爲疑。疑之者衆，然後或得其間，而白黑可判焉。漢儒之治經，莫勤於鄭氏，然以莽事訓周官，而於周公踐阼，文王受命稱王，皆篤信焉，而益漫其支流，況毛序、孔傳之僞雜乎？世俗之貿儒尚或以經説惟漢儒爲有據，而詆程、朱爲憑臆，非所謂失其本心者歟？

擬定纂修三禮條例劄子

臣竊惟明初五經大全，皆各主一人之説，且成於倉卒，不過取宋、元儒者一二家纂輯之書，稍摭衆説以附之。數百年來，皆以爲未盡經義，不稱「大全」之名。是以聖祖仁皇帝特命重修四經，頒布學官，昭示羣士。然惟周易多裁自聖心，所取至約，而前儒未發之藴，開闡實多，故特名折衷。餘三經，則曰彙纂。我皇上躬履至道，重念先聖遺經未盡闡揚，詔修三禮，乃漢、唐以來未有之盛事。而三禮之修，視四經尤難。蓋易、詩、書有周、張、二程以開其先，而朱子實手訂之。典謨以下，亦抽引端緒，親授其徒。胡氏春秋傳雖不免穿鑿，而趙、啖、二陸、劉、孫、胡、程之精言採録實多。諸經大義已昭然顯著，故折衷、彙纂但依時代編次先儒之言，而不慮其無所歸宿也。陳澔禮記説，自始出即不饜衆心，詆議紛起。周官、儀禮，則周、程、張、朱數子皆有志而未逮，乃未經墾闢之經。欲從大全之例，則無一人之説以爲之宗；欲如折衷、彙纂，但依時代編次羣言，則漫無統紀，學者終茫然，莫知其指要。必特起凡例，俾大義分明，而後兼綜衆説，始可以信今而傳後。臣等審思詳議，擬分爲六類，各注本節本注之下。一曰正義，乃直詁經義，確然無疑者。二曰辨正，乃後儒駁正舊説，至當不易者。三曰通論，或以本節本句參証他篇，比類以測義，或引他經與此經互相發明。四曰餘論，雖非正解，而依附經義，於事物之理有所發明。如程子易傳、胡氏春秋傳之類。五曰存疑，各持一説，義皆可通，不宜偏廢。六曰存異，如易之取象，詩之比興，後儒務爲新奇，而可欺惑愚衆者，存而駁之，使學者不迷於所從，庶幾經之大義開卷了然，而又可旁推交通，以曲盡其義類。伏惟我皇上聖學崇深，剖析經史，通微抉奥，故敢略陳愚見，仰求聖誨，鑒定施行，以便排纂。爲此謹奏。

讀管子

管子之用周禮也，體式之繁重，一變而爲徑捷焉。氣象之寬平，一變而爲嚴急焉。非故欲爲此也，勢也。蓋周公之時，四海一家，制禮於治定功成之後，故紀綱民物可一循其自然之節，以俟其遲久而成。管子承亂，用區區之齊，將以合勢之散，正時之傾，非及其身不能用也，非及其君之身不能用也，而豈可俟哉！惟欲速而苦其難成，故其行之也，亦不得不嚴且急焉。是管子之不得已也。然周官之作，依乎天理，以盡萬物之性。而管子之整齊其民也，則將時用以取所求，是則其根源之異也，而讀其書，尚知令行禁勝之必本於君身，聰明思慮當付之衆人，而不自用，則又非諸法家之所能及矣夫。

書史記孟子荀卿傳後

騶衍以下十一人，錯出孟子荀卿傳，若無倫次。及推其意義，然後知其不苟然也。蓋戰國時，守孔子之道而不志乎利者，孟子一人耳。其次惟荀卿而少駁矣。故首論商鞅、吴起、田忌以及從横之徒，著仁義所由充塞也。自騶衍至騶奭，説猶近正，而著書以干世主，爲志則已鶩於功利矣。其序荀卿於衍、奭諸人後者，非獨以時相次也。荀卿之學，雖不能無駁，而著書則非以干世，所以别之於衍、奭之倫也。自公孫龍至吁子則舛雜鄙近，視衍、奭而又下矣。至篇之終，忽著墨子之地與時，而不一言其道術，蓋世以儒、墨並稱久矣，其傳已見於荀卿所序列，而不必更詳也。夫自漢及唐，莊、列皆列於學官，而孟子猶未興。以韓子之明，始猶曰孔、墨必相爲用，而較孟子於荀、揚之間。子長獨以並孔子，一篇之中，其文四見。至荀卿受業於孔氏之門人，則弗之著也。老、莊、申、韓、衍、奭諸人皆有傳，而墨子則無之，蓋孟子拒而放之之義。然則子長於道，豈概乎未有聞者哉！

書史記儒林傳後

子長序儒林曰：「余讀功令，至於廣厲學官之路，未嘗不廢書而歎。」蓋歎儒術自是而變也。古未有以文學爲官者。以德進，以事舉，以言揚。詩、書六藝，特用以通在物之理，而養其六德，成其六行焉耳。戰國、秦、漢所用，惟權謀材武。其以文學爲官，始於叔孫通弟子以定禮爲選首，成於公孫弘請試士於太常，而儒術之污隆，自是而中判矣。其意蓋曰，自周衰，王路廢而邪道興，孔子以儒術正之，道窮而不悔。其弟子繼承，雖陵遲至於戰國，儒學既絀焉，而孟子、荀卿獨遵其業。遭秦滅學，齊、魯諸儒講誦不絕。漢興七十餘年，自天子公卿皆不悦儒術，而諸老師尚守遺經。其並出於武帝之世者，皆秦、漢間摧傷擯棄而不肯自貶其所學者也。蓋諸儒以是爲道術所託，勤而守之，故雖困而不悔。而弘之興儒術也，則誘以利禄，而曰以文學禮義爲官，使試於有司。以聖人之經爲藝，以多誦爲能通，而比於掌故，由是儒之道污，禮義亡，而所號爲文學者，亦與古異矣。子長所讀功令，即弘奏請之辭也。自孔子以來，羣儒相承之統，經戰國、秦、漢，孤危而未嘗絶者，弘乃以一言敗之，而其名則曰厲賢材。悼道之鬱滯，不甚可歎乎？嗟夫！漢之文學雖非古，猶以多誦爲通經也。又其變，遂濫於詞章，終沈冥而不返焉。然則子長之所慮，其遠矣哉！

是書敍儒術，至「漢興」，首曰「於是喟然歎興於學」，繼曰「天下之學士靡然鄉風」，終曰「自此以來，公卿大夫士吏斌斌多文學之士」。驟觀其辭，若近於贊美，故「廢書而歎」，皆以爲歎六藝之難興也。然其稱「歎興於學」也，承太常諸生之爲選首；稱「學士鄉風」，承公孫弘以白衣爲三公；稱「斌斌多文學之士」，承選擇備員，則遷之意居可知矣。其述諸經師，備及弟子子孫之爲大官。而首於申公之門，别其治官民能稱所學者不過數人，而復正言以斷之曰：「學官弟子行雖不備，而至於大夫、郎中、掌故以百數。」其刺譏痛惜之意，不亦深切著明矣乎？其於孔子之門，獨舉五子，若曰是於聖門非殊絶也。而大者爲師傅卿相，小者友教士大夫。其受業於子夏之倫者，亦爲王者師。蓋儒者寧隱而不見。其出也，必不肯自輕其道如此。今乃以記誦比掌故，補卒史，此中尚有儒乎？由弘以前，儒之道雖鬱滯而未嘗亡；由弘以後，儒之途通而其道亡矣。此所以廢書而歎也！而習其讀者，乃以爲贊美之辭。噫！失之矣。

附録

先生事父至孝，父嘗曰：「吾體未痛，二子已覺之；吾心未動，二子已知之。」事母尤孝，年四十餘，宛轉膝下如嬰兒；被逮時，詭言被薦入内廷，洎事解，迎養，太夫人至京，竟不知其事。與兄百川、弟椒塗相友愛，不忍離。百川約曰：「吾兄弟異日當共葬一丘。」後卒如約。每遭期功喪，皆率子姓，準古禮，宿外寢。年譜。

先生性剛直，好面折人過。交游中官，既遂，必以吏疵民瘼、政教得失相責難，諸公頗厭苦之。惟朱文端公篤信其言，先生所知見，壹爲盡言。同上。

李文貞公以直撫入相，先生叩之，曰：「自入國朝，躋兹位者，凡幾公？」「屈指得五十餘人。」先生曰：「甫六十年，而已得五十餘人，其不足重，明矣。望公求其可重者。」與陳占咸尺牘。

先生在館中，徐公蝶園及顧公用方時就問周官疑義，詳爲辨析。遇館中後生，則爲講喪服，聞而持行者數人。顧公謂筆之書然後可久存，先生乃出其在獄所作喪禮或問，又爲周官辨，浹月而成。顧琮撰周官辨序。

先生耄期猶嗜學，日有課程。治儀禮十易其稿，年八十，日坐城北湄園，矻矻不置。雷鋐撰行狀。

陳滄洲曰：「望溪可負天下之重，觀其讀周官、儀禮、孟子、管子、荀子，可知所見閎廓深遠。此等文可徵其平易詳慎，不能平易詳慎，則閎廓深遠非真，而用之必窒矣。」評書李習之平賦書後。

全謝山曰：「有經術者未必兼文章，有文章者未必本經術，所以申毛、服、鄭之於遷、固，各有溝澮。惟是經術文章之兼固難，其用之足爲斯世斯民之重，則難之尤難。桐城方公，庶幾不愧於此。」神道碑。

姚惜抱曰：「先生與鄂、張兩相國論制準夷事，憂國忠友之情，則皆可謂至矣，於公平生風義所關頗重。」跋與鄂張兩相國書稿。

邵位西曰：「先生當官敷奏，俱關國計民瘼。今觀請定經制等劄子，煌煌鉅篇，乃經國遠謨，足與靳文襄公生財裕餉諸疏並垂。餘亦直抒所見，不肯一字詭隨。生平嚴謌之概，可以想見。」鈔奏議序。

又曰：「盧召弓嘗言，望溪先生評史記真本，藏北平黄氏。王定甫買得史記評本，不著評者名氏，細察之，與望溪集中讀史記諸文語意相應，知是望溪評，而他人傳録者。望溪别有史記注補正，而兹評所開發尤多，學者由是可悟作史爲文之義法。」史記評語跋。

望溪弟子

沈先生廷芳

别見餘山學案。

官先生獻瑶

别見梁村〔一〕學案。

雷先生鋐

别爲翠庭學案。

〔一〕「梁村」，原作「凝齋」，今改。

王先生兆符

王兆符字龍篆，號隆川，宛平人。康熙辛丑進士。父源，文學氣節著於時，與望溪爲執友。先生甫成童，從望溪學於京師。父没，移家金壇，仍從望溪於江寧。及成進士，未仕，家益貧。有欲餽金以資其仕者。望溪爲計買田而耕，以養母，以成其學，未就而卒。於周官、史記、莊子用力最多，望溪稱其文學義理可與深言。所排纂周官及詩文若干卷，金壇蔣衡爲之編録，藏於家，參方苞撰墓志、蔣衡撰傳。

程先生崟

程崟字夔震，歙縣人。康熙癸巳進士。兵部主事。少與王隆川同受業於望溪，隆川治經，先生治古文。望溪文鈔初爲隆川所録，先生又續增刊行。經説中周官集註、儀禮析疑亦其所序刻。參望溪文鈔序及年譜。

案：戴鈞衡輯望溪年譜，所載列弟子籍者，僅此數人。外此曾與李恕谷易子而教。恕谷子習仁，已附見其父傳中。大學士陳大受是所教習之庶吉士，故稱師事。安徽布政使李學裕、江蘇學政侍郎尹元孚，皆於望溪晚年家居時，造謁執弟子禮。望溪固辭，避之，非傳學者，茲不列。又高密單作哲字紫溟，亦稱望溪弟子，家有望溪未刻之文十九篇，及聞見録殘稿見於集外文補遺，應附著焉。

望溪交游

李先生光地 別爲安溪學案。

蔡先生世遠 別爲梁村學案。

朱先生軾 別爲高安學案。

楊先生名時 別爲凝齋學案。

陳先生鵬年 別見敬庵學案。

李先生紱 別爲穆堂學案。

萬先生斯同　別爲鄞縣二萬學案。

李先生塨　別爲恕谷學案。

王先生源　別見習齋學案。

顧先生楝高　別爲震滄學案。

韓先生菼

韓菼字元少，號慕廬，長洲人。康熙癸丑進士，會試殿試皆第一，授修撰，纂修孝經衍義。聖祖召見，命作太極圖説及四書文命，呈平日文稿。每進應奉文字，輒稱善。累遷至禮部尚書，兼翰林院掌院學士。立朝正色，持議侃侃。江南總督阿山奏布政使張萬禄虧庫金三十餘萬，費由南巡，非侵牟。上怒，下廷議。有謂阿與張爲姻家，法當誅。折之曰：「其情私，其言則公。斯言得上達，所益不細。」忌者增益其言以聞，由是見疏。御試翰林，欲黜二人，命劾奏。與同官言：「此民譽也，姑徐之。」召對詰責，徐曰：「此二人在院中，不在應黜之列。文雖不工，惟上寬恕之。」上霽顔乃止。或請故大學士達海從祀孔廟，議覆曰：「達海造國書，一藝耳，法不當從祀。」時上每有震怒詰責，大臣伏闕請罪，則解曰：「吾身可危，臣節不可辱也。」望溪初至京師，見其文，禮先焉，交久而篤。晚失上意，望溪勸之去，曰：「剛當位而應與時行也，吾後而失其時矣。」及上請，果奉詰責。康熙四十三年，卒於位。湯文正嘗語人云：「表裏洞然，不可奪以非義，惟韓公耳。」乾隆中，諭故禮部尚書韓菼，種學績文，湛深經術，制義清真雅正，足爲藝林楷則，追謚文懿。著有有懷堂集。參史傳、先正事略、望溪文集。

文集

孝經衍義序

臣按：孝經一書，蓋萬化之權輿，六經之統會也。人受天地之中以生，莫不具有五常之德，而仁爲之本。仁者，人之所以生也，故曰：「元者，善之長。」其體無方，其用至大。而愛親之一心，乃仁之發端最真，而不容揜者。仁之全體大用，皆已具諸此，無有偏倚，無有闕漏，赤子不損，大人不加。由之於日用動靜之間，而推之爲聖神功化之極。仁此之謂仁，履此之謂禮，宜此之謂義，知此之謂智，信此之謂信，强此之謂强，順此之謂樂。君臣之所以定也，夫婦之所以别也，兄弟朋友之所以順而信也。推而言之，天地之所以位，萬物之所以育，元會運世之所以循環而無間，皆此孩提至真无妄之一心，充塞偏滿，維持不敝而然也。此心一息不存，三綱淪，五常斁，人道滅絶。其變故豈比於星辰逆行，百川沸騰，陵谷遷易之異而已也！夫唐、虞、三代之治，尚矣。其君皆躬秉神聖之德，積純孝之行。而其時之民，去醇古未遠，服於其化，安於其俗，目擊而心化，不言而躬行，耕田而食，鑿井而飲，父安其子，兄友其弟，和氣洋溢，嘉祥順流，暴民不作，兵革不試，寒暑時，年穀熟，庶草蕃，百物遂，一孝治之所感也。自周之衰，王道不行，教化微缺，愛敬之誼衰，而篡奪之風熾，邪説暴行，雜然並作，而無父無君之禍，且浸淫於天下。孔子布衣，不得居得爲之位，乃起而扶絶業，存大義，贊周易以明天道，删詩、書以維王迹，述禮樂以明人情之本，然而猶以見諸空言，不如託諸行事之深切著明也，起而作春秋。春秋者，爲爲人子、爲人臣者而作也，故曰爲人子者不可以不知春秋，爲人臣者不可以不知春秋。爲人子而不知春秋者，必陷於首惡之誅；爲人臣而不知春秋者，守經事而不知其宜，遭變事而不知其權。然而其稱文也婉，其指事也微，筆則筆，削則削，弟子不能贊一辭，蓋有不易知其意之所在者。退復與門人質言王道之本，明百行之原，而孝經作焉。故曰：「某志在春秋，行在孝經。」又曰：「春秋屬商，孝經屬參。」先儒以爲，魯哀之十四年，西狩獲麟作春秋，後作孝經。然則此書之作，固與春秋相表裏者與？且夫天下之勢，固必有所極，而禍必有所開。當春秋之世，猶未有楊、墨之禍也，然而子不父其父，其勢必至於墨之爲無父；臣不君其君，其勢必至於楊之爲無君。且寧獨楊、墨而已！楊朱師老氏者也，則老氏道德之説，固不待莊周而已有傳之者。而其間復有釋氏者出，其説蓋參乎楊、墨之間。孟子之闢楊、墨也，即所以闢老也。時釋氏未入中國，故亦不得而及之也。然而夫子則固已憂之，爲之説曰：「攻乎異端，斯害也已。」正不知其時異端者誰乎？毋乃預知夫有蔑絶仁義，放棄人倫，以禍吾道，而攻之者之衆乎？夫聖人之旨，固不易知，然臣嘗三復於異端之謂，而參之於是經，孝治天下之意，固未嘗不相發明也。夫所謂異端者，其德必誕妄而非實得，其道必邪曲而非大中，其教必畔君臣，逃父子，離夫婦。然則將奈何而坊諸？曰：「君子反經而已矣。」經正則庶民興，庶民興，斯無邪慝。是莫若以孝治之，使知道其道者之非道，惟此之謂要道；德其德者之非德，惟此之謂至德。別之以天子諸侯卿大夫士庶五等之差，正之以士農商賈四民之業，習之以冠婚喪祭之事，養之以粟米麻絲果蔬魚肉之常，明之以禮樂政刑，而教之以愛敬和睦謹身節用寡過之利，使知先王之道德不過如是，而於天下後世之竊爲仁義道德之説者，已大爲之坊。嗚呼！此其作經之旨之深切著明者也。抑又嘗論之，自良知之説昉於孟子，後之學者，遂欲直見本性，幻妄一切，以入於清虛寂滅之學，而不自知。然孟子已以愛敬之真心實之矣。孔子之言性也，不概見，既繫之於易之十翼，而更切著之於孝經，曰：「父子之道，天性也。」直從孩提發皆中節者，以顯夫喜怒哀樂未發之本體，放之則塞乎天地，横乎四海，而約之在一舉足、一出言之間，出之無勉强擬議之煩，而操之有戰戰兢兢臨深履冰之懼，所以不可不格物，不可不慎獨，不可不道學問，不可不察識擴充。而或者一舉而空之，以自認其所爲知者，則非其知矣。昔人以爲，春秋，孔子之刑書；孝經，孔子之教書。而臣則曰，孝經，孔氏之性書也。其關於學術人心，豈細故哉！臣之仰窺是經之旨者如此。若夫諸儒之説，自正義而後，亦無慮百家。臣今一以朱子之説爲宗，而後之學者，能不悖乎？其傳者，則綴其言之大略，次於篇端。

廣理學備考序

言性始商書，言理始易繫辭。性即理也，賦之爲命，體之爲德，統之爲道，殺之爲教，實之爲誠，化之爲神，麗之爲器，布之爲氣，而反之爲欲。學也者，別理欲之間者也，故莫先於窮理。書言惟精，詩言物則，大學言格物，子思言擇善，孟子言知性，一也。濂、洛、關、閩五子出而紹古不傳之緒，互相發明，初無異致。蓋自老子言谷神不死，莊子言精神聖人之心，告子以生爲性，孔叢子亦言心之精神謂之聖，已開異學之端。而釋氏之黠者，乘隙而入，變爲禪學，挈以心傳心之旨，而以理爲障。儒者溺于其說，反以吾儒之說文之。春風、舞雩、魚躍、鳶飛抉爲證明，而下學上達、大宗一統之傳幾亡矣！學也者，又別心與理之閒者也。夫理具於心，豈容有二？第吾儒萬理皆實，異端萬理皆空。任心之虛靈知覺，超詣頓悟，高者不過如雙明扇訟，一月鏡花，而其流失至失心于垂盡之餘，酗酒于悟道之後。顧數百年以來，學者愈神其說，而不之返也。凡此者，即以學稱，要可別爲心學，而不可謂之理學。蓋理學寥寥無幾人矣！洪洞范彪西先生向有理學備考一書，茲復從而廣之，何居？余曰：微哉！先生之指也，心學盛於佛氏。昔也，以老、莊之言文之；今也，以孔、孟之言文之。龍無角，蛇有足，是猶知吾道之不可不援也。窮子逃於外，忽焉掩有其家之富而不知也，不如告之以其家也。先生以理學爲的，以廣近世之學者，曰：「此固一家之子，庶逃者其一歸乎？不然，亦以備識者之考擇焉爾。」況茲集所載所爲，寥寥幾人者，固具於斯。其餘淺深離合，並存互見。孰爲言心，孰爲言理，孰爲言理則理與心一，孰爲言心則心與理二，不假去取，好學自知。詩不云乎：「高山仰止，景行行止。」又曰：「他山之石，可以攻玉。」是先生之微指也。

楊　墨

楊朱，先儒胡氏以爲，即莊周所謂楊子居者，與老聃同時。墨翟又在楊朱之前，宗師大禹，而晏嬰學之者。然則兩家之説，已行於春秋時，而至戰國時而益熾。聖王不作而横議生，歐陽氏所謂乘間而入者也。楊學于老，故莊、列之書皆稱之。佛氏之初，如不愛身以濟衆生之説，固近于墨。然朱子以爲非其深者，蓋其學亦仍是楊氏，所以其徒後皆竊莊、老之説以附之，而益精矣。墨子七十一篇，以貴儉、兼愛、尊賢、右鬼、非命、上同爲説。稱堯、舜、禹，稱周公，一依經據禮。其後有相里氏之墨、相芬氏之墨、鄧林氏之墨、隨巢子之墨、胡非子之墨，雖韓愈亦以爲與孔子相爲用。甚矣！其易惑人也。夫由楊、墨之迹，固未至于無君父也。由其説而推其害，直可以無君父。孟子固憂其禍之無終也。後佛學入，直敢冒不韙，使大倫幾塗地無餘。陰挾兩家之勝，不屑爲子莫之中，而天下靡然從之。嗚呼！夫然後知孟子之言，謂之先覺，可矣。真所謂作于其心，必害於其事；作於其事，必害於其政者。與程子曰：「佛氏之言近理，又非楊、墨之比，然實楊、墨之學有以驅天下而爲之倡也。」孟子七篇之中，反覆闢告子，闢楊、墨。而佛氏之言，有似告子者，似墨者，似楊者，故諸儒之説亡，而佛氏之書愈盛，而儒者復將以吾儒之書佐之。譬之秦人蠶食六國，而爭割地以入之不止，其亦可痛也已！

告子

告子知守其心，而不知性，故其論性，第以其能知覺運動者而言，直欲混善惡而外仁義。既乃自知其説之窮，猶内仁而外義，此其不得於言，不得於心之根，正以平日無集義之功，而其不動心之速，亦即所謂直提頓悟，而無階級積漸之可言者。此所以陷於異端，而孟子不得不爲之辨也。後世西江之學全類此，然彼亦固知義之不可爲外，而益精其説矣。謂「義固在内，讀書求義理，正是義外」。又謂「義只發于我之先見者，便是如飲水飲湯之類。若待外面商量，如此便不是義，乃是義襲」。此又直以佛氏不得擬議、不落思惟者爲義。其内義，尤足以禍義也。孟子之所爲集義者，正以萬物皆備于我，無一非内者。若不讀書，不求義理，以爲義内，則視天下之物無一非外者，而義仍在外矣。彼固諱其爲告子，而終不出乎告子也。至陽明，乃直揭之曰「無善無惡者心之體」，自以爲漏洩天機，而湍水之喻，固已漏洩之久矣。然則告子者，固異學之首禍，其罪浮于楊、墨也。

查先生慎行

查慎行字初白，號悔餘，海寧人。康熙癸酉舉人，以薦召直南書房，特賜進士出身，選庶吉士。未散館，即授編修，充武英殿校勘官。乞病歸。因弟嗣庭獲罪，牽連就逮。世宗知其端謹，特原之，放歸鄉里。少受學於黄南雷。於經邃於易，著周易玩辭集解十卷，於易家一切雜學，灼然不惑。其河圖說，卦變說，天根月窟考，八卦相錯說，辟卦說，中爻互體說，廣八卦說，辨證具有根據。尤長於詩，得宋人之長，而不染其弊。敬業堂集五十卷，世推爲大家。補註蘇詩五十二卷。望溪與交久，先後直南書房，謂「於時賢中，獨自矜異，謹介恬淡，爲時所稱述」云。參史傳、望溪文集。

朱先生書

朱書字字緑，宿松人。康熙癸未進士，官編修。望溪爲諸生時，與訂交，兄事之。以選貢入太學，褐衣布履，與諸名流議論相上下。喜談經世之略，文章雄健，博聞强記。尤熟於有明遺事，抵掌論述，不遺名地。既通籍，預武英殿修書館中，先達皆嚴憚之。歸築室於杜溪，將著書終老，家貧復出，卒於京師。著有杜溪文集十卷。參方苞撰墓表、方東樹撰杜溪文集序。

張先生自超

張自超字彝歎，高淳人。康熙癸未進士，未仕而卒。著春秋宗朱辨義十二卷，大意本朱子據事直書之旨，不爲隱深阻晦之說，惟就經文前後參觀以求其義，不可知者闕之。如單伯逆王姬，則從王氏之説，以爲魯之大夫。於秦獲晉侯，辨所以不書名之故。於宋師敗績，辨所以不書公之故。於司馬華孫來盟，辨胡傳義不係乎名之説。於盟宋，罪趙武之致弱。於楚公子比、公子棄疾弑立，書法見春秋微顯之義。於齊殺高厚，謂非説晉。而於衛人立晉一條，尤得春秋深義。其書著録四庫提要，稱其務求心得，非南宋以來穿鑿附會者比，望溪春秋通論多取其説。先生既歿，望溪感舊，與王源、劉齊、劉捷合作四君子傳。齊字言潔，無錫人，以選貢入太學。爲官學教習，議敍州判，持清議。公卿爭欲延攬之，不顧也。不得意，歸，未及五十而卒。捷字古塘，先世懷寧人，居桐城，又寓江寧，遂寄籍。康熙辛卯解元。篤於行誼，爲文不徇衆好。望溪被逮時，爲伴送家屬，誤試期。後病衰，終身未與禮部之試。參四庫全書提要、方苞撰四君子傳。

汪先生份

汪份字武曹，長洲人。康熙癸未進士，官編修。命督雲南學政，未之任而卒。早以文學知名，游太學時，遇要人，常遠避，甚負時譽。與望溪交久，相知深。望溪論文，深屏虞山錢受之，時不以爲然，先生謂非過言。晚歲辨春秋書爵非褒，書人非貶。爲書三卷，義多儒先所未發。又有河防考十卷。參方苞撰墓表。

王先生澍

王澍字若霖，一字篛林，號虚舟，金壇人。康熙壬辰進士，官編修，累遷户科給事中。雍正初，以六科隸都察院，先生謂：「科臣掌封駁，品卑任重，隸臺臣將廢科參。」偕同列抗疏力爭。世宗怒，召詰之。從容奏對，上意稍解，遂改吏部員外郎，告歸。著有禹貢譜二卷，大學困學録一卷，中庸困學録一卷，大學本文一卷，古本一卷，中庸本文一卷。當望溪在逮時，間日入獄省視，討論經義。後復常主其家。參史傳、望溪文集、學案小識。

姜先生宸英

姜宸英字西溟，慈谿人。早負文名。入都主大學士明珠家，授其子經，持躬嚴正，不阿權貴，聖祖聞其名。與秀水朱彝尊、無錫嚴繩孫並目爲三布衣。會開博學鴻詞科，葉學士方藹薦之，不及期而罷。又薦入明史館充纂修，食七品俸，分撰刑法志，極言明一代廷杖廠衛之害，世推殷鑒。又從徐尚書乾學於洞庭山修一統志。湯文正公爲時相所忌，祭酒翁叔元疏劾其僞學，先生移書責之，翁甚愧。又以語忤徐尚書，遂遭忌抑，久不達。康熙丁丑，成一甲三名進士，授編修，年已七十。典順天鄉試，爲同官所欺，致物議被劾，同逮治。事未白，死於獄中，時論惜之。著有湛園集八卷，葦間詩集十卷，又劄記二卷，皆證經史之語，考論禮制最詳。望溪於同時爲古文者，盛推先生之雅正。及其殁，欲誌其墓，而家人未之請，爲作紀言一篇，載文集中。參史傳、望溪文集。

戴先生名世

戴名世字田有，號褐夫，又號南山，桐城人。才雋辯逸，不事生産，家落，授徒自給。以制義名，刊本流布，自曰：「此非吾之文也。」以諸生得貢，爲官學教習，議敘知縣，徧游南北。其學長於史，考求明季佚事，爲文以抒湮鬱。又以古文名，負才睥睨，人亦多忌之。康熙己丑，成進士，會試第一，殿試第二，授編修，年五十七矣。越二年，都御史趙申喬劾其所著南山集狂悖，逮治伏法。其被禍也，由於有志爲明史，聞桂王舊閹有爲僧者，欲訪求之。又得鄉人方學士孝標所著滇黔紀聞，書中沿用永曆年號，坐大逆，論極刑。孝標已殁，剉屍，家屬戍邊。望溪亦因作南山集序，同罹其難。先生既被法，遺書燬禁。久之，文集乃出，隱其名曰宋潛虚，清末始行於世。有傳其所輯四書朱子大全鈔本，專取朱子一家之學。參桐城耆舊傳、蕭穆撰方戴兩家書案記。

文集

與余生書

余生足下：前日浮屠犂支自言永曆中宦者爲足下道滇、黔間事，余聞之，載筆往問焉。余至，而犂支已去，因教足下爲我書其語來，去年冬，乃得讀之，稍稍識其大略。而吾鄉方學士有滇黔紀聞一篇，余六七年前嘗見之，及是而余購得此書。取犂支所言考之，以證其同異。蓋兩人之言，各有詳有略，而亦不無大相懸殊者。傳聞之間，必有訛焉。然而學士考據頗爲確核，而犂支又得於耳目之所覩記，二者將何取信哉？昔者，宋之亡也，區區海島一隅，僅如彈丸黑子，不踰時而又已滅亡，而史猶得以備書其事。今以弘光之帝南京，隆武之帝閩、越，永曆之帝兩粵，帝滇、黔，地方數千里，首尾十七八年，揆以春秋之義，豈遽不如昭烈之在蜀，帝昺之在崖州？而其事漸以滅没。近日方寬文字之禁，而天下之所以避忌諱者萬端，其或菰蘆山澤之間，有廑廑誌其梗概，所謂存什一於千百，而其書未出，又無好事者爲之掇拾，流傳不久，而已蕩爲清風，化爲冷灰。至於老將退卒，故家舊臣，遺民父老，相繼澌盡，而文獻無徵，凋殘零落，使一時成敗得失，與夫孤忠效死，亂賊誤國，流離播遷之情狀，無以示於後世，豈不可歎也哉！終明之世三百年無史，金匱石室之藏，恐終淪喪放失，而世所流布諸書，缺略不詳，毁譽失實。嗟乎！世無子長、孟堅，不可聊且命筆。鄙人無狀，竊有志焉，而書籍無從廣覯，又困於饑寒，衣食日不暇給，懼此事終已廢棄。是則有明全盛之書，且不得見其成，而又何況於夜郎、筇笮、昆明、洱海，奔竄流亡，區區之軼事乎？前日翰林院購遺書於各州郡，書稍稍集。但自神宗晚節，事涉邊疆者，民間汰去不以上，而史官所指名以購者，其外頗更有潛德幽光，稗官碑誌，紀載出於史館之所不及知者，皆不得以上，則亦無以成一代之全史。甚矣，其難也！余夙昔之志於明史，有深痛焉，輒好問當世事，而身所與士大夫接甚少，士大夫亦無有以此爲念者，又足跡未嘗至四方，以故見聞頗寡，然而此志未嘗不時時存也。足下知犂支所在，能召之來，與余面論其事，則不勝幸甚。

望溪從游

全先生祖望

別爲謝山學案。

劉先生大櫆

劉大櫆字才甫，一字耕南，號海峯，桐城人。自爲諸生，以文章名。年二十餘至京師，望溪奇之，以爲昌黎、永叔之儔。朝士望塵請交。出督學者，率請任校閱。兩登雍正己酉、壬子副榜，竟不獲舉。乾隆元年，望溪薦應博學鴻詞，爲同邑張文和公所黜。後薦經學，復不録。逾六十，官黟縣教諭，數年告歸，居樅陽江上不出，卒年八十三。望溪自矜重，不假借後生，其推挹先生獨至。後姚惜抱受文法於先生。三人相繼，爲學者所宗，稱桐城派。望溪不爲詩，先生詩文并工，能鎔鑄古人之異體，才調獨出。

所著文集八卷，詩十二卷，古文約選四十八卷，歷代詩約選五十二卷，論文偶記一卷。參桐城耆舊傳。

葉先生酉

葉酉字書山，號花南，桐城人。乾隆丙辰，試博學鴻詞，未遇。己未，成進士，官編修，累遷左庶子。降編修，督學貴州、湖南。後主鍾山書院十餘年。學務窮經，師法望溪，每見輒舉諸經疑義相質。著春秋究遺十六卷，大旨遵望溪之説。又有易經補義十二卷，詩經拾遺十三卷。參桐城耆舊集。

姚先生範

姚範字南青，號薑塢，桐城人。乾隆壬戌進士，官編修，充三禮館纂修，不十年告歸，主天津揚州書院。蓄書十萬餘卷，手自校勘。於十三經、史記、漢書、通鑒、文選致力尤深，天文、地志、小學、訓詁，以逮二氏之説，無不貫綜。操行一準先儒，未嘗撰述。所校訂是正，悉具於諸書眉端。從子鼐，欲整理遺説，未果。至曾孫瑩，乃輯爲援鶉堂筆記五十卷。有文集七卷，詩集六卷。與葉書山交相厚，所學異趣。望溪治經，多取心裁，不甚資佐證。書山守其説。先生齗齗，時見駁正。鼐少承家學，而受文法於海峯，兼通其郵焉。參桐城耆舊集。

海峯弟子

王先生灼

王灼字明甫，號悔生，桐城人。乾隆丙午舉人，官東流教諭。少居樅陽，海峯奇賞之，從游八年。繼館於歙，與金蕊中、程易疇、吴殿麟及歸安丁小疋、武進張皋文爲友。時皋文顓志經學，先生見其黄山賦，曰：「子之才，可追古作者。」因舉所從受文法於海峯者告之。後皋文論文，必及先生，故陽湖派古文，亦往往與桐城相近。所著文鈔八卷，詩鈔八卷，樅陽詩選二十卷，今體詩選補四卷。參桐城耆舊集。

海峯從游

姚先生鼐 別爲惜抱學案。

清儒學案卷五十二

白田學案

自朱、陸有異同之辨，而爲陸學者於朱子每多誣罔，陽明晚年定論其尤著者也。白田讀朱子書數十年，於朱子生平，爲學誨人，次第本末，條析精研，訂爲年譜四卷，俾有志朱學者，不致爲異説所迷眩。其有裨聖道，較之閑闢録、學蔀通辨二書，直遠出其上矣。述白田學案。

王先生懋竑

王懋竑字予中，寶應人。少從叔父樓村先生學，篤志經史，恥爲標榜聲譽。精研朱子之學，身體力行。康熙戊戌，成進士，年已五十一。乞就教職，授安慶府學教授。雍正元年，以薦被召引見，授翰林院編修，在上書房行走。二年，以母憂去官，特賜内府白金爲喪葬費。先生素善病，居喪毀瘠。明年，入都謝恩畢，遂以老病辭歸。乾隆六年卒，年七十四。先生性恬淡，少嘗謂友人曰：「老屋三間，破書萬卷，生平志願，於斯足矣。」歸里後，杜門著書。以明李默所定朱子年譜多删改原編，與晚年定論道一編暗合，因取文集、語類等書，條析而精研之，以正年月之後先，旨歸之同異，訂爲年譜四卷，考異四卷，附録二卷。未第時即編是書，至易簀前數日乃成。大旨在辨爲學次序，以攻姚江之説。又著有白田草堂存稿二十四卷，内雜著八卷，於朱子文集、語類考證尤詳。謂易本義前九圖、筮儀皆後人依託，非朱子所作，爲宋、元以來儒者所未發。朱子答江元適書薛士龍書考一篇，語盈一卷，皆根柢全集、語録，鉤稽年月，辨别異同，求其始末，幾微得失，無不周知。故其言平允，非浮慕高名，借以劫伏衆論，而實不得其涯涘者也。他著有朱子文集注、朱子語録注、讀經記疑、讀史記疑。參史傳、四庫全書總目、錢大昕撰傳。

文集

易本義九圖論

易本義九圖，非朱子之作也，後之人以啟蒙依放爲之，又雜以己意，而盡失其本指者也。朱子於易，有本義，有啟蒙，其見於文集、語録、講論者甚詳。而此九圖，未嘗有一語及之。九圖之不合於本義、啟蒙者多矣。門人豈不見此九圖者，何以絶不致疑也？朱子於本義敍畫卦約略大傳之文，故云：「自下而上，再倍而三，以成八卦。三畫已具，八卦已成，則又三倍其畫，以成六畫；而於八卦之上，各加八卦，以成六十四卦。」而不敢參以邵子之説。至啟蒙，則一本邵子，而邵子所傳，止有先天圖，即六十四卦方圓圖也。其伏羲八卦圖、文王八卦圖，則以經世演易圖推而得之。同州王氏、漢上朱氏易皆載伏羲八卦圖、文王八卦圖，啟蒙因之。至朱子所自作横圖六，則注大傳語及邵子語於下，而不敢題云伏羲六十四卦圖，蓋其慎重如此。今乃直云伏羲八卦次序圖、伏羲六十四卦次序圖、伏羲八卦方位圖、伏羲六十四卦方位圖。是孰受之，而孰傳之耶？又云伏羲四圖，其説皆出邵氏。案邵氏止有先天一圖，其八卦圖，後來所推六横圖，朱氏所作，而以爲皆出邵氏，是誣邵氏矣。又云邵氏得之李之才挺之，挺之得之穆修伯長，伯長得之希夷先生陳摶圖南。此明道敍康節學問源流如此。漢上朱氏以先天圖屬之，已無所據。今乃以移之四圖。若希夷已有此四圖者，是並誣希夷矣。文王八卦，説卦明言之，本義以爲未詳，啟蒙别爲之説，而不以入於本義。至於「乾，天也，故稱乎父」一節，本義以爲揲蓍以求爻，啟蒙以爲乾求於坤，坤求於乾，與「乾爲首」、「乾爲馬」兩節，皆文王觀於已成之卦，而推其未明之象，與本義不同，蓋兩存之。今乃以爲文王八卦次序圖，又孰受之，而孰傳之耶？自周子太極圖以黑白分陰陽，後多因以爲説。龜山先生於詹季魯問易，以一圈示之，而墨塗其半，曰：「此即易也。」是皆以意爲之。朱子答袁機仲書所云「黑白之位」，當亦類此。今此圖乃推明伏羲畫卦之次序，其必以奇偶之畫，而不可以黑白之位代之，彰彰明矣。爲問伏羲之畫以奇偶乎？以黑白乎？則以黑白之位，爲伏羲之畫，雖甚愚，知其不可也。今直題爲伏羲八卦次序、伏羲六十四卦次序，而皆以黑白之位，又孰受之，而孰傳之耶？答袁書止有八卦黑白之位，而無六十四卦。又云「三白三黑，一黑二白，一白二黑」等語，與今圖亦有不同。此書云黑白之位，亦非古法。今欲易曉，故爲此以寓之。後書云：「僕之前書，已自謂非是古有此圖，只是今日以意爲之，寫出奇偶相生次序，令人易曉矣。」則又明指六横圖而言，非黑白之位。故竊疑袁書此一節，或後人勦入之，以爲九圖張本，而非本文。又其後云：「此乃易中至淺至近而易見者。」黑白之位，原非易中所有，考其文義，都不相屬。答袁書凡十一，論黑白僅見於此，而他書皆以奇偶論。其或有所增損改易，而非本文，未可知也。卦變圖，啟蒙詳之。蓋一卦可變爲六十四卦，彖傳卦變偶舉十九卦以爲説爾。今圖卦變皆自復、姤、臨、遯等十二辟卦而來，以本義考之，惟訟、晉二卦爲合，餘十七卦則皆不合，其爲謬妄，尤爲顯然，必非朱子之舊，明矣。故嘗反復參考九圖，斷斷非朱子之作，而數百年以來，未有覺其誤者。蓋自朱子既没，諸儒多以其意改易。本義流傳既久，有所篡入，亦不復辨。馬端臨文獻通考載陳氏説，本義前列九圖，後著揲法，疑即筮儀。學者遂以九圖、揲法爲本義原本所有。後之言本義者，莫不據此，而不知本義之未嘗有九圖、揲法也。明永樂大全出，以本義改附易傳，而九圖、筮儀遂爲朱子不刊之書矣。今詳筮儀之文，絶不類朱子語。其注有云：「筮者北面，見儀禮。」案：儀禮士冠禮、特牲饋食禮、少牢饋食禮，筮者皆西面。惟士喪禮筮宅以不在廟，筮者北面。今直云「筮者北面，見儀禮」，此等瞽説，不知何來？推求其故，則學易者但見漢上易叢説有引儀禮「筮宅者北面」之文，而並未嘗考之儀禮也。朱子豈不見儀禮者，而疏謬若是耶？由是以言，筮儀亦斷非朱子之作。而通考所云「前列九圖，後著揲法」者，皆爲相傳之誤，而不可以據信矣。余故曰：易九圖非朱子之作也。後之人以啟蒙依放爲之，又雜以己意，而盡失其本指者也。今考其大略如此。其碎義瑣説有相發明者，别附於後。世之君子，得以覽觀，而審擇其是非焉。

易本義九圖論後

自朱子著本義、啟蒙，門人勉齋黄氏、盤澗董氏、瓜山潘氏、節齋蔡氏各有訓説，今皆不傳。其後雙峰饒氏、厚齋馮氏、進齋徐氏、廬陵龍氏轉相傳述，其書亦不復見。惟近日徐氏所刻經解，有六本：天台董氏傳義附録，鄱陽董氏周易會通，梅邊熊氏本義集成，雙湖胡氏本義附録纂注、雲峰胡氏本義通釋，及玉齋胡氏啟蒙通釋，尚可參考。天台、鄱陽俱載九圖、五贊、筮儀，梅邊止載九圖，雙湖止載五贊、筮儀，雲峰則盡去之。其天台、鄱陽、梅邊三本，九圖各有不同，注亦小異。天台本最先出，題云易圖，下云朱子。其中縫則云董氏易圖説。梅邊本云：「易圖，朱子集録。」鄱陽本方云：「朱子易圖。」天台本，八卦次序、六十四卦次序，皆用黑白之位。梅邊本，八卦以黑白，六十四卦則以方空，而不用黑白。鄱陽仍用黑白，而又依梅邊例，以方空别之。其參錯有如此者。以此推之，九圖固未嘗有一定之本也。雙湖不載九圖，此今刻之脱誤。其書後自作「四圖三論」，云：「不敢列於九圖，附五贊後。」是固有九圖矣。玉齋啟蒙通釋亦載本義九圖語，今本大全，九圖小注往往有雙湖語。至雲峰，則無之。然雲峰不載九圖，亦不言其所以不載之故也。今刻雲峰本義通釋，上下經解極詳。以大全本考之，增多者十之三四。彖傳以後語，皆與大全同，無增多者。疑通釋自彖傳後已失去，後人鈔集大全所載以續之耳。又大全序例謂胡氏通釋既輒變古易，又於今易不免離析先後。考今刻乃一依古易，此不可曉。或者今刻非原本與？反復參考，其以九圖爲朱子所自作，絶無所據，疑爲門人輩所纂輯。天台董氏、玉齋胡氏去朱子已幾百年，而梅邊、鄱陽又遠在其後，天台本自序，以度宗咸淳丙寅，距朱子之卒，已八十餘年。鄱陽董氏謂此書近出，雙湖胡先生並未之見。則天台本之出於元仁宗皇慶以後，距朱子蓋百六十餘年矣。梅邊自序以元英宗至治壬戌，鄱陽自序以元文宗天曆戊辰，二書大略同時，蓋又二十餘年也。玉齋、天台同時人而少後之。流傳既久，莫可識別。但據所傳，以爲朱子所作，無能辨其非者。至大全出，則諸本異同不復可見，學者亦無所據以致其疑。案三家本止云「朱子易圖」，大全輒增之云「朱子圖説，朱子答袁機仲書，黑白之位，本非古法」四語。三家本皆附載於諸解後，而增「後六十四卦次序放此」九字，已屬附會；大全更以系於八卦方位圖説之下，若圖説注所本有者，其爲疑誤後學益甚矣。朱子復古周易，而門人蔡節齋爲訓解，已大變其例；節齋訓解今不傳。其更改次序，見鄱陽董氏所述中。以易爲卜筮作，而門人林正卿以爲設教，見勉齋黄氏答書中。蓋不待七十子喪，而大義已乖矣。況於一再傳之後，譌以益譌，則天台、梅邊、雙湖、鄱陽所述，又安可據信耶？向讀本義，即疑九圖之非，而未敢質言之。比得經解諸家考之，乃知九圖斷斷非朱子之作，而猶以未盡。見勉齋、北溪、潛室、盤澗、瓜山諸集，以決斯疑也，姑識於此，以俟考焉。

黄勉齋先生集有答胡伯量書，論所刻本義先天圓圖，止言其印本之錯，不可流傳，以誤後人，而不言本義元本若何。勉齋、伯量皆朱子門人，若本義果有此圖，則但據元本，伯量不必以此正於勉齋，而勉齋亦不當有不及細讀之答矣。疑圖或爲伯量所自作，而勉齋書答語不甚分明，後來者遂無以決斯疑也。

天台本黑白之位，與今大全本同，止以黑白分陰陽，而無所謂「一奇一偶各生一奇一偶之象」，與答袁書「三白三黑，一白二黑，一黑二白」之云皆不合。鄱陽本黑白各以方空別之，其與袁書合矣。而分裂破碎，爲尤甚焉。既不見「一奇一偶各生一奇一偶之象」，而兩儀四象皆不可識別，正與朱子所云「非本有此六十四段」者相反。且以六十四卦包八卦四象兩儀。朱子與林黄中辨子在母外，子在母中，亦此圖與六横圖之别也。或謂如其圖，自上而下，六爻之奇偶，六十四卦無不相值。此亦數之偶合，而指此以爲伏羲六十四卦次序，其斷斷不然矣。

天台、鄱陽本皆列九圖、五贊、筮儀。文獻通考前列九圖，後著揲法，而無五贊。揲法當即筮儀也。朱子與吕子約書明云：「五贊附啟蒙後。」語録亦云：「啟蒙五贊，則本義之五贊。」爲後來所增入，非朱子之舊，明也。今大全本以五贊入箴銘類，又與兩董本不同。啟蒙明蓍策篇其言揲法已詳，而明筮贊又詳言之，不必更爲筮儀。明筮贊云：「信手平分，置右於几。」則無所謂牀與木格者。而「擇潔地爲蓍室，日焚香致敬」，是又類臧文仲居蔡之爲，朱子必不爾也。惟「單拆重交」，啟蒙明筮之所未及。然此火珠林已有之，人人所曉，可無庸及也。單拆重交，賈公彦儀禮疏中亦有之。

伏羲六十四卦方位圖後，載「此圖圓布者，至方者，靜而爲地也」一條，皇極經世纂圖指要以爲西山蔡氏語，見性理大全。吴氏纂言又以爲伯温邵氏語，未詳孰是。要之，必非朱子語矣。啟蒙亦不載之。梅邊熊氏於此圖後依啟蒙載説卦「天地定位」、「雷以動之」兩節，而無伏羲四圖，其説皆出邵氏等語。其「此圖圓布者」一條，載於後小注中，又誤以爲朱子語，與兩董本不同，故嘗以爲九圖非有一定之本者，此亦其一證也。

黄義剛録云：「漢上易卦爻變只變到三爻而止，於卦辭多有不通處。某更推盡去方通。如剛自外來，而爲主於內，只是初剛。自訟二挨下來，柔進而上行，只是五柔。自觀四挨上去。此等處，案漢上卦變則通不得。」注云：舊與季通在旅邸推。潘時舉録云：「訟卦本是遯卦變來。遯之六二上爲訟之六三，其九三下爲九二，乃爲訟卦。此類如柔來而文剛，分剛上而文柔，與夫剛自外來，而爲主於內，皆是如此。若畫圖子，起便極好看，更不待説。案：此兩條皆主本義卦變言。」黄録云：「舊與季通在旅邸推。」潘録云：「若畫圖子，便極好看。」可見本義之未嘗有圖也。黄、潘録皆在癸丑以後，其距丙午啟蒙之成已八年，而距丁酉本義之成則十八九年矣。使本義先有此圖，黄、潘何爲録此語耶？邵浩録：「請見印易圖看。曰：方今雕版未了。」此不見於語類，見朱子明文公易説。浩録丙午所聞，啟蒙成於丙午，是此云「易圖」，自指啟蒙，非本義圖也。惟董銖録云：「二陽四陰，自遯來者十四卦，訟即初變之卦。」其説與今卦變圖合，然只舉訟一卦。潘録亦舉訟卦，然以賁與无妄並言，則自主本義。以本義考之，訟卦外，惟晉卦爲合，其餘十七卦則皆不可推矣。銖録在丙辰以後，文集叔重通書在甲辰以前，所録未必在丙辰後，此或有誤。其録與黄、潘録不同，要未可據。世或以銖録在晚年，疑爲後來之論，故附辨之。

潛室陳氏曰：「伊川破否、泰卦變之説，故以卦變皆從乾、坤來。蓋與其主否、泰，寧主乾、坤。乾、坤猶卦之父母，否、泰則甚無義。若知諸卦皆可變爲六十四卦，則主乾、坤者猶非，況否、泰乎？卦變之法，一卦可變爲六十四卦。如賁之變，主內卦則自損而來，主外卦則自既濟而來。此晦翁之通例，不必三陰三陽皆可推也。」此條見大全啟蒙考變占小注。案：潛室親受業於朱子，而於卦變主啟蒙三十二卦圖。謂自否、泰來者無義，則知本義卦變圖「自復、姤而來，自臨、遯而來，自泰、否而來」者，斷斷非朱子所作矣。其謂賁之卦變，爲晦翁之通例，則尤爲明證也。

曼淵録云：「八卦次序是伏羲底，時未有文王次序。三索而爲六子，這自是文王底，各自有這道理。」又録云：「大概乾求於坤而得震、坎、艮，坤求於乾而得巽、離、兑。一二三者，以其畫之次序而言之也。」易説以此條爲黄顯子録。案：本義、啟蒙不言次序，而淵録言之。如胡伯量之本義圖，董叔重録與卦變圖合，是皆於九圖略有彷彿，而卒未敢明言九圖之出於朱子也。故嘗疑九圖乃門人所纂輯，而託之朱子者。蓋自理宗寶慶以後，朱子之學大行，諸門人亦爲世所尊信，凡其所作，無有擬議之者。流傳既久，不復可别。迨大全合本義於易傳，世乃以爲朱子之書，並本義原本亦不之考，況能辨九圖之是非乎？

啟蒙：「坤求於乾而得震、坎、艮，乾求於坤而得巽、離、兑。」淵録明與之反。自是誤記，則次序之云，亦亞夫之意，非朱子語也。九圖於文王八卦次序圖後但云「右見説卦」而無其説，蓋以與本義、啟蒙皆不合。天台、鄱陽附載啟蒙解，於次序無當也。梅邊本除去「右見説卦」四字，亦不載啟蒙解，豈亦覺其誤與？

論尚書敘録

元臨川吴氏作尚書敘録，前載今文，而别繫古文於後。其後爲纂言，則盡去古文，而獨注今文二十八篇。明震川歸氏因其説，亦爲敘録，而纂言則未之見，乃以其意釐爲今文。歸氏書，今亦未之見也。

余嘗以兩敍録考之，大都辨古文之僞，其説皆是，而亦不免小誤。蓋伏生之書出於壁藏，以多所亡失，僅存二十九篇，而鼂錯往受其學，原非口授，兩漢儒林傳所載甚詳。至書序云：「伏生失其本經，口以傳授衛宏。」序云：「伏生使其女傳言教錯，錯所不知，以意屬讀。」明與儒林傳不合。乃一手僞作，互相印證，以飾其僞。其爲謬妄顯然。至泰誓後得，據陸氏釋文，自在二十九篇之外，爲三十篇。藝文志古經四十六卷，以三十篇合之，安國增多十六篇，正得此數。張霸百兩篇，當時已廢不行，與古經初無所涉，亦自明白可案。吴氏力攻古文，而反引書序、衛序以斷伏書，謂「今文二十八篇，乃伏生所口授，而鼂錯所屬讀者」；又謂「古經即張霸僞書」。歸氏亦謂「伏生垂如綫之緒於女子之口」，又謂「古經，漢世之僞書，班史以別於經，不以相混」。是皆爲顔注、孔疏所誤，可謂目察秋毫而不見其睫也。安國增多之書，略見於史記、班志，其文多斷續不可考，必有譌缺。王莽時雖立學官，旋以廢罷。東漢又重讖緯之學，是以其書不傳。馬、鄭諸儒皆未之見。而東晉所上之書，疑爲王肅、束晳、皇甫謐輩所僞作。其時未經永嘉之亂，古書多在，採摭綴緝，無一字無所本，特其文氣緩弱，又辭意不相連屬，時事不相對值，有以識其非真。而古聖賢之格言大訓往往在焉，有斷斷不可以廢者。凡分別古今文之有無，自朱子始，而朱子於周禮王會解已自發其例。蔡傳亦朱子所命，而不及見其成，疑當更有所釐正。如吴氏之前載今文，而別繫古文於後，若纂言一決而去之，則大不可也。至於姚方興之二十八字，昔人已明言其僞，直當黜之無疑，敢因兩敍録而申論之。又考鄭注、逸書別有舜典、大禹謨、益稷等篇，雖得之傳聞，恐爲安國之舊，微言奧義，必有一二存者。而散亡磨滅，無一語見於世。韓退之云：「平生千萬篇，金薤垂琳琅。流落人間者，泰山一毫芒。」典謨訓誥之重，萬萬非詩篇比也，而百不傳其一二，使後世不得見二帝、三王之全。嗚呼，惜哉！

泰誓在二十九篇之外，則伏生書少一篇，疑是書序。史記本紀多載書序，又有與今書序不同者，或是伏生所傳也？鄭注有亡書，有逸書。亡書即壁内所藏，亡失數十篇；逸書則逸而不傳，蓋安國書也。朱子嘗言「或者以爲今文自伏生女口授鼂錯時失之，則先秦古書所引之文皆已如此」，固已不信口傳之説。而又有「暗誦者偏得其難，而考文者反得其所易」之語，此偶有所未及察，故曰「義理無窮，精力有限」。朱子於臨没，尚修楚辭注，改大學誠意章注，其孳孳不已如此。後之人偶有一得之見，而斷然自信，不復致疑，抑未知於古人何如也！

家禮攷

家禮，非朱子之書也。家禮載於行狀，其序載於文集，其成書之歲月載於年譜，其書亡而復得之由載於家禮附録。自宋以來，遵而用之，其爲朱子之書，幾無可疑者。乃今反復攷之，而知決非朱子之書也。李公晦敍年譜，家禮成於庚寅居祝孺人喪時。文集序不紀年月，而序中絶不及居喪事。家禮附録陳安卿述朱敬之之語，以爲此往年僧寺所亡本，有士人録得，會先生葬日攜來，因得之。其「録得」、「攜來」，不言其何人，亦不言其得之何所也。黄勉齋作行狀，但云：「所輯家禮，世所遵用。其後多有損益，未及更定。」既不言成於居母喪時，亦不言其亡而復得。其書家禮後亦然。敬之，朱子季子；公晦、勉齋、安卿，皆朱子高第弟子，而其言參錯，不可攷據如此。案文集朱子答汪尚書書、與張敬夫書、呂伯恭書，其論祭儀、祭説往復甚詳。汪、呂書在壬辰、癸巳，張書不詳其年，計亦其前後也。壬辰、癸巳距庚寅僅二三年，家禮既有成書，何爲絶不之及，而僅以祭儀、祭説爲言耶？陳安卿録云：「向作祭儀、祭説甚簡而易曉，今已亡之矣。」則是所亡者乃祭儀、祭説，而非家禮也，明矣。文集、語録，自家禮序外，無一語及家禮者。惟與蔡季通書有「已取家禮四卷納一哥」之語，此儀禮經傳通解中家禮六卷之四，而非今所傳之家禮也。甲寅八月跋三家禮範後云：「嘗欲因司馬氏之書，參攷諸家，裁定增損，舉綱張目，以附其後。顧以衰病，不能及已。後之君子，必有以成吾志也。」甲寅距庚寅二十年，庚寅已有成書，朱子雖耄老，豈盡忘之，至是而乃爲是語耶？竊嘗推求其故，此必有因。三家禮範跋語而依仿以成之者，蓋自附於後之君子，而傳者遂以託之朱子所自作。其序文亦依仿禮範跋語，而於家禮反有不合。家禮重宗法，此程、張、司馬氏所未及，而序中絶不言之，以跋語所未有也。其年譜所云「居母喪時所作」，則或者以意附益之爾。敬之但據所傳，不加深攷，此如司馬季思刻温公書之比。公晦從游在戊申後，其於早年，固所不詳，祇敍所聞以爲譜。而勉齋行狀之作，在朱子没後二十餘年，其時家禮已盛行，又爲敬之所傳録，故不欲公言其非。但其辭略而不盡。其書家禮後，謂經傳通解未成，爲百世之遺恨，則其微意亦可見矣。後之人以朱子家禮季子所傳，又見行狀、年譜所載，廖子晦、陳安卿皆爲刊刻，三山楊氏、上饒周氏復爲之攷訂，尊而用之，不敢少致其疑。然雖云尊用其書，實未有能行者，故於其中謬誤亦不及察，徒口相傳以熟文公家禮云爾。惟元應氏作家禮辨，其文亦不傳，僅見於明丘仲深濬所刻家禮中。其辨專據三家禮範跋語，多疏略，未有以解世人之惑，仲深亦不然之故。余今徧攷年譜、行狀及朱子文集、語録所載，俱附於後，而一一詳注之。其應氏、丘氏語亦並附焉。其他所摘謬誤亦數十條，庶來者有以知家禮決非朱子之書，而余亦得免於鑿空妄言之罪也夫。

孟子序説攷

案史記：「梁惠王三十六年，子襄王立。襄王十六年卒，子哀王立。齊湣王十年，齊人伐燕。又二年，燕人立太子平。」通鑑：「梁惠王三十六年稱王，爲後元年。又十六年卒，子襄王立。」而無哀王。齊宣王十九年，齊人伐燕。是年宣王卒，子湣王立。又二年，燕人立太子平。其不同如此。朱子綱目一依通鑑，而序説、集注則從史記，亦有不同。今攷沈莊仲所録朱子語，以編年當從通鑑，伐燕當從史記，而孟子齊宣王當從齊湣王。此爲晚年定論，而大全不載其語，諸儒亦無及此者。故據史記、戰國策、荀卿及汲冢紀年、古史諸書一一疏通證明之，俾後之讀孟子者有攷焉。至仁山金氏、新安陳氏所云，亦附辨於後，庶無疑於其説。未知世之君子以爲何如也。

汲冢紀年：「魏惠成王之三十六年稱王，更爲一年，又十六年卒，今王立。」其敍事盡今王之二十年，時未卒，故不稱謚。惠成王即惠王，今王即襄王也。杜預春秋集解後序言汲郡人發古冢得之，晉書言發魏襄王冢。其曰或云魏安釐王冢則非。安釐王距襄王已歷兩世，不得稱襄王爲今王也。

世本：「魏惠王卒，子襄王立。襄王卒，子昭王立。」即無哀王。此可爲紀年之證。故通鑑據紀年以改史記。語録謂通鑑此一節爲是，而序説不著紀年、通鑑之異同，集注亦略之，蓋疑焉而未定也。

語録謂發安釐王冢，此襲晉書之誤。

史記孟子列傳：「先游齊，事齊宣王；後適梁，見梁惠王。」於伐燕則略之。故古史謂：孟子先事齊宣王，後乃見梁惠王、梁襄王、齊湣王。此本史記，而又合以伐燕之事，故以爲再至齊事齊湣王也。案孟子先見梁惠王、梁襄王，後事齊宣王，敍次甚明。又載於崇見王，及致爲臣而歸，始末詳悉，初無再至齊之事。則史記、古史之誤，不可從也。魏世家：「惠王之三十五年，孟子至梁。」以年表計之，又二十三年，齊湣王伐燕，又二年，燕人畔，其時孟子方在齊。當孟子見惠王時，惠王已稱爲叟，度其年五六十矣。更二十五年，孟子年蓋逾八十。而致爲臣而歸，又在燕人畔之後，齊王安得有繼此得見之語？而孟子亦不得有舍我其誰之歎也。以此攷之，則史記、古史之誤愈明白矣。

史記惠王未嘗稱王。襄王元年，齊、魏會於徐州以相王，始追尊惠王爲王。然孟子則書見梁惠王，與言皆稱王。或者以爲著書之時追稱之，則與王言不得稱王也。史記知其不合，乃改王爲君，蓋失其實。又惠王自言三敗之事。齊虜太子申，在惠王之三十年。而喪地於秦，辱於楚，則魏世家惠王時無其事。襄王五年，予秦河西地。七年，盡入上郡於秦。此則所謂喪地於秦七百里者。十二年，楚敗我襄陵。楚世家：「懷王六年，柱國昭陽破魏於襄陵，得八邑。」即襄王之十二年。此則所謂南辱於楚者。杜預以史記誤分惠王之後元年爲襄王之元年，以此證之，則史記之誤無疑。故孟子實以梁惠王之後十四五年至梁，而史記既誤分後元年爲襄王，遂移之三十五年。通鑑既依紀年以改史記，而於孟子至梁，仍從史記。以惠王之三十五年，則距襄王之立凡十七年。孟子在梁，無如是之久，而書梁事亦不得如是之略。此又通鑑之誤，不可從也。以梁惠王「寡人恥之，願比死者一洒之」語攷之，則卑禮厚幣以招賢者，必在其時。自是後十二年以後事。而孟子至梁，又在其後，明矣。

通鑑據孟子，以伐燕爲齊宣王。而宣王卒於周顯王之四十五年。又三年，慎靚王元年，燕王噲始立。又七年，齊人伐燕。則不可以爲宣王之事也。於是上增齊威王之十年，齊威王卒於周顯王之二十六年，通鑑卒於周顯王之三十六年。史記齊威王在位三十六年，通鑑在位四十六年。下減湣王之十年，齊湣王即位於周顯王之四十六年，通鑑卒於周赧王之二年。史記湣王在位四十年，通鑑在位三十年。而移宣王之十年以就伐燕之歲。其增減皆未有據，而又以伐燕爲宣王時，燕人畔爲湣王時，與孟子亦不合。此序説所以疑焉，而不敢質也。齊湣王初年，彊於天下，與秦爲東西帝。其所以自治其國者，亦必有異矣。末年，驕暴，以至於敗亡。此則唐玄宗、秦苻堅之比。玄宗開元之治，幾於貞觀；苻堅始用王猛，有天下大半，其初豈可不謂之賢君哉？故孟子謂「以齊王由反手」，「王由足用爲善」，皆語其實。而湣王之好貨、好色、好樂、好勇，卒不能以自克，末年之禍，亦基於此。後來傳孟子者，乃改湣王爲宣王，以爲孟子諱，蓋未識此意。語録疑門人改之，亦意其或然。大略傳孟子者私改之耳。今以宣王爲湣王，則處處相合，而通鑑之失，亦可置而不論矣。孟子在齊，約略之不過四五載。其去齊，當在湣王之十三四年，下距湣王之歿，更二十五六年，孟子必不及見。若孟子所自著，則不得稱謚；即門人記其所言，亦未必定在一二十年後也。故公孫丑兩卷皆稱王，而不稱謚，乃其元本。而梁惠王兩卷則稱宣王，其爲後人所增，無疑矣。孟子之卒，不詳何時。然去齊時，年當六七十矣，必不及見湣王之没也。

通鑑從紀年，改襄王之年爲惠王後元年，此爲最得。而仍謂孟子以惠王之三十五年至梁，則其誤也。序説有疑於通鑑，故於惠王、襄王之年皆不詳注，而於孟子至梁之年，仍本史記。至於惠王言喪地於秦，則引十七年秦取少梁，其事爲已遠。又云數獻地於秦，攷之魏世家，惠王初無其事。魏世家止言秦用商鞅，收地至河，而不言獻地。商君列傳言魏割河西地以獻於秦，去安邑徙都大梁，而魏世家至襄王五年始予秦河西地，則商君列傳蓋通言之，非必三十五年前事也。又云與楚將昭陽戰，敗，亡其七邑，則襄王十二年事，不可以屬之惠王。此集注之未及改正者，當以語録爲定也。七邑，今史記作八邑。張氏存中謂與集注不合，未知孰是。今案：索隱注，古本作七邑。是史記元作七邑，而今本乃後來所改，集注蓋據元本。

仁山金氏謂：「齊宣王伐燕，孟子所見，以爲湣王，則荀卿所聞史記又所傳聞，不得以所聞、所傳聞而疑所見。」而以序説、集注之據史記以疑孟子爲未然。此皆失之不詳攷，而漫爲是言也。又據戰國策以伐燕爲齊宣王，不知戰國策亦後來以孟子而改。案：蘇秦死於齊湣王之初年，蘇秦死，蘇代乃出游説燕王，則代不得事齊宣王。而燕王噲即位於湣王之四年，則代之説燕王噲讓國，其非宣王時，明矣。仁山亦以通鑑改威王、湣王之年爲無據，而反欲據戰國策以證通鑑，此大誤也。

新安陳氏謂：「以淖齒事證之，湣王爲是。」此語不可曉。其謂「孟子以齊湣王爲齊宣王，乃傳寫之譌」，則略如語録之説，而亦不引語録爲證。又謂：「無所折衷，姑以綱目爲據。」綱目，朱子初年所修，多出於門人之手，後來欲更定而未及。序説則在其後，未可據此以疑序説。新安自爲騎牆之見，亦不必辨也。

答朱宗洛書

前辱手書，以病未及作答也。昨覆閱鄒琢老所寄年譜，其規模大槩本之尊公先生，而議論則多取愚說。所增入文集、語録，欲發明朱子學問次第，爲舊譜之所未及。其删削聯比，甚費苦心，而考訂歲月先後尤極精密，但不著舊譜異同，僅指摘其舛誤，間有增入數條，亦不言其所據；又以他人之説與己説混而不明，此則非著書之體也。主靜之説，前與尊公先生往復論難，卒不能合。大抵此等向上地位，與吾人相去甚遠，未可以意見窺測。今但以文集、語録求之，略見彷彿，非敢自立一論也。程子曰：「敬則自虚靜，不可把虚靜唤做敬。」又曰：「言靜則偏了。」而今且只道敬。」又曰：「若言靜，便入於釋氏之説也。」朱子之論本此，而發明尤詳。如曰「道理自有動時，自有靜時，不可專去靜處求。所以伊川説只用敬，不用靜，便説得平也。是他經歷多，故見得恁地正而不偏，此其大指亦瞭然矣」。朱子教人，專以四書集註章句，而集註章句未嘗有主靜一語。大學或問發明「敬者，聖學所以成始成終」最詳且盡，只言主敬，不言主靜也。主靜之説，出於周子。朱子作濂溪祠記凡四，未嘗一及主靜。以此爲證，更大煞分明矣。太極圖解以仁義中正分動靜，而言「非四者之外，别有主靜工夫」。其引翕而後闢，專而後遂，亦言其先後輕重之序耳。下言君子小人，只以敬肆分之，不及主靜也。尊公先生謂「必從主敬以透主靜消息」，以愚見妄論之，則既曰主敬，又曰主靜，心有二主，自相攙挐，非所以爲學。又主敬之上，更有主靜一層，未免頭上安頭，是太極之上又有無極，上天之載之上又有無聲無臭，恐其卒歸於虛無寂滅而已。朱子以靜爲本，必曰主靜之論，皆在己丑、庚寅間，壬辰、癸巳以後，則已不主此說。其或隨人說法，因病與藥，亦有以靜爲說者，而非學問之通法也。至於從居敬以透主靜消息，則反復朱子之書，未有所據，故未敢以爲信然耳。來示所云，與舊說略有不同，而未免以主靜兼說。至所論朱子爲學次第，以愚見求之，亦有未盡合者。蓋朱子自十五六時，即用力爲己之學，内外並進，齊頭用功，未嘗有偏。即其出入老、釋，亦從心地本原處用力，故延平言其從謙開善處下工夫來，皆就著裏體認。至於考釋經書，講磨義理，則自其時用心爲已極矣。及見延平，始悟老、釋之非。其於考釋講磨，益以精密。獨受求中、未發、默坐、體認之旨，反而求之未有以自信，是以延平歿而往問南軒。已而自悟心之動靜皆爲已發，而未發爲性體，自以爲無疑矣。比至潭州，與南軒論不合。朱子謹守師說，而南軒以求中、未發、默坐、澄心爲不然，至未發、已發則無以異。其後又卒從南軒受胡氏之學，先察識，後涵養，戊子諸書皆主此論。己丑春，乃悟已發、未發之各有界地時節，於是改從程子，而於未發，復尋延平之說。又至庚寅，乃極言「敬」字用功親切之妙，拈出程子「涵養須用敬，進學則在致知」二語，與呂東萊、劉子澄書，與延平之云亦少異。自是指歸一定，終身守之不易。若三十年以來，考釋講磨之功，雖有淺深精粗之異，而未嘗一日廢也。蓋於答江元適書，而知戊寅前出入釋、老之非；於答薛士龍書，而知己丑前馳心空妙之失；於答陳正己書，所云「中間非不用力，而所見終未端的，所言雖或誤中，要是想像臆度」，則自己丑以前，亦非錯用功夫也。又云：「反復舊聞而有得焉，乃知明道先生『天理』二字自家體貼出來者爲不妄。」此亦自明所得，非延平之傳所能盡矣。來示云：「見延平後一意於格致上用功，已丑悟未發之旨，乃知主敬涵養爲學問本領。」似未免説成兩截，非所以言朱子之學也。又前云主靜涵養，後云主靜持守中，又有『主敬持守』字，未知涵養工夫主敬乎？主靜乎？蓋敬可以貫動靜，而靜不可以該動，其不可混而爲一，明矣。來示又言：「於一本涵養栽培，而平日之銖積寸累者，皆豁然貫通。」此亦似説成兩截。又云：「及造之熟，則至虛至靈之中，萬理咸備。」是豁然貫通之後，又有造之、熟之一層矣。大學或問云：「盡心之功，巨細相涵，動靜交養，初無内外精粗之擇。及其真積力久，而豁然貫通，則有以知其渾然一致，而無内外精粗之擇矣。」補傳云：「及其一旦豁然貫通，則衆物之表裏精粗無不到，而吾心之全體大用無不明矣。」夫衆物之表裏精粗無不到，而吾心之全體大用無不明，是所謂渾然一致者，非「衆物之表裏精粗無不到」後又有一層工夫，而後「吾心之全體大用無不明」也。至虛至靈之中，萬理咸備，此惟顔、曾方能與此，子貢以下所不得聞。今日何敢擬議及此？然嘗聞之程子曰：「性中只有仁義禮智而已，何嘗有孝弟來？」又曰：「在物爲理，處物爲義。」是所謂萬物咸備者，即或問所云「心之虛靈，足以管乎天下」之理，非必事事物物納入心中，而後徐徐自此出之也。陳白沙曰：「一片虛靈萬象存。」楊慈湖默自反觀，覺天地萬物通爲一體，非心外事，與此亦復何異？而何以爲禪學乎？即云從格致得來，非由反觀而見，亦朱子所云「別有一物，光明燦爛，動盪流轉，必要捉取此物，藏在胸中，而後別分一心，出以應事接物也。毫釐間，其不陷而入於虛無寂滅者，幾希矣」！凡此皆與鄙見有未盡合處，輒爾妄言之，亦未知其是否也。尊公先生閉户讀書，不涉世事，於靜中大有得力處。其於文集、語類反覆推尋，非儔輩之所能及。今日當識其苦心用功，及其自得處，而於小小離合，自可置而不論。顧念創始之難，而思有以賡續成之。常欲以文集、語類一一考其前後，而極異同之趣。其中可疑者，亦各疏於其下，以待後人之考證。此不過言語文字之間，而於學問源流，實大有關係。今已衰且病，度不足以了此望，足下與星兄共有以成之也。嘗妄論朱子少時，知行並進，幾類於生知安行，無積累之漸者。及己丑、庚寅後，指歸一定，終身不易，又與孔子之「不惑」，孟子之「不動心」略同。其後，則所謂「獨覺其進，而人不及知」者。語録載朱子言六十一歲方始無疑，又云「上面隔得一膜」，此皆謙己誨人，有而不居之辭。而或者以爲晚年始悟，不亦妄乎？朱子曰：「曾子工夫，只是戰兢臨履是終身事，中間一唯，乃不期而會，偶然得之，非別有一節工夫做得到此。而曾子本心蘄向，必欲得此而後施下學之功也。」其言最爲明了。今日學朱子之學者，只於平實切近處加功，默默做去，而至於豁然貫通境界，且可置之。雖云射者之的，行者之歸，而行遠自邇，登高自卑。今遽妄論及此，正患朱子所訶，必欲蘄向得此，而後施功也。愚見若此，未知如何，幸有以訂正之。病後心思枯竭，語多冗長，前後亦有不相應處，亦不能復改正也。作字已，覆閲之，語多冗長，而喫緊處尚未分明，大抵此要分別「敬、靜」兩字。敬者，心在之謂，與「畏」字相似，即中庸之戒慎恐懼也。朱子曰：「當自整頓得醒醒了了，即未發時不昏昧，已發時不放縱而已。」此言似淺，而實盡之。故居敬窮理對言則分内外，以統體言則未有窮理不本於居敬者，此敬所以貫動靜，而可言主敬也。至於靜，則无思无爲，寂然不動而已。及其感而遂通，則爲動，而不名爲靜。故靜與動對，而別無不與動對之靜，此靜不能以該動，而不可以言主靜也。

蓋敬專以心言，動静則以時節言。如人閉户獨坐，默然無思，此静也。忽有一念之起，將禁之乎？忽有一事之來，將卻之乎？若以静爲主，必屏絶念慮，坐禪入定，則類朱子所云「貌曰僵，視曰盲，聽曰聾，言曰啞，思曰塞」者，而又必以静統動，則雖應事接物，而其心塊然如木石，一無所動於中，又朱子所謂「未發別爲一物，與已發不相涉入」而已。發之際常挾此物以自隨者，而豈理也哉！夫人之心不可以二用，當其動也，必不可別有一心以主静，此亦最易明之事矣。中庸戒慎恐懼，與慎獨時節不同，而工夫則一，此即敬貫動静之旨。既曰致中，又曰致和，此即静不可以該動之旨。未有致中而不能致和者，未有致和而不本於致中者，此正發明敬貫動静意，故曰體立而後用行。其實非有兩事，而一體一用，動静之殊，則終合并不得也。聖人發用處，在行達道時出之，而立大本溥博淵泉，爲行達道時出之之本。若止立大本溥博淵泉，則聖人之學亦無所用。來示云「自此而感，自此而通」，孔子六十九歲尚未敢云「從心所欲」，即七十「從心所欲」，尚著「不踰矩」三字。曾子一唯之後，戰戰兢兢，臨深履薄，死而後已，非自此感，自此通，遂都無事也。若云立大本又行達道，溥博淵泉又時出之，則仍是兩言之，而非主静之謂矣。翕而後闢，專而後遂，此不貞則無以爲元之義。以此爲主静之證，不又曰元爲四德之首，而貫乎天德之始終，不又可以主動乎？亦可以啞然而一笑矣。今之言主静者，據朱子「以主静爲本」、「必曰主静」兩書之語，皆在己丑、庚寅間。言主敬者，則據朱子大學或問「敬者，聖學之所以成始成終」，及甲辰答呂士瞻，戊申答方賓王書。楊道夫、葉賀孫、沈僩諸録，皆在甲辰、癸卯後，而大學或問則朱子之手筆，以爲垂世立教之大法者，其所據之前後得失，亦自曉然矣。陽明晚年定論所以惑世誣民者，在顛倒歲月先後，而詆四書章句集註爲未成之書。今將力攻其失，而不悟其覆轍，可乎？凡此數條，似較爲明晰。唯一屏諸説，詳考而較正之，則合并爲一，亦必有日矣。

附録

先生爲安慶府學教授時，教諸生「反之身心，真實體驗，行得一寸，便是一寸，行得一尺，便是一尺，空言全不濟事，亦不必深求，只於日用尋常行事處仔細檢點，不一毫放過，積漸久之，自然得力」。諸生聞之，有踴躍奮起者。先生子箴聽撰行狀。

先生嘗謂：「經學自朱子而大明，所謂言六藝者折衷於夫子。元、明諸儒解經者，病於疏略，或患蕪雜。其矯然特出者，多一用己意，自名所學。明永樂中修五經大全，大較以朱子爲宗。而去儀禮、周禮，專重禮記，春秋盡廢左氏、公羊、穀梁，非朱子之指。其所載朱子語，皆割裂刪削，且有脱漏，而於諸儒之論，去取一無所準，今宜更加刪定。注疏爲程、朱所自出，其言名物度數，所當具列。至諸儒則辨其異同，考其離合，精擇而慎取之。而凡朱子之言，詳考備載，不可以遺也。」先生之論經，規模意例大略如此。同上。

唐鏡海曰：「先生與朱湘陶爲切磋友，存稿中答湘陶書三。湘陶殁，又重答其書，拈來書語，分十二則詳細辨之。謂就來書剖判，自不免於破碎繚繞之病。然謂主敬窮理以透涵養未發，主静立極之功則斷斷非是。此可信其不誤者。又書重答湘陶書後引董叔重問語而分釋之，以決宗旨在主靜者，失朱子垂世立教之意。則先生之端學術，爲洛、閩傳正脈，爲陽儒陰釋絶假託者，其慮亦至深遠矣。」學案小識。

白田交游

朱先生軾

別爲高安學案。

蔡先生世遠

別爲梁村學案。

方先生苞

別爲望溪學案。

朱先生澤澐

朱澤澐字湘陶，號止泉，寶應人。諸生。生而端慤，爲兒童不好嬉戲。得程畏齋讀書分年日程，即尋其次序，刻苦誦習。嘗講求經世之學，凡天文躔度，山川形勝，以及水利河渠，農田社倉，學校諸法，考核精詳。又學天文於泰州陳先生曙峯，久之有志於聖人之道。念朱子之學，實繼周、程，紹顏、孟，以上溯孔子。有謂朱子爲道問學，陸、王爲尊德性者，以是蓄疑於中，復取朱子文集、語類觀之，潛思力究，至忘寢食。初從中和舊說序已發未發說，與湖南諸公、答張欽夫書，知其用功親切。惟在靜中持守，動中省察，而又以靜中之動，動中之靜，終未融澈，不能無疑，乃玩答陳超宗、陳器之、林德九、林擇之書、玉山講義及太極圖說、西銘注解，恍然悟未發時四德渾具，自有條理，已發時四端各見，品節不差。而語類中陳北溪所録窮究根源來歷一條，爲教人入門下手處。由是深信朱子居敬窮理之學，爲孔子以來相傳的緒，不可移易。蓋居敬者，存其天理之本然，而非空寂。窮理者，窮其天理之條件，而非外馳。故從來道問學莫如朱子，尊德性亦莫如朱子。彼執尊道分途以爲早晚異同之論者，豈知朱子者哉！嘗講學錫山，通書關中，皆闡明朱子之學。雍正六年，同邑劉艾堂官直隸總督，奉詔舉所知一人，擬疏薦先生。先生作書懇辭，乃免。晚得脾疾。一日讀易至益卦，謂其子光進曰：「益象言遷善改過，此功夫無時可已。直到曾子易簀，猶是進益處。」又曰：「聖賢功夫，正於困苦時驗之。若稍縱弛，便至墮落，可不懼哉！」疾甚，吟邵康節詩，怡然而逝，年六十七。著有止泉文集八卷、外集五卷、朱子聖學考略十卷、學旨、朱子誨人編、先儒闢佛考、王學辨、陽明晚年定論辨、吏治集覽、師表集覽、保釐集覽各若干卷。參史傳、王箴傳撰行狀、沈錫鼎撰傳、學案小識。

文集

朱子未發涵養辨一

主敬存誠，即所以涵養於未發，以貫通乎已發，實用力者自喻其微。然朱子未發涵養一段工夫，原極力用功，後儒爲之諱者，其防微杜漸之意，自有所在，特以陽明晚年定論一書，取朱子言收放心存養者，不分早晚，概指爲晚年，以明朱、陸合一，定學者紛紜之議。若更言涵養是羽翼，陽明無以分朱、陸之界，故概不置詞，俟學者自爲尋討，可謂用意深遠矣。然朱子涵養，原與陸、王兩家不同，乃有所避忌。不顯明指示，無以闡朱子涵養之切要，且益增章句文義之譏，而目爲道問學之分途矣。縱有言及者，又似自陳所見，按之朱子涵養切要之序，不甚相合。蓋朱子於程子未發之旨辨之精，有一毫之未當，不敢以爲是；思之切，有一毫之未信，不敢以爲安。驗喜怒哀樂之前氣象，而求所謂中者，延平得之豫章，以上承龜山、伊川者也。凡言心者，皆指已發。而言程子之言也，與其信程子轉相授受之言，不如信程子之言親切而有味。是以用功於察識端倪，而不以觀心於未發爲然。然惟其辨之精，思之切，有一毫之未當、未信者，不敢以爲是而安，故於季通辨論之餘，疑而悔，悔而悟，反覆於程子諸說，而自覺其少涵養一段工夫也。朱子悟涵養之旨，自己丑始。悟涵養之旨，無諸賢之弊，亦自己丑始。集程子諸說，參而求之，會而通之，因疑心指已發之未當而不可信，始悟心兼體用，必敬而無失，乃所以涵養此中，必實致其知，日就光明而學乃進也。悟心兼體用，而有涵養於未發，貫通乎已發之功，則向來躁迫浮露之病可去，而有寬裕雍容之象矣。悟敬以涵養又必致知，則絶聖去智、坐禪入定、歸於無善無惡之弊有所防，而陽儒陰釋之輩無所假借矣。自此以往，涵養之功愈深，所見愈精，本領愈親。如涵養於未發之前，則中節者多。湖南諸友無前一截工夫，則有答林擇之書；平日有涵養之功，臨事方能識得，則有答胡廣仲之書，此尤章章可考者也。夫以朱子好學之篤，功力之專，自不數年而體立用行。然猶需之數十年者，亦有説焉。答吕伯恭、周叔謹輩，往往從涵養中自見支離之失而不諱，固所以致友朋，箴來學，而自己之由疏而密，由淺而深，亦層進而有驗。蓋涵養而略於理者易，涵養而精於理者難；涵養而處事不當者易，涵養而事理合一者難；涵養而偏於静者易，涵養而動静合一者難。朱子自四十後，用許多工夫，漸充漸大，漸養漸純。至丙午答象山，有「日用得力」之語。至庚戌，有「方理會得恁地」之語。又曰：「幸天假之年，許多道理在這裏，所謂涵養於未發而貫已發者，心理渾融無間，而歸於一矣。」要其用功，一遵程子涵養之序如此。此直上溯伊川，以接子思子之脈者。原與後世陽儒陰佛，假未發之旨，以實行其不思善、不思惡之術者，較若黑白，亦何爲有所避忌而不言哉！或曰：「子言朱子涵養之序詳矣。彼援朱入陸者，方爲晚同之論，以混於一，吾子之言，得毋中其欲而賫以糧乎？」曰：「不然。彼良知家，多言朱子晚年，直指本體以示人。今朱子之書具在，如答度周卿、晏亞夫、潘子善、孫敬甫諸書，皆六十以後筆，皆以涵養致知爲訓，曷嘗單指本體乎？其言涵養也，莫精於答吕寺丞「純坤不爲無陽，無知覺之事而有知覺之理」。其言進學在致知也，莫精於答張元德横渠成誦之説最爲捷徑。此皆甲寅、戊午後之言，又何嘗不以涵養致知爲訓？又何嘗單指本體與良知家有一字之同乎？如單指本體，不惟理不能窮，中無所得，即所養者，亦無理之虚靈知覺，正朱子所云「一場大脱空」者，亦不俟明者而知之矣。

朱子未發涵養辨二

朱子之色莊言厲，行舒而恭，坐端而直，言貌之涵養者然。整容正坐，緩視微唫，虛心涵泳，切己體察，讀書之涵養者然。靜而常覺，靜之涵養者然。動而常止，動之涵養者然。仁之包義禮智也，求仁之涵養者然。仁義禮之歸於智也，藏智之涵養者然。歷觀朱子註疏纂輯删述粹精之理，居官事君治民忠愛之道，立身行事之大小，無不皆然。此所以動靜周流，皆貫通於涵養未發之中者也。然其間尤有當辨者。朱子曰：「敬字工夫，貫通動靜，但以靜爲本。」言乎主敬而靜也。程子曰：「敬則自虛靜，不可把虛靜唤做敬。」言乎主敬則無弊，主靜則有偏也。二説不同，亦自相須。必以敬爲主，肅然收斂，無有雜念，乃是性體。此下手要著敬到熟處，自然一念不雜而靜。朱子無時不敬，無時不靜，敬靜一者也。若有意於靜，而不知主敬，誠有如程子所言者。故朱子答胡季隨、吕寺丞講「戒謹」、「慎獨」二節，言徹頭徹尾，隨時隨處，無不致其戒懼之力；於獨之起處，尤爲切要，更加謹懼，所以涵養須用敬。庶幾有未發之中以省已發，慎所已發以全未發之中，而用敬、用靜之不可不辨也。朱子言未發，見於語類者詳；見於文集者，僅答擇之、廣仲數書，其他不多有；惟答吕寺丞再三言之，至於辨以未發爲太極爲不是。未發者，太極之靜；已發者，太極之動，尤極細密。若以未發爲太極，勢必直趨靜寂一路，不至於遺棄事物，專守本體不止。故答張元德有「特地將靜坐做一件工夫，卻是釋子坐禪」之語。謂延平行狀下得重者，殆指此耳。試取玉山講義答陳器之書讀之，至靜之中而四德畢具，渾然一理有燦然者存，是安得第言未發，不詳所以涵養，即所以立人極，而陷於無善無惡之説，此尤不可不辨也。

貴人性

天地以一元之氣生物號萬，而鍾於人者爲靈且秀，遞生遞長，不知幾千萬年而有己之身。以己之身，視飛走愚蠢之物，豈不貴哉！其所以貴於物者，何也？以其有仁義禮智也，以其知仁知義知禮知智也，以其行仁行義行禮行智也，烏得不貴也？以是問之人，人亦曰貴也。以是問人之何以不求仁義禮智也？曰：吾飲食之不遑而暇此也。禽曰：吾謀飲而謀食。獸曰：吾謀飲而謀食。人亦曰：吾謀飲而謀食。形不同於禽獸，而飢渴之私與禽獸同，烏在其可貴也？人且曰：吾有惻隱、羞惡、辭讓、是非之心，而禽獸無知，惡乎不貴？然而騶虞仁矣，鶻有義矣，雁有序矣，黄鳥知止矣，人亦安得以惻隱、羞惡、辭讓、是非之心駕乎其上？然而貴於物者，何也？以禽獸有仁義禮智之偏，而人得其全，而又能知而行之，是以貴也。豈獨貴於物，且貴於庶民。民之生也，其氣繁，其事雜，合十三省一千三百八十二州縣之民不啻千萬，分四民而計之，爲農者十之六，爲工、商十之三，府史、胥徒、醫卜、僧道、兵寇之屬十之一。以農、卒、工、商、府史、胥徒、醫卜、僧道數千萬之中而獨得爲士，不可謂非人之靈且秀者。乃農曰：吾謀飲而謀食。工、商曰：吾謀飲而謀食。府史、胥徒、醫卜、僧道曰：吾謀飲而謀食。士亦曰：吾謀飲而謀食。名則士也，實則同一謀飲食之心也，人之靈秀而貴者，如是乎哉？易曰：「百姓日用而不知。」孟子曰：「終身由之，而不知其道者，衆也。」百姓者，執一器，習一藝，耳不聞學士之講論，目不覩聖賢之書籍，篤在守業求知，不能不知無害。士日講求乎仁義禮智之説，而以詩書爲商賈之資，以文字爲錢鎛之具，期於獲食而止，異乎百姓之業，同乎百姓之心，是以百姓自爲矣。夫欲一千三百八十二州縣之士，皆不同乎百姓之存心，而聞聖賢之道，猶之欲一千三百八十二州縣之民之知道也。然一千三百八十二州縣之士，必有知所以異乎庶民之存心，而聞聖賢之道者，則君子之貴乎庶民，誠未易易也。董子曰：「知自貴於物，然後知仁義。」百姓貴於物，其去禽獸幾何？士貴於百姓，其去百姓之於禽獸又幾何？澐其懼之哉！

舍客氣

人之汩没利欲，不知立志者，吾無望焉耳。苟其能立，行己治家，與人涖官亦職，惟戾拘於氣也。古之哲人，有終日坐如泥塑人，接人是一團和氣者；有平居恂恂，若無甚可否，及酬酢事變，斷以禮義，截然不可犯者。古人豈生而然，變化之功，非一朝一夕。其克其偏戾也，如大將攻城破敵，必禽首禍，痛斷其根株乃止。其防其竊發也，如重門擊柝，惟恐暴客之至。其養其天君之和順也，如慈母育孤子，保護教訓，以爲一家主。亦以剛大之氣甚微，偏勝之氣易盛，不辨氣之消長，而爲氣所用，則後起之縱，更甚於有生之初，第曰氣拘之，終無益已。夫人之應事接物有理，不得以私行之。有理之極，不得以意見行之。無見於理，是以氣助私也；有見於理而未極，是以氣助意見也。氣助私者，剛至於暴，柔至於詐；氣助意見者，剛非其剛，柔非其柔。即以理治氣，而一時之氣之浮，氣之躁，氣之怯，氣之疏，有層見錯出者，是故欲靜其氣，必辨其氣之宜舍而舍之。舍氣以從理循理，而氣可化矣。或曰：「子之舍氣，非告子之勿求於氣乎？孟子深闢勿求之非，而以養氣示人，子亦悖於孟子矣。」曰：「非也。孟子所養者，正氣也；予所舍者，客氣也。配義者，正氣也；助私助意見者，客氣也。凡人之病，皆邪氣害之。庸醫不去其邪氣，則正氣不可得而長。今人之不病者寡矣，知其客氣之病而舍之，抑又寡矣。程子曰：『能於怒時遽忘其怒，而觀理之是非。』即舍客氣之說也。不舍客氣，而曰吾養吾氣，吾未見不病者也。」或曰：「氣猶水也。客氣，水之暴怒激盪也；正氣，水之流通舒徐也。豈激盪者一水，而舒徐者又一水乎？化客氣以歸於正，可也，乃曰舍之，是歧而二之矣。」曰：「人之有氣，與人之有心，同也。氣不可分，心又安可分乎？氣不可分客氣與正氣，心又安可分人心與道心乎？人心易私己也，己可克，客氣獨不可舍乎？能克，則化人心以聽命於道心；能舍，則化客氣以培植其正氣。不知分而二之，遽欲渾而一之，是不決泛漲洶湧之波，必挽之使入於不能容之道，豈能免於奔潰哉！」

孟子性善論

孟子之言性善，告子之言生之謂性，韓子之言性有三品，人皆知是孟子矣。韓子之說則非之，告子之說則大非之。非之，然也，而特未知孟子之所以是也。人性有仁義禮智，宜其皆仁人也，義人也，禮人、智人也，何以悖之者之多也？必曰生之非性。人不能不飲食，不能不婚嫁，廬舍、衣服不能絶，相生相養之道不能滅。既闢色即空、空即色之非，而又曰生之非性，是拒寇而齎之以糧也。孔子曰「性相近」，又曰「唯上知與下愚不移」。必曰性無三品，豈部婁可以植松柏，而牛蹏之涔可以生鱣鮪也？即執是以折二子，不惟不能服二子之心，已不足以語孟子性善之説。惟無得於孟子性善之説，勢必一折而黨二子。仲虺曰：「惟天生民有欲。」欲者，寒欲衣、饑欲食也。洪範曰：「沈潛剛克，高明柔克。」因質之異而克其過也。湯誥曰：「惟皇上帝，降衷於下民，若有恒性。」衷者中也，統元亨利貞之理而成性也。令天生人而食色自淡，氣質無偏，不失其仁義之性，行道人皆堯、舜也。禮樂刑政之設，其亦可以已也。古之聖人，何爲再三言之哉？孟子曰「人皆可以爲堯、舜」者，究乎理之本原，而教人之苦心也。堯、舜之所爲，至矣，神矣。如告之以日月之所以行，江湖之所以流，恭讓之所以安，禮而清也所以交於神明，樂而諧也所以和於鳥獸，人必驚且疑，以爲聖人之性爲之也，非吾儕之性爲之也。孟子憂人之一切諉之，故舉孝弟之道以見性之善，豈曰人盡堯、舜哉？如曰人何以不盡堯、舜？孟子必曰陷溺其心也。如曰人何以陷溺其心？孟子必曰人皆可爲堯、舜者，仁義之性自生而然。而陷溺其心者，食色之性、氣質之性有以累之。且夫孟子言性，未嘗不兼乎食色、氣質也。如「動心忍性」，「性也，有命焉」之論，顯以食色之性教人矣。其於氣質，雖無明訓，然褰何以不似人君？宣何以足用爲善？教何以分而爲五？而專言性善者，欲後世有識之士分而别之，不使混而雜之。及乎宋儒，非不欲隱食色之性、氣質之性，直指之曰性善，無如不言食色而相生相養之欲自在，不言氣質而智愚區别之數日分。故周子之五性感動，程子之論性論氣，張子之合虚與氣，先後發明。人知宋儒發前人所未發，而不知皆孟子所包涵藴蓄者也。人知孟子專言性善，而不知其囊括書義，而淵源於孔子，以啟宋儒也。惟明乎孟子性善之故，孰爲食色之性不以害仁義，孰爲氣質之性不以害仁義，雖六經之教，二帝、三王、羣聖人之道，不外乎此。彼二子者，崇食色以排仁義，專尚氣質而不識天命之原，執麤而賊精，泥偏而遺全，如之何其可也？

養民

天下有其人至賤，其力足以有爲，散之不見其多，聚之足以爲亂者，閒民也。古之閒民十之一，今之閒民十之六，通都大邑之閒民十之三，窮荒州縣之閒民十之六。有無田之閒民，有無業之閒民，有有田而無田、有業而無業之閒民。夫民何可以閒？知其爲閒民，而不處之使自力，幾何而不爲亂也！自井田毀，限田之制，累朝不能行。非通都大邑、財貨聚積之所，則取財之途不廣，謀生之術無所施。周禮九職曰閒民。閭師：「凡無職者出夫布。」孟子曰：「廛無夫里之布。」廛之設也，所以處閒民；夫布之罰也，所以驅閒民使業廛。三代聖王，位閒民有地，教閒民有法，閒民之多寡有無，上皆知其數而措置之。今則督撫不問，郡守不問，州縣不問。豐歲優游坐食，一遇凶荒，相聚爲非，何所不至。夫吏之於民，州縣爲親。近日州縣之吏，司錢穀之出入而已，百姓多寡虛實之數不知也；司催科之緩急而已，百姓流離生死之故不知也。災祲猝至，閒民嗷嗷，仰望官粟。給之不足於用，不給展轉溝壑，擊目傷心。一歲飢則爲盜，再歲、三歲飢則爲寇；一郡飢則流離就食，一二省飢則寇盜之變有不可言者。呂祖謙曰：「上者修先王預備之政，其次修李悝之政。」不修預備，而講求於臨時，未見其有濟。先王預備之政，自井田毀，數千年不復。呂氏猶以此爲上者，貴得其意耳。詩曰：「嗟嗟保介，維莫之春。亦又何求，如何新畬。」月令曰：「王命布農事，命田舍東郊，修封疆，審端徑術，善相丘陵、阪險、原隰，土地所宜，五穀所殖，以教道民，必躬親之，農乃不惑。」古者設農官，親行田畝，教誨農事，至再至三。王制曰：「士無故不殺犬豕，庶人無故不食珍，庶羞不踰牲。」又曰：「九年耕，必有三年之食。」月令曰：「命有司趨民收斂，務蓄菜，多積聚。」古者有司教民蓄積，食時用禮，諄諄懇懇，非故事也。三代聖王養民之制縱不能復，猶得於載籍中推求其懷保無已之意，今並其意而亡之矣。既亡其意，即曰修補救之政，欲民不閒游坐困，豈可得哉！夫預備之政不復，徒存此區區之意，烏足以濟，而不知其非也？今日州縣之吏所漠然無有者，此意耳。責今日州縣之吏，使顛連無告之民，代種富民之田，定之以令，不行也，隨之以罰，不行也，又使顛連無告之民，日習百工之業，教之不勝教也，督之不勝督也。所望於州縣之吏者，惟此意也。今之爲吏者，有能致意於溝之、洫之、耕之、嬦之者乎？有能致意於食之、用之、節之、積之者乎？有其意，而行之不善，於民無益也；亡其意，而靦然處於民上，將焉用之？一邑之勢，養無田無業之閒民難，養有田有業之閒民易；養閒民於災荒之日難，養閒民於豐亨之日易。邑有里，里有鄉，鄉有圖，圖有老。一圖也，有田有業者幾家？有田不耕、有業不勤者幾家？無田無業傭工操作者幾家？老預教之，官親行之，教之以耕耨，教之以攻業，教之以濬畎澮，教之以遠服賈，教之以量食，教之以節儉，教之以多蓄積。民自爲積，先王預備之政也。官之教之，不以爲民之事，而以爲己之事。民之奉行，不以爲官之事，而以爲己之事。官之意入乎民，民之意體乎官，有田有業之民有所餘，無田無業之民有所賴，而又有常平、社倉、義倉之積，以備不時之用，此在吏之善爲之也。嗚呼！其亦難矣。漢、唐以來，養民之政，陵夷墮壞，無一存者。循吏如龔遂、朱邑輩，傳其人不傳其政。非政之不傳，一人之政而非一代之政，宜其不傳也。當此政敝壞、民游佚之時，望有循吏其人者因意以立政，立政以養民，豈不難乎？幸有其人，所用非所長，所長非所用，加之時勢之倥偬，賠補之累累，大吏之阻撓，奸宄之讒毀，卒不得志以去。坐使有田有業之民，樂歲終身苦，凶年不免於死亡，又何問乎無田無業之民乎？此有識者所深憂也！

止泉家學

朱先生光進

朱光進字宗洛，止泉子。少承家學，又從白田游，十四五歲即自治立省身法，長益致省察克治之功。於敬怠義欲辨之極明，終其身不少倦。性至孝，居母喪，以毀卒。著有過庭紀聞、梁谿紀聞、讀禮偶鈔、詩文集。參史傳、寶應儒林傳稿。

止泉弟子

喬先生漌

喬漌字星渚，號省齋，寶應人。少有氣節。水決子嬰隄，衆走避，先生獨倡率捍塞，不十日隄成，田穀數千頃獲保全。年近五十，始折節向學，受業止泉之門，遵朱子讀書法讀四書、六經，一反之身心體察之，有所疑，必相質難。止泉亟稱之，曰：「從吾游者多矣，異日仔肩斯道者，漌也。」嘗閱薛文清讀書録，至「知一字行一字，知一句行一句」，益痛自刻厲，自謂向道已晚，須用人一己百之功，因題其堂曰困學。聞弟卒江陵，即日冒雪行數千里扶櫬歸。乾隆元年，舉孝廉方正，辭不就。所著有日省録、訓子要言、困學堂遺稿。參史傳、揚州府志、寶應儒林傳稿。

清儒學案卷五十三

釣臺學案

釣臺學綜漢、宋，而以朱子爲歸。所著書皆存古義，通訓詁，考制度，闡義理。四庫提要稱其「不媿窮經之目，雖專主漢學者不相菲薄」，蓋所得粹矣。述釣臺學案。

任先生啓運

任啟運字翼聖，號釣臺，荆溪人。雍正癸丑進士。通籍時，年已六十有四。會世宗問有精通性理之學者，張尚書照以先生名上。特詔與同薦八人廷試，問太極圖大旨，進呈御覽稱善。於臚唱前一日引見，特授翰林院檢討，在阿哥書房行走，專授皇子讀，不與翰詹考試。世宗恩禮有加。嘗問及内典，以未學對。上曰：「朕知卿非堯舜之道不陳耳。」高宗御極，仍命直書房，充日講起居注官，累遷侍讀學士、左僉都御史、宗人府丞，充三禮館副總裁。乾隆九年卒，年七十五。先生少時，博覽强記，諸子百家，靡不探討。已以泛濫無益，乃一意治經。其學宗朱子，尤深於三禮。嘗謂「諸經已有子朱子傳，獨未及禮經」，乃著肆獻祼饋食禮三卷。以儀禮特牲、少牢、饋食禮皆士禮，因據三禮及他傳記之有關三禮者推之。不得於經，則求諸注疏以補之。凡五篇，一曰祭統，二曰吉蠲，三曰朝踐，四曰正祭，五曰繹祭。其名則取周禮「以肆獻祼享先王，以饋享先王」之文。較之黄幹所續祭禮更精密。又宫室考十三卷，於李如圭釋宫之外，别爲類次，曰門，曰觀，曰朝，曰廟，曰寢，曰塾，曰宁，曰等威，曰名物，曰門大小廣狹，曰明堂，曰方明，曰辟雍。考據精確。又禮記章句十卷，以大學、中庸朱子既成章句，則曲禮以下四十七篇，皆可釐爲章句，但所傳篇次序列紛錯，爰仿鄭康成序儀禮例，更其前後，併爲四十二篇。其有關倫紀之大，而爲秦、漢、元、明輕變易者，則衆著其説，以俟後之論禮者酌取。晚著周易洗心九卷，謂讀易當先觀圖，不外論語「五十以學易」之言。文、周卦畫自羲圖出，羲圖自河、洛出。五十者，圖、書之中也。然詮釋經義，觀象玩辭，實不盡從圖、書。生解文句，異同亦多。從馬、鄭、王弼、王肅諸家之本，即有不從，亦注某本作某，以存古義，非竟舍經談數。又有尚書章句内篇五卷、外篇二卷、尚書傳注四卷、附一卷，四書約旨十九卷、孝經章句十卷、清芬樓遺稿四卷、孟子時事考、夏小正注、逸書補、竹書證傳、竹書紀年考、白虎通正譌、女教經傳通纂、史要、女史通纂、田賦考、同姓名考、記事珠、家禮酌、任氏世録、任氏史册備考各若干卷。參德保、任泰、吴德旋撰傳、先正事略、四庫提要、釣臺遺書已刻待訪書目。

周易洗心序

易者，聖人洗心藏密之書也，而以爲卜筮作，豈其然哉？子曰：「以言者尚其辭，以動者尚其變，以制器者尚其象，以卜筮者尚其占。」曰：「聖人以此洗心，退藏於密。」蓋以言以動，乃君子下之用易；以洗心，則聖人之用易也。自河出圖，洛出書，而伏羲十言之教作，曰乾坤坎離震艮巽兑消息。渾然一圖，目擊而心喻焉耳。嗣後開之代圖以畫，或演爲連山，或演爲歸藏，文字漸興，要於義未盡。文王參取二書，更互演繹，然後六十四卦之名定；作爲彖辭，以明内外二體用九用六之大旨。周公又析六爻，觀其承乘應變互易，而後萬物之情，凡所爲愛惡相攻，遠近相取，情僞相感，千態萬狀，無不畢見其中。而以至一馭至繁，以至常待至變，則非洗心莫由也。孔子懼人僅以文辭視之、卜筮用之也，故于大象，指其學之之實曰：「君子以自强不息。」此即大學「明明德」之功。曰：「以厚德載物。」即大學「親民」之事也。曰：「多識前言往行，以格物而致知。」曰：「見善則遷，有過則改，所以誠意。」曰：「懲忿窒慾。」曰：「言有物，行有恒，以修身而齊家。」餘若建國、親侯、制度、作樂、慎行、治曆諸事，基於童蒙育德，極於天地之輔相裁成，治平大法略具，而獨無一卦及正心。周公咸、艮二卦，取象人身。咸之四曰：「憧憧往來。」明動之過。艮之四曰：「艮〔一〕其限，危熏心。」明心之過。言其失養，不言所養。而子大象傳，獨於正心未及。非不及也，心者天地萬物之統會，舉天地萬物有一物不若于道，即于吾心有未安；吾一息不與天地萬物相通，即于吾心有未盡。故舉天地萬物，而吾與之各安其位，各得其所，乃吾心之所爲正。而子于繫傳一言以蔽之曰：「聖人以此洗心，退藏于密。」見六十四卦之皆所以正心。心之體

〔一〕「艮」，原作「列」，據周易改。

如是其大，正之之功如是其精深浩博而未有涯也，顧其爲要則總不外論語「五十以學易」之一言。文、周卦畫自羲圖出，羲圖自河、洛出。五十者，圖、書之中也。圖一三七九二四六八周行于外，獨五十在中，五又在十之中，藏于密也。圖爲體，書爲用，至書而十並不可見，藏于密也。八卦者，一三七九二四六八之象，五乃未發之中，十即中節之中也。學易不以五十，失其本矣。周公教人用九用六，此剛柔之分，消息之端，易之用也。孔子自言以五以十，此剛柔之合，消息之原，易之本也。由五達十，斯顯諸仁，非藏胡顯；去十存五，仍藏諸用，即用即藏。蓋舍五十，無以洗心藏密矣。運不敏，學易有年，初取周公之爻，觀其參，觀其伍，觀其變，頗有以識小象所由殊。繼取文王之卦，觀其錯，觀其綜，觀其易，漸有以識大象所由立。既由爻象反之圖、書，乃恍然於洗心藏密之旨，而知孔子之五十學易，即堯、舜執中之旨也。夫孔子，大聖人也，韋編且三絶矣，然猶止言可以無大過。心愈密，辭愈危，聖人望道，未見之心，固如是也。運何人哉！小過過也，大過顛也，日用而不知，惟是日惕之心，終吾身焉已矣。

肆獻祼饋食禮纂序

孔子曰：「我欲觀夏道，是故之杞，而不足徵也。欲觀殷道，是故之宋，而不足徵也。」孔子大聖，去夏、殷未遠，且周監二代，而損益夏禮、殷禮，半在周禮中。杞、宋修其禮物，作賓王家，全體故在。迨後下衰宋，若正考父猶能校商名頌十二篇於周太師。杞雖即夷，其故府必猶有存者。又其時老氏爲柱下史，習於先代之故，列邦若子産號稱博物，左史倚相，能讀三墳、五典、八索、九丘，取而徵之，豈不易易？而孔子所歎，且猶若此。然則學者生數千百年後，禮樂盡絶，先王無杞、宋之傳，後學無老聃、倚相之掌，僅僅從漢箋、唐疏思拾遺補闕，以想見成周明堂清廟之規模，無徵不信，詎不迂哉！疇不曰妄哉！嗟乎，周禮之亡也久矣！周天子禮之亡也尤甚矣！祖龍焰虐，萬策灰飛。漢儒后氏出之煨燼中，得古經十有七篇，其閒爲士禮者七，爲大夫禮者四，爲諸侯禮者亦四，爲通禮者一，天子止覲禮一篇而已。郊社禘嘗諸大禮隻字無有。戴記掇拾，閒一及之，而首尾本末不相聯屬。當時漢有天下，叔孫通綿蕞苟簡，頗爲魯兩生所譏。則吾不知此兩生者，既不忍爲通所爲，何不探討載籍，博咨遺耆老成人，定百王之大法，藏之名山，以俟後世，亦王者師也。計不出此，而聽其散滅，何哉？康成鄭氏最號博綜，其所箋註，多足補禮經之闕。抑吾又不知康成自箋註外，其藏之胸中，因無所繫，而未筆之書者，又幾何也？子雍王氏雖曰操鄭之戈，實亦裨鄭之闕。而賈氏、孔氏爲鄭袒左，王是以不傳。然言禮者，自四家外，亦幾寥落矣。予讀戴記，反覆經傳幾二十年，思欲通其條貫，而識微學淺，將伯無人，中夜旁皇，仰天嘆息。適有友吴氏問禮于我，因書天子廟祭禮略一篇以應其意。既又念言之不詳，恐成掛漏，復取四家之説，推此證彼，考異据同。書成，名之曰肆獻祼饋食禮纂。又念古人宫室之制不明，則位置進退多不可曉，别作朝廟宫室考一篇，以附其後，庶以爲裨氏之草創云爾。方今文治休明，傑儒輩出，倘有憫其志願，諒其狂愚，正其愆違，補其闕略，使明堂清廟之盛，儼如在目，而相與詠歌奔走于其閒，是吾師也。僕雖艾矣，固將攝衣受教稱弟子焉。

尚書内篇章句序

古書或謂三千二百四十篇，自黄帝始。孔子删之，存百有二十，以百二篇爲尚書，十八篇爲中候。秦火燬之，不可考已。漢興，伏生始傳尚書。伏生，故秦博士。其所傳，虞、夏之書四，曰帝典，曰皋陶謨，曰禹貢，曰甘誓；商之書五，曰湯誓，曰盤庚之誥，曰高宗肜日，曰西伯戡黎，曰微子；周之書十九，曰牧誓，曰洪範，曰金縢，曰大誥，曰多方，曰康誥、酒誥、梓材，曰召誥、洛誥，曰多士，曰君奭，曰立政，曰無逸，曰顧命，曰吕刑，曰文侯之命，曰費誓，曰秦誓，凡二十八篇。縱遺缺不全，後賢後王，慎取而善推之，大法亦略云具矣。自漢廣下求書之令，于是真僞雜出，先之以秦誓，後之以古文泰誓，云河内女子壞老子屋得之，古文則云魯共王得諸孔壁。然劉歆曰古文十六篇，張霸又曰二十五篇。僞泰誓故有鄭傳，張霸本託鄭傳以行，今廢久。梅賾本託孔傳，唐孔疏因之，宋蔡傳又因之，世所習五十九篇者是也。顧唐孔氏之言曰：「劉向作别録，班固作藝文志，劉歆作三統曆，皆不見孔傳。歷及後漢之末，無人傳説。晉太保公鄭沖始得之。」又云：「孔所傳者，膠東庸生、劉歆、衛宏、賈逵、馬融等。」鄭意師祖孔學，王肅似竊見孔傳。其言源流益荒謬難信。昔子夏、子張、子游以有若似聖人，欲以所事孔子事之。曾子不可，蓋其慎也。夫僞泰誓，張霸本掇拾未全，後儒得乘其隙，故遂廢。梅賾本補苴備矣，然衷諸孔子，得毋似之云乎？今姑存伏生本，以自附于曾子之義，且取漢馬氏、鄭氏、王氏、孔氏、唐孔氏、宋蔡氏，元吴氏，明王氏、姚氏諸説，旁及紀年、史記、大紀、通鑑綱目前編，考其事，玩其文，通其意，反覆由繹輯爲章句，曰尚書内篇，信者著之，疑者闕焉。

附蔡傳跋

以蔡傳較二孔注、疏，其淺深疏密，奚啻什伯。然蔡氏亦有未至者。大約探索之功深，涵泳之味少，于語意輕重、離合、虛實、斷續之閒，多不甚分曉。又多欲推淺而致之深，遂使求之必過乎其分。又疏于考古，凡事多以臆斷之。孟子曰：「頌其詩，讀其書，不知其人，可乎？」此皆蔡氏所短也。至于説理之病，則一序概見之。子思子曰：「天命之謂性，率性之謂道。」朱子曰：「道者，日用事物當行之路，皆性之德而具于心。」故治己皆有治己之道，治人則有治人之道。今曰「二帝三王之治本乎道」，則道在治之先，而治非道矣。曰「二帝三王之道本乎心」，則率心之謂道，而未必盡合于天理當時之則矣。曰「言天則嚴其心之所自出」，則又似天命之謂心。而謂「言此以嚴之」，則又似假此以自惕，而不見所性之分定矣。至于曰德，曰仁，曰誠，曰敬，言雖殊而理則一，無非所以明此。心之妙則更不然。德有以「出于天」言者，即天命之性，大學所謂「明德」是也。有以「修于人」言者，則行道而有得于心之謂，論語所謂「據于德」是也。天之理本無不誠，故曰「誠者天之道」。天誠而命亦誠，性亦誠也。容有不誠者，人之心自非聖人，其理不能皆實，必去其不誠以歸于誠，故曰「誠之者人之道」。心誠而後所性之理無間于天也。若夫仁，則此理中生意周流之妙。萬物生生，變化無窮，天之仁也。一私不存，與物無間，人之仁也。至于敬，則人之心所以爲主，求仁立誠之功皆繫于此。自下學以至達天，未有能頃刻離者也。故德者理之虚位，誠者物之實理。言其實理則謂之誠，言其生理則謂之仁。誠與仁之德皆原于天，而敬之德則非人莫屬也。可概混而列之曰「此心之妙」乎？且如其説，似最妙者莫過于心，而此數字特假設之以明其妙，則大學可曰明心，中庸可曰心者天之道，論語可曰據于心、依于心矣，有是理乎？朱子謂程子門人倍其師説而淫於佛、老者有之。如蔡氏者，蓋亦不免也，故詳辨之，而書其序之後，以諗萬世之學者。

尚書外篇章句序

今文多艱澀，然久讀之，真意流溢，并性情聲貌都見行間。古文辭雖明潤，然讀之味短，既又思精言粹語多見梅本中。漢氏醇儒，自董江都外，能及此者少，何況晉人方尚清談乎？則意必有所受之。又細核之，則精粹多見他書。如「危微」二語，一見管子，一見荀子，俱曰道書，不曰禹謨。「遜志時敏」，記引之曰「兑命」。「咸有一德」，記引之曰「尹吉」。又意魏、晉古書尚多，或掇拾補綴成之也。因思漢初諸儒，閔秦火之烈，得古聖遺語，輒以己意補綴成章。如孔氏家語、伏生大傳、韓詩内外傳、董子繁露、劉向説苑、新序，或均一言而問答異，或一節合而首尾殊，則所謂古文，亦大約類是，不可盡信，亦不可盡疑也。孔子歎杞、宋不足徵，如周問禮，老聃答；曾子問禮，再曰老聃云。然則孔子苟見此梅本，忍盡汰之乎？毋亦有筆削其間乎？孟子曰：「吾於武成，取二三策。」此即筆削之旨也。予故取他書異同，勴其疑於理釋者，詁其義，俟後之君子折衷焉。

禮記章句序

世傳五經舊矣，然禮記固非孔子定也。孔子删詩、書，定禮、樂，贊周易，修春秋，四經具在，而禮獨湮没，惜哉！漢河間獻王收孔子弟子書百三十一篇，劉向校之，亡其一。後又得孔子三朝記、明堂陰陽記、王氏史氏記、樂記，共二百十四篇。戴德删并爲八十五，戴聖又删之，損益離合爲四十六，戴聖所删，今名大戴禮。其合者，如釁廟禮，如雜記中坐如尸二句入曲禮中。分者，如廟事篇分爲朝義、聘義，曲禮、檀弓、雜記各分上下篇。可謂博收而慎取之矣。馬融取諸劉向，增入者三，樂記善矣，月令稍濫，明堂位益夸。四制不知益自何人，約大戴本命篇竄以己説，而朝義復亡。今所傳四十九篇者是也。鄭康成注之，孔穎達疏之，遂列諸經，與孔子所定易象、詩、書、春秋等矣。或曰：「儀禮，經也。禮記，傳也。」此以論冠、昏、飲、燕、射、聘諸義則然，他篇不可概論。或曰：「治天下大法，具在周禮，是宜經。」然作聖門庭閫奥，若大學、中庸；探禮樂本原，若禮運、樂記，其言多與易傳、詩、書相表裏，而曲禮、少儀、内則尤治身治家要法，非是，即周禮何以行哉？記四十九篇，言喪祭蓋半，而喪居三之一，古人於此兢兢焉。此意即禮之本也，而或乃廢之，謬矣。月令、王制間雜秦、漢，要亦掇之虞、夏、商、周爲多。傳曰：「禮與時宜。」學者苟綜所聞，得聖人之意，因時進退，而以道爲權，虞、夏可師，秦、漢亦可監也，何必成周？漢注唐疏多附會，要所援據，雜而不越，義藴殊可尋。宋朱子作大學中庸章句，精粹越諸儒，然自是漢儒之學微矣。學者牽於所聞，或飾虚辭以自遁，不務會通，而妄相訾謷，奚益！夫聖人之禮，將以宰天地，順萬物，其事行於班朝涖官之地，而其義皆寄諸學者誦説討辨之中。學者之討辨，極於微渺，而後施之銖黍，不爽其衡。儒者之論，荒而悠謬，漸浸於朝宁。自秦、漢以逮元、明，非議周禮而輕變之，本末失衡，輕重倒置。君臣之交壞於秦，父子之恩薄於漢，唐爲母三年而夫婦之序廢，明爲妾母服斬而嫡庶之分淆。中乎人心，沿乎風俗，雖一時議政者過，要亦學者講不精、理不明之致也。故曰：「禮之義明，而萬事可得而理矣。」運幸生聖世，沐浴教澤，於禮之意，竊與有聞，因朱子學庸章句，悉取戴記，條其次，補其闕，正其違，通其異，而尤慎於喪。凡有關倫紀之大，而爲秦、漢、唐、宋、元、明輕變易者，著其説，俟定禮者酌取焉。

孝經章句序

漢興，河間顔貞出其父芝所藏孝經，長孫氏、江氏、翼奉、后蒼、張禹、鄭衆遞相傳述，越三國、兩晉，辨説滋益多。要自康成定爲十八章，後皇甫侃義疏備三十家，於十八章未之或改也。隋王劭始言得漢孔安國古文舊傳凡二十二章，信乎？否哉？唐初並存，劉識鄭惑，司馬斥孔鄙，明皇集儒官，令狀章名，重加商訂，今所傳者是也。顧閨門章既除，而數猶十八，知非鄭氏之舊矣。宋朱子刊誤定爲經一章，傳十四章。運遵朱子，加以訓釋。從禮記例，亦名章句。既成，今上之元年，運以鄉舉入都，遂從劉學使山右於佛龕得鈔本，見有文同戴記而今本無者，攜以歸。徐審之，蓋傳之十章也。孔子言：「身體髮膚，不敢毀傷，孝之始。立身行道，揚名後世，孝之終。」又言：「始於事親，中於事君，終於立身。」傳釋「不敢毀傷」及「事親」、「事君」，而去「立身」，於義何居？知此必逸文也。舊注言：「孔子云行在孝經。

則孝經孔子自作。」朱子闢之，謂曾氏門人所記。諒哉！曾氏門人，子思尚矣。餘如樂正子春、公明儀、公明高，大都篤謹，能守其師説。中庸言「修道以仁。仁者人也，親親爲大」。「反身不誠，不順乎親」。非專言孝，而孝之義畢該。傳孝經者，未之逮也。顧經傳體裁絶似大學，其出曾子門人，無疑耳。我皇上孝治天下，而孝經之全，即於元年出，殆所謂「志氣如神，有開必先」者歟？運幼受戴記，於「不辱其身」二語，日奉以周旋，而常以一言幾致折臂，保身之難，至於如此。今年逾六十，手足之啟，正未可知。此運今所爲補定此章，而彌復戰懼者也。

白虎通德論訂譌序

世稱白虎通尚矣，顧其書不全。元大德間，吾郡錫山學者始得之於許魯齋弟子劉平父，遂梓焉。今世板本雖殊，然其脱誤一也。史言漢宣帝博徵羣儒於石渠閣論定五經，後學者滋益，多各以私説破大道。章帝中，校書郎楊終請帝於白虎觀選名儒共論異同，當時奏上，謂之「奏議」；帝親臨決，謂之「通德論」。白虎觀名地，在北宮；論名「通德」，言此説於義理通也。而世乃以比於應劭之風俗，曰漢有「二通」，謬哉！時與選者，丁鴻、樓望、成封、桓郁、班固、賈逵及廣〔一〕平王羨七人。班固名在五，而今書獨以固專之，何也？固漢書論律吕以吕爲侶，此以吕爲拒，意義迥殊，不皆出固，明甚。豈帝臨決，

〔一〕「廣」，原作「東」，據後漢書丁鴻傳改。

固輒録之，猶淳于恭未與白虎之選，而名淳于恭白虎奏議，亦以纂録故歟？顧通德論傳而奏議亡，則吾不知當日異同，其得失果何如也。今世板本，或缺或衍，或譌以形，或譌以聲，或合兩字爲一，或分一字爲兩，或初譌一二字，而展轉附會，譌以增譌，甚者至不可讀。余博覽他書，謬加攷證，其確者曰某當作某，疑焉曰某疑作某，他書同異附入，名之曰白虎通德論訂譌。事雖微末，要亦攷古君子之一助也。吾聞漢時最重經術，其風自武帝開之。故廢昌邑，大難也，而決其議，必曰「博士臣霸、臣雋舍」等。僞衛太子詣闕，大疑也，而雋不疑據春秋收之。董江都一代大儒，天人三策，一本之公羊。故子曰「誦詩三百，不達於政，多，奚以爲」。古人窮經致用類如此。至唐、宋詩詞舉藝作，而此意寖亡矣。然制科之設，明初五經俱主注疏，詩參朱，易參程、朱，書兼蔡，禮參三禮注疏及陳，春秋參左、公、穀。程、胡、張氏猶欲學者辨同異，而折衷以驗其所得。顧上以實求，下以名應，人止一經，經止一説，後并經傳盡棄之，止記爛熟講章一二語，以圖弋獲。幸而得之，則從容天禄、石渠之府以爲榮，遇國家大難大疑，則目瞠骨戰舌撟不能出一語。是非朝廷不重經術，習經者自卑之、自棄之也。余所爲，即此一書，追念古昔，而慨焉長太息者也。

女教經傳通纂序

余輯女教經傳通纂一書，凡十有三章，既畢而序其端曰：「女教，正家之始，王化之端也。昔漢劉向氏言，古凡生子，擇於諸母與可者，必求其寬裕、慈惠、温良、恭敬，慎而寡言者，使爲子師，其次爲慈母，其次爲保母。夫阿保於女職最下，必自其臣之妾以降，始得爲之。而寬裕、慈惠、温良、恭敬，則世所推仁人有道之容，求諸學士文人，未易多覯，而古阿保之賢，乃至於此。豈古女子生而即賢歟？或其所以致此固有道歟？吾聞書稱釐降，以是爲登庸之大端。而傳言夏之興也以塗山，殷之興也以有莘，其在成周有太姜、太任開其始，太姒、邑姜嗣其徽。母德之隆，既足以儀天下，法後世，而元公定周禮，有内宰以陰禮教六宫，以陰禮教九嬪，以婦職教九御。當其時，上自王后，及公侯之夫人，莫不受學。其詩曰：『言告師氏，言告言歸。』宋伯姬之言曰：『保傅不具，禮不下堂。』即下至委巷之女，亦莫不有師。故傳曰：『賢而四十無子，則爲人間女師。』教之之備如此。而其所教，則惟以内外之嚴，嫡庶之辨，父子之親，君臣之敬，賓客之交，喪祭之禮，故其詩曰：『威儀棣棣，不可選也。』言是數者具而有之也，誰其尸之有！齊季女言：『幼而習之，如性成也。』舉凡驕奢靡侈之習，曾不得一交於耳目；慆心佚志之術，曾不得一接於燕閒。故在家則爲賢女，既嫁則爲賢妻，嫁而生子則爲賢母。當其妊子，則坐不邊，寢不側，有胎教焉。子既生，則欽有帥，記有成，有童教焉。爲女則以教而賢，爲母又以賢而教，其於禮法，不啻首之適冠，足之適屨，不待問而後知。此成周當日所以大化翔洽，賢喆篤生，雖兔罝賤士，亦足備公侯干城腹心之選，而阿保之微，其得於耳濡目染，亦具寬裕、慈惠、温良、恭敬之德至於如此也。秦、漢之世，后夫人不以德升，既不足以聽天下之内治，而閭里之遺風餘訓，亦寖消寖滅以至於亡。劉向氏作列女傳八卷，思有以障禍水之狂瀾，而在當時，亦無能爲力。自是而後，妻敗其夫，母敗其子，載胥及溺，可不痛哉！三代以降，惟趙宋最名有家法，以故當時大家名族，亦頗修於内政，敦孝讓，重廉恥，薰陶涵育之久，至程、朱出，而遂有以接孔、孟之傳。雖其希聖，固賢哉！要其所自來者，不可没也。其餘或間氣所偶鍾，或聞風而興起。列女所載諸傳，雖不乏人，然去二南之化遠矣。我皇上作人，壽考過於周、文，於變之風行，與勳、華比蹟。運不自量，以生於聖世，竊取朱子小學之意，作爲此篇，思以教家。而一二同志，謂有裨於風化之萬一，遂謀梓之，以廣其傳。譬諸勺水益海，掬塵增山，雖無補於大化之高深，或亦泰山所不讓，河海所不擇，故有不得而辭也。若夫敬身以敬家，敬家以敬國，則所以爲正家之本，更自有在。孟子曰：『身不行道，不行於妻子。』己不自治，而僅求之婦人女子間乎哉！」

文集

九卦説

孔子於文王序卦，上經取三，曰履，曰謙，曰復，以參天也；下經取六，曰恒，曰損，曰益，曰困，曰井，曰巽，即天之數倍之以兩地也。天地合而人事即出其間，修德致治、悠久化成之道俱在於此。何也？一人之心，天也；耳目手足皆地也。天下之大君，天也；萬國臣民皆地也。天位乎上，而澤下行以及地，故乾一而兑二次之。地位乎下，而上聳以達於天，故坤八而艮七先之。禮之記曰：「天降時雨，山川出雲。」言天施澤以及地，地藉山出雲以接天也。夫天地之道，嚴於上下之分，而交於上下之情。天澤曰履，分至嚴也，而澤自天降，情已通焉，故曰：「履以和行。」地山之謙，德至厚也，而山出雲以上於天，而終不敢及天，分彌肅焉，故曰：「謙以制禮。」天以一陽交地而地受之，天地之心始見，故

「復以自知」，乃天地之始交也。此所取於上經三卦之說也。若夫下經六卦之說，又可略陳矣。蓋天地之氣之交，莫捷於雷，莫徧於風。地，雷之復，天之根也。雷之配必以風，雷自地奮，風以天行，故震四巽五居乾、坤中。天下之物，有其動之，必有其入之，動之於最先，而入之必於其久遠，此雷上風下之所以爲恒，風上雷下之所以爲益。古之語曰：「井水知天風。」井之深也，風且入之，何所不入？此恒之一德，益之興利，井之辨義，皆取諸巽者也。非是巽也，乾之陽何以益下，井之養何以上行哉！故就益綜之爲損，去所當損而害遠，即務所當益而利興；井綜之爲困，知所由困而思通，即知所當止而義辨。其權衡之當，惟巽爲德之制，故能稱物而施，此九德之序所爲終於巽以行權也。蓋巽之象風，風動於不自知，而善化於不及覺。唐、虞之世，四方風動。風者巽，而風之動即以配震得之隨，風之巽與雷風之恒相爲終始。聖人久於其道，而天下化成，用是道也。履之象曰：「君子以辨上下，定民志。」井以辨之，履道乃成。謙之象曰：「君子以裒多益寡，稱物平施。」巽以稱之，謙道乃成。夫而後上下之分定，上下之情通。以之修德，心廣體胖；以之致治，萬物協和。悠久化成，道不外此。此古南風之詩所爲作。解慍者損、困之用，阜財者井、益之用，而巽以行權之妙，舉在聖人揮弦以治中也。

與周型曾論旅酬書

先生學問爲吾邑之望，著述朱大全以嘉惠後學，不日付梓，幸甚。某僻陋，未得侍教。往歲許外弟少來述先生論旅酬，謂某「明日繹祭」之說爲無據。近晤錢方瞻，述先生旨亦云：「成周天子諸侯禮已無全書。」某誠不敢臆說，然尊者禮詳，卑者禮簡，亦其制之大較也。特牲饋食禮「不儐尸」，士卑，禮不備也。少牢禮「若不儐尸者」，鄭曰：「下大夫也。」其儐尸者，則上大夫。有司徹篇鄭曰：「卿大夫既祭而儐尸，禮崇也。天子諸侯明日祭於祊而繹。」爾雅曰：「繹，又祭也。周曰繹，殷曰肜。」尚書「高宗肜日」，孔曰：「正祭之明日爲肜。」詩絲衣序「繹賓尸也」，鄭云：「又祭也。天子諸侯曰繹，以祭之明日。」鳧鷖朱傳曰：「祭之明日繹而賓尸之樂。」春秋「辛巳有事于大廟，壬午猶繹」，杜云：「繹，又祭，陳昨日之禮所以賓尸。」公羊傳曰：「繹者，祭之明日也。」穀梁傳曰：「繹者，祭之旦日之享賓也。」國語韋注：「繹，又祭也。」唐尚書云：「祭之明日也。」天子之有繹，繹之爲儐尸，儐尸之在明日，審矣。先生豈以詩、書、春秋、爾雅經傳并儀禮少牢饋食、有司徹諸篇皆不足據耶？抑即據儀禮之特牲、少牢，以士之旅酬，大夫之儐尸，而旅酬即屬祭日，而謂天子必無異禮也？天子諸侯無異禮，則特牲少牢禮不過三獻，將先儒所稱天子九獻，公侯七獻，子男五獻，凡所以辨尊卑貴賤者，舉不足信耶？不然而曰信之，則大夫三獻儐尸，天子九獻禮備，而節詳正祭之日，尚得暇儐尸耶？夫聖人之制祭祀也，通幽明之故，辨尊卑貴賤之分。正祭之事尸也，神之也；繹祭之儐尸也，神而人之也。蓋聖人之立尸也，以吾祖吾父之氣則已渙矣，非子孫之氣不足以凝之，凝之斯神之矣。至於正祭既畢，則祖父之氣將反諸冥漠之中。其既離乎不敢知也，其未離乎不敢知也，無已，則以神與人之間待之。特牲有陽厭，少牢有儐尸，無陽厭。鄭曰：「儐尸薦俎有祭象，亦足以飫神。」則猶神之也。特牲旅酬，尸未出廟。未出廟，則全乎神，故尸不與乎旅酬，尸尊也。少牢之儐尸，則出廟而復入。出廟而復入，則疑神既離之矣，雖不敢必其既離，而大約以人道待之者居多焉，故擇於異姓，立侑以輔之。輔之者，人之也。尸與侑北面於廟門外，鄭曰：「其賓之，尸卑也。北面執臣道，尸彌卑也。主人出迎尸，而宗人擯賓客，尸而迎之，主人彌尊也。尸啐酒告旨，尸彌卑也。主人受酬酢即設席，尸彌卑，主人彌尊也。大夫尊，故崇敬也。至於尸自作三獻之爵而與乎旅酬，則全乎人，雖曰尸，而實無異於臣之爲賓矣。」夫大夫之尊，去士不過一等，而儐尸之禮則異於士如此。而謂天子諸侯之貴，反降於大夫，而從士禮，即無他書可證，某猶決其萬萬不然。況天子之有繹，繹之爲儐尸，儐尸之在明日，其見於詩、書、春秋、爾雅及儀禮少牢、饋食、有司徹諸篇經傳者彰彰甚明，而猶曰無據，則無據非某之所敢任也。且先生謂旅酬之禮不行於儐尸者，則烏乎行？尸始入，王以圭瓚灌，后以璋瓚灌，非旅酬時也。尸出在堂，王酌泛齊獻，后酌醴齊獻，非旅酬時也。尸復入室，王酌盎齊獻，后酌醍齊獻，非旅酬時也。尸飯畢，王朝獻，后饋獻，賓加獻，非旅酬時也。如是而正祭畢矣。惟大祫九獻後有賓，兄弟之加爵有嗣子之舉奠，要亦非旅酬時也。若旅酬之禮不行於儐尸者，則烏乎行？伏惟先生著書將以嘉惠後學，苟一字未當，皆足以貽誤後生，而取譏來哲，是以不敢不竭其愚誠如此，惟先生擴淵海之量而辱賜審擇焉。某惶恐再拜。

為人後者為之子辨上

祖宗之統可繼，而父子之名不可假也。喪服斬衰章曰父，曰君，曰爲人後者，三者實不相兼，而名亦不相混。異乎！公羊氏之説曰：「爲人後者爲之子。」若似乎不爲之子即不得爲之後，既爲之後則已爲之子，則吾不知子行無應爲後之人，積之三世四世，若商之陽甲、盤庚、仲丁、仲辛，公羊氏將何以處之？不絕其統，必至於亂倫，從公羊氏之説者，無一而可也。且其爲此説也，爲仲嬰齊發也。其言曰：「曷爲謂之仲嬰齊？爲兄後也，爲人後者爲之子。仲者何？以王父字爲氏也？」則其説亦未核也。夫公子曰公子，公子之子曰公孫。至公孫之子，去公子已遠，故使之以王父字爲氏，所以重公子也，非謂不可以父字爲氏，而必有待於其孫也。魯之所重者仲遂，非重歸父，何居其後歸父乎？子國之子稱國僑，叔牙之子稱叔孫戴伯，皆以父字爲氏也，豈必得一歸父次其間，而後可以「仲」爲氏乎？故嬰齊稱「仲」，後仲遂也。公羊氏求二「仲」字之解不得，妄爲是説，欲令嬰齊父其兄，祖其父，以合孫以王父字爲氏之例，不亦拘哉！孔子曰：「必也正名。」正父子之名也。如公羊氏之説，輒可父靈公矣。悖教傷義，莫此爲甚，而後世議禮者必斷斷據之，吾不知何説也。

為人後者為之子辨中

繼統何昉乎？喪服「爲人後者」，是其義也。雖然喪服言宗法，宗法非所施於天子，則舜繼堯，禹繼舜，其繼統之初乎？舜之受終於文祖，太史公曰：「文祖，堯之太祖。不於其所祖受堯之終，必於堯之祖廟。」夫必於堯之祖廟，則奉堯之祀可知。帥諸侯爲堯三年，喪則降其父可知。説者謂有庳之封，所以守瞽瞍之祀，則舜不親祀瞽瞍可知。議者不探其本，而但引公羊爲説，宜其轇轕而難通也。雷氏次宗之釋喪服曰：「不言爲所後之父，或後祖，或後高、曾祖，皆未可定。一家之大宗且然，而謂入繼大統，曾不及大宗之廣大明白而無所私，必不然矣。且夫父子之恩，天子不能奪也，知其不可奪，故不必奪。人之子，而吾恃有統之重焉，統之重，亦父子之所不能奪也。統不奪親，親亦不得奪統，而統乃特重。如公羊之説，統必賴父子而定也。統賴父子而定，則不至奉其父母入廟如明世宗之於興獻不止。何也？以其不重統而重親也。夫既重親矣，親重名乎？重實乎？吾知重名之不如其重實也，重實則興獻真其父也。以伯叔爲之父，何如以父爲父、以伯叔爲伯叔、以兄爲兄之快然而無憾也？夫公羊豈不欲重統哉，立説不審，其弊必至於此！漢成帝、宋仁宗更親命哀帝、英宗爲子。以他子爲子，婦女之見耳，猶之名也，非實也。師丹不能以立太子時明大義抑私情，褎然爲之太傅，至上共王尊號，然後從而爭之，疏矣！司馬光不能鑒前之失，明指立定陶爲趙昭儀、傅后、王根之所爲，反引公羊以實之，而欲準期功親屬以待濮王，是尤不近人情。諸人之議，霍光、師丹而外，吾獨有取於張璁。璁，大禮議之罪人也，然其言曰「繼統不繼嗣」，曰「繼統公，立後私」，數語皆爲不易之論。楊、何輩各挾一必勝之私，以人廢言耳，如何而可以繼統？統在武宗，則繼武宗乃謂之繼統，如何而可謂之公？父孝宗，私也；尊興獻，亦私也。不以私害公，乃可以繼統。

為人後者為之子辨下

入繼大統者五，漢宣帝最先，而亦最得其正。霍光奏議曰：「禮：『人道親親故尊祖，尊祖故敬宗。』大宗無嗣，擇支子孫賢者爲嗣。孝武皇帝曾孫病已，操〔一〕行節儉，慈仁愛人，可以嗣孝昭皇帝後，奉承祖宗〔二〕，子萬姓。」欲尊故戾太子、史皇孫，有司曰：「禮：『爲人後者爲之子。』故降其父母不得祭，尊祖之義也。陛下爲孝昭帝後，承祖宗之祀，宜謚親爲悼皇，母爲悼后，此諸侯王園。」其次則師丹之議曰：「定陶共王〔三〕號謚已前定，義不得復改。子亡爵父之義，尊父母也。陛下既繼體先帝，持重大宗，承宗廟天地社稷之祀，義不得復奉定陶共王祭入其廟。」言皆粹然，可爲後世法，然未聞或奪其父母之稱也。且夫父母之名，何所施乎？古未聞有以父稱天子者。上可以戚下，下不可以戚上。詩、書所稱，曰王，曰后，曰寧王，曰昭考。「正父」乃蔡傳妄説。考者成也，凡廟皆稱考，非專於父也。祝稱「孝王某」，不必稱子也。即其父之廟號，若宣帝之稱悼皇、悼后，亦非有父稱也。何居乎，宋儒之必争此名也？其爲仁宗親命英宗爲子，與漢宣異乎？親命爲子，婦女之見也。此師丹之議所以絶不一語及之，而宋儒亦不敢明舉其説者也。且濮議亦先後矛盾矣。如不以親命爲子爲據，則不當禁其父濮王；如以親命爲子爲據，則不當引宣帝爲例。乃始則引宣帝矣，而既又引公羊爲子之説以禁其父濮王，漢宣何嘗不父悼皇哉？曰濮王宜準期功親屬，不順；曰宜稱伯叔父母，不倫；曰宜稱本生父母，不典；曰

〔一〕「操」，漢書霍光傳作「躬」。
〔二〕「宗」下漢書霍光傳有「廟」字。
〔三〕「王」，漢書師丹傳作「皇」。下同。

孝敬之心，分於彼不得專於此，不達。至明大禮議，則曰爲武宗後者爲孝宗子，直不復可解公羊，且不任咎。此皆當日之所謂正人君子，其議如此，益思漢儒明經之效也。獨光武皇帝立四親廟於洛陽，張純言「爲人子奉大宗降其私親」，遂復祀宣、元二帝，遷哀、平主於長安，四親主於章陵，其事爲仁者之過，是時新莽之篡已十有八年，漢已亡矣。光武以長沙之支崛起，祀漢配天，則初之以高帝爲祖，文、武二帝爲宗，章陵、鬱陵、鉅鹿、南頓爲四親，爲得禮之正，本無所受，安得援「爲人後」以例之？若謂承漢諸帝即爲人後，則宜後孺子嬰，謂嬰不終其位，則宜後平帝，以爲世次，當後元帝。其意甚厚，然南頓而上皆祖也，既以身貴而廢其祖，哀、平而下皆君也，又以行尊而廢其君，於禮兩無所據。其誤張純導之，而宋儒乃重稱之，多由一濮議橫亘於胸中也。

遂人匠人溝洫辨

鄭氏謂：「遂人是貢法，匠人是助法，采邑爲井，鄉遂與四等公邑不爲井。」又謂：「畿内用夏之貢法，邦國用殷之助法。」朱子謂：「溝洫以十起數，井田以九爲數，決不可合。鄭分爲兩，是也。」愚謂：溝洫以正疆界，備旱潦。凡以爲田計耳，井田必有溝洫，豈可判爲兩事？且王者立法，以身先之，自近而遠，豈有公邑皆用貢，而惟采邑用助，畿内皆貢，而使邦國行助之理？且公邑授之大夫即爲采地，采地削奪即爲公邑，外諸侯亦有益地削地，豈有授之諸侯大夫即行助法，歸之天子即用貢法之理？且如其說，都鄙用助法，則野爲都鄙，何反以遂人治之？治野宜用助，何反以十家之貢法屬之？鄉遂用貢法，則國中鄉遂之地也，匠人營國宜用貢，何反以九夫爲井言之？今按其文，遂人言以達於畿，所重在道路，故以徑直言；匠人言專達於川，所重在溝洫，故以開方言。遂人乃總計之辭，匠人乃營造之法，二者相爲表裏，皆天下之通法，三代之同制也。蓋治田之法在正經界，經界之法必始於方。而方者一區，則猶可稍廣狹於其間；井田九區，若少有偏斜，即衆目共見，故必方者九。而所謂百畝者，乃尺寸不可多少，然後制爲方田之法，即不方者，亦以方之尺寸度之而可知矣。故可井則井之，不成井而有三百畝，一百畝亦可授三夫，一夫隨其山川之勢之大小向背以制宜。而要之百畝中之必有甽，田首之必有遂，一也。成井則以井計，而四井爲邑，四邑爲丘，四丘爲甸，旁加一里爲成。季氏本謂旁加一里之說不見於經，當作五井爲邑，五邑爲丘，不用旁加。不成井，則自十夫、百夫至九百亦爲成。匠人舉方法，則一井九夫而溝周之。一成九百夫，中有九洫，而總達於澮。一同九萬夫，中有九澮，而總達於川。遂人以直計，則行十夫之地，所經惟有溝。至百夫之地見有洫，千夫之地見有澮，萬夫之地見有川。其實百夫之洫即成間之洫，千夫之澮即同間之澮，萬夫之川即兩山間之川，非有二法也。遂人舉其略故約計之，匠人職其法故詳言之。先言九夫爲井，以明經界之法必自整方起；終言兩山之間，以見山川之勢必不能方，不可以整若碁局者定爲萬井，九夫互爲首尾，以見意也。蓋山川之勢多曲，方平九百畝則有之，方平九井者已少，方平九十井、九百井則斷斷無有，故惟舉一井以見法，而於成即言十里以見數，不言方九井。蓋十者，數之成也，豈匠人專以九爲數，與遂人異法哉？

明堂説

明堂之制，大備於成周，禮從其朔，依古以來百家可攷也。尸子言：「神農曰天府，黄帝曰合宫，陶唐曰衢室，有虞曰總章。」循其名，思其義，以求其制，天府其以事帝乎？漢公玉帶上黄帝合宫圖四面無壁，中有一殿，覆以茅茨，上古樸略，制如是足矣。宫之言穹也，上覆穹窿也；室之言窒也，旁有所窒也。唐曰衢室，疑有壁矣。四達之謂衢，其四户乎？明四目、達四聰之義實寓諸此。王仲淹曰：「堯有衢室之問，舜有總章之訪，其用略同。」夫言總，猶合之義也。考工記『夏后氏世室』，家天下於是乎始。五室、九階、四旁夾窗，室分而户牖亦備矣。尸子言：『殷曰陽館，取向明而治之義也。』考工著其制，四阿重屋。蓋殷人尊神，神人不瀆，故上事神，下安身。方士言神人好樓居，因此爲誕耳。至於周人，明堂而大備，明即陽義也，然其説頗乖異。考工之記曰：『明堂度九尺之筵，東西九筵，南北七筵。五室，每室二筵。』大戴盛德之篇曰：『明堂九室、十二堂、三十六户、七十二牖，宫方三百步，天子之路寢也。』於是五室、九室，説者爭衡。」愚謂：九室猶五室也。康成言土室居中，水木用事交於東北，木火用事交於東南，火土用事交於西南，金水用事交於西北。蓋五室則太室居中，四室居隅。冬至入東北之室，春分還而東南，夏至西南，秋分西北，各居九十一日。周公宗祀文王於明堂，以配上帝，合諸侯，而班政令焉。因變四爲八，丑、寅二室位於東北，辰、巳二室位於東南，未、申西南，戌、亥西北，子、午、卯、酉位四正之中。其所爲交以用事者，未之有異也。魏李謐極訾鄭氏，謂考工得之五室而謬於堂之修廣，盛德得之户牖而失之九室，則一室得七户十四牖，何以置之？尚户餘一，牖餘二，何以析之乎？愚謂明堂有廟，有堂，有室。廟以事神，堂以布政，室以安身，而其間有分有合。月令於中言太廟太室，爲太廟又爲太室，地合而用分者也。分祀五帝，則明堂、元堂、青陽、總章爲四廟，合太廟而五。以居身，則四左个，四右个，爲八室，合太室而九。若夫臨諸侯，班政令，則又即此四太室以爲堂，故明堂、元堂早被以堂之名，此廟與朝用之時殊而地實合者也。故作雒篇所稱四阿，攷工所謂重屋，白虎所稱四闥，專指太廟而言。張衡所稱八達，由太廟以及四太廟而言。蔡邕所稱二十八柱，康成所稱交以用事，則專指八室而言。盛德所稱三十六户、七十二牖，則通九室而言。桉之五行，則曰五室；桉之九州，則曰九室；桉之十二辰，則堂各直其室，孟季居隅，四仲居正；桉時以啟太室之户牖，則一室有四室之用，即謂之十二室，亦無不可也。故李謐爭四室不可居隅，誤以室爲廟，不知廟自居正，室自居隅也。爭户牖之間不容斧依者，誤以室爲堂，不知朝必於堂，不於室也。或又爭四仲無室可居，孟季無堂可莅者，不知四仲之室即太室，而孟季之朝即四廟之堂也。至袁翻謂室即爲堂，譏堂後有室之説爲巨異，則全不知古人堂室之制，明堂、元堂、青陽、總章未嘗不在九室之外也。若夫李謐言攷工誤於修廣則誠然，蓋古今之變，自質而文，依古以來，大率如是。攷工於夏言修二七，廣四修一；於殷言修九尋；於周言室二筵。先儒謂夏度以步，是夏之堂廣十丈五尺；殷堂深五丈六尺，視夏幾減其半；周室一丈八尺，視夏不及十之一也，毋乃傎乎？愚桉：攷工文多譌闕，夏言二七，不舉其度；殷言修七，不舉其廣，皆闕也。夏言九室，周又言五室，必譌也。先儒又謂太廟、路寢、明堂制如一，此可舉一以相例，則寢廟之室視堂皆得三之一，烏知所謂廣四修一非即謂此，而二筵者非即謂堂深七筵、室深二筵，雜舉寢廟爲説乎？恐非。明堂統五廟、九室、十二堂祇廣九筵，若是其隘，李謐疑當側身出入者也。尚書大傳言路寢九雉，以六雉爲堂，則正室二雉，夾室雉半。雉長三丈。作雒篇言路寢、明堂、太廟同爲五宗。盛德篇言明堂宫九百步，天子路寢也。蔡邕獨斷云明堂外廣二十四丈，以較大傳路寢少一雉焉，差可據信。蓋宗廟路寢之堂燕享諸侯，諸臣皆在明堂，於諸侯立而朝之耳，不妨稍狹也，豈有廣狹迥絶如攷工之注之説者哉！嘗攷古今明堂諸説，漢蔡邕獨斷爲詳，而亦有譌者，則太廟方三十六丈一語也。唐李氏謐〔一〕爲備，而亦有不必者。記明堂位惟言應門及南北四門，何必具臯、庫諸門也？惟就九百步之地，外爲二門，南三門以周之，於中區爲五者，五中太廟太室，庭周之。四廟位諸正，於中廟達八室，位四隅，各置四户八牖，外爲堂，庭又周之。則方廣二十四丈，而下可方以象地；各缺其隅，使上可圜以象天，户牖皆有所受明，而爲廟、爲室、爲堂各得其用，於以協陰陽之義。酌文質之宜，彙諸儒之所長，而各祛其蔽，則使離婁引繩，公輸削墨，復成周明堂清廟之規不遠也。

音律説

虞書曰：「律和聲。」孟子曰：「以六律正五音。」則未有律之不知，而能使音之和且正者也。顧古

〔一〕「謐」，原作「覶」，今改。

之言律者有二：呂氏春秋曰：「昔者，黃帝命伶倫之阮隃之陰，取嶰谷之竹，斷兩節，間長三寸九分，吹之以爲黃鍾之宮。」是最短者，黃鍾之宮也。史記之言曰：「置一而九三之，以爲法，實得九寸，命曰黃鍾之宮。」是最長者，黃鍾之宮也。夫五音以宮爲君，十二律以黃鍾爲本，黃鍾之宮未定，而升降何則焉？嗣後宗史記者蔡氏曰：「由黃鍾下生，三分去一，爲林鍾，六寸。上生，三分益一，爲太蔟，八寸。一上一下，至應鍾之四寸六分六釐而終。」宗呂覽者王氏曰：「由黃鍾益六分而大呂，又遞益九分極蕤賓之九寸而極。復降六以爲林鍾，又遞降九，仍復於黃鍾之宮。」以二說較之，十二律尺寸無一同者。或曰：二說一也，十二律特人假是以名耳。由本順數之可，由末逆數之亦可。然則其間升降之分寸必有合矣，而無一同者，何也？竊以理推之。夫天地之道，陰陽而已。陽氣升，陰氣降；陽道饒，陰道乏；春夏陽，秋冬陰，此一歲之大陰陽也。而陰中有陽，陽中有陰，奇月陽，偶月陰，此小陰陽也。十二律者，十二月之象也。黃鍾子，大呂丑，太蔟寅，以爲春；夾鍾卯，姑洗辰，仲呂巳，以爲夏，應乾之六爻。蕤賓午，林鍾未，夷則申，以爲秋；南呂酉，無射戌，應鍾亥，以爲冬，應坤之六爻。此周易即周正之說也。商以丑正，夏以寅正，春秋之月改，而黃鍾之爲子，蕤賓之爲午，一定而不易，故易於泰曰「小往大來」，於否曰「大往小來」。天地之氣，有升必有降，自然之理，即自然之法象也。在易以坤遇乾之初曰復，冬至一陽始生，復之始也。以乾遇坤之初曰姤，夏至陽極，一陰生，姤之始也。史記言始於冬至，周而復生，是明以黃鍾爲冬至矣。而其法黃鍾九寸，是陽方始而已極也。且由是遞降，大呂八寸三分七釐零，降者六分三；太蔟八寸，降者三分七；夾鍾七寸四分三釐七，降者五分六；姑洗七寸一分，降者三分三，仲吕六寸五分八三四六，降者五分一。其所降之多寡，思之不得其説。而蕤賓六寸二分八，林鍾六寸，夷則五寸五分五五，南吕五寸三分，無射四寸八分八四八，應鍾四寸六分六，止有遞降，無遞升，是有一至無二至也。突接九寸之黄鍾，是天地之氣，十二月皆降，惟冬至一日驟升也。無怪乎以其法候氣，而無一管之應也。則不如王氏宗吕覽之遞升遞降，衷諸理而可信也。

然則三寸九分爲黄鍾之宫，所自起何也？曰：以古志推之，仍以理斷之。管子曰：「凡音之首，先生一而三之，四開以合九九。」伶州鳩曰：「攷中聲而量之以制，紀之以三，平之以六，成於十二，天之道也。」禮曰：「五聲六律十二管還相爲宫。」漢志曰：「天之中數五，五以爲聲；地之中數六，六以爲律。」蓋天一陽之奇也，位乎上；地二陰之偶也，位乎下。天地合以生人，是名三才。故人者，天地之中也。有人聲，而天地之中聲在是矣，故聲必先紀之以三，所謂先生一而三之也。上與下有中，前與後亦有中，左與右亦有中，合前後左右則四開之矣，故不特三有中，五有中，七有中，極之九而有中。中者，動之樞，天之則也。若地則偶而已，偶則居前後左右而無中矣。非無中也，天之中實而運，地之中虚而受。然則志言地之中數六，何也？曰：此特偶之中也。天之數一三五七九而五居中，地之數二四六八十而六居中，舉五以爲音，舉六以爲律，而以一三七九開爲四以居正，二四八十開爲四以居隅，四開以合中而九成矣。故九者天數之極，九十者天地合數之極也，故管之長至九寸而極也。子夏曰：「四九三十六，六爲律。」故由九寸而溯其源，則四其九而三十六者，天地之合體。九者天之圜，四者地之方也，以合體，故無可名。邵子所謂「冬至子之半，天心未改移，一陽初動處，萬物未生時」者也。加三分乃名之曰黄鍾之宫，則自此加六分爲黄鍾之商、角，加九分爲黄鍾之徵、羽矣。所謂紀之以三，平之以六，自此始也。由是升之，五其九而爲大吕之四寸五分，六其九而爲太蔟之五寸四分，七其九而爲夾鍾之六寸三分，八其九而爲姑洗之七寸二分，九其九而爲仲吕之八寸一分，至蕤賓之九寸而極矣。由是降之，存其三以爲紀，林鍾得八寸四分，夷則得七寸五分，南吕得六寸六分，無射得五寸七分，應鍾得四寸八分，仍反之黄鍾之三寸九分。而一周升者六，降者六，如是而天地之氣平，所謂平之以六也。由是合之，黄鍾之元合林鍾得十二寸，大吕合夷則，太蔟合南吕，夾鍾合無射，姑洗合應鍾，仲吕合黄鍾之宫，無不各得十二寸焉，則所謂成於十二者，亦大略可覩矣。

或曰：「子譏應鍾之四寸六分升黄鍾之九寸爲驟，是固然矣。而每月升降皆九分，敢問此月之中不升不降，必改月乃一升降乎？」曰：「氣無時不升降，總一月計其差則然耳。曆家言日行一度，非日止行一度，較之天不及一度耳。曆家言是月昏某星中，但某星中非此星一月中不移，必改月乃移也。律管之長短，起於冬至之子半，極於夏至之子半，其分寸皆以月之中氣爲準。其在中氣以前，必於是律不及，其不及正中聲也；中氣以後，必於是律漸過，其過正中聲也。其或天道之變，人事之違，則有宜正而偏，宜過而不及，宜不及而過者。故吹律以知吉凶，所謂攷中聲而量之以制者，用此道也。非有是一定之則以爲之制，則所爲五音之亂，於何取中乎？以律管準之氣之升降，日三釐，旬則三分，月則九分，而南北山澤高卑又微有差，善律者必先得其地與人之中聲，而後可以過不及知其休咎也。」

「然則管必十二，而孟子止言六律正五音，何也？」曰：「音固不止於五也。有二變焉，有五清焉，合之則十二也，非十二管不足以盡音也。今夫陽主動，動則善遷。凡聲皆陽也，故即一聲而有清濁，有高卑，聽之迥殊矣。古人量清濁，準高卑，名之以宫商角徵羽，象之以君臣民事物，而天下萬殊統之。然而五者不可等量齊觀也。君至尊，物至賤，且天子大君也，天下不能以獨治衆建而爲君。正宫之下，次以變宫，此公侯伯子男各君其國之象也。黄鍾之正宫不爲役，而變宫未嘗不爲役。用正宫則變宫不用，明土之無二王。用變宫則變宫即爲宫，明於其國未嘗不成君也。治民有治民之事，治物未嘗無治物之事。正徵之下，次以變徵，然變徵雖有聲，而各調無用之者，以治物之事原以爲民，物事不外民事中也。若夫清聲，即正聲之高耳。徵已清，變徵更清，羽極清，故無變徵清及羽清。此聲之所以十二，而清聲即正聲之高，去二變不用，則仍五聲也。今以旋宫之法計之，黄鍾周十二管得五清，大吕得四清，太蔟得三清，夾鍾得二清，姑洗得一清，皆可補救，以全其清。仲吕無清，并無羽而不可用。林鍾即黄鍾之宫清，夷則即大吕之變宫清，南吕即太蔟之商清，無射即夾鍾之角清，應鍾即姑洗之徵清。是十二管以備音之全，而正五音者止六律也，故曰不以六律不能正五音也。」

或曰：「必以律正音，則音受命於律矣。吾聞天地之道，陽能治陰，陰必從陽，未聞陽反受命於陰也。而必以律正音，何也？」曰：「天地之道，豈一端而已？子不見天地之相倚乎？地在天中，一點耳，四面皆虚，而終古不墜，以天之行健，大氣舉之而四周之也。天之運如轉圜，而南北爲經，終古不易，以地之德方，居中鎮之也。不有陰之方以爲前後左右，即陽安所取中哉！夫惟陽動而陰静，動則無方，静則有常，以律正音，以有常定無方也。此又天依於地之理而中之，一正藉此四開者以取中也。」

然則史記所謂黃鍾九寸，三分損益，隔八相生，上生四其實，三其法；下生倍其實，三其法，皆非歟？史記寧無所受之歟？余謂此其説亦不誤，特從而推衍之者誤也。蓋三寸九分，黃鍾之始形也；極於九寸，黃鍾之極數也。自冬至微陽始生，至夏至而極。故蕤賓之律九寸而蕤賓無羽，此九寸者已入林鍾之初。林鍾者，黃鍾之清宫也。夫音，濁卑而清高。卑可轉而高，高亦可轉而卑，則三寸九分者，黃鍾之低宫；極於九寸者，黃鍾之高宫。即謂黃鍾九寸亦無不可。且自黃鍾至蕤賓皆上生，自蕤賓至黃鍾皆下生。上生置四九以爲實，而加三分以爲黃鍾之宫，又三其三以爲遞加之法。下生反前所升，而存三以爲遞降之法，亦未嘗非三分損益。黃鍾宫隔八生林鍾宫清，太蔟商隔八生南吕商清，亦未嘗非隔八相生。故愚謂史記所受不誤，而推而衍之者多誤也。

或曰：「子言氣之升降，悉矣。以是候氣，應乎？」曰：「氣非管之可候也。今夫天者氣之清，地者氣之濁，盈天地間無物非氣，無處非氣也。物之虚者，氣即充之；物之實者，氣即周之。今截竹爲管，而管之虚氣已充之，實以葭灰，而灰之實氣已周之矣，安所得空隙之處，而又有外來之氣入此管而灰飛乎？且候氣而必在地中，是地之上無氣也。候地中之氣以寸分，是地中之氣又止在此寸分也。驗其灰之飛而出，是此分寸之氣，又止自下而上，不自上而下也。此於理皆不可解也。吾意爲是説者，必實不知音，而托此以自遁，謂審音非難，定律爲難，候氣而氣不應則律不定，律不定則音不可得而正，猶方士言三神山可望不可即，將至，風輒引而遠之耳。吾請即其説以窮之。自九寸而下，至三寸九分，以絲忽遞降，爲管數萬，偏埋之，則子月灰飛者爲黃鍾，丑月灰飛者爲大吕，不出一年而律定矣，何難之有！然吾知終無一管之應也。何也？氣非管之可得而候者也。」

古今尺考誤

王制百步爲畝，三百步爲里，方一里者爲田九百畝，方十里者爲田九萬畝，方百里者爲田九十億畝，十萬爲億。方千里者爲田九千億畝，方三千里者爲田八萬一千億畝，俱當以陳氏注爲是。至古今畝里之數，正義固誤，陳氏亦未精。蓋古者以八寸爲尺，以周尺八尺爲步，則一步有六尺四寸。今以周尺六尺四寸爲步，則一步有五尺一寸二分。以古步六尺四寸自乘，得四十尺九十六寸，爲古一步之積，與百畝一萬步相乘，得四十萬九千六百尺，爲古百畝之積。以今步五尺一寸二分自乘，得二十六尺二十一寸四十四分，爲今一步之積，與一畝百步相乘，得二千六百二十一尺四十四寸，爲今一畝之積。以方百畝之積爲實，以今一畝之積爲法，除之，得一百五十六畝二十五步，即古者百畝當今畝之數也。本法以古步八尺自乘，得六十四尺，與百畝一萬步相乘，得六十四萬尺爲實；以今步六尺四寸自乘，得四十尺九十六寸，與一畝百步相乘，得四千九十六尺爲法，除之相得。又捷法，今步爲古步十分之八，則今步積爲古步積百分之六十四，以百分爲實，以六十四分爲法，除之亦得。三百步爲一里。以古步六尺四寸與一里三百步相乘，得一千九百二十尺，爲古一里之尺數。又與百里相乘，得一十九萬二千尺，爲古百里之尺數。以今步五尺一寸二分與一里之百步相乘，得一千五百三十六尺，爲今一里之尺數。以古百里之尺數爲實，以今一里之尺數爲法，除之，得一百二十五里，即古者百里與當今里之數也。本法以古步八尺與百里三萬步相乘，得三十四萬尺爲實，以今步六尺四寸與一里三百步相乘，得一千九百二十尺爲法，除之即得。又捷法，今步爲古步十分之八，以十分爲實，以八分爲法，除之亦得。蓋古今步法不同，當以其尺數計算。畝兼長闊，故以步之尺數自乘爲比例。里專在長，故但一步之尺數爲比例，不用自乘。此畝、里比例之别。經文不言八寸爲尺，其義已明，古以八尺爲步，今以六尺爲步，其尺之數雖異，其尺之實則同，故不必又言八寸爲尺也。但其數不合，當是所傳有誤。疏以一尺又作八寸計算，已是舍易就難，然於義猶無害。至謂今一步有五十二寸，則顯誤矣。陳氏謂今以周尺六尺四寸爲步，則一步有五尺一寸二分，誠是。至以每步賸出一尺二寸八分計算，當今一百五十六畝二十五步之下，又有一寸六分十分寸之四，則算術未精也。如以每步賸出一尺二寸八分計之，則當以賸出之一尺二寸八分爲方法，以今步五尺一寸二分倍之得十尺二寸四分爲廉法，方與廉併得十一尺五寸二分。以方法乘之，得一十四尺七十四寸五十六分，爲每步賸出之積。上文古步六尺四寸自乘得十尺九十六寸，今步五尺一寸二分自乘得二十六尺一十一寸四十四分，兩數相減，亦剩出一十四尺七十四寸五十六分。以百畝一萬步乘之，得一十四萬七千四百五十六尺，爲百畝一萬步賸出之積爲實，以今一畝積二千六百二十一尺四十四寸爲法，除之，得五十六畝二十五步，爲百畝賸出之數。合之百畝，則是古者百畝，當今百五十六畝二十五步。此數原無奇零，陳氏算術未精，致有餘數。且十分寸之四即是四分，合之一寸六分，則共爲二寸，安得有所謂一寸六分十分寸之四者乎？又桉：經言方一里者爲田九萬畝，則里以方積而言。然以方積言之，則古者百里，當今百五十六里又百分里之二十五，每方一里爲田九萬畝，里之小餘須以里法通之，始得畝數。百分里之二十五，乃二萬二千五百畝也。與古百畝當今畝之數同。今里數與畝不同，故知里數專以長言，或者止據一邊爲説也。今以原注寸計之法正之於前，復以尺計之本法及用分數計之捷法明之於後，其數皆合，庶幾無誤云。

經義雜識

伏生今文尚書次序，多方第十四，多士第二十。桉：多方篇云：「惟五月丁亥，王來自奄，至于宗周。周公曰：『我惟大降爾命。』」多士篇云：「王曰：『多士，昔朕來自奄，大降爾四國民命。』」則其前後甚明，無可疑者。僞孔傳因多方文有「至于再，至于三」句，因倒其次，謂必武王伐紂時常一伐奄，周公東征時再伐奄，成王即政之明年，商奄又叛，周公又征之，乃得有三伐。明郝敬謂，「臣我，監五祀」。我，周公也。周公治洛之五年，奄人又叛也。愚謂，至再至三，本非實數，大意我之教汝至再至三，而汝猶不從，則將大罰殛之耳。武王伐紂時，伐蜀，伐磨，伐衛，伐霍，俱見逸書，何曾兵到山東奄地？成王三年，王師伐奄。四年，入奄。五年，王在奄，遷其君於蒲姑，遂以其地封伯禽爲魯。孟子所謂「伐奄三年，討其君」者是也。此後安得又有奄國？周公治洛，四年致政，歸於豐，王使周公子平公君陳代治東都，周公何曾有五年留洛？且如其説，成王七年營洛之誥已明言「庶殷丕作」矣，顧於周公留洛之明年，奄人復叛，將奄人復反奄地而伯禽失國耶？將奄君反於蒲姑之地耶？時蒲姑爲齊太公封國，將太公失國而奄君據之耶？或即反於洛邑之中耶？成王留公於洛，如是鄭重，公留一年，而商奄皆叛，周公苛刻激變耶？僞書妄説至此，而後儒猶偏信之，舉伏生大傳、鄭氏傳而皆廢之，誠不知其何心矣！

公劉遷邠，想當請命王室。竹書：「商祖乙十五年，命邠侯高圉。盤庚十九年，命邠侯亞圉。祖甲十三年，命邠侯祖紺。武乙元年，邠遷於岐周。三年，命周公亶父，賜以岐邑。」是亶父遷周亦請命。公劉之請命而封侯，可知前止命爲侯，而至亶父則爲公，實始翦商，信而有徵也。爾雅釋言：「劑、翦，齊也。」太王避狄人之難，不過因以爲辭耳。一國之民，扶老攜幼，日行不過數十里。倘狄人輕騎蹂躪，安能到得岐下？況太王遷岐之後，不聞邠地遂爲狄人所有也。非擇而取之，亦孟子之對滕文云然耳。其實，岐陽以爲居，梁山以爲蔽，度形勢之地，肇基王迹，均非苟而已也。不然，我能往，寇亦能往，欲邠之土地，豈獨不欲岐之土地耶？其不爲宋人崖山之舉幾何！

伏生大傳：「惟后王元祀，帝命禹步於上帝，禹乃共辟厥德，受天休命，爰用五事，建用皇極。」后王，禹也。帝，舜也。禹攝，舜猶在帝位，禹但攝政，未攝其位，故稱后王，但別於羣后，而非帝也。王之名於是乎始。步即陟也，所謂舜薦禹於天也。皇極本作王極，唐明皇乃改王爲皇，今無知者矣。

書序言武王十一年伐殷；梅賾書十三年伐殷；僞孔傳言文王受命九年，武王即位爲十年，歷三年喪畢爲十三年，始伐殷。又據洪範「十有三祀，王訪於箕子」，謂武王克殷，即釋而訪焉。是克殷在十三年也。今考竹書：「帝辛四十一年，西伯發元年。五十一年，乃武王十年，諸侯會孟津請伐紂，武王以爲不可。帝辛五十二年，殺比干，囚箕子，微子出奔，周始徼師伐殷。秋次鮮原。冬十有二月，周師有事於上帝，庸、蜀、羌、髳、微、盧、彭、濮從周師伐殷，敗之於坶野。王親禽受于南單之臺，遂分天之明，立紂子祿父。」此下繫周史。周正建子，故十二年無正月也。伏生大傳亦言武王十一祀伐殷，十二祀克殷。史記亦言武王十二年克殷。年數歷歷可考，武王何曾上冒先君九年？歐陽氏反覆辨論詳矣。然但據理折之，不如據竹書、大傳、史記以折之爲確有明證也。又但折僞傳上冒九年之妄，終不辨僞古文十三年之妄。史記：「克殷之二年，王問箕子以大道。」大傳：「惟十二祀克殷，釋箕子囚。箕子不忍周之釋，走之朝鮮，朝鮮人君之，王因其地封之。十三年來朝，王因訪焉，作洪範。」則伐殷在十一年，克殷在十二年，作洪範在十三年，歷歷明著，而諸僞書、僞傳不攻自破矣。

孟子所引書，若「天降下民」節，是未伐紂征諸侯之辭，故孟子引以證交鄰。其文曰：「有罪無罪惟我在，天下曷敢有越厥志。」天下指諸侯也。僞書改「天下」字爲「予」字，於文悖矣。「有攸不爲臣」節，是既伐紂而東征諸侯，若蜀、曆、艾、霍之辭，故曰「紹我周王見休」，而孟子引以證「行王政，四海欲以爲君」，皆非伐紂語也。「王曰無畏」節，則武王伐紂，將入商，而商民待於郊語。「我武惟揚」節，則周師歌頌武王之辭，所謂前歌後舞而入時語也。今僞書强爲牽合，以「我武惟揚」爲武王自稱，不成文理。至以「若崩厥角」爲武王語，而割裂其文，并不成句法。至論語所云：「雖有周親，不如仁人。」言親者未必賢，雖至親不如仁人耳，未必周親屬紂邊。「百姓有過，在予一人」，則與上節「萬方有罪，罪在朕躬」一例。僞書僞傳下增「今朕必往」一句，釋之者曰：「我不伐紂，百姓必過責我。」亦不成文理矣。

滅國五十，在成王時，則殷也，奄也，蒲姑也，熊盈之十有七國也，東夷諸國也，唐也。其餘無考。豈通武王伐紂時所滅諸國言之歟？

武王十二年立武庚，十三年命三叔監殷，十七年武王崩，成王元年殷畔。書所稱：「天惟五年，須暇之子孫臣我，監五祀。」自十三年至元年，武王存殷，中間五年也。

武王十五年有誥妹土之誥，成王六年又有明大命于妹邦之誥，故舊本首書「成王若曰」，以别於武王之誥也。唐孔氏謂他篇皆稱「王若曰」，無稱謚之例，遂删去「成」字。至宋蔡氏，并移康誥三篇皆屬之武王。金仁山云：「梓材篇首，伏生原本作『周公曰』，孔安國改『王曰』。若唐孔氏不删『成』字，漢孔氏不改『王曰』字，蔡氏亦不應有誤矣。」

召誥：「戊申，太保朝至于洛。厥既得卜，則經營。」洛誥：「予惟乙卯，朝至于洛師。我卜河朔黎水，我乃卜澗水東，瀍水西，惟洛食。我又卜瀍水東，亦惟洛食。」朱子謂：「周公乙卯至洛，又卜。」金仁山謂：「召公戊申之卜，卜王城也。周公乙卯之卜，卜下都也。」桉：召公得卜而經營，以庶殷攻位，五日甲寅位成。翼日乙卯，周公達觀新邑營，無他議也。周、召同心輔政，況營洛之事，周公爲主，召公爲輔。召公先周公相宅，豈有不與周公商度而自卜自營者？萬一周公又卜不吉，將改易一處，别作經營，亦不成事體矣。至金氏之説亦不然。瀍水西，澗水東，今所營之東都也。瀍水東，五年所營，成周之地，以居殷民者也。周公以營洛來，何故舍洛邑不卜，而卜成周乎？蓋古之卜，有命龜，有述命。天子尊，再述命。召公之卜，必王命之。周公述王命以命之，召公再述命而身莅卜也。周、召雖二人，自朝廷言之，則皆我耳。朝至於洛師，以至之日告我卜云云，以卜之吉告，非謂乙卯又卜。

洛誥與召誥相爲首尾，召誥順序，故年月日順序於前，洛誥倒序，故先言戊申，其日也；十二月，其月也；惟七年，其年也。僞孔傳爲攝政之七年，猶近之。蔡引吴氏爲周公留洛七年乃薨，尤謬。蓋公留洛止四年，而公薨於成王之二十二年，則自此以後，公尚十五年而薨也。

伯禽之封，通鑑以爲成王元年，其説本之皇甫謐帝王世紀。以爲成王八年春正月，其説本之唐孔氏，謂成王即政之元年實八年。二書皆謬，而通鑑尤謬。蓋元年周公以冢宰攝政，萬無汲汲即封其子之理。且是年流言一至，公即居東，成王方疑周公，必無封其子之事。又徐、奄方助武庚爲亂，曲阜爲奄之國都，安所取其地以封伯禽乎？考竹書，三年伐奄；四年入奄；五年春王正月，王在奄，遷其君蒲姑；夏五月歸自奄。蓋奄助武庚之亂，周公討之，三年後克，則迎成王親莅其地，臨以天子之威。然王不能久居奄，周公又不能久留鎮奄，欲得重臣以鎮撫之，至親至賢者莫如伯禽，故建爲魯侯，以鎮其地。公羊所稱「周公拜於前，魯公拜於後」，爲得其實。則伯禽之封，斷在五年之春無疑也。四年，王師伐淮夷，而徐戎未討，故伯禽一受封即征徐戎。若伯禽受封在八年，則此數年中，守奄地者何人耶？討淮夷而不即討徐戎，則又何説也？

吕刑一篇，蔡氏言穆王耄荒，車轍馬迹徧於天下，吕侯竊舜典贖刑創爲此法，聚斂民財，供其侈用。桉：如此，則吕侯長君逢君，爲罪已重，聖人何取焉？考穆王佚遊之事，皆在十七年之前，因祭公祈招之諫，其後享有天下又三十八年，則必有悔其前失者，安得以其前過概其終身耶？且吕侯於王百年入相天子，以三公領司寇，不知三十年前吕侯已繼世爲侯否？吕侯安能以三十年後之贖鍰，供三十年前之侈用乎？如此持論，亦迂遠而無當矣。且本文明云「五辭簡孚，正於五刑」，是罪之當者，原不許贖；「五罰不服，正於五過」，是罪之宜赦者，原未嘗一概勒贖，又何嘗富者得生，貧者得死，如蔡氏之説乎？

經文言「上下比罪」，蓋所贖者多是比罪。如宮，淫刑也，而司馬遷爲李陵遊説，比於淫律，是豈不可贖者耶？

史記「秦穆公自茅津渡河，封殽中尸，爲發喪，哭之三日，乃誓於軍」，與左傳合。今桉：其文「截截諞言」指杞子，「仡仡勇夫」指三帥，是穆公不特悔聽杞子，而用三帥亦悔之矣。所以明年晉伐秦而秦不報。此後秦穆未嘗更一用兵。故聖人取其悔過而列之書。書序乃以爲敗於殽所作，則殽役之後，彭衙、王官復過甚矣，聖人何取此空言無實之悔乎？

弒逆，大故也。臣弒而子與之，則子罪重於臣。金仁山通鑑前編，於幽王九年，立伯服爲王，太子宜臼奔申。十一年，申侯與犬戎入寇弒王。晉、衛、秦以兵來援，平戎，與鄭世子共立故太子宜臼。直言平戎而立宜臼。身在行間，而申侯之弒王，宜臼親見其弒，不特與聞乎故矣。曾是而尚可爲天下共主乎？以衛武之賢，而肯奉弒父之人以爲主乎？考竹書，幽王五年，世子宜臼出奔申。八年，王立褒姒之子伯服爲太子。九年，申侯聘西戎及鄫。十年，王師伐申，申人、鄫人及犬戎入宗周弒王，殺王子伯服，執褒姒以歸。魯侯、許男、鄭子立宜臼於申，虢公立王子余臣於攜。是其年二王並立也。明年，平王東徙洛邑，錫晉文侯，命晉侯令衛侯、鄭伯以師從王入於成周。是平王自申入洛，並未嘗一涉西周之地也。蓋幽王弒，伯服殺，二王分立。而宜臼爲故太子，名義較正，故晉、衛立之。至二十一年，晉乃殺余臣於攜。是二十年之内，周猶二王也。宜臼在申，則申侯之入寇，宜臼必與聞之。然以其與聞乎寇，謂宜臼有無父之心則可，謂宜臼直與平弒則不可。且晉在北，衛在東，申自南直趨西北，外連西戎，故其勢便，而晉、衛此時兵猶未出，秦在此時亦未嘗與。金氏所書，皆非實也。

平王東遷，前人訾議，似平王全有西周，以畏犬戎而東遷，輕舉其地畀之秦者。其實西戎内逼已久，故申侯合勢，一舉弑幽王。申侯去，而豐、鎬、鄠、杜之區莽爲戎藪矣。宜臼雖立於申，不得晉助之，東都洛邑且不能定，況敢一窺西周之地哉！其後秦仲亦死於戎。至秦襄公淬厲報仇，始能逐戎，而以岐東地來歸。是秦之有其地，乃取之戎，非受之周也。且以岐東地來歸，然後周人始得一至其地。王風黍離之作，當在此時。想文、武之墓，至此時始得一展耳。詩序止言過故宗廟宫室，不及文、武陵寢。東周已立宗廟，言故宗廟，其辭猶緩。文、武墓無二，其不言，不敢言，不忍言也。平王不能如秦襄公之報仇自强，固爲可恨，然以棄西周罪之，則固非其罪也。故凡論事貴實，而後其罪之大小輕重明。

古者祖有功，宗有德，虞、夏以前，文祖、藝祖、神宗皆繼天立極之聖，代有天下者之守祀也。夏、殷以後，其有功德者，即其世及者之祖父，然後宗祖之號專屬於一家。前賢未知此義，但據殷、周以例上古，據禮有「祖顓頊」之文，遂謂虞舜妻其四世祖姑，妄矣！

三苗西控洞庭，東挾彭蠡，北扼大江，南倚諸嶺，故難服而易叛。舜攝位，竄三苗於三危，必遷其君與其人之尤頑梗者，而於其地，猶立君以統之，故虞書之終，又有「分北三苗」之文。禹貢雍州「三苗丕敍」，此三苗之既遷者，以失地險，故易服。臯陶謨「苗頑弗即功」，此三苗之未遷者，以據地險，故難服。

「惟三月」至「乃洪大誥治」四十八字，在康誥之前。疑爲洛誥錯簡者，始於蘇長公。愚桉：前篇大誥，伐武庚之誥也。武庚既平，將作大邑於洛，封康叔以統東諸侯，實爲造基之始。是時康叔爲方伯，故稱孟侯。又見詩旄丘序。故使之以四方和會之意，由侯甸男邦下采衛，又由侯甸男邦采衛各下百工，以播告民和，而公特於就近之殷士見之，而勤勞之，誥康叔以治法而屬遺之。則此四十八字，實爲康誥、酒誥、梓材之總序。

征苗而苗即來朝，何有三旬之逆命，又七旬來格耶？若禹、益以苗爲不當征者，則命征時，何不昌言？至興師動衆，歷三旬之久，而後益言禹拜耶？孔子犂牛之喻不斥瞽父，舜之大孝而益斥之瞽瞍與有苗倫比，有是理乎？舜之敷文德久矣，曰乃誕敷，何耶？何舜三四十年之文德不能格，而七旬之干羽特神速耶？諸儒竭力補救，吾謂不如以孟子讀武成之法斷之。

左傳「羿自鉏遷於窮石」，杜氏無注。黄氏云：「鉏在澶州，窮石在吐谷渾界。」是羿據冀、并、兖又跨雍地也。地理今釋云：「窮在今山東濟南府德州有鬲縣故城。」晉地記言「河南有窮谷」，恐非也。羿國若在河南，何以反距太康於河之南乎？

竹書帝太康四年丙戌陟。帝仲康元年己丑即位，居斟鄩。丁亥、戊子二年不記。古者，子爲父，臣爲君，皆斬衰三年。仲康雖以弟繼兄，而實以臣繼君，若舜之繼堯，禹之繼舜，皆三年喪也。至商始以踰年改元爲定制。太康爲羿所距，不能反冀州平陽，乃依同姓諸侯，斟鄩河南，水經河南尋地。築城以居，謂之南夏。漢名夏陽縣，宋名太康縣，今猶有太康故城遺址。仲康即位，即命允侯掌兵。不即討羿者，羿方强，仲康立國在外，勢未可爲。堯時，羲氏、和氏分掌四時。至夏合爲一官，司天如故也。羲、和有罪，執而誅之，一士師之任耳。篇中乃云：「以爾衆士。」蓋羲、和實黨於羿，不居王都，遠逋私邑，以昏迷之罪，興師誅之，陰翦羿之羽翼，師出有名，即羿亦未便援救。曰「殲厥渠魁，脅從罔治」，明以渠魁惟羿，羲、和若悔罪而來，即宜以脅從論，語意隱然可會。考二年而仲康崩，子相元年戊戌，猶能征淮夷。二年，猶能征風夷、黄夷。七年，于夷來賓，豈允侯猶在列乎？八年，寒浞殺羿，使子奡居過以逼相。相居斟灌，奡又滅戈以逼斟灌。相居斟鄩。二十六年，奡滅斟灌。二十七年，滅斟鄩。二十八年，奡遂弒相，無有能敵之者。意時允侯已殁，而繼掌六師者非其人乎？至靡奉少康，收二斟之燼，卒復舊物，謂非仲康命允侯有以延其緒於數十年之久，不可也。自二孔不明其實，以爲羿逐太康而立仲康。蘇氏軾更謂羲、和夏之忠臣，羿假仲康命，使允侯征之。夫征者，正人之不正也。古文即僞書，其事要非無據，不得任其名實乖悖，是非倒置也。

湯以二十九年甲戌陟，太子太丁早喪，其子太甲幼而縱逸，伊尹立太丁弟外丙，名勝，元年乙亥。蓋踰年改元，始於此矣。二年陟，立外丙之弟仲壬，名庸，元年丁丑。四年陟，乃立太甲，元年辛巳。金氏前編作「戊申」，非。未葬以前，羣主聚始祖元王之廟，未可以祠。至此，主各歸其廟。厥祖湯也，不奉嗣王見契，諸廟所重在湯，臨以湯之靈爽也。金氏前編據大紀，於湯崩即書嫡孫太甲即位，非也。程子言，古人謂齒爲年。外丙方二齡，仲壬方四齡，湯崩百有餘歲，何以有是孩赤？孟子何故以弟先兄乎？金氏疑外丙、仲壬皆太丁子，則孟子又何以先太甲而數二人乎？邵康節皇極經世：「史無二王名，帝紀不據古史，而據後人卦數推算乎？」蔡氏言「太甲繼仲壬，居仲壬喪」，是已，而言「爲人後者爲之子」，則非也。禮有爲子，有爲後。喪服傳臣爲君，子爲父，爲人後者，爲所後，皆三年斬，而爲後尤重於爲子。

故皆子也，而爲後者止一人，不當據公羊曲説以亂經也。且宗法始於別子，天子之別子爲諸侯，諸侯之別子爲大夫，故曰別子爲祖，豈可以先君爲別子乎？禮曰天子立七廟，諸侯立五廟，曰皇考，曰顯考，曰王考，曰考，不曰高、曾、祖、考。天子諸侯繼世不皆子，而新主必入考廟，遷則入王考廟，所以尊尊。太甲嗣仲壬，三年喪畢，仲壬主入考廟，此爲後之禮也。入繼之祖、父不皆帝王，則有高、曾、祖、禰之廟，所以親親。太甲祀太丁於禰廟，以天子之禮，此爲子之禮也。尊尊親親，並行不悖。宋儒泥公羊一語，始膠固不通。湯在時，正太丁太子之位。太甲立，以仲壬爲父，而追廢太丁，使不得爲長嫡，有是理乎？

書舊序言：「太甲既立，不明，伊尹放諸桐。三年，復歸于亳，思庸，伊尹作太甲三篇。」是書乃太甲所作，思歸功伊尹也。史記言：「太甲既立三年，不明，亂德，於是伊尹放之于桐。伊尹攝行政事當國，以朝諸侯。太甲居桐三年，悔過自責，反善，伊尹迎而授之政。太甲修德，諸侯歸殷，百姓以寧。伊尹嘉之，作太甲訓三篇，褒帝太甲。」是書乃伊尹所作，載太甲之訓，以美太甲也。今書三篇，乃史臣紀傳之體，與二説絶異。竹書：「太甲元年，伊尹放王于桐，乃自立。七年，王潛出自桐，殺伊尹，大霧三日。」沈約云：「文與前後不類，乃後人所改。」愚攷皇甫謐引竹書「沃丁八年，伊尹薨，大霧三日。王以天子禮祠保衡。」今移「大霧三日」於「殺伊尹」下，而沃丁八年存「嗣保衡」三字，則爲庸妄所改，明甚。蓋周、秦之間，已多踳駮，觀萬章所述、孟子所辨可見。今以孟子爲正，則史記得之，而他書皆誤也。蓋太甲之放在三年，復辟在七年。伏生大傳有「維太甲元年十二月乙丑朔，伊尹祀于先王，誕資有牧乃明」，其下闕。詳其文意，與伊訓同。是太甲元年未放。蓋諒闇三年不言，古之達禮。伊尹以冢宰居攝，正可朝夕納誨，不應未誨而遽放，且遠之桐宮，使不得奉殯宮之朝夕奠。必三年喪畢，將臨政涖民，而太甲曾無改於其德，乃放之桐，而身攝耳。觀史遷孔子世家，是史遷與孔安國友，安國所傳古文，史遷必親見之，故史記所述，與伏生本大同，而湯誥、湯征與梅賾所上絕異。是史遷所述，乃真孔傳，而梅賾所上，則後人補綴成之者也。

咸有一德。鄭氏所傳舊序，言「湯既黜夏命，復歸於亳，作湯誥、咸有一德」。是湯誥、咸有一德乃湯所作。史記言「以合諸侯，伊尹作咸有一德。禮記緇衣引尹吉曰：「惟尹躬及湯，咸有一德。」說者謂「吉」當作「告」，「誥」通。是湯即位，稱尹之功，以告諸侯，不名而稱其字曰尹，以尊之也。張霸古文亦有此篇目，在湯誥下，典寶上，則亦以爲湯即位時書也。至梅賾改厠太甲下，增「伊尹作咸有一德」七字，并綴入「尹吉」一語。愚謂：湯尊尹而字之，可也。尹對君而自稱字，且數作神主，受天命而以己先湯，可乎？宋儒甚稱此篇，故指其謬。

蔡仲之命。桉竹書：「成王元年丁酉正月，王即位，命周文公總百官。秋，武庚以殷叛，周公出居於東。」逸書：「二年，王作師旅，臨衛攻殷。殷大震潰降。辟三叔，王子禄父出奔，管叔經而卒，乃囚蔡叔于郭淩。」竹書：「奄人徐人及淮夷入于邶以叛。秋，大雷電以風，王逆周文公于郊，遂伐殷。三年，王師滅殷，殺武庚，遷殷民于衛，遂伐奄，滅蒲姑。四年，秋，王師伐淮夷，遂入奄。五年，春正月，王在奄。」與金縢正合。蓋所謂居東二年者，周公以元年秋居東，二年秋公歸也。東征三年者，二年冬伐殷，三年滅殷、滅蒲姑，四年秋滅奄也。鄭傳甚明。自梅賾上僞孔傳，訓周公言我不殺管、蔡，無以告我先王；又撰蔡仲之命一篇以實之，而居東即東征，周公被誣甚矣。二年，春，王師臨衛，降，辟三叔，周公尚居東，周公何嘗殺管叔？左傳「王於是殺管叔而蔡蔡叔，以其與殷叛」，豈以其流言？鴟鴞詩「既取我子」下言「恩勤鬻閔」，以深痛管叔之死，次「毋毀我室」下言「桑土綢繆」，以求王室之安，正居東時也。厥後周公東征，殺武庚，「取子之痛」稍舒，弔二叔之不咸，管、蔡、郕、霍十六國並封。前之管、蔡，皆岐周圻内邑名。唐孔氏言圻内之地已滅，故取其名以名新國。管在滎陽京縣東北。蔡在汝南上蔡，後平侯徙新蔡，昭侯徙九江下蔡。霍在今霍州西南，有故霍城。至是而「恩勤鬻閔」之思稍伸也。或疑公避東都，何以禦變？王終不悟，何以自處？曰：是時太公、召公在朝，亦必有以禦武庚，啟成王之悟。況至誠而不動者，未之有也。風雷之儆，無足異也。

君陳。鄭云：「伯禽弟。」竹書：「成王十年，周公致政，出居於豐。十一年，春正月，王如豐。王命周平公治東郊。」沈約注：「周平公即君陳。蓋周公既致政，王即命君陳嗣爲周公，以統東諸侯也。後謚平。稱君者，貴之。」鄭本舊序：「命君陳分正東郊成周，作君陳。」在「賄肅慎之命」下。張霸無之。又史記亦無者，以所見孔安國古文亦無也。梅賾所上孔傳乃有此篇，而於舊序上增「周公既歿」四字，又移其次於「亳姑」下，則大妄矣。成王二十一年，周文公薨于豐，安得謂「十一年，周公既歿」哉！彼見論語有「惟孝」十字，漢儒皆以爲君陳，而坊記、緇衣三引君陳，欲掇拾成篇，而絶不知君陳爲周公次子，與其嗣爲周公，在周公尚存之日，并序所謂「分正東郊」，即周、召分陜之事也。無怪乎讀是篇者，謂略無命子繼父職之辭，而反疑鄭氏之説爲非矣！

畢命。竹書：「康王釗十二年乙酉夏六月壬申，王如豐，錫畢公命。」鄭本舊序：「康王命作册畢，分居里，成周郊，作畢命。」史記「畢」下有「公」字。漢律曆志：「惟十有二年六月庚午朏，王命作册書豐刑。」是豐刑作於庚午，而畢命作於壬申也。但竹書不言所命何事，舊序又不知命之何人，惟史記作畢公，則孔安國本如此也。畢公名高，左傳言畢、文之昭。逸書：「武王師次鮮原，始與召公同召克商，命與衛侯同釋百姓之囚。」蔡氏謂常相文王，不知何據。康王立，畢公率東方諸侯，則成王時，周平公早卒，而畢公已代爲東伯矣。成王之世，齊太公爲太師。康王六年，太公薨，則畢公之爲太師，必在此後。今曰「命畢公保釐東郊」，即曰「嗚呼！父師」。失之矣。

冏命。舊序：「穆王命伯冏，爲周太僕正，作冏命。」桉：史記：「穆王閔文、武之道缺，乃命伯臩申誡大僕國之政，作臩命。國復寧。」則史遷所見，乃是穆王命伯冏申誡國之政，非謂命伯冏爲太僕正也，與今序全異。考之竹書，亦無命伯冏事。

附録

先生幼即穎異，讀孟子至卒章「然則無有乎爾！則亦無有乎爾」！輒哽咽流涕，大懼道統無傳人，立志遠大若此。德保撰傳、先正事略。

從父大任稱經師，從請業，授以中庸性天之學，憬然悟其宗旨，以聖賢爲必可爲。吴中號多名士，大都逐聲利。先生獨抱遺經，夷然不屑也。先正事略。

官起居注時，每遇經筵日講，口陳指畫，闡揭大義。退復疏通奧旨，日進積六十篇。德保撰傳。

先生初以儀禮經傳通解傳刻錯謬殊多，曾上書巡撫儀封張公，請開館校定，不果。行及晚年，爲三禮總裁，自謂一生志願，盡發中祕所儲，平心參訂。論必本天道，酌人情，求合朱子遺意。未及蕆事而卒。共事者方侍郎苞、李閣學紱負宿望，館中莫敢與抗。每至齟齬不相下，折衷先生，得一言而兩家之論定。德保、吳德旋撰傳及文集上張撫軍書。

先生年逾七十，刻刻窮研，常若不及。書自責語曰：「疇孝疇弟，汝亦喜之。匪忠匪孝，汝亦詆之。上古下今，言之亹亹。躬之不逮，曾不自恥。孔、曾、思、孟，實惟汝師。日面命汝，汝頑不知。既頑且鈍，扑教宜施。痛自懲責，涕泗漣洏。於乎老矣，瞑以爲期。」德保撰傳。

乾隆中，詔舉經學，稱先生研窮經術，敦樸可嘉，與侍郎蔡聞之並，以爲多士之式。及開四庫館，詔書中於本朝士林宿望沈潛經史者，特舉先生名，與顧棟高、陳祖范輩並，查明著作，録備石渠之選。同上。

釣臺交游

顧先生棟高

別爲震滄學案。

方先生苞

別爲望溪學案。

李先生紱

別爲穆堂學案。

鈞臺從游

任先生德成

任德成字象先，吴江人。祖大任，字鈞衡，有孝行，與徐俟齋爲友，於鈞臺先生爲從父，鈞臺所從受業者也。先生補長洲縣學生，父殁，哀毁，三年不入私室。母病目，以舌舐之，一年復明。居鄉勤於施濟，置社倉，創書院，濬萬頃江以達太湖。平生奉朱子白鹿洞規，檢攝言動，内養日充。嘗取自漢迄明先哲格言與洞規相發者，輯爲洞規大義五卷，在四庫存目中。雍正元年，舉孝廉方正，以侍養辭，且曰：「正誼明道，儒者分内事，豈假此以市名哉！」乾隆三十七年卒。參沈德潛撰任鈞衡墓誌、吴江縣續志。

象先家學

任先生思謙

任思謙字純仁，象先先生子。幼入塾讀經，即通大義。比長，讀周易及宋五子書，獨具心悟。即得邵子皇極經世書，有省曰：「先天學主乎誠，誠豈待外求耶？」既奉父命，受業於嘉定張漢瞻。漢瞻，陸清獻高第弟子也，一見器之，曰：「師門一緒，得吾子有賴矣。」授以松陽遺書，曰：「程、朱正傳也。」年四十餘，以諸生貢入太學，即不應舉，惟恐以近名爲累。乾隆十四年，詔舉經學。有欲薦之者，以侍養力辭。年八十四，以微疾卒。所著有易要、詩譜中星考、薛胡語要、皇極經世鈐解、經笥堂文集，凡若干卷。參吴江縣續志。

任先生兆麟

任兆麟原名廷麟，字文田，號心齋，純仁先生子，太學生。幼承家訓，又從彭二林、錢竹汀、諸鶴侶諸先生游。嘉慶元年，舉孝廉方正，以侍養辭。後應阮文達公之聘，爲其二子師。先生自經傳子史，音韻古籀，及詩古文，無不研索。嘗於書大傳檢出王居明堂禮，孔疏檢出中霤禮，以爲殷禮之僅存，河閒樂記乃毛公所述，王禹所傳，至北齊信都芳釐定九篇；孝經終於立身，逸文出自山右，即本釣臺章句爲之注；齊論問王、知道二篇，出於任城，補入述記；孟子伐燕，宣、湣本二事，燕噲爲易王名，外書四篇，載及燕昭，爲孟氏門人所記，類多確覈。雖好古經説，而篤信朱子，故辨東原原善之作，以爲未聞聖道。闢蓮涇書堂祀尹和靖。訂家範，立教規，以求躬行之實。以宋後説詩者異同雜糅，集周迄隋諸家之説不背於序者，爲毛詩通説二十卷。以春秋三傳缺一不可，輯啖、趙、程、張諸説有裨三傳者，爲春秋本義十二卷。又著夏小正注四卷，孝經本義、孟子時事略、弟子〔一〕職注、小爾雅注、聲音表、弦歌古樂譜、石鼓文集釋、壽者傳各一卷，虎阜志十卷，有竹居集詩四卷，文九卷。輯尸子四卷，四民月令一卷，襄陽耆舊傳三卷，文章始一卷，述記四卷。又爲族兄子田訂正蒼頡篇二卷，三蒼一卷。又有儀禮大要、大戴禮記注，未見刊行。參史傳、顧日新撰有竹先生集序。

文集

乾西北卦説

管輅問劉邠曰：「古之聖人何以處乾位於西北？」邠不能對。朱子曰：「乾西北卦位，未詳其義。」

〔一〕「子」，原脱，今補。

邵子曰：「坤統三女於西南，乾統三男於東北。蓋乾南坤北，位之正也；乾北坤南，氣之始也，故周公定冬至祀天之禮。然乾位不在正北，而進而西北。爾雅以亥爲陽月，明戰乎乾，盛陰相薄，陽終不息，而爲復生之始也。」何元子曰：「東南至正西皆陰卦，陰含陽也，物之成形，无不由於坤類也。西北至正東皆陽卦，陽含陰也，物之受氣在乾，而震則剛柔之始交也。」故乾位西北之說，吾衷諸雲臺阮君矣。其言曰：「北極即太極。本馬融、毛傳：「極，中也。」太極生兩儀謂天地，兩儀生四象謂四時。天具黄、赤道，與地員相遊行，以成四時春夏秋冬，即東南西北也。四象生八卦，則因四方以定八卦之位。說卦『帝出乎震』以下，其位也，乾西北，坤西南，此太極之實象也。」中國界赤道而居，北極斜倚於其北。以渾員之體論之，則但於赤道緯綫分内外，北極高低有別耳。至於南北極經綫，處處皆可謂當極之中。然中國以黄河爲起止，若執河、洛爲地中，則應以洛陽南北地面一綫之經爲地脊，其水當分東者向東，西者向西。今觀河、洛，皆由西向東，則中國大勢偏於東矣。故河源之西，水分東西流處，正當北極經綫之中，爲地之脊。古聖人居中國，而攷儀象，則乾居西北，坤居西南，職此故也。若非以乾當北極，倚於西北，下臨西南之坤，以定地脊，置坎、艮、震、巽、離五卦於偏東，則太極之寔象不顯矣。爾雅：「西北有崑崙虚。」朱子楚辭注：「崑崙，地之中也。」則亦不以河、洛爲地中，可知矣。天學迨今而愈益詳密，學務實事求是，不信然歟？

論語朝儀説

天子之宫門五：曰臯門，曰庫門，曰雉門，曰應門，曰路門。諸侯之宫門三：明堂記「魯庫門，天子臯門；雉門，天子應門；路門從同。」天子諸侯之朝皆三：天子外朝在臯門内，朝士掌之；諸侯在庫門内。天子治朝在應門内，宰夫司士掌之；諸侯在雉門内。内朝皆在路門内大寢焉。天子内朝，大僕掌之。諸侯内朝，庶子掌之。若詢事之朝，亦曰外朝，在雉門外。周官小司寇致民三詢於此。外朝非聽獄制刑則不常御。治朝中庭左右謂之位，門廷之間謂之著。朝辨色，始入，適公所。位爲官府治事處。君出眡朝，當宁而立，司士擯，君徧揖羣臣，大宰贊聽。治禮畢，君入路門。内朝南鄉聽政。或君有命，羣臣有復逆者，過君虚位，入路門，由西階升堂。詩「狐裘在堂」，堂言路寢堂也。路門之外，皆廷而無堂。廷之爲言平也。堂制：天子崇九尺，階九等；諸侯崇七尺，階七等。周書：「大輅在賓階面，綴輅在阼階面。」鄭氏周官注：「王出登車於大寢西階前，反降於阼階前，乘車出入。」故宜門外無堂也。復逆出，由西階降，反治朝中廷之位，以會治焉。既君使人出視大夫，大夫退，然後適小寢。禮曰帥常。

鄭康成周官朝士注：鄭司農説：「王五門：臯、雉、庫、應、路。外朝在路門外，内朝在路門内。」玄謂：「明堂位説魯公宫曰：『庫門，天子臯門；雉門，天子應門。』制二兼四。是庫門在雉門外，雉門爲天子中門。外朝在庫門之外，臯門之内。周天子諸侯皆有三朝，外朝一，内朝二。内朝在路門内，或謂之燕朝。」

按：江氏永鄉黨圖攷：「天子〔一〕外朝在庫門外。」從鄭氏朝士注而槩之。諸侯外朝亦在庫門外，以聘禮「賓死柩止門外」，及「賓拜饔餼無入門」之文爲證。不知經不見入門，從略也。當據書大傳爲確。

伏生尚書大傳：諸侯之宫，三門三朝。其外曰皋門，次曰應門，又次曰路門。其皋門内曰外朝，應門内曰内朝，路門曰路寢之朝。

按：明堂位：「庫門，天子皋門；雉門，天子應門。」大傳蓋據魯言也。鄭氏詩箋：「諸侯之宫，外門曰皋門，朝門曰應門，内有路門。天子之宫加以庫、雉。」明太王實殷諸侯也。戴震攷：「天子三門。」非是。

周官：小司寇掌外朝之政，以致萬民而詢焉：一曰詢國危，二曰詢國遷，三曰詢立君。

按：鄭注：「朝在雉門外。」此通典謂詢事之朝，諸侯亦當在雉門外。通典：天子皋門内曰外朝，有疑獄，王集而聽之。雉門外有詢事之朝。應門内曰中朝，有九卿之室，理事之處。燕朝者，路寢之朝，羣公以下，常日於此朝見君也。惟詢事之朝，非常朝之限，故不與三朝同。

又：「朝士掌建外朝之法，左九棘，孤卿大夫位焉；右九棘，公侯伯子男位焉。左嘉石，平罷民焉；右肺石，達窮民焉。帥其屬，而以鞭呼趨且辟，禁慢朝錯立族談焉。」

〔一〕「子」，原作「之」，據鄉黨圖攷改。

按：此以皋門內外朝言。

又：太宰，「王眂治朝則贊聽治」。司士「正朝儀之位。王南鄉，三公北面東上，孤東面北上，卿大夫西面北上，王族故士虎士在路門之右南面東上，大僕大右、小臣御僕在路門之左南面西上。司士擯，孤卿特揖大夫，以其等旅揖，士旁三揖，王還揖門左，揖門右。大僕前，王入內朝，皆退」。師氏「居寢門之左，司王朝」。

按：此以應門內治朝言。匠人：「外有九室，九卿朝焉。」鄭注：「路門之表也。」宮室攷：「治朝無堂，即門以爲朝。」

又：大僕「掌正王之服位，出入王之大命，掌諸臣之復逆。王眂燕朝則正位，掌擯相」。小臣「掌三孤及孤卿之復逆，正王之燕服位」。宰夫「掌諸臣之復萬民之逆」。

按：此以路門、燕朝言。困學紀聞：「王有三朝：治朝在路門外，宰夫、司士掌之。燕朝在路門內，大僕掌之。外朝在皋門內，庫門外，朝士掌之。」

魯語：「天子及諸侯合民事於外朝，合神事於內朝。」韋昭注：「內朝在路門內。」

禮玉藻記：「諸侯朝服以日視朝於內朝。朝，辨色始入。君日出而視之，退適路寢聽政。使人視大夫，大夫退，然後適小寢。」

按：鄭注：「王日視朝，皮弁服，其禮則同。」宮室攷：「於時諸侯復逆，太僕掌之；公孤復逆，小臣掌之；羣吏復逆，掌於御僕；庶民之逆，宰夫掌之。若君有命，臣有所請，則過位入內朝升堂。」

春秋左氏傳：「韓獻子將新中軍，且爲僕大夫。杜注：「兼大僕。」公揖而入。獻子從公立於寢庭。」注：「路寢之庭。」又：「郤子在門臺臨廷。」注：「門上有臺。」韓詩外傳：「吾君有治事之臺。」

按：記：「天子諸侯臺門。」萬斯大曰：「天子五門，諸侯三門，門皆直入，無堂相間。路門内爲路寢，即内朝，治朝、外朝，就門而立。郤子臨廷，即視朝時也。然則路寢之外，別無朝堂。」五禮通攷：「君日視朝於臺，門外則廷。故古人稱朝廷，不稱朝堂也。」孟子：「禮，朝廷不歷位而相與言，不踰階而相揖也。」

按：此謂治朝，諸臣治事處，有室自有階也。鄭氏周官司士注：「王日視朝於路門外之位，公及孤卿大夫始入門右，皆北面東上，王揖之，乃就位。」

按：禮世子記孔疏：「天子之朝，三公北面，孤東面，卿大夫西面，士門西東面。諸侯之朝，卿西面，大夫北面，士門西東面。」鄭氏論語注：「過位，謂入門右北面君揖之位。」

按：此實以路門治朝言。曲禮疏鄭注：「朝者位於内，朝以序進。」此内朝即路門外朝也，對皋門内三槐九棘之外朝，故稱内。若對路寢庭朝又爲外。故文王世子云「朝於外朝則以官」是也。

又按：胡氏縉謂：「過位者，聘禮賓入廟門，公揖賓於中庭左右之位也。」以鄉黨此節乃聘禮，非朝禮。然聘禮賓升堂必執圭，兩手奉玉，不復摳衣，與鄉黨攝齊升堂不合。攷享禮則奉束帛加璧，私覿則奉束錦，不得攝齊。又以鄭注屢引此爲證，不知記所稱入門、升堂、下階、没階之禮，朝、聘原無異也。但鄭注「下階，發氣怡焉」，引「孔子升堂，鞠躬如也」，上去「攝齊」二字，是明知不與朝禮同。

包咸論語注：「過位，過君之空位也。」

韋昭周語注：「中廷之左右曰位，門廷之間曰著。」

按：謂路門外廷之間。說文：「廷，朝中也。」釋名：「停也，人所集也。」

李巡爾雅注：「正門内西塾門曰宁。」

按：爾雅應門謂之正門。

孫炎爾雅注：「門内屏外，人君視朝所宁立處。」

按：荀子：「天子外屏，諸侯内屏。」皇侃論語疏：「天子尊遠，故外屏於路門之外爲之。諸侯尊近，故内屏於路門之内爲之。」蓋古者每門有屏。路門内屏，所謂邦君樹塞門。是則雉門、庫門可例推矣，故孫注「門内屏外」也。若江氏鄉黨圖攷力闢孔疏「屏在路門外，近應門」之非，謂：「天子屏在應門外，諸侯屏在雉門内。」又謂「門屏之間，唯爲諸侯言之」。未知何據。禮記義疏：「路門之外，外屏之内，謂之宁。宁，待也。及諸侯至外屏之外，負扆受朝，若越王背屏而立，夫人向屏而送王，即諸侯路寢門之内屏也。」

皇侃論語義疏：「禮：每日旦，諸臣列在路門内以朝君。君日出而視之，則一揖卿大夫，而都揖士。過位，謂臣入朝君時也。位，君常所在外之位也，在宁屏之間，揖臣之處。」

禮檀弓記：「朝不坐，燕不與。」孔疏：「路門下正朝，大夫以下皆立。若燕朝於路寢，則大夫坐於上，如孔子攝齊升堂是也。升堂則坐矣。」

按：記所言止以明士，雖夕見無坐理。若大夫之坐，如孔子侍坐哀公，君命之乃坐也。孔疏：「引此特以證必在路寢之堂，非謂此復逆之朝。」江氏鄉黨攷：「謂治朝無堂。燕寢之朝，或君有命，或臣有所言於君，乃升堂。其外或臣燕見，如孔子對問政、大昏、儒行是也。」

儀禮聘禮：「使者夕，管人布幕於寢門外，陳幣。宰入告具於君，君朝服出門左南鄉。」鄭氏注：「寢門，外朝也。入告，入路門而告。」

按：朝所布幕，則知門外無堂。朱子曰：「路寢朝在路門之裏，議政事則在此。外朝在庫門外，詢衆庶則在此，非常朝也。每日常朝，王立寢門外，與羣臣相揖而已。」胡明仲曰：「近世朝禮拜跪是秦法，周制不如此。」

尚書盤庚之誥：「王命衆悉至於庭。」日本攷文：「古文庭上有朝字。」

按：此所謂詢國遷者曰廷，是外朝無堂也。

詩檜風：「狐裘在堂。」毛公傳：「堂，公堂也。」孔疏：「在堂，正寢之堂。人君日出視朝，乃適路寢聽政也。」

鄭氏周官樂師注：「行以采薺，趍以肆夏。行謂於大寢之中，趍謂門外。爾雅堂上謂之行，門外謂之趍。然則王出至堂而采薺作，出路門而肆夏作。王如有車出之事，登車於大寢西階之前，及王降於阼階之前。」

按：爾雅：「堂上謂之行，堂下謂之步。」邢疏：「行謂大寢之廷。至路門門外謂之趍，中廷謂之走。邢疏謂路門至應門。曲禮：「下卿位。」孔疏：「卿位在路門内之東，迎賓客則登車於大寢。或下卿位是諸侯禮，樂師是天子禮。」

周書顧命：「大輅大賓階面，綴輅在阼階面，先輅在左塾之前，次輅在右塾之前。」鄭注：「門側之堂謂之塾，左塾在路門内之西北面，右塾在路門内之東北面。」

按：金氏履祥顧命圖：「應門内外朝畢，門内路寢堂牖間南鄉，王平日朝羣臣、覲諸侯之位。西序，朝夕聽政之位。東序，平日養老、享羣臣之位。西夾，燕親屬之坐。四輅皆設路門内。」則樂師注確有據矣。

中月禫喪數閏不數閏説

士虞禮「中月而禫」，鄭康成據「中一以上」釋之，謂中閒一月；王肅據「文王受命惟中身」釋之。愚謂「中月」當如學記「中年」義。雜記：「期之喪，十五月而禫。」汪茗文曰：「主二十七月者，據閒傳中月而禫之文也。主二十五月者，據三年問二十五月而畢之文也。主三十六月者，據喪服四制三年而祥之文也。惟鄭氏得其中，故歷代因之。且三年問、喪服四制二篇，朱子所定儀禮刪之，不可爲典要。」朱子答胡伯量曰：「中月而禫，鄭注虞禮爲是。穀梁傳謂喪不數閏，公羊傳謂喪數閏，鄭志謂喪以月數者數閏，以年數者不數閏，是三年與期不數閏，大功〔一〕以下數閏也。」何休云：「閏爲死月數，非死月不數。蓋閏附前月，死之月不可移而下，是父母死於閏月未嘗不數。若閏當除喪之月，則亦不數。」此又不可不知也。

周祭證

周祭制，證之詩小雅：「禴祠烝嘗，于公先王。」此追王以後之典，周官、爾雅、公羊傳並同。此四時祭名也。王制所載「天子犆礿」一節，鄭康成以爲夏、殷制也。禘、祫，祭名，證之公羊傳：「大事者何？大祫也。毀廟之主，皆升，合食於大廟。」證之爾雅：「禘，大祭也。」儀禮逸經：「禘於大廟禮，日用丁亥，其昭尸穆尸皆升，合食於其祖。祫於大廟禮，毀廟之主，升，合食。」周官司尊彝：「四時之間祀，追享，朝享。」鄭仲師注，以爲「禘祫是也」。祭之年數，證之禮緯：「三年一祫，五年一禘。」許叔重五經通義：「三年一閏，天道小備，故三年一祫。五年再閏，天道大備，故五年一禘也。」祭之月數，證之周官大

〔一〕「功」，原作「公」，聲近而誤，今改。

司馬「仲夏享礿，仲冬享烝」，謂既獵而舉也。孟獻子曰：「七月日至，可以有事於祖。」以七月日至之禘，對正月日至之郊，則以夏正建午之月，於周時爲秋，故魯頌「秋而載嘗」，祭統「大嘗禘」，辟天子也。蓋禘舉於夏，舉禘則不復舉禴，此惟天子五年行之。祫舉於冬，漢張純以祫爲冬祭。故亦名大烝，舉祫則不復舉時祭，此天子諸侯通行之。明道程子曰：「禘，天子大祭；祫，諸侯大祭，皆取合食之義。」是禘、祫皆大祭，而特異其名爾。大傳曰：「禮，不王不禘。王者禘其祖之所自出，以其祖配之。諸侯及其大祖。大夫士省於其君，干祫及其高祖。」許氏說文：「祫，大合祭親疏遠近也。」公羊傳曰：「五年而再殷祭。」蓋言魯用禘樂也。春秋於魯禘不槩書，閔公二年八月躋僖公，昭公十五年二月有事武宮，定公八年十月從祀先公，皆著其非禮之尤者。東遷以後，禮樂陵遲，馴致雍徹佾舞，先王之典蕩如矣。此春秋所以譏變禮也。

宗法

大宗一，小宗四。承大宗者，身繼五宗。禰之次子身事四宗，有大宗則事五宗。禮大傳：「別子爲祖。」別子者，謂諸侯適子之弟，別於正適也。爲祖者，別於後世爲始祖也。「繼別爲宗」，謂別子之適長子，繼別子於族人，爲百世不遷之宗也。「繼禰者爲小宗」，謂別子之次子，以其長子繼己爲小宗，而其同父兄弟宗之也。「有百世不遷之宗」，「宗其繼別子者」是也，是謂大宗。「有五世則遷之宗」，大宗則一，小宗則四。有繼禰小宗，同父母兄弟宗之。有繼祖小宗，同堂兄弟宗之。有繼曾祖小宗，再從兄弟宗之。有繼高祖小宗，三從兄弟宗之。至四從，則親屬盡絶，所謂五世則遷者也。此古禮經宗法。今擬圖如右，以始遷及初有封爵者爲始祖，準古之别子；又以始祖長子，準古繼别之宗；小宗帥古。

大宗小宗圖：

始祖，始遷及初有封爵者。長子繼之，子孫世世爲大宗，統族人，主始祖廟祭，百世不遷。

高祖傳至玄孫，爲繼高祖小宗，統三從兄弟，主高祖廟祭，至其子五世則遷。

曾祖傳至曾孫，爲繼曾祖小宗，統再從兄弟，主曾祖廟祭，至其孫五世則遷。

祖傳至孫，爲繼祖小宗，統從兄弟，主祖廟祭，至曾孫五世則遷。

禰所生子，爲繼禰小宗，統親兄弟，主禰廟祭，至玄孫五世則遷。

附録

先生注夏小正，移「主夫出火」於三月，移「時見稊始收」於五月，復補「采芑」、「雞始乳」二條，王西莊稱其確當。史傳。

顧日新曰：「嘉慶丁丑，先生應阮督院聘，掌教粤中道南書院，授兩少君經。」有竹先生集序。

劉華東曰：「心齋十二世從祖東白先生，明洪武四年，三十初度，方正學畫墨竹三竿爲壽，三祝意也，居繇是得名。」有竹居記。

段若膺曰："始余與文田族諸昆頌從、子田兩君游，子田深於周禮，輯著弁服、深衣等書；頌從於爾雅哀然成書，今又得文田，可稱三任。"有竹居集序。

任先生基振

任基振字頌從，象先先生族孫。篤志研經，著爾雅注疏箋補，戴東原爲之序，稱其"考索精詳"。東原著爾雅文字考，多引其說。段懋堂與幼植、心齋及先生交游，有"三任"之目。參史傳。

清儒學案卷五十四

恒齋學案

湖、湘之間，自船山王氏後，士多潛修。其著述可稱學術純正者，推恒齋李氏。同游諸人，皆恪守程、朱之説，當時未大顯，鏡海唐氏乃表章之。述恒齋學案。

李先生文炤

李文炤字元朗，號恒齋，善化人。康熙癸巳舉人，官穀城縣教諭。幼穎悟向學，十四補諸生，博通經史，前輩見而奇之。後與同縣熊班若、邵陽車補旃、王惺齋、寧鄉張石攻共勉爲濂、洛、關、閩之學。於書無所不讀，務究其藴奥。子史梵書，必批其根柢。嘗言「不察二氏之所以非，安知吾儒之所以是；不觀諸子之有純有駁，安知吾儒之醇乎其醇；不審秦、漢以下之成敗得失，安知三代以上帝德王猷之盡善盡美也」！平生躬行實踐，以孝聞。學成，遠近爭師之。主講嶽麓書院，從游者衆。先生學以朱子爲歸，教士以聖經賢傳之旨爲修己治人之方，親炙者各有所得焉。所著周易本義拾遺六卷，周禮集傳六卷，春秋集傳十卷，太極通書拾遺後録三卷，西銘拾遺後録二卷，正蒙集解九卷，近思録集解十四卷，感興詩解一卷，訓子詩感一卷，家禮拾遺三卷，恒齋文集十二卷，傳於世。其未出者，語類約編、聖學淵源録、四書詳説、楚辭集註拾遺增删、儀禮經傳通解、古文醇、古詩的、嶽麓書院學規、續白鹿洞書院學規諸書。參國朝學案小識、濂學編。

周易本義拾遺自序

易之體要，象辭變占而已。辭者，卦之藴也。變者，爻之動也。象者，理之形也。占者，事之兆也。卦無定體，爻無定用，而聖人之精藴於是乎見焉。語其性情謂之德，語其形容謂之象，語其成位謂之體，語其對待謂之錯，語其流行謂之綜，卦之萬變，由是而生矣。承其尊乎？乘其卑乎？應其敵乎？互其交乎？變其之乎？得奇之謂健，得偶之謂順，無過不及之謂中，質與位當之謂正，爻之萬殊由是而生矣。引而伸之，觸類而長之，則於聖人之情亦思過半矣。至哉，十翼之作乎！釋之以彖、象，申之以文言，經緯之以序卦、雜卦。繫辭所以明辭也，占在其中矣。説卦所以明象也，變在其中矣。易傳之作，蓋善於祖述者，雖本義亦大抵本其説而約之耳。然於辭則多得之，而於象蓋未深考，是亦不無遺議也。不揣愚陋，妄爲補葺，釋經則以象數爲主，釋傳則以義理爲歸，體用一原，欲推而明之，顯微無間，欲究而極之，而數載之間，憂哀沓至，横逆頻加，稍有暇日，未嘗敢釋於心也。草稿三易，始克成編，蓋七年於兹矣。觀會通以行典禮，豈所敢知；由辭以得意，或庶幾其萬一矣乎！

增删仪礼经傳通解自序

五禮有庸，昉於虞廷，而秩宗之官，特典其事，自夏歷商，莫不由之。迄成周之代，元聖挺生而制作，於是乎大備。然行之既久，威儀大甚，忠信或薄，文物既繁，僭擬斯萌。孔子周流列國，參考互訂，思欲折三代之衷，爲萬世不易之成憲。夏時、殷輅、周冕、韶舞固已略見其概矣。乃詢之柱下，僅得周儀，徵之杞、宋，不足文獻。是則雖有訂禮之意，而未必其成書也。然三百三千，經典具在，而七十子之徒作爲傳記，以故郁郁之盛，未嘗失傳焉。迨秦灰既烈之後，而其迹遂蕩然矣。漢人以金帛購書，真僞混淆，諸儒任意去取，儀禮之經，僅存十有七篇，其記僅存四十有九篇。此外經之篇三十有九，記之篇一百有餘，雖或偶見於大戴禮及註疏稱引之間，不過存十一於千百耳。唐之元成魏公輯爲類禮二十餘卷，而故府不傳。宋之伊川程子始與門人吕與叔思欲大加删訂，而迄不能就。惟朱子與門人黄直卿釐爲儀禮經傳通解集註，然卷帙浩繁，而誦習者益寡矣。顧其書實爲稿本，而篇目之離合，註疏之得失，猶多有可議者。蓋專以冠昏爲家禮，而喪祭列之續卷，則不當分而分也。曲禮、少儀之紛賾，生民所通用；大學、中庸之淵微，聖學之極則，而並入學禮，則不當合而合也。至於周官，乃治平之全書，不專於言禮，而裂取其分土、制國、設官、建侯、師田、刑辟之事，以充王朝之禮，能無筆削聖經之嫌乎？故知此書實爲稿本，而未可執之以爲定論也。炤自方壯之年，始得其書而誦習之。繼而重遭大故，乃留意於喪祭之禮。據黄氏之所定者，去其重複，補其疏略。復取朱子之成書，分爲七類而解釋之。首之以嘉，則冠昏飲食燕射之必詳；次之以賓，則相見聘朝之必辨；次之以軍，則師田均建役刑之必晰。由是而慎終以凶，則殯虞練祥服制儀節不可以苟也；由是而追遠以吉，則祖考神祇廟貌文物不可以忽也。夫然後以通禮彌之。其居家也有内則，其入學也有弟子職、少儀，其立朝也有臣禮。優游於日用則曲禮致其文，遜敏於庠塾則學制、學記立其規，合同於天人則夏小正、月令備其用。若禮運、禮器，則總文質之宜，具經曲之義，而一以貫之，而禮之爲教可得而悉矣。夫然後以通樂飾之，鄉有南，朝有雅，郊廟有頌，至於樂記，則聲容德政發揮無遺，而樂之爲教可得而推矣。夫禮樂之用，經三代聖人之作述而後成。今欲據殘闕之遺文，而復還其盛，豈可得哉！然則是編之修，亦曰守其舊以俟之其人而已矣。風會推遷，無往不復，聖人有作，即始見終，據此而推明之，其必有以默識於意言之表乎？周子曰：「不復古禮，不變今樂，而欲致治者，遠矣！建中和之極者，三復焉可也。」

周禮集解自序

萬象融融，上天統之；庶類紜紜，后土含之；大運綿綿，四時紀之，而元化默宰於其間，王者有作，人極於是乎立焉。設官分職，綱舉目張，蓋取諸此而已矣。君者，極也。相者，陰陽五行也。司徒爲教養之相；宗伯爲禮樂之相；司馬爲征伐之相；司寇爲刑辟之相；司空爲田賦之相，播五行於四時也；冢宰爲脩齊治平之相，渾二氣於一元也。洪荒以來，茫昧莫稽，唐、虞以降，損益迭出，及成周而後大備。孟子曰：「周公思兼三王，以施四事。其有不合者，仰而思之，夜以繼日，幸而得之，坐以待旦。」

甚矣！制法之難也。周轍既東，王綱不振，諸侯惡其害己也，而皆去其籍，雖以子輿氏之哲，亦僅聞其略而已。然庖人之類見於內則，庶子之掌載於燕義，九伐之法述於穰苴，職方之紀出於汲冢，司樂之篇呈於竇公。蓋不待李氏女子之獻，劉氏天祿之校，而其言固已散出矣。去聖既遠，晦蝕繁多，有倣其迹而假之者，有竊其似而亂之者，有師其意而不能循序以施之者，天下之士益以惑焉。惟朱子以爲，運用天理爛熟之書，而其論始定。顧表章雖明，而訓釋未逮。至於諸儒之說，則又未免以私意小智雜乎其間。非不有醇焉，而不勝其疵也；非不有詳焉，而不勝其略也。學者入於其中，能無望洋向若之歎乎？炤自弱冠，即不能無疑於此。於是熟讀深思，遠稽博采，不揣固陋，勒爲一編。上推列聖之因革，下鑒歷代之興衰，以竊附於詩、書集註之後。至若冬官既亡，則旁搜官名於傳記之中，以誌其梗概，而考工記亦存之，以備參稽焉，庶幾聖人之精意，不汩没於百家之曲説云爾。嗟乎！天地無心，生民有欲，其污隆升降，視乎君相之一念耳。志氣如神，百體從令，當躬具有位育也。朝廷建極，萬方承式，海宇不啻官骸也。外王內聖，果且有二道乎哉！自道術之裂也，論學者以虛無爲宗，而土苴世務；論治者以名法爲急，而迂疏性術。規矩準繩之不立，而思制天下之器，利天下之用也，其可得乎！然則是書固四子之梁筏，五經之模範。糟粕煨燼，無非至教，神明變化，存乎一心，此傳之所爲作也。若曰爲天地立心，爲生民立道，爲去聖繼絶學，爲萬世開太平，則宇宙之廣永，當必有人焉任之，而豈區區之所敢議哉！

春秋集註自序

春秋，議道之書也。道之大原出於天，分而爲三綱，而人遂各戴其天焉。天子以之平天下，諸侯以之治其國，大夫以之齊其家，士庶以之脩其身，而宇宙無不得所之物矣。皇古以來，君師代作，成周有制，六典昭垂，融融灝灝，莫非天理之充周，即莫非道術之經緯，其斯以爲太和之運哉！東遷以後，下淩上替，卿尹之擾攘而百官失其統，邦國之吞蝕而四海失其均，世官用而賓興之法失，税賦增而養民之意衰。僭竊相仍，而禮樂變矣。爭奪無已，而征伐擅矣。亂賊日滋，而刑罰縱矣。田邑踰制，而疆理壞矣。舉六典之所載者，皆紊而廢之，則道術不用，而智力相競，亦其勢然也。孔子生乎其時，夢想周公，而不獲一試。於是因魯史而作春秋，以成周之道術，治成周之臣民，掃陰雨晦霾之積沴，指示以太虚之本體，而宇宙之太和在其手矣。蓋其心如天之於萬物，包涵徧覆，以知則易，以能則簡。故形於言者，絶無委曲煩擾之迹；隨其所發，而莫非性命之精微，無我故也。後之儒者，不能得聖人之心，而思窮聖人之言，訐以爲直，徼以爲智，舍康莊而入於荆榛之中，又何道之能議耶？伊川程子略舉其端，未竟其緒。私淑其學者，迭相闡明，譬諸以管窺天，而終不能盡見其全體。竊不自量，裒集之。擇取之間，亦附己意而足成之，未知於聖人之意果如何？而諸儒之穿鑿附會，則盡去之矣。嗟夫！宇宙之綱維，一道而已。純之則爲王，駁之則爲霸，戾之則爲裔，戕之則爲賊，氣化之遷流，不能不叠興於其間。聖人未嘗不欲一切以道繩之，而僅寄一綫於簡册之中，此聖人之所深悲也。使凡有天下者，與有國有家有身者，讀其文，推其意，而思其義，一念之慊，不啻華衮之加也，一念之欺，不啻斧鉞之至也，則日用云爲，無適而非春秋，即無適而非聖心，無適而非天理矣。撥亂反正，莫要於此心。一身之三代既復，而後推之於家也可，推之於國也可，推之於天下也亦無不可。載之行事之深切著明，皆本乎天道，以符乎六典，豈徒二百四十二年之陳迹已哉！不然，則是吏案而已矣，則是邸鈔而已矣！

通書解拾遺自序

此書本號易通，蓋因論易推及於他書也。以乾象盡造化之理，以蒙、艮立教學之歸，以乾、損、益動明修己之實，以家人、睽、復、无妄極治人之原，而易之精藴已思過半矣。其曰誠，曰純，曰一，中庸之樞紐也；其曰端本，曰善則，則大學之體要也；其曰視聽言貌思，曰剛柔善惡中，則洪範至切之目也；其曰禮樂政刑教，則周禮至當之規也；其曰正王道，曰明大法，則春秋至簡之義也。至於示不改之樂，發無言之藴，推性善之由來，明仁義之大化，而孔、孟之心法，於是乎昭然若揭焉。投五金於大冶，而精粹者上騰；萃百卉於一區，而英華者先露。是書於羣聖之作，亦若是而已矣。嗚呼！此其所以奮乎百世之下，而獨得乎千載不傳之緒歟？顧其言高而旨遠，辭約而義微。朱子之解，恒引而不發，以俟學者之自悟。然嗣是以後，惟敬軒薛氏嘗究心焉。延及後世，而誦習者亦罕矣。炤自弱冠，下第登舟，聞良友之訓導，始獲見其遺編而讀之，豁然如生長蔀屋之中，一旦決藩垣而忽覩天之廣大也，晝誦宵思，炎雪靡間，然後嘆條理之密，意味之深，誠有不我欺者，而歲華已十六易矣。竊因朱子之緒餘而推究之，章循其序，篇揭其綱，録爲一卷，以備遺忘。而無極之真，陰陽五行之運，男女萬化之象，常若瞭然於心目之間。同志之士，倘致思於此焉，則所謂書不盡言，言不盡意者，豈遂不可得而見耶？

正蒙集解自序

正蒙之書，張子言道而作也。蓋道在天地，而體諸聖人，寓諸六經，其下學上達，則存乎君子之自脩焉。一氣混茫，萬有森列，生天生地，成鬼成帝，皆是物也。有儀有象，則變化不窮，升之爲七政，布之爲五行，散之爲風雲雷雨，豈有他哉！與道爲體而已矣。萬物芸芸，天則覆之；庶民蚩蚩，聖則範之，故君子之學，必本天而宗聖。庶物人倫，明之察之，而理可窮矣。人心天命，研之精之，而性命可知矣。由是盡心而誠身，則自得之實也。由是脩己而及物，則時措之宜也。蘊之而爲德，發之而爲業，行諸上而爲君相，明諸下而爲師儒，見諸日用而爲言行，爲政事，皆同歸而一致耳。易擬其象，詩宣其志，書述其事，禮、樂彰其用，百家之方術，豈足以紊之？大哉道乎！非仁且智，其何以凝之乎？訂其頑則仁，砭其愚則智，而於天下之道，一以貫之矣！是正蒙之大旨也。雖其辭多未暢，理多未融，誠有如程子、朱子所譏者。然囊括造化，縷析聖詮，一洗異端之荒謬，俗學之支離，殆非天人之對、性道之原所能闖其藩籬也。是以忘其固陋，集諸説而以己意斷之，發明其大醇，辨晰其小疵。至若意見或殊，而義理不妨兩通者，則亦並著其説，以聽學者之自擇。然後此書之辭意，不至於苦其艱深，而疑其偏窒也。或者謂此書不及通書、易傳之深醇，難以上接四子之傳，則其言過矣。近思録並列四先生之言，雖以觀物內、外篇而不得班焉。語類又謂横渠之於二程，猶伯夷、伊尹之於孔子。夫採薇一歌傳聞匪實，且民到於今誦之。乃若伊訓數篇，表裏謨誥，未嘗因道之小偏，而遂廢其言也，則何疑於正蒙乎？然則是書固宜與通書、易傳並行，而上接四子之傳。特凡近之説，不能如章句、集註之神會而心得之耳。是所望於同志者之商質也。

近思録集解自序

昔者，衰周之運，百家競作，孔、孟之徒有憂之，緝微言而成論語，遵正學而著七篇，使學者不迷於向方，其功盛矣。自秦、漢以降，道術分裂，荀、揚、王、韓各駕其説，而不能相一。有宋周子，以先知先覺之詣，建圖屬書，弁冕羣言，以傳之程氏，而張氏亦與有聞焉。推演廣大，辨析精微，所謂爲天地立心，爲生民立道，爲去聖繼絶學，爲萬世開太平者也。顧其業至廣，其説愈詳，學者乃或望洋而興歎。甚至未嘗究其顛末，而妄肆詆訶。有如陸九淵議太極之非，是大原可得而湮也；林栗攻西銘之失，是宏綱可得而絶也；程迥詆主敬之誤，是聖功可得而廢也；陳亮疑道治天下之迂，是王猷可得而雜也。朱子蓋深憫之，於是不得已而爲近思之録。著性命之蘊，而天下之言道者有所宗；揭進脩之要，而天下之言學者有所準。至於窮理、居敬、克己之方，理家、入官、均平天下之法，以逮應物、教人、制心之則，與夫閑邪説、宗正學之歸，莫不舉之有要，而循之有序，誠可以羽翼四子，而補其所未備焉。欲求數君子之道，而不先之以是書，固不得其門而入矣。然其微辭奥義，多未易曉，朱子雖往往發明之，而散見於羣書，蓋學者欲觀其聚焉而不可得也。竊不自揣，爲之哀集而次列之，而又取其意之相類，與其説之相資者，條而附之，以備一家之言。至其所闕之處，則取葉氏、陳氏、薛氏、胡氏之言以補之。間亦或附己意於其間，庶幾可以便觀覽，備遺忘，以待同志者之取裁而已矣。嗚呼！學者誠能遜志於此書，則諸子百家皆難爲言，而於内聖外王之道，不患其無階以升。較之役志於辭章之中，老死於訓詁之下，風推浪旋，無以自拔，而猶自矜衣鉢之傳者，其小大之不同量，爲何如也！聊志其概於此，以自警云。

家禮拾遺自序

先正朱文公宅祝太夫人憂，著家禮一書，藏之匣中，爲一僕童所竊，逮易簀後乃行於世。當著書時，年方强仕耳，故與晚年之論不無小異。然其規模之宏大，條理之精密，固無愧於制作之能事也。予自連遭大故以來，取是書而遵守之，誦習之，已而參之於儀禮、周官，復衷之於語類、文集，爲辨論數十則，上推先生之遺意，下輯羣儒之公論，名曰家禮拾遺。郡侯崔公，聞而嘉之，錫以弁言，然未敢出以示人也。比年以來，三禮解成，恐始學者未免有萬牛回首之歎，乃復取故編而訂正之，以爲有家者誠能守此而謹行焉，亦足以正其本矣。至若藍田鄉約，則鄉里之準繩也；白鹿洞揭示、滄洲釋菜儀，則學禮之權輿也，輒取以附其後，以爲三代之文物雖不能遽復，而因俗以宜民，道莫近乎此也。抑文中子有言曰：「冠禮廢，天下無成人矣。昏禮廢，天下無家道矣。喪禮廢，天下遺其親矣。祭禮廢，天下忘其祖矣。嗚呼，吾末如之何也已！」然則觀是書者，其毋以言近而忽之，倘亦寡過遠罪之一資乎！

語類約編自序

大化之運，元必歸貞；道統之傳，開必有會。是故修和之盛，司空告其成；謨烈之垂，家相成其德；洙、泗之傳，命世發其藴，斯所卓然自立於一代，而萬世共由之也。秦灰既烈，聖道中淪，雖董、韓、孫、石之才，而莫能振其緒。迨濂、洛疊起，而道統於是乎中興。然合志者未免夷、惠之偏，及門者鮮有顔、曾之匹，而道術亦復爲天下裂矣。藉六經以文奸言，託三代以飾虐政，蠱中於君心，毒流於生民，是王氏之學也。尚縱横之詭，習揚、嵇、阮之餘波，其文適足以滅質，其博適足以溺心，是蘇氏之學也。恃履忠蹈信之資，蔑知言窮理之學，醇大而疵亦不細，功多而過亦不少，是司馬氏之學也。以佛乘爲道岸，以禪悟爲儒脩，肆淫詖邪遁之辭，攻螟螣蟊賊之技，是張氏之學也。昧心性之大原，務德業之崇廣，九層之臺不積於累土，千里之行不謹於舉步，是胡氏之學也。譏問學爲榛塞，詆思辨爲陸沈，聚精會神而以爲德性，任性率意而以爲天機，是陸氏之學也。擇善之不明而託於渾厚，立己之不固而流於通融，博學多聞固有之，守約窮源則未也，是吕氏之學也。即器而謂之道，即物而謂之則，侈心於制度之末，鑿知於文爲之繁，是永嘉陳氏之學也。義與利雙行，王與霸雜用，枉己而思以直人，詘身而思以伸道，是永康陳氏之學也。神徂聖伏，百喙爭鳴，於是晦翁夫子獨與敬夫、季通左驂右介，攘剔之，扶持之，然後聖道大明，如日月之經天，江河之行地，從遊之士，幾徧天下。而訓誨諄懇，提撕反覆，憂之深而言之切，慮之遠而説之詳，顧紀録之多，未免重複，識見之悮，未免舛訛。敬軒薛子，蓋屢以删脩，詔後之人，而未有承其志者也。竊不自揣，擇其言之精粹者，勒爲一編，名之曰「約」。至若四書、五經、太極、通書、西銘之説，則前民固已裒集於傳註之下，惟程、張之書之發明者，則附於近思之集解；禮儀之辨晰者，則附於家禮之拾遺，故其所編者，獨此而已矣。其他文集，則將入古文之選，而獨取知舊門人之問答，列於各傳之末焉。嗚呼！宋之道統，先知先覺，周子以之，其斯道之元乎？有典有則，程子以之，其斯道之亨乎？無内無垠，朱子以之，其斯道之利貞乎？然則讀是書者，何異聆大成之再集也哉！

淵源全録自序

天牖生民，篤生至聖，顏、曾拔萃，翺翔兩驂，此道統之源也。然顏以明睿之資，備中和之藴，而端木未足以並之，故天不假齡，而有喪予之歎。曾則篤實宏毅，引年眉壽。思、孟復承其業，而其學於是乎光大矣。歷漢及唐，雜以百家之支離，亂以二氏之邪遁，雖或不無豪傑之士特立其間，譬彼支川之清泚，小澗之湍流，終不足與於四瀆環瀛之勝也。宋治休明，而卓爾之見，忽發於月巖星墩之間，一門親炙，淵輿繼軌，然一則超詣而自得，一則持守以有成。超詣自得者，英才莫能窺其奥。持守有成者，遂主絶學之宗盟焉。乃若雪月風花之品題，野馬絪緼之窺測，則猶若倚於一偏，而非正鵠之的。汴京南渡，斯文從之。然晦翁纘正叔之緒而底於大備，子靜襲伯淳之詣而入於岐途，遂至朋分角立，歷數百年而未已。以故德温、叔心方續晦翁之傳，而公甫、伯安復張子靜之幟，而有明末代之學術，卒淪於淫辭詖行之歸。嗚呼！其亦不思而已矣。夫子淵雖見天心之復，而必循循於博文約禮之功；茂叔雖探無極之真，而必乾乾於窮理盡性之旨，其與明新擇執涵養進學之義又何以異哉！蓋上智之資，誠立而明通，大賢之品，敬直而義方，學焉而各得其性之所近，不可誣也。不自度其氣質之若何，而淩高躐空，驚世駭俗，舍義理而任知覺，汩性命而攝精神，未嘗不言心，而不知惟危惟微之分也；未嘗不言性，而不知有欲有恒之辨也；未嘗不專心以求靜，而不知靜存動察與守靜致虛之殊途也；未嘗不妄意以晞神，而不知形生神發與誠精神應之異致也，幾何而不爲異端之赤幟也哉！今因伊洛淵源之録，溯而上之，以至於尼、嶧，沿而下之，以及於薛、胡，各倣世家列傳之體而録其行實，盡删異學之荒謬而使道術歸於一焉，庶幾讀論語諸書如聆左史之記言，讀淵源一録如觀右史之記事，而師資之儀型，宛然在目矣。若夫觀而摩焉，奮而興焉，則存乎其人云爾。

附録

先生十歲適郡城，父攜往文廟，告以羣賢從祀之故。先生歎曰：「人能似此，不枉一生。」學案小識。

先生主講嶽麓時，曾作中庸易通講義。先生撰王惺齋傳。

唐鏡海曰：「先生身雖未顯，而道在人耳目，至今鄉人偶論及之，未有不起敬者，其亦典型之不忘者歟？」學案小識。

恒齋交游

熊先生超

熊超字班若，善化人。康熙庚午舉人。客京師，館於某王邸。王重之，欲爲援引，遽辭歸。後以母老，不復赴禮部試。邃於易，有心得。研精程、朱語録。參濂學编。

車先生无咎

車无咎，初名檀，字補旃，邵陽人。歲貢生。事親至孝。母卒，扶柩過資江，遇風，舟觸石將沈，號痛欲以身殉。俄而風止舟定，人稱其誠格。研綜典籍，與同縣王惺齋齊名。著有尚書口義、辨類编、切己録、家鑑、承雅堂集。參濂學编。

王先生元復

王元復字能愚，號惺齋，邵陽人。歲貢生。天性孝友。兄亡無子，遺産悉以畀諸姪諸甥。邃深經學，諸儒語録及輿地、象緯、内經、參同契、律吕新書無不精研，皆有心得。初與同縣車補旃齊名。晚及恒齋提倡理學，湖、湘間學者宗之。與恒齋討論增删儀禮通解，作廣道、蠡測、鬼神、死生四篇，恒齋稱之。所著文集詩稿藏於家，著述多散佚。有榴園管測五卷，乾隆中開四庫館，曾以採進。參李文炤撰傳、濂學編。

張先生鳴珂

張鳴珂字玉友，一字石攻，寧鄉人。貢生。幼嗜學，性鈍，久乃睿悟大啟。見濂、洛書曰：「道在是矣。」與恒齋及王惺齋友善。恒齋所著易、詩、三禮，皆與參訂。事親孝，四世同居，内外翕然。參濂學編。

清儒學案卷五十五

穆堂學案

康熙中葉以後，爲程、朱極盛之時，朝廷之意指，士大夫之趨嚮，皆定於一尊。穆堂獨尋陸、王之遺緒，持論無所絀。雖其説較偏，信從者少，要亦申其所見，不害其爲偉岸自喜也。述穆堂學案。

李先生紱

李紱字巨來，號穆堂，臨川人。康熙己丑進士，改庶吉士，授編修，累遷左副都御史兼内閣學士。六十年，充會試考官，榜發，下第舉子鬨於門，坐未陳奏奪官，發永定河効力。雍正初，世宗召攝吏部侍郎，尋真除兵部侍郎，出爲廣西巡撫，擢直隸總督。河南巡撫田文鏡方承上寵，有能名，疏劾之，不當上意。會御史謝濟世復劾文鏡，所言有與先生奏相應者，上疑與濟世比而傾文鏡，召授工部侍郎。前在廣西捕亂苗下獄，既移督直隸，亂苗破獄逸去。事聞，命復往捕治，亂苗聞而自歸。直隸總督宜北熊屢糾先生庇屬吏欺罔，奪官，下刑部論重辟。上貸其死，命纂修八旗通志。尋復以濟世在戍所自承劾文鏡實授指，召入詰責，復下刑部論死，仍命貸之。高宗即位，命以侍郎銜領户部三庫，尋真除侍郎。時方開博學鴻詞科，坐强副都御史孫國璽薦舉吴江王藻，左遷詹事。以母憂歸。服闋，起授光禄寺卿，遷内閣學士。以病乞歸，十五年卒。先生論學主象山，謂「當先立乎其大」，并力申陽明致良知之説。嘗謂：「朱子道問學之功居多，陸子尊德性之見爲卓。」高宗聞其語而韙之。及辭歸，問有所陳否，以「慎終如始」對，賜詩奬之。所著有穆堂初稿、續稿、别稿、春秋一是、陸子學譜、年譜、朱子晚年全論、朱子不惑録、陽明學録。參史傳、先正事略、穆堂初稿。

陸子年譜序

陸子年譜，始創稿於高第弟子袁正獻燮、傅琴山子雲，而彙編於李恭伯子愿，宋寶祐四年，劉應之林刻於衡陽者也。其後，陸氏家祠附刻於全集之末，凡集中所已見者，輒加删汰，止云見前某卷。以此施之著述文字可也，乃楊文元簡所撰行狀之辭亦不備載，則事實爲不全矣。至於諸兄爲陸子淵源所自，復齋並稱二陸，合梭山稱三陸，其行實尤未可略。今悉爲補入，而文字有當載者，亦附見焉。明陳建等道聽塗説，勦襲舊聞，詆陸子爲禪學，實未究觀二家之書，不知朱子晚年之教，盡合於陸子。凡朱子所以致疑者，特以其弟子包顯道、傅子淵等過爲高論，而未及盡見陸子所以爲學與所以教人之説，故其所疑爲禪者，皆懸空立論，未嘗實有所指。其實指而出之者，惟輪對五劄與答胡季隨一書耳。季隨書之駁出於語類，門人所記，容有譌舛，而五劄之譏，則屢見於筆札，所宜備載，俾天下後世得公聽而並觀，且亦陸子經國之大猷，不可略也。佗若無極之辨，爲朱、陸異同之始，而實則兩先生可以無辨，蓋非辨其理，特辨其辭耳。余别有論著。此譜仍照原本隱括，不復補入云。

陸子學譜序

昔朱文公與吕成公作近思録，記濂、洛諸先生之言者也。文公又獨爲伊雒淵源録，記諸先生之行者也。言與行分而爲二，視論、孟所記，若有閒矣。孔子教人，自謂無行不與。孟子論君子之所以教者五，答問特其一耳。慈湖楊氏簡作陸子行狀，謂先生授徒即去今世所謂學規者，而諸生善心自生，容禮自莊，雍雍于于，後至者相觀而化，蓋以言教不如以身教。求先生之學者，或分言與行而二之，豈有當哉！雖然先生之教無方，而學者所從入則不可以無其方也。先生之教，思雖無窮，而淵源所及，確乎可指目者自有其人，不可得而誣也。紱自早歲即知嚮往，牽於俗學，玩物而喪志，三十餘年矣。再經罷廢，困而知返，棄宿昔所習，沈潛反復於先生之書，自立課程，從事於先生所謂「切己自反、改過遷善」者五年於兹，於先生之教，粗若有見焉。獨學無友，不敢自信。今歲萬子宇兆奉召還朝，相見之次，叩其近業，心同理同，若同堂而共學也。既而同事書局，時相考證，益著益明，乃敢鈔撮先生緒言，併其教思所及，共爲一書，名曰陸子學譜。蓋兼用近思、淵源二録之體，先生之言與行略備，將以藏諸名山，傳之其人，俾有志於希聖者，門徑可循，歸宿有所，不沈溺於利慾，不泛濫於章句，不參錯於佛、老，庶幾斯道有絶而復興之日矣乎！吾與萬子，既幸晚而有聞，同守斯編，歲寒相勉。若道聽塗説之流，未嘗身習其事，呫呫然動其喙，所不計也。雍正壬子仲冬，穆堂學人李紱書於京邸寓舍。

文集

原學上

「學」字古文作「斈」，其爲字從「爻」。今「學」字中亦從「爻」。易傳謂：「爻也者，效此者也。」故朱子釋論語，謂「學之爲言效」，確不可易，而效之義則未全也。詩稱「天生蒸民，有物有則」；弟子職謂「先生施教，弟子是則」。惟有則是以可效，惟能則乃謂之學，此學之所由以名也。效天生之則，則孟子所謂「凡有四端，擴而充之」者是也。效先生之教，則顏子所謂「步亦步，趨亦趨」是也。效有二義，故曰效之義未全。朱子之訓，得其一而遺其一者也。學主於效法，就行言，不就知言。蓋天生之則，本於良知，孩提之童，無不知愛其親。及其長也，無不知敬其兄。惟患不行，不患不知。親親敬長，達之天下，而天下可平。堯、舜之道，孝弟而已矣，此學之大規也。至於效先生之教，亦非導之以知，止於觀書册而勤討論。孔子謂「無行不與」，又曰「天何言哉，四時行焉，百物生焉」，皆不在語言之告教，書册之呻唔。聖門好問者莫若曾子，而夫子所告，在于一貫；博學者無若子貢，而多學而識，夫子非之。其教弟子也，以孝弟、謹信、親愛爲主，必餘力乃學文。其在成人也，以志道、據德、依仁爲先，而游藝則居末。故先以敏事慎言，而後就正於有道，則以爲好學。夫子拱而尚右，二三子亦尚右，則以爲嗜學。孔門弟子好學，夫子獨稱顔淵。其好學之實，則曰「不遷怒，不貳過」。行也，非知也。蓋古未有以學爲知之事者。至朱子始以學問思辨俱屬知，因以窮致事物之理爲格物，又以大學未詳言格致之事也，因疑其義亡，而爲傳以補之，於是古人爲學之法，乃一變尋章摘句之弊流爲玩物喪志，齗齗於口耳之間，舉古人躬行實踐之學不得而見之矣。學記稱：「大學之教，時教必有正業，退息必有居學。鄭注以「學」字連下句，誤。不學操縵，不能安弦。不學博依，不能安詩。不學雜服，不能安禮。不興其藝，不能樂學。」四者之中，竝無誦讀、講論、窮理、格物之説。其論學之弊也，則曰：「今之教者，呻其佔畢，多其訊。」又曰：「記問之學，不足以爲人師。」然則專務讀書、講論、博聞、强記以爲窮理格物之事者，皆大學之所戒也。其始教也，「時觀而弗語」，「幼者聽而弗問」。弗語、弗問，始教猶然，烏有學爲聖賢，而專於講論，以爲窮理格物之事者哉！大學之法，「禁於未發之謂豫，當其可之謂時，不陵節而施之謂孫，相觀而善之謂摩」。四法之中，皆論行不及知。今之以「窮致事物之理，極處無不到」，爲格物致知之學者，自有大學以來，無此學也。然則大學所謂格物致知之説奈何？曰：古本在禮記註疏中，無庸辨也。致知即致其知先後之知，格物即格其有本末之物，知本即爲知至，如是而已矣。且朱子之以「效」釋「學」也，曰「後覺者必效先覺之所爲，乃可以明善而復其初」，是先行而後知也。其補格致傳，則曰「大學始教，必使學者即凡天下之物莫不因其已知之理而益窮之，以求至乎其極」，是又先知而後行也。物理固不可窮，又一人所著，彼此互異，後學之士，何所遵守？然則效吾心之天則，效先覺之遺則，恪遵訓效之解，而一力於躬行，雖違大學之章句，而合於論語之集註。學之義既不荒，其於朱子之説，亦可以無戾矣！

原學下

「學」訓「效」，其義雖有二，而以效吾心之天則爲本義，效先生之教則餘力學文之事耳。蓋仁義禮智，我固有之，非由外鑠，察識而擴充之，則聖學無餘藴矣。親師取友，特提撕而使吾察識，鞭策而使吾擴充焉耳，非有加於吾性之外也。自宋南渡以後，學者不務其所當務，而疑其所不必疑，不汲汲然患其知之而不行，䚡䚡然患其行之而不知，溺其志於章句訓詁之煩，而駕其説於意見議論之末，置其身於日用彝常之外，而勞其心於名物象數之中，未嘗一日躬行實踐，而詡詡自以爲講學，吾不知其所講者何學也！試取孟子所謂本心、良心者一體察焉，有不茫然思，惕然懼者，必非人矣。楊龜山謂：「學者，所以學爲人也。」烏乎！學爲人。孟子曰：「仁也者，人也。」學爲仁，所以學爲人也。烏乎！學爲仁。孟子曰：「仁，人心也。」又曰：「學問之道無他，求其放心而已。」吾一日之間，自昧旦而起，至寢息而止，吾心發一念即自加審察，爲理耶即奮然直前，爲欲耶即毅然斷絶。由是推之，行事必求一於理而無欲，而心之理得矣。心之理得，而全乎其爲人矣。此夫婦之愚不肖可以與知，可以能行，而人皆可以爲堯、舜也。反是，則謂之放其良心；反是，則謂之失其本心。放其良心，失其本心，則孟子所謂「近於禽獸」，而非人矣！至於所行之是非，則吾心自有良知。且餘力以學文，亦既知其大端矣，其措注則必臨事而後見，其細微曲折則必行之而後知，非事未至而揣度想像者所能得之也。即如事親，孩提知愛，本心自具此良知。常守此本心、良心，即大舜終身之慕矣。其所以盡孝之道，則戴記所云：「有深愛者必有愉色，有愉色者必有婉容。」以至於視無形，聽無聲，莫不本此深愛之心。是故昏而愛親則必思定，晨而愛親則必思省，冬而愛親則必思温，夏而愛親則必思清。推之事長、事上、使衆，無不皆然。豈有舍固有之良心，而求之書册，求之講論，以爲外鑠之學者哉！若謂事上、使衆，天下國家之事，繁重難知，必須豫爲講習。不知國家天下無異理也。昔魯哀公問政，孔子對以「文、武之政，布在方策」，言不待問也。

一朝之興，各有會典，當官之職，各有掌故，時至事起，虛心延訪，實意推尋，未有不能知者。大學謂：「心誠求之，不中不遠，未有學養子而後嫁者。」如必豫爲講習，是學養子而後嫁也。至於常變經權，其理皆一，不過以此心權度之而已。昔顧東橋疑經事可以理推，變事非精義不能，恐須平時講解，因舉舜不告而娶，周公大義滅親二事爲問。陽明先生答以舜、周公亦止臨時以心度其輕重，竝非平時預爲講習，見古人有不告而娶、大義滅親者，而因而效法之也。蓋心之爲用，萬物皆備，苟能治心，無施不可。中庸論治國平天下，不過曰「絜矩」；曾子答一貫，不過曰「忠恕」；「己欲立而立人，己欲達而達人，能近取譬」，而仁不待外求矣。伊川程子論學，謂「學也者，使人求於内也。不求於内而求於外，非聖人之學也，以文爲主者是也。學也者，使人求於本也。不求於本而求於末，非聖人之學也，考詳略、採異同者是也。是二者皆無益於吾身，君子弗學。」若明道程子則明言「不可將窮理作知之事」。又曰：「存久自明，何待窮索！」朱子教人乃云「窮理以致其知」，固異於明道之説。其爲格致補傳謂「大學始教，必使學者即凡天下之物，莫不因其已知之理而益窮之，以求至乎其極」。夫即物窮理，豈非伊川所謂求之於外、求之於末者乎？以是爲竊取程子之意，正恐程子不受。蓋自大學補格致傳文，而孔、孟之學乃失傳矣。雖然朱子晚年固已盡覺其悟。余嘗輯朱子晚年全論三百七十餘條，竝以尊德性、求放心爲主。而元、明陋儒專取其中年未定之書，用以取士。明初附益之，編爲大全。科舉之學，因陋就簡，朱子全書，未嘗寓目，遂以講章訓詁之學，爲足以師承朱子，此亦朱子所不欲受也。

心性説

羅整菴因伊川程子有「吾儒本天，釋氏本心」之語，遂爲釋氏有見於心，無見於性之説，以排世之爲良知之學者，其言似是而實非也。張子謂：「心統性情者也。」心能兼性，性不能外心。若有見於心，豈無見於性乎？心之所統，五倫五常，萬物皆備。釋氏外人倫，棄萬物，豈能有見於心哉！伊川蓋偶爲此言，未及分析，而後人遂誤解之也。整菴又謂「今人心學之説，混於禪學」，其意亦指陽明。其實亦非也。心學肇自唐、虞。堯、舜授受，止曰人心、道心，未及所謂性。其言雖出於古文尚書，宋以來儒者未有非之者也。大學言心而不及性，亦未嘗謂之禪。若謂盡心爲正學，而明心爲禪學，則朱子釋明德爲虚靈不昧，豈非心乎？又曰：「具衆理，應萬事。」伊川謂：「性即理也。」具衆理，應萬事，豈非心乎？以心釋明德，則明明德非明心乎？此心既明，發之爲五常，施之爲五事，明於人倫，察於庶物，固非聖人不能也。彼釋氏者遺棄人倫，空諸萬有，施之爲教，不可以修身，不可以齊家，不可以治國平天下。舉吾心所有者而悉昧之，何明心之有！使陽明之學而果如是，謂之禪，可矣。然謂陽明之學不足以修身、齊家、平均天下，雖童子知其不然也。不考之實事，而漫爲心性之空言，使異端之徒得駕其謬悠恍惚之說，假心性以相欺誑。至吾儒之躬行實踐，有得於心學，實可以見之修齊治平者，則反推而遠之，以爲近禪，甚且辭而闢之，以爲害道，豈不悖哉！不獨明道程子謂：「在天爲命，在物爲理，在人爲性，主於身爲心，其實一也。」即伊川程子亦謂：「性之本謂之命，性之自然者謂之天，自性之有形者謂之心。凡此數者，皆一也。」明道又言：「心便是天，盡之便知性，知性便知天。」故本天本心，伊川實偶爲此言，未及分析耳。而後人遽欲分心性爲二，黨同而伐異，謬亦甚矣！整菴，吾鄉之先達，而陽明爲浙人，吾豈私所好於陽明者？然平心論之，整菴與陽明同在武宗之時，天下多故，身爲大臣，離事自全而已，能抗劉瑾乎？能誅宸濠乎？能靖粵西之亂乎？此實學與虛說之辨，不敢爲鄉先達諱也。若陳建輩無知妄論，則自鄶無譏。余嘗爲學蔀通辯辯，條析其說，今不復論云。

發明本心說

朱子因陸子教人有發明本心之說，遂以頓悟目之，而其實非也。陸子全集二十八卷，余家所藏宋本與明朝荆門州儒學藏本、撫州家祠本竝相同，無片言增減。嘗繙閱數十過，絕無頓悟二字。其生平教人，好舉木升川，至專以循序爲主，積小以高大，盈科而後進。即鵝湖之詩，必曰「涓流積至滄溟海，卷石崇成泰、華岑」，此天下所共見共聞者，其不爲頓悟之說也明矣。至於發明本義，竝非頓悟。孟子論乍見孺子入井，即所以發明惻隱之心；論嘑蹴之與不受，即所以發明羞惡之心；而不辨禮義而受萬鍾者，則謂之失其本心。陸子發明之意不過如此，非如朱子所謂「一旦豁然貫通，而衆物之表裏精粗無不到」也。故嘗因楊敬仲扇訟一事，謂「是者知其爲是，非者知其爲非，即敬仲是非之本心」，此即發明之一證也。其所以必欲發明人之本心者，蓋專以效法先覺言學，則中材以下必且以資性諉爲不能，惟知仁義禮智皆本心固有，非由外鑠，然後夫婦之愚不肖者，皆可以與知，可以能行，而人皆可以爲堯、舜，無庸自諉，亦無可自棄。此發明本心之教所爲不可以已也。自聖賢之學，變而爲科舉之業，剽竊口耳，不復以身心體認，陸子之書未嘗經目，而道聽塗說，隨聲附和，咸曰陸氏爲頓悟之禪學。不知陸子全書具在，絕無此說。而循序之教，則無時不然，無人不然，正與尚頓悟者相反。學者試取陸子全書讀之，則知娶孤女者，不可誣以撾婦翁矣。或謂陸子既非頓悟之教，其弟子慈湖楊氏何以專言覺語？曰：覺非聖學之所諱也。先知覺後知，先覺覺後覺，孟子不嘗言之乎？惟覺悟之後，功夫正多，既察識，必存養，必擴充，以四端保四海，以親長達天下，終身之憂俛然日有孳孳。而敬仲一覺之後，純任自然，故有過高之論。梨洲黃氏云：「象山以覺爲入門，而慈湖以覺爲究竟，此慈湖之失其傳也。」以慈湖爲失傳，則知陸子之傳不如是矣。天下之人，試即吾說求之，其於陸子頓悟之誣，庶幾釋然已夫！

致良知說上

良知之說，始於孟子，所謂「孩提之童，無不知愛其親；及其長，無不知敬其兄」者也。良訓善，朱子釋以自然，語異而意同。蓋自然發見之善心，即所謂性也。顧中人以下，善端之發，道心甚微，而氣拘物蔽，人心甚危，良知不可全恃，則修道之教起焉。陽明先生有見於此，故即良知而加以致之之功。

蓋盡人以合天，明善以復性，至當而不可易者也。其答陸原靜書云：「性無不善，故知無不良。良知即未發之中，即廓然大公，寂然不動之本體，人人之所同具，惟不能不昏於物欲，故必致以去其昏蔽。然於良知之本體，不能有加損於毫末。所謂致良知者，不過如此。」致如致曲、致中和之致，朱子所謂推而極之也。中庸或問致曲之説，朱子謂人性雖同，而氣禀或異。自性而言之，則人自孩提，聖人之質悉已完具。以其氣而言之，則惟聖人爲能舉其全體，而無所不盡。上章所謂致誠盡性是也。若其次，則善端所發，隨其所禀之厚薄，或仁或義，或孝或弟，而不能同矣。自非各因其發見之偏，一一推之以致乎極，使其薄者厚而異者同，則不能有以貫通乎全體而復其初。此與陽明先生所以答陸原靜者語有詳略耳，其意則豈復有絲毫異同也哉！或謂信如此言，則何不直舉致曲、致中和之説以示人，而必自爲致良知之名，致煩解説？曰：此非陽明先生之故欲爲異立標準而闢門户也。爲聖學者，切己自修，真積力久，必各有躬行心得之妙。因各舉以示人，以爲學者入聖域之門徑。如濂溪之主静，明道之定性，伊川之敬，横渠之禮，紫陽之窮理致知，象山之求放心，白沙之静中養出端倪，甘泉之隨處體認天理，皆是也。而自善學者觀之，則皆與致良知之説無異。良知爲未發之中，所謂「人生而静」之天性。主静即致良知也。良知爲性之發見，定之則廓然大公，物來順應，事事皆本乎性，是定性即致良知也。敬則心存而知不昧，循禮則制外以養其内，主敬與執禮，皆所以致良知也。即物窮理，似涉於逐外，然窮理以致吾心之知，所謂察之念慮之微，則亦致良知也。求放心，則陽明所宗主者，固爲致良知之説所自出。而胡柏泉謂「良知者，良心之别名，則求放心即致良知也。端倪即良知，指發見之性，由静中養出，亦致良知也。良知即天理之發見，隨處體認，亦致良知也」。蓋致良知之説，苟得其解，觸處洞然，一以貫之。故陽明先生之論，亦非執定一端。其答歐陽崇一，則謂「集義即是致良知」。傳習録謂：「事物之來，惟盡吾心之良知以應之，所謂忠恕違道不遠也。」又云：「所惡於上是良知，毋以使下是致良知。」蓋致良知之説，近求之濂、洛、關、閩而盡合，遠求之孔、曾、思、孟無而不同。推其解則萬變而不窮，極其功則四達而不悖。爲學之要，莫切乎此。而世俗陋儒沈溺於訓詁章句，嘵嘵然二百餘年而未已也，故爲之説，以告天下之有志於聖學者，俾毋惑焉。

致良知説　下

致良知之説，昭然無可疑。而至今未決者，支離之俗學，以謬見駁之；而放蕩之門徒，以末流失之也。自陽明先生倡道東南，天下之士靡然從之，名臣修士不可數計。其道聽塗説，起而議之者，率皆誦習爛時文講章以求富貴利達之鄙夫耳。間有一二修謹之士，闇然媚世而自託於道學者稍相辨論，不知其未嘗躬行，自無心得，不足以與於斯事，而考見其是非之所在也。當時首與陽明辨者爲羅整菴，然往復二書，未及致知，止辨朱子晚年定論及格物而已。晚年定論考訂未確，固啟疑竇。格物之解，則章句固失之，而陽明亦未爲得，宜其駁也。至於致良知之辨，見于答歐陽崇一兩書。世俗之人，頗主其説，不知其支離而不足據也。其駁良知即天理之説，以爲良知乃知覺，非天理。崇一答之，謂知覺與良知，名同而實異。知惻隱、羞惡、恭敬、是非爲良知，知視、聽、言、動爲知覺，蓋即人心道心之分也。整菴復書，乃謂人之知識不容有二，然則心亦豈容有二乎？蓋心本一也，就義理言則爲道心，就氣質言則爲人心。道心不離乎人心，而人心不能冒道心之稱，故必於人心之中，別其爲道心也。知發於心，心本一，故知亦一。然就義理言則爲良知，就氣質言則爲知覺。良知不離乎知覺，而知覺之知，不能冒良知之稱，故必於知覺之中，別其爲良知也。整菴又謂：「知乃虚字，不可指爲天理。」而引程子「知是知此事，覺是覺此理」以爲證。不知先知後知、先覺後覺竝指人言，則此知字即實字矣。大學八條目，格致、誠正、修齊、治平八字皆虚，而天下、國家、身、心、意、知、物皆實。且知即智也。春秋以前，止有「知」字，無「智」字，故易、書、詩、春秋、禮記、論語凡「智」字皆作知，仲虺之誥有「智」字，蓋古文贋書也。孟、荀、莊、列諸子始兼用「智」字。智非實字乎？若謂知平聲，智去聲，此特齊、梁以後之論，古未嘗分四聲也。又謂「天地萬物皆具天理，而良知則山河、大地、草木、金石皆未嘗有」，以證良知之非天理，則其説尤謬。人所具之天理，即大學所謂明德。蓋虚靈不昧，具衆理而應萬事者也。動物之有知者，猶不能全具，况草木、金石，豈能具人之天理乎？人具此理，可以參天兩地而立人極，草木、金石豈能之乎？山之理峙，水之理流，草木之理曲直，金石之理堅剛，特理中之一端耳。如以一端論，則山川、草木、金石具一端之理，亦未嘗無一端之知。山川之神，列在祀典。有道之世，山出器車，河出馬圖，而草木咸若蓂莢叶曆，屈軼指佞，奇木則連理，模木則因時，皆不可謂無知。至於大地，上配彼蒼，謂地無知，則北郊可不祀矣！其論之謬如此，顧可據以駁良知之説乎？然世之人據其言以相詆諆，紛紛然至今而未已者，雖由於章句口耳之俗學，道聽而塗説，而陽明之門，不善學者，末流之弊，亦有以啟其隙而召之謗，特不可以此上累陽明耳。當時親炙如鄒文莊，私淑如羅文恭，皆粹然無疵，一出於正。文莊作九華山陽明書院記，以愛親敬長爲良知，以親親長長達之天下爲致良知；以惻隱羞惡爲良知，以擴而充之以保四海爲致良知。而文恭答郭平川書謂致良知之説本於孟子，以入井怵惕、平旦好惡、孩提愛敬三言爲證，而歸重於致之之功，謂一端之發見，未能即復其本體，故言怵惕必以擴充繼之，言好惡必以長養繼之，言愛敬必以達之天下繼之。二子之論若此，亦復有何疑義？而一時從學之士不盡爾也。龍溪王畿首爲狂論，純任自然，洸洋恣肆，以禍師門。而心齋王艮，亦多怪異。二王之學，數傳而益甚。若羅近溪、周海門，遂參以異説，誠不可不辨。然詭異者不過數人。若徐文貞、李襄敏、魏莊靖、郭青螺諸公之勳業，陳明水、舒文節、劉晴川、趙忠毅、周恭節、鄒忠介諸公之風節，鄧文潔、張陽和、楊復所、鄧潛谷、萬思默諸先生之清修，其因致良知之説，躬行心得，發名而成業者，未易更僕數，豈不猶賢於整菴輩訓詁章句，闇然媚世，而一無所建立者乎？且學術之傳，有得有失，雖聖如孔子，不能保後世所傳之無失。漆雕開未信不敢仕，而傳其學者，世乃目爲賤儒；子夏之後爲田子方，子方之後爲莊周，遂爲荒唐之論；子弓之後爲荀卿，荀卿之後爲李斯，乃有焚書之禍，亦豈足以上累孔子也哉！然則欲知致良知之學者，毋惑於俗儒之論，而不以末流一二人之失，上累立教之師，亦可以曉然而無疑，奮然而從事矣。

心體無善惡説　附跋

無善無惡心之體，本龍溪所記天泉會語，果否出於陽明先生，尚未可知。其語亦無病，而後人輒詆之，謂心體不當言無善。是以辭害意，而未審「體」字之義也。心之體寂然不動，善惡未形，故曰「無善無惡」。就靜言，故即繼之曰「有善有惡意之動」。猶周子論誠，謂「靜無而動有」云爾。靜豈果無誠乎？至誠無息，如靜而無誠，則誠息矣。朱子釋無極而太極，謂無形而有理，極無形可曰無極。善惡未形，獨不可曰無善無惡乎？或謂心之體當曰有善無惡，不當曰無善無惡。此說非也。心統性情，兼理與氣者也。謂性爲有善無惡則可，謂心爲有善無惡則不可，况性有義理之性，又有氣質之性。性猶不能俱有善而無惡，而况心乎？或又謂論學者當本性，不當本心。此說亦非也。義理與氣質爲定名，心與性爲虚位，義理之性即所謂道心也，氣質之性即所謂人心也。就義理言之，性固有善而無惡，心亦有善而無惡，道心是也。就氣質言之，心固有善而有惡，性亦有善而有惡，氣質之性是也。若謂當就義理言，不當就氣質言，獨不聞伊川謂「言理不言氣不備」乎？理乘於氣，性統乎心，與生俱生，與習俱長，心與性，一而二，二而一者也。如言心性者止言義理，而不當言氣質，則舜之命禹止曰道心可矣，何必復言人心？孟子言「命也，有性焉，君子不謂命」，可矣，何必復言「性也，有命焉，君子不謂性」乎？是故言性可，言心亦可；言有善無惡可，言無善無惡亦可。意各有所指，言各有攸當也。然則世之紛紛然致疑者，何爲耶？曰：是成見所拘，而勝心害之也。在周子言無則不敢疑，在陽明子言無則紛紛然疑之；在陸子駁周子之言無則不敢信，而後人駁陽明子之言無則紛紛然和之。心不虚而氣不平，一己之心性且未能知，况於議古人之言心性者乎？雖然，學者苟有志於聖賢之學，躬行實踐，可矣，何必言心性？孔子之自勉者在子臣弟友，若命與仁則罕言之。子貢亦謂性與天道不可得而聞也。孟子因告子論性而誤，故反覆與辨耳。其教門人則止曰孝弟而已，義利而已，未嘗言性。今之教人者不敢望孔、孟，從學者不敢望子貢，實行不修而高言心性，妄也甚矣！吾非敢言心性也，吾嫉夫世之實行不修，於陽明子無能爲役，而高言心性者也。

余既爲此說，客有疑之者曰：韓昌黎作原道，謂仁與義爲定名，道與德爲虛位。龜山楊氏猶非之，謂韓子所謂道德云者，仁義而已，故以仁義爲定名，道德爲虛位。中庸曰：「天命之謂性，率性之謂道。」仁義，性所有也，則捨仁義而言道者固非也。道固有仁義，而仁義不足以盡道，則以道德爲虛位者亦非也。今子復以心與性爲虛位，得無有楊氏者起而議之乎？余笑曰：子亦審其所議者之是非而已，烏能保人之不議哉！若楊氏之議韓子，則韓子是也，楊氏非也。楊氏謂仁義不足以盡道，則易傳所謂「立人之道，曰仁與義」，楊氏何不併易傳而議之乎？論道之實，有就五常言者，有就四德言者，而五常四德之中，惟仁義爲尤重，故易大傳以配陰陽柔剛而概乎人之道。孟子之告梁惠，亦曰「仁義而已」。其論士，曰「居仁由義，大人之事備矣」。曰已曰備，楊氏何不併駁其未全乎？韓子以仁義明道德，意實本於易傳。其原性也，則曰「所以爲性者五」。楊氏所云，豈韓子所不知哉？至其所云虛位，則明以「道有君子小人，德有吉凶」證之矣。此猶不解，尚可與論文義乎？且道德之爲虛位，不止君子小人、吉凶二者，韓子特舉其大凡焉耳。孟子謂「道二，仁與不仁」，又曰「妾婦之道」，「饜足之道」。易有吝道。書稱穢德、惡德、爽德、酒德、逸德、比德，又曰「夏德若茲」，左氏有涼德，孝經有悖德，詩有滔德，德可謂非虛位乎？其見於經者如此。若子史文集，不勝徵引，虛位之說，又何疑焉？宋儒惟周、程、張、邵、朱、陸數子足以衍孔、孟之傳。其餘拘文牽義，不過細行修謹而已。其天姿學力，見道之明，衛道之勇，則皆不及韓、李、歐、曾四君子，不可以楊氏爲程門弟子，而遂震而奉之也。又攷朱子語類，萬正淳問：「楊氏言仁義不足以盡道，恐未安。易只説『立人之道，曰仁與義』。」朱子答云「仁義不足以盡道，游、楊之意大率多如此。蓋爲老、莊之説，陷溺得深，故雖聞二先生之言，而不能虚心反覆，著意稱停，以要其歸宿之當否。所以陽合陰離到急袞處，則便只是以此爲主也。此爲學者深切之戒。然欲論此，更須精加考究，不可只恃『曰仁與義』之言，而斷以爲然也。近得龜山列子説一編，讀了令人皇恐，不知何故直到如此背馳」云云。然則楊氏之論，朱子師弟已駁之矣，但朱子語亦過甚。楊氏爲程門高第，道南第一人，未必遂至背馳，徑以老、莊爲主，不過拘於五常舊目，又忘卻易傳耳。至所以教正淳論此須加考究，亦非切要法。凡欲知道者，直須躬行，而後心得。若止懸空考究，終無定見，不過望塲説相輪而已矣。

中庸明道論

道猶路也。凡道就所行者言，行必有其實，指其實，行乃不迷。中庸一書，子思爲明道而作。第一章止渾舉道之名義，尚未詳道之實際。如作文之有冒，蓋發端之辭云爾。謝秋水先生乃謂「首一章足以正道之名，而定學者之趨向」，未也。必如「哀公問政」章，實指君臣、父子、夫婦、昆弟、朋友爲五達道，然後道之名正，而佛、老二氏不得依附而假託焉。如子思作中庸，止曰「天命謂性，率性謂道」而已，則二氏之徒，未嘗不妄引天而謬談性。此曰天，彼亦曰天；此曰性，彼亦曰性，烏足以正道之名，而定學者之趨向哉！南宋以後，諸儒與二氏辯者，誤解本天、本心之説，終日言性、言心、言命，論愈多而聽愈熒。惟實指五倫爲道，然後二氏之徒無所容其身，無所置其喙。此中庸之功之所以爲大，而道之所以明也。至於論道之功效，中和、位育亦渾舉之辭，二氏之徒猶可依附假託。必就五達道而推之於九經，然後爲性道教之實際，而二氏不得而依託焉。廬陵胡氏行釋尚書云：「典敘禮秩，天命之謂性也；五惇五庸，修道之謂教也。」其論切實，而世之論學者不盡在於是也。彼見自宋以來，儒者各有所主，以爲立教之法，周子曰「主靜」；明道程子曰「定性」；伊川程子曰「主敬」；朱子本主敬之説而益以兩言，曰「窮理」，曰「躬行」；陸子曰「辨義利，求放心」；白沙曰「靜中養出端倪」；陽明子曰「致良知」，遂亦妄舉一言以標宗旨。不知先儒亦各有躬行心得之妙，因舉其所得，以示學者爲用功之法耳。然指其用功之法，未實指其用功之地，則異端邪説猶得影借，誠不若實指用功之地之爲愈也。用功之地，人倫而已矣。唐、虞五教，不過教以人倫。文王之教，止在仁敬孝慈。孔子之自求，在子臣弟友。故孟子謂「學則三代共之，皆所以明人倫」，蓋即中庸所謂五達道也。余於聖學，功力至淺，不敢自立宗旨。有來問者，則以明人倫告之，明人倫固周、程、朱、陸、陳、王諸君子所不能違者也。道之名，其正矣乎！學者之趨向，其定矣乎！

書程山遺書後

秋水先生謂：「堯、舜事業，隨出隨處，皆有可施，不專指出身加民。」斯言固然。然必天德發爲王道，乃謂盡明明德之量。孔子稱堯，亦稱成功文章。蓋聖德神功，與雜霸功利不同。且管仲之功，孔子亦稱之，乃謂唐、虞治蹟不足邀儒者一盼，則亦過矣。廣土衆民，君子欲之；中天下而立定四海之民，君子樂之。畎畝樂道，何如堯、舜君民修身見於世？特君子不得志者之所爲耳。故曰載諸空言，不如見諸行事。自程子有「堯、舜事業，浮雲太虛」之語，世儒藉口輒欲以空言傲實績，不知程子就性分全量言之，自無窮際。故曰泰山之上，已不屬泰山。若腐儒撮土俱無，安敢藐泰山也哉！内聖外王之學，一變而爲迂疎無用，至今天下以儒相訾訾，皆此等謬説啟之也。功業固須因時，道行固須由命，然道德既充，氣盛化神，隨在可見，不分窮達。大舜耕則人讓畔，漁則人讓居，陶則器不苦窳，所居成聚，二年成邑，三年成都。孔子所至，必聞其政。孟子後車千乘，傳食諸侯。朱子釋孔子賢於堯、舜，亦就事功言之，則知矯語仁義而長貧賤者，未可以薄唐、虞之治蹟也。自漢以來，惟諸葛武侯始著儒者之效。唐韓子、宋歐陽子用之不盡。濂溪明道則十未用一。象山亦然。其餘則雖欲用之，未必有用。直至有明王文成公出，始大著儒者之效，一洗腐儒之恥。而世俗無知小人謬附講學者，輒以空言詆之，不知此輩何所用於天地間也！人極之不立，豈可徒咎溺於嗜慾之人也哉！

附録

先生答方靈皋問三禮書目云：「宋、元解經之書漸就銷亡，現在尚存什之二三者，惟永樂大典一書。禮局初開，若令纂修等官於永樂大典中檢出關繫三禮之書，逐一鈔寫，各以類從，重加編次，而宋、元以前三禮逸書復見於天下，其功當與編纂三禮等。」又云：「永樂大典二千八百餘卷，余所閲者，尚未及千。然宋、元三禮義疏，如唐成伯瑜禮記外傳、宋王荆公周禮義、易祓周禮總義、王昭禹周禮詳解、毛應龍周禮集傳、項安世周禮家説、鄭宗顔周禮新講義，今世所逸之書咸在，而鄭鍔、歐陽謙之等諸名家之説，附見者尤多，擇其精義，集爲成書，豈不勝於購求世俗講章之一無可采者哉！其事簡，其功大，敢以此爲禮局獻焉。」答方閣學書。

全謝山曰：「公之生平，盡得江西諸先正之裘冶。學術則文達、文安；經術則盱江；博物則道原、原父；好賢下士則兖公；文章高處偪南豐，下亦不失爲道園；而堯、舜君民之志不下荆公，剛腸勁氣大類楊文節。」鮚埼亭集。

鄭茘鄉曰：「先生聲氣應求，太丘道廣，徐健菴以後一人；博聞强記，過目成誦，何義門以後一人；齦齦辨難，持之有故，而言之成理，毛西河以後一人。要其一生所瓣香者不出其鄉，於命世之志取介甫，於學術取象山，於文取廬陵，詩縱横爽朗，出入眉山、劍南，不盡學西江一派也。」名家詩鈔小傳。

穆堂交游

萬先生承蒼

萬承蒼字宇兆，號孺廬，南昌人。康熙癸巳進士，改庶吉士，授編修。少喜讀宋儒書，與穆堂友善。穆堂主張陸學，於朱子多深文，先生常戒其偏。官京時，與穆堂同居，日偕全謝山相聚講學，間或考據史事，分韻賦詩。歸里後，益杜門勵學。所著易傳，論互體最精，一掃宋、元林、吴諸子之謬。又有萬學集、孺廬集。參史傳、年譜。

謝先生濟世

謝濟世字石霖，號梅莊，全州人。唐熙壬辰進士，改庶吉士，授檢討。雍正四年，遷御史，疏劾河南巡撫田文鏡。上召入，還其疏。復力爭，上疑與穆堂爲黨而傾文鏡，奪官，發阿爾泰軍前自効。在戍所撰古本大學注，將軍論劾，謂有怨望語，廷議罪當死。是時有陸生枏者，與同戍，撰通鑑論，非議時政，被誅。同縛使視行刑，乃宣旨釋之。高宗即位，召復官。以所撰大學注、中庸疏進上，具疏略曰：「臣蒙世宗憲皇帝赦其重辜，留之荒塞，俾得索居省過，閉户讀書。九年以來，四書黼曉，雖論、孟之箋未就，而大學注、中庸疏早成。大學一書，經振武將軍順承、郡王順保參其誹謗程、朱，世宗並不詰問。又經九卿科道議其諷刺朝政，世宗復加寬容。蓋以誹謗者因先儒之有疵，諷刺者特行文之失檢。今書中九卿科道所議諷刺三句，臣已改删，惟是分章釋義遵古本不遵程、朱。習舉業者有成規，講道學者無厲禁。當世道方隆之時，即聖學大明之日，但當發揮孔、曾、思、孟，何必拘泥周、程、張、朱？臣所慮者，程、朱之説固非，臣之説亦未盡是，乞睿鑒舍其瑕而取其瑜，不勝惶悚。」上嚴飭，還其書。尋出爲湖南糧儲道，發衡陽善化浮徵弊。巡撫許容庇縣令，反劾解任，下總督孫嘉淦按治。岳常澧道倉德代其任，布政使張璨阿容指，貽書令更易長沙府詳牒，倉德以其函通揭，事得白，改驛鹽道。蔣溥繼爲巡撫，密進所著書，斥爲離經畔道。上置不問。又言其老病，乃罷歸家居，十二年卒。著有篋藏十經、喪禮寧儉録、史評、西北域記、纂言内外篇。參先正事略。

附録

先生纂言有曰：「元之儒許與劉，明之儒薛與邱，欲覩洙、泗之俎豆，惜其拾洛、閩之麩藷也。新會、餘姚歸陸逃朱，能翻考亭之科臼，惜其襲象山之箕裘也。」觀此可見其爲學之旨。纂言。

陳先生法

陳法字定齋，貴州安平人。康熙癸巳進士，改庶吉士，授檢討，改刑部郎中。乾隆初，授登州知府，歷河東、運河、廬鳳、淮揚、大名諸道。十一年河決，奪官，謫戍。閱三年，召還。在翰林時，與孫嘉淦、謝濟世、李元直以古義相勖，時稱四君子。學宗朱子。莅政以教養爲先，手治文告，辭意懇摯，讀者爲感動。及遣戍歸，陳宏謀薦之。及舉經學，又以應詔辭，不復起。著易箋，大旨以易專明人事，論筮有理解，駁來知德錯綜之説。又有明辨録、河閒問答、醒心集、内心齋詩稿。參先正事略。

附録

明辨録辨象山爲禪宗，略曰：象山於慈湖舉四端以發明本心，慈湖當下忽覺此心澄然清明，亟問曰：「止如斯耶？」象山曰：「更有何也？」於徐仲誠，令其思孟子「皆備於我」，「反身而誠，樂莫大焉」。仲誠處槐堂一月，問之曰：「如鏡中觀花。」象山謂其「善自述」，因與説云：「此事不在他求，只在自己身上。」仲誠因問中庸以何爲要語。答曰：「我與爾説内，爾只管説外。」看其機鋒迎擊，真是一棒一喝手段。嗚呼！孟子之言四端，在察識而擴充之。由火然泉達之機，以至於保四海。而象山借之，以識取其靈覺之心。孟子之所謂「反身而誠」者，朱子謂乃「窮理力行工夫」。成就之效，貫通純熟，與理爲一處，則是非歲月之功所能至，而直欲於一月半月之間，瞑目安坐而得之，此所謂「直指人心，見性成佛」者耶？是則師弟之間傳授心法，無非瞿曇之故智，桑門之衣鉢，雖善辨者亦不能爲之解也。明辨録。

案：梅莊不遵程、朱，乃併斥陸、王。定齋排陸而宗朱，學術與穆堂異趨。特以穆堂雍正時得罪，與梅莊相牽連，定齋與同時，負伉直名，故併著之。

清儒學案卷五十六

震滄學案

有清一代經學，以漢學爲盛，而康、乾兩朝御纂諸經，漢、宋兼採。乾隆中，薦舉經學，爲一時曠典，被擢者皆宋學也。其中震滄規模較大，最孚時論，同舉者附列焉。述震滄學案。

顧先生棟高

顧棟高字震滄，又字復初，號左畬，無錫人。康熙辛丑進士，授内閣中書。雍正中引見，以奏對越次罷職。乾隆十五年，詔中外大臣薦舉經明行脩之士，所舉凡四十餘人，先生爲鄒侍郎一桂所舉。高宗嚴其選，惟先生及陳祖范、吴鼎、梁錫璵四人被擢，並授國子監司業，論者謂名實允孚焉。先生以年老不任職，會皇太后萬壽，入京祝嘏，特召見，命内侍扶掖奏對。首及三吴敝俗，請以節儉風示海内。上嘉之，陛辭，賜七言律詩二章。二十二年南巡，召見行在，加祭酒銜，賜御書「傳經耆碩」四字。二十四年卒於家，年八十一。先生學出於紫超高氏，治經於春秋最深。著春秋大事表五十卷，輿圖一卷，附録一卷。以列國諸事比而爲表，曰時令，曰朔閏，曰長曆拾遺，曰疆域，曰列國爵姓及存滅，曰列國地理犬牙相錯，曰都邑，曰山川，曰險要，曰官制，曰姓氏，曰卿大夫世系，曰刑賞，曰田賦軍旅，曰吉禮，曰凶禮，曰賓禮，曰軍禮，曰嘉禮，曰王迹拾遺，曰魯政下逮，曰晉中軍，曰楚令尹，曰宋執政，曰鄭執政，曰爭盟，曰交兵，曰城築，曰四裔，曰天文，曰五行，曰三傳異同，曰闕文，曰呑滅，曰亂賊，曰兵謀，曰引據詩、書、易三經，曰杜註正譌，曰人物，曰列女，凡百三十一篇，條理詳明，考證典核。其辨論諸篇，多發前人所未發。毛詩類釋二十一卷，續編三卷，采録舊説，發明經義，與但考故實、體同類書者有殊。尚書質疑二卷，不載經文，不訓釋經義，惟標舉疑義，大抵多據臆斷。又有大儒粹語二十八卷，合宋、元、明諸儒門徑而一之，援新安以合金谿，爲調停之説。又有毛詩訂詁三十卷，儀禮指掌宮室圖若干卷，司馬温公年譜十卷，王荆公年譜五卷，萬卷樓文集十二卷。參史傳、學案小識、錫金合志。

春秋大事表

自序

憶棟高十一歲時，先君子靜學府君手鈔左傳全本授讀，曰：「此二十一史權輿也，聖人經世之大典於是乎在，小子他日當志之。」年十八，受業紫超高先生。時先母舅霞峯華氏方以經學名世，數舉春秋疑義與先生手書相辨難，竊從旁飫聞其論，而未心識其所以然。二十一，先君見背。讀儀禮喪服，旁及周官、戴記，而於春秋未暇措手。年二十七八，執筆學爲古文，始深識左氏文章用意變化處，而嗤近日所評提掇照應者爲未脱兔園習氣。然於先君提命之旨，及兩先生所往復辨論者，未之及也。雍正癸卯歲，蒙恩歸田，謝絶勢利，乃悉發架上春秋諸書讀之。知胡氏之春秋多有未合聖心處，蓋即開章「春王正月」一條，而其背違者有二。其一謂春秋以夏時冠周月，是謂夫子以布衣而擅改時王之正朔也。其一謂不書即位爲首黜隱公以明大法，是夫子以魯臣子而貶黜君父也。其餘多以復讐立論，是文定之春秋，而非夫子之春秋。非夫子之春秋，即非人心同然之春秋。又春秋强兼弱削，戰爭不休，地理爲要。學春秋而不知地理，是盲人罔識南北也。雨雹霜雪失時爲災，蒐田城築非時害稼，時日尤重。學春秋而不知時日，是朝菌不知晦朔也。用是不揣愚陋，覃精研思，廢寢與食。家貧客遊，周歷燕、齊、宋、魯、陳、衛、吴、楚、越之墟，所至訪求春秋地理。足所不至，則詢之遊人過客輿夫廝隸。乃始創意爲表，爲目五十，爲卷六十有四。首列時令表，明商、周皆改時改月，以正胡氏及蔡氏書傳之非。於吉禮表，詳列十二公即位，或不書即位，明夫子當日皆是據實書，以正聖人「以天自處，貶削君父」之謬。列朔閏及長曆拾遺二表，以補杜氏之長曆，而春秋二百四十二年之時日，屈指可數。列疆域及犬牙相錯五表，以補杜氏之土地名，而春秋一百四十國之地里聚米可圖。郊禘社雩，崩薨卒葬，蒐田大閲，會盟聘享，逆女納幣，雜然繁夥，列吉、凶、賓、軍、嘉五禮表，以紀春秋天子諸侯禮儀上陵下僭之情形。税以足食，賦以足兵，乃魯税畝而田制壞，作丘甲而兵制亦壞，列田賦、軍旅表，以志强臣竊命、損下剥上之實。霸統興而王道絶，周室夷爲列國。霸統絶而諸侯散，列國淆爲戰爭。列爭盟凡五，交兵凡七，以紀春秋盛衰始終，矜詐尚力、强弱并吞之世變。晉、楚爭衡，互爲勝負，其當國主兵事者，左氏備載其人，列晉中軍、楚令尹表，以志二國盛衰强弱之由。宋、鄭爲天下之樞，晉、楚交爭，宋、鄭尤被其害，子産有辭而諸侯是賴，向戌爲弭兵之説而中夏遂靡，列宋、鄭二執政表，以志二國向背關於天下之故。周室頹綱，魯亦守府，自襄王錫晉南陽而勢益不振，魯自僖公賜費而季日益强，列王迹拾遺、魯政下逮二表，以志周、魯陵遲，尾大不掉之漸。禘即祫，祫即禘，一祭二名，而朱子取趙伯循説，謂祭始祖所自出，殊不知帝嚳原非稷、契之父，生民、長發皆商、周尊祖禘祀之樂歌，斷無稱母而不稱父之理，著禘祫説，以明戴記祭法、大傳之誣。去姜存氏，去氏存姜，不成文理，杜、孔已斷爲闕文，宋儒謂各有意義，殊不知文姜、哀姜之罪惡，豈待去其姓氏而明？況上下截去一字，人復知爲誰某，聖人無此弄巧文法，以俟後人推測之理，列闕文表，以一掃後儒穿鑿支離之翳。三傳各執一説，黨枯護朽，此是彼非，使學者茫然歧路，靡所適從，列三傳異同表，酌以義理，衷於一是，以袪後日説經雷同偏枯之弊。蠻夷戎狄，種類雜出，地界既殊，稱名復混，列四裔表，别其部落，詳其姓氏，以正史遷允姓姬宗目爲兄弟之妄。戰爭滋興，技巧益甚，決機兩陳，制變無方，列兵謀表以志孫武、吳起、六韜、三略之始。文王囚羑里而演周易，周公成王業而作詩、書，一時學士大夫占筮決疑，歌詩贈答，引物知類，千里同風，列三經表以志漢、宋儒者經説傳義之祖。大河遷徙，從古不常，而周定王五年河徙係己未，爲魯宣之七年。春秋以河爲境者六國，獨係於衛，列河未徙與已徙二圖，以志春秋與禹貢河流遷變之自。此皆有關於經義之大者，既著敍論百餘首，復編口號以便學者之記誦。蓋余之於此，泛濫者三十年，覃思者十年，執筆爲之者又十五年，始知兩先生於此用心良苦。先母舅霞峯先生博稽衆説，無美不收；高先生獨出心裁，批郤導窾，要皆能操戈入室，洞徹閫奥，視宋儒之尋枝沿葉，拘牽細碎者，蓋不啻什伯遠矣。余小子鈍拙無似，得藉手以告其成，以無負先君子提命之旨，與兩先生衣被沾溉、耳濡目染之益。謹述其緣起，以識於首簡，命之曰春秋大事表云。

丘甲田賦論

春秋成元年作丘甲，哀十二年用田賦，杜氏兩註馬牛之數，前後自相違戾，具見李氏廉辨論中。李氏特取文定之説曰：「作丘甲者，每丘出一甲士，而甸出甲士四人也。往者三人，而今增其一。」杜氏以爲『丘出甸賦加四倍』者非是。用田賦者，往時田主出粟，而賦則取于商賈之里廛。今魯以商賈所當出之賦，而于田上征之，蓋收區域之征，以備馬牛車乘。若漢家收田賦泉以補車馬，亦其遺意。杜氏以爲『別其田及家財各爲一賦』者，非是。因謂司馬法所云『甸出一乘』者，其實止出一乘之人，一切馬牛車乘，決非丘甸所出。」卓哉斯論，可破千古之惑。而後儒往往不之信者，則以周禮小司徒及鄉師、遂師俱有「六畜車輦、旗鼓兵器、帥而至」之文，疑此言與周禮相悖。余謂周禮出于王莽時好爲繁重碎密之制，特傅會司馬法，以瞽當世之愚民，非周制之本然也。夫信周禮不若信左傳，信左傳尤不若信詩、書。詩、書非出于一人之手，學者可因文思義，以想見當時之制度，非若周禮勒成一書，有所增飾，故至今猶可考而知也。嘗攷左氏傳鄭莊之伐許，授兵于大宫；公孫閼與潁考叔爭車；晉惠公御秦師乘小駟，鄭入也，則車馬皆出自上可知矣。衛懿公將戰，國人受甲者皆曰使鶴；鄭子産授兵登陴；楚武王授師孑焉，以伐隨，則甲仗兵器皆出自上可知矣。夫以六十四井之地，需出長轂一乘，戎馬四匹，牛十二頭，則必廬井溝洫之外別有牧地，主伯亞旅而外別有圉人，築場納稼之餘別煩芻茭，且或秣飼不以時，或致臨事倒斃不大敗，乃公事乎？不特此也，果其馬牛車輦皆出民間，公家可以不煩畜馬，而衛風有「騋牝三千」，魯頌有「駉駉牡馬」，豈反不以備戰陣，而止以供遊觀乎？不特此也，馬牛車輦皆民自具，則必怨行役者兼述其供馬賦車之苦，勞歸士者并慰其車煩馬殆之勤，而東山止言「制彼裳衣，勿士行枚」，何草不黄之詩止云「匪兕匪虎，率彼曠野」，但曰民勞耳，未嘗一言及車馬也。且其制當自周初已定，武王勝商克紂，當云歸馬于民間，還牛于卒伍可矣，何云「歸馬華山之陽，放牛桃林之野」？此尤大彰明較著者也。且即周禮一書，亦自相矛盾，既云馬牛供于丘甸矣，而大司馬校人之職復云「掌王之六馬，十二閑」；又云「凡軍事，物馬而頒之」；大司徒牛人又云「軍旅，供其兵車之牛，與其牽徬，以載公任器」，與左傳授甲授兵正相類。可見周禮一書，有真有僞，所貴好學深思之士旁通經傳，參互而別擇之，勿徒泥于先儒之成説，庶乎考諸三王而不謬也。謹因文定與李氏之説，爲衡定之曰：初税畝，加賦也；作丘甲，益兵也；用田賦，備車馬也。春秋當日之情事，瞭然若睹，而諸儒之説，亦有所折衷矣。

三傳禘祫説

今世之稱祫禘者，謂「祫，合也」。毁廟之主，陳于太祖；未毁廟之主，皆升合食于太祖。而禘，則惟祭始祖與始祖之所自出，不兼羣廟之主。周以稷配嚳，魯則以周公配文王，此朱子取趙伯循之説，而後世儒者多遵信之。然愚嘗偏考三傳、禮記、孝經、論語、中庸之義疏，與商、周、魯頌之樂章，從無周祀帝嚳及魯祀文王爲所自出之文，不知伯循據何典籍而云然也。夫信漢儒不若信三傳，信三傳尤不若信聖人之經。所謂漢儒之説者，則戴記之大傳、喪服小記、明堂位及祭法是也。所謂聖人之經，則詩所傳之三頌與孔子所書春秋之經文是也。且世謂周祭及于嚳者，因祭法有「禘嚳而郊稷」之文耳。然此禘，鄭氏謂祭天于圜丘，非謂宗廟之祭而以稷配之也。又因小記及大傳有「王者禘其祖所自出」之文耳。然此禘謂祭感生之帝于南郊，乃漢儒誣妄之説，亦非謂稷之生于帝嚳，而因以祭之也。況質諸三傳，其禘之説又甚明。文二年八月，「大事於太廟」，公、穀謂之祫，左氏謂之禘，然其義並同。公羊云「五年再殷祭」，何休云：「祫，合也。禘，諦也。審諦無所遺失。」禘所以異于祫者，功臣皆得祭爾。閔二年「夏五月乙酉，吉禘于莊公」，杜預云：「三年喪畢，大祭以審昭穆謂之禘。」惟諸儒稱五年一行，而杜謂三年一行者，其義小殊，而其説禘並謂兼羣廟之主，絕未嘗有周公所自出，而謂祭及于文王也。鄭康成又謂「禘之異于祫者，謂第陳毀廟之主，而羣廟之主則各就其廟祭」。徵之春秋實事，尤可信不誣。昭十五年「有事于武宮」，左傳謂之禘；昭二十五年傳「禘于襄公」，此各就其廟之明證也。然猶可曰此左氏之言耳。閔二年「吉禘于莊公」，僖八年「禘于太廟」，明明于各廟稱禘，豈孔子所書之經，猶不足信乎？然猶可曰此春秋僭亂之禮耳。至周頌之雝爲文王禘太祖之樂歌，商頌之長發爲武丁大禘之樂歌，豈商、周盛世之樂章，經傳説、周公之手定，而猶不足信乎？雝之言皇考則文王，烈考則武王，未嘗及于嚳也。長發之言玄王則契，相土則契之孫，以及湯與阿衡，亦未嘗一語及嚳也。其列相土與阿衡，尤可爲陳毀廟及祭功臣之明證。其謂魯用天子之禮樂者，蓋如舞佾歌雍之屬，錫魯以矜隆盛耳，豈謂其祭文王于周公之廟，以諸侯祖天子，以干大戾乎？況魯頌閟宮之詩明言之矣。其詩曰「白牡騂剛，羣公不毛」，未嘗言及文王之牲，何得言祭文王以周公配也？載觀尚書言后稷建邦啟土，孝經言郊祀后稷以配天，中庸言上祀先公，皆至后稷而止。又禮記明堂位云：「季夏六月，以禘禮祀周公于太廟。」顏師古註漢書亦云：「禘者諦也，謂一一祭之。」徧觀載籍，從未有言祭及始祖之父者。余怪夫不知何人泥小記及大傳之文，而又厭感生帝之誣妄，遂以帝嚳當之。馴至漢祖堯，曹魏祖舜，牽合附會，爲千古笑。唐趙伯循復曲成其說，至謂魯祭文王，漫無依據，臆斷滋甚。後經朱子遵用之，而後世遂無異辭。此皆不深考于經之過也。夫信朱子，尤莫若信聖經，可也。

楚人秦人巴人滅庸論

據左氏傳，滅庸者楚也。而經文列書秦人、巴人，略無異辭，文定因謂庸有取滅之道，而蔿賈善謀國，春秋以是減楚之罪。嗟乎！春秋豈爲楚計得失哉！就使謀國果善，亦祇益其狡焉。啟疆憑陵中夏之計，乃春秋之所深惡，聖人曷爲予之？其所以詳書不殺者，實著楚之交深黨固，橫行無忌，將有問鼎之漸，關于天下之故而書之也。考楚武、文之世，巴、庸嘗病楚。楚方經營近境之不暇，未敢以全力與中國爭。而城濮之役，秦助晉攘楚，楚威稍挫，中國得安枕者十五年。今以晉靈幼弱，楚莊暴興，乃連結巴、秦滅庸。庸與麇俱爲今鄖陽府境，麇，今鄖陽府鄖縣。又竹山縣東四十里有上庸，故城即庸國地。界連秦隴，楚得其地則勢益，西北逼近周、晉。且滅庸而楚之内難夷矣，連巴、秦而楚之外援固矣。滅庸以塞晉之前，結秦以撓晉之後，斯不待陸渾興師，而早知其有窺覦周鼎之志矣。且夫庸非小弱也，周武時曾佐伐紂，立國已數百年。晉欒武子嘗稱楚自克庸以來，無日不討國人而申儆之，蓋亦重大其事。其所屬魚邑，實爲今夔州府奉節縣，地跨兩省，居秦、楚、巴三國之界，故不結巴、秦則不得滅庸，庸滅而秦、楚合勢，中國之藩籬撤矣。夫讀春秋者，貴合數十年之事，以徐考其時勢，不當就一句内執文法以求褒貶；宜合天下而統觀大勢，不當就一國内拘傳事以斷其是非。春秋爲天下之無王作，非爲一國作也。矧吴、楚蠻夷，其謀國之善否，何關于聖人之慮？又況其爲封豕長蛇洊食上國者哉！前此翟泉于温之盟，秦人皆與，志秦、晉之合，晉伯之所以盛。今此楚、秦滅庸，志秦、楚之合，晉伯之所以衰。晉伯之盛衰，周室之安危係焉，不可以弗志也。胡傳固非，而張氏洽亦第謂楚宜制服之而已，不當遽夷人宗社。以是爲楚罪，猶屬管窺之見。夫春秋豈沾沾焉責楚之滅庸而已哉！

春秋時楚始終以蔡為門户論

楚在春秋，北向以爭中夏，首滅吕、滅申、滅息，其未滅而服屬於楚者曰蔡。蔡爲今汝寧府上蔡縣。汝寧諸小國盡屬于楚，獨蔡存，故蔡自中葉以後，於楚無役不從，如虎之有倀。而中國欲攘楚，必先有事於蔡。僖四年，齊桓爲召陵之師，經云：「齊侯以諸侯之師侵蔡。蔡潰，遂伐楚。」蓋齊不伐蔡，則不能長驅而至于陘也。定四年，吴闔閭之入郢也，經云：「蔡侯以吴子及楚人戰于柏舉，楚師敗績。」庚辰，吴入郢。」蓋吴不得蔡爲嚮導，則不能深入要害，因以直造郢都也。蓋蔡居淮、汝之間，在楚之北，爲楚屏蔽，熟知楚里道。其俗自古稱强悍，故春秋時服楚最早，從楚最堅，受楚之禍最深，而其爲楚之禍亦最烈。始以楚爲可恃，故甘心服從；逮不堪命而反噬，則楚亦幾亡。故讀春秋者，必熟曉地理，而後可知春秋之兵法，而後可知聖人之書法。乃後儒之以一字爲褒貶者，則曰侵蔡爲蔡姬，故書曰遂，是聖人貶之也。蔡用吴破楚，能報數世之怨，書曰以是聖人褒之也。皆不考實事，懸空臆斷。殊不知齊桓以天下之故而伐楚，積謀二十餘年，豈爲一姬？其曰蔡姬者，或反借此爲兵端。若不討，蔡之從楚，使楚不忌，而預爲之備，因得輕行掩襲，疾驅至陘。而吴自舍舟淮汭，今壽州。過蔡境，蔡來會之，道吴自江南壽州，陸行經義陽三關之險，至湖廣漢川縣小别山，深入敵地一千一百里，此非唐侯所能與。故雖與唐偕，而獨書蔡侯。此皆當日之實事，聖人豈有褒貶于其間哉！夫春秋之作因魯史，魯史之書因赴告，故熟玩經文，而列國之地形，與當日之兵勢，瞭然可見矣。自哀三年，吴遷蔡于州來，汝寧之地全爲楚有，中國始無事于蔡，而蔡亦旋爲楚滅。自定公以上，蔡爲中國與楚之利害，豈不歷歷可驗也哉！

赤狄白狄論

春秋之世，有赤狄、白狄，又有長狄。長狄兄弟三人，無種類，而赤狄、白狄種類最繁。案經傳所見，赤狄之種有六，曰東山皋落氏，曰廧咎如，曰潞氏，曰甲氏，曰留吁，曰鐸辰。白狄之種有三，曰鮮虞，曰肥，曰鼓。然以予考之，閔、僖之世，狄尤横。其時止稱狄，未有赤、白之號。蓋當時之單以「狄」

舉者，皆赤狄也。赤狄最强，能以威力役其種類。白狄故居河西，其别種在中國者，赤狄能役屬之。而長狄尤其酋豪中之魁異者，合諸部爲一，力大勢盛，故能以兵威伐邢、入衛、滅温、伐周，又能仗義執言，救齊伐衛，以齊、晉之强，莫之能抗也。其疆域自晉蒲、屈以東，東與齊、魯、衛爲界。蓋自平陽、潞安，以及山東之境，雜居山谷，綿地千里，故當日邢、衛、宋、魯、齊、晉、鄭諸國胥被其患。逮魯僖公之三十二年，而狄始亂。明年伐晉，而白狄子見獲。蓋其種類自相攜貳，各分部曲，如匈奴之分五單于，勢分力弱，自是而赤狄、白狄紛然見經，而狄於以不競矣。論者謂長狄、白狄之各爲一國，非也。蓋其初皆屬于赤狄，後稍稍離異，始以名見于春秋。文、宣之世，威令不行，四出侵伐，屢見挫衂。經書晉侯敗狄于箕，郤缺獲白狄子，叔孫得臣敗狄于鹹，獲長狄僑如，皆狄之將佐。後僑如之弟焚如與潞俱滅，則狄之死國難者，春秋賤之，故不書，使不得與潞子嬰兒等，則其種之貴賤可知矣。綜而計之，莊公三十二年而狄伐邢，暴横中國。更三十有四年，而狄有亂，赤狄、白狄始分。又三十有五年，而赤狄潞氏滅于晉。又六十有五年，而晉滅肥。又十年，而晉滅鼓，白狄止存鮮虞。首尾百四十有四年之間，盛衰强弱之故，豈不較然也哉！晉里克之逐狄也，曰「懼之而已，無速衆狄」，則當狄之合，狄之所以盛也。郤成子之求成于狄也，衆狄疾赤狄之役，遂求成于晉，則當狄之分，狄之所以衰也。春秋始書狄，而後書赤狄、白狄者，蓋因列國之赴告，與狄之自通于中國者而書之，皆當時之實録，學者可由此思其故矣。杜氏于呂相絶秦，以白狄爲晉婚姻，謂赤狄之女，白狄伐之，以納于文公。其意似以廧咎如爲赤狄，而重耳所奔爲白狄。此出于臆見，無可考據。廧咎如之女爲叔隗、季隗，而狄女亦稱隗后，則本爲一姓，當時之止稱狄者，皆係赤狄無疑也。太史公稱諸戎、翟自有君長，莫能相一，蓋據春秋之末至戰國而言耳，非所論于魯閔、僖之世也。

戎狄書子論

昔先王建國，胙土命爵，分爲公侯伯子男，春秋時班班猶存。然亦有出于時王之所賜，如王命曲沃武公以一軍爲晉侯，郳犂來進爵爲小邾子是也。而于戎、狄則無聞。乃吾觀宣、昭之間，赤狄之别有潞子嬰兒，白狄之别有肥子緜皋、鼓子鳶鞮者，聖人皆書之于經，而左氏不著其封爵之所自，杜預亦弗深考。余嘗疑之，其爵非先王之所賜，亦非時王别命以土，直以戎、狄各居一方，桀驁難制，大國請于王而命之。如唐世外彝有叛者，就加節度使之類耳。而其先之不見于經，何也？閔、僖之世，狄最强盛，聖人止書狄，其時實未賜爵也。僖之末年，而狄有亂，赤狄、白狄始分。宣三年，而赤狄始見經。八年，白狄始見經。自後凡書赤狄者七，書白狄者三，其時賜爵與否，未可知。而聖人略之不書者，春秋于外彝多從其故號，如楚之武、文改爲楚已久，而終莊公之世止書荆人是也。逮晉滅諸國，則其君臣自誇武功，獻俘于王，必詳列其國號，與其君之爵與名，如後世之露布，自京師昭示遠近，春秋安得而不書其爵乎？至如甲氏、留吁、鐸辰，則實未有國號，未賜爵命，聖人亦第從其實書之也。經于潞氏及甲氏、留吁明書赤狄，而曰肥曰鼓，不著狄號。而杜氏知爲白狄之種者，此或别有考據。至其國名，則各從其地，潞氏以潞縣得名，鼓以鼓聚，肥以肥累城得名。此各因廬帳所在從而立稱，知出于春秋之季之濫加名器，而不得比于徐、楚、吴、越之列，明矣。推而計之，如所稱戎子駒支、無終子嘉父、戎蠻子嘉及陸渾子者，例皆書子。無終乃山戎之别種，陸渾係秦、晉之所遷，其非文、武之舊封，尤最易明者。他如楚之别爲夔，宋之别爲蕭，聖人皆書之于經，而未詳其封于何年。正義云：宋桓公之立，蕭叔大心有功，宋人封之爲附庸。孔晁註鄭語，謂熊摯有疾，而自棄于夔，子孫有功，王命爲夔子。此皆隱、桓以後之别封者。余悲夫春秋之國，日就微滅，而亦有别爲建置，如鮮虞亦曰中山。至戰國時，僭號稱王，與燕、趙爲列國，均非周初之舊封。余因得而備論之，庶春秋當日之興廢，較然可睹焉。

孔子成春秋而亂臣賊子懼論

或曰：「子謂春秋之文因魯史，魯史之文因赴告，如是則弑逆之事得以自爲隱諱，何以稱孔子成春秋，而亂臣賊子懼乎？」余應之曰：「子謂亂臣賊子懼者，第書其弑逆之名于策而懼乎？吾恐元凶劭及安慶緒、史朝義之徒，雖日揭其策，以示于前，而彼不知懼也。且此亦夫人能書之，何待聖人？況人已成爲篡弑而懼之，亦復何益聖人之作春秋？蓋有防微杜漸之道，爲爲人君父者言之，則書所云『制治于未亂，保邦于未危』是也。爲爲人臣子者言之，則禮所云『齒路馬有誅』是也。聖人嘗自發其作春秋之旨，于坤卦之文言曰：『臣弑其君，子弑其父，非一朝一夕之故，其所由來者漸矣，由辨之不早辨也。』是故兵權不可竊，翬帥師，公子慶父帥師，及鄭公子歸生帥師，必書，『謹其漸』也。盟會不可專，公子遂盟晉、盟雒戎，必書，晉趙盾盟于衡雍，楚公子圍會于虢，必書，亦『謹其漸』也。人君知其漸而豫爲之防，則無太阿旁落之患；臣子懔其漸而力爲之避，則無功高震主之疑。此則游、夏不能贊一辭，聖人獨斷之于心，而書之于策，以詔天下萬世者也。且人而忍推刃于其君父，是人而禽獸也，禽獸焉知懼！惟當夫威權已逼，聲勢漸成，覬覦初萌，形迹未露，是人禽之界，聖人燭其隱微，而大書特書，以愓之，俾天下萬世之讀是編者，人人恥爲大惡，而不敢一毫踰臣子之常分，有以寢邪謀而戢異志，則聖人之作春秋，所爲撥亂世而反諸正也。孟子謂孔子作春秋，以存幾希之統，直接堯、舜、湯、文者，端在于此。若謂聖人第從其實而書之，且或未得其實，而欲訪求傳聞而得之，則聖人豈能從百年後，竊司寇之大權，而妄欲與魯史爭真僞哉！

左氏引經不及周官儀禮論

余年十八歲，執經高先生，即令讀周禮。二十一，先府君見背，從授喪服及士喪禮三篇。已而漸及通經。當時深信篤好，見有人斥周禮爲僞者，心輒惡之。五十以後，輯春秋大事表，凡十四年而卒業，乃始恍然有疑。非特周禮爲漢儒傅會，即儀禮亦未敢信爲周公之本文也。何則？周禮六官所掌，凡朝覲宗遇會同聘享燕食，其期會之疎數，幣賦之輕重，牢醴之薄厚，各準五等之爵爲之殺。而適子誓于天子，則下其君之禮一等，未誓則以皮帛繼子男。而儀禮有燕禮以享四方之賓客，聘禮以親邦國之諸侯，公食大夫禮以食小聘之大夫，而覲爲諸侯秋見天子之禮，其米禾薪芻有定數，牢鼎几筵籩豆脯醢有常等，靡不釐然具載。是宜天下諸侯卿大夫帥以從事，若今會典之罔敢踰尺寸。而春秋二百四十年，若子産之爭承，子服景伯之卻百牢，未聞據周禮大行人之職以折服强敵也。甯俞之不答彤弓及湛露，叔孫穆子之不拜四牡及文王，未聞述儀禮燕食之禮以固辭好惠也。郤至聘楚而金奏作于下，宋享晉侯以桑林之舞，皆踰越制度，雖恐懼失席，而不聞據周公之典以折之。他如鄭成公如宋，宋公問禮于皇武子；楚子干奔晉，晉叔向使與秦公子同食，皆百人之餼；而楚靈大會諸侯，問禮於左師與子産，左師獻公合諸侯之禮六，子産獻伯子男會公之禮六，皆不言其所考據，各以當時大小彊弱爲之等。是皆春秋博學多聞之士，而於周公所制會盟聘享之禮，若目未之見，耳未之聞，是獨何與？若周公東之高閣，未嘗班行列國，則當日無爲制此禮。若概行之列國矣，而周公之子孫先未有稱述之者，豈果弁髦王制，不遵法守歟？不應舉世盡懵然若此！且孔子嘗言「吾學周禮」矣，而孔子一生所稱引無及今周官一字者；孟子言班爵禄之制，與周官互異；家語言孺悲曾學士喪禮於孔子，而其詳不可得聞。夫書爲孔、孟所未嘗道，詩、書、三傳所未經見，而忽然出於漢武帝之世，其爲漢之儒者掇拾綴緝無疑。雖其宏綱鉅典未嘗不稍存一二，而必過信之爲周公所作，則過矣。余從事經學五十年，始而信，中而疑，後乃確見爲非真。傳有之：「疑事無質，直而勿有。」請以質當世好古之君子。後日論定者，亦將有取于余言也。

附録

先生少受經於舅氏華天沐學泉暨高紫超，愈通三禮學。於諸經沈潛往復，鉤貫旁通，乃用史遷諸表例，著春秋大事表。初與同縣華子宏孳亨同習儀禮，畫宫室制度於棋枰，以棋子記賓主升降之節，器物陳設之序，如以身揖讓其間。錫金合志。

春秋大事表諸表，多有從游諸人佐輯。其見於凡例者，氏族、世系、官制三表出於同里華玉淳，朔閏表華文緯經始，而玉淳成之，輿圖華淞所定。春秋大事表凡例。

乾隆中，敕修國史儒林傳，諭旨有曰：「果其經明行修，雖韋布不遺，豈可拘於品位，使近日如顧棟高輩終於淹没無聞耶？」阮文達創初稿引上諭，以先生冠首。及嘉慶末進呈，乃改以時代爲次。繆荃孫紀儒林傳始末。

方望溪曰：「春秋大事表，凡漢、唐、宋、元人之書皆博覽而慎取之。其辨古事，論古人，實能盡物理，即乎人心。」與震滄書。

楊農先曰：「春秋家之弊有二：一則泥於賤霸，謂春秋專治桓、文之罪。一則惑於褒貶，謂春秋有舊例，有變例。得先生書，桓、文之功罪明，條例之謬誤亦見。」同上。

震滄交游

陳先生祖范

陳祖范字亦韓，號見復，常熟人。雍正癸卯舉人。是年秋，舉行會試，中式。同縣蔣相國廷錫重其學行，將援之高第，先生遂託足疾，不與廷試。歸里，楗户讀書，終不復出赴試。居數年，詔各行省設書院以教士，大吏爭延之主講，訓課有法。或一二年輒辭去，曰：「士習難醇，師道難立。且此席似宋時祠禄，仕而不遂者處焉。吾不求仕，而久與其列，爲汗顔耳。」乾隆十五年，詔舉經學，張相國廷玉、王尚書安國、歸侍郎宣光交章薦之，褎然居首。以年老不任職，賜國子監司業銜。十八年卒於家，年七十有九。所著經咫一卷，膺薦時進呈御覽，高宗親批其卷，謂「論禘祭一條爲有識，論古今服制不同一條爲得用禮之體」。又有掌録二卷，文集四卷，詩集四卷。先生於學，務求心得。論易不取先天之學，論書不取梅賾，論詩不廢小序，論春秋不取義例，論禮不以古制違人情，皆通達之論。同縣顧主事鎮傳其學。參史傳、先正事略、經咫。

經咫

漢人以象數言易，星曆、灾祥、兵陣、修養、丹火無不託焉。魏王輔嗣一空諸膠葛泥滯之説，專言義理，並互體亦不論。唐修正義宗之，而荀、虞、鄭諸家俱廢。至宋突興康節先天之學，卦圖布置，方圓横縱，學易者不求諸文字，而先觀圖象，以爲祕妙。黄東發有「羲畫以上晚添祖父之譏」；歸熙甫有「車書既造，更求轉蓬鳥迹之比」，可爲解頤，然世儒方從事焉。朱子以易本爲卜筮而作，故釋占專以筮得爲言。此義從前所未明指，或亦疑之。曾聞一老生云：「讀易且先理會大象傳六十四个以字。」要言不煩，極合聖人學易寡過之旨。易本隱以之顯，學易者務舍顯而求隱，得毋勞而寡效乎！

古文尚書之取信於人，以他書所引具見其中也。然參考而其僞轉著。黄梨洲摘「凡我造邦」五句，國語稱文、武之教，古文則在湯誥；左傳引夏書「辰不集於房」爲日食正陽之月之證，古文乃在季秋月朔，明是誤襲。予觀禹謨、泰誓，罅漏尤多，請疏析之。論語「堯曰」一節，作三處插入，以符合於舜亦以命禹；舜「往于田」七句，孟子兩處分引。今總見於征苗、益贊、苗民逆命，怨言及帝之家庭，已覺不倫。謂父頑難於感格，有若神明，神明尚可以誠感，何有於苗頑？是苗頑猶不至如瞽瞍，而父之難化甚於苗民也，語病豈不大哉！「成允成功」云云，詞排義複，幾似九錫文譽臣語。「官占」云云，一兩言可竟，乃如此稠疊。「誓師」云云，通套常談爾。泰誓「受有臣億萬」云云，與「受有億兆夷人」云云，一義而再見。既曰「戎商必克」，又曰「受克予」。曰「寧執非敵」，臨敵誓師，豈宜口持兩端？尤可怪者！孟子引：「無畏，寧爾也，非敵百姓也。若崩厥角稽首。」文從而義順。請以古文較其句讀，豈成文義耶？「今朕必往」，一摹湯誥之語。「乃汝世讎」，罔顧六七作之賢聖君。此皆可疑者。口相傳以熟，不加詳察爾。前儒之議古文，在文詞之難易，格制之平弱，未及於義理。苟義理無疵，如虺誥、説命、旅獒、周官等篇，何必以不類伏、鼂口傳而疑之哉！

穿鑿附會，康成箋詩之病也。淺俗粗直，紫陽註詩之病也。紫陽易義，寧略無繁，謂「添一解，譬如燈籠添一骨子，障一分光」。其於註詩也亦然。自謂學孔子説烝民之詩，只下一二「故」字，一「也」字，一「必」字，義便極明。而不自知其變風、雅爲村腔口號，穿鑿附會之病雖去，而蘊蓄深厚之美全失。一切託言、反言、遠言，若有意無意而言者，靡不抹摋。辭近閨思，即以爲淫邪；辭近宴樂，即以爲譏享通用;辭近稱美,即以爲盛世之作;篇章相次,即以爲後答前篇;難於作解,即以爲不取義之興,或興而直以爲賦,則樂萇楚之無室、家,憂有狐之無裳、帶,黄鳥亦思教誨,將軍便是行役,不覺令人笑來。執著詩無美刺之成見,人言皆以爲自道,桑中、溱洧若自供罪狀者,桑中三姓女期送一處,溱洧男女合辭歌唱,非情理所有也。朱子除詩有明文者,概置不用,固是其謹慎處,亦是其師心自用處。小序所列世次,指爲某時某事之作,其間即有附會,時代差近,師傳猶當十得七八。

治春秋者,尊聖人太過,索聖人之意太深,至於苛密煩擾,彼此義例自相乖剌,而經旨愈益茫昧。董子治公羊,以「正」次「王」,「王」次「春」,爲對策論端。假使冠「王」於「春」上,雖初學亦知其不順也。後來「夏時冠周月,改正不改時」之辨益紛紛矣。如開卷「元年春王正月」,魯史奉周正朔,紀事之常規,有何深義,而謂春秋謹五始之要?莊元年「夫人孫於齊」,上甫書公與夫人姜氏如齊,故不復著姜氏,省文也。閔二年「夫人姜氏孫於邾」,去莊二十四年「夫人姜氏入」已曠隔矣,不得不著姜氏。説者謂「殺夫罪重故去姓,殺子罪輕故不去姓」,此何理也?僖二年書「冬十月不雨」,三年書「春正月不雨」,「夏四月不雨」,「六月雨」,逐月分書,此必不雨者竟月踰月,非全無雨也。文二年書「自十有二月不雨,至於秋七月」,必中間絶不曾雨,故總書之也。此亦措辭之常,説者遂有僖公勤雨而文不憂雨之别矣。僖十六年:「正月戊申朔,隕石於宋五。是日六鷁退飛,過宋都。」假使倒易其文爲「隕五石於宋」,或云「宋隕五石,鷁退飛過宋都六」,便不穩順。聖人之筆,亦明簡而已矣,非有意參差其辭以寓義也。説者巧爲先數後數、目治耳治之别,贊歎爲聖人性命之文,果其然乎?孔穎達譏劉焯釋尚書「非險意則未也。

而更爲險，無義而更生義」，蓋是治經之通病，而春秋家尤甚。凡若此類，但可資爲談助，以爲得聖人之意則未也。

禘本前代夏祭之名，周改爲五年一舉之大祭，謂之追享。據大傳以考春秋之書禘，其故難通。大傳云：「王者禘其祖之所自出，而以始祖配之。」周人禘嚳，以后稷配。後代無祖所自出可當帝嚳者，故禘禮猝舉難行。若魯以文王爲所自出，而周公配之，非諸侯不敢祖天子之義，是固然矣。及觀春秋所書之禘，又不類此。一吉禘於莊公，一禘於太廟用致夫人，一禘於僖公，於莊於僖，又當誰配？若無配位，而但祭於其廟，則與時祭何别，而名「追享」之禘乎？以意推索，必禘祭儀文特異他祭，不在於有配位。即成王賜魯，但云祀以天子之禮樂，未嘗追配文王也。唯儀文之盛，不同時享，故移而用之他廟俱可，必泥所自出之配以求之則閡矣。一説謂三年喪畢，致新主於廟而祭之，以審諦昭穆，故名曰禘。此與春秋所書之禘爲近，而與不王不禘之制全别。豈禘有二，如冬至迎長日之郊，與夏正孟春祈穀之郊，名同而實異者乎！

歷考禮文，「父母之喪，三年不從政」，庶人「喪不貳事」，王制文也；「三年之喪，祥而從政」，祥謂大祥，雜記文也；夏后氏「既殯而致事，殷人既葬而致事」，致事者，致還君國之事，曾子問也；「古者臣有大喪，君三年不呼其門」，公羊傳也。曾子問又云：「三年之喪，卒哭，金革之事無避。」唯金革之事無避，明他事皆不與也。以上數條，其義悉合。惟喪大記云：「君既葬，王政入於國，既卒哭，而服王事。大夫士既葬，公政入於家，既卒哭，弁絰帶，唯金革之事無避。」禮運云：「三年之喪，與新有婚者，期不使。」檀弓云：「父母之喪，使必知其反。」然則喪中未嘗不從政，君未嘗不使之。注家因禮文互異，謂王制三年不從政指庶人，明非庶人，不免從政以曲合於大記。又謂大記之服王事爲兵革之事，見與三年不從政原不相謬，然金革之事不恒有，豈得據以爲常？彼此遷就，終難彌縫禮文之異。由前數條，必三年予寧，乃合不奪人喪之誼；由後之説，則大臣丁憂，或期月而起復，亦似禮之所許。後之君子，不必攘袂變色而爭起復之失。但有説焉，王政入於國，公政入於家，身不離乎己之國與家也。侯服王事，越月踰時則反。大夫士弁絰帶而從公事，不出乎父母之國，朞而奉使，亦不若後世繫官於朝，出典州郡，一去無還期，曾不得更盡其心於丘墓蒸嘗也。然則雖有禮文可以藉口，奪人之喪與見奪於上者，其能兩安而無歉乎哉？

古今服制不同，大都後加隆於前。如父在爲母期，禮也，唐父在亦三年，明又升爲斬衰。嫂叔無服，禮也，唐加小功。從母小功而舅緦麻，唐改舅爲小功。庶子爲父後者爲其母緦，明制則斬衰三年。士爲庶母緦，明制則杖期。其古禮有服而後直去之者，儀禮云「貴妾緦」，喪服小記云「士妾有子而爲之緦，無子則已」，後代不問有子無子皆無服。竊以理與勢權之，有難安者四焉：明以來，妾母之服一如正適子，於其母既全不厭降而抗卑於尊夫，於子之母又自尊而厭卑已甚，彼此何不相顧也？此一不安也。正妻若無子，妾有子，方藉妾子以承宗祀，而恝然於其母之喪，二不安也。或女君亡而妾攝職，生用其勞，歿曾不得比於同爨之緦，三不安也。服有報，妾爲君斬衰三年，君爲妾乃吝三月之報，四不安也。豈以人情多溺於私愛，以妾爲妻，故矯枉不嫌於過正與？要不若古禮之爲當矣。

泰伯章　太王遷岐，或云在商王廩辛時，或云武乙時，或云小乙時。大抵去克商時近，猶百有餘年，商道未衰，古公方避狄遷居，遽萌異志。揆之時勢，良爲乖剌。詩云「實始翦商」，猶書云「肇基王迹」，從既有天下後推本言之耳。朱子著一「志」字，便覺太王與曹瞞、司馬懿相似。左傳云：「泰伯不從，是以不嗣。」未嘗言所不順從者何事。大約謂太王歿時，泰伯出亡，不在側，故不得立耳。朱註以爲不從翦商之志，是泰伯如新莽之子宇也，何以爲太王地乎？因文王以服事稱至德，遂謂泰伯亦必以讓商稱至德，影借詩與左傳之文爲左證，以成其誣。金仁山、歸震川皆詳辨之，斷不必墨守朱註，代爲護前矣。

執圭　周禮典瑞職云：「公執桓圭，侯執信圭，伯執躬圭，繅皆三采三就；子執穀璧，男執蒲璧，繅皆二采二就，以朝覲宗遇會同於王。諸侯相見亦如之。」此君所親執之命圭也。又云：「瑑圭璋璧琮，繅皆二采一就，以頫聘。」疏云：「遣臣聘，不得執君之圭璧，無桓、信、躬、穀、蒲之文，直瑑之而已。」其長皆降於君一等，如上公圭九寸，則聘圭八寸也，古註甚明。朱子混云諸侯命圭，如後世官之有印一而已，豈得令使臣持出耶？

文集

六藝論

六藝亡而道術裂，異端邪説並起而中之。祀鬼神之古禮廢，一時淫祀熾矣。喪祭之禮廢，浮圖、黄冠師修七設醮之術用矣。樂廢，而優伶院本盛行矣。此關係世教之大，昔無而今有者也。其昔元有之，後因無傳，而疑昔日未必有者，如聲音之妙，鼓瑟而魚出聽，聞絃而馬仰秣，奏清角而夏飛霜，或以爲形容過當，不知夔擊石拊石，百獸率舞，九成而鳳凰來儀，大司樂之六變，贏羽鱗介諸物皆可得而致，其精妙入神，載在六經，豈皆虚辭飾説乎？五射之參連，放一矢而三矢連去；襄尺，臣退君一矢；井儀，四矢貫鏃如井，是紀昌飛衛之巧，遊藝者習以爲常也。五御之逐水曲，能逐水屈曲而不墜水；舞交衢，能御車交道如舞，然御法既不傳矣。近世盛推西洋算法，黄宗羲云：「句股之學，其精爲容圓、測圓、割圓，本九數商功遺術，學者不能習，西洋人得之，改容圓爲矩度，測圓爲八線，割圓爲三角，中土人讓之爲獨絶，闢之爲違天，皆不知二五之爲十也。」若夫書，夫人而習之，然文字之别，象形、指事、會意、諧聲、轉注、假借之辨，操觚家曉其義者絶少。鄭漁仲謂梵人有無窮之音，華人有無窮之字。古字多通用，後乃日繁，以滋無窮之字，非聖人所尚也。字愈多而識字者愈少矣。曲禮、玉藻載容體之禮，立無倚，坐無陂，聲容静，頭容直，色容厲肅，視容清明，明者按之，以覯人於執玉高卑，身容俯仰，決人吉凶而不爽，豈非聖人之相法乎？後之學者，但高談性命，空語道德，其于藝事，本不能之，漫謂不足爲之。習之者少，其學遂亡。惟其少見，是以多怪，聞所稱述，則以爲虚言無實而不之信，蓋亦未深考焉耳。

吴先生鼎

吴鼎字尊彝，號易堂，金匱人。乾隆甲子舉人。十五年舉經學，授國子監司業，累遷翰林院侍讀學士。大考，降左春坊左贊善，遷翰林院侍講，休致歸。熟精易理三禮，著易例舉要二卷，倣周易折中卷義例益加推衍，上卷多輯先儒之説，下卷多出己意，凡一百四十八條，惟不及互卦、卦變二義。自序云「已詳中爻考、卦變考中」，而二考不載書中。又著易象集説九十卷，采宋俞琰、元龍仁夫、吴澄、胡一桂、明來知德、錢一本、唐鶴徵、高攀龍、郝敬、何楷十家之説。其論辨去取，别爲附録十卷。蓋以漢、唐舊説略備於李鼎祚周易集解，宋儒新説略備於董真卿周易會通，惟元、明諸解未有專彙一書，裒此十家，以繼二書之後。易堂問目四卷，以六經疑義綦多，三禮爲甚，條舉大端，設爲問答，論定商榷，以示歸宿，膺薦時並呈御覽。又東莞學案專攻陳建學蔀通辨而作。兄鼐字大年，乾隆元年楊尚書名時以經學薦，會於是年成進士，授工部主事。以父憂歸，尋卒。著有易象約言二卷、洪範集注一卷、儀禮集説一卷、春秋修註四卷、三正考二卷、朱門授受録十卷、未發質疑五卷、律吕源流十二卷。弟熙，乾隆丁巳進士，官武義知縣。亦通經，著有律悟一卷、律問八卷。參史傳、學案小識、錫金合志。

梁先生錫璵

梁錫璵字確軒，介休人。雍正甲辰舉人。乾隆十五年舉經學，授國子監司業。與吴鼎同食俸辦事，不爲定員。兩人同召對，高宗諭曰：「汝等是大學士九卿公保經學，朕用汝等教人，是汝等積學所致，非他途倖進。窮經爲讀書根本，但窮經不徒在口耳，須要躬行實踐。汝等自己躬行實踐，方能教人躬行實踐。」又諭：「所著經學，令翰林中書各二十員在武英殿各謄寫一部進呈，原書給還。」稽古之榮，時以爲罕。尋直上書房，累遷少詹事。大考降左庶子，復擢國子監祭酒。坐遺失書籍鐫級。著易經揆一十四卷，附啟蒙補二卷。參史傳。

方先生苞

別爲望溪學案。

惠先生棟

別見研谿學案。

楊先生椿

楊椿字農先，武進人。父大鶴，康熙甲寅進士，官至左春坊諭德，著有春秋屬辭比事，七子皆以文學著。農先其第三子也。康熙戊戌進士，授翰林院檢討，分修政治典要兼明史及一統志、國史三館纂修。累擢侍講學士兼修三朝實録、世宗實録。乾隆初奉使祭告秦蜀，還奏途次見聞七事，議行豁免河灘地浮糧及酌給山西佐雜養廉二條，尋以原官致仕。家居二年，特召還修明鑑綱目。書成，年已老，以二子官京師，留就養。乾隆十八年卒，年七十有八。農先德行嶷然，經術史才爲時所重。久居館局，勤於所事，持論特高，總裁亦不盡用。於有明一代事貫弗，可匹鄞縣萬季野。所著賸稿長編及一統志稽古録、水經注廣釋、古今類纂、毘陵科第牒譜諸書藏於家。晚窮諸經，著古周易、尚書定本、詩經釋辨、春秋類考、周禮訂疑，齊侍郎召南稱其多創解，皆佚不傳。惟孟鄰堂文集二十六卷行於世。長子述曾，乾隆丙辰舉博學鴻詞，壬戌一甲二名進士，官至翰林院侍讀，纂修通鑑輯覽，能承其家學。參齊召南撰墓誌、武陽合志。

文集

春秋大事表序

昔之言春秋者，莫善於義，莫不善於例。義者，宜也。例則舞文弄法，吏所爲，非春秋教也。自漢胡母生著公羊條例，廷尉張湯用之，以治大獄；丞相公孫弘以其義繩臣下；江都相董仲舒撰決事比，於是公羊家以春秋之義爲獄吏例矣。穀梁氏因之。左氏後出，經生恐不得立於學官，仿公、穀二家爲書不書之例，引孔子君子之言附益之。後儒未察，謂皆出於丘明。杜預集傳中諸例爲釋例十五卷四十部，而習春秋者益但知有例，不復知有義矣。司馬遷云：「春秋文成數萬，其指數千。」指者，胡母生例也。張晏曰：「春秋才萬八千字。」李燾曰：「今更闕一千二百四十八字。」則春秋文脱落，蓋甚於他經。後人欲於月日、名字、爵號、氏族之間，以一二字同異爲聖人之褒貶，且云五經之有春秋，猶法律之有斷例，豈不謬乎！先儒謂公、穀深於理而事多謬，左氏熟於事而理未明，敘事亦多失實。夫公、穀考事之疏不必言矣，至以祭仲出君爲行權，衛輒拒父爲尊祖，無父無君已甚，猶謂深於理乎？左氏則見聞之廣，紀述之詳，後之人讀之，尚能發爲至論，況其自爲之，焉有所見之不明，所敘之失實，如昔賢所譏者乎？隱二年「王貳於虢」，蓋鄭以王爲貳，王亦受鄭之言貳，欣然交質，左氏直書之，以著平王之不君，鄭莊之不臣耳，非以貳爲是也。「君子曰」以下，則經生所益之論斷，非左氏見理之不明也。齊桓侵蔡，釁由蔡姬；晉文侵曹伐衛，起於觀浴之與與塊，皆事之不可隱者。否則，召陵、城濮仁義之師，非霸者之舉矣。不得言左氏敘事之失實也。其他苛論，不可勝舉。余深病之，嘗欲采左氏事敘於經文之下，而去其書法論斷，取公、穀之事不同者附焉。又思平、桓之際，王迹雖衰，不可云熄，欲仿史記十二諸侯年表爲王迹表一篇，敘霸者之事之盛衰，著王迹之熄之漸。又欲爲天子、諸侯、大夫、陪臣四表，以著春秋世變，禮樂征伐所自出，庶春秋之義明，例自無所用之矣。而浮沈史館，荏苒未成。今老矣，得異聞於先生，又恰如吾意之所欲出，故不辭而爲之序。

與明史館纂修吴子瑞書

蒙示明初后妃諸王傳，點竄增損甚善，知足下用心專而致力勤也。第仍前謬誤，尚宜討論。目今所改，有宜復舊者。僕方欲再觀之，館吏來索，云足下待録甚急，因先附牋以聞。誠孝張皇后傳：「正統七年十月，后大漸，召士奇、榮、溥。士奇言：『建庶人雖亡，當修實録。』」按正統五年二月，楊榮請歸省墓，七月還朝，卒於杭州道中。張后崩，榮之卒已三年矣，何得與士奇、溥並召也？建庶人者，建文帝少子文奎。天順實録：「元年十月，釋建文君子孫，安置鳳陽。敕曰：『建庶人等，自幼爲前人所累。』」前人即建文帝。明代君臣未有稱爲「建庶人」者，即成祖詔敕，亦稱建文君，未有「庶人」之號也。恭讓胡皇后傳：「后善病，帝令后上表辭位，退居長安宫，賜號静慈仙師。大臣張輔、蹇義、夏原吉、楊士奇、楊榮等不能爭。」按：胡后之疾，託辭耳。贊其廢者，楊榮。順之者，蹇義。其始再三沮，後以以疾辭位之説進者，楊士奇也。張輔、夏原吉則始終不言而已。今傳不詳其事，亦不差别其人，則胡后之廢，後世何由而明？静慈仙師，胡后初崩之謚，見正統八年十二月、天順七年閏七月實録，而天順七年之敕尤明。今以爲生前賜號，非矣。晉恭王傳：「太子巡歷燕、代，及晉，與棡昆弟飲，甚歡，浹旬。太子行，棡送至河南。太子令棡入朝。歸藩，更以恭慎聞，待長史桂彦良等有禮。」按：實録洪武二十四年八月，太子巡撫陝西。十二月，自陝西還。未巡燕、晉。彦良以洪武十一年授晉王右傅，十三年改左長史，十八年以疾歸，二十年十二月卒於家，安得二十五年尚在，恭王待之有禮也？代簡王傳：「建文時，以罪廢爲庶人。成祖即位，復爵。永樂元年正月，還舊封。」按：建文元年，燕王移檄天下，三年上書於帝，歷數帝失。皆言罪代王，而不言廢爲庶人。實録敍建文時事，亦止言代王得罪。四年六月己巳，燕王即位；七月壬辰，遺書召代王，亦不言復爵。十月辛酉，都督陳質以守大同，劫制代王，伏誅。永樂元年二月賜桂書曰：「吾弟縱恣暴戾，獨不記建文時拘囚困苦之辱耶？」蓋桂在建文中與燕王通謀，爲陳質所制，不得自由或有之，其廢則未也。若廢之，燕王書檄，決不爲帝諱矣。吾學編、憲章録諸書，見成祖書有「拘囚困苦」之説，因云代王幽於大同。夫代王果廢，自應如周、齊二王置之京師，何僅幽於大同耶？其爲謬妄，明矣。寧獻王傳：「權入燕軍，時時爲燕王草檄。燕王即位，乞改南土，請蘇州、杭州皆不許。令自擇建寧、重慶、荆州、東昌。權遂出飛旗，令有司治馳道。帝大怒，權不自安，悉屏從兵，與老中官數人偕往南昌，稱疾卧城樓，乞封南昌。帝不得已，詔即布政司爲王邸，瓴甋規制，皆無所更。」按：實録建文元年十月，燕王拔大寧之衆及寧王權回北平。四年六月，燕王至京，遣人迎權。建文帝故閹胡伯顔邀之兖州，不得達。七月庚戌，復遣使詔權，俟秋凉，與宫眷同行。則權固未嘗在燕王軍中也。八月戊午，權遣人請封杭州，帝以畿内不許，曰：「往嘗許弟自擇封國，吾未嘗忘。」則權在成祖未即位前，已乞改封，且非止乞南土，亦未請封蘇州也。帝令權自擇建寧、重慶、荆州、東昌，即在此詔中。自是五十五日，十月壬子，權至京師。越五日丙辰，與谷王橞同宴於華蓋殿。翼日丁巳，命所在有司營權妃張氏葬事。又五日辛酉，詔改江西布政司爲寧王府。是權之改封，乃在京時事。蓋權奉七月庚戌之詔，秋凉與妃同行。妃道卒，權方經理喪事，何暇出飛旗治馳道？又何暇往南昌？自是至明年正月，權在京師，二月己未之國，帝親製詩送之，更安有預往南昌之事？成祖即位，已嚴馭諸王。岷莊王楩在國嗜酒多言，出入不謹，帝屢賜書戒之。寧王若擅治馳道，擅往南昌，擅卧城樓要封，帝豈不譙讓，而反不得已從其請以封之乎？當時諸王中，谷王橞功最高，賜賞亦最厚，其改封長沙，請營宫殿，不許，令擇衛府廨舍修理居之，亦見於實録。是永樂初改封諸王，瓴甋規製皆無所更，不獨一寧王矣。岷莊王傳：「建文初廢爲庶人，流漳州。永樂初復王。」按：楩降爲庶人，流漳州，燕王書檄中屢以爲言。未即位前，實録亦書之。及考洪武三十五年七月癸卯，遣都督袁宇鎮雲南，賜楩書曰：「今遣宇赴雲南，整肅兵備，鎮撫一方，凡事可與計議而行。」而不言楩自漳反滇，亦不言復爵。是楩未流，并未廢，且仍王雲南，可知。蓋建文中廢爲庶人者，惟周、齊二王。湘王柏自焚，謚爲戾，而不革其王爵。永樂元年正月辛卯，以周、齊、代、岷四王同復舊封，詔告中外者，蓋以愚天下，甚建文帝之惡，非實事也。谷王橞傳：「橞守金川門，燕師渡江，橞登城望見成祖麾蓋，開門迎成祖。」按：橞之開門，以出使燕軍，燕王誘之使開耳。不然，燕王頓軍龍潭，五日不進，及橞癸亥出使，甲子日何以遂下令乙丑入城乎？其入城也，不至東南朝陽、通濟諸門，而獨北至江濱之金川，非橞出使時成約而何？今傳不言出使，而但言登城云云，是以成祖之兵爲湯、武之師，橞之開門爲徯后、玄黄之士女矣，豈不失其實乎？漢王高煦傳：「成祖命高煦同仁宗謁孝陵，仁宗恒失足，高煦從後言曰：『前人蹉跌，後人知警。』」按：水東日記成祖營天壽山，命太子、太孫、漢、趙二王往視。過沙河，卻輦步行，太子恒失足。漢王顧趙王曰：「前人失脚，後人把滑。」太孫應聲曰：「更有後人把滑哩。」蓋諺語也。歷代史此等語頗多。今以天壽山爲孝陵已誤，更改「失脚」爲「蹉跌」，「把滑」爲「知警」，欲求文而不成語矣。襄憲王傳：「英宗北狩時，諸王中瞻墡最長且賢，衆望頗屬。太后命取襄國金符入宫，不果召。」按：瞻墡者，誠孝張皇后少子。宣德末，張后以英宗幼，欲召立之。楊士奇、楊榮沮而止。詳見菽園雜記。土木之變，張后崩已久，孝恭孫皇后時爲太后，瞻墡之嫂也。孫后庶子郕王年已二十有二，尚未就封，大臣王直、胡濙、于謙、陳循皆賢之。孫后聞土木變，三日命郕王監國，又十八日命即位，何嘗舍其子而欲召立其叔乎？此皆僕所云「尚宜討論」者也。漢、魏後，帝王以孫紹祖、以旁支繼大統者，其父雖追尊，然仍入諸王傳中。惟元睿宗、裕宗另爲一傳。足下倣之，以傳懿文太子，將以其爲天子父，故尊之耶？則當爲本紀，列於太祖下、建文帝上可也。而足下不敢。若猶是傳也，則專傳之與諸王同傳何異？懿敬常妃，懿文太子元妃，建文帝之生母，尊吕妃爲皇太后，舊史倣漢書王夫人、丁姬、衛姬例，俱入后妃傳中。今止附書懿文太子之後，而虞王兄弟則另爲標目，同於諸帝之子，是足下體例未協，僕所云「宜復舊」者也。抑此諸傳中事，有不可不增，亦有不可不遽删者。懿文太子在時，燕王覬覦儲位。晉恭王與太子相睦，燕王媒孽恭王；涼國公藍玉，太孫外親也，燕王以讒搆誣之。此皆太宗實録中奉旨所書，雖其辭隱，其旨微，而其實有不能全諱者，宜參考稗史，以酌書之。宣德四年，寧獻王請赦高煦；天順元年，襄憲王請毁壽陵，皆實録所載，似亦不可不書。成祖爲逆，高煦實佐其謀，建文帝遂崩於火。舊史高煦傳末，宣宗往視高煦，高煦伸足句帝仆地，帝命積火炭於銅缸，覆之，火熾銅鎔，高煦及諸子皆死。蓋當在寧王請赦之後，舊史存之，以著宣宗酷虐，且見天道好還，爲後世叛逆者戒耳。而足下删之，殆非大易餘慶餘殃、春秋懼亂臣賊子意也。僕才識短淺，未能佐足下一二，姑述見聞，惟足下擇之。謹白。

楊先生方達

楊方達字符倉，武進人。雍正甲辰舉人。閉户著書，絶干謁，鄉里重之。舉經學不應，卒年七十九。著周易輯説存正十二卷，附易説通旨略一卷，分經二篇，傳十篇，一依本義之舊。大旨多主本義，惟卦變之説主程而不主朱。其體例以爲，必使正義先明，而後以旁義參之，賓主秩然，則條理可得，故凡言變互者，皆列之圈外，使不與正義相混。又以爻位之正不正，有應無應，乃卦中之大義，彖辭、爻辭皆從此推出，故每卦卦畫之下即爲注明，末附通旨，略雜引先儒象、彖、爻位之説，間亦參以己見，蓋倣王弼略例而爲之也。又易學圖説會通八卷，續聞一卷，先天之學不離於陳、邵。又尚書約旨六卷，通旨略二卷，春秋義補註二卷，正蒙集説十二卷。參武陽合志、學案小識。

蔣先生汾功

蔣汾功字東委，武進人。雍正癸卯進士。湖北即用知縣，乞養歸。改官松江府教授，課士有法，多所成就。爲文原本經術，於孟子致力尤深，著孟子四編九卷，讀孟居文集六卷。參武陽合志、楊椿撰墓志。

楊先生繩武

楊繩武字文叔，長洲人。康熙癸巳進士。官翰林院編修，以父艱歸，遂不出。討論經義，折中同異。主講江寧杭州書院，甄拔多知名，台州齊侍郎召南其一也。著有古柏軒集。參蘇州府志。

華先生希閔

華希閔字豫原，無錫人。康熙庚子舉人。官涇縣教諭。舉博學鴻詞，不赴。篤嗜儒先書，勤於著述，著有性理註釋、易書詩春秋集説、中庸剩語、論語講義、通鑑地理今釋、延綠閣集。參錫金合志。

案：震滄撰陳亦韓經咫序云：「海内留心經學，余相識不過數人，厯數亦韓及方望溪、楊農先、蔣東委、楊文叔、楊符倉、惠定宇，蓋皆嘗共討論者。」春秋大事表有華豫原序文，自稱老友，並附列之。

亦韓弟子

顧先生鎮

顧鎮字佩九，號古湫，又號虞東，昭文人。乾隆十五年薦舉經學，後成甲戌進士，授國子監助教，遷宗人府主事，年老乞休。先後主金臺、游文、白鹿、鍾山諸書院，善教士。卒年七十三。初師事陳先生亦韓，研經有心得，本師説而恢張之。著虞東説詩十二卷，其詩説大旨，以講學諸家尊集傳而抑小序，考古諸家又申小序而疑集傳，搆釁不解者四五百年，乃作是書，以調停兩家之説。紀文達亟稱之，四庫經部詩類所採，以是書爲殿，用破門户之見云。又著有三禮劄記。參史傳、四庫全書提要、袁枚撰墓誌。

清儒學案卷五十七

靜庵學案

靜庵求周徑密率，自定捷法，出杜德美三術之上。是能以因爲創，疇人之傑也。述靜庵學案。

明先生安圖

明安圖字靜庵，蒙古正白旗人。諸生。治天算，入欽天監爲天文生。順治初，用湯若望治曆。及康熙初，楊光先諍之，湯若望坐罷。聖祖親政，復用南懷仁治曆。是時中西兩家訐短禩長，齗齗相爭持，聖祖以躬所未習，不能爲折衷，乃壹意治天算，深通諸術，疇人子弟每親爲訓迪。先生得聞緒論，所詣益進。乾隆中，歷官至監正。割圓肇自九章舊法，弧背求矢，相傳已久。自西法入中土，設六宗三要諸術，爲割圓八綫起算，法始大備。六宗者，圓內容三邊四邊五邊六邊十邊十五邊是也。三要者，以正弦求餘弦，以本弧正餘弦求倍弧半弧正餘弦是也。復推廣之，用益實歸除，及益實兼減實歸除，增求圓內容十四邊十八邊與三分之一通弦，於是最小者爲五分之弦。其自一分至四分之弦，則中比例求之。

特取數紆回，不能隨度以求弦矢，故非表無以濟算。及杜德美用連比例演周徑密及弧背求正弦正矢，不須開方，祇立乘除之數，號稱捷法，特未言立法之根。先生積思三十餘年，著割圜密率捷法四卷。一曰步法。於杜德美三法外，補弧背求通弦、通矢，弦、矢求弧背，通弦、矢求弧背六法，合爲九法。又增創餘弧求弦矢，餘弦矢求本弧，及借弧與正餘弦互求諸術。二曰用法。以角度求八綫及直綫、弧綫、三角形邊角相求。凡設七題，謂今之法所以密於古者，以其能用三角形也。然三角形非八綫表不能相求，用此法以之立表則甚易，以之推三角形則不用表，而得數與用表者同。又爲圖解，皆闡明弦矢與弧背相求之根。未成，病且革，以授季子，使與門弟子足成之。書成未刻。道光間，戴金谿以授羅茗香，茗香與其友岑紹周排比校刻行於世。參續疇人傳、陳際新割圓密率捷法序、岑建功割圓密率捷法序、羅士琳割圓密率捷法跋。

割圓密率捷法

步　法

圓徑求周

法置通徑，三因之，爲第一條。次置第一條，四除之，又二除之，又三除之，或三數連乘得二十四爲法除之亦可。後仿此。得數爲第二條。次置第二條，九因之，四除之，又四除之，又五除之，得數爲第三條。次置

第三條，二十五乘之，四除之，又六除之，又七除之，得數爲第四條。次置第四條，四十九乘之，四除之，又八除之，又九除之，得數爲第五條。次置第五條，八十一乘之，四除之，又十除之，又十一除之，得數爲第六條。次置第六條，一百二十一乘之，四除之，又十二除之，又十三除之，得數爲第七條。次置第七條，一百六十九乘之，四除之，又十四除之，又十五除之，得數爲第八條。次置第八條，二百二十五乘之，四除之，又十六除之，又十七除之，得數爲第九條。次置第九條，二百八十九乘之，四除之，又十八除之，又十九除之，得數爲第十條。次置第十條，以三百六十一乘之，四除之，又二十除之，又二十一除之，得數爲第十一條，併十一條之數，得總數即圓周。

按：此即後通弦求弧背法也。三因通徑，即圓内容六等邊之周數也。圓内容六等邊，每邊與半徑等，故省比例乘除之數。其四除，各次所通用也。初次加二除，三除，二次加四除、五除，皆依次遞加一數以爲法也。初次用九乘，二次用二十五乘，皆依次遞加二數自乘以爲法也。三自乘爲九，三加二得五。五自乘爲二十五。下仿此。此以通徑數至億者爲例，故遞求至十一條。遇通徑數小者，次數可省。若依各數遞加爲法，求至無窮，皆能得其密數也。

弧背求正弦

法以弧背本數爲第一條。次以半徑爲連比例第一率，弧背爲連比例第二率，求得連比例第三率。次置第一條，以三率乘之，一率除之，得第四率數，二除之，又三除之，得數爲第二條，應減，另書之。次置第二條，以三率乘之，一率除之，得第六率數，四除之，又五除之，得數爲第三條，應加，書於第一條之下。次置第三條，以三率乘之，一率除之，得第八率數，六除之，又七除之，得數爲第四條，應減，書於第二條之下。第一條、第三條相併，第二條、第四條相併，兩總數相減，得數即正弦。

按：此以連比例遞求四六八率，以加減二率也。四率用二除、三除，六率用四除、五除，皆依次遞加一數以爲法也。四率爲減，六率爲加，八率又爲減，相間以爲消息也。數小者尚可省，數大者依次求之。

弧背求正矢

法以半徑爲連比例第一率，弧背爲連比例第二率，求得連比例第三率，二除之，得數爲第一條。次置第一條，以三率乘之，一率除之，得第五率數，三除之，又四除之，得數爲第二條，應減，另書之。次置第二條，以三率乘之，一率除之，得第七率數，五除之，又六除之，得數爲第三條，應加，書於第一條之下。次置第三條，以三率乘之，一率除之，得第九率數，七除之，又八除之，得數爲第四條，應減，書於第二條之下。第一條、第三條相併，第二條、第四條相併，兩總數相減，得數即正矢。

按：此以連比例遞求五七九率，以加減三率也。三率用二除，五率用三除、四除，亦依次遞加一數以爲法也。加減亦相間爲消息也。其法大概與求正弦同。

弧背求通弦

法以弧背本數爲第一條。次以半徑爲連比例第一率，弧背爲連比例第二率，求得連比例第三率。次置第一條，以三率乘之，一率除之，得第四率數，四除之，又二除之，又三除之，得數爲第二條，應減，另書之。次置第二條，以三率乘之，一率除之，得第六率數，四除之，又四除之，又五除之，得數爲第三條，應加，書於第一條之下。次置第三條，以三率乘之，一率除之，得第八率數，四除之，又六除之，又七除之，得數爲第四條，應減，書於第二條之下。第一條、第三條相併，第二條、第四條相併，兩總數相減，得數即通弦。

按：此法與求正弦法同，但通加一四除耳。若四除第三率爲常用之數，則每次之四除可省。通弦求弧背同此。

弧背求矢

法以半徑爲連比例第一率，弧背爲連比例第二率，求得連比例第三率，四除之，又二除之，得數爲第一條。次置第一條，以三率乘之，一率除之，得第五率數，四除之，又三除之，又四除之，得數爲第二條，應減，另書之。次置第二條，以三率乘之，一率除之，得第七率數，四除之，又五除之，又六除之，得數爲第三條，應加，書於第一條之下。次置第三條，以三率乘之，一率除之，得第九率數，四除之，又七除之，又八除之，得第四條，應減，書於第二條之下。第一條、第三條相併，第二條、第四條相併，兩總數相減，得數即矢。

按：此法與弧背求正矢同，但通加一四除耳。若四除第三率爲常用之數，則每次之四除可省。矢求弧背亦同。

通弦求弧背

法以通弦本數爲第一條。次以半徑爲連比例第一率，通弦爲連比例第二率，求得連比例第三率。次置第一條，以三率乘之，一率除之，得第四率數，四除之，又二除之，又三除之，得數爲第二條。次置第二條，九乘之，又以三率乘之，一率除之，得第六率數，四除之，又四除之，又五除之，得數爲第三條。次置第三條，二十五乘之，又以三率乘之，一率除之，得第八率數，四除之，又六除之，又七除之，得數爲第四條。次置第四條，四十九乘之，又以三率乘之，一率除之，得第十率數，四除之，又八除之，又九除之，得數爲第五條。次置第五條，八十一乘之，又以三率乘之，一率除之，得第十二率數，四除之，又十除之，又十一除之，得數爲第六條。次置第六條，一百二十一乘之，又以三率乘之，一率除之，得第十四率數，四除之，又十二除之，又十三除之，得數爲第七條。次置第七條，一百六十九乘之，又以三率乘之，一率除之，得第十六率數，四除之，又十四除之，又十五除之，得數爲第八條。併諸條，得總數，即弧背。

按：此即前圓徑求周所用之法也。若二率與一率等，則比例可省。諸法不論求弧綫求直綫，但視第幾條得數首位已在單位下便可住。若首位尚在單位前者，須依次再推，方密。

正弦求弧背

法以正弦本數爲第一條。次以半徑爲連比例第一率，正弦爲連比例第二率，求得連比例第三率。次置第一條，以三率乘之，一率除之，得第四率數，二除之，又三除之，得數爲第二條。次置第二條，九因之，又以三率乘之，一率除之，得第六率數，四除之，又五除之，得數爲第三條。次置第三條，二十五乘之，又以三率乘之，一率除之，得第八率數，六除之，又七除之，得數爲第四條。次置第四條，四十九乘之，又以三率乘之，一率除之，得第十率數，八除之，又九除之，得數爲第五條。次置第五條，八十一乘之，又以三率乘之，一率除之，得第十二率數，十除之，又十一除之，得數爲第六條。次置第六條，一百二十一乘之，又以三率乘之，一率除之，得第十四率數，十二除之，又十三除之，得數爲第七條。次置第七條，一百六十九乘之，又以三率乘之，一率除之，得第十六率數，十四除之，又十五除之，得數爲第八條。併諸條，得總數，即弧背。

按：此法與通弦求弧背法同，但通省一四除耳。

正矢求弧背

法倍正矢爲第一條，次以半徑爲連比例第一率，倍正矢爲連比例第三率，三率自乘，一率除之，得第五率數，三除之，又四除之，得數爲第二條。次置第二條，四因之，又以三率乘之，一率除之，得第七率數，五除之，又六除之，得數爲第三條。次置第三條，九因之，又以三率乘之，一率除之，得第九率數，七除之，又八除之，得數爲第四條。次置第四條，十六乘之，又以三率乘之，一率除之，得第十一率數，九除之，又十除之，得數爲第五條。次置第五條，二十五乘之，又以三率乘之，一率除之，得第十三率數，十一除之，又十二除之，得數爲第六條。次置第六條，三十六乘之，又以三率乘之，一率除之，得第十五率數，十三除之，又十四除之，得數爲第七條。次置第七條，四十九乘之，又以三率乘之，一率除之，得第十七率數，十五除之，又十六除之，得數爲第八條。併諸條，得總數，又爲連比例第三率與連比例第一率半徑相乘，開平方，得連比例第二率，即弧背。

按：此法與通弦正弦求弧背之理同，惟多一開平方耳。除法始於三、四，乘法遞加一數以自乘，用數小異焉。

矢求弧背

法置矢八乘之，即四乘又二乘。得數爲第一條。次以半徑爲連比例第一率，第一條爲連比例第三率，三率自乘，一率除之，得第五率數，四除之，又三除之，又四除之，得數爲第二條。次置第二條，四乘之，又以三率乘之，一率除之，得第七率數，四除之，又五除之，又六除之，得數爲第三條。次置第三條，九乘之，又以三率乘之，一率除之，得第九率數，四除之，又七除之，又八除之，得數爲第四條。次置第四條，十六乘之，又以三率乘之，一率除之，得第十一率數，四除之，又九除之，又十除之，得數爲第五條。次置第五條，二十五乘之，又以三率乘之，一率除之，得第十三率數，四除之，又十一除之，又十二除之，得數爲第六條。次置第六條，三十六乘之，又以三率乘之，一率除之，得第十五率數，四除之，又十三除之，又十四除之，得數爲第七條。次置第七條，四十九乘之，又以三率乘之，一率除之，得第十七率數，四除之，又十五除之，又十六除之，得數爲第八條。併諸條，得總數，又爲連比例第三率與連比例第一率半徑相乘，開平方，得連比例第二率，即弧背。

按：此法與正矢求弧背同，但第一條加一四因，餘加一四除耳。以上九法，皆至精至密，任有圓綫求直綫，有直綫求圓綫，雖推至無窮，靡不合也。但遇設數大者，推算次數較多，故增後法。

餘弧求正弦正矢

視所設之弧過四十五度者，與象限弧相減，得餘弧，次用餘弧。按弧背求正矢、正弦法，求得餘弧正矢爲本弧，餘矢與半徑相減，即得本弧正弦。求得餘弧正弦爲本弧，餘弦與半徑相減，即得本弧正矢。

餘矢餘弦求本弧

視所設正弦、正矢數大於四十五度者，與半徑相減，得餘矢、餘弦，次用餘矢、餘弦。按正矢、正弦求弧背法，求得弧背爲餘弧，與象限弧相減，即得本弧。

以上二法，施之弧背求正弦、正矢已爲省便，施之正矢、正弦求弧背尚有不能省便者，故又設後法。

借弧求正弦餘弦 餘弦即半徑正矢之較，三角形用正矢甚少，故借弧求餘弦。

視設弧過三十度至六十度內者，借四十五度之弧背，與所設弧背相減，得較弧背。按前法求得較弧之正弦、正矢，次以半徑爲一率，借弧之弦綫正弦、餘弦數同。爲二率，較弧之正弦、正矢相加減設弧小於借弧，求正弦則加，求餘弦則減。設弧大於借弧，求正弦則減，求餘弦則加。爲三率，求得四率爲弦較，與借弧弦綫相加減，設弧小於借弧，求正弦則減，求餘弦則加。設弧大於借弧，求正弦則加，求餘弦則減。得數爲設弧正弦、餘弦。

借正弦餘弦求弧背

有正弦求弧背，視正弦在十分半徑之三之內者，用本法求之。過十分半徑之九者，用餘矢求本弧法求之。若過十分半徑之三至十分半徑之六者，借三十度之正弦、餘弦用之。若過十分半徑之六至十分半徑之八者，借四十五度之正弦、餘弦用之。若過十分半徑之八至十分半徑之九者，借六十度之正弦、餘弦用之。法先求得本弧餘弦，然後以本弧正弦與借弧正弦相減，得正弦較爲股，以本弧餘弦與借弧餘弦相減，得餘弦較爲句，求得弦爲較弧通弦。次按前通弦求弧背法，求得弧背爲較弧，與借弧相加減，本弧正弦大於借弧正弦爲加，小於借弧正弦爲減。即得本弧。有餘弦求弧背，以餘弦爲餘弧正弦，如前求得弧背爲本弧之餘弦，與象限弧相減，即得本弧。

附録

岑紹周曰：「曩讀梅文穆公赤水遺珍載杜德美有不須開方，祇立乘除之數，求周徑密率及正弦、正矢捷法，特未詳立法之根，學者恒苦莫抉其旨。監正明静庵先生暨其弟子陳舜五先生因杜氏三術推廣引伸，更補成弦矢求弧六術，使環轉相生術無賸義，詳加圖解，著爲是書，於割圜之理，推闡無遺，尤可舍表徑求八綫。朱小梁觀察曾據術求得四十位周徑率爲徑一周三一四一五九二六五三五八九七九三二三八四六二六四三三一　八六三六七四七二二七九五一四，小餘七一五一九。與割圜本法所求者合。蓋推其原，先設十百千萬諸分弧，如本法乘除之，以求合於弦之二十四分、八十分、百六十八分，矢之十二分、三十分、五十六分諸數，俾弧矢奇耦率可互通。向之莫抉其旨者，一旦豁然。是誠術之至精且捷者也。」岑建功割圓密率捷法序。

羅茗香曰：「杜泰西三法，無一語道及立法之原。今觀静庵之法與解，始知杜氏法原。蓋用連比例術，以半徑爲一率。設弧共分爲二率。二率自乘，一率除之，得三率。以二率與三率相乘，一率除之，得四率。由是推之，循序而進，雖至億萬率，胥如是也。西法之妙，莫捷於對數，以其用加減代乘除。而對數之用，莫便於八綫，以八綫之積數過多，運算匪易，用對數，則一加一減，即得弧度，不復更用乘除。又考對數之由來，亦起於連比例，安知當日立八綫表時不用此法推算耶？所謂六宗三要累求句股者，殆飾詞耳。靜庵作是解，其始本欲發其自得之義，相與抗衡。其子又克繼父志，方之古人，堪與祖沖之父子媲美。祖氏以綴術求割圓密率，今靜庵以連比例求密率捷法，綴術雖不傳，而連比例之屢乘屢除，繹其名義，似有近乎綴術之道，即謂之明氏新法也可。續疇人傳論。

靜庵家學

明先生新

明新字景臻，靜庵先生季子。習父業，充食俸生。靜庵先生垂歿，以所著捷法授之。先生遵父命，與門下士共續成之。參續疇人傳。

靜庵弟子

陳先生際新

陳際新字舜五，宛平人，祖籍福建。諸生。官靈臺郎。爲靜庵先生高第，靜庵先生將卒，以割圓密率捷法書未竟，命先生續成之。先生尋緒推究，質以平日所聞面校之言，補述圖解。至乾隆三十九年，始克成書。參續疇人傳。

弧矢弦相求圖解

凡解有因法而得者，有不因法而得者。因法而得者，法如是，解如是止也。不因法而得者，法如是，解不止於如是也。不因法而得，何以有是解乎？蓋其初非爲法解也，亦欲自立一法，與前法並行。及深思而得之，乃與作者脗合，遂以爲是法之解，故法如是，而解之曲暢旁通，不止於如是也。先生初聞杜泰西圓徑求周、弧背求弦矢之法，知其義深藏，而不可不求甚解，欲自立一法，以觀其同異。因思古法有二分弧法，西法又有三分弧法，則遞分之，亦必有法也。由是思之，遂得五分弧及七分弧。次列三分弧、五分弧、七分弧三數觀之，見其數可依次加減而得，遂加減至九十九分弧，然其分數皆奇數也。

又思之，遂得二分弧，依前法遞推至四分弧、六分弧，加減至百分弧，則偶數亦備矣。然猶分而不能合也。又思之，奇偶可合矣，然逐層求之，數多則繁，若累至千萬分，猶未易也。又思之，其數可超位而得，則以二分弧、五分弧求得十分弧，以十分弧求得百分弧，以十分弧、百分弧求得千分弧，以十分弧、千分弧求得萬分弧。既得百分弧、千分弧、萬分弧三數，然後比例相較，而弧矢弦相求之密率捷法於是乎成。及其成也，與杜泰西之法無異，遂以是爲解焉，豈非不因法而得者乎？計其次第相求，以至成書，約三十餘年。今觀其解，初若與本法絶不相侔，及循序而進，而其法之必由乎此，又有確然無可疑者。至於設一術取一數，反覆求之，諸法皆立，而其用未盡，所謂法如是，解不止於如是也。際新親承指授，且不敢違遺命，輯其解，並述其意云。

張先生肱

張肱字良亭，寶應人。諸生。入欽天監，官夏官正，遷户部主事。與陳舜五齊名，同受業於靜庵先生，又同續割圓密率捷法，相與討論推步較録，舜五極爲稱道推許。其裔世業疇人，引而勿替。參續疇人傳。

靜庵交游

何先生國宗

何國宗字翰如，大興人。何氏世習天文，先生以算學受知聖祖，與梅文穆同值蒙養齋。賜進士，改庶吉士，授編修，歷官至禮部尚書。康熙中，預修曆象考成、數理精蘊諸書，並測繪輿圖。雍正八年，敕監正西洋人戴進賢修日躔、月離二表，附考成後，而推算之法未備。乾隆二年，以尚書顧琮奏，增修表解圖說，以文穆爲總裁，先生副之。書成，命曰曆象考成後編。二十年，又命出塞，徧歷邊陲，測定北極出地高度，暨東西偏度，列入時憲書。復命測繪輿圖。先生最老壽，錢竹汀入翰林，聞其明算，先往過之，叩以步算諸術，言之平易詳盡，若惟恐人不知者。竹汀歎服，以爲猶有梅勿庵遺風云。參疇人傳。

博先生啟

博啟字繪亭，滿洲正白旗人。乾隆中，官欽天監監副。嘗論句股和較諸術，前人言之綦詳，獨句股形中所容方邊、圓徑、垂綫三事缺而未備，乃爲立法六十則。其書久佚，今所傳者，惟有方邊及垂綫求句股弦一題。法用平行綫剖容方冪爲四小句股形，借垂綫爲小句股和借方邊爲小弦，求小句、小股。以小股與垂綫比，若方邊與句比；以小句與垂綫比，若方邊與股比；以小股與股比，若方邊與弦比。

道光初，監正方履亨以語羅茗香，茗香以天元一術補其佚。參疇人傳。

清儒學案卷五十八

慎修學案上

婺源江氏與元和惠氏同時並起，其後治漢學者皆奉爲先河。婺源之學，一傳而爲休寧，再傳而爲金壇、高郵。其學派傳衍，比於惠氏，爲尤光大矣。述慎修學案。

江先生永

江永字慎修，婺源人。歲貢生。數十年楗户授徒，爲人和易，處鄉黨以孝悌仁讓爲先，人多化之。嘗一至江西，一游京師。已歸家居，而朝廷求經術之儒，有欲進其所爲書且舉之者，則以頽老辭。先生爲學，長於比勘，明於步算、鐘律、聲韻，而於三禮尤深。以朱子晚年治禮，爲儀禮經傳通解未就，雖黄氏、楊氏相繼纂續，猶多闕漏，乃爲之廣摭博討，一從周官大宗伯吉凶軍賓嘉五禮之次，名曰禮經綱目。凡數易稿而後定。其論歲實消長曰：「日平行於黄道，是謂恒氣恒歲，實因有本輪、均輪、高衝之差而生盈縮，謂之視行。視行者，日之實體所至；而平行者，本輪之心也。以視行加減平行，故定氣時刻多寡不同。高衡爲縮末盈初之端，歲有推移，故定氣時刻之多寡且歲歲不同，而恒氣恒歲實終古無增損也。當以恒者爲率，隨其時之高衡以算定氣，而歲實消長可弗論。猶之月有平朔平望之策，以求定朔定望，而此月與彼月多於朔策幾何，少於朔策幾何，俱不計也。宣城梅氏之言見歧未定也。」其論黄鍾之宫曰：「吕氏春秋稱伶倫作律，先爲黄鍾之宫，次制十二筒以別十二律。黄鍾之宫者，黄鍾半律，後世所謂黄鍾清聲也。唐時風雅十二詩譜以清黄起調畢曲，琴家正宫調，黄鍾不在大絃，而在第三絃，合于古者黄鍾宫爲律本之意。聲律自然，古今不易也。國語伶州鳩論七律，而及武王之四樂，夷則、無射曰上宫，黄鍾、太簇曰下宫。蓋律長者用其清聲，律短者用其濁聲。古樂用均之法雖亡，而因端可推。韓子外儲篇曰：『瑟以小絃爲大聲，大絃爲小聲。』雖詭辭以諷，然因是知古者調瑟之法，黄鍾、大吕、太簇、夾鍾、姑洗、仲吕、蕤賓用半而居小絃，林鍾、夷則、南吕、無射、應鍾用全而居大絃也。管子書五聲徵羽宫商角之序亦如此，可以正淮南天文訓、漢書律曆志之誤。」其論古韻曰：「考古音者昉于吳才老，崑山顧氏援證益精博。然顧氏考古之功多，審音之功淺。顧氏分古音爲十部，猶未密也。真、諄以下十四韻當析爲二部，而先韻半屬真、諄，半屬元、寒。攷之三百篇，用韻畫然。侯之正音近幽，當別爲一部。虞、模部之隅渝驅婁等字，蕭、豪部之蕭寥鳥好等字，皆侯、幽之類，與本部源流各別，三百篇亦畫然。侵、覃以下九韻，亦當以侈、斂分爲二部，而覃、鹽半屬侵，半屬嚴、添。蓋平上去三聲皆當爲十三部，入聲當爲八部，而三代以上之音，始有條不紊也。論今韻曰：「平上去三聲，多者六十部，少亦五十餘部。惟入聲祇三十四部。或謂支至哈，蕭至麻，尤至幽，無入聲。崑山顧氏古音表又反其說，於是舊有者無，舊無者有，皆拘于一偏。蓋入聲有二三韻而同一入者，如東、尤、侯同以屋爲入，真、脂同以質爲入，文、微同以物爲入，寒、桓、歌、戈同以曷、末爲入之類。按其呼等，察其偏旁，參以古音，乃無憾也。」所著書有周禮疑義舉要六卷，禮記訓義擇言六卷，深衣考誤一卷，禮經綱目八十八卷，四庫總目及通行刻本並作禮書綱目，自序亦然。諸家所撰傳、狀並作禮經，當據初名。律呂闡微十一卷，春秋地理考實四卷，鄉黨圖考十一卷，讀書隨筆十二卷，學海堂經解採説經者曰羣經補義凡五卷。古韻標準六卷，四聲切韻表四卷，音學辨微一卷，推步法解五卷，七政衍一卷，金水二星發微一卷，冬至權度一卷，恒氣注曆辨一卷，歲實消長辨一卷，曆學補論一卷，中西合法擬草一卷，近思録集注十四卷。乾隆二十七年卒，年八十有二。參戴震撰事略狀、王昶撰墓志銘、錢大昕撰傳、江藩漢學師承記。

禮書綱目自序

禮樂全經廢缺久矣，今其存者，惟儀禮十七篇，乃禮之本經，所謂「周監二代，郁郁乎文」者，此其儀法度數之略也。周禮爲諸司職掌，非經曲正篇，又逸其冬官，蓋周公草創未就之書。禮記四十九篇，則羣儒所記録，或雜以秦、漢氏之言，純駁不一。其冠昏等義，則儀禮之義疏耳。自三禮而外，殘篇逸義亦或頗見於他經。論語、孟子、爾雅、春秋内外傳、大戴、家語、孔叢等書，諸子則管子、荀況，漢儒則伏生、賈誼、劉向、班固之徒，亦能記其一二，然皆紛綸散出無統紀。至於聲律器數，則又絶無完篇。樂記但能言其義，已失其數矣。夫禮樂之全，雖不可復見，然以周禮大宗伯考之，禮之大綱有五，吉凶賓軍嘉皆有其目。其他通論制度之事，與夫雜記威儀之細者，尚不在此數。樂則統於大司樂，律同度數，鏗鏘鼓舞，亦必別有一經，與禮相輔。竊意制作之初，當如儀禮之例，事別爲篇，綱以統目，首尾偕貫，條理秩然，所謂「經禮三百，曲禮三千」者，此也。散逸之餘，儀禮正篇猶存二戴之記者，如投壺、奔喪、遷廟、釁廟之類，已不可多覯。其他或一篇雜録吉凶，一事散見彼此，又或殷、周異制，紀載互殊，學者未由觀其聚，則亦不能會其通。夫禮樂之全，已病其闕略，而存者又病其紛紊，此朱子儀禮經傳通解所爲作也。朱子之書，以儀禮爲經，以周官、戴記及諸經史雜書輔之。其所自編者，曰家禮，曰鄉禮，曰學禮，曰邦國禮，曰王朝禮，而喪、祭二禮屬之勉齋黄氏。其編類之法，因事而立篇目，分章以附傳記，宏綱細目，於是燦然，秦、漢而下，未有此書也。顧朱子之書，修於晚歲，前後體例亦頗不一。王朝禮編自衆手，節目闊疏，且未入疏義。黄氏之書，喪禮固詳密，亦間有漏落；祭禮未及精專修改，喪禮疏密不倫。信齋楊氏有祭禮通解，議論詳贍，而編類亦有未精者。蓋纂述若斯之難也。永竊謂是書規模極大，條理極密，當別立門目以統之，更爲凡例以定之，蓋裒集經傳，欲其該備而無遺；釐析篇章，欲其有條而不紊。尊經之意，當以朱子爲宗；排纂之法，當以黄氏喪禮爲式。竊不自揆，爲之增損檃括，以成此編。其門凡八：曰嘉禮，十九篇十二卷。曰賓禮，十篇五卷。曰凶禮，十七篇十六卷。曰吉禮，十五篇十四卷。皆因儀禮所有者而附益之；曰軍禮，五篇五卷。曰通禮，二十八篇二十三卷。曰曲禮，六篇五卷。皆補儀禮之所不備；樂一門居後。六篇五卷。總百單六篇，八十有五卷，並首三卷，共八十八卷。凡三代以前禮樂制度散見經傳雜書者，蒐羅略備，而篇章次第較通解尤詳密焉。屢易稿而書成，姑繕寫本文及舊注一通，名曰禮書綱目。若夫賈、孔諸家之疏，與後儒考正之説，文字繁多，力不能寫，且以俟諸異日。嗚呼！禮樂之書，精微廣大，前賢勤勤補綴，具有深旨，末學何敢與知？顧敢以其譾陋之識，輒改已成之緒，蓋欲卒朱子之志，成禮樂之完書。雖僭妄有不辭也，世之君子取通解正續三書參之是編，考其本末，究其離合異同之故，或亦諒永之心也夫。

禮記訓義擇言

檀弓上

嫂叔之無服也，蓋推而遠之也。

案：嫂叔無服。唐太宗始采魏徵等議，兄弟之妻及夫之兄弟皆制服小功。後儒議論紛然，或是古，或是今，或兩是之，或酌古今之間，而云當服心喪。其説詳高安朱氏儀禮節略，難以一言斷也。程子云：「嫂叔所以無服，只爲無屬。今之有服亦是。豈有同居之親而可無服者？後聖有作，須是制服。」朱子云：「看推而遠之，便是合有服，但安排不得。故推而遠之，若有鞠養恩義，心自住不得，如何無服？」衆言淆亂，折衷於程、朱可也。

又案：儀禮喪服記云：「夫之所爲兄弟服妻降一等。」此謂外親兄弟也，故賈疏以爲當是夫之從母之類。近世言禮者引此條，謂此古者嫂叔有服之明證，所謂没其文於經，補其説於記。然則夫之兄弟降一等服大功乎？誤矣！朱氏謂此乃後人杜撰。勉齋經傳删之者，是亦未然。黄氏喪禮以其無經可附也，遂偶遺之，非故删之也。愚編禮經綱目，以此條附小功章從母丈夫婦人報之下，從賈疏也，因論嫂叔無服附及之。

檀弓下

殷練而祔，周卒哭而祔，孔子善殷。鄭注：「期而神之人情。」程子云：「喪須三年而祔，若卒哭而祔，則三年都無事。卒哭猶存朝夕哭。若無主於殯宫，則哭於何所？」張子云：「古者三年喪畢，吉禘然後祔。因其祫祧主藏於夾室，新主遂自殯宫入於廟。國語云『日祭月享』，廟中豈有日祭之禮？此正謂三年之中，不徹几筵，故有日祭朝夕之饋。猶定省之禮，如其親之存也。至於祔祭，須是三年喪終乃可祔也。」吕氏云：「禮之祔祭，各以其昭穆之班，祔於其祖。主人未除喪，主未遷於新廟，故以其主祔藏於祖廟，有祭即而祭之。既除喪，而後主遷於新廟，故謂之祔。」朱子答陸子壽書云：「先王制禮，本緣人情，吉凶之祭，其變有漸。故始死全用事生之禮，既卒哭祔廟然後神之。然猶未忍盡變故主，復於寢而以事生之禮事之。至三年而遷於廟，然後全以神事之。此其禮文見於經傳者不一，雖未有言其意者，然以情度之，知其必出於此無疑矣。其遷廟一節，鄭氏用穀梁『練而壞廟』之説，杜氏用賈逵、服虔説，則以三年爲斷。其間同異得失，雖未有考，然穀梁但言壞舊廟，不言遷新主，則安知其非於練而遷舊主，於三年而納新主耶？至於禮疏所解，鄭氏説但據周禮『廟用卣』一句，亦非明驗。故區區之意，竊疑杜氏之説爲合於人情也。來諭考證雖詳，其大概以爲既吉則不可復凶，既神事之則不可以事生之禮接爾。竊恐如此非惟未嘗深考古人吉凶變革之漸，而亦未暇反求孝子慈孫深愛至痛之情也。」朱氏云祔之論不一，「祔已反於寢，練而後遷」，鄭氏説也；「祔藏於廟祭則即祭之」，吕氏説也；「大祥祔而遷」，伊川、横渠之論也；「練而後祔」者，殷道，夫子之所善也。朱子從禮疏「祔於卒哭」，準程、張「遷於大祥」，折衷具有深意，而後儒乃以兩祔爲疑。要知祔而遷者，主高曾之祀之宗子也，烝嘗再期不舉，死者能無恫然？卒哭而祔，蓋體死者痛念祀典之缺，而祔而祭之也。至喪事即遠，謂不以柩反也。若謂主出不得反，何以魂魄既出，待反虞而埋耶？又云：「既以明日之祔爲不忍一日無歸，則殷之練而祔，忍矣，孔子何以善之？此別記一說，亦疑其非，而未能決也。周人卒哭之祔，蓋祔已反於寢；殷人練而祔，祔而遷於廟。禮家合而較之，誤矣！孔子善殷，非實事。」

案：呂氏謂祔祭即以其主祔藏於祖廟，非也。假令祔後之主已在祖廟，則遷廟時主不出廟。考大戴禮諸侯遷廟奉衣服由廟而遷於新廟，此廟實爲殯宮，則先儒謂祔後主反於殯宮者信矣。其不言奉主而言奉衣服者，鄭氏謂「毀易祖考，人神之所不忍」，是也。程子、張子考之不詳，謂祔即是遷，故謂祔當於三年。不知祔與遷自是兩事也，祔後殯宮有主，遷廟篇固可證矣。而程子所謂「若無主於殯宮，則朝夕哭於何所」；張子所謂「日祭朝夕之饋，如親之存」，亦可見。至遷廟，先儒有二說，朱子斷從三年之說爲合於人情，愚又以遷廟篇證之，亦當是除喪之後。其云：「成廟將遷之新廟。徙之日，君玄服，從者皆玄服。」非除喪，豈可玄服乎？事畢後，安神之辭云：「擇日而祭焉。」此即所謂吉祭。使練而遷廟，則練與大祥之間，豈可行吉祭乎？左氏傳云：「卒哭而祔，祔而作主，特祀於主，烝嘗禘於廟。」此亦可見練祥禫之祭，皆特祀於主，而主不在廟也。穀梁傳所謂於練焉，壞廟者易檐改塗，以示他日將遷於此，而遷不於練也。喪事即遠，有進而無退，謂柩不反，非謂主不反，則朱子論之當矣。其謂卒哭而祔，蓋體死者痛念祀典之缺而祔祭之，恐未必然。祔祭惟祔於同昭穆之祖，非同昭穆者不祭，則禮意蓋欲使親死者祔於同班之祖，而非爲祀典之缺也。

又案：殷人殯於祖，其在太祖廟乎？抑在昭穆同班之廟乎？其詳不可考矣。以意推之，殷練而祔，亦是行祔祖之祭，若遷廟，當在除喪之後也。周人殯於寢，既葬，主猶在寢，故卒哭即行祔祭，使其神有所歸。殷人殯於廟，不患其所無歸，是以練而始祔祭也。祔以主祔於祖，爲以神道事之。以人情而言期，而神之者人之情，故孔子善殷。殷、周異制，其原自殯於祖、殯於寢已不同。「殷練而祔」與上文「不忍一日未有所歸」自不相妨，朱氏乃疑「記者別記一説」，謂「孔子善殷非實事」，過矣！

大傳

服術有六：一曰親親，二曰尊尊，三曰名，四曰出入，五曰長幼，六曰從服。鄭注：「親親，父母爲首。尊尊，君爲首。名，伯叔母子婦屬也。」案：鄭注本作『名，世母叔母之屬也』。此所引，疑有誤。出入，女子子嫁者及在室者。長幼，成人及殤也。從服，若夫爲妻之父母、妻爲夫之黨服。」孔疏云：「出入，若女子子在室爲入，適人爲出，及出繼爲人後者也。」

案：此經前五術當從注、疏説。親親，謂父母妻子孫伯叔昆弟，凡以三爲五，以五爲九者，皆在其中。尊尊，謂臣民爲君，又若以尊而厭降，或同尊而不降。名，謂伯母叔母及子婦。出入，謂女子子在室出嫁及爲人後者。長幼，謂成人與三殤。蓋此經通言服術，故須該制服之義。而吴氏泥於上文，謂親親爲子孫，尊尊爲祖父，名與出入爲男女，長幼爲昆弟以下，治子孫者居第一，非次也。尊尊不謂君臣，出入不兼爲人後，長幼不謂三殤，則制服之義不全，何足以盡服術乎？吴氏固守其説，謂注、疏以尊尊爲君服，失此篇專言治親制服之正義，此吳氏之蔽也。

有小宗而無大宗者，有大宗而無小宗者，有無宗亦莫之宗者，公子是也。公子有宗道，公子之公，爲其士大夫之庶者，宗其士大夫之適者，公子之宗道也。朱氏云：「有小宗而無大宗者，若君無同母弟，使庶長弟與諸庶弟爲宗，至其子則各自爲宗，故有小宗而無大宗。然所貴乎收族者，大宗也。周公爲文王別子，魯公爲繼別之宗，凡、蔣、邢、茅宗之，管、蔡、郕、霍亦宗之，邘、晉、應、韓亦宗之。至春秋、戰國，周女嫁於諸侯，猶魯爲之主。滕定公之喪，父兄百官曰：『吾宗國魯先君亦莫之行。』是魯之所係於周公非淺鮮矣。假如武王無同母弟，周公亦庶子，是周無大宗矣，孰與主王姬之嫁而爲同姓諸侯取則乎？且所以不令爲大宗者，爲其爲庶子也。假如大宗子無適子，庶子將不繼爲大宗乎？又使君無適子，將不以庶子爲君乎？君之庶可爲君，大宗之庶可繼爲大宗，而謂別子非適，遂不可爲大宗乎？喪服傳云：『如何而可爲之後？同宗則可爲之後。』謂士大夫家，始祖不可無祀，故大宗不可絶而爲之後也。若無大宗，則士大夫之始祖不其餒乎？或曰：『此言繼世之君之公子，所謂一君一大宗者，如莊公之弟慶父與叔牙、季友爲宗，非若魯爲周同姓大宗也。』孔疏亦云：『如繼別之大宗，非正大宗也。』吳文正錯看注、疏，乃云兄弟不相宗，至其子乃爲宗。果爾，則繼禰之宗又謂之何？惟一君一大宗，故無適即不立大宗，以有先君之大宗故也。此説近是。然一君一大宗，則是吾宗之外又有宗矣。未聞武、穆、成、昭舍魯而別有大宗也。」

案：朱氏之説固辨矣，考之經傳似未合。此記所謂宗者，皆以士大夫之家言之，不謂諸侯亦有宗也。成王封周公於魯，留相周。公使伯禽就國。周公實魯國之君，不可謂之別子。魯公既爲君，則亦非繼別之宗。滕謂魯爲宗國，以其同出文王。假士大夫之宗法言之，未必諸姬皆以魯爲大宗，而自爲小宗也。使諸姬皆爲小宗，則始封之君亦將五世而遷乎？謂凡、蔣、邢、茅宗魯猶可也，謂管、蔡、郕、霍亦宗之，邘、晉、應、韓亦宗之，管叔爲周公之兄，邘、晉、應、韓爲武之穆，安得皆宗魯乎？春秋時，王姬歸于齊，使魯主昏，蓋魯近齊故也，非謂周女下嫁皆以魯爲主也。喪服大宗子死，族人爲之齊衰三月。如魯果爲大宗，則魯君薨，諸姬皆服齊衰三月乎？故宗法不可施於諸侯，魯非大宗之比也。又謂士大夫家，始祖不可無祀，若無大宗，則士大夫之始祖不其餒乎？此亦未然。大宗所以統領族人，非止存始祖之祀也。古者士大夫廟有定制，大夫得立三廟，始爲大夫如季友者，固當爲太祖矣。若別子是士，自他國來爲始祖，其子孫雖爲大宗，豈能越二廟一廟之制，世世祀之爲始祖乎？後世始祖立祠，禮以義起，古禮未有此也。又謂莊公之弟慶父與叔牙、季友爲宗，亦恐考之未詳。慶父者，莊公之庶兄，非弟也。季友者，莊公同母弟。以正法言之，庶當宗嫡，慶父、叔牙皆當宗季友，豈有庶反爲嫡宗者乎？

又案：此一節則公子之爲大宗者必是適，其小宗者必是庶也。然有大宗而無小宗，與無宗亦莫之宗，亦謂公子，生存則然耳，傳之子孫，即無小宗者，亦必有小宗矣。無宗而莫之宗者，如此公子是適，則後世以爲大宗之祖；如是庶，則後世以爲小宗之祖矣。惟有小宗而無大宗者，其後世世無大宗，亦不以他族之大宗爲宗。朱氏則因滕謂魯爲宗國一語，多生枝節耳。

深衣考誤

鄭氏曰：「深衣，連衣裳而純之以采者。」孔氏正義曰：「所以稱深衣者，以餘服則上衣下裳不相連，此深衣衣裳相連，被體深邃，故謂之深衣。」

永案：深衣之義，鄭注、孔疏皆得之。獨其裳衽之制，裁布之法，與續衽鉤邊之文，鄭氏本不誤，而疏家皇氏、熊氏、孔氏皆不能細繹，鄭説遂失其制度。後儒承譌襲舛，或以臆爲之，考辯愈詳而誤愈甚。其失自玉藻疏始，今爲考訂如左。

玉藻曰：「深衣三袪，縫齊倍要。」縫音逢，齊音咨，要一遥反。

鄭氏曰：「三袪者，謂要中之數也，袪尺二寸，圍之爲二尺四寸，三之七尺二寸。縫，紩也。紩下齊倍要，中齊丈四尺四寸。」

疏曰：「袪，謂袂末，言深衣之廣，三倍於袂末。齊謂裳之下畔，要謂裳之上畔，言縫下畔之廣，倍於要中之廣，謂齊廣一丈四尺四寸，要廣七尺二寸。」又曰：「云三之七尺二寸者，案深衣云，幅十有二以計之，幅廣二尺二寸。一幅破爲二，四邊各去一寸，餘有一尺八寸。每幅交解之，闊頭廣尺二寸，狹頭廣六寸，此寬頭嚮下，狹頭嚮上。要中十二幅廣各六寸，故爲七尺二寸。下齊十二幅，各廣尺二寸，故爲一丈四尺四寸。」

永案：深衣者，聖賢之法服，衣用正幅，裳之中幅亦以正裁，惟衽在裳旁，始用斜裁。古者布幅闊二尺二寸，深衣裳用布六幅，裁爲十二幅。其當裳之前後正處者，以布四幅正裁爲八幅，上下皆廣一尺一寸，各邊去一寸爲縫，一幅上下皆正得九寸，八幅七尺二寸。其在上者既足要中之數矣，下齊當倍於要，又以布二幅斜裁爲四幅，狹頭二寸，寬頭二尺，各去一寸爲縫，狹頭成角，寬頭得一尺八寸，皆以成角者向上，以廣一尺八寸者向下，則四幅下廣亦得七尺二寸，合於齊得一丈四尺四寸。此四幅連屬於裳之兩旁，别名爲衽。下文「衽當旁」是也。深衣裳裁縫之法本如此，玩下文鄭注可見。疏家不得其説，妄謂六幅皆用交解，狹頭去邊縫廣六寸，闊頭去邊縫廣一尺二寸，於是裳之前後惟中縫正直，其餘皆成奇衺不正之縫，可謂服之不衷，曾謂聖賢法服而有是哉！下文「衽當旁」疏，及續衽鉤邊諸説之紛挐，皆由六幅皆交解之説誤之耳。

衽當旁。

鄭氏曰：「衽謂裳幅所交裂也。凡衽者，或殺而下，或殺而上，是以小要取名焉。衽屬衣則垂而放之，屬裳則縫之，以合前後，上下相變。」

永案：衽者，斜殺以掩裳際之名。深衣裳前後當中者不名衽，惟當旁而斜殺者名衽，故經云「衽當旁」，明其不當中也。當中則前襟而後裾是也。鄭云：「衽謂裳幅所交裂也。」玩「所」之一字，明其惟在裳旁而名衽者交裂，其餘幅不交裂也。交裂者，以布二幅交解爲四幅，狹頭二寸，去邊縫成角；寬頭二尺，去邊縫一尺八寸也。又云：「凡衽者，或殺而下，或殺而上。」此廣解凡裳之衽也。衽有二：朝服、祭服、喪服皆用帷，裳前三幅，後四幅，裳際不連，有衽掩之，用布交解，寬頭在上合縫之，狹頭在下如燕尾之形，即喪服篇「衽二尺有五寸」是也，此衽之殺而下者也。深衣之衽，當裳旁亦交解，而以狹頭向上，寬頭向下，此衽之殺而上者也。云「是以小要取名焉」者，謂棺上合縫之木亦名爲衽也。喪大記曰：「君蓋用漆，三衽三束。」鄭注云：「衽，小要也。蓋小要之形，上下廣而中狹以掩棺蓋合縫之際，上半則殺而上，下半則殺而下，似衣衽之上殺下殺以掩裳際，是以有衽之名。」此借衣衽名小要，故鄭連及之也。云「衽屬於衣則垂而放之」，謂朝、祭、喪服之衽。云「屬裳則縫之，以合前後」，即此深衣之衽也。其縫之以合前後者，惟左旁爲然。若右旁，則不能縫合，別有鉤邊。見深衣篇，鄭亦略言之耳。此經與鄭注甚明。又以他文證之，問喪云「扱上衽」，謂裳之兩角插於帶間也；論語云「左衽」，謂夷俗衽掩於左，其縫合者在右也，皆衽當旁之證也。而疏家忽之，并失小要之義。

疏曰「衽謂裳幅所交裂也」者，裳幅下廣尺二寸，上闊六寸，狹頭嚮上交裂一幅而爲之。按：裳幅不皆交裂。孔氏誤謂十二幅皆交裂，是未繹「所」字之意。云「凡衽者，或殺而下，或殺而上」者，皇氏云：「言凡衽非一之辭，非獨深衣也。」或殺而下，謂喪服之衽，廣頭在上，狹頭在下。按：朝、祭服亦如喪服之制。皇氏不及朝、祭服，非也。或殺而上，謂深衣之衽，寬頭在下，狹頭在上。云「是以小要取名焉」者，謂深衣與喪服相對，爲小要，兩旁皆有此衽。按：小要者，棺上合縫之木也。皇說誤。熊氏大意與皇氏同。或殺而下，謂朝、祭之服耳。按：熊氏又不及喪服，亦非也。合皇、熊二說乃備。云「衽屬衣則垂而放之」者，謂喪服及熊氏朝、祭之衽。按：此說是。云「屬裳則縫之，以合前後」者，謂深衣之衽。云「上下相變」者，上體是陽，陽體舒散，故垂而下。下體是陰，陰主收斂，故縫而合之。按：此皆得之。今删定深衣之上，獨得衽名，不應假他餘服相對爲衽。何以知之？深衣衣下屬幅而下，裳下屬幅而上，相對爲衽。按：喪服篇明言衽二尺有五寸，孔氏乃謂深衣獨得衽名，何耶？殺下、殺上，明是與他服相對，孔氏乃謂深衣衣下屬幅而下，裳下屬幅而上，相對爲衽。

衣下屬幅，何以謂之殺耶？且下文衽屬衣則垂而放之，豈得謂是深衣之衽耶？删定之説，大失鄭注之意。鄭注深衣鉤邊，今之曲裾，則宜兩邊而有也。按：鉤邊别是一物，此經未及。深衣疏「一旁有曲裾」，此云「宜兩邊有」，與彼疏亦自相牴牾。但此等無文言之，且從先儒之業。

深衣云：「續衽鉤邊。」

鄭氏曰：「續猶屬也，衽在裳旁者也。屬連之，不殊裳前後也。鉤讀如烏喙必鉤之鉤。鉤邊，若今曲裾也。」

永按：續衽，謂裳之左旁縫合其衽也。鉤邊，謂裳之右旁别用一幅布斜裁之，綴於右後衽之上，使鉤而前也。漢時謂之曲裾，蓋裳後爲裾，綴於裾，曲而前，故名曲裾也。所以必用鉤邊者，裳之右畔前後衽不合，若無鉤邊，則行步之際，露其後衽之裏，有鉤邊，而後可以掩裳際也。鄭氏特引孝經援神契「烏喙必鉤」之鉤讀如之，明其爲鉤曲之義。使非别綴一幅曲而前，不得謂之鉤也。裳十二幅，象十二月，又有鉤邊，其以象閏歟？鄭氏不言左續衽右鉤邊者，衣裳自左掩右，左可連，右不可連，其事易明，故不必言左右也。續衽鉤邊之義，鄭注分明，疏家汩之。後儒之説，并鉤邊失之。詳見後。

疏曰：「衽爲深衣之裳，以下闊上狹謂之爲衽，按：裳幅不皆下闊上狹，説已見前。接續此衽而鉤其旁邊，即今之朝服有曲裾而在旁者是也。」按：此説似合續衽鉤邊而一之。若兩旁皆續衽而鉤邊者，其説誤矣。又曰「衽當旁」者，凡深衣之裳十二幅，皆寬頭在下，狹頭在上，按：此説甚誤，前已辨之。皆似小要之衽。按：小要上半殺而下，下半殺而上，須合他衽之殺而下者，方似小要。是前後左右皆有衽也。今云「衽當旁」者，謂所續之衽，當身之一旁，非謂餘衽悉當旁也。按：裳幅當前後者不名衽，安得有餘衽？經明言衽當旁，安得謂前後左右皆有衽？云「屬連之，不殊裳前後也」。若喪服，其裳前三幅，後四幅，各自爲之，不相連也。今深衣裳一旁則連之相著，一旁則有曲裾掩之，與相連無異，故云「屬連之，不殊裳前後也」。按：一旁連之相著，謂在左者也。一旁有曲裾掩之，謂在右者也。此二句分明，最爲得之。然又云「與相連無異，故云屬連之，不殊裳前後」，恐非鄭注之意。續衽鉤邊，鄭氏分別言之，右邊曲裾掩裳際，不可謂屬連之也。云「若今曲裾也」，鄭以後漢之時裳有曲裾，故以續衽鉤邊似漢時曲裾。今時朱衣朝服從後漢明帝所爲，則鄭云「今曲裾」者，是今朝服之曲裾也。按：孔氏玉藻疏謂曲裾兩邊宜有似唐時朝服有兩曲裾，然以經文繹之，一邊既續衽，則曲裾惟宜施於右耳。

家禮深衣制度云：「衣全四幅，其長過脇，下屬於裳。」

注云：「用布二幅，中屈下垂，前後共爲四幅，如今之直領衫，但不裁破腋下。其下過脇而屬於裳處，約圍七尺二寸，每幅屬裳三幅。」

永按：深衣之領，自左而掩於右。前襟亦自左掩右。右襟有表有裏，則前後當有五幅，如後世之袍制。而家禮謂衣前後四幅，如今之直領衫，恐誤矣。家禮深衣圖亦是兩襟相掩，既相掩，則領不直而衣不止四幅，豈朱子未定之說乎？又云「每幅屬裳三幅」，亦沿舊說之誤。前後四幅，每幅屬裳二幅，而衽之四幅在兩旁，衽之上頭但有角屬於衣。前襟之裏一幅，則有曲裾屬之耳。裳交解十二幅，上屬於衣，其長及踝。

注云：「用布六幅，每幅裁爲二幅，一頭廣，一頭狹，狹頭當廣頭之半，以狹頭向上而連其縫以屬於衣，其屬衣處約圍七尺二寸。每三幅屬衣一幅，其下邊及踝處約圍丈四尺四寸。」

永按：孔氏誤釋玉藻裳幅皆交解，家禮遂承其誤。當以玉藻「衽當旁」鄭注爲正。又按：深衣篇：「制十有二幅，以應十有二月。」鄭注云：「裳六幅，幅分之以爲上下之殺。」此注亦略言裳以六幅分爲十二幅，下齊廣於要中耳。其爲上下之殺者，在當旁之衽，非謂十二幅皆殺也。

又云「方領」。

注云：「兩襟相掩，衽在腋下，則兩領之會自方。」

永按：深衣云：「曲袷如矩以應方。」注：「袷，交領也。古者方領，如今小兒衣領。」孔疏云：「鄭以漢時領皆向下交垂，方領似今擁咽，故云若今小兒衣領，但方折之也。」司馬溫公引後漢馬援傳朱勃「衣方領，能矩步」注，謂頸下別施一衿，映所交領，使之方正。又引後漢儒林傳「服方領」注：「方領，直領也。」左傳「衣有襘」注：「襘，領會也。」曲禮注：「袷，交領也。」謂領之交會處自方即謂袷，疑更無他物。朱子此說，蓋從溫公後說也。鄭氏謂如今小兒衣領，豈漢時小兒衣領亦但曲之而自方，非如孔氏擁咽之說乎？但領既交會則不直，而在右之前襟必有表裏，前謂布四幅，不知何以制之也。

曲裾。

注云：「用布一幅，如裳之長，交解裁之，如裳之制，但以廣頭向上，布邊向外，左掩其右，交映垂之，如燕尾狀。又稍裁其内旁太半之下，令漸如魚腹，而末爲烏喙，向内綴於裳之右旁。」禮記深衣「續衽鉤邊」，鄭注：「鉤邊若今曲裾。」

永按：曲裾别用一幅布裁之，綴於裳之右旁是已。然謂交解裁之，廣頭向上，左右交映，垂之如燕尾狀，則似朝服、祭服、喪服之衽，非鉤邊之制也。鄭注「讀如烏喙必鉤之鉤」，此引孝經緯文，明「鉤」字之義，非謂末爲烏喙也。此條朱子後自有説。

蔡氏淵曰：「司馬所載方領與續衽鉤邊之制，引證雖詳，而不得古意。先生病之，嘗以理玩經文與身服之宜而得其説，謂方領者，只是衣領既交，自有如矩之象；謂續衽鉤邊者，只是連續裳旁，無前後幅之縫，左右交鉤，即爲鉤邊，非有别布一幅裁之如鉤，而綴於裳旁也。方領之説，先生已修之家禮矣，而續衽鉤邊，則未及修也。」

永按：續衽鉤邊，朱子前後有三説。謂别布一幅裁之如鉤，綴於裳之右旁，此家禮之説也。謂左邊既合縫了，再覆縫以合縫者爲續衽，覆縫爲鉤邊，此衣圖之説也。謂只是連續裳旁，無前後幅之縫，左右交鉤，即爲鉤邊，此蔡氏所聞之説也。三説似皆未確，其源皆由孔氏釋玉藻誤之。使其不謂六幅皆交解，則當旁之衽，左邊連屬之，右邊必須有别布一幅爲曲裾以掩之，非如合縫覆縫左右交鉤之説矣。其有别布一幅也，亦但綴於裳之後裾，鉤曲而前，非如交裁爲燕尾之説矣。

楊氏復曰：「深衣制度，惟續衽鉤邊一節難考。按玉藻、深衣疏，皇氏、熊氏、孔氏三説皆不同。皇氏以喪服之衽廣頭在上，深衣之衽廣頭在下，喪服與深衣二者相對爲衽。孔氏以衣下屬幅而下，裳上屬而上，衣裳二者相對爲衽。此其不同者一也。按：二説孔氏失之，皇氏但失不兼朝、祭服耳。皇氏以衽爲裳之兩旁皆有，孔氏以衽爲裳之一邊所有，此其不同者二也。按：孔氏謂所續之衽，當身之一旁，非謂衽爲裳之一邊所有也。皇氏所謂廣頭在上爲喪服之衽者，熊氏又以此爲朝、祭服之衽。一以爲吉服之衽，一以爲凶服之衽，此其不同者三也。按：此非不同也，皇、熊各舉一邊耳。家禮以深衣續衽之制兩廣頭向上，似與皇氏喪服之衽、熊氏朝、祭服之衽相類，此爲可疑。是以先生晚歲所服深衣，去家禮舊説曲裾之制而不用，按：鄭氏解鉤邊爲曲裾，分明別有一物，但非如燕尾下垂耳。去而不用，恐乖鄭義。蓋有深意，恨未得聞其説之詳也。及得蔡淵所聞，始知先師所以去舊説曲裾之意。復又取禮記深衣篇熟讀之，始知鄭注『續衽』二字，文義甚明，特疏家亂之耳。按：續衽與鉤邊是二事，鄭注分言之，而楊氏即以續衽當鉤邊，是誤讀鄭注耳。按：鄭注曰：『續猶屬也。衽在裳旁者也，屬連之，不殊裳前後也。』按：鄭注別解鉤邊爲曲裾，此獨删去，何也？鄭注之意，蓋謂凡裳，前三幅，後四幅。夫既分前後，則其旁兩幅分開而不相屬。惟深衣裳十二幅交裂裁之，皆名爲衽。按：此沿孔疏之誤。見玉藻『衽當旁』注。按：鄭注衽謂裳幅所交裂也。言惟衽之四幅交裂，其餘八幅則不交裂也。所謂續衽者，指在裳旁兩幅言之，謂屬連裳旁兩幅，不殊裳前後也。按：屬連之者，裳之左旁也。若右旁，兩幅各開，是以別有曲裾以掩裳際。楊氏但言裳旁，不辨左右，則右邊豈可屬連乎？楊氏亦未細繹鄭注耳。疏家不詳考其文義，但見衽在裳旁一句，意謂別用布一幅裁之如鉤，而垂於裳旁，妄生穿鑿，紛紛異同，愈多愈亂。按：孔疏深衣『裳一旁連之相著，一旁則有曲裾掩之』二句，最分明的確。鄭注既解鉤邊爲曲裾，則安得混鉤邊於續衽，而謂非別用一幅布爲之乎？自漢至今，二千餘年，讀者皆求之於別用一幅布之中，而註之本義，爲其掩蓋而不可見。按：鉤邊别用一幅布，正得鄭注之意。惟玉藻疏誤謂深衣裳皆名衽，十二幅皆交解，於是注之本義爲其掩蓋而不可見耳。夫疏所以釋注也，今推尋鄭注本文，其義如此，而皇氏、熊氏等所釋，其謬如彼，皆可以一掃而去之矣。按：皇、熊之説未嘗謬。先師晚歲知疏家之失，而未及修定，愚故著鄭注於家禮深衣曲裾之下，以破疏家之謬，且以見先師晚歲已定之説云。」

永按：楊氏之説，雖謂以鄭注破疏家之謬，而玉藻「衽當旁」之經文，及鄭注「衽謂裳幅所交裂也」，「所」字之意未嘗細玩，又引深衣「續衽鉤邊」之註，但及其釋續衽者，而遺其曲裾之説，於是疏説本不誤者以爲誤，而其真誤如孔氏所謂裳幅皆交解者反忽之，甚矣！註、疏亦未易讀也。深衣裳之誤已久，以聖賢法服而反類於奇衺不正，是以詳爲之考，俟當世君子論定焉。近世萬斯大之説尤誤，亦不必辨。

春秋地理考實序

讀詩者以鳥獸草木爲緒餘，讀春秋者亦當以列國地名爲緒餘。春秋暨左氏傳二百五十餘年地名千數百有奇，或同名而異地，或一地而殊名，古今稱謂不同，隸屬沿革不一，有文字語言之譌，有傳聞解説之誤，欲一一核實，雖博洽通儒猶難之。杜當陽癖於左，號武庫，集解外有釋例，土地名别爲部，地志之學號專長，然闕略不審者已多所指，紕繆亦間有。後出地理諸家，隨代加詳，視當陽孤守漢、晉紀載，宜有增擴。春秋傳説彙纂，國朝儒臣所修，俱經睿鑑欽定，地理考訂彌精詳。杜所不知，援古證今，能確指其所在；杜有乖違，隨事辯正，併杜注録出，可别成一書。然而學殖無涯，搜討難徧，更考前賢地志之書，及近代一二三名家之説，核其虚實，精者益精，詳者益詳。從來著述家踵事增華，或亦功令所不禁也。家貧不能儲書，聊據所見聞者，輯成春秋地理考實四卷，竊取多識緒餘之意，或可爲麟經之一助云爾。年力衰頽，黽勉爲之，稿屢刊削，乃成定本。中間或遺或誤，知不免摘瑕指疵，則俟淹通博雅之君子。

鄉黨圖考

朝制補遺

朱子語類因説周禮「師氏居虎門，司王朝」，文蔚問：「正義謂路寢庭朝，庫門外朝，非常朝。此如何不是常朝？」朱子曰：「路寢庭在路門之裏，議政事則在此朝。庫門外，是國有大事，詢及衆庶，則在此朝，非每日常朝之所。若每日常朝，王但立於寢門外，與羣臣相揖而已。然王卻先揖，羣臣就位，王便入。」胡明仲嘗云：「近世朝禮，每日拜跪，乃是秦法。周人之制，元不如此。」按：此條言朝制分明，路門内之朝，君臣於此議政事。鄭注大僕「燕朝，王圖宗人嘉事」者，舉一隅耳，非謂唯宗人得入，異姓之臣不得入也。玉藻言「退適路寢聽政，使人視大夫」者，每日常朝既畢，君自治文書於路寢，臣自治文書於官府，無所議者也。若有所議，則入内朝。成六年，晉人謀去故絳，諸大夫皆曰：「必居郇、瑕氏之地。」韓獻子將新中軍，公揖之入。獻子從。公立于寢庭，問獻子曰：「何如？」對曰：「不可。不如新田。」此内朝議政事之一證。鄉黨記「過位」升堂，正是内朝議政事時。位者，君立寢門外揖羣臣之處也。既揖入寢門，則此位虚矣。「過位」時宜無言，而云「其言似不足者」，謂諸大夫同入，或與夫子言，夫子不得不應對也。路寢庭無事亦不升堂。或君有命，或臣有言，乃升堂，亦無拜跪之禮。其有時當拜堂下，君辭乃升成拜者，或拜受命，拜受賜，必有故而後拜也。下階復位，復其堂下之位，俟諸大夫皆退然後退。若治朝之位，諸臣皆不在，無至外朝復位之理也。其言出降一等，退而下堂，即謂之出，非出門之出也。此章不記正朝時事者，前已記君在，踧踖、與與，故略之，兩章互相備也。觀朱子言路門内議政事在此朝，則知同異姓之臣皆得入矣。庫門外非每日常朝之所，則知過位不在此。且外朝在庫門外，非雉門外也。每日常朝，但立寢門外，與羣臣相揖，揖羣臣就位，王便入，可知過位是此虚位。又引胡明仲之言，可知後世拜跪之儀，是沿秦制，不得以此説周制。今人不考古人宫室之制，既不知三朝唯路寢有堂，又不知外朝在庫門外，又不善讀周禮大僕注，泥其言，一若路門是禁地，異姓之臣不得入，於是以過位爲外朝，以在庫門外者移之雉門外，以升堂爲在治朝，使路門外平地忽然而有堂有階，一知半解，貽誤後學，因補朱子此條，詳言之以解惑。

考袒裼襲之異

聘禮：「公側授宰玉，裼降立。」受玉時襲。既受，以玉授宰，裼而降立以待享。注：「裼者，免上衣，見裼衣。凡檀裼者左。」袒出左袖也。疏：「凡服，四時不同，假令冬有裘襯，身有襌衫，又有襦袴，襦袴之上有裘，裘上有裼衣，裼衣之上有上服皮弁祭服之等。若夏以絺綌，絺綌之上則有中衣，中衣之上復有上服皮弁祭服之等。若春秋二時則衣袷褶，袷褶之上加以中衣，中衣之上加以上服也。聘禮不必行於冬，故四時皆有裼襲，不止施於裘。中衣即裼衣也。云『見裼衣』者，謂開衿前上服見裼衣也。開衿方可袒出袖，其實是見左袖裼衣。故玉藻云：『裘之裼也，見美也。』襲者掩之，故云『襲，充美也』。言『凡襢裼者左』者，吉凶皆袒左是也。是以士喪禮主人左袒，大射亦左袒。若受刑，則袒右，故覲禮侯氏袒右受刑是也。」

按：古人有袒袖之禮，行禮時，開出上服前衿，袒出左袖。喪禮插諸面之右，士喪禮：「主人左袒，扱諸面之右。」扱即插字。吉禮亦當以左袖插諸前衿之右也。凡經傳單言袒者，袒而無衣，肉袒也。言裼，或連言襢袒者，袒而有衣也。喪禮肉袒，祭禮迎牲割牲，養老禮割牲，皆肉袒。射禮惟君袒纁襦，餘皆肉袒，而以拾韜左臂。拾以皮爲之。君在，大夫射則肉袒。覲禮侯氏請事右肉袒，與尋常左袒者不同，謂刑宜於右也。左傳鄭伯肉袒牽羊，謝罪也。古人自是有左袒右袒之法，故至漢初，周勃討呂氏，有爲劉氏左袒，爲呂氏右袒之説。凡與襲對者，皆是袒左袖，露裼衣。襲則掩其上服，不袒袖，别無所謂襲也。鄭注玉藻「袒而有衣曰裼」，合之此註「凡襢裼者左」，可知袒裼之義矣。知裼則知襲矣。後人不知裼襲之禮，雖草廬吴氏，猶云「直其領而露裼衣謂之裼，曲其領而掩蔽裼衣謂之襲」，經義之難明如此。況後世講章時文家，何能由注、疏以通經乎？解經亦有知左袒之説者，又以詩「襢裼暴虎」，孟子「袒裼裸裎」爲疑。不知古禮與今人情不合者多，儻謂古人不以袒袖行禮，則内則所謂「在父母舅姑之所，不有敬事，不敢袒裼」者，又何以説乎？裼衣上便是上服，更無襲衣，此疏説是。

曲禮「執玉，其有藉者則裼」，疏：「裼所以異於襲者，凡衣近體有袍襗之屬，其外有裘，夏則衣葛，其上有裼衣，裼衣上有襲衣，襲衣之上有常著之服，則皮弁之屬也，掩而不開則謂之襲，若開此皮弁，及中衣左袒，出其裼衣，謂之爲裼，故鄭注聘禮云：『裼者，左袒也。』」

按：此謂裼衣上有一重襲衣，又爲中衣，與賈疏異，非是。其云「左袒，出其裼衣，謂之爲裼」，甚分明。孔疏前後有不同者，見下。

檀弓「曾子襲裘而弔，子游裼裘而弔」，疏：「凡弔喪之禮，主人未變之前，弔者吉服而弔，謂羔裘玄冠緇衣素裳，又袒去上服，以露裼衣。主人既變之後，雖著朝服，而加武以絰，又掩其上服。」喪大記「弔者襲裘」，「小斂之後來弔者，掩襲裘之上裼衣。若未小斂之前來弔者，裘上有裼衣，裼衣上有朝服，開朝服露裼衣。今小斂之後弔者，以上服掩襲裘上裼衣。」

按：此二疏，裘之外是裼衣，裼衣外是上服，別無一重襲衣，與賈疏合。曲禮疏偶誤耳。凡言裘外有二重衣者，非是。

羣經補義

卦變考

按：彖傳中有言剛柔、往來、上下者，虞翻謂之卦變。本義謂自某卦而來者，其法以相連之兩爻上下相易取之，似未安。倘謂來無所自，往無所之，但虛言之，不指何卦，此注、疏之說，又覺虛空無著。今更考之，文王之易以反對爲次序，則所謂往來、上下者，即取切近相反之卦，非別取諸他卦也。往來之義，莫明於泰、否二卦之彖辭。否反爲泰，三陰往居外，三陽來居内，故曰小往大來。泰反爲否，三陽往居外，三陰來居内，故曰大往小來。彖傳所謂剛來柔來者，本此。而往亦爲上，來亦爲下。又或因卦之義，而以上爲進爲升，以下爲反，其爲取諸相反之卦則一也。今舉諸卦列於後。

訟：「剛來而得中也。」

本義：「於卦變自遯而來，剛來居二，而當下卦之中。」

今按：本義取相連之爻交易爲卦變。訟之二三兩爻由遯之九三來爲九二，遯之六二往爲六三也。然而兩爻相易，似無所取義。後皆倣此。今別爲之說，曰需反爲訟，需之九五來爲九二而得中也。

泰：「小往大來。」

本義：「小謂陰，大謂陽，言坤往居外，乾來居内。又自歸妹來，則六往居四，九來居三也。」

今按：否反爲泰，則小往而大來，亦即坤往居外，乾來居内之義也。然則泰自否來耳。

否：「大往小來。」

本義：「乾往居外，坤來居内。又自漸卦而來，則九往居四，六來居三也。」

今按：泰反爲否，則大往而小來，亦即乾往居外，坤來居内之義也。然則否自泰來耳。

隨：「剛來而下柔。」

本義：「以卦變言之，本自困卦九來居初。又自噬嗑九來居五。而自未濟來者，兼此二變，皆剛來隨柔之義。」

今按：蠱反爲隨，蠱之上九來爲隨之初九，下於二三之柔也。初九爲成卦之主，爻辭謂之官。官者，主也。本義云「初九以陽居下，爲震之主，卦之所以爲隨者也」。則剛來下柔，惟當以初九爲主。若九五之下上六，非所論矣。凡言來者，自外卦來也。初九之剛，由蠱之上九，明矣。

蠱：「剛上而柔下。」

本義：「艮剛居上，巽柔居下，上下不交。或曰剛上柔下，謂自賁來者初上二下，自井來者五上上下，自既濟來者兼之，亦剛上而柔下，皆所以爲蠱也。」

今按：此以卦變爲義，隨反爲蠱。隨之初九上而爲上九，隨之上六下而爲初六也。陽剛者居上，不任事；陰柔者居下，爲卦主，是以成蠱，取義甚明。

噬嗑：「柔得中而上行。」

本義：「本自益卦六四之柔上行，以至於五而得其中。」

今按：賁反爲噬嗑。賁之六二得中，上行以爲六五亦得中也。

賁：「柔來而文二剛，故亨。分剛上而文柔，故小利有攸往。」

本義:「卦自損來者柔,自三來而文二剛,自二上而文三。自既濟而來者柔,自上來而文五剛,自五上而文上。」

今按:噬嗑反爲賁。噬嗑之六五來爲六二,而文乎初與三之剛。噬嗑之初九上爲上九,而文乎四與五之柔也。噬嗑與賁,皆剛柔分之卦。分剛者,分其三之一之剛也。柔來文剛,柔居中而剛不過,故亨。分剛上而文柔,剛在上,僅令柔不過而已,故小利有攸往。

復:「亨,剛反。」

今按:此句亦以卦變爲義。剥反爲復。剥之上九反而爲初九也。反亦來也,因卦爲復,故謂之反。

无妄:「剛自外來,而為主於内。」

本義:「爲卦自訟而變,九自二來而居於初。」

今按:大畜反爲无妄。大畜之上九自外卦來爲初九,而爲主於内卦也。此句之義尤分明,外者反卦,大畜之外卦,非本卦之外卦也。諸家有謂无妄内卦之初九,自外乾卦之初爻來,甚爲牽强。乾外卦之初爻未嘗變動,何以此爻自彼爻來耶?

大畜:「剛上而尚賢。」

本義:「以卦變言,此卦自需而來,自九五而上。」

今按:无妄反爲大畜。无妄之初九上爲上九,而尚乎六五之賢也。

咸：「**柔上而剛下。**」

本義：「或以卦變言柔上剛下之義，而曰咸自旅來，柔上居六，剛下居五也，亦通。」

今按：「恒反爲咸。恒之初六上而爲上六，恒之九四下而爲九三也。

恒：「**剛上而柔下。**」

本義：「或以卦變言剛上柔下之義，曰恒自豐來，剛上居二，柔下居初也，亦通。」

今按：咸反爲恒。咸之九三上而爲九四，咸之上六下而爲初六也。咸、恒相反，二卦之辭亦正相反。以此益知卦變取諸反卦。

晉：「**柔進而上行。**」

本義：「其變自觀而來，爲六四之柔，進而上行以至於五。」

今按：明夷反爲晉。明夷之六二，進而上行爲六五也。程子傳謂：「凡卦，離在上者，柔居君位多。云柔進而上行，噬嗑、睽、鼎是也。欲見柔居尊者，晉、鼎是也。」今考之，皆是反卦之六二上行爲六五。

睽：「**柔進而上行。**」

本義：「以卦變言之，則自離來者柔進居三，自中孚來者柔進居五，自家人來者兼之。

今按：家人反爲睽。家人之六二，進而上行爲六五也。

蹇：「**利西南，往得中也。**」

本義：「卦自小過而來，陽進則往居五而得中。」

今按：解反爲蹇。解之九二，往而爲九五也。宋時有薛温其者，説此卦云：「諸卦皆指内爲來，外爲往，則此『往得中』謂五也。蹇、解相循，覆視蹇則爲解，九二得中，則曰『其來復吉，乃得中也』。往者得中，中在外也。來復得中，中在内也。」按：此説正得反卦取義之意，惜未徧推諸他卦。宋熙寧間，蜀人房審權易義海已收之。宋諸儒亦未有從之者，何也？

解：「利西南，往得衆也。其來復吉，乃得中也。」

本義：「卦自升來，三往居四，入於坤體；二居其所，而又得中。」

今按：蹇反爲解。蹇之九三往而爲九四，得五上二陰爲衆。蹇之九五來爲九二而得中。外卦一陽得二陰，即爲得衆，不必坤而後爲衆也。本卦無坤。升卦之坤，與此無預。

損：「損下益上，其道上行。」

按：本義以此爲卦體。今考之，亦卦變也。益反爲損。以益之初九爲上九，是爲損下益上，其道自下而上行也。

益：「損上益下，民説無疆。自上下下，其道大光。」

按：本義以此爲卦體。今考之，亦卦變也。損反爲益，以損之上九爲初九，是爲損上益下，自上而下下也。損以上爻爲主，益以初爻爲主，觀爻辭可知。

升：「柔以時升。」

本義：「卦自解來，柔上居四。」

今按：萃反爲升。萃之下三陰爻，升而爲上卦也。上三陰雖同，升當以六五爲主。下云剛中而應，謂九二應六五也。

鼎：「柔進而上行。」

本義：「卦自巽來，陰進居五。」

今按：革反爲鼎。革之六二，進而上行爲六五也。

漸：「進得位，往有功也。」

本義：「以卦變釋利貞之義。蓋此卦之變，自渙而來，九進居三；自旅而來，九進居五，皆爲得位之正。」

今按：歸妹反爲漸。歸妹之九二往而爲九五，歸妹之六三往而爲六四，皆爲得位之正。下云「其位，剛得中也」，則專以九五言之。諸家有謂「自二至五，四爻皆得正位」者。然曰進曰往，皆指上卦之爻，二三非所論也。

渙：「亨。剛來而不窮，柔得位乎外而上同。」

本義：「其變則本自漸卦。九來居二而得中。六往居三，得九之位，而上同於四。」

今按：節反爲渙。節之九五來爲九二，節之六三來爲六四，得位乎外，而上同於九五也。

總論文王演易，見卦有反對，不可反者八卦，可反者五十六卦，上下經以此爲序。天道人事，恒以相易而相反，又以相反而復初，此易中一大義。上古立卦名，如泰否、剥復、蹇解、損益之類，分明有相反之義，而文王作彖辭，特於泰、否二卦發之，夫子遂承其往來之義以釋他卦，又於繫辭傳言之，曰「上下无常，剛柔相易，不可爲典要，惟變所適」，正謂此也。此例亦可謂之卦變。程子不信卦變之説。朱子不從，其本義以卦變言者十九卦。今推之，當有二十二卦。如其例，五十六卦皆可以此取義，然不必皆然者，所謂不可爲典要」是也。以此説卦變，似是文王、孔子本意。永少讀易，即疑朱子卦變之説。後因讀泰、否二卦彖辭，豁然有悟，遂以是例推之他卦，無不合者。惟賁卦「分剛上而文柔」，「分」字之義難解。數年後思之，賁與噬嗑皆剛柔分之卦，賁之「分剛上而文柔」，乃是於三剛中分其一也。於是諸卦皆釋然，故通考之如此。觀宋時薛氏温其説蹇、解二卦，則此義已有思得之者。至明時瞿唐來氏之德説易，專以「錯綜」二字言之，卦不可反者謂之錯，可反者謂之綜。雖「錯綜」二字未爲精當，而以相近之卦爲卦變，當爲確論。

春秋

説者謂古者寓兵于農，井田既廢，兵農始分。考其實不然。春秋之時，兵農固已分矣。管仲參國伍鄙之法，制國以爲二十一鄉，工商之鄉六，士鄉十五。公帥五鄉，國子、高子各帥五鄉。是齊之三軍，悉出近國都之十五鄉，而野鄙之農不與也。五家爲軌，故五人爲伍，積而至於一鄉二千家，旅二千人，十五鄉三萬人，爲三軍。是此十五鄉者，家必有一人爲兵。其中有賢能者五鄉，大夫有升選之法，故謂之士鄉，所以别於農也。其爲農者，處之野鄙，别爲五鄙之法。三十家爲邑，十邑爲卒，十卒爲鄉，三鄉爲縣，十縣爲屬，五屬各有大夫治之，專令治田供税，更不使之爲兵。故桓公問伍鄙之法，管仲對曰：「相地衰征則民不移征，不旅舊則民不偷。」謂隨地之善惡而差其征税，則民安。土著不移徙，農恒爲農，不以其舊爲農者忽隸於師旅，則民無貳志，不偷惰。豈非兵農已分乎？十五鄉三萬家，必有所受田，而相地衰征之法，惟施於伍鄙，則鄉田但有兵賦，無田税，似後世之軍田、屯田，此外更無養兵之費也。他國兵制，亦大略可考而知。如晉之始惟一軍，既而作二軍，作三軍，又作三行，作五軍。既舍二軍，旋作六軍。後以新軍無帥，復從三軍。意其爲兵者，必有素定之兵籍，素隸之軍帥。軍之漸而增也，固以地廣人多。其既增而復損也，當是除其軍籍，使之歸農。若爲兵者盡出農民，則農民固在，何必隨時改易軍制哉！隨武子云：「楚國荆尸而舉，商農工賈不敗其業。」是農不從軍也。魯之作三軍也，季氏取其乘之父兄子弟盡征之；孟氏以父兄及子弟之半歸公，而取其子弟之半；叔孫氏盡取子弟，而以其父兄歸公。所謂子弟者，兵之壯者也；父兄者，兵之老者也，皆其素在兵籍，隸之卒乘者，非通國之父兄子弟也。其後舍中軍，季氏擇二，二子各一，皆盡征之而貢於公，謂民之爲兵者盡屬三家，聽其貢獻於公也。若民之爲農者出田税，自是歸之於君，故哀公云：「二，吾猶不足。」三家雖專，亦惟食其采邑，豈能使通國之農民田税皆屬之己哉！魯君無民，非無民也，無爲兵之民耳。以此觀之，兵農豈不有辨乎？三家之采邑，固各有兵，而二軍之士卒車乘皆近國都，故陽虎欲作亂，壬辰戒都車，令癸巳至，可知兵常近國都，其野處之農，固不爲兵也。郤至言「楚有六間」，其一爲「王卒以舊」，此正如後世養兵有老弱不代補之弊。又如楚君有二廣，太子有宫甲，若敖氏有六卒，吴有賢良，趙有私卒君子六千人爲中軍，皆是别隸籍之親兵。微虎私屬徒七百人，冉有以武城人三百爲己徒卒，皆是臨時集合之兵，與後世召募屯聚之兵略髣髴，故夫子答問政，有足兵去兵之説。使兵農全未分，亦何能别使之足？至不得已，又何必議去哉？按：宣十二年，隨武子曰：「楚國荆尸而舉，商農工賈不敗其業，而卒乘輯睦，事不奸矣。」此亦可見當時兵與農實分，故雖屢歲出兵無妨於農。否則入陳入鄭，動經數月，何能使農不敗其業？楚如此，他國可知。又按：文獻通考引林氏説曰：「如韋昭之説，則是國内無農，其六鄉爲工賈，其十五則爲兵而已。五屬之地，則皆農居之，四民之外，特有所謂士卒，則是兵農分矣。」或曰：「齊變周制，欲速得志於天下，則離國内之民，在十五鄉者，專使之爲士卒，亦必有田以授之，第不使出租税供他役，庶調發雖煩而民亦不爲怨。若其工商之六鄉，爲農之五屬，則皆不以爲兵。」按：林氏説得之，但未推及他國。

音學辨微引言

六書之學，有形有聲有義，而聲音在六書之先，形以寫之，義以寓之。夫聲出於口，自始生墜地，呀呀嚶嚶，萬國皆同。及其長，而累譯不能相通。居平原者，氣恒同，或千里百里而稍變。處山谷者，氣彌異，或數里數十里而已殊。爲鴂舌，爲嘵音，亦甚樊然淆亂矣。而自皇古以來，易象典謨，詩歌志乘，達之四裔，無間遐荒，則聲音之道，未嘗不歸諸大同，有所以同者在也。周官象胥諭言語，協辭命；瞽史諭書名，聽聲音，當有其書，今不存。周、秦、兩漢間，人諷誦詩、書，因其人人通曉之音，間有疑難，則假音之近似者比方之。至晉、魏、六朝，以迄隋、唐，音學大暢，立四聲以綜萬字之音，區分二百六部以別四聲之韻。審其音呼出諸牙、舌、脣、齒、喉與半舌、半齒實有七音，分陰陽，辨清濁，異鴻殺，殊等列，括以三十六母，命曰等韻。雖五方水土有剛柔輕重，風氣有南北偏隅，吴、越或失之剽，秦、晉或失之濁，而以二合之音切定一字，則字有定音，能通直音之窮，能辨豪釐之差。而明者更因三十六位，以櫽括乎殊方之音，鄉曲里言亦有至是，中原文獻亦有習非，不止爲佔畢之用已也。夫人聲本出自然，等韻一事，非甚幽深隱賾不可探索者。余年近八十，遊轍稍及南北，接人不爲不多，何以談及音學者，如空谷足音，未易得而聞也？及門欲講此學者，質有敏有魯，大率囿於方隅，溺於習俗，齒牙有混而不知，脣舌有差而難易，辨濁辨清，辨呼辨等，能通徹了了者，實亦難其人也。自唐以後，宋、元、明以迄於今，立言垂世者，率皆淹貫古今，箸述等身，而言及音學，如霧裏看花，管中窺豹，又不肯循其故常，師心苟作，議減議併，議增議易，斷鶴續鳧，而不恤失伍亂行而不知。甚者若張氏之正字通，全懵於音韻源流，自撰音切，迷誤後學，貽譏大方，則音學何可不講也？余有四聲切韻表四卷，以區别二百六部之韻。有古韻標準四卷，以攷三百篇之古音。茲音學辨微一卷，略舉辨音之方，聊爲有志審音不得其門庭者，導夫先路云爾。

四聲切韻表凡例

字典、音韻闡微皆有等韻圖，等列分明，而音韻未備。字彙載横直二圖，師心苟作，音韻殽譌。直圖删易母位，變紊七音，尤爲紕繆。此表依古二百六韻，條分縷析，四聲相從，各統以母，别其音呼等列，本字之切，即註本字之下，開卷了然。學者繇此研思，庶無差舛。

昔人傳三十六母，總括一切有字之音，不可增減，不可移易。凡欲增減移易者，皆妄作也。列于表上，如綱在綱。

見谿羣疑，牙音。端透定泥，舌頭音。知徹澂孃，舌上音。邦滂並明，重脣音。非敷奉微，輕脣音。精清從心邪，齒頭音。照穿牀審禪，正齒音。曉匣影喻，喉音。來，半舌音。日，半齒音。此一定之七音，易之者，亦妄作也。審音辨似，別有音學辨微詳之。

見谿清，羣疑濁；端透清，定泥濁；知徹清，澂孃濁；邦滂清，並明濁；非敷清，奉微濁；精清心清，從邪濁；照穿審清，牀禪濁；曉影清，匣喻濁；來、日皆濁。此一定之清濁，平聲然，上去入亦然。羣定澂並奉從牀匣八位最濁，邪禪次之。中原音凡上聲當此十位，似去而非去也。最濁之上去入，似變爲最清，而實最濁也。不明乎此，將有誤切誤讀不自知者矣。

音韻有四等，一等洪大，二等次大，三、四皆細，而四尤細。學者未易辨也，各於韻首標明辨等之灋，須于字母辨之。凡字母三十六位，合四等之音乃具，一等之内不備也。前人爲等韻圖，未明言此理，所空之位，人以爲有音無字。夫有音而未制字者有之，若當此位屢無字，則非未制字也，當是等則缺此位。猶琴之泛聲，當徽則鳴，不當徽則否，莫知其所以然也。各等之位詳于左：一等有牙，有舌頭，有喉，無舌上。有重脣，無輕脣。有齒頭，無正齒。有半舌，無半齒。而牙音無羣，齒頭無邪，喉音無喻。通得十九位：見谿疑端透定泥邦滂並明精清從心曉匣影來也。

二等有牙，有喉，有舌上，無舌頭。有重脣，無輕脣。有正齒，無齒頭。有半舌，無半齒。而牙音無羣，正齒無禪，喉音無喻。亦通得十九位：見谿疑知徹澂孃邦滂並明照穿牀審曉匣影來也。

三等有牙，有舌上，無舌頭。有喉，有半舌、半齒，有正齒，無齒頭。而脣音不定，或有重脣，或有輕脣。喉音則無匣母。通得二十二位：見谿羣疑知徹澂孃照穿牀審禪曉影喻來日及脣音之四母也。

四等與一等同，有牙，有喉，有舌頭，無舌上。有重脣，無輕脣。有齒頭，無正齒。有半舌，無半齒。而牙音有羣，齒頭有邪，喉音有喻。亦通得二十二位：見谿羣疑端透定泥邦滂並明精清從心邪曉匣影喻來也。

凡二等有前後諸位者，通一韻爲二等也。無前後諸位者，但有照穿牀審四位，則附於三等韻，小字左書之。三等無正齒，乃大書之。無三等，則附一等。

凡四等與三等同韻者，舌頭、齒頭大字書之，牙音、重脣、喉音小字左書之。無三等字，乃大書之，皆于韻首註明。

凡牙音有羣母者，必三、四等。歌韻一等有翗字，渠何切，俗字俗音也，今不取。有高曰：「今觀表中俗書多矣，何獨去翗字乎？又凡例末一條云：『表字取備音，稀僻俚俗不論。』與此條何戾也？可知著書不自牴牾之難。」余它時欲專取籀書。九千字譜之，尚未暇也。

凡有舌頭、齒頭者，非一等即四等，以粗細別之。

凡舌上，非二等即三等，亦有粗細。

凡重脣，一二三四等皆有之。輕脣必三等。

凡三等，脣音輕重不兼。有輕脣而復有重脣之明母者，惟尤韻之謀字，屋韻之目牧等字，腫韻之鴀字，三等之變例也。古音風字方愔切，入侵韻。侵韻已有重脣，而復有輕脣，亦此類。

凡邪母，必四等，禪母、日母必三等。

凡喻母，必三四，而四等爲多。

凡半舌，一二三四皆有之。

六朝人音學甚精，李登之聲類，周顒之四聲切韻，沈約之四聲，今雖不傳，世所傳唐韻本之唐，唐又本之隋，其原蓋自六朝創之。平聲韻五十七部，上聲五十五部，去聲六十部，入聲三十四部，凡二百有六部，分韻細入毫芒，韻之相似，如東冬鍾、支脂之當分而不可合，必有其所以然者。唐人爲詩賦律令，定爲獨用、通用。宋末劉淵遂并其通用之韻爲百有七部，詞家相沿用之，幾不知有唐韻矣。此表爲審音，必用舊韻。不止用舊韻而已，一韻之中，復細分之，多者至五六類，合四聲凡百有四類，音韻于是始精密。

凡分韻之類有三：一以開口合口分，一以等分，一以古今音分。韻有有合口無開口者，有有開口無合口者，有兩韻一開一合者。此外，則一韻之中，率有開合，須分之。有開合相間，不可分者，惟江講絳覺一類。又有平上去皆開口，而合口獨見于入聲者，亦別出之，職韻之洫域是也。入聲又有可開可合者，屋沃兩韻是也。屋在東爲合口，在蕭尤侯幽則爲開口。沃在冬爲合口，在豪晧號分出之馨晧告則爲開口。又有開口借者，藥鐸兩韻是也。藥之脚卻一類，從陽之姜羌者本開口，而魚之合口亦借之。鐸之各字一類，從唐之岡豪之高者本開口，而模之合口亦借之，則變例也。

開口至三等則爲齊齒，合口至四等則爲撮口。今從舊，止分開口、合口，不標齊齒、撮口。俗又有卷舌混呼等名目，皆意造也。

侵寢沁緝以後九類三十六部列于韻末，詞曲家謂之閉口音。細審之，亦不甚合。今從舊，標開口。此皆有開口無合口者也。

方音呼開口、合口有相混者，如呼巾似斤，戈似歌，光似岡，王似黄，以合爲開；該、根、哀、恩，以開爲合，皆非正也。觀表可知其正否。

一韻有止一等者，有全四等者，有兩三等者。全四等則別出一等者爲一類，其餘以三等者爲主，二等與四等附之。有兼二等、三等、四等者，亦以三等者爲主，二、四附之。凡二等附三等者，必照穿牀審四位也。有三、四兩等者，視其字之多少，或以四附三，或以三附四。有二等兼一等者，以一附二。皆于韻首標明。

音韻古今有流變，韻書所定，皆其流變之音。古音則不盡然，一韻中有別出一支與它韻相通，如尤韻有通支，支韻有通歌，虞韻有通尤侯，庚韻有通陽唐，字之偏旁亦可辨。若概以今音表之，則古音不見，故特立分古今一例。支虞先蕭豪麻庚尤各有分出之類，以從古；切音仍舊，以從今。它韻亦有古今異音之字，如東韻之風，古通侵；弓雄，古通蒸登；軫韻之牝敏，厚韻之母，古通旨。此類字不多，且從今音列之，別有古韻標準詳之。

平聲五十七部，上聲少二部者，冬臻無上也。或謂腫韻之湩字是冬之上聲，然古人既未立部，則亦不敢增，仍從舊覩勇切，爲腫之四等。

去聲獨有六十者，臻無去，少一部；祭泰夬廢無平上，又多四部也。四部無平上而有入，祭之入薛，泰之入曷，末夬之入轄，廢之入月。卦者佳蟹之去，其入爲麥；怪者皆駭之去，其入爲黠；隊者灰賄之去，其入爲沒；代者咍海之去，其入爲德。觀表所列音類等第，條理秩然。顧寧人古音表乃以泰承佳蟹，卦承皆駭，怪承灰賄，夬承咍海，隊代皆無平上。一韻失次，諸韻皆誤。又以月爲泰入，沒爲卦入，曷爲怪入，末爲支入，黠爲隊入，鎋爲代入，亦非其倫類。蓋顧氏等韻之學甚疏，故至此茫然，棼如亂絲。今正之。韻學談及入聲尤難，而入聲之說最多歧，未有能細辨等列，細尋脈絡，爲之折中，歸于一說者也。依韻書次第，屋至覺四部配東冬鍾江；質至薛十三部配真諄臻文殷元魂寒桓删山先僊，唯痕無入；藥至德八部配陽唐庚耕清青蒸登；緝至乏九部配侵覃談鹽添嚴咸銜，凡調之聲音而諧，按之等列而協，當時編韻書者，其意實出于此。以此定入聲，天下古今之通論，不可易也。然執是說也，則此三十四韻之外，皆無入矣。胡爲古人用入聲韻與三聲協者多出于無入聲之韻，而以一字轉兩三音如質質、惡惡惡，偏旁諧聲字如至室、意臆、慕莫、肖削之類，亦多出無入聲之類也？顧寧人于是反其說，惟侵覃以下九韻之入及歌戈麻三韻之無入與舊說同，其餘悉反之，舊無者有，舊有者無，此又固滯之說也。其說以爲，屋承東，術承諄，鐸承唐，昔承清，若吕之代嬴，黄之易羊，以其音之不類也。不知入聲有轉紐，不必皆直轉也。曷不即侵覃九韻思之乎？侵寢沁韻，猶之真軫震質清靜勁昔青迥徑錫蒸拯證職也。覃感勘合談敢闞盍，猶之寒旱翰曷桓緩換末也。鹽琰豔葉添忝㮇帖嚴儼釅業，猶之先銑霰屑僊獮線薛也。咸豏陷洽銜檻鑑狎凡范梵乏，猶之刪潸諫黠山產襉轄元阮願月也。推之他韻，東董送屋唐蕩宕鐸亦猶是也。如必以類直轉，乃爲本韻之入，則此九韻不能轉入矣。緝承侵，合承覃，不亦猶呂嬴、黄羊乎？入聲可直轉者，惟支脂之微數韻耳。猥俗者謂孤古故谷爲順轉，不知谷乃公銁所共之入，而孤之入爲各，猶之暮之爲莫，惡之爲惡也。余別爲之説曰：平上去入，聲之轉也。一轉爲上，再轉爲去，三轉爲入。幾于窮，廑得三十四部，當三聲之過半耳。窮則變，故入聲多不直轉；變則通，故入聲又可同用。除緝合以下九部爲侵覃九韻所專，不爲他韻借，他韻亦不能借。其餘二十五部諸韻，或合二三韻而共一入，無入者閒有之，有入者爲多。諸家各持一説，此有彼無，彼有此無者，皆非也。顧氏之言曰：「天之生物，使之一本，文字亦然。」不知言各有當，數韻同一入，猶之江、漢共一流也，何嫌于二本乎？

數韻同一入，非强不類者而混合之也，必審其音呼，別其等第，察其字之音轉，偏旁之聲，古音之通，而後定其爲此韻之入。即同用一入，而表中所列之字亦有不同，蓋各有脈絡，不容紊殽，猶之江、漢合流，而禹貢猶分爲二水也。

二三韻同一入，一入又分二三類，愈析則愈精。

竦從束聲，冢从豖聲，叢从取蘗，有高曰：「當作丵，士角切。」籔从竹聚，有高曰：「籔藂皆叢之俗別字，江氏誤矣。」

从偏旁言音，誠審音之一耑，然不取準于古，而牽俗字之近似者，以快一時之脣吻，吾竊恐其樹義不牢。好辯者且并其精確之處而肆其吹求。此數條既辯言偏旁，故予于是書，不得不糾正形體。」皆與屋韻近，故東董送轉而爲屋，而侯尤亦共之。讀讀復復覆覆宿宿祝祝肉肉一字兩音，畜畜族族音亦相轉。軸蹴之類，偏旁多通，故侯厚候得其一等字，尤有宥得其二三四等字。毛先舒以屋爲尤入，稍爲有見。而周德清以爲魚入，顧氏分入魚蕭，別分鐸陌麥昔爲矦入，誤矣。幽亦尤矦之類，得其繆字，繆字平去入三音也。尤有宥別分一類，古音通之。止志者，得其牧郁福服字。福服，今音輕脣，古音重脣，如職韻之愊逼也。蕭韻別分一類，古音通尤者，得其肅字，他音非其入也。條蓧之入，乃錫韻之滌字，其同音迪笛踧覿，古音皆屋韻也，又得惄寂戚字。因蕭肅之相通，而蕭之轉爲錫者，又有字通于屋，故蕭韻兼得屋錫。

東既以屋爲入，則冬宜以沃爲入，皆一等韻也。然沃从夭，古音鬱縛切，其類自宵豪來，而豪晧號分出一類爲嚳晧。告者古音通矦尤，亦得以沃爲入，但以開口借合口耳。告纛去入兩讀，鵠酷從告得聲，是其脈絡通也。鍾燭皆三四等字，而虞麌遇分出一類爲拘枸。句古音通矦尤者，亦以燭爲入，故足趣屬皆去入兩音。而數字從婁，上去入皆有之，是其脈絡通也。燭韻無二等，故數字入四等，七玉切，而音朔者入覺韻。

覺韻二等，江肴所共者也。角從江嶽握等字，類于屋，燭者從之；覺從肴樂學等字，類于肴，效者從之。今音合爲一，古音分爲二。顧氏分覺之類爲肴入者是，分角之類爲模入者非。

寘從真聲，牝從匕聲，芹沂之類同从斤，而芹在殷韻，沂在微韻，故真軫震可轉質。諄臻以下亦如之。而質與贄通，桎姪窒室皆從至，詩亦多以去入同用爲韻，則質又脂旨至之入也。顧氏以質爲支入，術爲脂入，不知支之入在昔韻，而術之爲脂入者，乃其合口呼之字，與開口呼之字無與也。先韻分出一類，古通真者，亦借質爲入。

諄術同爲合口呼，四等兼三等，故轉爲入。而脂旨至分出合口呼之字，亦以之爲入也。帥率皆去入兩音，醉翠等字皆从卒，是其脈絡之通。

櫛韻爲二等開口呼，但有櫛瑟兩音，而臻韻亦止臻莘兩音，適與之配，則櫛遂爲臻入矣。櫛瑟本質術之類，而質韻自有二等字。術韻之二等字爲合口，亦不類，故雖兩音，亦必别出爲韻。脂旨至當此兩位，無二等開口字可轉，則臻韻遂得專之。

物韻三等合口呼有輕脣，與文吻問相配，而吻亦從勿得聲，故可轉也。微尾未亦爲入，熨蔚从尉，沸費从弗，是其脈絡之通。

迄韻三等開口呼，與殷隱焮相配，而微尾未之開口字亦以爲入，氣餼从乞得聲也。

月三等合口呼有輕脣，而廢韻亦以爲入。廢从發，茷从伐，去穢入噦，皆从歲也。

月之開口呼，則元阮願分出之韃蹇建以爲入。钀从獻聲，訐从干聲，干亦元之類，故可轉。而廢之類無開口，則此類元韻專之。没一等合口呼，魂混慁以爲入。腯音突，从盾聲，故可轉。而灰賄隊亦以爲入，晬倅碎皆从卒也。没無開口呼字，故痕韻無入。

曷一等開口呼爲寒旱翰之入，末一等合口呼爲桓緩换之入，而曷又爲歌哿箇之入，末又爲戈果過之入，曷末又同爲泰韻之入，皆音呼等列同，得以相轉也。寒桓與歌戈音每相轉，如難字得通儺，笴有高曰：「笴字凡三見于攷工記：一曰妢胡之笴，鄭註云：『故書笴爲筍，筍當爲笴，笴讀爲稾，謂箭稾。』稾，釋文作稾，疏亦作稾。一曰以其笴厚爲之羽深，註云：『笴讀爲稾，謂矢幹，古文假借字。』一云凡相笴。」愚按：説文無笴字，竊意鄭君所云當爲笴者，蓋骬也，故曰古文假借字。若古有从竹之笴，則與箭稾切合，何假借之云。鄭書至唐，或骬字上體脱爛，形似近竹，或傳寫譌混。陸氏作釋文不能詳攷，遂有古老切之音。賈氏作疏，不能審正，殊爲疏謬矣。又按：故書笴爲筍，筍當爲箘之誤。禹貢『荆州貢箘簵楛，三邦厎貢。』註云『櫄幹栝柏，四木名。幹，柘幹。箘，竹，聆風。楛，木類。此州中生聆風與楛者衆多，三國致之』云。『妢胡』，註云：『胡子之國，在楚旁。』疏云：『若楚旁，則亦屬荆州審然。』故書筍之爲箘，無可疑者。鄭君改筍爲骬，讀骬爲稾，甚費甚曲，仍于經義未安，可不必矣。又按：註：『稾字本或从禾，當是稈之誤。』説文：『稈，禾莖也。稾，稈也。』或鄭君誤書稈作稾，或鄭書本作稈，故江氏有笴得音稈之謬也。又按：攷工記疏云『笴讀爲〔一〕稾，謂箭稾者，即稾人職掌箭稾』是也。今按：稾人職無掌箭稾之文，賈疏謬矣。」字得音稈，若干即若个。鼉驒彈皆从單，憚癉有下佐切之音，字从番。轉重脣者，桓韻爲潘蟠，而番有波音，皤鄱有婆音。至入聲則怛與笪从旦，頞从安，幹从乾省聲。何曷亦一聲之轉，故寒桓歌戈同用曷末爲入聲。泰韻亦一等兼有開口合口者也。曷从匃聲，匃在泰韻，而愒从曷，賴从剌，幸从大，捺从柰，脱从兑，害亦通曷，檜亦作栝，有高曰：「當作桰，古活切。矢本岐築弦處也。栝，它念切。炊竈木也。其誤自僞孔傳註禹貢始。杶幹栝柏，註云：柏葉松身曰栝。正義誤以爲爾雅釋木文。按：爾雅釋木無栝字。其曰松葉柏身者，樅也。其曰柏葉松身者，檜也。郭註引詩

〔一〕「爲」下原有一「口」，據考工記疏删。

『檜楫松舟』，乃裴駰註史記，顏師古註漢書，下至撰唐韻、廣韻、集韻、正韻者，並祖述僞孔傳之謬，不能辨正。而江氏不知檜之譌栝，反謂亦作栝，又不辨栝與栝。抑疏矣。」蔡亦有桑葛切之音，有高曰：「此又誤矣。按：左傳昭元年，周公殺管叔而蔡蔡叔，註云：蔡，放也。釋文上蔡字音素葛反。說文作𣏟，音同，字从殺下米，云：『𥻆〔一〕𣏟，散之也。』會杜義疏，說文云『𣏟，散之也』，𣏟爲放散之義，故訓爲放也。隸書改作，已失本體𣏟字，不可復識，寫者全類蔡字，至有重爲一蔡字，重點以讀之者。定四年傳王于是殺管叔而蔡蔡叔，注、疏略同。疏末云：『今定本作蔡，非。』江氏攷古，何大疏率也？」故泰之入亦爲曷末。

黠轄皆二等韻兼一等，各有開口合口呼。黠爲刪潸諫之入，轄爲山產襉之入。鬝，丘八切，而从閒。齾，牛轄切，而从獻。揠，烏黠切，而从匽。獻匽皆刪山之類，是以音相轉也。而殺有所八、所戒二音，稭亦作秸，扴圿从介，則黠又爲皆駭怪之入矣。夬與轄音呼等列同，則轄又爲夬入。

先銑霰四等韻也，除分出一類古通真者，以質之四等字爲入，其餘以屑爲入，屑皆四等也。而齊薺霽同爲四等者，亦以爲入。砌从切，攦从麗，契絜同从㓞，睽闋同从癸，脈絡通也。

薛韻有二三四等，有開口合口呼，儇獮線以爲入，而祭韻兼開口，等列同，亦以爲入。說說、蕝蕝、脃膬兼去入，其餘相通者多也。陽養漾以藥爲入，同等也，有開合二呼，而宵小笑亦以其開口者爲入。蹻从喬，削从肖，釂从爵，脈絡通也。而魚語御亦借爲入。去聲著，轉入聲爲張略切，又爲直略切。𧆛

〔一〕「𥻆」，原作「𢮾」，形近而誤，據說文改。

音據，噱腠皆從之，而醵有其御、其虐兩音。汝與若，亦義因聲轉也。又虞麌遇分出之俱矩瞿一類，亦以其合口之矍縛等字爲入，與拘枸句一類不相通。顧氏分藥爲模豪入，是不知辨等也。毛先舒通以藥爲魚虞入，是不知辨類也，又不知宵小笑尤相近也。

鐸一等韻，有開口合口，唐蕩宕以爲入，而惡字平去入三音，度作錯去入兩音，模暮从莫，路从各，博从尃，涸从固，則鐸又爲模姥暮之入，鑿，在各切，又在到切，則又爲豪晧號分出高縞膏一類之入。

陌韻有數類：一爲格客之類者，二等開口也。其合口爲虢劃之類。又有戟隙一類者，三等開口也。此一類，古音皆與藥鐸通協。又有屐字，三等開口；栅摵，二等開口，皆不與藥鐸通。而庚梗敬與之相配。其爲庚之類者，格也；觥之類者，虢也；京之類者，戟也，古音皆與陽唐通。擎生之類，屐摵也，皆不與陽唐通者也。又麻韻二等，亦分陌韻。其爲家假嫁之類者，用格；瓜寡坬之類者，用虢，蓋家瓜古音通虞模，亦以藥鐸爲入也。

麥韻二等，分開口，耕耿諍配之，而佳蟹卦亦二等，同用麥爲入。責字通債，畫字去入兩音，㩇㦎从畫，是其脈絡通也。耕佳二韻用麥，皆不與藥鐸通。而麥韻猶有不盡之字，葃格啞劐割䂝古音通藥鐸，則麻韻分出之，加冎，二類用之。

昔韻四等兼三等，分開合，清靜勁配之。擲字亦從鄭聲也。支紙寘分出開合二類，不能歌戈者，亦以昔爲入。積刺易皆去入二音，譬避皆从辟，是其脈絡之通。然昔韻亦有二類，清支之入，皆不通藥鐸者也。其餘昔踖之類，古通藥鐸者甚多。麻韻分出苴且一類以爲入。射字去入兩音，借籍瀉舄之類，脈絡相通者多也。麻韻兼陌麥昔三韻之入，皆與藥鐸通者。若非此類，則他韻收之不盡矣。孰謂麻無入聲乎？

錫韻四等，分開合，青迴徑以爲入。幎塓從冥，音相轉也。又有激的，古音通藥鐸者，蕭篠嘯以爲入。弔溺去入兩音，覈皦激檄皆从敫，是其脈絡之通。蕭韻又分出一類，通尤矦者，用滌惄等字爲入。見前。

職韻三等兼二四，蒸拯證以爲入。凝嶷，音之轉也，而之止志亦以爲入。亟字去入兩音，疑嶷、值直、意億、異翼，脈絡皆通。蒸之皆無合口，字別出。洫域兩音，無平上去。

德一等，分開合，登等嶝以爲入。騰螣音相轉，而咍海代亦以爲入。塞塞兩音，貸忒通用。佁踣、亥劾，偏旁多通也。

緝合九部，無歧韻，可勿論。

切字者，兩合音也，上一字取同位，下一字取同韻。同位不論四聲，同韻不論清濁，明者一轉即是，不煩數位，亦不須他聲借轉。如不能遽然了了者，熟玩表切，亦當開悟。

舌脣二音，古或用隔類切：或以舌頭切舌上，舌上切舌頭；或以重脣切輕脣，輕脣切重脣。今一用音和，免致滋誤。

諸切大抵本舊韻書，有未安者，或字畫多者，間有改易，亦不盡改，以存古。古今異音之字，亦不爲古昔切，恐滋惑也，明者自當知之。韻内字甚少，間有借相近韻爲下一字者，亦仍舊。取上一字有寬有嚴，其嚴者，三四等之重脣，不可混也；照穿牀審四位之二等三等，不相假也；喻母三等四等，亦必有別也。各母所用之字，分別等第，列于表末。

表字取備音，稀僻俚俗不論也。

古韻標準例言

人靈萬物，情動聲宣，聲成文謂之音。錯綜縱橫，四七經緯，由是侈弇異呼，鴻殺異等，清濁異位，開發收閉異類，喉牙齒舌脣輾轉多變，悉具衆音。音之諧謂之韻。前聖作書，江从工，河从可，霜从相，雪从彗，即韻之萌芽。古人命物，日者實，月者缺，水者準，準，古音之水切。水火毀，火，古音虎洧切。亦韻之寄寓。屬而爲辭，詩歌箴銘，宮商相調；里諺童謠，矢口成韻，古豈有韻書哉！韻即其時之方音，是以婦孺猶能知之協之也。時有古今，地有南北，音不能無流變。音既變矣，文人學士，騁才任意，又从而汨之，古音于是益淆訛，如棼絲之不可理。三百篇者，古音之叢，亦百世用韻之準。稽其入韻之字，凡千九百有奇，同今音者十七，異今音者十三。試用治絲之法，分析其緒，比合其類，綜以部居，緯以今韻，古音犂然。其閒不無方語差池，臨文假借，按之部分，閒有出入之篇章，然亦可指數矣。以詩爲主，經傳騷子爲證，詩未用而古今韻異者，采他書附益之。標準既定，由是可考古人韻語；別其同異，又可考屈、宋辭賦、漢、魏、六朝、唐、宋諸家有韻之文。審其流變，斷其是非，視夫泛濫羣言、茫無折衷、槩以後世淆訛之韻爲古韻者，不有閒乎？余既爲四聲切韻表，細區今韻，歸之字母音等，復與同志戴震東原商定古韻標準四卷，詩韻舉例一卷，於韻學不無小補焉。

唐人釋經，不具古音，且云古人韻緩，不煩改字。宋吴棫才老始作韻補，蒐羣書之韻異乎今音者，別之爲古音；明楊慎用修又增益之，爲轉注古音，言韻學者，謂二家爲古韻權輿，而韻補尤毛詩功臣。余謂凡著述有三難：淹博難，識斷難，精審難。二家淹博有之，識斷、精審則未也。三百篇後，古音亦漸龙矣。屈、宋辭賦，往往有齟齬之韻；漢雖近古，時有古音，而踳駁舛謬者亦不少。其故有數端：一則方音有流變；一則臨文不細檢；一則讀古不審，沿古而反致誤；一則韻學不精，雜用流於野鄙；一則恃才負氣，以爲不妨自我作古。夫音有流變，時爲之；韻之舛錯，則才人爲之也。魏、晉而後，古韻益微。降及唐、宋，日習今韻，而又間爲古韻。如習漢音者强效鄉音，其似者如叔敖之貌，其劣者若東施之顰，此何足爲典據？而二家惟事徵引，殊少決擇，古韻亦茫無界畔，似諸韻皆可混通，此識斷之難言也。古有韻之文亦未易讀，稍不精細，或韻在上而求諸下，韻在下而求諸上，韻在彼而誤叶此；或本分而合之，本合而分之；或間句散文而以爲韻；或是韻而反不韻；甚則讀破句。據誤本，雜鄉音，其誤不在古人，而在我。二家往往不免，此精審之難言也。余爲是書，淹博遠遜吴、楊，亦安敢言識斷、精審？有疏謬處，伏俟方家指摘焉。

萬曆間，閩三山陳第季立著毛詩古音攷，又有屈宋古音義。其最有功於詩者，謂古無叶音，詩之韻，即是當時本音。此説始於焦竑弱侯，陳氏闡明之。焦氏爲之作序。其書列五百字，以詩爲本證，他書爲旁證。五百字中，有不必攷者，亦有當攷而漏落者。蓋陳氏但長於言古音，若今韻之所以分喉牙齒舌脣之所以異，字母清濁之所以辨，槩乎未究心焉，故其書皆用直音。直音之謬，不可勝數，以此知音學須覽其全，一處有闕，則全體有病。今書本證旁證之法本之，其説之善者多采録，若其舛誤處，間摘一二，不能盡舉正也。

近世音學數家，毛先舒稚黄、毛奇齡大可、柴紹炳虎臣各有論著，而崑山顧炎武寧人爲特出，余最服。其言曰：「孔子傳易亦不能改方音。」又曰：「韓文公篤於好古，而不知古音。」非具特識，能爲是言乎？有此特識，權度在胸，乃能上下古今，考其同異，訂其是非，否則彼以爲韻則韻之，何異侏儒觀優乎？細攷音學五書，亦多滲漏，蓋過信古人「韻緩不煩改字」之説，於天田等字皆無音。古音表分十部，離合處尚有未精，其分配入聲多未當。此亦攷古之功多，審音之功淺，每與東原嘆惜之。今分平上去三聲皆十三部，入聲八部，實欲彌縫顧氏之書。顧氏嘗言，「五十年後，當有知我者」，見李榕村集。蓋同時若毛氏奇齡輩自負該博，未肯許可。余學譾陋，匪云能知顧氏，然已傾倒其書，而不肯苟同，是乃所以爲知，更俟後世子雲論定之。

毛氏著古今通韻，其病即在「通」字。古韻自有疆界，當通其所可通，毋强通其所不可通。若第據漢、魏以後樂府詩歌，何不反而求之三百篇，某韻與某韻果通乎？有數字通矣，豈盡一韻皆通乎？偶一借韻矣，豈他詩亦常通用乎？今書三聲分十三部，入聲分八部，疆界甚嚴。間有越畔，必求其故，正所以遏其通也。

古韻既無書，不得不借今韻離合以求古音。今韻有隋、唐相傳二百六部之韻，有宋末平水劉淵合併一百七部之韻，今世詞家習於併韻，談韻學者亦粗舉併韻，甚且誤以劉韻爲沈約韻。夫音韻精微，所差在毫釐間。即此二百六部者，吾尚欲條分縷析，以別音呼等第，以尋支派脈絡，況又以併韻混而一之，宜乎不得要領，而迷眩於真文元寒删先之通轉，質物月曷黠屑之通轉也。顧氏書悉用唐韻，最爲有見，今本之。每部首先列韻目，一韻歧分兩部者曰分某韻，韻本不通而有字當入此部者曰別收某韻，四聲異者曰別收某聲某韻。顧氏分十部，今何以平上去皆十三部也？第四部爲真文魂一類，第五部爲元寒僊一類，顧氏合爲一也；第六部爲蕭肴豪分出一支，不與尤侯通，第十一部爲尤侯一類，當分蕭肴豪之一支，不與第六部通，而顧氏亦合爲一也；第十二、十三，自侵至凡，九韻當分兩部，而顧氏又合爲一也。其説詳於各部總論。

四聲雖起江左，按之實有其聲，不容增減，此後人補前人未備之一端。平自韻平，上去入自韻上去入者，恒也。亦有一章兩聲，或三四聲者，隨其聲諷誦咏歌，亦有諧適，不必皆出一聲。如後人詩餘歌曲，正以雜用四聲爲節奏，詩韻何獨不然？前人讀韻太拘，必强紐爲一聲，遇字音之不可變者，以强紐失其本音。顧氏始去此病，各以本聲讀之。不獨詩當然，凡古人有韻之文皆如此讀，可省無數糾紛，而字亦得守其本音，善之尤者也。然是説也，陳氏實啟之。陳氏於「不宜有怒」句，引顏氏「怒有上去二音」之説，駁之曰：「四聲之説，起于後世，古人之詩，取其可歌可詠，豈屑屑毫釐若經生爲耶？且上去二音，亦輕重之間耳。」又於「綢繆束芻，三星在隅」註云：「芻音鄒，隅音魚侯切。」或問：「二平而接以去聲，可乎？」曰：「中原音韻聲多此類，音節未嘗不和暢也。」是陳氏知四聲可不拘矣，他處又仍泥一聲，何不能固守其説耶？四聲通韻，今皆具於舉例。其有今讀平而古讀上，如予字今讀去而古讀平，如慶字可平可去，如信令行聽等字者，不在此例。

唐人叶韻之叶字亦本無病，病在不言叶音是本音，使後人疑詩中又自有叶音耳。叶韻，六朝人謂之協句，顏師古注漢書謂之合韻。叶即協也，合也，猶俗語言押韻，故叶字本無病。自陳氏有古無叶音之説，顧氏從之。又或以古音有異，須別轉一音者爲叶音，今亦不必如此分別。凡引詩某句韻某字，悉以韻字代之。

毗陵邵長蘅子湘曰：「吴才老作韻補，古韻始有成書。朱子釋詩註騷，盡從其説。」又引沙隨程可久之言曰：「吴説雖多，其例不過四聲互用、切響同用二條。如通其説，則古書雖不盡見，可以例推。蓋才老韻補爲朱子所推服如此。今四子經書訓詁悉宗朱子，朱子宗之，吾從而詆排之，傎也。」論非不正，然古人著書，草創者未必盡精，韻補豈遂爲不刊之典？叶韻者，詩中之末事，朱子取韻補釋詩，所以便學者誦讀，意不在辨古音，故「桃之夭夭，灼灼其華。之子于歸，宜其室家」。「晝爾于茅，宵爾索綯」。「其桐其椅，其實離離。豈弟君子，莫不令儀」。此類今音可讀，即不復加叶音。今書意在辨古音，此類勢不得復仍舊貫；凡吴氏之叶音，集傳從之而不安者，亦不得不行改正，書之體宜爾。且朱子於經書既得其大者，古韻一事，不暇辨析毫釐，亦何損於朱子？篤信先儒，固不在此區區也。

顏氏詩本音改正舊叶之誤頗多，亦有求之太過，反生葛藤。如一章平上去入各用韻，或兩部相近之音各用韻，率謂通爲一韻，恐非古人之意。小戎二章，以合軜邑叶驂，以念字叶合軜邑，尤失之甚者。

今隨韻辨正，亦不能盡辨也。

經傳楚辭子史百家可證詩韻者引之，亦不必多引，取證明而已。凡旁證，取其近古者，魏、晉以後間引一二。欲考其詳，自有顧氏專書。音變源流及詩外之字，亦多採顧說。

桐城方以智密之曰：「古音之亡於沈韻，猶古文之亡於秦篆，然沈韻之功，亦猶秦篆之功。自秦篆行而古文亡，然使無李斯畫一，則漢、晉而下，各以意造書，其紛亂何可勝道！自沈韻行而古音亡，然使無沈韻畫一，則唐至今，皆如漢、晉之以方言讀，其紛亂又何可勝道！」此言實爲確論。方氏雖誤以今行之韻爲沈韻，然則韻之合併，亦因唐、宋之同用。幸而二百六部之韻書猶存，考古者猶可沿流而溯源。使無其書，人自爲韻，則真侵寒咸亦且可合，不但如周德清、宋景濂等之併江陽與庚青蒸而已。一東且將闌入朋彭兄榮等字，不止風馮弓雄而已。甚則依吳、楊三家之書，雜採漢、晉、唐、宋舛謬鄙俚之韻，而命之曰此古韻也，其紛亂曷有極乎？韻書流傳至今者，雖非原本，其大致自是周顒、沈約、陸法言之舊。分部列字雖不能盡合於古，亦因其時音已流變，勢不能泥古違今。其間字似同而音實異，部既別則等亦殊，皆雜合五方之音，剖析毫釐，審定音切，細尋脈絡，曲有條理，其源自先儒經傳子史音切諸書來。六朝人之音學，非後人所能及，同文之功，擬之秦篆，當矣。今爲三百篇攷古韻，亦但以今韻合之，著其異同，斯可矣。必曰某字後人誤入某韻，混入某韻，此顧氏之過論，余則不敢。今韻之有條理處，別有四聲切韻表、音學辨微二書明之。

顧氏曰：「三百五篇，古人之音書。魏、晉以下，去古日遠，辭賦日繁，而後名之曰韻。至宋周顒、梁沈約而四聲之譜作。然自秦、漢之文，其音已漸戾於古，至宋益甚。而休文作譜，乃不能上據雅、南，旁摭騷、子，以成不刊之典，而僅按班、張以下諸人之賦，曹、劉以下諸人之詩所用之音，撰爲定本，於是今音行而古音亡，爲音學之一變。」按：顧氏所以責休文者，似矣。愚謂不然。當時四聲之說新立，聲病之論甚嚴，又反切之學盛行於南北，而等韻字母亦漸傳自西域，演於緇流，休文蓋因李登、吕靜之聲類，周顒之四聲切韻而譜之。觀其與王筠論郊居賦「霓」字之讀，首須嚴於辨聲，若夫東冬鍾支脂之别之爲三，寒桓删山蕭宵肴豪析之爲四，江次冬鍾不隨陽唐，侯閒尤幽不厠愚模，此類蓋因當時通行之音，審其粗細，以别部居。若一部之中，同韻異等，如公宫同母異呼，如饑龜同音異字，如岐奇皆别其音切，不令淆混，由當時反切等韻之理大明，故能條分縷析。然則四聲乃嚴於審音之書，亦爲避八病之用，不止爲詩家分韻而已。如欲分韻，則當時未有近體，取韻本寬，一聲分十數部足矣，奚必二百六部，若此其嚴密哉！謂休文不能上據雅、南，旁摭騷、子，僅按班、張、曹、劉以下之詩賦撰爲定本，以今韻書攷之，漢、魏詩賦乍合乍離，恐非其所據。冬必别東，虞必别魚，詩賦豈能分析及此哉！且音之流變已久，休文亦據今音定譜爲今用耳。如欲繩之以古風，必歸侵弓，必歸登宜爲，必歸歌戈，舉世其誰从之？余所病休文者，當時若能别定一譜，與今韻並行，聽好古者自擇，亦足令古音不亡。既不能然，斯爲缺典。若責其不能復古，是怪許叔重作説文不爲鐘鼎科斗書，而顧祖李斯以亡古文也，豈足以服其心哉！

顧氏又曰：「天之未喪斯文，必有聖人復起，舉今日之音而還之淳古者。」愚謂此説亦大難。古人之音，雖或存方音之中，然今音通行既久，豈能以一隅者槩之天下？譬猶窯器既興，則不宜於籩豆；壺斟既便，則不宜於尊罍。今之孜孜考古音者，亦第告之曰：「古人本用籩豆尊罍，非若今日之窯器壺斟耳。」又示之曰：「古人籩豆尊罍之制度本如此，後之摹倣爲之者，或失其真耳。」若廢今人之所日用者，而强易以古人之器，天下其誰從之？觀明初編洪武正韻，就今韻書稍有易置，猶不能使之通行，而況欲復古乎！顧氏音學五書與愚之古韻標準，皆考古存古之書，非能使之復古也。」

秀水朱彝尊錫鬯曰：「韻之失，不在分而在合，然古人分韻雖嚴，通用甚廣，蓋嚴則於韻之本位毫釐不爽，通則臨文不至牽率而乖其性情，亂之自劉淵始也。且韻書之作，自李登以下，南人蓋寡。沈氏書既無存，傳者陸氏切韻耳。法言家魏郡臨漳，同時纂韻八人，惟蕭該家蘭陵，其餘盧思道家范陽，辛德源家狄道，薛道衡家河東，李若家頓邱，顔之推家臨沂，劉臻家沛。類北方之學者，黄公紹失考，謂『韻書始自江左，本是吴音』者，妄也。」按：此論深中今韻妄合之病。臨文或用古韻，當于平上去十三部、入聲八部通其所可通，毋學韗于後人，復亂鄙俚之韻，斯爲善用古韻矣。又今人之不通韻學者，動訾韻書爲吴音，觀此亦可以關其口。

近思録集注序

道在天下，亘古長存。自孟子後，一綫弗墜，有宋諸大儒起而昌之，所謂爲天地立心，爲生民立道，爲去聖繼絶學，爲萬世開太平，其功偉矣。其書廣大精微，學者所當博觀而約取，玩索而服膺者也。昔朱子與吕東萊先生晤於寒泉精舍，讀周子、程子、張子之書，歎其閎博無涯，恐始學不得其門，因共掇其關於大體，切於日用者，爲近思録十四卷，凡義理根原，聖學體用，皆在此編。其於學者心身疵病，應接乖違，言之尤詳，箴之極切。蓋自孔、曾、思、孟而後，僅見此書。朱子嘗謂：「四子，六經之階梯；近思録，四子之階梯。」又謂：「近思録所言，無不切人身，救人病者。」則此書直亞於論、孟、學、庸，豈尋常之編録哉！其間義旨淵微，非注不顯。攷朱子朝夕與門人講論，多及此書，或解析文義，或闡發奧理，或辨別同異，或指摘瑕疵，又或因他事及之，與此相發，散見文集、或問、語類諸書，前人未有爲之薈萃者。宋淳祐間，平巖葉氏采進近思録集解，采朱子語甚略。近世有周公恕者，因葉氏注，以己意别立條目，移置篇章，破析句段，細校原文，或增或複，且復脱漏譌舛，大非寒泉纂集之舊。後來刻本相仍，幾不可讀。永自早歲先人授以朱子遺書原本，沈潛反覆有年。今已垂暮，所學無成，日置是書案頭，默自省察，以當嚴師。竊病近本既行，原書破碎，朱子精言復多刊落，因仍原本次第，裒輯朱子之言有關此録者，悉采入注；朱子説未備，乃采平巖及他氏説補之；閒亦竊附鄙説，盡其餘藴，蓋欲昭晰，不厭詳備。由是尋繹本文，彌覺義旨深遠，研之愈出，味之無窮。竊謂此録既爲四子之階梯，則此注又當爲此録之牡鑰，開扃發鐍，祛疑釋蔽，於讀者不無小補。晚學幸生朱子之鄉，取其遺編，輯而釋之，或亦儒先之志。既以自勖，且公諸同好，共相與砥礪焉。

清儒學案卷五十九

慎修學案下

翼梅

歲實消長辨

歲實消長，前人多論之者。勿菴先生大約主授時，而亦疑其百年消長一分以乘距算，其數驟變，殊覺不倫。又謂「今現行之歲實稍大於授時，其爲復長亦似有據」，因爲「高衝近冬至而歲餘漸消，過冬至而復漸長」之說，蓋存此以俟後學之深思。永别爲之説，謂平歲實本無消長，而消長之故，在高衝之行，與小輪之改爾。歲節氣相距，近高衝者歲實稍羸，近最高者稍朒，猶定朔、定望、定弦之不能均，惟逐節氣算其時刻分秒，而消長可勿論也。管見如斯，遂不能强同，爰引先生之言，逐節疏論於下。

勿菴先生曰：曆學答問。「授時以萬分爲日，故其歲實三百六十五萬二千四百二十五分。其數自至元辛巳歲前天正冬至，積至次年壬午歲前天正冬至，共得三百六十五日二十四刻二十五分。若逆推前一年，亦是如此。如自庚辰年十一月冬至，逆推至己卯年十一月冬至，亦是三百六十五日二十四刻二十五分。此歲實之數，大統與授時並同。」

永按：歲實爲曆法大綱領，得其真確之數爲難。四分曆以前無論已。魏、晉以後，漸知一歲小餘不及四分日之一。隨時測驗，一曆必更一斗分，不久即有差。此何以故？蓋步曆者泥履端於始之義，但以歲前冬至距今年冬至計其小餘時刻，并入大餘，以爲歲實，不知冬至距冬至所得者活汎之歲實，而非經恒之歲實也。欲得經恒歲實，宜於近春分時測之。元至元時當測定氣春分。今歲春分距來歲春分，苟得真時刻，則得真歲實。又以前後遠年測準之春分，計其日時分秒，均之各歲，則歲實之恒率確矣。此何也？太陽因有高卑而生盈縮，近數百年間，春分則平行，當郭氏作曆時，定氣春分之日，正當平行之處，此以前以後雖有差亦甚微。故所得歲實爲恒率。得其恒，乃可以求其定，猶之月必有平朔之策，而後可求定朔也。郭太史改曆，自言創造簡儀高表，憑所測實數考正者七事，一曰冬至，二曰歲餘。其於歲餘攷之詳矣。其求冬至也，自丙子年立冬後，依每日測到晷影，逐日取對冬至前後日差，同者爲準，得丁丑年冬至在戊戌日夜半後八刻半。又定戊寅冬至在癸卯日夜半後三十三刻，己卯冬至在戊申日夜半後五十七刻，庚辰冬至在癸丑日夜半後八十一刻，辛巳冬至在己未日夜半後六刻。從甲子日始五十五日零六刻氣應五十五萬零六百分爲曆元。其求歲餘也，自劉宋大明以來，測景驗氣得冬至時刻真數者有六，用以相距，各得其時。合用歲餘考驗，四年相符不差。仍自宋大明壬寅年距至今八百一十九年，每歲合得三百六十五日二十四刻二十五分，減大明曆一十一秒，其二十五分爲今曆歲餘合用之數。愚以此二條考之，即郭氏當年所定之歲實已有微差，稽之於史，又多牴牾，其可以是爲消長之準乎？夫一歲小餘二十四刻二十五分，積之四年，正得九十七刻，無餘無欠。丁丑年冬至在戊戌日夜半後八刻半，則辛巳年冬至宜在己未夜半後五刻半，不應有六刻。如以辛巳之六刻爲確也，則丁丑年宜在九刻，不應只有八刻半。此四年既皆實測所得，則已多半刻矣，而云相符不差，何也？丁丑年之八刻半，雖約取整數，未必正是半刻，然已有數十分矣，其本法上攷已往，百年而長一刻，四年所長甚微，不應有半刻以下。然則當時冬至歲實，刻下之小餘不止二十五分矣。又攷劉宋孝武帝大明五年辛丑，祖沖之所測十月十日壬戌景長一丈七寸七分半，十一月二十五日丁未一丈八寸一分太，二十六日戊申一丈七寸五分强。以壬戌、戊申景相較，餘二分二釐半爲實。以丁未戊申景相較，餘六分五釐爲法。以法除實，得三十四刻六十分。以減距日四千六百刻，餘四千五百六十五刻四十分。折取其日，二千二百八十二刻七十分。加半日刻，午正測景，故加半日。得二千三百三十二刻七十分。命壬戌算外得十一月三日乙酉夜半後三十二刻七十分劉宋都建康，比元都里差應後五十七分，則大都此日冬至三十二刻一十三分。按：劉宋時太陽最高衝在冬至前幾半宮，則取冬至前後二十餘日之景，折取中數，以求冬至，仍有差。詳見冬至權度。辰初三刻冬至。大都減半刻奇。大明壬寅辛丑年之十一月，即壬寅歲之始。下距至元辛巳八百一十九年，以授時歲實積之，凡二十九萬九千一百三十三日六十刻七十五分，以乙酉辰初三刻距己未丑初一刻，凡二十九萬九千一百三十三日九十二刻，較多三十三刻，而云自大明壬寅距今每歲合得此數，何也？如郭氏百年長一之法，以八百一十九總乘所長之數，則壬寅冬至甲申日七十九刻太，較當時所測算者，又先五十餘刻，失之愈遠矣。詳冬至權度。又云「減大明曆一十一秒」，考祖沖之大明曆紀法與周天一歲小餘二十四刻二十八分一十四秒，授時減去三分一十四秒，亦非一十一秒也。邢士登律曆考謂金時趙知微重修大明曆，小餘二十四分三十六秒，實多授時一十一秒。郭所減者，趙曆，非祖曆也。其説是。然則授時所定歲實，猶是近似活泛之數，而不可以爲恒。欲定經恒之歲實，則西曆恒年表之恒率是矣。按表一歲小餘五小時三刻三分四十五秒，一日二十四小時，一小時四刻，一刻十五分，一分六十秒。以分通之，三百四十八分有奇；以秒通之，二萬零九百二十五秒。一日八萬六千四百秒。考其實，則回回曆已如此。回回曆法一歲三百六十五日，歲有十二宫，宫有閏日，一百二十八年閏三十一日，然則一歲閏一百二十八分日之三十一，正西法之歲餘也。以一百二十八乘二萬零九百二十五，得二百六十七萬八千四百。以八萬六千四百除之，得三十一。回回曆以春分爲歲首，其歲餘由累測春分得之。歐邏巴曆遂用之，至今因之，雖分下之四十五秒未必無朓朒，當亦甚微矣。以此平率爲準，隨其時之最高衝與最高之行而進退焉。冬至近高衝，則兩歲冬至之距必多於平率。今時多一分弱。夏至近最高，則兩歲夏至之距必少於平率。今時少一分弱，猶之太陰當朔時近入轉，兩朔相距之日時必多。當望時近月孛，兩望相距之日時必少。若朔時近月孛，望時近入轉，兩朔兩望相距反是。又古時太陽本輪均輪半徑之差大於今日，則加減均數亦大，而冬至歲實當更增。至元辛巳間，高衝約與冬至同度，則歲實尤大。其小餘刻下之分約有三十分，而授時定爲二十五分，宜其自丁丑至辛巳四年之間即有半刻之差，而郭氏未之覺也。一年少五分，四年少二十分，幾於半刻之半矣。丁丑年之八刻半，本爲約略之數，半刻以下，固難測算真的也。以西法歲餘依授時萬分日較之，只有二十四刻二十一分八十七秒半，少授時歲餘三分一十二秒半。當時冬至爲盈初小輪，半徑差又大，其多於平率，必不至三分有奇也。

「然授時原有消長之法，是其新意。其法自辛巳元順推至一百年，則歲實當消一分。依法推至洪武十四年辛酉滿一百年，其歲實消一分爲三百六十五日二十四刻二十四分。若是辛巳元逆推至一百年，則歲實當長一分。依法推至宋孝宗淳熙八年辛丑滿一百年，歲實長一分，爲三百六十五日二十四刻二十六分。每相距增一百年，則歲實消長各增一分。以是爲上考下求之準，大統諸法悉遵授時，獨不用消長之法，上考下求，總定爲三百六十五日二十四刻二十五分，此其異也。」

永按：冬至相距之歲實大於平率，最高衝有行度，而小輪均數又有大小，宜其歲實有消長分數。然必當時測定之歲實已真確，又知其無可復加，而後知將來之漸消。若授時歲餘刻下之二十五分尚非確數，其差分已見端於丁丑辛巳四年之間，則辛巳以後，能必其果消乎？郭太史曆考正者七事，創法者五事，皆不數歲實消長，蓋未能真知所以消長之故。但暗用楊忠輔統天曆爲活法，以推往古，意謂下考將來亦如是耳。明大統曆悉遵授時，獨不用消長之法，當時曆官元統非有確見，實測知其不當用消分也。以今觀之，猶幸大統不用消分。冬至縱有先天，尚未甚遠，倘遽改二十五分爲二十四分，其先天不愈多乎！當至元時，刻下小餘約有三十分。授時一歲少五分，百年約先天五刻。

「歲實即一年之日數，自一年以至十百年，共積若干，是爲積日，亦謂之中積。上考下求，皆距至元辛巳立算。假如今康熙庚午歲相距四百零九算，依授時法推得積日一十四萬九千三百八十四日零一刻八十九分，因距算四百以上歲實當消四分，爲三百六十五日二十四刻二十一分，以乘距算四百零九，得如上數。大統不用消長，則積日爲一十四萬九千三百八十四日一十八刻二十五分，兩法相差一十六刻三十六分。」以命冬至日辰，授時得癸卯日丑初三刻，大統得癸卯日卯初三刻。

永按：凡天行盈縮進退必以漸，無驟增驟減之理。郭氏百年消長一分，則是百年之內皆無所差，至二百零一年驟增減一分，又越百年皆平差一分，至二百零一年又驟增減一分，豈有此數與法乎？即如其法算，數百年後，亦當逐節計其消分，積而數之，不當總計當消之分，而以距算總乘之也。如大統算，康熙庚午冬至癸卯日卯初三刻，查時憲書乃是巳初一刻。大統先天一十四刻。授時、大統用消分，不用消分均之，無當於天行，其故何哉？當年所測歲實，刻下小餘，其數不真故也。歲實已弱，而又消之，安得不先天乎？使當年改二十五分爲三十分，由辛巳以後，漸而消之，或庶幾。曰：「至元歲餘若果二十四刻三十分，則上考當長乎？消乎？」曰：「上考亦消也。蓋至元時高衝與冬至同度，小輪均數又大，故冬至歲實爲長極之時，而上考下考皆當消，但消於三十分之內，非消於二十五分之內也。今時高衝在冬至後七八度，小輪又漸小，冬至歲餘以萬分日計之，約二十四刻二十八九分之間。劉宋大明時，高衝在冬至前半宮，以祖沖之紀法除其歲周，當時歲實三百六十五日二十四刻二十八分一十四秒。可見至元前後皆消於三十分之內，其消甚遲，約四百餘年始消一分。蓋小輪均數在初宮，有若平差故也。至一宮以外，則漸疾矣。若以春分平歲實相較，則冬至歲實上下數千年皆在長限之中，而至元時尤爲長之極，必俟高衝行至春分，則冬至歲實始平。如今之春分。又數千年，高衝行至夏至，最高行至冬至，如今之歲實，始爲消之極耳。如今之夏至。然冬至歲實消，則春分歲實長，冬至歲實消之極，則夏至歲實又爲長之極矣。抑今日本輪差小，古時差大，則消長中復有消長。苟知此理，則後之治曆者，但隨時測高衝之行與小輪之差，以算定氣，而歲實消長，俱可勿論。猶之太陰，但實算定朔、定望、定弦，不必復計此月與彼月多於朔策幾何，少於朔策幾何也。」

又曰：曆學疑問。「問：『歲實既有一定之數，授時何以有消長之法？』曰：『此非授時新法，而宋統天之法。然亦非統天億創之法，而合古今累代之法而爲之者也。』」

永按：統天曆，宋寧宗時楊忠輔所造。其歲實與授時正同，以斗分乘距差爲躔差，暗藏加減之法，約百年加減一分零六秒弱。然行之未久，鮑澣之造開禧曆，臧元震造成天曆，皆增歲實，改各率，紛紛迄無定論云。

「蓋古曆周天三百六十五度四分度之一，一歲之日亦如之，故四年而增一日。其後漸覺後天，皆以爲斗分太强，因稍損之。」

永按：古曆四年而增一日，其術甚疎。雖古斗分宜多，亦約百數十年即當後天一日，何以自周迄漢，久而後覺？曰：「周之曆卻失之先天。僖公五年辛亥日南至，昭公二十年己丑日南至，皆先天二三日。歷數百年，以有餘之歲實，盈其所先之數，乃適得其平。約在周、秦間。厥後猶執四分之術，漸失之後天，故久而後覺耳。」

「自漢而晉而唐而宋，每次改曆，必有所減，以合當時實測之數，故用前代之曆，以順推後代，必至後天，以斗分强也。斗分即歲餘。若用後代之曆，據近測以逆溯往代，亦必後天，以斗分弱也。」

永按：漢以前之冬至非實測，先、後天或至二三日。後漢末，劉洪始覺其後天而減斗分，東晉虞喜始立歲差法，後秦姜岌始知以月蝕衝檢日宿度所在，而劉宋之初冬至猶後天三日。大明時，祖沖之始詳於測景，以冬至前後二十餘日之景，折對取中而定冬至，然後冬至日躔漸得其實。猶不能盡合也，故唐一行謂麟德曆以前，實録所記，乃依時曆書之，非候景所得。郭太史謂自大明曆以來，測景驗氣得冬至時刻真數者有六，然則實測之能合天者亦鮮矣。

「統天曆見其然，故爲之法以通之，於歲實平行之中，加一古多今少之率，則於前代諸曆不相乖戾，而又不違於今之實測，此其用法之巧也。然統天曆藏其數於法之中，而未嘗明言消長，授時則明言之，今遂以爲授時之法耳。郭太史自述創法五端，初未及此也。」

永按：授時曆實暗用統天之法者也，其歲餘二十四刻二十五分與統天同，而上推百年長一之法亦相似，故授時曆議謂自魯獻公戊寅至至元辛巳冬至日名共四十九事，授時法合者三十九，不合者十；統天不合者，惟獻公戊寅與授時異，餘三十八與授時〔一〕同，二曆推冬至略相似也。然而劉宋大明壬寅歲前冬至乙酉夜半後三十二刻七十分，則當時祖沖之測景推算所得者縱有未確，亦不甚遠。當時所算，約後天十六刻。詳見冬至權度。依授時、統天法，皆推甲申日戌初初刻先天甚多，豈可謂大明非而授時、統天是與？郭氏謂自大明以來，測景驗氣得冬至時刻真數者有六，用以相距。既以大明壬寅之冬至爲得真數之首矣，及用法推算，即失此至，乃謂日度失常，其可乎？以今觀

〔一〕「授時」，原作「時授」，今乙。

之，一由授時所定歲餘本未真；一由長數當漸積，不當總計長分，而以八百一十九距算總乘之也。統天距差乘躔差減汎積，失亦略同。

「然則大統曆何以不用消長？曰：此則元統之失也。當時李德芳固已上疏爭之矣。然在洪武時，去授時立法不過百年，所減不過一分，積之不過一刻，故雖不用消長，無甚差殊也。崇禎曆書謂元統得之測驗，竊不謂然，何也？元統與德芳辨，但言未變舊法，不言測驗有差。又其所著通軌，雖便初學，殊昧根宗，間有更張，輒違經旨，如月食時差既内分等，俱妄改背理。豈能於冬至加時先後一刻之間而測得真數乎？」

永按：明初李德芳與元統爭歲實消長，爲曆家一段公案，關係有明二百餘年之曆法。邢士登恨元統不用消分，致萬曆間節氣後天九刻有奇。愚有以斷之。據授時歲實上考，固宜有長分矣。然而授時之歲餘本未確，則所據以爲長之端者亦未真。既言每百年長一分，則當以漸而長，乃總計長分以乘距算，則又無此算法。觀其推至，大明壬寅已違當時之實測，又何論春秋以前乎？德芳所據者，謂魯獻公十五年戊寅天正甲寅冬至，依授時法推得甲寅日夜子初三刻，依大統法推得己未日午正三刻，己未史誤作丁巳。相差四日六時五刻，當用至元辛巳爲元，及消長之法，方合天道。夫魯獻公之年，史有舛錯，本難憑信。漢志謂獻公十五年甲寅冬至。此自劉歆三統曆逆推當年冬至是甲寅耳，豈有實測紀之信史哉！而德芳以此駁元統，其無卓識可知矣。然統之不用消長也，初無實據，但云「上考下推，不用消長，以合天道」；又云「天道無端，惟數可以推其機；天道至妙，因數可以明其理。理因數顯，數從理出，故理數可相倚而不可相違。」夫既未嘗實測，而憑虚以言天道，言理數，宜其不能服德芳也。今日曆學大明，由後觀之，前此二百餘年，猶幸元統不用消分，冬至加時，先天尚未甚遠。蓋授時歲餘一歲約少五分，自至元辛巳至洪武甲子，一百零三年固已先天五刻矣。使大統減一分，又越百年二百年而更減之，先天不愈多乎？邢士登謂萬曆間大統曆後天九刻，此非有所測驗，但據用消分與不用消分積算如此，豈知明曆皆失之先天乎？觀前所舉康熙庚午年，時憲書癸卯日巳初一刻冬至，依大統算，卯初三刻，先天一十四刻；若依授時算，丑初三刻，則先天三十刻。自辛酉溯戊辰五十餘年，約減二三刻，則戊辰以前，大統曆率先天十一二刻。若用授時法，先天遂至二十七八刻矣，此豈可厚非大統乎？

「然則消長必不可廢乎？」曰：上古則不可知矣。若春秋之日南至，固可攷據，而唐、宋諸家之實測有據者，史册亦具存也。今以消長之法求之，其數皆合。若以大統法求之，則皆後天，而於春秋且差三日矣，安可廢乎？」

永按：春秋時曆法最疏，置閏或疏或密，日食或不在朔，則步冬至違天可知。僖公五年丙寅正月辛亥朔，日南至。以今法推，此年平，冬至乙卯日巳時。定冬至在甲寅，即令此時小輪均數大，能使定氣移前一日半，亦不過癸丑日之夜刻辛亥，實先天二三日，且定朔壬子，亦非辛亥也。昭公二十年己卯二月己丑，日南至。以今法推，此年平，冬至壬辰。定冬至辛卯，當時推己丑，亦先天二日，且己丑爲此年正月朔，安得爲二月也？授時推僖公五年冬至，以歲餘長十九分，乘距算一千九百三十五，加於中積，得辛亥日寅初二刻。是以總長分數乘距算，而非積漸而長，亦因傳有辛亥日南至之文，强爲此算以求合，不知辛亥非實測也。唐一行謂：僖公登觀臺以望而書雲物，出於表晷天驗，非時史億度。愚謂：傳言書雲，未嘗言測景。其推昭二十年冬至，以十八乘距算一千八百零二，則不得己丑，而得戊子日戌初三刻，其先天愈甚矣。此二事一合一否，皆不足爲據。且既能上合一千九百餘年之冬至矣，何以劉宋元嘉丙子十一月甲戌景長而推癸酉，大明辛丑十一月乙酉冬至即壬寅天正冬至。而推丙申？此二事皆八百餘年，反先天一日，豈非總分乘距算之法非法故失之乎？

「然則統天、授時之法同乎？曰：亦不同也。統天曆逐年迭差，而授時消長之分，以百年爲限，則授時之法又不如統天矣。」

永按：統天以距差乘躔差，其失亦與授時等。由其根數未確。

「夫必百年而消長一分，未嘗不是，乃以乘距算，其數驟變，殊覺不倫，鄭世子黄鍾曆法所以有所酌改也。」假如康熙辛酉年距元四百算故消四分，而其先一年庚申距算三百九十九只消三分，是庚申年歲餘二十四刻二十二分，而辛酉年歲餘二十四刻二十一分也。以此所消之一分乘距算，得四百分，則辛酉歲前冬至忽早四刻，而次年又只平運，以實數計之，庚申年反只三百六十五日二十刻二十二分，辛酉年則又是三百六十五日二十四刻二十一分，其法舛矣！

永按：授時之謬法，勿菴先生亦已覺之矣。抑不惟如此而已，年愈遠則失愈甚。如推至春秋時一千九百年，則歲餘二十四刻四十四分。若一千九百零一年，歲餘增一分，此一分乘距算一千九百零一，前一歲忽增一十九刻有餘，則歲實有三百六十五日四十三刻有奇，豈不甚可笑乎？況又有遠於此者乎？

「問：『歲實消長之法既通於古，亦宜合於今。乃今實測之家，又以爲消極而長，其説安在？豈亦有所以然之故與？』曰：『授時雖承統天之法而用消長，但以推之舊曆而合耳，初未嘗深言其故也。惟曆書則爲之説曰：歲實漸消者，由日輪之轂漸近地心也。余嘗竊疑其説，今具論之。夫西法以日天與地不同心，疏盈縮加減之理。其所謂加減，皆加減於天周三百六十度之中，非有所增損於其外也。夫最高則視行見小而有所減，最卑則視行見大而有所加。加度則減時矣，減度則加時矣，然皆以最卑之所減，補最高之所加。及其加減已周，則其總數適合平行，略無餘欠也。若果日輪之轂漸近地心，不過其加減之數漸平耳。加之數漸平，則減之數亦漸平，其爲遲速相補而歸於平行，一也。豈有日輪心遠地心之時，則加之數多而減之數少；日輪心近地心時，則減之數少而加之數多乎？必不然矣！』」

永按：冬至相距之日時，古今有多少，不過汎歲實與平歲實相差，其相差又有舒疾之漸耳。若知冬至有平有定，本不必言消長。必欲言其消長，則其故有二：一由高衝離冬至有遠近，一由日小輪古今有大小也。高衝秋分行至冬至，此三宫定冬至，皆在平冬至前；自冬至行至春分，此三宫定冬至，皆在平冬至後。總此六宫，上下約萬年，以今時最高衝行約之。皆在長限，以其冬至汎歲實皆多於平歲實故也。惟高衝正當春分秋分，此兩歲歲實皆平，即西法三百六十五日五小時四十八分四十五秒是也。離此則漸有差。前三宫由平而漸增多，是爲長中之長；至高衝與冬至同度，則定冬至與平冬至同日同時，是爲長之極，當郭太史作曆，正其時也。後三宫由極多而漸減以至於平，是爲長中之消。今時高衝在冬至後八度，其消尚未多也。若高衝過春分而行至夏至，此三宮定冬至亦在平冬至後；自夏至行至秋分，此三宮定冬至又在平冬至前。總此六宮，亦約萬年，皆在消限，以其冬至汎歲實皆少於平歲實故也。前三宮由平而漸減，是爲消中之消；至高衝與夏至同度，則定冬至亦與平冬至同日同時，是爲消之極；後三宮由極少而漸增以至於平，是爲消中之長，此通高衝行一周天而總論其消長也。然而太陽兩小輪半徑三千五百八十四，古多而今少。多則小輪稍大，日躔加減均亦稍大；少則小輪稍小，加減均亦稍小。高衝之行，一年一分一秒十微。西士後測。此一分一秒十微若在均數稍大之中，則度分變爲時分之秒數，以加減於平時者必稍多；若在均數稍小之中，則度分變爲時分之秒數，以加減於平時者必稍少。如崇禎戊辰所立之加減差表，初宮之初度，十一宮之末度，每一十分均數二十有二秒。高衝一年行一分一秒十微，約均數二秒有奇。此二秒有奇，變爲時約五十七秒，以加於平歲，餘五小時三分四十五秒，得五小時四分四十二秒。如小輪稍大，則初度一十分之均不止二十二秒，而一歲高衝之行不止得均二秒有奇，其變時亦不止五十七秒矣。如小輪稍小，則初度十分不及二十二秒，高衝之行得均數不及二秒，則變時亦不及五十七秒矣。此略舉初度之均數爲例，其他可類推。古今小輪之大小雖不可盡知，以劉宋元嘉、大明間屢年之實測，算當時之不同心差，蓋四千有奇，詳冬至權度。則均數必稍强。至元時，授時曆冬至盈初加分，多於今日之加分，則當時小輪半徑不止三千五百八十四。自此以後，至今日，小輪漸小，均數亦漸少，高衝行度所得之均數，以減度加時者所得，亦稍弱焉。此又因輪轂漸近地心，而微有消分也。

「又考日躔永表，彼固原未有消長之說。日躔曆指言平歲，用授時消分定歲，則用最高差，及查恒年表之用，則又只用平率，是其説未有所決也。」

永按：曆書非出一手，故有不相應處。其歲實平率出回曆，回曆得之實測春分。此曆書最緊要處，惜未明白剖析。其日躔表説辨論從前言消長者之非，則固有定説矣，但小餘微有不同耳。曆書平歲實小餘五小時三刻三分四十五秒，以萬分通之，是二四二一八七五也。今曆象考成亦用之。而日躔表説二四二一八八六四，較多一一四。

「又曆書言日輪漸近地心，數千年後，將合爲一點。若前之漸消由於兩心之漸近，則今之消極而長，兩心亦將由近極而遠，數千年後又安能合爲一點乎？彼蓋見授時消分有據，而姑爲此説，非能極論夫消長之故者也。」

永按：七政皆有小輪，獨日之小輪有改變。竊意久亦必復，豈有與地心合爲一點之理？自至元辛巳以後，正是長極而消，非消極而長也。曰：「今實測之冬至，後於授時之中積，分明是長，而以爲消，何也？」曰：「前已言之矣。授時歲餘刻下之分當有三十分，而郭氏定爲二十五分也。授時之歲實，豈非出於實測？然因其自述丁丑辛巳四年冬至，得其自相乖違之處，因以知至元時爲長極而消之大界，與日躔加減表十一宫末度以前均數漸減之理固相符也。」

『然則將何以求其故？』曰：『授時以前之漸消，既徵之經史而信矣，而今現行曆之歲實，又稍大於授時，其爲復長，亦似有據。竊考西曆最高卑，今定於二至後七度，依永年曆每年行一分有奇，則授時立法之時，最高卑正與二至同度，而前此則在至前，過此則在至後，豈非高衝漸近冬至而歲餘漸消？

及其過冬至而東，又復漸長乎？余觀七政曆，於康熙庚申年移改最高半度弱，而其年歲實驟增一刻半强，此亦一徵也。存此以俟後之知曆者。」己未年最高在夏至後六度三十九分，庚申年最高在夏至後七度七分，除本行外，計新移二十七分。己未冬至庚戌日亥正一刻四分，庚申年冬至丙辰日寅正二刻二分，實計三百六十五日二十四刻十三分。前後各年俱三百六十五日二十三刻四分或五分，以較庚申年歲實，驟增一刻九分。

永按：歲實消長之故，一由最高衝之有行度。先生因最高改移、歲實驟增而悟及此，猶云存之以俟知者，亦欲後人由此致思也。然其所言消長，若與實算相反，何也？日躔加減表初宮與十一宮同均，而加減異號。至元辛巳以前，高衝行未及冬至，則用初宮之均度分秒加度而減時。辛巳以後，高衝行已過冬至，則用十一宮之均度分秒減度而加時。前減時則定冬至在平冬至前，後加時則定冬至在平冬至後。初宮之初度與十一宮之末度其均最大，則一歲高衝之行所得均數最多，變爲時以加減於平時者亦最多，故此處歲實極大，皆最長之時也。初宮若離初度稍遠，則均漸少，而變時以減平時者亦稍少，歲實亦稍減矣。十一宮若離末度稍遠，則均漸少，而變時以加平時者亦稍少，歲實亦稍減矣。故高衝行漸近冬至，其均由少而多，歲實正漸增以至於極也，而此謂歲餘漸消；高衝已過冬至，其均由多而少，歲實則由極多以漸減也，而此謂復漸長，豈非與實算相反乎？蓋先生論消長，不主平歲實爲根耳。

王寅旭曰：「歲實消長，其説不一，謂由日輪之轂，漸近地心，其數浸消者，非也。日輪漸近則兩心差，及所生均數亦異，以論定歲誠有損益，若平歲歲實尚未及均數，則消長之源與兩心差何與乎？識者欲以黄、赤極相距遠近，求歲差朓朒與星歲相較爲節氣消長終始循環之法。夫距度既殊，則分至諸限亦宜隨易，用求差數，其理始全。然必有平歲之歲差，而後有朓朒之歲差；有一定之歲實，而後有消長之歲實。以有定者紀其常，以無定者通其變，始可以永久而無弊。」

永按：古今言歲實消長者，皆從冬至歲實言之，非論平率歲實也。因兩心差，及所生均數異，而定氣微有損益，是亦消長之一根，不可謂其無與。若黄、赤極相距遠近求差數，此説恐未然。其言「有平歲之歲差，而後有朓朒之歲差；有一定之歲實，而後有消長之歲實」，此數言極中肯綮。一定之歲實，從春分測定之平歲實是也。苟知此，則但言平冬至定冬至，不必言消長，亦可矣。

「按寅旭此論，是欲據黄、赤之漸近，以爲歲實漸消之根。蓋見西測黄、赤之緯，古大今小，今又覺稍贏，故斷以爲消極復長之故。然黄、赤遠近，其差在緯；歲實消長，其差在經，似非一根。又西測距緯復贏者，彼固自疑其前測最小數之未真，則亦難爲確據。愚則以中曆歲實起冬至，而消極之時，高衝與冬至同度。高衝離至，而歲實亦增。以經度求經差，似較親切。愚與寅旭生同時而不相聞，及其卒也，乃稍稍見其書。今安得起斯人於九原，而相與極論，以質所疑乎？」

永按：先生經緯之辨最確。而謂高衝與冬至同度爲消極之時，永已論之於前。

又曰：考最高行及歲餘。「按日行盈縮細考之，則春分距夏至，夏至距秋分，雖皆縮曆，而其縮亦不同；秋分距冬至，冬至距春分，雖皆盈曆，而其盈亦不同，且年年不同。細求之，則節節不同；又細求之，且日日不同矣。其故何也？蓋最高一點不在夏至，而在其後數度，又且年年移動，此太陽盈縮之根，而歲實所以有消長也。」

永按：以太陽盈縮之根，推歲實所以有消長，此先生之定見定説也。

「按：庚申年夏至至冬至一百八十三日十三刻六分，辛未年夏至至冬至一百八十三日十四刻九分，十二年中共長一刻零三分。中積只十一年。壬戌年冬至至次年夏至一百八十二日九刻九分，庚午年冬至至次年夏至一百八十二日八刻十分，九年中共消十四分。中積共只八年。又合計癸亥夏至至前半周一百八十二日九刻九分，冬至前半周一百八十三日十三刻十分，相較一日零四刻一分；辛未夏至前半周一百八十二日八刻十分，冬至前半周一百八十三日十四刻九分，相較一日零五刻十四分，八年中較數增一刻十三分。」

永按：此以半年之氣，前後相較，驗最高之東移。若以兩歲冬至、春分、夏至、秋分及各節氣，兩歲相距，皆各有其歲實，而冬至爲最大，夏至爲最小，春秋分爲近平。又越數十年，而諸歲實亦微有不同矣。前代只知冬至歲實，不知逐節皆有歲實也。

「然二分之相距，則無甚差，何也？蓋最高移而東，則夏至後多占最高之度，而減度加時之數益多，故益長。高衝移而東，則冬至後多占最卑之度，而加度減時之數益多，故益消。其近二至處，皆爲加減差最大之處，故消長之較已極也。乃若二分與中距，雖亦歲餘，而中距皆爲平度，不係加減。其最高前後視行小之度，固全在春分後半周；最高衝前後視行大之度，亦全在春分後半周，毫無移動，故無甚消長也。」

永按：二分無甚差，故欲得平歲實，須於近二分時測之。若高衡行至春分，則二分之距又最大，而二至反平矣。

「按：授時消分爲不易之法，今復有長者，何耶？西法最高卑之點在兩至後數度，歲歲東移，故雖冬至，亦有加減，不得以恒爲定也。此是西法中一大節目，其法自回回曆即有之。袁了凡先生頗采用回回法而不知此，熊礧石先生親與西儒論曆而亦不言及，何耶？」

永按：最高卑之有行度，誠西法中一大節目。袁氏新書不知有最高卑，又何以能較論前代諸曆之先後天乎？

又曰：曆學疑問。「袁了凡新書通回回之立成於大統，可謂苦心，然竟削去最高之算，又直用大統之歲餘，而棄授時之消長，將逆推數百年已不效，況數千萬年之久乎？」

永按：袁書逆推數百年已不效，誠然。若棄授時之消長，則無足論。授時本非不刊之法也。今時曆象考成推步，只有求天正冬至與求定冬至之法，而不言消長，紛紛之論可定矣。

金水發微

勿菴先生曰：「問：『五星之法，至西曆而詳明。然其舊説五星各一重天，大小相函，而皆以地爲心。其新説五星天雖亦大小相函，而以日爲心。若是其不同，何也？』曰：『無不同也。西人九重天之説，第一重宗動天，次則恒星，又次土星，次木星，次火星，次太陽，次金，次水，次太陰，是皆以其行度之遲速，而知其距地有遠近，因以知其天周有大小，理之可信者也。星之天有大小，既皆以距地之遠近而知，則皆以地心爲心矣。是故土木火三星距地心甚遠，故其天皆大於太陽之天而包於外；金水二星距地心漸近，故其天皆小於太陽之天而在其内，爲太陽天所包，是其本天皆以地爲心，無可疑者。惟是五星之行，各有歲輪。歲輪亦圓，象五星，各以本天載歲輪。歲輪心行於本天之周，星之體則行於歲輪之周，以成遲疾留逆。若於歲輪上星行之度聯之，亦成圓象，而以太陽爲心。西洋新説，謂五星皆以日爲心，蓋以此耳。然此圍日圓象，原是歲輪周行度所成，而歲輪之心，又行於本天之周，本天原以地爲心，三者相待而成，原非兩法，故曰無不同也。』上三星在歲輪上右旋，金水在歲輪上左旋，皆挨度平行。『夫圍圓象既爲歲輪周星行之迹，則遲留逆伏之度，兩輪皆有之，故以歲輪立算，可以得其遲留逆伏之度；以圍日圓輪立算，所得不殊。立法者溯本窮源，用法者從簡便算，如曆書上三星用歲輪，金水二星用伏見輪，皆可以求次均，立算雖殊，其歸一也。或者不察，遂謂五星之天，真以日爲心，失其指矣。』『曆指又嘗言火星天獨以日爲心，不與四星同。予嘗斷其非是，作圖以推明地谷立法之根原，以地爲本天之心，其説甚明。其金水二星，曆指之説多淆，亦久疑其非。今得門人劉允恭悟得金水二星之有歲輪，其理的確而不可易，可謂發前人之未發矣。』」「問：『金水二星之求次均也用伏見輪，曆指謂其即歲輪，其説非與？』曰：『非也。伏見輪之法起於回曆，而歐邏因之。若果即歲輪，何爲别立此名乎？由今以觀，蓋即歲輪上星行繞日之圓象耳。』王寅旭書亦云伏見輪非歲輪。『然則伏見輪既爲圍日之迹，上三星宜皆有之，何以不用，而獨用之金水？』曰：『以其便用也。蓋五星行於歲輪，起合伏終合伏皆從距日而生，故五星之歲輪並與日天同大，而歲輪之心原在本天周，故其圍日象又並與本天同大。上三星之本天包太陽外，其大無倫，又其行皆左旋，所以左旋之故，詳具後論。頗費解説，故只用歲輪也。至于金水本天在太陽天内，伏見輪與之同大，又其度順行，故用伏見輪。亦即繞日圓象。若用歲輪，則金水之歲輪反大于本天，以歲輪與日天同大，故皆大於本天。故不用歲輪，非無歲輪也。承用者未能深考立法之根，輒謂伏見輪即歲輪，其説似是而非，不可不知也。伏見亦起合伏終合伏有似歲輪，然歲輪之心行於本天之周，而伏見輪以太陽爲心，故遂以太陽之平行爲平行，皆相因而誤者也。」『然則金水既非以太陽之平行爲平行，又何以求其平行？』曰：『歲輪之心行於本天，是爲平行，乃實度也。實度者，周度也。以本天分三百六十度，而以各星周率平分之，則得其每日平行。如土星二十九年奇而行本天一周，則二十九日而行一度，每日平行二十九分度之一，是爲再遲。木星十二年周天，每日平行約爲十二分度之一；火星二年周天，約爲每日平行半度；金星二百二十餘日周天，約每日平行一度强；水星八十八日弱而周天，約每日平行四度，皆平行實度。若歲輪及伏見輪雖亦各分三百六十度，亦各有平行，然而非實度也，既非本天上平行之度，又非從地心實測之平行度。乃各星之離度耳。因此離度下文詳之。用三角法，從地心測之，則得其遲留伏逆之狀，亦爲實度矣。此實度不平行，與本天之平行實度不同。「本天之度，平行實度也。歲輪及伏見，乃離度也。離度爲虚數，故皆以半徑之大小爲大小。」「伏見輪上行度與歲輪同，所不同者，半徑也。伏見之半徑皆同本天，歲輪之半徑皆同日天。」」「問：『何以謂之離度？』曰：『於星平行内減去太陽之平行，故曰離度，乃離日之度也。以太陰譬之，其每日平行十三度奇者，太陰平行實度；每日十二度奇者，太陰之離度也。於太陰平行内減太陽平行。是故金星每日行太半度奇，水星每日約行三度，皆於星平行內減太陽之平行。因金水行速，其離度在太陽之前，乃星離於日之度，故其度右旋順行，與太陰同法也。若上三星，則當於太陽平行內減去星行，是爲離度。蓋以上三星行遲在太陽之後，乃星不及於日之度。其度左旋而成逆行，與太陰相反，然其爲離日之行度，一而已矣。王寅旭五星行度解謂上三星左行，蓋謂此也。然竟以此爲本天，則終非了義。平行者，對實行而言也。然實行有二，一是本天最高卑之行，亦曰實行；一是黄道上遲留逆伏實測，亦曰視行。是二者皆必以本天之平行爲宗。若金水獨以太陽之平行爲平行，是廢本天之平行矣，又何以求最高卑乎？圜日之輪，即伏見輪。起合伏終合伏是即古法之合率也，本天之行則古法之周率也，最高卑則古法之曆率也。又有正交、中交以定緯度，即如古法之太陰交率也。此一法是西法勝中法之一大端。是數者，皆必以本天取之，故不得以圜日之輪爲本天。曆指言金星正交定於最高前十六度，水星正交與最高同度，其所指皆本天之度，非伏見行之度，則伏見輪不得爲本天，明矣。今以七政曆徵之，不惟最高卑之盈縮有定度，即其交南北亦有定度，故金星恒以二百二十餘日而南北之交一終，水星則八十八日奇而交終。此皆論本天實度，原不論伏見行，是尤其較著者矣。』」

永按：七政皆有本天，本天皆有平行之實度。月與五星皆有次輪，而五星次輪亦曰歲輪，皆因離日遠近而生離度。月之離度起合朔，終合朔；五星離度起合伏，終合伏。土木火三星在日之上，其本天大，其右行之度遲，則於太陽平行度內減其星之行度，是爲歲輪上離度。合伏至衝日半輪，星西而日東；衝日至合伏半輪，星東而日西。金水二星在日之下，其本天小，其右行之度速，則於本天平行度内減太陽平行度爲歲輪上離度。合伏至衝日，星東而日西；衝日至合伏，星西而日東。金水本天雖小，而歲輪如上三星，與日天等。大星在歲輪上半周，則歲輪負星出日上，至下半周乃在日天下。其繞日之圓象，實由歲輪上星行軌迹所成，與上三星成繞日大圓者同理，而曆家别名爲伏見輪，所得不殊。又即以太陽之平行爲二星之平行，皆徑捷之權法，而承用者遂以伏見當歲輪，以日天爲二星本天，且置本輪均輪於日天上，而二星之本天與歲輪皆隱。得勿菴先生發其蘊，本象始明。而觀者終疑金星二百二十四日奇周天，水星八十八日奇周天，何以能終古附日也，乃多作圖以顯其象。

附録

先生生六歲，讀書日記數千言。嘗見明丘濬大學衍義補多引周禮，愛之，求得其書，朝夕諷誦，自是遂研覃十三經注疏。凡古今制度，及鍾律、聲韻、輿地，無不探賾索隱，測其本始。王昶撰墓志銘。

先生嘗一至江西，應學使金德瑛之招也。一游京師，以同郡程編修恂延之也。是時三禮館總裁方侍郎苞自負其學，及聞先生名，願得見。見則以所疑士冠禮、士昏禮中數事爲問。先生從容置答，乃大折服。而荆溪吴編修紱於儀禮功深，及交先生，質以周禮中疑義，是以有周禮疑義舉要之作。吴歎曰：「先生非常人也。」戴震撰事略狀、錢大昕撰傳、江藩漢學師承記。

先生家故貧，其居鄉嘗援春秋傳豐年補敗之義，勸鄉人輸穀若田，設立義倉，行之三十年，一鄉之人不知有飢。戴震撰事略狀。

先生殁後一年，詔修音韻述微。秦尚書蕙田請於朝，令江南督臣檄取先生所著韻書三種，進呈貯館，以備采擇。蓋戴編修震在京師，嘗爲尚書言先生之學，故有是請。尚書撰五禮通考，摭其曆説入觀象授時一類，而全載推步法解一書，憾不獲見禮經綱目也。戴震撰事略狀、錢大昕撰傳。

先生曰：「宣城有梅勿菴先生，曆算第一名家，年已耄，欲得人傳其學。且有爲永介紹者，因牽於俗累，不能往。一日游書肆，見殘紙二幅，或云是梅書。試閲之，皆授時、大統之説。永始疑先生之學，蓋主中而黜西。果爾，則邢士登律曆考家有鈔本，不煩褰裳問津矣。自是遂絶意於梅。又廿餘年，先生久捐館。有太平崔君，嘗游先生之門，攜勿菴書目、曆學疑問、疑問補三書，假觀，永始歎服，亟録之。又二年，始購得兼濟堂曆算全書，乃望洋驚怖，追憶前二紙，則曆學駢枝中語。此先生早年從通軌入手之書，後來研精西法，所詣大不爾也。因悔恨曩者既不獲及先生之門，中間又爲二殘紙所誤，且不肯求先生之書，及晚歲得之，則精神瞀昏，心力鈍敝，不敢望嚌胾於堂，矧能燭照於室乎？」先生撰翼梅序。

戴震總校四庫書，乃盡取先生書二十種，寫之以藏祕府。王昶撰墓志銘。

先生弟子著籍者甚衆，而戴震、金榜尤得其傳。同上。

夏鑾曰：「近儒學術兼考據詞章者，惟朱竹垞；兼漢學、宋學者，惟江慎修。江氏書無不讀，人知其邃於三禮，而不知其近思録集注實擷宋學之精。」又曰：「戴東原學出江氏，其著書文詞古質，可謂青勝於藍。然不如江氏書平易切實，人人可曉，足裨後學。」胡培翬撰夏先生墓志銘。

慎修弟子

戴先生震

別爲東原學案。

程先生瑶田

別爲讓堂學案。

金先生榜

金榜字蘂中，一字輔之，晚號檠齋，歙縣人。少有過人之資。受經學於江先生慎修，又以戴東原、劉海峯、方朴山爲師友。年三十一，高宗南巡，召試詩賦，賜舉人，授内閣中書，在軍機處行走。越七年，乾隆壬辰，成一甲一名進士，授修撰。典山西鄉試，以父喪歸。服除，即乞假不出，著書自娱。有諷先生復入朝者，笑應之曰："富貴者，一日之榮，猶冬之裘，夏之箑，時過無所用之。君子縱不獲爭光日月，或得比壽丘陵乎？"治三禮，以康成爲宗。然鄭義所未衷者，必糾舉之，不誣家法。嘗舉鄭志答趙商之言曰："悉信亦非，不信亦非。斯言也，敢援以爲治經之法。"所著禮箋十卷，大興朱文正公序稱爲"辭精義覈"者也。老年髀痛，卧牀席間，猶手定其稿。嘉慶六年卒，年六十有七。參吴定撰墓志銘、江藩漢學師承記、禮箋序。

禮箋

周官軍賦

歲丁亥，與戴東原同居京師。東原以司馬法賦出車徒二法難通，余舉小司徒正卒羨卒釋之。東原曰：「此有益於爲周官之學者。」遂著録焉。

夏官諸司馬職亡，周人軍賦，莫可考見。其制有正卒以起軍旅，有羨卒以作田役，比追胥。小司徒職均土地以稽其人民，而周知其數：上地家七人，可任也者家三人；中地家六人，可任也者二家五人；下地家五人，可任也者家二人。凡起徒役，無過家一人，以其餘爲羨。惟田與追胥竭作。又云：「凡國之大事致民大，故致餘子。」此正、羨二卒，以司馬法計之，率十人而賦其一。其大法也，司馬法一云：六尺爲步，步百爲畝，畝百爲夫，夫三爲屋，屋三爲井，井十爲通。通爲匹馬，三十家士一人，徒二人。通十爲成。成百井，三百家革車一乘，士十人，徒二十人。十成爲終。終千井，三千家革車十乘，士百人，徒二百人。十終爲同。同方百里，萬井，三萬家革車百乘，士千人，徒二千人。蓋家計可任者一人，一成三百家，可任者三百人。而革車一乘，士徒凡三十人，是爲十而賦一，所謂凡起徒役，無過家一人者也。一云：九夫爲井，四井爲邑，四邑爲丘。丘十六井，有戎馬一匹，牛三頭，是曰匹馬丘牛。四丘爲甸。甸六十四井，出長轂一乘，馬四匹，牛十二頭，甲士三人，步卒七十二人，戈楯具備，謂之乘馬。甸六十四井，通上中下地率之定，受田二百八十八家，計可任者一家五人，凡七百二十人，出長轂一乘，步卒七十二人，亦十而賦一。如以一成三百家計之，亦得七十五人。甲士三人者，其軍吏，劉劭爵制曰：「古者兵車一乘，步卒七十二人，分翼左右。車大夫在左，御者處中，勇士居右，凡七十五人。」李衛公問對：「周制一乘，步卒七十二人，甲士三人。」以二十五人爲一甲，凡三甲，共七十五人。所謂惟田與追胥竭作者也。前法，家可任者一人，十賦一，爲正卒。後法，可任者二家五人，十賦一，爲通正羨之卒。大司馬職：「凡令賦以地與民制之。上地食者三之二，其民可用者家三人。中地食者半，其民可用者二家五人。下地食者三之一，其民可用者家二人。不言起徒役者家一人，爲下經「四時之田」立文，所謂「田與追胥竭作」也。小司徒職：「凡起徒役，毋過家一人。」不言可任者，蒙上「可任也者家三人，二家五人，家二人」省文，非謂家作一人爲徒役。其云「田與追胥竭作」，亦非竭作此家三人二人爲羨卒也。自「均土地」至「田與追胥竭作」，爲小司徒稽民數而辨其可任者之事。下云「大事致民大，故致餘子」，爲小司徒臨事徵調之事。先鄭云「餘子謂羨者」是也。後鄭謂「餘子爲卿大夫之子」，則當諸子帥之，至于太子宮正宮伯令之。小司徒掌萬民，不當致卿大夫之子。族師職曰：「五家爲比，十家爲聯。五人爲伍，十人爲聯。四閭爲族，八閭爲聯。使之相保相受相共，以役國事。」士師之職曰：「掌鄉合州黨族閭比之聯，與其民人之什伍，使之相安相受，以比追胥之事。」明聯其什伍。十賦一爲卒，爰使其居者相與共其馬牛車輦兵器諸用物。是爲周人以地與民制賦之成法。孫武言興師十萬，不得操事者七十萬家。彼與八家賦出一卒，七家相與共其用，故云「不得操事」。是猶略具周人任民遺意。管子治齊，作内政，寄軍令，卒伍定乎里，軍政成乎郊。其制士鄉十五，始家出一人爲卒。班孟堅氏所謂隨時苟合，以求欲速之功，故不能充王制者也。詩頌魯僖曰：「公車千乘，公徒三萬。」與司馬法「革車一乘，士十人，徒二十人」數合。春秋成元年作丘甲，昭四年，子産亦作丘賦。說者謂此甸所賦，使丘出之，丘十六井，通上中下地，二而當一，爲七十二家，亦家出一人爲卒。至戰國時，蘇秦謂臨淄之中七萬户，下户三男子，臨淄之卒固已二十一萬。始盡役其家之正羨爲卒，而禍變亟矣。儒者於周官軍賦往往襍引管子釋之，而于司馬法與周官更相表裏，轉茫然莫辨，甚矣，其惑也！成方十里百井九百夫之地，以九百夫計之，山陵、林麓、川澤、溝瀆、城郭、宫室、涂巷三分去一，其餘六百夫，通上中下地率之一家受二夫之地。司馬法云「成三百家，出車一乘」是也。若以百井計之，三分除之不盡，又不便開方計算，故除其緣邊三十六井爲甸，方八里。司馬法「甸出長轂一乘」是也。二法起數雖殊而同制。藝文志軍禮司馬法一百五十篇，七略入兵家，班志出之，入禮。言兵家者，蓋出古司馬之職，王官之武備也。下及湯、武受命，以師克亂，而濟百姓，動之以仁義，行之以禮讓，司馬法是其遺事也。自春秋至于戰國，出奇設伏，變詐之兵並作，明是書之作，遠在春秋以前。隋書經籍志則云：「司馬兵法三卷，司馬穰苴撰。」是時此書已闕佚不全，徒據史記司馬穰苴傳爲撰自穰苴。案：傳言齊威王使大夫追論古司馬兵法，而附穰苴于其中，因號曰司馬穰苴兵法。太史公曰：「余讀司馬兵法，閎廓深遠，雖三代征伐，未能竟其義，如其文也。」亦少褒矣。若夫穰苴，區區爲小國行師，何暇及司馬兵法之揖讓乎？其自敍云：「司馬法所從來尚矣！太公、孫、吴、王子能紹而明之。」又云：「自古王者而有司馬法，穰苴能申明之。」考史記諸文，則謂司馬法爲穰苴所撰者，由讀史記未審矣。曹公新書云：「攻車一乘，前拒一隊，左右角二隊，共七十五人。守車一乘，炊子十人，守裝五人，廐養五人，樵汲五人，共二十五人。攻守二乘，共一百人。見于李衛公問對及張預孫子注者可据。」蓋本孫子「馳車千駟，革車千乘，帶甲十萬」之説，與司馬法因井田制軍賦者絶異。唐杜牧誤引此爲司馬法，亦緣是時不見全書，遂滋譌舛，並附正之。

小司徒職曰：「乃經土地，而井牧其田野。九夫爲井，四井爲邑，四邑爲丘，四丘爲甸，四甸爲縣，四縣爲都，以任地事而令貢賦。」凡稅斂之事，此經主于任地令賦。丘甸縣都者，出賦之定數也。古者一成百井，定出賦。六十四井謂之甸，甸之言乘也，謂出兵車一乘。賦法蓋權輿於此。刑法志曰：「一同百里，提封萬井，除山川沈斥城池邑居園囿術路三千六百井，定出賦六千四百井，戎馬四百匹，兵車百乘。一封三百一十六里，提封十萬井，定出賦六萬四千井，戎馬四千匹，兵車千乘。天子畿方千里，提封百萬井，定出賦六十四萬井，戎馬四萬匹，兵車萬乘。」今即一同之内出賦六千四百井計之，凡爲甸者百，爲縣者二十有五，爲都者六有奇，賦法備于一甸。小司徒經土地必計及一都之田，而後上中下地通率，二而當一，井牧之法如此。鄭君釋其制爲造都鄙，更爲治洫治澮之説。榜謂大司徒之職，凡造都鄙，制其地域而溝封之，以其室數制之，不易之地家百畮，一易之地家二百畮，再易之地家三百畮。周官造都鄙之法具於是。至於匠人爲溝洫，司險設國之五溝五涂，皆掌其事於官。其用民力也，則均人均其力征，豐年公旬用三日，中年公旬用二日，無年公旬用一日。謂緣邊一里治洫，十里治澮，非古制也。如鄭君説，一同百里，僅四千九十六井出田税，又與司馬法丘乘之制不合。小司徒有九夫爲井之法，遂人有十夫有溝之法。地之險夷異形，廣狹異數，因地勢而制其宜。凡不可井者，濟以遂人法，而地無曠土。孟子請野九一而助，國中什一使自賦。國中城郭宮室差多，涂巷又廣，於遂人法爲宜。是小司徒實與遂人聯事通職，不以鄉遂都鄙異制，審矣。

冠衰升數

喪服經斬衰二章、齊衰四章、大功二章、小功二章、緦麻一章，咸未著其冠衰升數。間傳云：「斬衰三升，齊衰四升、五升、六升，大功七升、八升、九升，小功十升、十一升、十二升，緦麻十五升。去其半，有事其縷，無事其布曰緦。」後儒因齊衰、大功、小功各具三等，遂分降服、正服、義服當之。榜案：喪服經：「大功布衰裳，三月受以小功衰。」傳曰：「大功布九升，小功布十一升。」此大功章具有降服、正服、義服，同服衰九升，冠十一升，則五服冠衰升數，不以降服、正服、義服爲差，審矣。嘗以喪服記差之。記云：「衰三升，三升有半，其冠六升。以其冠爲受，受冠七升。」疏説三升半者，爲諸侯爲天子、臣爲君之等。案：傳者於斬衰菅屨下但言衰三升，足明君父至尊，衰同升數，則三升有半，爲布帶繩屨者言之，是爲斬衰二等。記云：「齊衰四升，其冠七升。以其冠爲受，受冠八升。」此齊衰有受服，明齊衰三月無受者不在其數。然則齊衰三年，與杖期、不杖期者同。衰四升，冠七升，所謂至親以期斷者如此。由是差之，齊衰三月者，其五升衰而八升冠乎？是爲齊衰二等。或以齊衰三年與期同升數爲疑。案：喪服經：「疏衰裳，齊牡麻絰，古文此下有「冠布纓」三字，今從今文。削杖布帶疏屨期者。」傳曰：「問者曰：『何冠也？』曰：『齊衰大功，冠其受也。』」鄭君以爲問之者，見斬衰有二，其冠同。今齊衰有四，不知其冠之異同爾。然斬衰冠同者，亦以其冠爲受。此但言「冠其受」，無以明齊衰異冠。如鄭君説，殆非問者意也。經所陳疏衰以下，與上章三年者不殊。今文惟無「冠布纓」，故問冠不問衰，明衰同四升也。

答以「冠其受」，明冠亦同七升。是三年期有差，而冠衰升數無差，記文固已該舉。注云「此謂爲母服」，失之。記云：「大功八升，若九升。小功十升，若十一升。」傳于大功章云：「大功布九升，小功布十一升。」則大功衰八升者冠，小功布十升謂殤大功也；大功衰九升者冠，小功布十一升謂成人大功也，是謂大功二等。傳曰：「緦麻小功冠其衰也。」經于大功言「三月受以小功衰」，明冠無受，疏云「受衰十一升，冠十二升」，失之。以大功冠十一升與所受小功衰升數同矣。記者于緦麻小功不復具言，明冠衰升數之差及所受服止于此。間傳所列齊衰大功小功各有三等，注云服主于受，是極列衣服之差。今據喪服經校之，齊衰六升者，斬衰之冠及所受服也。大功七升者，齊衰之冠及所受服，又斬衰既練所受功衰也。其小功十一升爲成人大功之冠及所受服，則十升者殤小功冠衰，十二升者成人小功冠衰，是爲小功二等。此喪服冠衰升數，稽諸記與傳而不可知者。

陰厭陽厭

曾子問：「孔子曰：『有陰厭，有陽厭。』曾子問曰：『殤不祔注云：「祔當爲備。」祭，何謂陰厭陽厭？』孔子曰：『宗子爲殤而死，庶子弗爲後也。其吉祭特牲，祭殤不舉，無肵俎，無玄酒，不告利成，是謂陰厭。凡殤與無後者，祭于宗子之家，當室之白，尊于東房，是謂陽厭。』」注以祭于奥名陰厭，祭于西北隅得户明者名陽厭。又因曾子「殤不備祭，何謂陰厭、陽厭」之言，明成人得備祭者，當有陰厭、陽厭，故于特牲「尸謖之後，徹薦俎，敦設于西北隅」，注云：「此所謂當室之白，陽厭也。」則尸未入之前爲陰厭矣。

案：記云：「是謂陰厭，是爲陽厭。」明陰厭、陽厭爲祭殤與無後者之定名，不得通于成喪之祭。襍記：「有父母之喪，尚功衰，而附兄弟之殤，則練冠附于殤，稱陽童某甫。」注云：「陽童，謂庶殤也。宗子則曰陰童。」是陰厭、陽厭以陰童、陽童得名，不繫于所祭之地。謂祭于奥爲陰，祭于西北隅爲陽，非禮意也。古者尸未入之前，祝酌奠之，祝于主前，謂之直祭，郊特牲「直祭祝于主」是也。注云：「謂薦孰時如特牲、少牢、饋食之爲也。直，正也。祭以孰爲正。」案：祭統云：「尸亦餕鬼神之餘也。」明祝于主者爲正祭。「尸謖之後，祝徹薦俎，敦設于西北隅」，謂之厭祭，上經「攝主不厭祭」是也。曾子問：「祭必有尸乎？」「若厭祭亦可乎？」本承上「攝主不厭祭」設問者。厭祭在尸謖後，則與陰厭、陽厭絶不相涉，不辨自明。

大學

周立三代之學，夏后氏之東序在東郊，殷之瞽宗、有虞氏之上庠在西郊，皆大學也。大學之教，樂正崇四術，立四教，順先王，詩、書、禮、樂以造士。周官大司樂掌成均之法，以治建國之學政，而合國之子弟焉。成均，五帝之樂，其法即五帝之遺法，詩、書、禮、樂四術是也，故曰樂正司業，其由來遠矣。文王世子：「凡曲藝皆誓之，謂之郊人，遠之於成均，以及取爵於上尊也。」遠之于成均，言其遠於詩、書、禮、樂之教。注以遠之句絶，殆失其讀。文王世子：「春夏學干戈，秋冬學羽籥，皆於東序。小樂正學干，大胥贊之。籥師學戈，籥師丞贊之。胥鼓南，春誦夏絃。大師詔之瞽宗。秋學禮，執禮者詔之。冬讀書，典書者詔之。禮在瞽宗，書在上庠。」鄭君注云：「周立三代之學，學書於有虞氏之學，學舞於夏后氏之學，學禮、樂於殷之學。」是詩、書、禮、樂造士之四術備具於東序。瞽宗、上庠，周之大學，實因此三學修而兼用之者也。王制、內則並言有虞氏養國老於上庠，養庶老於下庠；夏后氏養國老於東序，養庶老於西序；殷人養國老於右學，養庶老於左學；周人養國老於東膠，養庶老於虞庠。虞庠在國之西郊。注云：「上庠、右學，大學也，在西郊。下庠、左學，小學也，在國中王宮之東。東序、東膠亦大學，在國中王宮之東。西序、虞庠亦小學也，在西郊。」榜案：樂記：「武王克商，散軍而郊射，左射貍首，右射騶虞，而貫革之射息也。」注云：「左，東學；右，西學。」明左學、右學皆在郊。王制云：「大學在郊，天子曰辟雍，諸侯曰泮宮。」則辟雍、泮宮皆在郊也。故鄭君駮異義云：「王制大學在郊，辟雍即大學也。大雅靈臺一篇之詩，有靈臺，有靈囿，有靈沼，有辟雍，則辟雍及三靈皆同處在郊。王制與詩，其言察察，亦足以明之矣。」異義說與王制注不同，蓋鄭君之定論也。文王世子曰：「適東序，釋奠於先老，遂設三老五更羣老之席位焉。」明周人養老在東序。記變東序言東膠，猶上庠曰虞庠，右學曰瞽宗，王者相變之宜爾。三代之學，上庠右學在西郊，東序在東郊，周之虞庠在國之西郊，瞽宗以祭有道有德者，或謂之西學，祭義：「祀先賢于西學。」亦在西郊，皆循先代之舊。然則東膠在東郊，蓋可知也。辟雍者，大學之統名。周立三代之學，通名曰辟雍，猶五帝之學，通名成均矣。目辟雍爲周學，上與虞、夏、殷名四學者，說禮者之末失也。明堂位：「米廩，有虞氏之庠也。序，夏后之序也。瞽宗，殷學也。泮宮，周學也。」魯立四代之學者。禮器曰：「魯人將有事於上帝，必先有事於頖宮。」注云：「先有事於頖宮，告后稷也。告之者，將以配天。頖宮，郊之學也。」然則魯立頖宮以祀后稷，是以有在泮獻馘獻囚之事，通典兗州泗水縣有泮水。猶武成逸書云「乃以庶國祀馘于周廟」是也。蔡邕明堂論引樂記武王代殷，薦俘馘于京太室。吕覽所引亦同。明獻馘在廟。後因以爲學，謂之周學。記言「諸侯曰泮宫」，言釋奠於學，以訊馘告，据魯禮爲説者歟？辟雍頖宫皆在郊，先王處士於閒燕，使王太子、王子及諸侯卿大夫之子、國之俊選皆造於大學，其制如此。國之小學，諸侯立於公宫之左，天子則在王宫之四門。鄭君以西郊虞庠爲小學，非也。四門者，東南稱門，西北稱闈。見蔡邕所引王居明堂禮。周官師氏令其屬守王門，保氏令其屬守王闈。學禮有東學、南學、西學、北學。祭義「天子立四學，將入學而太子齒」，皆謂此四門之小學。王太子、王子及諸侯卿大夫之子學焉，謂之國子。周官經：「師氏掌國中失之事，以教國之子弟，凡國之貴游子弟學焉。」「大司樂掌成均之法，以治建國之學政，而教國之子弟焉。」鄭注皆云「公卿大夫之子弟謂之國子」，不下及於士。燕義：「古者周天子有庶子官，庶子官職諸侯卿大夫士之庶子之卒。」鄭注諸子職依用其説，兼數士之子，蓋據王族言之。大傳：「公子有宗道，公子之公爲其士大夫之庶者，宗其士大夫之適者。」此公族有大夫復有士之説也。然喪服經「齊衰以下，大夫以尊降，公之昆弟以旁尊降。凡于爲大夫者，則得服其親服」。穀梁春秋曰：「公子之重視大夫。」然則在王族者，不更別以大夫士，審矣。故鄭注或云公卿大夫之子弟，或兼舉士之子，義得兩通。惟王制、尚書大傳言王太子、王子、羣后之太子、卿大夫元士之適子皆造焉。下及元士，又專舉適子，與周制不合，乃周、秦閒記人之異説也。其鄉人子弟不得學於王宫小學，父師少師教之門塾之基，見尚書大傳。所謂家有塾也。國子由小學入大學。鄉人子弟由家塾入鄉學，其俊選之士乃得入于大學。是其貴賤之差。

公卿大夫之子弟，當學者謂之國子，其職宿衛者則謂之庶子。周官經言士庶子者甚衆：宫伯：「掌王宫之士庶子凡在版者。」酒正：「凡饗士庶子，皆共其酒。」外饔：「饗士庶子，掌其割亨之事。」大司馬：「王弔勞士庶子則相，大會同則帥士庶子而掌其政令。」都司馬：「掌都之士庶子之戒令。」掌固：「頒其士庶子及其衆庶之守。」鄭君宮伯注云：「王宮之士，謂王宮中諸吏之適子。庶子，其支庶也。」竊以羣經考之，秋官象胥：「凡作事，王之大事諸侯，次事卿，次事大夫，次事上士，下事庶子。」掌客：「王巡守殷國，從者三公眡上公之禮，卿眡侯伯之禮，大夫眡子男之禮，士眡諸侯之卿禮，庶子壹眡其大夫之禮。」周人凡賓客之事，射人作卿大夫從，司士作士從，諸子作羣子從。凡庶子於士，相差一等，故燕禮、大射禮於獻大夫、獻士後，並云「主人洗升自西階，獻庶子于阼階上，如獻士之禮」。燕義：「席小卿次上卿，大夫次小卿，士庶子以次就位於下，獻君。君舉旅行酬而後獻卿，卿舉旅行酬而後獻大夫，大夫舉旅行酬而後獻士，士舉旅行酬而後獻庶子。」此其先後受獻之差。王宮之士庶子在版者未聞其數，而朝大夫每國庶子八人，都則庶子四人。司士掌羣臣之版，周知卿大夫士庶子之數。是庶子雖未受爵王朝，而其數已列於羣臣之版如是。蓋已命者謂之士，司士所云「王族故士在路門之右」是也。未命者謂之庶子，大僕所云「聞鼓聲則速逆御僕與御庶子」是也。此公卿大夫之子弟宿衛王宮，而或曰士，或曰庶子，所由名位不同，要不以適庶殊也。

鄭先生牧

鄭牧字用牧，休寧人。歲貢生。時同郡治考訂之學者戴震、程瑤田、金榜，治辭章之學者胡瑨、胡珊、胡賡善、方矩皆與友善，各以所長相攻錯。先生力宗程、朱，四子、六經不可有片語之違，故與諸人相得甚歡。及講論經義，常至於不合而爭。年七十餘卒。參休寧縣志。

方先生矩

方矩字晞原，歙人。諸生。學宗愼修先生，文宗劉海峯。居靈金山，有林泉之勝。親賢好學，四方賢者至歙，無不樂與之游。嘗謂：「孔門而後，言絶義乖，儒流滅裂，然人道所以不終爲鬼魅者，程、朱之力也。吾儕師學之不暇，而敢妄有瑕疵乎？」學者稱以齋先生。參歙縣志。

汪先生梧鳳

汪梧鳳字在湘，號松溪，歙人。諸生。與戴東原、汪松麓同師事愼修先生。又客東原、松麓於家，每語經義，有疑輒力辯，相持不下。於爾雅、説文、三禮、三傳、史記、西漢八家之文，皆有論説是正，皆未成書。成者詩學女爲二十六卷，其中律學、地理、人物、典制、音韵、鳥獸、蟲魚之屬，皆援據賅洽，考核精審。又有松溪文集。參歙縣志。

汪先生肇龍

汪肇龍字稚川，號松麓，歙人。乾隆壬午副榜貢生。專力治經，梯階於王應麟、閻若璩之説，以上宗高密。通爾雅、説文、水經諸書。游京師，館贊善鄭虎文家。注石鼓文，定爲史籀所篆，虎文極稱之。參歙縣志。

慎修交游

方先生苞 别爲望溪學案。

劉先生大櫆 别見望溪學案。

清儒學案卷六十

梁村學案

梁村學宗程、朱，深醇平實。紹李文貞、張清恪之傳，學派最正，教澤甚長。葛山繼之，兩世經筵，竭誠啟沃，無不以正道爲依歸，洵不負所學矣。述梁村學案。

蔡先生世遠

蔡世遠字聞之，漳浦人。居邑之梁山下，學者稱梁村先生。康熙己丑進士，改庶吉士。請假省親，旋丁父憂。迨服闋赴京，以假滿逾期休致。時安溪李文貞方纂性理精義，薦爲分修。書成回籍，主講鼇峯書院。雍正元年，特召入都，授編修，命侍高宗讀。歷官至禮部左侍郎，因失察族姓家人事，降二級調用，尋命復職。十一年卒，年五十有二。高宗御極，追贈禮部尚書，謚文勤，加贈太傅。先生父璧，以拔貢生爲羅源教諭，儀封張清恪撫閩，特延主鼇峯書院。先生少承家學，爲諸生時，即卓然以古人自期，敦踐履，別義利，博覽經史，務爲有用之學。嘗語「學者當爲第一等人。俗儒溺時文，希富貴，不自計樹立若何，此鄙陋之至，無足與論。即讀書止供作文，講學不務躬行，皆可恥也。」及入侍内廷，十年無一日之閒。凡進講四書、五經及宋五子之書，必近而引之身心發言處事所宜設誠而致行者。其觀諸史及歷代文士所述作，則於古今興亡治亂及君子小人消長異同，反覆陳列，三致意焉。嘗與高安朱文端同編歷代名臣、名儒、循吏諸傳，及所選古文雅正，皆有益於學者。著有鼇峯學約一卷，朱子家禮輯要一卷，合族家規一卷，二希堂文集十二卷，詩集四卷。參史傳、方苞撰墓誌銘、李紱撰墓誌銘、學案小識、先正事略。

文集

歷代名儒傳序

聖人之道具於經，故必知道而後能明經。然傳經亦所以存道，自孟子後，漢儒有傳經之功，宋儒有體道之實。漢初，董江都學貫天人，定一尊於孔氏，罷申、韓、蘇、張之學，儒之醇者矣。然伏、毛、孔、鄭諸儒，各有傳經之功，不可忘也。有宋周、程、張、朱五先生繼起，直接孟氏之傳，聖道如日月中天，道統之所由集矣。而其時師友之相與講習而衍派者，何其盛也！輕漢儒者，以爲徒事訓詁，而少躬行心得之功。不知代經秦火，漢儒收拾於灰燼之餘，賡續衍繹，聖人遺經賴以不墜。漢朝得收尊經之效，定四百年之基。六朝反之而替，唐貞觀因之而昌，漢儒之功，其可掩乎？議宋儒者以爲，研精性命，恐少致用之實。不知修己盡性，功施靡極。使程、朱得大用於世，隆古之治可復也。宋季指爲僞學，國隨以微。魯齋之在元，略見施用，有經邦定國之功。明初，正學昌明。成、弘之際，風俗淳茂近古。嘉、隆以後，人不遵朱，學術漓而政紀亦壞。非其明效大驗歟？譬之談周家王業者，漢儒其后稷、公劉、古公也；宋儒其文、武、成、康之盛治也。今尚論文、武、成、康，而忘后稷、公劉、古公之肇基累仁，可乎？然使但稱后稷、公劉、古公之能興周，而不及見文、武、成、康之盛治，其遺憾也不又多乎？我皇上尊經重道，作君作師，超越百王。漢、宋以來諸儒，特增從祀兩廡，天下靡然嚮風矣。高安朱先生體究正學，服膺儒行，論道經邦之暇，與世遠議修歷代名儒傳，因屬其及門安溪李君立侯纂爲傳論。李君通經考道，得家學之正傳，自漢至元，編摩閲歲。高安公與世遠又討論而考訂之，毋取其濫，飾節而墜行者，雖有儒名必黜；毋取其隘，服古而清修者，確守先緒必録。學者苟能志道以明經，復因經以求道，不歧於異説，不汩於功利，明善克私，惟恐不及，以兼收漢、宋諸儒之益，將藴之爲德行，行之爲事業，國家有用之儒，彬彬然輩出矣。

四書朱子全義序

聖賢教人之法，莫切於四子之書。解四書者，莫備於朱子。朱子之解四書也，有集注，有或問，有中庸輯略，有論孟精義，議論往復，則散見於文集、語類諸篇。讀四書者，即朱子之書三復之，而義具矣。四子之書，平近無奇。長國家者，恐人之不肯誦讀而玩索也，於是以經義取士，定爲程式，使自證其心得，而發揮其藴奥。非由此者，雖奇材異敏，魁閎博通之士，不得以自進。又恐人之背馳其説，附會舛錯，而莫知所折衷也。於是以朱子之註頒之學宫，使天下讀是書者有所依據，而返之於身，以措之天下國家者，可不留餘憾矣。沿習既久，學者視爲具文，甚者惑溺於異説，汩没於講章，厭棄傳、註，支離剽竊，無有力究聖人之微言大義者。嗚呼！朱子之學不明，而四書之義亦因以晦矣。朱子竭一生之精神，以作集註，精微洞徹，銖兩悉稱，然必參之或問以暢其説，參之輯略、精義以致其詳，參之文集、語類以博稽其義類，而辨别其旨歸。其覽之也全，故其研之也悉；其知之也至，故其行之也力。以之爲文章，則是非不謬於聖人；以之建功業，則巍然爲命世之豪傑。然則今之讀四子之書者，專求之朱子之書而已足，而朱子之書，簡帙浩繁，無力者苦不能徧致，又不能合聚於章句之末，以得其要約之方也。柏鄉相國魏貞菴先生有憂之，採朱子諸書，彙於集註之後，名曰四書朱子全義。先生輔弼兩朝，聲績論著，炳烺天壤，顧此書尚藏於家，未鋟以行世。歲庚寅，季子念庭來守吾漳，始出以授詹兼山先生校而刊之。兼山爲吾漳隱君子，考訂既核，剞劂成書。念庭屬世遠序之，世遠海濱末學，何能窺見萬一？顧嘗讀此書，而歎其義藴之畢該，編次之盡善也。前乎朱子之解四書者，朱子或則存之，或則爲説以辨之矣。後乎朱子之解四書者，其佳者多不出朱子之範圍；其自詡爲奇異可喜者，皆朱子或問中之所刊駁而不遺者也；其駕空躐等，恃超悟而誇新得者，皆朱子所謂彌近理而大亂真者也；其句釋字解，使本文語意反以沈晦，則近世之講章，而朱子所詆爲俗儒者也。方今天子神聖，久道化成，特躋朱子於十哲之次。凡朱子之書，靡不通貫而表揚之。是書之出，適當其會。吾知天下之讀是書者，由朱子以上求之四子，沈潛反復，不囿於科舉，而有以自奮其身於聖賢之歸。治隆於上，俗美於下，則貞菴先生之嘉惠後學，誠宏且遠也。念庭克承公志，而梓之以行世，亦可謂繼述之大者矣。

居業録序

居業録向未有刻本。世遠始見儀封張先生於三山署中，授以是書，曰：「玩此則見理自明，心自靜。」且曰：「人可不自奮哉！」敬齋先生，一布衣耳，巋然獨立，蔚爲一代儒宗，遂致從祀廟庭，享食百世。人可不自奮哉！世遠讀而識之，不敢忘。至是將以授梓，因不辭固陋，而序之曰：「當正道顯晦，異學爭鳴之日，徒得一二拘謹之人，不足以追踪往哲，而振拔流俗。謝上蔡稱孟子强勇，以身任道，所至王侯分庭抗禮，壁立萬仞，由其氣足以勝之也。朱子曰：『曾子大抵剛毅，故能獨得斯道之傳。子思行事，他無所考，如孟子所云何等剛毅。』由是觀之，血氣之氣不可有，義理之氣不可無，豈故爲矯異哉！不如是，則無以仔肩斯道，而畏縮囁嚅之態，必不足以挽頽風而起末俗也。然苟非其心之細，見理之明，則雖揚躒踔厲，不過湖海豪氣，矜己傲物，與聖賢道義之氣何涉哉！詳考敬齋生平，以求放心爲要，以居敬窮理爲宗。其研極天人，剖析理欲，真不遺餘力矣！而其剛大之氣，發見於語言行事之閒。觀其主白鹿之教，毅然以斯道自任，與白沙同遊康齋之門，至譏其淩虛駕空，儱侗自大。羅一峯、張東白皆當時鉅公，往復論辨，無所屈撓。斥佛老，痛抑功利，使其立朝，則伊川經筵之疏，横渠召對之言，斷可爲敬齋信之也。且使敬齋少貶其道，以徇於人，勢位豈不可立致？然終不肯以彼易此者，見理明，而浩然之氣勝也。張先生平日得力於是書者已久，兹特刊布，以開示來學。世之學者，苟能不懾於卑賤，收其心，養其氣，於以入聖賢之奧，不難矣！」

學規類編序

中丞儀封張先生以伊、洛之傳，開閩中正學，仰體皇上崇儒重道，訓飭士子之意，特設正誼堂於三山會城，手訂學規類編一書，示學者以從入之方，用功之要。書成，命世遠序之，因述先生之意，而竊有言曰：「堯、舜、禹、湯、文、武、周公之道，至孔子而大明。孔子之道，至孟子幾息而復明。孔子、孟子之道，至周、程、張、朱久息而復益明。凡其循循啟迪，皆使人復其性而已。其要有三：曰主敬，曰窮理，曰力行。不主敬，則無私之體何以澄之？不窮理，則天下古今當然之則何以考之？不力行，則所謂道聽塗說而已，何由有以復其性之本然哉！明儒有言，道學不明，士子或趨於勢利，或溺於詞章，或流而入於禪學。世遠竊以今世之病，大半在於勢利，詞章其後焉者也，禪學又其後焉者也。士子束髮受書，凡父所以教其子，師所以教其弟者，不過以拾科第，取利禄爲急務，身心性命有如外物。甚或攀緣趨附，以爲進身之階。幸而得志，則以持禄固位，肥身保家爲長策。其有能卓然自立，成一家之言，以垂不朽者，有幾人哉！宋之眉山，明之北地，詞章之雄者也，雖其於道未能有聞，然素所樹立，類皆高自位置有所不爲，豈肯與夫己氏者決榮辱得失於夫夫之口哉！今之以詞章自名，而不雜於勢利者，實未數數見，故曰：今世之病，詞章其後焉者也。宋朝當理學昌明之會，周、程、張、朱數君子比肩而起，德性問學之功，昭昭若揭於天壤。學者有厭苦於格物窮理之煩者，倡爲心學之説，恃其超悟，淩躐等級，一以致虚立本爲宗，其弊不爲佛氏明心見性之學不止。是以有心斯道者，起而攻之。然其爲人，大都義利辨，取與嚴，出處正，特以學術之差，有以誤天下後世，不能不急爲辨耳。今之人方且營營逐逐於外而無所止，尚慮其流入爲明心見性之學哉！故曰：禪學又其後焉者，此也。先生以一代醇儒，當倡明絶學之任，欲返禪學於道，藥詞章以正，而力啟夫勢利者隱微深錮之病。首刻是書，尤爲深切著明。學者苟能純主敬之功，窮理力行，以復其性之本然，將歷聖相傳之道，萬古猶一日也。洛、閩之學，其復興乎！」

古文雅正序

康熙乙未歲，余自京師回閩，家居數載，評選歷代古文，自漢至元，約二百三十首。子弟及門，私自鈔誦，未敢以問世也。雍正元年，特召入京，與同志李君立侯、張君季長參論考訂，又是正之高安朱可亭先生。迨季長作令長洲，取以授梓，余因而序之曰：「是選也，採之各家文集者若干篇，採之二十一史者若干篇。若漢、魏之叢書，文選、文粹、文苑、文類，以及名臣奏議，偶有所喜，則登之。文雖佳，非有關於修身經世之大者，不録也。言雖切，而體裁不美備，則賢哲格言不能盡載也。其事則可法可傳，其文則可歌可誦，然後録之。不及三傳、檀弓者，檀弓，經也；三傳雖傳，經也。不及戰國策者，多機知害道之言也。荀、韓、莊、列不載者，斥異學也。嗚呼！虚車之飾與犬羊之鞟交譏也，不加體察躬行之功，徒誇閎博雕鏤之用，先儒之所羞稱也。言不能以足志，文不能以行遠，亦大雅之所弗尚也。措之爲君臣、父子、夫婦、昆弟、朋友之倫，發之有經國大業、不朽盛事之美。言爲心聲，辭尚體要，斯集之所由選乎！凡余所評論，自寫心得，不倫不次，貽笑大方，弗恤也。名之曰雅正者，其辭雅，其理正也。」

困學録序

吾師儀封張清恪公所著困學録正編、續編，仲子師載校梓竣事，郵京師屬世遠序之。世遠讀畢，肅而歎曰：「中州古稱理學之區，國朝則湯潛菴、耿逸菴二先生最著。先生宗仰潛菴，而與逸菴相師友。其學以立志爲始，復性爲歸。生平所自勉，及所以勉人者，一以程、朱爲準的。深憫世俗之汩没於勢利，惑溺於辭章，其高明者又爲姚江頓悟之學所誤，大聲疾呼，如救焚拯溺。嗚呼！先生之於道，可謂不遺餘力者矣。憶康熙丁亥歲，先生巡撫吾閩，世遠方二十有六。先生使郡守禮致，晉謁之際，授以讀書録、居業録二書，曰：『由此而體究程、朱，由程、朱而上溯孔、孟，由孔、孟而上溯堯、舜，道豈有二哉！』侍學二年，獎誨有加。每念庸虚，不甘暴棄，不敢忘所自也。先生生逢明盛，遭遇聖祖仁皇帝及今皇上眷遇之隆，始終一德。聖祖每稱曰：『天下清官第一。』皇上賜之匾曰：『禮樂名臣。』學術事功，炳燿天壤，生榮死哀，鮮有倫比。世遠獨歎先生躬行實踐之功爲不可及也。立心以忠信不欺爲主本，先生自少至老，未嘗一言欺人，可不謂不欺者乎？整齊嚴肅者，主一之功，先生自私居以至羣萃，未嘗戲言戲動，可不謂主一者乎？學必先義利之辨，而大發其惻隱之心。先生分巡濟寧，時值歲饑，攜家資數萬，振活數十萬人。所屬倉穀，不待申請，輒行振糶，幾以此得罪而不顧。自中書，洊歷内外，至大宗伯，常俸之外，未嘗受一錢，寸絲粒粟，皆取之家中。深惡古節度之進羨餘以自浼者。凡有公餘，悉爲恤民養士之費，可不謂義利懔然，而滿腔惻隱者乎？自古聖賢，莫不以好善爲心。先生見人，則勖以第一等人事業；有一善，好之不啻口出。撫閩時，訪求讀書敦行之士。知其人則令所屬資送，未得其人則令薦送，來見則接以賓主之禮。延入書院，厚其既廩，月三四至，躬爲講論。爾時閩學大興，窮鄉僻壤，翻然勃然，至今風聲猶昨。及身爲大臣，薦達皆天下之選，及已薦而人不知者何限。此所謂身有之，故好之，篤如斯也。或以爲先生温厚和平，而風節未甚表著。此又耳食之見。先生歷官四十年，未嘗以私干人，人亦莫敢干以私。撫閩三年，舉劾悉當，吏肅民安。撫吴，則直劾督臣噶禮之奸貪。疏辭有『除兩江之民害，快四海之人心』，天下傳誦。卒賴聖明，公道得伸。夫爲大臣而稍動身家之念，守令監司苟有攀援之私者，罪狀昭彰，尚依違繫戀，欲上彈章而不能自决。先生直節勁氣，愛國忘家，雖朱子之參唐仲友，許魯齋之劾阿合馬，何異？大儒風節，萬古一轍。俗子徒以其小才曲辨，而傲體道力行、篤學守正之儒，亦見其不知量而已矣。先生刊布諸書，合理學經濟氣節之彦，共五十餘種。所自纂輯者，則學規、養正諸書。集解則四書、濂、洛、關、閩書及正蒙等書，皆刊行於世。斯録多先生心得之言，自效力河工以至垂没之年，皆有成卷。策躬覺世，言之重，詞之切，總不外自爲聖賢，與勉人共爲聖賢之心。先生往矣，撫卷沈思，懼玷河、汾之門，常羞櫟社之木，用誌余愧，非能表揚萬一也。」

有高才能文章三不幸論

有才貴乎？無才貴乎？無才而齷齪卑瑣，碌碌焉守兔園以終其身，遇物而不能知，登高而不能賦，斯亦士君子之恥也。然吾以爲有才而自恃，又不如無才之善。伊川先生以有高才能文章爲三不幸，正謂此也。昔者，三代之取士也，以鄉三物教萬民，鄉老及鄉大夫考其德行道藝，獻賢能之書於王，取實行而不在文章。西漢以孝廉取士，東京四科，魏、晉九品，皆重行誼。至隋建進士科，唐又分爲明經、進士二科，自是而後，則非文學詞章罕得進矣。節比由、夷，行同曾、史者，多屈處於下，而不能知；而一字之奇，一韻之巧，馳騁於詞壇，取高官顯名於天下。嗚呼！三代以下，所以多輕薄浮華之士也。夫樹木者以植根爲上，立品者以務實爲貴。才名過盛，而矜己傲物，非大成之器也。恃其所有，而攀緣趨附，輕於一試，尤喪檢辱身之士也。昔者，禰正平、孔北海恃才而死，王粲、陳琳以才故卒爲曹操用，識者兩有譏焉。唐初四傑，果如裴行儉之言；江東二陸，終於非命。才之累人，一至此哉！其餘若孟堅之附於竇氏，中郎之屈於董氏也，歆之用於莽也，劉、柳之與八司馬之列也，之數子者，皆才高天下，學冠一世，卒以負才欲試，與非其人，使千載以下，論古者猶有遺憾。所謂雄雞不能斷其尾，而參天蔽日之材，且纏絆於野藤刺蔓以自累也。然吾謂伊川先生其有激而言歟？當時王介甫以盛名致宰相位，新法行，爲有宋亂首，而民不聊生。其子王雱，警敏絶人，文章達於帝闕，竟夭其身。且蘇氏兄弟亦以文章顯著，卒與吕、陶等分爲蜀黨，與朱公庭、賈易等互相掊擊。此皆伊川先生所身歷者，故其時日與邵堯夫、張横渠諸人剖抉性命之精，以復性明善爲要，以近裏著己爲功，上以接孔、孟之傳，下以開考亭之緒，使士知所重者在此不在彼也。至於文章與實學並足稱者，此又不可以概論。

與李巨來同年書

拙稿承改正評示，倒廪傾囷，非知愛之深，負大見識大手筆者，不肯亦不能也。尊稿高闊雄博，飽讀十日，强分爲三，閒附末見，以正高明。諸儒語録，奉繳細閲，尊評極有卓識。然尊陸子可也，尊陸子而詞氣之閒不免過激，因而不足於朱子，似可不必。吾兄以人之議陸子爲非，則人不以吾兄之不足於朱子爲非乎？凡講學不在辨别異同，貴能自得師，知得一事，便行一事。弟生平不敢言學，然總以力行爲貴。徒講解剖判，皆膚詞也。適館想已多時，規模氣概，安能降格？但抑畏之心不可不時存，言論尤貴三緘，於不知不覺中防之又防耳。

答李立侯書

性理精義附至，甚喜。隨令書院同人鈔寫，以爲講解之資。來教云：「論人物，當先學問，而後經濟。論讀書，當先六經，而後子史。」世遠年二十以前，心粗氣浮。嗣後讀宋儒之書，知學問本原，非此不可務，須從此體察，本深末茂，非徒藉一時意氣之激發也。至於有一二全不看史書者，每規之，亦謂其既知研極宋儒藴奥，因而遍覽古今，考鏡得失，必能大有補於推行處。自餘指相規切者，皆反此。至平日所規箴足下者，大都以英氣過勝，必以從容涵養爲主。此遭所論，則又以不要畏避爲言。天下除是作一庸人，則悠悠過日。若有所抱負設施，自不能如意順適。況處家鄉，尤難之又難，正不必以來教所云謗議爲患。但藉此以收斂畏懼，更見長益耳。嘗讀昌黎詩云：「磨礱去圭角，浸潤著光精。」六十七年來，常奉以爲座右之銘。顧以移贈，亦同病相規之意也。歷代名臣言行録未知編就否？學約乞速改正。

寄寧化五峰諸生書

貴業師貫一相聚都門，屢稱諸賢志道之心甚鋭，深爲喜慰。是日重陽，正當休沐，持諸賢請業之書相示，不佞見之，喜而不寐也。年富力强，何事不可爲？只直捷要學聖人。夫求爲博雅則限於資，榮顯富厚則限於命，惟直捷要學聖人，可以操之自我。眼前立大志向，定大規模，隨所讀之書，身體心驗，隨所行之事，遷善改過，開其學識使益宏裕，養其德器使益堅定焉，斯已矣。蓋之來書，謂澄本清源，惟在義利一關。此最得之。義即天理，利即人欲，當認得透徹，斷得斬截。如寫書來京所言，學業有一毫不本中心發出，或拾前人成語，要使見者稱爲有志，此便是浮外。爲人之心，即利心也。思大來書，稱近日體認「吾未見剛者」一章，與「整齊嚴肅」四字，覺更緊切，甚是。朱子謂徒得一二謹厚之人，未必能自振拔而有爲，故聖人止思得一剛者。蓋氣質剛勇，始足任道，但戒浮氣矜氣耳。眼前非必便能事事合中，尚須細加涵養。然輭靡無氣骨人，必不能有爲也。程子論學之功，莫要於主敬，曰：「主一之謂敬，無適之謂一。」又曰：「只整齊嚴肅則心便一，一則自無非僻之干。」然此際加功最難，過於矜持則苦而難久，稍寬緩又便怠弛，惟立志既堅，躬行又力，用謝氏心常惺惺之法，常自提撕斂束，自然坐立不至放佚，心體不至昏怠。以此窮理，心極清明；以此克己，氣極勇決。更日加涵養，自然德成而學就，所謂徹始徹終工夫也。又謂時文恐荒正業，欲暫去之。夫時文亦代聖賢以立言者，只要心得而寫以時文之體勢耳。心有實得，則文字自有精采，科名在其中矣。程子謂科舉不患妨功，惟患奪志。此言盡之。至文公家禮，最切日用，未有學道之人而不行禮者。此時得行即行，不可有待也。且化民成俗，莫大於此。思源嚮道，自比北溪，卻誰當得朱子？惟取朱子、北溪之書，體究實踐，不遺餘力，則亦朱子、北溪矣。況家有賢父兄，庭訓之下，益加刻勵，使父子繼美，與宋代胡文定、蔡西山二家比隆，是所深望也。與之來書，謂取「誠意」章默會，愈覺警切。此欺慊之介，體察入細，則毛髮竦然，願更策勵。居業録體勘極有益。敬齋只一布衣，唯能立志居敬，苦學程、朱，故能廟祀百世。觀其辨别何等精嚴，用功何等堅苦，身有與浮慕者，不但鬼神不可欺，天下後世更不可欺也。學山謂朱子全書閲畢，欲讀近思録。全書中有無限道理，體用俱備；近思録則領要存焉，總在讀時句句切己，行事時刻刻對照耳。昔在宋代，吾閩名儒甲天下，多在延建。今日臨汀風土人情最近古，貴業師倡之於前，諸賢互相講勵，如上灘之船，不上不止，則道南之盛，復見於今矣。不得面暢，屬望之深，忘其鄙譾，然皆肝膈之要。不宣。

與雷貫一書

兩載都門相晨夕也，以令祖母年高，急於趨省，不敢款留。歸後忽忽如有所失，不佞有疑莫析，兒輩不得聆誨言，能無繫念！不佞自數年來，曾友天下士，要如賢友之純心篤志，以第一等人爲可學，而至講明踐履，不少懈者，有幾人哉！學者患於無志。有志矣，又苦不能篤實。篤實矣，又苦不能曉事。以陳北溪之賢，受業漳州，與聞至道。越十年，往見朱子於竹林精舍，猶謂其尚少下學之功。勉之曰：「當學曾子之所謂貫，勿遽求曾子之所謂一。當學顏子之博約，勿遽求顏子之卓爾。」北溪自此精進有加，蓋篤實之難也。以司馬温公之學識，一代寧有幾人？明道猶謂君實不曉事。使明道得大用於世，其明通公溥，比之温公，自是不侔，然温公尚未足當曉事之稱。由是言之，學之進境，豈有涯哉！賢友年方三十有三，朝之巨公見者無不崇獎，庶所謂篤實而曉事者。然以北溪、司馬二公律之，有不爽然若失乎，又何加焉？仍在精義、集義二者交勖而不息焉耳。五峯諸生，得承指授，英特不羣，皆任道之器也。然今之士子，囿於科舉，牿於習尚久矣，鄉人知所不屑矣，必勉之，使爲天下所不可少之人。匪徒爲天下所不可少之人，又當爲一代所不可少之人。匪徒爲一代所不可少之人，又當爲千百代所不可少之人。志鋭守堅，捐其所甚利，而追其所必至，自然日進於高明，臻於光大。夫鼓其趍而指其程途，師友之事也，餘則在學者之自勉而已。有己未克，誰則知之？半途而廢，誰能禁之？不佞望之深，幸爲我勖勵之。不佞粗疏寡陋，然此心實未嘗一刻少懈。賢友嘗勖我以静時加功，靡日不體斯言，庶後日相見時，稍進故吾也。不宣。

附録

先生家居，設族規，置大小宗祭田，孤嫠老疾月有餼，鄉人化焉。環所居三百餘家，二十年無博戲者。方苞撰墓誌銘。

臺灣朱一貴作亂，總督滿保討之。先生集鄉團保境，遺滿公書曰：「昔曹彬將破江南，忽稱疾不視事，誡諸將以破城日不妄殺一人。虞詡戒諸子曰：『吾事君直道，行己無虧。所悔爲朝歌長時，殺賊百餘，其中豈無冤者？』今臺人特被脅爲盜耳，願公入臺時，普曹彬之仁，以免虞詡之悔。」臺灣平復，遺書勸令選賢能，興教化，和兵民，其新墾之地，弗按籍升科，恐擾其樂生之計。滿公皆從之，人戴其惠。先正事略。

雍正七年，上以福建宜設觀風整俗使，命先生偕同籍京官會議，因合疏言：「泉、漳風俗未醇，或鄙劣薄行，致玷士類，其鄉民又多因忿互爭，種種惡習，應設員防範化導。」得旨允行。史傳。

先生所居堂，顔曰二希。言學問未敢望朱文公，庶幾其真希元乎！事業未敢望諸葛武侯，庶幾其范希文乎！其務以古賢自期，見於是矣。雷鋐二希堂集跋。

高宗在藩邸時，嘗爲先生文集製序，其略曰：「先生教人，必先之以格致誠正之功，天人危微之判，而後繼之以文。」又曰：「先生之文，溯源於六經，闡發周、程、張、朱之理，而運以韓、柳、歐、蘇之法度，所謂蘊之爲德行，行之爲事業，發之爲文章者，吾於先生見之。」其後御製懷舊詩曰：「先生長鼇峯，陶淑學者衆。奉命訓吾曹，風吟而月弄。雖未預懋勤，八載寒暑共。嘗云三不朽，德功言並重。立言亦豈易？昌黎語堪誦。氣乃欲其盛，理乃欲其洞。因以書諸紳，未敢擅操縱。德功吾何有？言則企賅綜。嗚呼於先生，吾得學之用。」先正事略。

梁村家學

蔡先生新

蔡新字次明，號葛山，梁村從子。乾隆丙辰二甲一名進士，改庶吉士，授編修。入直上書房，歷官至文華殿大學士。以病致仕，高宗賦詩以寵其行。回里後，每有御製詩文，輒寄示閲看。壬子鄉試，重赴鹿鳴宴。嘉慶四年卒，年九十有三，贈太傅，謚文恭，祀鄉賢。先生之學，以求仁爲宗，以孟子不動心爲指歸。因集先儒言操心、養心、存心、求放心之法，曰事心録，終身體玩之。生平端和恭謹，得諸梁村之教爲多。直上書房四十一年，其培養啟迪於根本之地者至深且久，諸皇子孫曾對於先生莫不敬信悦服，先生亦知無不言，而純樸和易，使人意融。所進呈經解，本末燦然，於敬肆欺慊及盈虚消長之所由來，治亂興亡之所必致，莫不悚切言之，不徒守經師舊談也。著有讀史隨筆一卷，文獻通考隨筆一卷，緝齋詩文集十六卷。參史傳、朱珪撰緝齋詩稿序、學案小識、先正事略。

文集

經史講義

九三，无平不陂，无往不復，艱貞无咎，勿恤其孚，于食有福。

案：天人治亂之機，其微矣哉！欲治而不亂者，天心之仁愛也。不能有治而無亂者，氣數之乘除也。懼其亂而保其治者，人事之所以維氣數而體天心也。自盈虚消息言之，則天心有時不能勝氣數。以制治保邦言之，則人事亦有時而符天心。謂數不可逃，六月、雲漢之詩，何以光復舊物？謂時有可恃，開元、天寶之治，何以不克令終？知此意者，於泰之三爻見之矣。夫泰，極盛之時也；三，亦猶陽長之候也。聖人於否，至四而後有喜詞；於泰，當三而即多戒懼，慮患之意深矣。蓋天下之亂也，不于其亂，而生于極治之時，何也？開創之始，國勢方興，人心未固，君若臣早夜孜孜，無非爲天下謀治安，爲子孫措磐石，其精神之所周貫，天人實繫賴之。履泰以後，上恬下嬉，漸忘其舊，君以聲色逸遊爲無害民生，臣以持禄養交爲安享暇豫，進諫者謂之沽直，遠慮者謂之狂愚，其上下之精神謀畫，莫不狃目前之安，而圖一己之利。夫圖一己之利者，未有不貽天下之害者也；狃目前之安者，未有不來後日之悔者也，則堂陛之玩愒，其一也。開國之初，簡節疏目，網漏吞舟之魚，而吏治烝烝，不恃法也。昇平以後，巧僞漸滋，則文網愈密，以繁文縟節爲足以黼黻太平，以科條律例爲足以釐剔姦蠹，由是百里之命可寄，而顆粒銖兩之出入不敢專焉；鈞衡之司可秉，而是非輕重之權宜不敢問焉。使其君子無所恃以盡設施，其小人有所援以售巧僞，行之既久，人人但以簿書期會爲盡職，而立法之初心，設官之本意，茫然莫辨矣，則政令之煩瑣，其一也。國以民爲本，民以食爲天。當泰之時，民物滋豐，而民之游惰耗之，俗之侈靡耗之，朝廷之徵斂愈密，經費日增耗之。古者以庶而致富，後世則以庶而愈貧。古者論貧富於民間，後世則計贏絀於内府。古者制國用，量入以爲出；後世籌度支，則因出而經入。由是雖有恤民之令而民不見德，徒有足國之計而用不加饒，則物力之匱竭，其一也。人才者，國家之元氣，撥亂之世尚功，致治之初尚文，皆有經世之遠猷。泰運既開，承平日久，朝廷漸厭讜論，士大夫諱言風節，拘牽文義以爲學，熟習圓通以爲才，卑順柔詭以爲德，靡曼繁縟以爲文，俗以此爲尚，家以此爲教，莫不漸染成風，揣摩干進。夫貴之所向，賤之所趨也；家之所修，廷之所獻也。在朝無骨鯁之臣工，則草野之誦讀皆市心矣；居鄉無廉隅之砥礪，則登進之事功皆苟且矣，則人才之委靡，其一也。風俗者，盛衰之本源。當泰之初，其室家婦子里黨閭巷多有敦龐安集之思。厥後生齒繁，則家庭之詬誶日起；生計迫，則里巷之任恤漸衰。商賈之豪奢逾仕宦，駔儈之險健欺善良。朝廷敦寬大之政，然法行於愚戇，而疏於奸民，是長其桀驁之氣也。吏治博安靜之名，而蠹胥之弊竇日啟，雀鼠之案牘常懸，是釀其刁悍之習也，則風俗之澆漓，又其一也。此數者，或由矯枉之過正，或因時勢之遞遷，皆人事與氣數相因而至者也。聖人知其然，故於泰之三爻，即戒以无平不陂，无往不復，霜雖未冰，月已幾望，誠甚懼乎其孚也。然可謂之氣數、人事，而不可謂之天心。蓋天心之仁愛甚矣。自古雖當衰亂之運，其君臣能恪謹天戒，側身修行，則天猶未有不予之以治者，況其未雨之綢繆乎！誠使爲人君者凜兢業之小心，存無虞之儆戒，念六月、雲漢之詩，鑒開元、天寶之事，廟堂之上，恪恭震動，百爾臣工，惟懷永圖，罔敢玩愒，以迓天庥，然後崇簡易，敦大體，重責成，戒叢脞，則政令不煩矣；省浮費，戒屯膏，修地利，薄徵税，則財用不匱矣；審好尚，公賞罰，獎忠直，黜浮華，則人才咸奮矣；敦孝弟，重農桑，嚴豪猾，清獄訟，則風俗還淳矣。保大定功，和衆豐財，有苞桑之固，無復隍之憂，豈不于食有福哉！而必自君心之無玩愒始，則欲盡人事以體天心，而維氣數者，誠不外艱貞之訓歟？

大有元亨。

鼎元吉亨。本義：「吉」，衍文也。

案：占詞之義，莫美於元亨，惟卦名下或有之，爻則不得一焉。然他卦皆於元亨之下繫以他詞，則猶有戒慎之思，儆勉之意也。無所繫而以元亨盡全卦之義者，惟此二卦而已。其故何也？易之義莫大於用賢，二者皆用賢之卦也。解大有者，謂其時民物清宴，海内乂安，輿圖物力，式廓增阜，爲有之大。然而泰懼復隍，豐虞日中，聖人於此，未嘗無戒詞也。解鼎者，謂以木巽火爲民食之資，然而噬嗑用獄，觀、頤貞吉，聖人未嘗於此無勉意也。惟夫子觀卦爻之詞，合文、周之意，一則以遏惡揚善爲順天之本，一則以大亨養聖與享帝並稱，則二卦之義可知矣。大抵陽爲君子，大有以虚中之君，五陽應之，是衆正彙征之象也；初之無交，未遇於時則然耳；二之以載，自任以天下之重也；三曰用亨，有承宣之寄也；四曰匪彭，無僭逼之嫌也，此大有之臣也。五六皆君道，厥孚以信，君之威如，以待小人，而總歸於履信思順，以尚賢而獲佑，其爲元亨，孰甚焉！鼎之爲卦，雖以烹飪爲用，正位爲體，然命非賢不凝，民非賢不養也。其在頤亦曰，聖人養賢，以及萬民。故因才器使，或轉敗以爲功，或因賤以致貴，則顛趾出否之説也。凡厥庶民無有淫朋，人無有比德，則我仇不即之説也。上有求賢之君，則下無遺逸之士，方雨虧悔，而雉膏可食也。夫臣有以人事君之誠，則在位無力小任重之慮，折足無傷，故公餗不覆也。然要惟黄、耳之尊，有以廣其明目達聰之用，則金玉之鉉，自各盡其翼，爲明聽之資。其在上曰大吉，无不利，與大有上九同詞，則其元亨，又何疑焉？夫恃法度以爲治者，法久而必變。井田封建，其道不行於後世，況其下者乎？恃勢力以爲治者，勢窮則必絀。秦始、隋文，其盛不能以再傳，況其次者乎？故自古未有無賢人而可以致治者，亦未有有賢人而不治者也。既爲用賢之卦，聖人又何多詞焉！此外惟升亦用賢之卦，故亦曰元亨。雖其下尚有餘詞，然皆以足元亨之義，而無他戒。聖人之意深矣。抑又聞之，知人則哲，惟帝其難。自古未有不樂求賢以自輔者，然或用之而未必當，有之又患不知，將何道以致之？臣謹繹二卦之義，而知其要在於君德之誠，而其機莫先於近且貴者。二卦之上體皆離，離者明也，君道之所尚也，故曰剛健而文明，又曰巽而耳目聰明。而獨於五象，一則曰信以發志，一則曰中以爲實。曰信曰實，皆誠也，態則明矣。三四皆大臣之位，三公侯之卦，四近侍之臣也。用亨者，無弗克之小人，則行塞無悔矣。匪彭者，無陰邪之黨援，則形渥無羞矣。元祐人才之盛，成於司馬光；天寶衆正之消，基於李林甫。賢路消長之機，視大臣之賢否。所謂堯、舜之智而不徧物者，亦先知其近且貴者而已矣。

亦言其人有德，乃言曰載采采。

案：觀人之法，德與才而已矣。德者，就其身言之。所謂行有九德，言其人有德者也。才者，以其事言之。所謂載采采者，先儒釋之，以爲論其人則曰斯人也有某德，言其德則曰是德也有某事。又曰人之行凡有九德，言人之有德者，必觀其行事如何，誠有見於唐、虞之取人，必才全德備，體用兼優，然後爲純品也。抑臣考其文義，按其本末輕重之倫，而知皋陶立言之意，固非漫無先後於其間也。蓋德者本也，事所從出者也；事者末也，德之見端者也。世固有有德而短於才者，然亦不過拘慤謹愿，無大設施耳。非若有才無德之徒，其本既失，其事雖或可觀，舉無足信也。觀人者，亦言其人大概有德，乃可驗其某事某事之善，若徒即事以求之，未有不失之者也。宋臣崔與之曰：「天生人才，自足供一代之用，惟辨其君子小人而已矣。」忠實而有才者，上也；才不高而忠實存者，次也。人君求賢，豈不欲盡得其上者用之？而不可必得，則以其才浮於德也，毋寧德浮於才。唐、虞之世，方鳩僝功，終於擯棄。而漢、唐、宋以來，小人接踵而起者，皆信之於一二事也。且夫小人而至威權，氣燄足以籠絡臣民。使一人惟吾言之是聽，而爲所欲爲者，非實有英奇幹濟，負出羣之資者不能。昔司馬光欲復差役，期以五日，同列病其太迫。知開封尹蔡京獨如期奉約，光喜曰：「使人人奉法如君，何不可行之有？」吕惠卿知大名，鐵騎過洛，寂不聞聲。詰旦，伊川乃知之，歎曰：「其才亦何可掩也！」故自古未有無才而能爲真小人者，亦未有無才之小人而能害人家國者也。幸而遇精勤之主，明察之君，權無旁落，術不盡售，雖時露其巧計逢迎，亦終有所逡巡畏縮，而不得逞。此封德彝、宇文士及不能爲害於唐，而丁謂、王欽若未至貽毒於宋也。儻或喜其英奇，而樂其幹濟，勢且入其術中而不悟，就使不竟其用，猶將爲安石之禍宋。若一任其設施展布，俾得逞其陰賊險很之才，幾何不爲商鞅之治秦乎！夫安石毅然復古，欲興三代之治，商鞅審時度勢，坐收六國之全，亦豈後世瑣瑣薄技、嗜利懷私所可比者，而其害已彰彰如此。此虞書所爲重有德也。

初一曰五行，次二曰敬用五事，次三曰農用八政，次四曰協用五紀，次五曰建用皇極，次六曰乂用三德，次七曰明用稽疑，次八曰念用庶徵，次九曰嚮用五福，威用六極。

案：九疇之文，原本洛書之數，所謂戴九履一，左三右七，二四爲肩，六八爲足者也。五居其中，謂之皇極。其本末有序，其先後有倫，先儒論之詳矣。而對待之義，鮮有及者。臣嘗繹之，其法以君心爲本，上下四旁備列天人，以監觀省察，互成其用，君天下之大法，精而且備矣。何則？五行者，天道之始也。福極者，人事之終也。天以健順五常，化生萬物，嚮之者福，背之者威。王者嚮明而治，賞以春夏，刑以秋冬。其協於極者，則爵賞所加也，而富壽康寧必及之。其罹於咎者，則刑罰所施也，而憂貧疾弱必及之。是聖人之與天共治也。故一與九對，而五行福極位焉。五事者，修身之要，人事之本也。庶徵者，感應之幾，天道之著也。人君一念之敬必形於外，則凡正身以正朝廷，正朝廷以正百官、萬民者，相因而至和氣之所以致祥也。一念之肆亦必形於外，則凡作於其心，害於其政，發於其政，害於其事者，亦相因而至乖氣之所以致異也。乃範約言之，曰肅、乂、哲、謀、聖，則爲時爲若者應焉；曰狂、僭、豫、急、蒙，則極備極無者應焉，所以深著其感應之機，徵召之速甚微而可畏也。自古明聖之君，必於此而念之。是聖人之以天自治也。故二與八對，而五事庶徵位焉。八政者，治世之大端，布於人也。稽疑者，神道所設教，謀之天也。蓋王道之原，明則有禮樂，幽則有鬼神。惟明有禮樂，故聖人不敢矜無爲之治，而食貨、賓師、命官、分職之事從斯而起，所謂建諸天地而不悖者也。惟幽有鬼神，故聖人不敢矜睿思之智，而蓍龜、卜筮、三兆、五占之法從斯而立，所謂質諸鬼神而無疑者也。是聖人之本天以前民也。故三與七對，而八政稽疑位焉。五紀者，欽若之意，後天奉天也。三德者，君師之任，以人治人也。萬物幽鬱沈滯之氣，生於陰陽之愆伏，而默化於歲會之中和；人心偏陂頗側之端，起於剛柔之互勝，而無不可偕於正直之大道。故五紀布而歲功成，則風雨露雷無非教也，而歲月日時星辰象數莫不順序矣。三德敷而萬民化，斧鉞弓旌無非教也，而沈潛高明强弗燮友胥受裁成矣。是聖人之與天同功也。故四與六對，而三德五紀位焉。總之，皆建極也。故皇建一章，言皇建其有極，即申之以錫極、保極、協極、作極、會極、歸極，而不言建極之義者，八用總歸一建也。以五事修身，以八政理物，以三德立中和之紀，以威福持賞罰之公，天子行之則爲道義，庶民遵之則爲道路。由是經之以五行，故材不匱也；叶之以五紀，故序不愆也；參之以稽疑，故民聽不惑也；驗之以庶徵，故事行有考也。易大傳曰：「河出圖，洛出書，聖人則之。」其以此歟？然則河圖虚太極於八卦之外，而洛書獨列皇極於九疇之中者，又何也？蓋太極，天道也，惟不雜乎陰陽，故能爲萬化之樞紐。皇極，王道也，惟不離乎事物，故能爲四海之會歸。此以見天人繫屬之故，有相維而不相離者，範之深意也。抑又考之，皇極一章，不汲汲於庶民之淫朋比德，而獨於凡厥正人三致意焉。俊民何與於庶徵？而言庶徵，則以用章爲平康之本；秉彝無闗于五福，而語五福亦以好德居考終之先。此又皇降之衷，陰騭之意所最先者，故其丁寧垂訓如此。大學平天下之道在於用人，錫福之君所宜深念焉。

文王惟克厥宅心，乃克立茲常事，司牧人以克俊有德。

案：人君之道，莫大於用人，故此篇專言任用賢才之道，而以立政名篇。其即所謂「有治人，無治法」者歟？成周之隆，人才之興，莫盛於文王，詩所稱「濟濟多士，文王以寧」者也。而周公述之，惟曰克厥宅心，則知克宅心者，立政用人之本也。考之傳註，蔡氏以爲，知之深，信之篤，即上文克知三有宅心，而非謀面訓德之謂。真氏又以宅心爲安宅其心，故能立此常事。司牧之人皆賢，而有德者説各不同。臣以爲，二者於用人之道各有攸當，而探本窮源，則真氏之説爲尤得其要也。蓋君之於臣，用之則必信之。唐、虞之世，工虞水火，典禮教胄，各有專官，周禮六卿分職，各率其屬，上無猜嫌疑忌之心，而下亦無揣摩迎合之見，然後得以各盡其職，而克奏厥功。此皆由人君克知灼見，素定於未用之先，故釐工熙績，收效於臣下者，如此其大也。然古稱知人則哲，惟帝其難，則所謂克知灼見者，又豈無本而然乎？唐太宗曰：「人主惟有一心，而攻之者甚衆。」夫君心者，邪正消長之所關，而用舍予奪之標準也。自古不乏旁求俊乂、勵精圖治之主，然隱微念慮之間，或遷於貨利，而頭會箕斂之士進矣；或移於聲色，而音樂玩好之術售矣；或萌於嚴刻，而繁刑峻法之徒用矣；或出於好大喜功，而拓地開疆，窮兵黷武之説至矣。蓋見可欲而即動者，未有不即以所欲中之者也。如此而望用人之皆當，行政之無失常事，司牧皆克有德也，其必不能。且使爲臣下者，而顯然爲聲色、貨利、嚴刻、喜功之説，則中材以上之君，皆知擯棄。惟其或稱足國，或言安靜，或以爲更化善俗，或以爲居安思危，大都亹亹動聽，遂使人主誤聽而誤用之。苟非秉志清明，宅心安固，未有不爲所蔽者。是故暴德或近於義德，逸德或鄰於容德，彼羞刑暴德之同厥邦，庶習逸德之同厥政者，亦曷嘗不自謂不敢替厥義德，而自謂從容德者乎？是知君心一動，而壅蔽隨之。所謂王道原於誠意，本於慎獨者，實帝王傳心之大法，而非寡效之迂談也。臣故曰：真氏之説爲尤得其要也。

三年耕必有一年之食，九年耕必有三年之食。以三十年之通，雖有凶旱水溢，民無菜色，然後天子食，日舉以樂。

案：國以民爲本，民以食爲天。自古帝王未有不以民食爲先者，然使必解衣推食，家給而人賜之，雖堯、舜猶病。是故順天之時，因地之利，導民之力，三代以來，未之有改也。考之周禮，如散利、薄征、振窮、恤民諸政，非不盡善，然其取於不匱之府，藏於不涸之源者，則莫如餘一、餘三之可恃也。或謂三代以前，民無甚貧，亦無甚富，終歲勤動，僅足供一家之食，亦焉得人人而有餘一、餘三之積乎？臣謹稽之古制，按之當今之則，約略計之，而知其不誣也。周制六尺爲步，步百爲畝。一夫受田百畝，程子以爲當宋之四十餘畝，若以周尺計之，爲今之二十餘畝，歲可得穀五六十石，此其入數也。周禮民食月自二鬴以至四鬴。今以八口之家計之，日食米不過四升，計歲食米爲今之十有四石四斗，穀數倍之，爲二十八石有奇，此其食數也。以所食之數，準之所入之數，僅居其半。而其時民俗儉朴，布帛取之樹桑，蔬菜取之園圃，雞豚取之孕畜，冠昏喪祭，賓朋燕享，各有限制，歲費不過十石，計可餘穀三之一，積至三年，適敷一年之食。此臣所謂以今準古，約略計之，而知其必有者也。或又謂三代之世，地廣人稀，後世田不加闢，而户口日增，勢必不能。臣又竊以爲不然。夫天地之所產，自足以供天下之食，以人數之漸多，而疑天地之不及，未可爲定論也。況自堯、舜以至成周，千有餘年，聖君代作，休養生息，雖夏、商之季，亦不聞有殺戮攻戰之事。文、武、成、康繼之，分田制產，食時用禮，男女以正，婚姻以時，不宜民數之尚少。戰國以後，秦、項、三國、六朝、五季經數兵燹，不宜民數之較多也。臣謹按：王制：「方百里者，爲方十里者百，爲田九十億畝。山陵、林麓、川澤、溝瀆、城郭、宫室、塗巷三分去一，其餘六十億畝。」是大國地方百里，爲田萬井，去三之一，爲六千三百井，實五萬四百户。次國半之，爲二萬五千餘户。小國又半之，爲一萬二千餘户。成周盛時，千七百餘國，户不下三四千萬，雖有上地中地下地之殊，一易不易再易之分，未必地各爲井，井各八家，然概從減數大率亦不下三千萬。此其可攷者也。兩漢極盛，民數不過千六百七萬餘户。唐天寶十三載，亦僅九百六萬九千餘户。即使隱匿逃亡，詭寄脱漏，概從增數，亦不及二千萬。由此觀之，西周之世民數固不減於漢、唐。而自漢武拓地開疆以來，土田又實浮於古也，亦何人滿之足患哉！誠使仁聖之君，念稼穡之艱難，思民生之不易，力圖邦本，深計治安，遊惰何以復業？貧富何以相通？田野闢矣，而穀何以不加？裕年歲登矣，而户何以少？蓋藏溝渠畝澮之未修，沃壤亦等於石田也。吉凶賓嘉之無等，多藏可至於立匱也。官吏知催科而忘撫字，則胥役皆耕耘之擾也。小民輕菽粟而重金錢，則膏腴亦別種是圖也。其當寬以示教者，則如月吉布令，正歲讀法，而不爲迂；其當嚴以示罰者，則如宅不毛者有里布，民無職事者出夫征，而不爲刻。因地制宜，隨方立政，而又清心節用，正本澄源，使旱潦無災，百穀順成。以一人而養天下，斯以天下而奉一人，玉食萬方，日舉以樂，豈不休哉！

治必有為而後無為論

天下之治，治於上下憂勤惕厲之精神，而不在於紀綱法度之改絃更張無漸也。然未有一任紀綱法度之陵替，高拱不事，而可坐希上理者。唐、虞之世，工虞、水火、弼教、明刑、教稼、典樂諸大政不可謂不繁；上下之交警、交贊、吁咈之聲不絶於耳，不可謂不勤；或九載而弗成，或八年而底績，或三旬而逆命，或四罪而咸服，不可謂不勞且久。迨至平成奏績，時雍協和，一人垂拱於上，而措天下於治安，故皐陶之告舜曰：「兢兢業業，一日二日萬幾。」自其有爲言之也。孔子稱之，則曰：「恭己正南面。」自其無爲言之也。夫治，固必有爲，而後可以無爲者也。請試論之。開創之世，承積敝之餘，百度廢弛。其君臣上下，類多精明强固，明作有功，罔敢玩愒，以迓天休。於是百廢俱修，思爲宗社措磐石之安，爲子孫樹苞桑之固。此其身任有爲之勞，而未享無爲之逸者也。守成之代，蒙業而安，但能恪遵成憲，無大變更，而天下亦治。此其承有爲之後，而獲享無爲之福者也。然天下無不敝之法，亦無可懈之心，所謂琴瑟不調，必取而更張之，又烏得執已成之法，而曰無動爲大也？故凡上恬下熙，苟且旦夕者，未有不貽叢脞之憂者也。憂盛危明，綢繆未雨者，未有不享靈長之澤者也。其君晨興早寤於上，其大臣震動恪恭於下，其百司執事奉法守職於中外之間，一時上下之精神謀慮，莫不有以通百年而周四海，勿逸也而日逸，勿休也而日休，夫而後可稱有爲，夫而後可以無爲。不然，若唐明皇天寶以後，日耽逸樂，如是而曰無爲，非無爲也，墮而已矣。宋神宗熙豐之時，日事紛更，如是而曰有爲，非有爲也，擾而已矣。

守道論

嘗聞之朱子曰：「古之君子，一日立乎其位，則一日業乎其官；一日不得其官，則一日不敢安乎其位。是君子之仕，爲道也。爲道而仕，則官與道一者也。官之所在，道之所在也，未有守道而不能守官者。」此不易之論也。及觀左氏述齊景公招虞人事，君子韙之，以爲守道不如守官，而論者遂疑其道與官分而爲二。是未得乎守道之説者也。夫道之體甚大，其用在天下，日流行於綱常倫紀之間。其見於官者，凡事君、理國、牧民、御衆，莫不各有。隨分自盡，當然不易之經，是道之所寄以達者也，故曰道爲虚位，又曰道不虚行。君子而在下，則守身正所以守道；君子而在位，則守官即所以守道也。孔子，大聖人也。當其問畜牧，司會計，所守者，委吏乘田之職耳。官也，即道也。孟子之策蚳鼃，告距心，所守者，士師邑宰之職耳。官也，即道也。故以其泛言守道，不如守官之切也，爲在官者言之也。而柳宗元顧以爲非，豈知道者乎？抑所謂守者，必其信道篤，操持固，不爲威惕，不爲利疚，然後謂之能守。若其履亨途，逢聖世，或可自附於正直之林。一旦利害當前，爵禄重則名義輕，身家重則志趣靡，未有不頽然喪其所守者。此匡、張、孔、馬之徒，所以貽譏於後世，而爲虞人之所笑也。

丹仁説

有爲三教合一之説者，謂老氏之丹，即儒者之仁，特異其名耳，故老氏汲汲於還丹，聖門汲汲於求仁，其致一也。余始聞而惑焉。竊自惟幼習儒書，於聖門求仁之方，極意鑽研，而未能得其領要。長而涉獵於道教，其間所言性命精微之理，皆杳冥恍惚，未能折其謬而服其心。因反覆深思，究其立心之始，與成功之終，有判然而不相合者，始確然信其異而非同也。蓋老氏之汲汲於還丹，欲得之一己私也；聖門之汲汲於求仁，欲達之天下公也。得之一己者，所謂刀圭一入口，白日生羽翰，可一蹴而至，而於人無與也。達之天下者，所謂苟存心於愛物，於人必有所濟，隨分可自盡，而於己亦無與也。是其立心之始既判而不同，而成就之規復迥然其互異，乃欲以自私自利之心，與胞民與物之量同類而並觀，亦惑之甚矣。或謂「禮樂兵農皆濟世之具，孔子於由、求、赤三子，許其功而不許其仁，抑獨何歟」？曰：「兵農禮樂，仁之散著，而非其本體也。若論本體，則天下歸仁，宇宙内事，皆吾分内事。巍巍乎有天下而不與焉，惟聖者能之，豈一材一藝之可擬哉！」「然則老子丹成之後，上符天籙，造化生身，豈不與仁同功而異位乎？」曰：「拔宅飛升之事，今亦未見。其人即使有之，亦賴仁人以濟世。無皐、夔、稷、契，將巢、許、隨、光亦淪胥以没矣，惡在其能成道也！故吾儒之學，非濟世及物不爲功。」

三不可得説

余嘗苦此心難治，因集先儒言操心、養心、存心、求放心之法，彙爲一册，爲事心録，晝夜體玩，而終不能有得也。因看金剛經所云：「過去心不可得，現在心不可得，未來心不可得。」初甚樂之，咸謂事心之學，莫過於此，與吾儒無將迎，無内外，擴然大公，物來順應之旨，若合符節。此不動心之學也。雖然，余亦嘗從事於斯矣。夫過去之事，其慊於吾心者，忘之猶可言也；其差錯謬誤不安於心者，則必悔悟深切，痛自刻責，以爲遷改之端。易曰：「震无咎者存乎悔。」昌黎亦云：「小人在辱，亦克知悔；及其既寧，終莫能戒。」在辱而悔之，既寧而忘之，非過去心之不可得乎？頻復之厲，實基於此。若夫未來之事，其計度謀望之私，不存可也。其或事關艱鉅，時當盤錯，苟非講之有素，何能應之裕如？則豫之不可已也。中庸言：「凡事豫則立。」自古名臣碩輔，所以定大疑，決大計，而成大務者，皆以豫也。豈得以未來爲出位之思，願外之想乎？至現在之事，則當幾之是非得失，間不容髮，非實有審幾之哲，決幾之力，不能當幾而發，泛應曲當也。今在過去者視現在爲未來而不之問，未來者視現在爲過去而不復留，既無遠慮於前，徒貽借鑒於後，勢必旁皇失措，甚至鹵莽滅裂，一心之迴惑，尚可言乎！若謂無思無爲，寂然不動，感而遂通天下之故，此則知幾其神，惟聖者能之，豈所望於學人乎？故三不可得之説，余既學焉而未能，亦明知其不可也，因爲之説，以自解云。或曰：「然則不動心之道，其不可學歟？」曰：「此非孟子之不動心，乃告子之不動心也。三代之時，佛法未入中國，告子『不得於言』四句，與此正相脗合，宜孟子於楊、墨之外，獨曉曉於告子也。」

蔡先生長澐

蔡長澐字巨源，號克齋，梁村仲子。廩生。乾隆三年，以學行兼優薦，得旨發江南以知縣，用補安徽石埭縣知縣。累遷四川按察使，特擢兵部右侍郎。二十八年卒，年五十四。性行篤實，童稚時，儼若成人。侍父疾，不脱冠帶而養者五十日。及居喪，悉惟家禮輯要是遵，世稱其孝。凡居官二十餘年，利在必興，害在必除，虚心實力，一矢勤慎。嘗語子弟曰：「人生惟剛一字最難體認，剛則無慾，無慾則公正。」又語僚屬曰：「居官以清正爲本，以勤爲先，然勤之一字，必殫出其精神，以貫注於一郡一邑中。」皆名語也。初仕時，謁高安朱文端邸第，謂其天性敦厚，充其所至，可作純儒。簡儀親王督兩江時，先生爲屬吏，王愛其才。後入都引見，王指於衆曰：「此吾前日所稱江南第一清官者也。」其爲名流所賞識如此。參陳宏謀撰墓誌銘。

梁村弟子

雷先生鋐

別爲翠庭學案。

官先生獻瑶

官獻瑶字瑜卿，一字石溪，安溪人。以拔貢生授國子監學正。受業於梁村及方侍郎苞。乾隆初元，楊文定名時管國學，薦爲助教。上事宜六條，倡明正學。四年，成進士，改庶吉士，充三禮館纂修，授編修，記名御史，未及補。主浙江鄉試，督廣西、陝、甘學政，遷司經局洗馬。居官廉慎，導士以誠。因母老乞終養，遂不出。在家撫愛諸子弟，修大小宗祠，增祭田祭器。考禮經，遵國制，以定儀式；立鄉規以教宗人；置義租以恤親族之孤煢窮乏者。然其家故寒素也。卒年八十，祀鄉賢。先生治經以治身，其教人欲於經求道。其治經，於周易、詩主李文貞光地，於尚書主宋蔡沈、金履祥，於周官主方侍郎苞，於儀禮主鄭康成及元敖繼公、本朝吴編修紱。斟酌衆家，而擇其粹要，於禮尤密。著有讀易偶記三卷，尚書偶記一卷，尚書講稿思問録一卷，讀詩偶記二卷，周官偶記六卷，儀禮讀三卷，喪服私鈔並雜説一卷，春秋傳習録五卷，孝經刊誤一卷，文集十六卷，詩集二卷。參東越儒林後傳。

喪服説

喪服首陳父，自是而上殺、下殺、旁殺。凡以恩制者，皆由父而推之者也。次陳君，自是而爲君之父母，君之小君，君之長子。凡以義制者，皆由君而推之者也。次陳傳重者與受重者，自是而爲宗子，爲宗子之母妻，大夫爲宗子。凡以尊服，皆由此而推之者也。次陳妻爲夫，妾爲君，自是而妻爲夫之黨，妾爲君之黨，妾爲女君之黨。凡以親服者，皆由此而推之者也。服莫重於斬，而首章爲下數章之綱。挈其綱，思過半矣。斬衰升數之等有二，齊衰大小功之升數各有三，於同等之中，猶有差者焉。衰莫重於降，而正次之，義又次之。此經與傳未有明言，而服是服者不可不知也。齊衰之升數多於緦麻之數，緦麻之縷細於齊衰之縷。大小功之升數多於緦麻之數，緦麻之縷細於大小功之縷。年月一差也，縷之精粗又一差也。升數以經之，年月以緯之，縷之精粗以錯互之。或伸此以屈彼，或進彼而退此，歸之於稱其情而後已。故曰：衰，與其不當物也，寧無衰。父卒，然後爲祖父者服斬。經不載者，統於爲人後也。受重者，必以尊服服之。同宗之支子猶然，況嫡孫乎！用是而知承高曾重者，亦服斬衰三年也。内宗、外宗爲君服斬，經不載者，統於爲君也。與諸侯爲兄弟者服斬，經不載者，亦統於爲君也。諸凡經所不見者，皆可上附而求之，下附而通之也。喪服有可以彼決此者，有不可以彼決此者。如婦人之不二斬，此通例也。而内宗、外宗爲君皆斬，則爲夫斬，仍爲父斬矣。不爲父斬者，不二天也。得爲父斬者，尊君也，又一例也。爲人後者，於本宗餘親皆降一等，此通例也。然服之等，爲世叔父期，爲從祖父小功。今爲人後者之服其世叔父也，將遂降而小功乎？則是降其期之親二等矣。然則宜何服？曰：「古者，姑在室期，已嫁大功；兄弟之女爲伯叔父期，嫁則大功；又爲伯父之長殤大功。是世叔父之正服雖無大功，而降服則有大功也。爲人後者，服世叔父大功，於義爲安，又一例也。婦人爲夫之黨，凡大功之殤，中從下，此通例也。而大夫之妾，爲庶子雖中而從上。蓋女君之爲此子與夫同，而妾爲君之黨得與女君同，故不可以婦人之從服者例也。大夫無緦服，下殤則不服矣，又一例也。並行而不謬，相別而不悖，故不盡乎禮之變者，未足與言禮。天先而地後，陽先而陰後，尊卑之義也。自臣言之，君爲至尊；自妻言之，夫爲至尊；自子言之，父爲至尊；自孫言之，祖爲至尊。尊無二上，故雖親不敢以屬通而服有絶焉。尊無二上，故不敢伸其私尊而服有厭焉。尊無二上，故足以加尊而服有降焉。尊無二上，故尊之統不可絶，而祖不可降，宗不可降，適亦不可降焉。適不可降，則人知貴而不敵親矣；宗不可降，則人知尊不先祖矣，禮無不順。春秋之時，貴者之子孫鮮不驕倨，是禮之末失也，非周公之過也。國風刺先母而後父，故父斬母齊而陰陽之分定矣。春秋譏先禰而後祖，故特重大宗者降其小宗，而水木之誼昭矣。家無二尊，人無二本。是二者，禮之綱也。父在，爲妻不杖，避尊者也。爲母得杖，而堂上不杖，避尊者之處也。避尊者之處者，恐貽尊者之戚也。故知父在爲母期，所以達父之情而便其事也。傳曰：「父必三年然後娶，達子之志也。」然其妻亡而未有子，苟時可以娶，將遂不三年歟？夫婦之倫，萬化之原也，一與之齊，終身不改，故夫死不嫁，知婦之隆於其夫，則知夫之不可殺於其婦矣。記曰：「期終喪，不御于內者，父在爲母爲妻。」春秋穆后、太子薨，傳曰：「王一歲而有三年之喪二。」若然，爲母三年，別於父之存歿者，爲父屈也。爲妻期，無別於父之存歿者，爲母屈也。後世夫婦之道不明，昧者至於毀瘁以傷其生，薄者反以不持内喪爲弗溺於愛，是皆不以齊禮之道待其妻也，内化何由而興乎？周之道，適子死則立適孫，是適孫將立乎祖後者也。小記云：「父卒而後爲祖後者斬。」假令父亡，未及成服而祖亡，柰何？曰：「服斬。」傳曰：「正體於上，又乃將傳重也。」是及父之存，已許是子以傳重矣。於此而不敢伸祖服，則主祖喪者將誰屬乎？故必如古者父母偕喪之禮，先成父服，而後成祖服，皆斬。比父喪之除服，其除服卒事，反祖服以終其餘日。假令父在祖亡，既成服而父又亡，則其爲祖也柰何？曰：「服斬。」父亡而祖喪未竟，則主祖喪者，非適孫而誰？主喪而不重服，不可以爲主。假令祖亡於父後，而曾祖尚存，則柰何？曰：「服斬。」子爲父斬，雖祖在猶然，則祖後父亡，適孫之服祖，如子服父矣，豈以曾祖存而有所殺哉！又小記云：「祖父卒而後爲祖母後者三年。」假令祖母喪未竟，而祖繼歿，奈何？曰：「並服三年，如父母偕喪之禮。」或疑始期而卒，乃三年服，固可以二哀乎？曰：「嫁女未練而出則三年，是於未出之先，固期衰矣。而卒以三年，何不可二喪之有？」假令父祖俱亡，有母在，而祖母亡，承重之妻則奈何？曰：「舅歿，則姑老適孫承重，則適孫婦從服。」「然則婦姑同服，可乎？」曰：「母自以婦而服三年，嫡孫婦自以承重而服三年，何不可同服之有？」服以首貌，貌以首心，然人情所不能已者，聖人弗禁，於是乎有心喪之禮。爲人後者，爲其父母期，而哀之發於容貌，與發於聲音者，未嘗不可以三年也。抑發於飲食，與發於居處者，未嘗不可以三年也。後世乃屑屑於稱謂之間，其下相與爭其名，而爲上者又未知果能稱其實，其亦不達於斯義也夫！傳曰：「適子不得後大宗。」漢儒謂，假令小宗僅有適子，而大宗無後，亦當絶小宗以後之。可謂達禮之權矣。蓋大宗者，尊之統也。以適子後大宗，適子之父雖絶，適子之父之祖則未嘗絶也。爲適子父者，將不絶己之後，而絶祖之後乎？抑寧絶己之後，而不絶祖宗之後乎？不絶祖之後，而附己於祖宗之廟，則於理順，於心安。故絶小宗以後大宗者，非惟存祖之祀，亦善體父之志也。天子及其始祖之所自出，漢儒、宋儒之説，義各有取。由漢儒之説，是萬物本乎天也。由宋儒之説，是人本乎祖也。本乎天則當尊天，記故曰：「郊社之禮，所以祀上帝也。」本乎祖則當尊祖，記故曰：「宗廟之禮，所以祀乎其先也。」小宗有四，而爲父後者居其一。女子之適人者，爲衆昆弟大功，而爲父後者期，則庶子雖不得爲長子三年，亦必隆於衆子可知矣。小記曰：「爲妻長子禫。」妻之禫指十五月者，疑此即指庶子爲長子服，同於妻十五月而禫歟？父母爲女子之服期者三：在室也，適人而無主也，被出而反在室也。而女於父母，惟在室與被出者三年。無主者，則仍期，何歟？曰：「女被出則移其天，夫者天父矣，故與在室之女等。若無主之女，則未嘗去夫之室也，既爲夫斬，安得復爲父母斬乎？故憐其無主而服。」女子期者，仁之至。既無主，而猶内其夫家者，義之盡也。大夫之妾，其爲女君之姪也者，當在其室，則當以姑爲姪服者服之。其爲女君之娣也者，當其在室，則當以姊妹相爲服者服之。嫁而從則絶之，不爲服分得矣，於情有未安也。曲禮：「大夫名世臣姪娣，士不名家相長妾，生不名者死爲之緦。」女君從夫而爲貴妾緦也必矣。諸侯不臣寓公。春秋傳曰：「貴者無後，待之以初，雖失國，勿損吾異日也。」己則不可不自卑損，而爲之服尊服以重其報，皆所以教民厚也。沈存中謂：「由祖而上皆曾祖，雖百世，有相逮者，必爲之服三月。」乃今思之，猶信。何言之？四世而緦服之窮也，五世袒免殺同姓也，六世親屬竭矣，而小宗之爲大宗，雖親盡戚單，必爲之服齊衰三月。傳：「尊祖故敬宗。」族人之世爲宗子服，即世爲始祖服也，有相逮者，必爲之服三月，又何疑乎？禮之止邪於未形，喪親之終，而國君於妾與庶子無服。死事如此，生事可知已。以此防民，而後世猶有以妾體君，以庶奪嫡者，其覆轍相尋而不知變，乃知聖人絶之深，憂之切也。古者同爨緦，而嫂叔無服。雖無服，而厚終之禮則未嘗廢也。記曰：「子思之哭嫂也爲位。」婦人踴，推而遠之如彼；竭情而盡其慎又如此，後之君子可以得禮之意矣。周人尚爵，子得行父禮。然傳於大夫之降其期，親之爲士者，則曰尊不同也。於大夫之子不降其期，親之爲大夫者，則曰父之所不降，子亦不敢降也。於國君之所爲服者，則曰尊同也。於公子之不爲服者，則曰君之所不服，子亦不敢服也。其不降不言其尊同，其不服不言其尊不同，明乎尊在君與大夫，而不在公子與大夫之子，是二者之服凡數見，其亦從父之義爲多歟？

梁村交游

方先生苞

別爲望溪學案。

李先生紱

別爲穆堂學案。

朱先生軾

別爲高安學案。

王先生承烈

別見二曲學案。

詹先生明章

詹明章字峨士，號兼山，海澄人。明遺民，隱居不出，力學著書。與梁村交，在紀、羣間。張清恪撫閩，聘纂先儒諸書。晚居漳州，郡守柏鄉魏荔彤式其廬，屬參訂其父文毅公所輯四書朱子全義，爲築室，月饋粟肉。貧甚，日不再食，蕭然自得。卒年九十三，梁村爲文表其墓。所著易義等書凡二十餘種。參東越儒林後傳、梁村撰墓表。

鄭先生亦鄒

鄭亦鄒字仲居，海澄人。康熙乙未進士，官内閣中書。澹於仕進，乞歸。結廬白雲洞之麓，倡南屏文社，從學甚衆。張清恪聘爲鼇峯書院學正。見梁村，折輩行與爲友。著述十餘種，曰白雲藏書，又詩文鈔若干卷。時侯官鄭任鑰同登第，齊名，號閩中二鄭。任鑰字魚門，官翰林院侍講，督江南學政，梁村貽書與論教士之法。參東越儒林後傳、梁村與鄭魚門侍講書。

張先生鵬翼

張鵬翼字蜚子，晚號警庵，連城人。康熙中歲貢生。年十四，講習四子書，即知檢束身心。連城萬山中無師，至四十避耿逆亂，得讀近思録、朱子全書；五十始讀薛文清讀書録，自是窮經觀史，學以日進，務敦實行。嘗曰：「考亭易簀之年，乃我下帷之始，俛焉日有孳孳，不知老而且耄。」自治嚴整，跬步不苟，盛暑不袒裼，事親養志無違。居喪，疏食三年，不内寢，不外游，動必以禮。所居曰新泉，男女往來分二橋，市中交易先讓外客，皆服先生教也。年八十三卒。所著有讀經説略，理學入門，歷代將相諫臣三譜，二十二史案，芝壇日讀小記。梁村題「醇學」二字於其閭。雷氏翠庭嘗稱閩汀學者，以先生爲冠冕云。祀鄉賢。連城理學，始自宋之丘起潛，明之童東皋，而先生及童寒泉繼之，力敦倫紀，嚴辨朱、陸異同。張清恪建文溪書院祀起潛、東皋。後增建五賢書院祀宋五子，以先生及寒泉配焉。寒泉别附翠庭學案。參張伯行撰傳、雷鋐撰傳及鄉賢録序、東越儒林後傳、先正事略。

李先生圖南

李圖南字開士，連城人。康熙壬寅舉人。父夢箕字季豹，明末遭兵亂，艱苦成學，宗向朱子，以孝友著稱。嘗教人爲善最樂。人問：「其樂何如？」曰：「不媿不怍。」又嘗謂所親曰：「吾竭力檢身，將毋有不及省者，願言之，俾得聞過。」先生能世其學。初工詩古文，既而曰：「吾自有身心性命宜急者，可以虛名騖乎？」於是究心濂、洛、關、閩書，以反躬切己爲務。嘗曰：「學者惟利名之念爲害最大，越此庶可與共學。」與梁村講明修身窮理之要，梁村重之，爲其父作傳。雷翠庭謂：「學聖人必自狷者始，開士庶足以當之。」參梁村撰李季豹傳、連城縣志、先正事略。

藍先生鼎元

藍鼎元字玉霖，號鹿洲，漳浦人。世爲將家。少孤力學，泛濫百家，徧游閩、越島嶼，南至南澳、海門。逾冠爲諸生。張清恪講學禮士，尤重梁村及先生，致之幕下，益肆力於宋、明先儒諸書。周覽世務，慷慨有大略。清恪曰：「藍生經世之良才，吾道之羽翼也。」梁村序其文，謂善養其氣，卓然爲有用之學。康熙末，臺灣亂。從兄南澳鎮總兵廷珍統師赴之，先生佐其軍事，多所贊畫。七日而破賊。招降殄孽，綏番撫民，歲餘而大定。嘗論臺灣治亂之局，地積數千里，土沃産多，番民雜處，不爲經營疆理，則爲盜賊倡亂之所。又恐寇自外來，將有日本、荷蘭之患，因爲規畫建置，治理之策甚備。後之籌邊者奉爲名言，次第舉行。其利害，徵諸百年之後，無或爽者。雍正元年，膺選拔入太學，校書内廷，分修一統志。大學士朱文端公薦之，引見，授廣東普寧縣知縣，調攝潮陽，振饑治盜，除苛賦，懲訟蠹，改建棉陽書院，與諸生講學。忤上官，罣誤去職。尋得白，引見，特命署廣州知府，到官一月而卒。著有鹿洲初集二十卷，東征集六卷，平臺紀略一卷，棉陽學準五卷，女學六卷，鹿洲公案二卷，修史試筆六卷，潮州府志若干卷。參東越儒林後傳、梁村撰鹿洲初集序。

清儒學案卷六十一

果堂學案

三禮之學，清代最盛，有就一事物一制度而著説者，如元和惠氏明堂大道録、禘説等書是也。果堂友於定宇，嘖意五業，乃取周官禄田、儀禮冠昏等禮疏之，凡所發正，咸有義據。湛深經術，齊稱定宇，允無媿焉。述果堂學案。

沈先生彤

沈彤字冠雲，號果堂，吴江人。少補諸生。從何學士義門游。雍正間，至京師，方侍郎望溪絶重之。乾隆元年，召試博學鴻詞，報罷。預修三禮及一統志，議敍九品官，以親老歸。嘗以歐陽修有周禮官多田少禄且不給之疑，後人多從其説，即有辨者，不過以攝官爲詞，乃詳究周制，撰周官禄田考三卷，以辨正之。分官爵數、公田數、禄田數三篇。其説自鄭注、賈疏以後，可云特出。又撰儀禮小疏一卷，取士冠禮、士昏禮、公食大夫禮、喪服、士喪禮爲之疏箋，具有典據，足訂舊義之譌。先生三禮之學，蓋亞於惠士奇，而醇於萬斯大。又撰尚書小疏一卷，春秋左傳小疏一卷。其果堂集十二卷，多訂正經學之文。又有氣穴考略、內經本論。生平敦孝友，撫育諸弟，辛勤櫼槅。親喪居廬，稱服稱情。與人交，以至情相感，不侵然諾。十七年卒，年六十五。參史傳、沈德潛撰傳、沈廷芳撰墓誌、惠棟撰墓誌。

周官禄田考序

官之命者必有禄，禄必稱其爵，而量給於公田，是周官法制之大端。其等與數之相當，在當時固彰彰可考也。自司禄籍亡，先、後鄭註内史，專取諸王制，而本經之禄秩以晦。迨歐陽氏發官多田寡禄將不給之疑，後之傅會者且踵爲誣謗，即信周官者亦未得二者之等數，而此制幾無從復顯。余嘗研求本經，旁覽傳記，得其端於載師之都邑，以爲有義例可推，確徵可佐，凡内外官之禄，皆可得辨析整齊之，而前人之繆妄，皆可得而破之。會吾友徐君靈胎撰經濟策，舉此相訪，余爲一陳梗概，靈胎謂：「曷不著書，以盡闡其制？」乃遂攄曩時所得，爲官爵數、公田數、禄田數三篇，復爲問答於每篇之後，反覆委蛇，以明其所以定是數之故，而總名曰周官禄田考。夫自宋以來之稽官，有未及鄉遂屬吏者，今乃并郊野之吏而補之。其稽田，有不去山林川澤城郭等三之一者，今更通不易一易再易上中下之率。而二夫當一夫，則官益多而田益寡，宜禄之不給尤甚也。然以縣都已下數等之田，食公卿大夫士數等之爵，非獨相當，且供他法用而有餘。是田禄與官爵之數，在本經曷嘗抵牾？乃晦蝕且二千年，而莫之開闡，何也？凡定公田之數以井數，定禄之數以其等，定爵之數以序官，而定爵之等以命數，定禄之等以爵等亦以命數云。

書周官禄田考後

惠君定宇之序余周官禄田考，并讀者法數未該之疑而解之矣。既有疑，每篇之問答與其所類及，已詳官爵篇之補正經文，可已采。傳註恒剟截有異義，立證多以一例，其餘者亦似是而非，不可以不解也。凡是書所定法數，其端固本於康成，而亦多註、疏所未及。使問答諸條不推極其義而盡其類，則所以定是法數者不明不固，而不足爲世所采用，故必至無可推而後已，而繁漫不計也。官爵篇之補正經文，雖於禄食大總數無甚贏縮，然經者聖人之心，一字之譌闕，聖心即纖微不著，無所從考。斯無如之何，既考而知之矣，而不爲補正，安乎？且即爵數而寡其譌闕，亦曷嘗不善也。傳註之説，雜而未純，合於經者取之，不合者置之。或取而辨之，其義異於舊，而於經合者，則亦取之。凡援引之法皆然，獨是書而不宜然乎？聖人之法生於禮，等殺必有節，四達而準，非若後世之意爲參差，不歸於一，故每得一徵，而其餘皆可例推也。昔劉原父撰春秋權衡，始出，多有疑之者。乃以其不能讀，而自爲序以解之。余非敢效原父也，念定宇之序，且欲疑者之共曉其義例，以究窮是書，而吾使其終於疑，而不與聞聖人之大法，則吾之著是書何爲哉！故復自解而書其後。

果堂集

周官頒田異同説

周官之田有上中下三等，上者不易，中者一易，下者再易。其頒之也，家或百畝，或二百畝，或三百畝，而要以上地百畝爲準。大司徒之頒田於都鄙也，不易之地家百畝，一易之地家二百畝，再易之地家三百畝。鄭司農謂，不易之地美，歲種之；一易之地薄，休一歲乃復種；再易之地，休二歲乃復種。夫休一歲、二歲而復種，則其美與不易之地等。二百畝、三百畝而各種百畝，則與不易之畝數亦正相當。遂人之頒田於野也，上地夫一廛，田百畝，萊五十畝；萊謂田之荒蕪者，如孟子闢草萊之萊。中地夫一廛，田百畝，萊百畝；下地夫一廛，田百畝，萊二百畝。夫田百畝而萊百畝，即一易之畝數也。田百畝而萊二百畝，即再易之畝數也。惟田百畝而萊五十畝，乃與不易之畝數異。而康成則謂其有所饒。考諸大司馬之職，上地食者參之二，中地食者半，下地食者參之一。夫食者參之二，謂三分百五十畝而歲種其二也。食者半，謂歲種二百畝者半也。食者參之一，謂歲種三百畝者一也。歲種二百畝之半，三百畝之一，固皆百畝也。三分百五十畝，而歲種其二，亦曷嘗饒於不易之畝數哉！抑百五十畝而歲種其三之二，則歲休其一也。休其一而種其二，則是不易者多，而易者寡，易止一歲，而不易連二歲，其地特稍遜於皆不易者耳。此又上地與不易者之等，所以異而同者也。自漢而來，於二者皆未得其説，故爲此以發明之。

頃閱半農先生禮説有云：「遂人頒田，上地家百畝，加萊五十畝，所謂上地食者參之二，蓋以其地三分之而休其一，則天下無不易之田也。」其説獨先得我心。少異者，惟末句專就所休之一言耳。

周官五溝異同説

遂人云：「凡治野，夫間有遂，遂上有徑；十夫有溝，溝上有畛；百夫有洫，洫上有涂；千夫有澮，澮上有道；萬夫有川，川上有路，以達於畿。」匠人云：「匠人爲溝洫，耜廣五寸，二耜爲耦，一耦之伐廣尺深尺謂之甽。田首倍之，廣二尺深二尺謂之遂。九夫爲井，井間廣四尺深四尺謂之溝。方十里爲成，成間廣八尺深八尺謂之洫。方百里爲同，同間廣二尋深二仞謂之澮，專達於川。」凡二篇五溝之法，皆徧行畿内，似異實同。而自漢迄今，註解未定。彤沈潛反復有年，乃能悉其會通，而别爲之説曰：「遂人夫間有遂，匠人田首謂之遂，夫間爲甽水所入，即田首，本無異也。若遂人十夫有溝，匠人九夫爲井，井間謂之溝；遂人百夫有洫，匠人成間謂之洫，爲九百夫之地；遂人千夫有澮，匠人同間謂之澮，爲九萬夫之地，則地形有大小，或且懸絶。然即夫與尋尺互計，三溝之所占，要無不合也。井九夫，以溝加一夫，則得十夫。每九夫而間以溝，其溝不占井間乎？十井爲通，通九十夫，以洫加十夫則得百夫。九十夫所加之十夫，即并十井所各加之一夫，地非有多寡，因溝涂之大小而異其辭耳。餘皆倣此。九十夫於成爲十之一，每十之一而間以洫，其洫不占成間乎？成九百夫，以澮加百夫則得千夫。九百夫於同爲百之一，十成爲終，終九千夫，則又以九百夫加百夫而得千夫者九也。九千夫於同爲十之一，每百之一而間以澮焉，每十之一而仍間以澮焉，其澮不占同間乎？故遂人之所有，即匠人之所爲，特匠人多舉其全體，遂人多舉其偏隅。所以或舉偏，或舉隅者，十百千萬既層遞而上，文勢即不得不然。而學者不察，遂以爲異法耳。且井間廣四尺之溝，一溝長三百步。六尺爲步，三百步爲千八百尺。以四尺乘千八百尺，得七千二百尺。除以六尺，得千二百尺。千二百尺爲二百步，步百爲畝。畛如之。共四畝，畝百爲夫，是即九夫所加之一夫，而占其二十五之一也。其餘則以爲洫與涂之屬焉。成間廣八尺之洫，九洫長三千步。九其廣爲七十二尺，七十二尺爲十二步。以十二步乘三千步，得三萬六千步，爲畝三百六十，爲夫四而弱。涂如之。共七夫强，是即每九十夫所各加之十夫，而占其十之一弱也。其餘則以爲澮與道之屬焉。同間廣二尋之澮，縱横各九，按：甽縱者遂横，甽横者遂縱。遂與溝，溝與洫，亦如之。惟澮則有縱有横，而四達。蓋以川必環同，而澮專注於川，四達則水之來往便利。且都邑之封疆必環以溝，以縱横之澮當之，則四面皆廣深，而足爲阻固也。各長三萬步。九其廣爲百四十尺，百四十四尺爲二十四步。以二十四步乘三萬步，得七十二萬步，爲畝七千二百，爲夫七十二，倍之爲百四十四夫。道如之。共二百八十八夫，是即每九百夫所各加之百夫，而占其百之三强也。其餘則以爲川與路焉。然則匠人之所占，俱遂人之所加，而三溝彼此之占地，豈有殊哉！至萬夫有川，則以川之屬而加千夫於九千夫也。九千夫之地，爲川之屬所占者不及二百夫，乃加千夫，而遂云萬夫，亦遞舉十百千萬成數之文勢然耳。乃匠人於川，獨不見其度數，無從互計，蓋是固川之天成者。若其人爲者，環一同受澮所達，由澮而推之，每一偏長當如澮，亦三萬步廣，當倍澮爲四尋，四尋爲五步二尺，以五步二尺乘三萬步，得十六萬步，爲畝千六百，爲夫十六，四之爲六十四。夫川與四同爲界，當各分其半，半川爲三十二夫。川兩旁有路，當去鄰界一而爲之長。如道廣倍半，川爲六十四夫，共九十六夫。是即每九千夫所各加之千夫，而占其百之一强也。其餘則以爲澮與道已上者焉。凡一同含十終，去一終，存九終。九終含九十成，九十成含九百通，九百通含九千井。九千井所各加之一夫，并而爲九百通所各加之十夫；九百通所各加之十夫，并而爲九十成所各加之百夫；九十成所各加之百夫，并而爲九終所各加之千夫。數層增而實不增，總爲九千。此九千夫，即所去之一終，自溝畛至千路，悉分布其間，而占其十之二弱。溝畛占三百六十夫，洫涂占六百四十八夫，澮道與川路所占見上。餘十之八而强，則以爲城郭宮室之屬，而所占亦無多。其餘若平土則更爲田，若山陵林麓川澤則可田者田之，按：地官有山農、澤農，則山澤之地亦有爲田者。否則因之。至遂與徑所占，蓋即一夫之地。曰田首，明不在田外也。

遂人、匠人各具五溝之法，鄭注、賈疏以爲異，王氏訂義諸家以爲同。余以言同者爲得，而惜其尚未明，且有抵牾。雍正間，嘗自爲説，以就正上元方望溪、臨川李穆堂二先生。穆堂稱爲有功周禮。望溪謂：「我周官析疑中亦云然。」因出以示，且戲曰：「吾鄉有經解，與李厚菴合，不知者謂我襲彼。子年小於我，人又將謂子襲我也。」時王艮齋同在，方氏曰：「沈子偏隅二字，實古今所未道，兩家可以相發。」近余著周官禄田考，覆閲舊稿，嫌其疎略，乃細算改作，附載考中，寄正於仁和吳東壁，東壁以爲先得我心。余念千里間相知而説之合者有三人，三人中又有若余之不憚煩甚者，豈二法之非異，今遂可得而定也邪？

周井田軍賦説

周井田軍賦之制，説者多意爲推測，而其實散見於周官之經，及漢書之刑法志，曹公之新書。周官經云：「縣師掌邦國都鄙稍甸郊里之地域，而辨其夫家人民田萊之數，及其六畜車輦之稽。若將有軍旅會同田役之戒，則受法於司馬，以作其衆庶及馬牛車輦，會其車人之卒伍，使皆備旗鼓兵器，以帥而至。稍人掌令丘乘之政令，若有會同師田行役之事，則以縣師之法，作其同徒輂輦，帥而以至。」夫曰「作其衆庶及馬牛車輦」，其者，夫家也。而又曰「使皆備旗鼓兵器」，則馬牛車輦與旗鼓兵器皆夫家所出，明矣。曰「會其車人之卒伍」，人五爲伍，百爲卒。車亦如之。則一軍百二十五車，一車百人，明矣。曰「令丘乘之政令」，曰「作其同徒輂輦」，則四丘出車一乘而兼乎輂輦，明矣。輂輦所以載任器，人輓行者也。輂爲輦屬，當亦人輓行。鄉師註云：「駕馬。」非周官法也。四丘所出，蓋或輂或輦，與兵車合爲二乘。詳見後。曰「縣師掌邦國都鄙稍甸郊里之地域」，郊里包鄉，甸包遂，都鄙稍包公邑，其地域皆爲丘甸於其中。知鄉遂郊里稍皆爲丘甸者，以其皆制井也。詳見彤周官禄田考。曰「稍人以縣師之法，作其同徒輂輦」，縣師兼掌邦國，同徒者同丘甸之徒，註以同爲方百里之同，固誤。訂義諸説亦似是而非。姜氏兆錫周禮輯義已同余説。則丘乘之政令通乎畿内外，亦明矣。是成周軍賦之大綱，固灼見於本經也。漢書刑法志云：「地方一里爲井，四井爲邑，四邑爲丘。丘十六井也，有戎馬一匹，牛三頭。四丘爲甸，甸六十四井也，有戎馬四匹，兵車一乘，牛十二頭，甲士三人，註云：「鄭氏曰，甲士在車上也。」卒七十二人，干戈備具，是謂乘馬之法。」乘馬之法，非即丘乘之政令歟？由是推之，六十四萬井而萬乘，其法同也。小司徒云：「凡起徒役，無過家一人。」乃通言畿内外之極數，非常法，非專指六鄉。所謂六鄉六軍者，特預配卒伍以俟事，故調發不必盡行，則縣師作六鄉之車徒，當止萬四千六百三十人，百九十五乘，與作邦國都鄙稍甸郊里車徒之法無異。曹公新書云：「攻車七十五人，前拒一隊，左右角二隊，守車一隊，炊子十人，守裝五人，廄養五人，樵汲五人，共二十五人。攻守二乘，凡百人。」見李衛公問對。攻車，非即縣師所謂車，稍人所謂乘歟？守車，非即縣師所謂輂，稍人所謂輂輂歟？攻守二乘凡百人，非即縣師所謂人之卒伍歟？由二乘百人推之，二萬乘當百萬人也。二萬乘兼輕車重車，實古之萬乘，然則漢以後能詳説周家軍賦之節目，而足補經之未備者，莫二書若矣。漢志、曹公書並本古司馬法。以曹公書本司馬法，從王氏應麟困學紀聞所引。而司馬法又云：「通爲匹馬、士一人、徒二人，成革車一乘、士十人、徒二十人。」愚以通爲匹馬，則成出十馬。一士一馬，乃晚周之騎。按：顧氏炎武日知録、毛氏奇齡經問，騎不始於晚周，而晚周爲盛。總爲十騎，而革車一乘，載其任器，二十徒更番輓行之，蓋所附穰苴兵法耳。齊威王使大夫追論古者司馬兵法，附穰苴法於其中，號司馬穰苴兵法。見史記穰苴傳。傳云：「苴，齊景公將。」戰國策云：「在齊閔王時。」彤按：今所傳司馬法三卷，但存其論説，失其制度，故班、鄭、曹所引四條並無之。康成以註小司徒，謂是采地之軍賦，誤也。又鄉師註引司馬法云：「夏后氏謂輦曰余車，殷曰胡奴車，周曰輜輦。輦一斧一斤一鑿一梩一鋤。周輦加二版二築。夏后氏二十人而輦，殷十八人而輦，周十五人而輦。」愚以十五人當作二十五人，其一爲士。家語曰：「叔孫氏之車士曰子鉏商。」王氏註云：「車士，將車者。」行則更番輓輜輦，牽負重之牛；即甸所出十二頭。止則爲炊汲守裝諸事，皆在此二十五人。舊作十五者，脱去二字。賈釋謂後代狹劣加版築而輓人少，亦誤也。至論語包訓、公羊春秋傳何學並以十井爲一乘，百里之國爲千乘。是制賦不去山林等三之一，視小司徒家役一人者且倍之，乃變法之極數。而坊記孔疏謂車馬牛兵器諸物皆國家所給者，亦明與縣師、稍人之法違。近望溪方氏辨之甚悉。見周官辨惑第五，及析疑縣師職。蓋四説皆不可從。

釋周官地征

載師云：「凡任地，國宅無征，園廛二十而一，近郊十一，遠郊二十而三，甸稍縣都皆無過十二。惟其漆林之征二十而五。」釋曰：「此經皆著任地之征也。曰國，曰近郊，曰遠郊，曰甸稍縣都，皆所任之地也。國謂城中，宅即上經之里，公卿大夫士之所居也。此宅與宅田之宅同，專指下士以上言。廛謂農圃牧工商賈受田者之居，遂人所云夫一廛是也。若廛人之廛，則惟市中邸舍矣。園即上經之場圃，凡受田者之廛皆有之。廛之征，在凡受田者，征嬪婦之布帛，閭師云：「凡無職者出夫布。」蓋閒民亦有廛征也。詳方氏周官析疑。及所畜之豕犬雞。在市中，則征廛布，征餘物滯物。園之征，征所樹草木也。近郊十一，農田之征也。合公私田百一十畝，而征十畝之穀，爲十一分而取其一。云十一者，舉成數耳。遠郊二十而三，藪牧所畜馬牛羊及他鳥獸之征也。牧者牧地，謂休不耕之田。此牧即小司徒井牧其田野之牧。詳見彤周禮小疏。澤無水曰藪，亦牧地也。本太宰九職註。甸稍縣都皆無過十二，山物澤物之征也。其所征，蓋自二十之三至十之二而止也。惟其漆林之征二十而五，乃於甸稍縣都山澤閒舉其所重征之一，以明外此皆無過十二也。近郊十一以上與上經相應，遠郊二十而三以下與上經相備也。所以知受田者之廛征布帛豕犬雞者，下經云：「凡宅不毛者有里布。」孟子云：「五畝之宅，樹之以桑，五十者可以衣帛矣。雞豚狗彘之畜無失其時，七十者可以食肉矣。」又云：「廛無夫里之布。」廛征夫布，周官之制也。非不毛而有里布，戰國之横征也。孟子欲并去夫布，以當時國甚富而民甚貧耳。是布帛豕犬雞皆出於受田者之廛也。所以知市之廛征布及餘物滯物者，以廛人斂市之廛布，廛布外，所斂絘布、總布、質布、罰布皆非市征，故不及。詳見彤周禮小疏。斂屠者之皮角筋骨，按：註釋以當地税。斂凡珍異之滯者也。亦以當地税，非官買之。此布入泉府則泉也。皮角筋骨，屠者之餘物也。所以知園之征爲草木者，閭師「任圃以樹事，貢草木」也。所以知近郊十一之爲農田者，上經之以田任地自近郊始也。所以知遠郊二十而三之爲藪牧者，畜牧家之受田自遠郊始，則藪牧之畜事亦自遠郊始也。所以知甸稍縣都無過十二爲山澤之物者，以下經「惟其漆林」四字知之也。其者，指甸稍縣都。漆林則山澤間，則惟字對山澤所産言，故知十二爲山澤之物也。公卿大夫士之宅所以無征者，於貴者優之也。註釋以國宅爲官府治事處，則無征，不必言矣。布帛草木豕犬雞之征所以二十而一者，廛地小而所出微也。廛布及餘物滯物之所以二十而一者，蓋商賈貨賄之征當與市廛等，按貨賄但征於司門，不征於關市，關市並征廛税而已。市廛二十而一，則貨賄亦二十而一，并之如田税之十一，農末適均也。管子治國篇云：「先王使農士工商四民交能易作，終歲之利無道相過，是以民作一而得均。」故知征之者亦等也。農田之所以十一者，多則食不足於民，寡則食不足於國也。馬牛羊及他鳥獸之所以二十而三者，較農田則人力少而利厚也。山物澤物與漆林之所以遞增者，人力尤少而利尤厚也。抑經文簡奥多包含，云國宅無征，園廛二十而一，則凡國以外之宅皆無征，國以外之園廛皆二十而一矣。云近郊十一，則凡近郊以外之農田皆十一矣。云遠郊二十而三，則凡遠郊以外之藪牧皆二十而三矣。蓋皆舉地之最近者以表其餘，乃征賦之總例也。若商賈之貨賄，本非地征，非經所包含，故不得與嬪婦之布帛、藪牧之鳥獸並列。至百工之器物，當亦出於其廛，論語云：「百工居肆以成其事。」肆即所列之廛，蓋亦在闤市也。廛與器物之征，當亦各二十之一如商賈矣。

載師地征，自註、疏及王氏訂義諸說不皆有當，而近年聚訟尤甚。恐古制終不得明，故探求本經義例確證，以反覆條釋之。釋近郊十一，甸稍縣都十二，略本亡友蔡宸錫說。

釋骨

骨爲身之幹，其載於内經、甲乙經者以十百數，皆各有其部與其形象。然名之單複分總，散見錯出，能辨晰而會通者實鮮。余方嗟其爲學者之闕，適吴生球從事經穴，數以是請，遂與之詳考而條釋以貽之。頭之骨曰顱。其上曰顛，亦曰巔。曰腦蓋，曰腦頂，亦曰頂。其會曰顖。説文作囟，訓頭會腦蓋，乃謂頭骨交會之腦蓋，非指蓋之全也。玉篇訓頂門。其横在髮際前者曰額顱，亦曰額。額之中曰顔，曰庭。其旁曰額角。其前在眉頭者曰眉本，在目匡上者曰匡上陷骨，眉間曰闕，其下曰下極，下極者，目間也。眉目間亦通曰顔。五色篇云：「闕者，眉間也。庭者，顔也。」下論察色之部云：「庭者，首面也。闕上者，咽喉也。闕中者，肺也。」是顔在闕上之上矣。衛氣篇云：「手陽明標在顔下。」蓋謂挾鼻孔之脈穴。若顔但在闕上，則去鼻太遠，故自庭至下極皆顔也。説文亦訓顔爲眉目之間。顛之旁嶄然起者曰頭角，亦曰角。左曰左角，右曰右角。經筋篇云：「足少陽之筋，循耳後上額角交巔上。」彤按：耳上近巔者乃頭角，非額角也，故額角爲頭角之訛。則其下所云右角、左角者，亦頭角也。舊説以左右角爲額角，誤。當耳之後上起者曰耳上角，曰耳後上角。其前曰耳前角，亦曰角形曲，故又曰曲角。曲角，經文俱誤作曲周。惟氣府論註周作角，今從之。顛之後橫起者曰頭橫骨，曰枕骨。其兩旁九起者曰玉枕骨。其旁下高以長在耳後者曰完骨。頭橫骨中央之下端曰顱際鋭骨顱，亦曰頭之大骨。自額顱而下鼻之骨曰鼻柱，曰明堂骨。其旁微起者曰鼻髃。目之下起骨曰䪼。其下旁高而大者曰面頄骨，曰顴骨，亦曰大顴，亦曰頄。頄、頄古通用。頄之下端曰兑骨，兑，古鋭字。在耳前者曰關。穴有名上關、下關者，謂在關之上下也。有名顴窌者，謂在顴之下也。有名完骨者，謂在完骨之際也。凡穴名與骨同者，皆倣此。耳下曲骨載頰在頜後者頜，説文作頷，與頤同，訓顄。蓋從口內言之。若從口外言，則兩旁爲頜，頜前爲頤，不容相假。故内經無通稱者。曰頰車，曰曲頰，曰巨屈。亦作曲。曲骨前斷而若逆者曰大迎骨。通回帀口頰下之骨曰或骨。骨空論云：「或骨空在口下，當兩肩。」王太僕註云：「謂大迎穴也。」彤按：説文或即域本字，云或骨者，以其骨在口頰下，象邦域之回帀也。其在頤者曰角，曰斷基。口斷骨曰齒，上曰上齒，下曰下齒，凡十有二。牝齒曰牙，中央齒形奇，左右齒形偶。奇則牡，偶則牝。而説文、玉篇並以牙爲牡齒，恐傳寫之訛。上下各十，或八，或九，或十有二不齊也。其最後生者曰真牙。其自齒左右轉勢微曲者曰曲牙。氣穴論云：「曲牙二穴。」王註云：「頰車穴在耳下曲頰端。」彤謂耳下曲頰端去曲牙甚遠，恐非經意。若指牙之近頰車者，則其牙未嘗曲。吴生以二穴爲地倉，地倉俠口旁四分正當牙曲處，足證吾説。牙之後橫舌本者曰橫骨。自顱際鋭骨而下骨三節植頸項者通曰柱骨，其隱筋肉中者曰復骨。張景岳云：「復當作伏。」上曰上椎，下起骨曰項大椎。亦作頟。項大椎之下二十一節節亦曰頟，作焦誤。頟亦作椎。通曰脊骨，曰脊椎，曰膂骨，曰中胳。第一節曰脊大椎，形如杼，故亦曰杼骨。第十三節至十六節曰高骨。曰大骨。生氣通天論云：「腎氣乃傷，高骨乃壞。」王註云：「高骨，謂腰之高骨。」是高骨通謂腰間脊骨之高者也。論又云：「味過於鹹，大骨氣勞。」註云：「鹹歸腎也。」按：腰爲腎府，此大骨當在腰間即諸高骨也。說者專指命門穴上一節爲高骨、大骨，未盡。其以上七節曰背骨者，則第八節以下乃曰膂骨。骨度篇云：「項髮以下至背骨。」又云：「膂骨以下至尾骶。」彤按：此篇文體，凡骨名相承說者，下皆同上，知膂本背字傳寫致訛。篇內又云：「上七節至於膂骨。」則上七節皆背骨，而膂骨自八節以下，明矣。又說文訓吕爲脊骨，訓背爲脊，而訓脊則兼背、吕，亦一脊而分上背下吕之證。又按：氣穴論云：「中䏚兩旁各五穴。」註謂起肺俞至腎俞。肺俞在第三椎下兩旁，腎俞在第十四椎下兩旁。是中䏚云者，謂第三椎至十四椎爲膂之中也。此又以背骨五節通稱爲䏚也。末節曰尻骨，曰骶骨，一作骨骶，恐文倒。否則脊誤爲骨。曰脊骶，曰尾骶，亦曰骶，曰尾屈，曰橛骨，曰窮骨。其骨之扁戾者曰扁骨，俠脊骨。第一節至十二節環而前斜下者，二十四條皆曰肋。婦人則二十八條。其在腋下而後乳三寸者曰胠，胠骨五，左曰左胠，右曰右胠。其抱胸過乳而兩端相直者曰膺中骨，七。氣府論云：「膺中骨間各一。」王註云：「謂膺窗等六穴。」「膺中骨陷中各一。」王註云：「謂璇璣至中庭六穴。」彤謂：穴在骨下間，穴有六，則膺中骨當七矣。蓋乳上五，乳下二也。其在膺中骨之下及胠外者曰脅骨，曰脅肋。胠及膺中骨之在乳下者亦通曰脅。至真要大論註云：「脅謂兩乳之下及胠外也。」脅骨之短而在下者曰橛肋三。其最短俠脊者曰季肋。其橛肋之第三條曰季脅。凡脅骨之端通曰脅，支亦曰支脅，支端之相交者曰骹。張景岳以脅下之骨爲骹。下字誤。膺中骨之上，自結喉下四寸至肩端前橫而大者曰巨骨。其半環中斷者曰缺盆骨，在肩者曰肩上橫骨，在肩端者曰䯏骨。師傳篇云：「五藏六府，心爲之主，缺盆爲之道，䯏骨有餘以候𩩲骬。」彤按：此䯏骨乃謂缺盆骨兩旁之端，即肩端骨也。蓋𩩲骬本蔽心之骨，而缺盆即心藏之道。𩩲骬之上爲膺中陷骨，缺盆骨之旁爲肩端骨。膺中陷骨之於缺盆骨，𩩲骬之於肩端骨，其長短皆各相應，故必用肩端骨候𩩲骬也。然則䯏骨之爲肩端骨，信矣。舊説以骷骨爲髑骬之端，則與上文不貫。且髑骬甚小，不須更以端候。至有以骷作骺，而訓爲膝骨者，尤誤。骷骨之起者曰髃骨，曰肩前髃。微起者曰小髃骨。小髃骨之前歧出者曰肩端上行兩叉骨。缺盆外伏頸旁壅肉下者曰毖骨，曰缺盆外骨，其骨即肋骨之第一條也。肩後横骨曰大骨，其在旁者曰曲腋上骨，曰肩臑後大骨。其成片被肩垂背者曰肩甲，亦作胛，下同。至經脈篇所云「别下貫胛」者，胛乃胂之誤字，故不列。曰肩髆，亦曰髆。肩甲之在上屈折者曰肩曲甲。其近小髃骨者曰肩中央曲甲。當膺骨兩端中陷下者曰膺中陷骨。陷骨下蔽心者髑骬曰鳩尾，曰心蔽骨，曰臆前蔽骨。髑骬直下横兩股間者曰横骨，曰股際骨。其中央兩垂而壓陰器者曰曲骨。陰器之後，繞䐈腸而綴骶端者曰陰尾骨。骶之上俠脊十七節至二十節起骨曰腰髁骨，曰兩髁。其旁臨兩股者曰監骨，曰大骨，曰髂，一身之伸屈司焉，故通曰機關。關之旁曰髀樞，亦曰樞機者，髀骨之入樞者也。自肩兩旁而下，在肘以上者曰髆骨。肩與髆之會於前廉者曰肩端兩骨，其會於後者曰肩曲甲下兩骨。髆者大臂也，在肘以下者曰臂骨。臂骨二，上曰上骨，則下曰下骨也。其在肘者曰肘骨，曰肘大骨，曰肘外大骨。本腧篇、甲乙經所云肘内大骨者，内乃外之訛字，故不列。其内微起者曰肘内鋭骨。合其大者鋭者曰肘内側兩骨。肘大骨之上兩起者曰肘外輔骨。臂骨之在外者曰臂外兩骨。其在内近腕者曰關。穴有名内關、外關者，以此。至本腧篇所云「掌後兩骨」者，骨乃筋之訛字，故不列。若難經之所謂關，則上骨内端之微高者也。其下骨外端起者曰手外踝，亦曰踝外。踝前微起者曰腕骨，腕亦作宛。曰腕中兑骨，亦曰鋭骨。其又前者曰腕前起骨，束掌者曰掌束骨。掌束骨之後廉微起者曰掌後兑骨。舊説以手踝當之，誤。手大指本節後起骨曰壅骨，邪客篇論手太陰之脈云：「内屈與諸陰絡會於魚際，伏行壅骨之下，外屈出於寸口而行。」是壅骨固在魚際旁寸口前。舊説謂即掌後高骨，誤。兼旁之歧出者通曰大指歧骨。其與次指合形如谷，故又曰合谷兩骨。自兩髂而下在膝以上者曰髀骨，曰股骨。其直者曰楗。骨空論云：「輔骨上横骨下爲楗。」是楗即髀骨之直者也。又考枯骨象，髀樞在關旁納機，不在機端。而説者名髀骨爲髀樞骨，又以爲在楗骨下，誤甚。其斜上俠髖者，則所謂機也。在膝以下者曰骭骨，骭亦作肵。骭者小股也，亦曰足䯒，説文訓骭爲脛耑，然内經皆通稱，惟大奇論骭與脛對言，而甲乙經所集骭亦作脛，蓋不可分也。脛與䯒同。曰骸，曰骭。髀䯒之間曰骸關，骨空論云：「膝解爲骸關。」王註謂在膝外。彤按：即膝外解上下之輔骨，蓋名關，本取兩骨可開闔之義，故指骨解與兩骨並通。餘倣此。曰股樞，一作樞股，恐文倒。亦曰樞。蓋膝之骨曰膝髕，俠膝之骨曰輔骨，内曰内輔，外曰外輔。其專以骸上爲輔者，骨空論云：「骸下爲輔。」下乃上之訛也。則膝旁不曰輔，而曰連骸。骸上者，䯒之上端也。骭外廉起骨成骭者曰成骨。刺腰痛論云：「成骨在膝外廉之骨獨起者。」彤按：膝之上下内外皆以髕爲斷。成骨旁骭骨之端，不至上旁膝。膝乃骭之訛也。成一作盛，亦誤。骭下端起骨曰踝，内曰内踝，外曰外踝。外踝上細而短附骭者曰絶骨。兩踝後在踵者曰跟骨。在内踝下者曰内踝之後屬。内踝下前起大骨曰然骨。足大指歧出者曰大指歧骨。大指本節後宛宛者曰腕骨。其在内側如核者曰核骨。核亦作覈。足外側大骨曰京骨。京骨之前當小指本節後者曰束骨。小指、次指歧出者曰足小指、次指歧骨。足上曰跗，其外側近踝者曰跗屬。一作屬跗，恐文倒。凡肘腋髀髕兩端相接骨通曰機關，亦曰關。髀之關，即骨空論所云：「膕上爲關。」王註云：「當楗之後者也。」穴有名髀關者，以其正直髀關之前故耳。膕之關即骸關也。手足腕兩端骨亦通曰關。

易爻辭辨

周易之爻辭，在漢儒或以爲文王作，或以爲周公作，蓋各有所受之也。及唐孔氏之正義，宋胡氏之啟蒙翼傳，皆辨爲周公，而非文王焉。乃近又有據陸氏釋文所載梁武解立説者，謂乾、坤文言文王作之，而孔子傳之。今篇中彖辭、爻辭並具，安見爻辭之不出於文王？且以爲作於周公，則漢志之於易，何第云人更三聖也？其説亦近是，顧孟子嘗云「周公思兼三王」，其上文並舉禹、湯、文、武，以文、武二人爲一代之王也。然則漢志或亦以文、周爲一家之聖，不足證爻辭之非周公作，況孔、胡二氏之辨爲周公作者，其證較多且確耶？余以爲，屯、蒙以下之爻辭，多作於周公；而乾、坤之爻辭，則作於文王，故與其彖辭並稱文言。乾、坤爻辭之稱文言，蓋孔子之前已然也，是全易爻辭之繫文王少而周公多。文王開其端，而周公卒其業，必舉而歸諸一人，安能無所牴牾？若以彖、爻辭義之悉符爲徵，則文、周爲一家之聖，道與心自無不同，豈必出一手所成而然哉！

保甲論

保甲之設，所以使天下之州縣復分其治也。州縣之地廣，廣則吏之耳目有不及；其民衆，衆則行之善惡有未詳。保長甲長之所統，地近而人寡，其耳目無不照，善惡無所匿，從而聞於州縣，平其是非，則里黨得其治，而州縣亦無不得其治。今之州縣官，奉大吏之令，舉行保甲，而卒無其效，非保甲之法之不善，爲保長甲長之人之未善也。夫今之保甲，即周官之鄉之州黨族閭比，遂之縣鄙酇里鄰也。保長甲長，即卿大夫之州長、黨正、族師、閭胥、比長，遂大夫之縣正、鄙師、酇長、里宰、鄰長之屬也。周之時，自鄰長而外，皆爲士大夫，士大夫皆有德行道藝之賢者能者也，故分民而使之治，而遂各道之以親親長長慈幼之恩，勸之以相保相受相葬相救相賙之誼，教之以祭祀喪紀昏冠飲酒之禮。耕耨也則趣之，行役也則作之，財賦也則斂之，讀法也則從而勸戒之。孅者賞，惡者誅，而無或不共其職。故成、康之世，天下無有一家一人之不治焉。今之長保甲者，雖不使之治其里黨，與周之里宰黨正不同，而里黨之不法者，罹患害者，皆得以達之州縣，是亦周時分里黨之治之一端也。爲之者，其人大率庶民之顧利無恥不自好者，弊且百出，安有其效？故舉行保甲，必先擇其長保甲之人而後可。保長長十甲，甲長長百户，分百户而十人長之謂之牌頭。牌頭擇庶民之朴直者爲之，保長甲長則必擇士之賢者能者而爲之。賢者能者，其陳説事之始終必有序而不殺，論列情之曲直必以實而無僞。抑其平日必有以表率之，教導之，使其心不終汩於邪僻。又必有以區畫之，安處之，使其食與衣不必由於兇惡。歷久漸馴，而里黨之風自歸於正。使處士之賢者能者爲今之保長甲長而有所不屑，則惟爲州縣者重其事，慎其人，求之以誠，聘之以禮幣，告之以欲分治之故，與任分治之義，而使之整其所屬，糾其邪僻兇惡，達之州縣，亦得展其心思才力，自無不屑之患。統乎保者爲鄉，鄉則就搢紳聘焉。其遇之隆，任之專，較之保長甲長而更倍焉可也。及功過已著，則權其大小輕重，而誅賞進退，以爲勸懲，必且感德畏威，而職無不盡也已。雖然，欲如是，非州縣之所得擅爲也，責在大吏，而大吏亦不得而自專，必也奏其事於朝廷，得額定其員，次第其禄位，立考績黜陟之法，而後可行也。夫周官鄉遂之制，自兩漢、後魏以迄唐之盛，明之初略倣而行之，皆得以善治而宜民。而大儒若朱子，名臣若蘇綽，近世名儒若魏子才、顧寧人輩，又莫不稱爲治教之基，則非迂遠而闊於事情可知也。在更化之初，必有議其不便者。行之久而利，則相與安之，且歌誦之矣。比閲邸報，見内外大臣議保甲者多，故述爲此論，請正其得失於吾所友事者焉。

古文尚書考序

辨東晉所出古文尚書之僞者，自趙宋而來，約有兩端，曰文從字順而易讀，曰掇拾傳記而無遺。前之説，則所云讀以今文者之删添與傳者之私竄足以解之；後之説，則所云傳記之徵引自多古文者足以解之，皆不得謂挾持有故也。吾友惠君定宇，淹通經史，於五經並宗漢學，著述多而可傳。其古文尚書考二卷，能據真古文以辨後出者之僞，大指言鄭康成所述二十四篇之目，見於唐正義者，即漢藝文志之十六篇，劉歆、班固以爲孔安國所得古文無異詞，自梅賾奏古文二十五篇列諸國學，孔穎達乃以二十四篇爲張霸所造，遂令梅書雜古經而大行，是謂僞其真而真其僞。余惟班之藝文志即劉之七略，劉在成、哀間領校祕書，班在顯宗時典其職，於所謂十六篇者，皆親見其文，而載之於書。按：正義載鄭氏云：「武成逸書，建武之際亡。」是班撰志時，尚存十五篇。十六而爲二十四，鄭析其九共一篇爲九耳。若張霸所造，乃百兩篇，且當時即以乖祕書見黜。然則鄭之二十四篇，非張霸僞書，而爲真古文，可決也。鄭之二十四篇爲真古文，則梅之二十五篇爲僞古文，亦可決也。夫二十五篇之古文，非不依於義理，顧後儒之作雖精醇，不可以渾淆聖籍。揚子、文中子之擬經，皆謂之僭，況以僞亂真者！故欲尊古經，必辨後出者之僞；而欲辨後出者之僞，必據其前之真者而後可。此定宇之書所由高出於羣言邪？得是，而後出古文之爲僞，雖素悦其理而信之者，亦無以爲之解。而所謂足以解者，皆轉而爲浮説矣。太原閻百詩，近儒之博且精者，著尚書古文疏證五卷，先得定宇之指，定宇書不謀而與之合，文詞未及其半，而辯證益明，條貫亦益清云。

尋淮源記

禹貢謂導淮自桐柏，桐柏之山，今屬南陽之桐柏縣。余以雍正初元客郡齋，屢欲往桐柏山以觀淮之源，逡巡未果。越三歲，決往，乃跨馬出東郭門，濟川陟岡，經二百六十里而至桐柏之山。山綿亘可百里，西通襄陽之棗陽，東南連德安之隨州。峯巒森聳夾道，南北有紫霄、翠微、玉女、卧龍、蓮華諸名。其道南最西一峯，則曰胎簪，水經所謂平氏縣胎簪山也。有泉出其陰，北流至平地分二道，酈道元注所謂「西流爲澧，東流爲淮」者也。泉之旁，有池方七尺許，水清淺不流，俗謂之淮井，蓋泉所溢也。淮井東三十里爲桐柏縣城。城東北一里許爲淮瀆廟，廟南阻金臺，北枕淮水，中有漢延熹六年碑。山泉自分流後，穿沙石，屈曲而東至廟北，凡合南北澗水十餘道。以余觀之，皆淮源也。謂淮出胎簪山者，專指山陰之一泉耳。漢延熹碑云：「淮出平氏，始於大復，潛行地中，見於陽口。」水經注以爲潛流三十許里，東出桐柏之大復山南，謂之陽口。乃余訪之土人，考之近志，皆未有能確指其潛行之蹟及陽口之所在者。府志謂:「淮源初出即伏流三十里,湧爲三泉,因濬爲井。」則伏流在淮井上。縣志謂:「井邊有泉,三處湧出,伏流地中,經六七里成川。」則伏流在淮井下。皆與水經注不合。以目驗之,亦不盡然。而城東五六十里,有峯巍然而高,土人指爲大復山,謂在隨州界。淮水繞其南,於桐柏山爲最東一支,所謂陽口,當在是。余又疑與潛流三十里之説,遠近不符,欲并往觀之,馬病而返,其然否難定於今矣。大復之名,始見漢書地理志。志言禹貢桐柏大復山,淮水所出。以爲淮水出桐柏之大復山也。然胎簪亦固其源,不應獨遺。則其時所謂大復山者,蓋統胎簪以東諸峯言之。元和郡縣圖志以大復爲桐柏之異名,誤。後人名最西一峯曰胎簪,餘峯多别爲之號,而最東一支遂專大復之名矣。若道北諸峯,土人往往概稱桐柏山,猶多沿禹時之舊云。

附録

先生游張清恪、楊文定兩公之門,講學不倦,故經義宏深,而於程、朱之傳,尤身體而力行之。嘗言:「經者,天地之心,聖人之情,而彝倫之則也。人不窮經則悖,文不根經則駁。」沈廷芳撰墓志。

方望溪見先生所疏三經,謂得聖人精奥。讀其文,又謂氣格直似韓子。乾隆初元,方輯三禮義疏,遂薦入館,名動輦下。同上。

先生爲人醇篤,盡洗中吴名士之習。讀書以窮經爲事,貫穿古人之異同,而求其至是。其爲文章,不務辭華,獨抒心得。全祖望撰墓版文。

焦里堂贊周官禄田考曰:「官多田少,爲周禮謗,果堂考之,乃斥其妄。自公而降,自井而上,官爵公田，厥數適當。尚有餘財，他用以廣，郊野之官，不名州黨。不易再易，通三以量，減以攝試，增以加賞。」雕菰集。

胡培翬曰：「沈氏之書名儀禮小疏，所箋釋僅止士冠、士昏、公食、喪服、士喪、既夕數篇，而考訂多精覈。」研六室文鈔，讀儀禮私記序。

果堂交游

惠先生棟 别見研谿學案。

沈先生廷芳 别見餘山學案。

方先生苞 别爲望溪學案。

李先生紱 别爲穆堂學案。

全先生祖望 别爲謝山學案。

陳先生景雲

陳景雲字少章，吴縣人。諸生。爲義門入室弟子，義門門下著籍甚衆，先生與果堂先生最著。湯文正公撫吴試士，拔第一，以應順天試。入都不遇，館於藩邸三年，辭歸。時年四十，以母老絶意宦游。篤於内行，親喪每慟絶，祭必涕泗沾衣。外和内剛，不因人熱。晚歲名益高，跡益晦。終年杜門，足不蹋城市。朝齏暮鹽，怡然也。凡經史子集，地理制度，下及稗官家，無不綜覽。尤深於史學，温公通鑑略能背誦，明三百年事能剖決得失。校勘古籍，一守義門之法。著有讀書紀聞十二卷，兩漢訂誤五卷，三國志校證三卷，綱目辨誤四卷，通鑑胡注正誤二卷，紀元考略二卷，文選校正三卷，韓文校誤三卷，柳文校誤三卷，文集四卷。參先正事略。

茅先生星來

茅星來字豈宿，號鈍叟，歸安人。七世祖坤，明史有傳。先生年近三十，爲諸生，屢絀於有司，後遂專攻經世及程、朱之書。念朱子近思録舊解未詳密，乃爲之集註，行止坐卧皆不輟，歷二十餘年，成書十四卷，其才識亦因之甚高。嘗依族人於山東滋陽，時黄崑圃爲布政使，數致候問，先生避嫌，卒不往。親知爲州縣，必懇之爲言安民之法。或刻於催科，則切責之，雖其人面赤汗流不顧。所著古文，亦往往於國維民瘼反覆致意。攜其稿謁方靈皋於京師，靈皋以爲勝宜興儲禮執，由是名聞遠近。以口吃，無敢薦達之者。與果堂先生交最久，嘗自傷不遇，圖所以不朽者。果堂先生謂曰：「諸生而可以不朽，其在爲有用之言乎？」其近思録集註亦遂爲士大夫所推重。乾隆十三年卒，年七十。參史傳、沈彤撰傳。

近思録集註後序

近思録集註既成，或疑名物訓詁非是書所重，胡考訂援據之不憚煩？爲曰：此正愚註之所以作也。自宋史分道學、儒林爲二，而後之言程、朱之學者，往往但求之身心性命之間，而不復以通經學古爲事。於是彼稍稍知究心學古者，輒用是爲訴病，以謂道學之説興，而經學寖微。噫，何其言之甚歟！夫道者，所以爲儒之具也；而學也者，所以治其具者也。故人不學則不知道，不知道則不可以爲儒，而不通知古今，則不可以言學。夫經，其本也，不通經，則雖欲博觀今古，亦泛濫而無所歸也。宋史離而二之，過矣！伊川分學者爲三：曰文章，曰訓詁，曰儒者。夫六經皆文章也。其異同疑似，爲之博考而詳辨之，即訓詁也。子曰：「有德者必有言。」非儒者之文章乎？孟子曰：「不以文害辭，不以辭害志，以意逆志，是爲得之。」非儒者之訓詁乎？然則文章也，訓詁也，而儒之所以爲儒者，要未始不存乎其間。然而伊川且必欲别儒於文章、訓詁之外者，何也？蓋謂求儒者之道於文章、訓詁中則可，而欲以文章、訓詁盡儒者之道則不可。其本末先後之間，固有辨也。奈之何進訓詁章句之學於儒林，而反别道學於儒之外，其無識可謂甚也！夫道學與政術判爲二事，横渠猶病之，況離道學於儒而二之耶？甚矣，其蔽也！蓋嘗竊論之，馬、鄭、賈、孔之説經，譬則百貨之所聚也；程、朱諸先生之説經，譬則操權度以平百貨之長短輕重者也。微權度，則貨之長短輕重不見；而非百貨所聚，則雖有權度，亦無所用之矣。故愚嘗竊以謂欲求程、朱之學者，其必自鄭、孔諸傳疏始。愚故於是編備著漢、唐諸家之説，以見程、朱諸先生學之有本，俾彼空疎寡學者無得以藉口焉。

徐先生大椿

徐大椿，原名大業，字靈胎，號洄溪，吴江人。祖釚字電發，工古文詩詞，舉康熙博學鴻詞科，授翰林院檢討，纂修明史，著有詞苑業談、本事詩、南州草堂集。父養浩，熟於東南水利。先生性通敏，覃思周易、道德、陰符家言，旁通天文、地利、音律、技擊之術，而醫學尤邃。以諸生貢太學，尋棄去，專以醫活人。乾隆二十七年，巡撫莊有恭將開震澤七十二港，以洩太湖下流。先生白言其五十餘港非太湖下流，開且無益。惟附城十餘港濬之便。後率從其言。蓋先生有得於家學也。嘗奉召至京師，視大學士蔣溥病，密奏過立夏七日當逝，至期果然。將授以官，力辭歸。後復召至京，以疾卒，年七十九。其奉召時，諭旨稱其字，故遂以字行。平生與果堂先生友善，雖爲學不同，而交相資也。所著書有神農本草經百種録一卷，蘭臺軌範八卷，傷寒類方一卷，醫學源流論二卷，洄溪醫案一卷，慎疾芻言一卷，道德經註二卷，陰符經註一卷，又水利策稿、述恩紀略、待問編。嘗爲新樂府曰洄溪道情，警動剴切，士林誦之。參吴江縣續志。

神農本草經百種録序

百物與人殊體，而人藉以養生卻病者，何也？蓋天地亦物耳，惟其形體至大，則不能無生。其生人也得其鈍，其生動物也得其雜，其生植物也得其偏。而人之所謂純者，其初生之理然耳。及其感風寒暑溼之邪，喜怒憂思之擾，而純者遂漓，漓則氣傷，氣傷則形敗。而物之雜者、偏者，反能以其所得之性，補之救之。聖人知其然也，思救人必先知物，蓋氣不能違理，形不能違氣。視色別味，察聲辨臭，權輕重，度長短，審形之事也。測時令，詳嗜好，分盛衰，别土宜，求氣之術也。形氣得，而性以得。性者，物所生之理也。由是而立本草，製湯劑，以之治人。有餘，瀉之；不足，補之；寒者，熱之；熱者，寒之；温者，清之；清者，温之；從者，反治；逆者，正治。或以類從，或以畏忌，各矯其弊，以復於平。其始則異，其終則同。夫天地生之，聖人保之，造化之能，聖人半之，天地不能專也。漢末張仲景金匱要略及傷寒論中諸方，大半皆三代以前遺法。其用藥之義，與本經吻合無間，審病施方，應驗如響。自唐以後，藥性不明，方多自撰，如千金方、外臺祕要之屬，執藥治病，氣性雖不相背，而變化已鮮。沿及宋、元，藥品日增，性未研極，師心自用，謬誤相仍。即用本經諸種，其精微妙義多所遺漏。是以方不成方，藥非其藥，間有效驗，亦偶中，而非可取必良，由本經之不講故也。余竊悲焉，欲詳爲闡述。其如耳目所及無多，古今名實互異，地土殊產，氣味不同，且近世醫人所不常用之藥，無識別而收採者，更有殊能異性，義在隱微，一時難以推測，若必盡解全經，不免昧心誣聖。是以但擇耳目所習見不疑，而理有可測者，共得百種，爲之探本溯原，發其所以然之義，使古聖立方治病之心，灼然可見，而其他則闕焉。後之君子，或可因之而悟其全。雖荒陋可嗤，而敬慎足矜也。

難經經釋敘

難經非經也，以靈素之微言奥旨，引端未發者，設爲問答之語，俾暢厥義也。古人書篇名義，非可苟稱。難者，辨論之謂，天下豈有以難名爲經者？故知難經非經也。自古言醫者皆祖内經，而内經之學，至漢而分，倉公氏以診勝，仲景氏以方勝，華佗氏以計灸雜法勝，雖皆不離乎内經，而師承各别。逮晉、唐以後，則支流愈分，徒講乎醫之術，而不講乎醫之道，則去聖遠矣。惟難經則悉本内經之語，而敷暢其義，聖學之傳，惟此爲得其宗。然竊有疑焉。其説有即以經文爲釋者，有悖經文而爲釋者，有顛倒經文以爲釋者。夫苟如他書之别有師承，則人自立説，源流莫考，即使與古聖之説大悖，亦無從而證其是非。若即本内經之文以釋内經，則内經具在也，以經證經，而是非顯然矣。然此書之垂已二千餘年，註者不下數十家，皆不敢有異議。其間有大可疑者，且多曲爲解釋，并其書之是者反疑之，則豈前人皆無識乎？殆非也。蓋經學之不講，久矣，惟知溯流以尋源，源不得則中道而止，未嘗從源以及流也。故以難經視難經，則難經自無可議。以内經之義疏視難經，則難經正多疵也。余始也，蓋嘗崇信而佩習之。習之久，而漸疑其或非。更習之久，而信己之必是。非信己也，信夫難經之必不可違乎内經也。

於是本其發難之情，先爲申述内經本意，索其條理，隨文詮釋，既乃别其異同，辨其是否。其間有殊法異義，其説不本於内經，而與内經相發明者，此則别有師承，又不得執内經而議其可否。惟夫遵内經之訓，而詮解未洽者，則摘而證之於經。非以難經爲可詆也，正所以彰難經於天下後世，使知難經之爲内經羽翼，其淵源如是也，因名之爲經釋。難經所以釋經，今復以經釋難。以難釋經而經明，以經釋難而難明，此則所謂醫之道也，而非術也。其曰秦越人著者，始見於新唐書藝文志，蓋不可定，然實兩漢以前書云。

醫學源流論

元氣存亡論

養生者之言曰：「天下之人，皆可以無死。」斯言妄也。何則？人生自免乳哺以後，始而孩，既而長，既而壯，日勝一日。何以四十以後，飲食奉養如昔，而日且就衰？或者曰：「嗜慾戕之也。」則絶嗜慾可以無死乎？或者曰：「勞動賊之也。」則戒勞動可以無死乎？或者曰：「思慮擾之也。」則屏思慮可以無死乎？果能絶嗜慾，戒勞動，減思慮，免于疾病夭札則有之，其老而耗，耗而死，猶然也。況乎四十以前，未嘗無嗜慾、勞苦、思慮，然而日生日長；四十以後，雖無嗜慾、勞苦、思慮，然而日減日消。此其故，何歟？蓋人之生也，顧夏蟲而卻笑以爲是物之生死何其促也，而不知我實猶是耳。當其受生之時，已有定分焉。所謂定分者，元氣也，視之不見，求之不得，附于氣血之内，宰乎氣血之先，其成形之時，已有定數。譬如置薪於火，始然尚微，漸久則烈，薪力既盡，而火熄矣。其有久暫之殊者，則薪之堅脆異質也。故終身無病者，待元氣之自盡而死，此所謂終其天年者也。至于疾病之人，若元氣不傷，雖病甚不死；元氣或傷，雖病輕亦死。而其中又有辨焉。有先傷元氣而病者，此不可治者也；有因病而傷元氣者，此不預防者也；亦有因誤治而傷及元氣者；亦有元氣雖傷未甚，尚可保全之者。其等不一，故診病決死生者，不視病之輕重，而視元氣之存亡，則百不失一矣。至所謂元氣者，何所寄耶？五藏有五藏之真精，此元氣之分體者也，而其根本所在，即道經所謂丹田，難經所謂命門，内經所謂「七節之旁，中有小心，陰陽闔闢存乎此，呼吸出入係乎此，無火而能令百體皆温，無水而能令五藏皆潤，此中一線未絶，則生氣一線未亡，皆賴此也」。若夫有疾病而保全之法何如？蓋元氣雖自有所在，然實與藏腑相連屬者也。寒熱攻，補不得其道，則實其實而虚其虚，必有一藏大受其害。邪入於中，而精不能續，則元氣無所附而傷矣。故人之一身，無處不宜謹護，而藥不可輕試也。若夫預防之道，惟上工能慮在病前，不使其勢已横而莫救。使元氣克全，則自能托邪于外。若邪盛爲害，則乘元氣未動，與之背城而一決，勿使後事生悔。此神而明之之術也。若欲與造化爭權，而令天下之人終不死，則無是理矣。

方劑古今論

後世之方，已不知幾億萬矣。此皆不足以名方者也。昔者，聖人之製方也，推藥理之本原，識藥性之專能，察氣味之從逆，審臟腑之好惡，合君臣之配耦，而又探索病源，推求經絡，其義精味不過三四，而其用變化不窮。聖人之智，真與天地同體，非人之心思所能及也。上古至今，千聖相傳，無敢失墜。至張仲景先生復申明用法，設爲問難，註明主治之症。其傷寒論、金匱要略，集千聖之大成，以承先而啟後，萬世不能出其範圍。此之謂古方，與内經並垂不朽者。其前後名家，如倉公、扁鵲、華佗、孫思邈諸人，各有師承，而淵源又與仲景微別，然猶自成一家，但不能與靈素、本草一線相傳爲宗枝正脈耳。既而積習相仍，每著一書，必自撰方千百。唐時諸公，用藥雖博，已乏化機。至于宋人，并不知藥，其方亦板實膚淺。元時號稱極盛，各立門庭，徒騁私見。迨乎有明，蹈襲元人緒餘而已。今之醫者，動云古方，不知古方之稱，其指不一。若謂上古之方，則自仲景先生流傳以外，無幾也。如謂宋、元所製之方，則其可法可傳者絶少，不合法而荒謬者甚多，豈可奉爲典章！若謂自明人以前皆稱古方，則其方不下數百萬。夫常用之藥不過數百品，而爲方數百萬，隨拈幾味，皆已成方，何必定云某方也？嗟嗟！古之方何其嚴，今之方何其易。其間亦有奇巧之法，用藥之妙，未必不能補古人之所未及，可備參考者，然其大經大法，則萬不能及。其中更有違經背法之方，反足貽害。安得有學之士，爲之擇而存之，集其大成，删其無當，實千古之盛舉。余蓋有志，而未逴矣。

少章家學

陳先生黄中

陳黄中字和叔，號東莊，少章先生子。讀書能承家學，尤長於史。乾隆初，召試博學鴻詞。於時海内多士集闕下，罔不以聲氣相高。先生獨習靜蕭寺，朝士罕識面。再赴京兆試，俱下第。乃幕游南北，爲養親計。學通古今，凡山川險隘，及禮樂兵農諸大政，錢穀鹽筴之出納，律令格式之寬嚴，悉洞其要。又工於章奏，諸開府皆引以爲重，而偘偘無少隱。嘗客湖南巡撫所，因爭勸土苗議不合，拂衣竟去。又嘗上書海寧陳相國，論時政利病，相國欲疏薦之，辭歸。忍飢不出，壹志著作，與閭井落落不偶，會其外姑家爲人所構，强令排解，謝絶之。俄中以他事，禍幾不測。學易獄中，晏如也。既脱難，每酒酣輒爲拂鬱。至乾隆二十七年卒，年五十有九。平昔刪修宋史，有稿一百七十卷，臨殁，以付彭尺木。又著有新唐書刊誤三卷、謚法考三卷、殿閣部院表六卷、督撫年表六卷、導河書一卷、詩文集四卷。參先正事略、沈廷芳撰墓志銘。

清儒學案卷六十二

健餘學案

健餘崛起孤寒，習聞夏峯、習齋教澤，中年志益篤，養益粹，一以朱子爲宗。事親爲孝子，服官爲名臣，卓然足以自立焉。述健餘學案。

尹先生會一

尹會一字元孚，號健餘，博野人。雍正甲辰進士，授吏部主事，歷官河南巡撫，内調左副都御史。在臺數月，正直敢言。會母病，陳請終養。歸養五年，築健餘堂以奉母，高宗特賜詩以獎勵之。母卒，居喪悉遵古禮。服未闋，即授工部侍郎。及免喪，始入京供職。未逾旬，命督江蘇學政，轉吏部侍郎。乾隆十三年卒，年五十八，入祀江蘇名宦祠及道南祠。先生幼孤，母李氏口授論語，即知孔子之言不可違悖。既長，篤信程、朱。謂「治法不本於三代，皆苟道也」，故自服官後，日取漢、唐以來代不數見之人以自律。爲學務在力行，於古今學術純駁，審擇之而未嘗攻斥，曰：「吾惡學者之好爲謾駡也。」嘗論爲學之要曰：「爲學要知學爲何事，人何故宜學。天既生我，便當效法爲人的樣子，所以小學不可不豫。既爲天所生之人，便當擴充爲人的分量，所以大學不可不講。能學可以作聖，不學則無以成人。常存此心，所學自正。」又曰：「聖人中禮，賢人守禮，學人當習禮，下學上達，無以易此。」又曰：「讀書要闕疑，然後所悟爲真得；修身要改過，然後遷善能日新。」又曰：「蹇以反身修德，困以致命遂志，君子處窮，所得爲者，如斯而已。大壯以非禮弗履，晉以自昭明德，君子履盛，所可恃者，如斯而已。此謂守約，此謂由己。」又曰：「學者終日之間，不但閒度可惜，或讀書，或應酬，或靜坐，有所背於問學，即是不能博文；有所懈於德性，即是不能約禮。以此時時體察，日日警策，未有不進益者。」其持論切實，皆本心得，大率類此。所著有續洛學編五卷，續北學編三卷，呂語集粹四卷，重訂小學纂注六卷，近思録集解十卷，尹氏家譜八卷，賢母年譜一卷，撫豫條教四卷，君臣士女四鑑録十六卷，講習録二卷，從宜録一卷，讀書筆記六卷，健餘劄記四卷，奏議十卷，文集十卷，尺牘四卷，詩草三卷。參史傳、方苞撰墓誌銘、王步青撰神道碑、劉大櫆撰行狀、健餘年譜、學案小識、先正事略。

續洛學編自序

曩聞孫徵君既輯理學宗傳，則以北學編屬魏蓮陸，而以洛學編屬湯文正。余監撫豫疆，既得讀洛學編，心嚮往之，遂援釋菜國故之義，祔於大梁書院，既又商推續祔。自徵君、文正二先生外，復得耿逸庵、張仲誠、張清恪、竇靜庵、冉蟫庵諸先生，俱洛學編以後之遺獻也。既敬其人，奚可不臚其事？余固弗及文正公之蒐採該博，紀別精密，然竊有志焉，弗能已也。夫洛出書以迄於今，坱圠苞符，權輿橐籥，繼繼承承，數千百年，天不變，道亦不變，後先相望，厥義惟均。自洛學編板於癸丑，又六十六年矣。此六十六年中，雖僅得七人，抑亦未可云不聚也。七人之內，沈潛高明，指趣不必盡同，各履其實，以要於一致，淵源有自，何多讓焉？乃質之衣縫掖者，或張口呿呿，弗克寘辨，並且懵其里居爵謚。嘻，亦太甚矣！先哲之就湮，後學之寡識，悠悠歲月，遂息薪傳。是余之大懼也，敢弗承文正公之志而續其後哉。抑考孫徵君北學編序，以遺海樵子七篇而憂之。若予之寡昧，爲憂滋甚。有能諗予以所遺者，則以似以續，昭兹來許，豈惟予拜嘉，亦學道者所深幸也。

續北學編自序

昔馮少墟先生輯關學編；其後中州則有洛學編，湯文正公所訂也；畿輔則有北學編，魏蓮陸先生所輯也。湯與魏同學於孫徵君，二編俱奉師命而成者。余撫豫時，既取洛學編而續之，深以未見北學編爲憾。嗣於徵君之曾孫用正得其書，每欲倣洛學編附所見聞，以就正當世，牽於公事，未遑也。歲庚申，陳情歸里，迺從定省餘，檢魏本稍加較訂，補入四人，而續其後來者十三人。既竣事，有謂余者曰：「堯、舜以來，道學相承，僅可指而數也。北學原編，由漢及明，既載三十餘人矣，子於一方數十年中，復舉十有餘人，不疑於濫乎？」余乃喟然而歎曰：「正學之失傳，久矣。異端害真，猶在門牆之外，俗儒痼蔽，即在章句之中。間得一二志士，振奮於狂瀾既倒之時，或砥節厲行，或崇經翊傳，蜀之日，越之雪，空谷之跫音也，方愛之慕之表揚之不暇，而敢輕爲求備乎！余續訂是編，在北言北，亦猶之乎在洛言洛，在關言關耳。至於學無南北，惟道是趨，五事五倫，昭如大路。學者讀是書而興起，拔乎俗而不爲苟同，志於道而不爲苟異，千里百里，有若比肩而立者，孔、曾、思、孟而還，濂、洛、關、閩其揆一也。疇得而歧之，視此爲北方之學也哉！因識簡端，時以自勖，且望後之學者相續於無窮云。

呂語集粹自序

呂新吾先生著述甚富，皆心得之學，明體達用之書也，而呻吟語爲最。余反復玩味，見其推勘人情物理，研辨内外公私，痛切之至，令人當下猛省，奚啻砭骨之神針，苦口之良劑！顧先生自謂：「呻吟，病聲也。病語狂，擇其狂而未甚者存之。」然則先生平日之語，自删已多，蓋惟其精，不惟其富矣。今夫藥之爲物也，砒硫芒硝皆有攻毒破壅之力，然雜於參苓耆术之間，用以養生，而擇之不精，遽爲嘗試，鮮或不誤。讀呻吟語而集其粹，謂是對證之藥，殊不在多，亦猶先生之意也。嗟夫！余之善病而弗覺，覺而復病者亦屢矣。讀先生之語，能無汗下乎？自今以往，尚鑒於折肱良醫，時時自藥也。因與監司黄君約取成編，用付剞劂。世有同病者，儻亦樂聞先生之病聲焉，其於修身治人之道，蓋庶幾矣。

綱目四鑑録自序

通鑑綱目，所以資治也。竊謂主治者君，輔治者臣，受治而從風者士與女，取鑑於古，而各盡其道，則治功成焉。不然，明於論人，闇於責己，雖上下數千年記誦無遺，亦等諸玩物喪志耳。爰録四編，用備觀省，正朝廷以正百官，而化行俗美，士敦志行，女厲安貞，豈待求諸遠哉！提事之要，觀我之生，不禁睪然高望，怵然爲戒也已。

君鑑録目次

立政，用人，納諫，儆戒。

按：政者正也，心正則政立矣。三代而下，君德醇備，固未易言。而一念之正，未嘗不有一事之善以應之，可考而知也。顧政舉由於人存，君能得人而用之，乃可以成治。不知其道，而欲立政，得乎？夫人君日有萬幾，立政用人之際，豈能無過？惟賴納諫以救其失。聖狂之分，實由於此。此三者，平天下之大端也。人君苟欲求治，孰不知之？而害政生於心，失人踵其弊，拒諫遂厥非，史不絶書，亦獨何歟？時當逸樂，尤易怠荒，故儆戒無虞，明良之世，所以無廢。吁咈哉！

臣鑑録目次

器識，諫諍，敬事，立身。

按：器識在人，有大有小。大役小則治，小役大則亂。爲大臣而矜才自用，功利眩於當時，災害及於家國，皆器識之小爲之也，故臣鑑以器識爲先。天下安，注意相；天下危，注意將。君子安不忘危，故器識以將相爲重。有器識而無其位，自成其大；有其位而無器識，包羞實多，故列其後，以示戒然。器識云者，非如後世持禄養資、謀身利己之所得而託也，安社稷者始足以當之。欲安社稷，則諫諍之臣必致之君矣。古者諫無專官，故大小司直不加分別。後世專設言臣，尤當加之意也。敬事之方，内外職官略見大意，惟於守令特書重民事也。以上三者，皆本於身。其身不正，而欲正人，難矣。古來人臣稍知自立，豈不思竭忠報國？但爲爵禄所縻，或爲威武所屈，所以有初鮮終也。孔子論君子之道，行己在事上之前，孝經所言立身在事君之後，欲有不負初心也，故取以終篇焉。

士鑑録目次 師儒，俊傑，隱逸，卓行。

按：師儒之則，經明行修，出處去就，不詭於聖賢之道，故首列之。然三代而後，聖賢罕得而見之矣。出而無益於世，人以爲迂，故以奇士次之，則俊傑足貴焉。處而不信於人，又以爲僞，故以處士次之，則隱逸爲高焉。至於流俗靡靡，非志士不足以振之，志士孤行一意，未必盡合於中道，然而廉頑立懦，亦何可少哉，故終之以卓行。

女鑑録目次 懿範，貞德，賢明，節烈。

按：詩首二南，后妃者，風化之所由始也，其懿範之宗乎？女宗端於上，則雅俗成於下矣。以言乎婦道，則有安貞之德；以言乎母道，則有賢明之著，故次之。夫女子之生，祝以無非無儀，至於聞望既昭，率多因乎事變，蓋有不幸而名彰者矣，然未有甚於節烈者也，故或以婦人而爲丈夫之事，以烈女而兼烈士之風，此固非坤道之常，然乘時度勢，建功立名，動關家國之大綱目，取之良有以也，録之以備覽觀云。

健餘劄記自序

昔薛文清嘗言:「自朱子後,性理已明,正不必著書。」程明道、許魯齋皆未嘗有專著,而言道統者必歸焉,信足以定吾學之的矣。然文清未始無書也,讀書録二十卷,其不得已而有言乎?夫言以足志,所重顧行,而著書干世,每與行違,迹相似而實不同,此聖賢之所以欲無言而終有言,雖有言而異於有言者之言也。余自四十以還,篤信正學,而精力就衰,難於彊記,有志未逮,終日在悔吝中,大懼荒落無成,因將耳目所經,凡切於身心,可以反求而得者,俱書於册,時時檢點,用以自省自克,匪敢附於先儒讀書諸録也。

文集

約言

戒盈

才者,德之末也。謙者,德之柄也。福者,德之徵也。柄不可棄,窮達以之。恃其末而求其徵,動即怨尤時命,奚啻樵於童山,漁於涸澤,植嘉禾於奥草,望大有於石田。易曰:「天道虧盈而益謙,地道變盈而流謙，鬼神害盈而福謙。」蓋盈之爲害甚矣！人知勢位崇隆侈然自足之謂盈，不知才人多傲骨，當夫酒酣興發，放軼恣肆，動以讀書萬卷相誇耀。夫即令誠然，學人自讀書，而上固大有事在，而乃封己爲高，陵轢儕伍，庸獨非盈乎？高明之家，鬼瞰其室，其能免乎？迨至所如不偶，鬱鬱無聊，輒謂多才非福，古今同慨，甚且致恨於儒冠誤身，而歎讀書之無益。嗚呼！人亦自爲其無益者耳。善讀書者，得一二言即可成身而有餘，曾是萬卷而無以自澤也歟？吾觀易傳，大有受之以謙，此謂有大者不可以盈也。三陳九德，履先而謙次之，此示人以處憂患之道，踐履不外於謙也。惟謙亨終，無所擇於地，無所擇於人，可以居尊，可以居卑，可以處三之成勞，可以處四之无功，可以涉川行師，極夫人世之艱難險巇，而无不利。嗚呼！文辭備矣。世之讀書萬卷者，其亦反求而有省否耶？奈何不知修德守約，自求多福也？非才之難，所以自用者實難。則盈之爲害甚矣，用申大易之文以致戒。

通蔽

爲政莫優於好善，不祥莫大於蔽賢。世儒宜無不知，而未能自克，則蔽於自用耳。善哉乎！子厚推言之也，曰：「相天下者，立紀綱，整法度，擇天下之士使稱其職，能者進之，不能者退之。萬國既理，而談者獨稱伊、傅、周、召，其百官執事之勤勞不得紀焉。或者不知體要，衒能矜名，侵小勞，侵衆官，斷斷於府庭，而遺其大者遠者，是不知相道者也。」古來論相用人之義，莫切於此。雖然，用人者常苦於人無可用，則又蔽於求備耳。陸宣公言之審矣，曰：「衰季之時，咸謂無人足任。及雄才御寓，賢士相從如林。興王之良佐，皆是季代之棄材。在季而愚，當興而智，可知人之才性，與時升降。好之則至，奬之則崇，抑之則衰，斥之則絶，此消長之由也。天之生物，爲用罕兼，曲成則品物不遺，求備則觸類皆棄。付授當器，各宣其能，及乎合以成功，亦與全才無異。聖人愛人之才，慮事之弊，採其英華而使之，當其茂暢而奬之，不滯人於已成之功，不致人於必敗之地，是以鋭不挫而力不匱，官有業而事有終。」古來論用人之法，致懇惻而有條理，莫切於此。雖然，上欲用人，而天下賢才亦無不思爲上用，常苦於扞格難通，則又蔽於不求耳。朱子與劉貢父書言之審矣，曰：「大臣所賴以共正君心，同斷國論者，必有待於衆賢之助。君子將以身任此責，必咨詢訪問，取之於無事之時；而參伍較量，用之於有事之日。權力所及則察之舉之，禮際所及則親之厚之，皆不及則稱之譽之，又不及則嚮之慕之。如是而猶以爲未足也，又於其類而求之，不以小惡掩大善，不以衆短棄一長。」古來論訪問人材，詳達而曲盡者，莫切於此。執政覽此而善用之，庶免蔽賢之罪也夫。

正始

傳謂「身不修不可以齊其家」，修齊之義，和與敬盡之。關關起興，昭其和也。嘻嘻終吝，戒弗敬也。能敬且和，雝雝肅肅，女正位乎内，男正位乎外，胥不越此矣。而家之齊必自婦人始，何則？婦人性本陰柔，未嘗學問，然其觀我甚明，責我必厚。我於禮法有失，言論稍偏，彼已得而藉口。及其有過，包荒則易長傲，睚眦必致離心，心不服則言不和，言不和則家不順，婦怨無終，所關大矣。易有「説輻反目」之象，夫子繫曰：「不能正室。」正室者，齊家之謂也。詩咏「刑于刑于」者，修身之謂也。欲修身而齊家，以平好惡爲權輿，大事必循理，小事須順情，不可矯枉過正。而天經地義，尤莫切於事親。是故以好合而致父母之順者，此相因而致之理也。父父子子兄兄弟弟夫夫婦婦而家道正者，此由尊及卑之義也。身不行道，不行於妻子，此固士大夫之責，而豈可徒責之婦人女子哉！至於一家非之而不顧，振古有人，究非聖賢蹈道之爲。夫聖賢蹈道，先見於言行，故君子言有物而行有恒，終身以之。獨繫於家人之象，所以見身爲家本，而户庭之内，日用不離，尤不可不善也。學之必自小學始。小學之教，在於明倫，其要在於敬身。取古今嘉言以廣之，善行以實之，綱領正大，條目詳明，入德之門，無所不備。學者誠能切己體察而力行之，則和敬之理得矣。和敬之理得，則修齊之道盡矣。

備德

人情好辭德而受福，雖舉山阜岡陵、日升月恒之盛，侈詞稱願，亦將欣然樂之。聞賢聖之名，則避之惟恐不遠矣。乃世儒又以求福爲諱，是亦昧於不回之義，而離德與福而二之也。亮哉！子瞻之論，既醉備五福，曰：「君子萬年，壽也。介爾景福，富也。室家之壼，康寧也。高明有融，攸好德也。高朗令終，考終命也。」凡言此者，美其全享是福，兼有是樂，而天下安之，以爲當然必有以致之。推本於至誠，要之以不懈，可謂善觀詩矣。然猶於詩人言外明其有德也。吾則謂，德之美備，即不外於此詩。其曰「永錫爾類」，仁也；「籩豆靜嘉」，義也；「威儀孔時」，禮也；「介爾昭明」，智也；「令終有俶」，信也；「爾殽既將」，君以惠臣；「君子有孝子」，父以傳子；「釐爾女士」，夫有令妻。至於朋友攸攝，攝以威儀，則長幼有序。可知此其言德，何詳不已備五常而全達道哉！大凡古者以德爲福，未有言福而不徵於德者。即天保諸篇，累言不盡，亦豈有殊旨歟？聿修厥德，自求多福，原非二道。善學詩者，自得其意耳。

立身

士大夫立身，自有本末，各成其是，皆足以傳後而無疑。以忠孝大節觀之，其在於漢，王陽爲孝子，王尊爲忠臣。孝子視九折阪爲畏道，不敢奉先人遺體乘險，竟謝病去。忠臣叱馭而驅之，文武自將，所在必發，竟卒於官。史傳所稱，無分優劣也。其在於宋，范文正公冒哀言事，自謂其孝不逮，忠可忘乎？著萬言書，一生功業皆素定。歐陽文忠公免喪入朝，仁宗怪其髮白，見意甚至，未幾乞致仕者六，足見其不忘孝矣。然人未有譏范文正公之居喪上書爲不孝者，蓋其先憂後樂之心，有以見信於世，而知其非貪利禄以希榮也。嗚呼！士大夫不貪利禄以希榮，則進非干澤，退非偷安，而忠孝之大節立矣。

重刻大學衍義序

皇上御極之元年，既命廣布御纂經史，各書三年，又敕發内廷書目，特許外臣奏請刊布。時會一巡撫河南，深念此都人士風氣醇樸，亟宜恢廓其器識而進於古，爰請頒給四種，内有大學衍義一書，夙稱國本，詔曰可。涓日開雕，閲五月而竣事。將以對揚天子之休命，而眎部之衣縫掖者知所嚮也，遂敬識其簡端曰：「大學衍義，真西山先生官户部尚書時以進理宗者也。其書發揮旁通，明體達用，廣大悉備，純正無疵，而其惓惓忠愛之忱，尤展卷而如見焉。蓋西山之學，以朱子爲宗。朱子大學章句、或問既抉義理之精微，而西山衍義復綜古今之龜鑑，一經一緯，迺表迺裏。今三尺童子知誦章句、或問，而戴白老儒或未窺衍義，是數二五而不知十也。又或聰俊之士，馳騖博覽，搜索津逮，而是書無力就鈔，因失精要，是抱鍮石而遺兼金也。且或哆談經濟，鋭志匡扶，高心空腹，未究是書苞孕，是又覆明鑑而求炯照也。曩西山進書時，廑庋高閣，翻不如王氏三經新義得行學官。今恭逢皇上頒其遺書，昭示寰宇。蘇軾有云：『但使聖賢之相契，即如臣主之同時。』此之謂乎！中州伊、洛淵源，考亭嫡脈，西山之旁搜遠紹，實在於茲。宣昭義問，大書深刻，或亦佐理至教，紹承前烈，嘉惠後學之一道也夫。」

重訂近思録集解序

余備官淮海時，闢安定故祠爲書院，與山長王罕皆太史每進諸生，申以小學，旋鋟近思録集解，講明而切究之。誠以修身大法，小學書備矣；義理精微，近思録詳之。考亭之言，固俟諸百世而不惑者也。又云近思録一書，無不切人身，救人病者，則是精微之理，反求自得，所謂近思，其義尤明。學者未入其門，未歷其階，而漫語博通，雖日從事於六經、四子之書，恐猶昧於以類而推之要旨，其他又何論焉？自余視學江蘇，所以奉行功令，發揮小學者，不遺餘力矣。訂刊纂注既成，爰取安定書院所藏近思録舊版，重加修補，與小學並行。有志之士，苟能循是爲功，既厚培其本根，復詳求其次第，設誠於内而致行之，則博與約相乘互進，當有日新而不能已者。若陟遐必自邇，其於道也，蓋庶幾焉。

困學録集粹序

余少慕平湖陸稼書先生學術文章，粹然一出於正，蓋其著書立説，散見編摩，又近宰鄰封，得諸身被之口也。筮仕後，得悉儀封張清恪先生德望，每以未見遺編爲憾。嗣官維揚，獲交仲君、又渠，幸讀先生諸書。已重鋟近思録集解於安定書院，與小學集解竝授揚人士，今又渠復以困學録集粹視予，且曰：「先子一生精力所存，賢者閲之，自當水乳。」余反復紬繹，喟然歎先生之學純粹以精，而其牖世之苦心，更深切而著明也。開卷云：「道莫大於體仁，學莫先於主敬。」提綱之旨，入手之功，徹始徹終之道，程、朱嫡傳，於是乎在。至於闢異學，砭俗學，大聲疾呼，閔達人之遁於空虚，病庸流之溺於私利，不憚言之長，詞之複焉。凡爲學者，宜知返哉！以先生躬行心得之書，詳加體認，必自立志，始知困而能學，能學則不困，端其本，既其實，庶乎有恥有爲，賢聖可希，而顯藏無二，不致役役終身，與草木同朽矣。於戲！草野之中，元氣常足；朝廷之上，正氣常伸，先生之志也夫！元氣之足，不外體仁以長人；正氣之伸，要歸敬事而後食。先生講之有素，宜其利澤及民，風徽表著，歷久而彌新乎！蔡宗伯嘗親炙先生所爲，語焉而詳歟！蓋先生之學與陸稼書同，而遇則獨隆，故其究於用者異也。余承乏中州，儀型在望，而又渠憲副，政績報最，行且繼武南邦。先生所自勉以勉人者，願共勖焉。

江蘇學約序

國家建立學校，置教授、學正、教諭、訓導等官，蓋所以教天下之士，講明義理，以修其身，以爲齊家治國平天下之本，甚盛典也。乃今之教職，知此意者蓋鮮，其所以課督士子者，時藝而外，竟若無事者。然爲師者不知所以教，爲弟子者亦不知所以學，是以名雖曰士，而立心、制行、語言、氣象實無異於凡民。其傑出者，不過務博覽，爲詞章，以釣聲名，取利禄而已。至所謂義理之學，則茫乎其未有聞焉。是豈立學教人之本意哉！使者督學江蘇，面聆聖訓，殷殷以培植人才爲先務。視事之始，即表章朱子小學以勖多士，又作秀才樣子一通，指示門庭，不啻三令五申矣，而諸生罕能興於正學。此非盡學者罪也，亦所以教之之法未備耳。夫教法莫備於成周，故當時辟雍化行，人才之盛，後莫與京。今去古已遠，古制雖難遽復，而後世大儒如胡安定公教蘇、湖二州遺法，明道先生熙寧條議，伊川先生看詳學制，朱子歷任同安、南康、漳州、潭州教士遺規，未始不可仿而行也。茲特會通其意，酌以今法，定爲條約十則。初非矜一己之臆見，亦非有至幽難窮之理，甚高難行之事。各學董率諸生，實力遵行，毋惑於浮議，毋視爲具文，以聖賢爲必可學，以性善爲必可復，以義理悦其心，以規矩約其外，漸摩之久，將必有學成德尊明體達用之儒出於其間，而其次亦不失爲謹身寡過之士，於以共襄國家興賢育才之盛典，豈不美哉！

上朱高安先生書

四月既望，戴唐回揚，賫到鈞札，示以張弛之宜，兼賜歷代名臣傳，再拜盥誦，不啻親聆提撕，字字箴銘，時時佩服，匪獨兩淮情形從此揆其體要，即一生仕學，亦幸得所指歸矣。師傳遠大，厚望殷肫，某雖魯鈍，敢不彊勉力行，以步趨於門牆之内。目今署理鹽政，仍管運司事，朝夕不遑，而於晚刻篝燈，必觀名臣傳一个，以自循省其能否。有獲心者，不禁躍然思起；有未逮處，不禁爽然自失。比來讀至漢季，見朱雲以故令而躋於名臣之列，尤覺開拓心胸，增長知識。人苟能自樹立，以身負天下之安危，雖不公卿，亦謂安社稷之大臣。公卿而或依違奉令，無所謂深識大力，祇爲具臣。如匡、韋之優游養交，張禹之妨賢病國，雖位極人臣，不過患失之鄙夫而已。反覆紬〔一〕繹，足以廉頑立懦，非吾夫子之處一化齊，識絶千秋，無以創此義例也。曩猶見爲大行大效，必待乘時遠駕，今則益信盡其在我，無假異日，惟有彌堅素節，以求自立，而願外之念頓息矣。未審將來可以不辱師門否？仰請指誨，伏惟崇鑒。

答陳密山書

接奉手教，大慰遠懷。惟是奬揚逾分，殊切悚惶。某向日所學，毫無把柄，難逃知己洞鑒。垂老之

〔一〕「紬」，原作「由」，今改。

餘，深懼泛泛悠悠，模糊到底，遂與草木同朽。每讀吕新吾、鹿江村、孫夏峯諸儒語録，方寸間實有開擴警省處，而行之不力，悔吝滋多。同志如大兄雖遠在數千里外，所望於切琢者匪淺也。前讀奏摺，肅然起敬，訪之輿論，無不稱快。是大兄爲理學名家子，當有道之時，所以立身報主，見重於鄉國天下者，正賴有此。某方以剛健篤實、直内方外期吾兄之加勉，若聞仲氏吹篪而因以爲戒，其將何以自處乎？竊謂吾人之志，既不在温飽，則言所當言，行所當行，置毁譽利鈍於度外，乃素位而行之道，明哲之義，即在其中與！孟浪懸殊，願大兄之熟思而堅守之也。醇叔之疏懶，雖久闊未能深知，大約亦志之不立耳。胸無主宰，一身之血氣官骸且提轉不起，何況由中應外，推之千變萬化耶？此過所關，亦自不小，吾輩所當深戒者。大姪休官，安知非福？但至今未聞旋里，心甚懸懸耳。迂闊陳言，用以涉世則疑於狂，用以持身不詭於正大，君子自有決擇也。豫省夏秋以來，雨水爲災，皆某涼德所致。兩經具摺自劾，未蒙罷黜。在某諸凡據實直陳，誠不免於張皇激切，以視從容坐鎮，潤色治平者，自覺縣殊。然目擊民艱，難容稍諱。現在單心補救，深虞不逮。素叨知愛，幸賜指誨爲禱。

上高東軒先生書

某少習舉業，未知爲學之序。四十以後，備員兩淮，敬承指誨，始得與聞小學之義，比猶未能篤信不疑。十餘年來，沈潛反覆，愈覺意味無窮。必明乎此，而後學爲人子，學爲人臣，以安詳恭敬，消除驕惰病根，不至隨所居所接而長。所謂修身大法，做人樣子，有裨於世道人心也，甚切亦甚大。今者視學江蘇，訓飭士子，講習小學，立限三月，法在必行，務期文勝之地，胥曉然於明倫敬身之教，須臾離之而不可，終身由之而不盡，循循磨礪而相安於爲下之不倍，庶無憂於三不幸，亦無蹈於三不祥，此則某之所願，上不負主知，下不負所學者也。惟當衰病之餘，强勉持衡，歷試常、通、淮、揚諸郡，雖幸免物議，而形神澌悴，大懼隕越貽羞。伏惟切加指示，俾得補過遷善，感甚幸甚。

上望溪先生書

承教學禮，手書反復讀之，彌仰人師爲則，克己之深，誨人之篤，實某父子所中心誠服者。先生幸勿以經師爲辭，麾嘉銓於門牆之外也。夫禮教之不行，久矣。庸人溺於流俗，離經畔道而不顧。其或稍知自好，有志求古者，則羣起而非之。以斯須不可去之道，而摇摇莫定於心，何能獨立不懼，遯世而無悶乎？且古來議禮聚訟，言人人殊，欲折衷而定所從，亦難矣。故凡自棄於禮者，牽制於非古之浮言固多，阻於泥古之説，而畏其難以推行者，亦復不少。大抵禮之繁縟，已肇於周末，故孔子有從先進之思；而大反本之問，斟酌先王之禮，以答顔淵，道可識已。孟子之學於喪禮經界識其大者，而能因略以致詳，足徵命世亞聖之才。朱子編次儀禮經傳通解，條理井然，誠得古聖賢遺意。顧於喪祭之大，未暇手定，不無遺憾。其在於今，惟禮無成書，難昭法守。竊思不知禮，無以立，論語記以終篇，入德之要，莫切於是。必知禮之本意，與禮之節文，何者爲古今不易之經，何者爲因時損益之道，明其源委，而斷以心安，乃能確然自立，而不至耳目無加，手足無措。否則，辨之不明，雖欲好古，又見世俗之近情；方遵此傳，又覺他説之爲是。甚至莽、歆增竄之文，白黑莫别。誤信邪説，必將陷於禽獸而不知。禮儀備而津逮末由，涉獵多而適以增惑，嘉銓懼焉。竊見先生言禮諸書，辨僞正訛，總向本原體貼，而摘其大綱節目以垂訓，私心竊喜，得所依歸。冒昧請業，適當先生耄而好學，嗣事儀禮之時，講其節文，導之先路，俾知所往而務踐其實；告之以重任，行畏塗至遠，期而必要其成，立教之終始具矣。先生必當以道自任，容令嘉銓親叩師門，横經請益，感甚幸甚。

博陵社約説

吾博彫敝久矣，伊於胡底，識者有隱憂焉，振興蓋綦難耳。惟幸土瘠而多向義，厥心之臧，或庶幾乎。及是時，聚則猶可爲也，散則不可爲也，比而合之其道，尚容緩歟？昔藍田吕氏鄉約有四：一曰德業相勸，二曰過失相規，三曰禮俗相交，四曰患難相恤。有善則書於籍，有過違約者亦書之。三犯行罰，不悛者絶之。朱子因其節目而加增損，平實詳悉，迄今可約舉而行也。同志之士，覽觀而有合焉，將比類以成風，萃在兹，豐亦在兹矣。正德厚生，從帝之欲，其爲休美，較之沃土何如哉！願與諸君子共勉之。會期每月一次，齊集不得過午，言歡不得卜夜，食品以五簋爲常，人多或加四盤，諸從儉約。惟是威儀之攝，長幼之序，則善過所關，不容脱略也。

附録

先生撫豫時，以北宋以來，理學之傳，河南爲盛，因慨然以振興絶業爲任，增訂洛學編以詔學者。復命州縣於四鄉立社學，簡好修良士爲之長。每月朔望，長吏集諸生講論德義，因以察鄉之孝弟任恤與罷亵不率者而勸懲之。逾年教化大行。學案小識。

先生少讀義田記，慕范文正之爲人。後見朱子社倉，益欽仰其懿範。嘗創立東章義倉，以周給里黨。東章者，先生所居博野之村也。家居後，復捐千金，修博野縣學；又立博陵社約，使里中人相勸以善；又設博陵義館，請有道而能文者爲之師。其誠心愛物類如此。行狀。

聞陽湖處士是鏡敦行孝弟，廬墓隱舜山。其地去江陰試院三十里，先生親往訪，相與論學。既歸，即草疏薦之於朝。同上。

方望溪侍郎以老家居，先生按試金陵時，徒步至清涼山下，直造其廬，操几席杖履，北面再拜，願爲弟子。越日，又獨身走謁。望溪畏邦人疑詫，乃入九華山以避之。同上。

先生視學江蘇，以禮下士，不發學政條約，特作秀才樣子五則，班示諸生，以立德、立功、立言相期。又重訂小學纂注，命諸生肄習。年譜。

先生事母篤孝。少時授經祁州，假館迎母侍養，凡七年，不忍一日離也。及居官，每夕必以所措施詳告其母，意或未愜，則跪而請罪，不命之起不敢起。官中禄賜出入壹禀於母，非請命，妻子不得取尺布錙金。日用外，多布之治所。墓誌銘。

先生既遘疾，自知不起，草遺疏，請任賢納諫，一意以誠。卒之日，扶杖至東齋。郡守入見，子嘉銓侍，尚爲辨人心道心之分。汗出霑衣，移時危坐而逝。同上。

健餘家學

尹先生嘉銓

尹嘉銓字亨山，健餘子。雍正乙卯舉人。承家學，從王檢討步青講習小學、近思録，又執贄方侍郎苞門下，授以儀禮析疑。性至孝，居父喪，水漿不入口者三日。淮商致賻五千金，堅拒勿受。廬墓三年，哀聲動人。由刑部主事，歷官甘肅布政使，内調大理寺卿，原品休致。乾隆四十六年，西巡回蹕於保定行在，上疏爲父請謚，又疏請以湯斌、范文程、李光地、顧八代、張伯行及其父並從祀文廟，忤高宗意，逮治處絞，論者傷之。所著書，因名臣言行録一編及朋黨論爲高宗所指斥，皆毀滅無傳焉。參東華録。

健餘交游

黄先生叔琳

黄叔琳字崑圃，大興人。康熙辛未一甲二名進士，授編修，累遷刑部侍郎。出爲浙江巡撫，除巨猾，黜貪墨，賑災民，興水利，政績甚著。爲忌者誣劾免官。乾隆初，復起，歷山東按察使布政使，内擢詹事，復坐事罷。晚以重赴瓊林宴，加侍郎銜。乾隆二十一年卒，年八十五。先生自少年研究性理經世之學，有醇儒風。敭歷中外，以興賢育才爲己任。負人倫，鑒所識，拔多績學端士。謂「世道之隆替，人才之消長爲之也」。撰述至老不倦，所著有硯北易鈔、詩經統説、夏小正傳註、史通訓故補註、文心雕龍輯註、顔氏家訓節鈔、硯北雜録諸書。參先正事略、學案小識。

附録

先生督學山東，建三賢祠於泰山之麓，奉宋胡安定、孫明復、石徂徠，俾學者知所景從。又興復白雪、松林兩書院，延師儒，選才儁，造士多窮經致用之英，翕然稱盛。先正事略。

先生爲史通訓故補註，於疑古、惑經二篇，援昌黎削荀、揚不合聖籍之義删之，毋使貽誤後學。

北學編、學案小識。

黄先生叔璥

黄叔璥字玉圃，崑圃之季弟。康熙己丑進士，由太常寺博士遷户部主事，調吏部遷員外郎，以薦爲御史。巡東城，不徇權貴，莫敢干以私。巡視臺灣，亂初定，翦餘孽，釋脅從，反側遂安。還京後，中蜚語落職。乾隆初，起河南開歸道，調鹽糧道。母憂，歸。服闋，補江蘇常鎮揚道。以老致仕，卒年七十七。先生吶吶，言不出口。遇大事侃然，執持不少屈撓。究心宋五子及元、明諸儒集，深造有得。嘗曰：「道學即正學也。親正人，聞正言，行正事，斯爲實學。不然，空言性命，何爲乎？」著有近思録集註、慎終約編、既惓録、廣字義、南臺紀聞諸書。健餘官河南巡撫時，執後進禮，稱爲「立不易方，和而不流，君子人也」。參北學編、學案小識。

方先生苞 別爲望溪學案。

陳先生宏謀 別爲臨桂學案。

沈先生起元

別見味經學案。

刁先生顯祖

別見用六學案。

王先生步青

王步青字罕皆，金壇人。雍正癸卯進士，改庶吉士，授檢討，以病假歸。健餘官兩淮鹽運使時，於揚州重建安定書院，延先生爲掌教，進諸生，授以小學。凡所訓迪，一遵鹿洞遺規，先生故以制義名當世。後以爲，因文見道，不若直溯道源，乃作朱子本義匯參，抉經之心，擘傳之脈，擇精語詳，學者爭奉爲圭臬焉。暮年猶勤學不倦，顏其齋曰無逸所。乾隆十六年卒，年八十。參陳祖范撰墓誌銘。

劉先生貫一

劉貫一字古衡，博野人。雍正癸卯拔貢。至性過人，嘗設教都門，有盛饌不食，食其常味。門人問故，答曰：「家有老親，恐缺甘旨，不忍下咽也。」久之辭歸。父患疾，語言莫辨，以意揣度，飲食便溺，不爽其候。居喪哀毀，盡禮七日，鬚髮皆白。嘗請業李剛主之門，與弟克一及健餘先生輩結社講學。健餘設博陵義館，丐先生主持其事，時以古誼相切礲。乾隆十年卒，年五十九。門人私謚孝莊先生，編爲古衡言行録，健餘爲之序。參健餘尺牘及言行録序。

清儒學案卷六十三

雙池學案

雙池居貧守約，力任斯道之傳。其爲學涵泳六經，博通禮樂，不廢攷據，而要以義理爲折衷。恪守朱子家法，與江氏慎修學派同中有異。慎修因東原爲之後先疏附，及身大顯。雙池遺書經百餘年始得刊行，學術顯晦，固有其時歟？述雙池學案。

汪先生紱

汪紱初名烜，字燦人，號雙池，又號敬堂，婺源人。幼禀母教，四書、五經八歲悉成誦。比弱冠，侍母疾，執爨調藥者累年。母殁，走金陵，泣勸父歸。父叱之去，乃流轉至閩中，爲童子師，授學浦城，從者日進。聞父喪，一慟幾絶。奔赴營葬而返，合衣冠於母墓焉。先生自少時已著書十餘萬言，三十後，取所爲詩文盡焚之，益肆力學問。年五十一，强從族人弟子之請，始應督學試，補縣學生員。三應鄉試不第。乾隆二十四年卒，年六十有八。平生博極兩漢、六代諸儒疏義，而一以宋五子之學爲歸，旁及天文、地輿、樂律、術數、兵法，無不究暢。其爲易經詮義也，以明初傳、義並行，割朱以附程，其後專行朱義，而襲用程本，蓋兩失之，故從朱子本義，分别經翼。程傳之精粹，朱子未及收者，則愼擇以附於後。本義有未安者，則稍爲辨析焉。其爲書經詮義也，以爲二典三謨、九疇洪範、伊周微言多與大易、中庸相表裏，故就蔡傳而益發明義理，以究聖人之事，而得其用心。此二書皆初稿久成，晚年重訂者。其於禮也，取雲莊集説，以爲平易純正，然病其雜引他説，不爲折衷，乃蒐輯紹聞，裁擇而删定之。又以儀禮所存，爲朱子家禮之所省者，商搉而增益之，以見扶世立教之意。其於春秋也，每謂此經難治，非理明義精，殆未可學，故斟酌四傳而去取之，不爲深曲，亦不泥一字褒貶之説。其於律吕，推究尤精，嘗曰：「移風易俗，莫善於樂，乃經生家紙上空談，未嘗親執其器。工絲竹者，徒守其器，又不能察其所以然。夫理寓於聲，而律顯於器。器以成聲，以合律，則器數又不容以不考。」因合樂記及律吕新書而疏通其意，更上採周禮考工先儒注疏及論樂者，爲樂經律吕通解。又與江愼修書，往覆辨論。愼修固不主截管候氣之法，而於先生律曆同理之論，亦深韙其言。其深造自得者，則在理學逢源一書，内篇明體，外篇達用，蓋爲之二十餘年而後成也。所著書有易經詮義十四卷、首一卷，易經如話十二卷、首一卷，詩經詮義十二卷、首一卷、末二卷，禮記章句十卷，禮記或問八卷，六禮或問十二卷、末一卷，參讀禮志疑二卷，樂經或問三卷，春秋集傳十六卷，孝經章句一卷，孝經或問一卷，四書詮義三十八卷，理學逢源十二卷，儒先晤語二卷，讀近思録一卷，讀讀書録二卷，讀困知記三卷，讀問學録一卷，讀陰符經一卷，讀參同契三卷，山海經存八卷，戊笈談兵九卷，醫林纂要探源十卷，立雪齋琴譜二卷，策略六卷，大風集四卷。別行者樂經律吕通解五卷，物詮八卷，詩韻析六卷，詩、文集各六卷。參余元遴撰行狀、朱筠撰墓表、雙池先生年譜。

周易詮義初稿序

易言時中之道，聖人所爲寡過之書。在天涵理而著象，在物成象而寓理，故上聖得理而顯象，其次因象而觀理，其次乃即事以求理。得理而顯象，聖人之作易也；因象而觀理，學易之方也；即事以求理，卜筮之用也。理備於未始有事之先，故君子居則觀其象而玩其辭，用顯於事至物交之幾，故君子動則觀其變而玩其占，學易之道，如此而已。秦火之烈，易以卜筮得存。漢儒類以易爲卜筮之書，而不求其本原之有在，故京、焦流爲術數，流爲術數而易之體亡矣。漢、魏之間，王、何始遺象數，而專於言理。理非用不顯，不顯於用，則理或非理，故王、何入於虚無，入於虚無而易之用又以亡矣。宋儒説易者多矣。周子作太極圖説、易通，程子作易傳，理之純也。邵子演先天圖，數之備也。朱子象數宗邵子，義理主周、程，於是體用備呈，而義以不頗，時中之道明，而人得寡過矣。顧太極圖説見毁於象山，程傳受詆於袁樞，邵圖見非於林栗，當時異説之棼，則已若此。朱子專以卜筮釋經，又作啟蒙以翼經傳，乃象占之説，卦變之圖。後世妄人猶或紛紜異言，以呶呋朱子，謂之何哉！竊謂易之原本乎天地，易之用則專卜筮，自非上聖不能心與易合，動與時行。其次必因事求理，而後協於時中，故古人重稽疑。重稽疑者，非憑之術數以爲前知，實使人因象觀理，由是以得上天之訓，而行事可以無失乎中也。執卜筮而忘理，易晦，并卜筮而廢之，而易或幾乎熄矣。是則朱子之以卜筮釋經，正朱子之功於是爲大也。紱生朱子之鄉，承太傅清簡之家學，有志於寡過而未之逮。憶甫八齡時，戲折竹枝以排八卦，先母見之曰：「八卦有斷有連，汝所排，皆連畫，妄也。」對曰：「兒以仰體爲陽，俯體爲陰也。」先母曰：「是得其意矣。」又嘗觀卦變圖曰：「此自下而上，陰陽每交，易一畫也。」父兄奇之曰：「孺子他日其能神明於易乎？」無何，家貧廢學，遊食四方，荏苒四十餘年，終身過中，於易曾無一得，矧敢出其說以質人，謂足以厠先儒之席歟？顧自念幼嗜是書，又重辜父兄之望，邇乃重復研求，因繼詩、書詮義稿成，自書所得，非敢謂足以發先聖之所未發，而闡紫陽宗風，然信好殷懷，或亦可因之以見志。若乃時下說經，專供制藝，而深焉者則又旁搜穿鑿，以詆排朱子爲事，此則紱之所深羞而切惡者也，其遑效之！

禮記章句序

小戴四十九篇，大抵純駁相雜，蓋漢儒傳記之屬耳。而自漢以來，並列學官，莫之或易。下及元、明，設科取士，皆惟以戴記，而周禮、儀禮不與焉，傎矣！然儀禮先聖之法，而行禮者貴得聖人之心。無得於聖人之心，則節文亦末焉已爾。戴記雖不皆純，而古人遺意，與夫先聖微言，有傳之未失其真者，則皆有禮樂精義所存。是以由曲臺而大戴，由大戴而小戴，亦既愈汰愈嚴。今大戴餘篇猶存，而程、朱自小戴表章學、庸，遂以紹千聖相傳之道統，知小戴之獲列於經，非無謂也。況世遠言湮，經殘禮廢，而情深服古之儒，志在踐履先王，以求陶淑其身心，以昭周、孔之訓，其因文而得意，因略而得詳者，舍是書其曷從也哉！或曰：「小戴中亦惟學、庸耳。今既撮出二篇，則其餘未見尚於大戴者。」余曰：「不然。學、庸固醇乎其醇，而餘若曲禮、内則、少儀，則皆筋骸之範圍，爲學者一言一動之所不可廢。其喪禮大小諸記，及冠、昏、祭、鄉射燕諸義，則又盡節目之詳，繹前聖制作之意，實羽翼儀禮，而相需以並傳。學、樂二記，馴雅深純，無容訾毁。由是言之，則非大戴遺篇所可及，明矣。顧先儒之治小戴者，鄭注既祖讖緯，孔疏一於附會，皇、熊漫濫，鮮有可觀。是無論戴記之駁者愈遠愈離，即其中之所謂純，亦因之而盡駁。宋儒程、張，雖時發精義，而未嘗統爲折衷。朱子既看儀禮有序，而欲因經附傳，斯記庶幾就理。未克成書，以付黄勉齋。然勉齋所手定，又時似與朱子舊説稍殊。要於二禮全書，亦未遑詳爲梳櫛也。外此則荆國既多矯誣，藍田未免束縛，方氏附會爲多，石梁批剥過當。餘若輔氏、饒氏、應氏、吴氏之徒，各有發明，而劉氏時多粹語。陳氏考據詳慎，時爲特出者歟？獨是制科戴記取士，於是士雖名爲習禮，徒矜羔鴈先資，遂至武林之集解，凡遇喪禮，皆盡行删闕，是宜乎雲莊之浩然興歎也。草廬多所紛更，果於自用，雖今人有崇事其説，於鄙意則未敢愜焉。要以平易純正，寧取雲莊爲最，但陳注或雜引他説，不爲折衷，或隨手摭援，不順文義，而其間擇之未精，語之未詳者，亦所時見。紱每讀之，而有不能釋然於心者，常欲更爲蒐剔，以示來兹，而又以質本愚蒙，觀覽不廣，誠恐適滋固陋之譏，是以更欲需之歲月。迺吾徒有請者曰：『必求觀覽之廣，則畢世其何窮也？聖賢祇有此心，當於理焉合矣。』予既頷之，因即雲莊舊注，略復蒐輯紹聞，更參鄙見，斟酌去取，别其章句，手録成書。雖所取用，不過數家，深慙孤陋，然前聖作述之心，及高堂生、蕭奮、孟卿、后蒼、二戴相傳説禮之意，與夫學禮者身心之範，或亦其有得焉，以無戾於先儒也乎？若乃因經附傳，而合斯記於儀禮，則竊有志也，而姑待焉。亦以小戴爲今日習禮專經，故莫若詳於是焉，是斯爲儀禮之筏也。篇次悉因舊本，毋若應删吴裂。至其所以去取之故，是非之辨，有非章句所能悉載者，則又竊附朱子四書之例，别著或問一編，以盡其説。世有取此書而閲之者，或亦可以爲儀禮之階，而資風教之一助；更取或問而閲之，其亦可以知紱之心矣。

六禮或問序

三王異世，不相襲禮，而制作之緒，維周獨隆，是故孔子曰：「周監於二代，郁郁乎文哉！吾從周。」況後世之言禮者，又舍周而奚尚哉！宗伯五禮之職遠矣，顧終遭秦火，强半無傳。而軍賓諸禮，修之廟堂，非士庶所得而與。王制曰：「司徒修六禮以節民性。」則以冠昏喪祭猶切乎人民日用之常，士君子所當執持，而不容斯須或越者也。今禮之全書雖不可見，而幸儀禮數篇，猶摭拾於燼。未得覩先王遺意，迺世遠時殊，而宫室器服之制，出入起居之節，或已不宜於世。惟我文公朱子，特起於宋，哀禮教之式微，病繁文之寡當，獨任世教，斟酌羣書，祖述儀禮，參以司馬書儀，折衷古今之權，以成家禮一書。雖未能得君行政，以躋天下於三代之隆，而使後世之人，猶知有古禮之大閑，俾武、周微言不致泯湮高閣。是則朱子之功，蓋不在周公、孔子下也。但宋之世已異於周，而今之世又異於宋，閭巷愚氓，既懵然不知禮爲何事，而一二學古之士，或知禮之當執者，又不探其本，而循循於度數之末，是以演繹儀節，言人人殊，是朱子之所病者，今又甚焉。紱竊以爲，禮之爲學，宰制羣動，涵毓性情，既當執持其文，猶當深察其意。陳其儀而不知其意，一祝史之事耳，周旋度數，胥何當哉！用敢取朱子之書，參之儀禮，合宋、明諸儒所論異同之不一者，設爲問答，以明禮意，期於揖讓周旋之末，而得先王立教之心，庶閱此者，得以知禮教之本，而曉然於禮之所以不可不循。抑朱子家禮一書，實于禮樂廢棄之餘，故每從簡便，以誘人之易從。而故老之傳，多謂此書未成，爲人竊去，故儀節圖書實多未得改正。之說觀深衣一章而可見矣。是以朱子病革之日，門人問以身後喪禮宜用家禮否？而朱子以爲太簡。此又可證家禮之從省便，爲誘人以易行，而非禮之郅隆者也。後之君子，苟能由家禮而進之，以備夫儀禮之制焉，寧謂非朱子之所深望乎？紱是以不避僭踰，於凡家禮之所省，而儀禮所存者，輒爲斟酌而增益之。非敢謂朱子之書尚未爲盡善盡美，要亦微窺朱子之志，而欲探乎禮教之全。夫家禮已從簡便，誘人易行，而今人猶或莫之肯行，況加詳焉，不益加人以望洋而阻之心哉！然紱之爲是書，究未敢冀天下之必行，亦不過剖析先王及朱子深意，欲與二三子時爲講貫，且師其意，以修之於家，而傳之後人，俾日用知所持循，而得免爲閭巷之子。斯世有閱之者，將以僭踰罪焉，所不暇顧耳。因自明己意，以弁於首。

春秋集傳序

春秋，魯史也，聖人修之，而孟子謂之曰作。誠以大義微辭，聖人所獨斷，而非徒記載之文也。然謂魯史舊文，而斟酌其是非，以垂後世之法，聖人然也。謂逐句逐字而改易增損之，以某字爲褒，某字爲貶，使後世之人多方以求合，而莫測其意之所存，聖人當不盡然也。竊謂魯史舊文，亦非漫無矩矱。其間如内不書弑，公出書孫之類，皆舊史遺法，與晉乘楚書各異，是爲周公之典。故韓起來聘，見魯易象、春秋，而曰周禮盡在魯矣。第二百四十年之間，史不一手，文有煩簡得失之殊，於是仲尼修之，以復周公之舊。其有特筆斷自聖心，則如春正書王，河陽書狩，桓正不王，定元無正，稷成宋亂，澶淵宋災故之類，是爲直著譏貶，大義昭然，無勞曲説也。其餘則不過屬辭比事，是非功罪，按事可考，而勸懲已寓乎其中。但於今舊史不存，無從考據而知其何者爲孔子之所筆削矣。惟左氏記事詳明，故讀經必以左氏爲案。公、穀二氏所述之事，見聞異辭，難足據矣。然左氏所斷之辭，所發之例，實多於理，背謬確有不可從者。公、穀辭義甚辨，而各以其意揣度聖心，則得之者半，失之者亦已過半矣。迄漢、唐、宋諸儒，迺各事其所事，或援此以擊彼，或合異以爲同。朱子謂：「聖人心事，正大光明，必不如注疏家之穿鑿。」蘇氏謂：「諸儒説春秋，多似舞文之獄吏。」不有然哉！程叔子傳，胡氏多宗用之。胡傳大義炳朗，辭氣昌明，遠駕漢、唐諸儒之上，而三傳得所折衷矣。然立義時或迂疏，而辭旨每多煩複。如元年而責以體元之義；周正而冠以夏令之時；齊桓首創霸業，多爲曲護之詞；魯桓兩闕秋冬，何與誅賞之柄？衛伐無虧，豈真忘德？魯珍季子，未必能賢，以常情待晉襄，以王事責秦穆，書法不太曲乎？責晉厲之不君，於欒書無貶辭，何辭不達意也？是亦以胸有成見，加之附會，而逐字求深過泥之故失之。故朱子於胡傳有不滿焉。迄迺大全所載宋、元諸儒議論，亦多可補胡氏之闕。而要之各出意見，得失相參。在鄙意常思有所折衷，而未敢率爾珥筆也，然存心亦有年矣。今功令一遵胡氏，治春秋者迺記取冠冕數題，略撮胡、左大旨，持以應試，雖經文且未曾徧讀，況胡傳乎！夫經降而從傳，傳降而爲時文，時文又降而爲勦襲，尚詡然以經生自鳴乎！予甚憫焉。謂欲以發明經意，自當求之於經。通經以傳爲階，自當博綜於傳。傳之立義各殊，自當折衷於一。一無可執，斷之以理。理無常是，衡之以中。中無定體，參之以時。時有不同，案之於事。聖人之道，時中而已。隨事順理，因時處宜，春秋筆削，不以是乎！是以敢斟酌四傳而去取之，時或斷以己意，寧淺而無深，寧直而無曲，序事必綜本末，論事必於周詳，有疑則寧闕，無敢鑿也。其所取用，不過數家，足以發明經義而已。餘皆從略，不欲其煩，匪矜博故也。明初始定科場功令，春秋四傳並用。成祖而後，乃獨用胡傳。然迄今命題，亦未嘗不兼主左氏。則合四傳而斟酌焉，於功令似亦無所背。抑紱之集是書，要非爲場屋命題，使士子作時文故也。但春秋爲朱子所難言，予小子何堪僭妄？然朱子於春秋既未遑及，則繼朱子者尤不可以無人。茲所去取，實一宗朱子之意。紫陽可興，當亦不予過讁，則揆之孔子之意，或亦不相牴牾也。朱子作易本義，祇以易爲卜筮之書。愚於詩經詮義之著也，亦祇欲人以作詩之法讀詩。今之於春秋也，亦然。人之讀春秋者，其即以讀史之法讀之焉，沈潛而反覆之，以論其世，鑑空衡平，將聖人筆削之深心，時或遇之，自可以無事深求也矣。

四書詮義序

朱子曰：「治經爲經之賊，作文爲文之祆。」夫治經本期以明經，而反至於賊經，則經誠不可治歟？

夫聖賢經典，本使人講貫義理，以爲自修之資，而必非徒務夸多，以勞人思，而資其口説。乃章句訓詁之學，則徒拘牽文義，全不反之身心，則即此記誦之心，已與聖賢爲己之志，全不相似，又安能得聖賢之微言大義，而以爲聖學梯航？是以家有成書，人專一説，講愈紛而經旨愈晦，爲經之賊，其固然矣。歷漢、唐及宋，千有百年，得朱子興焉，著集注一書，而古人如揭。朱子非好爲治經以資口説，奈羣説蓁蕪，聖經以晦，以心得爲立教計，則不得已而有言。而當時猶或以理會文義毁之，不亦惑之甚乎！自有朱子集註，學者於經旨已無旁求矣。而元、明以來，以八股時文取士，則於是乎復移朱子之説以役詞章。而講章家治經，亦多爲八股計，便於八股者收之，不便於八股者棄焉。而投疵抵隙，講訟益繁。嗟乎！自勉齋諸賢，躬承師説，雖間能有所發明，何、王、金、許、陳、胡、吴、史而下，已浸浸乎失微言之緒。況有明大全之纂，上之爲成祖篡弑之君，下之成於胡廣、金幼孜諸庸人之手，又安能得聖賢之旨，而決擇於羣言得失之林？以故或朱子所非者而復載之；或朱子所取者而復畔焉；又或朱子所嘗言，而意旨别屬者，又彼此混附，而不察其言之有因，而況其每下焉者。及至陽明、龍溪輩出，大暢陸學宗風；卓吾、龍江諸祆人，復援爲三教一宗之説。啟、禎之世，所號墨士文人，皆莫不以畔傳離經爲事。朱子之道，或幾乎晦矣。即其號墨守程、朱，斤斤遵注，如蔡、林、顧、劉輩，其所立言，亦或陰與注背而不自知，而他又何望哉！迄至於今，羣喙爭鳴，日新月盛，則又苟利八股，無復道謀。或自相矛盾而不蒙，或俚俗尖纖而不避，經之賊也不依然在室，而不在門也歟？至若爲文，亦本期以傳經義，而士子顯榮在念，則惟恐不以奇拔勝人。衡文者，亦第欲觀士才情。於是割裂經言，上牽下搭，遊戲怪險，無所不至。

欲於此而期於傳經，不愈離而愈遠哉！即或遵守矩矱，期得平正，然學者亦方唯求工於文法之不違，而違以反之身心，以與聖經印證？是文以袄文，經以賊經，經以文袄而賊愈甚，雖有朱注，其謂之何！紱自厭棄舉業以來，其於四子之書體驗有年，雖質本愚蒙，而研求亦幾一得。顧以時下講章無慮百家，業擅專門，猶將十室，何庸更執一説，以益覆瓿？乃同堂講習之餘，又見夫錯説糾紛，幾使學者茫無所適，遂令鄙見耿耿於懷。爰是不能自已，復會羣言，辨譌糾謬，期見古人之心，以貽躬修之助。初意只鋤繁穢，不爲講家。又以不愜人心，難於貫通，故於各章，亦略爲挨文順講，文義之細，時復訓繹。而辭旨明白，無他異説者，則亦徑略之。然是編之成，與時下講章强半齟齬，況以學究迂言，强聒乎攘臂文壇之耳，南轅北適，不合審矣！顧性非經書，無能消日，營心載籍，復敝筆研，聊以自娱，非問世也。第經賊文袄，吾知自免。古人可起，不易吾言。且文以理生，經從心得，藉使理無少謬，文亦何患不工！而天下祇有此理，人心寧遂不同，安在其必不合於時！則學者或取而玩焉，亦未必無當於時文也。顧以時文而講經，則亦終非吾志云。

理學逢源序

理一而已。自四子、六經，以至周、程、張、朱之所演繹，載籍雖繁，要不過欲人反求之於身心，而得其天性之本然，則以是見之行事，以實踐而力行之，而於以措之民物，莫不皆準。此千聖所同符，古今無二致也。然而事物之交，至變至賾，天人之故，玄遠幽微，豈末學所能猝覩？而況乎異端邪説，與夫記誦詞章之學，又從而汨之，使高焉者必惑於寂滅虚無之説，而下焉者又役於功名富貴之途，卒之無得於己。吁嗟乎！不究其源，不知其理之一也；不覩其蹟，不知其分之殊也。異端棄事物而寂守此心既賊其本，末學以爲人而慕於榮禄又賊其枝。賊其枝，是傷其本；傷其本，枝從而亡。異學之流不息，大道之本不明。是邪説誣民，幾於滅熄，可無懼歟！顧大道之行雖晦，而性命之正自存。學者亦惟是窮理致知，而於以徐探其源，則異學之偏辭又不能惑；反躬實踐，而於以真知其味，則當世之榮禄有不足摇。而欲窮理致知，反躬實踐，則舍四子、六經之書，及周、程、張、朱之教，其末由也矣。乃經書具存，先儒不遠，而苟非居敬持志，以沈潛反復於其間，又何能以不惑乎他，而幾以自得也？紱嚮者嘗輯理學逢源一書，蓋亦欲以是自求於身心，而得夫天性之本然。因是經書所得，輒以類識之，欲使弗忘，而亦欲同志有人，亦或因是書以窺聖學之旨，非敢以著書自負博洽矜人也。顧曩時所輯，猶未免雜亂無章，恐不足以窮聖學之藴。邇因與麗南往復談論，還復潛心理會，補闕删蕪，定書凡十二卷。自天人性命之微，以及夫日用倫常之著；自方寸隱微之地，以達之經綸斯世之猷，亦庶幾井井有條。通貫融徹，所以反求身心，以探夫天命之本源者，亦可不待外求而得終身焉，足矣。但是編分條别類，援引經書，有似以徵求典故以副時望者。然條類雖分，指歸則一；援引雖雜，脈絡自通。闢異防流，反經衛道，意思所存，無不可見。茲固藏之篋笥，用以自箴已耳。異日當有得是書而讀之者，其亦覽余心而深察其意之所存，則慎無以尋常類書視之焉，可也。

讀參同契序

參同契者，言易以及黄、老家言及丹經之説參合之，而無不同符合契也。其説本養生方技之談，而附會於大易以立言，非其情矣。顧人物之生也，氣以成形，理以成性，理氣相與爲體，其原皆出於天理，則健順五常之德，氣則陰陽五行之秀，是固有同符也。陰陽之變合，大易備焉，故凡醫藥尅擇，青囊丹竈，雜家小技，無不以易爲宗。雖得贏遺精乎，亦小道可觀矣。粤自漢、唐以及於宋初，言易者但知有文王後天卦位，而伏羲畫卦本原爲先天卦位者，則概未之見焉。而此篇所謂乾坤門户，坎離匡郭，震受朔符，巽居望後，兑以上弦就盈，艮以下弦歸晦，則於伏羲卦位猶髣髴見之，是必有所承也。其爲説也，雖主於丹竈，而攝生有道，務於固歛，其精神以順時動息，君子不盡廢焉。若夫國家政治之務，人倫日用之行，彼固未嘗捐捐，則與異端之廢倫賊道者固不同科。而其他小數，馳騖煩支以爭福澤，又不如此篇之守約也。是以朱子於此書，亦未嘗不留意焉。寧於此誠有取乎？抑所見固有在矣。紱因是録其全文，而亦或略爲之説，以識所見，謂其言猶是，其讀之則唯其人也。

讀近思録

程伯子言「生之謂性」，其所以不同於告子者，告子所謂生，離理於氣而言生者也。程子所謂生，合理與氣而言生者也。蓋非氣則理無所附，非理則氣無所主。氣而無理，則冥涬者耳，何以有生？何以秀而最靈？惟是此理既附於氣以有生，則氣有剛柔純駁之殊，而理以因之以有知仁愚不肖之異矣。況理無爲而氣有欲，則聲色臭味安佚之投，孰不從聽視齅食身體而緣？而敗度敗禮，機械爭奪相殺之惡，又孰不從聲色臭味安佚而起？而凡欲之所緣，又皆乘氣之所偏而附。夫既與生偕來，則安可不謂之性？是故程子曰：「惡亦不可不謂之性也。」惡不可不謂之性，以生言之故也。水不能不流，水流之勢，有緩有急，有悍有弱有平。緩弱則淤淖易停，悍急則沙泥易汩。是故有終無所汙者，有未遠而濁者，有遠而不能不濁者。有濁多者，有濁少者，濁亦水之氣幾爲之也。然而清者水之本也，澄之則清，其本清亦可見矣。故曰性本善也。性者，人之所得於天以生之理也。率是理而和以出之，無不善也。乘於氣而出之，則剛柔過不及之間，日流而日趨於惡也。論性之說，莫詳於程子此條矣。曰：「觀天地生物氣象。」曰：「萬物之生意最可觀。」程子眞灑然也。孟子言惻隱之心，是以已發之情言；程子言滿腔子是惻隱之心，則以性言矣。滿腔子是惻隱之心，見得天地生物氣象與我爲一也。人人有是氣象，但日日攪亂於形氣嗜欲場中，此意遂不復見。偶爾見之，亦不解自家領取。

孟子曰：「若夫爲不善，非才之罪也。」主言性善也。程子曰：「才有善有不善，性則無不善。」言理氣之分也。才即氣質之性，才即知覺運動。知覺同而明暗異，運動同而靈蠢異。微獨人與物殊，即人之與人，物之與物，同類中又各倍蓰無算，此皆得氣不同之故。氣清者，嗜欲寡而義理明，易與爲善。氣濁者，嗜欲重而義理暗，易與爲惡。此理反覺無權此才之有善有不善也。然天生人而有是知覺，則雖有明暗，而皆有知覺同。天生人而有此運動，則雖有蠢靈，而皆能運動同。而此所以生而爲人之理，又皆未嘗或異。人肯以此知覺反求其理，則於理皆所本知；以此運動踐行其理，則其理皆所本能，是故夫婦之愚可以與知，夫婦之不肖可以能行，故曰：「智所以知，此也；仁所以體，此也；勇所以强，此也。」智仁勇三者，天下之達德也，雖有生安、學利、困勉之殊，及其知之成功，一也。中庸三達德，原兼氣而言，故就中有生安、學利、困勉之異。智即知覺，仁即運動，勇即此知覺運動之可用困勉處。人惟逐於形氣嗜欲，而不肯察識擴充，所以不能盡其才，故孟子曰：「非才之罪也。」孟子亦原非不知才有不同，但不使人得歸罪於才有不同耳。但孟子於才上未肯分别個不同處明白，致荀、揚、韓、蘇輩反執氣以言性，故朱子取程子之説爲密也。

伯子以記誦博識、作文工書等事皆爲玩物喪志，誠以人之心須務使廣大高明，而不可一有偏著。有所好樂，則必不得其正也。然其於讀史，則又逐行看過，不蹉一字，而於作字時必甚恭敬，則又可見其盡精微、道中庸之功，原未嘗有偏廢矣。謝上蔡於喪志之言有悟，而每將此語接引博學之士，乃上蔡過高處往往入於禪學，則高明邊多，而精微邊少矣，故程子有「扶起一邊，倒了一邊」之警。而良知家獨喜稱明道，是惡知明道歟？大抵學道人第一須是主敬，而敬者非徒小心謹慎拘迫之謂，務使未事時心無一事，提著事心便在事，放下事心中依舊無事。能如此，則百應不窮。以此心窮理而理精，以此心篤行而行篤，以此心與人而人已交盡矣。彼玩物者心常滯在物上，則雖是讀書寫字，未嘗是不好事，而牽絆此心，不得靈活，一向陷溺去，亦幾如美色淫聲，無以復異矣。所謂「匪正有眚，不利有攸往」也，非喪志乎？但人心最活，欲使此心虛静，無事時，白日青天，胸中都無一物，此亦最難得之事。故宜使此身常事正事，不得荒怠，然後有以防閑此心，以歸於正。其無事時，則或遊覽山川，怡情花鳥，觀其天趣，悠然有會，皆可以動盪心胸，除其塵穢，而不以拘迫失之。要之，不可一向好著耳。此玩物適情之與玩物喪志，又有不同也。

影堂之立，若據古人立尸之意，則雖畫得稍有不似，亦似無害。然此亦後世之禮。更恐有少孤或親死已久，親之容像不能盡憶，雖或能記憶，而畫工不能如吾意以畫之，則畫得不似，反於心有不安耳。況既然有主有牌，則影堂似不必設也。祭禮在今，人人可行，祭禮不忘，亦稍存得人報本追遠之意。今大族有祠堂者，祠堂之祭，或立始祖，大宗主之；此始祖亦只是本族別子爲祖，不宜遠及古之王公。其餘小宗有力而族大，則或又別立。要之，大宗小宗之祭，自別子而後，只宜至高祖而止。若世世祭之，則又煩且僭矣。古大夫得及其高祖，且曰干祫。又既有祠堂，既立大宗，則自當有始祖之主。其世遠至高祖以上之主，則宜從祧，或埋之。冬至特祭始祖，及立春祫祭先祖二條，則朱子已嘗不行，而疑其似於禘祫矣。大抵士庶之家，德不及遠，精神所通有限。若所祭太遠，正恐誠不能格，而徒爲犯分虛文也。不能立祠堂，則只是薦於寢祭，而用牲只用特豕。其牲皆宜體解烹之。爵自八品七品而上，乃用一豕一羊。薦新及俗節不在正祭之列。正祭則只存得時祭，祭必主于宗子。惟爵尊至五品以上，則又比諸侯奪宗之例，自祭可也，然只其本身。若其子無爵，又不得不仍宗大宗矣。此皆禮求諸野，故可酌量而行。若朝廷立法，則須一概更定一番，使之各有經制，庶禮達分定，若綱在綱，人人皆有以報本，而且不踰其分也。

治喪不用浮屠，微獨不惑於異端，亦敬愛其親之大者。涑水公及郁離子所辨，皆只辨得箇大概。

欲知鬼神之説，非窮理之至，而能原始反終者，未足語此。今盡人而喻之，使之勿信，固不能也。君子反經而已。若得喪禮詳盡，取法於古，哀毁如禮，則不用浮屠，人亦不敢執俗法以議之。何謂敬愛其親？曰：「用浮屠，是以吾親爲有罪惡人也，是顯其親之惡也。親果有罪惡，亦惟子率德改行，庶可以蓋愆。而禱媚以重獲罪於天，是加之罪也，敬愛其親者敢出乎？」曩見杭州人有刻文公家禮，而中間肆加改竄，喪禮中竟删去不作佛事一條者。嗚呼！何無忌憚之甚乎！又喪禮俗有獻七一節，數七始於唐時，其源則亦出於釋子，釋子數七有六道之説。今人有不用浮屠而仍俗獻七七者，此亦非也。只宜晨夕哭奠及朔望殷奠可也。古士庶無望奠，今可行以從厚。

讀讀書録

情之易發而難制者，惟怒爲甚。治之之法，惟在觀理。然非平日有主敬工夫，則不能忘怒而觀理矣，所以難也。

程叔子云：「佛、老之説，學者當避之如美色淫聲，不然則駸駸入乎其中。」是言其書之不可觀也。廬陵羅氏曰：「佛、老爲虚藏以誘人，君子當發其藏以示人，使之知其中之本無所有，則人不復鶩之矣。不當徒閉其藏以使疑也。」此則言其書之不可不明辨也。然程伯子、張横渠皆少而濫於佛、老之書，及其無所得也，乃返而歸於正，故二子於闢異端之言，言之最爲切實。朱子亦少好佛藏，故其後凡辨釋氏之説，皆能歷歷條舉而辨之。廬陵發藏之言，其有當矣。顧程、張、朱子皆賢聖之資，故能游而不溺，道岸先登。若初學中人之資，則不可使之觀佛、老之書，程子之範嚴矣。薛子曰：「異端欲知其得失，亦不可不觀其書。但吾學既明，雖觀其書，不爲所惑。苟吾學未明，而先觀之，鮮不陷溺其中矣。」此亦爲中人言之也。

福善禍淫，自是一定天道，然天理只在人心，豈必在蒼蒼之表，有一一爲之司其報應者歟？泰誓曰：「天視自我民視，天聽自我民聽。」君有國天下及居上位者所行善，則百姓蒙福，百姓蒙福，則天下歸心，人心之歸，即天命所予。所行不善，則百姓受害，百姓受害，則人心讎怨，人心所怨，即天命去之矣。是以興亡之應，不於其身，則於其子孫，此天道之所可必者也。然恒理有不盡然者。勢之所存，則人心雖欲亡之，而不能遂亡，此豈可遽執以疑天道？況士庶之賤，則有善亦所及幾何？有不善亦所及幾何？而以責天之報應，所不能也。且爲善而欲干福，則善已不誠，又安在其能格天也？夫使爲善得禍，善亦不可不爲，使爲惡得福，惡亦必不可爲。此古之志士仁人所以無求生以害仁，有殺身以成仁，雖赤族覆宗而不悔也。要以惡雖免禍，而衆怒叢之；恒願其獲福善，雖遘凶，而衆心韙之。以爲獲死所，且有爲萬世所指摘，而子孫不欲以之爲祖宗；爲萬世所欽崇，而尸祝徧天下者，是則人心之天道，固斷乎其不爽也。若必以蒼蒼之報應爲言，則於理固有宜，然於事變之參差，則有時而不足徵也矣。

太極第一圈○，其中無物，是從氣未用事處，剔出形上之理來，而以空圈擬之。在天載則無聲無臭，在人性則未發之中也。惟其無極，是以太極，非太極之先又有一無極也。第二圈◎，其中一小白圈，則仍是無極之真。其外則動而生陽，靜而生陰，一動一靜，循環無端，而四時、五行、男女、萬物無不裕焉。而此無形之理，即主宰其中，相與一體，渾合無間者，正易有太極之太極，非無極之後乃有太極，如有生於無之説也。夫一動一静，循環無端，未動時便是静，未静時便是動，初無有未動未静之先，安放得一無極下，則此無極之理，本只在陰陽動静中。但一陰一陽是氣，而所以一陰一陽，循環無端，有行於不得不行，止於不得不止，自然當然，而無容强者，則所謂一陰一陽之謂道。但以人只見及有形之氣，而不知有無形之理，故周子表而出之，謂「所謂易有太極者，其理本無形，而其氣則已無不裕。氣之所以流行無間，日出不窮者，皆有一無形之理爲之主宰，爲之樞紐也」云爾。周子之意，固坦然明矣。孔子曰：「易有太極，是生兩儀。」周子曰：「太極動而生陽，動極復静，静而生陰。」若泥其言，則似逐層生出。其實只此太極，動便是陽，静便是陰。又細分之，則有四象，有八卦，有五行，有男女，有萬物。兩儀、四象、八卦各自有太極，共只一太極；陰陽、五行、萬物各自有太極，共只一太極，運行不窮。此理惟一，有分有合，無先無後，故曰五行一陰陽也，陰陽一太極也，太極本無極也。是故太極之説，此◎盡之。以下則闡明其用之殊，要不外其體之一而已。

天下事物，使邪不足以勝正，則君子亦何惡焉。惟其足以勝正，故不得不深惡而痛絶之。如小學、四書、六經，濂、洛、關、閩之書，苟非以之命題試士，可借爲進身之階，則人人厭讀，秦火可焚矣。而百家小説，淫詞綺語，怪誕不經之書，則人人喜談而樂道之，不待教督而深好之。邪之中人，如此其甘也。顧邪正相反者也，人苟稍知自愛，亦有絶之而不欲觀者。至有倚託鬼神，窺竊禍福，惑於異端之説，而依附聖賢之貌以爲書者，如世之所謂太上感應篇、文昌陰騭文、袁黄功過格及願體集之類，則更似是而非。所謂非之無舉，刺之無刺，同乎流俗，合乎汙世，居之似忠信，行之似廉潔，衆皆悦之，自以爲是，而不可與入堯、舜之道者，其惑世誣民，實比小説淫詞爲尤甚。舉世俗之人信而奉之不覺悟也，聖人之道何自而明於天下乎？故孔子曰「惡似而非」者，惡莠恐其亂苗也，惡佞恐其亂義也，惡利口恐其亂信也，惡鄭聲恐其亂雅樂也，惡紫恐其亂朱也，而終之曰惡鄉原，恐其亂德也。君子欲率民於經，以一道德，以同民俗，亦惟是小學、四書、六經、濂、洛、關、閩之書而已。聖人之道，豈果難知！聖人之書，豈果無味乎！

問：「理與道何别？」曰：「道字只是當行之路，是人人之所當行者。理則道路之條理脈絡，彼此貫通，相爲經緯者也。比如道路盤山過嶺，循河渡水，亦須因地勢有個自然脈絡條理可通處，然後開行做路。若懸崖絶壁，本不可通處，而欲開行做路，則無是理矣。」問：「道與義何别？」曰：「義是人去行那路如此處。欲往京師，則宜往北路行；若欲往福建，則宜往南路行，故義者，宜也。路皆是路，行之則隨事而各有所宜矣。」

經學最要，史乃次之。經學明，而後以讀經者讀史，則雖史亦經。若好讀史者，則其識見往往在作用上。以讀史者讀經，并經學亦移嚮作用去矣。識見一定，則文章事業無不皆然。熟於史事者，功名之士則有之矣，道德之純則不能與也。

德只是性情，性情之外無德。言性情之德者，謂人之性情所得乎天者，然亦重叠字耳，故朱子於「鬼神之爲德」章註云：「爲德猶言性情功效。」周易本義於健順動止之類皆曰卦德，而以説卦傳「乾健坤順」章則云：「此言八卦之性情。」此皆可知性情之即德，非性情外别有所謂德矣。君子尊德性而道問學，德性即天命之謂。性即智仁勇之達德，即喜怒哀樂未發之中也。喜怒哀樂各有則焉，見善而喜，見惡而怒，送死而哀，事生而樂。四者貫乎五倫五事之間，而施之則不容有過不及。知此者智也，體此者仁也，强此者勇也。有知覺運動之靈，而主之以自然當然之理，是人之所得乎天者，故謂之德性，謂之性情之德，此德之實則謂之誠。中庸一書，明此而已；聖賢之學，誠此而已。今人將性情二字看得粗淺，將喜怒哀樂四字看得又粗淺，則謂此舉性情以證道不可離，似性情之外，别有所謂道德，不精甚矣！

讀困知記

寂然不動時，無人心道心之可分，惟感而遂通天下之故，而此心之用始有分歧。動於義理謂之道心，如乍見孺子入井是也。動於形氣謂之人心，如聲色臭味安佚是也。形氣之欲，聖人亦未嘗無，但有理以閑之，則不害爲無欲。惟欲動而至於流，則欲勝而理亡矣。故朱子云：「人欲亦未便是惡也。」但形氣之欲易流，故危而不安；而義理之正，則非察識焉蓋未易見，或雖偶見焉而過而遂忘，如齊宣王之不忍一牛，至境遷而不解其何心，故曰微也。是則道心者，心之發而未離乎性者也。人心者，心之發而易違乎性者也。謂道心爲性，人心亦未始非性；謂人心爲情，道心亦未始非情。人心道心，皆以發用處言之。整菴謂「道心爲性，人心爲情」，其誤乃終身不解。

程子言生之謂性，與告子言生之謂性，其旨要自不同。告子言性猶杞柳，性猶湍水，則其所謂生者，專以知覺運動言耳。程子言生之謂性，如言成之者性，惟成之者而後謂之性，故各正性命則有萬殊。犬牛與人之生固不同也，犬牛皆有知覺，皆能運動，而犬成其爲犬，牛成其爲牛，是則犬牛亦各具此生理，而皆可謂之性，生之謂性，不害其爲一矣。然此以麗於氣者言之，故氣同而理異耳。若孟子之言性善，則窮本溯源之論，專以繼善之體言之，故謂之善。程子之言要自明白。而整菴自欠體貼，非記者之誤，而整菴不分理氣之誤也。

「凡言心者，皆是已發。」程子此語，未嘗處在一「皆」字耳。心兼動静，然聖賢言心處，卻每多在已發處言之。蓋寂然不動時，自無可多著議論；心之分歧處，正於已發見之。如所云惻隱之心，羞惡之心，豈非就已發言？若静時，則只可言性中有仁義，只可言未發謂之中，不可言仁之端，義之端矣。人心道心俱是在已發處體驗，方見得此爲人心，此爲道心。若未發時，則只是一心，無人心道心之可言也。

春秋誠未易讀，三傳不皆可據，然舍三傳亦更無以讀春秋。而胡傳則每以深求失之。但歐陽公所論趙盾、許止事亦未必然。趙盾亡不越境，反不討賊，則是其心固利乎弑矣，但不自下手耳！心利乎弑，是弑之者盾也。許止不嘗藥，弑之迹不明，然既而出奔，則意爲國論所不容也。出奔則固已自居於弑矣，非弑而何必奔？坐以弑君，皆非故入也。況春秋從告也，來告以其人則書其人矣，非皆聖人特筆也。從告而書之如此，亦足以爲天下後世之臣子戒矣，無庸執己意而生他論也。

心何以放？役於欲則放也。心何以存？依於理則存也。心者，人之神明，纔放逸則人欲横肆，略提撕則天理炳明。此理固不待外求，此心亦非從外至，然須是時時提撕，而後此心清明，義理自然昭著。偶有動作，心役於物，則所役之物反爲主，而本然之明爲物所蔽矣。此「學問之道無他，求其放心而已」之説也。然求放心乃所以存天理，非謂只存此虚明之心，便了聖賢事業也，故能求放心，則自能尋向上去，下學而上達。陸氏言心即理也，則只要存得此心，而認此心之虚明爲天理，是雖此中妙明，亦有所見。然只此自足，不復有窮理工夫。此正與佛氏之明心見性同歸，與孟子之立大、求放心天地懸隔矣。

陽明認良知爲天理，彼亦非全抹卻愛敬，但彼將知愛、知敬只與知聲、知色、知臭、知味之知作一例看。凡不慮而知者即爲天理，則其所認天理，只是此心之神明而已，是故其言曰「無善無惡心之體，有善有惡意之用，知善知惡謂之致知，爲善去惡謂之格物」也。孟子所謂良知，專就知愛、知敬言，所指乃道心也。若夫知聲、知色、知臭、知味，則知發於形氣，乃所謂人心也。食色本是人心，然甘旨必欲奉親，豆觴讓而後受，即人心上有個限制，即是道心爲人心之主，即是天理之良知。若只知自奉，而没其愛敬之良，則惡矣。陽明以無善無惡爲心之體，有善有惡爲意之用，是可見其於人心道心皆所不問，而只認此心，則理欲混作一團。知者，此心之光明發竅處也，只認此心之光明爲良知，則是以知愛、知敬與知聲、知色、知臭、知味作一例看，明矣。以良知爲天理，則是能視、能聽、能臭、能食便是天理，然則天理固不分善惡哉！此其説之必窮也。

中庸不言仁義禮知，而言喜怒哀樂，便是兼形氣之欲而言。未發之中，氣未用事，非離形氣也。其無喜怒哀樂，而能喜怒哀樂者，形氣之靈，而必有當喜、當怒、當哀、當樂之理存焉，則性命之正也，是安得獨以未發爲道心乎？發則氣已用事矣，而理亦由是以著於日用之間，但循乎性之自然，則合乎理之當然而中節矣。非循乎性之自然，而徇乎形氣之欲，則有不中節者矣，又安得獨以已發爲人心乎？

理無形，無形則弱矣。氣有物，有物則强矣。人心有覺，道體無爲，整菴亦嘗誦其言，而又何疑於氣强理弱乎？理氣不相離，故難説判然二物。然天下無離氣之理，而有拂理之氣，則又安得不劃而二之？

謂易非爲卜筮而作，畢竟是未深知易者。焦贛、京房術數而離其宗，輔嗣、仲達談玄而鮮有所著。不以卜筮説經，則文、周許多説話，所云利涉大川，利用享祀，取女吉，勿用取女，田獲三品，利建侯，利用行師，曰吉，曰凶，曰悔，曰吝，曰厲，曰无咎者，都不知爲何説起。將以明天地萬物之理，而作如許巧設之辭，易亦太玄、潛虚類耳。程子不肯將作卜筮説，程傳於文義終是有許多説不去處。只爲道理説得平正，要自多是。程子自説一翻道理，讀者服其所言之理，卻未暇細按周易本文也。聖人不待卜筮而知吉凶。聖人教人以卜筮而知吉凶，因貳以濟民行。且揲蓍之法，蓍卦之德，繫辭傳不啻屢言之，明明可考。易非爲卜筮而作，夫子何屑屑以揲蓍言也？儒者高言樂理，而鄙絲竹音律爲賤工；高言易理，而鄙卜筮象數爲小技，本末相離，失之遠矣！

參讀禮志疑序

今之談經者，於易則欲羅焦、京、王、何，於書於詩則欲搜小序、箋、疏，以朱、蔡爲少也。獨於禮則望漢儒注、疏而卻行，雖雲莊集説，亦倦然而不甚卒業矣。夫焦、京流於術，王、何入於玄，書、詩之大、小序則附會穿鑿，而不復察於本篇之意旨，所存漢、唐諸儒，惟事訓詁，多爲枝葉，不有朱、蔡，何以大其廓清之功乎？禮則不然，禮謹節文，禮之迹存乎器數，節文、器數與俗更革，去古日遠，其迹日湮，數千百年而失亡盡矣。漢儒去周未遠，周之所遺車服禮器或有存者，漢初猶及見之。而孔壁逸禮五十篇，孔、鄭猶得而參考焉。雖其雜引讖緯，不無失之誣妄，而器數名物，迄今可考，則非孔、鄭、馬、賈不爲功。非若易之定象定理，詩之歌詠性情，書之紀載政事，可以會心得之，千百年可通寤寐也。大抵言事理而見古人之心，漢儒所短；考器數而得古人之制，漢儒所長。然則禮經無漢儒，今人幾不識耳目何加，進退何所矣。今人於漢儒所短則欲收之，於漢儒所長則怠倦寘之，何傎於擇乎？稼書先生之讀禮也，凡有疑議，必考悉於注、疏而不敢遺。非不憚煩，蓋不如是不敢安，讀經求實得也。禮以敬爲本，籩豆之事則有司存，然不有籩豆，敬何所將在？今日又將以籩豆爲要也。朱子曰：「孔子稱『禮云禮云，玉帛云乎哉！樂云樂云，鐘鼓云乎哉』！然古人猶識得玉帛鐘鼓，今人則併玉帛鐘鼓皆不識矣。」蓋傷之也。朱子又嘗稱鄭康成爲漢大儒，而儀禮經傳通解成於黄勉齋，亦不能遺注、疏以別爲考索也。然則稼書先生之志不可尚歟？愚是以喜讀其書，而時或旁參一説焉。謂疑有同心，亦復識之且欲爲世之好異而畏煩者告也。

參讀禮志疑

禘郊祖宗之禮，祭法、國語俱難據信。萬物本乎天，人本乎祖，故祀天必以祖之德可配天者配之。以己之精神未必能感格於天，故藉己之祖，血脈一貫，以庶幾可通於天，所謂介紹之義也。非其祖，則血脈先已不相貫矣。舜之先，難以考所自出，史記、世本説皆近誣，而嚳則必非舜之祖矣。祭法謂郊嚳宗堯，國語謂郊堯，皆未必然。韋昭謂舜在時宗堯，舜崩而子孫宗舜，此亦未敢據也。又言夏后氏郊鯀。夫尊祖配天，此雖子孫之志，亦必顧其祖德何如，鯀豈可以配天者哉！在舜方殛之，而夏乃以之配天，天其必不享也。惟禮運言杞之郊也，禹也；宋之郊也，契也，此爲得之。由此推之，則舜之子孫苟得郊祀，其必當以舜。在舜、禹之時，則或郊以顓頊可矣。

命曆序炎帝八世，黄帝十世，少昊八世，顓頊二十世，帝嚳十世。此雖遠無可稽，要之近是。大戴禮以堯、舜、稷、契、禹、皋陶、伯益同出黄帝之後，此其世次遠近不等，而大統屢易，昏配紊瀆，此必非也。稷爲帝嚳之後，姜嫄蓋帝嚳子孫之妃，稷、契與堯必非同父，蓋高辛後世别子，於堯爲叔父行矣。

古者天子諸侯不再娶，后夫人死，則后夫人之次娣主内政，謂之繼室。以天子後宫百餘人，諸侯亦一娶九女，是以不必再娶。后夫人無子，則后夫人之娣之子爲后夫人之後。又無，則次娣之子。又無，則庶子或以長或擇賢。凡繼父後者，即爲嫡母後，故一廟只一配，而生母只可祭於别宫。春秋時，此禮已亂矣，然其義百世不可易也。大夫士則有再娶。如已有子，則亦不宜再娶。又或庶子不堪承後，如孔子之兄孟皮。或内政不可無主，如宗子雖七十無無主婦。則又不得不再娶。如前嫡已有子，則繼娶之嫡只是支子。一主仍只當一嫡，繼嫡則其子祀之私室，不當並祔合祭。然前嫡之子既嘗事之爲繼母，則其情自不得恝然，或爲之祭之亦可也。若前嫡無子，而繼娶之嫡有子以承父後，則必不可廢其生母以奉前母，又不可竟棄前嫡而惟私己母，此則並祔合祭。如唐會要所云：「於人情爲順，於禮亦不背，不得拘一主只一配之制也。」大要宗子之法，是禮義之大綱，宗子之法不講，如有綱無綱，禮制亦無從下手。天下國家只是一理，不得謂立嫡立後只是國家之法，而士庶可無問也。

古者嫂叔無服，然古人五服之衰各有制度，斬衰之麻三升，齊衰降服四升，正服五升，義服六升。大功降服七升，正服八升，義服九升。小功降服十升，正服十一升，義服十二升。緦麻如朝服之布而去其半，有事其縷，無事其布。故無服者，無斬齊功緦之服耳。五等之外，自有弔服加麻。弔服者，緦衰、疑衰、錫衰皆是。疑衰爲弔服之正，加麻謂加絰。無服者弔服加麻，如弟子爲師心喪三年，若喪父而無服。孔子之喪，二三子皆絰而出，是也。禮平居則絰，出則否。絰而出者，加隆然也。爲師若喪父而無服，則爲嫂若喪兄而無服矣。若喪兄而無服，則弔服加麻矣。今人五服之衰無制，則名曰期功，且實皆無服，豈若古人之無服而實已有服乎？自唐制而嫂叔小功，然諸父兄弟世母叔母皆期，而叔嫂只小功，雖曰加之以有服，實降之以輕服也。今亡弔服加麻之制矣，然凡於情之宜有服而服降於無服者，如爲後之子，不得爲出母、嫁母服之類。皆當内致其情，外從其制，情謂哀痛之情，制謂無服之制。素服以終其期，而從事如故，如應外事，不敢廢。可也。若以爲無服，而歡會宴樂，華服美飾，快然無情於死者，則惡乎可！

執玉，其有藉者則裼，謂既聘而享，主客裼以將事，享用圭璧，有皮幣之屬以藉之，偕升於堂，其執玉亦垂繅以將也。其無藉者則襲，謂初聘時，主客襲以將事。聘禮圭璋特達以通信耳，是無藉則襲也。襲裼之分，説者多異同。孔疏言：凡衣近體有袍襗之屬，其外有裘，夏月則葛，其上有裼衣，裼衣上有襲衣，襲衣之上有常著之服，則皮弁屬也，掩而不開則謂之襲。若開此皮弁，及中衣左袒，出其裼衣，則謂之裼。愚按：左袒其外衣，如釋氏之著偏衫，此必無此禮。況經每言襲裘、裼裘，未見有所謂襲衣、裼衣者。且襲裼皆以裘爲主。若如所言，左袒出其裼衣，則是見其中之衣耳。所謂見美充美者，豈此裼衣之謂乎？論語緇衣羔裘，素衣麑裘，黄衣狐裘，誠以見美，而欲衣裘之同色也。若不見其美，又何取於衣裘之同色乎？近萬伯符亦覺其説之非，因謂裼衣即皮弁之屬。古冕弁朝服皆直領，可見其裘，故曰裼。襲衣即深衣也。深衣曲袷，左右有衿，加深衣於弁服之上，則兩袷相掩，不見其裘，故曰襲。此説似近之矣。然愚按：冕弁朝服皆禮服之正且尊者，而深衣則達於庶人，及乎燕私。以朝聘重禮，而反加下服於上，又豈其宜？且其言深衣而有加衿，尤必非古制也。深衣之辨，此不及詳。記曰：「長中繼掩尺。」中，中衣也。中衣、長衣、麻衣、深衣皆同制。冕服之中衣以絲，諸侯則朱領黼緣，所謂素衣朱襮也。弁服則以布，只曰中衣，緣之以素，則曰長衣；緣仍以麻，則曰麻衣。麻衣則不加袂。而袂短緣之以青黑及采色，皆曰深衣。深衣、長衣、中衣則繼其袂使長，可反屈及肘，故曰繼掩尺也。而中衣加以裘外弁服之內，故曰中。中衣之領可交可開，交使左右相掩，開則左右不相掩，以其可相掩，故曰曲袷。襲裼之分亦以中衣而別。蓋交掩中衣之領，又放其長尺之袂，則裘色不見於外，是襲而充美也。開其中衣之領，又捲其掩尺之袖，則領袖開皆見裘色，是裼而見美也。若裼者，則相易相合之義，主於內外相稱而言之，是故朝服而緇衣，則羔裘與之稱；皮弁服素衣，則麑裘與之稱；息民之祭黃衣，則狐裘與之稱。是裼衣即弁服之類，何必別有裼衣乎？又何必偏袒許多衣服而後見裼衣乎？又何必加深衣於外而後謂之襲乎？若古之冕弁朝服，則固皆直袷也。

既葬，見天子曰類見。蓋非當見天子之時而見，亦類於朝見之禮。猶非郊祀而有事於天，曰類于上帝也。

弼成五服，至於五千爲方萬里，此鄭說，尤謬。海內之地，何處討萬里得來？若實考九州內壤，則方五千里者，殆猶未足也。冀州已處北偏，冀州以北，曷能有二千五百里哉！王制言九州，州方千里，西不盡流沙，東不盡東海，南不盡衡山，北不盡恒山。此九州內地大較，而「不盡」二字，意自圓活。若盡流沙、東海，暨恒山以北，衡山以南，則五服合五千里，亦其大較。至於禹時萬國，殷時千七百國，則朱子所云：「初時只是聚族類各爲君長，天子乃以法制定之，到後來漸漸兼并得大了。」周有天下，封其伯叔甥舅，不得不大其封以統屬之。然萬國、千七百國者，亦約略言之，非必實如其數，亦非必定某州封分多少國也。禹服與周服不同者，曾氏以爲，禹服是四面相去各五百里，周服是兩邊合算共五百里。是每面只二百五十里算。此最近是。蓋如此，則周之王畿當禹甸服，千里。周之侯甸當禹侯服，周之男采當禹綏服，男當揆文教之地，采當奮武衛之地。周之衛蠻當禹要服，衛當要服之夷，蠻當要服之蔡，周都在西，而德化先被江、漢，故衛服猶列內地。周之夷鎮當禹之荒服，夷當荒服之蠻，鎮當荒服之流，周去夷爲遠，故夷在蠻外。周之蕃服即禹之外薄四海，咸建五長。故周禮大行人於衛服以外仍謂之要服，蠻服當要服之外，半則仍是要服也。而九州之外謂之蕃國，何嘗有禹地擴於虞，殷地狹於夏，周公又斥大九州而爲七千里，萬里要服以內仍七千里之理乎？王肅、程、朱、蔡九峯之說審矣。

春祠者，祭告之而已。夏禴者，禴亦薄祭也。如易言「利用禴」，「不如西鄰之禴祭」，皆言薄也。春夏物未成也，以物薄，故犆祭，又或犆或祫。秋嘗，物始成，嘗之也。冬烝，物備成而盛進也。以物既成而厚，故皆可祫而祠。禴祭小則鮮見於經，烝嘗禮大則每見於經。詩每言烝嘗，而祠禴則惟一見於天保。書亦見有烝祭歲，春秋則只書有嘗烝，不見書祠禴。惟周禮乃備言祠春、禴夏、嘗秋、烝冬。周禮一書，漢初未出。及既出而藏之祕府，儒者皆未得見，故漢初儒者鮮識祠禴之名。而禘又大祭，多見於經，論語言禘，春秋書禘。禘祭亦行於夏月，故王制以禘爲時祭之一，而曰春礿，夏禘，秋嘗，冬烝。又子思之中庸以禘嘗並言，故漢儒知禘嘗之義之大。祭義、郊特牲則因以禘嘗對言，而曰春禘秋嘗，蓋作王制者未及與作郊特牲、祭義者參會，以故爲說不同。康成以春禘爲當作春礿，亦遷就以圓其說耳。然於食嘗無樂，則亦終無可據矣。大傳曰：「禮不王不禘。」此語立義甚嚴。王者禘其祖之所自出，而以其祖配之。趙伯循曰：「王者既立始祖之廟，又推始祖所自出之帝，祀之於始祖之廟，而以始祖配之。」明白甚矣。周禮不見有禘祫之名，然祠禴嘗烝之上，有肆獻祼、饋食二條，司尊彝有四時之間祭、追享、朝享，是肆獻祼、追享即禘也。肆只是四字。王與后各四獻，而初獻、再獻則灌酒於地。禘禮尊嚴，重祼獻，而不重饋食，故以肆獻祼爲言也。追享者，追祭太祖之所自出，而以太祖配之，故曰追享也。鄭氏以正月之郊祭本生之天帝謂靈威仰之類，因惑於緯書，固不可從。而其解肆獻祼則時祭亦然，經文複矣。饋食、朝享即大祫也。祫祭太祖以下，并及毁廟之主。若皆四獻，灌則太煩矣。蓋祫主親親，重合食而不重祼獻，故以饋食爲言也。朝享者，羣毁廟之主皆朝於太祖之廟而享之也。非時祭而間於時祭之間，故曰四時之間祭也。禘以夏四月，祫以秋九月。三代皆起自侯國，别子爲祖，而諸侯不敢祖天子。及奮爲天子，則得以祖天子，又不可舍契、稷而更祖帝嚳，故五年而一追享之。祖帝嚳於契、稷之廟以紹其統，此則禘祭之所由起歟？若魯而禘文王於周公之廟，則以諸侯而祖天子，非禮矣。又康成云：「魯禘，三年喪畢而祫於太祖。明年春禘於羣廟。自爾之後，五年而再殷祭。」稼書先生云：「鄭以禘祫之年皆自三年喪畢數起，此似近理。然曰春曰羣廟，則終爲謬誤。」康成又有練時之禘，蓋殷練而祔，祔祭其祖東面，新死之主南面祔之。是有似於追享，故或亦以爲禘。祔必以其昭穆，故有禘視昭穆之説。杜預謂祫即禘，則又誤矣。既曰禘，曰追享，則當專其誠，必不及羣祧之主也。

深衣續衽鉤邊，楊氏復曰：「鉤邊，如今之覆縫。」蓋以邊爲每布幅之邊，非謂裳之邊也。於邊已縫而覆其縫，是鉤之也。蓋裳幅既皆斜裂，不鉤之，則恐不牢矣。鄭注云：「鉤邊，若今曲裾。」今不識曲裾之制何似，意者如盤領袍之加兩擺歟？然如孔疏一旁有曲裾，一旁無曲裾，則亦不稱矣。深衣裁制之法，瓊山丘氏爲詳，但十有二幅當總衣裳言之，未可以裳之一幅分兩者爲十二幅。今兩身兩袖只四幅，裳六合十幅耳。布幅之廣二尺二寸，若於背幅裁去四寸，則衣身之廣，只各得一尺八寸，加兩袖各二尺二寸，每旁只得四尺，又減去縫縫，袂之長僅及指。記曰：「袂之長短，反詘之及肘。」四幅之布，袂不能反詘及肘矣。是兩袖當各加一幅，所謂長中繼掩尺者如此，則衣亦六幅。是十二幅以應十二月也。若萬氏加兩衿及插角之説，則斷不可從。

日南景短，日北景長，日東景夕，日西景朝，是八尺之臬之景。夏至景短，冬至景長，亦是此八尺之臬之景。土圭長尺五寸，以夏至之日午，樹臬測之，其景之長，如土圭則爲土中。自土中而北，則去日漸遠而景漸長。五百里而長及一寸。自土中而南，則去日漸近而景漸短。亦五百里而短一寸。自土中而東，則午漏而景已斜。自土中而西，則午漏而景未正。此以日景測地之四方也。夏至日景最短，土中只尺五寸。此後以漸而長，至冬至而最長。冬至後又以漸而短，至夏至而最短。此由日之在天，夏則行北陸而去中國近，冬則行南陸而去中國遠也。此以日景測天之四時也。堯典「寅賓出日」，以春分卯中而日出卯位，其景正西指酉也。「敬致」，以夏至日中午刻而景正指子也。「寅餞納日」，以秋分酉中而日入酉位，其景正東指卯也。此以四方正四時也。臬八尺，法中人之身，人參天地爲三才也。土圭尺五寸，兼三才而五之，法五行也。

天子之樂，鎛鐘十二，應十二正律，歌鐘、笙鐘則有半律、變律、變半律。皆特懸如十二辰之位。歌鐘、笙鐘則或十二，或十六，皆編懸也。特磬十二亦如之，所謂宫懸也。如十二辰之位，是環列如宫也。如奏黄鐘之宫，則以黄鐘起調，先擊黄鐘之鎛鐘以聲之，笙簫篪管塤篴皆翕然應此而起。中間逐聲之起止，則又以笙鐘發逐聲之聲，笙磬收逐聲之韻，鼓鼙居中爲節，𪔛居上下句之間。其黄鐘宫則林鐘爲徵，太簇爲商，南吕爲羽，姑洗爲角，應鐘爲和，變宫。蕤賓爲繆也。此用七律，皆以笙鐘宣其聲，笙磬收其韻也。及夫奏終，則必於末一聲仍收歸黄鐘律，而後擊黄鐘之特磬以收之。若奏太簇，則亦以太簇鎛鐘起，以太簇特磬收之。如歌大呂之宮，則以大呂起調，先擊大呂之鎛鐘以聲之，琴瑟及歌皆翕然應此而起。中間逐字之起止，則又以歌鐘發逐字之聲，頌磬收逐字之韻，搏拊鼓𨍏爲之節，𤼷居上下句之間。其大呂宮則夷則爲徵，夾鐘爲商，無射爲羽，仲呂爲角，變半黃鐘爲和，變宮。變林鐘爲繆。變徵。及夫曲終，則必於末一字仍收歸大呂律，而後擊大呂之特磬以收之。若歌應鐘亦然也。凡鎛鐘、特磬倍於笙鐘、笙磬，笙鐘、笙磬倍於歌鐘、頌磬。堂上貴人聲，尚輕清也。然金奏又有與笙奏不同者，大樂有鐘曰金奏，如左傳金奏肆夏之三。小樂無鐘則曰笙奏。如鄉飲酒禮笙奏南陔、白華、華黍。凡樂事，今人全不知理會矣。

凡樂圜鐘爲宮一條，圜鐘爲宮則無射爲徵，仲呂爲商，變半黃鐘爲羽，變林鐘爲角，變半太簇爲和，變南呂爲繆，即夾鐘宮調也。凡以宮發聲則爲宮調，以角發聲則爲角調，其徵調、羽調放此。黃鐘爲角者，以變半黃鐘爲角，則是以變林鐘爲和，變太簇爲繆，夷則爲宮，夾鐘爲徵，無射爲商，仲呂爲羽，此夷則角調也。太簇爲徵者，以太簇爲徵，則是以南呂爲商，以姑洗爲羽，以應鐘爲角，以蕤賓爲和，以大呂爲繆，以林鐘爲宮，此林鐘徵調也。此調中，太簇、姑洗、大呂皆只用半律。姑洗爲羽者，以姑洗爲羽，則應鐘爲角，蕤賓爲和，大呂爲繆，林鐘爲宮，太簇爲徵，南呂爲商，皆如上鈞，其姑洗、蕤賓、林鐘、太簇亦皆只用半律。而以姑洗發聲，是林鐘羽調也。下禮地示、人鬼二條所言法，亦以此推之四聲，而無商者，不用商調耳。若一曲中皆無商聲，則必不可用也。如謂不用隔八相生之法，則如以夾鐘、黃鐘、太簇、姑洗四律合爲一曲而奏之，豈復成曲，況清濁與律又不相應乎？鄭、賈皆長於數典，而不知樂律，所謂「達於禮而不達於樂，謂之素」者歟？稼書先生亦未考西山律呂新書及朱子論樂之説矣。

分野之説，賈疏謂此古受封之日，歲星所在之辰，甚善。然古人則天垂象，主其事則祭其星，故祝融分柳星張，閼伯分大火，又太皞分角亢，炎帝分翼軫，黄帝分析木，少皞分奎婁，顓頊分室壁，皆因所王之德，義各有取。後世居其土者，則因之而已。後世乃分別郡邑，謂某郡某地入某宿某度，則多見其惑也。而固者又謂天體覆冒天下，無分野之説，則又失之不考其故矣。

與江慎修書 以下三篇，録自年譜。

聞慎修名，紱雖未挹芝眉，而私心不勝渴慕，欲猝然而晉謁，又恐無因至前，慮無按劍之視，故敢以書達。夫俗士之敝於辭章久矣，窮經皓首，初何當於身心，苦志青氈，實營心於利達，是以聖賢之書若明若晦，先王之禮名存實亡，誰克起而振之者？顧振之亦難言矣。必名在天下而後足以振興乎天下，名在一國而後足以振興乎一國，名在一邑一鄉而後足以振興乎一邑一鄉，尤必其貲財顯達，足以副之，而後乃得名當世。不則，誰爲和之？孰令聽之？今之列當道者，既多靡靡以從俗矣，而必曰附驥尾以彰厥名，或亦志士之所不屑歟？紱誠謭劣無似，而猥聞鄉閭聚語所譏評爲道學骨董者，則以紱與慎修並指，時用自愧。獨是憤俗學之支離，鄙詞章之靡蔓，在慎修亦會有同志，庶幾世無聖人，不應在弟子之列者。然而名不列於青衿，家無餘於擔石，則雖有憤時疾俗之志，亦徒爲夢寐。予懷抑思，夫善與人同，何必在我。慎修著作之富，夫亦既足使當世信而從之。苟慎修能振興末俗，一挽支離靡蔓之狂瀾，則振之在慎修，猶在紱也。側聞三禮合參之著，紱雖未覩其書，然禮家言人人殊，竊願一聞大指。周禮一書，真僞之聚訟紛紜矣，其果真耶？僞耶？周禮闕冬官，而俞廷椿、丘吉甫諸人每欲割五官以補之，其果闕耶？否耶？儀禮在昔人謂有五疑，昌黎病其難讀，而朱子獨看得有緒，由今觀之，其孰是孰非歟？戴記醇駁相雜，互有齟齬，自學、庸而外，何者爲醇而無弊耶？記之注疏，多附緯書，而今則遵用陳注，又吴草廬亦有注，其皆有可取耶？抑他家亦各有所長歟？凡此數端，急當爲俗士辨之，毋使操戈入室，明先王之精意，俾當世可訓行。振興末俗，宜無大於此者，慎修其必有定見矣。又聞此書未經付梓，而别有四書名物考之刻。夫名物之考，務博洽耳，於禮經孰緩孰急？而顧先於此問世，不幾揚末學之波歟？抑或者以斯世所不尚而强聒之，不如以斯世所共尚者而婉導之，在慎修自有挽末流而返之身心者寓乎其中，而先以此爲之兆歟？紱與慎修未有生平之交，而爲是曉曉之問，毋亦唐突過甚。然苟同方同術，何不可引爲知己，況邇在鄉井間乎？慎修不鄙斯言，其必當有以示我。

再與江慎修書

慎修足下，名譽日遠，斯文幸甚，鄉邦幸甚。但今人之所以稱慎修，與慎修之所爲表見於世者，紱恐非慎修本志，且不足以盡慎修，而徒以掩乎慎修之爲慎修。又以聲氣雖通，未獲面晤，則未知慎修之所以覃思默會、悦心研慮者，果其在此在彼。此聖賢事業、世道人心所共關繫，故敢再以書質。昔孔子大聖人也，而太宰以多能稱之。朱子亦聖人也，胡澹菴以詩人薦之。夫商羊、萍實與掘地之羊、專車之骨識與不識，於孔子聖德，殊不增損一毛，而朱子所修傳注，凡夫草木鳥獸之名亦間多失，是彼太宰、澹菴，門外人耳。若左傳、戴記、家語，則孔子門人之徒所敍述，且不免作此皮相。今之號爲尊守紫陽者，亦或以小言細物與朱子爭博洽。慎修潛心經籍，考慎先王法制，懸揆慎修所志，當與洙泗、紫陽同一心法，然求其弗畔於道，勢不得不由博反約。而今世遂徒以博稱慎修，且或爲慎修作慷慨不遇賦，是安足以盡慎修之大？而慎修之所以苦心爲慎修者，不反以虚稱掩耶？且夫博最難言耳。天地之大，古今所傳記載何窮，豈耳目所能徧及？此聖人所不知不能者。慎修苟以博洽自見，則由基之射，百中或不無一失，世之人以是稱慎修，後不且有以是詆慎修者歟？但聖賢事業，於今渺矣。瓦石自甘，一世不好，士苟不無近名之心，未有不徇世之所驚，喜以自見其長者。明季諸賢，立社標榜，手袖一卷時文，徧謁名貴。賢者不免，則因世俗之所以稱慎修者，而慎修亦遂甘以此自見，此紱之所不能無疑也。要之，人言多不足信，慎修其必有以自矢。舊冬曾以長牘奉瀆，至今未蒙下報，其意志不同歟？抑鄙其言爲不足答耶？併此遥候，望惠金玉無吝。非惟解紱之疑，抑慎修之有以自白於天下也。

三與江慎修書

接長牘，具道格物窮理之功，及生平閱歷甘苦，誠孳孳於爲己，非若大軍遊騎之遠而失歸。弟向所聞於人言者，亦可渙然釋而怡然慰矣。但篇中縷縷所陳，固皆足下心得，而猶有未盡與鄙見合者，又不敢不條析而互證之。朱子儀禮經傳通解，實朱子未定之書，故當易簀之時，而猶有勉齋之屬。足下憾其蒐羅猶有未備，疏密猶有不倫，所見誠然，安敢謂足下之過疑先儒哉！且禮經至爲難治，而足下乃能更爲之增損檃括，以卒朱子之志。此儒者真實學問，足以持躬淑世而羽翼聖經，非尋常博洽比也。特是讀禮者猶貴有以深得先王制禮之心，而實以措之動履。今分綱别目亦既井井有條，惟節收古注及釋文爲學者入門之路，苟其折衷以朱子之説，而決擇精詳，夫亦止此足矣。若及唐、宋疏義與古今諸儒議論蒐羅太多，則議論恐不能無雜。三代而下，代有禮書，如開元禮以及大明，其間禮制增損，多失先王之意，注疏家尤多紕謬，至有吕坤等四禮之疑。是不惟不足以治經，而反足以亂經。不增入焉，正可以全經，而不爲闕略也。乃足下又云：「此書之作，但欲存古以資考核，而非謂先王之禮可以盡用於今。」則此語亦未盡然。夫先王之大經大法，禮儀三百，萬世所當率循。若夫文章制度，所得與民變革者，即三王且未嘗相襲。如足下之所謂以蒲席代古席，以壺代尊，以瓷代俎豆數者云云是矣。至若朱子祠宇之議，桂巖宗子之法，鄉飲投壺之禮，如足下所擬議，已無不可訓可行。乃又謂先王之禮非可盡用於今也，是則何歟？朱獻靖公之祠，不當在朱子祠後寢，足下引經斷事，至爲有見。然欲建獻靖公祠於朱子祠左，以擬生時之左宗廟，則亦未安。蓋使朱子當日立獻靖公祠，則在左固也。在今日，則朱子子孫既事朱子祠比宗廟矣，而又立獻靖公祠於朱子祠左，以比左宗廟，是則周后稷之廟固當在不窋之左，而鞠陶以下，乃以漸而右，何俟昭穆之序耶？今雖無五廟三廟昭穆之法，然獻靖公祠與朱子祠均之廟也，則各爲一祠，以協父子異宫之義，可也，何必在左？深衣之制，衆説紛紜，然近日之非先儒者，要不外欲加左右兩襟爲得續衽鉤邊之制。第不識足下所考誤爲何説，故弟亦未敢置辨。足下又欲取士相見、鄉飲酒及投壺禮以教童子，使化其驕逸之習，而長其敬謹之心。數者誠能舉行，至爲今日盛事，弟將拭目以俟。但貍首一詩，其篇已逸，説者以原壤所歌當之，其説莫詳於臨川吴氏。紱則謂貍首已逸於孔子之前，不然，則孔子序詩正樂，豈反於先王所用以節射者而故删之？借使原壤所歌，爲即節射之貍首，而祇此二句，於義亦已不全。況雖復讀「女」字爲爾汝之汝，而語意終有親狎之態，無莊重之音。大抵音調比齊、陳之變風，而謂與騶虞、采蘋、采蘩同爲召南篇什，愚未敢深信也。今欲習投壺禮，亦何妨即以采蘋、采蘩代貍首？而必以取於原壤狎弄之歌，此則又慎修泥古之過也。昔有明聶雙江編集禮教儀節，高一所舉行鄉射禮，皆祇以采蘋易騶虞，以采蘩代陔夏。律吕一事，後世幾成絶學，然要皆學士高談理而不能審音，伶人習於音而不知其理之故，以致本末相離，茫無一得，非律吕之别有精微，别有法度也。足下所云：「黄鐘之管九寸，計其中積分，以圓分約之，正合兩朞之日數。」此蓋積冪算之，不可謂非特見。然以此爲據，則大吕以下，以漸而短，均匀截之，以應節氣，是應鐘之管殆祇七分有奇，爲應兩月之日數，古今無此律管也。又謂琴十三徽，疏密布置，泛聲彈之，當徽有聲，不當徽無聲，因以琴徽爲求聲律之本。足下將以琴之十三徽爲應十二律歟？則此説本大謬。足下積學有年，説當不出此也。如第以聲必當徽爲音必應律之證，則亦未嘗實考之琴音，而詳其應律之妙矣。蓋琴身之度，四倍黄鐘，而中徽則二部黄鐘，故中徽按泛彈之，皆與散彈音合。自齇根以至中徽，按彈之聲，七絃皆已徧四倍之十二律，而其音洪。中徽以内，二倍黄鐘，故自中徽以至四徽，按彈之聲，七絃又皆徧二倍之十二律，而其音清。中清各取五律以正五聲，加二變律以成調，四徽又正一倍黄鐘。而自四徽以内則近岳，不能按彈，惟泛音間取入之。泛彈之取律，又有與按不同者。中徽當四倍之中，内外皆二倍黄鐘，其第四徽則内一倍而外三倍，九徽則内三倍而外一倍，故懸指泛取三處，皆應黄鐘之宫，一徽十三徽泛取以應黄鐘，則所謂半律也。至若二徽十二徽泛取則應林鐘，三徽泛取則應姑洗，此二句祇言大絃。與按彈不同。此由内外分取以應律度，故與按彈之得按指以内成聲者，其聲自異也。不當徽則無聲者，以内外分之兩不應律故也。若按彈則不盡當徽，如七徽之八應南吕，七徽之半應無射，七徽之二應應鐘，亦祇以大絃言。足下其亦曾細聽而詳察之否耶？而何必旁徽之節氣納音耶？「算周鬴以求黄鐘之積分，推琴徽以求聲律之度數，考古人轉絃换調之法，訪俗樂工尺四上之粗」，數語似乎得要。臯人爲鬴之法，弟亦嘗深思而積算之，其度量輕重皆合黄鐘不爽。琴之定律，則不全繫於徽，而置徽又别有説轉絃换調之法，彈家每失舊傳。弟嘗思有考訂，第工尺四上等譜，雖繫教坊俗法，要不可謂之粗。蓋合四乙尺工，即宫商角徵羽之五聲，而上凡即變徵變宫也。惟教坊調又有亞四、亞乙、亞凡及勼字之用，則十二律之宫縵胡無際，是爲失之。其取平上去入以定五聲宫調，亦屬未當。然古人非律無以正音，今人舍音亦無以考律，唯好學精思，深知其理，按之氣數以徵其實，然後知三分損益之法，五色成文，八風從律，百度得數，無能出其範圍。願慎修無輕議古人也。夫度生於律，非律生於度，然非度無以得律。此如天非有度，以日之行而起度。日非有分，以晝夜之長短而分分。然分分而日之長短有數可求，定度而周天之行有迹可紀，同一理也。度數也者，理氣流行之節次，生氣之和，自然流出，故河圖之數所以成變化而行鬼神。律管何獨不然？而謂候氣灰飛之説爲未可深信，以别索之冥冥，則恐亦思而不學之過也。顧候氣灰飛，又有未能即據者。四方之氣候有遲早，地勢之高下有寒燠，王者之修德以召天和者有順逆。

假如冬而震電，夏而冰雹，則灰飛豈必應律？周子所云「陰陽理而後和，君君、臣臣、父父、子子、兄兄、弟弟、夫夫、婦婦、萬物各得其理而後和」，故禮先而樂後，正此之謂也。此其説，弟嘗詳之於所擬策略中，恨未能面舉與足下相質正耳。李文利、黄積慶之書，背謬尤甚，無庸復辨。即史遷、京房、劉歆、揚雄輩之分子母，分宫調，亦徒爲紛擾，析之愈細，而愈遠愈離其説，殆未可以寸楮悉也。曆爲欽若之本，算居六藝之一，儒者豈可不知？西學利、艾諸人，發先儒所未盡蓋多，而任數之過，其背經者亦復不淺。天地之高深，可以數計而得，而天地之所以高深，則形上之理，非數所可求。蓋上天之載，無聲無臭，聖人難言之。足下乃謂：「不出户而知天下，不窺牖而知天道。」果爾，則一通曆算，便作聖賢可矣。何以古之曆疏，而聖賢繼起？今之曆愈密，而知天道者究鮮其人也哉！至於字學韻學，則正爲好古者所當詳。此王者屬象胥諭言語、協辭命，屬瞽史諭書名、聽聲音、同文之大典，而學者或杜社承譌，魯魚襲謬，安可不一正之？非太倉一粟比也。儒先之書，所當整頓者整之，尤爲急務，又不當在曆算字韻之學後矣。典林之刻，出於徒輩，知非足下所得已。然與其開方便之法門，孰若激勵之，使從事於經學。如果資分庸下，則足下又安能以典林一書强之記憶？彼其於鈔録且不無憚煩，而欲使之成誦，以幾左右逢原，不愈難哉！若不能必其成誦，而祇於臨時翻閲，以飾寒儉，則艾東鄉所譏爲小盜盜大盜，或無辭於飣餖之失矣！大抵有明先輩，類多融貫全經，故時藝非必引用經文，而無非六經精義。後人專求工於時藝，而無暇於窮經，故滿紙引用經言，究無當於經義。漢儒經學，口傳心識，故授受類有專門。後世經學，貪多務得，涉獵不精，而經學益多龐雜。學者苟具中上之資，使能淹貫六經，旁及子史，尚矣！

如其不能，則莫若專攻一經，使之理到而心自澂，理醇而氣自厚，經義所融，臨文自無寒儉之病。此治本之法也。又其下者，彼既不憤不悱，不反三隅，則雖聖人，亦無能以强之矣。不知愼修以爲何如也？然此爲時藝言之也。吾人既從事咿唔，便當飽聖賢茶飯。所共願者，本惟是讀書窮理以破愚，省躬克己以寡過，雖未能棄時藝不講，而要當由心得以爲文章，實踐力行，何妨舉業。今人因時藝而講經學，亦已傎矣。況乃棄經學不講，而從事於汗漫之書鈔，不亦傷乎？夫今之執筆爲文者，滿紙誰非聖賢之語？而反之躬行，問之寤寐，將誰爲實得於心？功利之習，錮蔽於胸，儌倖之途，趨之若鶩，乃足下謂無庸過慮，則孔、孟之所以折衷六藝，程、朱之所以倡明理學者，舌敝脣焦，皆以世道人心之故，不益爲過慮之甚耶？而足下之拳拳於禮樂，殫力於儒先者，不更爲多事歟？紱本草野迂儒，衣食奔走，夫亦何心著述？强厠儒林，乃既以舌代耕，因亦思情田宜耨。見今日學者，日角雕蟲，全然不知反本，其視聖賢經書，祇以爲賈利梯榮之具；而時下講章，汙心翳目，亦只爲時藝。徒開方便法門，因是畔傳離經，日趨纖巧，而聖學愈支離晦昧矣。先輩中間，有爲經學計者，如虛齋、次崖諸公，言多可法，然決擇亦有未精。紱用是隱憂積憤，思有以明聖賢立教之旨，導學者且反求諸身，是以有四書詮義之著。其所言者，皆惟是教人以體之日用常行，而不敢參一趨時悦容之見。於時解之有離畔尖纖者，皆力爲闢之，亦不敢少遺餘力。至於衆説紛紜之會，則每瞑目靜思，夜以繼日，必求得所折衷，而後此心始慰。書成共一十五卷，志慮所在，亦未堪一二爲人道也。繼此而易、詩、書皆有詮義，共得三十五卷，始終祇此發明立教之旨，俾學者反求諸己之心而已。於禮記則有章句十卷、或問四卷，於孝經則因朱子刊誤定本爲章句、或問各一卷。禮記本儀禮之傳，原不當析而二之。然儀禮當實著之日用，而禮記中時有精義，尤宜有以默成於心。又今學者方以禮記專經，而陳注淺陋，吴氏支吾，亦不可不爲之更訂。是以暫遺儀禮專事禮記，亦因學者所習，而寓以挽回之術也。若乃合經傳而修之，以卒朱子之志，則弟方遲之有待，亦以刮目於足下，爲樂得以觀厥成也云爾。此外雖多著述，殊不堪以入世。且生平恥於自衒，有心無力，堆積巾笥，知他日徒以覆瓿。然此心終未能自已，誠難免於過慮之譏也。足下又謂弟留心經濟，欲復先王井田。弟不知此語何以得傳聞於足下？然亦信有之。夫土田祗在民間，人民祗在天下，郡邑何非國土，赤子誰非吾兵。以天下之田土與天下公之，以天下之人民與天下治之，同天下之患難爲天下守之，今古雖殊，覆載不改，而謂井田終不可復，此亦師前王莫若師後王之故智，徒以苟治自安者云耳。治亂關乎氣數，設施則存乎人，而安得獨以盛治讓之唐、虞、三代歟？程子云「井田難行」，然程子亦云「難行」耳，未嘗云不可行也。夫處今日之時，以今日之勢，而欲猝然舉先王之法，率一世而更張之，誠有甚難，應不待程子而後知之。顧所謂難者，殆非井田之難復也，難於出治之有本，君相之同心。庶明之勵翼，而轉圜之有法，張施之有序，以需之歲月，而歷久不渝也。且先儒語録之言，亦多未可泥矣。横渠有志復古，朱子已集之孟子注中，其他語時有異同，安知非門人之誤記？此如孔子之言，要以兩論爲精，而家語、左氏傳、二戴記所傳，亦安可盡信爲聖人之説乎？若乃通經術而不通世務，此當時譏介甫之言，然介甫之所經營，要皆只從功利起見，經術乃所以通世務，介甫又何嘗通經術哉！度量權衡，王政之首務，後世經制不定，八政不修，是以國異政，家殊俗，侈靡相尚，濫惡相欺，大稱小斗，以相攘奪，度量權衡，安可不謹！然謹之者，亦惟是關石和鈞準之王府，使民守畫一之經制，而無敢或違，斯善矣！豈必改今尺爲周尺，而後乃矜言復古哉！而周尺於今，亦何從確據也？井田之復，潤澤因時，亦若是然耳矣。疑義與析，故言之不得不詳。篇中不無唐突，然昔者韓、富同心輔政，而議有不合，至於動色相爭；東萊之與紫陽説詩，各有異同，而終身志同道合。弟於足下，何必苟同，而此心庶可共諒。如或言有未當，望復惠示玉音，無起操戈入室之嫌，此爲欣幸！

附録

朱竹君曰：「江西浮梁之景德鎮，設官置窑所在，百工食焉。先生畫碗傭其間，然稱母喪，不御酒肉，羣傭以爲笑。時時作苦吟，以寫其哀，則交侮而罵之，先生去。之樂平，館石氏，踰年亦去。當是時，先生飄泊上饒、萬年、永豐之間，蹤跡無所定止，輒自廣信緣嶺度仙霞關之閩中。持一襆被，鶉衣蓬藁而行。行嶺灘中，十餘里或二十里，逆旅主人不内，則頓宿野廟，乞食以往。過楓嶺，有陳總兵者，聞而異之，延爲子師，執禮甚恭。先生課詩、書，間教之禮射。卒伍爭請爲弟子，後用藝得官以去者有之。」朱筠撰墓表。

夏心伯曰：「昭代真能爲朱子之學者，大儒三人焉：一爲桐鄉楊園張先生，一爲平湖陸清獻公，其一則婺源雙池汪先生也。清獻以清操正學受主知，烏臺奏議，海内莫不宗仰，故名最著，而其從祀膠庠亦最早。楊園爲晚明諸生，隱居不仕，清獻雖屢稱之，而名不得與清獻埒。若雙池，則僻處山邑，人或不能道其姓氏。其隱晦視張先生殆尤過之，然著述之繼往開來，品誼之升堂入室，與張、陸兩先生蓋鼎立焉，無或遜也。」夏炘撰雙池先生年譜序。

余黼山曰：「邑人董昌璵録先生書副本。先是先祖與族弟道周書有云：『師友之變，痛不自勝，遺書雖存我家，倍令我夢魂驚悸，恐失墜耳。』至是乃謀之董丈，倩書人録副本及後録呈朱學使，皆董丈力也。」雙池先生年譜。

雙池弟子

余先生元遴

余元遴字秀書，一字藥齋，號筠谿，婺源人。家貧，躬行樵汲，有志爲己之學，究心經義及宋五子書。平居坐不倚，立不跛。授徒所入，分恤親族。弟子貧者，卻其贄，而空乏泊如也。後師事雙池，得聞爲學要領。雙池及子思謙相繼殁，皆經紀其喪，又迎雙池之妻江氏養於家。後力寫遺書，獻之學使朱筠，賴以得傳。乾隆四十三年卒，年五十五。所著書有庸言四卷，詩經蒙說，晝脂集。參史傳、朱筠撰墓誌銘。

詩經詮義總論序

詩之地，郊廟、朝廷、鄉黨、閭巷。詩之人，王后、公卿、大夫、士女。詩之俗，奢儉貞淫。詩之體，國風、雅、頌。要其殊事異文，由心出口，無非動於天不容已，而發於情不自知。當作詩之時，固不計其工拙毁譽，而預爲後人作經讀也。孔子删繁就簡，昭示來兹，興觀羣怨，定爲三百，豈非欲讀者以意逆志，借古人之吟詠，養自己之性情，優而游之，饜而飫之，以臻於純粹至善之地乎？自後人誤解「思無邪」一言，以三百篇無邪詩，而淫奔諸詩皆爲譏刺，斯古人之意不明，而詩旨漸晦矣。朱子諷詠涵濡，不從序説，得古人於笑貌聲音之際，而較字句於分寸毫釐之間，洵爲超前絶後。而後人紛紛援据序義，拾朱子所棄以自珍，至詆之爲高叟、咸丘蒙，不亦無忌憚乎！吾師雙池先生詩經詮義一書，墨守紫陽，遠追作者，約五經之旨，成一家之言。其闡發也博大而精深，其剖析也茂密而條暢，而其於修身、及家平、均天下之道，與夫治亂得失之機，人心風俗之際，尤諄諄乎三致意焉。是豈惟朱子之功臣，抑亦百王之龜鑑也。嗟乎！人趨利禄，經學不明，假聖言爲筌蹄，得魚兔而放棄，甚且置之高閣，卷未開，手未觸者，比比皆是也。而先生得斷簡於衆遺，發新知於卓識，憂絶學之不續，奉聖人爲我師，獨以扶世道人心是務，謂非間世豪傑歟？第是書文成數十萬言，未易遽探其奥。獨國風、雅、頌之總序，計一國之始終，論全詩之體製，若網在綱，如衣振領，讀之若恍然有以得其體要者。爰另爲録出，朝夕省觀，以爲全詩之階梯，俾稍有依據，不至河漢其言，是亦入室由户之意也。言終於此而已哉！

雙池私淑

洪先生騰蛟

洪騰蛟字鱗雨，婺源人。乾隆庚午舉人。研窮經訓，尤嗜宋儒書。嘗以置閏法及經學理學諸疑質於雙池，得報書爲言學術之概甚悉。欲往執贄，而雙池歿，未果行。著有禹貢黑水説，爲時所稱。又有壽山存稿十二卷，壽山叢録二卷，鄣麓常談二卷，婺源埤乘三卷，稽年録十二卷，思問録五卷。五十六年卒，年六十六。參史傳。

筠谿家學

余先生龍光

余龍光字黼山，筠溪孫。道光乙未舉人，官江蘇知縣，歷署婁縣、元和、青浦各縣事，有政績，尋罷歸。早歲讀金谿、姚江書，於永康、永嘉事功，馬氏通考，顧亭林遺書，皆能得其要略。後乃淵源家學，篤志程、朱，以居敬、窮理、力行爲宗旨。嘗謂雙池尊信朱子，昌言保衛，直如孟子之於孔子也。著有雙池先生年譜四卷，又有經學管窺六卷，廣唐書三十卷，朱子祠祀考二卷，元明儒學正宗録二卷，表章儒碩録二卷，吴康齋學案二卷，汪仁峯學案二卷，汪仁峯年譜一卷，詩文集三十九卷。參史傳。

雙池先生年譜凡例 摘録第五條。

先生與江慎修先生並爲當代大儒，生同時，居同鄉，祇有書牘往來，而未嘗相見。其學問之異同，非後生小子所敢輕議。兩家遺書具在，好學者可以深思而自得之。即以龍光之愚陋，亦幸竊窺其一二。大約江先生崇尚漢學，沈潛精密，參互理數，融會沿革，論者推爲鄭康成後一人，非過譽也。至其學及身而顯，世每謂彼時士大夫競尚考据，又得其高第弟子戴庶常震東原揄揚師説，以故海内家有其書。是猶見其表，而未見其裏也。蓋江先生雖專治漢學，而亦未嘗不尊信朱子，觀其所著近思録集注、禮書綱目、河洛精藴可見。但未如雙池先生之昌言保衛，於孔子後特定一尊耳。乃庶常著孟子字義疏證、方言疏證、原善、原象諸書，詆斥程、朱，謂其言理、言欲、言性命、言氣質無一不錯，因而以意見殺人，以理殺人，同於酷吏。又云宋儒語言文字，未之知事情原委，未能悉獨任己見，强斷而行，以致大道失而行事乖，天下受其咎，與楊、墨、佛、老同罪。凡尊信程、朱者皆愚人，不覩其害而自負。由孟子而來，垂二千年，惟己始明孔子之道，若獲見用，必措天下於治安。而其徒黨尊之，至謂戴氏集羣儒之大成，浩氣同盛乎孟子，精義上掩乎康成、程、朱，修詞俯視乎韓、歐，用則施政利民，舍則垂世立教而無弊云云。詳見桐城方植之先生漢學商兑，當塗夏弢甫先生景紫堂文集。其言如此，則其揄揚江先生者，不過舉其偏以標一時之名，而其背畔江先生者，早已忘其全而没一生之實。平心察之，固江先生授業時所萬不及料者也。若夫雙池先生，明體達用，剛大直方。其治經也，博極兩漢六代諸儒疏義，凡三代之典章制度，名物器數，與夫天文地輿，六書音韻，九章算數，罔弗精詳，既使偏尚漢學者不得藉口，而析理斷事，精貫日月，思通鬼神，精變微化，一以朱子爲折衷。其朱子所未及言者，則推廣朱子之心以發明之。至於異端曲學，鼓煽其似是之非以惑世誣民者，則辨駁塞拒，不少假借。乃或者病其言之太盡太急切，而不知先生欲救時俗之人，歧誤於詖淫邪遁，流毒於世道人心，不得已焦唇敝舌以警覺之，其設心良苦也。竊謂自今日以前，求所謂朱子之後復有朱子者，舍雙池先生，其誰歸乎？觀於江先生答先生書云：「足下志高識遠，脱然韁鎖之外，殫心不朽之業，藏名山，俟後人，當有聞風興起者。」又云：「若夫大聲疾呼，力挽奔瀾，此事終當望之燦人足下耳。」其於先生，不可謂不心折矣。兩先生往來書答共五篇，全載入譜，以明鄉先正直諒多聞，亦足徵紫陽遺澤之遠也。

清儒學案卷六十四

臨桂學案

臨桂勛歷中外，實心實政，儒效昭彰。所著五種遺規，皆以覺世牖民爲己任。其學術之純正，與睢州、儀封後先媲美，而建樹宏達，尤徵遭際之盛焉。述臨桂學案。

陳先生宏謀

陳宏謀字汝咨，號榕門，臨桂人。雍正癸卯舉鄉試第一，是年成進士，改庶吉士，授檢討，遷吏部郎中，再遷御史。以言事受世宗知，授揚州知府，命帶御史銜，便宜言事。歷官甘肅、江西、陝西、江蘇、湖北、河南、福建、湖南巡撫，兩廣、兩湖總督。入爲兵部、吏部尚書，拜東閣大學士。乾隆三十六年，以老病再疏辭職。命以太子太傅致仕。高宗賜詩以寵其行。卒於山東韓莊舟次，年七十六，入祀賢良祠，謚文恭。先生早歲刻苦自勵，能文章，内行修飭。爲諸生，即以澤物爲己任。及服官中外，察吏安民，務期實效，力持大體。所至尤加意書院，厚諸生餼，聘賢者爲之師，導以正學，時至而面命之。其爲學以誠一不欺爲主，不爲空談，不取辯論。舉古聖賢名臣名儒之嘉言懿行，一一尊而奉之，踐而履之。嘗曰：「是非審之於己，毀譽聽之於人，得失安之於數，三者缺一皆有病。須隨時隨事有此定見，乃爲脚踏實地。」又曰：「學問須看勝似我者，境遇須看不及我者。昔年愛此二語，書諸座右，嗣是三十餘年，益覺道理精當，無所不包，亦確乎不可移易。儻境遇看勝似我者，則怨尤忮求無所不至；學問看不如我者，則驕傲怠惰亦無所不至。學術、人品、事功，出乎此則入乎彼。以此爲人鬼關頭也可。」又曰：「莫作心上過不去之事，莫萌事上行不去之心。斯云無咎，必爲世上不可少之人，必爲世人不能做之事，庶非虚生。此余爲諸生時題書室語，至今思之，負愧良多。知之非艱，行之維艱，敢不勉旃。」又自箴十則曰：「謹言語以寡過，節飲食以尊生，省嗜好以養心，耐煩勞以盡職，慎喜怒以平氣，戒矜張以集事，絶戲謔以敦體，崇退讓以和衆，慎然諾以全信，減耗費以惜福。」又與人手札，多關懲勸語，各就其人之性分職分，語其所當然，及其所必不可不然，大抵皆箴規藥石也。所纂録者，有大學衍義輯要六卷，大學衍義補輯要十二卷，吕子節録四卷，補遺二卷，養正遺規三卷、補一卷，教女遺規三卷，訓俗遺規四卷，從政遺規二卷，在官法戒録四卷。其自著爲培遠堂偶存稿十卷。參史傳、彭啟豐撰墓誌銘、袁枚撰傳、學案小識。

養正遺規自序

天下有真教術，斯有真人材。教術之端自閭巷始，人材之成自兒童始。大易以山下出泉，其象爲蒙，而君子之所以果行育德者於是乎在，故蒙以養正，是爲聖功，義至深矣。余每見當世所稱材子弟，大都誇記誦，詡詞章，而德行根本之地，鮮過而問焉。夫在山泉水清，出山泉水濁，繄豈泉之咎哉！汩泥揚波，父兄之教不先，子弟之率不謹也。宏謀公餘，考昔賢養正遺規，擇其簡要可通行者，釐爲二卷，篇帙無多，本末略備，用以流布鄉塾，俾父兄師長以是教其子弟，毋輕小節，毋騖速成，循循規矩，雖蒙養之事，而凡所以篤倫理，砥躬行，興道藝者，悉以引其端。由是以之於大學之塗，庶幾源潔流清，於世教不無少助乎！欽惟聖天子昌明理學，文治日新，備員圻輔，分路揚鑣，循行風俗，與有人材之責焉，故敢勉竭愚忱，具訓蒙士，爲郡邑先。其或以是爲迂，爲固，爲瑣屑而愸置焉，余心滋戚矣！

又補編自序

往在津門，曾有養正遺規之輯，苦於搜羅不廣，未愜所願。年來由吴門而至豫章，公餘開卷，凡有切於蒙養者，皆爲手録，復得十種，并付梓人。欲望幼學之士，於天真未漓時，即不忘身心交治之功，以漸充其良知良能之量，庶不至高言心性而淪於空虚，亦不至汩没記誦而流於俗學，是則區區編輯之微尚也。

教女遺規自序

天下無不可教之人，亦無可以不教之人，而豈獨遺於女子也？當其甫離襁褓，養護深閨，非若男子出就外傅，有師友之切磋，詩、書之浸灌也。父母雖甚愛之，亦不過於起居服食之間加意體恤，及其長也，爲之教針黹、備裝奩而已。至於性情嗜好之偏正，言動之合古誼與否，則鮮有及焉。是視女子爲不必教，皆若有固然者。幸而愛敬之良性所同具，猶不盡至於背理而傷道。且有克敦大義，足以扶植倫紀者。儻平時更以格言至論、可法可戒之事日陳於前，使之觀感而效法，其爲德性之助，豈淺鮮哉！余故於養正遺規之後，復採古今教女之書，及凡有關於女德者，裒集成編。事取其平易而近人，理取其顯淺而易曉，蓋欲世人之有以教其子，而更有以教其女也。夫在家爲女，出嫁爲婦，生子爲母。有賢女然後有賢婦，有賢婦然後有賢母，有賢母然後有賢子孫。王化始於閨門，家人利在女貞，女教之所繫，蓋綦重矣。或者疑女子知書者少，非文字之所能教，而弄筆墨工文詞者，有時反爲女德之累。不知女子具有性慧，縱不能經史貫通，間亦粗知文義。即至村姑里婦，未盡識字，而一門之内，父兄子弟爲之陳述故事，講説遺文，亦必有心領神會，隨事感發之處。一家如此，推而一鄉，而一邑，孰非教之所可及乎？彼專工文墨，不明大義，則所以教之者之過，而非盡女子之過也。抑余又見夫世之婦女，守其一知半解，或習聞片詞隻義，往往篤信固守，奉以終身，且轉相傳述，交相勸戒，曾不若口讀詩、書，而所行悉與倍焉者。意者女子之性，專一篤至，其爲教尤有易入者乎？是在有閑家之責者，加之意而已。

訓俗遺規自序

古今之治化見於風俗，天下之風俗徵於人心，人心厚則禮讓興，而訟端息矣。宏謀前奉恩命，司臬三吴，親承天語諄諄，以「惟平惟允，刑期無刑」爲訓勉，敬誌於心，刻弗敢忘。赴蘇之後，清理積案不下數千餘件。反復推究，始知獄訟繁多，良由人心漸習於浮薄，或因一念之差，或因纖毫之利，或係一時之忿戾，遂至激而成訟，展轉糾轕，株連日衆。有司承讞，雖悉心體察，極意平反，及曲直分，而身家已破矣。推鞫之下，不禁愀然心傷。因念與其矜恤於獄之既成，何如化導於訟之未起？夫刑所以弼教，非竟以刑爲教也。司土者平時未嘗教之，而遽刑之，父母斯民之義，其謂之何？嘗欲於典籍中，採其切於人心風俗，人所習而不察，動而易犯者，刊布民間，以庶幾弭患未然之計。草創未就，隨有江右之命。封疆攸寄，責任愈重，撫循化導，使者之職也，區區之心，不能自已。公餘篝火，手披目覽，採録古今名言，彙爲一帙，名曰訓俗遺規。雖不敢謂所採之悉當，而凡今時所以致訟之由，與夫所以弭訟之道，蓋已略備。大抵理惟取其切近，詞不嫌於真率，務使人人易曉焉。夫天良人所同具，特患無以感發之耳。賢有司苟能持此以化導，或就事指點，或因人推廣，而士民衆庶繙閱之餘，觀感興起，父誡其子，兄勉其弟，莫不羣趨於善，而恥爲不善之歸，將見人心日厚，民俗日淳，訟日少而刑日清，用以仰副聖訓於萬一，是固日夕期之而不敢不自勉者也。

從政遺規自序

余幼承父兄師友之訓，知肆力於讀書，不以世故紛其心。而賦性迂拙，作輟無常，誦讀不多，體認尤淺，悠悠忽忽，竟不知讀書將以何爲也。迨入仕途，官場事宜尤未嫺習，臨民治事茫無所措，未優而仕，不學製錦，心竊憂之。然平時偶有得於聖賢之緒論，合之今時情事，多所切中，此心稍有把握，措之事爲，幸免隕越，不至如夜行者之倀倀何之。乃益悔前此之鮮學，而古訓之不可一日離也。因於簿書餘閒時，一展卷藉，兹陳編以祛固陋。凡切於近時之利弊，可爲居官箴規者，心慕手追，不忍舍置。不敢謂仕優而學，亦庶幾即仕即學之意云爾。方今民生蕃庶，待治方殷，聖天子本躬行心得之餘，布範世誠民之政，有司牧之責者，益當從根本上講求教養之方，爲民生久遠之計。若僅以因循陋習，了官場之故套，何以上副聖訓，何以下符民望！自惟德簿能淺，無以爲同僚諸君倡。惟奉兹古訓，隨時考鏡，轉相傳布，以此自勉，即以此勉人。較之門面牌檄，差爲親切焉。蘇子云：「藥雖進於醫手，方多傳於古人。」自古及今，此心同，此理同，故以古人之方，醫後人之病，而無不立效。願諸君推心理之相同，以盡治人之責，而又參之前言往行，以善其措施，則宜民善俗，或有取焉。幸毋曰「業已仕矣，何暇言學」，竟等諸古人之糟粕也。

在官法戒録自序

天下之人，無過善不善之兩途，而人之慕乎善，而遠不善也，則不外於法戒之兩念。予有四種遺規之刻，蓋冀天下人無男女少長貴賤賢愚，均有所觀感興起，見善者而以爲法，見不善者而以爲戒也云爾。既又思之，人有在四民之外，勢所不能無，而又關係民生之利害，吏治之清濁，不可以無化誨者，則官府之胥吏是也。古者三百六十之屬，皆有府史胥徒。府，掌廪藏者，即今之庫吏也。史，掌文案者，即今之吏典也。胥，即今之都吏，爲徒之什長。徒，即今之隸卒也。是爲庶人在官，其禄同於下士，其田在遠郊之地，充人掌之。春秋月吉讀法，書其孝友睦婣，得與於鄉舉里選之列，故當時僚隸輿臺之守法循分，豈惟風俗之醇，抑上之人教養成就之有其具也。秦燔詩、書，人以吏爲師。漢制能諷書九千字以上乃許爲吏。當時刺史守相自辟其屬，恒求其賢者以爲吏，而進達之；而吏亦皆束身自好，以蘄不負上之知，故一時名公鉅卿起家掾吏者不可勝紀。兩漢吏治最爲近古，非由吏之得人而然乎？魏、晉而後，流品遂分，上品無寒門，下品無世族，吏始不得與清流之班。沿及隋、唐以降，科貢之勢重，而吏之選益輕矣。然國家設官置吏，官暫而吏久也，官少而吏衆也。官之去鄉國常數千里，簿書錢穀或非專長，風土好尚或多未習，而吏則習熟而諳練者也。他如通行之案例，與夫繕發文移、稽查句攝之務，有非官所能爲，而不能不資於吏者。則凡國計民生，繫於官即繫於吏，吏之爲責，不亦重乎！而爲吏胥者，類皆有機變之才智，不能安於畎畝耕鑿之樸，以來役於官，因盤據其間，子弟親戚轉相承受，作奸犯科，相習熟爲固，然而不知禮義之可貴。爲官者亦多方防閑之，摧辱之，幾若猛獸搏噬之不可馴擾。夫防之愈嚴，作弊亦愈巧；摧之愈甚，自愛之意愈微，將囂然喪其廉恥之心，以益肆其奸猾狡黠之毒。官吏相蒙，國計民生於焉交困。而貪昧陋劣之員，受其牢籠牽鼻，淪胥以敗也，又不足言矣。昔劉晏以吏人不可用，謂「吏無榮進，則利重於名」。我國家立賢無方，吏員一途，咸有進身之階，惟其才之所宜，未嘗限其所至，則固有榮進之可期矣。即或不盡榮進，而其愛一時之小利，必不如其愛身家子孫之大利，更不如其畏身家子孫之奇禍。今試語人以于公治獄之陰德，而子孫駟馬高車，充溢門閭，未有不欣然慕效者也。語以王温舒舞文巧詆，奸利受財，而皋至於五族，未有不悚然易慮者也。特無以提醒之，遷善遠罪之良心，無緣而動耳。上以君子長者之道待人，而人不以君子長者之道自待者，非人情也。矧吏胥多讀書識字，粗知義理，習典故，明利害，視田野之愚氓，閨門之婦孺，其化誨當更易易。爲官者方日資其心思才力以成其政治，而顧視爲化外之人，不一思所以化誨之，聽其日習於匪辟，於心何安？而於事又寧有濟乎？余於聽政之暇，採輯書傳所載吏胥之事，各綴論斷，裒爲四卷，名曰在官法戒録，廣爲分布，以代文告。書曰：「作善，降之百祥；作不善，降之百殃。」孟子曰：「仁則榮，不仁則辱。」觀是録者，善惡燦陳，榮辱由己，何去何從，必有觀感而興起者矣！

吕子節録自序

數年前，余偶遊書市，從故紙堆中得呻吟語二册，讀之，則明儒吕叔簡先生所作也。先生以爲，人非聖賢，其身心常在病中，故於省察、克治、修己、治人之要，皆從人情物理中推勘而出，眼前指點，鉥目劌心。少陵云「欲覺聞晨鐘，令人發深省」者，其是之謂乎？舊凡若干言，其中偶有過高之語，余稍節之，録其醇者，間就鄙意，綴以評語，非敢於作者有所增益，蓋亦講明而切究之，以求得乎大中至正之歸耳。余嘗謂：「人之聰明才力，多不用以自責，而用以責人；不用以集所長，而用以護所短。」兹編其對證之藥也。故身世之事，非知之艱，行之維艱。余譾陋無似，防檢多疏，早夜孜孜，功不補過。今既取是編而節録之，又序而刻之，誠欲寶此苦口之良劑，以藥余身心也。

文集

寄陳韶書

凡事不顧公事之有益與否，而先持一自以爲是之意見，是己者樂之，非己者惡之。此爲剛愎自用，滿盈招損，不但於公事無益，即自己亦受虧損不淺。

寄陸福宜書

吾輩處不如意之事，遇不如意之人，惟益反躬自責，靜氣平心，以求一至是無非之道。弭謗在此，免禍亦在此。舍此而別生角抵之計，恐無益而有害也。

寄德松如先生書

承勖以「無倦」二字，實爲切要。有恒可以基作聖，而無恒則不可作巫醫。夫子論近仁，剛而兼毅；曾子論士，弘必及毅。蓋恒者，常久之心；毅者，定力之謂，皆無倦之謂也。且以觀天下古今之事，愈遠大，則愈非旦夕可以觀效；而有旦夕可以觀效者，決非遠大。利害固久，而後見是非亦久而益明。有識者計久遠不計目前，爲民物不爲一己，當時或以爲迂，而久大之業恒基於此。苟有倦心，則稍有挫折，便生消沮，其何以濟！

寄家聖泉法書

生平無他嗜好，每處一地，臨一事，即就其地、其事悉心講求，以期稍有裨益。然志廣願奢，百未如願，事雖未成，心實難已。有時過於勞悴，而亦不覺，覺亦不復惜也。年來精力漸不如前，而又當此煩劇之地，隨事經理，已苦難支。若遇有疑難，心要如此而力有不能者，則寢食作止，常懸心目，不能擺脱。「不以事累心，役物而不役於物」，捧讀明訓，益服知我之切，而愛我之深也。

諸儒語録，不免偏勝，有疵一經。朱子悉歸醇正，有如布帛菽粟，可以療饑，可以禦寒。近世言學，亦知遵尚朱子，而用功止憑口耳，逞技惟在詞章，終日讀書作文，未知所讀之書於己何益，所作之文於世何用。其業居然讀書人，亦未嘗不以讀書人目之，究之於身世，毫無所益，甚有所行所存與書全相反者。使世人謂書可以不讀，讀書不必有用，皆由於此。是當以聖門知行合一之語，因人指點，隨時印證，庶幾挽頽風於萬一耳！

寄托庸書

士人惟身心最爲切近，其用功亦惟存心克己，二者最爲喫緊。此處用得一分功夫，便有許多得理之事，所謂所操者約，而所及者廣也。然官場中所汲汲講求以爲要務者，卻不在此，但須儀文習熟，機緣湊合，便爲得手。程子云：「世人事事要好，惟自己一箇身心却不要好。待事事好時，此身心先已不好了。」今日官場内所謂待好，正所謂身心先已不好者也。

寄德濟齋先生書

古聖賢之微言精義，散在典籍，惟讀書可以通其解，亦惟讀書可以踐其實。如止以詞章爲學，雕琢雖工，無關性情。即或矯語性命，又未免談空説幻，墮入理障，既無益於身心，更何裨於民物。書自書而我自我，世人所以目讀書爲口頭禪，謂作文爲敲門瓦，負此書亦重負我矣。大人實踐録，從孟子大體小體句獨得真詮，指點親切，曲暢旁通。格物者格此也，致知者致此也，修齊治平亦即此而推也。大體立而小體無權，天理流行，人欲退聽，克己即所以復禮也。大體立而小體效用，天君泰然，百體從令，踐形即所以復性也。

寄徐本仙書

來札於讀書爲學之是非利弊暢切言之，語語從體認中來，循環展誦，實獲我心。試思國家何所需於文藝，而以此取士耶？蓋謂能作文者必曾讀書，能讀書者必能明白道理，變化氣質耳。不謂揣摩術工，讀書者自讀書，而於道理不求甚解，即心能解之而言與行背，以致不能變化其氣質，又焉能澤及於民物！今日欲救讀書之弊，而收取士之效，惟有講求身心格致之學，知在此，行亦在此，以此學即以此仕，庶幾近之。

寄尹元符會一書

吕新吾先生學問經濟俱可見之施行，非空談性命者可比。此公間亦有偏處，而一腔憂國憂民之意，發於本心而不可遏。其不可及處，正在於此。先儒云：「無忠做恕不出。」有此不容已之心，所以每事有一番安排，使各得其所，俱有至理，非偶然也。

寄沈子大起元書

所論我見一語，尤爲切中士大夫之病。一有我見，則或憑意見，或顧利害，甚至以我之行止爲理之是非。不難强事以就我，更不難苦天下人以遂我，皆此有我之見爲累也。

寄張綸書

宦海無定，經一番波浪，增一番閲歷。古人於横逆之來，必三自反，非空空引咎也，正可即此以爲熟察人情、克治身心之地耳。

寄鄂文端公書

人之聰明才力不相上下，業事詩、書亦無不明白義理，辨別路徑，及至臨事稍涉利害，則每每止圖目前，不顧久遠，止顧一己，不顧天下，良由看得一身之富貴太重，故看得君民之事較輕耳。年來嘗以此觀人，即以此自責。昨聞名論，以萬物皆備之我爲我，人有不協，皆我之責，則視國家之利害皆我之利害，天下人之賢愚皆我之賢愚，上下千古，參贊位育，無非我分内之事。迹似待我者輕，其實待我者極重。先儒以西銘一章爲「仁」字源頭者，即此意也。

寄雷翠庭鋐書

來札戒懼慎獨，説得如許親切。大學八條目，無非一層緊似一層，治平事業，總歸根於誠意正心。中庸放之彌六合，而卷之退藏於密，亦即此意。所云「愈嚴密愈廣大」，已將大學、中庸之層次主腦該括無遺，非實在於此等處痛下克治苦功，不能道此。

寄朱紀堂陵書

近來功利詞章之習，流而不反，讀書者所在不乏，顧書自書而我自我。每見讀書之人與未讀書者無以異，讀書之後與未讀書時無以異，竟似人不爲科第，則無取乎讀書；讀書已得科第，則此書可以無用矣。居嘗竊見及此，耿耿於懷。學約中偶一發明，而筆墨荒疏，詞多淺率，竊恐未足爲多士則也。諸君重刊，各撰序文，奬許過甚，心竊愧之。然士者四民之倡，而官司者又多士之倡也。各持此意，自勉勉人，化行自上，教成於下，羣務於有用之實學，使境内士子以讀書爲克治身心之事，毋以文章爲敲門之瓦，則士習由此而端，民風由此而厚，治化出其中，人才亦出其中，此又吾之所厚望也。

寄楊秋水應琚書

爲己一賦，具見抱負。古之學者爲己，聖人垂訓，人多囫圇讀過，不肯體認己字。如自私自是，好逸惡勞，趨利避害，樂安忘危，自以爲爲己之道當如是，而不知「己」字看錯，所學豈復可問！程子云：「爲己者，其終至於成物；爲人者，其終至於喪己。」實抉千古爲己爲學之精蘊。

寄朱濬伯亨衍書

身世之事，凡可知者，皆理也；凡不可知者，皆數也。理本可知而不求知，數本不可知而强欲知之。即云巧中，徒亂心意，何裨實事。來示正復相同，即此當吾輩講學一則，何如？

寄孫文定公書

古人窮經，足以致用，凡不能致用者，不可謂之窮經。然窮經而不能求其切於身心倫物者，亦必不能致用。近見人畢生讀書而不能有用，皆坐看得書中所言不甚親切之故，而經義尤甚也。

寄程掌如兄弟書

士人惟功名得失可以聽之於數。至於學問器識，全由人事，有一分工夫，便有一分進益。處可以用工之境，值可以用工之時，而因循錯過，不但他人見輕，即自己亦不免於後悔。古人云：「學問要看勝過我者，境遇要看不如我者。」二語實爲萬金良劑。隨時隨事以此著想，則無自足自棄之病，亦省卻多少希冀妄想矣。至於門内之行，總要看得骨肉貴重難得，則財物自皆落後一層。匪惟不可計較，且不必計較也。

寄鄂敏書

小學一書，鉅細畢該，知行並進，先儒謂爲做人榜樣。近世學者，視爲應試階梯，並標題列刊者，毋怪人以小學爲可讀可不讀之書。即讀小學者，亦不知其所以必須讀是書之義。大序所云：「精其理，踐其實，化民成俗於是乎在。」真得是書之義。以此提倡，化得一二人，即一二人實收其益矣。

寄朱曉園書

中祕書多心得。在人爲詩詞歌賦而讀書者，風雲月露之學也，縱極富麗，何裨民物？爲身心性命而讀書者，經世服物之學也，似乎迂遠，終歸實用。果能從身心性命上用工，考古證今，心有所得，措之身世，則爲不朽之事業；敷之詞翰，則爲有用之文章。以云詩賦，莫高於此。近日多以身列詞苑，不得不專重詩賦爲言者，似文章、事業看成兩橛，殊非聖主教育人材之至意。

寄靖果園書

天下不乏博學能文之士，然往往書自書而我自我，文則是而人則非，皆由讀書時只圖作文抒寫，不曾把書中道理研究一番，更不曾在自己身心體認一番。敲門瓦，口頭禪，於己何益，於世何益！今日講學，只須辨别何爲有益，何爲無益，正不必分門别户，另立宗主。至於制義原以發明四書，而四書之理有因制義而晦者，皆由作文不肯認清書理之故，文字雖佳，奈不切題何！

寄顧汝修書

論語一書，理則精粗上下無所不該，人則賢愚貴賤無所不宜，真有耳得之而成聲，目遇之而成色，仁者見之謂之仁，知者見之謂之知。來序云：「道理渾淪，莫如詔曾子之『一貫』工夫喫緊，莫如答顏子之『四勿』二語括全部之要旨。至於聖門論知，論仁，論禮，乃就一時所重而名之。後人斤斤就字面上分别異同離合，便生出許多穿鑿捏合。今云仁具於心，禮徵於事。自其心之純粹無間謂之仁，自其事之恰當不易謂之禮。仁禮交關，同原共貫，可云直截了當，昭然發蒙，即張子所云『理虚而禮實也』。」老先生平日於四箴有一段切實體認工夫，以此詔示來學，不愧見道之言。竊以勿視勿聽原有思明思聰工夫，果能非禮勿視勿聽，則尤悔之寡，更不待言。復禮之功，不外明健，不必以寡尤寡悔爲明禮實境。顔子於博文約禮之後，欲罷不能，正是精進著力之候，以爲其覺察也若有意若無意，其用力也亦不易亦不難。浮雲點空，天風迅掃，大段著力不得，轉未免無可捉摸，反疑近於二氏耳。

寄家聖泉書

人看「道」字，似另有一物，如古董玩器之類，不曰自某傳之於某，則曰此爲某之的派。無非從字句迹象上講究是古是今，絶不於人情物理上講究是真是假。「道」字看不真，則論文不過皮相耳，糟粕耳。朱子解中庸「率性之謂道」，即云：「道者，日用事物當然之理。」學者多視爲淺近語，是以求之愈杳，去之愈遠。

附録

先生所與交，多當世偉人。慕古人以人事君之義，奏薦陳法、屠嘉正、李元直、王喬林、任宏業、衛哲治俱可大用。京察自陳，舉雷鋐、潘思榘自代。時詔求明經之士，再舉陳法及孫景烈，世以爲知人。墓志。

先生在外三十餘年，歷省十有二，歷任二十有一，所至之處，無問久暫，必究悉於人心風俗之得失，及利害之當興革者，籌其先後，以次圖之。每有興作，人多以爲難成，既而輒就。理或當更代，即以聞於朝，責成受事者。同上。

先生察吏甚嚴，然所舉劾，必擇其尤不肖者一二人。他吏率懔懔就法，惟恐及己。同上。

先生在揚州，以廉惠爲治。淮揚被水，民多流移，因奏請民所過處，官給口糧，護送回鄉里，得補入振册。並造獄舍，置田以益囚糧。同上。

先生在雲南時，方用師猓夷，運糧者苦道遠，乃改爲短運遞運法，民便之。又山有銅廠，召民開礦，以資鼓鑄。後民苦廠官煩苛，工費薄，相戒不前。先生請量加工費，除抽課外，聽得自賣礦銅，民爭趨之。已而更鑿新礦，銅日盛，遂罷買洋銅之令。又立義學七百餘所，刻孝經、小學及所輯綱鑑、大學衍義諸書，頒行各學。令苗民得入義學，教之書，俾通文告。其後邊人及苗民多能讀書取科第，先生之教也。同上。

先生在天津訪求水利時，乘小舟沿河上下，嘗曰：「老河兵是吾師也。」河間、滄、景諸州最窪下，恃隄防爲衞，先生相其夷險，築遥隄月隄縷隄，又行放淤之法。汛水盛漲，多挾沙而行，導之由左口入隄，停水沈沙，復放水從右口出，如是者數四，窪地悉平滿，成膏壤。同上。

先生爲江蘇按察使，設弭盜之法，重誣良之令，嚴禁親喪不葬，及火焚親柩者。同上。

先生撫陝西，以農桑爲先務。立蠶局，募江、浙間善蠶織者導之，令民種桑養蠶。不能自織者，賣絲於官。頃之，利漸著。西安、華州織縑充歲貢。又勸民養山蠶，種山藷，儉歲以充食。又修治渠泉，製水車，教民戽水之法，鑿井二萬八千八百有奇，旱歲得以溉田。同上。

先生撫江蘇時，吏治刓敝，率之以勤，立期限以清案牘。患蘇俗好華，爲具條約，宴會服御不得過度。止婦女毋遊觀，禁僧道爲靡曼之音，而痛懲其淫者。州縣官故以收漕爲利窟，乾没無已，自尹文端繼善爲巡撫時，極意梳剔，先生至，益申嚴之。同上。

先生治南河，大要因其故道，開通淤淺，俾入海迅疾。幹河支河互相貫輸，俾毋阻塞。在淮揚，所請疏濬諸河甚衆。其支河，督民各開小溝，以達於幹，時其蓄洩。徐、海諸州多棄地，異時河流未通，遇雨輒淫。溢河既濬，水有所洩。令民以開溝之土築圩，圍成腴田。中通涵洞，爲旱潦備。其窪下不能避水者，令民改種蘆草，裁其賦。其他築隄岸，修閘壩，多因地勢，爲先時之謀。其在蘇州，議開徐六涇白茆口以洩太湖，築崇明土塘以禦海，開諸州縣城河以通渠，皆利民之大者。同上。

沈歸愚曰：「先生深於學問，一生手不釋卷，研窮宋五子之奧義，遠紹薛文清、高忠憲之薪傳。所刊書，皆輯古先格言，用以省身，即用以勸學。生平不輕著述，間有請爲文者，久而鈔積成部，往往即一名一物之微，有以見精理入神之妙。其言之足以惠蒼生，行久遠，要皆本誠一不欺之所推。暨觀先生之政，固見先生之學；讀先生之文，尤足見先生之學也。」沈德潛撰培遠堂文稿序。

臨桂家學

陳先生蘭森

陳蘭森字松山，號鉌卿，文恭孫。乾隆丁丑進士，改庶吉士，授編修。官至湖北荆宜施道。著有四書考輯要二十卷。其引古以六經、三傳及先儒成説爲主，紀載先後以事爲斷，於四書中典章制度人物地名均詳加注釋。大致取其簡明，不取其富麗；取其切要，不取其浮泛。書爲秉承祖訓而作。既成，文恭爲序而梓行之。參四書考輯要凡例。

臨桂弟子

王先生杰

王杰字偉人，號惺園，一號畏堂，韓城人。乾隆辛巳一甲一名進士，由修撰累遷左都御史。以母憂歸。踰年，即家授兵部尚書，命服滿來京供職。時高宗南巡，赴行在召對，復面諭曰：「汝理學中人，朕不欲奪情，留汝終制可也。」服闋入都，充上書房總師傅，尋授軍機大臣，超擢東閣大學士，先後歷典乙未、戊戌、丁未、己酉、庚戌等科會試。又嘗爲湖南、江南、浙江、順天鄉試考官，一督福建學政，三督浙江學政，所得多佳士。嘉慶七年，以老乞休，予在籍食俸，加太子太傅銜。旋疏言：「近年來各省虧空，積重難返，一起於州縣之餽送，一由於驛站之供應。欲圖彌補，或因挪移而侵蝕國帑，或以攤派而擾累民生。百弊叢生，不可不亟加整飭，以裕倉庫而肅郵政。」奏入，仁宗深嘉納之。陛辭時，復賦詩二章，親書聯語，以寵其行。歸里後，手詔垂問不絕。九年，以夫婦年皆八十，御書匾額及其他珍物以賜。是年冬，入都謝恩。十年正月，卒於京邸，贈太子太師，入祀賢良祠，謚文端。先生少從武功孫西峯游，聞關、閩正學。後入蘇撫桂林陳文恭幕，聞性命躬行之說，益自刻勵。生平於浮屠、老子法未嘗言及，亦不加以排斥。有語及者，輒不對，曰：「吾未嘗習此也。」立朝四十餘年，廉靜質直，誠於奉職。在相位時，與和珅同列，凡事接以大體，不爲壯頄悻悻之色，而遇所當執，迄不少阿。和珅雖心厭之，以先生素行無瑕疵，且深受高宗知，卒莫能動也。累掌文柄，於門下士相待甚篤，然未嘗少涉私引，教以務爲君子而已。著有惺園易說一卷，葆淳閣集二十四卷。參史傳、朱珪撰墓誌銘、姚鼐撰神道碑、王文端公年譜。

文集

羣書疑辨序

朱子揭讀書之要曰：「字求其訓，句索其旨。」又曰：「至於文義有疑，衆說紛錯，則亦虚心靜慮，勿遽取舍於其間。先使一説自爲一説，而隨其意之所之，以驗其通塞，則其尤無義理者，不待觀於他説，而先自屈矣。復以衆説互相詰難，而求其理之所安，以考其是非，則似是而非者，亦將奪於公論，而無以立矣。夫學必始於觀書，觀書而不能疑，即學問思辨之所以窮理者，胥無以循序而實用其力。然或能疑而不能辨，則將無所折衷，而所學終無實獲之驗。此學者之通患也。」甬上萬季野先生著書滿家，並足津梁承學，而賈精鄭博，兼擅其美，莫如羣書疑辨。其書卷凡十二，文共二百篇，目次則易、詩、書、儀禮、喪禮、春秋、孟子、禘説、廟制、篆刻、書法、禹貢、水道、河源、史實録、列傳，而以先世一二瑣綴事終焉。其于羣書之疑，如攻堅木，如解亂繩，略無穿鑿支離之弊，俾讀者人人發其覆而通其蔽，有相説以解之趣。嘻！先生可謂涉其流，探其源，採剥其華實，而咀嚼其膏味者矣。昔東坡記李氏藏書，慨嘆于「書益多，學者益以苟簡，士皆束書不觀，游談無根」。厥後葉水心作櫟齋藏書記，遂列敍羣書節目，舉其所甚疑者，謂「孔安國皇名墳，帝名典，而高辛而上，羲、昊之前，書闕有間。馬遷創本紀、世家，而史法變壞。老、莊推虚無沖漠，而正道隳裂。孫、吴以狙詐祖兵制，申、商以陰刻先治道。辭章之浮，而韓、歐益趨于文。注、疏之妄，而程、張未幾于性」。魏鶴山作洪氏天目山房記，其説更暢，謂「三五六經之所傳，爲致知格物之要，而師異旨殊，流失已極。若夫先王之制，有一事而數説，一物而數名，如井牧之丘乘卒伍，則參以管仲、穰苴之法；封建之百里、五百里，則託諸歷代之異制；賓興則約諸鄉遂之數；郊丘禘祫之爲二爲一；廟學明堂或異所而殊制；或一廟而八名；七世之廟，或親盡而毁，或宗無常數；三年之喪，有謂君大夫士；廬服異等，有謂君卒哭而除」。且謂「衆言殽亂，學者之耳目肺腸爲、其所摇惑，而不得以自信。願以所懼者，相與切磋究之」。柳道傳作共山書院藏書序，謂「聖賢精神心術所寓，條在書，綱在録，制度儀章，于今尚幸可考。然五禮六禮之殊倫，五音七音之易位；用緜蕝以易三朝之儀，因同室而紊都宫之制；鄉飲之不修，冠禮之不講；論鐘律則銖黍既差，均節何有五量？三統因之無所適主」。此則有志於興禮樂以正人心、隆世教，亦不可謂非節目之大者也。蓋嘗竊觀古人之遇藏書，未有不臚次羣書之待辨而明者，而肫然各獻其疑。然則世之爲通材碩彦，其學之所從入，亦概可知矣。今先生此書，取古人之所嘗致疑者，一一尋其指歸。如葉氏、魏氏、柳氏所云，大半在焉。先生他所著，經世粹言論郊禘喪祭之禮，附卦變考、周正辨；四明講義分田賦、兵制、選舉、廟制、郊社、律吕六門；又如石經考、周正彙考、廟制圖考、書學彙編、崑崙河源考、歷朝宰輔彙考、宋季忠義録、庚申君遺事諸書，及石園文稿，大略散見此書，則此又先生撰述之菁華，考索之薈萃也。余又考宋咸淳間，義烏有杏溪先生，于天文、地理、明堂、封建、井田、兵制、律曆之類，靡不窮究根穴，訂其譌繆，資取博而參考精，事爲一圖，累至于百，號曰羣書百考。唐説齋聞其升陑分陝之説，以爲職方輿地盡在其腹中；吕大愚閲其禹貢考，以爲集先儒之大成。惜無板本，不傳于世。方今文治日隆，遺編盡出，學者知求益于書矣。其有疑義，則將相與析之乎？抑蓄而自錮乎？得是書焉，小叩小鳴，大叩大鳴，從容以盡其聲，庶幾比于善待問者歟？

重刻文章正宗序

選事之繁，舊矣。蕭梁肇始，取譏眉山。厥後遵度纂言，例類寡要。他若東萊關鍵、迂齋文訣、疊山軌範，其書既傳，世莫不有求其體原於古、指近乎經者。獨西山真氏文章正宗，尤爲得之。按紹定原刻，別爲四類，篇尾接次，不加批點，用意所在，使人讀之自見。近時宋板已不易覯，然前明正德錢本頗無譌舛，若荆川唐氏所評，則猶是廬山面目也。近因坊刻易其門類，列以世次，隨文標目，號曰讀本，而舊時之體例淆矣。觀察楊公慮是書之浸失真也，甫涖劍津，即索其遺書，不可得。旋按郡，歷真氏故里，謁文忠於祠，訪後裔，得宋刻一册，謹依原目，重付剞劂，以惠來哲。夫學者讀古人書，師厥意以爲準。猶工師爲巨室，必藉乎尺度繩墨之用，樸斲締構之制，未有無所受法，而可自騁才智者。孟子云：「大匠能誨人以規矩，不能使人巧。」真氏之書分四門，此規矩之已然者也。而其神明之運用，則存乎其人。蓋自時運遞遷，則質文屢變，剛柔迭用，斯情性攸關。至於簡言達旨，博文該意，或明理以立體，或隱義以藏用，莫不諷高歷賞，示訓來兹。誠取一定之範圍而求合之，是必熟悉乎所已然，而深究其所當然，而後能恍然自悟于古人分別部次、不加批點之意，是規矩而神明之者也，其所獲不已多歟？若夫徒涉其流，未探其原，侈藻績之能工，洵雕蟲之不免，君子無取焉。楊公以名進士服官數十年，從政之暇，手不輟書。至是以文忠之學爲己任，尤注意是書以勸多士，則士之束書不觀者，既有以矯其浮惰之弊而擴其見聞；而好學深思之士，復不患購書之難，其用心爲何如哉！

紀元彙考序

甬上萬石園徵君淹通史學，嘗取歷代正史之未著表者一一補之，自東漢以至十國方鎮凡六十篇，益以明史表一十三篇，竹垞謂其「攬萬里於尺寸，羅百世於方策，覽者快心」。徵君復以其緒餘成紀元彙考一編，上溯陶唐，迄于勝國之季，四千餘年，年經代緯，紀號無遺。凡禪繼正閏，及割據僭僞，與夫世系之久近，時地之紛更，按圖摘例，粲如列眉。雖卷帙不多，而上下千古，繩貫絲聯，不至泛而無所稽，洵讀史家案頭必置之册。昔治平中，劉道原最精史學，嘗佐温公修通鑑，既成，别纂十國紀年及歷代疑年譜、年略譜，雖與通鑑之目録舉要大小差殊，而其爲史學之助，一也。是書爲徵君猶子九沙先生視黔學時曾一校刊。庚申板燬，吴竹屏觀察重刊邗上，流播未廣。昨歲甲午，余校士浙水，先生季子右揚以重鋟請序，會使竣還朝，未果。今年丙申，余復奉命來浙，適湯對松前輩寓書申前請，余惟是編當與徵君史表五十四卷並傳藝林，其於學者知人論世裨益非細。否則，僅取紀元一册讀之，即能記顯德年號，亦未可遂詡爲讀書人也。願以余言，當讀史者之乘韋，爲何如耶？

水道提綱序

通志言地理，以水爲主。水者，地之脈絡也，水道明，而凡邦國都鄙之星羅繡錯者因以别焉。夾漈以州縣之設，有時而更，山川之形，千古不易，故禹貢以山川定疆界，北南以緯之，西東以經之，然後三條四列可指諸掌。後之史家主於州縣，州縣或沿革不一，而水道愈亦多岐。朱子亦云：「禹言『予決九川，距四海；濬畎澮，距川』。治水大旨，在此數語。」蓋水以海爲歸墟。四瀆百谷，條目棼如，其他匯而爲澤，流而爲川，積而成浸，或合或分，或原或委，欲求巨細畢賅，委輸貫徹，提綱其要哉！古之明於水道者，莫如桑欽酈道元，顧其爲書，爲後人所紊，經注相溷。經諸儒悉心探索，而蹠盭尚多，有待釐正。猶漢書傳外國，輾轉舛訛，不免眯目，總由作史者未嘗身履其地，依稀記載，未能如我朝之版圖式廓，中外一家，得以按籍而求其實也。天台齊息園先生以大雅宏達之才，紬金匱、石渠之祕，曩在一統志館纂水道提綱二十八卷，晚歲養痾山中，凡歷代河渠溝洫，域中水志地圖，益加考覈。即塞北漠南，流沙、瀚海，前此定伊犁，平回部，拓地所至，諸水絶無經流可紀，必按地勢而詳著其綱，無異聚米畫沙，簡而能周，博而能要。其援據尤慎，凡書之稍涉荒邈者，汰弗録。且郡縣之名，悉從皇輿表，以本朝所定爲斷，使讀者展卷瞭然。而瀦防宣洩之法，黍稌粟麥之宜，轉運飛輓之利，胥於此得其概焉。視方輿紀要及錐指金鑑諸書，其有裨世用略相等。昔唐一行以爲，天下山河之象，存乎兩戒。自三危、積石負終南地絡之陰，東及太華，踰河，並雷首、砥柱、王屋、太行，北抵常山之右，乃東循塞垣，至濊貊、朝鮮，是謂北紀。南戒自岷山、嶓冢負地絡之陽，東及大華，連商山、熊耳，外方桐柏，自上洛，南逾江、漢，攜武當、荆山，至于衡陽，乃東循嶺徼，達東甌，閩中，是謂南紀。夫兩戒之必有紀者，即提綱之謂也。綱舉而水維悉舉，隨所往而有軌可循。詩人所爲以江、漢爲南國之紀者，其權輿也。方今德威遐暢，兩金川比復置尉設官，巴朗、鄂什之區，噶依、勒圍之險，其藪澤川浸，更有出於耳目聞見之外者。提綱一書，剞劂雖竣，惜先生不獲鉤稽綴緝，蔚爲鉅編也。是又在乎淹雅之儒，操筆而踵其後矣。

雙節堂贈言序

歲乙酉，余視學八閩，有客自浙中來，言蕭山汪氏兩節婦，其子焕曾以孤弱奮起，植學砥行，將徧求當世士大夫之詩歌銘贊，垂其兩母王孺人、徐孺人之節於不朽。乞言之啟，與客所言狀悉合，遂作古詩一章貽之。歲乙未，余主禮闈試，焕曾成進士，既來謁，出其雙節堂贈言，已編纂兩大帙矣。丙申，余再督學浙江，焕曾謁余，請序以弁贈言首。余聞諸孝經，居則致其敬，養則致其樂，疾則致其憂，喪則致其哀，祭則致其嚴，五者備而後可以爲孝。此事親之常也。至以未亡人當凋零之際，泯嫡庶之嫌，撫遺孤，支門户，茹荼集蓼，卒能出屯險以餘善慶，尤爲孱弱女子所難者。苟非爲之闡揚夫闓德，其何以慰孝子之心也！在易恒之六五曰：「恒其德，貞，婦人吉。」方焕曾考縣尉君歿于嶺南，兩孺人煢煢相弔，上有老姑年七十餘，焕曾止十一齡，其成立未可知，而蒿簪裙布，靜鎮於飄摇傾覆之餘，非守貞以恒其德歟？及焕曾發聞于時，兩孺人安潔白之養，康彊壽考以終，非所謂婦人吉乎？吾知兩孺人之志，祇知恒其德以盡婦人之道而已，至于綽楔旌廬，贈章盈軸，豈其志之所及哉！而焕曾愈愸然不敢安，以兩孺人之苦節不彰，縣尉君之清操亦不著亟焉。思藉贈言以光母範，則仁人君子之用心也。焕曾行將出膺民社，他日本此志以措施，所謂「道之以孝，則天下順」者，由是而益貽父母令名焉，豈僅傳兩孺人之清操苦行於瑶編彤管間乎！余故不辭而爲之序。

重修建陽縣學記

潭學原在水東溪滸，後經屢遷，至明萬曆始移今所。國初燬于火。康熙間修葺者三，得復舊規。然廟庭背陽就陰，不叶文明之象，迄今又七十年矣。棟宇剥蝕，墻垣漫漶，風雨飄摇，日就傾圮。乙酉，余奉簡命，視學來閩，過潭，詢悉其詳而歎曰：「學校者，人材之所從出，士子修身爲學之所，國家升秀興賢之地，而可以頹廢如是乎？」於是都人士翕然醵金重建，僉呈邑令某，轉申郡守觀察，諏吉定位，庀材鳩工，命邑貢生某、職員某、生監某某等董之。經始於某年某時，閱某月告成。自大成殿及明倫堂而外，祠閣、齋廨、庖庫之所，無不更新。重門修廊，文階畫棟，巍焕改觀。蓋其趨向正而規模廣矣。事竣，諸生具巔末，求予言爲記。余思閩之理學，惟朱子大其傳，而潭乃朱子所居地，且名儒之産于潭者，自二游先生以下，指不勝屈。今乃人文不振，大異昔時，蓋亦流風歇絶，人不明於爲學之道故也。今諸生求余言，豈欲相與講明爲學之大旨歟？夫爲學之道，修身爲本，修詞爲末。昔真西山繕葺學舍，有言曰：「忠信篤敬，學者立德之基；剛毅木訥，學者任重之器；而詞章華縟，特藻飾之美耳。人之爲學，亦何異乎基址固，而後棟梁可施；棟梁安，而後丹雘可設也。」旨哉斯言！使爲士者，徒勤估畢，工文藝，以博取利禄，而廉隅不修，坊表不立，則是黝堊丹漆於外，而中之朽蠹日深，亦何貴於繕修也哉！今諸生既修廟與學，因而各修其身，讀書窮理，篤志力行，使卑者日以高，闇者日以明，則趨身既正，規模自廣，將見人材蔚起，出應聖天子升秀興賢之典，而有宋理學之盛，再見今日，豈徒巍焕其廟宇，瞻仰其宫墻已耶？抑聞之文翁化蜀，與成公治閩，皆歸功于學校改舊更新之際，其歆動感發之機，有即寓于此者，諸生其亦可謂知所奮興者矣。庶其由此而共勉乎？噫！是言也，余爲潭之人士勖，尤願與全閩之人士共勖之也。

梅峰書院記

閩、粤爲東南奥區，而永春在唐以前本南安縣之桃林場，已隸泉州爲縣。深山長谷，俗尚淳樸。我朝重熙累洽，沐浴休養，積百數十載，衣冠文物，益盛于前。雍正十三年，升縣爲州，屬德化、大田，于是學使者歲科按視，三年中軺車再至焉。甲申冬，余奉命視學閩中，聞兹州人士，向化慕學，雅尚經術，心竊喜之。丙戌初夏，至其地，見隸于黌宫者，皆彬彬然質有其文。進諸生而先試以御纂諸經、欽定三禮義疏，類多恪遵經訓之士，間以髫齡弱歲，亦能默誦其章句，乃益信地之可以爲良。而聖人在上，聲教之暨，訖無間于遠邇，有如此也。是時三韓嘉君謨甫守兹土，詢風俗，求利弊，審爲治之先務，乃議建書院，以爲諸生羣聚講習之所。州舊有文公書院，歲久而圮，地亦湫隘。前此黄君寬、宋君應麟皆節俸倡捐，旋以署篆未久，弗果舉。嘉君乃復倡捐，而亟成之，移其址于梅山之麓，因名曰梅峯，而仍祀文公于其内。不數月，而講藝之堂，棲士之舍畢具。嗚呼！嘉君其知政哉！夫書院之設，所以講業也，而良有司之風化，莫先乎此焉。先王之道，散于六經，返而皆備於吾躬。自親師之道不講，而士之安于孤陋者，既無由擴其識見；務進取者，又惟名譽之求，而斯世之所以賴有士者，鮮或知之矣。程子曰：「古之學者爲己，其終至於成物。今之學者爲人，其終至於喪己。」夫學苟爲人，雖博學彊識，黽勉善行，猶不免于爲僞，況復溺志詞章，僅爲利禄寵榮計者，其苟且矯飾之弊，可勝言哉！永之士亦既咸知向學矣，必將辨夫修己治人之道，皆爲性分所固有，職分所當爲，則識不拘于卑近，功不間于隱微，而後能析乎義理之精，而有以通乎天下之故。夫如是，士之羣居萃處，朝夕講明乎經義者，豈特爲異日分猷出治之材已哉！其自家庭以及里黨交游之地，莫不有其躬行之實，而所謂修己以安人者，亦即于此驗焉。禮教行而風俗茂美，安見潛移默化之無其具也？今嘉君又將擢任去，未獲觀其成效。多士其黜浮崇實，期無負嘉君之意，以上副國家菁莪棫樸之化。後之官斯土者，覩才俊之蔚興，而栽培造就之方，必且相衍于無窮。余故樂書之，以美嘉君，且以爲永之人士勉也。

玉尺書院記

郡邑之有書院，道義之所由歸，政教之所由興也。夫國家造士之法，首善則有成均，直省則有提學，府州縣衛則有師儒之官，所以董率多士者至矣。然掌士子之版籍，季有試，月有課，歲科有殿最，春秋上丁釋奠釋菜而已。所以講明而切究者，不若山長之設，仿古之黨庠家塾，其地親而教尤易入也。余奉簡命，視學閩南者四載，浙東、西則三至焉，恒慮士習之未盡端，學術之未盡正，思多得仁義忠信樂善不倦者爲山長，以朝夕啟迪之。又恐守土者迫于簿書期會之繁，興廢修墜，或有志而未能焉。瑞安爲東甌屬邑，夙稱小鄒魯。明府吉水趙君來宰是邦，車甫下，欲即舊萬松書院而葺治之。會邑有惑于堪輿家言者，不果。遲之三年，出俸金，購地于縣東北隅而規畫焉。邑中士大夫咸樂趨其事，于是𥓙桷瓴甓，門齋堂廡，罔不畢具，而請記于余。余惟君子之造道，富貴利禄固非所尚，即習于文藝者，修辭而不能立誠，亦非入德之資也。瑞安之先哲，唐以前遠矣。宋、元以來，若趙氏彦昭、林氏介夫之篤行力學，謝氏用休、潘氏子文、宋氏廷佐、陳氏則善，或受業于伊川，或私淑于龜山、南軒，名賢輩出，師友淵源，流風餘韻，今猶有存者乎！其亦可以聞而興起矣。且我聞是舉也幾中阻者屢矣，明府克力任之，以底于成。今講學有其堂，游息有其地，使邑人士道義之心油然而生。取明府先世五代時光逢「方直温潤」以比「玉尺」者顔其額，由是可驗政教之易行，余亦將藉以補所不及，而樂引以爲助，是爲記。並冀後之莅斯地者，增葺加擴，以昌其教，不僅嘉此一時之功而已也。

附録

先生歷官中外數十年，不苟許以爲直，協恭之雅，與物無競，相與稱德，度無異辭，而孤立無黨人，亦無私附焉者。王文端公年譜。

先生交際問魄不絶人歡，而分辨極明，纖毫無苟取。所得士，自外任歸，有餽金爲壽者，曰：「吾囊與若言何如？今受若餽，如所言何？」服官四十年，貧如爲諸生時。同上。

先生少嗜學，迨老益篤。及在台省，早朝宴歸，接賓僚酬應外，退息小齋，静坐一二刻，即展卷披閲吟誦。嘗手點全史一過。晚年服習，惟四書、五經，循環玩索。更耽讀易，所學務有裨身心政事，不以詞章記誦爲能。然遇博學能文之士，愛之不啻自其口出。同上。

先生嘗訓及門云：「爲政之道，當開誠布公，最不可有意除弊，此弊除，他弊興矣。」性寬厚，屬吏有賢者，力薦達之；不能者，戒飭之，未嘗輕劾一人。然於世之漫無可否，以姑息爲寬大者，極不然之，曰：「縱惡以取名，如國家何！」同上。

先生起居食息，日有常度。家居翼翼，衣冠儼然，嚴寒盛暑，不少變。賓客見者，樂其和易可親，而未嘗不肅然起敬。同上。

先生門內，悉懔繩尺，而御子尤嚴，不少假顏色。待親族任卹無不至。於其能自愛、嗜讀書、敦行者，尤格外栽培之。歸告家居，接人無少長，務以禮，不爲款曲，而中心肫然。同上。

臨桂交游

陳先生法

別見穆堂學案。

沈先生起元

別見味經學案。

王先生步青

別見健餘學案。

尹先生會一 別爲健餘學案。

雷先生鋐 別爲翠庭學案。

楊先生錫紱

楊錫紱字方來，號蘭畹，江西清江人。雍正丁未進士，由吏部主事，官至禮部尚書。出爲漕運總督，在任十二年，正己率屬，糧艘積弊爲之一清。凡所陳奏，悉當上意。乾隆三十三年卒，年六十八，諡勤慤。先生自少即潛心濂、洛、關、閩之書，既通籍，益講求經世實用。宦轍所歷，必廣詢博訪，詳求得失，然後見諸施行，故上下交孚，政無不舉。生平於聲色貨利一無所好，而育才興教尤加意。正學之士，獎誘激勸，如恐不及。居家孝友惇睦，化其宗族。教子弟一以禮法爲歸。凡爲文，皆有關名教綱常，不苟作也。所著有四書要義彙纂若干卷，四禮從宜一卷，節婦傳十五卷，漕運則例纂二十卷，四知堂文集三十六卷。參史傳、彭啟豐撰家傳、裘日修撰墓志銘、魯士驥撰神道碑、四知堂文集凡例。

四書要義彙纂自序

四子，六經之液也。易之贊乾曰：「剛健中正，純粹精也。」四子書其中正純粹而精乎！說書者稍雜畸邪，則中正者漓矣。稍涉膚淺，則純粹者晦矣。漢、唐箋疏而已。有宋諸大儒出，推闡義理，窮微極渺，於是四書之旨，如日中天。元、明及我朝國初，諸儒承其緒論，各有論註，其言之大醇，皆足以爲羽翼，宜四子書無復有不明者。然寒士或窮鄉僻壤，不能多購書，則儒先之説，有未能盡見者矣。又講師俗儒，株守一高頭講章，謂四子之旨盡於是，則雖有聰明之子，亦爲俗見所蔽，而不知探賾索隱，以求歸於至當不易者有之。夫差之毫釐，謬以千里，況其所差者不僅毫釐哉！余自束髮受書，禀承庭訓，誦習諸經後，先大夫即令究心有宋諸大儒及元、明、國初諸儒大全、講義等書，幸未爲俗説所蔽。然性魯，恐多遺忘，是以玩閲之下，其言與書旨脗合切當不易者，即摘録於某章某節某句之下，閲數年積成一帙。自通籍後，置之篋笥已數十年矣。今春，因課書院諸生，與論題義，憶及篋中一册，諸生請檢示。金紫峯太史見之，謂是宜鏤板以行。册内學、庸、論語凡關理致者已備録，兩孟間有未備者，紫峯又爲補摘之。好學深思之士，有儒先諸書在，無需乎此。寒士遠鄉，則購攜便矣。紫峯定其册曰四書要義彙纂，因付梓，而述其緣起如此。

四禮從宜自序

風俗之厚薄，由禮教之盛衰。三代聖王時，禮教大行，比户有可風之俗，抑何盛也。秦、漢而降，此意蓋少衰矣。國家統一，區宇治定，禮行功成樂作，至於今日，益爲明備。我皇上睿慮周詳，特命禮臣纂輯士民冠、婚、喪、祭諸禮，另爲一編，頒之中外，所爲化民成俗，以臻一道同風之盛，意至深遠。顧余嘗思之，先王緣人情而制禮，所謂天之經也，地之義也，人之紀也。其一切委曲繁重，皆出於天理之自然，而不容已。第時代異制，士俗異宜，往往捍格而難通。夫與苦於繁重，格於往制而禮廢，毋寧參於今制，稍節繁文，不失古人之意，而禮行乎？然而無以倡之，則上作而下將不應。古稱世禄之家，鮮克由禮，則欲漸革其流俗相沿之失，而徐動其秉禮度義之心，其在士大夫爲之倡乎？因於案牘之暇，取三禮、家禮、吕新吾先生四禮翼、四禮疑、蔡聞之先生四禮輯略諸書，參以會典、律例，斟酌損益，輯爲四禮從宜一册，屬長沙太守吕君肅高詳加釐訂，付之剞劂。冀此邦紳士，共相率循，樹之風聲，以爲齊民先將，禮行而俗厚，所謂比户可風者，不難蘄至焉。其於聖主化民成俗之至意，庶幾仰副歟？是所望於知禮者。

文集

嶽麓書院學規

一、立志。心之所之謂之志。志，氣之帥也。志在南轅者，必不肯北其轍，則立志要矣。後世小學之教浸失，童蒙已無養正之功，弟子稍識字義，即令學爲時文，所競者紛華靡麗，所志者利禄功名，得之則以爲喜，失之則以爲憂，詰以在古人中欲學何等人，終身欲做何等事業，茫無以應，豈非志之不立哉！孔子曰：「吾十有五而志於學。」孟子曰：「尚志。」周子曰：「志伊尹之所志，學顔子之所學。」程子當十五六時，即以聖賢爲必可學。朱子曰：「而今貪利禄而不貪道義，要作貴人而不要作好人，皆是志不立之病。直須反復思量，究見病痛起處，勇猛奮躍，不復作此等人。見得聖賢千言萬語，都無一字不是實理，方始立得此志。」王陽明先生童時，即問其師，讀書欲何爲。范文正公做秀才時，便以天下爲己任，歷觀古聖先賢，未有不先立志者。矧生晚近之世，資質已不逮古人，而又不知立志，譬猶操舟而去其舵，漂泊無定，且將覆溺於波濤浩淼之中，欲其安流自在，所向必達，此必不得之數也。諸生遠來肄業，口誦先儒之書，已有年所，試返此心，其果已定志於聖賢之學乎？則益加精進，益加涵養，以求至乎其極。如尚未有定志，則宜急反前日之沈迷，而力端今日之趨向。往不可諫，來猶可追。須知古來聖賢豪傑，人人可爲，可惜爲風雲月露利禄功名之念誤了一生，致使七尺之軀，空與草木同腐。念及此，當與諸生一體通身汗下。

一、求仁。人生而五性具，曰仁、義、禮、智、信。而仁統四端，兼萬善，尤爲切要而當求。夫子雖罕言仁，究竟一部論語中論仁者不一而足。孟子則仁義爲七篇樞紐。有宋諸大儒於此一字尤辨之極其詳，而疏之極其精。張南軒先生作嶽麓書院記，惓惓以求仁之旨爲提揭，其嘉惠後學之心，甚爲篤摯。諸生誠潛心於關、閩、濂、洛緒言，其於仁之一字，無患不明。然須是自己時時體認，方於身心有益。否則，亦口耳之學而已。如仁者無私心，則必思我苟有一念之私即非仁。仁者愛人，則必思我苟有一念之刻薄即非仁。聖門諸賢，言語、政事、文章卓絶千古，而夫子以爲日月至。顏子復聖，夫子以爲其心三月不違。以至於子文、文子，止許其忠清，而不許其仁。此等處須思仁者天理流行，無少間斷，渾而合之甚難。赤子之心，純一無僞，乍見孺子入井，皆有怵惕惻隱之心，於此等處，當思仁本人心，而求之宜急。如此細心體認，加以勉强克治之功，總不肯一時放下，一事忽略，才有箇見地，有箇把柄，不敢在嗜慾攻取中汩没了一生。諸生慎勿以爲老生常談，放其心而不知求也。

一、變化氣質。陰陽，氣也。人得天地之氣以成形，毗陰毗陽，高明沈潛，其大較也。書曰：「剛克柔克。」此變化之説也。士子讀書，須先以變化氣質爲要，而變化氣質卻甚難。毗陽之人，舉止輕浮，言語躁妄，反以沈靜簡默者爲拘板。毗陰之人，器局卑陋，言動瑣屑，反以光霽磊落者爲蕩佚。此皆囿於氣質，而不知其偏，有老死而不能變者矣。即或知其偏，思有以調而劑之，而非時時提醒，念念把持，猝不及覺舊病復發，仍是氣質用事，終受氣質之累。孔子曰：「君子不重則不威，學則不固。」可見氣質不好，即學問亦無益。謝顯道一年工夫纔去得一箇「矜」字。吕東萊素褊急，一日讀「躬自厚而薄責於人」，忽覺平日忿懥涣然冰釋，朱子以爲能變化氣質。張思叔詬僕夫，伊川曰：「何不動心忍性？」思叔慙謝。可見古人於氣質上是何等用工去變化他。諸生肄業書院，不患不能文，所患者，不能變化氣質耳。今爲揭先儒兩言，曰主靜，曰持敬。能靜則心鮮馳逐，而病痛自覺。能敬則隨事撿攝，而偏私漸去。

一、正文體。自有制藝以來，名家林立，評選者亦指不勝屈，偶得一説，總不出古人議論之外。今必與諸生論文，如何而後工贅已。然兩月以來，披閱諸生課藝，多恃記誦，而不恃性靈。稍有筆姿可觀者，亦於理法未細。則諸生於文，蓋未嘗求工也。猶憶往時，兼篆惠、潮，序韓山書院課文云：「不但人有君子小人之分，即時文亦有君子有小人。」頗爲友人所是。今與諸生論文，亦别其爲君子小人而已。

夫所謂君子文者，本之經以植其根，稽之史以廣其識，沈潛於宋、元、有明諸儒之緒論，以淘其渣滓，而歸於純粹。其於法律則一本先民而神明之。故其爲文也，真足以闡發聖賢之精藴，而自然不戾於繩尺。小人之文不然，根不深不知所以植之，識不廣不知所以稽之，以一部體註爲講章盡頭，而濂、洛、關、閩之語録全不寓目；以時下墨卷爲文章極則，而王、唐、歸、胡之規矩並不留心，故其爲文也，浮游而鮮實際，卑靡而無氣骨。同一時文，而所以爲之者判若天淵，亦猶君子小人，衣冠面目未嘗不類，而其居心則如水火冰炭之不相入也。願諸生作人以君子爲法，以小人爲戒；作文亦力趨君子，而嚴絶小人。將見仁義之人，其言藹如也，區區制藝云乎哉！

二愚堂劄記序

孔、孟之道，堯、舜、禹、湯、文、武之道也。火於秦，守於漢，晦於晉、魏、唐。至宋而始復明，則周、程、張、朱諸大儒遞相推闡之功也。元則許魯齋、吴草廬，明則薛文清、胡敬齋，皆確遵程、朱，守而勿失。惟王姚江致良知，以無善無惡爲心之體，其説顯於朱子角。然而程、朱之學，萬世不易之常經也，小之可以守身寡過，而大之可以治國平天下。姚江之學，則高明者之過也，守其説而不善變焉，將清静寂滅，且流而爲釋矣。故居今之日，爲今之學，舍程、朱莫適也。奚君惺齋，余雍正丁未同年進士也。已榜後，惺齋隸刑曹，余隸銓曹。壬子，並爲順天同考官。其時各勤厥職，惺齋固未嘗以講學自見也。已而後先外調，遂不復相見。今乾隆戊子，其嗣子某至淮，出所藏二愚堂劄記，請序。余受而讀之，守程、朱之緒言，融會貫通，確有所得，而其要旨則約之以主敬。夫敬者，聖學徹上徹下之功主乎此，則致知力行皆著實而近裏，深而造之，其於道必確有所見，而其言也有物矣。昔吕新吾先生著呻吟語，吾師尹博野夫子又爲擇而存之曰吕子粹語，付之剞劂，以公同好。其言純粹廣大，而深切著明，循程、朱之旨，而發所未發，有功於聖學不小。惺齋此記，其庶幾焉。故余題惺齋遺照及之，重其守正學也。劄記之辨姚江，别儒、釋也，所以維世教也。然則惺齋豈僅以文章政事見哉！

唐風蟋蟀官箴説

詩唐風蟋蟀，論者以爲勤儉質樸，有帝堯之遺風是已。余嘗細玩之，竊謂聖學也，亦即切要之官箴。詩之言曰：「職思其居。」心之官則思，懼其雜而不慎，故曾子曰：「君子思不出其位。」位者，居也。又曰：「職思其外。」非騖外也，人之一身，上下四旁，親疏遠近，各有不可遺，不可忽者，不思則頑然一物而已。伊尹躬耕莘野，而思天下匹夫匹婦無一不被堯、舜之澤；范文正公做秀才時，便以天下爲己任，豈得謂之外而不當思乎？中庸以小人行險徼倖爲願外，然則事非行險，心無徼倖，皆不得謂之外，可知矣。又曰：「職思其憂。」人生之患，常出於所備之外。夫子曰：「人無遠慮，必有近憂。」孟子曰：「君子有終身之憂，無一朝之患。」蓋慮不在千里之外，則患在几席之間。古聖人防微杜漸，憂勤惕勵，此物此志也，豈非聖學乎？顧何以見爲切要之官箴也？國家設官置吏，自大僚以至微員，各有其職，即各有其居。各思其居，即各盡其職。一邑之官，各盡其職而一邑治；天下之官，各盡其職而天下治矣。

職未盡而他圖，是舍己田而芸人之田也。職無不盡，而上下四旁，遠近親疏，計之周，慮之到，非外也。即如州縣以撫字懲奸爲職，或民人流亡於吾地，豈得以爲他邑之民而不卹乎？盜賊竄逋於吾境，豈得諉爲他邑之盜而不緝乎？以此推之，思其外正所以善其居也。若思憂，則不但己身之害爲憂，凡事之流弊後禍皆憂也。出一令，有在此爲利，而在彼則爲害；行一政，有目前若可喜，而其實釀後來無窮之禍者，思之不審，鮮有不蹈偏見，而悔作俑者矣。是則詩三言思，皆居官者之要務，不可一日不省覽也。詩又言：「蟋蟀在堂，歲聿云暮。今我不樂，日月其除。」小民終歲勤勤，至於歲暮，職業稍閒，始相聚爲樂。計一歲之中，爲時甚暫，又其所爲樂者，不過豆觴酒醴，親族鄰曲偶然過從耳，豈遂至於蕩心而佚志，乃即瞿瞿然相戒於已甚？今士大夫建旄擁節，膺符綰綬，身據崇高，而意存華膴，固不待歲終而始言樂也。大約賓佐會集，事所時有，肆筵設席，習以爲常。味則求其珍美，庖則期其精良，舞袖纏頭，酣歌蕩飲，既卜其晝，又卜其夜，豈止於豆觴酒醴而已乎！又其甚者，則廣置妾媵，矜多夭冶〔一〕之容，狎昵頑童，養成帷薄之羞。衣飾務爲華美，雖越禮而不顧；車馬務極駿麗，即多費所不惜。已多而猶以爲少，已精而猶以爲粗，直般樂怠傲，惟日不足耳。曾思其居，思其外，思其憂者，而肯出此哉！夫人生德業，莫要於取法正人，希踪賢哲。今詩之言曰：「好樂無荒，良士瞿瞿。」良士，賢者也。以彼小民，猶知慕賢好德，相與倣而效之，矧士大夫，而可以其逸樂怠慢之身，靦然民上乎？然則所爲官箴者如何？

〔一〕「冶」，原作「治」，形近而誤，今改。

曰：「如蟋蟀之詩而已。」吏無大小，各殫其力，各敬其事，日有孜孜，不懈於位，則思其居矣。此外，凡吾心所宜，盡力所可及者，周而詳焉，勿遺勿置，則思其外矣。念禍福之相倚，惕外侮之有由，不敢以其身一日肆然於民上，不敢以其心一刻自弛於幽獨，則思其憂矣。若夫飲食燕會，雖必不能省，然取其足以適口而已，取其足以合歡而已。車馬衣服，不必華美；姬妾僕從，不必嬌侈，而又時時自警醒曰：「得毋暴殄乎？得毋僭越乎？」則樂而不荒矣。至於尊賢取友，德所由進。夫子美子賤爲君子，以能取友以成其德也。不但上官之德望兼隆者宜敬之愛之，即同官之賢能素著，下僚之品端才美者，亦敬之重之。若此者，力勤則心不外馳，而職業無慮其不舉；費省則心無所貪，而廉潔不患其無終，上不負君，下可對民，身以勞而得安，心以清而愈泰，本非爲保身家妻子之計，而善人必餘慶，吉士無橫殃。其視荒官守而耽逸樂，或以放蕩罹禍患者，豈不相懸萬萬哉！故曰：「蟋蟀一詩，官箴備焉。」

清儒學案卷六十五

堇浦學案

乾隆詞科諸人，以著述顯者，不及康熙己未之盛。堇浦説經，褎然鉅編，注史長於考證，一時推爲博洽。直言被斥，氣節矯然，亦自足傳。述堇浦學案。

杭先生世駿

杭世駿字大宗，别字堇浦，仁和人。少負異才，於學無所不貫，與同里厲鶚、陳兆崙諸名輩結讀書社。舉雍正癸卯鄉試，壬子受聘爲福建同考官。乾隆丙辰舉博學鴻詞，召試一等，授翰林院編修，校勘武英殿十三經、二十二史，纂修三禮義疏。先生博聞强識，口如懸河。時方侍郎苞方負重名，先生獨侃侃與辨，侍郎亦遜避之。有先達以經説相質，一覽曰：「某説見某書某集，拾唾何爲？」學子有請益者，問其所業，以一經對，則以經詰之；以一史對，則以史詰之。以此頗叢忌嫉。乾隆八年，考選御史，試時務策，條上四事，中言「意見不可先設，畛域不可太分。滿洲才賢雖多，較之漢人僅十之三四，天下巡撫尚滿、漢參半，總督則漢人無一焉，何内滿而外漢也？三江、兩浙人材淵藪，邊隅之士間出者無幾，今則果於用邊省之人，不計其才，不計其操履，不計其資俸；而十年不調者，皆江、浙之人，豈非有意見、畛域」等語。高宗震怒，嚴斥下部議革職。然後於督撫滿、漢參用，未嘗非隱納其言。又所論直省藩庫，宜有餘款存留，以備不虞，亦篤論。先生自削其稿，其語多不傳。罷歸後，自號秦亭老民，歷主廣州粤秀書院，揚州安定書院。在揚州最久，好獎借後生。晚歸里。乾隆三十七年卒，年七十六。先生著述繁富，爲丙辰詞科之冠。於經學著有續禮記集説一百卷，仿衛氏之例，自宋、元、明及清初遺佚之説多賴以存。又禮記質疑二卷，禮例一卷，石經考異一卷。於史學著有史記考異七卷，三國志補注六卷，漢書疏證、後漢書疏證、北齊書疏證各若干卷，補晉書傳贊一卷，諸史然疑一卷。金史補蒐采甚富，未傳定本。他又有續方言二卷，詞科掌録十七卷，詞科餘話七卷，蒜市雜記一卷，榕城詩話三卷，桂堂詩話一卷，漢書蒙拾三卷，後漢書蒙拾二卷，文選課虚二卷，兩浙經籍志五卷，續經籍考杭州府志作古今藝文志。若干卷，道古堂文集四十六卷，詩集二十六卷。參先正事略、許宗彦撰别傳、乾隆東華録、杭州府志。

續禮記集説序

余成童後，始從先師沈似裴先生受禮經，知有陳澔，不知有衛湜也。又十年，始得交鄭太史筠谷，筠谷贈以衛氏集説，窮日夜觀之，采葺雖廣，大約章句訓詁之學爲多。卓然敢與古人抗論者，惟陸農師一人而已。通籍後，與修三禮，館吏以禮記中學記、樂記、喪大記、玉藻諸篇相屬。條例既定，所取資者，則衛氏之書也。京師經學之書絶少，從永樂大典中有關于三禮者，悉皆録出。二禮吾不得寓目，禮記則肄業及之。禮記外傳一書，唐人成伯璵所撰，海宇藏書家未之有也，然止於標列名目，如郊社、封禪之類，開葉文康禮經會元之先，較量長樂陳氏禮書，則長樂心精而辭綺矣。他無不經見之書。至元人之經疑，迂緩庸腐，無一語可以入經解，而大典中至有數千篇，益信經窟中可以樹一幟者之難也。明年，奉兩師相命，詣文淵閣搜檢遺書，惟宋刻陳氏禮書差爲完善，餘皆殘闕，無可取攜。珠林玉府之藏，至是亦稍得其崖略已。在衛氏後者，宋儒莫如黄東發，日鈔中諸經皆本先儒，東發無特解也。元儒莫如吴草廬，纂言變亂篇次，妄分名目，乃經學之駢枝，非鄭、孔之正嫡也。廣陵宋氏有意駁經，京山郝氏居心難鄭，姑存其説，爲迂儒化拘墟之見，而不能除文吏刻深之習。宋、元以後，千喙雷同，得一岸然自露頭角者，如空谷之足音，跫然喜矣。國朝文教覃敷，安溪、高安兩元老潛心三禮，高安尤爲傑出。纂言中所附解者，非草廬所能頡頏。館中同事編香者，丹陽姜孝廉上均、宜興任宗丞啟運、仁和吴通守廷華，皆有撰述，悉取而備録之，賢于勝國諸儒遠矣。書成，比于衛氏減三分之二。不施論斷，仍衛例也。

禮例序

王荆公詆春秋爲斷爛朝報。余謂春秋之斷爛在月與日，而二百四十二年之事未嘗闕也。禮經經秦火，漢開獻書之路而不盡出。今所存者，不止於斷爛而已，補之以三春秋傳而不足，補之以春秋外傳而不足，又補之以管、荀諸子及西漢諸儒所説者而仍不足，所謂存什一於千百也。士禮一十七篇，豈盡士禮哉！大射則天子之禮也，聘、燕則諸侯之禮也，公食則大夫之禮也。大事莫重于祭，而天子諸侯無祭禮。王事莫重于大饗，大饗有七，而其禮久亡。士有喪禮，而諸侯以上無喪禮。天子諸侯有覲、聘，而征伐無行師用兵之禮。舉其大端，其爲斷爛也多矣，況起居服食之末節乎！鄭衆、劉實撰春秋例，余以爲春秋可以無例，而禮則非例不能貫也。例何所取？吾於孔、賈二疏中刺取之。例立於此，凡鄭之註士禮，與鄭之註周禮者，可參觀而得也。例彰于彼，凡士禮之所不註，與周禮之所不註者，孔與賈自默會而明也。深於禮者，病禮之斷爛而思補其闕，承學之士，又病禮之繁富而不得其門。余特以例爲之階梯，而有志者即以津逮。禮無不歸之例，而天下亦無難治之經。編葺既竟，爲承學導之先路，禮堂寫定，傳諸其人，余猶斯志也。

石經考異序

石經考異者何？以補亭林顧氏之考也。蓋衆說之齟齬者，莫石經若矣。史傳異，地志異，碑刻異，唐、宋、元、明諸家之辨證異，顧氏述矣而不詳，詳矣而不辨，予特引而疏通之。又自唐開成以後，其事少異，予特取而補綴之。文雖近創，而義則實因，汲古之士其不以予爲勦說也夫！雍正十三年太歲在乙卯二月朔日書於抱經亭。

諸史然疑序

余年二十有五，始有志乎史學，貧無全史，且購且讀，一日率盡一卷，人事膠擾，道塗奔走，祁寒盛暑，未嘗一日輟也。風雨閉門，深居無俚，則又倍之。閱五年而始畢功。又一年，而以通鑑參校史外，又益以舊聞，三千年之行事較然矣。於諸史中以意穿穴有得，則標舉其旨趣，前人所論不復論，前人所糾者亦不復糾也。史、漢考證，業有成書，斷自後漢，以迄六代、唐、宋以還，論之不勝其論，糾之亦不勝其糾也。劉昫唐書，趙上舍一清所贈，窮日夜觀之，重複錯繆，遠遜歐、宋，間一論列，呫呫不勝其繁。聞吴興沈東甫徵士有新、舊合鈔一書，余未及見，恐有雷同，即蹈勦説之咎，藏諸篋衍，未敢出以示人。亭林顧氏廣稽博考，日知録中刊正漢書，尚有數條與三劉闇合者，知其未見刊誤也。以余弇陋，望亭林之門仞遽難窺測，況敢哆口而掎摭前史之疵病乎？句甬全祖望同里張熷貫串史事，爲余畏友，以是相質，而不以爲非。不忍捐棄，遂決意存之。舊業就荒，桑榆景迫。時過而後學，獨學而無友，二者交譏，吾業止於是矣。吾衰不能復進矣，悲夫！

兩浙經籍志序

雍正辛亥春，制府禮聘名碩，修浙省全志。予以謭劣，謬從諸老先生後，磨鉛濡卓，得與於編削之役。經籍一志，所創稿也。吾浙文獻甲天下，漢、晉以還，經業彪炳，雖以齊、梁雕刻藻繪之習，吾錢唐、東陽、武康諸儒者，猶能以疏注聖籍顯聞於時。厥後派衍而支分，南方綴學之徒，郁郁乎文，雲興霞蔚。今欲網羅放墜，成一家簿録，溯鄭、荀之發凡，變王、阮之體例，部分而件繫之。商榷源流，其難有二：不詳練人代之郡望，則甄綜必漏，望岱宗而迷白馬，游赤水以喪玄珠，伐山未周，網材匪易，是謂疏略，其弊一。不統觀全史之鴻裁，則詮貫無次。劉歆列孟子於兵家，陽尼表佛道在史録，天吴紫鳳顛倒，其機杼、鹿馬、玄黃迷離於形似，是謂舛繆，其弊又一。惟予核丹篆之詡揚，逮虞初之諷誦，縉紳脞説，崔、張小文，審隅曲其可觀，雖詅癡而必録。閲月凡九，迺克成，編爲卷五，爲目五十有九，爲書一萬五千有奇，方之前志，訂訛補闕，其亦略備也已。無何，制府朝京局，事大變。狐憑虎以作威，蜮含沙而射影，檄取成書，妄生彈射，謂時令地理非史，天文律曆非子，食貨不宜別標寶貨器用，醫家不宜更分經方針灸，樹頤肱而插齒牙，沸吼吹脣，牢不可破。予援四代史志及崇文、昭德、莆田、鄱陽之書以證之，益復中其所畏。倡爲鴟張狼顧之談，以濟其鳶鷂腐鼠之嚇，謂聖天子稽古嚮學，將按籍而開獻書之路，封疆大吏慮不能盡應，以裨乙夜之覽，至或郢書燕説，記醜而博，貽曲學之譏，來求全之責。解之不能，爲累滋大。又或草莽之私史，孤憤之離騷，將吹毛以索疵，必傷桃而戒李。凡兹數説，轉丸飛鉗，恫疑虚喝。當局秉筆者舌撟頸縮，大有戒心，肆意塗逭，無復詮整。艾儒魁士之述作，以疑似而見删；家猷國獻之章程，因運移而并廢。續梟斷鶴，取笑通人，今世所行本是也。予復移書中用事者，責其匡正大指，言經籍之設，所以補列傳闕漏，班固不爲馮商立傳，而續史記則志於藝文；劉昫不爲劉蜕立傳，而文泉子則志於經籍。諸餘史體，僂指不勝。反復申明，蓋將以救也。之人亦復牽於時勢，依回遷就，二三其德，是書遂不可復矣。嗚呼！余生孱踙，閧堂鬭穴，本所不闚，因次舊稿，别本單行，聊述其顛末若此。若夫挾鼫鼠之能，擢象犀之策，俗監稱奇。求名不得，至有閭巷窮餓之儒。蠹簡沈淪，銘於心抱，發潛采隱，略有微長。然此皆取信於闔棺，不爲達士貢諛，亦不爲窮交標譽。德我者曰春秋，罪我者曰春秋，悠悠同異，吾何謩焉！

文集

尚書後案序

兩漢儒林，各有師承。守家法者，兢兢不敢踰尺寸，未有兼綜六藝，博學而詳説之者。北海鄭氏生於微言既絶之後，獨能窺尋四代之制度，虞、夏、商、周之傳，伏生述之，鄭氏能言之也。箋詩注禮，具有成書。春秋則箴膏肓、發墨守、起廢疾，顯然與何休爲難者，散見於賈、孔羣經義疏中，唐初猶未亡也。易則唐李鼎祚集之於前，宋王氏應麟裒之於後。尚書一經，世宗僞孔安國傳，鄭氏之注，滅没於散亡之後，遂無有起而表章之者。是鄭氏諸經不亡，而尚書獨闕也。光禄卿王君西莊，當世之能爲鄭學者也，戚然憂之，鑽研羣籍，爬羅剔抉，凡一言一字之出於鄭者，悉甄而録之，勒成數萬言，使世知有鄭氏之注，并使世知有鄭氏之學而未已也。馬融，鄭所師也。馬之言，鄭不盡從也。存馬之説，知鄭之不墨守家法也。王肅，難鄭者也。六天喪服，難禮者疊出，於書未數數然也。參王之説，存鄭之諍友也。孔傳後出，疑在魏、晉之間，孔嘗竊鄭，非鄭襲孔也。疏之與傳，若禰之繼祖，而亦間出鄭注，則孔穎達亦鄭之功臣也。爲鄭學當尊鄭氏，尊鄭氏則此四家者皆當退而處後，準諸魯兼四等附庸之例，別黑白而定一尊，此西莊論撰之微意也。其曰後案，何也？以經證經而經明，以四家證鄭而鄭益明。許慎臚五經異義而終之以謹案，案之所由昉也。其曰後，何也？前乎此者，鄭能弼馬融之違；後乎此者，王肅不能匡鄭氏之失。鄭注確而可循，若春秋之決事比，若老吏之已成事，言成於此而案立於彼，雖有異說可以增波助瀾，不得喧客奪主。西莊爲之推衍焉，紬〔一〕繹焉，講去其非而趨是則已矣。昔馬昭未嘗親受業鄭門，張融去鄭益遠，堅持其說，以枝拄王學，西莊生又後於二人，其曰後案，其以是哉！余性識闇劣，讀經而不能疑，疑經而不能斷，卒業西莊之書，昭若發矇。姑以緇衣一篇，插齒牙於五十九篇之中，可乎？古者策用漆書，久則剥蝕，説命爲「兑命」者，「言」蝕而「兑」存，故曰「兑命」也。尹誥爲「尹吉」者，「言」蝕而「告」存，「告」又蝕其上，故曰「尹吉」也。君奭〔二〕「在昔上帝，周田觀寧〔三〕王之德」，「割」以蝕不全而訛爲「周」，「申」蝕其上下而爲「田」，「勸」蝕其左而訛爲「觀」。此猶以偏旁剥蝕而致異。同其讀法，則鄭有勝於孔者。君牙：「夏暑雨，小民惟曰怨。資冬祈寒，小民亦惟曰怨。」孔以「資」爲「咨」，鄭解「資」爲「至」，屬下讀。以字義論，怨爲憤恨，咨爲嗟歎，怨深而咨淺，怨重而咨輕，人情先

〔一〕「紬」，原作「由」，今改。
〔二〕「奭」，原作「牙」，據尚書改。
〔三〕「寧」，原作「文」，據君奭改。

咨而後成怨，未有怨而以咨繼之者。以措辭論，上辭曰惟怨，下辭曰亦惟怨，上下相應，立言之體，書言雖古雖拙，不應聱牙若是。是皆孔穎達所未嘗采也。魏華父謂：「緇衣，公孫尼所作。」尼爲七十子之徒，縱使傳爲孔安國真本，亦已後一二百年，而何忽不加察也？閒嘗論儒術有顯晦，而鄭學爲尤甚。一顯於孫小同之輯鄭志，張逸、趙商、孫皓、炅模之問，崇精之答，當時著述之精蘊，已發露無遺剩，所謂禮堂寫定，傳諸其人，此其時也。旋晦於王肅之難，旋顯於馬昭之申，再顯於貞觀之定從祀，再晦於嘉靖張孚敬之罷從祀。京山郝敬解九經，拾王肅之牙後也。吾師淳安方氏棨如輯鄭氏之言爲拾瀋，吳郡惠氏棟輯鄭注尚書，是皆爲鄭學者也，而其書不顯於世。緜緜延延，遞顯遞晦。西莊負振古之才，際經術昌明之會，竭三十年之精力，紹絕學於二千載之上，可不謂獨立不懼，踵賈、孔諸儒而遞興者乎？鄙人於鄭學無能爲役，慶鄭氏之有傳人，而又慶西莊之傳鄭氏此書，非余序而誰敍歟？惜方、惠二氏之不及見，反袂拭面，有餘慟焉。

洪範解序

天數五，而其極至九而止。以皇極爲中，合四方則爲五。加以四隅，則爲九。猶後魏時議明堂者，或言五室，或言九室，其實一也。天有陰陽，而水火金木土生焉。鯀汨陳之而彝倫斁，禹錫九疇而攸敍。疇之次，一曰五行，則已該八疇之全體。漢興，劉向父子、許商皆以五行傳洪範，而究其極，爲孽，爲𤘘，爲痾，爲祥眚，其於攸敍攸斁之旨，深切著明矣。然猶未别其方位也。班固述之，以爲河圖、雒書相爲經緯，八卦九章相爲表裏，二語遂開後世圖學之漸，紛紜膠葛，不可究詰。康節之學本於希夷，以河圖爲十，雒書爲九。劉牧之學原於范諤昌，亦出於希夷，則又以圖九、書十立解，胣繆不足信，明矣。圖本於易，易以對待爲體，自天一以至地十，五位相得而各有合，治曆明時以至則壤成賦，以一始者必以十終。書亦本於易，易又以流行爲用，畫地則曰九州，治水則曰九川，封建則曰九服，壃田則曰九井，所以濟十之窮。圖爲書之體，書爲圖之用，不信然乎！演洪範者始於五，九其五則爲四十五，而言五十五者，繆也。猶畫卦者始於八，極於六十四，推而放之，至於三百八十四，至於萬有一千五百二十，而萬物之數終，此以河圖爲十之明效也。知河圖之爲偶，則知雒書之必用奇，其理同而用各異。即範中所陳六十五字，其目有九，逐句詮之，皆以奇立體。五行、五事、五紀、三德、庶徵奇也。五福奇，六極偶合之則仍奇也。惟八政爲偶，而以皇極臨之，則偶之中仍有奇也。雒書以九爲數，劉歆所謂經緯表裏之說，洞若觀火，而何異說之紛紜不定哉！此直異端之逞其私智，不但於書不合，於圖亦不合也。烏程張明經拜颺葭牆縮屋，研精經説，經説中多異同之論，而洪範爲尤甚，講去其非而趨是，則辯之宜亟也。拜颺洪範解一書，爲論者凡三十有五，畫圖者凡二十有二。先儒之説之可從者，引之以伸己説；先儒之圖之可疑者，闢之以正其訛，純粹精也，明辨晳也。以大傳數言爲不易之旨，此拜颺之本志也。夫禹錫九疇，而後更千餘年而箕子明其義，又千餘年而向、歆父子條其災異，然猶止於五行、五事也。孔安國、鄭康成釋其文，然止於章句訓故也。又千餘年而邵康節、蔡元定始發其藴，然止於圖學也。子朱子易學啟蒙乃盡抉圖、書之祕篇，而一洗從前支離蔓衍之習，而範疇之理，始彰明較著於天下。拜颺生七百餘年之後，卓然私淑於子朱子，而暢其所欲言，可不謂獨立不懼之士乎！拜颺昔嘗以文謁余於家居，別去十年而聞其死。又十餘年，而其弟雄度以其書來乞序。余老而耄，忘拜颺之所稱者，十曾不記其一二。遇故物而得新知，益我多矣。輒引而伸之，以爲其序。拜颺不作，孰能匡其失乎？其是與非，在雄度愼擇之而已。

韓氏經説序

説經者自孔子始，於易曰説卦，自言「吾説夏禮」。繼此則孟軻氏不以文害辭，不以辭害志，以意逆志，是爲得之。秦燔詩、書，易以卜筮獨存，故漢初有古五子之説。漢武表章六經，諸儒皆守其師説，其説或數萬言，或多至數十萬言。許叔重撰五經異義，引古尚書説、歐陽、大、小夏侯氏説、韓詩説、春秋説、公羊説、古毛説，皆是物也。匡説詩解人頤，衡所説者齊詩也。秦延君説「堯典」二字至二萬言，説亦蔓矣，於經無當也。鄭康成師馬融，於鄭志中恒引先師之説，箋詩引公都子、孟仲子之説，於儀禮引舊説，注周禮引杜子春、鄭司農、鄭大夫之説，所據者禮器制度而已，名物象數而已，其爲説也較易。至其注大學、中庸，支離蒙晦，幾不知心性爲何物。逮有宋，而河南兩程夫子出，「人生而靜，天之性」，則以爲人生而靜以上不容説，德產之致也精微，而其説至數百言而不止。新安子朱子出，宰我問鬼神之名，反覆辨難，而其理始明。故説經者，人各異説，斷以程、朱，而其説始定。蕭山韓子南有生於西河毛氏之鄉，而性好説經，不肯拾毛氏之唾餘，虛心玩索，實事求是，歲月積而其説至曼衍而不可窮竟。

中庸言慎獨，大學言誠意，前聖所未發，賈、馬、鄭、王所不能詮者也。南有折中於程、朱，佐之以公孫龍之奥衍，馭之以莊周之汗漫，卓然成一家之言，是於經術中特爲其難者也。西河氏既没，度無可與是正者，宿春涉江，乞余一序。余何知哉！知賈、馬、鄭、王之得失，而不能辨濂、洛、關、閩之淺深；知名物象數之根歷，而不能究天人理欲之幾微。一不得當，恐貽天下通經學古之儒之口實。其有所疑，亦還以質之南有而已。序其作書之意，推其立説之原，不面齒牙，不樹頤領，此區區善於藏拙之私心也。

黄氏書録序

江寧黄俞邰氏，蒐輯有明一代作者，詳述其爵里，門分類聚，比於唐、宋藝文志之例。予披覽粗竟，竊歎俞邰用力之勤，而悲其志之不得試也。往者傅尚書維鱗編纂明書，標王守仁以勳武，列沈周、唐寅於方技，至鈔文淵總目以志藝文，三長之士，恒相顧而齒冷。既而横雲山人奉勅重編，始依俞邰本爲準的，特去其幽僻不傳與無卷帙氏里可考者，稍詮整有史法。今之爲此志者，既不屑蹈襲其舊，又不克詳考四代史志之源流，又不能悉知篇目存佚之數，更思恢張以所未備，并取前世之書而附益之，是何異秦延君注堯典，劉孔昭賦六合也。今夫蘭臺志漢，何嘗不因向、歆？然秦火之後，非此不彰于志。寧等編隋書，合五代以成志，匪特補宋、齊兩書之闕，且以定范曄以下不著經籍之非。史家自宋志藝文以後，遼、金、元以來，公私著撰，皆涣散而無統。不佞補輯金史，嘗次藝文爲一卷。遼、元二代，見於王圻續通考、焦竑經籍志者，又雜亂少體例。觀俞邰所排比，自南宋以迄元末，皆以燦然大備，蓋其志直以中經新簿之責爲己任，爲有明二百七十載，王、阮惜乎其不得與於館閣之職也。辛酉春，不佞修浙志經籍，需此書甚亟，當湖陸陸堂檢討嘗攜二册來，有經史而無子集。暨居京師，句甬全孝廉復攜五册見示，皆從史館録出，袛有明人，而缺南宋以後諸公，蓋爲明史起見，固未知俞邰網羅四代之苦心矣。第神宗時，張萱、吴大山等重編内閣之目，他書多訛闕不可信，獨地理一類，詳核不支。俞邰親見此書，乃獨不之采用，所挂漏者夥，頗爲不可解。因取所聞見者稍足成之，一則以備史職之考信，一則以完此書之缺遺，且慰俞邰於九原也。

補史亭記

作亭者何？補史也。史何補？補金史也。杭子疏證北齊書既畢功，越明年乃補金史。竊尋金起忽微，易木契爲文書，化部落爲郡縣，襟江帶海，翹九有而朝之，幾于混一。學者不察其終始，猥以僻陋在夷，記問聊略，蒙嘗惑焉。先人庇屋，積有餘材，營度後圃，規爲小亭，窗楹疏達，高明有融，乃徙先世所遺羣籍，凡有關涉中州文獻者，悉置其處。廣榻長几，手目讎温，間有開明，輒下籤記。風雨環而披帷，雨淋浪而濯屋，兀坐胝掌，鋭不自休。每嘉客時至，輒听然解頤，讓席割氈，虚襟歛手，佞顔卑辭，丐乞謄寫。歲月既多，卷帙遂衍，文成數萬，埒于前書。惟天文、律曆二志，尚闕焉未逮。其餘排纂，粗有成就。祭天射柳之風，弋鵝掮羊之俗，發祥于虎水，記命于河、汾，一百一十年間，大略可覩矣。竊惟三史之成，皆總裁於鄭王脱脱。完顔之享祚不長于耶律也，何以金詳而遼略？天水之幅員不廣于女直也，何以金簡而宋繁？折中于二者之間，則此爲獨善已。顧世紀不列楊割之創基，列傳不書楊朴之佐命，粘罕不傳獄底之書，兀朮不載疾革之令。大房陵寢，厥有成圖，上京宮庭，得之攬轡。五行采獲夸堅，禮樂輿服引據集禮。族帳之蠹屯，國語之兜侏，苟有見聞，莫不附麗。其他事義，難可縷述。大概皇統以前，鋭於南圖，故鴟張而豨突。泰和以後，孱於北禦，故虎沈而鹿潛。間嘗綜厥盛衰，加之揚搉。苑史家之鴻裁，程文林之春藻，旁推交通，義均歌哭。混同湯湯，長白巚巚，與綿古永無終極。偏方霸據之史，亦與之無終極。繄，余昧道懵學，長年濡首，詮材諷說，妄思附驥以傳，高明之士，蓋不免乎齒冷矣。夫史事經緯宇宙，大則與日月齊明，小則與四時並茂。應、劉、徐、裴皆以讀書破萬，故能操百論以議三長之闕，而顏師古猶云：「多引雜說，攻擊本文，効矛盾之仇讎，乖粉澤之光潤。」以余逐蕪辭而疑正義，信脞說而排實録，非好而爲之，區區之衷，蓋亦有說。一則穿穴諸史可以饋貧，一則洞悉前載之去取，一則根括秉筆之來歷，搜株掘隱，剟瑕搴稂，甄括之苦心，與前修之椽筆，可兼聽而齊觀，亦並行而不悖。亭之榜曰補史，用元裕之語也。裕之遭值仳離，自方野史，壬辰一編，蓋自悼其禾黍。余偷息化舒之世，名位不達，室無贏糧，堂有危齒，顧乃鑽故紙以乞靈，扇遊辭而逞辨，寶玉大弓，終非其有，比于裕之已爲，不哀而戚。而猶招摇市而過者，非如土龍乞雨，眩惑將來，或者古人疑謀勿蓄之義，發皇耳目，將在於斯。卷舌固聲，蓋棺何定？此其本志也。文學蓬轉，浮華空綺之士終同灰滅。而余以一亭，乃巋然而獨峙，千載之功，歸于彊力，願終勉之，且自警也。

與江慎修書

自管子創「三分損益，上下相生」之說，以推律呂，於是京房、錢樂之之徒更相推衍，何承天議之於前，梁武帝護之於後。劉焯校定，失其傳者千餘年，不謂足下竟能一暢其說，非精思密理，其能與於此乎？僕近爲讀史匡謬一書，凡後史證前史之非者，都爲一例。不自揣量，輒以足下所論議者，疏通宋、隋兩志之説，雖受伯宗攘善之過，而無所於辭，足以驗僕之傾折矣。嘗謂度量衡之設，先王所以整齊天下之具，自魏、周、齊肆虐取於民之貪，古制遂以不復。管見中末一條云：「宋政和間，作大晟樂，頒行律尺及斗斛秤新式，而民滋擾。」因謂：「聽民自爲行用，不必斤斤於法古。」此非篤論也。隋趙煚爲冀州刺史，爲銅斗鐵尺置於肆，而市遂絶姦詐。均一令也，豈趙煚行之而民便，政和行之獨不便歟？且後王之因循而不肯釐正者，亦自有故。徵米、徵絹、徵茶銅鹽鐵諸色之入藥，爲是度長、量大、權重而取之。設令民間自法古，公家自行意，上下異制，官私異器，號令天下，閭井不無竊議。聽民之便，將以自便也。吾故曰：「度量衡三者不同，非聖王之治天下也，抑匪獨平物賈，禁奸譎而已。」生人性命之源，莫大於醫方藥劑。裴頠言：「太醫權衡若差違，遂失神農、岐伯之正。」藥物輕重，分量乖互，所可傷夭，爲害尤深。摯虞駁陳勰議亦云：「今尺長於古尺，樂府用之，律呂不合；史官用之，曆象失官；醫署用之，孔穴乖錯。」由二公言之，晉時所用，已與古不合，今則失之逾遠。方書所謂方寸七等分末者，皆即民間所行之衡量。而劑其輕重，失毫釐而謬千里，其於起死扶老之術，豈有濟乎？故禁是三器使復古者，以益民，非厲民也。王制：「布帛不中數，幅廣狹不中量，不粥於市。五尺童子適市，而人莫之或欺。」今則墆鬻者無平心，競爲姦巧；以趨利取民者無定制，務爲掊克以剥下。官與私斗斛不同，關與市權衡不同。澮詐僞之源，而頒畫一之教，將於三器乎爲之嚆矢，豈得據政和施行之不善，而以爲口實哉！立言足以垂世，善民成俗之責，足下詎無意乎？既因鄉先生程君傈也之請，爲序律吕在別紙，輒復以芻論少申鹽石之助，庶足下引而教之，幸甚！

説緯

緯讖起於哀、平之際，而新莽用之，以竊漢祚。中興之後，光武好之尤篤，多以決定嫌疑，公卿擢用，皆據讖文。又命薛漢、朱浮等校定之。中元元年，竟令宣布天下。顯宗、肅宗因相祖述，于是儒者爭學圖緯，兼復附以妖言。中丞之官，掌有石室，以藏祕書圖讖之屬。至董卓遷都關中，王允悉斂其要者以從，于是乎赤伏符之數既盡，而内學之流衍，不與銅人鐘簴而俱亡。吁！其可怪惑也已。秀水朱氏向有説緯一篇，多引洪适隸釋及後世碑刻，于范氏若不屑覼縷道，即謝承書及魚豢、張勃、陳壽、葛洪諸家所志，亦有脱漏者，予因述而補之。其見于謝承書者，于李固則稱明于風角、星算、河圖、七緯，于王輔則稱傳援神契，于趙典則稱學孔子七經、河圖、洛書。朱氏但言姚浚、姜肱，亦已疎矣。其見于范史者，于李守則云初事劉歆，好星曆讖記；（李通父，見通傳。）于穰人蔡少公則云頗學圖讖；（見鄧晨傳范贊所謂「李、鄧豪贍，舍家從讖」也。）于薛漢則云善説災異讖緯；于郅惲則云惲據經讖；于蘇竟、翟酺則云善圖緯；

于沛獻王輔則云善説圖讖；于鄭玄則云博稽六藝，粗覽傳記，時睹祕書緯術之奥；于申屠蟠則云博貫五經，兼明圖緯；于劉瑜則云尤善圖讖、天文、曆算之術；于謝夷吾則稱推考星度，綜校圖録，探賾聖祕，觀變曆徵；于郭鳳則云亦好圖讖，善説災異吉凶占應；于廖扶則云尤明天文、讖緯、風角推步之術；于公沙穆則云尤鋭思河、洛推步之術；于樊英則云善風角、星〔一〕算、河洛、七緯，推步災異；于韓説則云尤善圖緯之學；于法真則云博通内外圖典。蜀志引三輔決録注亦稱真少通五經，兼通讖緯。當時以此爲家學，世相授受。楊春卿善圖讖學，綈袠中有先祖所傳祕記，臨命戒子統修之。統從犍爲周循學習先法，又就同郡鄭伯山受河、洛書及天文推步之術，作家法章句及内讖二卷解説。子厚，少學統業，精力思述，同郡任安、董扶皆從之學，究極其術。益都〔二〕耆舊傳亦云：「董扶事博士楊厚，究極圖讖。」劉瑜特詔召問災咎之徵，指事案經讖以對。子琬傳其學，明占候，能著災異。樊英著易章句，世名樊氏學，以圖緯教授。李郃善河洛風星，而子固傳之。馬融集諸生考論圖緯，而鄭玄宗之。魏朗則從博士郤仲信學春秋圖緯。牂牁尹珍從許慎、應奉受經書圖緯。其淵源如此。故樊儵與公卿雜定郊祠禮儀，以讖記正五經異説。曹褒受命撰次禮事，依準舊典，雜以五經讖記之文。賈逵摘讖互異三十餘事，其左氏與讖合者，光武寫其傳詁藏之。祕書見于章奏，則張純奏建辟雍，乃案七經讖明堂圖；賈逵論曆，引考靈曜、

〔一〕「星」，原無，據後漢書樊英傳補。

〔二〕「都」，原作「部」，形近而誤，今改。

命曆序；曹充議封禪，引河圖括地象、尚書璇璣鈐；郎顗條便宜，據易内傳、注言稽覽圖。詩汎歷樞；楊賜對祥異禍福所在，亦引稽覽圖、中孚經及春秋演孔圖；謝弼上封事，引援神契；周舉陳災異，引易傳。注言稽覽圖。永元中，清河宋景遂以曆紀推言水災，而僞稱洞視玉版曆。有著述者，則若景鸞兼受河洛圖緯，以類相從，名爲交集；翟酺著援神契鉤命解詁十二篇；而鄭玄、宋均皆注七緯；玄注三禮，雜用易說、孝經說，皆緯也。則自東漢之世，朝廷之制作，家庭之講習，學校之師承，著撰之敷證，莫不以此爲圭臬者。惟桓譚以爲，其事雖有時合，譬猶卜數隻偶之類，且以「極言讖之非經」獲罪。而尹敏亦言：「讖書非聖人所作，其中多近鄙別字，頗類世俗之辭，恐疑誤後人。」張衡亦言：「圖緯虚妄，非聖人之法。」荀爽嘗作辨讖。之數人者，在范史中固皦皦乎超絶倫類矣。若夫張臻學兼内外，扈累吟咏内書，石德林篤好内事，徵和兼善内術，譙周兼及圖緯，王遠尤明天文、圖讖、河洛之要，科禁内學，而吉茂匿不送官。蓋至三國之時，其風未息，當塗典午之文，確然可徵。至使人君不修人事，而崇信推步，其于聖人不語怪之旨，即欲不謂之不顯，然相畔而不可得也。

附　録

先生應考選御史，爲大學士徐文穆公所薦。直言忤旨，欲寘之法，文穆悉力營救，叩首額盡腫，乃得斥歸。許宗彦撰別傳。

先生以言事罷歸，沈文愨公送之，有句云：「鄰翁既雨談牆築，新婦初婚議竈炊。」深惜之也。既歸，益肆力于詩古文辭，兩浙文人，自黄梨洲後，全謝山及先生兩人而已。先生有十子，自第八子賓仁外，皆下世，諸孫零落殆盡。生平著述，付剞劂者未及其半。王昶蒲褐山房詩話。

先生撰六宗考，自伏生以下，諸家紛綸之說，皆賅而存之，以補劉昭、羅泌、馬端臨之闕。顧論而不議，取全謝山經史問答中語繫之末，以示折中其說。言尚書六宗，即左傳六物，特出新意，爲前人所未道。許宗彦鑑止水齋集六宗説。

先生與厲樊榭以遼、金兩史疏略，相約分撰，爲補其闕。厲氏成遼史拾遺，刊行。先生撰金史補，以「補史」名其亭。乾隆杭州府志云二十卷，杭郡詩輯僅載其本紀五卷。杭州府志杭郡詩輯。

先生自言：「吾經學不如吴東壁，史學不如全謝山，詩學不如厲樊榭。」而齊次風侍郎特嗜先生作，嘗集蘇詩及先生詩爲一卷，曰蘇杭集句。先正事略。

案：堇浦身後無傳狀，事實勿能詳，後人追紀之文，惟見許宗彦撰别傳，洪亮吉撰書遺事，龔自珍撰逸事狀，及先正事略雜採諸家之言，異同牴牾。惟東華録據實録載「考試御史，所言忤旨，上諭斥責革職」爲可傳信。今採諸書之可信者，其傳聞不實之詞，皆略之，以從矜慎。

堇浦交游

吴先生廷華

吴廷華原名蘭芳，字中林，仁和人。康熙甲午舉人，内閣中書，歷官福建海防同知。乾隆初，薦修三禮、方侍郎苞、李侍郎紱並相契重，悉以考訂屬焉。委以三禮禮節四圖，檢諸儒舊圖增删補輯，多正敖氏之訛，十年乃成。初在福建時，穿穴注、疏，著三禮疑義，至是數易其稿。以義禮一書，敍次質直，自一字至十數字，句多奇零不整，且監本與石經各有脱誤，鄭注與賈疏不免轇轕，謂讀者之失有二：句讀不明，則句可移綴，上下往往賓主易位，東西乖方；章次不分，則禮之始終度數，與賓尸介紹、冠服、玉帛、牲牢、尊俎之陳，如滿屋散錢，毫無條貫。章句之不知，又何論義疏也？用是删繁取約，補脱勘訛，撰章句十七卷。一篇之中，畫其節目，一節之内，析其句讀。如士冠禮筮日戒賓，雖仍賈疏及儀禮經傳通解所分之次，而更按其節次分爲六章，筮日戒賓四節爲第一章，冠前之禮初加三加四節爲二章，正冠之禮禮子命字醴賓諸節爲三章，四章冠畢餘禮，令展帙者知某事在某禮之前，某事在某禮之後。十七篇節目，瞭如指掌。其訓釋多本鄭、賈箋疏，間亦採他説，附案以發明之。喪服一篇，尤爲教孝要道，更加詳審。列朝服制亦兼附焉。此書行世，爲學禮者之階梯。三禮疑義諸書卷帙浩繁，未刊，振綺堂汪氏藏其稿，凡百數十卷。參四庫全書提要、子壽祺撰儀禮章句跋及嚴杰跋。

厲先生鶚

厲鶚字太鴻，錢塘人。先世籍慈谿，以四明山樊榭名其居，因以自號。性耽閒靜，勤於著述。康熙庚子舉人。乾隆初舉博學鴻詞，應試報罷。尋以縣令赴選，道經天津，留查氏水西莊，觴詠數月，竟不入京而返。久客揚州，馬氏玲瓏山館藏書最富，延主其家，數年盡探其祕籍。生平博洽羣書，尤熟於宋事。著遼史拾遺二十四卷，採摭之書凡三百餘種。又仿計敏夫例，爲宋詩紀事一百卷，南宋院畫録八卷。又與同社作南宋雜事詩七卷。考證詳明，足傳於後。又有東城雜記二卷，湖船録一卷。與查爲仁同箋注周密絶妙好詞七卷。詩與詞尤擅場，有樊榭山房集十卷，續集十卷，文集四卷，集外詩一卷，詞四卷，游仙詩三卷。參全祖望撰墓誌、四庫全書提要、先正事略。

遼史拾遺自序

宋、遼、金三史，同修於元至正間，秉筆者多一時名儒碩彦，而宋史失之繁，遼史失之簡，惟金史繁簡得中爲善。明雲間王圻作續文獻通考，中所列遼事，條分件繫，不出正史。嘗病其陋，而歎遼之掌故淪亡也。蓋其開基朔漠，撫有燕、雲，制度職官兼采漢制。自聖宗與宋盟好後，文物漸開，科舉日盛。

意當日必有記注典章，可裨國史者。求之簿録家不少概見，即家集野乘亦散佚無傳。豈以書有厲禁，不得入中朝乎？抑金源初年尚武，雖滅遼，未遑收及圖籍乎？間嘗取而覈之。遼之有國二百餘年，清泰間滅兩大國，則用兵宜詳；澶淵、關南和議再修，則信誓宜詳；星軺往來，俱極華選，則聘遊宜詳。至如負義侯黄龍安置之年，天祚帝海上夾攻之事，高麗臣事，西夏跳梁，非摭他書，何以知其顛末邪？暇日輒爲甄録，自本紀外，志、表、列傳、外紀、國語，凡有援引，隨事補綴。猶以方域幽遐，風尚寥邈，采篇詠于山川，述碑碣于塔廟，短書小説，過而存之，亦得失之林，讀史者所宜考也。敢曰索隱，聊以拾遺編次爲如干卷，以待博雅君子之删補焉。

文集

石經考異序

六經自遘秦火，或藏屋壁，或寘山崖，大義微言，幾乎中絶。漢興，摭拾散佚，絶而復續，脱漏舛譌，往往而有。向、歆父子校之于前，伏無忌、劉騊駼、馬融、班固諸人校之于後，乃博士試甲乙科爭第高下，至有行賂定蘭臺漆書經字以合私文者。于是熹平四年，詔諸儒正五經文字，議郎蔡邕書丹刻石，立于太學門外，此石經之所自昉也。厥後魏正始、唐開成、孟蜀廣政，宋至和、嘉祐、紹興，俱仿前規，以示模式。歐陽子集古録所收金石文字最廣，獨遺唐石經不載。趙德甫金石録、洪景伯隸釋所載漢石經，僅殘缺遺字。晁子止取唐、蜀石本與後唐長興版本參校，著石經考異，其書不傳。本朝崑山亭林顧氏著石經考一編，自漢以後，異同始末，該而存之，可謂補前人之遺者也。吾友杭君堇浦補顧氏之遺而加詳，中參之以辨論，如五經六經七經之核其實；一字三字之定其歸；二十五碑四十八碑之析其數；堂東堂西之殊其列；自洛入鄴，自汴入燕之分其地；駁鴻都門學非太學，魏石經非邯鄲淳書，直發千古之蒙滯，皎然如揭白日，涣然如釋春冰。蓋綴緝既力，用思復精，足以剖芒釐，審同異，不獨爲顧氏之諍友，兼可上游晁氏，大裨來學者已。書成，堇浦屬序于鶚，竟讀而歎曰：「甚哉，著書之難也！」范曄、楊衒之、魏收、魏徵諸家皆誤以漢石經爲三字，堇浦援据諸書而知一字之爲漢，三字之爲魏。請爲堇浦立一佐證，可乎？公羊昭二十五年，「齊侯唁公于野井，既哭，以人爲菑」。何休注云：「菑，周埒垣也。今大學辟雍作側字。」儒林傳：「休精研六經，世儒無及者。太尉陳蕃辟之，與參政事。蕃敗，乃作春秋公羊解詁，覃思不闚門十有七年。」按蕃誅于靈帝建寧元年，又七年爲熹平四年，始立石經，爾時休詁公羊未卒業，則辟雍所作側字，其爲石經隸字無疑。趙氏金石録亦云：「世所傳經書與漢石經不同者數百言，此蔡邕石經一字之佐證也。」左氏隱元年傳，仲子手文「爲魯夫人」，孔穎達正義云：「唐叔亦有文在手，曰虞。」隸書起于秦末，手文必非隸書。石經古文「魯」作「㫃」，「虞」作「㕚」，手文容或似之。按晉書衛恒傳言魏正始中立古篆隸三字石經，唐書藝文志有三字石經左傳古篆書十二卷，正義所引，是古文一體，此正始石經三字之佐證也。鶚不敏，不足與于校讎之役，聊以斯言復堇浦，或者希左袒于斯編云爾。

漢西京無太學辨

漢書藝文志禮「曲臺后倉九篇」，如淳注曰：「行禮射於曲臺，后倉爲記，故名曰曲臺記。漢官曰：大射于曲臺。」晉灼曰：「天子射宫也。西京無太學，於此行禮。」儒林傳：「后倉説禮數萬言，號曰后氏曲臺記。」服虔注曰：「在曲臺校書著説，因以爲名。」師古曰：「曲臺殿在未央宫。」同一曲臺也，如、晉與服、顔其説互異。間取漢書及三輔黄圖覈之，而知晉灼「西京無太學」之説非也。翼奉傳：「孝文皇帝躬行節儉，未央宫獨有前殿曲臺。」王尊傳：「成帝正月行幸曲臺，臨饗，罷衛士。」是曲臺爲未央晏游之所，行禮習射當屬偶然，不得竟以射宫目之。武帝初，因竇太后好黄、老，非薄六經，學校未立。自董仲舒有興學之對，公孫弘有立博士弟子之請，元朔四年，迺下令禮官，勸學之詔，太學之立，當即在此時。班氏武紀贊云：「興太學，修郊祀，改正朔，定曆數，協音律，作詩樂，建封禪，禮百神，紹周後。」夫此九事者，爲孝武一代美談，且以興學冠於修郊、改朔之首，其大書特書，爲何如耶？至成帝末，或言天子太學弟子少，於是增員三千人，此西京太學之炳然見於儒林傳序者。迺曲護晉氏之説者云：「本西京之初言之。」夫后倉以詩、禮授翼奉、蕭望之，匡衡爲宣、元間人，不應注后氏曲臺記援西京初以爲之説也。不特此也，王褒傳云：「益州刺史王襄，使褒作中和、樂職、宣布詩。」時氾鄉侯何武爲僮子，在選中。久之，武等學長安，歌太學下，轉而上聞。」又鮑宣傳云：「宣坐距閉使者，下廷尉獄，博士弟子濟南王咸舉幡太學下。」夫曰「太學下」，則實有其地矣。鄱陽馬氏立學校之官，元未嘗有庠序之説，皆述晉灼而誤焉者也。徐天麟西漢會要云：「三輔黄圖：漢辟雍在長安西北七里。恐即王莽所立。」不知兒寬上武帝壽，已有「陛下發憤，合指天地，祖立明堂、辟雍」之言。河間獻王來朝獻雅樂，對三雍宫。應劭注：「明堂、辟雍、靈臺也。」是辟雍武帝時已立之。徐氏又云：「黄圖：漢太學亦在長安西北七里。疑即辟雍。」蓋本蔡邕異名同事之論，不知漢制辟雍、太學自有兩地。觀世祖建武五年營起太學，中元元年初營明堂、辟雍、靈臺。辟雍爲天子養老大射之所，太學爲博士弟子授業之所。西京立辟雍，雖未舉行養老射禮，而太學賢士之關，自昔已然，故黄圖「在長安西北七里」，與辟雍並峙，彰彰可據。師古注漢書多引黄圖以釋宫殿，特失援此條爲晉灼刊誤耳。記云：「建國君民，教學爲先。」太學者，首善之區，風化之原也。漢承秦弊，學校廢黜。高祖過魯，以太牢祀孔子，以開尊崇聖道之端。至武帝雄材大略，始舉久廢之鉅典，毅然行之天下，學者靡然嚮風。此誠百代之宏規，後王之盛法也。如晉灼之云，則有善不書，班氏何以稱良史哉！

齊襄公復九世讎議

春秋經書「紀侯大去其國」，公羊傳以爲「賢齊襄公復九世之讎，故諱之，而不書齊滅」。所謂九世之讎者，哀公烹乎周，紀侯譖之。烹哀公者，徐廣注史齊世家云：「夷王。」鄭氏詩譜云：「懿王也。」或問其説之是非，請酌而議之曰：「復讎之義，見于禮經者，父之讎弗與共戴天，兄弟之讎不反兵，未聞有九世也。即以世讎言之，止有五世，不應有九世。周官調人云：『父之讎辟諸海外，兄弟之讎辟諸千里之外，從父兄弟之讎不同國。』賈公彦疏云：『此經略言，其不言者，皆以服約之。伯叔父母姑姊妹女子子在室及兄弟衆子一與兄弟同。其祖父母曾祖父母高祖父母，其孫承後皆斬衰，皆與父同。其不承後者，祖與伯叔同。曾祖高祖齊衰三月，皆與從父兄弟同。自外不見者，據服爲斷也。』夫據服爲斷，親盡則服盡，服盡則讎盡，故許慎作五經異義云：『古周禮説復讎之義不過五世。』魯桓公爲齊襄公所殺，定公是桓公九世孫，孔子相定公，與齊侯會夾谷，是不復九世之讎也。公羊所云諸侯會聚之事，必稱先君以相接，齊紀無説焉。不可以並立乎天下，其不然矣！其不然矣！凡經之所云讎者，皆是殺義。鄭注：『父者子之天，殺己之天。』紀侯但譖哀公，安必懿王之受而烹之？不得云紀侯殺之也。懿王受譖而烹之，則齊襄之讎，應在莊王矣，天王其可讎乎？子胥入郢，撻平王之墓，左氏紀鄖公辛之言曰：『君討臣，誰敢讎之？君命，天也。』則公羊『父不受誅，子復讎』之義疎矣。乃子胥不聞其辱無極之屍，何有譖九世之祖，而怒其無罪之遠孫哉！且齊之政始衰於哀公，齊風雞鳴序刺哀公之荒淫，還序刺哀公之好獵，外禽内色，未或不亡。當時于王室必有失朝覲貢獻之職者，而後紀侯之譖得入之。周德雖衰，哀公非不受誅。彼讎及九世云者，衡以推刃之説，其自相剌謬亦甚矣。紀、齊，同姓國也，又嘗同盟于黄。前此，齊師遷紀郱、鄑、郚三邑，紀季以酅入于齊，齊侯之利其地也久矣。穀梁傳云：『紀侯賢而齊滅之。不言滅，而曰大去其國者，不使小人加乎君子。』董仲舒繁露亦云：『紀侯率一國之衆，以衛九世之主，襄公逐之不去，求之弗予，上下同心而俱死，故爲之大去。春秋賢死義且得衆心也。甫田之詩刺襄公無禮義而求大功，不修德而求諸侯，是其事也。』滅同姓，無親也；滅同盟，無信也。襄公獸行，而賢其復九世之讎，此公羊之俗説，鍾元常所謂賣餅家者也。」

諸先生錦

諸錦字襄七，號草廬，秀水人。雍正甲辰進士，改庶吉士，散館以知縣用，改就金華府教授。乾隆丙辰，舉博學鴻詞，授編修，與修三禮。典福建、山西鄉試，稱得士。官至左贊善，以老假歸。三十四年卒，年八十四。少孤家貧，無買書資，聞吴下書賈某愛客，嘗詣而讀之，後益浸淫典籍，博聞强識。於箋、疏考核尤精。著有毛詩説二卷，附通論九則，一以小序爲主，毛、鄭諸子而外，有佳説則采之，有奥義則通之，疏證旁通，時有新意。又著饗禮補亡一卷，以吴澄所補儀禮經傳諸篇獨缺饗禮，因據周官賓客之聯事而比次之，並取左傳、禮記中之事關饗禮者，逐條分注，間加按語以申明之。其以經補經，體式天然，非雜就附會之比。又著夏小正詁一卷，專釋名物，亦多以經詁經。又有周易觀象補義略若干卷，稿藏於家。工詩，法山谷、后山，嘗輯浙中耆舊詩爲國朝風雅。自著有絳跗閣詩十一卷。參史傳、鶴徵後録、饗禮補亡洙蘭泰序。

齊先生召南

別爲息園學案。

全先生祖望

別爲謝山學案。

江先生永 别爲慎修學案。

王先生鳴盛 别爲西莊學案。

王先生昶 别爲蘭泉學案。

清儒學案卷六十六

翠庭學案

閩中學派，安溪、梁村皆宗朱子。翠庭親受學於梁村，立朝建白多持大體。督學吴、越，以理學維風化，不愧醇儒，閩、嶠後進多依歸焉。述翠庭學案。

雷先生鋐

雷鋐字貫一，號翠庭，寧化人。少爲諸生時，肄業鼇峯書院，親受學於漳浦蔡文勤公。雍正癸卯舉於鄉。以合河孫文定公薦，授國子監學正。癸丑成進士，改庶吉士。高宗即位，召直上書房，授皇子讀。散館時，因病未與試，特授編修。每進經史講義，必明辨安危治亂之幾，歸本於人主之一心，以推極於民生國計，反覆詳盡，無隱情。先後督江蘇、浙江學政，教士敦實行，去功利。每按臨，親與諸生講論不倦，衡文清正，一革舊習。累官至左副都御史，以母老乞養歸。乾隆二十五年，母喪未終，以勞毁卒，年六十四。先生平居，雍雍以和，不見喜愠之色。臨大節，則嶄然不可奪。在朝遇重臣無加禮，退接故交如布衣時。造次必於禮，而宏毅簡重，安舒自得，見者知爲粹然大儒也。謂李貫之得力「喚起截斷」四字，頻喚起真心，敬以直内之要也。每截斷思念，義以方外之本也。又謂朱子與何叔京云：「人心無形，出入不定，須就規矩繩墨上守定，使自内外帖服。」按此是講學第一要緊處，小學一書，所當服膺踐履。又謂一刻不持重便害德性，一刻不專一便荒本業，一刻不警惕便墮晏安。晏安溺志，則害德性，荒本業，不待言矣。又謂朱子仁説，讀之既久，令人見得本體融通流貫處，功夫精切周徧處。蓋生理涵於心，爲心之德，而義禮智統是矣。故朱子一言以蔽之曰：「天地以生物爲心，而人各得天地生物之心以爲心也。」又謂孔子「性相近」之言，實萬世言性之宗旨。孟子「性善」之言，正是相近之實際。相近者，善之相近也。以萬物爲一體者，堯、舜之仁也。今人乍見孺子入井而怵惕惻隱，可謂不與堯、舜之仁相近乎？故曰性善也。擴而充之，人皆可以爲堯、舜也。又謂道心即性也。人心之正，道心爲之主，即性宰乎氣也。人心之偏，道心之有蔽，即性汩於氣而失焉者也。非道心爲一心，人心又爲一心，是知謂心即性者非也。離心性而二之者，亦非也。其立言篤實類此。又謂古人心最平，如孟子謂夷、惠隘與不恭，君子不由，而又謂其爲百世之師。後世如陸子静、王陽明、陳白沙論學術者必辨之，然其砥節礪行，以之鍼砭鄙俗，不亦百世之師耶？此尤見先生持論之平允。著有讀書偶記三卷，四庫採入儒家。經笥堂集三十五卷，同縣伊秉綬選刻百篇爲文鈔二卷。他又有自恥録、校士偶存、聞見偶録等書。參史傳、朱仕琇撰墓誌銘、彭啓豐撰墓誌銘、陰承功撰行狀、彭紹升撰事狀、文獻徵存録、學案小識、四庫提要。

文鈔

知行存養論

學以躬行蹈道爲務，豈曰吾徒知之而已哉。世固有與之語先王之道，泛論人物之是非得失，井然不淆，其措之躬，則遺且悖矣。此能知而不能行，究非真知也。語先王之道，泛論人物之是非得失，井然而不淆者，其知尚未昧也。措之躬，則遺且悖焉，是其知已有物以蔽之也。使就其井然不淆者推而致之，不爲外物之所蔽，其本體之明，自不可得而昏。知吾身之所具五官百骸，皆所以肖乎天地，則必克踐其形，乃不自安於塊然血肉之軀。知吾身之所接，父子之親，君臣之義，長幼之序，夫婦之别，朋友之信，皆此天性流通，則必克盡其倫，乃不至漠然如秦、越之人。今夫士人雖窘迫無聊，驅之爲穿窬，寧忍死而不爲，知之真故也。至於形之不踐，倫之不盡，則自溺於衆人，漫不加省，不自知如穿窬之可恥也。然則致知之道如何？人倫庶物之理皆具於心，非有出於性分之外，而不能無氣拘而物蔽。聖經賢傳皆載此理，以開牖後人之心思，即是以窮理驗之日用行事之實，則知心與理無内外之隔。吾心之知，自貫乎人倫庶物，而無顯微之間。彼泛騖以求知，固易失於支離；憑臆以求知，更易入於冥悟。若使此心憧擾不寧，又何以爲致知之地哉！程子云：「致知在乎所養。」朱子云：「非存心無以致知。」此尊德性，道問學，爲千古聖學之標準也。

象山禪學考

世目象山爲禪學，以象山教人閉目靜坐不讀書者，非也。象山語録多近禪，然未嘗言不讀書，亦罕靜坐。惟詹阜民所記象山云：「學者能常閉目亦佳。」其文集中并「靜坐」二字無之。其與劉深甫書云：「開卷讀書時，整冠肅容，平心定氣，訓詁章句苟能從容不迫而諷詠之，其理當自有彰彰者。」與傅聖謨云：「已知者力行以終之，未知者學問思辨以求之。」此與朱子教人無以異。雖然象山謂有子之言爲支離，爲私智杜撰；言子貢非能知顏子。又云：「宰我、子貢、有若智足以知聖人。若責以大智，望之以真知聖人，非其任也。」尤可怪者，言子羔、曾子皆爲夫子所喜，於二人中尤屬意子羔，不幸前夫子而死。按左傳哀公十五年，孔子聞衛亂，曰：「柴也其來，由也死矣。」明年夏四月己丑，孔子卒。子羔後孔子而死，不待言，安有博學、審問、慎思、明辨者，鹵莽、滅裂至此哉！蓋象山所自得在「心即理」，見與李宰第二書。以此直接顏、曾，視子貢以下諸賢皆所不足。夫心即理，不必有人心、道心之分。達摩所謂「直指人心，見性成佛」也。惟其然，遂信心自是憑臆武斷，無所顧忌。其與張輔之云：「吾有知乎哉！此理豈容有知哉！」答楊敬仲云：「未嘗用力，而舊習釋然，此真善用力者也。」作楊承奉即敬仲之父。墓碣云：「顏回屢空，夫子所喜。必以所得填塞胸中，抑自苦耳！」與似清云：「何處轉不得法輪？何人續不得慧命？宜乎傅子淵猖狂放肆。」詩偈類釋子，象山最屬意，謂功罪不相掩，顏子堅竟變服削髮爲僧也。

陽明禪學考

儒者闢釋學，每以陸、王並稱。曩竊疑之。象山論格物曰：「格，至也。」與「窮」字、「究」字同義，皆研磨考索以求其至耳。陽明則曰：「致知格物，自來儒者相沿如此。象山不復致疑，此象山見得未精一也。」象山言：「爲學有講明，有踐履。大學致知格物，中庸學問思辨，孟子始條理者智之事，此講明也。大學誠意正心修身，中庸篤行之，孟子終條理者聖之事，此踐履也。」陽明則曰：「學問思辨便是行。」又曰：「良知之外更無知，致知之外更無學。」何其與象山互異！考陽明之書，凡象山之合乎聖學者則盡反之，象山之近乎禪學者則力張之。愚作象山禪學考，象山之學既舉其端矣。至陽明則直曰：「佛氏之本來面目，即聖門所謂良知。」又云：「無所住而生其心，佛氏曾有是言，未爲非也。」見與陸元靜書。又云：「道一而已，仁者見之謂之仁，智者見之謂之智。釋氏之所以爲釋，老氏之所以爲老，百姓之日用而不知，皆是道也，曾有二乎？」見與鄒謙之書。此皆象山所未敢明目張膽言之者。然其根原則自象山以「心即理」爲心學，故陽明亦曰：「心即理也。學者學此心也，求者求此心也。」見答顧東橋書。謂「良知發見流行，光明圓瑩」，見與聶蔚文書。不即佛氏之「淨智妙圓，光明寂照」乎？嗚呼！指心即理，欲人反求諸心，宜無不可錮於氣稟，蔽於私見，必且師心自用，認欲爲理，其禍至不可究極。當時爭大禮，如霍韜、席書、黃宗明、黃綰，皆從陽明講學者。陽明與霍兀厓即韜。書云：「曾辱大禮疏見示，時方在疚，心善其說。」又與黃誠甫即宗明。書云：「近得宗賢即綰。寄示禮疏，明甚。誠甫之議，當無不同論者。」斥霍、黃諸人迎合時局，以希富貴，而不知陽明實陰主之，蓋亦其良知以爲當若是耳。故曰：「象山如荀況，陽明似李斯。」

江寧試院示諸生

前者問諸生：「情，一也，中庸以喜怒哀樂言，孟子則以惻隱羞惡辭讓是非言，其不同何也？且孟子以仁義禮智爲性，以惻隱羞惡辭讓是非爲情。朱子註太極圖說，則以仁與中爲用，義與正爲體，何也？」諸生答者離合各半。其合者亦因風簷寸晷，語焉不詳。今更與諸生言之：中庸之言渾而該，孟子之言析而明。夫未發之中，已發之和，非必大賢以上始有之。此言性情之德，以明道不可離之意，是就人人所有者言。人人皆有未發之中，已發之和，特不能操存省察以致之耳。夫未發之中，包仁義禮智之性；已發之和，即該惻隱羞惡辭讓是非之情。所謂知皆擴而充之，即是致中和。「致」字之註脚，操存省察乃能擴而充之。省察所以知擴充操存，又先一層，是愈説愈密耳。孟子因當時人利慾錮蔽已深，只就四端擴充上指點，未説到未發之中。他日言「存其心，養其性」，則該之矣。夫喜怒哀樂似兼人心、道心，孟子四端則專以道心之發見言。然而中庸不重言喜怒哀樂也，言喜怒哀樂之未發耳，言喜怒哀樂之中節耳。未發之中全是道心，中節則人心無非道心矣。且中節，則喜怒哀樂無非惻隱羞惡辭讓是非之心可知矣。夫既以性情分體用，而朱子註太極圖説以仁與中屬動爲用，以義與正屬靜爲體，此如言天道以元亨利貞爲體，春夏秋冬爲用。細分之，則元亨就發用言，利貞就斂藏言，故曰：「利貞者，性情也。」以先天圖言，震離兑乾屬發用，巽坎艮坤屬斂藏。邵子所謂坤復之間乃無極，即周子主靜之意。以後天圖言，乾居西北以知大始，坎位正北爲萬物所歸，正主靜之義。艮成終而成始，則由靜而將動矣。邵子先、後天圖，周子未之見，而其理具於易，有默契焉，故曰：「其揆一也。」

金壇試院示諸生

直指仁義禮智爲人性，實發自孟子，蓋易文言言君子，中庸言至聖，未嘗統言人之性也。孟子就此指出人性之所以善，更指出惻隱羞惡辭讓是非之四端，真乃鑿破混沌，開闢屯蒙，發前聖所未發。而養氣之義猶次之。至加一「信」字爲五常。「五常」二字見樂記。五常爲仁義禮智信見董子賢良策，又見白虎通。五常配乎五行，確不可易。信貫乎仁義禮智之中，故端只可言四。至于靜中無端可尋，或遂求之虛寂，謂「無善無惡心之體」，不知天地之元氣不息，人生之生理不滅。心如穀種，仁則其生之性，穀種中自具爲苗爲穗爲實之理，待其發而後見，不待其發而後知。此仁所以包乎義禮智也。乃不仁之人，自戕其生理，并喪乎義禮智者，則氣禀既雜，物欲乘之，天理人欲判焉而相反。天理人欲亦見樂記：「人化物也者，滅天理而窮人欲者也。」其語甚精而密。此皆初學所耳聞目見，多忽而不察，故令諸生致思焉，更反身用力而自得之，庶不蹈于不仁之歸也夫。

湖州試院與諸生論太極圖説通書

周子太極圖説、通書，朱子表章而發明之，既爲之註，又與陸象山辨論，悉矣。今覘諸生體會親切何如，非欲别出意見也。愚竊謂，二書當合爲易通一書。太極圖説爲首章，即如中庸之首章也。中庸二章提出「時中」，周子二章提出「誠」字，其理一也。言性命之書無過中庸，宋五子得其精意，而更互演繹之。讀太極圖説「真精妙合，乾道成男，坤道成女」，「天命謂性之理明矣。朱子註曰「天以陰陽五行化生萬物，氣以成形而理賦焉」，本此意也。人得秀而最靈，形生神發，五性感動而善惡分，此朱子所謂「性道雖同，而氣禀或異，故不能無過不及之差」也。聖人定之以中正仁義，而主静立人極焉，此所以有修道之教也，君子修之吉。朱子謂「君子之戒慎恐懼，所以修此而吉」，亦本中庸。又謂「敬則欲寡而理明，寡之又寡，以至於無，則静虚動直而聖可學」，即引通書作註。凡通書中立誠、審幾、慎動而要於無欲，皆所以修之之功也。大抵通書無非發明太極圖説，猶中庸全書不出首章之義也。或曰：「周子原名易通，言易之書也。易之妙有外於時中者乎？」易統於乾、坤二卦，坤又統於乾。乾者，健行不息，誠之至也。故中庸、易通皆極言誠。至「無極」二字，後儒援引老子「復歸無極」之云，用相疑難，殊不知周子正恐人馳心空寂，故曰：「無極非無也，無極而太極也。」至於體會親切，則有當湖陸先生太極論，在學者其服膺而勿失焉。

紹興試院與諸生論知行先後説

知行先後之説，書則「惟精惟一」；易文言則「學聚問辨，寬居仁行」；論語則「博文約禮」；大學則「格致誠正修」；中庸則「明善誠身」；孟子則「知天事天」，可謂井然分明矣。或以易文言之「敬以直內，義以方外」，中庸之「尊德性，道問學」爲行先於知者，非也。敬貫乎知行，義則有精義、集義之功。尊德性即敬以直內也，道問學即義以方外也。朱子章句雖分存心致知，實以致知兼力行。盡精微知新知也，道中庸崇禮行也。顧或執姚江先行後知之說，謂「覽地輿圖而知山川城郭，非知也。必身造其域，而後山川之險易，城郭之廣狹，可深信而不疑。」然非先問津而識塗，則適越而北轅矣，何由身造其域哉！毒藥之必不可食，穿窬之必不可爲，必食毒藥、爲穿窬而後知其不可，則晚矣！然則何爲而有先行後知之說？蓋有激於俗學口耳佔畢仁義道德，人人言之而無能真知而允蹈之故也。且知行亦非截然分先後，陳北溪謂「如目視足履」最切當。人豈有目不視而能履者哉！亦豈有坐視數千里外而後履者哉！朱子答吴晦叔書，謂「就一事而觀之，則知之爲先，行之爲後，無可疑者。而合夫知之淺深、行之大小而言，則必先成乎小，而後馴致乎大。」諸生中有謂「知行中又各有先後」者，是也。顧或沿舊說，謂「曾子從行入，子貢從知入」者，又非也。曾子隨事精察而力行之，就曾子問一篇，見曾子之精察，非朱子鑿空加以此語也，然則謂曾子先行後知，可乎？雖然，不知者蚩蚩之民，何責焉！吾人自謂講學，而不能踐言，抱慙衾影，叢疚幽獨，可恥孰甚乎此！則當與諸生互相警覺者也。

嚴州試院與諸生論格致傳義

格物致知之義，程、朱以前，則有司馬温公「捍禦外物，而後能知至道」之說，朱子或問中辨之明矣。後乎程、朱，則姚江王氏謂「格，正也。正其不正，以歸於正也」。如其言，則必先致知而後能格物矣。

且一格物，無所事誠意正心脩身之功矣。即遵守朱子之學者，亦有以「知止」二節合「聽訟」節爲格致傳，不待更補之云。夫必知止而後得止，必知所先後乃可近道。必以「知本」爲大學之要，然於「格物」二字未有發明也。近來更有襲姚江之説者，謂「即凡天下之物，莫不因其已知之理而益窮之，以求至乎其極，而後能誠意正心」。則終身無誠正之日，徒使人日馳其心於浩渺紛賾之途，如浮海者之無津涯。嗟乎！爲是言者，何其鹵莽而滅裂也！獨不曰人心之靈，莫不有知乎？獨不曰因其已知之理，而益窮之乎？夫人心之靈，莫切於孩提知愛，稍長知敬。即此愛敬之心，推致而擴充之，則仁之實，事親是也；義之實，從兄是也。且夫無欲害人之心，無穿窬之心，是人心莫不有知者也。充之則仁與義不可勝用。謂非推致其本心之明，以措之躬，而施諸事乎？豈有必待數十年格物致知，而後誠意正心之理乎？朱子所謂「其用力之方，或考之事爲之著，或察之念慮之微，或求之文字之中，或索之講論之際」，可謂內外本末兼舉之矣。今舍其身心性情之德，人倫日用之要，而徒摘其「一草一木亦皆有理」之言，是孟子所謂「養其一指，而失其肩背」者也。嗟乎！後世之好爲妄議者，程子已言之矣，曰：「致知之要，當知至善之所在，如父止於慈，子止於孝之類。若不務此，而徒欲泛然以觀萬物之理，則吾恐其如大軍之遊騎，出太遠而無所歸也。」今約而言之，格物者，格此身心意以及天下國家之物；致知者，知所以誠意正心修身以齊家治國平天下而已矣。而知與意尤爲交關切要處，即意中可好可惡之物，格之而知其當好當惡，務決去而求必得之，則誠意之功也。夫豈有兩時兩事之可分哉！

東林書院示諸生

此地自龜山先生講學而後，至明季顧、高二先生崛起，風聲感召，四方響應，可謂一時之盛。及黨禁日酷，善類胥戕，而世事遂不可問。正人君子之興衰，其關係如此。夫顧、高諸先生所以卓立千古，其志超然于富貴利達之外，其講明踐履，探原握要，歷貧賤患難死生而如一，此之謂實學也。學者每視古人爲不可及，大率由於見小而欲速。間有聰明才俊，躐取科名，學鮮根柢，行無矩矱，立身一敗，萬事瓦裂。即不然，亦碌碌無足齒數，老死牖下，豈不辜負此七尺之軀乎！學者見小欲速，每分舉業與道學爲二途，不知就今功令，按實而求之，即道學也。童子覆試，必用小學，以小學立教，明倫敬身，爲一生樹立之基也。鄉試必用孝經、性理作論，以孝爲百行之首，性理一書所以發明四子書之精蘊也。至若四子書在天地爲天地之元氣，在人身爲人身之元氣，體此以終身，喘息呼吸不可須臾離。試問此等書非舉業家所日相諷誦者乎？故曰：「按實而求之，即道學也。」豈別有一艱深不可造之境哉！所患者，志不立而苟安流俗耳！諸生中不自菲薄者，願振拔而奮興焉，則道南有嗣音矣。

道南祠之配享，必實有躬行心得之學，且於東林一脈有關涉則祀之，足以感發乎後人。顧、高以後，如劉蕺山、黄石齋、陳幾亭，可謂磊磊軒天地，而以孫北海厠其間，何耶？北海學術雖謹守繩墨，而人品比孫夏峯相去霄壤。夏峯主姚江而不悖程、朱，北海口述程、朱而實爲姚江者所不齒。當日并祀王敬哉，更不知何故？至宋牧仲、許時菴于東林脩廢舉墜，當與歐陽東鳳、林宰、曾櫻三公大有造于東林者，按時代先後，别祀一祠，可也。其他尚有冒濫者，後之君子必公覈而釐正之。

答諸生問毛西河語

或問：「西河之言易也，謂易有五易，世第知兩易，而不知三易。兩易者，一曰變易，爲陽變陰，陰變陽也。一曰交易，爲陰交乎陽，陽交乎陰也。此伏羲氏之易也。若夫三易，則一曰反易，謂相其順逆，審其向背而反見之。一曰對易，謂比其陰陽，絜其剛柔而對觀之。一曰移易，謂審其分聚，計其往來而推移而上下之。此三易者，文王、周公之爲易也。此可謂發前人之所未發乎？」曰：「非也。易之爲易，交易、變易盡之矣。其所謂反易、對易、移易，無非變易之極致也。其謂八卦爲乾坤之變易，六十四卦爲乾坤之交易，亦非也。有交易而後有變易，如人之夫婦交而後生男女也。☰乾而變一陰謂之巽，此坤交乎乾，故能變此一陰也。☷坤而變一陽謂之震，此即乾交乎坤，故能變此一陽也。其本説卦謂先有乾坤而後有六子，兼三才而兩之，故易六畫而成卦。八卦成列，因而重之成六十四卦。此易繫傳、説卦明言之。西河據以力詆邵子所傳於希夷之四圖，其言可謂辨矣。然邵子加一倍法，亦從易有太極，是生兩儀，兩儀〔一〕生四象，四象生八卦之繫傳來。西河謂太極兩儀四象八卦指揲筮言，非泛指天地之理，不知唯有理斯有氣有象有數，未有無理而生象數者。況其引崔璟云『捨一蓍爲太極，分之以

〔一〕「兩儀」，原無，據周易繫辭補。

象兩爲兩儀』，又引李氏易解『四十九數未分爲太極，分之爲陰陽』，不已自相矛盾乎？其力詆河圖、洛書，謂朱子載其文于大易之首。不知河圖、洛書及羲、文之圖皆在啟蒙，後人取以載于易書之首。西河于本義原文尚未及考也。其詆邵子之學得自陳希夷，則朱子明言，易自孔子後，諸儒不能傳受，而使方外得之流爲丹竈小術，至康節然後返之于易道，何待西河之曉曉也？至于『數往者順，爲已生之卦；知來者逆，爲未生之卦』，亦嘗竊疑其牽强。安溪李文貞公謂『邵子本意是自純陰純陽而順數之者，數往也；自一陰一陽而逆數之者，知來也。』變易之道，非逆數則象不顯，故下從雷風説到乾坤，即所謂逆數。西河謂『六子爲乾坤所生，而推卦逆易則六子可以先乾坤』，意亦相同。然只下節從雷風説到乾坤可通。若自周易全書論之，亦未見其以六子先乾坤。上經明從乾坤二卦説起，何以見其皆爲逆數乎？西河又謂『周易專以反易順逆爲對待，如順爲屯卦，逆之即爲蒙卦』。依其言，則一順一逆，亦何以見易皆爲逆數乎？竊疑數往者順，即知以藏往；知來者逆，即神以知來。易所以前民用，故爲逆數，此亦前人已有之説，似覺明白，然于説卦上下文不相承貫。余于易學，未窺藩籬，姑存所疑，以俟深于此道者質焉。」

或問：「西河以周子太極圖説加無極于太極之上，正墮二氏之見，其所謂無極皆出自老、莊、參同契諸書，何以辨之？」曰：「此朱子答陸子靜書已言之矣。老子『復歸于無極』，無極乃無窮之義，如莊生『入無窮之門，以遊無極之野』云爾，非若周子所言之意也。且周子正恐人求無極于杳冥昏嘿之地，故曰『無極而太極』。蓋言無極非無也，正太極也，何以爲加無極于太極上也？且周子『太極動而生陽，靜而生陰」，正見理能生氣。學者可默會太極生兩儀之妙。西河乃謂「未聞生陰陽而先有動靜」，可謂拘泥之至矣。其曰「陽生于子而息于巳，陰生于午而息於亥」，夫人而知之。曰「陽自子至巳而六時動，陰自午至亥而六時靜」，則雖愚者猶疑之。夫元亨誠之通，利貞誠之復，通復即動靜之機，諒非愚者，可無疑矣。其所謂「息于巳」「息于亥」，亦非也。陰陽有消長而無止息，陽生於子，豈亥時陰遂息乎？陰生于午，豈巳時陽遂息乎？宜乎其不知動靜互根之義也。且夫動靜大段分陰陽，細分之則陽有動靜，陰亦有動靜，即所謂陽中有陰陽，陰中亦有陰陽。此非至愚者亦知之。何乃引易之「乾則靜專動直，坤則靜翕動闢」以駁周子「不得以陰陽分動靜」乎？且夫易言兩儀、四象、八卦，周子只言五行者，蓋以陰陽五行，造化生人生物之功用也。下遂説到人得其秀而最靈，歸于聖人之立極。此其立言各有不同也。至于「根」字、「真」字、「妙合」字，疑其言之同于二氏，而不察其理之實際，則亦可謂操戈入室矣。試思聖人定之以中正仁義，二氏有之乎？所謂主敬者，貞下起元之義，豈二氏可得假借乎？西河引唐宗作華嚴疏序，清涼國師爲註解，有云「天地未分謂之一氣，天道始分即有五運，形質已具謂之太極，轉變五氣遂成五會，有天道焉，有地道焉，有人道焉」，以爲圖説所本。試思其言之支離，與圖説不大相懸隔乎？至西河謂保合太和爲佛氏要旨，則西河曾髡髮爲僧，力爲彼家樹幟而已矣。」

附録

先生鄉舉後，至京寓漳浦蔡文勤邸，不投公卿一刺，高安朱文端、合河孫文定皆禮先焉。孫公薦補國子監學正。登第後，朝考第一，朱公薦之，改庶常館。師方公苞尤心契，以第一流人相期許。陰承功撰行狀。

先生在上書房，自持嚴正。同直編修余棟丁憂，以皇太子薨，入京留侍。先生奏：「皇子侍學之人必明大義，篤倫理，方於學術情性有助。余棟父喪未葬，若隱忍行走，則講書至『宰我問三年』章，何以措口？於天下風化有關。」於是余得終制。同上。

先生官通政使時，丙寅二月，應詔陳言，略云：「上諭戒飭臺諫。諸臣處心積慮，不外名利二途，此我皇上裁成激勵，望其警惕猛省，以古之純臣爲法也。然似因一二臣之言行不符，遂概疑及臺諫諸臣。恐志欲建白者，形迹之間近於博取虛譽，冀望陞轉，轉輾懷疑，徘徊中止。夫就臣子而言，不惟不可計利，并不可好名。而在朝廷樂聞讜言，不必疑其好名，并不必疑其計利。」又云：「孔子稱舜隱惡揚善，則知當舜之時，亦不皆有善而無惡，惟舜隱之揚之，所以士嘉言罔攸伏，明目達聰，用成執兩用中之至治。」又云：「信任忠良練達之臣，屏絶諂諛容悦之習，不爲無事之游幸以增累，不耽無益之玩好以妨幾務。」奉硃批：「雷鋐此奏，朕嘉納之。前謂臺諫不外名利是圖，亦謂彼一時有此氣習耳，今則漸知省改矣。若夫大舜之隱惡揚善，固朕所日勉焉而未逮者也。」同上。

讀書偶記中，論易者幾及其半，大致多本李光地。其論禮則多本方苞，一則其鄉先輩，一則其受業師也。四庫全書提要。

朱梅崖曰：「公之學以躬行爲主，以仁爲歸，以敬義爲門户，以人情事理爲權衡，以六經爲食餌，以文藝爲紳佩，以獎引天下之士爲藩牆。於邪正之界，流漸之潰，析之尤精，防之尤預。大要宗朱文公，而以薛文清、陸清獻二公之書爲譜牒。生平出處，按之固已無一不合於道；所爲文章，則皆本其躬行所得者。」朱仕琇撰經笥堂文集序。

翠庭交游

童先生能靈

童能靈字龍儔，號寒泉，連城人。諸生。薦博學鴻詞不就，累舉優行，皆以母老辭。母年躋九旬，兄弟白髮，同居怡怡。居喪以禮，化及鄉人。翠庭與交二十餘年，服其著述皆從苦心力索而得。嘗過連城訪之，孤館寒燈，商訂舊學，時北風破壁，以草薦障之，歎其貧中有樂趣如此。晚主漳州芝山書院。乾隆十年卒，年六十有三。先生守程、朱家法，不踰尺寸。著朱子爲學考，謂專考朱子爲學次第，其間淺深疏密異同曲折纖悉，逐年逐月皆有可見。即後學用心，實不出此一途。雖其爲朱子自悔處，亦必曾經一番細微體驗，方可見此理之實也。以此與陳氏通辨一書專爲朱、陸異同之論稍有別云。又謂「朱子早晚異同之辨，大要數端：曰一貫忠恕，曰未發已發，曰太極動靜，曰仁，曰心性，曰體用，曰理一分殊，曰空妙，曰實理，曰默識而存，曰循序而進是也。逐段加以按語，分晰惟恐不明，體認惟恐不實」。

又著理學疑問，已刻者四卷：曰心，曰性，曰仁，曰情。其言心主人之神明，謂「神明之妙有三：曰神速，不疾而速，不行而至也。曰神通，貫幽明，通遠近，無所偏礙也。曰神變，應事接物，變化不測也。惟通故速，速亦是通，只是神通神變而已」。言性主性即理，謂「性固是理，即須看得理之在人最爲親切，方見其爲人之性也。蓋人之生，氣聚而生也。氣之所以聚而生，則理爲之也」。其言仁主愛之理，謂「只囫圇説有此仁即有此愛，有此愛即從此仁發出，此猶含糊之見。必須將『愛』字與『理』字拆開看，如何是愛，如何是理；然後合儱看，『愛』字中如何見得有理，『理』字中如何見得有愛，方爲確解耳」。其言情主惻隱四端，初喜虚齋蔡氏四端即是喜怒哀樂之説，後謂「以惻隱屬哀，以羞惡屬怒，此處猶可通融看也。至論辭讓是非，則失其條理矣。須知孟子所謂四端者，蓋謂有此理則有此端，無此理必無此端。端之云者，其爲念最初，而其法甚微也。惟其最初，故不大著現，而微見端倪也。若轉一後念，便須著現，而不得謂之端矣」。他著有周易剩義、樂律古義、河洛太極辨微、冠豸山堂集。卒後祀鄉賢。連城正學始於宋丘起潛，盛於明童東皋，而張警庵及先生繼之。張清恪撫閩時，建文溪書院，祀起潛、東皋。後增建五賢書院，祀宋五子，而以警庵及先生配焉。參翠庭撰墓志、童積超撰墓志跋、學案小識。

陰先生承功

陰承功字靜夫，寧化人。敦行積學，言動必謹。有問學者，先教以小學、近思録，論學必宗朱子。

嘗爲文續昌黎師説，謂「師以傳道爲本，惟受業解惑之大者，乃所以傳道也。韓子之前，顔、曾、思、孟、有、閔、卜、言尚矣，而董、管、葛、王亦庶幾焉。韓子之後，周、程、張、朱尚矣，而蔡、黄、真、魏、何、王、金、許、許、竇、劉、吴、曹、薛、胡、羅、陳、魏、蔡、林，國朝若陸清獻、楊文定、蔡文勤亦庶幾焉」。卒後，其門人同縣伊秉綬刻其文集於揚州。與翠庭游，爲翠庭撰行狀。參學案小識。

文集

主一無適論

程子謂「主一之謂敬，無適之謂一」二句，轉相解釋，朱子合而言之也。程子又謂「不拘思慮與應事者，皆要求一」，朱子謂「主一是專一，無事則湛然安靜而不鶩於動，有事則隨事應變而不及於他」，其義灼然明矣。今四書明辨録乃云：「一字是一箇天理，凡事主於天理，而無私欲之適，是之謂敬事。」則設有數事於此，皆是天理，心方主於此事，亦無妨遽適於彼事乎？將意緒紛紜，主宰無定，何能照察事之條理曲折而合於理乎？其爲害於敬事之實功者甚矣！蓋雖數事並至，亦必權其緩急輕重，急者重者在所先，緩者輕者在所後，應畢一事，又及一事。身在於此，心亦在此，時時照察，然後所應各中其節。可云此皆天理，而雜然亂應哉！本文明曰敬事，則其敬亦就道國之事見之耳。如國之大事在祀與戎，當承祀之時，其心洞洞屬屬，惟主乎祀之一事，而無適於戎；及即戎之時，其心戰戰兢兢，惟主乎戎之一事，而無適於祀。斯爲主一無適耳。至細論之，則盥時心一於盥，薦時心一於薦，謀時心一於謀，戰時心一於戰，無非主一也。若夫存理遏欲，乃平時分別確守，何待至臨事始云爾也。道國之事，皆天理所不容已，非私欲所可言。若主於好貨色，乃桀、紂、蹠、蹻之流，放僻邪侈之事，烏足以擬道國哉！陽明傳習録「好色則心在好色上，好貨則心在好貨上」，可以爲主一乎？此説蓋承襲其意，是即陽明之徒也。

學顔子所學論

自孟子以後，有記誦詞章之學，有異端虚無寂滅之學，有小人儒之學，有爲君子儒而誤者之學。學者不先定其所從，茫然自命爲學，譬如瞽之無相，倀倀乎其何之耶？此周子所以教人學顔子之所學也。夫顔子所學，以不遷怒，不貳過，三月不違仁示之的矣。學者誠如是而學焉，則不失爲真儒，而可以希賢矣。如是又進而不已焉，且可以希聖而希天也，豈非萬世學者所當從事乎？然學者誠欲造乎不遷、不貳、不違之域，果將何以施其功耶？夫子之教顔子也，曰克己復禮。顔子述夫子之教也，曰博我以文，約我以禮。此其所以造乎不遷、不貳、不違之域者也，則學顔子者可知已。蓋博文即大學格物致知也，約禮克復即誠意正心修身也。遡而上之，格致即堯典惟精，誠正修即謂惟一也。由是觀之，自古聖人固無異，學顔子之所學，真萬世學者所當從事矣。子朱子謂「俗儒之學，功倍小學而無用；異端之學，功過大學而無實」，豈欺我哉！乃陸、王二氏以扞外物爲格物，致良知爲致知，而謂讀書窮理爲支離，則凡所謂學於古訓，詢於芻蕘，多識前言往行，學聚問辨，行有餘力則以學文，多聞擇善，多見而識，博學、審問、慎思、明辨皆爲贅言矣。其未入異端，獨其外之人倫在耳。此爲君子儒而誤者也。若夫小人之儒，貌聖賢之貌，言聖賢之言，而制行則相反焉。依託朱子則詆陸、王，依託陸、王則詆朱子。及聲聞既馳，富貴既得，棄其所依託如土龍、芻狗焉。嗚呼！此無忌憚之尤者也，皆由不知學顏子之所學也。

送伊墨卿會試序

學，所以學爲聖賢也。聖賢之學，在於主敬窮理以致其中和焉。方其靜也，事物未接，寂然不動，無偏無倚，而知覺不昧，五性渾然，三才萬物之理莫不畢備，則爲有以致其中矣。及其動也，思慮始萌，七情乍發，應夫君臣父子夫婦昆弟朋友之倫，見乎視聽言貌衣食居遊之際，臨乎富貴貧賤造次顛沛之間，莫不一一中其節而無稍紊焉，則爲有以致其和矣。然而此非因循荏苒所可幾也，必常戒懼慎獨，無事則心存於中，有事則心存於事。暇則精研乎經史子集，疑則質問於師友仁賢。其切於身心家國者，慎思明辨而無纖芥之淆，克己力行而無毫毛之僞，然後中和可致也。其用力之方，則子朱子答林伯和、陳師德書揭其樞要矣。

張先生甄陶

張甄陶字希周，福清人。舉博學鴻詞，補試未及格，罷。高安朱文端公及方侍郎苞薦修三禮，辭未就，而請受業於方侍郎。乾隆乙丑成進士。廷試對策，極言時務，改庶吉士。散館，授編修。尋改授廣東鶴山知縣。歷香山、新會、高要、揭陽皆劇邑，所至有聲，時稱循吏。以憂去官。服闋，授雲南昆明縣，弗獲於上官，坐事免。主講五華書院，造就甚衆，尹閣學壯圖、錢通副灃皆出門下。復移主貴州貴山書院，課士有法。總督劉藻疏陳學行，詔加國子監司業銜晚以病歸閩，主鼇峯書院，以經義導閩士，於是咸通漢、唐注疏之學。在滇時，著經解百餘卷。在粵，效明呂坤實政録撰學實政録。參史傳。

翠庭從游

伊先生朝棟

伊朝棟字用侯，寧化人。乾隆己丑進士，刑〔一〕部主事，洊遷御史給事中，擢光禄寺少卿，歷通政司參議、鴻臚寺卿、光禄寺卿，以病乞休，就養子秉綬廣東惠州任所。會歸善、博羅姦民肇亂，提標兵與通，諱言之。秉綬請誅亂民，拂總督意，劾罷遣戍，而亂黨遂起。先生自以「嘗爲九卿，子屈可不伸，官弁縱兵通賊，不可不詰」具疏，將上，總督并劾先生，落職聽勘，亂益劇。總督倉猝自裁，詔使察勘，事得

〔一〕「刑」上疑脱一「官」字。

白。上乃加褒雪，起秉綬爲揚州知府。先生於嘉慶十二年卒於揚州，年七十九。先生持身耿介，自從翠庭游，究心儒先書，言動有榘矱。先後居喪，一用朱子家禮。相國蔡文恭曰：「居貧實樂，居喪實憂，吾見伊君而已。」居官皆由積資，自給事中以至爲卿出特擢，不由論薦。高宗嘗諭曰：「福建理學之邦，汝謹厚，守繩尺，朕所知也。」著有南窗叢書，多發先儒疑義。又賜硯齋集。子秉綬字墨卿，乾隆己酉進士，由部郎出守，在惠州、揚州平亂賑災，皆多惠政。究心性命之學，屏絶聲色。少受學同縣陰靜夫，於翠庭之學則得之庭訓。靜夫遺集及翠庭文鈔竝所刊行。著有留春草堂集。參先正事略、經笥堂文鈔序。

朱先生仕琇

朱仕琇字梅崖，建寧人。年十五爲諸生，博通經傳諸子。嘗代人作書求文於翠庭，翠庭歎賞其「醇古沖澹，近古大家」。既而知出自先生，亟稱之，名始著。乾隆戊辰進士，改庶吉士，散館，選山東夏津知縣。以足疾，改福寧府教授。歸，主講鼇峯書院者十年。卒年六十六。先生治古文，自晚周以迄元、明百餘家，究其利病，一以荀況、司馬遷、韓愈爲大宗。嘗與人論文云：「爲文在先高其志。其心有以自置，則吾心猶古人之心也，以觀古人之言猶吾言也，然後辨其是非焉，察其盈虧焉，究其誠僞焉，定其高下焉，如黑白之判於前矣。於是順其節次焉，還其訓詁焉，沈潛其義藴焉，調和其心氣焉，久則自然合之，又久則變化生之。於是文之高也如壘土之成臺，如鴻漸之在天，有莫知其所以然者。」著有梅崖集三十卷，外集八卷。參史傳。

文集

道南講授序

安溪李遜齋先生著道南講授若干卷，寄示請序。蓋學者稱濂、洛、關、閩，閩學盛於朱氏，其倡之者龜山楊文靖公也。文靖出洛程氏兄弟之門，其歸閩也，伯子送之曰：「吾道南矣。」楊授羅文質公，羅授李文靖公，李授朱文公，此道南講授之所爲作也。蓋自宋理宗後，文公之書滿天下。迄明以朱註取士，則流傳益盛。天下語宋理學者，曰五子，或曰六子，龜山尚不在是數，至羅氏、李氏，則幾以爲文公之師襄、萇弘，而漠然無與於道也。夫博學詳説以盡斯道之體，使天下學者有所據依，文公之功信偉矣。然其始去墨入儒以漸釋，其拘牽者，何人之化也？「靜坐以端大本，而以明分殊爲要」者，何人之旨也？故嘗譬諸閩學如作室然，洛二程氏所受廛者也，龜山廛券也，羅氏基界也，李氏大匠之圖也，文公則因以成室焉耳。其間土木之良，版築之堅，鏤雕之巧，金碧髹堊之設，則因事致美，而於其本制無損益焉。美其末而不察其本，世之學者非惑與？先生是書，採羅、李之説甚備，蓋所以開導學者之耳目切矣。至於附見己意，發揮宗旨，尤極詳明。學者非沈潛反復於是書，不足以識其用心之精也。先生早承家學，湛深經術，中年即謝官杜門，以味至道，故其造詣之邃如此。昔人稱羅文質不言而飲人以和，又稱李文靖如冰壺秋月，瑩絶瑕玷。仕琇嘗四謁先生於省，會德度凝粹，淵然穆然，莫窺其際。詩曰：「惟其有之，是以似之。」其先生之謂矣。

翠庭私淑

孟先生超然

孟超然字朝舉，號瓶庵，閩縣人。乾隆庚辰進士，改庶吉士，散館，授兵部主事，累遷吏部郎中。典試廣西，督四川學政，廉正不阿，遇士有禮，蜀人爲立去思碑。使還，以親老告歸，年甫踰四十，遂不出，主講鼇峯書院。書院創自張清恪，而蔡文勤爲之長，相與講明正學。先生遠承其緒，立教以誠，士奮於學，論者謂「不啻文勤主講時」也。先生之學，以懲忿窒慾、遷善改過爲修身立命之門。嘗曰：「變化氣質當學呂成公，刻意自責當學吴聘君。」又曰：「談性命，則先儒之書已詳，不如歸諸實踐。博見聞，則將衰之年無及，不如返諸身心。」論楊龜山曰：「龜山得伊、洛之正傳，開道南之先聲。然爲温州陳君、李子約、許德占、張進、孫龍圖諸墓志，往往述及釋氏之學，而贊之曰安，曰定靜，無惑乎後之學者援儒入墨，紛紛不止也。」論明儒曰：「明講學家宗旨最多，王文成曰致良知，其徒羅近溪易之曰赤子良心，聶雙江曰歸寂，季彭山曰主宰，黄綰曰艮止，王心齋曰百姓日用，耿天臺曰常知，李見羅曰止修，耿楚倥曰不容已，唐一庵曰討真心，胡廬山曰無念，湛甘泉曰隨處體認天理。諸家各有語録，不可勝紀。要之，陳白沙『靜中養出天倪』爲王氏之先驅，而焦竑、李贄之『佛學即聖學』亦王氏之極弊也。」又極論湛甘泉爲嚴分宜文集序之非。其嚴於辨學不苟阿如此。居喪時，採士喪禮、戴記、荀子、司馬温公、程子、朱子說。正閩俗喪葬之失，爲喪禮輯略二卷，傷不葬其親者，惑形家言以速禍。取孟子「揜之誠是」之語，輯自唐以來言葬，爲誠是録一卷。記檢身實踐之要，爲焚香録一卷。取周易復卦之義歸之損益二象，採先儒格言比類，爲求復録四卷。輯朱子與友朋弟子問答，以資規誨，爲晚聞録一卷。輯古今殺誡，爲廣愛録一卷。訓子孫，爲家誡録二卷。雜考經史，識遺佚，爲避暑録一卷。又使粵日記一卷，使蜀日記一卷，文、詩集若干卷。嘉慶二年卒，年六十有七。參先正事略、學案小識。

謝先生金鑾

謝金鑾字退谷，侯官人。乾隆丙午舉人，歷官臺灣嘉義教諭。未冠即讀宋儒書，比長畢力究心性之學，既復求之易、詩、書、周官、禮記。篤好胡東樵、顧復初、任荊溪、方望溪四家之書，謂其「可以修諸身而見諸用」。先生爲學，鞭辟近裏，而出謀發慮，動徹機宜。在官雖職僅司鐸，地方有事，當道倚之，釁舍賴之，衆庶亦未嘗不感而服從之。著有蛤仔難紀略、泉漳治法、退谷文集，又有教士論學之書曰教諭語。參先正事略、學案小識、教諭語。

文集

復鄭六亭書

僕早歲蹉跎，中年潦倒，世事鹿鹿因循，無所成就。方未冠時，即喜讀宋儒書，悦心性之語。比長，交陳恥齋先生，與語脗合，遂壹志於是。如所謂言誠，言敬，言主靜，言慎獨、存養、求放心者，以爲大本在是也，而竭力求之。實則於古今事變，日用常存之道，一無所窺，徒用力於虚空之中，而不自知其躐等，以至顛倒瞶亂，竟成心疾。如是者凡十六七年，終不受其實益。年三十一，無可如何，始寛心讀書，涉獵於詩、書、易、周官、禮記，更數年，乃大悟前此之非。計其初自少年來居學齋，與童子均其功課，每日一本四書，未嘗間斷，至參以經籍，久之覺有實效，日用行持間，自省得於四書者爲多。蓋學者不志於聖賢則已，苟志於聖賢，未有能脱四書者。論語一部，此吾夫子之所以教人者，在四書中尤爲切實。計吾夫子生平之所以教人者，一曰忠信，一曰好學，二者盡之矣。蓋忠信則以日用實行爲憑，而無虚空高遠之説；好學則極倫常變態之跡，而無信己執一之求，故弟子大書特書曰：「子以四教，文行忠信。」言夫子之所教者如此而已。又曰：「十室之邑，必有忠信如某者焉，不如某之好學。」然則好學之事，詎不尤重歟？僕之所敬慕閣下，賦質忠信，殊絶於人也。兹誦來札，幾有必察邇言，沛然若決江河之意，是閣下於學問已得其大要也，斯道之望，將有屬矣。夫學以六經爲大端，孔子之所謂文也。學者以四子書爲綱，以六經爲輔，力講求焉，有得於心以之治己，有術以之治人。有術，是之謂經術，爲其可施於實用，而非訓詁鈔録者比也。

此孔子所謂「博學於文」也。國家太平日久，士子力學者多。康熙間，士大夫喜言心性之學，吾閩如李厚庵、蔡梁村、雷翠庭，其著者也。要其所執持以示後生者，亦一時風氣之所趨耳。然其時忠信篤學者已有如胡東樵其人。乾隆間，經學大盛，顧其間分際亦自不同，如顧復初、任荊溪、方望溪，其所求者，皆有濟於實用，非明於古，闇於今，徒事章句訓解已也。此數子者，博通注、疏而有所領悟折中，使學者可以修諸身而見諸用，庶乎孔門之功臣矣。後有作者則不然，喜搜求古書以爲新博，愈古愈廢之説則以爲愈佳，將謂唐不如晉，晉不如漢，東漢又不如西漢，宋以下則鄙夷弗屑已矣。其於聖人之經也，不求其端，不訊其末，惟以鈔襲舊説爲尊古，以論辨折衷爲武斷。學雖博，以語修己致用之方則無術焉。此第謂之經學，則可不足以語經術也。若胡、顧、任、方四家，則可謂經術也已。僕於古經誠無所窺，然苟得餘年，則將卒業於四氏之書焉。故凡僕之言經學，當時之所棄也，所以然者，欲不謬於力行忠信之旨已矣。閣下抱忠信之質，有志於力行，而以倫常爲急務。夫急力行，重倫常，二者皆忠信之事也。然而求諸孔子教人之旨，則所尤重者學，而所尤先者文。蓋聖賢之學，一倫常盡之。閣下前書之言是也。然倫常之理，至切、至近、至平、至易，而即至賾、至隱、至繁、至艱，不可以一時淺易之説概諸古今，亦不可以一己境遇之偏概諸天下。古今千簡萬牘，聖賢千言萬語，不能盡其情者，凡此力行之事，即凡此倫常之事也。故以倫常之故而有力行，以力行之故而有學問。博學於文者，所以致其知以爲力行者也。夫知者，明於目也；行者，健於足也，未有目無見而足能行者。自古言學，亦未有以行先於知者。一部大學工夫，致知格物已居其大半。誠意爲生死關頭，然意之不誠，咎在知之未致，其門逕昭然矣。然其道至廣而博，故貴實而不貴浮，貴切而不貴泛。僕謂本朝經術，必以顧、胡、任、方四家爲先者，意在斯已。大約士凡不喜讀書，不事講求，而空言力行，空言倫紀，空言心性與夫存誠、慎獨、主静、存養者，不墮於空虚自守，則必偏執冥行，語此失彼，有體無用。否則泛枝濫葉，揚粃簸糠，或者等身著作，鉛槧四馳；或者寸解戔戔，孤燈自守。凡兹所事，雖一生辛勤，皆不足以入聖人之道。何以驗之？觀於其行則弗信，試之實用則茫然也。吾輩向學已晚，讀書已遲。僕所願與閣下共謀讀書之法者，意在以四子書爲宗，不以四子書爲作文之具，而以爲倫常日用所資。切實以求，則廣之自通六經，約之無非實行。稱此以往，則近之可爲文行兼修之儒，漸而積之，必有體用合一之日，此聖賢之正軌也。若曰吾但以實行倫常爲要，經學文學皆不足恃，則所謂倫常日用者，别有簡易之一途，而六經不必存也，豈理也哉！與閣下交已十餘年，中間多以世故文字相往復，未有一日之暇從容論學者。兹以來書語及，故陳其崖略，唯高明有以教之。

再復鄭六亭書

曩者僕以來教有經術之言，謬爲論説，而獨有取於顧、胡、任、方四家者，蓋以四子之於讀經，皆汲汲於倫常日用，而非訓詁鈔録者也。然讀書之法，又有當言者。古來書惟易、詩、書爲孔子所手定，與大學、中庸、論語、孟子數者爲極純粹耳。自後諸儒著述，則不能無偏弊之處。卜子夏、左丘明親受業於孔子，其言尚有疵謬，況其下者乎！任荆溪之學易也，苦志力求，至於血氣散亂，神思喪失，昏不知人，七日乃蘇。此足見其由探索而有獲，而少脱然自得之趣者也。又此公生平讀書，必欲融會衆家，無所遺棄，故洗心首卷圖説太繁，而五十學易之解不無牽强，此其所偏也。若其卦爻註説，獨能徵求象數，使學者知聖人之立言，字字有所根据，而窮極事變，無一不切於倫常日用，此其所以爲難也。昔程傳以理訓易，朱子歸諸卜筮，其旨尤該。然易之爲書，原本象數者也。善説易者，必當不離於象數。惜乎古書淪亡，難於引据。任氏所徵，皆不失其正，大足爲本義之助，故僕謂學易者必有取乎此也。讀洗心者，於其首卷圖説且姑置之。必言圖説，則又當讀胡東樵易圖明辨，勝於任氏多矣。至於禮記一書，雜取羣儒之著述，各有篇段。任氏以朱子有大學章句，遂取禮記而竄易編次之，甚至郊特牲一篇全逸題名，散附於他段。責以變亂古經之咎，復何辭焉！但任氏之意，實師朱子儀禮經傳通解，自爲成書，彙分箇帙，使修己力行之君子易於貫通焉。至其解義，則穿穴注、疏，自悟指歸，上契前聖之心源，所謂天理爛熟者，豈依門傍户者所可比哉！學者觀其梳剔之明，而得其會通之妙，則亂絲之治，條理井然，還考原文，昭然自在，豈以任氏而棄古本哉！春秋所以正倫常也，左氏記其事實，其功大矣。至其義例，則三傳皆私己見，胡氏又從而强辨之。數千年來，夫子本經不明於世，至今日而義理始可求也，顧氏之功，豈少哉！胡東樵禹貢與梅定九天文並稱絶學，今與顧氏地理表合而讀之，中原扼要形勢了然於胸，豈非致用之一大端與？方望溪之釋周官，輒謂王莽、劉歆有所增竄，疑其所可疑，而悟其所難悟，微靈臯，孰能之？四君子之讀經，皆聖人致知格物之法，大有功於倫常者也。夫讀書之益人也，如五穀三牲之致其養焉。然五穀有芒殼，而三牲有皮毛，善食者飽焉，而氣體以充，精力以富，芒殼皮毛不知其所以棄也。任氏周易之病，僅在圖説、序言。今揭其所短而攻之，而棄其所長，是猶見皮毛而惡三牲，指芒殻而觜五穀也。要之，近世君子多言經學，其能讀四君子之書者少矣。閣下以忠信爲本，以倫常日用爲重，能不致力於是哉！前書繁蕪而意有未盡，故復陳之。

退谷自警文

退谷嘗讀易之繫辭矣。其曰：「蓍之德圓而神，卦之德方以智，六爻之義，易以貢，聖人以此洗心，退藏於密。」曰：異哉！以聖人之德如彼，而其所以自處者如此，故夫子曰：「假我數年，卒以學易，可以無大過矣。」意在斯乎！意在斯乎！是故康節先生稱老子得易之體，張子房得易之用，雖其言之駁，而其旨可思矣。要惟上達之事，小子未之敢測，則且痛自刻責，書以自警也。曰：天下之理，進常不足，而退常有餘，故進而見者，不如退而藏；進而言者，不如退而默；進而求諸人，不如退而求諸己。汝能見人之善，胡不退而自修？汝能見人之惡，胡不退而自省？汝有誨人之言，不如退而自誨。汝有責人之事，不如退而自責。愛人不親，汝則退而反其所愛。治人不治，汝則退而反其所治。忿懥未可任，汝盍退以平其氣？是非未可定，汝曷退以思其詳？汝行既疏，惟退可以寡悔。汝言既易，惟退可以寡尤。汝自見其長，盍退而察焉，曰：「其實有之耶？其益求所進也？」汝自悔其罪，盍退而念焉，曰：「其勿忘矣！其奚以再蹈也？」吁嗟乎！喜好歡忻，惟退則見其所弊。功名富貴，惟退則見其無聊。責有所歸，汝速退以自量。道莫吾知，汝姑退以自娱。且夫虚而能容者莫若谷，深而難測者谷也，響而斯應者谷也。皎皎白駒，在彼空谷，其賢之所處乎？

清儒學案卷六十七

味經學案

味經禮學，綱羅古今，折衷衆説，實竟朱子未竟之志。萃畢生之精力，亦由遭時得位，又獲嚶鳴切嗟之助。四庫著録，稱其元元本本，具有經緯，非剽竊餖飣，掛一漏萬者可比。較陳祥道等所作，有過之無不及。洵可謂體大思精者矣。述味經學案。

秦先生蕙田

秦蕙田字樹峰，一字樹澧，號味經，金匱人。祖松齡，順治乙未進士，康熙己未召試博學鴻詞，授左諭德。本生父道然，康熙己丑進士，由編修歷官禮科給事中，從宜興湯氏之鐍學，著有困知私記、明儒語要、泉南山人集。雍正初，因舊在貝子允禟邸授讀、管邸事，牽連罷職，罰鍰鉅萬，久繫於獄。先生幼出，爲季父易然後，至是傾産救父，未得釋。乾隆丙辰成一甲三名進士，授翰林院編修，入直南書房。上疏陳情，請革職効力，以贖父罪，高宗乃特赦之。母憂，歸。服闋，直上書房，歷侍講、庶子右通政、内閣學士、禮部侍郎。丁父憂，將届服闋，先命補原官，調刑部侍郎，擢工部尚書，調刑部尚書，協理算學館事務，兼理樂部大臣，署翰林院掌院學士，加太子太保。乾隆二十九年，以疾請罷。命回籍養痾，不開缺。卒於途，年六十三，謚文恭。

先生少歷諸艱，以孝行稱。與同里顧棟高、吴鼎、吴鼐、龔燦、蔡德晉諸人爲讀經會。登朝後，退食則閉户著書。嘗言：「儒者舍經以談道，非道也。離經以求學，非學也。故以窮經爲主，而不居講學之名。」歷佐禮部，筦刑部，皆以經義治事。其學尤深於禮。自少與同志考訂辨正，必求其是，筆録存之。及官秩宗，修會典，於歷代沿革源流益深考究。以徐氏乾學讀禮通考惟詳喪葬一門，而周官大宗伯所列五禮之目，古經散亡，鮮能尋端竟委，乃因徐氏體例，增輯吉嘉賓軍四禮，網羅衆説，成五禮通考，凡爲類七十有五，共二百六十二卷。以樂律附於吉禮宗廟制度之後，以天文推步句股割圜立觀象授時一題統之，以古今州國都邑山川地名立體國經野一題統之，並載入嘉禮。蓋因周代六官總名曰禮，禮之用，精粗條貫，所賅本博也。每事彙自來諸儒之説，爲之疏通解駁，又附歷代史志紀傳所載，使後來者可以坐言起行。書成，方恪敏觀承見而好之，同爲商訂，故並列名焉。少喜談易，謂「易者，象也。先儒詳於言理，略於言象」。撰周易象義日箋若干卷。又味經窩集二十八卷。參史傳、先正事略、錫山秦氏文鈔、四庫全書提要。

五禮通考

自序

蕙田性拙鈍，少讀書，不敢爲詞章淹博之學，塾師授之經，循行數墨，恐恐然若失也。歲甲辰，年甫逾冠，偕同邑蔡學正宸錫、吴主事大年、學士尊彝兄弟爲讀經之會，相與謂三禮自秦、漢諸儒抱殘守闕，註疏雜入讖緯，轇轕紛紜。宋史載子朱子當日常欲取儀禮、周官、二戴記爲本，編次朝廷公卿大夫士民之禮，盡取漢、晉以下諸儒之説，考訂辨正，以爲當代之典。今觀所著經傳經解，繼以黄勉齋、楊信齋兩先生修述，究未足爲完書。是以三禮疑義，至今猶蔀。迺於禮經之文，如郊祀、明堂、宗廟、禘嘗、饗宴、朝會、冠昏、賓祭、宫室、衣服、器用等，先之以經文之互見錯出足相印證者，繼之以注疏諸儒之牴牾訾議者，又益以唐、宋以來專門名家之考論發明者，每一字一義，輒集百氏而諦審之。審之久，思之深，往往如入山得徑，蓁蕪豁然，又如掘井逢源，溢然自出，然猶未敢自信也。半月一會，問者、難者、辨者、答者迴旋反覆，務期愜諸己，信諸人，而後乃筆之篋釋，存之考辨。如是者十有餘年，而裒然漸有成帙矣。丙辰通籍，供奉内廷，見聞所及，時加釐正。乙丑簡佐秩宗，奉命校閲禮書。時方纂修會典，天子以聖人之德，制作禮樂，百度聿新，蕙田職業攸司，源流沿革，不敢不益深考究。丁卯戊辰，治喪在籍，杜門讀禮，見崑山徐健庵先生通考，規模義例俱得朱子本意，惟吉嘉賓軍四禮尚屬缺如。惜宸錫、大年相繼殂謝，乃與學士吴君尊彝陳舊篋，置鈔胥，發凡例，一依徐氏之本，並取向所考定者、分類排輯，補所未及。服闋後，再歷容臺，徧覽典章，日以增廣。適同學桐山、宜田、領軍見而好之，且許同訂。宜田受其世父望溪先生家學，夙精三禮，郵籤往來，多所啟發，并促早爲卒業，施之剞劂氏，以諗同志。德水盧君抱孫、元和宋君愨庭從而和之。戊寅，移長司寇，兼攝司空，事繁少暇，嘉定錢宮允曉徵實襄參校之役。辛巳冬，爰始竣事。凡爲門類七十有五，卷二百六十有二。自甲辰至是，閱寒暑三十有八，而年已六十矣。顧以蕙田之譾陋，遭遇聖明，復理舊業，以期無曠厥職而已。至於朱子之規模遺意，未知果有合焉？否也？是爲序。

凡例

一、五禮之名，肇自虞書，五禮之目，著於周官。大宗伯曰吉凶軍賓嘉，小宗伯掌五禮之禁令與其用等。孔子曰：「周監於二代，郁郁乎文哉，吾從周。」所以經緯天地，宰制萬物，大矣，至矣！自古禮散軼，漢儒掇拾於煨燼之餘，其傳於今者，惟儀禮十七篇，周官五篇，考工記一篇，文多殘闕。禮記四十九篇，删自小戴及所存大戴禮，閒有制度可考，而純駁互見，附以注疏。及魏、晉諸家，人自爲説，益用紛歧。唐、宋以來，惟杜氏佑通典、陳氏祥道禮書、朱子儀禮經傳通解、馬氏端臨文獻通考言禮頗詳。今案：通解所纂王朝邦國諸禮，合三禮諸經傳記薈萃補輯，規模精密，第專録注疏，亦未及史乘，且屬未成之書。禮書詳于名物，略于傳注。通典、通考雖網羅載籍，兼收令典，第五禮僅二書門類之一，未克窮端竟委，詳説反約。宋史禮志載朱子嘗欲取儀禮、周官、二戴記爲本，編次朝廷公卿大夫士民之禮，盡取漢、晉而下及唐諸儒之説，考訂辨正，以爲當代之典，未及成書。至近代崑山徐氏乾學著讀禮通考一百二十卷，古禮則倣經傳通解，兼採衆説，詳加折衷，歷代則一本正史，參以通典、通考，廣爲搜集，庶幾朱子遺意，所關經國善俗，厥功甚鉅，惜乎吉嘉賓軍四禮屬草未就。是書因其體例，依通典五禮次第，編輯吉禮如干卷，嘉禮如干卷，賓禮如干卷，軍禮及凶禮之未備者如干卷，而通解内之王朝禮别爲條目，附于嘉禮。合徐書，而大宗伯之五禮，古今沿革，本末源流，異同失得之故，咸有考焉。

一、考制必從其朔，法古貴知其意。而議禮之家，古稱聚訟，權衡審度，非可臆決。徐本於經文缺略、傳注糾紛之處，必詳悉考訂，定厥指歸。兹特兼收異説，并先儒辨論，附于各條之後，以備參稽。或並存闕疑，於治經之學，不無補裨。

一、杜氏、馬氏所載歷代史事，大概專據志書，而本紀、列傳不加捃採。然史家記事，彼此互見，且二十二史體例各殊，有詳于志而不登紀傳者，亦有散見紀傳而不登于志者，舉一廢一，不無挂漏。又其採輯之法，有時全載議論，一事而辨析千言，有時專提綱領，千言而括成一語，詳略不均，指歸無據。兹特徧採紀傳，參校志書，分次時代，詳加考核。凡諸議禮之文，務使異同並載，曲直具存，庶幾後之考者以詳其本末。

一、作者謂聖，述者謂明。聖則經，而賢則傳。漢藝文志言禮者十三家，洎及魏、晉，師傳弟受，抱殘守闕，厥功偉焉。至宋、元諸大儒，出粹義微言，元宗統會，而議禮始有歸宿。兹編考訂，專以經傳爲權衡，謹輯禮經源流列於首簡。

一、歷代禮典，西京賈、董昌言，未遑制作，東都鋭意舉修，多雜讖緯，魏、晉則僅傳儀注。逮梁天監中，五禮始有成書。唐開元禮出，而五禮之文大備。杜氏因之，參輯舊聞，作爲通典。馬氏續加增廣，纂入通考。元、明各有集禮及典章、會典等書。班孟堅云：「王者必因前王之禮，順時施宜，有所損益。」夫子亦曰：「百世可知。」述禮制因革。

一、吉禮爲五禮之冠。記曰：「禮有五經，莫重於祭。」唐、虞伯夷典三禮。周官大宗伯掌天神地祇人鬼之禮，第兩郊七廟遺文缺徵。儀禮所傳特牲、少牢，皆大夫士之祭，故漢志有「推士禮而致於天子」之議。矧讖緯繁興，康成雜入經注，辨難滋起。如天帝有六，地祇爲二，明堂之五室九室，祈穀之建子建寅，禘郊不分，地社莫别。宗廟六祭，淆于禘祫分年；昭穆祧遷，紊于兄弟繼序。他如服冕、牲牢、樂舞、器數，歧説益紛。幾千年間，廢興創革，往往莫之適從。兹編於經傳搜集無遺，冀以補綴萬一。至先儒論説，及累朝奏議，亦廣爲採取，較之通典、通考，詳略懸殊，卷帙亦獨多於他禮。

一、大宗伯三禮，馬氏通考以郊社宗廟統之，三者亦各自爲敍。然先農先蠶以人鬼而入郊社，六宗四類又不能確指爲何神。經傳通解增列百神一項，究不如宗伯三禮爲統括。今但以義類相從，未敢强分名目。

一、禮儀十七篇，依鄭注嘉禮居其七。通典從開元禮，以大射鄉射屬軍禮，宋史仍屬嘉禮。夫古者射以觀德，貫革非所尚也，今從鄭氏。

一、大宗伯以賓禮親邦國，是時天下封建，故諸侯于天子有朝宗覲遇會同問視之禮。諸侯鄰國亦相朝聘。自罷侯置守，無復古儀。杜氏通典採摭古今，分爲四條。通志但存三恪二王。後一則通考竟全删去，以藩國朝貢附見於朝儀。今輯經文天子諸侯覲聘之禮以存古儀，録史傳藩國朝貢及遣使迎勞諸儀以昭近制，而士庶人相見禮終焉。

一、儀禮闕軍禮。周官大宗伯以軍禮同邦國，曰大師大均大田大役大封。唐開元禮其儀二十有三，通典綜爲九條。今兼通考之例，爲類一十有九。

一、大宗伯以凶禮哀邦國之憂，其禮之别有五。論語曰：「所重民食喪祭。」喪固凶禮一大端也，已詳徐氏讀禮通考，兹特以賑禬補其缺云。

一、經禮三百，周官六職所掌。大、小戴記所載，廣大悉賅。通考將田賦、選舉、學校、職官、象緯、封建、輿地、王禮各爲一門，不入五禮。而朱子經傳通解俱編入王朝禮，最爲賅洽。今祖述通解，稍變體例，附於嘉禮之内。易曰：「嘉會足以合禮。」蓋言盛也。

一、五禮各門，經文之後，二十二史紀志列傳搜採頗廣。今附通解王朝禮。各類經則照五禮條目詳加考證，史則第載沿革大端，以備參考全文，槩從摘略。

一、徐書上自王朝，下逮民俗，古禮今制，靡弗該載。是編六籍而外，後世典章始于秦、漢，訖于前明洪。惟我朝聖聖相承，制度相明，日新富有。至于科條所頒，敬切訓行，高深莫贊。蕙田叨佐秩宗，疏陋是懼。復理專門故業，略識源流，抑亦退食寢興，無忘匪懈云爾。

文集

經筵講義二篇

任賢勿貳去邪勿疑

臣案：平天下之道，首重用人。人品不同，賢與邪二者而已。用舍有定，任與去二者而已。其始貴有鑑別之識，灼然而不淆。其繼加以剛健之力，毅然而不惑。蓋賢與邪之判在心術，而心術之辨在公私。心術而果出於公歟？其氣象必有光明磊落之概，其行事必有平直正大之體。難進易退，爵禄非所戀也。矯枉過正，時議所弗徇也。潔己獨立而不藉聲援，竭忠盡愚而不避艱險。在大僚則以責難陳善爲恭，而不以趨走承順爲敬。在下位則以恪勤匪懈爲事，而不以營求干謁爲心。隱微幽獨之中，但知有愛君奉國，故曰公也。如心術而或出於私，其情狀必有掩飾閉藏之態，其行己專以圓熟軟媚爲工。始而患得，終而患失。脂韋諧俗而惟取模棱，因循緘默而但求保位。其幸而循資歷俸，以至大僚則容悦固寵，而全無建白。儻或淹滯下僚，則逢迎希冀，而不憚卑汙。處心積慮，第知有身家名位，故曰私也。公與私之辨彰彰如此，而任之去之往往有未當者，則貳與疑之過也。夫賢者之事君也，議事則據理而不事揣摩，奉職則秉法而不容假借。如事在可行，縱破成例而不顧；如不可行，縱違成命而不辭。處唯唯諾諾之中，獨有謇謇諤諤之概。而奸邪之人惡其不便己也，遂委曲隱約以中傷之，不曰沽名，則曰賣直，不曰歸過，則曰攬權，曰浸月潤，漸疏遠而不覺。甚且有不原其大節，而微疵小過指摘交加，吏議亦隨其後者。此從來善人君子每不能久安於朝廷之上，皆貳之過也。彼邪人之保位者，方且反以是爲戒，苟同隨俗，務爲彌縫，非之無非，刺之無刺。當利害得失之交，全不以民生國計爲念。其所輾轉躊躇者，不曰拂上意，則曰礙人情，調停之外無他長，承順之外無他術，日復一日，年復一年，貪營係戀而不去。雖人主穆清之中，時多鑒察，然以其小心無過也，則寬大以容之矣。以其備位年久也，則姑且以留之矣。不知職事已爲之漸廢，人心已爲之漸靡，風俗已爲之漸偷，紀綱已爲之漸弛，而其人享有禄位，方晏然自以爲得計，此則疑之説也。然則如之何而後可？亦曰惟誠而已矣。誠則不貳，剛則不疑。果能確知其賢而任之，開誠布公，推心置腹，與之斷大事而不疑其擅，與之圖密計而不患其私，與之進退人材而不嫌其黨，與之賞罰事權而不慮其專。有所言而裁之以理，無弗聽也。有所行而規之以成，無弗從也。有所忤而曲量其心，無弗恕也。有所薦而明試以功，無弗用也。光明洞達，表裏如一，則真意交孚，融洽膠固，雖欲稍自退諉而情有所不安，稍爲欺隱而心有所不忍矣。夫然後利有舉而必興，害有除而必去。朝廷之上寧復有委靡觀望之習，待人主之焦心勞思別求挽回轉移之法哉！至於陰邪之輩，一有覺察則立加罷斥，雖無大過亦勒令退居，不使倖位，以妨賢路。如此，則賢安有不任？邪安有不去？天下安有不治者？此以誠爲體，以剛爲用之效也。夫以大舜之德，有虞之治，其存心豈復有不誠不剛？而益顧以是諄諄進戒者，實有見於誠之難盡，而剛之未易足也。是以大學釋平天下首重用人，而論用人則申言「見賢而不能舉，舉而不能先」之命；「見不善而不能退，退而不能遠」之過，即勿貳勿疑之説也，而歸本於慎獨。然則欲任賢去邪以平天下，舍誠意正心將何以哉！

龍德而正中者也

臣謹案：聖賢之道，惟貴一中。唐、虞首著執中之訓，人但知始自尚書，不知其源實出於易。易者，天地自然之法象，一卦三爻而二得中，重卦六爻而二五得中。乾爲君道，乃全卦之首，九二一爻，以龍德居下卦之中，乃易卦三百八十四爻居中第一爻也。是以孔子於此特著明正中之義，以爲通卦之凡例。舉聖賢之心法治法一以貫之，由是而推之，全易六十四卦彖傳、象傳中，言中者凡五十有五，其不言者僅九卦而已。苟得乎中，雖否、剥亦吉。苟失乎中，雖泰、復亦凶。夫卦之吉凶莫甚於否、剥、泰、復，而中不中之得失相反乃若是。然則帝王御世，日理萬幾，其本精一之學，以用中於民者，豈易言哉！孟子曰：「執中無權，猶執一也。」夫權所以稱物之輕重，而大君之執中御物亦猶是焉。從來勢之所趨，畸輕畸重之弊，雖極治之朝，猶或不免。我皇上奉三出治，執兩用中，舉凡用人行政，皆一一權度而後行之，宜無有不中矣。然有本一善政，而奉行稍未當，以致不合乎中者。亦有勢之所趨，不無輕重，而尚未全反以適於中者。即如貴粟重農，善政之先務也，購買倉儲，乘時豫備，良法美意莫過於此。然行之不力，歉歲固有米少之憂；行之未善，豐年亦有米貴之患。迺者直省大吏因倉儲未足，動支公帑，糴穀貯備，飛檄刻期，舟車絡繹，羣集於江、廣産米之鄉。牙行藉以爲奸，商販聞而戢迹。以致産米與待米之鄉價皆踊貴，負擔小民日謀升斗於市，蠅頭微利尤覺難堪。雖以今歲雨暘時若，可望豐收，而外省米價猶未甚減。如下江之米，向例以一兩爲平價者，今猶至一兩四五錢不等。昔人謂穀貴傷民，良可念也。故現今秋收以後，地方官不患其蓄聚之不力，而患其調劑之未平。蓋恐行之太驟，爲之過爭，遠近各省同時購買，風聲所被，富户藉以居奇。儻仍價值高昂，公私均有未便。蓋市易之情，緩則平賤，急則騰貴，勢有固然。古有三年餘一，九年餘三，以三十年之通制，國用積漸，致之本非旦夕。况年歲既豐，米穀大裕，流通之後，自見贏餘，縱使從容調劑，不出數月之内，斷無遲誤之事乎！至於務本之民，不外業户佃户二種。業户輸賦，佃户交租，分雖殊而情則一。乃始也患業户之侵陵，今則憂佃户之抗欠。奇零小户，其勢本弱，一遇强佃抗欠，其吞聲飲氣無可如何者，地方官率漠然不顧其田，又非他人所敢承買也，不得不減價以售之於佃，而甘爲貧困無藉之民。地方大吏不能深悉民隱，猶往往以抑業户伸佃户爲請。雖抑而不行，然其意見之偏大概可見。此臣竊謂奉行未得其平，而難免失中者也。至於設官分職，内外相維，體統相制。在京之官，執法奉令，可以通達政體；外省之吏，承流宣化，易於練察民情。要之，政以治民，民爲政本，原無分别。况内外之員，迭居互任，國有章程。故定例縣令行取爲部曹，欲使習民事者司部務也。即考選爲科道，欲使悉民隱者司言路也。科道、部曹復出爲道府，欲使達政類者肅吏治也。法制精詳，防維周密，但有兼資而互益，未容分道以揚鑣，是以國家得有成材，而内外不分輕重。今行取之法雖行，而得缺甚少。部曹鮮習民事，處事不無偏蔽之虞。科道不悉民情，條奏但陳膚泛之語。六部，直省之綱維也。督撫之考成，章奏之得失，皆司員執掌，得操簡而議其是非，責任不小，而議者每以不勝任之郡守歸於部用。夫既不勝任，則有年老及疲軟與才力不及勒令休致之例在，乃以一郡之廢材歸於部用，毋乃輕重失倫乎？此勢之所趨有未盡，挽回而即合於中者也。臣侍直内廷，伏蒙聖製垂示，有曰：「彼民有隱情，孰爲達其意？或政有偏頗，孰爲防其弊？」恭讀之下，曷勝奮感！謹因説經之次，敬陳愚昧，伏維皇上睿鑒。

答顧復初司業論五禮通考書

承諭拙著五禮通考係絶大著作，不宜速成，務宜折衷至當，爲千古定論，足徵誨我之深。唯是尚有所疑，不得不臚列就正。來札有云「前書欲使經文之疑處都破，百家之障礙掃除，而又欲編輯漢以後之史册，及稗官小説，罔有缺漏，但恐疑處、障礙即在此二項中，正宜斬斷，不使漫爲牽引，致碔砆與美玉雜揉。漢以後之君相，俱係無識人，豈可與先聖制作並列一處，反致眼目不清，所宜破除者即此」云云。竊謂：禮爲經世鉅典，非可託之空言，正欲見之行事。傳曰：「禮以義起。」又曰：「三王不相襲禮。」程子謂：「聖人復出，必用今之衣冠器用而爲之節文。其所謂貴本而親用者，亦在時王斟酌之耳。行禮不可全泥古，須視當時之風氣。」朱子曰：「聖人有作古禮，未必盡用，須且是理會本原。」二先生之言，深合「禮以義起」之義，非可謂古則是，而後則非也。且古禮之存者寡矣。即僅有存者，殘編斷簡，乃千百之什一，其不可行也久矣。衆説紛紜，觸手障礙，正須鉤摘而掃除之，則雲霧撥而青天出。若一切斬斷，概置不録，則疑處何由而破？障礙何由而掃？先聖著作何由而明也？且漢、唐以來之禮，即孔子所謂百世可知之禮，皆有天下者議禮制度考文之實，而爲當代禮典所由出。特其沿革損益不能盡合古人者有之，而其不合之處，正宜搜羅詳述，考訂折衷，以定其是非。此而不録，則世儒議禮，所謂損益可知者，從何處下手？雖欲爲叔孫通之緜蕞而不可得矣。況尊論又云：「即如周公制禮，後世不必沿襲者儘多。禘禮及大饗、明堂，乃周公特創，從前部議，現已停止，何況漢以後之制作耶？如原廟及汾陰泰時、河東后土，宜另立一項，别爲非禮之禮。又有三代正禮，而近世難行者，如九廟昭穆，明見於經文，自漢明帝遺詔藏主光武室中，後世遂爲同堂異室。明思宗欲立九廟，禮官以爲基地窄狹難容，勉强立之，及祭日止詣太祖及興獻二廟，不能遍詣行禮，踰年遂燬於火。此等處宜詳列原委，另著議論。」夫禘禮、明堂、大饗及九廟之不可行良是。但禘禮、明堂、大饗、九廟皆先聖制作也，同堂異室及停止禘祭、大饗後世之禮也，今既欲專載先聖著作，而謂漢以後之君相不可並列一處，乃又謂詳列原委，另著議論，細繹來書，不幾前後矛盾，而大相刺謬乎？不識使之何所適從也。尊論又謂：「此書切忌援引多而斷制少，典故多而發明少。如禮書總帳簿，讀者漫無别擇，甚無謂也。東海通考最無遺議，然尚嫌其太多。貪多務得，細大不捐，作文且不可，況禮書大制作耶？」竊謂：著述詳約，各有體裁。約者宜精，不精則不成其爲約矣。詳者宜不漏，漏則不成其爲詳矣。著書大忌不詳不約，猶之作文者不古不今，最爲害事。如尊見削去百家之言及後代事，止載經文，是經解之五禮彙纂，如現成之儀禮經傳通解是也。此書原屬未成，而朱子之本意正不止是。宋史禮志載朱子嘗欲取儀禮、周官、二戴記爲本，復編次朝廷公卿大夫士民之禮，盡取漢、晉而下及唐諸儒之説，考訂辨正，以爲當代之典。志所言，不爲無據。蕙何人斯，敢擬此例！惟是杜氏、馬氏曾爲之矣，竊倣其意，名曰通考。通考者，考三代以下之經文以立其本原，考三代以後之事迹而正其得失。本原者，得失之度量權衡也；得失者，本原之濫觴流極也。本原之不立，壞於註疏百家之穿鑿附會，故積疑生障，必窮搜之，明辨之。得失之不正，紊於後代之私心杜撰，便利自私，至障錮成疑，必備載之，極論之。是故援引者斷制之所從出，斷制者援引之歸宿也。苟不援引，何從斷制？善援引者，正即援引而成斷制，非兩事也。孔子曰：「禮失而求諸野。」稗官小說，亦取其言之是，而助吾之斷制者耳。即不然，亦顯著其謬，明斥其非，不使如隱慝之潛滋，陰流其毒，以惑後世，而潛害吾之斷制者耳。如此，則援引愈多，而發明斷制亦因以詳備，然後疑處可破，障礙可除。先聖之制作，乃獨伸其是，而尊於百世之上，豈漫無別擇而牽引之哉！夫議禮之宗，每代難得一二人；而朝廷掌故，每代難得一二書。竭力搜羅，尚恐缺漏，矧可削之耶？若使希圖省事，但摘一二大端以爲口實，其餘並將斬斷，則源流本末罔然不知，即有所謂斷制者，亦必憑私忖度，罅隙百出，動輒罣礙而不足信。孔子曰：「文獻不足故也，足則吾能徵之。」中庸曰：「無徵不信。」徵者，援引也，典故也，先生何反言之耶？孟子曰：「博學而詳說之，將以反說約也。」貪多務得，細大不捐，不可以行文，而可以徵禮，或有然矣！古云：「議禮如聚訟。」如欲聽訟，由堂上而觀堂下，必使兩造具備，師聽五辭，五辭簡孚，而後正於五罰。若不聽其辭，窮其變態，得其真情，而遽以己意斷之，吾未見其明允也。此書頭緒既多，必須通貫全書，心細如髮，方可著眼。否則，一部十七史從何說起？今年託校讎者，惟淮陰吳山夫一人，幸麤稿俱已就理。而鈔胥僅有三人，不能多寫。乘此暇隙，依序詳校討論，刪潤盡心而已，敢云著作哉！但恨卷帙大，道途遠，無由質證耳。

周易孔義序

前輩沈敬亭先生刻周易孔義集説成，郵以示蕙田，且曰：「吾兩人於是書有同懷，盍爲余弁一言。」後蕙田憶雍正壬癸間，在金陵志館得見先生，知先生邃於易，因出所輯象義日箋相質，先生深以爲然。蕙田登第，由翰林貳秩宗，方從事五禮，而先生以方伯入爲光禄卿，益治易不輟。每一過從，見先生書帙縱横，手鈔口講，皆易也。又取蕙田日箋稿繕置案頭，多所採擇。功益勤而心益欲然。今先生歸田又五年，而孔義集説之刻始就。回視壬子初見先生論易時，已二十有餘年矣。先生之言曰：「學易者，不能舍卦爻辭以求易，即不能舍孔傳以解辭。」引高忠憲「即註即經，非夫子烏知易爲何語」之説，以爲至論。吁！學易之道，於斯盡矣。夫易於他經爲難讀，羲畫無言，文、周、孔有言而不盡言，諸儒千百家，家自爲言，故難讀也。然他經聖經而賢傳，易則聖經而聖傳，以經解畫，以傳解經，合則是而離則非，固不難讀也。羲畫有象，至孔子而顯；文、周有辭，至孔子而明。乾馬坤牛，爲遠取近取之象；失得憂虞，爲吉凶悔吝之象。而凡後人之爲飛伏，爲世應，爲納甲，爲卦象，爲卦變，非孔子之義，即非伏羲之象矣。危平、易傾，括之「懼以終始」之一言。而凡後人流于玄，雜于禪，牽以理學，附以史學，非孔子之義，即非文、周之辭矣。先儒云：「不可便以孔子之説爲文、周之説。」此亦言讀書之法耳。於文見其賾，必於義會其通，不然六經之道同歸，而四聖之易乃離之而不合，可乎哉！揚子雲云：「一鬨之市，必立之平；一卷之書，必立之師。」夫易説紛拏，奚止一鬨之市？以孔子爲師，庶乎有以立之平，而後之學易者可於是乎取則矣！是爲序。

味經日鈔自序

余少與蔡學正宸錫、吴水部大年、學士尊彝、龔布衣繩中爲讀經之會，人各治一經，裒集先儒經解，每經至千餘卷。遇疑難處，則博綜羣言，旁參確證，默坐澄思，研究秒忽，窮日夜不少息時。砉然以解，則取異同錯出者考之，是非歧似者辨之，義理未發者説之，未可遽定者存之。每會以旬日，會則交相訂正，不蓄疑也；互爲録藏，無忘所能也。或古人先得我心者仍之，言不必自己出也。要以詳説反約，歸于一是而已。四十以後，部務之暇，輯五禮通考，宏綱細目，補殘綴闕，剖析益繁。積日手鈔成六十餘卷，曰味經日鈔。味經，乃里中讀書室名也。

附録

先生年二十餘，父泉南先生去官下理。先生憂愁困頓，隨侍羈所，不廢治經，講求性命之理。蓋泉南先生私淑東林顧、高二公，日聞庭訓於憂患中，得力尤深也。諸洛書味經窩圖後。

先生與里中同志爲讀經會，朔望必集，各出疑義相質。如是者數年，成經説百餘卷。江陰楊文定公初未相識，聞其名，疏薦經明行修者七人，共教國子，先生與焉。是年遂登第，入翰林。先正事略、諸洛書味經窩圖後。

先生既通籍，朝廷赦書屢下，給諫公猶不得援例寬釋。乃伏闕陳情，乞以身贖，其略云：「臣本生父某，身罹重罪，已荷天恩曲宥。祇因催追銀兩，力不能完，仍行圈禁。迄今九載，年已八十，衰朽不堪。本年五六月內，侵染暑溼，瘧厲時作，寒熱交攻，奄奄一息，幾至瘐斃羈所。臣雖備員禁近，而還顧臣父老病拘幽，既無完解之期，又無久存之望，方寸昏迷，不能自主。不忍昧心竊祿，內慙名教。伏惟皇上矜慎庶獄，有一綫可原者，概予寬釋。當此聖明孝治之朝，更逢薄海祝網之日，惟有籲懇鴻慈，格外鑒宥。丐臣父八旬垂死之年，得終老牖下，臣願革去職銜，効力行間，以贖父罪。」疏入，遂有寬釋之詔。其未完銀，並豁免。由是給諫公優遊林下又十年。時與桐城方恪敏公並稱二孝，蓋恪敏每歲徒步省其父於戍所也。先生既得請，感泣誓以身報。上亦鑒其忠孝，有意大用矣。先正事略。

先生任學士時，陳科舉學校六則。在工部，疏言工程難易不同，司員每意存趨避，請用刑部掣籤均派例。在刑部執法平允，尤爲上所倚重。同僚或持異議，援引律例，必申其説乃已。遇僚屬嚬笑不苟，其賢者薦達之不遺餘力，莫不憚其嚴而服其公。同上。

先生撰五禮通考，博諮當時通儒，自方恪敏外，參校者有金匱吴氏鼎、德州盧氏見曾、元和宋氏宗元、嘉定錢氏大昕、王氏鳴盛、休寧戴氏震、仁和沈氏廷芳、吴江顧氏我鈞。其吉禮屬吴氏、盧氏、顧氏。嘉禮屬錢氏者，昏饗燕鄉飲酒學諸禮及體國經野設官分職兩大類；屬王氏者，射巡狩；屬戴氏者，觀象授時一大類。賓禮全屬錢氏。軍禮全屬王氏。凶禮屬錢氏、沈氏、吴氏、盧氏。惟宋氏所參校者十及八九。統校全書則屬諸山陽吴氏玉搢焉。青浦王氏昶亦預參校。而卷中未分注名氏。五禮通考、先正事略。

先生謂：「詩三百篇，古人皆被之管絃，漢、魏以降，始失其傳。然天籟之發，今猶古也，因欲以今曲歌古詩，庶協詩樂合一之旨。」又奏請刊正韻書，上命與武進劉文定公綸任其事。先生建議古韻二百六部，今併爲一百七韻。如元與魂痕當析爲二。殷韻宜併入真韻。上聲拯韻，去聲證韻，宜分出各自爲韻。又考定四聲表，兼採崑山顧氏、婺源江氏之説，欲通古音於等韻。時已遘疾，猶往復辨論不休。他若河渠、律算，下及醫方、堪輿、星命家言，皆泝流窮源，有體有用。先正事略。

曾滌生曰：「秦尚書纂五禮通考，舉天下古今幽明萬事而一經之以禮，可謂體大而思精矣。」聖哲畫象記。

又曰：「秦氏五禮通考，自天文、地理、軍政、官制都萃其中，旁綜九流，細破無内，國藩私獨宗之。惜其食貨稍缺，嘗欲集鹽漕賦税國用之經別爲一編，傅於秦書之次，非徒廣己於不可畔岸之域，先聖制禮之體之無所不晐，固如是也。」雰論序。

味經交游

顧先生棟高　別爲震滄學案。

吴先生鼎

別見震滄學案。

吴先生鼐

別見震滄學案。

蔡先生德晉

蔡德晉字宸錫，號敬齋，無錫人。雍正丙午舉人。乾隆初，楊文定名時領國子監，薦授學正。教士有法，遷工部司務。持躬廉介，俸薄，貧勿恤也。其學覃精三禮，合儀禮、周禮爲禮經。周禮以六官爲序，而考工記不冠以冬官。儀禮以五禮爲序，而闕軍禮。又補逸禮八篇。爲禮經本義三十九卷，戴記則删蕪去複。博採周、秦、兩漢之書，及先聖格言之有關於禮者，爲禮傳本義二十卷。又輯通禮五十六卷，積四十年十易稿而後成。又著詩經集義十六卷。味經輯五禮通考，敬齋已先卒，深以不及商訂爲惜，書中數採其説焉。參錫金合志。

沈先生起元

沈起元字子大，號敬亭，太倉人。康熙辛丑進士，翰林院編修。歷爲郡守監司，以廉名。官至光禄寺卿。晚主講山東濼源書院。著周易孔義集説二十卷，大旨以十翼爲孔子所手著，學易者必當以孔傳爲主。因取明高景逸周易孔義之名，别加纂集，於古今説易諸書無所偏主，惟合於孔傳者即取之。其篇次則仍依今本，以彖傳、象傳繫於今文之下。謂：「易亡不亡，不係於古本之復不復。王氏以傳附經，亦足以資觀覽。惟大象傳往往别自起義，文言則引伸觸類以闡易藴，皆無容附於本卦，故别出之。」前列之圖，一爲八卦方位圖，一爲乾坤生六子圖，一爲因重圖，皆據繫辭、説卦之文。至於河圖、洛書、先天後天方圓諸圖，則謂「此陳、邵之易，非孔子所本有，概從删薙，掃除紛紜轇轕之習」。又著詩傳叶音考三卷，有敬亭集。參學案小識。

文集

周易象義日箋序

余嘗訝學易者往往過爲高論，至於顯背孔子十翼而不恤也。大傳曰：「居則觀其象而玩其辭。」又曰：「易者，象也。象也者，像也。」故漢儒於象盡心焉。王輔嗣乃以象言爲筌蹄，則孔子所贊幾於贅矣。輔嗣固爲老、莊者，無怪。而儒家者競宗之，何歟？且輔嗣猶曰：「言者所以明象，得象而忘言。」自先天之説起，則言可忘，無俟得象也。輔嗣猶曰：「象者所以存意，得意而忘象。」後儒置象弗考，則象可忘，無俟得意也，非從而甚之者歟？余自幼學易，然以應舉，故疑於心，而不敢疑於手口也。雍正壬癸間，晤今少司寇樹峯先生於金陵，示以所輯象義日箋，讀而歎曰：「漢、魏詳於象而疏於義，宋儒精於義而略於象，均得半也。是其得易之全乎？」是時先生猶爲諸生，杜門窮經，僅逾弱冠，卓然爲老儒生。余心異之，遂與訂交。余方有志集諸家之説爲一書備觀玩，旋以外宦中輟。乾隆甲子，内轉京卿，得以暇治易，而先生已由詞館陟少宗伯，邸舍相望，晨夕過從，復乞先生日箋一書，參互考訂，而余之孔義集説乃脱稿。是余之書，實先生之書始終之也。惟日箋於繫辭諸傳未及，余嘗勸先生續箋成書，而先生方輯五禮考，未暇及也。余之集説既得先生序，而先生且索余序其日箋，余笑謂：「此投我以瓊瑶，乃報以木桃，可乎？」余竊自歎，治易卅年，粗得訓詁，謂從此可以學易，乃老將至而耄及之，未能知易也。邵子曰：「人能用易，乃爲知易。如孟子，可謂善用易者也。」余觀先生立朝行己之際，殆所謂善用易者，能像象者也，非忘象者也。日箋之所用，余烏能測之？姑書此以爲報焉。

題水西書屋藏書目録後

凡百嗜好皆累心，惟書足以明心養心，而嗜者絶少。非惟聲色財利官爵珍玩奪之，而舉業之奪彌甚。昔人以書治舉業，今人治舉業而廢書，余每爲之太息。余來主濼源書院講席，得周生永年，其文矯然，其氣凝然，百無嗜好，獨嗜書。歷下書不易得，生故貧，見其脱衣典質，務必得，得卒業乃已。今所藏經史子集二氏百家之書已數千卷，皆能言其義者。窺其志，將盡致古今載籍，以掇其精而嚌其胾，而不僅以多藏爲富。是豈惟齊、魯之傑，吾吴號多文學之士，余猶將張生以厲之。雖然，生不嗜書則已，生既酷嗜，余則有進，生亦知書之不必富乎？亦知書之足爲心累乎？夫書者，載道之器，而道非堯、舜、禹、湯、文、武、周公、孔、孟之道，即吾身心之道也，非書無以識道，故書貴也。道一而已，六經、四子可數言。蔽之至戰國，游士詭奇誣誕之説競作，以遏塞聖道，於是造物者惡之，假手秦政之火，不幸六經亦誤罹其毒。然漢興，六經旋出，如日月之不可晦蝕，而諸叛道之書銷沈于灰燼者，固已不知其幾，未嘗非一火之爲烈也。自漢迄今，乃又有訓詁之學，詞章之學，釋、老之學，術數之學，小説之學，書益漫汗無紀極。才智之士，馳騁游獵其中，以炫俗釣聲爲斯道害彌甚。程子「玩物喪志」之語，誠篤論也。世有好奢者，每食羅珍錯，窮水陸，和百味，卒乃舉數臠，嚼數卮，適醉飽而止。好遊者，足跡遍天下，歷五嶽，浮江河，搜台蕩之奇，探洞府之奥，倦而歸，敝廬數椽，以待風雨，足矣。故凡騁耳目之觀者，皆於我無與。不惟無與，皆足蕩精魄而縻歲月，識者惜之。昔昌黎之學，細大不捐，然自言「學之二十餘年，始辨古書之正僞，白黑分矣。務去之，乃有得焉」。蓋昌黎承漢、魏、六朝後，尋源潢潦，問塗榛莽，故別白之難如此。今幸生宋諸大儒後，古書之正僞犂然，顧猶取昌黎之所去以爲博乎？人生百年耳，天下之藝能不必兼也，古今作者辭章之優劣不足深辨也。唯道之求，以事吾身心之不暇，何書之富爲！生聞言，憮然瞿然翻然曰：「謹受夫子教。」遂抑首治經，書滿屋不爲泛涉。生今年二十有五，少於昌黎上宰相書時二年，極其所嗜而不誤所趨。余老矣，詎見其成之所底！因書所與言者，留其藏書之室，以堅其志。

方先生觀承

方觀承字宜田，號問亭，桐城人，居江寧。祖登嶧，工部主事，父式濟，内閣中書，皆坐宗人孝標書案累，讁戍黑龍江，與兄觀永歲徒步至塞外營養，具知南北阨塞民情土俗，厲志爲學。平郡王福彭與語，奇之。雍正中，王督師征準噶爾，辟爲記室。師旋，授内閣中書。舉博學鴻詞，未與試，直軍機處。乾隆中，累擢至直隸總督。在任歷二十年，乘輿歲有巡幸，往來供張。大軍累出征討，儲備精密，未嘗少缺，民無擾累。尤長於治河，永定、南北運、大清諸河，相時決機，前後數十疏，從之輒利，農田、水利、溝洫、賑卹諸政靡不舉。乾隆三十三年卒，謚恪敏。少師事族父望溪，得聞緒論。治經專三禮，條論古今因革。屬稿未就，見味經撰五禮通考，悉以畀之。又屬戴東原撰直隸河渠書，成而未刊。自著有述本堂集十八卷，宜田彙稿、問亭集及雜記直隸事凡數十卷。參先正事略、桐城耆舊傳。

文集

五禮通考序

三代以下，言禮者必折衷於朱子。朱子論編纂禮書，宜以春官五禮爲之綱，顧自輯儀禮經傳通解，別以家鄉邦國王朝爲次，雖亦具嘉賓軍三禮，而未科別其條。勉齋、信齋續以喪祭之禮，始略備吉凶二類，而又與前編體裁未能畫一，蓋亦稿本未成之書也。學者既不見先王之大全，中間又無先儒衡定之成書，各以耳剽臆決，塗飾文具，所稱聖人緣情而制，因性而作者，豈如是乎？昔在京師時，伯父望溪先生奉詔纂修三禮，余數從講問。伯父告之曰：「禮者義之實，先王所以體性而達情也。學者能内考其性情，以協諸進退揖讓尊卑際會之節，始知三千三百莫不犂然曲當於人心，直可兼陳萬物而權衡之耳。」因以所著喪禮或問授余。既而閱崑山徐氏讀禮通考，乃知聖人立中制節，或問實揭其精微。若載或問於喪禮，補弔荒禬恤之制，則凶禮已全。因準是而師朱子輯禮本意，博采經傳子史，區爲吉嘉賓軍四類，而彙成五禮全書，庶幾經世大典可以信今而垂後也。吾友昧經先生，以博達之材，粹於禮經，官秩宗，日侍内廷。值聖天子修明禮樂，乃益好學深思，研綜墳典，上自六經，下迄元、明，凡郊廟禋祀、朝覲會同、師田行役、射鄉食饗、冠昏學校，名以類附，於是五禮條分縷析，皆可依類以求其義。先生向與伯父論禮，因屬余參其間，非謂能折衷禮制也。凡先儒緒論，其合於經者，於人心必大洽適焉。其附會穿鑿，顯悖於經者，於人心必大刺謬焉。故曰：「禮者，羣義之文章，協諸義而協，則禮雖先王未之有，可以義斷也。」顧是書體大物博，先生積數十年搜討參伍，乃能較若畫一。余志所聞於父師者，特以示其涂徑，俾知名數雖繁，要以義理爲之準，斯得其門而入爾。無徒博觀於外，而駭然以驚焉，可也。

盧先生見曾

盧見曾字抱孫，號雅雨，德州人。康熙辛丑進士。初授四川洪雅知縣，歷官至兩淮鹽運使，以吏幹稱。前後兩官淮南，慕其鄉王文簡士禛風流文采，接納江、浙文人，惟恐不及。當時碩學如惠定宇、戴東原諸人，皆爲上客。所刻雅雨堂叢書，於尚書大傳、大戴禮記、乾鑿度、鄭氏易注、李氏易傳、戰國策高誘注，竝校訂精審。又補刊朱竹垞經義考，不第觴詠壇坫，稱盛一時也。自著有出塞集。參湖海詩傳、揚州畫舫録。

沈先生廷芳

別見餘山學案。

王先生昶

別爲蘭泉學案。

王先生鳴盛

別爲西莊學案。

錢先生大昕

別爲潛研學案。

戴先生震 別爲東原學案。

宋先生宗元

宋宗元字慤庭，元和人。乾隆戊子舉人，歷官直隸按察司副使、天津清河道，内遷光禄寺少卿。乞養歸，築網師園以奉親，建義莊以贍族，以行誼稱。味經輯五禮通考，多所贊助。參蘇州府志、五禮通考序。

吴先生玉搢

吴玉搢字藉五，號山夫，江蘇山陽人。貢生。官鳳陽府訓導。精於小學，著别雅五卷，取字體之假借通用者，各註所出，爲之辨證。通古籍之異同，疏後學之凝滯，猶可考見漢、魏以前聲音文字之概，非俗儒剽竊之書所能仿佛也。又著有説文引經考、六書述部敘考、金石存、山陽志遺諸書。初爲盧雅雨幕客，後入京師，味經聘之，助修五禮通考，成書蓋資其力。參史傳、揚州畫舫録。

清儒學案卷六十八

息園學案

息園詞科崛起，博洽冠時，尤深乙部輿地之學，水道提綱一書，允稱傑作。時值右文，校勘經史，敕編諸書，多被倚任。石渠金匱，著作等身，堇浦所推爲不虚焉。述息園學案。

齊先生召南

齊召南字次風，號瓊臺，晚號息園，天台人。幼稱神童，讀書過目不忘。年十六爲諸生。雍正己酉副貢。乾隆丙辰，召試博學鴻詞，改庶吉士，散館，授檢討。大考，擢中允，洊遷侍讀學士，入直上書房。歷充日講起居注官，武英殿校勘經史官，一統志、明鑑綱目、會典、續文獻通考纂修官。乾隆十三年，大考一等第一，擢内閣學士。未幾，授禮部右侍郎，充續文獻通考館副總裁，特命勘定通禮。十四年，自圓明園退直墜馬觸石，負重傷幾殆。詔遣蒙古醫療治病間，陳情養母回籍。歷主紹興蕺山書院、杭州敷文書院講席凡十餘年，造士甚衆。晚以衰病歸里，會族人周華獻所著書於巡撫，中多非聖不法，罹重辟，族屬牽連，先生亦被逮，坐容隱罪。高宗諒其樸誠，始終保全，僅削職，得赦歸，卒於家，年六十有六。先生博學，無所不通，自天文律曆，以至山川險阻要隘，瞭如指掌。深知古今治亂得失，通習掌故。於經則通漢、唐以來諸家之郵，於史則兼涑水、紫陽之義法。各館纂校之事，總裁悉以倚任，書成經進，上邀嘉賞。一統志河南、山東、江蘇、安徽、福建、雲南六省，皆其編輯；外藩屬國，則所創稿；新撰明史綱目前紀二卷，神、光、熹三朝並出其手；武英殿分撰經史考證，所成獨多，經則尚書、禮記、春秋三傳，史則史記功臣侯表五卷、漢書百卷、後漢書郡國志五卷、隋書律曆天文志五卷、舊唐書律曆天文志二卷。其尤爲時重者，所撰水道提綱二十八卷，以酈道元水經注詳北而略南，黄宗羲今水經又知南而不知北，乃作此書。以巨川爲綱，而以所會衆流爲目。大旨惟以今日水道爲主，不屑屑附會古蹟。大而河海，細而溪澗，溯源窮委，一鑒可悉。他著有史漢功臣侯第考一卷，歷代帝王年表三卷，後漢公卿表一卷，寶綸堂文集八卷，詩集六卷。參杭世駿撰墓志、秦瀛撰墓志、四庫提要。

水道提綱序

大地合水土爲體，居天正中，亦若人身然，山其筋骨，而水其脈絡也。至靜者山，靜中有動，故爲幹爲枝，以一而萬，又以萬區界百川。至動者水，動中有靜，故爲源爲委，以萬而一，又以一遍周六合。陰陽自相經緯，與日月星辰之麗天爲經緯者理氣協應。此地道承天，所以含萬物而化光也。志地有書，九丘尚矣。治水莫神於大禹，言地亦莫精於禹貢，以治水先委後源，則列敍九州疆域中高山大川。自瀆海之冀、兖、青、徐、揚州，西迄梁、雍，以山自有幹與枝，水自有源與委，則總敘導山，四列導水。九川皆起雍、梁而東至於海，詩言：「既景乃岡，相其陰陽，觀其流泉。」古聖人體國經野，以建都邑，利農田，濟舟楫，設津梁，轉運阜財，襟帶險固，孰有不於水深究其本末者乎？自漢後，地志日多，專言水者惟有水經及酈道元注。道元於西北諸水鉅細不遺，可謂精矣。後儒言水，或解詩、書、春秋，或釋班志，或於寰宇略撮梗概，或於郡邑各記方隅。其志存經濟者，於治河防海，水利守邊，博考古今，暢言得失，政理所係，援引雖多，不厭其繁雜。若夫志在藝文，情侈觀覽，或於神怪荒唐遥續山海，或於洞天梵宇揄揚仙佛，或於遊蹤偶及，逞異眩奇，形容文飾，祇足供詞賦採用以爲美談，從未有將中國所有巨瀆經流，實在共聞共見，可筏可舟，不枯不涸，如孟子所言「原泉混混，放乎四海」者，用水經遺意，上法禹貢導川，總其大凡，芟除地志繁稱遠引、分名别號、附會穿鑿之陋，務使源委了然，展卷即得。此水道提綱所以紀載今日實有之脈絡山川都邑，並用今名，略識古蹟，取其質不取其文。如河經數徙，濟惟入河，漢有别支，江源非一，黑水未知誰是，積石原在羌中，前賢早有辨論，無煩復贅。取其實不取其虚也。蓋自古帝王功德之盛，莫如我朝，重熙累洽，治致昇平，幅員之廣，盡天所覆，亦莫如我朝。臣召南學識愚淺，自乾隆丙辰蒙恩擢入翰林，纂修一統志，伏睹聖祖御製輿圖，東西爲地經度，以占節氣後先，南北爲地緯度，以測辰極高下。漠北直過和林抵白哈海，西番遥窮拉藏至岡底斯。凡金沙、瀾滄、潞江、崑崙、青海之近在邊陲，黑龍、盧朐、松花、嫩尼按、出虎水、烏蘇里江之本屬内地者，源委秩如，已迥非從前史志所能稍及。而我皇上，聖神文武，善繼善述，天威遐震，克奏膚功，踰流沙而開四鎮，蕩平伊犂、回部，拓地至二萬里，西域並入版圖，濛汜咸受正朔，此豈漢、唐、元、明盛時，賓貢享王，所能較量闊狹乎哉！即古稱唐、虞協和萬邦，羲和所宅，章亥所步，伯益、夷堅所志，方斯蔑矣。臣初久在志館，考校圖籍，於直省外，又專輯外藩，蒙古屬國諸部，道里翔實，是以志成之後，亦嘗條其水道，惟圖無可據者闕之。及蒙恩告歸台山，杜門無事，養病餘暇，時檢篋中舊稿，次第編録，共成二十八卷。臣思爲萬國朝宗者君，爲萬川會同者海也。以一水論，發源爲綱，其納受支流爲目。以羣水論，巨瀆爲綱，餘皆爲目。如統域中以論，則會歸有極，惟海實爲綱中之綱。凡巨瀆能兼支流注海者，亦目中有綱，綱中有目耳。是以詮列次第，不依水經，冠以海水，自北而南，并取禹貢首冀次兗之意，内自盛京、鴨緑江口以西，而南而西南至合浦外，自雲南而西而北，又自漠北阿爾太山、肯忒山而東至海，又自海而南而西而北，包朝鮮至遼陽，域中萬川，綱目畢列。至於葱嶺以西水入西海，印度水入南海，丁零、黠戛斯以北水入北海，前史或略記其地，以我朝之聲名洋溢，凡有血氣，莫不尊親，則重譯慕思，盡爲疆索，占測經緯，合寰瀛以成圖，臣固可執筆俟也。禹貢曰：「聲教訖于四海。」説者謂：「極言之，未可徵實。」然則自生民以來，久道化成，一統無外，能實有其盛，超越前古，其惟我大清也歟！

文集

進呈尚書注疏考證後序

臣召南謹言：孔子序書，斷自唐堯，下訖襄王之世，歷年一千七百三十有四，得典謨訓誥誓命百篇，古帝王繼天立極，敷政寧人之大經大法燦然具備，以傳學者。火於秦，復出於漢，百篇中蓋存者半，逸者半，伏生今文二十八篇，孔安國古文連伏生書共五十八篇是也。五十八篇之在漢世，又顯者半，晦者半，古文上祕府，事寢不行，今文歐陽、大、小夏侯三家並立博士是也。三家經文，又同者半，異者半，西京劉向合校文字，異者七百有餘，脱字數十，東京蔡邕等考定刻石大學是也。自漢及晉之東，古文復出，及齊、梁缺簡復完，然天下行古文者半，不行者半，古文但行江左，河北猶守鄭康成注，至隋開皇，始頒孔傳於學官是也。唐太宗詔孔穎達諸儒譔五經正義，於是尚書之説專用孔傳，而鄭注遂佚不行。説者謂：「注經家其出最後，其傳最遠。尚書有孔傳，猶易有費，詩有毛，春秋有左，禮有小戴，不其然乎？」顧自有正義以來，讀書家又信者半，疑者半，穎達同時有馬嘉運摭其疵，後時有王元感糾其謬，然疑疏不疑傳也；至宋，疑傳者半矣，劉敞、王安石、程子、蘇軾考脱簡，訂句讀，每以新意解經，然疑傳不疑經也；至南宋疑經者半矣，林之奇、吕祖謙倚序酌傳，猶不過略短從長，其酷信古文，恨不見百篇全經者，則有鄭樵，其力辨古文，疑孔傳一書皆僞者，則有吴棫。至元吴澄、明郝敬輩，直謂尚書真者半，僞者半，自伏生二十八篇以外不可爲經，當留者半，删者半。此則不可不辨者也。古文平易淺近，較二十八篇之渾渾灝灝噩噩，誠絶不相類。如較僞泰誓白魚赤烏之妄，僞百兩篇豐刑原命之誣，其純其駁，固天地懸隔也。且其文變蝌蝌爲隸古，不無得失。其篇本書序以詮次，不無後先。其説採綴載籍，條貫成章，不無增減。遷就其閲世，自漢至晉不列庠序，後進通儒伏處巖穴者，或隨時補苴緣飾其間，遂令虞、夏、商、周之文如出一手，雖朱子亦嘗疑之。而不能不奉爲經者，其言道粹然，不詭於正；其言治釐然，足爲後代準繩。大禹謨精一執中上紹二典，府事歌敘後起箕疇；湯誥言降衷恒性；仲虺言制事制心，千古聖賢學問之淵源，功德之基本，具在古文，不可没也。如必尋瘢索垢，則今文以耄年記憶之餘，傳誦女子之口，音譌字别，在所不免。據論語、孟子有堯命舜命契之辭，則堯典有缺文也。據左傳范燮、苑何忌所引大學傳所述，則康誥有缺文也。酒誥之簡俄空，夔曰之文再見，康誥首簡乃言作洛，梓材終篇半以告君，果與孔門傳授經文一一符合乎哉？月令本自吕覽，王制明出漢儒，戴記雜採傳説，猶且尊爲禮經，獨於古文嘖有煩言，非持平之論也。且孔傳詁經，義質辭簡，雖有迂曲，要非若牟長、朱普、秦延君輩章句動至數十萬言之煩猥也，又非若馬、鄭諸儒動據中候、璿璣鈐、考靈耀諸緯之怪誕不經也。孔疏於制度典章徵引賅博，隨文剖析，時有折衷，如解武成謂簡編斷絶，經失其本；解無逸謂太甲稱祖，未知其然；解皋陶謨庶明勵翼，兼采王、鄭二家；解泰誓謂文王是追稱，非及身改正朔。至如據經正史記之違，據傳闢緯書之妄，有功聖經，實爲趙宋諸大儒道之先路。縱或曲護孔傳，義涉支離，善學者棄瑕録瑜，取舍各半，可矣。但記其過而忘其功，可乎哉？由斯以談，即疑傳疑疏，亦非持平之論也。蔡、沈生諸儒後，又親承朱子緒言，竭其生平功力，以爲集傳，宜豪髮無憾矣。後人之論蔡傳猶不免於信者半疑者半，況孔傳作於前漢，孔疏作於唐初者哉！孟子曰：「遊於聖人之門者難爲言。」蓋即解釋聖經，而其難已如此。乾隆四年，奉敕校刊注、疏，尚書二十卷，臣學健、臣浩、臣泰、臣九鎰、臣邦綏等，前後廣蒐善本，對讎是正，訂譌補缺，加之句讀，以付梓人。今年冬，臣召南奉敕再加審定，輯爲考證如干條，附各卷末。其無可證，雖疑不敢輒改，志慎也。

進呈春秋左傳注疏考證後序

臣謹言：傳春秋者三家，左氏立學官最後，然傳世久且益盛，迥非公羊、穀梁所能及。蓋作傳者親見策書，熟知掌故，説經雖略，而事實甚詳，爲例無多，而史文賅洽。自惠公生隱、桓，下迄獲麟以後，趙、魏、韓分晉以前，三百年中，列國之世系遠近，王霸之先後盛衰，公卿士大夫之行事善惡，言論是非，會盟征伐，得失成敗，有本有原，瞭如指掌。學春秋者，非此不足以考其顛末。夫豈師弟子口相講授，更歷數世，始著簡編，事涉傳聞，義多穿鑿者，所可同日語哉！自漢及晉，二傳寖微。杜預博極羣書，自云左癖，以其生平精力萃於經傳，又承劉歆、賈逵、許淑、穎容、服虔諸儒後，尋端究緒，舍短取長，分傳附經，爲之集解。大而天官地理，細而名物典文，靡弗剖析淵微，敷暢旨趣。是以學左氏者稱丘明爲夫子素臣，即稱元凱爲丘明功臣。雖偏私黨護，間有瑕疵，如崔靈恩、衛冀隆所難，劉炫所規，然亦猶夫范升摘左氏之違，何休祖李育之議，朽壤一撮，曾不足以輕重太山。此唐初詔孔穎達等撰疏，專用杜注左傳以解春秋，配周易、尚書、毛詩、禮記而爲五經者也。是書既卷帙浩繁，國子監本相承雕刻，譌舛滋廣，經傳字畫，時有異同，杜注亦時有遺脱，陸氏釋文及疏尤附麗失次，烏焉、亥豕觸目紛綸，今幸奉敕校刊，臣等今將石經及舊本是正，疏所徵引載籍，各以本書校之；其書今世所無，字句即涉可疑，仍從舊本，不敢稍爲更易，以志慎也。至如先儒説經，有關於左氏長短，補注有助於杜氏訓釋，他書引用有足與孔疏相發明者，亦隨事各附卷末，以備一經之考證。恭録進呈御覽，臣等無任戰汗屏營之至。

進呈春秋公羊注疏考證後序

臣謹案：公羊疏不知撰人姓名，其文與孔穎達春秋正義、楊士勛穀梁疏體式稍殊，發明甚少。國子監刊本較他經最多譌脱失次，經傳及注尚賴陸氏釋文可以考正，而疏所引春秋説，若演孔圖、元命包、文耀鉤、運斗樞、感精符、合誠圖、考異郵、保乾圖、漢含孳、佐助期、握誠圖、潛潭巴、説題辭之屬，其書之亡久矣，無可取證。竊嘗以爲，公羊一家，厥初極盛，傳世久而愈微。言春秋者，往往譏其妄誕不經。斯非公羊之過，何休注公羊之過也。夫漢書春秋之學，獨尊公羊微論，鄒、夾二家不足比並。即石渠議而穀梁興，長義上而左氏顯，師法授受，備有源流。然一則僅立學官，一則終缺博士。總覽四百年中，朝廷詔令所垂，士大夫奏議封章所引，乃至決事斷獄定律據經，陰陽五行之占，世運五德之説，蓋莫不以公羊爲宗，是豈無所自哉！漢承秦後，道術散亡，至孝武慨然表章六經，適得大儒董仲舒以申其論，丞相公孫宏以揚其風，於是商、高所口授，平、地、敢、壽所世傳，胡母生所筆述者，著在令甲，炳若日星，雖前此有張蒼、賈誼傳古文之左傳，不能與並道齊鑣，同時有江公傳魯學之穀梁，亦不能與分門角立，固其勢然也。成、哀以降，僞讖繁興。洎乎東京，七緯遂與六經爭耀，而公羊一家，又最號爲善讖。時俗所尚，通人莫悟其非，此何休解詁之作，所以縱横惑溺於緯書邪説，觸類引伸，至於閉户覃思，經十七年而始成也。夫有傳所以釋經，經或得傳而反晦；有注所以解傳，傳或因注而益紛，豈所謂羽翼聖言，闡揚道教者乎？後儒評三傳短長者多矣。若專論公羊，則傳之於經也，功尚足以掩其過。惟注之於傳也，但見過不見功。何則？公羊經師之學，精於求例，而不知史文得於傳聞而不核事實，又其視聖人過高，測聖人襃貶進退之意過遠過密，故論紀元，解閏月，稱祭仲，贊宋襄，予子反，賢叔術，衛輒可拒父，子胥當復讐，秦伯瑩爲穆公，齊仲孫即慶父，紀因嫁女得侯，滕以朝桓黜爵，鄭詹甚佞，石惡惡人，宋以内娶三世無大夫，仲孫、何忌、魏曼多以譏二名去其一字，皆與事理不合。然於君臣大義，忠逆大防，固已十得六七焉，故曰功足以掩其過也。何休於黜周王魯，爲漢立制，變文從質，例月例時，爵列三等，區分三世，既不能執經以匡傳，又加之助傳以誣經。其最甚者，傳所本無，亦爲説以誣傳，遇卒葬則憑空周内，遇災異則穿鑿指陳，疑鬼疑神，不可究詰。傳文簡略，兼多闕疑，即有過當，要不至若是其妄誕不經也！故曰但見過不見功也。魏、晉以後，説公羊者益稀，王愆期父子、孔舒元所注久已散佚，而休之解詁竟得自名一家，垂於千古。非經傳之賴休注以明，實休注之幸託經傳以不朽耳。今奉敕校勘，於是書尤加詳審。凡書局所有各本，罔不對讎，正其脱譌；其無可證據者，有疑皆闕，存説於後；至如史傳所引，儒先所論，有足爲是傳發明者，亦節録云。

進呈春秋穀梁注疏考證後序

臣謹案：穀梁一書，文清義約，與左氏、公羊並爲聖經羽翼。自石渠大議，博士聿興，五家徧傳，訓詁滋廣。晉范寧集解出，遂與何休、杜預鼎立，並垂後世。言穀梁家，未有外於范注者也。鄭康成論三傳得失，獨稱穀梁長於經；王通論諸家注解，獨稱范寧。有志春秋證聖經而誚衆傳，豈溢美歟？唐楊士勛疏雖稍膚淺，然於范注多所匡正。如桓十七年，蔡桓侯卒，疏謂三傳無文，注家各以意説。莊三十三年，祭叔來聘，疏不直言祭仲是名。三十一年，「齊侯來獻戎捷」兩載，則注及徐邈説。僖元年，公子友獲莒挐，譏范氏不信經傳。四年，許男新臣卒，直謂范注上下多違。哀十二年，用田賦，引孟子以糾范注，較左氏、公羊義疏曲爲杜、何偏護附會者不同。蓋穀梁晚出，得監左氏、公羊之失，范寧又承諸儒之後，於是非爲稍公。宋晁説之已嘗論及，惟士勛疏平易近理，刊落曲説繁言，較各家疏亦爲文清義約，顧未有稱之者也。近世學春秋家以胡傳爲圭臬，即左氏亦僅以文辭習之，不求其釋經之義，發傳之由，況公羊、穀梁乎？況公羊、穀梁之注疏乎？然三傳具在學官，終如三辰上麗乾象，不可誣也。穀梁一家所恃以存者，僅賴有注疏發明，而監本舛譌最甚。如莊十三年經文脱「及其大夫仇牧」六字；十四年會於鄄，經文脱「宋公、衛侯」四字。又如桓公一卷，全脱陸氏釋文。其餘別風淮雨、三豕渡河之類，不可勝言。從前館閣所藏亦少善本。豈非以絶學孤經，時所罕尚，故校對不精乎？今奉敕重刊，廣蒐各本相校，是正文字。其無他書可證者，概志闕疑。所有考證，類次附編各卷之末。恭繕寫進呈睿覽，臣等無任戰汗屏營之至。

進呈禮記注疏考證後序

臣齊召南謹言：禮記之列學官也，自鄭康成注行，遂配儀禮、周官稱三禮；自孔穎達疏行，遂配周易、詩、書、春秋稱五經。漢時稱五經者，禮惟高堂所傳，即周官不得比並。唐以後，小戴盛傳，二禮古經反俱不及。其故何邪？記本叢書也，撰録非一人，薈萃非一説，自孔門弟子，下逮秦、漢諸儒所記，並採兼收，故雖不能有純無雜，然其大者，如大學、中庸，廣博精微，明爲聖賢傳道之經訓，曲禮、少儀、内則，實小學之支流餘裔；玉藻、郊特牲、文王世子，實朝廟之文物典章也；冠、昏、鄉飲、射、聘、燕、祭諸義，喪服小、大、雜記、服問、閒傳、曾子問、三年問諸篇，既皆儀禮之解詁義疏，而深衣、奔喪、投壺則又古經之佚篇剩簡，可以補儀禮所不及者。記以兼收並採而純雜相半，亦以兼收並採而鉅細不遺。選言宏富，便於誦習，視儀禮難讀，周官不全，相去固有閒也。此記之以叢書得稱爲經也。康成，漢代大儒，兼通五經，尤精禮學。其於記也，廓馬融、盧植餘業，參以儀禮、周官異同，訂譌糾繆，索隱鉤深，導絶壑斷港於通川，闢榛莽崎嶇爲坦道，縷分條貫，厥功懋焉。雖或旁引緯書，時生異解，祫禘偏信魯禮，王制多指夏、殷，五廟但守元、成，七祀惟據祭法，六天二地，王肅駁其違，配譽南郊，趙匡矯其失。譬則明堂位、儒行亦在記中，大醇小疵，瑕瑜自不相掩。至於禮器制度，先古遺文，本本原原，無非確有根據，故即以宋儒之好去古注以解經，獨於禮則墨守康成，亦步亦趨，不敢輕於置議。豈非天人性命之旨，可據理自騁其心思；名物象數之學，必不可憑虚以擬其形似乎哉！鄭注既精，孔氏與賈公彦等又承南北諸儒後，斟酌於熊、皇二家，討論修飾，委曲詳明，宜其書之垂久而不刊也。國子監十三經板歲久刓敝，譌謬相沿，禮記尤甚，曾子問、禮運、禮器各篇正義闕文實多。我皇上稽古右文，加意經籍，乾隆四年，特命重刊，以惠學者。在館諸臣，徧蒐善本，再三讎對，是正文字，凡六年始付開雕。臣召南以讀禮家居，奉敕即加編輯校勘之説附各卷後。臣學識淺陋，不足窺測禮學之萬一，惟執見聞所及，取鄭氏所爲儀禮、周官二注以校此注之從違，取孔氏所爲各經正義以校此疏之得失。脱文衍字，略志本末；其無可據，概從闕疑。至儒先論辨，有專爲注疏者，亦節録焉。謹撰考證六十三卷，以仰塞明詔。臣召南謹識。

進呈前漢書考證後序

臣齊召南謹言：史之良，首推遷、固。固才似若不及遷者，然其整齊一代之書，文贍事詳，與遷書異曲同工，要非後世史官所能及，故其書初成，學者即已莫不諷誦。服虔、應劭而下，解釋音訓，不異注經。更魏、晉至唐初，名家後先相望，而顔師古注折其衷，論者以比杜征南注左傳，稱爲班氏忠臣，不謬也。自唐以前，書皆鈔寫，而校對極精，譌脱相承，不過數處。其有板本，自宋淳化中命官分校三史始也。板本染印，日傳萬紙，於人甚便。人間摹刻以市易者滋多，彼此沿襲，校讎稍疏，輾轉失真，烏焉成馬。故書有板本而讀者甚易，亦自有板本而校者轉難，固其勢然也。以人人所共習之漢書，又經師古注釋，旨趣畢顯，校者似易爲力。乃自淳化歷景德、景祐、熙寧，百年之中，三經覆校，當時名儒碩學刁衎、晁迥、余靖、王洙所奏，刊正增損之條累百盈千，積成卷帙；三劉刊誤又别爲書；陳繹是正文字，又在宋祁之後，亦足以徵善本難得。此北宋時已然矣，況自宋至明，刻本愈雜，學士家校讎之精遠不如北宋以前者哉！若國子監所存明人舊板於顔注所引二十三家之説，十删其五；於慶元本所附三劉、宋祁諸家之説，十存其一，即本書正文字句亦多譌脱，則尤板本中至陋者已。夫古人撰述既博，不無失檢，紀表志傳或彼此乖違，郡國官名或後先錯出，如高紀書太上皇后，書丞相噲將兵，文紀書内史欒布，景紀書御史大夫青、翟，書三輔舉不如法者，宣紀書元康元年復高帝功臣後之類，此皆本書自誤，非關後人。至如地理、溝洫成文，酈元注水經特多援引；賈、馬、淵、雲辭賦，蕭統輯文選時有異同；藝文志言儀禮之經，倒十七篇爲七十；曆志載積黍之數，增九十分爲一千。孔穎達、賈公彦並師古同時人，而所據書本各别，斯則傳寫失真之明驗也。衍文脱字，離句辨音，三劉於師古注銖較寸量，未嘗少假借焉，校古人書，義當如是爾。乾隆四年，奉敕校刊經史，於是書尤加詳慎。臣等既與諸臣徧蒐館閣所藏數十種，及本朝李光地、何焯所校，再三讎對，積歲彌時。凡監本脱漏，並據慶元舊本補闕訂譌，正其舛謬，以付開雕，稍還古人之舊。臣召南復奉敕編爲考證，謹採儒先論議關於是書，足以暢顔注所發明，刊三劉所未及者，條録以附於每卷云。臣齊召南謹識。

後漢公卿表序

後漢書初無表志，志則梁劉昭補之，表終闕如也。諸王王子侯功臣及外戚恩澤侯表終闕，於書無所損益。公卿表闕，則讀書者有餘憾焉，此余之所爲補也。自光武迄獻帝，凡爲太傅若而人，太尉司徒司空若而人，外戚爲大將軍諸將軍若而人，太常光禄勳以下九卿若而人，年經月緯，綜紀傳以著其略。吁！觀是表者，於後漢一代主之明暗，國之盛衰，人之賢否忠佞，事之得失成敗，可以鑒矣。

續方言序

揚子雲採集先代絶言，異國殊辭，爲方言十五卷，示張伯松，伯松曰：「垂日月不刊之文也。」余友杭堇浦採集注疏，旁及羣書，爲續方言四卷，余評之如伯松。堇浦駭爲過當，余曰：「不然。自書契既作，所謂垂日月不刊者，孰有過於聖人之經哉！續方言所載，皆三代時及漢以前語，士讀經者，必知其說而後可通其義，是廣卜子爾雅補許慎説文也，殆附日月以不刊者邪？子雲方言雖亦古輶軒之使所有事，然惟一二附於經者，解經家必用之。非是類也，士固可束而不觀，較諸太玄，其爲覆瓿一耳。伯松贊以不刊，不亦諛乎？今夫聖人之經，則亦有所謂方言者矣。書有商盤、周誥；詩有十五國風；禮則名物器數，代各不同；春秋則名從主人，傳自爲說。然昆名元龜，六日不詹，終葵掉磬之解，伊緩矢台之稱，後世不得以方言目之，何也？聖人之經，日月也。日月千古不變其躔次，隨時改移者，雖變猶不變也。後世分至躔不同堯典，而堯典之文不刊；昏旦中星不同月令，而月令之文不刊；日無頻食，閏不必在歲末，而春秋頻食、閏月之文不刊，故凡附於經者，皆不刊也。堇浦以澹雅之材，沈鬱之志，鋭精於經，以其餘閒，把三寸弱豪，羣分類聚，使學者不待繙閱，而坐得漢以前謠俗語言之異，勤矣哉！

書楊農先先生周禮疑義後

周禮果周公作歟？吾怪其與周公之言不合也。尚書無逸篇告成王以文王之事曰「以庶邦惟正之供」，即孟子所謂「耕者九一，關市譏而不征，澤梁無禁」也。立政篇告成王曰「立政勿以憸人，其惟吉士用勱，相我國家」，即大學傳所謂「用仁人不畜聚斂之臣」也。周禮一書，則無一不與治岐之政相反，又且必以强禦掊克至惡極陋之憸人擢爲宰輔，而後可以勝其任。如天官地官以財爲職，幾於無地不賦，無物不貢，無人不征。前聚鹿臺、鉅橋亡國之爲殃，後啟頭會、箕斂、告緡、平準一切厲民之虐政。至其言用財，必曰惟王及后世子不會是導，其君以逸樂盤遊，恣睢縱欲。稍有識者所不爲，而謂周公爲之歟？且易三百八十四爻之辭，已。苟稍循其法，天怒人怨，必致覆亡。稍有識者所不爲，而謂周公爲之歟？

周公所繫也。果如周禮孜孜於財利，則剥六四之「剥牀以膚」亦可云吉，益九五之「有孚惠我德」當反爲凶也；屯九五之「屯膏」不必言大貞凶，豐上六所云「豐屋蔀家」亦何致於三歲不覿乎哉！且使天地二官而孜孜於財利，則師上六不必設「開國承家，小人勿用」之戒，解六三言「負乘致寇」，鼎九四言「折足覆餗」，亦皆爲空言也。哀公時用田賦，孔子歎以不用周公舊典。若如周禮言利，至析秋豪，豈止於田賦云爾乎？徵於書，於易，於春秋，則周禮非周公所作，決然矣。因讀疑義筆其說。

綱目館議

綱目館總裁官大學士伯臣鄂爾泰、臣張廷玉、尚書臣陳悳華等議，得綱目一書，垂憲萬世，文雖歸於簡要，而一代之事實必詳，體雖限於編年，而千古之名義必正。今奉敕纂修明代綱目，上接宋、元，其條例一稟朱子，綱舉目張，眉陳指列，無可疑者。惟是事異前代，不可但拘舊文，若非斟酌變通，必致紀載失實。如侍郎周學健奏稱「明祖之興與宋祖迥異，宋祖戡亂致治，皆在即位之後，明祖起兵濠梁，定鼎江東，平陳友諒，平張士誠，平方國珍，暨頒定官制，設科取士，詳考律令諸政，皆在未即位以前。而續綱目所修元順帝紀，於明興諸事不覼不白。今明紀綱目既始自洪武元年，若於分注之下補敘前事，不特累幅難盡，且目之所載與綱不符，於編年之體未協。若竟略而不敘，則故明開國創垂之由，缺然不彰於後世，大非史氏詳備之旨。而自洪武元年以後，一切政治之沿革，事蹟之源流，臣工之黜陟，宜立綱陳目者，皆突出無根，亦大非春秋先事以起例」等語。臣等再三籌酌，此係開卷首條最宜詳審，若概略從前，既於本末不貫，若補敘煩冗，又與體裁不符，誠如周學健所奏，臣等所亟當議定，以便編纂成書者也。但周學健奏中尚有未協之處，謹就臣等管見所及，爲我皇上陳之。按：明太祖即位在戊申歲正月丁亥，實元順帝至正二十八年也。是時順帝尚在大都。至閏七月丙寅，徐達師抵通州，順帝始奔沙漠，則閏七月以前，仍宜大書至正二十八年，而明太祖之大書洪武元年，則斷自是年八月始，此一定不易之義也。應將周學健奏稱以明太祖洪武元年繼元至正二十七年之處毋庸議。又按：宋元續綱目成於成化十二年，其順帝紀本爲元作，事關天下，不得專言一國，故於明祖開創次第，不過略書一二大端。其稱明祖爲「我太祖」，猶春秋稱魯侯爲「公」，朱子綱目稱宋祖爲「我太祖」也。史臣之辭，自合尊崇當代，何嫌何疑？且前人成書，後人何容輕改？「我太祖」爲明祖之處，毋庸議。又按：三代以下，得國正大，首推漢高，次即明祖。周學健謂明祖同符漢高，語誠有當，但其事有似同而實異者。漢高先入關而後滅楚，明祖先除張、陳二盜而後北定元都也。其稱吳國公吳王，亦約略可爲沛公漢王之比。但義帝立僅一年，後即楚、漢爭雄，綱目自應並注。明祖至至正二十七年，韓林兒卒，始自稱吴元年，前此皆用林兒龍鳳年號，何得分注於至正年號之下？應將周學健奏稱順帝紀内改書吴國公吴王列於至正編年之下，之處毋庸議。臣等再三籌酌，綱目之體原倣春秋左傳，左傳有先經發傳之例，故於隱公首簡先敍惠公。又元儒金履祥因周威烈王二十三年以前事綱目未載，補作前編。有此二例可引，請皇上敕下史局，將元至正十五年明祖起兵以後，迄二十八年順帝未奔沙漠以前，另爲前紀，仍以至正編年至二十八年閏七月止，列於今所修綱目正文之前。其稱名稱吴國公，稱吴王，倣朱子書漢高之例。則一代開創之事實既詳，千古之名義亦正，既不輕改成書，且可變通舊例，似於傳世立教之意更爲慎重。臣等管見，是否可採，伏乞睿覽施行。謹議。本日奉旨：「甚是，依議行。」

禮部再駁請祀啓聖王元配施氏議

議得史記、家語並載孔子先世，而史記缺聖父原娶施氏一事。後世祀典必從史記之略，而不從家語之詳者，家語雜出後人之手。漢志及隋、唐二志篇目不齊，蓋孔安國所撰者，其書早已失傳。即王肅本，後世亦多同異。今所行肅古本，並無施氏之文。而司馬貞索隱引家語有之，可知家語無定，史記足憑。數千年中，孔氏家廟專以聖母顏氏配食啟聖，非禮有闕，從史闕耳。今方苞奏，據索隱所引之家語，以駁史記之非，又引雜書之祖庭廣記，以證索隱所引家語之確，遂欲一旦以有無不可知之施氏，躋聖母顏氏之右。臣等竊以爲，史尚闕文，禮重變古，祀典至鉅，文廟至嚴，不可不慎也。謹以方苞所奏之謬，爲我皇上陳之。據方苞奏稱「家語爲東漢時孔猛所出家藏書，至魏大儒王肅而顯」等語，謹按：文獻通考，孔子二十二代孫猛，嘗受業於肅，肅從猛得此書。是猛爲肅弟子，而方苞誤以爲東漢人，考訂之疏，此不必辨。至稱子思未作中庸以前，原有家語之書，則鑿矣。若有其書，如王肅所云「諸弟子自記其問」，則篇籍散佚久矣。即漢志所云二十七篇，尚未必皆七十子之舊，況肅所得於孔猛者乎？據孔衍言，則安國所自撰次也。據肅代安國序，則景帝時購藏祕府，至元封時，安國從而編次者也。朱子謂「肅編古録雜記，其書多疵」，然非肅所自作，可謂定論。既曰編古録雜記矣，古録雜記所載，其可盡信乎？又據方苞奏稱「闕里志本孔庭纂要，假令施氏稍有疑似，何以自著於家乘而不之削」等語，謹按明李東陽闕里志於本姓篇曰：「叔梁公曰：『有九女而無男。』是無子也。乃求婚顔氏，生孔子。」自注出家語，而並無施氏之文。於尼山毓聖篇曰「陬大夫娶魯施氏，生九女而無子」云云，自注出祖庭廣記。直書聖母顔氏於前者，信以傳信；附書施氏於後者，疑以傳疑。既爲他書所載，子孫安可不存其説？既爲史氏所闕，子孫又安忍遽立其祀？載於志與不列於祀，兩不相妨，蓋亦慎之至也。何嫌何疑，而必削其辭乎？又據方苞奏稱「孔氏家廟，緣灑掃户孔末之亂，仁玉孤幼童昏，復立宗祊，始專祀顔氏而不及施氏，後遂蹈常襲故」等語，則可謂辭之遁矣。謹按：聖母專祀顔氏，所從來久遠。東漢永壽二年，魯相韓勑碑曰：「顔氏聖舅家居魯親里，聖族之親，禮所宜異，其復顔氏邑中繇發。」又建寧二年魯相史晨碑曰：「顔氏毓靈。」又曰：「假顔母井舍守吏四人。」當是時，葺廟展禮，蒐討遺蹟，孔氏子孫會者，有五官掾暢、功曹史淮、守廟百石讚、副掾綱、尚書立、河東太守彪、處士裒等，皆列名碑陰。使果有前母施氏鑿鑿可據，魯相即無意講求，孔氏子孫必據情以請，不應復徭役、假守吏僅在顔氏一家。此固自漢以前，聖母專祀顔氏之明證也。水經注曰：「尼山東十一里有顔母廟。」又曰：「孔廟即夫子故宅，廟屋三間，夫子在西東向，顔母在中間南面，夫人隔東一間東向。」又曰：「廟西北二里有顔母廟，廟象猶嚴。」此又自漢以至後魏，聖母專祀顔氏之明證也。方苞乃謂，不及施氏始於仁玉，不亦誣乎！且自唐天祐二年，灑掃户孔末作亂，距後唐長興二年復修廟祀，則仁玉年已二十餘矣，謂之「童昏」，無乃臆説。借使仁玉不諳舊儀，豈無一二老成，引典以爭，竟至失墜？況自仁玉以後，孔氏亦多賢矣。如道輔、宗翰、宗旦、武仲、文仲輩，皆當世名臣碩彦，或嘗知曲阜，或嘗葺世系，或盛以文章學問發聞於時，獨不能根據家語及索隱增祀施氏，以正近世祀典之舛謬，甘於蹈常襲故如方苞所譏？此臣等之所不解者也。夫家語與索隱均非僻書也，而聖父之爵爲公爲王，聖母之封爲公夫人爲王夫人，而合祀於家廟也，自宋大中、祥符以後，詔誥班班史策，夫誰不知？而宋、元諸大儒並無有議及施氏之不得與封者。方苞乃謂歷代無由知其家廟無施氏之主，可乎？又據方苞奏稱「施氏與啟聖王相守至老，不得祔廟，不獨先師惄然心傷，先師母顔氏之心亦有歉然不得」等語，臣等前則斷以史記、漢碑，後則斷以闕里志世系祀典，知施氏有無，自屬傳疑，未有確據。而聖母顔氏，則史既稱合葬於防，後人又歷世崇祀於廟，更無復有可疑者。今方苞欲以影響有無之説，遽躋俎豆，爲啟聖王增一配，爲至聖增一母。事不師古，萬一有無未定，姓氏稍譌，先師顧不惄然心傷，而先師母之心顧不歉然乎哉？至方苞奏云「配合謬妄」及原稿「伯魚之母」等語，恣肆背誕，此又臣等所不足與辨，亦不忍與辨者也。今衍聖公孔傳棨既據實覆稱家廟向來並無施氏牌位，而曲阜縣知縣孔某昧於支子不祭之分，不禀大宗，不俟廷議，冒請增祀，已屬不合，而方苞復溺於臆見，轉相附和，尚可謂明於大義者歟？又據方苞原稿云「請敕國學及天下郡縣學，啟聖祠皆建施氏主」，方苞出身膠序，並不知學宫啟聖祠向來神牌不及聖母，其於耳目習聞習見之典禮漫不經心，而欲以一時淺見，輕議數千年世守之祀，決其疑而訂其舛乎？臣等共同酌議，事關聖廟典禮，幽有神靈式憑，明係萬世評論。如使家語確有可信而不設主，則累朝聖裔皆爲罪人；若其稍有未確，而冒昧設主，則誣聖瀆禮，誰任其咎！與其輕議而涉疑，不若闕疑而致慎，應將方苞所奏增祀之處毋庸議。

答鄭侍講問

鄭問：「潞江即梁黑水，西洱河即此水否？」

答曰：「謹按：西洱河之上源亦曰黑水。河出浪穹縣北，南流逕縣東北，左受梅茨河、白沙河二水。又南瀦爲澤，逕縣東南，有鳳羽河自南來注之。又東南流逕鄧川州，北歧爲二。又南逕州東南合爲洱海。又南逕大理府城東。又南至下關折流而西，逕合江鋪西南，與西北來之漾濞水合，下流入瀾滄江。此其去潞江甚遠，發源甚近，可以指爲梁之南界，不可以爲雍之西界也。」

鄭問：「然則瀾滄即禹貢黑水乎？」

答曰：「瀾滄發源鹿石，即今西藏格爾吉匝噶那山，直河源西南四百餘里，直金沙江東流處南七百里，直金沙江南流處西百餘里。凡鹿石山以北之水皆流入金沙江。金沙自犂石發源，東流至河源西北之巴顔喀喇山，已二千餘里矣。夾江南北，皆層巒綿亙，雍州之黑水豈能越金沙踰重山而南乎哉！李元陽以瀾滄爲禹貢黑水，吾不信也。」

鄭問：「然則源流最遠莫如大金沙江，今拉藏所謂雅魯藏布江矣，可當禹貢黑水乎？」

答曰：「禹跡雖遠，不能度數千里窮荒之地，以爲雍、梁二州之界也。張機、黄貞元之辨核矣，按以地勢則不確。」

鄭問：「然則黑水不可考乎？」

答曰：「黑水之名以色，其委入南海，其流經雍、梁之間。今且以山川現在者，懸度古人之疆界。禹時西被於流沙，流沙自雍州西北，以至河源、金沙諸源之西，皆平沙數千里，不得云雍有流沙，梁無流沙也。今潞江水色深黑，本名烏江，在金沙之西，大金沙之東，源出藏地布喀池。池廣五百里，西北流爲厄爾几根池，又東北流爲衣達池，又東南流爲喀喇池，華言黑湖也。地廣百里，從池南流出爲喀喇烏蘇，華言黑水也。稍東北流，折而南，又東南逕怒夷界，亦曰怒江。又南入麗江府界。計自發源至此，三千餘里。又南逕野人界，又南逕永昌府及潞江安撫司境，又南逕緬甸國，又南入海。明一統志謂『源出雍望，輿圖西番之西，大流沙之南，湧出一澤，名曰嘉湖，南流爲潞江，即此水也』。但明時於番地不能詳悉。今按地經度，布喀池當西二十五度，其西南山外有大池周千餘里，積水不流，其西北山外即大沙海，有一河自西南而東北約七百餘里而止，土人曰雅勒蘭藏布河。河南有澤十餘，大者周百里，皆沙磧中渟潴不涸，去布喀諸池不遠。此其爲禹貢黑水乎？布喀池直河源西南一千八百里，其東流折而向南之處曰索格薩馬橋，直河源西南僅七百里。雍州西境，包崑崙、積石，而西距流沙，不得云烏江非禹貢雍、梁二州界也。三危自古原無確證，爲地爲山爲水俱不可知。謂三危山在敦煌，則始於水經，而詳於括地志，然敦煌並無有水南流能越雪山而逕沙海者。漢志於禹貢某水某山一一明指，獨於黑水、三危不言何地，安知烏江所經之諸山，非即禹貢所名三危，而後世失之者歟？烏江在雍州西南，梁州正西，自三危以北屬雍，三危以南屬梁，亦可謂跨越二州之地矣。後世言雍州黑水必向酒泉、敦煌尋覓，亦知南隔河源諸山，斷不能越，則又有繞出河源之西，及伏地潛流之説。豈知敦煌之南即限以雪山，雪山先不能越，況能經流沙而繞出河源之西乎？河源不能越，況於金沙夾岸諸山，又在河源之西千里乎？水固有伏地潛流者，濟是也。禹貢於濟，或伏或見，鑿鑿言之。於黑水不言其異，直曰導、曰至、曰入而已，何所見而以爲伏地潛流乎哉？潞江水色深黑，源遠流長，在大沙海之東，固不必遠求敦煌之有無黑水也。」

鄭問：「然則三危在敦煌，非歟？」

答曰：「孔傳第云：『三危，西夷之山耳。』水經云：『三危山在敦煌縣南。』於是始有其地。漢敦煌郡，今沙州衞，即左傳所云『秦人迫逐姜戎之祖吾離於瓜州』，及『允姓之姦居於瓜州也』者。杜元凱注亦云：『在敦煌。』魏書：『太平真君六年，討吐谷渾。杜豐追被囊，度三危，至雪山，生擒之。夫雪山在沙州南百餘里，西自噶思池之西，而南而東，綿亘沙州、安西、柳溝、靖逆之南，又東南統肅州、甘州、涼州之南，層巒矗漢，冬夏積雪不消，即古祁連山也。』依魏書，則三危山尚在雪山之北，而沙州近流沙西，即白龍堆西北望蒲昌海，已爲雍州最西之地。是以括地志直云『三危山在敦煌南三十里，山有三峯，故曰三危，俗名卑羽山』。顏師古注漢書，亦云『黑水出張掖雞山，南流至敦煌，過三危山。又南流而入於南海』也。按：張掖即今甘州。甘州諸水皆西北流，逕酒泉而北，入居延海，何嘗有一水西流逕酒泉，能越弱水、羌谷二河，而西至敦煌者邪？云『南流至敦煌』尤誤之誤者也。今按嘉峪關外，西至噶思水，最大者曰布隆吉河，即漢志南藉端水也；曰黨水，即漢志氐置水也。布隆吉源發雪山之陰，北流而西，與黨河會，又西注於哈拉池，其長七百里。外此，雪山之北，爲川爲澤雖多，未有著名者。三危之山即可過雪山，連峯不斷，凡水泉出其北者無不北流，又何以越而南也？故謂敦煌有三危山，可也；謂敦煌三危即禹貢黑水所逕之三危，則不可也。」

鄭問：「漢時大夏、烏孫、大宛，今在何地？大宛是撒馬兒罕否？唐之波斯是漢條支否？今策妄庭即金微府否？」

答曰：「按烏孫即今策妄地。漢書云：『烏孫都赤谷城，東匈奴，西大宛，西北康居，南接城郭諸國。』策妄之西界，或并有大宛、康居之地，所不可知。其庭則漢之烏孫，隋、唐之西突厥也，而南跨天山以至鹽澤，由鹽澤西南以至于闐河之源，踰葱嶺以西，蓋包有車師前後部，焉耆、龜茲、疏勒諸國之地，而南接于闐。自元以後，西域國土山川名號盡變古人之舊，難以臆斷。自大山大水自古不能轉移，今可爲證據者，一曰天山，亦名北山，又名白山、雪山。自葱嶺而東，橫亘疏勒、龜茲、焉耆、車師前王之北，而東盡於伊吾廬之東北，唐書所謂折羅漫山也。一曰葱嶺河，東南注於鹽澤。鹽澤亦名蒲昌海，今之洛普池也。葱嶺河，後魏曰計式水，今名海多河。此水經疏勒、龜兹、焉耆、車師前王之南。一曰于闐河，亦曰玉河，今之塔里母河也。源出葉爾欽山中，東北流幾三千里而與海多河會，又東注洛普池，即漢書所云鹽澤，水潛流地中，爲中國河源者也。一曰葱嶺。自天山極西處與葱嶺接，其嶺自極北而南而西而西南，幾三千里。凡嶺以東之水皆東流，會於鹽澤；嶺以西之水皆西流，注於西海。今葱嶺之去西海，道里遠近不可知，而其水之西流一一可數也。海多河源之西北，有空濟塞色河，有昌馬河，發源嶺西，西流三百里而合爲衣里河。又西北二百里，有特克思河，自西南來會。又西北二百五十里，有大水自東來會。又西北百里，有大水自西南來會。又西北百五十里，有活羅郭思河自東北來會。又西北七百里，瀦爲吞七思池，池周二百里，此西流一水也。其南七百里有曲河，出嶺西，西北流屈屈而經瀚海，幾一千三百里，此西流二水也。其南七百里有搭拉河，自嶺西西北流約一千里，瀦爲西七勒里克池，此西流三水也。其南九百里，有特因多博河，自嶺西西流二百三十里。又衣楚他什河西流，與東來之厄塞滚河合，西北流四百里。其西百五十里有西拉河，自嶺北西北流四百五六十里。此西流之小水無數也。今策妄庭直土魯番城西北一千五百里，西北有河，自其南大山中北流，而東與西北來之波羅搭拉河合。又東瀦爲波羅搭拉池，池周百餘里，在庭東北三百里。而天山前之海多河，直庭前八百餘里。故曰漢烏孫，隋、唐西突厥地也，在明爲亦力把力國之北，明史謂『北瓦剌，東火州，南于闐，西撒馬兒罕』是也。至撒馬兒罕，則又在于闐之西矣。

漢大宛，今在策妄庭之西。按漢時出大宛之道，自車師前王庭，隨北山波河，西經焉耆、龜兹以至疏勒，踰葱嶺而西，即休循國，自休循西行九百二十里至大宛。是在策妄庭之西也。明之撒馬兒罕，是漢時罽賓國，在大宛之南，非大宛地也。

漢大夏在大宛西南，爲大月氏所據，有五翎侯。後魏時諸部猶存。而吐呼羅國即古大夏地，故唐書曰吐火羅。魏吐呼羅居葱嶺西烏滸河之南，即古大夏地也。今在策妄庭之西南界。

漢條支國近西海，於西域諸國爲極遠。前漢使者祇至烏弋山離，未有至條支者。後漢班超始遣甘英至其國，臨西海而還。魏書曰波斯國，即古條支。隋書曰波斯國，在達曷水之西，蘇藺城即條支故地。唐書曰波斯國西南皆瀕海是也。

今策妄庭即唐之崑陵、濛池二都護府，平西突厥賀魯所置，策妄庭北之波羅河，當即多邏斯川，唐書所云直西州北千五百里者也。兼有安西都護及龜茲、焉耆、疏勒、毗沙四都督府地。在天山以南，于闐河以北，而西至葱嶺。至於金微都督府，原以僕固部置，則與堅昆、龜林相近，其地蓋在今喀爾喀西部，杭愛山之北，與鄂羅斯接境，不在西域也。計自杭愛山西南至策妄庭，尚相去三千餘里，而中隔瀚海焉。」

答阿侍郎問

阿問：「嘗踰哈密北天山，地名碑嶺，積雪中見斷碑，有唐貞觀字，此何碑也？問土人皆不知，西域志亦闕如也。」

答曰：「此唐侯君集平高昌紀功碑也。君集以貞觀十三年拜河道大總管伐高昌，十四年降其王麴文泰。唐書言君集刻石紀功而還。高昌尚在哈密西八百里，此則班師踰嶺時所刻矣。」

阿問：「據元史，都實始窮河源，在星宿海。然則自元以前並無至大崑崙者。神禹導河積石，固近在河州邪？」

答曰：「今河州西之積石，自後人名之，非禹所名也。大崑崙即古積石，在塞外二千餘里，其下即星宿海，漢時爲羌地，唐初爲吐谷渾地。段熲追羌行四十餘日，至河首積石山。侯君集隨李靖平吐谷渾，追至星宿川達柏海，北望積石山，觀河源之所出。劉元鼎使土蕃訪河源，得之於悶摩黎山，亦即大積石也。可知漢、唐時已知河源但自星宿以下，曲折次第，則都實爲詳悉耳。」

答楊學士問

楊問：「參合陂即今大同之天城否？統萬在河套内今何地？」

答曰：「按漢參合縣屬代郡，水經注敦水東逕參合縣故城南。敦水今在大同陽高縣南，東北流入天鎮縣，西入雁門水，則故城在陽高縣東北，天鎮縣西南也。而北魏始興之參合陂，在天鎮縣邊外正黄旗察哈爾地，有兆哈河，南會諸水，從新平堡流入邊牆，曰東洋河，即古于延水也。參合陂與于延水相近，故天賜五年，如參合陂觀漁于延水也。

赫連勃勃統萬城在黑水南，延奢水之北，今河套鄂爾多斯右翼界内有大澤，蒙古名喀喇烏蘇，華言黑水也。延奢水今曰石羔川河，蒙古名額渾圖，東南流入邊牆，爲榆林無定河。延奢水北是統萬故地也，西距寧夏，南距榆林，俱不相遠。」

楊問：「狼居胥山在今何地？浚稽山今屬何部落？天山今出口甚近，即此天山，抑别有天山邪？」

答曰：「狼居胥山當在大同，直北度漠，爲今喀爾喀東路之大山，霍去病出代二千餘里，與左賢王戰，封此山，禪姑衍，臨瀚海而還。是匈奴東界山也。今地圖謂賀蘭山之北，河套、白塔之西，爲古狼居胥山，誤矣。豈有兵出代郡，反沿邊而西，以至朔方北地之境乎？狼居胥山今不可考，所可知者，在漠北喀爾喀之東路耳。

浚稽山在今喀爾喀中路鄂爾昆河之南，直漢朔方北二千里，直居延塞北三十日行。以趙破奴及李陵戰處爲證，則翁金河即龍勒水，翁金之北杭亦哈馬勒山，即浚稽山矣。

天山塞外處處皆有，凡蒙古名滕噶里阿林及翁公阿林者，皆天山也。其最近者，歸化城東北之天山，然此乃古陰山耳。漢天漢四年，莽通將四萬騎出酒泉千餘里，至天山。又西域傳卑陸、蒲類、且彌、劫國，皆依天山而都，此古天山也，在匈奴西南，其南爲車師、焉耆、龜茲、疏勒諸國，亦曰白山，亦曰雪山，亦曰北山，又曰伊吾北山。蓋西自葱嶺綿亘而東，以盡於伊吾盧之東北，長數千里。今哈密城之北，巴里坤池之南，層峯叠嶂，西接土魯番，又西入準噶爾界，古天山也。」

楊問：「哈密是伊吾盧地，前漢何名？漢敦煌今何地？玉門、陽關何在？」

答曰：「哈密即伊吾盧地，舊志已詳。此地前漢尚屬匈奴，故其通西域之道，由玉門、陽關而北，向車師爲北道。車師前王庭固在哈密西一千二百里也。後漢永平中始取其地，於是匈奴益弱，威不足以制西域。後世通西域者，皆自酒泉、敦煌北至伊吾，自伊吾西至車師前庭，路尤至便。後漢書謂伊吾、高昌爲制西域之要地，然哉！漢敦煌今沙州衛，是布隆吉河南，北哈拉池以東，皆古郡地也。玉門關在沙州西北三百餘里，陽關在西三百餘里，由此而西爲噶思池，即古鄯善諸國。由此西北爲洛普池，即古蒲昌海，所云鹽澤者矣。」

楊問：「疏勒諸國，今爲回回所居否？」

答曰：「今土魯番地全係回回，其西皆屬策妄，亦回回之民居半。又西南至于闐河之源，有葉爾欽國，則人皆回回矣。南懷仁坤輿外紀稱西南有回回大國，理或然歟？」

附　録

先生宏搜博覽，記性過人。上於寧古塔得古鏡，未詳款式，問朝臣，莫有對者。先生引證書史，羅縷具奏，上大悦，顧左右曰：「是不愧博學鴻詞矣。」袁枚撰墓志。

國家疆域恢宏，烏喇巴哈俱置侯尉，又新開伊犁。諸臣奉使者輒詣齊侍郎問路，公與一册，數萬里外，若掌上羅紋。或問曾出塞乎？曰：「未也，不過讀漢書熟耳。」同上。

先生具異禀，目炯炯，能矚一二十里許。嘗登杭州鳳皇山，視隔江西興渡人，歷歷可辨。又嘗於山頂指雲起處，掘地得奇石，皆似古篆籀，名曰天然圖書，爲文銘之。秦瀛撰墓志。

先生撰水道提綱，始於一統志纂修時，同館前輩楊農先、王次山兩公謂：「天文地理之書，愈久愈詳，惟水道未有全書。酈道元水經注徵引雖博雅，而疏漏踳駁亦復不免。於今而欲成一大書，非君莫屬。」先生旬日構就海之一則，兩前輩歛衽歎服。積十餘年反覆攷訂，而後出全書以示人。阮學濬撰水道提綱序。

一統志總裁宗伯溧陽任公，凡勘定諸纂修分輯書俱委之先生。同時總裁一鉅公素負盛名，傲很不相下，一日忽踵門，舉外藩蒙古屬國書再拜屬之先生，蓋東海徐尚書原稿所未備，而檔册譯語多不可曉，文人學士所未載筆，無可依據。先生迺按内府圖籍，獨創爲之。其圖縱橫數丈，列之中庭地上，扶服諦審，默識會通。他人所五色目迷者，先生一覽無遺，可見其天姿絕異之一端矣。同上。

息園家學

齊先生世南

齊世南字英風，息園之弟。乾隆丁卯舉人。受學於兄，著有尚書集解，息園序之曰：「書罹秦火最酷，漢初僅得二十八篇於伏生口授。當武帝表章六經，而孔安國所上壁中古文，又適際巫蠱之事，抑而不行，東晉始出。至唐作正義，始與今文合頒在學官。注、疏雖行，後儒或疑古文非真，孔傳亦僞，訾孔疏多未精。嗚呼！書缺有間矣，尚有二十八篇之傳，於舊又有古文數十篇，辭雖平淺，理無駁雜，即云後人纂集旁書以當古訓，可法可戒，實有關於治道，何必斷斷辨難，如議禮家同聚訟，論樂家爭元聲哉！朱子嘗折衷諸儒，蔡九峯本爲集傳，視注、疏已精矣。然馬廷鸞之會編，余芑舒之讀蔡傳疑，程直方之辨正，程葆舒之訂誤，陳師凱之旁通，王天與之纂傳，王充耘之管見，匡救瑕疵，即隨其後。此足見窮經至難，卷軸愈積而疑誤愈滋也。余嘗思之，窮經者使能用古人立教大義，融會貫通，不蹈俗學流弊，則經雖殘闕，二帝三王致治之本末具存，天不變道亦不變，修己治人各充其量，豈有難知而難行者歟？必謂生千載後，能補完古人已缺之經，即聖神無所用力。如謂讀古人書，能自體於視聽言動日用倫常，即在庸愚，皆可以自奮於好學力行，知恥以盡其材，復其性而施之於事爲。予家弟世南自撰尚書集解以課子弟，離經辨志，簡而明；知類通達，近而遠，説本朱、蔡，兼採注、疏以後諸儒所長，俾讀書者如讀論、孟、大學、中庸，味如菽粟，用如布帛，不可斯須去也。余嘉其志，是爲序。」參寶綸堂文集。

息園交游

余先生蕭客

別見研谿學案。

沈先生廷芳

別見餘山學案。

楊先生椿 別見震滄學案。

杭先生世駿 別爲堇浦學案。

周先生春 別見耕崖學案。

汪先生師韓

汪師韓字韓門，錢塘人。雍正癸丑進士，改庶吉士，授編修。乾隆元年直起居注，記注之有協修，自先生始。張文敏公照爲武英殿總裁，薦先生校勘經史八年。充湖南學政，降調，旋被薦入上書房，復授編修。未幾落職，主蓮池書院講席三十九年，將南歸而卒，年六十八。先生少從望溪游，得古文義法。中年以後，壹意窮經，尤邃於易。其論雜卦曰：「雜卦傳乃孔子之易也。所以稱傳者，以卦之序有可變，而易之卦不可移。夫上經三十卦，而下經三十四卦，卦既不齊，且數其陰陽之畫，上經陽爻八十六，陰爻九十四，下經陽爻一百六，陰爻九十八，爻更不齊。自先儒發明反對之義，上下經各十八卦，合爲三十六，其義至當。上十八卦陽爻五十二，陰爻五十六；下十八卦陽爻五十六，陰爻五十二，其畫又適相準。今若以三十六卦之例例雜卦，則上自咸、恒以前僅十七卦，下自渙、節以後乃十九卦，卦既不敵，其上陽爻四十二，陰爻六十，其下陽爻六十六，陰爻四十八，更參差矣。惟以六十四卦之義求之，則上三十二卦，下亦三十二卦，卦相當也。上陽爻七十八，陰爻一百十四；下陽爻百十四，陰爻七十八，又相準也。周易以六十四卦因重之義示人，而寓其整齊之數於三十六卦反對之中。雜卦以三十六卦反對之義示人，而寓其整齊之數於六十四卦因重之内。此孔子之易所以與文王之易異而同者歟？」所著有觀象居易傳箋十二卷，孝經約義一卷，文選理學權輿八卷，韓門綴學五卷、續一卷，談書録一卷，詩學纂問一卷，上湖分類文編十卷、補鈔二卷，上湖紀歲詩編四卷、續一卷，孫文志疑十卷，蘇詩選評箋釋六卷。又有詩四家故訓四卷，春秋三傳注解補正六卷，語孟注疏辨異二卷，坦橋脞説十二卷，平于南雅一卷，清暉小識一卷，並佚。參史傳、杭州府志、觀象居易傳箋、上湖紀歲詩編。

文選理學權輿序

總集自晉有之，而無以選名者。梁昭明太子采自周訖梁百三十餘家之文爲文選，至唐而盛行。杜詩曰：「熟精文選理。」舊唐書列文選學於儒林傳，李善之注獨傳。據李匡義資暇録，則李注有初注、覆注、三注、四注，並爲世傳鈔，其定本則奉進於高宗顯慶三年。逮玄宗開元六年，有李延祚者，更集吕延濟、劉良、張詵、吕尚、李周翰五臣之注上之，以非斥李注，而實皆竊取李氏未定之本，識者鄙之。李注精博，學者萃畢生之力，尋繹無盡。宋士子有云：「文選爛，秀才半。」此蘇易簡雙字類要、王若選腴等書所由作也。余嘗取選注以類别爲八門，末則綴以鄙説。八門者，一曰撰人。唐常寶鼎撰文選著作人名，其書不可得見，顧其名字爵里及著作之意，選注已詳，所未悉者，史岑、王康琚二人耳。今考周四家，秦一家，漢、後漢各十七家，季漢、吴各一家，魏十五家，晉四十六家，宋十三家，齊六家，梁九家，更有無名氏之詩二十三篇，但於各人之下，分隸所撰篇目，取便檢觀。二曰書目。注所引書，新、舊唐書已多不載，至馬氏經籍考十存一二耳。若經之三十六，緯史之晉十八家，每一雜誦，時獲異聞。其中四部之録，諸經傳訓且一百餘，小學三十七，緯候圖讖七十八，正史、雜史、人物、别傳、譜牒、地理、雜術藝，凡史之類，幾及三百，諸子之類，百二十，兵書二十，道釋經論三十二，若所引詔、表、箋、啟、詩、賦、頌、贊、箴銘、七連珠、序論、碑誄、哀詞、弔祭文、雜文集，幾及八百。其即入選之文，互引者不與焉。三曰舊注。凡舊作注者二十四人，及不知名者所注，賦十四，詩十七，楚詞十七，設論、符命各一，連珠五十，李氏皆標明某注，不似後人之攘爲己有也。若籍田、西征，則雖有舊注不取；而亦有無注者二篇，則尚書、左傳之序是也。四曰訂誤。李氏每以注訂行文使事之誤，又因文以訂他書之誤，或選自誤，及别本誤者，其類四十有七焉。五曰補闕。選内脱落之句，删節之文，互異之本，李氏補者有五焉。六曰辨論。史有不載之事，文有率成之篇，一事而説有數端，兩説而義可並取，李氏一一辨其得失，約四十有三條。七曰未詳。以李氏之浩博，而所未詳者且百有十四。至五臣補以臆度之詞，適形其陋矣。然若七發之大宅，西征賦之三敗，後人間有補其闕者，彙成一卷，安知不有盡爲沿討者耶？八曰評論。後儒之論選及注者，在唐已有李濟翁、丘光庭，宋以後若蘇子瞻、洪景盧、王伯厚、楊升庵、方密之、顧寧人諸家，多者踰百條或數十條，少者一二條。間有記憶未全者，客遊無書，且先提其要，以俟他時補綴。

至余於讀選時，或見注有徵引之未當，闕遺之欲補，未敢妄信，思就正於有道，謂之質疑，現已得若干條。後有所見，更續增焉。就此九者，附舊注於書目，附補闕於訂誤，而分評論爲三，質疑爲二，共成十卷。竊念昭明撰文選，復撰古今詩苑英華，而英華無傳。與李氏同以選學教授者，曹憲、許淹、公孫羅並作音義，而皆不傳。文選之傳，未必不藉李注以傳也。余愧不能如宋景文之手鈔三過，故雖自少用功於此，而以云熟且爛，則迄於老而未能。往在京師，聞有何義門氏勘本，借觀不獲，未知與余所録同異得失若何也。余亦惟自惜其勞，且志其媿，而因以舉示後來，如將窮選理，通選學也，其以是爲權輿，可乎？

韓門綴學

天地之數大衍之數

天地之數五十有五，而大衍之數祇有五十，先儒解者不一。朱子謂「河圖、洛書之中數皆五，衍之而各極其數，則合爲五十矣」。安溪李氏推明其義曰：「河圖積數五十五，洛書積數四十五。河圖贏五，數之體也；洛書虚五，數之用也。大衍酌河、洛之數之中，而兼體用之理之備。」其説精矣。若諸儒所言，則有謂十日十二辰二十八宿凡五十，其一不用者，天之生氣，此乾鑿度及漢京房之説也；謂太極、兩儀、日月、四時、五行、十二月、二十四氣凡五十，太極即北辰，居位不動，而用四十九，此漢馬融之説也；謂卦名有六爻，六八四十八，加乾、坤二用，凡用五十，初九潛龍勿用，故四十九，此漢荀爽之説也」；謂五十有五減六而用四十九，其六以象六卦之數，此魏董遇、吴姚信之説也；謂五十有五，以五行氣通，凡五行減五，大衍又減一，故四十九，此漢鄭康成、唐李鼎祚之説也；謂艮少陽數三，坎中陽數五，震長陽數七，乾老陽數九，兑少陰數二，離中陰數十，巽長陰數八，坤老陰數六，總有五十，而不取天數一，地數四者，此唐崔憬之説也；謂太極生兩儀，則陽儀一，陰儀二，衍而爲三，兩儀生四象，則太陽一，少陰二，少陽三，太陰四，衍而爲十四，象生八卦，則乾一、兑二、離三、震四、巽五、坎六、艮七、坤八，衍而爲三十六，通太極之一，是爲五十，太極者，數之所自起，而非數也，故虚之，此宋咸之説，而近儒汪琬取之者也；謂蓍法天地必以五行運於中，大耦則五十，小奇則五也，若舉大去小，盈奇虚耦，則小奇之五，大耦之一，皆盈而不用，此北魏關朗之説也；謂木東、金西、火南、水北、土居中央，四方自爲生數，各并中央之土以爲成數，土止五數，不須更待合五行爲五十，則大衍數也，取四十九者，用也，此宋沈括之説也；謂一二三四五以生數自乘，乘之爲五十有六，而一無乘爲五十五，一三五七九以奇數自倍，倍之爲五十，而一無倍爲四十九者，此宋羅泌之説也。以上諸説，皆紛紜委曲，而詞或失之過。又有謂演天地之數，所賴者五十，其用四十有九，則其一不用也，此漢王弼之説，而齊顧歡與之相同者也；謂天一居尊不動，天五退藏于密，其用四十九者，此宋劉牧之説也；謂惟四十九乃得三十六、二十四、二十八、三十二之策，非四十九則不可得，此宋郭忠孝之説也；謂去其五以爲大衍之數，非去也，十其五則五者在其中矣，此宋王宗傳之説也。以上諸説，皆約略含胡，而詞又失之不及。竊思揲卦用蓍，史記曰：「蓍百莖共一根，埤雅謂蓍千歲三百莖，此乃希有之物。五十者用其半也。」何以用其半？易曰：「蓍之德圓而神圓。」謂蓍數七，七七四十九，用止此耳，故置其一，其一本無用也。其事淺而易見，諸儒深求之而反致支離。然則大衍之數與天地之數各自爲數，何必牽併以爲言？又況河圖五十五，洛書四十五，合之正得百莖之蓍數哉！

文集

干祫解

禮大傳曰：「王者禘其祖之所自出，以其祖配之。諸侯及其太祖。大夫士有大事省于其君，干祫及其高祖。」先儒之解，或以上及高祖爲干，或以大夫不得祫而祫爲干，是皆以廟制大夫三適士二，無高祖廟故也。程子謂：「雖三廟、一廟以至祭寢，皆得祭及高祖。」若以大夫士祭高祖爲干，何以庶人祭及高祖反不謂之干乎？且庶人祭及高祖，可竟自致祭，而大夫士顧嫌於僭，必待有大功見察於君，乃得非常之賜乎？若謂祫非大夫所敢行，彼其平時已祀四親矣，雖三廟分祭而如庶人止有一寢者，其與合食何別？又豈庶人之合，反隆於大夫士之分乎？準情度理，皆不可通。竊嘗論之，大夫不敢祖諸侯，其諸侯之子爲大夫者，必俟五世斯爲高祖。方其始封，高曾祖考皆諸侯，再世則高曾祖皆諸侯，三世則高曾皆諸侯，四世則高祖諸侯。而大夫之三廟，於三世始備，始封既正太祖之位矣，四世則始封爲高祖，五世而昭穆之廟有高祖，六世而昭廟之高祖乃祧，已祧者更無合食之事，惟在始封四世以內，曾不得祀備四親，於是乃有干祫。祀者國之大事，廟未備而欲祀諸侯之祖，是以謂之大事。大事不當作大功解也。

「省」如後世書奏不省之省，謂請命而君許之，不當謂有功見省也。其名祫，而其實則惟四世，然則大夫士安得有祫哉！顧何以亦謂之祫也？公羊傳曰：「大事者何？大祫也。」毁廟之主陳於太祖，未毁廟之主皆升合食於太祖，故爲大事。大夫之家未嘗有諸侯之主，則其祭宜若禘之設虚位，而以太祖配。至于祫時，亦設高祖虚位於太祖之廟，而太祖在昭穆之列。太祖且在昭穆，豈太祖以下可各居其廟乎？是必升而合焉。故擬於祫，而亦謂之大事也。其曰「及」者，謂自高祖以下，所不敢祭者，皆得干焉。然祇以高祖爲限，非比諸侯之祫。自諸侯太祖以下，累世皆得合食也。其兼士言者，諸侯嫡子爲大夫，其庶子固爲士者，苟在五世以内，其禮應同。惟是干祫僅見大傳，他無可證。古史所傳，絶無干祫之一事，可知此屬變禮，猶之魯賜重祭，載在明堂位及祭統，先儒多謂成、康必無此賜。其後鄭祀厲王，三桓祭桓公，皆云君賜，皆非禮也。大夫而僭諸侯，是叔季事耳，而豈真爲周公之制與孔子之言歟？

唐宋毁廟論

唐高祖追謚四親，曰宣簡公，曰懿王，曰太祖景皇帝，曰世祖元皇帝。太宗時增宏農府君及高祖爲六室。高宗祧宏農，中宗祧宣簡，而玄宗復之，并謚曰獻祖，又謚懿王曰懿祖，立爲九廟。代宗祧獻祖、懿祖，德宗祧元皇帝，且遷獻、懿二祖於德明興聖廟，而正景皇帝之位，此唐之尊太祖而遷其上世二祖於别廟者也。宋藝祖追王僖、順、翼、宣四祖，及後仁宗祔廟，存僖祖以備七室。神宗治平四年，祧僖祖。熙寧六年，又復僖祖爲始祖，而祧順祖。哲宗祧翼祖。徽宗祧宣祖。至崇寧三年立九廟，又復翼、宣二祖。高宗祧翼祖，寧宗并祧僖、宣二祖，别建四祖殿，而正太祖之位，此宋之尊太祖而遷其上世四祖於别殿者也。當唐貞元間，韓文公禘祫議欲以獻祖居第一室，而懿祖遷於夾室，此二句本朱子韓文考異。曰：「景皇帝雖太祖也，其於獻、懿則子孫也。當禘祫之時，獻祖宜居東向之位，景皇帝宜從昭穆之列。」朱子歎其禮樂精深，蓋諸儒所不及，可爲萬世之通法。宋熙寧間，王安石議奉僖祖尊爲始祖，程子聞之，謂安石所見，高於世俗之儒。後孝宗將升祔，趙汝愚議祧僖、宣二祖，朱子在講筵獨入議狀，條其不可。韓、朱之議，當時皆不行，後人因惡安石，并毁程、朱以及韓子。夫韓、程、朱三子豈不知唐獻、宋僖不足以擬契、稷哉！夫亦以獻、僖爲始祖，則夾室乃獻、僖之夾室也。若無始祖，則夾室乃太祖之夾室。今以其尊於太祖者下就太祖之室，固非理也。以其尊於太祖，因别立廟，而廢其合食，亦非情也。唐、宋既無可比契、稷之祖，則即以所追王之最尊者爲始祖。假使周無后稷，要不得以大王、王季下就文、武之祧，亦必不别廟以奉太王、王季，使不得在祫享之列也。後儒但見開創之君當爲太祖，而不念别祀之非禮，則是開創之君，其身後正位爲太祖，即不得與父祖會食，此其居心亦不仁甚矣！或曰：唐許敬宗、宋韓維皆謂今廟與古異，同堂異室，西方爲上，遷主於西夾之中，仍處尊位。然此獨太祖始正位之世則然耳，其後子孫遞遷於此，則子孫又居太祖之上矣，其可乎？至韓子議尊獻祖而不及宏農者，蓋自高宗已祧宏農，宏農原不在武、德追王之列，是以玄宗九廟亦始獻祖，而況已毁于亂哉！馬貴與謂朱子膠柱鼓瑟，竊以爲過矣。近日作五禮通考者，謂夏祖禹，殷祖契，周祖稷，皆是始封于夏、于商、于郃之君，以有國爲有功，不專以德而已。此欲以證唐獻、宋僖之不足爲始祖也。夫唐之爲唐，乃因景帝在後周時追封唐國公，由是元帝及高祖皆襲唐公，唐景帝之廟號太祖，豈不正與古合乎？或曰：「馬氏曰：『注、疏謂異姓始封爲諸侯者，及非别子而始爵爲大夫者，本身即得立五廟、三廟。』不知此五廟、三廟之主遷于何所？」余妄擬始封爵者，廟雖立而虚其太祖之位，若禮緯所謂夏四廟，至子孫五；殷五廟，至子孫六；周六廟，至子孫七者，或又如後世之别立祧廟，以藏先代之主，至太祖以後乃藏夾室，時享尊太祖，祫祭尊先祖。然亦必早立廟於始祧之時，不當俟之數傳之後，所謂喪事即遠，有毁無立也。惜乎！經闕其文，即馬氏亦但能疑而莫能斷也。

與友論講學書

足下以書院之師，宜講明性命誠敬之學，庶有當於古人講學之意。竊謂此非可以空談也。漢儒講授以傳經爲業，故漢學雖或失之支雜，而無有不通經者。宋大儒探索微言，推原於太極太虚，致功於存誠主敬，一一躬行而實踐之，故其立身行己不必取譽於人，立朝理民自然著有實效。後世之講學者不然，往往有書束高閣，行無檢束，而高自位置而無忌憚者。昔孔門傳經之賢，莫如子貢、子夏。子貢曰：「夫子之文章可得而聞也，夫子之言性與天道不可得而聞也。」子夏曰：「大德不踰閑，小德出入可也。」若自後儒論之，則性與天道可得而聞，而文章不可得而聞；小德不可出入，而大德踰閑可也，不亦悖乎！僕於學徒，惟語以立品行顧人恥笑，而不强之以高遠難能之事。時人多不講求書理，所習本經外，未嘗更讀他經。塾師專以記誦舊文、取便鈔襲爲傳授，而一時英俊之聰明盡爲所窒塞，心竊慨焉。

先其至易簡者，教之讀四書，教之讀經。四書在逐句而體味之也，經在逐字而講明之也，性命誠敬之學即在其中矣。詎敢以讀書爲玩物喪志，而訓詁可以不明，詞義可以不貫，虛立宗旨以表異，但與人爲學之講，而於其身先忘乎德之修者哉！足下又謂道學失真，宜立說著書以著道統，則尤驚疑而不知所對。夫道學之名何昉乎？蓋起於宋之鄭丙、陳賈、林栗、姚愈諸人，設爲此名，以詆毀朱子。其時博士葉適嘗痛切言之矣。立道學傳於儒林之前，宋史創例。宋史之無識也，後人因之有稱道學先生者，自謂儒林不能及之。孔子曰「志於道」，曰「志於學」，曰「學以致其道」。學者，學道也，寧別有所謂道學乎？聖賢之學，未有不由躬行而能有心得者。孔子與顏子論仁，曰：「非禮勿視，非禮勿聽，非禮勿言，非禮勿動。」曾子自省曰：「爲人謀而不忠乎？與朋友交而不信乎？傳不習乎？」自其所不爲者言之，故孟子曰：「人有不爲也，而後可以有爲。」此孔門之教也。孟子言性善，必驗之於無欲害人，無穿窬，乍見孺子入井，與夫嘑爾蹴爾之事。曾有不求克己，而空言復禮；離人與朋友，而空言忠信；於事一無感觸，而空言知性者耶？每見士大夫晚年之弊，無過兩端，談道學者，不讀書之狐假也；談禪悟者，無品行之兔脱也。苟遇禄利之途，不覺暴露其本衷，不得不委折掩護以曲爲解。「子罕言利，與命與仁」，而何世儒以命與仁與利同其噂噂而沓沓乎？以云著書，世儒之勦說雷同者何限！初不似東漢之內學外學，唐之文選學猶待用功也。僕所親炙於當代之賢者，若臨川李氏穆堂、興縣孫氏懿齋、桐城方氏望溪，皆自讀書有得，故所見或大戾於古人，而亦實有高出於古人者，其無勦說，無雷同則同也。有明以來，多以漫罵陸、王爲正學矣。君子教人，如醫之用藥，必視其病之所在而藥之。昔陸子講「君子喻於義」章，聞者至於泣下。後世學者，獨患於義利見不分曉，紛紛然以機變之巧爲師承，以庸惡陋劣之習爲友輔，而但角勝負於口耳，則其爲詆諆與崇奉，唯之與阿，相去幾何哉！又近人莫不宗尚安溪李氏，安溪誠爲一代大儒，顧後學不審其窮經之所致力者何在，而但盜竊其言之與舊解異者。人信之，則並没安溪之名，而冒爲己之所獨得。或不信之，則明尊安溪，以表其説有自來，而莫之敢指。學問之陋，莫陋於此矣。此僅足欺一時之空疏不學者，而謂天下皆淺見寡聞之士乎？嗟乎！臯比絳帳，孔、孟無其事也。良知慎獨，程、朱無此名也。誠懼夫名存而實亡，事具而道不在也。況如僕者，奔走衣食，所口講而指畫，不能離乎制舉業之學，是晉摯虞所謂淺學之師，暫學之師耳，而靦焉講學云乎哉！

附録

孫頤谷曰："「上湖先生，近代之劉貢父、王厚齋也。其所著文選理學權輿，余求之積年，始讀而録其副。觀自敍云：『復有所見，更續增焉。』其書之未成可知。志祖不揆檮昧，補輯評論一卷，復以潘稼堂、何義門、錢圓沙三家各有勘本，而先生俱未之見，因爲研覈參攷，别撰文選攷異四卷，選注補正四卷，皆以補先生之質疑也。」孫志祖文選理學權輿序。

息園私淑

宋先生世犖

宋世犖字卣勛，臨海人。乾隆戊申舉人，官陜西扶風縣知縣，裁革苛斂，以廉名教。匪初定，扶風民有持齋爲怨家所訐者，大府飛檄，至捕而鞫之，皆良民，釋勿顧。罷歸，孳求經訓，熟於諧聲假借之例，著周禮故書疏證六卷，儀禮古今文疏證二卷。他著有确山駢文四卷，紅杏軒詩鈔十七卷。又輯刊鄉郡文獻爲台州叢書。參繆荃孫撰儒學傳稿、台州叢書。

清儒學案卷六十九

謝山學案上

謝山爲學，私淑南雷，精治經史，博極羣書。尤熟於明事，凡永樂靖難，忠賢璫禍，東林始末，唐、桂遺聞，皆能抉其隱微。平生留意鄉邦文獻，於明季里人之死難者，必爲之辨誣，徵實作碑志銘傳，以存其人。數百年來，浙東學派以重根柢尚志節爲主，南雷開其先，萬氏繼之，全氏又繼之，風氣綿延，迄今弗替，其效遠矣。述謝山學案。

全先生祖望

全祖望字紹衣，一字謝山，鄞縣人。四歲就塾受四子書、諸經，便能粗解章句。八歲於諸經外兼讀通鑑、通考諸書。十四歲補諸生。十六歲能爲古文，討論經史，證明掌故。雍正七年充選貢，次年入京師，上方望溪侍郎書，論喪禮或問，侍郎異之。旋舉順天鄉試，李穆堂侍郎見其文曰：「此深寧、東發後一人也。」乾隆丙辰薦舉博學鴻詞，是春會試，先成進士，改庶吉士，不再與試。時桐城張文和當國，與李侍郎不相能，並惡先生，先生又不往見。二年散館，寘之最下等，歸班以知縣用，遂不復出。方詞科諸人未集，李侍郎以問先生，爲疏記四十餘人，侍郎歎曰：「使廟堂復前代通榜之例，君亦奚慚韓退之哉！」先生性伉直，既歸，貧且病，饔飧不給。人有所餽，弗受。先後遭父母喪，服闋，吏部催赴選，有司以爲請。先生謂：「二服並及，當服五十四月。今雖遵例除服，而心喪有未盡。」辭之。有心喪劄子答鄞令。其實先生本無意出山也。主蕺山、端谿書院講席，爲士林仰重。二十年卒於家，年五十有一。先生爲學，淵博無涯涘，於書靡不貫串。在翰林與李侍郎共借永樂大典讀之。大典共二萬二千七百七十七卷，取所流傳於世者置之，近世所無而不關大義者亦不録，但取欲見而不可得者，分其例爲五，一經，二史，三志乘，四氏族，五藝文，每日各盡二十卷。時開明史館，復爲書六通移之，先論藝文，次論表，次論忠義、隱逸兩列傳，皆以其言爲韙。生平服膺南雷，南雷表章明季忠節諸人，先生益廣修枌社掌故、桑海遺聞以益之，詳盡而覈實，可當續史。南雷宋元學案甫創草稿，先生爲之編次序目，蒐采輯補，編成百卷。又七校水經注，三箋困學紀聞，皆足見其汲古之深。又答弟子董秉純、張炳、蔣學鏞、盧鎬等所問經史疑義，録爲經史問答十卷。晚年定文稿，删其十七，爲鮚埼亭文集五十卷，史夢蛟所刻僅三十八卷，跋謂「疑傳鈔多闕」。又外編五十卷，乃董秉純所編。二種與經史答問及詩集合印，今所通行。又著有讀易別録、孔子弟子姓名表、漢書地理志稽疑、公車徵士小録、續甬上耆舊詩、天一閣碑目、句餘土音諸書。參史傳、年譜。

文集

辨錢尚書爭孟子事

秀水朱檢討彝尊嘗以錢尚書爭孟子事爲虚，特懸疑太祖不至武斷如此而已。同里萬隱君斯選攷之，則更密矣。萬氏之言曰：「南太常寺志及翰林故牘載洪武五年國子監將丁祭，上曰：『孟子不必配享。』其年臘月，上曰：『孟子有功先聖，今後仍復之。』是孟子固嘗罷享，然不因公言而復，一疑也。典故輯遺載上讀孟子，怪其對君不遜，怒曰：『使此老在今日，寧得免耶？』時將丁祭，遂命罷配享。明日，司天奏文星暗，上曰：『殆孟子故耶？』命復之。是孟子幾至罷享，亦不因公言而復，二疑也。實録命修孟子節文在洪武二十七年，嘉靖寧波府志載之二十三年，即果如府志之年，而公以四年卒於壽州，亦不及修節文之事，三疑也。成化府志不載，至嘉靖府志始見之，四疑也。」萬氏所疑如此，則尚書事宜若不足信者。然是説也，成化楊氏之志不載，而天順黄氏之志則載之，謂南山僉事。黄氏集中且有詩以紀其烈，故其孫作閒中今古録亦載之。黄氏生洪武，是猶去尚書不遠，且成化府志雖不特載公傳，而未嘗不載黄氏之詩，則亦自可互見。李氏四明文獻志亦載之，是皆出於嘉靖張氏志之前，未可盡以爲誣也。以吾攷之，罷配享與修節文原屬兩事。罷配享在二年，卧棺絶粒以爭之者，公也。修節文在二十七年，力詆劉三吾爲佞臣以爭之者，連江孫芝也。天順黄氏之志系公事於二年，是已。而并修節文亦連舉之，是混後事於前事。嘉靖志則以罷配享屬之二十三年，是混前事於後事，不知兩案之爲兩人也。

太常志諸書以二十年爲五年，猶嘉靖志以二十七年爲二十三年也。諸書不載公諫，猶孫芝之事亦僅見於國史，惟疑而他書不載也。蓋史事固有當參考而始完者，若竟以爲無有，則黄氏非欺人者。至若太祖之武斷則不必諱，亦非後人所能諱也。近見錢氏家傳，謂公卒於二十七年，意欲與實録相應，則又誤矣。

漢會稽三都尉分部録

漢會稽三都尉分部不甚了了，自吴會稽典録以下，異同紛出。鄱陽洪文惠公雖辨之，然尚未覈也，作漢會稽三都尉分部録。

前漢會稽之境，西部治錢唐，東部治鄞，而東部不見於班志，幸宋志見之。兩越既平，增置回浦、治二縣，而以南部治回浦。東漢既分郡，畫江爲界，則置西部於太末，而東部治章安，南部治侯官，本自劃然。李宗諤圖經謂文帝時都尉治山陰，元狩中始移錢唐。然則漢初祇一都尉治山陰，其後分爲東西部，乃移山陰之治於錢唐，而以山陰隸鄞爲東部，足以補班志之遺。若通典謂前漢西部已在婺女，即太末。則大誤也。獨回浦、治二縣最爲舊史所混亂。班志於治縣云「本閩越地」，以見回浦縣爲甌越地也。晉太康記章安縣本鄞縣南之回浦鄉，漢章帝立。今由象山以至台州之臨海一帶，正值鄞之南土，是前漢之回浦，而東漢改名爲章安者。洪文惠謂回浦在西漢已置縣，不應是時尚稱曰鄉。不知分合升降各有其時，蓋省縣入鄞而爲鄉，章帝又置爲縣耳。蓋前漢時立二縣，原以統兩越遺民，回浦在鄞南以統甌越，治又在回浦之南以統閩越，而南部治回浦以臨之。自司馬彪誤以章安爲治，而張勃遂以東漢之臨海、即章安。侯官二尉皆治所分。沈約、劉昭疑不能決，通典竟以勃言爲據。夫使章安即治，而自章安以至侯官皆治所分，則前漢之回浦所涖何土，不僅如六朝空荒諸縣有土無民也，故文惠以爲續志有闕文。當云章安故回浦，侯官故冶，則於地理之沿革得之矣。按：今會稽第十四縣曰「東部侯國」，乃誤文，蓋原文是「東侯官」三字，見沈志。「東侯官」之名始見此。吴地記云：「漢以東甌爲回浦，光武名章安。」此可以證章安之爲回浦也。晉志云：「東冶，後漢改爲侯官。」此可以證侯官之爲冶也。圖經既知章安本是回浦，而謂前漢之東部已治冶，則亦因沈約志中以章安爲東部，故有此訛。文惠又疑前漢回浦恐非南部，不知東部在鄞，則南部當在回浦，至東漢畫江爲界，而後東部徙章安耳。太平寰宇記於臨海則謂本回浦，而後漢改爲章安，是已。於永嘉又謂本冶，而後漢改爲章安，何其自相背戾乎？是皆由續志、沈志而誤也。然愚考會稽典録引朱育云：「元鼎五年，除東越，因以其地爲冶，并屬會稽而立東部，後徙章安。陽朔元年，又徙治鄞，又徙句章。」則其誤在司馬彪之前矣。夫東部之治鄞，當在回浦未闢之先。既誤以回浦爲冶，又誤以回浦之南部爲東部，而東部之鄞反自冶徙，真無稽也。至今奉化、象山之間有鄉名回浦，蓋漢之舊也。何物毛生，妄爭以爲蕭山之西境，則益誕妄之尤。欲取前志、續志、晉太康志、宋志、吴録、吴地記、太平寰宇記、隸釋等書盡抹殺之，減去二千年來會稽之一縣，以成其鄉里之私，蓋不必置喙者。

昆明池考

昆明池在昆明，滇池在滇，本屬二水。吾以輿地考之，昆明爲今雲南之大理府，滇爲今雲南府。滇自楚莊蹻之後，世爲國王，即以池名其國。而昆明之屬無君長，又爲滇徼外之蠻。漢之通西南夷也，本求身毒國以達大夏，於是發使滇國，滇王爲之求道，以隔昆明，閉漢，使不得通。武帝聞而怒，欲討之。聞其地有昆明池，乃於長安西南作昆明池以習水戰。迨兩越既定，滇王舉國内附，而昆明卒不通。郭昌將兵擊之，無功而還。自漢至隋，永昌諸夷相率隸郡縣，獨昆明未附。通鑑唐武德四年，昆瀰遣使内附。昆瀰即昆明也。時有西瀰河蠻、東瀰河蠻，通名昆瀰。是昆明之當在今大理無疑。乃史、漢西南夷傳、三輔黄圖皆曰昆明有滇池，武帝象之於長安。則今雲南府之滇池，亘古以來未有移也。昆明尚在其西南，相去九百里，而忽接而言之，遂使今雲南府之首縣即以昆明名，誤矣。且以事情言之，滇王未嘗得罪於漢，漢無故圖其地理而欲伐之，無是理也。以軍行之道言之，漢若欲伐昆明，乃去其國千里，豈能遠致昆明之師而戰於滇？更必不可信之説也。予疑此久矣，但未得其證以實之。偶讀杜岐公通典曰：「西洱河一名昆瀰川，漢武帝象其形，鑿之以習水戰，非滇池也。古有昆瀰國，亦以此名。」然後恍然。蓋今滇雲全省之水，其最險厄爲迤東西之要者，莫如西洱河，即古葉榆水之北出者，自浪穹縣罷谷山匯諸流，合點蒼山十八川而爲巨浸，水經注謂諸葛丞相戰於榆水之南是也。史萬歲擊南寧，渡西洱河，破三十餘部；韋仁壽將兵五百，循西洱河開地千里；梁建方破松外蠻，奇兵奄至西洱河東西，蠻驚懼請降。鮮于仲通、李宓皆以十萬之師覆於洱河。是洱河者，大理一道之湯池也。昆明恃此水負固以阻漢使，故漢欲摹其水道於京師，使士習之，而卒無如之何也。若滇池則不然，史言其源深廣而流淺狹，四面平敞，雖方三百里之廣，然昔人有事於南中，未有以爲戰地者，而況乎武帝之所欲討者非滇也？予又考唐嶲州都督劉伯英上疏，言松外諸蠻暫服亟叛，請擊之西洱河，天竺道可通也。天竺即古之身毒。伯英之言，猶是漢人自昆明通道之故智，則洱河之爲昆明，無可疑者。滇南自蒙氏歸唐，而後其與吐蕃爭者，亦唯昆明。異牟尋既取昆明，遂食鹽池，徙洱河七種蠻。吐蕃以兵八萬屯昆明，爭之，韋皐圍之，不能克，則昆明之險可知也。若高宗時，唐九徵擊吐蕃於姚、嶲，虜以鐵絙梁漾、濞二水，通西珥蠻，築城戍之。九徵毁絙夷城，建鐵柱於滇池以紀功。其所云滇池，亦指洱河，蓋襲史、漢之譌。九徵戰勝於大理，不應建柱於千里而遥之滇池。獨怪自遷、固以來，其訛相襲，雖有岐公之言，莫據之以正舊史。元段世之答梁王曰：「若欲修好，當待昆明池作西洱河。」豈知夫西洱河之本爲昆明池也。作昆明池考。

蘇子瞻曰：「南詔有西珥河，即牂柯江，河形如月抱珥，故名。」愚以爲，昆明轉而爲昆瀰，昆瀰分而爲東、西瀰，瀰又轉而爲洱，此語音之迭，更非象形也。以爲牂柯，則更非矣。宋人自大渡畫界，而後不知天南事跡之詳故耳。

戡黎説答東潛

所示西伯戡黎之説，敬聞之。東潛才氣極高，又有圖籍足以佐之，故應一時無抗手者。然而微嫌其好立異也。夫先儒豈不讀左傳，竟不知東方之别有黎國乎？然而文王則固西伯也，西伯則專征賜履，祇在西方之國，而謂兵力所加，不難集矢於淮、徐之間，則侵東伯之任矣。是故文王伐密、伐崇不過河北，至於戡黎，則已渡河而東矣，然而猶屬西方之國也。唯其已渡河而東，故祖伊懼而奔告，而況渡孟津，越朝歌，逕從事於東方，其可乎？東潛巧於立言，以爲黎已叛紂，故文王爲紂討之，則又大不然。據左傳謂東夷之叛紂也，以黎之蒐，則是東夷叛，非黎叛也。紂尚能整其六師以蒐於黎，其無待於西伯之戡，明矣。若謂紂之力已不足以及黎，而待文王之戡之，乃戡之而東夷仍叛，則西伯之力亦不足以加於東夷而服事之，至德衰矣！況文王爲紂戡黎，是正紂之所仗也，何以祖伊從而恐之，而殷從而咎之？此雖欲斡旋而善爲之詞，而勢必不能者也。若夫東方之黎，本無確地，所當闕之。東潛欲以齊之犂丘當之，則益非。愚之所敢信者，大抵解經而好異，必爲經之累。敢言之。

喪主喪孤辨

喪無二孤，是不易之禮也。孔子之答曾子，以爲季康子之過，是非孔子之言也。衞靈公弔桓子喪，而魯哀公爲之主，是即喪服小記所云「諸侯弔於異國之臣，則其君爲主」者，是喪主也，非喪孤也。禮固有尊長爲喪主，而喪孤弗豫者，此之謂也。豈有哀公而爲季氏喪孤者？是妄人之言也。康子之過，以其但應哭踊，不應拜稽。謂之誤行喪主之禮，可也；謂之非喪孤，不可也。而謂今之二孤自此始，則誣矣。吾故以爲非孔子之言。

姑姊妹夫喪主辨

雜記：「姑姊妹夫死而無兄弟，使其族人主喪；妻黨雖親，弗主。」其說是也。婦人外戚必得同姓之屬爲主也。其云：「無族，則前後家，東西家。又無，則里尹主之。」謬也。呂坤謂：「外戚之親尚有服，鄰里於死者何有焉？」是拂情也。故萬斯同謂：「下文或人之説，妻黨主之而附於夫黨者，當爲正禮。」按朱子已謂「從其宜而祀之别室，未爲不可」，則固無可疑矣。顧炎武謂「聖人已豫防後世有如王莽、楊堅之徒者，自天子至庶人一也」，則附會之甚。若以竄奪言之，兄弟未嘗無此輩也，族人亦未嘗無此輩也，即非親非黨之臣下，亦未嘗無此輩也，防之且不勝防，將若之何！

子夏易傳跋尾

子夏易傳，唐開元中曾詔列於學宫，同帖正經，以試多士。劉知幾爭之曰：「漢藝文志易十三家，無子夏傳。至七録始有子夏傳六卷。或曰韓嬰作，或曰丁寬作。然據漢志，韓易二篇，丁易八篇，求其符會，事殊隳刺，豈非後來假憑前哲？必欲行用，深以爲疑。」詔下儒臣集議，司馬貞等以爲，七略有子夏傳，不行已久。荀勖中經簿四卷，隋志梁時六卷，今二卷，則錯謬多矣。王儉七志引七略云：「易傳子夏二篇，韓氏作。」而今題載薛虞記，祕庫有之。傳文指趣質略，無益後學。於是停止帖經。然則今所行十一卷固屬贋本，即七略以來之書亦依託耳。孫坦周易析藴欲以漢之杜子夏當之，書録解題謂其無據。夫曰韓曰丁曰薛，其見於前人著録者尚難審定，況臆度耶？十一卷之顛末，已見於納蘭成氏之跋，余故追溯其舊本而略記之，并取釋文、正義、集解所引附列之，因以笑張弧之疏略焉。

釋文引子夏傳爲今本所無者凡三十四條：

乾　亢，極也。

屯　如，辭也。　乘馬之乘音繩。班如，相牽不進貌。

訟　眚，妖祥曰眚。

比　地得水而柔，水得地而流，故曰比。

小畜　攣作戀，思也。　幾作近。

履　愬愬，恐懼貌。

泰　翩翩作篇篇。

大有　彭作旁。

謙　謙作嗛，謙也。

豫　盱作紆。　簪，疾也。

噬嗑　胏作脯。

賁　束，帛五匹爲束。三玄二纁象陰陽。　戔戔作殘殘。

復　傷害曰災。妖祥曰眚。

頤　拂作弗。輔，弼也。　逐逐作攸攸。字林云：「攸當爲逐。」

習坎　寘作湜。

離　戚作嘁。

遯　肥，饒裕也。

晉　鼫作碩。

明夷　夷於之夷作睇。　拯作抍。

姤　柅作鑈。　包瓜之包作苞。

困　徐徐作荼荼，内不定之意。

井　甃，修治也。

豐　沛作芾，小也。　沬作昧，星之小者。

渙　拯作抍，取也。

既濟　茀作髴。　繻作襦。　袽作茹。

正義引子夏傳：

易雖分爲上下二篇，未有經字。經字是後人所加。

集解引子夏傳：

師　丈人作大人。

比　地得水而柔，水得土而流，比之象也。夫凶者生乎乖争，今既親比，故云比吉也。

按：正義、集解所引，今本亦無之。

中興書目云：「陸德明釋文所引，與今本間有合者，若比云『水得地而流，地得水而柔』，今本作『地得水而澤，水藏地而安』，但小異耳。其釋文有而今本無者，蓋後人附益者多也。」

朱震曰：「孟喜、京房之學，槩見於一行所集，大要皆自子夏所出。」

按：此又真以爲子夏作者，姑録之以備異聞。

讀林簡肅公周易集解

崑山徐尚書健菴開雕林黄中周易集解，或告之曰：「是非糾朱子者耶？」尚書懼，亟斧之。其所見隘矣。竹垞旁援勉齋祭文，以雪黄中之冤。予謂黄中立朝，風節卓絶，其論朱子，激於一時之勝心，不過如東坡之排伊川耳。後世不聞因伊川之争而置東坡於惇、卞之間，安得因朱、林之争而以黄中與陳賈、胡紘同傳，是固不待勉齋之文而雪也。若其説易，則實有近於支離者。黄中謂一卦皆含八卦，謂之八象。如屯則初震，二坤，三、四爲艮、坎，三艮，四坤，五、上爲震、坎。蒙則初坎，二震，三、四爲坤、艮，三坎，四艮，五、上爲坤、震。其前四卦以兩正體兼兩互體也，其後四卦以兩反對兼兩互體也。夫於反對之中尚欲求互，則屯即爲蒙，蒙即爲屯，終何所别？是所謂鹿旁求麞，麞旁求鹿者也，無惑乎朱子之斥其説也。黄中又謂八卦皆互相包以爲六畫，每卦取一互體，留一互體，一卦取上互，則一卦取下互。如乾包坤則爲損、益，坤包乾則爲咸、恒。一卦包三十二卦，八卦得二百五十六卦。是其説於易之經傳全無所預。且同一互也，或取以致用，或留以植體，則又何也？是朱子之所未辨，而南雷黄氏以爲「當日必因其不足辨而置之」者也。更有異者，黄中主張三代不改夏正之説，而謂十月乾亥不得言坤，正月句萌不得言泰，三月微陽不得言壯。舜典仲冬巡北岳，不得言「后不省方」，因謂正月爲復，二月爲臨，則豈有三代不改時，不改月，而反能改陰陽之氣，直以六月爲乾者？且謂至日閉關，焉知非夏至？何以任情强辨一至此歟？厚齋馮氏反謂足破千古之惑，則好奇之過也。黄中之書，今所傳者皆無圖，獨楊止菴傳易考中有之，止菴蓋猶得盡見其書，而今止存集解一種矣，故撮止菴所傳者附之，以見其書之本有可斥，非果朱子之力能詘之也。黄中之人，不當以其糾朱子而遽黜；至其書，則正不必以其有異於朱子而反稱之，是吾持平之論也。予又讀後村所作黄中次子行知墓銘，其中述行知言黄中爲兵部侍郎，方負殊眷，而朱子亦有重名，當事皆不喜之。適二人論易相撑拄，知其皆剛而不肯相下，遂亦除朱子兵部以鬭之，果以不咸皆去。時臺中胡晉臣最助朱子，周益公則相也。及光皇龍飛，周策免，胡出臺，黄中方次對，深以二人之去爲惜，亦見其無成心矣。行知説詩，極宗朱子，謂其佳處，聖人不易。然則當時兵部之爭别有本末，黄中固未嘗終執迷，而其子亦不守門户之見，後人可以釋然矣。

黄梨洲易學象數論書後

姚江黄徵君易學象數論六卷，上自圖、書九十之混，變卦互卦之異同，旁推交通，雖以納甲納音、世應軌革之法，莫不搜其原本，抉其謬謬，可爲經學中希有之書也。徵君謂「河圖在顧命與大訓並陳，則是皆書也。使如後世所云，則爲龍馬之遺蜕歟？抑庖犧之稿本歟？不知天垂象見吉凶，所謂仰觀天文，河出圖，洛出書，所謂俯察地理。圖、書即今之圖經黄册，其以河、洛名者，以其爲天下之中也。」此其説可謂百世不易之論。蓋嘗與學者言之，皆大驚，莫能信，固難以口舌爭。徵君之言，發源自薛艮齋。艮齋謂：「自來緯候諸家所謂九篇六篇者，亦原以爲地學之書。」苟其是者，不可以緯候而廢也。春秋命歷序曰：「河圖，帝王之階，圖載江河山川州界之分野，後禹壇於河，受龍圖，作握河紀，歷虞、夏、商咸亦受焉。」尚書中候曰：「禹自臨河受圖。」注云：「括地象也。」尚書刑德放曰：「禹得括地象圖，堯以爲司空。」河圖玉版曰：「禹觀於河，始受圖，言治水之意。」李淳風乙巳占，其中引洛書，以禹貢之二十八山，分配二十八宿分野。夫其所謂「壇河而受，臨河而得」，實龍馬之説所由起也，而所指則猶主方輿之圖。自有以五行生成之數，附於天一地二之文，并以九宫太乙之數爲九疇者，而并緯書而失之。蓋惟圖、書爲地理，故王者之迹既熄，諸侯吞噬，山川之出入，職方不知；貢賦之多寡，地官莫問。聖人河不出圖之歎，至以比之鳳鳥。不然，馬毛之旋，既有據之以作易者矣。即其浮河再出，亦雷同之陳迹，夫子猶思見之，豈得别爲一易乎？禮器成於漢儒誤解論語，而又依傍緯書，於是以河出馬圖爲瑞，是則歐陽公辨之矣。南昌萬編修孺廬嘗曰：「大禹治水，乃有河圖；周公營洛，始有洛書，故作顧命時，洛書新出，尚未得與河圖并登東序。」是又疏證之最精者。今人徒泥於河出洛出之文，以爲此必沿河溯洛而得之者，真解經之固也。同里李桐曰：「尚書出孔壁，儀禮出淹中，不必皆有符瑞。」諒哉！徵君於易，遠覽千古，一洗前輩之支離，而尤有功於易者，此論也。若其談總象，予頗多以爲不然者，則別見於予說易之書。

跋黄梨洲孟子解

梨洲所解孟子一卷，名曰師説，以蕺山已有大學統義、中庸慎獨義、論語學案，惟孟子無成著，故補之也。梨洲於書，無所不通，而解經尤能闢前輩傳注之訛。然亦有失之荒唐者，如指浙東之握登山、歷山、姚江、姚丘以爲舜居東夷之注，是乃前世地志笑柄，反謂顧野王「餘姚，舜後支庶所封」語爲妄；其解畢郢，則宗孫疏，以爲楚地，不可解也。

孔子正名論

蘇右丞謂：「靈公之死，衛人立公子郢，而郢不可，乃立輒。使輒知禮，必辭；辭而不獲，必逃。輒逃郢立，則名正矣。雖以拒蒯聵，可也。雖然孔子爲政，豈將廢輒而立郢耶？其亦將教輒避位而納父耳。蒯聵得罪於父，然於其入也，春秋以世子稱之。非世子而以世子名，以其子得立，成其爲世子也。

若輒避位納父，是世子爲君也，而名亦正矣。」其後胡侍郎謂：「孔子爲政，必當告於天子、方伯，命公子郢而立之。」

子全子曰：「右丞何以知蒯聵之非世子？若本非世子，而孔子可以世子稱之，則本爲世子，而亦可不以世子目之。宋儒説春秋多如此，乃大亂之道也。孔子以世子稱蒯聵，則其嘗爲靈公所立，無疑矣。觀左傳累稱爲太子，固有明文矣。不特此也，其出亡之後，靈公雖怒，而未嘗廢之也，又無疑矣。觀左傳，靈公欲立公子郢，而郢辭，則靈公有廢之意而不果，又有明文矣。世豈有其子得嗣爲諸侯，而其父遂不必有所受而稱爲世子之禮。右丞之説，真無稽之談也。惟蒯聵嘗爲靈公所立，未嘗爲靈公所廢，特以得罪而出亡，則聞喪而奔赴，衛人所不可拒也。蒯聵之歸有名，而衛人之拒無名也。然而衛人方自以爲有名，則以蒯聵得罪於父也。夫蒯聵欲殺南子，其處人倫之間，未盡其道則有之，而其心則可原也。雖以此得罪於父，而當在末減之條者也。況靈公前此嘗立之，而其後又未嘗聲其罪而廢之，則衛人欲追探靈公之意而廢之，於義有未安也。故蒯聵之歸有名，而衛人之拒無名也。況諸侯之子得罪於父而仍歸者，亦不一矣。晉之亂也，夷吾奔屈，重耳奔蒲。及奚齊、卓子之死，夷吾兄弟相繼而歸，不聞以得罪而晉人拒之也。然則於蒯聵何尤焉？故孔子之正名也，但正其世子之名而已。既爲世子，則衛人所不可拒也。且使蒯聵不得爲世子，則衛人何所見而立輒？其立輒也，固以其爲世子所出而立之也。天下有世子而不應嗣位者乎？侍郎之説，亦未爲斟酌盡善之道，孔子爲政，必不出於此也。」

亡吴論

春秋之季，吴國天下莫强焉。及其亡也，忽諸世之尤之者，以爲會稽之成一也，艾陵之師二也，黄池之會三也。向微是者，吴當遂霸天下。然此皆自事之已形者言之，而非其元氣之所由削，福命之所由傾。夫吴之亡，始於通晉，成於入楚，而其搆怨於越，則由此兩事而起，固不待其子之身，有嚭同之佞，員聖之誅，而識者方知之也。且吴建國於江、淮之間，其疆隅不足當楚之半。以形勢言，則大江之與長淮，楚皆踞其上流，江東四戰之地，不足與之爭衡，是以自壽夢以前，俯首而附楚者，非特其風會未開，抑且勢不得不然。晉霸既衰，思出奇策以制楚，巫臣又藉手以洩私忿。其通吴於晉者，非能確然謂吴之必可以制楚，以爲即令不果勝，而楚之一歲七奔命已大病矣。夫吴之一往而無厭也，其亦何所止竟！得志於楚，則必并加於晉，其後齊盟爭長之事可驗也。然晉自趙文子當國，而後偷安視息以自延，特利其目前之爲助，而不暇遠慮於吴之即楚也。而楚亦不幸，而適在中替之日，當國如子重、子反、子瑕之徒皆庸材，是以吴得起而乘之。齊桓之謀楚也，蓋亦嘗用徐矣，輔之以江、黄、道、柏而不克也。當時之徐，未必下於吴也，前後之楚不同也。然以累世强大之楚，植根已固，即令不競，豈能猝亡其國？而諸蠻視吴，素屬等夷，其中必有倔强而不相下者，斯越禍之所生也。楚不可猝亡，又生與國之患，則吴之國危。吴之國危，其勢固非中原救援所能及，是則輕其社稷之計，而受人發縱指示之愚，以結釁於鞭長不及之地，失策未有如是之甚者。且兵者凶器，聖人不得已而用之，故黷武者，造物之所忌也。吴自諸樊以至王僚，無不好戰，疆場之間，連年角鬬，江、淮而東，前此所未有也。玉帛外竭，干戈近訌，民力幾何而不困也？强水師爲車戰，違地利也。凡若此者，皆吴人墮於巫臣之計，而不自知。且吴亦第見平王暮年，信用囊瓦、費無極、鄢將師，幾於尸居餘氣，以爲可亡之會，不知大臣自左司馬戌而下，猶有人焉，又三公子皆賢者君子，是以知楚之未易翦也。隨人、陳人守舊盟而不寒，豈果忘平日見淩之怨？覘國者其審矣。故當是時，非以王者之師臨之，必不足以亡楚。夫王者之師，何如當囊瓦臨陣之際，宣其脅留列侯、殺害忠臣之罪，正告於楚之三軍，以及其近郊遠郊之民，則楚人自瓦解而倒戈。繼遣一介，上告天子及中原諸國，宣其累世憑陵諸夏之罪，或許以反其侵地，或許以繼絶九縣之封，盡還其故，則小國向風，牛酒日至；爲伯州犂、伍奢、郤宛發喪，收諸亂臣之族，付諸理官，慰安楚之公室，安堵無恐，禮其士之賢者，則楚人將反爲吾用。於是分兵歸吴，以備不虞；休士於楚，以鎮新國，則秦人必不敢出，而數年之後，入朝周室，一匡天下，大業可得而成矣。七國之時，樂毅入齊，蓋頗有其風焉，而惜乎其用未竟也。今觀於吴，則反是，湜其封豕長蛇之習，恣其倒行逆施之狀，決漳水以灌紀南，決赤湖以灌郢，則民其魚矣。夫槩王與子山爭處令尹之宫，則草野之遭污辱，又可知矣。楚人上之則痛心於廟社之荼毒，下之則切齒於家室之播蕩，即無秦人，吴亦安得有楚卒之内變起外援？至踉蹌而去，所得不償所失。夫得失之不相償，猶之可也，而過此以往，楚人之讐，雖百世不解，豈不懼哉！不於其身，必於其子孫，固罔或不亡矣。况自晉人以吴困楚，而楚人即以越窺吴。昭公五年，越大夫常壽過始以師會楚伐吴。圉〔一〕陽之役，越遣大夫胥犴勞之，公子倉歸乘舟師而從之，其固相結也如此。三十二年，吴始用師於越。而是役也，越遂乘虚入吴。夫吴既素有不快於越，而入郢之時，全不爲備，是亦可以見其疏矣。卒之檇李之役，反隕其身，以致貽患於其子。其後句踐興師，申包胥實在焉，則楚自還都而還，雖不以一矢修怨於吴，而吴實亡於楚也。嗟夫！天道好還，故禍機之倚伏如轉轂焉，可不懼哉！或曰：「若吴當會稽之時，不許句踐之成，豈能復爲後患？而跨三江五湖之固，亦不遽至於亡。」予曰：「不然。吴不滅越固亡，即滅越亦亡。夫闔閭父子，皆好勝而不顧其後者。使其晏然而有越，則將以爲天下皆莫吾若，其進而與中原爭衡，不待其事之畢也。是時中原遽衰，固不能摧吴之鋒，然而商、魯之溝，荼、墨之壘，逞其雄心虐民，以用楚人復仇之師，將起而議其後；百粤宗支之處甌閩者從中應之，此其亡亦不出二十年以後也。」或曰：「然則如之何而可？」曰：「夫差之報仇，是固不可以已者也。既取越而有之，慄慄危懼，撫諸小國，結好中原，其庶可以免乎？雖然吴以崛起之國，窮兵以犯鬼神之怒，求其保泰而持盈也，吾有以知其不能。故曰吴之亡，自壽夢以後啟之，至闔閭而極，夫差乃天之所假手者耳。」

〔一〕「圉」，原作「圄」，據左傳改。

越句踐論

以吴之强也，而句踐於覆亡之餘，生聚教訓而沼之，是荆楚所弗能。古今之論復讐者，孰有光於斯？自是而反諸侯之侵地，遂以稱長於上國，誠偉矣！然其晚年功業稍衰，何也？曰：「是可以見持盈之難也。范蠡之言曰：『句踐之爲人，可與患難，不可與安樂。』以是知其量亦易荒也。彼夫差之初政，蓋刻苦自勵矣，卒以報越。及其功成，何一往而不克自持也？句踐雖不至如此之甚，然以沼吴之後，考其所爲，非前日比。太宰嚭者，亡吴之臣子也，句踐信而任之。其欲納魯哀公而不克，出於嚭之受賂，句踐尚可爲國乎？吾觀范蠡之去也，殆有見於嚭之見用，而飄然而避之也。文種之死也，必嚭惡而殺之也。洩庸以下諸公之不復見也，必皆爲嚭所抑也。太史公謂誅嚭者，謬矣。爲國莫大乎用人，即此一端，其餘皆可知也。鄧艾平蜀而赦黄皓，君子知其不終，況從而用之乎？迹其遠騖上國於魯、於衛、於邾，遑其雄心而淮、泗之間終弗能有，是皆亡吴之遺，而句踐襲之，其幸而不亡者幾希。嗟乎！晉之衰也，南方之霸凡三出。楚雖久爭中國，然至靈王始得專主諸侯之盟，恣睢暴戾，遂以自殞。繼楚者吴，其横行更甚焉，故其亡也愈慘。越則稍戢，故無覆滅之禍，而其不克終霸，要亦侈心爲之也。或以爲種不死，蠡不去，夾輔霸業，必不至於此而已。予以爲，種不死，蠡不去，當輔之以廓大其國，而必不教以圖霸。蓋遠處三江五湖之間，鞭雖長而不及，欲博主盟之空名，而耗其國以從之，智者所不爲也。況重之以戮功臣，信壬人，則其衰也固宜。」

諸葛孔明入蜀論

眉山蘇氏曰：「孔明棄荆州而入蜀，吾知其無能爲。」子全子曰：「謬哉！蘇氏之言也。荆州之爲江左重也，誰不知之？雖然由西北以取東南，則荆州爲要，得荆州而江南不可保。由東南以取西北，則荆州其地也，當是時，曹氏據中原之形勝，十有其九，由荆州以取襄陽，不過得宛、洛，其地四戰，即得之，江南亦不能以兵守之。儻謂由荆州以窺武關，撼長安，則甚難，桓温之攻苻氏是也。蜀之爲土也，嵯峨天險，宜不過自守之區，而爲長安之背，高祖嘗用之以取三秦。以長安之固，豈蜀之所能爭？而長安有事，則蜀之力能爲患。昭烈之入蜀，長安十部甫歸曹氏，張魯未亡，正關中可取之機也。其時欲制曹氏，當以蜀中窺長安爲正兵，而游軍從荆州以綴宛、洛。故周瑜爲孫權畫策，急以取劉璋，并張魯，結馬超爲上。甘寧亦主其議。而孫權謂『使曹氏得蜀，荆州必危』。英雄之所見審矣。不然，孫氏方捷於荆，何不徑由江陵北向，而顧爲此迂圖哉！其後孫氏不能得蜀，故終吴之世不能得志於魏。況孔明曷嘗棄荆也？荆州本非劉氏之有，而江左君臣亦無推心劉氏之誠，吕蒙之徒日相窺伺，夫人又從中主之。古無借人之地足以成王業者，此孔明得蜀之後，所以不欲裁抑法正也。吾則謂孔明之失，正在不能棄荆，以起孫氏之釁，而蜀遂以之不振。何也？孔明隆中之策，本欲兼荆、蜀以爲家。有蜀又有荆，兩軍並出，良爲可恃。然孫氏既索荆，則其勢已與劉氏分。況荆本孫氏所取，今據之而不返，其曲蓋有歸矣。何若慨然以荆州還之孫氏，則鄰好尚可保，而以全力由漢中以撓長安，彼十部之餘必有響應者，況馬超以宿將正在蜀，即不能盡得長安，而要之長安必危。孫氏既得荆，亦必進而圖襄陽，則曹氏之勢大分矣。曹氏知兵，故其棄漢中也，急徙武都氏於天水，誠懼漢之撓長安也。計不出此，乃使前將軍日結怨於吴，而浪用兵於魏，卒不聞漢中之一甲一矢應之於西，以相犄角也。不但西師寂然，而荆軍之出，疾呼夷陵、上庸之援，竟亦不至也，可以謂之知兵乎？劉封固庸材，然孔明何不見及此也？夫得宛、洛之地千里，不如長安之一郡一縣也，何其瞀歟？迨白帝之役，趙雲亦謂『當急據河、渭上流，以圖關東，不當從事荆、吴』，則荆州之不必力争也明矣。或曰：『前將軍之出師也，魏人將遷都以避之，宛、洛震動，何子過之深也？』曰：『魏人恐其挾天子而去，故欲遷以避之。遷帝也，非遷都也。魏人之都在鄴，不在許，即使漢人得許，亦未能窺鄴也。而況徐晃已至，宛城之内應已平，前將軍之兵已折，即無糜芳輩，亦敗而歸耳。然即襄陽可得，許都可至，挾天子以攻曹氏，而彼以幽、冀之地自固，亦不能挾其頸而笞其背，不如得長安之爲萬全也。是説也，蜀人廖立蓋嘗言之，而蘇氏未之知耳。』或曰：『然則襄、鄧不足恃，而宋之南，李忠定諸公皆欲都之，何也？』曰：『爲其近汴梁也。宋人不甚争長安，以逼於西夏耳，則勢必由襄、鄧以入宛、洛矣，言各有所主也。』

李習之論

伊、洛諸儒未出以前，其能以扶持正道爲事，不雜異端者，祇推韓、李、歐三君子。説者謂其皆因文見道。夫當波靡流極之世，而有人焉，獨自任以斯道之重，斯即因文而見，安得謂非中流之一柱哉！乃韓、歐已祀文廟，獨不及習之，則尚論者之闕也。習之之學，未嘗盡本於退之，或者不察，竟以爲韓門籍、湜之流。蓋退之實欲致之於門下，特習之不屈耳。習之之妻，退之兄子也，然其呼退之爲兄，則尚不肯以後輩之禮自居，而況師之云乎？自秦、漢以來，大學、中庸雜入禮記之中，千有餘年，無人得其藩籬，而首見及之者，韓、李也。退之作原道，實闡正心誠意之旨，以推本之於大學；而習之論復性，則專以羽翼中庸。觀其發明至誠盡性之道，自孟子推之子思，自子思推之孔子，而超然有以見夫顏子三月不違仁之心，一若并荀、揚而不屑道者，故朱子亦以有本領、有思量稱之。至去佛齋文，則其所以衛道者尤嚴。嗟乎！伊、洛高弟平日自詡以爲直接道統者多矣，然其晚年也，有與東林僧常總游者，有尼出入其門者，有日誦光明經一過者，其視因文見道之習之，得無有慙色焉？孟子稱能言距楊、墨者，聖人之徒，然則孟子而在，不將亟進習之於上座哉！至其平賦，則周禮之精意也，得此意而善用之，睢、麟之盛可復也。蓋習之有體有用，具見於復性、平賦二書。文中子之書流傳已久，獨習之嗤其似太公家教。吾於是而知習之所得，蓋未可以尋常窺也。退之文字之交徧天下，至其解論語，解孟子，則習之一人而已。後世以習之之文稍遜退之，而并其有功於聖門者而掩之，惡乎可？歐公之於唐人，並稱韓、李，而其慕習之也，尚在退之之上。然其所以慕之者，祇於不作哀二鳥賦而止，而反謂其復性書不過中庸之義疏，則尚未爲知其本者。惟葉石林、宋濳溪所以論習之最當，而近人罕信之，是皆因文見道之言誤之也。或謂習之言道，而其言未純於道；闢佛，而其言時或染於佛，此亦本之朱子。嗚呼！苛矣。是不過習之之學力稍未至，而遽短之，可乎？唐書於習子學術概略不書，反言其累仕不得顯官，佛鬱無所發見。辛相李逢吉面斥其過失，逢吉詭不校，習之恚懼移病，爲有司論罷。夫逢吉之媢克，誰人不曉？習之而欲得顯官耶？必不敢斥逢吉。既斥之矣，寧復有顯官在其意中者？且習之而懼逢吉耶？亦不敢斥逢吉。既斥之矣，抑復何懼之有！是蓋當時朋黨小人誣善失實之詞，而史臣誤采之者。雖以荆公之識，不能盡諒，此事異矣！今因論從祀而牽連及之，并以糾舊史之謬云。

漢經師論

或有問於予者曰：「漢之經師多矣，説者謂其徒明章句，而無得於聖賢之大道，故自董仲舒、劉向外，儒者無稱焉。程子稍有取於毛萇，然則三人而已。」曰：「是何言歟？漢人值儒林之草昧，未極其精粹則有之。然自文、景而後，或以宿德重望爲一時重，或以經世務見用，或以大節，或以清名，多出其中，子蓋未之知也。夫漢興，張蒼首定律曆，荀子之徒也。治左氏。賈生通禮樂，明王道。從張蒼受左氏。文翁興學校。本傳言其通春秋，不見儒林。丁寬輔梁孝王，將兵距吳。治易。申培面折武帝，以爲治不在多言。魯詩。轅固斥公孫丞相以曲學阿世。齊詩。韓嬰議事分明，雖董子不能難。韓詩。胡母生，則董子著書稱其德。公羊氏。兒寬醇雅有餘。尚書。王陽著名昌邑藩邸；通五經兼騶氏傳。其子駿爲御史大夫，有名；易。其孫崇能潔身避莽，非世其學者乎？龔遂之剛毅，不見儒林，但載本傳，曰明經。大夏侯之敢言，尚書。魏相實平霍氏之亂，治易，不見儒林，但載本傳。蓋寬饒之剛正，韓嬰易。嚴彭祖不肯屈身以取宰相，公羊氏。歐陽地餘不肯受賻物以傷廉，尚書。召信臣之豈弟，不見儒林，但載本傳，曰明經。于定國之寬仁，本傳但云春秋。

蕭望之之堂堂爲社稷臣，齊詩，魯論。薛廣德之犯顔阻駕，魯詩。鄭寬中之雋才，尚書。疏廣之知止知足，公羊氏。韋賢之守正持重，魯詩。其子玄成之讓爵，朱雲廷折張禹，易。亦見本傳，不見儒林。平當不羨侯封，尚書。王嘉則蕭望之其亞也。本傳但云明經，不見儒林。丁、傅、王氏之亂，何武、易。不見儒林，但載本傳。師丹、齊詩。彭宣、易，論語。龔勝、尚書。鮑宣，尚書。皆中流之砥柱。龔舍潔身早去，魯詩。梅福風節尤高，穀梁氏。邴丹著清名，養志自修，易。而馮野王兄弟各占一經，始則見忌王鳳，終死新莽。馮野王詩，馮逡易，馮立春秋，馮參書，俱見本傳。蓋經師之與國相終始如此，可不謂之盛乎？授受既多，亦誠不能無主父偃、匡衡、張禹、五鹿充宗、孔光、馬宫之徒，然諸公爲漢生色，則已足矣。如路温舒、王式、黄霸、張敞、孫寶則稍次焉，吾弗備述也。

三家易學同源論

今世之説經者曰：「易之晦也，圖緯於京、孟，黄、老於王、韓，皆無當於易。」其説似也。豈知圖緯之學，本以老、莊爲體，老、莊之學，即以圖緯爲用。自諸家言易以來，但知其門户之分，而不知其門户之合。今夫漢、唐之言五行者，未有不依託黄帝者也。黄帝，道家所援以爲祖者也。則是圖緯之所自出，即黄、老也。蓋世之所謂清淨虚無者，原非盡忘世者也。其本心固欲以方寸運量天下無窮之變，而又不能有聖人洗心退藏、知來藏往之量，故高妙其説，以爲齊死生，輕去就者，矯也，而實則時欲出而一試。其試之也，則必以陰陽消長之説，而又恐世之疑其支離而難通也，則又必返之玄奥之窟，以見其言之未可輕議，而使人神其術而不疑。是以計然之書實爲壬遁之祖，范蠡輩用之，而陰符之説入於道家，此其證也。雖然，其流傳於後世，則有不同。嚴君平、魏伯陽、葛稚川之徒，以黄、老治圖緯者也；管公明之徒，以圖緯治黄、老者也。以黄、老治圖緯者，其人多屬遯世之徒，其學但以之默觀時變，而不肯輕於自見，故常安。以圖緯治黄、老者，其人多屬用世之徒，急求售其説，故常得其道以亡身。是則其流别也，而要其無當於易。則同是以黄、老家玄牝谷神之旨，流爲神仙；而圖緯候氣直日之術，亦流爲神仙。蓋神仙有道亦有法，道其體也，法其用也。玄牝谷神之旨，其道也；候氣直日之術，其法也。得其道，未有可遺其法者，求其一而失其一，則神仙不可得成。京、孟之説易，專於法；王、韓之説易，專於道；兼而有之，則康節也。康節作皇極經世，稱老子以爲得易之體，蓋皇極所以推步元會者，本緯學也，故追而溯之。然其實五千言所有，特可以言皇極推步之體，而不可以言易之體。王、韓之易行，而儒者轉思京、焦；康節之易行，而儒者轉思王、韓，所謂耳食者也。豈知三家之門户同出於一宗，不過改易其旂幟而出之耳，果有異乎哉！吾觀康節之生平，蓋純乎黄、老者也，而著書則圖緯居多，是殆善集二家之長者耶？所以其立言也尤精，而世之信之也尤篤。

周程學統論

明道先生傳在哲宗實録中，乃范學士冲作。伊川先生傳在徽宗實録中，乃洪學士邁作。並云從學周子。兩朝史局所據，恐亦不祇吕芝閣東見録一書。但言二程子未嘗師周子者，則汪玉山已有之。玉山之師爲張子韶、喻子才，淵源不遠，而乃以南安問道，不過如張子之於范文正公，是當時固成疑案矣。雖然觀明道之自言曰：「自再見茂叔，吟風弄月以歸，有吾與點也之意。」則非於周子竟無所得者。明道行狀雖謂其泛濫於諸家，出入於佛、老者幾十年，反求諸六經，而後得之。而要其慨然求道之志，得於茂叔之所聞者，亦不能没其自也。侯仲良見周子三日而還，伊川驚曰：「非從茂叔來耶？」則未嘗不心折之矣。然則謂二程子雖少師周子，而長而能得不傳之祕者，不盡由於周子可也。謂周子竟非其師，則過也。若遺書中直稱周子之字，則吾疑以爲門人之詞。蓋因其師平日有獨得遺經之言，故遂欲略周子而過之也。朱子之學，自溯其得力於延平。至於籍溪、屏山、白水，則皆以爲嘗從之游，而未得其要者，然未嘗不執弟子之禮。周子即非師，固大中公之友也，而直稱其字，若非門人之詞，則直二程子之失也。周子所得，其在聖門，幾幾顔子之風。二程子之所以未盡其藴者，蓋其問學在慶曆六年，周子即以是歲遷秩而去，追隨不甚久也。潘興嗣志墓，其不及二程子之從游者，亦以此。張宣公謂太極圖出於二程子之手受，此固攷之不詳，而或因窮禪客之語，致疑議於周子，則又不知紀録之不盡足憑也。若夫周子之言，其足以羽翼六經，而大有功於後學者，莫粹於通書四十篇。而無極之真，原於道家者流，必非周子之作。斯則不易之論，正未可以表章於朱子而墨守之也。

律吕空積忽微論

漢志曰：「黄鐘爲宫，則太簇、姑洗、林鐘、南吕皆以正聲應，無有忽微，不復與他律爲役者，同心一統之義也。非黄鐘而他律，雖當其月自宫者，則其應和之律有空積忽微，不得其正。此黄鐘至尊，無與並也。」此其解見於西山律吕新書。西山謂黄鐘爲宫，所用七聲皆正律，無空積忽微。自林鐘而下，則有半律；自蕤賓而下，則有變律，皆有空積忽微。西山蓋以半律、變律皆屬正律之餘，遂欲以之當空積忽微。然以空積忽微四字之詁求之，則西山之解疑其不然。空積者，空圍所容之積實也，所謂管長一寸，圍容九分者也。忽微，則其所容不能盈寸盈分者，奇零而難求，故曰忽微。然則正律之中，不必皆無忽微也。故惟黄鐘爲宫，則黄鐘長九寸，積七百二十九分；太簇長八寸，積六百四十八分；姑洗長七寸一分，積五百七十六分；林鐘長六寸，積四百八十六分；南吕長五寸三分，積四百三十二分，其空積皆無忽微，所以見黄鐘之尊也。自南吕而應鐘，其長四寸六分有奇，則其積三百七十八分有奇，而忽微生矣。或曰：「此特以五聲之旋宫言之耳。若依國語，加二變爲七，則黄鐘之宫，及於應鐘、蕤賓，雖黄鐘爲宫，其空積亦未嘗無忽微也。」曰：「變宫變徵之目雖見國語，而古人旋宫之法未嘗用之，故班志言旋宫止五聲，禮運孔疏言旋宫亦止五聲，是可見古之樂不以二變入旋宫也。八十四調之説，至杜佑始詳。自佑以前，如京房造執始、去滅之名，公孫崇上役黄鐘之正律，其説雖皆未協，然其止於六十調則同也，以是知旋宫之無二變也。西山未審於此，故并空積忽微之詁而失之。」

亞聖廟配享議上

亞聖廟兩廡配享之位，乃宋政和五年所定，今鄒縣廟中栗主因之。但當時太常諸臣未嘗一一攷覈，奉行疏忽，遂多舛錯，亞聖弟子，其確然見於正經者甚少，如咸丘蒙、陳臻之徒，正義以爲有所問於孟子者，即知爲弟子也，是固已在影響之間。若其中有大不可信者，按陸德明序録謂高子受詩於子夏，稽之毛傳絲衣小序，與孟子「小弁」章所述，則其人原以詩學有聲者。夫子夏爲魏文侯師，高子及游其門，是孟子之前輩也，所以有高叟之稱。邠卿不知何據，以爲弟子，正義遂謂其嘗學爲詩而不通，是塞其心之一端，以證邠卿嚮道未堅之語。夫山徑茅塞或出於鐵厲之辭，未可以定其爲及門，而古人稱謂最嚴，豈有以長老之名加之弟子者乎？邠卿以告子爲弟子，愚觀論性諸章，岸然獨立門户，必非登堂著録者。至浩生不害，則祇曰齊人而已，正義因其同名曰不害也，始疑浩生即告子之字，然尚未敢堅其説。古無以字冠於名之上連舉而稱之者，故正義亦自覺其難通，而依違言之，乃祀典竟爲合并以成其謬。夫即以浩生之於孟子，亦不過偶爾答問，乃今直以告子當之，而豈知兩人皆不可以言弟子乎？又一舛也。盆成括之見於晏子，以爲孔子門人，是固郢書之説。邠卿則曰嘗欲學於孟子，夫欲學則未學也。曹交之請假館，亦欲學者流也，正義遂以爲弟子，亦無稽之言耳。其爲前儒所已及者，如以季孫、子叔並預贈祀，此出於注疏之謬，自朱子改正以來，相傳前代曾經罷享，特以沿襲未革。義烏吴萊更補一人，蓋滕更也。若以孔廟之例言之，則政和封爵，在今日已不當用，宜改從先賢之稱，而去高子以下五人，補入滕更。夫嶧山俎豆，世載有司，其討論亦不容緩者。因具書所見以質之當世知禮之君子。

亞聖廟配享議中

亞聖廟十八弟子配祀之下，附以漢揚雄、唐韓愈，斯蓋出於孟氏子孫所私祀。其始尚別奉他室，後遂列之廡下。明初去揚雄。愚謂漢儒少有知孟子者，而雄首爲之注，則節取其功而祭之，宜亦古禮所有。而或其書出於後世之所因託，則又非愚之所能定也。宋史藝文志有四家孟子注，揚雄、韓愈、李翺，其一熙時子。注疏趙、孫兩家皆有表章遺文之功，雖其言未盡醇要，其人自卓然不背於道，其當祀於廡下，無可疑者。若自東都以來，程曾有章句，見後漢書儒林傳；高誘有正孟章句，見玉海；鄭玄有注七卷，劉熙有注七卷，綦毋邃有注九卷，見隋書經籍志；陸善經有注七卷，見唐書藝文志；李翺有注，見崇文總目；劉軻有翼孟，見白氏長慶集。其作音釋者二家，則丁公著、張鎰，斯皆於絕學有功，即其書已不傳，未知其醇駁如何，而要當使附之廟食者也。林慎思知尊孟子，其所見固出王充、馮休輩一等，況其以殉節著，蓋不媿儒林者。然其謂公孫丑、萬章之徒不足以傳孟子之言，而必自從而續之。孟子之文，豈可續哉！是又河、汾之僭已。皮日休、强至、賈同皆嘗箋釋孟子，而其詳不可得聞。种放有表孟子上下十二篇。總之，伊、洛以前，能尊孟子者，皆知言仁義，而距異端者也。日休死於吳、越，唐史之誣不足信，其從祀可無嫌。況自韓愈而後，尊孟子者，日休之言最力。宋則范祖禹、孔武仲、吴安詩、豐稷、吕希哲，所謂五臣者也。若王安石、許允成、蘇轍、王令、楊時、尹焞、張九成、張栻、陳耆卿之傳注，皆合登附於廟。而余允文、陸筠則尤有功者也。其伊川、横渠、晦翁三公不當在廡下，宜援孔廟典禮，於樂正之次，附以昌黎，而三公次之，是亦不易之論也。

亞聖廟配享議下

今亞聖廟配享先儒，有孔道輔詢之孟氏，以爲亦明初事。其後又有錢唐。按道輔知兗州，始訪亞聖之墓，立祠其旁，故祀之以報其功。是則非古所有也。配享之禮，當取其傳經明道者列之，而其他不預焉。孔子廟中，不聞其祀梅福也。如以道輔之功，則所祀者亦未備。熙、豐間，荆公素愛孟子，列於科舉。元祐變法，將去之，范純仁曰：「孟子之書，如春秋之在六經，不可去也。」遂止。是其一言之力亦大矣。晁説之拾疑孟之緒餘，請去孟子於講筵，而胡舜陟爭之，亦衛經之最著也。推崇孟子之議，始於常秩，曾孝寬則請加公爵，程振則請增廟祀，陸長愈則請正位次，席旦則請補石經，王言恭以鄭厚之詆孟而請毁其書，吴萊以亞聖莫盛於孟子，斥史遷之妄，而别爲之傳，并及其弟子。儻以道輔準之，皆當有列於廟者也。然如舜陟則有附秦檜之嫌，秩亦清議所不予，從祀之，其可乎？明劉三吾作孟子節文，而孫芝上疏力爭，詆三吾爲佞臣，以視錢唐，又前有光而後有輝也。然欲登之兩廡，究於禮未合。無已則自道輔而下至孫芝，奉之别室，庶於禮爲稍安。至栗主書道輔爲司空，按本傳則官中丞，以爭程琳事出知鄆州，道卒，仁宗特贈侍郎，司空不知誰所加，此近日祝史之謬，所亟當改正也。

前漢經師從祀議

開元二十二賢從祀之舉，昔人議之者多矣。是後更進迭出，愚皆不盡以爲當也。夫謂當秦人絶學之後，不可無以報諸儒修經之功，雖其人生平或無可攷，而要當引而進之。此其説良是也。然此爲草昧初開言之，蓋在高、惠之間，皆以故博士授弟子者。當斯之時，遺經之不絶如綫，椎輪以爲大輅之始，其從祀宜也。自是而降，經師稍稍接踵以出，如宗法所云别子。夫有爲之前者，詎可無爲之後者？特當於其名家之中，擇其言行之不詭於道者而從祀焉。此爲授受淵源言之，文、景、武之間者是也。以後則經術大昌，誠不但以師傳門户爲足有功於聖門，必有躬行經術，以承學統，而後許之，宣、元以後是也。吾於三輩人物之中，合而計之，得十有餘人焉。易則田何，書則伏勝，詩則浮丘伯、毛亨，春秋左氏則張蒼，禮則高堂生。此六人者爲一輩。其時書則古文未出，詩則齊、韓未名家，春秋則公、穀未名家，禮則周禮、禮記未出也。田何之大宗爲丁寬，其别出爲費直。書則孔安國出，而補伏勝之闕。浮丘伯之大宗爲申培，毛亨之大宗爲毛萇，而轅固以齊，韓嬰以韓。張蒼之大宗爲賈誼，而胡母子都、董仲舒以公羊，江公以穀梁。高堂生之大宗爲后蒼，而河間獻王以周禮。蓋經於是乎備矣。丁寬以儒生而有將才，誠非墨守章句者。賈生明禮樂，言王道，當文帝時，以一儒獨起，尤爲有功。申、轅正論不撓；毛萇深得聖賢之意；河間獻王言必合道，大雅不羣；胡母子都則董子所尊；韓嬰雖董子不能難；孔安國則克傳其家學。惟費直、江公、后蒼無言行可紀耳。此十三人者爲一輩。蓋漢二百年經學所以盛者，諸公之力也。若集諸經之大成，而其人精忠有大節，爲一代儒林之玉振者，則惟劉向。斯皆其必當從祀者。開元禮臣不知精審，而妄以戴聖、何休奪席，不亦謬乎？愚嘗謂西漢儒林盛於東漢，即其人亦多卓犖可傳。東京自賈逵、鄭康成、盧植而外，無足取者。夫前茅之功，過於後勁，而況後之本不如前也！世有君子，儻以予言爲不謬矣。

唐經師從祀議

唐之經學，可謂衰矣。初年尚有河、汾教育之餘風，能以經術立言。自後詩賦日盛，而經學之衰日復一日，稍有講明其際者，不能以中流之一壺挽末俗。然使無此數人，則經學將遂爲啞鐘，是亦不可不稍存其學派也。今世從祀孔穎達，其實穎達生平大節有玷聖門，故愚嘗欲黜之，而進陸德明，以其大節也。其三百年中，有爲兼通五經之學者，陸氏而後，曰褚無量，曰馬懷素，曰王元感，曰元行沖。專門名家之學，三禮則魏文貞公徵，其後有成伯璵；易則李鼎祚、蔡廣成；春秋則啖助、趙匡；詩則施士丐。斯數人者，猶能守先聖之緒言以傳之後，雖其言未必醇，而不爲無功於經。言乎其人，則文貞不可尚矣。褚氏、馬氏、王氏、元氏皆名臣，而施氏見稱於韓子，雖所得或淺，要皆賢者。成氏、李氏、蔡氏、啖氏、趙氏，其書尚存，多爲後學所采，則亦不可泯其勞矣。韓子同時，李習之尤當從祀。其復性、闢佛之言，大爲韓子之助。宋人深求而詆之，未爲平允。晦翁、同父之爭，其抑揚祇在漢、唐之學問功名，然漢、唐誠不足以望古人。而天之未喪斯文，際時之厄，亦不得不於駁雜之中，求稍可寄者而寄之。故同父之説固過恕，晦翁之説亦過苛，此愚所以有唐經師之議也。説者謂唐之經師存亡繼絶之功不足以望漢人，其明道又不足以望宋人，故從祀不及。愚因記所見，以俟論定。

尊經閣祀典議

自經師二十二人之從祀，進退不一，而儒者各持其論。有爲責備之辭者，以爲非有得於聖人之道，則不得爲聖人之徒。今宫牆數仞之中，而僅以章句之流預其間，非所以尊道統也。有爲忠厚之辭者，以爲當世衰道微之日，遺經不絶如綫，而有能兢兢呵護以待後之學者，雖其人不無可議，而祀不容廢也。是二説者，皆是也，而未盡。蓋傳經之功固大，而自商瞿子木以來，夫豈二十二人所能盡也？今貞觀之所舉，則固已偏而不咸。若使盡列之先賢之下，則又夫人而知其不可也。是原不能不核其人之生平定之矣。乃即以二十二人核之，而其生平已多不能有當於聖人，所以有退祀之於其鄉者，有竟黜其祀者。雖然彼其抱殘守缺之勞，似未合竟屏之里社之間，況其并或愬然去之也。愚嘗折衷於兩家之平，以爲今天下皆有先聖廟，廟旁皆有尊經閣，登斯閣者，以敬學尊師之意，修追遠報本之文，則諸君子俎豆之地於斯爲合。蓋以尊經，而遂及傳經之祀，則凡當年之得載於箋疏，得見於儒林者，無不可也。不特春秋之鄒、夾，詩之齊、魯、韓，以曁北宫、司馬、仲梁諸子，固所當預。即以其人或未醇，甚至若張禹、何晏、劉炫、邢昺者，皆可存也。何也？節取其功而録之，固不可與坐聖人之廡下者同年而語，則稍恕焉而非濫。夫如是，將經師之允升者無所遺憾，而兩家之聚訟可息。若其學行粹然，如董仲舒、鄭玄之徒，應從祀者，則固兩列之而無嫌也。雖然古之祭祀莫不有配，是舉也，當各以其鄉先正之有功於經學者配之。即以吾鄉而言，唐以前未有師。宋宣和以後，陳文介公經學始著，而於是王茂剛以易，曹粹中以詩，高抑崇、高元之以春秋，鄭剛中以周禮。迨至慈湖、廣平兩先生，而四明之經學始盛；深寧、東發兩先生，而四明之經學始大備。其餘專門之學，如南塘、積齋遺書至今流傳。皆吾鄉百世不祧者也。彼秦、漢以來，經師遠矣。尋墜緒之茫茫，作弟子之矜式，取而配之，斯先王之禮意，而非予一人之私言也。予持此論已久，會吾鄉學宫新落，持節觀察西涼孫公今好禮者也，因語及之，謂是固天下可通行之禮，而不妨竊舉於一方。孫公欣然許焉，而予爲議以上之。

請復服内生子律議

唐、宋以來，俱嚴服内生子之禁。明太祖著孝慈録，詆爲不近人情，遂削其律。太祖因寵一妃，令其子爲三年喪，竟舉古禮牽連廢棄，可謂陷人不孝者矣。人子居喪之制，所謂衰麻者，特其文耳，惟有實以維之，而後文有所寄。後世天性澆薄，諒闇之禮如飲酒食肉，皆形迹所易掩，即不可問。至於舉子一事，則以令甲之威爲之防範。蓋禮之所窮，刑以輔之，此正一綫之遺，人道所以不絶。今并去之，則其離禽獸者幾希。且以禮而言，則一切飲酒食肉猶或可以少寬，而獨嚴於御内者，桐城方閣學嘗謂「家庭杯箸之間，對粱肉而凄然念其所生，斯在常人亦或有之，若御内而不忘哀，未之有也」。是以雜記「堊室之内，非時見乎母也不入門」，然則三年之中，苟非有哭奠之事，不得與婦相見，明矣。其但言堊室者，蓋舉遠以概近，而闇學以聖人不忍以不肖待人，當夫枕塊寢苫，豈有漫無人心一至此者！迨至小祥之後，日月漸邁，而不得不皇皇然慮之矣。斯其言尤足以警當世，而使之泣下者也。當時左右重臣如劉文成公、宋文憲公，俱一代碩儒，乃不能引古誼以力爭，反爲之依阿排纂，用相傅會，故吾鄉萬處士斯同以爲長君之惡，夜氣俱亡，蓋亦有激而言，非過論矣。在昔宋文帝以居廬中生逆劭，諱而不宣，即位三年而後舉之。說者以爲，異日商臣之酷，本於沴氣所鍾。雖其言未必果然，然孝子之後必有孝子，則反是以思，固無足怪。愚又讀明晉江黄相國國史，唯疑言明世廟時，太子於康妃服中生子，世廟問諸輔曰：「禮臣得無有言？」或據孝慈録言其無害。則是以天子之尊，猶知其不可而嫌之。豈若今世以爲習有之事，恬然無忌，是直去律之害，中於人者深也。近見邸鈔載晉撫石公糾屬將縱欲忘親一案，已奉嚴旨訊治。夫以四百年來内外彈事之所未見，而一旦舉而行之，是可以見天子孝治之隆，能出天下於耳聾目瞶之餘，而封疆大吏之所以範其下者，不可謂非朝陽之鳳也。然愚尚恐窮鄉僻社之民未能周知，不若復取舊律詔之天下。按舊律，在服内生子者，並合免所居之一官；其無官者徒一年；若未發自首亦原。夫必自首而後原之，則稍知自好者，將有所恥而不敢犯，是真厚風俗之先務也。明太祖以爲，如舊律，恐人民生理之罷。是殆與喪亂之世禁寡婦之不嫁者同，曾謂開國之君，竟出此哉！

請攷正承重服制議

喪服小記：「祖父卒，而后爲祖母後者三年。」鄭康成曰：「祖父在，則其服如父在爲母也。」古人於父母之服，概稱三年之喪，而父在，衹爲母杖期，非敢獨薄於母，蓋以吾父之所以喪吾母者不過於期，使子之服不除，恐傷厥考之心，故服從父，而心喪仍以三年。惟父亦達子之志，必三年而後娶。然則子之不敢申其喪者，即父之不忍遂其娶。周公禮意之精，原可垂之百世而不惑也。歷朝改制以來，禮從其厚，已成不易之條，而適孫承重猶然。喪服小記所云，其於畫一之旨未合。説者以爲，孝慈録之作，原别有爲，非真有見於禮之當然，故當時議禮諸臣，亦不復推廣而講明之，其信然歟？則是後人之所當釐定也。至若康熙二十七年，吏部議得陝西藍田縣知縣鄧士英祖母馬氏病故，以其祖父在，不許丁艱。則竊更有疑者。夫居三年之喪之與去官，是兩事也。既爲父之嫡，則即令厭於祖在，不爲三年之喪，而不可以不去官。彼思爲後者，祖父在而爲祖母，其與父在而爲母同也。古人父在爲母亦期年，其亦可以不去官乎？彼漢、晉人於旁親期功之赴，猶然駿奔，甚至友生且行其禮。而本朝亦許臣下於本生父母、繼母、隨嫁母俱得給假治喪，奈何以所後之祖母而反不然哉？然愚嘗考朱子有曰：「祖在父亡、祖母死亦承重。」詳玩朱子之言，則似亦因當日之不承重，而特舉而言之也。然則因不爲三年之喪，而遂誤認以爲不承重，而廢去官之禮者，其失蓋自宋已然，不始於近世也。楊次公誌評事劉暉墓，稱其喪祖母時，雖有諸叔，援古誼以嫡孫解官承重，以爲篤厚。而李敬子以祖母之喪，援劉暉事爲請，許之，范蜀公以爲賢。然當時反有咎之者，以爲衹當從衆。則朱子之前，雖祖父亡，而爲祖母持服者，蓋亦寡矣。臣子奪情，不得持服，是必有不得已之故。今假口於祖在，不爲三年之喪，而竟晏然居官，是自奪其情也。夫以古人著禮之意而言，不惟其文，惟其實。即令爲三年之喪，而實不至，亦何當於禮？然以國家一定之制而言，則似不容有參錯者。愚故以爲，直當改定舊禮，不問祖父在否，皆行三年之喪。是在前儒俞汝言已嘗論之，非愚一人之私言也。

奉方望溪前輩書

甬東後學全祖望再拜頓首靈皐先生前輩足下：束髮以來，仰慕盛名，南北道遠，不得一御元禮。茲來京師，峨嵋天半，幸一望見，從此塵山霧海，有所指歸，幸先生其弗棄。按檀弓曰：「殷朝而殯於祖，周朝而遂葬。」注疏家引以爲殷殯祖廟、周殯路寢之據，因有殷尚質故於廟，周尚文故於寢之説，言之確鑿。但攷之左氏僖八年，與襄四年，皆有不殯於廟之語，而皆以爲降禮。則苟非貶黜，似未有不殯於廟者。杜元凱、孔仲達曰：「所謂不殯廟者，非果殯在廟也，臨葬時必以殯宮朝廟。今貶黜者，禮宜從殺，不復行朝廟禮耳。」夫以周禮論，則朝之與殯，截然兩大節目，而乃以不殯廟爲不朝廟，似未可信。考鄭康成志答趙商一條，亦嘗及此，然疑竇終不解。載考之大戴禮諸侯遷廟篇曰：「成廟將遷之新廟，君玄服，從者皆玄服。至於廟，祝曰：『孝嗣侯某，敢以嘉幣告於皇考某侯，成廟將徙，敢告。』君有司以次出廟門。至於新廟。」夫所謂至於廟、出廟門者，所殯之廟也。所謂新廟者，所祔之廟也。更與左氏相爲證合。於是近世有謂三代殯宮皆在祖廟。蓋廟中之堂，乃先祖出享帝時栖神之所，死者之柩難以直據其所，故不得已而降在庭階之間。若夫路寢，則直殯中堂，何嫌何疑？而階上陳尸，階下行禮，生時負牖，死乃降之偪仄之區，顯背禮文。其爲儀禮之訛，無疑。然愚仍有所未信者，殷禮無徵，姑且置之弗論。若周禮，則方大斂時，絞紟衾冒雖已畢具，然尸尚在牀也。迨舉尸而下於棺，舉棺而載諸輴，菆則周之，屋則塗之，是曰殯禮。今曰殯當在廟，則廟在寢東，非咫尺所可到，此纍然之尸，何物舉之而至廟耶？而且所殯之廟，其始祖之廟耶？其皇考之廟耶？其所祔之廟耶？夫倚廬堊室，以衛殯宮，殯而在廟，則居喪之制所有，七月五月之期，皆將在廟中耶？何以絕無明證也？已乃思曰：「嘻！左氏所謂廟，即儀禮所謂寢也。」以人道則曰寢，親言之也；以神道則曰廟，尊言之也。考尚書顧命篇：「諸侯出廟門俟。」傳曰：「廟門者，路寢門，殯之所處，故曰廟也。」蔡傳同。喪大記「甸人所徹廟之西北扉」，疏曰：「謂正寢爲廟，神之也。」喪服小記「無事不辟廟門」，注曰：「廟，殯宮也。」「問喪祭之宗廟以鬼享之」，疏曰：「謂虞祭於殯宮，神之所在，故稱宗廟。」士虞禮「側享於廟門外之右東面」，注曰：「鬼神所在則曰廟，尊言之。」雜記「至於廟門」，注曰：「廟，所殯宮。」然則廟即寢也。儀禮、左傳之言，異而同也。是以明堂九室，其中亦曰太廟。夫明堂，天子所居，何以忽與都宮一例竝稱？及見陳用之曰「以其秋冬大饗在焉」故也。古者鬼神所在皆謂之廟，然則又何異於殯宮？總之夏后氏之阼階，殷之兩楹，周之西階，皆於正寢，即殷人所謂「朝而殯於祖」者，亦謂於下棺後，便以柩朝廟，而殯於廟中。周則直至葬時，始有朝廟一節。是其禮之所以不同，非謂殷之殯廟，如下殤之舁尸而就殮也。若左傳晉文公薨，而次日即殯曲沃；檀弓孔子殯母於五父之衢，則皆末世變禮。晉以兵革之事，務急葬以臨戎，亦自知其非禮，故諱其名而曰殯。若孔子，則以不知父墓，出萬不得已之舉。是其所謂殯者，直如後世權厝之禮，在三月以後者。但以未能純乎葬禮，而謂之殯，是則别是一例，先生以爲何如？

奉望谿先生論喪禮或問劄子

閣下喪禮或問，議論之精醇，文筆之雅健，直駕西漢石渠諸公之上，此經學中所僅有也。獨有一節，尚不能無請者。方性夫以來固嘗疑其謬，閣下直以爲野人之語，則愚恐其猶别有説也。禮記曰：「士之子爲大夫，則其父弗能主也，使其子主之。無子則爲之置後。」此自統者始主其喪。大夫之所重者宗，則嗣其宗者始主其喪。且夫大夫之死，其君自聞赴，以至大殮凡三臨之；庀喪具者既有家衆，而君又遣大宗人、小宗人、卜人以相其事，故謂大夫之子主喪者，即以大夫之服服之。雖其説未必可信，而要其所行，則爲大夫之家之禮。夫大夫之長子，寧能保其他日之不爲士，而要不能不以大夫之家之禮行之。蓋國必大夫而後有宗，有宗則其子之賢者固有嗣爲大夫之勢，即不賢者亦尚可邀世禄以長其宗。此宗法之所以重，而主其宗者與俱重焉。當其時，臨之者君，相之者國之大臣，趨走之者家衆。使主喪者不以大夫之禮將事，則褻其君而自夷於微者之列以替其宗，而其行之也，則已隱然示以傳家之重，而望之以象賢，故其父弗能主也。論者競以齊疏之服自天子達，則衰裳不當有貴賤之殊。愚以爲，衰裳之分，其升數固未必然，而要其大夫之家之喪，則自有大夫之禮，不必以升數一節泥之也。請以近世之禮言之。宗法則已廢矣，然位至開府以上者，其死也，天子或爲之賜祭葬，贈官贈謚。則其以謝表上者，必其子也；無子，則其爲後之子也。其父雖在，不預也。惟其父亦位開府者，則得自爲陳謝，非常例也。蓋後世之宗法雖亡，而有廕襲之例，是猶古者世官世禄之遺，故其父雖能以子貴，而禮不自達於君，其又何疑於古大夫之禮？然則大夫喪禮所以別於士者，其大綱正在此。是故士不得祔於大夫，而大夫得祔於士，不以己之貴陵其親也，先王所以申人子之情也。大夫之適子以大夫之禮主喪，而其父不得預，不以己之私褻其君也，先王所以重宗子之寄也。此其禮原竝行而不悖，諸家乃謂「如此，則舜果可以臣瞍」。夫使舜不幸，先瞍而死，則其喪固當商均主之，無預於瞍，而非臣父之謂也。檮昧之見，願閣下更有以教之。

與鄭筠谷宮贊論嗣君承重服制帖

昨見所駁日知録諸條目，皆中寧人先生之失。至於所引朱子議寧宗承重一節，則愚竊以爲無可非者，而執事過有疑於鄭志之説。執事謂「父在而服斬，是死其父也」，夫天子諸侯之孝，原與士大夫不同，故有適子者無適孫，而或不幸，而適子有不能承襲者，如廢疾不任事。則國統所在，不得不傳之子，統之所在，服即在焉。使以父在而服斬爲死其父，則先當以父在而承統爲篡其父。寧宗之受禪也，固以光宗不能執三年之喪故也。當日假退閒之御筆以行之，奉憲聖之明旨以定之，告於九廟，令於四方者，則首以三年之喪屬之寧宗，雖其後光宗康復，自行重服於宮中，此亦當然之體。然不過一人之私，而非可以當爲後之責也。而謂寧宗得藉口於此而除服，則此後大祥之祭，光宗既不能出而主其事，而寧宗之服又除，居然以吉禮行之，是以已承之重而欲棄之，以已傳之重而欲還之，其可謂之禮歟？蓋以父不能執三年之喪而子代之，是正爲子者不喪匕鬯之義也。使以死其父爲嫌，則反絶其祖矣。夫絶其祖，則真死其父矣。況是說亦非鄭志創言之也。中庸期之喪達乎大夫，則天子諸侯絶期矣。彼天子諸侯明明有父在，而傳統者則父在而服斬可知也。使如胡紘之言，則中庸亦誤也。故鄭志答趙商但舉「天子諸侯之服皆斬」一語答之，而其義已了然。朱子當時亦失記中庸之文，遂直以爲康成之所斷耳。嘗謂慶元大臣於此事行之未爲盡善，蓋當受禪時，原應援禮文「廢疾承重」一條，載入詔中，然吾讀水心擬詔有曰「病無嘗藥之人，崩乏居喪之主」，則已明及之，而趙忠定公以言之過直，芟而不用，至使後此之盈廷聚訟，則所謂自取紛爭者也。執事之意，固主於厚，然寧人先生所據，禮也，故敢爲執事陳之。

清儒學案卷七十

謝山學案下

文集

移明史館帖子一

横雲山人撰明藝文志稿，專收有明一代之書，其簡淨似爲可喜。然古人於藝文一門，必綜彙歷代所有，不以重複繁冗爲嫌者，蓋古今四部之存亡所由見焉。班氏於春秋諸傳，以騶氏之無師，夾氏之無書，尚登諸册，愍古學之失傳也。師曠六篇，顯然爲後人因託，不敢輕去，闕所疑也。是以王子邕家語之非舊本，師古必注之漢志之下。而歐公謂水經作於郭璞，正不嫌與隋志異同。漢志所有，至隋而佚其半。隋志所有，至唐而佚其半。其卷數或校前志而少，則書之闕可知；或校前志而多即未必僞，要其書之攙改失真可知。漢以七畧爲本，隋以七志、七録，唐以開元書目，宋以崇文、中興兩書目，天下圖籍至繁，豈無逸出於山林草澤之間，而必以内府所藏核之，防作僞也。世道降而人心壞，雖在翰墨，俱思舞詐以聳一時。漢之百兩尚書，宋之三墳，在前代已不少，而明尤甚。前輩議明文淵閣書目不詳撰人姓氏，不詳卷帙，其爲荒畧，固無可辭。然正、嘉之間，有僞作正始石經者，託言中祕所得，而不知其爲書目之所無，其妄立見，則雖荒畧，亦自可寶矣。即如崔氏十六國春秋，晁公武所未見，馬氏通攷已去其目，而有明中葉綴集成書，出於秀水項氏，斯亦不可不詳者也。常熟錢尚書言內府尚有吴謝承後漢書，其友曾裔雲及見之，後爲德清方少師取去。斯言吾未之敢信。而閻徵君言，曾見之於太原，爲明永樂間刻本。信或有之，必僞書也。蕭山毛檢討所引經典釋文皆稱舊本，又不知其爲誰氏之藏也。姚江黄徵君有宋薛居正五代史，不戒於火，近人有詭言其書尚在者；及詳詰之，則窮矣。年運而往，贋本乘之，徵文不足，徵獻不足，後輩之無識者，必相驚以爲是羽陵、酉陽中物也。下走於此，有憂患焉，而不自知其爲杞人之固，故竊謂「前史之例有未合者」，此也。況藝文自宋以後，俱無恙也。劉宋符瑞等篇，遠溯於周、漢；楊隋食貨諸作，旁及於梁、陳。古人宏雅不羣之材，大都以述舊聞、補逸事爲尚。今姑弗及於唐、宋以前，而即以完顔、蒙古兩朝，其登天禄、入石渠者，不知幾何，棄而不録，得毋爲諸史家所笑也？然攷明史藝文，原志出自黄徵君、俞邰，雖變舊史之例，而於遼、金、元諸卷帙，猶仿宋、隋二志之例，附書於後，南宋書籍之未登於史者，亦備列焉。横雲又從而去之，而益簡矣。今文淵閣前後所修書目具在，所當疏通證明匡謬補遺之處，此固秉史筆者之事。秣陵焦氏之書，原爲國史起見，然其序謂「以大內之書歸之四部」，而實則與三館之目全不相符。又其舛戾極多，不可用也。其文淵閣之所無，而見於各家書目者附録於後，此在前史諸志固有成例，如漢、唐二志，凡爲內府所本有而不可以登於正史，或本無而增入者，一一注明於下，以志慎也。倘如横雲山人所作，則此等義例，一切滅裂殆盡矣。

班氏而後，言藝文者莫善於隋歐公。唐志亦佳。紊亂而無章者，無若宋也。軼唐、宋而侔漢、隋，是在史局諸公爲之。

移明史館帖子二

藝文不當專收本代之書，幸不以愚言爲妄。然即以本代之書言之，亦大費攷證也。新唐書藝文志，凡前代所已有，不復措一辭者，以漢、隋兩家在耳。其於三唐圖籍，必畧及其大意。而官書更備，凡撰述、覆審、删正之人皆詳載焉。是故於永徽禮則著許敬宗、李義府擅去國恤之謬，以歎大臣不學無術，爲典禮無徵之自。於開元禮則載張説不敢輕改禮記之議，以嘉其存古之功。於則天實録具書爲劉知幾、吴兢所重修，而知直筆之所由存。於六典據實言李林甫所上，而知會要以爲張九齡者，蓋惡小人之名而去之。是皆有係於一代之事，而不徒以該洽爲博。至於別集之下，雖以明經及第，幕府微僚、旁及通人德士，皆爲詳其邑里，紀其行事，使後世讀是書者，得有所據，以補列傳之所不備。而丹陽十八詩人連名載於包融之末，擬之附傳。其中載丘爲之居喪，可以見當時牧守惠養老臣之禮；滕珦之乞休，可以見當時職官給券還鄉之禮。典則遺文，藉此不墜，斯豈僅書目而已者！有明一代，藝文極繁，然太祖實録已爲楊士奇芟改失實。至纂修書傳，會選諸臣姓名，因其中有殉讓帝難者，盡削去之，則文籍之不足憑如此。馮涿州再相，奮筆改熹廟實録，而劉若愚酌中志，或去其黑頭，爰立伎倆一卷，以爲之諱，則篇第之不足憑如此。是皆本志所當嚴覈者也。先儒之著不備見，竊鈔舊書以爲大全。通鑑未有成編，遽就所見以續綱目，畧舉其意，以見一時儒臣之概，可也。蒙存淺達實爲講章濫觴，非經解也。小山、天臺諸集，兼及經藝，又非復文鑑所録之舊體也。是又風會之變，不可不加別白者也。或疑如此或過於繁，不知但準唐志之例，固非若馬氏通攷之盈篇接幅也。或又疑草野孤行之本，未可登於正史，然觀唐志，則熊執易之化統，西川帥武元衡欲寫進而不果者，亦在焉，以是知覈之而無僞者，皆不妨於著録也。特是采摭既多，宜防疏漏，如漢志莊怱奇、嚴助之駁文。然則旁搜博采，而又弗令遺誤，以資後人之譏彈，則庶幾乎其可矣。

移明史館帖子三

史之有表，歷代不必相沿，要隨其時之所有而作。如東漢之宦者侯表，唐之方鎮年表，遼之外戚世表，此皆歷代所無，而本史必不可少者也。祇屬國表則世多以爲契丹起幽、雲之地，統領諸藩，故特詳其撰述，似爲歷代所無庸，而不知古今皆應有之。蓋屬國之爲中國重，甚矣。其興廢傳襲，瑣屑之跡，雖有列傳可攷，而眉目非表不著。又其中有交推而旁見者，尤必於表觀之，請以往事爲準。漢武謀通西域，以斷匈奴右臂，而於是乎有夜郎、昆明之師。其後三十六國既附，漠北遂以衰弱。然至新莽之世，匈奴中振，西域復阻。班定遠之得成功者，再值兩單于之亂，不能與漢爭西顧也。豈知西域定而東胡熾，烏丸、鮮卑遂至虎視袁、曹之間，舉足左右中原，倚爲輕重。是故匈奴内徙，鮮卑北據，兩者皆爲六朝之累。唐之軍威所以能及百濟、渤海而遥者，以突厥即滅也。開元之末，吐番、回紇盛於西北，蒙詔盛於西南。安、朱之亂，頗仗西北兩番同仇之力，然自是遂爲國患，鳳翔、涇原之師防秋，無一歲寧。南詔雖時拒命，不甚爲中土憂。乃大中以還，河、湟反爲職方所有，而卒之搆兵，以釀龐、黄之禍，亡唐室者，反在蒙詔。夫立乎百世之下，執遺文墜簡以觀往事，蛛絲馬綫正於原委棼錯之中求其要領，然苟得一表以標舉之，則展卷歷歷在目矣。有明一代，初則王保保未靖，頻勞出塞之師。其後榆木川之喪，土木之狩，陽和之困，九重旰食，不一而足。而朝鮮之易姓，交趾之頻失，倭人之内犯，是皆東南大案，所當特書者也。滇、粤亡而投緬甸，閩、甌失而竄東寧，以視夫延禧之餘歷，大石之殘疆，約畧相同。而日本乞師，安南假道，其與求援高麗，通使回鶻之舉，又無不酷肖者。斯皆當依遼表之例，爲之附録。而其他荒遠諸國，則自三保太監下西洋以後，多有至者，不過書其貢獻之期，而亦原不必詳也。且夫有明疆埸，其既得而復棄者，朵顔之三衛也；有自棄以貽患者，受降城之遺址也；有暫開而復廢者，東江之四島也。廟算邊防，俱得括之於表，夫豈徒夸王會之浮文哉！遼、金三史，世人多置之「自鄶以下無譏」之列，豈知其中體例，固自有可采者，乃任耳而棄目，豈不惜夫！

移明史館帖子四

遼史於屬國之外，又有部族一表。諸國所以識其大者，諸部所以識其小者，大小雖有不同，然但取其有關於一代之故，則某所謂隨其時之所有而作之者也。西南黎、犵、狑、猺、獞、獠之種，大昆小叟隨地險爲都聚，蓋亦四裔之未成國者。然而南中諸郡拒命，則諸葛不敢北征；山越爲梗，孫吴爲之旰食；冼夫人累世立保障之功，而彭士然亦仗節於十國，不可以其小而忽之也。攷之前史，多附入四裔傳中，蓋以其類相從。有明循蒙古之制，置宣慰、安撫、招討、長官四司，其始皆隸驗封，以布政使領之；其後半領武選，以都指揮使主之，蓋取文武相維之意。三百年來，史册所書洞主酋長之事，頗與諸國相等，始於麓川之役，而漸且相踵而起，甚至於勤樞輔，戕撫鎮，瞰省會，震動半壁。八百、老撾朝貢竟絶，播州、水西僅而克之，以是知三宣六慰撫馭之難也。迨至國命寄於蝸角，魯陽之戈更能幾時？黔國世鎮之亡也，以定洲之亂也；緬甸援師之絶也，以孟定之攜也。有明末造宗祀之殲，未嘗不于土司有累焉。其中勤王殉節，如秦良玉、龍在田輩，亦多有之，皆前史所希聞也。秀水朱竹垞檢討以其事之關於明者繁，乃請别作土司傳，不復附之外國之末，謂其「雖非純屬，然已就羈縻，乃引而近之」也。土官蠻觸之爭，大抵起於世襲，或有司失所以治之，遂成禍端。而前史謂「蜀中土司有事多主勦，黔中土司有事多主撫」，封疆之議多右蜀，廟堂之議多右黔，是又關其域内軍力之强弱，一時財賦之豐歉而出之者，推之西南諸省可概見矣。愚故欲仿遼史部族之例，别爲立表，取前人所著西南土司簿録諸種以爲稿本。亦有始末簡畧，但須具之於表，不必傳者，兼足爲全史去蕪文之一節。觀唐書於羈縻諸州，以其頻經喪亂，雖不能詳，亦附之地志，則顛末完具者，其立表寧過焉。

移明史館帖子五

宋史分道學於儒林，臨川禮部若士非之。國朝修明史，黄徵君梨洲移書史局，復申其説，而朱檢討竹垞因合并之，可謂不易之論。惟是隱逸一傳，歷代未有能言其失者。少讀世説所載向長、禽慶之語，愛其高潔，以爲是冥飛之孤鳳也。及攷其軼事，則皆不仕新室而逃者，然後知其所謂富不如賤，蓋皆有所託以長往，而非遺世者流也。范史不知其旨，遂與逢萌俱歸逸民。於是後之作史者，凡遇陶潛、周續之、宗炳之徒，皆依其例，不知其判然兩途也。向使諸君子遭逢盛世，固不甘以土室繩牀終老。而滄海揚塵，新王改步，獨以麻衣苴履章皇草澤之間，則西臺之血，何必不與萇弘同碧？晞髮、白石之吟，何必不與采薇同哀？使必以一死一生遂歧其人而二之，是論世者之無見也。且士之報國，原自各有分限，未嘗概以一死期之。東澗湯氏謂「淵明不事異代之節，與子房五世相韓之義同，既不爲狙擊震動之舉，又時無漢祖者可託，以行其志，故每寄情於首山、易水之間，可以深悲其遇」。斯真善言淵明之心者。倘謂非殺身不可以言忠，則是伯夷、商容亦尚有慙德也。蓋不知其人，當聽其言，抗節不仕之徒，雖其憂讒畏譏，嗛嗛不敢自盡，而鬱結淒楚之思，有不能自已者。至若一丘一壑，寄託於蠱之上九，其神本怡，則其辭自曠也。是不過山澤之臞，而豈可同年而語哉！唐書入甄濟、司空圖於卓行，蓋以宋景文之有學尚泥舊例如此。夫譙玄、李業之歸於獨行，亦范史之謬，後世不必以爲準也。卓行之傳非不佳，而二公非元德秀、陽城之伍，儗人固各有其倫矣。惟宋史忠義傳序有云：「世變淪胥，晦迹冥遁，能以貞厲保厥初心，抑又其次，以類附從。」斯真發前人未發之蒙。然而列傳十卷，仍祇及死綏仗節諸君，未嘗載謝翱、鄭思肖隻字。如靖康時之褚承亮，誓不仕金，而祇列之隱逸，則又何也？夫惟歐公以死節死事立傳，則不能及生者。若概以忠義之例言之，則凡不仕二姓者皆其人也。前輩萬季野處士嘗輯宋季忠義録附入遺民四卷，論者韙之。因念興朝應運，亳社爲墟，而一二呑聲喪職之徒，紀甲子，哭庚申，表獨行，吟老婦，如汪渢、徐枋輩，不可謂陽春之松柏無預於歲寒也。幸生不諱之時，闡潛表微，於今爲盛，而使苦心亮節不得表見於班管，甚者如劉遺民孫郃，竟爲史臣之所遺，是後死者之媿也。博討於忠義、卓行、隱逸之科，而歸之於至是，願進不佞而教之，幸甚幸甚。

移明史館帖子六

忠義列傳宜列抗節不仕者於後，愚固已言之矣。兹偶與客語靈壽傅氏明書謂其中尚有一例可采者，從斷代爲史以來，無以因國死事之臣入易姓之史者。有之自晉書之嵇康始。深寧以爲，中散義不仕晉，甘以身殉。今使晉書有其傳，是中散之恥也。斯言足以扶宇宙之元氣。作宋史者有見於此，乃援歐公五代史中唐六臣傳之例而反用之，作周三臣傳一卷於末，以明瞠眼諸公之節。是蓋歐、揭之徒巧於位置，故其傳立而不能以深寧之論加之。元史於殉難臣僚業已專傳哀然，可無原父第二等文字之誚。而其仗節於順帝遜位之後，尚有多人史稿成於洪武之初，多失不録，如擴廓不當與張、李同傳，陳友定不當與張、陳同傳，是猶其顯焉者。至伯顔子中之拒命，則太祖所欲致之而不得者也。戴良之被囚，則太祖所欲奪之而不能者也。蔡子英之遜荒，則太祖所欲留之而不敢强者也。王冕以兵死；永福山道士以刎死；葉蘭以不受薦死；原吉製壙銘以待盡；鐵厓書李黼榜進士以志懷；李一初序青陽集，恨不得效一障之用；而丁鶴年宣光綸旅之望，至死不衰；淮張亡後，張憲變姓名傭於僧寺。要之，皆非明臣也。太祖當干戈草昧之際，即能以扶持名義爲念。觀其于擴廓守節，歎賞不置，以爲天下奇男子。大哉王言！所以培一代忠臣義士之澤。而不轉盼而有壬午之家難，諸臣之駢首者，甘心於十族之逮，瓜蔓之鈔，以至甲申失守，殘山剩水，奉四藩而不替，皆此一語啟之。然則附元遺臣傳於明史，亦太祖之所許也。傅氏之書譾劣，不爲著述家所稱，其補元臣亦未備，要其所見則佳耳。

與陳時夏外翰論通鑑前後君年號帖

僕少時見司馬温公與范内翰論通鑑帖，凡年號皆以後來者爲定，如唐高祖武德元年則正月，便不稱隋煬帝義寧二年；唐玄宗先天元年正月，便不稱睿宗景雲三年；梁太祖開平元年正月，便不稱唐哀宗天祐四年。僕以爲，史家紀載，當取簡捷，固是不易，但皆以後來爲定。則竊以爲未盡然者，大抵前王後王之會，祇應據實書之，不當以特筆進退其間。倘必以後統前，則次第之間，或以君而蓋於其臣，父而蓋其於子，祖而蓋於其孫，兄而蓋於其弟，是非惇典庸禮之旨也。又況所標於上者已是新主之年，所列於下者尚屬前世之事，於名於實，均似有所不合。及見朱子綱目凡例有曰：「如漢建安二十五年十月，魏始稱帝，改元黄初，而通鑑是年之首，即爲魏黄初。又章武二年五月，後主即位，改元建興，而通鑑目録舉要是年之首即稱建興。凡若此類，非惟失於事實，而於君臣父子之教，所害尤大。」始知前人已有先我言者。但綱目雖多所改正，而於中歲改元，無關事義者，仍依通鑑之舊。鄙見以爲，一書當有定例。今或以前爲主，或以後爲主，似乎紊亂。故於古今通史年表，概以前統後，而分注其後來之年號於下，固與温公大左，然不敢以大儒之書苟附和也。春秋定公以六月即位，而正月即已紀元，則以昭公在去年已逝，預紀無所戾，非後世之比也。先生以爲可否？

新舊五代史本末寄趙谷林

梁、唐、晉、漢、周之書，薛居正所纂者，當時謂之新編五代史，見於宋太祖本紀。歐陽兖公書出，則謂薛本爲五代史，而歐公爲新五代史，見於洪景盧、馬端臨所稱。近讀永樂大典，則凡其引用五代史者，皆歐公本，而引薛本者曰新修五代史，蓋沿最初之名也。薛本在國初梨洲先生尚有之，仁和吴志伊檢討著十國春秋曾借之而未得。南雷一水一火之後，遺籍不存百一。予從其後人求之，不可得矣。近有捃摭册府元龜、資治通鑑中語成一編，託言南雷故物，是麻沙坊市書賈之習氣也。因吾友趙五谷林來問，書其本末以貽之。

答史雪汀問十六國春秋書

來問崔鴻十六國春秋一書，此舍間所無者。前年曾從徐思沐家借看一過，係明萬曆間刊本，然並非崔氏舊璧，請得以原委言之。當十六國時，僞史最多，其著者有若和苞漢趙記、田融石趙記并鄴都記、杜輔前燕記、董統後燕書、申秀燕史、高閭燕志、封懿燕書、范亨燕書、崔逞燕紀、王景暉南燕録、張謐前燕録、常璩蜀李書、索綏涼春秋、劉慶涼記、張諮涼記、索暉涼書、劉昞涼書、裴景仁前秦記、姚和都後秦記、段龜龍西涼記、高謙之北涼書、宗欽西秦記、韓顯宗北燕記，崔氏盡取而裁定之，勒爲百卷，外別有年表一卷，序例一卷，在後魏永安中頒行，而諸史並絀。北史鴻本傳曰：「鴻經綜既廣，多有違謬。如太祖元興二年，姚泓改號弘始，而鴻以爲在元年；太宗永興二年，慕容超擒於廣固，而鴻又以爲在元年；太常二年，姚泓敗於長安，而鴻亦以爲在元年。如此之類，多係不攷。」北魏書同。司馬温公通鑑薈萃諸書，其記南北朝事，除晉、宋諸正史外，以崔氏十六國春秋、蕭氏三十國春秋爲多。但晁説之述温公語，謂當日所見，疑非原本，而鄱陽馬氏通攷經籍攷中不列是書，則在宋時已鮮傳者。乃有明中葉以來，居然有雕本百卷行世。一二好學者以其久没不見，視爲拱璧。若以愚觀之，則直近人撮拾成書，駕託崔氏，并非宋時所有也。宋龔穎運曆圖載前涼張寔改元永安，張茂改元永元，張重華改元永樂，張祚改元和平，張天錫改元太清，張大豫改元鳳皇，謂出鴻書。晁公武曰：「晉史張軌世襲涼州，但稱愍帝建興正朔。其間惟張祚篡，竊改建興四十二年爲和平元年。祚誅後，復奉穆帝升平之朔。不知穎何所據。或云出崔氏書。崔書久不傳於世，莫能攷也。」愚以今本對之，並無此事。温公通鑑攷異引鴻年表，則當是時年表必尚未失，而今本並無有。又本傳稱鴻書皆有贊序評論，在通鑑亦多引之，今本但取通鑑所引，附注傳尾，尚得謂非贋本耶？孔毅甫謂從古史法，兩人一事，必曰語在某人傳。晉書王隱諫祖約弈棋一節，兩傳俱出，爲文煩複，是乃史法紊亂之濫觴。若在崔氏今本，有同一事而三四見者，況其列傳大都寥寥數行，不載生卒，不敘職官，東塗西抹，痕迹宛然，是不辨而自見者，古今無此史例也。然且傖父不學，所有坊間漢魏叢書，再取今本芟之，百不存一，則即係崔氏舊本，經此刊除，已不足觀，況其爲僞書乎？從古有好著僞書人物，如葛稚川西京雜記、柳子厚龍城録，都屬後人假託，然究之遇有目者必不可掩，可謂徒費心力。

答臨川先生問湯氏宋史帖子

明季重修宋史者三家：臨川湯禮部若士，祥符王侍郎損仲，崑山顧樞部寧人也。臨川宋史，手自丹黄塗乙，尚未脱稿。長興潘侍郎昭度撫贛得之，延諸名人，足成其書。東鄉艾千子、晉江曾弗人、新建徐巨源皆預焉。網羅宋代野史，至十餘簏。功既不就，其後攜歸吴興。則是書不特閣下西江之文獻也，亦於吾鄉有臭味焉。是時祥符所修亦歸昭度，然兩家皆多排纂之功，而臨川爲佳。其書自本紀志表皆有更定，而列傳體例之最善者，如合道學於儒林，梨洲先生論明史不當分立道學傳本此。歸嘉定誤國諸臣於姦佞，列濮、秀、榮三嗣王獨爲一卷以别羣宗，宋史不爲榮王立傳。皆屬百世不易之論。至五閏禪代遺臣之碌碌者多芟，建炎以後名臣多補，庶幾宋史之善本焉。甲申以後，石門吕及甫壻於潘氏，是書遂歸及甫。姚江黄梨洲徵君以講學往來浙西，及甫請徵君爲之卒業，徵君欣然許之。及甫因取其中所改曆志請正，并約盡出其十餘簏之野史。成言未果，及甫下世，其從子無黨攜入京師，將即據其草本開雕。無黨又逝，新城王尚書阮亭僅得鈔其目録。故嘗謂是書若經黄徵君之手，則可以竟成一代之史；即得無黨刊其草本，則流傳亦易，而無如天皆有以敗之。花山馬氏者，無黨姻家，故是書旋歸花山。未幾時，花山之書散佚四出，海寧沈氏得之。歲在卯辰之間，某在杭，聞沈氏以是書求售於仁和趙上舍谷林，亟往閲其大概，力勸收之而不果。壬子之冬，晤沈氏諸郎於京師，叩以是書存亡，則言已歸太倉金氏矣。然是書累易其主，所存僅本紀、列傳，而其十餘簏之野史，則不知流落何所，可爲長歎息者也。是書在吳下多誤以爲祥符之本。以昔所聞，則自石門而花山者，確然係臨川底稿，黄徵君之言可按也。某少讀宋史，歎其自建炎南遷，荒謬滿紙，欲得臨川書以爲藍本，或更爲拾遺補闕於其間，荏苒風塵，此志未遂。今倘得遣人向太倉求鈔副本，則尤斯文之幸也。寧人改修宋史，聞其草本已有九十餘册，乃其晚年之作，身後歸徐尚書健菴，今亦不可問矣。著書難，傳之尤難，言之曷禁惘然！

奉臨川先生帖子一

讀閣下朱、陸諸編，攷古最核，持辨最長。在不知者，或疑其過於申陸，而知者以爲未嘗有損於尊朱也。愚攷會同朱、陸之説，今世皆以爲發源於東山趙氏，然不自東山始也。袁清容云：「陸子與朱子生同時，仕同朝，其辨爭者，朋友麗澤之益，書牘具在。不百餘年，異黨之説，深文巧闢。淳祐中，番陽湯中民合朱、陸之説，至其猶子端明文清公漢益闡同之，足以補兩家之未備。」是會同朱、陸之最先者一也。清容又云：「廣信龔君霆松發憤爲朱、陸異同，舉要於四書，集陸子及其學者所講授，俾來者有攷。」是元人之會同朱、陸者，然亦在東山之前。二湯爲淳祐間巨子，使其書存，必有可觀。龔氏之書，不知何等，今皆無矣。雖然四百年來爭此案者更勝迭負，愚以爲皆非知道者也。清容嘗云：「朱子門人，當寶慶、紹定間，不敢以師之所傳爲别録，以黄公勉齋在也。勉齋既殁，夸多務廣，語録、語類爭出，而二家之矛盾始大行。」清容生平不甚知學，顧斯言不特可以定朱子門人之案，并可以定陸子門人之案。朱子之門人孰如勉齋？顧門户異同，從不出勉齋之口。抑且當勉齋之存，使人不敢競門户，則必欲排陸以申朱者，非真有得於朱可知。推此以觀陸子之門人亦然。舒公廣平之在陸氏，猶朱子之有勉齋也。聞人有詆朱子者，廣平輒戒以不可輕議，則必欲排朱以申陸者，非真有得於陸可知。夫聖學莫重於躬行，而立言究不免於有偏。朱、陸之學，皆躬行之學也，其立言之偏，後人采其醇而略其疵，斯真能會同朱、陸者也。若徒拘文牽義，嘵嘵然逞其輸攻墨守之長，是代爲朱、陸充詞命之使，即令一屈一伸，於躬行乎何預？雖然原諸人之意，欲爲朱、陸紹真傳也。不知使勉齋、廣平而在，將厭惡之不暇，必不引而進之共學之列，則亦徒自苦矣。明儒申東山之緒者，共推篁墩。而又有督學金溪王蕢弘齋著陸子心學録，在嘉靖初年，閣下之鄉老也。又有侍郎李堂堇山，四明人也。陸子粹言則出自臨海王敬所之手，是亦所當著録者也。

奉臨川先生帖子二

蒙示陸子學譜，其中搜羅潛逸，較姚江黄徵君學案數倍過之，後世追原道脈者，可以無憾。陸子之教，大行於浙河以東，顧一時稱祭酒者，必首四明四先生。慈湖之祭徐文忠公誼也，自言其見陸子，實因文忠之力。水心作文忠墓志，言「公以悟爲宗，懸解朗徹，近取日用之内，爲學者開示。修證所緣，至於形廢心死，神視氣聽，如靜中震霆，冥外朗日，無不洗然自以爲有得也」。此文忠有合於陸學之實録，而宋史畧而不書。今得閣下表而出之，善已。然文忠之爲陸學固也。其竟爲陸氏弟子，則書傳未有明文。東發黄氏日鈔謂「文忠見陸子天地之性人爲貴論，因令慈湖師陸子」，與慈湖祭文合，然則文忠未嘗師陸子矣。而年譜有文忠侍學之語，恐未可據。古人師弟之間，相從不苟，故有展轉私淑而不害其爲弟子者，如胡文定公之於大、小程子，乃私淑之楊、謝諸公之學，又李文惠公之於朱子，是也；有及相隨從討論而不得置之弟子者，如譙定之於程門，又陳止齋入太學，所得於東萊、南軒爲多，然兩先生皆莫能以止齋爲及門，是也。閣下於徐文忠公而下，牽連書蔡文懿公幼學、吕太府祖儉、項龍圖安世、戴文端公溪，皆爲陸子弟子，則愚不能無疑焉。浙學於南宋爲極盛，然自東萊卒後，則大愚守其兄之學爲一家，葉、蔡宗止齋以紹薛、鄭之學爲一家，遂與同甫之學鼎立，皆左袒非朱，右袒非陸，而自爲門庭者。故大愚與朱子書且有「江西學術全無根柢」之言，而朱子非之。蔡行之曾見陸子，有問答，見年譜。然行之爲鄭監嶽壻，少即從監嶽之兄敷文講學，而止齋乃敷文高弟，故行之復從止齋。今觀行之所著書，大率在古人經制治術講求，終其身固未嘗名他師也。肖望亦爲其鄉里之學，項平甫來往於朱、陸之間，然未嘗偏有所師。要未有確然從陸子者。倘以陸子集中嘗有切磋鐮厲之語，遂謂楊、袁之徒侶焉，則譜系紊而宗傳混，適所以爲陸學之累也。愚竊悚然懼之。至若羅文恭公點、劉少保伯正、李參政性傳、楊漕使楫俱以集中偶有過從，而遽爲著録，并列文恭之子爲再傳之徒，愚皆未敢以爲然。蓋此乃作考亭淵源録者之失。凡係朱子同時講學之人，行輩稍次輒稱爲弟子，其意欲以夸其門牆之盛，而不知此諸儒所不受，亦朱子所不敢居也。前日於講席中數及南軒弟子，至趙方，閣下以爲趙方未必可指爲受業。某今日之言，亦即閣下之意也。伏惟閣下之書，將以衍絶學而徵微言，其所係非小，願得獻其芹曝之愚，而不以爲妄否乎？豐宅之名有俊，鄞人，清敏公稷之裔，有贖孤女事，見趙葵行營雜録。鄭溥之即鄭湜，閩人，慶元黨籍之魁。諸葛誠之名千能，會稽人。陳蕃叟即陳武，乃止齋從弟，亦黨籍中人也。其顛末有别紙詳之，而俱非陸子之徒。餘者未能盡知，容續考得，再奉函丈，不備。

奉臨川先生帖子三

昨竊讀陸子學譜，其於劉通判淳叟遺事，尚似有未備者。撫州府志言：「淳叟以隆興通判卒官，而或傳其晚年嘗爲僧。」觀陸子與止齋書，言其「冒暑歸自臨江，病痢，踰旬不起，可哀。此郎年來避遠師友，倒行逆施，極可悼念。春夏之間，某近抵城闉，見其卧病，方將俟其有瘳，大振拔之，不謂遂成長往」。然則府志卒官之説，似諱其事而爲之辭者，不然何以有歸病城闉之語也？朱子亦謂：「淳叟不意變常至此。某向往奏事時來相見，極口説陸子静之學大謬。某因詰之云：『若子静學術，自當付之公論，公何得如此説他？』此亦見他質薄，然其初間深信之，畢竟自家不知人。」然則淳叟先已叛陸子之學，後乃歸佛乘耳。攷淳叟年十七即爲陸子弟子，始師庸齋，繼師復齋，其於槐堂講席之誼最深，故朱子責之以薄也。朱子又言：「向年過江西，與子壽對語，淳叟獨去後面角頭坐，都不管，學道家打坐。某斥之曰：『便是某與陸丈言不足聽，亦有數年之長，何故作怪？』」愚嘗謂陸子之教學者，諄諄以親師取友爲事，且令人從事於九容，而弟子輩多反之，雖以高足若傅子淵，俱有未免。斯所以累與朱子相左，要不可謂非弟子之失傳也。陸子嘗論門下之士，以爲淳叟知過最早。今觀草廬所作井齋蘗集序，稱淳叟天資超特，人物偉然，而深悲其早達，不得久於親師，有微詞焉，則其叛教亦早也。淳叟之叛，隆興事蹟不著，而朱子論治三吏事云：「淳叟太掀揭，故生事。」是即陸子所云：「淳叟事殊駭聽，以爲後生客氣者也。」淳叟與陳教授正己爲莫逆交，正己初學於陸子，已而學於同甫，已而又學於東萊，最後亦與淳叟同學佛。然朱子謂「當淳叟用功時過於正己，故及其狼狽也甚於正己」，則以淳叟直爲僧，而正己不過學其學也。淳叟初爲誠齋所薦，得預於六十人之列，稱其立朝敢言。風節固非苟然，孰意其末造之遷喬入谷一至於此！是又與石應之、曹立之諸君之以意見不同，而更學於他人者，不可同年而語。竊謂本傳似不應畧此一節也。

奉臨川先生帖子四

讀陸子學譜，至趙與籌袁韶傳心有疑焉。四先生之講學，吾甬、句東無不從之游者，故其中不無非種之苗。慈湖弟子則有史丞相彌遠及與籌，絜齋弟子則有袁參政韶。即史嵩之亦嘗與和仲講學。閣下學譜於史氏二相不録，而趙、袁則哀然大書。但與籌少年，慈湖所以許可者甚備，觀其因求師之故，自茗、霅遷居從學，是慕道誠勇矣。自其尹臨安以後，則大改素行，而本傳紀之不詳。蓋宋史自嘉定以後，凡蠹國諸臣之傳皆缺畧不備，顧與籌本末在全史中猶可參攷而見。當史嵩之起復，舉朝攻之。是年正月，侍御史劉漢弼卒，四月右丞相杜範卒，六月右史徐元杰卒，物論沸騰。直學士院程公許請究其事，不報。與籌奏乞置獄天府，帝從之。公許繳奏，言與籌乃嵩之死黨，乞改送大理寺，命臺臣董之，乃詔殿中侍御史鄭寀改治，而寀亦史黨，事竟不白。嵩之終喪，正言李昴英、殿中侍御史章琰、監察御史黄師雍復連疏攻之，而昴英痛劾與籌至於牽裾極言，師雍又以葉閶乃與籌腹心，與徐霖繼言之，於是昴英、琰去國。鄭寀引周坦、葉大有、陳垓入臺，盡擠師雍等。是嵩之實爲黨魁，而與籌又附嵩之之魁，不特吴正肅公論沈炎爲與籌爪牙腹心，甘爲搏擊已也。本傳言其「所至急於財利，幾於聚斂之臣」。閣下疑其事無所徵。按淳祐六年正月置國用，所以與籌爲提領官。九年九月，詔與籌提領户部財用，置新倉，積貯百二十萬石，淳祐倉許辟官四人。十一月，詔與籌提領國用，以資政殿學士領浙西安撫使，已而歷守紹興、平江、建康三府，皆兼發運屯田等使。開慶元年二月，以觀文殿學士知揚州，兼知鎮江，又帶總領財賦之任。與籌之以計臣自見，又何所疑？其後嵩之死灰已熸，與籌復黨沈炎以斥吴潛，遂釀似道滔天之禍。斯雖欲爲之辭而不能者也。其一時所相與協德者，鄭寀、周坦、陳垓、沈炎之倫，莫非宵人，則與籌之生平可知矣。吾鄉自元延祐、至正以至明成化舊志并滎陽、南山文獻諸録，皆不爲與籌作傳。至嘉靖志始有之，時則其裔孫有爲達官者故也。與籌元籍青田，永樂處州府志有與籌傳，亦言其善理財以佐國用，而又言其尹京善發擿，有趙廣漢之風。愚謂宋季之臨安，亦豈可以廣漢之治治之者？不過借此以恣其聚斂之威而已。至袁韶本傳不詳其過，而卷末總論以爲時相私人；其見於諸家奏疏者，皆指以爲彌遠之黨，似皆不當爲之諱者也。且大儒之門下，不必竟無不肖，前之則有朱子之傅伯壽，又前之則有楊文靖公之陸棠，又前之則有程子之邢恕，與其進不與其退，斯亦聖賢之所無如何也。閣下以其爲慈湖之徒而爲之辭，可以無庸矣。宋史於陸子之學，推尊未嘗不至，四先生後，如融堂、蒙齋輩，皆追溯其淵源而稱美之，豈獨於輿籌、韶而周内焉？況輿籌、韶乃吾四明先正，寧敢故爲深刻之論？然公議不可泯也。輿籌之謚見於本紀，故傳畧之，亦非宋史之闕文也。

奉臨川先生帖子五

荷來諭，以愚前所攷大愚吕氏官明州歲月，誤會宋史之文。因謂本傳止稱監倉，將上，會祖謙卒。部法半年不上者爲違年。祖儉必欲終期喪，特詔改一年爲限，終更赴銓，改調夔州。是大愚始終未赴，明也。即朱徽公與滕德粹書，特以其有監倉之命，故并及之。愚重加攷索，竊以爲不然。深寧王氏作四明七觀，載大愚爲司倉，去倉中淫祠，是顯然有宦蹟可稽。及攷大愚柬王季和詩云：「晁景迂大觀庚寅冬爲四明船場，後七十有餘年，某適以倉氏之職至此間，而王兄季和亦來作景迂官，相與訪問，舊蹟尚猶可攷。偶成數語，柬季和并呈叔晦。」其詩有曰：「鄞江舊有船司空，小江晚望江之東。朅來海頭四閱月，塵埃滿袖生氋氃。」是大愚初至明之作，其時慈湖方參佐浙西帥幕，廣平教授徽州，絜齋以德粹同年進士尉江陰，獨叔晦以國正家居，故往還者不及三君。其遊候濤山記曰：「壬寅之冬，逐禄海東，距海六十里，友人潘端叔主定海簿，相約偕遊，未果。今年夏四月，端叔因謝子暢自臨安至，會於太白、鄮山之間，刻日康炳道兄弟會於王季和家，炳道名文虎，弟蔚道名文豹，皆東萊弟子。李叔潤、方居敬、史丞相之幼子開叔、楊希度偕行。舒元英亦與其徒諸葛生來。」東萊卒於辛丑，大愚以壬寅冬之官，正合期喪服滿之期。元英則廣平弟也，其題慈溪龍虎軒詩云：「年來世路轉蹉跎，正大中庸論愈多。出本無心歸亦好，何須胸次自干戈。」似屬大愚將去明之作。然則本傳所謂「終更赴銓」者，乃監倉考滿，別有新命，而非謂期喪之闋，蒙上文而言之也。況大愚之赴銓也，本傳言平園方爲丞相，招之不往。宰輔表平園自西樞入中書，在淳熙丁未春二月，而朱子答大愚書有曰：「對班在何時？今日既難説話，而疏遠尤難，且只收斂人主心念是第一義題。」注：「在丁未冬十一月。」是大愚之赴任以壬寅，其去官以丁未，首尾六年。若德粹成進士即東萊卒之歲，釋褐尉鄞者五年，始遷鄂州教授，則及見大愚矣。斯事於先賢本屬末節，不足深攷，但在吾鄉文獻頗有關係，故復爲縷陳之。

水經湛水篇帖子柬東潛

水經第六卷，自汾水以至晉水，皆異源而同入於汾以達河者也。顧獨强附湛水於其末，其爲錯簡無疑矣。乃即本篇中，道元亦深疑之。勉爲疏釋而後悟，曰：「原經所注，斯乃洎川之所由，非湛水之間關也。是經之誤證耳。」自是以後，雖善讀水經如國初胡、黄、顧、閻諸老，至是篇亦復未有折衷。但所謂洎川者，道元既實有所指矣，而求之是書，洎川安在？即旁攷經傳，皆無是川，則道元果安所指？予反覆思之，洎川者，溴川也，溴訛而爲洎，洎又省而爲洎，而聲又近是，則道元所謂字讀俱變者也。何以知其爲溴川也？道元於濟水篇中及溴矣，曰：「溴水出原城西北原山。又東南，涅溝水注之，水出軹縣西南山下，北流，東轉入軹縣故城中，又屈而北流，出軹郭。又東北流，注於溴。」是即此經所云「湛水出河内軹縣西北山」者也。蓋必湛水所出之處，原與湨水相近，故混也。濟水篇曰：「湨水又東逕波縣故城北。」是即此經所云「湛水又東過波縣之北」者也。又曰：「湨水東南逕安國城東，又南逕毋辟邑西。」是即此經所云「又東過毋辟邑南」者也。道元故從而正之曰：「斯乃湨川之所由，非湛水之間關也。」又曰：「湨水又南注於河。」是即此經所云「又東南當平陰縣之東北，南入於河」者也。豈意遞誤遞變，遂成「汨」字，而莫有悟而正之者乎？然則何以强附之汾水之末也？曰：「湨水一篇，作經者蓋以類次之濟水之後，在第九卷清水之前。夫清水卷中皆河内之水，則湨水亦其氣類也。而傳寫者忽移之濟水之前，遂厠於第六卷晉水之後，而不知其蹤跡具在濟水注中也。不然道元明言其爲汨川所由，而讀盡水經四十卷杳然無所謂汨川者，亦可怪矣。道元能指其誤，而不知後之人之更誤也。得余言，應見賞於千古耳。」

水經潞水篇帖子柬東潛

職方冀州之川曰漳，其浸曰汾、潞。漢書地理志上黨郡長子縣鹿谷山，濁漳水所出，東至鄴入清漳。上黨郡沾縣大黽谷，清漳水所出，東北至邑〔一〕城入大河，過郡五，行千六百八十里，冀州川。其於汾水，則亦大書爲冀州浸矣。而潞水獨不著其地，不知其何以脱遺也。康成之説職方則曰：「潞出

〔一〕「邑」，原作「阜」，據漢書地理志改。

歸德。」賈公彦曰：「歸德，郡名。」攷之漢無歸德郡之目。師古亦曰：「潞出歸德。」按地理志北地郡歸德縣有洛水，是雍州浸，非潞水也。康成、師古亦未嘗明言潞之爲洛。然舍洛水則歸德無水矣，將毋誤認洛爲潞，豈非輿地中一笑枋乎？夫使潞水果出秦之北地，則必歷鄜、坊，度同、華，如泲之伏流，過河而後入晉，其源遠而且阻。秦、晉間無此水道也，所以漢人曾無一道及之者。然則所謂潞水者，究安所指？善長引闞駰十三州志之言，以爲濁漳水即潞水。其説甚合，故李衛公亦取之。蓋潞之以水氏國也，可無疑也。近舍赤狄，而遠求諸北地義渠所出道梗絶不相接之水，可謂瞶瞶。而潞子之都，適在濁漳水之發軔，善長以爲「更無大川可以當之」者，是也。然善長之言甚畧。予意自壺關水一帶皆屬潞水之上流，其下流則直接蒼溪水一帶而止。其在春秋則自黎、邢二國故封，以至甲氏、留吁之屬，接乎銅鞮之沁水，皆屬潞水之所浸也。然則衡、漳二水，清者爲川，濁者爲浸，禹貢之不及潞水也，其在衡、漳中已包舉之矣。康成説職方大段疏畧，善長此條足采入周禮注中。同時劉昭注續志，亦言濁漳之爲潞，引上黨記以證之，乃知是説由來已久。然昭又旁及於曹魏泃河鑿渠之役，則大謬矣。蓋此乃淶、易間晚出之支流，非古潞水。杜佑不審而采之，所當糾正者也。

水經列葭水帖子柬東潛

列葭水一名長蘆水，一名長蘆淫水，實即絳水之别目，而其在衡、漳支流中最大。今本水經濁漳、清漳二篇缺失最甚，則列葭津瀆所宜旁攷諸書以補綴之。漢志廣平國南和縣列葭水東入泜，隋志亦有滮水，然不詳。按許氏説文滮水出趙國襄國東入湡，許氏曰禺聲，而顔師古以爲藕聲，顧祖禹曰顒聲，宜從許氏。湡水亦出趙國襄國之西山東北〔一〕入浸，是即今本漢志譌爲渠水者也。渠、湡同聲而譌耳。浸水出魏郡武安東北入呼沱。漢志同。漢志則襄國别有蓼水、馮水，東至朝平入湡。又有中丘之渚水，東至張入湡。是皆列葭水道可以牽連疏通證明，而不當聽其脱落散漫無稽者矣。乃太平寰宇記所引酈注則皆有之，以是知足本之所具者多也。其曰南和縣有滮水，今本譌「滮」作「使」。一名鴛鴦水，即魏都賦中所云「鴛鴦交谷」者也。曰湡水出襄國，曰蓼水入湡，曰中丘有蓬鵲之山，則渚水也。曰漳水，亦兼有浸水之目。蓋皆與諸書互相貫穿，雖完文不得見，而猶幸其蛛絲馬綫之可尋也。滮水至鄭州之高角城，裏城角而過，故又稱裏角水。而湡水即今内丘之百泉水，酈氏以爲一名澧水，蓼水一名達活水，皆今注所脱落也。長蘆之目，百世未湮，則攷古者不應恝置也，明矣。

水經渚水帖子柬東潛

漢志常山郡中丘縣蓬山長谷，渚水所出，東至張入湡。説文亦云：「渚水出常山中丘蓬山長谷，入湡。」今本酈注湡水僅得一見，而渚水則竟無之。至漢志常山郡元氏縣沮水首受中丘西山窮泉谷，水東至堂陽入河，則益茫然不知所攷。蓋濁漳、清漳二水之屬，其不可問者多矣。説者因謂陵谷變遷，莫可

〔一〕「西山東北」，原作「西東北山」，據説文改。

蹤跡，而不知其水尚在也。中丘，今順德之内丘也。太平寰宇記引舊本酈注，中丘有蓬鵲之山，今其地之山固巍然，是漢志所謂蓬山長谷者也。舊本酈注又載其龍騰、鶴渡諸山水，今内丘圖經亦載之，則舊本固自有西山諸水之原委。蓋蓬鵲諸山綿延數百里，隨地異名，直接太行，通謂之西山。而水亦分道以出，長谷、窮泉谷皆其一也。故内丘至今有渚水，一名礪水，而張縣之地今并入任縣，有曰渚陽，則渚水之陽也。晉書段疾、陸眷爲王浚攻石勒，屯於渚陽，至今稱爲渚鄉。是蓋其自張入渦之道，然則渚水固無恙耶？乃胡梅磵注通鑑亦不能詳渚陽之爲渚水，而泛以洲渚之水解之，則其時所見之酈注已多闕漏，殆與今本不甚相懸也。若元氏之沮水，則自漢以來杳無可證。近人作元氏志者，亦不能攷索及此。及讀郭氏山海經注，方知沮水乃泜水之訛。何以知之？郭氏曰：「今泜水出中丘西山窮泉谷。」則知漢志誤以「泜」爲「沮」，原非別有沮水也。千年誤字，爲之一豁。其説別見予漢書地志稽疑中。

水經斯洨水帖子柬東潛

斯洨水之與洨水不可溷也。漢志太原郡上艾縣綿曼水，東至蒲吾，入虖沱。常山郡蒲吾縣太白渠水首受綿曼水，東南至下曲陽入斯洨。真定國綿曼縣斯洨水首受太白渠水，東至鄡入河。此斯洨水之源流也。山經泜水出房子縣敦興山之陰，而漢志常山郡石邑縣井陘山，洨水所出，東南至廮陶入泜。山經泜水東流注於彭水。此洨水之源流也。今世水經非足本，濁漳、清漳二篇脱失尤甚。斯洨水之附於篇中，尚幸詳悉，而洨水則無之，猶幸太平寰宇記所引舊本酈注足以存其一綫。愚攷斯洨水與洨水竝行於常山、鉅鹿之間，首尾亦時相貫輸，而卒之各自爲水。酈善長曰：「綿曼水逕樂陽右，合井陘山水，世謂之鹿泉水，逕陳餘壘，而又東注綿曼水。」夫陳餘壘即泜水也，故顧氏方輿紀要引舊本酈注云：「泜水即井陘山水。」是斯洨上流之與泜通者。善長又曰：「斯洨水分於和城，曰百尺溝，其水入於泜湖。」是斯洨下流之與泜通者，然皆其津渚之分支。及泜水東至廮陶，而洨水與石濟水之出自贊皇者同入之，而石濟水之分支則彭水也，泜水又合洨水東注之。其時斯洨已東至鄡入漳矣。蓋其與洨水終不可溷者如此。若太平寰宇記之誤以洨爲汶，傳寫之謬也。古今注云：「永平十年，作常山呼沱河，用太白渠水以通漕，亦謂之蒲吾渠。」蓋用斯洨水者也。其至善長之時，稱爲故瀆，則已廢而不用。而長編咸平五年，河北漕臣景望，開鎮州南河入洨水，至趙州，以利漕，則用洨水者也。

水經雍水帖子柬東潛

灉、沮，兗州水也。爾雅「水自河出爲澭」，則稍可通融，其地不必專指兗州之灉而言。夫兗州之灉，亦至今無能言其地者，然要其序於雷澤之下，則可意而得也。故孔傳以爲二水同入於澤，鄭注以爲二水相觸而入於澤，孔疏亦同於傳。康成又欲破職方「盧維」之「維」以爲「灉」，用當兗州之一浸。而杜岐公終守漢志之說，不肯從魏王泰括地志以二水在雷澤西北平地中。元和郡縣志則曰：「在雷澤縣西北十四里。」雖其說未必實，要之不敢舍雷澤而他求，則皆同矣。惟許氏說文曰：「河灉水在宋。」又曰：「汳水出陳留浚儀陰溝，至蒙爲灉水，東入汝。」於是有附之者，以爲梁之睢即沮也。灉之下流爲沮，實一水也。斯其説非不工，然浚儀有渠，所謂商魯之溝，出自黄池盟主之役。以是當禹貢之灉，恐禹貢不受也。豈意熟於水道如善長，忽取以當左馮翊之雍水乎？則五尺之童，謬不至此，故曰以爾雅之灉解雍水可通也，以尚書之灉解雍水必不可通也。善長之序雷澤詳矣，而竟以互受通稱之説，移灉而西，是非人所及料也。足下其將何説以爲善長起兹廢疾焉？

水經滻水篇帖子柬東潛

漢志詳於水道，師古又善爲之釋文，如圜水之本爲圁水，慎水之本爲滇水，皆大有功者。乃京兆南陵縣之下，沂水出藍田谷，北至霸陵入霸水。霸水亦出藍田谷，入渭。師古曰：「沂，先歷翻。」則「沂」字而涅聲。歷攷諸書，未聞霸上有沂水也。因質之爲地理之學者，亦莫能證其目。或曰：「沂者，涅之通也。涅水亦出藍田，西逕嶢關，而復會於霸。今世多以省文作泥，其音之轉爲涅。」是説也，迂迴曲折以求之，予未之敢信。且漢志泥水出北地郡郁郅縣北蠻中，則其來遠矣，而於六書又絶無據。乃近以解水經之故，取其滻水篇讀之，則再引地志之文，直曰滻水，而非沂水，乃知六朝舊本固滻水也。夫玄霸素滻，古以二水齊稱，而漢家列之命祀，所謂長水者也。是在地志例必竝書。而涅水之以青涅軍得名於史，其出稍晚矣。況善長生於師古之前，專門治水經之學，其引漢志最審，寧復有可疑哉！或曰：「然則師古寧漫然無徵乎？」曰：「善長所見之本，諒非師古所能爭矣。且師古雖爲班固功臣，而亦時有失檢之語。即以水道一節言之，大渡之有涐水，明見於許叔重之説文，乃漢志累經傳鈔之後，破「涐」

爲「澂」，而師古亦遂從而實之，前輩嘗糾之矣。然則澭之爲沂，亦其例也。

水經夏肥水帖子柬東潛

夏肥水在淮北，導源於沛郡之城父，南至下蔡，入淮。肥水在淮南，導源於九江之成德，北至壽春，入淮。其入淮有南北之分，而夾岸適對，故淮人至今以東西二肥河目之，原非謂夏肥水能伏流潛達與肥合也。若合肥又在壽春之東二百餘里，乃九江之肥所經由，其於沛郡之夏肥水，風馬牛不相及也。應劭乃曰：「夏水出城父東南，至此與淮合，故曰合肥。」闞駰亦曰：「夏水至此合爲肥。」則沛郡之水，既能伏流潛達，又能引而長之，以至於芍陂之間，真異事也。於是善長疑之，以爲夏肥水無通肥水之理，曲爲之説，謂肥水之同源而出者尚有施水，已各分流，注於巢湖。若夏水暴漲則復合，故以名其水。然則沛郡之夏肥水得自爲川，而九江亦不礙於夏肥水之目，斯固騎郵之支詞。雖然是説也善長亦自有見於夏肥之出自沛郡者，更無踰淮而東之理，而別爲之説也。而其下又曰：「施水出自城父，至於九江。」則可怪已極。夫肥與施同源者也，肥出九江，而施獨發於踰淮之沛郡，則自背其説矣。夏肥出沛郡，不能踰淮，而施何以獨能之？則又自背其説矣。然則沛郡有夏肥水者二矣，是其欲調停應、闞之謬，而墮於大悖者也。而胡梅磵附和之，何也？夫淮水篇中，善長於沛郡之夏肥別有詮次，源流了然，正自不錯。其曰：「淮水於壽陽西北，肥水注之；淮水又北，夏肥水注之。」水上承沙水，即杜預所謂夷田在濮水者。沙水、濮水、夏肥水互舉通稱，然則夏肥水者，莨蕩渠之支流也。濁河清濟，皆有津逮，不止一淮而已也。苟知夏肥之出自莨蕩，諒無有以九江之水溷而列之者。顧不知善長何以前後舛戾若此。足下於是書，力爲護法沙門者也，必將以爲誤文，或後人補綴之失，有足代之解嘲者，其幸有以語我也。

水經嶓冢山帖子柬東潛

水經之末，歷數禹貢山川澤地所在。其第四十五條曰：「嶓冢山在弘農盧氏縣南。」道元注曰：「穀水出其北林。」是自亂其例之言。禹貢之山，未有所謂嶓冢也。禹貢之水，未有所謂穀也。朱中尉解之曰：「是蓋引山經之文也。」吾亦固知其爲山經之文，然豈可以充禹貢之乏乎？且山經何獨引此一條也？既而思之曰：「是非舊本之文也。」太史公作禹本紀，然不敢稍以之攙入禹貢一語，而謂作水經者乃補綴一至此乎？夫經文當云熊耳山在弘農盧氏縣南，注文當云洛水出其西，如是則合乎禹貢矣。或曰據漢志，則洛水出上洛，其出熊耳者，伊水也。曰禹貢係熊耳於洛，必非苟然，殆猶導河之於積石也。況地說以熊耳之山爲地門，其望尊矣，固不必以漢志疑禹貢也。且是卷於禹貢所導之水，河、濟、淮、江、漢、黑、弱、渭已志其八，不應獨遺熊耳之洛，明矣。是必舊本脱去「熊耳、洛」數字，好事之人偶讀山經，自以爲博，因奮筆以有此誤也。然而元祐重行開雕，以至於今，竟未有言及之者，則校讐之疏甚矣哉！

附録

先生十六歲始應鄉試，至行省，以古文謁查初白先生，初白謂萬九沙太史曰：「此劉原父之儔也。」年譜。

浙江修通志，先生謂翁洲六大忠臣當立傳，乃作武進吳尚書、上海朱尚書、鍾祥李尚書三狀，張相國、劉安詳、董給事三志移之。同上。

先生初見江陰楊文定，稱之曰博，而勉以爲有用之學。先生謙言，以東萊、止齋之學，朱子尚議之，何敢言博？文定曰：「但見及此則進矣。」同上。

泰陵配天禮成，先生獻大禮賦，靈臯先生曰：「筆力弗逮杜，然語語本經術，典核矜重，則杜微媿拉雜矣。」同上。

紹興守杜甲延主蕺山書院，始設奠於劉宗周影堂，議定從祀諸弟子。初課諸生以經義，繼以策問詩古文。條約既嚴，甲乙無少貸。越人始而大譁，已而帖然。一月之後，從者雲集，學舍至不能容。逾年，以主人微失禮，固辭歸。諸生蔡紹基等來寧波請曰：「今學舍滿五百人，請先生一過講堂。五百人者以六鎰爲贄，千金可立致，豈傷先生之廉乎？」先生呵之曰：「是何言歟？夫吾之不往，以太守之失禮也，禮豈千金所可貨乎？」復主粵東端溪書院，行釋奠禮，祀白沙以下二十有一人，從前未有之典也。同上。

嘉慶二十年，邑人士建祠祀明忠臣錢肅樂、張煌言，以祖望能論撰二人殉國之事，祔祀焉。王宗炎撰祠記。

杭大宗曰：「全紹衣撰詞科擬進帖子，援據精核，爲召試諸人所不及。」參詞科餘話。

阮研經曰：「嘗謂經學、史才、詞科三者，得一足傳，而祖望兼之。其經史問答，實足以繼古賢，啟後學，與顧炎武日知録相埒。」揅經室集。

李越縵曰：「全氏服膺宋儒，而覃精攷据文獻之學，蓋承其鄉厚齋王氏嫡傳，於漢注唐疏揅穴極深。如漢經師論、前漢經師從祀議、唐經師從祀議、尊經閣祀典議、原緯諸篇，皆極有功於經學。漢經師論尤爲諸儒干城。而荆公周禮新義題詞、陳用之論語解序、王昭禹周禮詳解跋等篇，謂荆公解經最有孔、鄭諸公家法，因力欲存王氏一家之學。其禮記輯注序跋、衛櫟齋禮記集説，深慨於陳澔之陋學，而以衛氏之書不列學官爲惜。跋夏柯山尚書解，極以明代專用蔡傳爲非。讀吴艸廬儀禮纂言，謂艸廬此書本於朱子，然四十九篇流傳既久，不宜擅爲割裂顛倒。諸所論列，其於古學真能篤信謹守者矣。其左氏謚説一篇，卓識通議，遠出顧震滄春秋謚法攷之上。集中餘文，辨正名物，創通大義者尚多。至另刻讀易別録一書，剖析精嚴，尤易義之橐籥。余輯國朝儒林小志，惟載漢學名家，雖姚惜抱、程綿莊、程魚門、翁覃谿諸公自名古學者皆不列入，而獨取先生，固不僅以經史問答一書也。」越縵堂日記。

又曰：「謝山於宋元學案致力甚深。其節録諸家語録文集，皆能擇其精要。所附録者，翦裁尤具苦心，或參互以見其人，或節取以存其槩，使純疵不掩，本末咸賅，真奇書也。梨洲原本不過十之三四，其子耒史百家。所續亦屬寥寥，然起例凡發，大綱已具。謝山以專門之學，極力成之，故較明儒學案倍爲可觀。所譔序録八十九首，犀分燭照，要言不煩，宋儒升降源流，大略皆具，學者尤不可以不讀。」同上。

謝山弟子

董先生秉純

董秉純字抑儒，一字小鈍，鄞縣人。受業謝山先生，好談政治，謝山目爲有用之才。乾隆癸酉拔貢，需次京師，久之補廣西那地土州州判。那地本猺、獞雜處，雍正八年始立漢官。先生蒞任，禁蹋歌鬼師，剗除毒草，集鄉耆，講鄉約，俗爲之變。禾收歲歉，勸兼種二麥，民賴以生。浊水築隄，民賴以安。生員不滿十人，童子應試者僅三人，詢之，則以應考者惟官目子弟得與，百姓不得列焉，乃力陳上官，破格招徠，生童始衆。歷權天河縣、上思州事，擢甘肅秦安知縣，並有治績。以疾歸里。謝山文内外集皆所編定。又倣萬氏述黄氏世譜以冠南雷集，作全氏世譜，撰年譜一卷。參四明談助、行狀、鲒埼亭外集跋。

盧先生鎬

盧鎬字配京，號月船，鄞縣人。少奇穎，偕同里楊爾音游。好蒐討僻書奇字，未幾棄去，從史榮研究經史，既又執贄謝山先生門下。謝山每歲客游，假大江南北藏書家鈔本，捆載至數百册而返。先生與諸同學遞閲之，五行並下，一日可盡數卷。參蔣學鏞撰墓志，全祖望撰范鵬穿中柱文。

蔣先生學鏞

蔣學鏞字聲始，號樗庵，鄞縣人。乾隆辛卯舉人。與謝山先生爲中表弟，事之最早。精勤刻苦，無所不窺，爲謝山入室弟子。萬氏史學冠海内，萬氏殁，全氏得其傳。全氏殁，先生得其傳。尤粹於經，嘗取衛湜禮記集説，薈粹諸家，爲之援據考定。其立説不徇宋，亦不媚漢，將成一家言，爲學官式。已積成巨軸，而心氣悴竭，下注兩足心，血漉漉出，怔忡大發。醫者駭，以爲五官必廢其一乃可生。既而兩耳遂廢聽，以至終身，時年方四十也。其後所著巨軸，卒以事爲當事者取去，先生終身恨之。古文好王荆公詩，慕柳州、東坡，尤嚴法度，不肯肆爲馳騁。性狷甚，遇不可意，雖從學之士，揮之若仇。縣令郭文誌以孝廉方正舉之，辭曰：「余老且病，安能遠至杭州，折節於諸大吏之門耶？」阮文達兩至鄞，不得一見，益以是高之。嘗與鄞志局論不合，辭去，乃自著鄞志稿若干卷藏於家。參四明談助、黄定文撰樗庵存稿序、定香亭筆談。

樗庵弟子

黄先生定文

黄定文字仲友，號東井，鄞縣人。乾隆丁酉舉人。從學於蔣樗庵氏、盧月船氏，得謝山之傳，有經世志。官清遠知縣，歷移繁劇，政績卓然。陞揚州同知，調署徐州、松江、常州同知，並有治行，事具縣志。尋乞病歸，家居十餘年。邑中建旌忠廟祀明季忠義士，開濬城河，遇有公事，必審其可否，力任之。又與同時諸老會於所居息圃，以詩文自適。卒年八十一。參行狀。

謝山交游

李先生紱 別爲穆堂學案。

方先生苞 别爲望溪學案。

惠先生士奇 别見研谿學案。

萬先生經 别見鄞縣二萬學案。

沈先生彤 别爲果堂學案。

杭先生世駿 别爲堇浦學案。

厲先生鶚 别見堇浦學案。

萬先生承蒼 别見穆堂學案。

沈先生炳震

沈炳震字寅馭，號東甫，歸安人。少淬厲於學，籍學官後，日有名。省試八，不遇，遂謝舉子業，專攻經史。讀九經，排比鉤稽，因文字之異同，究訓詁之得失，撰九經辨字瀆蒙十二卷。尤精三禮，嘗擬彙作三禮異同，附以諸家之説，積稿盈篋笥，未寫定清本。讀史以新、舊唐書互有詳略疏密，合而爲一，補闕正謬，交相爲用，是正義例，移易篇第，錯綜貫串，連絡補苴，積十數年乃成，名曰新舊唐書合鈔，凡二百六十卷，又訂謬十二卷。雍正中，攜以游京師，會開博學鴻詞科，太倉王詹事奕清舉先生名應詔。乾隆元年召試，未與選。歸，踰年卒，年五十九。後嘉興錢侍郎陳羣以合鈔奏上，會武英殿校刻經史，分校唐書者多采先生説入考證中。他所著有廿一史四譜、歷代帝系紀元歌、井魚聽編、唐詩金粉、增默齋集。參史傳、全祖望撰墓誌銘、沈德潛撰傳、文獻徵存録、先正事略。

廿一史四譜例

歷代之史，列於學官，所以表徵盛衰，殷鑒興廢者也。讀史者用以考政治之得失，人物之藏否，論世之備識焉。若但校其命意疏密，遺辭繁簡，亦已末矣。是譜掎摭更爲瑣細，特以無意義之可尋求，文詞之可聯綴者類之，以備記憶，其於讀史猶河漢也。

四譜所列，一据史文，史所不載，不敢妄書，懼失實也。其在春秋左氏傳者，亦概不闌入，不敢援經以入史也。

紀元、宰執、謚法三譜，各一縱一橫，以資檢核。唯封爵譜，地既不一，爵復列五，故以地爲綱，不更復譜。

紀元譜前代袁氏有彙編之輯，近則四明萬氏有甲子會考。萬氏專書甲子，意不在紀元；袁氏考核頗疏，正史翻多滲挂，稗官時復闌入。是譜發凡，大致本諸袁氏，而補其漏，删其譌焉。

紀元昉自漢武，後世遂爲不易之制。然類取嘉名，貽譏重複，故乾德之對，重熙之易，博物稱之。至乃離析其文，分合其字，或以火德而議水旁，或以體元而疑山壓，縱復偶中，亦同瞽史，君子無取焉。然偶見史書者，亦備書之，寧慎重云。

古者封建有分土無分民，魯、衛、齊、宋因地立號。漢、魏以後，王公升降以户爲差，已非古者分土之制。蓋但有空名，已無其地。更或徒取美號，康襄簡肅絶類乎謚。至元魏復創假爵以酬功，唐室更有别封以任子，則幾於勳階恩蔭矣。然既已開國，不得不存其虚號，故自王公以迄鄉亭，爵以等列。春秋侯伯次於漢、魏王公之後，蓋以爵不以時也。

記曰「加地進律」，又曰「君絀以爵」，是古者五等本有黜陟。然春秋之世，未聞伯進而侯，侯進而公，唯郳人因齊桓而進子，杞侯以時王而黜伯，要皆不易其本封之國。後世既無分地，由子男而遞至王公，爵既屢進，地亦數易，幾如遷官轉秩矣。譜之所列，各要其終之封號，次第而進，庶易於檢核云。

唐、宋禮志，孔門七十二賢各有封爵，或由子而伯，或由伯而侯，雖事屬異代，亦據進封例備書之，以識褒崇之意焉。

漢之三公，猶唐之三省，；唐之三省，即宋之兩府。但唐之三公不同於漢，宋之尚書、門下兩省不同於唐，然權以時輕，名仍舊貫。至有明，太祖盡去三省之長，而約略留其屬，名雖偶同，已全非漢、唐建官本意。此古今官制一大升降也。故備識各史設官源流，用資考索。

歷代宰執，各以時序。然西漢韋、平，六朝王、謝，唐之八蕭，宋之諸吕，至今豔稱之，故復從姓類序，以見高門洪族鼎貴一時，簪笏之榮，搢紳之美，古今亦不數見耳。

古者南郊請謚，稱天以誄，帝王之謚，一而已矣。自唐以後，頌盛德而揚豐功，臣下擬進，重文稱美。由宋迄明，累至十餘字，同於尊號。此古今質文之異也。各史帝謚列於紀首，未免散而無紀。庸會之以便參稽，故首列廟號，次及追尊，次及后妃，而後據史記周公謚法，前後鱗次臚陳。史記不載者，則據通志所載，次列於後。通志所無，則序其時之前後，附於末焉。

易名之典，人臣至榮，然人不一類，謚不一格，所謂大行受大名，細行受細名也。休文以後，及乎明允、漁仲，各有成書，然要皆臚列謚法，不譜其人。今以謚爲綱，以人爲目，雖曰後世錫謚有褒無貶，而賢奸眉次，臧否錯陳，或名浮於實，或實戾乎名，千秋公論，美謚益形其醜，固不必三等以定優劣，而尚論之旨存焉矣。

古來賢聖，如日月麗天，終古常照，固不藉易名以增其美。然異代褒崇，帝王盛典，故比干褒謚於唐，姬公加謚於宋，亦備載之，以見百世聞風具徵懿好。

附録

九經辨字瀆蒙第一卷爲經典重文，如翩翩坎坎。第二卷爲經無重文，如「褫」字「豬」字。第三卷爲經典傳譌，如文言傳「重剛而不中」，「重」字本義疑衍；象傳「履霜堅冰」，魏志作「初六履霜」。第四卷、第五卷爲經典傳異，以注疏本列於上，以石經不同者列於下，其諸書援引異文亦併附著。第六卷爲經典通借，如「君子以順德」，王肅本作「慎」；「磐桓利居貞」，「磐」，釋文「一本作盤」。第七卷、第八卷、第九卷爲先儒異讀，如易「大人造也」，「造」，劉歆引作「聚」；「君子體仁」，「仁」董遇本作信。第十卷爲同音異義，如「彖」本訓「豕走」，易之「彖」則訓爲「斷」；「毒」本訓「害」，王弼注師卦「毒天下」訓爲「役」，然其音不改。第十一卷爲易音易義，如「元亨」之「亨」，在「王用亨於岐山」則讀「饗」；「乾坤」之「乾」，在「噬嗑」「乾胏」則讀「干」，併其音而改之；併附異字同義，如易之「鼫鼠」即詩之「碩鼠」，易之「鯢虺」即書之「杌隉」。第十二卷則注解傳述人全録陸德明釋文所載。四庫全書提要。

新舊唐書合鈔本紀二十四，志五十六，表二十，列傳一百六十，凡二百六十卷。本紀以舊書爲主，分注新書。諸志禮儀音樂舊書分爲二，新書合一爲禮樂志，合鈔仍分爲禮志、樂志。禮志一二三四五六從舊書，七八九十十一從新書，增十二，即舊書第七。曆志一二五六從舊書，三四七八九從新書，增天文，一主舊書，二三主新書。地理、五行以新書爲主，分注舊書。舊書無選舉、儀衛、兵三志，從新書增。新書以儀衛次禮志，合鈔退輿服下。食貨一二從舊書，三從新書增，而兩書之志備矣。舊書無表，從新書補宰相、方鎮、宗室世系三表。方鎮表中補拜罷承襲諸節目。新書宰相世系表别爲訂譌二十卷，不列於目，以其徒滋舛譌，無補全書也。諸列傳，舊書無公主，補入，次后妃後。他補傳：后妃二，宗室二，列傳四十九，宦官四，良吏四，忠義六，孝友十四，儒學十五，文苑八，方技二，隱逸五，列女二十二，叛臣一。諸傳又有附見者，凡二百六十五人。后妃傳不取武后，新書所載，附入舊紀舊傳。楊朝晟、王求禮皆重出，删其一。新傳有史大奈、泉男生，移大奈入西突厥，男生入高麗。新書所增外夷諸傳皆補入，而兩書之人備矣。丁子復新舊唐書合鈔跋。

案：是書當時雖已進呈，初未板行。至道光中，海寧查氏付刻，嘉興丁子復任校勘，又爲考異二卷附書後。

沈歸愚曰：「東甫性仁孝，考卒官舍，櫬舁歸奉堂皇。衆以俗忌沮之，卒排衆議。既葬，廬居盡哀，君子謂之知禮。敬愛昆弟，老年彌篤。待友以誠，無面背言。生平不問生產，明是非之分，屹然山立。或樵蘇不繼，而中懷和藹，暖然如春。綜其行誼，俱能不愧古人者。」沈德潛撰傳。

吴五亭曰：「東甫爲人落落穆穆，乍見似深中難測，久輒服其誠坦，咸恨締交之已晚。意所不可，必盡言無顧，即其人面頳發赤，猶未已。及談論偶合，斷斷終席無怠色。性篤友誼，不靳倒橐，而貧窶自守極介介。嘗歎淵明風最高，不樂爲五斗折腰，獨不解其叩門乞米一語。晚游淮幕，值寒甚，解羊裘豹褥贈好友。中途感寒疾，家人輩竊笑，而東甫不惜也。」吴斯洛撰傳。

謝山從游

趙先生一清

趙一清字誠夫，號東潛，仁和人。國子監生。少學於謝山先生，從事根柢之學。酈道元水經注傳寫舛譌，其來已久，諸家藏本互有校讐，而大旨不甚相遠。歐陽玄、王褘諸人但稱經注混淆而已。謝山得先世舊聞，謂道元注中有注，本雙行夾寫，今混作大字，幾不可辨。先生因從其説，辨驗文義，離析其注中之注，以大字細字分别書之，使語不相離，而文仍相屬。又唐六典注稱桑欽所引天下之水百三十七，江、河在焉，今本所列僅一百十六水。考崇文總目載水經注三十五卷，蓋宋代已佚其五卷，今本乃後人離析篇帙以合原數，此二十一水即在所佚之中。先生證以本注，雜援他籍，得滏、洺、滹沱、派、滋、伊、瀍、澗、洛、豐、涇、汭、渠、獲、洙、滁、日南、黑弱十八水，於㶟水下分㶟餘水；又考驗本經，如清漳水、濁漳水、大遼水、小遼水皆原分爲二，共得二十一水，與六典注原數相符，著水經注釋四十卷。又取朱謀瑋箋，隨讀隨正，遺漏者補其缺，紕繆者正其訛，鱗次櫛比，各具本元，成水經注刊誤十二卷。蓋據以較正者凡四十家，其中如二顧、二黄、閻諸本均未寫定，止就原稿迻録，用力之勤如此。惟與戴東原注本頗多相類，致啟疑竇，迄鮮定論。方總督觀承嘗言：「先生撰直隸河渠志一百三十一卷，後東原删爲一百二卷，蓋趙草創，而戴删改云。」又著有東潛詩文稿。參史傳。

文集

辨正漢書地理志

葯君弟有校正漢書地理志一卷，屬余詳覈。余衰廢健忘，家藏圖籍，一旦散亡，無能爲役。乙夜挑鐙讐勘，記憶所及，書以復之，曰：「坊刻删脱太甚，惟明汪文盛槧本稍善，毛氏汲古閣次之。若陳明卿評點，抑又下矣，然而未可輕也。汝南鮦陽，孟康『音紂紅反』，汲古閣本『鮦音紂』，何超晉書音義同。不知紂紅反之爲鮦也。説文鮦，直龍反。陸德明經典釋文云：「鮦，孟康音紂紅反，又音童，或音直曾反。」山陽平樂包水東北至沛入泗，包爲泡省文，汲古閣作『淮』，不知泡水之即清水，與泗合流者也。水經注作苞水。二者皆陳氏之善，一字之功，豈淺鮮哉！漢書之誤，由來已久，如弘農新安，禹貢『澗水所出』，闞駰以爲澠水。河東郡，莽曰『兆隊』，水經注以爲洮陽。南郡臨沮，禹貢『南條荆山在東北』，水經注以爲東條。沛郡鄲縣，莽曰『單城』，水經注以爲留城。宋祁因此誤。鬱林領方墧水，師古曰『墧音橋』，亦作嶠，庾仲初云『水出萌渚嶠』，乃酈道元曰：『地理志云：領方縣而有橋水，而當作南，謂南橋水也。』此是何據？若夫洙水入泗，而以爲入池，於延水入治，而以爲入沽，道元特起而糾正之，則六朝以前本之誤也。雉，衡山之澧水，至郾入汝，今曰郾，師古音『屋』；桂陽之滙水，今曰匯，師古音『胡賄反』；南安之涐水，今曰渽，師古音『哉』，則唐本之誤也。亦有避諱而非誤者。信都南宮，水經注『莽曰序中』，隋人諱忠，故今曰序下。西河穀羅武澤在西北，後漢建武二十八年詔南匈奴徙居西河美稷之虎澤，唐人諱虎，故今曰武澤也。若夫直路沮水是瀘水，南陽比陽是沘陽，益縣，王莽曰『探陽』是探湯，武功淮水祠是雍水祠，中宿洭浦官是洭浦關。而平原郡之阿陽，孝成趙皇后傳云『屬陽阿主家』，師古曰：『陽阿，平原之縣也。』寰宇記曰『阿陽』。漢、魏以下卻改爲陽阿。天水郡之冀縣，説文云『天水有驥縣』。廣陽國之薊縣，説文云：『周封黄帝之後於郏，从邑，契聲，上谷有郏縣。』章懷後漢書注亦云『巴郡之墊江，説文作褺，从衣不从土』，孟康曰『音重疊之疊』，習俗害真，莫明古訓也。且班固普載巨君改易郡縣之名，獨缺滎陽之祈隊，莽傳云：「以陳留以西付祈隊。」祈隊故滎陽，是陳留已無復爲郡矣。天水之阿陽，志云：「天水郡，莽曰填戎。」而水經注云：「成紀縣，王莽之阿陽郡治。」漢天水郡别有阿陽縣也。上郡之增山，西河有增山縣，莽改上郡爲增山，以馬員爲連率。員字季主，馬援之兄，見後漢書馬援傳。鉅鹿之和成。一作禾成，在下曲陽，見東觀記。亦作和戎，莽又改常山鄗爲禾成亭。而翼平連率田況則北海之支郡，莽改北海壽光曰翼平。夙夜連率韓博則東萊之支郡，莽改東萊不夜曰夙夜。其孫功崇伯宗〔一〕莽故同穀城郡則東郡之支郡，師古曰：「同者，宗所封一同之地。」莽改茌平曰功崇，臨邑曰穀城亭，皆東郡之縣也。所謂大郡至分爲五者也。不特此也，莽既更長沙國曰填蠻矣，又有長沙連率馮英；既更九江郡曰延平矣，又有九江連率賈萌，豈史家追改耶？既更越嶲曰集嶲矣，又以任貴爲領戎大尹守之，是官與郡異。莽傳云：「以益歲以南付新平。新平，故淮陽。」蘇林曰：「陳留圉縣，莽改曰益歲。」而志又缺也。

〔一〕「功崇伯宗」，漢書王莽傳作「功崇公宗」，「以諸伯之禮葬于故同穀城郡」。

莽傳又云：「分三輔爲六尉郡。」又云：「常安西都曰六鄉，衆縣曰六尉。義陽東都曰六州，衆縣曰六隊。」今志僅有六隊，而六尉之名不見，見於黄圖，莽傳亦有之。京尉、師尉、翊尉、光尉、扶尉、列尉是。而汝南郡且分爲賞都尉，殆因其臨，曾封賞都侯，故尊其稱耶？蜀都、廣都置就都大尹，志不書，惟廣都縣下云莽曰就都亭，東郡既書莽曰治亭，濮陽復曰治亭，何也？凡此失誤之彰明較著者，非有深思篤信之士，未易與之揆其顛末，索其瑕瘢。善乎！先友張南漪曰：『人不熟於地理，不可以讀史。』余至今誦之。葯君年力富强，因是以津造，或庶幾焉。」

三十年前，聞吴中義門何氏有校正漢書，後歸邗江馬半查叢書樓插架。今年春，於許蒔庭案上見此書摹本，假地理志一册，與葯君本參異同，義門果勤於佔畢哉！而未盡善也。如沛郡酇縣，蘇林音「多寒反」，而云「宋祁據宋書曰應作留」。夫「酇」何乃破而爲「留」也？沈約索虜傳云：「步尼公進軍清東，屯〔一〕留城。」此春秋傳侵宋吕、留之留，漢縣屬楚國。若沛郡之酇縣，王莽改之曰單城者也。汝南鮦陽，孟康音「紂紅反」，本不錯，反依師古注抹「紅反」二字。高帝紀鮦陽，顔云「音紅，蓋假借字」，實誤耳。平原阿陽，本不錯，反引外戚傳改爲陽阿。陽阿，上黨之縣，非平原也。南郡夷道，應劭曰「夷水出巫」，本不錯，反引宋祁曰「巫下當添『山』字」，則後巫縣「夷水東至夷道入江」之文何以稱焉？千乘博昌時水東北至鉅定入馬車瀆，本不錯，反改爲博水，齊地無博水也。博昌，臣瓚所謂「取其嘉名」，闞駰所謂「縣處勢

〔一〕「屯」，宋書作「至」。

平」者也。犍爲漢陽山闟谷，漢水所出，東至鼈〔一〕入延，本不錯，反改爲入江。此別一漢水，自入延江耳，非禹貢之漢水也。雁門浧陶，孟康音「汪」，本不錯，反改音「枉」。北地歸德本不錯，反云「據宋本無『德』字」，此與程大昌雍録以洛水出北歸縣同一笑柄也。上郡高望、望松〔二〕俱云「北部都尉治」，本不錯，反云「不應設兩北部都尉，必有一誤」。例以分蜀郡西部置都尉，一治旄牛主外羌，一治青衣主漢民，何嘗不是兩西部都尉乎？丹陽黝縣漸江水出南蠻夷中，本不錯，反引羅願新安小志，云「『蠻中』乃『率山』之訛，仍衍『夷』字」。彼中撰志者久已造爲「率山」、「率水」之殊目以自誣，何爲拾其餘唾乎？馮翊蓮勺〔三〕，如淳〔四〕曰「音輦酌」，而以爲師古音此。如敦煌效穀下注，今誤增「師古曰」三字，不知皆非小顏音釋也。金城允吾、允街注並云「莽曰修遠」，遂疑一郡不應二縣同名，而云「允吾下『修』字，監本半刻爲合，豈飭字耶」？不知允街莽曰「修遠亭」，與允吾有別，故酈道元云「莽置西海郡而築五縣焉」。五縣，謂修遠即元吾，興武即浩亹，罕虜即令居，順礫即白石，監羌即臨羌，是爲五縣。可知以允街爲亭，而與王縣殊科也。九江合肥，應劭曰「夏水出父城東南」，知引水經注改爲城父是矣，而不知夏水之爲夏肥水也。

〔一〕「鼈」，原作「鼈」，據漢書地理志改。
〔二〕「望松」，原作「高松」，據漢書地理志改。
〔三〕「蓮勺」，原作「連勺」，據漢書地理志改。
〔四〕「淳」，原作「滈」，據漢書地理志注改。

沛郡城父所謂夏肥水東南至下蔡入淮者也。以上諸條，或起義門於九原，亦無辭以辨也。

余既摘録何校本之誤，改班書以復於葯君矣，葯君曰：「尚有班固原誤，及顔師古繆説，並近代傳刻之訛，未經何氏校正，幸爲我搜討，願受教。」余曰：「唯唯。」乃研思殫精，得若干條，疏記如左。太原廣武河主賈屋山在北。河主是句注之誤。上黨沾〔一〕縣大黽谷，清漳水所出，東北至邑成入大河。「黽」是「要」之誤，古「要」字也。「邑成」是「阜成」之誤。潁川周承休，侯國，元帝置，元始二年更名鄭公。説文「邧，潁川縣」也。漢潁川郡有周承休，侯國，元始二年更名曰邧，音元。後漢黄瓊、袁紹皆封邧鄉侯。「鄭」是「邧」之誤。汝南細陽，師古曰「居細水之陽」，説文是泅水博陽，莽曰樂家〔二〕，水經注、三國志、晉書俱作樂嘉。南陽舞陰中陰山，瀙水所出，東至蔡入汝。水經注引説文是中陽山，蔡是上蔡。魯陽，酈道元云「王莽之魯山」，今志無是文。山陽湖陵，禹貢「浮於泗、淮，通於河」，水在南。應劭曰：「尚書一名湖。」説文引古文是「浮於淮、泗，達於菏」，則「一名湖」之湖，亦是「菏」字之誤，蓋仲瑗引尚書「菏」字以證本文「河」之當作「菏」也。櫜，莽曰高平。臣瓚曰：「音拓。」高祖功臣表稿祖侯陳鍇，師古音公老反。一表一志，自相背馳而不悟。平樂淮水東北至沛入泗。「淮水」是「泡水」，「至沛」是「至沛」之誤。濟陰定陶，禹貢「陶丘在西南」。陶丘亭，水經注云「陶丘亭在南」，脱二字。沛郡鄲縣，孟

〔一〕「沾」，原作「沽」，據漢書地理志改。
〔二〕「樂家」，漢書地理志作「樂慶」。

康曰「音多」。據周緤傳，蘇林「音多寒反」，脱二字。洨，莽曰「育成，一作有成」，此是「肴城」之誤。鉅鹿鄡，師古「音苦幺反」。「鄡」是「鄡」之誤。真定國緜曼〔一〕下，及章懷後漢書注可證。新市，莽曰市樂，水經注是樂市。常山元氏，沮水東至堂陽入黃河。沮水，山經是泜水。「黃河」是「橫河」之誤。即橫漳也。代郡鹵城下有「從河」，此橫從之橫。中丘諸水東至張邑入蜀。「諸水」是「渚水」，「入蜀」是「入湡」之誤。南行唐牛飲山白陸谷，說文是白徑谷。清河靈縣，莽曰播，水經注是播亭，落「亭」字。厝縣，應劭曰：「安帝以孝德皇后葬於厝，改曰甘陵。」孝德皇即清河孝王慶，安帝即位，追尊曰孝德皇。皇妣，左氏曰孝德后，此多「后」字。涿郡良鄉，垣水南東至陽鄉入桃，是「東南」之誤。平原郡平原，有篤馬河，東北入海，五百六十里。是「行五百六十里」，落「行」字。千乘博昌，博水東北至鉅定入馬車瀆，幽州寖。周禮職方幽州其浸淄、時，「博」，蓋「時」之誤。濟南，縣十四，一曰鄒平，三曰臺，續郡國志可證。後人誤截鄒爲一縣，平臺爲一縣，齊乘遂以臺、平臺爲二縣，日知録已正其失。泰山蓋縣，臨樂子山，水經注無「子」字。桃山，莽曰褱魯。外戚恩澤侯表有褒魯節侯，公子寬以周公世魯，頃公玄孫之玄孫，元始元年封，以奉周祀，蓋莽所爲也。「褱魯」是「褒魯」之誤。北海石鄉，注云：「一作正鄉。」別本作止鄉。此是下文上鄉之錯簡也。瑯邪柜縣，根艾水，水經注作柜艾水。析泉，析泉水北至莫入淮，「莫」是「箕」之誤，「淮」即「濰溜」之「濰」，作「淮」，省文耳。東海下邳，萬嶧山在西。郡國志下邳有葛嶧山，本嶧陽，

〔一〕「曼」，原作「蔓」，據漢書地理志改。

「萬」是「葛」之誤。兩海曲，一屬琅邪，云有鹽官；一屬東海，云莽曰東海亭。續志廣陵郡海西，故屬東海。功臣表武帝封李廣利爲海西侯，然則琅邪是也，東海非也。兩平曲，一莽曰平端，一莽曰端平，不應二縣同名，同在一郡。莽改端平之平曲，似是「曲平」之誤。臨淮盱眙，莽曰武匡，水經注是匡武。會稽郡回浦，南部都尉治。毛奇齡蕭山縣志刊誤曰「南部」當是「東部」之誤。西部治錢塘，與東部對。丹陽郡縣十七，今數之得十六，蓋缺句容一縣。桂陽郡桂陽，匯水，説文是滙水，即湟水，又作「涯」，轉作「桂」也。漢中安陽，在谷水出北，是左谷水之誤。武陵佷山，孟康曰：「音恒，出藥草。」恒山，水經注引孟説，恒山下有「今世以銀爲音也」，脱七字。蜀郡郫縣，禹貢「江沱在西，東入大江。」南郡枝江亦云：「江沱出西，東入江。」水經注兩引志文，俱云「西南」，落「南」字。湔氐道，江水所出，東南至江都入海，過郡七，行二千六百六十里。胡渭曰：「今江水所過，於漢爲蜀郡。」犍爲、巴郡、南郡、長沙、江夏、豫章、廬江、丹陽、會稽、廣陵，凡十郡一國，而志云「過郡七」，蓋江都在江北，據北岸言之，故不數南岸之長沙、豫章、丹陽、會稽，通計得八千三百餘里也。汶江，司馬彪、酈道元俱作汶江道。縣有蠻夷謂之道。又旄牛，酈注水經亦有「道」字。益州牧靡〔一〕，南山臘涂水所出，水經注是南山臘谷，涂水所出，落「谷」字。金城枹罕，應劭曰：「故罕羌侯邑也。」顧祖禹曰：「故罕當作故枹罕。」落「枹」字。河關，脱「宣帝神爵二年置」。破羌，宣帝神爵二年置，上脱「應劭曰」三字。觀酈道元所引可見。又河水行塞

〔一〕「牧靡」，漢書地理志作「收靡」。

外，東北入塞内，至章武入海，過郡十六，行九千四百里。胡渭曰：「水經注黎陽以上，河水所過，有金城、天水、武威、安定、北地、朔方、五原、雲中、定襄、雁門、西河、上郡、河東、馮翊、河南、河内凡十六郡。黎陽以下，大河故瀆所過，有魏郡、東郡、清河、平原、信都、勃海又六郡，共二十二郡。」今云「過郡十六」，殊不可曉。酒泉禄福，郡國志是福禄，三國志龐淯傳云：「禄福長尹嘉。」則後漢本有禄福之稱矣。上郡高奴，有洧水，可難，水經注「有洧水，肥可難」，落「肥」字。朔方渠搜，莽曰溝搜，水經注是溝搜亭，落「亭」字。五原南興，是南輿之誤。成宜，中部都尉治原高，西部都尉治田辟。「高」是「亭」之誤，「辟」即「壁」也。原亭、田辟並邊障名。雁門陰館，莽曰富代，水經注是富藏。代郡當城，闞駰曰：「當桓都城。」水經注引應劭曰：「當桓都山築城。」桓都，山名也，落「山築」二字。且如，于延水東至寧入沽。是東至廣寧入治，治即灅水也。下「平舒，祈夷水至桑乾入沽」誤同。鹵城，虖池河東至參合入虖池別，是「東至參户入虖池別河」，「合」是「户」之誤，落「河」字。上谷軍都，温餘水是灅餘水，此「温」字沿訛之始，章懷後漢書注因之。漁陽厗溪，孟康曰：「厗音題，字或作蹏。」郡國志是傂奚。白檀，泏水出北蠻夷。師古曰：「泏音呼鶻反。」此水是濡水。水經濡水從塞外來，即今灤河。灤，乃官切。酈道元引此注亦作「泏」，其誤久矣。滑鹽，應劭曰：「明帝更名鹽。」水經注是鹽田，落「田」字。日南比景，闞駰曰：「比讀如蔭庇之庇。景在己下，言爲身所庇也。」吴仁傑曰：「考古編云：『舊唐志景州北景縣，晉將灌邃破林邑，五月五日，即其地立表，表在北，日景在南，故郡名日南，縣名北景。』與志異。」趙國邯鄲，張晏曰：「邯鄲山在東城下。單，盡也。城郭从邑，故加邑云。」水經注引晏説無「鄲」字。章懷後漢書注亦云：「邯，山名。鄲，盡也。」邯山至此而盡也，多「鄲」字。襄國，西山，渠水所出，說文是渪水，「渠」即「渪」之誤。廣平國斥漳，應劭曰：「漳水出治。」水經清漳水出上黨沾縣，「治」即「沾」之誤。中山國北平，徐水東至高陽入博。又有盧水，亦至高陽入河。水經注引志云：「北平縣有沈水，東入河。」今本無之。陸成叔傳云：「趙陘城人也。」陸城是陘城之誤。信都國，應劭曰：「明帝更名樂安。」據郡國志、水經注所記，「安」是「成」之誤。河間國弓高，莽曰樂成。莽改樂成爲陸信，弓高爲樂成亭，落「亭」字。膠東國下密三石山祠，「石」是「戶」之誤。魯國卞縣，泗水西南至方與，入沛，「沛」是「泲」之誤。長沙國攸，王子侯表「長沙定王子攸與侯則」，索隱曰：「今長沙有攸縣，本名攸輿乎？」凡此皆無以辨之。平原有濕陰縣，水經注更有漯陽縣，莽曰巨武，伏琛〔一〕所謂北漯陰也。有樓虛縣，水經注更有陽虛縣，史記倉公傳作陽虛。引志曰：「陽虛，平原之隸縣也。」文帝封悼惠王子將閭，光武封馬武，皆爲侯國。陳留有平陸縣，東京罷爲尉氏縣之陵樹鄉。陳留風俗傳云：『陵樹鄉，故平陸縣也。』」今志陳留領縣十七，而無平陸。水經注曰：「漢書昭帝元鳳六年，封張安世爲富平侯，國在陳留，別邑在魏郡。陳留風俗傳曰：『陳留尉氏縣安陵鄉，故富平縣也。』」是乃安世所合矣。而陳留又無富平。平原富平，應劭曰：「明帝更名厭次。」高祖功臣表有「厭次侯爰類」，酈道元云：「是知厭次舊名，明帝復故耳。」此因張延壽徙封，故襲陳留之舊稱，改平原之新邑，而平原又無厭次。東郡清，應劭曰：「章帝更名樂

〔一〕「琛」，原作「深」，據水經注改。

平。」高帝功臣表有「清簡侯室中同」是已。而高后封衛無擇爲樂平侯，則已改清爲樂平。其後宣帝又以封霍山爲侯國，表云東郡，可知樂平即清也，蓋已不始於章帝，而東郡又無樂平。水經注曰：「大河故瀆逕修縣故城東，又北逕安陵縣西，本修縣之安陵鄉也。地理風俗記曰：『修縣東四十里有安陵鄉，故縣也。』」而志無安陵。又曰：「屯氏別河又東北逕東武縣故城東。應劭曰：『東武城東北三十里有陵鄉，故縣也。』」而志無陵鄉。又曰：「漯水又東逕大棘城南，故鄍之大棘鄉也。又東逕安平縣故城南。陳留風俗傳曰：『大棘鄉，故安平縣也。』」而志無安平。又曰：「十三州志云：『遼東屬國都尉治昌遼道。』」續志：「昌遼，故天遼，屬遼西。」而志無天遼。平帝紀：「元始二年罷安定呼沲苑〔一〕，以爲安民縣，起官寺市里。」師古曰：「中山之安定。」志屬鉅鹿。酈道元以屬隴右，非也。而志又無安民。曹參傳：「將兵守景陵。」孟康曰：「縣名。」而志無景陵。濟北貞王傳：「國除，爲北安縣，屬泰山郡。」而志無北安。王式傳：「東平新桃人也。」而志無新桃。路温舒傳：「舉孝廉，爲山邑丞。」蘇林曰：「縣名，屬常山。」王子侯表有「山原侯國，齊孝王子」。表在勃海，而志無「山」之目。劉屈氂傳及表皆云「封澎侯」。師古〔二〕曰：「澎音彭，東海縣也。」高祖功臣表有「彭簡侯」，秦同。王子侯表有「彭侯彊，城陽頃王子」。表在東海，而志無「彭」之目。范史光武帝紀：「於是招新市、平林兵。」章懷注云：「新市，

〔一〕「呼沲苑」，漢書平帝紀作「呼池苑」。

〔二〕「師古」上，原衍「師古曰澎侯」五字，據漢書王子侯表刪。

縣，屬江夏郡。」續志謂之「南新市」，酈道元云「分安陸立」，而志無新市。廬江郡分注之金蘭縣，鉅鹿堂陽之嘗分經縣，此班固自言之，而志又無其目。王吸之封信武，董赤之封節氏，劉福之封繚嫈，張路之封幾，趙敬肅王之封襄嚵，索隱皆曰「縣名」。又曰：「侯表，凡漢志闕者，或尋廢，故志不載。」而山陽之郜成也，沛郡之敬丘也，涿郡之良鄉也，千乘之平安也，齊郡之平廣也，北海之饒、石鄉、上鄉、新成、羊石也，琅邪之柔、慎鄉也，臨淮之樂陵也，桂陽之陰山也，廣平國之陽臺也，皆云侯國，而侯表無之。其已立郡縣而後罷者，武帝開建東方，元朔元年，東夷薉君南閭等降，以其地爲蒼海郡。三年罷。故食貨志云：「彭吴穿穢貊、朝鮮，置滄海郡。」史記張良世家云：「東見倉海君。」如淳曰：「秦郡縣無倉海。或曰東夷君長。」張守節曰：「太史公時已降爲郡，因書之。」元封三年，朝鮮降，以其地爲樂浪、玄菟〔一〕、臨屯、真番郡。臣瓚曰：「茂陵書臨屯郡治東暆，去長安六千一百三十里，十五縣；真番郡治霅，去長安七千六百四十里，十五縣。」徐廣曰：「遼東有番汗縣。」疑即真番。昭帝紀云：「始元五年，罷真番郡。」而臨屯之罷，據范史東夷傳亦在是年。武帝又開建南方，置南海、蒼梧、鬱林、合浦、交趾、九真、日南、儋耳、珠厓九郡。臣瓚曰：「茂陵書珠厓治瞫都，去長安七千三百一十四里。儋耳去長安七千三百六十八里，領縣五。」元帝世，儋耳前廢，珠厓繼罷，按方輿紀要珠厓郡有瑇瑁、苟中、紫見等縣，儋耳郡有儋耳、至來、九德等縣，皆漢縣也。今廣東瓊州府崖州、儋州是其境。而志一不及之。高帝紀五年，「以長沙、豫章、象郡、桂林、南

〔一〕「玄菟」，原作「元菟」，據漢書武帝紀改。

海立番君芮爲長沙王」。臣瓚曰：「茂陵書象郡治臨塵，去長安萬七千五百里。」而志惟云「日南郡，故秦象郡，武帝元鼎六年開，更名」而已。臨塵後屬鬱林，日南則治西捲。昭帝紀「元鳳五年，罷象郡，分屬鬱林、牂牁」是也。蜀郡，范史莋都〔一〕夷傳云：「元鼎六年，以爲沈黎郡。天漢四年，并蜀爲西部，置西部都尉〔二〕，一居旄牛，主徼外夷，一居青衣，主漢民。」華陽國志同。武帝元封四年，分蜀郡北部置汶山郡，宣帝地節中廢，而志又不及之。會稽郡，錢塘，西部都尉治；回浦，南部都尉治。三國志引會稽典録朱育對濮陽興問云：「元鼎五年，除東越，因以其地爲治，并屬於此，而立東部都尉，後徙章安。」續志會稽郡下云：「東部侯國。」虞翻傳亦云：「張紘爲會稽東部都尉。」孫亮太平二年，始以會稽東部爲臨海郡。沈約宋書州郡志曰：「前漢都尉治，後漢分會稽爲吴郡，疑是都尉徙治章安。」又云：「建安本閩、越，秦立爲閩中郡，漢爲治縣，屬會稽，後分治地爲會稽東南二部都尉，東部臨海是也，南部建安是也。」而志又不及之。若夫宋地下云：「今之沛、梁、山陽、濟陰、東平，及東郡之須昌、壽張，皆宋分也。」於魯地下又云：「東平、須昌、壽張皆在濟東，屬魯，非宋分也。當考。」顧炎武曰：「此並存異説以備攷，當小注於下，而誤連書者也。」東萊曲成陽丘山，治水所出，南至沂入海。酈道元以爲琅邪臨沂也。老友全祖望曰：「治水當是沽水。」左傳所謂姑、尤以西，杜預曰：「姑水、尤水皆在城陽郡東南入

〔一〕「莋都」，原作「都郁」，據後漢書改。

〔二〕「西部都尉」，後漢書作「兩都尉」。

海。」方輿紀要云：「姑，大沽水也。尤，小姑水也。」沂亦非臨沂，此水不應越淮、濟二千餘里之地而入海，乃是計斤之誤。地形志長廣有沽水，郡國志葛盧有尤涉亭，後漢省計斤入黔陬村，置葛盧，皆東萊屬縣。足以明之矣。腄縣注云：「有之罘山祠。居山上，聲洋丹水所出。」丹東北入海之疑義，終莫之明也。志文多誤。丹水出琅邪朱虛縣凡山，此又一丹水。水經注失去東萊一郡之水，故無可攷。今登州府棲霞縣即漢腄縣地，有清洋河出翠屏山，折而東入福山縣界，北入於海。或云：「清洋即聲洋也。聲、清音近致訛。」又曰：「清陽，齊乘云『清陽城對之罘山臨清陽水』，即漢志所云聲陽水出之罘山者也。」蜀郡郫縣，禹貢江沱在西，東入大江。汶江下云：「江沱在西南，東入江。」夫郫江、檢江，秦李冰作以堰，關江流；汶江之沱，又開明所鑿，豈禹迹乎？武威郡，故匈奴休屠王地。太初四年開。酒泉郡，太初元年開。武帝紀云：「元狩二年置武威、酒泉郡。」功臣表昆邪以元狩二年降，三年封濕陰侯，則置郡之年，宜以紀爲是。張掖郡，太初元年開。敦煌郡，後元年分酒泉置。武帝紀云：「元鼎六年，分武威、酒泉爲張掖、敦煌。」則二郡建置之年，亦紀是而志非。淮陽國，高帝十一年置。明帝更名陳國。水經注陳城内有漢相王君造四縣邸碑云「唯茲陳國，故名淮陽郡」云云，是郡與國又異也。金城郡，莽曰西海。王莽傳莽遣平憲等持金幣誘羌豪獻先零之地以爲西海郡，非改金城爲西海也。濟陰郡，故梁國。景帝中六年分爲濟陰國。宣帝甘露二年更名定陶。然則何時改爲濟陰郡乎？魯國，故秦薛郡，高后元年爲魯國。高后以城陽爲魯國，不以薛。其時薛屬楚山陽，成武有楚丘亭，齊桓山所城，遷衛文公於此。此春秋戎伐凡伯之地，爲戎州己氏邑，非衛封也。衛封在東郡之白馬。今開州滑縣東有楚丘城。丹陽郡，丹陽，楚之先熊繹所封，十八世，文王徙郢。熊繹所封之丹陽在南郡枝江。酈道元云「尋吳、楚悠隔，繿縷荆山，無容遠在吳境」，是爲非也。後總序云：「南得涿郡之易、容城、范陽、北新城。」北新城屬中山國，後漢改隸涿郡，此皆班固之誤。前總序引職方冀州浸曰汾、潞，師古曰：「潞出歸德。」蓋誤以潞爲洛，潞即濁漳也。魏郡元城既引應劭曰「魏武侯公子元食邑於此，因而遂氏焉」，常山元氏又引闞駰云「趙公子元之封邑」。按：史記趙成王十一年城元氏。洪邁曰：「二邑命名，不應相似如此。」真定國之肥纍，班固曰「故肥子國」是也，而泰山之肥成，引應劭曰「肥子國」，遼西之肥如，又引應劭曰「肥子奔燕，燕封於此」，容齋亦疑其誤。北海營陵，師古曰：「臨淄、營陵，皆營丘地。」此蓋因班固分注有或曰營丘之文而諂附之，然淄水實不逕營陵也。瓡音，灼曰：「漢注作報。」師古曰：「瓡即執字。」皆非也。東平王傳作瓡，有狐音。河東狐讘，表作瓡讘，索隱曰：「即狐字。」雲中北輿，師古引闞駰曰：「廣陵有輿，故此加北。」酈道元以爲疑，太疏遠。五原有南輿〔一〕故此加北。桂陽二山，應劭曰：「今陰山也。」師古曰：「下自有陰山。」應説非也。東京省陽山入陰山，故仲瑗云：「然。」王嘉傳云：「爲南陵丞。」師古曰：「縣名，屬宣城。」王應麟曰：「漢時焉得有宣城郡？此是京兆之南陵。南陵，薄太后陵也。」文帝置宣城郡之南陵。括地志云「梁置，治赭圻城」，則又小顏之誤。至於京兆南陵沂水之音「先歷反」，酈道元以滻水當之。夫沂、滻字形既別，與「先歷反」之音又爽。此必沂水之即涅水，「沂」字近析，「先歷反」者，析也，行間斷爛，後人或見別本有以沂爲析者，遂實以先歷反

〔一〕「南輿」，漢書地理志作「南輿」。

之音。若師古，不應如是之憒憒也。余之稱説，實非盡無稽。義門有言，書不經劉向、揚雄之手，孰與之辨正哉！誰乎堪此者？

附録

先生水經注釋參校諸家云：全氏祖望七校本。四明全謝山翰林取諸本手校于篁菴，謂道元注中有注，本雙行夾寫，今混作大字，幾不可辨，蓋述其先世舊聞斯言也。予深然之。河、洛、濟、渭、沔、江諸篇經、注混淆，卧病中忽悟其義，馳書三千里，至京師告予。予初聞之，通夜不寐，竟通其説，悉改正。今秋下榻春艸園之西樓，各出印證，宛然符契，舉酒大笑，因爲製序焉。又書參校諸家後云：「以上諸本，予悉取之與明南州朱謀瑋中尉箋相參證，録其長而舍其短。第見聞有限，頗懷生晚之歎，觀者幸弗哂其陋也。古老傳言，馮祭酒夢禎以經、注混淆，間用朱墨分乙，其本惜未之見。」原文。

案：東潛更正經、注，世以與戴東原校本相同，遂滋疑論。東潛於經、注混淆，及注中有注，自述所得，語止於此。段懋堂與梁耀北書，謂東原條舉義例，東潛不將何以互改之故詳於自序、及分注、及附録、及朱箋刊誤。然東潛亦未始不自言惟不若東原之特立三例更爲明確。東潛補二十一水，亦但識於目録之後，不見於序例，蓋其著書之體然也。

王益吾曰：「乾隆中，裒集永樂大典，就所引水經注排比鉤稽。武英殿聚珍板印行，出戴震東原之手。戴氏自有刊本行世，以乾隆三十九年校上。而趙氏之書，先成於乾隆十九年，至五十一年始謀鋟板，流布反在官本之後。世罕覯大典原文，見戴校與趙悉合，疑爲弋取。然書中增補删改多至七千餘字，既著之案語中，其訂正各條，明注本文之下，並非盡出大典，亦未嘗隱而不言。趙氏覃精極思，旁搜廣證，合契古籍，情理宜然。諸家聚訟，若段玉裁懋堂、魏源默深、張穆石舟各執一詞，存而不論可也。序例。

方恪敏觀承爲直隸總督，聘先生修直隸河渠水利書，既具稿，復延戴氏震要删之。未竟，方卒於官。周元理代爲總督，延余氏蕭客足成之，而未及刻。嘉慶中，吴江王氏履泰得其稿，删改爲畿輔安瀾志，上之武英殿刻行。史傳。

段懋堂曰：「戴東原師卒，遺書皆歸曲阜孔户部葓谷繼涵。直隸河渠書二十四册，吾師之子中孚攜至蘇州，屬余校定，此嘉慶十五年二月也。余披讀往復，見其書繁重纖悉，因思吾師惟戊子年在恪敏處，一年内何以能成書之多。至此每與李松雲太守言，此必有底稿，斷非出戴師一人之手也。是年冬，杭州何夢華元錫來言，直隸河渠書乃趙東潛作，於戴先生無涉。余以二十四册者示之，彼趙氏之書尚多一倍，不止此也。余曰：『吾故疑一年之内不能成書至百二十卷之多。今足下云趙書乃更倍此，然則趙爲草創，而戴爲删定乎？』十六年二月，松雲以葆巖制府札相示，夢華已將趙本鈔送葆巖。葆巖問：『趙氏作此書可有證據？』余謂趙氏爲此書，惟汪韓門集保定旅懷詩道及之，然其書稿藏於家，固確然可信。至吾師之書，余親聞吾師説，撰此書吾師親筆。戊子，余應方制府之請，寓保定蓮花池園内。適河間同知黄君尋灤河源至，皆可據證。夢華乃云『此書無預戴氏』，非確語也。松雲云：『東原先生非攘竊人書者。若非東原大爲删潤，斷不鈔其副本，自稱己書。蓋趙草剏，而戴删潤，必矣。』所見正與余合。今者二公之書固當並存，趙名直隸河渠水利書，吾師曰直隸河渠書，則「水利」二字，吾師所删，以『河渠』足以包之也。趙本一百三十二卷，吾師一百二卷，則卷數較少者三十，吾師所删也。趙本始衞河，終唐河；戴本始衞河，終陡河、灤河，則其次第之大不同也。戴於灤河一卷未成，夢華説趙灤河十一卷，則可補戴書成完璧矣。懋堂又有致方葆巖書，言趙書灤河六卷。經韻樓集。

東甫家學

沈先生炳巽

沈炳巽字繹旃，號權齋，東甫弟。讀水經，據嘉靖間黄省曾刻本，以己意爲釐正，徧檢史記、漢書志表及諸史志録，其文字異同者，附諸家考訂之説，凡州縣沿革，則悉以今名釋焉，歷九年，成書四十卷，名曰水經注集釋訂訛。他所著有雪漁文存、雪漁詩略續、唐詩話、全宋詩話。弟炳謙字幼牧，號勞山，與東甫同舉博學鴻詞。工詩，羣從倡酬，極一時之盛。參沈德潛撰傳、詞科掌録、文獻徵存録。

謝山私淑

王先生梓材

王梓材字楚材，號臒軒，鄞縣人。道光甲午優貢，以教習期滿，出宰廣東，署樂會縣，尋卒於官。少好治經，融會漢、宋諸儒之説而求其是。尤究心音韻及六書之學，嘗謂古人以此爲小學，人人童而習之，今則訛謬不可究詰。生平勤著述，以南雷所撰宋元學案未及成編，乃搜索其子百家及謝山所嘗補輯者而增訂之。慈谿馮氏雲濠、道州何氏紹基並爲刊行。别成宋元學案補遺百卷。又以謝山嘗七校水經注無定本，先生得其遺稿，重加釐正。闕佚者，取趙氏一清所引全氏語及鮚埼亭集中題跋以補之，書始燦然可觀。平定張氏穆爲覆校，刊入楊氏叢書。又依酈注作水道表，見者多稱許之。其於諸經各有箋釋，彙之爲解經録。他撰著十餘種，皆精審可傳於世。古文曰樸學齋文鈔，詩曰北游賸語，卷帙不多，亦足見根柢云。參運甓齋稿。

清儒學案卷七十一

惺齋學案

惺齋學宗程、朱，窮研經史，務深入有心得。兼綜天文、曆法、算術、音律之學，世但取其演句股之書列諸疇人，則其尤著者也。述惺齋學案。

王先生元啟

王元啓字宋賢，號惺齋，嘉興人。乾隆辛未進士，授知縣。發福建即用，權知將樂，僅三月而罷。在官釐訟獄，禁蒱博，設十家牌，立排糴之法，禁質庫重利，濬溝渠，修橋梁道路，凡諸實政，悉殫心力爲之。復議平鹽價，鹺客心害其法，爲蜚語聞於大府，遂被黜。其將去也，民有訟未決者，力請決。先生出聽之，自晝徹夜，至旦而事畢，則代者至矣。羈管待質，民訟言其枉，爭爲奔走。久之事白，出主書院：在福建則延平之道南，仙游之金石，邵平之樵川，順昌之華陽；河南則衛輝之崇本；山東則濟南之濼源、蒿庵，曹州之重華；於其鄉則鎮海之鯤池。前後掌講席三十年，所成就之士，以學行文藝科目著顯，著者數千百人。先生爲學，以宋五子爲宗。其考古也，一本於論世知人之識，確乎有以辨其真僞，而精心密察，爬梳抉摘，不使有片言隻字之疑訛。嘗曰：「我無他長，惟好學深思，心知其意而已。」治經尤精於易，有講義。治四書亦有講義，大學先成。治史、漢，合諸本校正。於史記律曆、天官三書、漢書律曆志有正譌。爲文宗昌黎，有讀韓記疑。治天算，有曆法記疑、句股衍、角度衍、九章雜論。而句股衍一書因繁求簡，尤爲疇人家所重。書分甲乙丙三集，甲通論術原及開平方法，爲句股因積張本。次論立方，次論和數開立方。乙爲相求法之綱要。丙又即相求法逐則分析其義。通爲九卷。他若韓非子，歐、曾、王諸集，孫可之文，錢文子補漢兵志諸書，各爲校正平注，孳孳矻矻，至老不倦。疾將革，猶補注易下經，至既濟止。易簀前一日，呼子改定韓集記疑順宗實録條中二字。卒年七十有三。易、大學講義、史漢正譌及考定先師廟制諸文，合爲惺齋雜著。其詩文爲祗平居士集。參史傳、疇人傳、翁方綱撰墓志銘、張士元書事。

校正史記月表

史記月表因秦、楚之際，世短變繁，難以年計，故十八王皆以始王之月爲一月。其先已立國，如趙歇、齊市、燕廣、魏豹、韓成，止承前月爲數，并不書一月，蓋以歷月多少，別其享國之久近，非謂始王之月，每歲必改稱一月也。今表于丙申建卯之月，西楚、衡山、九江、雍、燕五王皆書二年一月，前此二世一統書年。子嬰爲王即不書年，惟義帝曾爲天下共王，故于爲懷王之十三月書年，即帝位之寅月書年，至丙申十月被弒即不書年。十月之朔，義帝猶在，漢未一統，亦不書年，似乖史法。且以一月代正月則不辭，謂五國獨改卯月爲歲始則非實。又張耳以十一月王趙，英布以七月王淮南，歲以十一月、七月爲一月，稱名尤不順。惟漢封韓王信在二年十一月，是年有後九月，適足十二月之數，故于漢三年十月特書二年一月，較爲近理，然已不免自亂其例。故今于俗本所書二年一月悉改十三，三年一月悉改二十五，庶不謬史公本旨。他若二世二年九月，齊表，「田假走楚」下，有「楚趨齊救趙」。田榮以假故，不肯」，十二字，當列後九月「楚殺假乃出兵」之上，今列前九月乙未。十二月楚表八月下當有「諸侯尊懷王爲義帝八字，今列義帝元年一月下，是爲錯簡。其錯簡之重出者，若二世二年十二月「陳涉死」，楚、魏二表並列三年端月。齊表多添「項羽怨田榮，分齊爲三國」十字。是年六月，趙表添「張耳從楚西入關」七字。是皆後文之錯見於前者。漢王出滎陽在三年六月，表於四年四月復書之，是前文之複衍於後者，又加乙未。十二月，齊表「項羽怨榮」下衍「殺之」二字。漢三年十月，趙表「漢滅歇」下衍「立張耳」三字。英布王淮南，張耳王趙，皆在漢之四年，五年正月復衍「淮南國」、「趙國」等字，悉宜删去。至脱文譌字及舊注舛謬處，則隨事釐正，不能殫述。若夫諸表經緯之度，前後不同，隨時分合，史公具有深意。如世表以世爲經，然自黄帝以下有顓、借、堯、舜、夏、殷、周諸屬爲緯，則兼列縱横二格。自帝泄以下，有經無緯，則至殷代帝辛之亡，凡更三十八帝，止用縱格直書，至周武王伐殷，又有魯、齊等十一國爲緯，則仍列縱横二格。然而王朝所占分數獨寬，取其便于紀事，故不與諸國一例。六國年表始皇既并天下，更無他國可書，則其後皆用直書。月表前列秦、楚、項、趙、齊、漢、燕、魏、韓九國，其後項羽立十八王，并義帝、西楚凡二十。今表義帝下别餘一空格，總計横格二十一。考漢表河南下留一空格，爲漢五年别置長沙國地。史表但取格中有空即書，故列長沙于河南屬漢爲郡之後，其説别見漢興以來諸侯年表。或欲用十二侯表之例，燕下虚列一格，爲後吴壽夢以下作地亦得多添格數，似非史公本意。又自田榮擊殺田市、田安之後，三齊當并一格。欣翳降漢，臧荼殺廣之後，須滅去塞、翟、遼東三格。義帝既滅，楚、項當并一格。殺邯虜豹之後，雍、魏二格須滅去。三年十月之後，常山、代二格須滅去。十二月後，并須滅去九江一格。張耳王趙，當并趙、代爲一格。擊殺田廣之後，并須滅去三齊。至二月王信，仍并三齊爲一格。五年十二月後，滅去臨江一格。正月韓信徙楚，漢并三秦、三齊通七國爲一格。凡此總期無失史公本指，要于原次無更。惟九江改封淮南，衡山爲其屬郡，中間不宜間以臨江一國；三秦并漢，塞、翟最先，不宜爲雍所隔。考前項梁之起，在武臣王趙之後，表取楚、項地比，易合爲一，特爲先項後趙。今倣其意，列九江于衡山之上，降雍于塞、翟之下，當亦史公所許。因見後代史表字數必拘一例，首行既定，後雖有經無緯，亦必局書一格之中，以致曳白累幅，觀者厭之。余于三代世表、六國年表見史公翦裁鎔鑄隨宜變化之方。月表前半分楚爲四，分齊爲三，關中爲四；分燕爲二，分魏爲殷；分韓爲河南，其由少分多之法，史公蓋自言之。後半獨不能由多改少，是謂不充其類，輒意爲斟定如左。舊本傳刻甚多，今故不復重列，止録考定今文。世有好學深思之士，當不至罪其妄作。

句股衍總序

句股衍相求之法，參以和、較，得七十八則。立表測量，又得求高、求深、求遠三則。重表亦然。求句股中函之數，則又有冪積之數，容員、容方及容縱方之數，彼此相求，又得二十三則。由句股推之，以至不成句股之形，亦可化而爲句股。此中裁截之法猶不與焉，其術亦繁矣哉！舊算書簡略不備者無論。詳者復錯雜無緒，而於疑難諸法，往往取徑太迂，運思太拙，閲之反亂人意。嘗試意爲區別，使各以類從，定爲相求法百有八則，録諸別紙，擬於暇時依次研求，創爲新法，以曉學者，多事卒卒未能。甲申秋仲，卧病重華書院，一切筆墨之緣都絶。思理前緒，遂得一一盡通其故。其中運思布算時比舊法爲直截，而舊法亦不敢没，則附見焉，以資參考。至以中函積數與弦之所和、所較相求而得句股弦之正數，其法爲舊算書所不載，今亦竊擬一法，以附於後。又別創截弦分兩及補句求股、補股求句二法，以該西術三角之算，使學者知周髀一經，於術無所不該。後人淺爲涉獵，不能旁推交通，以盡其變，故使西術得出而爭勝。其實西術亦本周髀，不能越其範圍之外也。書成，總凡百十四則，名之曰句股衍。使從游之士録而傳之，雖無關窮理之大要，以之啟誘童蒙，亦未必非小學之一助云。

文集

與沈鷗江論句股書

來諭索弟新著算術，既乏鈔胥，又稿本塗乙處多，非明於此術者，傳寫必多舛戾，故不能奉寄。恐虚來意，輒就句股一門，撮其大要，略爲足下陳之。欲求句股，必先學開方法。方有正方、縱方之異。縱方則以修廣之和、較數開之。其次則求四率比例，有三率求四率之法，有二率求三率之法，又有一率求三率之法。知此，即可以求句股弦各無零數之法。以三率之中率爲主，倍中率爲股，首末二率相減爲句，相加爲弦。依此衍之，得句股略例十數則，然後以句股弦爲正數，兩數相加爲和數，相減爲較數。又有弦與句股三數加減之和、較數。三數相加減，弟名之爲兼三和較。凡正數、和數、較數各三，兼三和較數各二，共十三數。十三數中，隨舉兩數，即可求句股弦全數。凡得相求法七十八則，與中函積數相求，又得一十六則，統凡九十四則。而其中容方、容員，及截弦分兩，與夫立表測量，又有單表、重表之法，猶不與焉，蓋其法亦繁矣哉！今取相求法九十四則，分十二目，今又增衍至百三十二則。臚敘別紙呈覽，庶幾所謂智者觀其彖詞則思過半矣。其次則求截弦分兩之法，是謂一句股分兩句股之術。一句股分兩句股，即可以知不成句股亦可以分兩句股。不成句股分兩句股，即西法三角算術所由名，弟則總以句股該之。其法取大小兩句股形，小股與句同數者合爲一形，即爲不成句股之形，分之爲兩，則所謂中垂綫者，即小矩之股，大矩之句。以此衍之，又得不成句股略例二十餘則。於此求之，又得合形分兩、削形求全二法。合形分兩，則有正合形截隅分兩、反合形截中分兩、偏合形截邊分兩之法。削形求全，則有削去正矩、削去偏矩之殊。偏矩中又有淺削深削之分。知此，則平句股之學盡此矣。平句股外，尚有弧句股法，更非筆舌所能盡，姑俟異日奉白可耳。凡此，雖本舊法，而分條析目，及入手前後之次第，悉出弟之新意。其標題名目，及運思布算，多有不循其舊，自以臆定者。更有舊法所不設，而以意補入者。承下問諄諄，數千里手書遠及，不敢不獻其愚。其他非相見不能盡。

附録

先生撰史記正譌，自序曰：「余考定史記，皆仍其原文，別加識別。如闕文用左氏春秋、戰國策、漢書，補入者用朱書。三書之所不載，則用穆天子傳例，爲□以空其處。譌字則於字外加□，復朱書本字於下。衍字則用側書，仍於字外加□，以別於註。又史記自兩漢時未有訓釋，讀者往往以己意記注，傳寫攙入正文，誤升爲大字，遂使文體割裂，首尾不貫。今用孔穎達諸經正義之例，於後儒傳注，雖用正書，縮爲小字，使不與正文相混。」史記正譌。

史記律書上九、商八、羽七、角六、宮五、徵九，索隱即謂此文似數錯，未暇研覈，其後注家皆未得解。先生謂：「上者宮也，不言宮而言上者，蒙上文上生爲義。明乎上之爲宮也，雖指黄鐘一律，實則六十調之通例。商八以下，言律管長短之度，當云羽七、角六、徵五。宮字誤，徵九二字衍。」又云：「上生下生，諸説不同。史不云宮九、商八，而曰上九、商八，上即宮之別名。就五聲二變中，較其律管之最長者，無逾於宮，故名之曰上。宮既爲上，則徵、羽爲下，而商、角之爲上又可知。」上生之義，古無明訓，獨此文上九一言，蒙上上生爲辭，乃其的解。一言而足息羣紛，尤徵史筆，爲特表而出之。同上。

天官書先生析爲七章：一經星，二五緯，三二曜，四異星，五雲氣，六候歲，七總論。自題略曰：「此書敍周天列宿，於其句圜隨兑之形，前後向背之勢，縱横指畫，宛列目前，又無一語爲近今人所能道者，決其爲史公親筆無疑。中敍五緯，宜備列其行度疾徐，以備後人之考驗。今顧不爾者，天官書前無所承，史公首創爲之，不能如後代測驗之詳，故但約舉大綱，以存占候之舊。其的然知爲史公手筆者，每章不過數語而已。後之讀史者，勦入各家星曆之書以附其後，故其文茅葦塞望，觀者厭之。然其中亦有不忍盡割者，稍取其勁質奥雅，義可研究者，仍作大書。其餘直寫星經，無所發明者，概從小字書之，庶讀者無厭其煩焉。」同上。

先生詳稽典制，尤重於祭禮，定於冬至祭始遷之祖，歲暮兼及已祧之主。吴江陸朗夫聞之，以爲祭逾四代，有違禮制。先生迭書申辨，務申己意。又時有毁瘞祧主者，先生不謂然，作兩論力辨之，言甚切至。又嘗詳考古今先師廟制，次爲歷代廟學聖賢位次、配享從祀殿廡諸篇。乾隆二十三年，高宗幸曲阜，將赴山左上之而未行，刻附雜著後，又次入集中。祇平居士集。

先生曰：「韓子原道篇謂道必合仁義言之，自孟子後，無人敢作此語，而後儒學孟子者，反譏之。其答侯生書以反身而誠釋聖人踐形之義，自周子通書未出以前，無人能作此語，而後儒學周子者，又往往於韓子多微辭。竊謂善學孟、周者，無如伊川程子，伊川於漢後諸儒皆不滿，獨不敢苟疵韓子，謂韓子晚年文字未可易視，蓋其所契者深矣。余幼讀韓文，見後儒妄肆譏評，心竊非之，研求五十餘年，始知韓子之學，上承孟子、下開周子者如是。」同上。

先生文宗昌黎，撰讀韓記疑。又據其詩，考定德、順、憲、穆四朝行事，及公一生遭際經歷，爲附録一卷，以補洪氏年譜所未備。於宋推歐陽氏，於明推歸氏。有所述作，不失尺寸。與友朋論文，書尺往復數千言，守先民矩矱維謹。同上。

先生宰將樂，在官僅三月。將樂山縣，民浮險競利而輕生，又好蒱博。山深林密，盜賊竊發。先生視事，已迫歲暮，先出教風諭，乃於城內外擇地，設壯丁巡邏。夜分，躬步行檢察，遇小鬬立懲，盜竊私博蹤跡，驗問皆獲之，民遂無犯禁者。故事，米貴勸富民糶積粟，久而弊生，上富、次富、里長意爲低昂。限期畫地以糶，先生令諸大户互報，餘米以糶盡爲度，米少者不强，四門通糶不限方隅。其始升米值錢二十四，尋減至十五。故事，斂税必次年五月畢收。先生選廉幹持印信分往各鄉就徵，吏洗手奉法，民皆歡，輸帀月而畢。先生用法不苛，但持之以信，不肯二三。其區處公私，精力能推行之，民無不感戴。張士元書事。

惺齋交游

萬先生光泰

萬光泰字循初，秀水人。乾隆元年薦舉博學鴻詞，是年舉於鄉。先生才思富贍，讀書穿穴經傳，詣極精微，於小學音韻皆有所得。其卓然獨絶者，爲天算之學，上自經史，以至明之三曆，駮正龐迪我、利瑪竇之説，布算了了，識者歎其神妙。梁詩正續修通考，延先生董其事。卒年三十九。所著有轉注緒言、漢音存正、遂初堂類音辨、柘坡居士集。參史傳。

附録

惺齋曰：「亡友萬光泰循初最精音韻之學，然自謂達心而拙於口，屢索余代爲疏解。頃余被罪幽居，偶憶初入京師，得國書讀之，頗略曉其聲類分合之故，因追爲之解如右。今人讀侵覃以下諸音與真文相混，讀國書可知其有别。又如緑衣詩以風叶心，招魂亂以楓叶心，朱子楚詞辨證中頗有論説，今國書風與心南同列一音。又詩以儀叶何，以施叶磋，禮記以且訓祖，今韻魚虞中畬塗等字時或錯見歌麻第一字頭，又可知古韻本自相通也，惜無由與同學故人一相質證。又歎循初今日遂已無此日月，而余視息尺寸之區，亦日以槁死爲虞，不覺掩卷茫然，百感交集也。」王元啟國書解書後。

清儒學案卷七十二

抱經學案

抱經奉父師之教，爲勞餘山再傳弟子，後乃以考訂校讐名。其學博采衆説，擇善而從，往往折衷於義理，此其異於揭漢學之幟以排擯宋儒者。述抱經學案。

盧先生文弨

盧文弨字紹弓，一字檠齋，晚號抱經，餘姚人，遷居杭州。父存心，爲勞餘山史弟子，語見餘山學案。母，馮山公景女也。先生生而穎異，承庭訓，又濡染外家餘緒。長爲桑弢甫調元壻，遂師焉。故學具有原本。乾隆戊午，舉順天鄉試，考授内閣中書。壬申，成一甲三名進士，授翰林院編修，直南書房，累遷侍讀學士。典廣東鄉試，督湖南學政，以條陳學政事不當左遷，乞養歸。歷主江浙書院講席，以經術教士，士望歸之，風氣爲之一變。乾隆六十年卒，年七十九。先生篤於内行，服膺宋儒，潛心漢學，實事求是，精校讐之學。所校逸周書、孟子音義、荀子、呂氏春秋、韓詩外傳、賈誼新書、春秋繁露、方言、白虎通、獨斷、經典釋文諸善本，鏤板惠學者。又苦鏤板難多，則合經史子集如經典釋文例，摘字注之，名曰羣書拾補，凡三十八種，以行世。所自著書，有儀禮注疏詳校十七卷，鍾山札記四卷，龍城札記三卷，廣雅釋天已下注二卷，抱經堂文集三十四卷，皆使學者諟正，積非蓄疑涣釋。其言曰：「唐人之爲義疏也，本單行，不與經注合。單行經注，唐以後尚多善本。自宋附疏於經注，而所附之經注，非必孔、賈諸人所據之本也，則兩相齟齬矣。南宋後，又附經典釋文於注疏間，而陸氏所據之經注，又非孔、賈諸人所據也，則齟齬更多矣。淺人必比而同之，則彼此互改，多失其真。幸有改之不盡，以滋其齟齬，啟人考覈者，故注疏釋文合刻，似便而非古法也。」其讀書特識類此。金壇段氏懋堂稱爲不磨之論云。參段玉裁撰墓志、江藩漢學師承記、繆荃孫儒學傳稿。

文集

儀禮注疏詳校自序

乾隆庚申之歲，吾師桑弢甫先生講學於湖上之南屏，秀水盛庸三世佐實從之遊。余館於城中，不能與共學，而往還恒數焉。見其手儀禮一經，萃衆解而研辨之，於其節次亦時有更易。以其所爲説質於先生，定而後各條疏於經文之下。余見而好之，亦欲從事於斯，而家無此書，遂輟不爲。庸三以戊辰成進士，余時亦在京師，因索其向所著，則已褎然成書，因得縱觀焉。歎其精鑿實有出於昔人之上者，顧其文繁，力不能倩人鈔録。庸三既得滇南縣令缺，旋出京。蓋余之於此經，其萌芽實於是乎始，後更無有人相爲提唱者，則亦遂已。庚子入京，晤程蕺園太史晉芳，言於此經已得十一家之本，將爲之甄綜而疏通之，則又躍躍然以喜。是時余年六十有四，距庚申已四十年，稍得見諸家之本，往往有因傳寫之譌誤，而遂以訾鄭、賈之失者。於是發憤先爲注疏，校一善本，已録成書矣。既而所見更廣，知鄭、賈之說，實有違錯，凡後人所駁正，信有證據，知非憑臆以蘄勝於前人也，因復亟取而件繫之。向之訂譌正誤，在於字句之間，其益猶淺。今之糾謬釋疑，尤爲天地間不可少之議論，則余書亦庶幾，不僅爲張淳、毛居正之流亞乎？夫前人有失，後人知而正之，宜也。若其辭氣之間有不當過於亢厲者，此則微爲削之。今定書之總名，惟曰儀禮注疏詳校，不加以辨駁之辭，若是庶無得罪於先賢乎？庸三之書，名曰集解。滇之大吏委以解銅，至儀徵而卒，遂無從更見其書。此書中僅載一兩條，猶是昔年之簡録者也。蕺園相晤之明年，余至山西，旋聞其卒於秦中，所欲爲者，殆亦未就。獨余以不肖軀尚留世間，今年已七十有九矣。回憶南屏初見是書時，去之五十餘年，而始得成是編，不可謂非幸也已！

羣書拾補小引

文弨於世間技藝一無所能，童時喜鈔書，少長漸喜校書。在中書日，主北平黄崑圃先生家，退直之暇，兹事不廢也。其長君雲門時爲侍御史，謂余曰：「人之讀書，求己有益耳。若子所爲，書并受益矣。」余灑然知其匪譽而實諷也。友人有講求性命之學者，復謂余「此所爲玩物喪志者也，子何好焉」？斯兩言也，一則微而婉，一則簡而嚴，余受之皆未嘗咈也。意亦怦怦有動於中，輟之遂覺闕然有所失。

斯實性之所近，終不可以復反。自壯至老，積累漸多，嘗舉數册付之剞劂氏矣。年家子梁曜北語余曰：「所校之書，勢不能皆流通于世，其藏之久，不免朽蠹之患，則一生之精神虚擲既可惜，而謬本流傳後來亦無從取正，雖自有餘，奚裨焉？意莫若先舉缺文斷簡譌繆尤甚者，摘録以傳諸人，則以傳一書之力，分而傳數書，費省而功倍，宜若可爲也。」余感其言，就余力所能，友朋所助，次第出之，名曰羣書拾補。雖然即一書之譌而欲悉爲標舉之，又復累幅難罄，約之又約，余懷終未快也。然余手校之書，將來必有散於人間者，則雖無益於己，寧不少有益於人乎？後有與余同好者，而且能公諸世，庶余之勤爲不虚也已。

重雕經典釋文緣起

此書雕版行於海内者，止崑山徐氏通志堂經解中有之。宋雕本不可見，其影鈔者尚間儲於藏書家。余借以校對，則宋本之譌脱反更甚焉。當徐氏梓入經解時，其撲塵掃葉，誠不爲無功。然有宋本是，而或不得其意，因而誤改者，亦所不免。且今之所貴於宋本者，謂經屢寫則必不逮前時也。然書之失真，亦每由於宋人。宋人每好逞臆見而改舊文，如陸氏雖吴産，而其所裒輯前人之音，則不盡吴産也。乃毛居正著六經正誤一書，譏陸氏偏於土音，因輒取他字以易之。後人信其説，遽以改本書矣。又凡切音有音和亦有類隔，陸氏在當時或用類隔，未嘗不可以得聲，而後人疑其不諧，亦復私爲改易。注疏本多有之，幸本書尚無恙，然其浸淫以疑惑後人者不少矣。古來所傳經典，類非一本，陸氏所見，與賈、孔諸人所見，本不盡同。今取陸氏書附於注疏本中，非强彼以就此，即强此以就彼，欲省兩讀，翻致兩傷。又本書中如孝經、論語、爾雅，多以校者之詞羼入之，今雖不遽删削，唯略爲之間隔，使有辨焉。唐人經典多不全用説文，陸氏意在隨時，不取駭俗。此書中間亦引許氏以正流俗之非，而不能畫一信從，且有以俗字作正文，而以正體爲附注者。至其點畫之間，亦每失正。觀唐人石經及五經文字所載，皆是習相沿用，今亦仍而不革，庶乎不損本真。然於六朝人所用甚鄙俗字，陸氏固未嘗闌入也。余念此書關經訓之菑畬，導後人以涂徑，洗專己守殘之陋，匯博學詳説之資，先儒之精藴賴以留，俗本之譌文賴以正，實天地間不可無之書也。而年來流傳漸少，學者不能盡見，因爲之手校重雕。第以遲暮之年，精力慮有不周，刻成猶再三校，目幾爲之昏，弗恤也。其文舊皆連屬，今審其可離者離之，以便觀者。書中是非，及今所因革，以嘗所聞於師友者，别爲考證，附於當卷之後，不以殽亂本書。

校刻白虎通序

乾隆丁酉之秋，故人子陽湖莊葆琛見余於鍾山講舍，攜有所校白虎通本。此書譌謬相沿久矣，葆琛始爲之條理而是正之，厥功甚偉。因亟就案頭所有之本，傳録其上。舟車南北，時用自隨，并思與海内學者共之。在杭州楷寫一本，留於友人。所在太原又寫一本，所校時有增益。後又寫一本寄曲阜桂未谷。今年家居，長夏無事，決意爲此書發雕。復與一二三友人嚴加考覈，信合古人所云「校書如讎」之恉。凡所改正，咸有據依，於是元、明以來，譌謬之相沿者，幾十去八九焉。梓將畢工，海寧吴槎客又示余小字舊刻本，其情性篇足以正後人竄改之失，蓋南宋以前本也，與其餘異同，皆於補遺中具之。此書流傳年久，間有不可知者，闕之，然要亦無幾矣。因撮其略，爲之說曰：「事必師古，而古人又誰師哉！道之大原出於天，古人凡事必求其端於天。釋尚書者於稽古有異說，余以爲稽考古道，古道即天也，天何言哉！稽考古道，是乃堯之所以同於天也。古之聖人，凡命一名，制一事，曷嘗不本之於陰陽，參之於五行，原其始以要其終，窮則變，而通則久，其有不知而作者乎？必無是也。讀是書，可以見天人之不相離，而凡萬變之相嬗乎前，無一非出於自然者，曾私智小慧之可得與其間哉！顧說之不免有歧者，何也？天體至大，仁者見仁，知者見知，昭昭之天，何莫非天！當時天子雖稱制臨決，而亦不偏主一解，以盡繩衆家之說，此猶吾夫子多聞見而擇之識之之意云爾。世有善讀者，則此書之爲益也大矣。儻泥其偏端，掩其全美，而輒加以輕詆，夫豈可哉！若夫是書之緣起，與歷代相傳卷帙異同之數，則具見於葆琛之所爲考，余又奚贅！」

重校方言序

方言至今日而始有善本，則吾友休寧戴太史東原氏之爲也。義難通而有可通者通之，有可證明者臚而列之，正譌字二百八十一，補脱二十七，删衍字十七，自宋以來，諸刻洵無出其右者。乾隆庚子，余至京師，得交歸安丁孝廉小雅氏，始受其本讀之。小雅於此書采獲裨益之功最多，戴氏猶有不能盡載者。因出其鈔集衆家校本凡三四，細書密札戢孴行間，或取名刺餘紙反覆書之，其已聯綴者如百衲衣，其散皮書内者紛紛如落葉，勤亦至矣。以余爲尚能讀此書也，悉舉以畀余。余因以考戴氏之書，覺其當增正者尚有也。劉歆求方言入録，子雲不與，故藝文志無之，乃班氏於雄本傳舉其所著書亦闕方言，世不能無疑。考常璩華陽國志載雄書，凡太玄、法言、訓纂、州箴、反離騷皆與傳同，而不及四賦，乃云「典莫正於爾雅，作方言」，此最爲明證。應劭而下，稱引日益多，而是書遂大著。其卷數則歆書中云十五卷，郭景純序亦云三五之篇。隋、唐以下志皆云十三卷，并合與遺脱不可知，然定在郭注之後。宋志又云十四卷，當因劉歆書與雄答書，向附在簡末者亦别爲卷而并數之也。雄識古文奇字，嘗作訓纂篇，今不傳。趙宋時，書學生亦令習方言，則方言中字其傳授必有自。如家龢赤脊傳罍之類，凡舊所傳本皆然，考之漢隸，亦有證據，正不必執説文之體以盡易之。又其中有錯簡兩條，亦尚有字當在上條之末而誤置下條之首，及不當連而連者，有過信他書輒改本文者，注及音義又有遺者，誤改者。余以管見合之丁君校本，復改正百廿有餘條，具著其説，可覆案也。郭氏注爾雅三卷外，又有音一卷，則知此書之音，亦必不與注相雜厠。後人取便讀者遂併合之，以郭音古雅難曉，又附益以近人所音。如通志載有吴良輔方言釋音一卷，此書當有捃摭及之者。余欲使注自爲注，仿劉昭注補續漢志之例，進郭注爲大字，而音則仍爲小字，雖未必即還景純之舊觀，然要使有辨焉爾。至集各家説，及文弨之説，上又加圓圍以隔之。戴書已行世，故唯録其切要者。舊本又有云「字一作某」者，疑出於鼂公武子止。案鼂讀書志云：「予傳方言本於蜀中，後用國子監刊行本校之，多所是正。其疑者兩著之。」據斯言，則知爲鼂氏所加無疑也。予嘉丁君之績，而惜其不登館閣，書成不得載名於簡末，世無知焉。又其所緝綜者，紛綸參錯，不易整比，久久將就散失，不愈可惜乎！故以餘閒，爲成就之如此。丁君名杰，今已成進士，待學博士闕於杭州，其學實不在戴太史下云。

新校説苑序

漢禁中先有説苑一書，而子政爲之校讐奏上，號曰新苑。余向閲文獻通考，疑新苑爲説苑之譌。及後得宋本，此書前有子政所上奏云：「臣向所校中書説苑雜事及向書、民閒書互校讐，分别次序，除去與新序復重者，更造新事十萬言以上，凡二十篇七百八十四章，號曰新苑，皆可觀。」然後知余向之所疑爲妄也。宋本自勝近世所行本，然亦多錯誤。今取他書互證之，其灼然斷在不疑者，則就改本文，而注其先所訛者於下，使後來者有所考。若疑者，兩通者，則但注其下而已。此書之言治術略備矣，人主得此，亦足以爲治矣。其中傅會淺陋者，誠不能盡無，然非有害於治道也。宋曾南豐譏其「不能擇其所學，以盡乎道之精微」。夫向之所事何主，而可以精微語之哉！昔郢人有遺燕相書者，誤書舉燭。燕相得之，以爲欲其舉賢，賢者所以爲光明也，於是任用賢者，而燕國大治。以此觀之，雖其傅會淺陋者，誠善用之，安在不可以爲治？而況其大經大法、格言正論之比比而是哉！蓋公曰：「爲治不在多言，顧力行何如耳。」諒夫若南豐氏者，可謂好爲高論而不切於事情。吾不知此書之外，曾之所謂精微者何等也！牛溲馬勃，良醫兼收而待用焉。今必曰空青鍾乳也，不當其疾，轉以速死。故夫南豐之言，不足以病子政也。顧西漢之末，外戚方盛，而宗室疏遠，至不合得給事朝省，子政忼慨奏陳，載在史册。今其書乃云：「秦信同姓以王。其衰也，非易同姓也，而身死國亡。故王者之治天下，在于行法，不在于信同姓。」斯言也，不幾於以水濟水乎？蓋亦先所有者，已以同姓之嫌，轉不得而私削之，削之恐小人益得以行其讒慝也。且以秦爲信同姓亦未然。此書第六卷中有蘧伯玉得罪於衛君一條，他本皆脱去，唯宋本有之。又按禮運正義云：「説苑凡能字皆爲而字。」余求之殊不多見，蓋爲後人輒改者多矣。校讐既訖，略書其所見如此。

重校經史題辭

余家無藏書，經史皆不具。少時貿貿，不知學有本末，費日力鈔諸子、國策、楚辭及唐、宋近人詩文，皆細字小本滿一篋，經則周禮、爾雅亦嘗節録注疏一過，餘經及諸史未之及也。洎官中書，始一意經史。去冬卒業，周易、史記以未見内府新校本爲缺然。今割俸之所入，先購得數種，冀以次觀其全焉。官事隙，即展卷讀之。此書經通人學士校讐，比他本爲善，然卷帙既多，校者不一手，其中亦不免一二譌脱。余非敢索瘢指瑕，陵掩前人，顯自標異，然竊惟書之傳於世相嬗也，遠者不可得而見，見其近者。今世見宋本者曾幾人，惟明世本通行耳。後之君子，亦當有并不及見明世所刻者。余故復取諸本與新本校其異同，其譌謬顯然，則倣六經正誤之例爲一書；其參錯難明，則倣韓文考異之例爲一書。毛氏汲古閣本，大段可觀，至於小小疵纇，亦易尋求，諸本中要以此爲勝。今所據依，多在於斯。小學浸廢，六書失真，點畫形誤，不可偏舉，聊從略焉。誠知千慮一得，無足重輕，庶幾來者得有所考云。

周易注疏輯正題辭

余有志欲校經書之誤，蓋三十年於兹矣。乾隆己亥，友人示余日本國人山井鼎所爲七經孟子考文一書，歎彼海外小邦，猶有能讀書者，頗得吾中國舊本，及宋代梓本、前明公私所梓復三四本，合以參校，其議論亦有可採。然猶憾其於古本宋本之譌誤者不能盡加別擇，因始發憤爲之删訂，先自周易始，亦既有成編矣。庚子之秋，在京師又見嘉善浦氏鏜所纂十三經注疏正字八十一卷，於同年大興翁祕校覃溪所假，歸讀之，喜不自禁，誠不意垂老之年，忽得見此大觀，更喜吾中國之有人，其見聞更廣，其智慮更周，自不患不遠出乎其上。雖然，彼亦何可廢也？余欲兼取所長，略其所短，乃復取吾所校周易，重爲整頓，以成此書，名之曰周易注疏輯正。正字於郭京、范諤昌之説亦有取焉，余謂其皆出於私智穿鑿而無所用，故一切刊去。若漢以來諸儒傳授之本，字句各異，已見於釋文者，今亦不録。惟釋文本有與此書異者著焉。唐、宋人語之近理者，雖於注疏未盡合，亦間見一二焉。如欲考經文之異同，則自有前明何氏楷所著古周易訂詁，在學者自求之可耳。毛氏汲古閣所梓，大抵多善本，而周易一書，獨於正義破碎割裂，條繫於有注之下，致有大謬戾者。蓋正義本自爲一書，後人始附於經注之下，故毛氏標書名曰周易兼義，明乎向者之未嘗兼也。此亦當出自宋人，而未免失之鹵莽。正字亦未見宋時佳本，故語亦不能全是，此則今之官本爲近古也。周易舊本獨不載釋文於經注間，可無竄易遷就之弊，今就通志堂梓本併爲校之輔嗣略例。余案頭祗有官本，亦就校之。噫！余非敢自詡所見出正字、考文上也，既覩兩家之美，合之而美始完。其有未及，更以愚管參之。夫校書以正誤也，而粗略者或反以不誤爲誤。考文於古本、宋本之異同，不擇是非而盡載之，此在少知文義者或不肯如此。然今讀之，往往有義似難通而前後參證不覺渙然者，則正以其不持擇之故，乃得留其本真於後世也。既再脱稿，遂書其端云。

書春秋繁露目録後

案此書之大恉在乎仁義，仁義本乎陰陽，陽居大夏而陰居大冬，見天之任德不任刑也。又言「除穢不待時，如天之殺物不待秋」，則董子之論，固非倚於一偏者。其重政篇云：「聖人所欲説，在於説仁義而理之。不然，傅於衆辭，觀於衆物，説不急之言而以惑後進者，君子之所甚惡也。」即此可知其立言之本意矣。我皇上新考試詞臣，取仲舒語「以仁安人，以義正我」命題，臣竊仰窺聖德聖治固已與天地同流，與陰陽協撰矣，而於是書猶有取爾，況在學者，其曷可以不讀。向者苦其脱爛，乃今而快覩全書，尤爲深幸。臣服習有年，見其以天證人，析理斷事，實切於養德養身之要，而凡出治之原，郊祀之典，用人之方，弭災之術，無所不備。即其正名辨制，委曲詳盡，亦始入學者所必當研究也。謹就一二三學人覆加考核，合資雕版，用廣其傳，冀無負朝廷昌明正學、嘉惠士林之至意。至書中如考功、爵國等篇，尚有不可强通者，在以詒夫好學深思之士，或能明其説焉。

孟子注疏校本書後

趙邠卿注孟子，今所傳監本、汲古閣本，凡與疏相連者多被增損，失趙注之舊矣。趙氏於每一章後皆有章指，作疏者徑削去之，仍取其辭置於疏首，而又不盡用也，獨於章指所用事辭，往往於疏内具釋之。然則何以知章指爲作疏人所去也？其於「恥之於人大矣」章具著之矣。云：「凡於趙注有所要者，雖於文段不録，然於事未嘗敢棄之而不明。」是以疏内釋章指之語者不一而足。當館閣校刻經文時，於此書未嘗前後契勘，於是見注無其文，而疏乃爲之具釋者，則疑以爲衍文。或又以爲他書誤入於此，或徑删去之，或雖删而仍録其疏於考證中，乃亦有疑。今所傳趙注之不全者，衆論差互，皆不知有「章指」二字之名目也。乾隆辛巳，余從吴友朱文游奐處借得毛斧季所臨吴匏菴校本，乃始見所爲章指者，獨於末卷缺如也。後見余仲林蕭客所纂五經鉤沈，亦復如是。更後乃聞有何仲子校本，則所缺者獨完，求之累歲不獲。今江都汪容甫乃始以其録自何本者借余，遂得補録，以成完書。計今年丙申上距辛巳十六年矣，及老眼猶明，得還漢人舊觀，豈不大快也哉！更有孟子篇敍，亦出趙氏，世知之者蓋鮮。余意欲先鈔篇敍，與章指孤行而注之，爲後人增損者亦不可不復其舊。誠得好古而有力者合而梓之，則尤爲善之善已。疏非孫宣公所撰，而假託其名。宣公有音義序，作疏者即略改數語便以爲正義序，此尤爲作僞之明驗。昔人譏其疏陋不足觀，非過論也。

書荀子後

曩余於乾隆四年以事羈餘姚，寓周巷景氏東白樓中，抽架上有楊倞注荀子一書，遂手鈔之，爲巾箱本。諸子自老、莊外，唯此爲得之最先也。世之譏荀子者，徒以其言性惡耳。然其本意則欲人之矯不善而之乎善，其教在禮，其功在學。性微而難知，唯孟子爲能即其端以溯其本原，此與性道教合一之義無少異矣。然而亦言忍性，則固氣質之性也。又曰："「性也，有命焉，君子不謂性也。」則在孟子時，固有執氣質以爲性者。荀子不尊信子思、孟子之説，而但習聞夫世俗之言，遂不能爲探本窮原之論。然其少異於衆人者，衆人以氣質爲性而欲遂之，荀子則以氣質爲性而欲矯之耳。且即以氣質言，亦不可專謂之惡。善人忠信固質之美者，聖人亦謂其不可不學，學禮不徒爲矯僞之具，明矣。荀子知夫青與藍、冰與水之相因也，而不悟夫性與學之相成也，抑何其明於此而暗於彼哉！然其中多格言至論，不可廢也。余後得版本不甚精，曾以他本校一過。今年得影鈔大字宋本，後有劉向校録奏一篇并其篇目，在未經楊氏改易之先。最後兩行，一題將仕郎守祕書省著作佐郎充御史臺主簿臣王子韶同校，一題朝奉郎尚書兵部員外郎知制誥上騎都尉賜紫金魚袋臣呂夏卿重校。此當在宋英宗時奉勅校定者，寫極工楷，而譌錯亦復不少，然以校俗間本，則此本字句尚未經改竄。余亟取以正余本之誤，蓋十有八九焉。向嘗疑王深寧詩考引荀子與今本多不合，至是始釋然，知王氏所見之本，即此未經後人改竄之本也。議兵篇有「而順暴悍〔一〕勇力之屬」句，注雖依文爲解，然相其文勢，似不當爾。江都汪容甫謂其上有脱文，下有「爲之化而愿」、「爲之化而公」等語，則此亦當是「爲之化而順」，其上文則無由知之矣。宋本分章處俱提行，於大略篇獨否，此則當倣前例爲之離絶者也。歲月如流，迴憶三十八年前事，若在夢境，而白髮明鐙，手此一編，摩挲探討，不自意得見善本，疑若有鬼神爲之賜，抑何幸歟！

書校本賈誼新書後

新書非賈生所自爲也，乃習於賈生者萃其言以成此書耳。猶夫管子、晏子，非管、晏之所自爲，然其規模節目之閒，要非無所本，而能憑空撰造者。篇中有懷王問於賈君之語，誼豈以賈君自稱也哉！過秦論史遷全録其文，治安策見班固書者乃一篇，此離而爲四五。後人以此爲是賈生平日所草創，豈其然歟？脩政語稱引黄帝、顓、嚳、堯、舜之辭，非後人所能僞撰，容經、道德説等篇辭義典雅，魏、晉人決不能爲，吾故曰是習於賈生者萃而爲之，其去賈生之世不大相遼絶，可知也。此乃漢魏叢書中本。近借得前明兩刻本，一是弘治乙丑吴郡沈頡刻本，校者爲毛斧季；又一刻本雖無沈頡名，而其實即是沈本，爲之校者，吴元恭也。兩校皆據宋本是正。今觀宋本科段字句有絶佳者，而譌脱處亦致不少，兩君一無持擇，疏矣。又有明正德年一刻本，題爲賈子，與宋本相出入。有欽遠猷者，合郴陽何燕泉本、

〔一〕「悍」，原作「得」，據荀子改。

長沙本、武陵本而爲之審定，以去非從是，其勤甚矣，而義亦不能盡得。其間有爲後人出己意增竄者，誦之頗似順口，而實非也。余殫旬日之勞，合三本以校是書，其不可讀者不及十之一焉，有所因則易見功也。宋以前所增竄者，疑亦不少，此則不敢去，恐其舓糠及米也。捨宋本而從别本者著之，意有疑者亦著之。若專輒而改舊所傳，則吾豈敢！

與錢辛楣論熊方後漢書年表書

文弨拜白辛楣先生閣下：友朋來自金陵者，咸云閣下之於僕曲相推飾，人有異論輒拄其口，使不得發。此自是謙德厚道之所形，聞之彌用自愧。閣下品如金玉，學如淵海，國之儀表，士之楷模，得師若此，允無閒然，深爲一方士子幸矣。讀大作熊方後漢書年表序，校正精核，指摘彌復切當，源流異同之故，數言瞭然於後，復丁寧於元文之未可輕改。此不欲没著書者緝綜之勞，而并慮後人紛更之失，致撿其前美。誠凡傳述舊人文字者，皆當若是。即僕向來持論亦然。然於此書反覆考核，瑕疊甚多，若遽流傳，深恐疑誤學人，有不得不與閣下商之者。如前表於侯封之下，閒係以所在郡邑之名，此自是當時文簿可徵，確乎不謬。今若欲仿斯例，自當求之本傳。如濟北惠王壽傳云「分太山郡爲國」，則當係以太山，而熊氏則署云兖州。又河閒孝王開傳云「封樂成、勃海、涿郡爲國」，則當竝係三郡之名，而熊氏則署云冀州。夫州之爲境也遼矣，今不切指其所封之地，而舉一州以相函，蓋何所當乎？且考章懷注中，引據舊書，亦自有明係所屬者。如武邑侯耿植，注云屬信都，而熊氏署云安平；不其侯伏湛，注云屬琅邪，而熊氏署云東萊，蓋熊氏但知以續漢書郡國志爲據，而不知事實之有不符也。其最不可通者，如淮陽王玄之下署云陳州，即郡國志竝無此州名，閣下知其誤而省去州字。若以愚見揆之，「陳」字亦不可留。蓋淮陽之在前漢本爲國，後漢章帝章和二年始改爲陳國。今玄之封在光武時，以斯知其不可也。至於鄉亭之侯，但當係其本縣。其鄉亭之名，固有與縣名同者，不可混也。范書中有明著其爲某縣之鄉侯者，如抗徐之爲烏程東鄉侯，楊茂之爲烏傷新陽鄉侯。烏程、烏傷皆會稽屬也，二人所封皆其縣之鄉也。今熊氏於異姓諸侯表，一則但書東鄉侯抗徐，不係以烏程，而係以南陽，蓋誤以爲南陽之東鄉縣也；一則兼書烏傷新陽鄉侯，楊茂下係以會稽，又係以汝南，是又誤以茂曾爲兩縣之侯也。夫既明曰鄉侯，而可曰縣侯乎？即二人之體例亦自不畫一。愚以爲不若并州郡而盡去之，亦未見其必不可已也。蠡吾侯翼一段，閣下校勘極細，足以正熊氏之謬，然猶以爲當仍其舊，愚意頗似有所未安。蓋翼爲河間孝王開之子，出後平原懷王勝，建光元年貶爲都鄉侯，遣還河間，則此以後事，仍當以翼係於河間之下，本末方得具明。所受蠡吾之封，則父開請分國以與之者也。於後其子爲桓帝，追尊翼與開，而不及勝，以非所承也。即後桓帝封兄顧爲平原王，但云奉翼後，不云紹封，熊氏之云紹封者妄也。使桓帝以其父終爲勝後，而以其兄紹封，則桓帝獨非勝之孫乎？而追尊顧，何以不在此而在彼也？夫倫類典禮所關匪細，後人將於此置喙焉，而可輕徇乎？至若始封之君當列於首，其追尊者止當於注中附見，不得以冠始封之上。乃齊武王縯、魯哀王仲皆非始封也。建武二年，封縯子章爲太原王，興爲魯王，以興嗣仲，二王乃始封也。熊氏一則書太原，哀王章嗣。夫嗣者，嗣王也。史不載先封縯爲太原王，何嗣之有？於興則書曰紹封。考建武十五年方追謚縯爲齊武王，仲爲魯哀王，皆依其子之封也，而熊氏之所謂嗣與紹者，非其率意妄造者乎？又魯王興後徙封北海，子孫訖於漢末不改。若依前書之例，雖有始封，而以後之定名爲準，則此當大書北海靖王興冠首，庶乎得之。異姓如壽張敬侯樊重非始封，亦不當冠首，以於實事皆不合故也。更甚有謬者，異姓諸侯表中有桃鄉侯福、當塗鄉侯亢，熊氏既皆明注云以任城王安母弟封，而又係其下云姓闕文。夫任城王安者，東平憲王蒼之孫也。福與亢亦憲王孫行也，而乃不知其姓，置之於異姓表中，使後人舉而正之，則吾輩亦當與熊氏分過矣。又有安衆侯劉宣，即安衆侯劉崇之從弟襲封爲侯者。又愼靖侯劉隆，本傳明云南陽宗室，而熊氏竝置之異姓，其用意不可曉也。盧芳於建武十六年封代王，以其稱武帝曾孫，則不能不載之於同姓，但於注中明著其詐，亦自不没其實，不宜徑削之也。他如濩澤侯鄧鯉，曲成侯劉建，皆光武時封，見寒朗傳，而熊氏竝遺之。若按章懷注所引及水經注、唐宰相世系表，亦尚有可補者。至其世系相承，位置殊舛，如魯哀王之曾孫一行，凡敬王睦之子如威如毅，皆綴於其叔父之下，此類更不可枚舉。若一切因循，不但爲無用之書，反慮其足以惑亂視聽。質之鮑君，其意亦欲仍舊，而附駁正於其左，如集解、索隱注史記之例，既完然爲熊氏之書，而又不以其誤誤後人，洵兩得也。但如同姓入異姓之類，不識可改歸否？閣下尚有以明教之。

與王懷祖庶常論校正大戴禮記書

讀所校大戴禮記，凡與諸書相出入者，竝折衷之，以求其是，足以破注家望文生義之陋。然舊注之失，誠不當依違，但全棄之，則又有可惜者。若改定正文，而與注絶不相應，亦似未可，不若且仍正文之舊，而作案語繫於下，使知他書之文固有勝於此之所傳者。觀漢、魏以上書，每有一事至四五見，而傳聞互異，讀者皆當用此法以治之，相形而不相掩，斯善矣。此書尚有管見所及，欲請正者。如夏小正「五月，初昏大火中，種黍菽糜」。傳云：「大火者，心也。心中，種黍菽糜時也。」竊意經於種黍句絶，菽糜當作菽糜。下所以云菽糜，已在經中，又言之也。其傳之菽糜當爲衍文。蓋心中可以種黍，見於尚書考靈耀及尚書大傳等書，所言相同。若菽，則非五月所種，不可以種黍菽連讀而去糜字，傳此處於菽糜蓋無釋也。或云：當作「初昏大火中，種黍。大火者，心也。心中，種黍之時也。」下以「菽糜」二字作經，以「記時也」三字作傳，亦可備一說。保傅篇「工誦正諫」，「正」當如詩「正大夫離居」之「正」，蓋大夫之長也，故注於此句下先釋工誦，即云大夫諫之以義，後於瞽史并釋正諫也，似不必依漢書、白虎通改正諫爲箴諫，及增「大夫進諫」一句。古人作文，亦知避就之法，未必疊用兩諫字爲句也。又「行雖有死不能相爲」，漢書作「行有雖死不能相爲」，竊意此較漢書爲勝，蓋「有死」二字是成文。左氏傳「有死無二」，「有死而已」，此類不一。作「行雖有死」，語勢較健，似不當反改從漢書也。曾子事父母篇中有云：「諫而不用，行之如由己。」足下疑此語有誤。此不必致疑也。行之者，從之也，從父母之過，如己實爲之，而非出於父母之本意然，所謂引慝也。少閒篇「君曰足，臣恐其不足。君曰不足」，此下脱一句。方本補「臣恐其足」四字，竊所未安，前者已略論之矣。蓋君曰足，則有過於自信之意，而臣之進辭也當婉，故可以云恐也。若君曰不足，則但謙讓未皇而已，其臣之進辭也當決，施恐字則爲不當。故注於上二句云：「未足而君謂足，則臣恐未足，告以不足也。」於下二句云：「實足可行，而君曰不足，則臣云足，所謂可不也。」一有恐字，一無恐字，注可謂善體語意矣。此愚向所以欲補以「臣則云足」四字也，然不敢即入正文，附見之而已。方本專輒改易古字古語，多不可信。注中引詩節南山但稱節，左氏昭二年季武子賦節之卒章，已有此例矣。若伏之與服，本可通用，本命篇「婦人伏於人也」即其證。采地之采本作菜音，注疏中多有作菜地者，不可謂誤。文王官人篇「醉言悴也」，「言」疑是「猶」之誤。少閒篇注「言有可同不可同也」，「不可」二字疑誤倒，足下其爲我更審之。既觀足下所校本，因并求官本觀之，其中復有鄙意所未愜者。以東原之博雅精細，與衆人共事，乃亦不能盡其長邪？曩日曾共校此書，其中是者亦棄而不録，何邪？今摘其當更定者數條於左，與足下共商搉之。

夏小正：「來降燕乃睇。」傳云：「百鳥皆曰巢，突穴又謂之室，何也？操泥而就家，入人内也」。案語云：「突穴即燕之所爲，似穴而突出者也。入人或作人入，今從闕本。」文弨案：「皆曰巢」下，本作「室，穴也。與之室，何也？」蓋經「乃睇」下必本有「室」字，故傳作如是解。今乃從別本作突穴，而所釋者頗失之於鄙俚，大不可解。「與之室」作與字爲古，與猶許也，不當改作謂。下當作「操泥而就家人，句。入内也」。家人猶今言常人家耳。哀四年左傳公孫翩逐蔡昭侯而射之，入于家人以卒。

漢書中類此者尤多。云入內，正以足與之室之義，若作「操泥而就家」，語頗不足。既言家，又言人，參錯複疊，亦不成文理，似不當從關本。竊疑「室穴也」亦當本是「室內也」，與末句正相應。穴與內形近致誤。

「菽麋已在經中，又言之，是何也？時食矩關而記之。」案語云：「上『初昏大火中。』説曰『心中，種黍菽麋時也。』謂種黍與菽麋二事，皆以心中爲候。此民事之常，記心中則二事自見，故云已在經中。又言之，非經重出此文也。矩當爲巨。夏時以菽爲麋，乃時食之大關。」文弨案：上文「大火中」下，本有「種黍菽麋」四字，或脱去耳。今仍其脱而又曲爲之説。君子之於幽也不言審，經文本無菽麋，而鑿言之，云已在經中，斷無是理。以心中見種黍之候，容可通，以種黍必當在此月也。以心中見菽麋之候，將非此月即無菽麋者乎？「食矩」本作「食短」，「關」本作「閔」。是月也，舊穀行盡，新穀未升，農民於此時常苦食短，故以菽爲麋，菽以佐食之不足，非常食也，何大之有？記言啜菽飲水，史言半菽不飽，菽是穀之粗者，故用以爲況耳。小正閔而記之，故辭之重如此。然則上文本有「菽麋」二字明甚。下「隕麋角」亦再見。若「食矩〔一〕關」，從未見他書有引用者，於複舉之意亦不顯。

保傅篇：「有司齊肅。」案語云：「各本譌作『參夙』，今據李彪傳改正。」文弨案：「參」乃「厽」字之譌，今即作齊，亦無不可。唯「夙」字斷不可改「肅」。注云：「齊夙謂三月朝也。」夙訓爲早，與朝義合。若齊肅而直訓爲三月朝，不太遠乎？

〔一〕「矩」，原作「巨」，據上文「時食矩關而記之」改。

「燕度地計衆。」案語云：「度各本譌作支，今從方本。」文弨案：「度」本作「支」，故注云「支猶計也。後世尚有度支之官」。若正文本是「度地」，則是常辭，可不加注。即注，亦當以度量爲義，不當轉以「計」字相比況，蓋「計」字之義不顯於「度」字故也。此亦失之。

曾子制言中：「無忽忽于賤。」案語云：「忽忽各本譌作勿勿，據立事篇『君子終身守此勿勿』，注云『勿勿猶勉勉』。今從方本。」文弨案：立事篇「君子終身守此悒悒」，「君子終身守此憚憚」，與所舉「勿勿」凡三言，此篇言「君子無悒悒於貧，無勿勿於賤，無憚憚於不聞」，正與前三言其辭同，其所指則異。前則憂其所當憂，勉其所當勉者，故曰「終身守之」。若貧賤則在天，不聞則在人，於君子何與？而何所憂焉？而何所勉焉？今獨改「勿勿」爲「忽忽」，殊不可通。

曾子天圓篇：「龍非風不舉，龜非火不兆。鳳非梧不棲，麟非藪不止。」案語云：「各本脱此十字，今從永樂大典本。」文弨案：此好事者妄增入也。本文「龍非風不舉，龜非火不兆」下即接云：「此皆陰陽之際也。」注云：「龜龍爲陰，風火爲陽，陰陽會也。」今以鳳麟梧藪間其中，其於陰陽之義何所當乎？此之謬妄，顯然易見，奈何信之？

武王踐阼篇：「王齊三日，端冕奉書而入，負屏而立。」案語云：「各本作『王端冕，師尚父亦端冕。』學記疏云：『師尚父亦端冕，大戴禮無此文，鄭所加也。』」文弨案：唐人所見大戴禮偶脱此一句，遽斷以爲鄭所加，於文義全不考究，竟似王奉書而入，負屏而立，與下言「王下堂，南面而立」皆成齟齬。果古本脱去，而鄭增成之，亦當從鄭。況漢人所見本在前，唐人所見本在後，烏知鄭之時必無此一語乎？曩時但以學記正義之說附於後，於本文卻不敢遽刪，不知何以不見從也？

「以仁得之，以不仁守之，其量十世。」案語云：「各本『以不仁得之，以仁守之』，今從禮記疏。」文弨案：「以不仁得之，以仁守之」，正所謂逆取而順守也。若創業之君，既能以仁得天下，安有忽反而爲不仁者？如有之，則始之仁也亦僞耳，可曰以仁得之哉！且未見夫開創不仁之主之可以待至十世者也。不斷之以理，而惟誤書之是信，夫豈可哉！

衛將軍文子篇：「終日言，不在尤之內。注：在尤之外」。案語云：「此四字各本訛作正文，今從方本。」文弨案：立事篇亦有此語，無「在尤之外」四字。今以爲衍文可，以爲申殷勤亦可，唯以爲注則大不可。鄉學究作此語以曉童蒙尚不爾，況作注乎！

勸學篇：「於越、戎貉之子。」文弨案：舊本「於越」竝作「于越」，荀子作「干越」，字形相近。前不依荀子，而仍作「于越」者，以漢書貨殖傳云「戎翟之與于越不相入」，孟康曰：「于越，南方越名也。」師古曰：「于，發語聲也。于越猶句吳也。」皆作「于」字。若荀子之作「干越」，莊子、淮南亦有之。說者或以爲漢餘汗等地，是干亦音寒，然則各仍其本文可矣。今以春秋有「於越入吳」，遂改「于」爲「於」，所謂知其一不知其二也。凡舊本作「於」者，官書普改爲「于」，獨此又改舊「于」字作「於」。

文王官人篇：「志殷而㴱。」注：「殷，盛也。㴱蓋深也。」文弨案：舊本作「志殷如湥」，注：「湥蓋深字。」今檢字書無湥字，或古有之，而字書失載，要爲傳寫已久，故注有此語。抑或校書者所加，後來誤併入注中。今既改正文作㴱字矣，㴱與深有古今之分，實則一字，作注者寧此之不知，而猶疑其辭曰「湥蓋深也」邪？竊以爲當作：「案語云：『湥，舊本作浚。注末有『浚蓋深也』四字，或校書者之辭。』斯爲得之。而與如古通用，今竝從方本改易矣。

他如四代篇「睪然」，「睪」即「皋」字，亦見莊、列、荀子，今誤作「罣」。朝事篇不補「侯伯於中等，子男於下等」二語，亦不加案，皆不可曉。偷墮、懈墮即是「惰」字，乃以爲譌。其他脱句武王踐阼脱「於户爲銘焉」。脱字，「公冠，立於席北」，脱「北」字。及注中脱誤之處，非本校者之失，固可以共諒也。

與丁小疋論校正方言書

方言一書，戴君疏證已詳，愚非敢掩以爲己有也。然疏證之與校正，其詳略體例微當不同，亦因其中尚有未盡者，欲以愚見增成之，故別鈔一編。今不能即寄，聊舉一二，乞足下審正之。大凡昔人援引古書，不盡皆如本文，故校正羣籍，自當先從本書相傳舊本爲定。況未有彫板以前，一書而所傳各異者，殆不可以偏舉。今或但據注書家所引之文便以爲是，疑未可也。如卷一內「延，長也」，又云：「延，永長也。凡施於年者謂之延，施於衆長謂之永。」案「延，長也」已見於上，似可不必復出。蓋此自爲下文，各見其義，故先竝舉之於上。揆以文法，斷當如是；考之宋本，亦無不同。今或但舉李善注稽康養生論引作「延，年長也」，便謂此書作「延，永長也」爲誤。夫善此注特櫽括施於年者謂之延意耳，爾雅疏始誤以爲即方言本文。此不可以「稺，年小也」相比例。夫使云「延，年長也」，下即當云「永，衆長也」而後可。不然，兩句復沓，於文義殊未安。方言此語亦祇大判而言，其實通用處正多也。又卷二「秦、晉曰靡」，注：「靡，細好也。」亦因李善注引作「靡靡」，遂補一「靡」字，不知善但順兩賦之成文耳。長門賦：「夫靡靡而無窮。」魯靈光殿賦：「何宏麗之靡靡。」今必强此注以從彼，拘矣！且王逸注招魂云：「靡，緻也。」李善注文賦引薛君韓詩章句曰：「靡，好也。」皆以一字爲訓，而義正相同。故凡此類皆不敢從正文。如卷六「掩、索，取也。或曰狙。」注：「狙，伺也。」宋本如此，不誤。俗本始誤作狚。今因卷十有「抯〔一〕，取也」，音相黎，遂移彼以易此。不知狙伺而取，正與掩取義同。又「闓笘，開也」，因廣雅笘作苦，遂從之。夫苦之訓開，他書未見，竊疑當是苫字。苫蓋雖皆所以覆屋，而蓋亦可以爲户扇，見荀子宥坐篇「九蓋皆繼」楊倞注。又案説文：「蓋，苫也。」周禮夏官圉師「茨牆則翦闔」，康成注：「闔，苫也。」然則苫與蓋、闔義皆同，而此則訓爲開。夫字固有反覆相訓者。余以爲，與其從「苦」字之無義，不若定從「苫」字，此因形近致誤耳。又「厲、卬，爲也」，亦從廣雅改「卬」爲「印」。夫印之訓爲，亦未經見。而卬與昂通，激昂正振作有爲之意，不可因曹憲音爲於信反，遽棄方言而從之也。又卷十「諫，不知也」，「諫」音癡眩，戴本改作「誺」，引玉篇「誺，不知也，丑脂、丑利二切。諫同上。又力代切，誤也」。戴謂「以六書諧聲考之，誺從言，桼聲，可入脂、至二韻。諫從言，來聲，應入代韻，不得入脂、至韻」，作諫非也。竊以爲不然。姑無論古讀來爲梨，常與思協。即與癡同一部，如素問云「恬澹虚無，真氣從之，精神内守，病安從來」；又漢柏梁臺詩武帝云「日月星辰和四時」，梁王云「驂駕駟馬從梁來」；又廣韻從來之字如

〔一〕「抯」，原作「担」，形近而誤，今改。

斄、庲、倈，皆與釐同紐，竝在之部。今必謂從來得聲者應入代韻，其可乎？卷十一「蠅，東齊謂之羋」，俗本「羋」誤作「羊〔一〕」。案：蠅似黽，其聲蓋與閔相近。楚姓之羋，其聲亦相近，故注以此類皆不宜別立名，是也。今若作牛羊之羊，雖與蠅亦一聲之轉，而究不若蠅羋之轉之尤切。況蠅，微蟲也；羊，家畜也，皆有定名矣，而云蠅亦可呼羊，羊亦可呼蠅，不亂名乎？而反譏郭氏，何也？卷十二「嫚娗，嫚也」，舊本「嫚」作「嫎」，乃俗「僈」字，舊音薄丹反。注云：「爛僈、健狡也。」雖與今之爛漫義不相近，而其音正同，顧乃改「僈」作「偒」，讀爲「孄媥」，有何據乎？又「蒔，殖立也」。以殖爲誤，云：「當從曹毅之本作「植」。案：周語云：「以殖義方。」韋昭云：「殖，立也。」與此訓正合。即左氏襄卅年傳鄭輿人之誦，「殖」與「嗣」協。釋文「殖，是吏反」，與「蒔」聲亦相近，何必植之爲是，而殖之爲非乎？至注中之字，如卷三「軫，戾也」，注：「相了戾也。」案：軫與紾同，了有繆曲之義，作了戾方切「紾」字義。考酉陽雜俎云：「野牛高丈餘，其頭似鹿，其角了戾，長一丈，白毛，尾似鹿，出西域。」正與考工記「老牛之角紾而昔」義合。又導引經云：「叉手項上，左右自了戾不息，復三。」又字亦作「繚戾」。劉向九歎云：「繚戾宛轉，阻相薄兮。」詩魏風葛屨毛傳云：「糾糾猶繚繚。」朱子即以繚戾釋之，於古義有合也。今又因李善文選注之誤字而改作「乖戾」，則與正文「戾也」之義殊遠，并注中一「相」字亦賸矣。楊倞注荀子修身篇云：「擊戾猶了戾也。」宋本、世德堂本俱作「了戾」，不誤。元時本誤「了」爲「孑」，今俗間本亦改爲「乖戾」矣。卷九「矛骹細如鴈

〔一〕「羊」，原作「芊」，據方言疏證改。

脛者謂之鶴厀」，注：「今江東呼爲鈴釘。」案：説文「鈴」字下云：「令丁也。」方言俗本皆作「鈴釘」，尚仍其誤。卷十一「姑䖿謂之强蛘」，注：「建平人呼羊子。」羊即蛘也。足下謂强蛘當讀强羊，良是。乃俗間本竝誤作「芉」，即姓也。爾雅疏又因誤本而改作「芉」，楚姓也。唯陳隅園方言類聚本作「羊」，即蛘也。且明其説云：「今吴會間通呼爲蛘子，作即姓者誤。」是皆當改正也。卷十三「姚娧，好也」，注：「謂姑悦也。」正與卷一「好或曰姑」，注言「姑容也」合。俗本誤作「謂姅悦也」。夫姅變，婦人污也，其誤甚顯，不當猶仍之。又「憚、怛，惡也」，注：「怛懷亦惡難也。」俗本「懷」竝誤「懐」。案：卷七「憎、懷，憚也，陳曰懷」，今據以改正。至於舊來之音，有出郭氏者，亦有後人附益者，其所音間與今世所讀不同，如謾之有莫錢反，凡兩見，豈可删乎？「抱娩，耦也」，卷二。俗誤作「抱嬎」，音追萬反。一作「嬔」。又於「耦也」注下有「音赴」二字，戴本乃移「音赴」於「抱」字下。案：「抱」一作「菢」，同音暴，後云「房報反，江東呼蓝乃音央富反」，則「抱」字本不音「赴」。「嬔」字宋本作「娩」，從女，兔聲。廣韻與赴同一紐，乃玉篇音爲孚萬切，産娩也。又出「嬎」字，云「同上」。案：産免，俗始加女作娩，與婉娩之字混。玉篇於「娩」字音無遠、亡辯二切，若從兔，則與孚萬之音迴異，只當音「嬎」下爲得之，故今少有更易。又案：正文「耦也」與抱、娩義不近，疑有錯簡。或是敵耦也，故注云「耦亦匹」，互見其義耳。「抱娩」下或有「孚也」字，孚亦音赴，故臆測如是，然無左證，未敢即以爲然也。又蠲有圭音，詩「吉蠲爲饎」，三家詩作「吉圭爲饎」是也。舊本音涓，下誤作「又一圭反」，乃「又一音圭」之譌耳。見卷三。又，「蟒，南楚之外謂之蟅蟒」下，宋本「蟅音近詐，亦呼蚝蛨」。卷十一。玉篇「蚝蛨，蟅蟒蟲也」，正相合。俗本方言誤作「吒陌」。此必當改正。又下「春黍謂之䖬蝑」，注：「江東呼虴蛨。」舊本皆不誤。廣韻「虴」字下云「虴蛨蟲」，「蛨」字下亦同。今必據詩釋文而改爲「虴蜢」，似可不必。文弨又竊疑上蟒一條竝不指食苗之蟲。郭注云：「蟒即蝗也。」蓋即依爾雅「蟒，王蛇」生義，故於蟅蟒下云「亦呼虴蛨」，加一「亦」字，亦春黍之呼虴蛨也。於或謂之螣，音滕，而不音特，意亦可見。但於宋、魏之間謂之蚮，尚未有左證。然舊亦音貸，不音特。蛇之文固有如玳瑁者，當因此名之耳。此須足下爲更審正之。又「抒、瘛，解也」，卷十二。舊本「抒」音抒井，誤也。宋本作「抒洯」。考之廣韻，「抒，渫水」，俗作「汿」，則「洯」乃「渫」之誤字。若「抒井」，義甚僻。詩大雅生民篇毛傳云：「揄，抒臼也。」胡不引此爲音？故知亦必非抒井也。至正文之義，亦尚有可通者，如卷十三「魏，能也」。案周書謚法解：「克威捷行曰魏，克威惠禮曰魏」，此非「魏」訓爲「能」之證乎？又：「懼，病也。」案凡人性怯者多苦畏，非「懼」即「病」之訓乎？且「懼」又可轉爲「癯」，亦病容也。又：「攋、隓，壞也。」案太玄經度之次三：「小度差差，大櫴之階。」測曰：「小度之差，大度傾也。」范望注云：「事之骫櫴故傾危也。」此非攋訓爲壞之證乎？但彼「櫴」字从木，字書所無，定傳寫誤耳。又「賦，臧也」，臧當作古「藏」字，訓賦斂所以爲收藏也。至於字畫亦有不可盡依説文者，如「蛾、㜲」，卷一。説文嬴，从女，𣎆省聲，遂據以改「㜲」作「臝」。案：𣎆乃力爲切，音不近，或當是嬴省。説文於「嬴」字云「從貝，𣎆聲」；「𣎆」字下云「或曰獸名，象形，闕。郎果切」。郎果之音本不出於許氏，𣎆音訓本有闕，或元有盈音，未可知也。故與其作「㜲」，不若徑從説文作「嬴」爲猶愈矣。又「餳謂之餦餭」，卷十三。説文止有「餳」字，从食，易聲，徐盈切，遂從之。案：劉熙釋名：「餳，洋也，煮米消爛洋洋然也。」此諧聲爲釋，不更出从易之「錫」字。廣雅本亦然。陸德明音周禮小師注云：「錫，辭盈反。李音唐。」是一字有兩讀。今謂辭盈反者，當从易音；唐者，當从昜，於古未有聞也。又如「䙴」字不當改爲「僊」。古字少，一字可兩三用。漢書律志、地理志「遷」字亦省作「䙴」可證也。「家」字不當改作「寂」，「齘」字不當改作「齗」。漢人作隸，已不能如篆法之嚴，此等字縱出自魏、晉以下，然相傳已久，在今日不猶有古意乎？至郭注引書，微與本文不同，亦不可改也。如引外傳「余病㱩矣」，本書「㱩」作「喙」；引漢書「初陵之撫」，本書「撫」作「橅」，此皆不改，獨引左傳「餬予口於四方」，則改「予」從本書作「其」字。此或郭公偶爾誤記，或因與昭七年傳「饘於是，鬻於是，以餬余口」文相涉致誤。此類古人多所不免，正不必爲之彌縫也。余又疑正文卷一「碩、沈、巨、濯、訏、敦、夏、于，大也。齊、宋之間曰巨曰碩」下，便當接以「陳、鄭之間曰敦」至「于通語也」止。中間「凡物盛多謂之寇」四十九字，當別是一條。足下細審之，以爲然否？戴君通人，在日文弨敬之愛之，情好甚摯。今此書若無戴君理之於前，使文弨專其事，紕繆當益多，決不止於此區區數條而已。今戴君已沒，寧忍爲之吹毛索瘢乎？然念古書流傳既久，其考訂必非一人精力所能盡。戴書之善者，已盡取之而著之矣，安知他人所見不又有出於文弨所見之外者乎？願足下先爲吾斷其是非焉。如有新得，乞即録示是望。

附録

先生事親孝謹，年七十三喪繼母猶盡禮，與弟韶音友愛，篤於師友之誼，皆鄉邦所共信者。段玉裁撰墓志。

先生好校書，終身未嘗廢，年雖耄，孳孳無怠。昧爽而起，繙閲點勘，朱墨竝作，几間無置茗盌處。篝燈至夜半，而後即安。官俸脯脩所入，不治生產，僅以購書。聞有舊本，必借鈔之；聞有善說，必謹録之。一策之間，分別迻寫諸本之乖異，字細而必工，抱經堂藏書數萬卷皆是也。同上。

先生撰儀禮詳校，謂鄭注亦不能全是，後儒掎摭確然有當者，以小字綴於下。賈疏本多譌謬，傳寫彌復滋譌，朱子通解，或潤色其辭，或增成其義，有採用者，必明注其下，俾不至全失本文。宋、元以來，至同時諸賢，有所發明者，輒一稱引及之。嚴元照頗致譏焉，然先生校書，不墨守一家，不專主一說，惟善之從，冀以求經指，便後學，其指趣然也。儀禮詳校。

先生自序鍾山札記曰：「少受父師之訓，朝夕啟牖，得有微明。長而從四方學士大夫游，獲聞其緒論，增長我之智識良不淺。昔人云勝讀十年書，豈虛語哉！故隨所得輒録之，不辭竊取之誚，幸免攘善之失。不忍辛苦纂集之復爲煙飛灰燼也。飢寒不恤，而剞劂是務。傳聞於未聞之者，當不視爲無用之言、不急之辯而棄之。」其龍城札記，則先生歿後始刻者。二書所記，泰半引他人之說，自序明言之。鍾山札記、龍城札記。

翁覃谿曰：「今之學者，稍窺漢人厓際，輒薄宋儒爲迂腐，甚者且專以攻程、朱爲事。虞道園有言，此特文其猖狂不學以欺人而已矣。抱經題跋諸篇，謂世人於朱子因一二未安，而遂并議其全，又於妄生詆諆如郭宗昌者，則昌言排之。宜其校正古今，虛公矜慎，而不蹈流俗之弊也。」送盧抱經南歸序。

繆藝風曰：「自來校讎之學，漢則劉向、揚雄，宋則梁燾、鄭穆，而校記之流傳於世者，亦止荀子考異、文選同異。至有清一代，凡舊書皆有校記。盧氏校書，參合各本，擇善而從，頗引他書改本書，而不專主一説，故嚴元照詆其儀禮詳校，顧廣圻譏其釋文考證。後黄丕烈影宋刻書，遂主依樣上板，不易一筆，各本同異，另編於後。兩家各有宗旨，亦互相補苴云。」儒學傳稿。

抱經弟子

臧先生庸

別見玉林學案。

李先生兆洛

別爲養一學案。

丁先生履恒

丁履恒字若士，一字道久，號東心，武進人。嘉慶辛酉拔貢。戊辰召試，充文穎館謄録，授贛榆縣教諭，遷山東肥城縣知縣。在官有聲績，以憂歸卒。先生學兼漢、宋，必求有得於心，不務立門户。著春秋公羊例、左氏通義、毛詩名物志、説文諧聲類編、思賢閣集。參武進陽湖合志。

抱經交游

秦先生蕙田 别爲味經學案。

翁先生方綱 别爲蘇齋學案〔一〕。

錢先生大昕 别爲潛研學案。

戴先生震 别爲東原學案。

王先生念孫 别爲石臞學案。

汪先生中 别爲容甫學案。

〔一〕「蘇齋學案」，原作「覃谿學案」，據目録及正文改

梁先生玉繩 別爲錢塘二梁學案。

孫先生志祖 別爲頤谷學案。

丁先生杰

丁杰，原名錦鴻，字升衢，號小山，又號小疋，歸安人。乾隆辛丑進士，官寧波府教授。純孝篤誠，嘗走滇南迎父柩歸葬。家貧不能得書，就書肆中讀。肆力經史，旁及說文、音韻、算數。初至都，適四庫館開，任事者延之佐校，遂與抱經及朱笥河、戴東原、金檠齋、程易疇諸人相講習。其學長於校讐，與抱經尤相似。得一書，必審定句讀，博稽他本同異。於大戴禮用功尤深，著有大戴禮記繹。謂「易鄭注久佚，宋王應麟裒輯成書，惠氏棟復有增入。審視兩本，多羼入鄭氏乾鑿度注。又漢書注所云鄭氏，即注漢書之人，非康成」。乃刊其譌，定其是，復摘補其所未備，著周易鄭注，後定凡十二卷。又有小酉山房文集。嘉慶十二年卒，年七十。先生考證精覈，爲時所推。胡氏渭禹貢錐指，號爲絕業，摘其誤甚多。嘗謂「緯書移河爲界，在齊呂填閼八流以自廣。河患之棘，由九河堙廢，而害始於齊。管仲能臣，決不自貽伊戚。班固敍溝洫志云：『商竭周移，秦決南涯，自茲距漢，北亡八支。』則九河之塞，當在秦、楚之際矣」。又謂「惠氏棟尚書大傳輯本疏舛，如『鮮度作刑，以詰四方』，誤讀困學紀聞，此謬之甚者。

五行傳文不類，讀後漢書注始知誤連皇覽，然何以合併爲一，亦不可曉。最後讀黄佐六藝流别，則此節全載其中，乃知惠氏又因黄而誤也」。其爲人校定刊行之書，曰毛詩草木蟲魚鳥獸疏、方言漢隸字原、復古編、困學紀聞補箋、字林考逸、蘇詩補注等書。子授經、傳經，皆能世其家學，有雙丁之目。授經字湘士，嘉慶戊午優貢，佐嚴鐵橋可均成校説文長編甲乙丙三編。參許宗彦撰傳、繆荃孫儒學傳稿、湖州府志。

附録

先生嘗與翁覃谿補正朱竹垞經義考，序年月，博采見聞，以相證合。翁撰傳。

與許宗彦闡繹墨子上下經，大有端緒。文獻徵存録。

方言善本始於戴氏，先生采獲裨益最多。抱經重校方言序。

先生嘗言，字母三十六字，不可增併，不可顛倒。見端知邦非精照爲孤清，不可增濁聲也。疑泥孃明微來日爲孤濁，不可增清聲也。非即邦之輕脣，不可併於敷；微即明之輕脣，不可併於奉。影爲曉之深喉，喻爲匣之深喉，曉匣影喻不可顛倒爲影曉喻匣也。許撰傳。

趙先生曦明

趙曦明，初名大潤，易名肅，晚復更名曦明，字敬夫，江陰人。諸生。居近瞰江山，因以爲號。性剛直持正，博覽好古，不自表襮。抱經主江陰暨陽書院，一見傾倒，遂爲莫逆交。及移講席鍾山，招以相佐，校抱經藏書幾徧。著有讀書一得六十卷，其體例與黄氏日鈔相近。注陶徵士集及徐、庾、温、李、羅昭諫等集。晚注顔氏家訓六卷。抱經爲傳之。詩文集外，又有桑梓見聞録八卷。卒年八十有三。參抱經所撰甌江山人傳。

附録

先生注顔氏家訓，甫脱稿，而病歿。抱經爲之序曰：「敬夫先生方嚴有氣骨，與余游處十餘年。八十外，就鍾山講舍，取宋本顔氏家訓爲之注。余奪於他事，不暇相佐也。又甚惜其勞，謂姑置易明者可乎？先生曰：『此將以教後生小子也。人即甚英敏，不能於就傅成童之年，聖經賢傳舉能成誦，況於歷代之事蹟乎？吾欲世之教子弟者，既令其通曉大義，又引之使略涉載籍之津涯，明古今之治亂，識流品之邪正，他日依類以求，其於用力也差省。』書成未幾，而先生捐館矣。余感疇昔周旋之雅，又重先生啟迪後人之意，烏可以無傳？翻然變余前日尚簡之見，而更爲之加詳，以從先生之志。則是書也，匪直顔氏之訓，亦即趙先生之訓也。」抱經堂集。

清儒學案卷七十三

方耕學案上

方耕於六經皆有撰述，深造自得，不斤斤分別漢、宋，但期融通聖奧，歸諸至當，在乾隆諸儒中，實别爲一派。家學流傳，薰陶者衆。猶子述祖及外孫劉逢禄、宋翔鳳輩，皆湛深經術，卓然成家，其淵源蓋有自也。述方耕學案。

莊先生存與

莊存與字方耕，號養恬，武進人。乾隆乙丑一甲二名進士，授編修。以大考擢侍講，官至禮部左侍郎。歷任湖南、順天、山東學政，典湖北、浙江鄉試各二次，均得士稱盛。充天文算法總裁官及樂部大臣，先後直上書房、南書房垂四十年，以年老休致。五十三年卒，年七十。生平踐履篤實，於六經皆能闡發奥旨，不專事箋注，而獨得先聖微言大義。於語言文字之外，易則貫串羣經，雖旁涉天官分野氣候，而非如漢、宋諸儒之專衍術數，比附史事；尚書則不分今古文文字異同，而剖析疑義，深得夫子序書、孟子論世之意；詩則詳於變雅，發揮大義，多可陳之講筵；春秋則主公羊、董子，雖略采左氏、穀梁氏及宋、元諸儒之説，而非如何劭公所譏「倍經任意，反傳違戾」；周官則博考載籍有道術之文，爲之補其亡闕，俾能取法致用；樂則譜其聲，論其理，足補樂經之闕；四書説敷暢本旨，可作考亭爭友，而非如姚江王氏、蕭山毛氏之自闢門户，輕肆詆詰也。而要於春秋爲最深。所學與當時講論或枘鑿不相入，故所撰述皆祕不示人。通其學者，僅門人邵晉涵、孔廣森及子孫數人而已。著有彖傳論一卷，彖象論一卷，繫辭傳論附序卦傳論二卷，八卦觀象解二卷，卦氣解一卷，尚書既見三卷，尚書説一卷，毛詩説四卷，周官記五卷，周官説五卷，春秋正辭十一卷，春秋舉例一卷，春秋要指一卷，樂説二卷，四書説一卷，統名曰味經齋遺書。又有味經齋文稿若干卷。參史傳、味經齋遺書阮元序、莊述祖傳、武陽縣志。

卦氣解

卦氣始中孚，終於頤，渾蓋之象，包括始終也。乾辟巳，坤辟亥，攝提方也。巽候申，艮候亥，日月會也。巽後而艮先，天行有進退也。先卯中而晉，後酉中而明夷，歲之晝夜也。晉近而明夷遠，勸賞畏刑之義也。晝漏幾中而益，夜漏幾中而損，盛衰之始也。解正春分，物不解則不散；賁正秋分，物不飾則不斂。辰始豫，雷出地；戌始歸妹，雷保蟄蟲，知之者曰歸妹，不知者必以爲隨。隨之爲言，其將出也。巳中小畜，玉衡建也；亥中噬嗑，大辰繫日而將見也。火始昏見而震在地上，火始晨見而震在離上。震，卯也。卯，大火之次也。百穀仰膏雨，則木上有水而爲井。霜隕水涸，則澤无水而爲困。收攟畢而獻功，既濟也；天地閉，水火不交，未濟也，且以嗣往歲興來歲也。日南至四十有五日而啟，故反中孚爲小過；日北至四十有五日而閉，故反咸而爲恒。蹇先頤，屯次復，艱難之義，以相天地也。且三男之卦也，開物成務，男事也。家人先井，鼎次姤，柔順之則，時出佐陽也。且三女之卦也，無攸遂在中饋，女事也。復爲剛長，姤曰女壯，其以類從乎？井，養也；頤，養也，陰陽之際，義莫大乎養也。百蟲作，蠶事興，而蠱皿爲蠱；耒耜出，耕者舉足，而施生爲益。享帝王之吉，祈農之祀，與雷出於地，雨絕於天，訟、豫之相因也。王政時變，火以救疾，故客火爲旅，冶火爲革，突爲家人，爨爲鼎，熢爲睽，災燔爲豐，夏丙明爲大有，秋清明爲同人，房心伏爲噬嗑，恒星見爲賁，出東爲晉，入西爲明夷，明火爲既濟，鄉晨之暉爲未濟。初夏改火，民咸從之，旅也。季春出火，民咸從之，革也。水土演而民用，潦方盛則無有障塞，師、比之反而相受也。由此，時有大旱，小畜之密雲不雨也；時有霖雨，節之中正以通也。陽之汗以天地之雨名之，陽之氣以天地之疾風名之，則渙，汗之出而不反也。淵泉動，屯也。冰泮，蒙也。雲升，需也。龍出泉，解也。天降時雨，訟也。通瀆於四海，師也。絡脈通潤下而不竭，比也。抱甕而汲，以濟艱食，井也。蕩瑕穢而潔之，渙也。露甘以繁，節也。霜肅而殺，困也。水始冰，既濟也。雪未澤，未濟也。塗未滌，蹇也。發聲以往，震則居悔；收聲以後，震則居貞。小過在悔，就生氣也；歸妹在悔，殆歸魂也。屈於上爲歸妹，主於內爲无妄，生生之謂也。正月必雷，雷不必聞，唯雉爲必聞之。益，其雉之聞，以震乎金，伏於火，剛蟲不搏，則履虎之不咥人也。鳥獸未成，故田無禽，始殺而嘗，故獲三品。萃，用大牲，童牛豶豕，實用以祀，則犧牲告備，具於天子，時也。陽月之物，常爲反生，枯楊非乎定之方中，利以作室。棟隆非乎婦功，成則有行。農桑起則殺禮，既濟，婦在塗也。蒙之吉，納婦；漸之吉，女歸，婚姻之義備焉。建正於丑，雞鳴爲朔，而色尚白，升之象也。坤其正，巽其朔，而色亦巽也。王者之正，皆曰三朝，升之所以爲元亨也。艮者，時也。連山之易，實爲夏時孟月之吉，宜有艮焉。孟春，小過也。孟夏，旅也。咸宜爲孟秋而以恒，蹇宜爲孟冬而以艮。恒者，咸之反也。亥者，艮始，且先天位也，艮居孟冬，義遠矣哉！咸之爲夏日至也，因於艮也，艮居西北矣。咸池在亥，非咸乎？朱鳥在亥，非賁乎？蒼龍出泉而爲解，朱鳥在山則爲賁。天五潢，舍西北則爲咸，舍東南而爲中孚。天畢上轙，五車下軫，不觀於象，孰知中孚之反於咸也？大火在亥，宜爲小過，易之則爲頤；玄枵在亥，宜爲蹇，以乾則爲需。西北，天位也，位乎天位，以正中也。坎、離、震、兑之臨西北，皆有取乎象云爾。北斗爲天綱，乾爲魁，巽爲杓，杓以治外，魁以治内，小畜之象也。斗建巳也，雲漢爲地紀，艮其首，坤其尾，首下地而潛，尾行天而見，謙之象也。斗建丑也，日加酉而昴見於午，睽之象也。離、兑不交也，月弦於角、亢，則巽、坎之交而爲井乎？天根見而水涸，无妄之象也。是主疫，則无妄之疾乎？日歸於西，起明於東；月歸於東，起明於西，東西相從而不已，是故震、兑者日月之門，賓主之位，夫婦之别也。日出於卯，月闕以隨，則兑、震之配而爲隨乎？小畜之需日月幾望，需之井曰利用恒。恒，弦也，井弦而需望也。月之望也行遲，既望，則魄生於右，而遡日也疾，需、隨之所以相受也。月，魄也。魄，兑也。其明，魂也。魂，震也。隨之息，魂魄交也。不交，則爲歸妹。息止，斯魂魄離，君子以永終，知敝修身以俟之而已矣。不死之説，妄之大者也。歸妹之以无妄受也，言魂氣之必歸於天也，且言人道之以父子嬗爲一身，而非有二也。鬼神之德，誠也，無常享，享於克誠也。送魂而往，迎精而返，必誠必信，勿之有悔焉耳矣，无妄之謂也。是故魂氣歸於天，无妄也；形魄歸於地，臨也。哭泣之哀，以爲恒化，不知鬼神之情狀，則云爾也始死之復，復也魂降而反也。生死畢，而鬼事始已。夫體魄未藏，魂恒依焉。既葬，則依子孫以爲歸者也。葬之不可以不時也，且必以制。大過也，安體魄於地之户也。亢龍絶氣，多藏金玉，則夬之終有凶乎？古有展墓之禮焉，日次於大陵，則今皆行之，惡其傷之也。井其坎乎？賁其封乎？祔於墓，祔於廟，萃也，父子祖孫一氣也。鋪筵設同九，夫婦之精氣合也。臨之易爲萃，无妄之易爲大壯，樂以迎來，哀以送往之志與？坎，月也，艮納丙。蹇，月消丙也。坎，律也，艮在寅。蒙，太簇律也。律述氣而月行天，外内之象也。蒙，師道也。古者樂正司業，是以於蒙著律焉。夫自遂古以及今茲，自京師以迄四海，非聲曷以相授受乎？是不可不正之以律也。泰，益上則爲損；否，益下則爲益。泰次益，否次損，中衍以漸。何也？益上則擊，漸上則不可亂。天地之交以漸，而況人乎？夫漸之天，地猶否也，而其人則交致。天地之和者人也，人受天地之中以生。寅之中，人之中也，自寅之戌，乾皆在焉。陽氣之位，寅而見，戌而入也。初於泰，中於乾，終於无妄，明天道也；以配始，以繼終，明王之敬其妻子也有道矣。巽之位，乾之對，乾至尊而巽至卑。小畜之先乾也，爲之引而不敢適也。夫乾，辟之辟也。九五，乾之大有也。天之權在日大明，終始三百八十四爻之綱紀繫焉，大有之次乾也以此。夏三月巳中以往卦無坤焉，冬三月卦無乾焉。坤始於否，迄於比。比，大有之對也，陽居尊位，爲五陰主，則亦乾之次也，故以先小畜也。若夫一陰之爲五陽主也，莫卑於姤，而女壯矣；莫岌岦於夬，而乘剛矣。得位則小畜，得位得中則同人，得尊位大中則大有。不得位，不得中者，履也。爻不當而卦則得其所矣，兑進則爲乾疑者也。上天下澤，辨之至也。辨莫辨乎履，和莫和乎履，蓋暑過中而猶未退也。陽常居大夏，而以生育長養爲事，自夬至同人，皆盛德氣也。履爲基而謙爲柄，謙爲權而履爲繩，中央司下土，北方司冬，寒暑之則乎？艮，寒也。兑，暑也。艮，日之舍也。兑，月之行也。日月運行，一寒一暑，暑融於天，寒藏於地。謙之光明是曰謀，而時寒若；履之光明是曰晳，而時燠若，謙有坎而履有離也。夫陰之居大冬也，一陽爲五陰主，惟復與謙，復動而謙止。止于外爲剥，止于内爲謙，積於空虛不用之處，斯明徵已預也。師、比也，居陽盛之時，以爲佐而從焉。散之使不積，則莫能疑於陽者也。陽可聚也，陰不可使積也，藏於虛而已矣。

自中孚迄井，陽爻八十九，陰爻九十一，共一百八十，當半歲實。其在晉以前，陽爻三十八；解以後，陽爻五十一，歷日在春分前則少，在春分後則多之象也。自咸迄頤，陽爻九十一，陰爻八十九，共一百八十，當半歲實。其在大畜以前，陽爻五十四；賁以後，陽爻三十七，歷日在秋分前則多，在秋分後則少之象也。陽爻多則陰爻少，象行度之縮焉；陽爻少則陰爻多，象行度之盈焉。自解至大畜，陽爻一百有五，陰爻七十五，晝永而夜短也。自賁迄晉，陽爻七十五，陰爻一百有五，晝短而夜永也。二至相距，陰爻陽爻不正九十，而多一少一者，何也？曰：吾以是知歲實之有消長也。坎、離、震、兑居四正以候分至，二十四畫以統一歲之氣實；兩乾、坤之爻以當一歲之晝夜；中孚以逮于頤，實皆乾、坤之爻三百六十，以當期之日，坎、離、震、兑小成之卦十二畫，以當氣盈朔虛，其候之也，則卦直六日有七分焉，而四卦不用。

辟卦十二，乾、坤之爻各三十六；侯卦十二，屯、小過、需、豫、旅、大有、鼎、恒、巽、歸妹、艮、未濟。乾、坤之爻各三十六，凡百四十有四畫，合坤之策。辟治天下，侯治一國，皆君道也。辟以序而侯以錯，讓於辟也，臣道也。公卦十二，中孚、升、漸、解、革、小畜、咸、履、損、賁、困、大過。乾爻四十一，坤爻三十一，有師保之誼焉。卿卦十二，睽、益、晉、蠱、比、井、涣、同人、大畜、明夷、噬嗑、頤。乾爻三十五，坤爻三十七，讓于侯也。大夫卦十二，謙、蒙、隨、訟、師、家人、豐、節、萃、无妄、既濟、蹇。乾爻三十二，坤爻四十，讓于卿也。公、卿、大夫凡二百一十有六畫，合乾之策也。

周官記

冬官司空記自序

周官禮經六篇，遭暴秦滅學，司空篇亡。漢興，購千金不得，記録考工以備大數。自是以來，考工記上繫冬官，而司空之典遂亡矣。尚書帝典曰「伯禹作司空」，禹貢敘九州山川詳矣，乃其興事傅功之法則莫得而言也。逸書有汩作、九共、稾飫，而成湯時司空咎單作明居，言釐土宅民之事，悉亡滅，不可推校，則周官司空之典復安所表見乎？民之初生，不可得而知也。聖人之作，自包犧氏王天下，略見於易大傳。歷神農、黄帝，爰及堯、舜，制器尚象，備物致用，然後飲食宮室器械衣服皆有法度，所以養生送死，要于極愛敬之心，著上下之辨而已。制禮上物不過十二，自上以下，降殺以兩，以是爲天之大數也。堯遭洪水，不遑寧處，茅茨土階，葛衣鹿裘，飯土簋，啜土鉶，樂土鼓葦籥，伊耆氏之作也，憂深思遠甚矣。有虞繼之而上陶，夏后繼之而上匠，卑宮室，盡力乎溝洫，損而有孚，二簋可享，益以元吉，用爲大作，明德之隆也。有夏既衰，棄稷弗務，事典于是始廢。湯有天下，稱禹之德，而誓諸侯曰：「古禹、皋陶久勞于外，四瀆既修，萬民乃有居。」曰：「諸侯羣后，毋不有功于民，勤力乃事。」書又曰：「無從匪彝，無即慆淫。」詩曰：「勿予禍適，稼穡匪解。」懼後世王侯淫縱其心，而泯棄百度，兢兢如此也。武王數紂之罪曰：「惟宮室臺榭陂池侈服，以殘害于爾萬姓。」又曰：「作奇技淫巧，以悅婦人。」喪德所由，昭然著明矣。周之先公，世修后稷、公劉之業，文、武有明德，周公定宗禮以詔後嗣子孫。及穆王而廣肆其心，祈招作歌。宣王承厲王之烈，更宮室寢廟如制度而稱中興。下迨釐王，變文、武之制，峻宮室，侈興馬，而卒不可振。靈王、景王，違諫而鑄大泉，作無射，壅穀、洛。痛乎太子晉之言興亡也，天子僭天，諸侯僭天子，大夫僭諸侯，設兩觀，乘大路，朱干玉戚，臺門旅樹，鏤簋朱紘，養生泰奢，奉終泰厚，君不陳藝，臣不信度，天下蕩然矣。司空之籍，尚藏故府，法家拂士，將以王法爭之。聖制議之，未能決。然以自恣適己也，故浸淫澌滅，剗去其跡，除之獨盡，非一日之積也。卒于天地失常，山川易位，鬼神不饗，民死無告訴，神聖胄裔，泯焉無祀，禍至此烈矣。蓋事典之始壞也，民則勤于財；其中也，勤于力；其甚也，勤于食。民勤于食，而六府三事隳矣。遂乃築長城，治馳道，穿驪山，興阿房，身危子殺，厥孫不嗣，豈不哀哉！書曰：「德惟善政，政在養民。」又曰：「每歲孟春，遒人以木鐸徇于路，官師相規，工執藝事以諫。」仁哉！明哉！夏王之作司空，周公之建事典也，其道甚著，萬世卒不廢，安可泯沒哉！儀禮十七篇，有經復有記，蓋書缺簡脱，而賢者陳誦所聞。及宋劉敞爲士相見、公食大夫，作義皆效往古之辭，斯學者之成法也。謹采尚書、國語及博聞有道術之文，宣究其意，爲司空作記，以附于書闕有間之義。

冬官司空記

大司空掌建邦之五法，以佐王富。邦國以五數制萬事之紀，以六律正萬事之本，以五度揆萬事之度，以五量齊萬事之量，以五權均萬事之衡。執四器之法以奠上下四方，一曰規以爲員，二曰矩以爲方，三曰準以爲平，四曰繩以爲直，以象天位，以察地紀，以辨民事。以平水之法定萬民之居，崇九山，決九川，陂九澤，殖九藪，宅九隩，通四海。以平土之法成萬民之事，六尺爲步，步百爲畝，畝百爲夫，夫三爲屋，屋三爲井，井十爲通，通十爲成，成十爲終，終十爲同，同十爲封，封十爲畿，以是爲法，而辨其高下之等。以三幣之法阜萬民之財，一曰上幣，二曰中幣，三曰下幣，以時權其重輕而行之。以公旬之法任萬民之力，凡民可任者，豐年三日，中年二日，凶年一日，以時致民而用之，治其施舍。以共工之法利萬民之器，一曰土工，二曰金工，三曰石工，四曰木工，五曰獸工，六曰草工。正月之吉，始和布事於邦國，都鄙乃縣事象之法於象魏，使萬民觀事象，挾日而斂之。乃執度以掌建國之法，王國以十二爲節，王宫居九之一。王有三朝，國有三市，乃建宗廟社稷，乃設官府，乃置倉廩廏庫，乃分里居。營軍壘于王門，兆壇壝于王郊，明堂以饗上帝、布大政，靈臺以觀象，辟雝以養士，耤田以訓農。凡垣墉門闕堂陛牖户皆有數制。凡建邦國，諸公以九爲節，侯伯以七爲節，子男以五爲節。凡造都邑，大都參國之一，中五之一，小九之一。以是爲法而上下之。

小司空掌建國之位，以體王國而經其野。掌其數制，以時敍其繕修之政事。王城方十有二里，十有二門，九經九緯，王宫當中經。南曰皋門，其内爲外朝，百官府在焉；其内曰庫門，庫廄在焉；其内爲王宫，四門八次八舍。南曰雉門，外設兩觀，左宗廟，右社稷。應門之内爲治朝，九室在其庭。其内曰路門，其内曰燕朝，其内曰五寢，天子居之。統上文。其内曰北宫，正寢一，燕寢五，王后居之，九室在其後。立五郊以事天，祀昊天上帝于圜丘，祀五帝于明堂，祈穀于東郊，大雩于北郊，大饗于西郊。立兩社以事地方，丘在内，王社在耤。立七廟以事先王，曰太廟，曰祖廟，曰宗廟，曰三佋，曰三穆。立四類以事日月星辰，曰王宫，曰夜明，曰泰昭，曰坎壇，曰幽宗，曰雩宗。立四望以事五嶽四瀆，曰泰室，曰泰岱，曰泰華，曰恒山，曰衡山，曰河，曰江，曰淮，曰濟。立五學以正民德，曰成均，曰上庠，曰東序，曰瞽宗，曰辟雝。立三市以阜民財，曰大市，曰朝市，曰夕市。乃經國野而底其遠邇，五十里曰近郊，又五十里曰遠郊，二百里曰甸，三百里曰稍，四百里曰縣，五百里曰畺。十有二關，郊有六鄉，甸有六遂，皆制其地域而溝封之。

匠師掌土功之法。凡建王國，方十二里，旁三門。諸侯大國方九里，九門；次國方七里，七門；小國方五里，五門。郭倍其城有奇，望之以眂其勢，景之以正其面，然後卜之，卜之吉然後營之。因地以制其形，因人以設其守。先期出役法於有司，及位成巡而攷之。既事，受其圖而藏之。凡建王國，司空以王命服五服，諸侯會同於王國，協其謀，賦其功，受命而退。及期，各使其命卿帥徒庶以致於司馬，入其書於司徒，而遂受役於司空。始之徵也，率其大數，以地之遠近，田之多少爲之法而行之。不用命，有常刑。及受功，以難易爲之等，分地而敘之，有司巡之。既事，書功罪以詔誅賞。諸侯遷國，侯伯以告於王，合諸侯而謀之。王官以王命莅其事，上公監大國，卿監次國，大夫監小國。附庸則告諸侯伯，歲終入其書。王大封，則戒其方之諸侯賦其功，使公卿監焉。凡造都鄙，大都不過參國之一，中五之一，小九之一，卿監焉。在侯國，君與卿謀之，大夫莅焉，必入其書於王，不時者罪之。大都以名通者，告於侯伯。其大者，王官尹焉，謂之版尹。

凡任民，國中自七尺以及六十，野自六尺以及六十有五，皆征之。其舍者，國中貴者、賢者、能者、服公事者、老者、疾者皆舍，以歲時入其書，凡施舍，八十者一子不從政，九十者其家不從政，廢疾非人不養者一人不從政，父母之喪三年不從政，齊衰大功之喪三月不從政，將徙於諸侯三月不從政，自諸侯來徙家期不從政。凡任民，歲不過三日。馬牛車輦之力征亦如之。凡邦中之事，任民之在邦中者不足則及近郊，不足則及遠郊，道遠無過百里。四郊無事，上其布於國，有司以當邦中之直。甸稍縣都亦如之，不以近民役遠事。凡修城郭宫室，治道路溝洫，必以時。營丘壠，必以度。凡罪人役於司空者，任之事，食之食，予之任器。凡大役，司空度用民之數以授司徒，鄉師率民而至於役所，牛馬車輦版築皆具。匠師執度以奠，其民各於其地之敘，執鼙鼓以令役。旦明，鄉師建旗物於其次，乃鼓三鼓，民皆趨役。將食，三鼓鳴鐃偃旗，民皆就食。既食，建旗如初，乃鼓就役如初。及昏，三鼓鳴鐃偃旗，民皆就舍。凡舍，以車輦爲營衛，進退皆有什伍，以稽其役事，司馬治之。卒役，司徒食民，各於州之敍。土功，龍見而畢，務戒事也。火見而致用，水昏正而栽，日至而畢。

凡爲圖，分州以定域，量廣輪也；設畿以置服，殊遠近也；表山川以爲之經，究端委也；建邦國以爲之緯，攷因革也；書土田以立計，阜衣食也；奠虞衡以明禁，蓄材用也；紀井邑都鄙以爲富，審虛實也；營城郭溝洫以爲固，察修廢也。開關梁，除道路，以知通塞。引之表旗，著之制令，以禁侵奪。於是乎測望以準之，分率以定之，軌度以同之，揆日以正之，物土以等之，候氣以齊之，分星以驗之，嘉名以命之，五色以章之，司徒司空以詔于王，而天下治矣。

凡度山，舉名以統之，升高以望之，因所見以爲屬。測其遠近之距而書其四至，量其谷廣與其隴高，辨其小大物，爲之厲而爲之守禁。知其可居可食者，蔓山斤斧得入焉九而當一，汎山斤斧得入焉十而當一。凡林麓則表其木，圍而度之，皆有厲禁，斤斧得入焉五而當一。凡衡川，必辨其原，記所經所會所入，察泉原雨澤之恒數以知其所受，測高下迂直之定勢以知其所寫，約畎澮谿谷之常分以知其所留，别水之清濁重輕以知所毁。物土之剛柔虛實以知所固。害則使去，利則使阜。流水網罟得入焉五而當一，淺水鎌纏得入焉九而當一。凡鳩澤必環以陂，制其流，毋使疾寫。勢隆于川則大川，毋入。度其廣輪，辨其水藏與其藪，準其水以爲之門，疏數當水之隧，疾毋使竭，緩毋使塞，鍾其水，豐其物，網罟得入焉五而當一，藪鎌纏得入焉九而當一。凡辨丘陵，觀流水以準高下，量伏泉以知燥濕，物之以封邑，使高毋近旱而水用足，下毋近水而溝防省。凡度墳衍，必循水而行之，高下相間，乃異其名，縱眂其前後，横眡其内外，外網者防之，内網者溝之。凡原隰，以方制之，以山川溝涂爲之界而表其距，高下相受，乃異其制。以地勢眡水勢，相順也疏其原，毋使并行；相逆也分其流，毋使壹入。自丘陵以下，辨其可食者，物之以待政。地不可食者，山之無木者，涸澤地無草木者，樊棘雜處民不得入焉，皆百而當一。凡原隰、墳衍、丘陵之高下之率，十仞見水不大潦，五尺見水不大旱。十一仞見水輕征，十分去二、三，二則去三，四則去四，五則去半。比之于山，五尺見水，十分去一，四則去二，三則去三，二則去四。三尺見水，比之于澤。比山者，唐以瀦水而禦旱；比澤者，圍以止水而禦潦，是謂高下之則。

誦曰：治地之法，先其正方，山川道路是以爲疆。地爲山川道路所限，不能方平如圖，然就其一界之中，必有可以取方者。在先之者，將以爲治地之本，以立正户而設鄉遂，此即孟子所謂「請野九一而助」。其下即曰鄉，田同井。又曰：「方里而井，井九百畝。」先儒以鄉遂用貢，田不井授，與經相駁。小則曰邑，四井。大則曰都，四縣。必有奇零相輔成圖，或邑或都，四旁近大界之所，不能無奇零。繪都邑之圖，必得此相輔，然後相接也。雖奇勿棄，雖零勿并。愚粲其幓，智挈其領，奇零之地以授奇零之户，升降還授其通變，宜民全在此。如用兵，八陣之有握奇也。愚者不知，或棄或并，如布帛不全而粲其幓；智者知之，如衣裘既成而挈其領。方無恒制。地爲之師，東西南北，徑遂溝涂，小大無常，眡地所容，徑遂溝涂，由水所向。其大數則如遂人、匠人所列。高勿如阪，下勿如陂，一夫之田，治令極平，高田下田，悉歸法度。準諸流水，俾澤乃居，土平則易澤。農循厥畔，焉有越思。盡力治田，疆畔不修，畎遂不利，水土不平，荒穢不除，黍稷不茂，則功不舍。方者爲典，以方禦奇，田自登于邑以上，經界既正，振古爲常，恐民之惑也。若夫奇零之輔于旁者，一彼一此，不爲典要，恐法之窮也。欲定其方，謹察其旁。天有所犯，民有所更，山陵川澤，天所犯也；道路易居，民所更也，侵尋變易，則地將失其常。爾必予之，毋敢或爭。將制方法，必畫有餘之地，使其勢不侵我，然後立爲定界。勿貪膏壤，迫近其所，與彼爭地也。爾始弗揆，爾定則毀。既定而毀，乃亂乃悖。爾惟戒茲，敬布厥利。

治野之法，方里而井，井九百畝，其間爲遂凡九，廣二尺，深二尺，長終百畝，識以表而相通也，是達於溝。徑亦如之，而達於畛。井十爲通，一里者十，爲夫者九十。其遂如夫之數。通十爲成，成方十里，一里者百，爲夫者九百。其間爲溝凡九十，廣四尺，深四尺，長終一井，則別異之，是達於洫。畛亦如之，而達於涂。成十爲終，十里者十，一里者千，爲夫者九千。其間爲洫凡九十，廣八尺，深八尺，別以溝入而達諸澮。涂亦如之，乃達於路。終十爲同，同方百里，十里者百，一里者萬，爲夫者九萬。其間爲澮凡九十，廣二尋，深二仞，長終百井，則別異之，是達於川。道亦如之，乃達於路。南其畝，東其遂。遂東溝南，洫東澮南，遂上有徑相順也，遂首有徑相午也。一同百里，澮九十，洫九百，溝九千，遂九萬，長終百井，是維一成，有洫入焉。終十井乃一通，而有溝入焉。終一井是爲三夫，有遂入焉。終百畝乃一夫，而居田首，其實皆相通也。夫以別之，爲治遂也。其謂之間，東西相佐助，防相毀也。溝別以井，故曰井間。洫相通也，故曰成間。澮亦如之。爲通爲終，經不之著，言方體也。澮、洫、溝、遂，數九而止，明其間也。

凡治地，平地畎而畝，下地列而畝，阪地區而畝。畝登于夫，夫必有遂，遂必有徑，以正經界，而禁民之侵軼。凡治地，邑多田少，五十而助；田多邑少，百畝而徹。家五人以上，授上田如一夫之制，不及五人，受餘夫之制。公田毋過什一，宅征毋過九一。山澤之農，以其物當邦賦之政令者，以是爲法。

凡工商居農民五分之二，貢其物亦如之。

凡定民居，立國以爲端，正其四疆，設其四郊，内則鄉遂，外則都鄙，地之遠近，田之多少，夫家之衆寡，大川之隩，廣谷之隧，阻險之經，道路之輳，以其方舉書之，以其域區畫之，乃廣其邑。而時城之大邑萬室，中千室，小毋下百室，以九九制之。城有四門，涂四達，中之衢設其市。二十五家爲里，里有閭，閭側有塾，設庠于東方，立社于西方。南門之外有圃，以習射聚衆庶。北門之外，民之墓域在焉，以族葬。凡市朝道巷門閭以貍步，因其地而制之。度其城而奠其守，分其人民以序，更道巷皆有職焉。夾道之室，迭以除道。制宅之法，前端有門，左牛牧，右藏稼器，中之室以守。涂當門隧，夾涂以爲圃。室之制如門，後室如正室。或爲之臺，以望以藏貨財。四週有牆，牆下有徑，徑相通也。樹之以桑，環諸後室之後。鑿牆以棲雞豕。牢在門隅，以法授地。有司爲之圖，而懸于門閭，使築室者攷焉。其廬如宅。八家同井，舍當其中，皆相屬焉。面築場，背植桑，有井有爨，以便田事，有蔬有果，以盡地利。輔邑之田受倍，宅而無廬。

凡治田，爲之列以舍水，爲之徑以經地，爲之畛以辨井。井爲之溝以蕩水，爲之唐以瀦水。井十而通一溝，謂之通，每井別異之，以均水而傅衆力。九溝而注一洫，謂之成，每溝入則別異之。九洫而注一澮，謂之終，每洫入則別異之。九澮而胥達于川，謂之同。洫有涂，澮有道，川有路，制之以貍步。表之以眡其勢，景之以眡其面，然後度之，度之然後植之。矩之以爲方，規之以爲員，準之以爲平，繩之以爲直，合之以爲偶，析之以爲奇。高與高疇，下與下疇，正則爲正，迤則爲餘。封之，樹之，圖之，版著之，碑約之，明神藏之。天府毋逆，天常毋絶，地紀必因人情，乃可以致理。

后稷掌農之政令，以草物辨十有二壤之名：茅爲上，藿次之，薜次之，蕭次之，荓次之，蔞次之，萑次之，葦次之，蒲次之，莧次之，蘴次之，葉爲下。以土物物土宜而知其種：上土三十，物種十有二，曰粟土，曰沃土，曰位土，曰蘟土，曰壤土，曰浮土；中土三十，物種十有二，曰忞土，曰纑土，曰壏土，曰剽土，曰沙土，曰塥土；下土三十，物種十有二，曰猶土，曰弙土，曰殖土，曰觳土，曰鳧土，曰桀土，皆有五色。以次九州之土而制九等：度山林，鳩藪澤，辨京陵，表淳鹵，數疆潦，規偃瀦，町原防，牧濕皋，井衍沃。春啟蟄，祈穀于上帝，詔王躬耕。帝耤，先期戒農用；及耤，涖陳耤禮，省功省民，遂戒命其旅曰：「徇乃舍于東郊，協農耕事，播五種。」夏龍見，乃雩，令時耘時穫。秋始殺，則嘗。大穫于耤，如耕之事，廩于神倉，令民納禾稼，出斂法，佐冢宰，舉五穀之要。冬閉蟄，則大烝，休老農，贊冢宰，制邦用。歲終，令民出五種，合耦，修耒耜，具田器，興來歲之宜。

農正掌正農時，紀農功，厚農利，贍農用，糾農禁，以佐后稷。正月之吉，受時令于太史，頒之於鄉、遂、都、鄙之吏。農事作，令于羣有司曰：「無或敢求利於其官，以干農功。」佐司徒，以地域比校其民之衆寡，協功而紀之。及事之殷，令鄉之學士，及其商賈百工，凡技食之民，皆與于功三日。野亦如之。詔王春省耕，秋省斂，賙其難戹，平其典積，豐年斂之，凶年散之。教民樹百果百蔬，字六畜，務蠶績織紝，以贍百用。凡事不以時，不以法，及有相侵害者，正之；不用命，以野刑誅之。小刑憲罰，中刑徇罰，大刑扑罰。其附于刑者，歸于士。

農師掌教耕稼耨穫之宜，以殖百穀。耕有三時，春時以啟蟄，夏時以日至，秋時以氣分。耕有三節，俶耕而萌，乃載之，以待澤而三之。菖始生，發疆土；杏始華，菑弱土。疆則疾耰之，散其塊。弱則藺之踐之。耕有三禁，春而先時則土歷適不保澤，不及時則剛；秋暵而耕則堅垎；冬泄氣則燥。稼有九種，一曰稷，二曰黍，三曰秫，四曰稌，五曰麻，六曰菽，七曰荏菽，八曰來，九曰牟。歲種而藏之，時至而盝之、暴之、漬之，以其物乃播。鳥中以稷，火中以黍菽，虛中以麥。乃辨穜稑之種，以禦時災。耨有五紀，苗始生則鏇之，薄者囁之，出壠則深之，雨而隴暴白背也。則耰之，苗高尺則鋒之。穡有六道，麥爲首種，黍次麥，稷次黍，麻次稷，菽次麻，稌次菽。熟則穫，乾則積。凡此六法者，正歲作秩敘，以時布之。歲終行積，令民無敢不斂，乃祭天之司祿，而獻穀數于王。田畯各掌其田之耕耨之令，以役農師，平其衆庶，稽其功事，勸而贊之。及穫，辨其禾之數，盈握曰秉，四秉曰筥，十筥曰稯，十稯曰秅。蜡則饗農以息之，國祈年于田祖則爲尸，掌去昆蟲及禽獸之害國稼者。若勞農，則掌行酒食而命之醻。

嗇夫掌守其封域社稷之壝，各率其野之衆庶，祀其田主，以報先嗇。司嗇蜡則黃衣黃冠草笠而至於其所，救日月之眚，聞鼓聲，擊柝而馳，帥其衆庶，環壝以走，如鼓之節。諸侯入覲爲末擯，受辭於賓之介，而謁諸天子。諸侯遣于廟，以嗇事戒之。

正工掌百工之政令，以世事教百工，以居肆鳩百工，以式法正百工，以財賫會工事，以省試辦工能，以既禀勸工業。以六法正邦器，一曰尚象，二曰正度，三曰辨制，四曰致功，五曰禁淫，六曰去僞。正歲賦邦事於百工，以時稽其功緒，同其巧拙，乃獻素獻成，辨其物與其苦良，以功名攷之。月終則均其稍食，歲終則會其財齎。凡五器之用等，以九儀之法，爲之禁而糾之，不用法者誅之。禁作奇技。淫巧者，僞飾者，變易制度者，以司寇之辟正之。諸臣之有分器賜器者，則書其貳。王巡守殷國，頒五器之式法於邦國，諸侯糾其犯禁者。邦國之獻器，辨而楬之，入於内府。大喪既殯，致材與明器，掌其式法，及遣廞器。及葬，涖藏器。三公六卿之喪，有賜器，禁明器之不以法者。師役，則敍百工之事及其行，掌其政令。

工師各掌其工之式法，辨其材，審其象與其度，以時正其水火之齊而和之。攻木之工七，輪、輿、弓、廬、匠、車、梓。攻金之工六，築、冶、鳧、㮚、段、桃。攻皮之工五，函、鮑、韗、韋、裘。設色之工五，畫、繢、鍾、筐、㡛。刮摩之工五，玉、楖、雕、矢、磬。搏埴之工二，陶、旊。工各居其肆以治事。令於百工曰：「毋悖於法，失於時；毋或作爲淫巧，以蕩上心。」等其工而授之材，以辨器而制其食。食以其工，工以其器，器以其材。振邦工之廢財，以通百工之事而贊之。四時變國水火，以熾工事。孟冬獻功陳器，蜡則饗工以息之。凡爲工者，受法焉。

凡邦器辨其用，一曰祭器，二曰賓器，三曰服器，四曰樂器，五曰戎器，六曰射器，七曰燕器，八曰農器，九曰喪器，各以其物受而頒之於有司，以四代之名象，辨邦器之法，以待祭祀。賓客亦如之。掌獻器釁器，以歲時數邦器，受職幣之敝器，頒諸百工，使治之更之。祭器則埋之。歲終，則會其器之入出而致事。

凡成器則爲之銘，天子令德，諸侯言時計功，大夫稱伐，良兵良器皆書其年月日焉。物勒工名，以待攷而誅賞。詔百工以藝事諫。

司里掌國中四郊甸稍都鄙之宅里，以功勞班爵，爲次第之法而行之。庶人之宅制，在邑者二畝有半，公田之廬，二畝有半。凡新甿無征役，則以廬旅之，皆在邑表。有地域溝樹之國地，有司稽其出入往來者，其長居者乃賦之宅，授田若職而事之，皆於甸地之公邑，凡司里者受法焉。國有土功之戒，令受征役者期焉，各於其地之敘，有司致之。民有孝子、順孫、義夫、節婦，爲善可法者，表其里居。凡臣妾繫於主不授宅。

司商掌名姓之族而敍之，受法於太史，别生分類，以設居方；辨其姓，使無失其土宜。凡隸臣妾，識於丹書，庶人不與齒。以詔媒氏，辨其良賤，别其婚媾。不用法者離之。凡臣妾，毋受田於王畿。以任農戰之事者，其在軍，則以輂輦從重車，有功者幣賞之，不與六軍之士齒。

遒人掌司鐸。凡文事用木鐸，武事用金鐸。正月孟春，百官萬民觀法于象魏，徇以木鐸，曰：「官師相規，工執藝事以諫。其或不共，邦有常刑。」仲春，奮木鐸以令兆民，曰：「雷將發聲，有不戒其容止者，生子不備，必有凶災。」孟冬之月，受聲詩于適四方使者，辨妖祥于謡風，聽臚言于市間，謗議于路，獻諸天子。內史職之樂師肄焉，佐鄉師，徇四時，徵令之有常者，禁急徵暴。于鄉邑之有司慢令、留令、虧令、益令皆有誅，以木鐸徇之。其在軍壘，則徇之金鐸。

舟虞掌王之乘舟，受法于匠師，辨其名，與其用，設其飾，以司馬之法爲之戒，令營衛行列辨其舟之形制，而授其乘之者。以陸行三十里爲舟行之舍，舍則前後爲屯，善相其水勢、地勢而設軍壘焉，疾風甚雨弗能憚也。其行也，舟爲裏，車爲表，相輔以進止。川上有路，遠者無過千步。王涉大川，造舟爲梁；不可，則方舟設濟；不可，則衆其楫濯而皆維之，溯洄溯游，皆順其宜而度之，均其上下之津以登陸，令各如其乘舟之敍。不用命，有常刑。以鼓鐸鐃鐲節其行，六師皆應焉。凡道路之達于天下者，辨其大川、中川、小川，以時設其舟梁之政，敍而比之，誅不用命者。國有故，則發梁藏舟，以止行者，掌飛江天船之法以待軍事。

春秋正辭叙目

存與讀趙先生汸春秋屬辭而善之，輒不自量，爲櫽括其條，正列其義，更名曰正辭，備遺忘也。以尊聖尚賢信古而不亂，或庶幾焉。敍曰：

大哉受命！釗我至聖，弗庸踐於位，皇惟饗德，乃配天地。正奉天辭弟一。

王者承天以撫萬邦，爲生民共主。嗟嗟周德，光於文、武。亦越既東，元命永固。永固在下，諸侯以僭，大夫陪隸，用貴治賤，挈諸王者。正天子辭弟二。

於乎厚哉！周公光大，成文、武德，勞謙不伐，萬民不服。元子在東，有典有册，欲觀周道，舍魯奚適？聖人無我，曰父母國。正内辭弟三。

三王之道，仁義爲大，假之以爲功，乃救罪不暇。一匡天下，實惟桓公。晉文繼之，亦惟在王。功曰正曰譎，一奪一予，楚莊、晉悼，彼何足數？正二伯辭弟四。

自天地生民以來，神聖有攸經緯於是焉。在聖所貴，貴其民循厥理。惟庶邦君，以厥臣續大命，孳孳其無殆，黜乃心，毋底罪。正諸夏辭弟五。

蕩蕩覆載，聖則無私，疇不即工，聖其念之。明明時夏，懿德所經，頑嚚聾昧，乃狄之行，於乎慎哉！正外辭弟六。

若之何弗弔？天不享佑，罔愛於居囹多辟。罔克究於永祀，侵戎虐我黎服，潰潰靡所止。聖乃欽底罰於有辭，以差厥罪，俾寅念於天嗣天民，越指疆土。明哉明哉，天伐章哉！正禁暴辭弟七。

噫嘻！皐女民以生，其女曷克生？生女怙於口，實乃惟怙於天德。於乎！德卒喪多，罪顯聞於上，遏之，絶之，乃殄滅之。殄靡有遺，民乃其蘇。時乃敬明於聖之志，匪憮用怒，尚隱哉其懼。正誅亂辭弟八。

聖秉道垂文辭，惟義之訓，憖事之違。匪從惟從，匪述惟述，折厥衷見天則。正傳疑辭弟九。

春秋舉例

春秋貴賤不嫌同號，美惡不嫌同辭。公羊隱七年滕侯卒傳。

何休曰：「貴賤不嫌者，通用號稱也。若齊亦稱侯，滕亦稱侯；微者亦稱人，貶亦稱人，皆有起文。」竊謂若王子虎卒，王子猛卒，亦貴賤不嫌也。何休曰：「若繼體君稱即位，繼弑君亦稱即位，皆有起文。」竊謂若秦伯使術來聘，吴子使札來聘，美也；楚子使椒來聘，惡也，人皆知之，故使同辭以起問者。又若子般弑亦稱卒，子野毁亦稱卒，則以閔公不言即位異之，宣公亦言即位，昭公亦言即位，則子卒不日以異之。春秋之文，信如四時。又若莊公元〔一〕年「王姬歸于齊」，齊襄也；十一年「王姬歸于齊」，齊桓也，一無惡，一有惡，則以「單伯逆王姬」、「築王姬之館于外」見之。又以後之徒言歸也，而見「逆」與「築館」之爲起文，詳略互相明，以使不嫌也。又若諸侯簒國亦書入，天王入于成周亦書入，傳曰不嫌，亦其義也。又若不能乎朝亦言來，不與其朝亦言來，則其人不嫌也。又若我無君不稱使，齊高子來盟是也；宋司馬華孫來盟，亦不稱使，則其主不嫌也。又若諸侯卒，正書葬。簒不明去葬，嫌也；簒明者書葬，不嫌也。簒已明而不書葬，重于簒也。簒不明而書葬，因其事也。齊景公之簒也，以書「齊慶封來奔」見之；宋文公之簒也，以書「諸侯會于扈」見之。齊惠公、鄭襄公、晉悼公皆不見簒，徒以不書弑君之葬，則知其不討賊矣，簒亦見之矣。衛宣公受國于討賊之後，嫌于非簒，則書立以明之。晉成公以賊復見，亦嫌于應受國，則去葬以明之。齊惠、鄭襄、晉悼、齊景皆晉成公比也，然與不簒者同辭，而書葬以起問者，明義法也。又若殺大夫稱國稱名同辭矣，乃如晉殺先穀，衛殺孔達，其事不同，則孔達有起文以異之；陳殺洩冶，晉殺三郤，其事不同，則洩冶有起文以異之；鄭殺申侯，齊殺國佐，鄭殺公子黑，其事亦不同，皆無起文，則去葬以明殺無罪，書葬以明殺有罪，亦異之。又若晉殺三郤亦稱國，晉殺胥童亦稱國，則與君弑同月，而先書以大異之。又若晉侯殺

〔一〕「元」，原作「二」，據春秋經文改。

其世子申生，宋公殺其世子痤，則不書葬，以明晉侯之志乎殺以異之。

春秋辭繁而不殺者，正也。公羊僖二十二年戰泓傳。

竊謂若救邢城，邢再言齊師、宋師。又若侵曹伐衛，再言晉侯。又若首止無中事而復舉諸侯。

一事而再見者，先〔一〕目而後凡也。公羊僖五年盟首戴傳。

竊謂若葵丘先會後盟；新城之役，先伐後救；溫之會，先會後圍許。

春秋見者不復見也。公羊哀三年桓、僖宮災傳。

何休曰「作楚宮不書」是也。竊謂書墮郈，不書城郈，亦是也。立武宮書者，嫌于不毁也；城費書者，季首惡也。

春秋不待貶絶而罪惡見者，不貶絶以見罪惡也。

竊謂凡書外弒君、殺君世子、叛人之類是也。

貶絶然後罪惡見者，貶絶以見罪惡也。公羊昭元年會虢傳。

竊謂内弒君殺子諱不見，則貶絶以見其與乎故也。及凡言貶絶者皆是。

擇其重者而譏焉。公羊莊四年狩禚傳。

竊謂若諸侯不享覲，不可勝譏，則書公如齊於上，書大夫如京師于下，而月如齊，以異之。又若

〔一〕「先」，公羊傳作「前」。

諸侯不奔喪會葬，不可勝譏，則書公子遂如晉葬晉襄公，書叔孫得臣如京師，辛丑葬襄王，日以異之。書十有二月甲寅天王崩，乙未楚子昭卒，不以日先後爲敘，以大異之。

貶必于其重者。公羊僖元年夫人喪歸傳。

竊謂若仲遂卒于垂，卒而削公子；叔孫得臣卒，卒而去其日，皆終事也。無駭終其身不氏，翬終隱之篇不稱公子，以其見于經，罕矣。意如執而致，致而後去族，其重者不可得貶絶，則因事而見之。

譏始。疾始。公羊隱二年、四年傳。

竊謂若喪不三年不勝譏，則自閔公始，書吉禘于莊公，妾母爲夫人不勝譏，則自成風始。一以宗廟臨之而後貶，亦所謂于其重者。一以外之弗夫人而見，正王再，不稱天以大異之。

書之重，辭之複，嗚呼不可不察，其中必有美者焉。

竊謂美者，因其行事而加王心焉之謂也。若僖公之篇，書一時不雨者三；又若文公之篇，歷時而不雨，若是者二；昭公之篇，公如晉而復者五；又若伯姬歸于宋，書納幣，書來媵，書致女異于他女之歸者；又若書許遷者四；又若莊公之篇，三書築臺；又若定公之篇，書齊、衛次者二。

春秋要指

春秋以辭成象，以象垂法，示天下後世以聖心之極。觀其辭，必以聖人之心存之。史不能究，游、夏不能主，是故善説春秋者，止諸至聖之法而已矣。公羊子曰：「王者孰謂？謂文王也。」其諸君子樂道堯、舜之道與？無或執一辭以爲見聖，無或放一辭而不至於聖，推見至隱，懷之爲難，違之斯已難。得其起問，又得其應問，則幾無難。應而不本其所起，見爲附也；起而不達其所以應，見爲惑也。詩曰「唐棣之華，偏其反而」，春秋之辭，其起人之問，有如此也。執一者不知問，無權者不能應。子曰：「未之思也，夫何遠之有！」其亦可以求所應問而得之矣。

春秋之辭，文有不再襲，事有不再見，明之至也。事若可類，以類索其別；文若可貫，以貫異其條。聖法已畢，則人事雖博，所不存也。

春秋詳内略外，詳尊略卑，詳重略輕，詳近略遠，詳大略小，詳變略常，詳正略否。

春秋之義，不可書則辟之，不忍書則隱之，不足書則去之，不勝書則省之。辭有據正，則不當書者皆書其可書，以見其所不可書。辭有詭正，而書者皆隱其所大不忍，辟其所大不可，而後目其所常不忍、常不可也。辭若可去、可省而書者，常人之所輕，聖人之所重。

春秋非記事之史，不書多於書，以所不書知所書，以所書知所不書。

春秋治亂必表其微，所謂禮禁未然之前也。凡所書者，有所表也，是故春秋無空文。

春秋書天人外内之事，有主書以立教也，然後多連而博貫之，則王道備矣。

春秋博列國之載，因魯史以約文。於所不審則義不可斷，則削之而不書。書則斷之者，斷則審之者，故曰「春秋之信史也」。存闕文而不益實，其所不削也。不審其事則去之，不審其文則存之，傳之萬世而不可亂也。

春秋之辭，禮不備，則雖有事焉而不書。

春秋辭異則指異。事異而辭同，則以事見之，事不見則文以起之，嫌者使異，不嫌使同。

春秋歷數十年之事以一辭約之。有歲記一事則不以他事雜之，有歷歲記一事則不以小事亂之。

春秋緣本録末，有兼存之義，有半見之文。

春秋記事，以義爲從，則不以日先後敍。

春秋之辭，斷十二公之策而列之，則十二公之行狀莫不著也。辭有屢於一公之策書者，有屢於一年之策書者，有曠而不志者，有曠而一志者，不可不察也。

春秋志天事必以尊嚴之辭承之，志災異皆以前後事求之。異不在大，於事有明徵，乃志之；徵之不明，則不存也。人莫之省，則不見也，患其褻之也。志分土近者詳，遠者略，見經世之志，然九州之域、四裔之防具矣。梁山、沙麓皆河之記也，河宗、岱宗以三望著之。星表北斗，次表大辰，其他則凡之矣。

春秋志天子之大夫，上下列其等，戚疏異其分，父子之恩，長幼之序，靡不畢見。以三公兼官，惟志冢宰爾。諸侯之臣，雖内大夫，不稱其官。官之志，惟宋爾。

春秋志會盟，有重章以見義，有一書以斷義。志會，在列者不悉書；志兵，同役者不悉書。以常所書，知所偶書；以偶所書，知常所不書。志聘，有褒有譏，有喜有戚，有惡有抑，有係乎其君，有係乎其臣，皆以前後事起之。小國未有志聘者，小國大夫常不書故也。大國未有志朝者，雖然嘗書齊侯來獻戎捷矣，衛侯會葬，鄭伯拜盟，齊侯來逆共姬，皆見於傳。魯有禘樂，賓祭用之。二百四十二年，大侯之來接於我者蓋有之矣，春秋不書也。齊、晉、楚書公如，舍齊、晉、楚未有書公如者，非無往也，往不書也。內大夫無如秦者，如吴者，非不往也，往不書也。舍牟、郳大夫無如小國者，大夫常不如小國也。舍滕大夫無會葬小國之君者，大夫常不會小國之君葬也。以不書推所書，故曰凡所書者，有所表也。舍宿男，微國未有書卒者。若須句，若顓臾，若任，若牟，皆宿之倫，而無一書者，可以知所書之必有指矣。須句子來奔，見於傳，而春秋不書。豈不見公哉！然則郳子益來奔，其有義乎？其無義乎？

春秋志卒葬，聖人以送死爲大事。爲人君父言之，則所以善吾生者，乃所以善吾死也；爲臣子言之，親喪固所自盡也，而必盡之於禮，然後爲忠孝之至矣。

春秋志城邑，時不時悉書之矣。然而有所不書者焉，則非一義一法可以概。凡城之志也，凡城之志皆譏也，而所譏不同；凡盟皆惡之，而所惡不同；凡兵皆不義，而輕重各有主；凡奔皆重其禍，而邪正各有偶。苟一義一法足以斷其凡，則無可凡，皆削而不書。春秋非記事之史也，所以約文而示義也，是故有單辭，有兩辭，有複辭，有衆辭。衆辭可凡而不可凡也，複辭可要而不可要也；兩辭備矣，可益而不可益也；單辭明矣，可殊異而不可殊也，故曰游、夏不能贊一辭。

春秋志亂獄，必有辭以誅之，未有或但已者也。如有一人不正其罪，則說不師古而失其傳。

春秋之辭，於所尊則致其嚴，於所親則致其愛，於所哀則致其戚，於所痛則致其重，於所善則致其喜，於所賢則致其美，於所危則致其憂，於所賤則致而辨，於所惡則致其尤，於所誅則致其法，於所矜則致其疑，莫不見乎辭。微乎微乎！不見其迹，索而得之。有憒焉，有樂焉，致五至而行三，無以横於天下，其春秋之志乎！

陳氏後傳曰：「稱人者，討賊之辭，苟能討，雖微者予之異。邦人書，夷狄書，皆予之也。苟不能討，則雖四國之大夫伐宋，不書其人；苟不討而疑于討，則雖十二國之君伐齊，不書伐。」竊謂苟與乎故，則晉惠公之殺里克、丕鄭父，衛獻公之殺甯喜，皆稱國以殺，而不去其大夫。苟身爲大逆，則楚子虔之殺蔡侯，般殺齊慶封，書誘書執，因其討賊，而文一施之。苟不於其國，雖殺之，如南宮長萬、公子慶父，不書殺，因不書葬，不足予乎其討賊也。苟於其在位而殺之以自爲，如楚公子棄疾，則比不去公子，而棄疾以當上之辭言之。苟成之爲君而又殺焉，則且以弑書，若齊人殺商人，稱弑其君也。苟釋首惡而殺其黨，如公孫姓、公孫霍，則稱國以殺，而不去其大夫。惟純乎大義如衛人者，得討賊之正矣。于濮，非譏衛人之失賊也，予陳人之得賊也。雖于義不純，雍廩報其虐而不以爲出于私，楚子入陳而不以爲肆其詐，即以蔡人之欲立，其出寧正躍之爲篡，而不奪蔡人之能討也。嗚呼！若衛人，誠討賊之善者也。然而立晉則且陷其君以篡焉。立之爲言篡辭也，所謂于其嫌得者見不得也。雖不予討，若宋人亦庶乎其善者也。書宋萬出奔陳，罪陳人之受賊，不罪宋人之失賊。公子慶父亦然，書奔莒，罪莒人也；不書殺，因不書葬，疑若加以不討賊之辭，而宋桓、魯僖皆無篡辭焉。此不可不察。亦惟二君不篡，亦惟二君尚能由己爲先君討賊，春秋不以宋、魯爲無臣子也，予之而辭有詳略。州吁月，無知不月；州吁地，陳佗不地，蔡人不若陳人之公，齊人不若衛人之正，不予而辭有善惡。宋公、魯侯能繼先君，宋則以不書殺子游見其善，我則以褒高子盟而著立僖公之美，皆善辭也。夫立僖公與立晉何異？實與者，齊桓存亡國之功；實不與者，大夫專廢置，君之罪也。若其文，則皆不與矣，無王命焉爾。宋，先代之，後立而後請之，無傷也。其與賊同志者，皆著其與賊同惡也，寧第不予哉！虔也，棄疾也，賊也，誅之而後已。夷吾也，公子元也，篡也，當廢。衎也再入，亦盜國也，當廢。蔡之執政，有失賊之罪。辰之奔，不徒罪吴也，姓、霍之殺稱大夫，見蔡人不能正辰之罪而聽之出也。陳公子招，賊也，歸罪于過而殺之，而不以當上之辭言之，以衆殺大夫之辭言之者，招之罪已明，過之罪未明，稱人以殺之然後明，稱國以殺之猶不明也。如以當上之辭言之，則過疑于召伯、毛伯，無以知其爲招之徒矣。然不去其大夫者，不予陳人也，且見其爲招之殺之也。若公子比之罪已明矣，而公子棄疾以當上之辭言之，則不僅見其爲比之徒，且見其實爲謀主，而虔之賊矣，非聖人誰能修之！

國不可以無受貴受命也，無受則篡。公羊子之義，納入立皆篡也，何休氏傳之矣，允哉！允哉！君位，姦之伺也，是故春秋於生死授受之際盡其防焉。衛人立晉首，正之矣。夫討賊莫善乎衛人，然而晉之爲篡也有三義焉。桓公有子，不當廢也，且不請于天子，而人自立之也。此義著春秋之諸侯，其能解免于篡者希矣！然而安寧無事，亦略之而已，所謂不勝譏則譏其重者。莫不善于不討賊而有其國，則篡之重者也。與聞乎故而即乎其位，則弑君之賊而已矣。殺其君之子而即之，亦弑也。先君以道終，己不宜立，而立乎其位，雖無納入立之文，皆篡也。先君以道終，己在外，而入其國，即其位，不宜立固篡也，宜立而不請于天子亦篡也，有輕重焉爾。雖大其弗克納，而納者之不義必著焉。不討賊而有其國，若晉侯黑臀是也，無納入立之文，則不書葬以見之，雖逆之于周，宜若有天子之命，然無辭以言其非篡，不討賊故也。討賊之義大矣。不討賊之罪重矣。齊侯元不討商人之賊，鄭伯堅不討夷之賊，晉侯周不討州蒲之賊，鄭伯嘉不討髡頑之賊，齊侯杵臼不討光之賊，皆視此矣。與聞乎故而即于其位，宋公鮑是也。杵臼之賊非他人，實鮑也。殺其君之子而即之，齊侯潘是也。文不見乎春秋，則不書葬以見之。子叔姬爲昭公夫人，魯不會其葬，哉知聖人削之也。先君以道終，己不宜立，而即乎其位，雖無納入立之文，篡也，曹伯負芻是也。書執，以見其篡；書歸自京師，以見子臧宜立而能讓國，則以曹伯爲宜歸也，歸莫善于歸自京師矣。先君以道終，己不當立，而入其國，即其位，雖無納入立之文，亦篡也，晉侯重耳是也。不書入，爲文公諱，本惡也。宜立而不請于天子，齊侯昭是也。不書納，不書入，見其宜立也。以宋主戰而書救齊，見宋襄公之陷人于篡也。納而弗克納者，捷菑是也。著晉人之非義，而後大其能改之，然而不書晉趙盾，不可書也。諸侯不可以專廢置諸侯，大夫其可以專廢置諸侯乎？大夫而專廢置諸侯，而又可以大其弗克納乎？故避之也。先君不以道終，國無君，己不宜立，而入其國，即其位，則書入，齊小白是也。宜立而不請于天子，則書納，公伐齊納糾是也。于其殺之則稱子，見糾之宜立也。然其爲篡則均焉，以爲是兄弟爭國而已矣。能爲先君討賊，己不宜立，而即之，陳侯躍是也。篡也，則不書葬以見之。春秋不以躍利在得國，而奪蔡人討賊之義，亦不以蔡人既克討賊，而原陳侯躍之爲篡。道如日月，並行而不相悖。不能爲先君討賊，己雖宜立，而入其國，即其位，而逸其賊，則志乎得國而已，莒去疾是也。書入書自，以莒去疾爲無恩于先君，徒兄弟爭國而已，篡也。自齊，齊有罪焉爾，以爲曾不若蔡人之殺陳佗也。然而去疾不書奔，不與聞乎故也，非弒也，篡也。逐君之子而立爲君，突歸于鄭是也。不書入，于其出奔也則名之，見其爲篡也。何以不書入？挈乎蔡仲也，罪蔡仲也。何以不書立？非仲所欲立也，罪宋人也。何以不書納？突不求立，仲不聽宋，宋人烏能納之哉！書曰：「宋人執鄭祭仲，突歸于鄭。」見三罪之鈞也。鄭忽不稱爵，見其爲子也，而不稱子，春秋伯子男一也。忽以出奔而後絶，非既絶而後奔也，故曰辭無所貶，非無所貶也。左氏曰：「公侯曰子。」且將言世子，則不可得先言子。曷先不言世子？君在稱世子，既葬則稱子。曷終言世子？言忽爲君之微也，宜爲君，而自喪之。逐一君，立一君，成乎爲君者，蔡侯東國是也。篡也不書葬，以見之一君出，一君立，未成乎爲君。然而宜立，且有天子之命焉，讓而不即乎其位，衛叔武是也。書曰：「衛子以天子之命立之也。」其不曰侯而曰子，成其爲讓而賢之也。不書其殺，爲賢者諱也。先君以道終，己在外，國有君，以己之宜立，因賊臣而入其國，即其位，弒其君，齊陽生是也。書入不書弒，見其宜立，而不以不宜立者君之也。然而以篡言者，違父命也。然而不書陽生弒者，斷其罪于陳乞也。陳乞亂，齊景公以乞爲能立其所愛，而不知乞能殺其所愛，是故以荼爲乞之君也。陽生以乞爲能授我以國，而不知其實盜我之國，己實未嘗有國也。陽生烏能篡，乞使之篡也，其又可以乞之弒爲陽生之弒乎哉！彼志乎記事者，且曰陳乞不弒也，陽生實殺安孺子。先君以道終，己在外，國宜有君，因國人送己而求入焉，卒亦不克納，則雖不宜立，而罪不在公子也，逆之者罪也，納之者罪也，不受者無罪。斷逆者之罪于先蔑，而不罪趙盾，始雖主乎逆之，後實主乎不受之，盾以反正自名焉。然而盾之爲臣，康公之爲君，謀國不臧，輕用民死，以晉人爲主乎？是戰敗秦而不言秦之敗，見趙盾之殃晉民而已，而專廢置君之罪見矣。晉實以詐覆秦師，而不言取，見秦康公之殃其民而已，而納不宜納之罪亦見矣。于公子雍無誅焉，故不見秦之納也；于先蔑有誅焉，故見蔑之奔也。晉人且不義先蔑，而況君子之于趙盾乎！

附録

先生性方鯁。爲講官日，上御文華殿，同官者將事上起講。儀畢矣，先生奏：「講章有舛誤，臣意不爾也。」因進琅，琅盡其指。上爲少留，頷之。龔自珍撰神道碑。

先生幼誦六經，尤長於書，奉封公教，傳山右閻氏之緒學。既成進士，閻氏所廓清已信於海內，江左束髮子弟皆知助閻氏。言官學臣則議，上言於朝，重寫二十八篇於學官，考官命題，學僮諷書，僞書毋得與。將上矣，先生以翰林學士直上書房，獨曰：「辨古籍真僞，爲術淺且近，且天下學僮盡明之矣。古籍墜湮什之八，頗藉僞書存者什之二。大禹謨廢，人心道心之旨、殺不辜寧失不經之道亡矣。大甲廢，儉德永圖之訓墜矣。仲虺之誥廢，謂人莫已若之誡亡矣。說命廢，股肱良臣啟沃之誼喪矣。旅獒廢，不寶異物、賤用物之誡亡矣。冏命廢，左右前後皆正人之美失矣。今數言幸而存，皆聖人之真言，言尤疴癢關後世，宜貶須臾之道，以授肄業者」。著尚書既見，數數偁禹謨、虺誥、伊訓，而晉代剟拾百一，功罪且互見。先生是書，頗爲承學者詬病，而古文竟獲仍學官不廢。同上。

董晉卿曰：「先生未嘗以理學自鳴世，是以無聞焉。其彌甥劉逢禄作公羊釋例，精密無耦，以爲其源自先生。其孫綬甲刻其著易説以示余，其爲説以孟氏六日七分爲經，以司馬遷、班固天官、曆律各書志爲緯，其爲文辯而精，醇而肆，旨遠而義近，舉大而不遺小，能言諸儒所不能言。不知者以爲乾隆間經學之别流，而知者以爲乾隆間經學之巨匯也。方乾隆時，學者莫不由説文、爾雅而入醰，深於漢經師之言，而無溷以游雜。其門人爲之，莫不以門户自守，深疾宋以後之空言，而實學恣肆如是者哉！」易説序。

魏默深曰：「先生以經學傅成親王於上書房十有餘年，講幄敷陳，茹吐道誼，子姓録其書若干卷。沕乎！董江都之對天人；粹乎！匡丞相之明禮制；鬱乎！劉中壘之陳今古，未嘗支離釽析，世之爲漢學者罕稱道之。烏虖！公所爲真漢學者庶其在是，所異於世之漢學者庶其在是！」莊少宗伯遺書序。

清儒學案卷七十四

方耕學案中

方耕家學

莊先生述祖

莊述祖字葆琛，所居室曰珍藝宧，學者稱珍藝先生。父培因爲方耕弟，乾隆甲戌一甲一名進士，官翰林院侍講學士。先生十歲而孤，從世父游，潛心經術。乾隆庚子成進士，選山東昌樂縣知縣。調濰縣，明暢吏治，刑獄得中，豪猾斂迹。署曹州府桃源同知，以母老乞養歸。嘉慶二十一年卒，年六十七。其爲學原本家法，研求精密，於世儒所不經意者，覃思獨闢，洞見本末。五經皆有撰述，而於尚書、毛詩、夏小正攷證尤勤，並校訂尚書大傳、逸周書、白虎通義諸書，凡舛句訛字，佚文脱簡，易次换第，草薙腋補，咸有證據。又深通六書之學，於古籀文字，轉注諧聲，及説文偏旁條例，亦皆疏通而證明之。晚年嘗爲口號曰：「慣看模黏字，耑攻穿鑿文。」蓋紀實也。生平著書甚富，其刊行者有尚書今古文考證七卷，毛詩考證四卷，毛詩周頌口義三卷，夏小正經傳考釋十卷，五經小學述二卷，歷代載籍足徵録一卷，白虎通義考一卷，輯白虎通義闕文一卷，説文古籀疏證目一卷，石鼓然疑一卷，弟子職集解一卷，漢鐃歌句解一卷，珍藝宧文鈔七卷，珍藝宧詩鈔二卷。其外尚有詩紀長編一卷，樂記廣義一卷，左傳補注一卷，穀梁考異二卷，論語集解別記二卷，五經疑義一卷，説文古籀疏證二十五卷，説文諧聲考一卷，説文轉注一卷，鐘鼎彝器釋文一卷，聲字類苑一卷，史記決疑五卷，天官書補考一卷，及校定尚書大傳、逸周書、孔子世家、列女傳等書，皆藏於家。參史傳、李兆洛撰傳、宋翔鳳撰行狀。

夏小正經傳考釋自序

夏小正經傳之分，自宋傅崧卿始。隋經籍志夏小正一卷，戴德撰，與大戴禮記十三卷別行。傅崧卿得其本於關滄，校以集賢所藏大戴禮，以爲小正，夏書；德所撰，傳爾，謂之夏小正戴氏傳。其實不然。夏小正於別録當屬明堂陰陽，禮家録之，謂之禮記，非戴氏作也。太史公曰：「孔子正夏時，學者多傳夏小正。」蓋孔子得夏四時之書而正之，是爲夏時，其傳爲夏小正。自漢以來，不詳其所授受。崧卿僅得一錯譌舊帙，獨參考慎擇而釐析之，誠異於俗學所爲。間誤以經爲傳，以傳爲經，疑傳之失本恉，終莫能有所是正，然賴以知古經猶幸未泯滅，不得概視爲傳記之書。彼其表章之功，顧又何可少哉！禮運記云：「孔子曰：『我欲觀夏道，是故之杞，而不足徵也，吾得夏時焉。我欲觀殷道，是故之宋，而不足徵也，吾得坤乾焉。坤乾之義，夏時之等，吾以是觀之。』」鄭康成以爲其書存者有小正、歸藏。隋經籍志云：「歸藏，漢初已亡。」晉中經有之，惟載卜筮，不似聖人之旨。孔穎達亦謂歸藏僞妄之書。隋志：「歸藏十三卷，晉太尉參軍薛貞注。」宋中興書目有初經、齊母、本蓍三篇，今佚。是孔子所以觀夏、殷之道者，其幸而僅存於今，惟夏小正而已。世所傳夏小正既傳寫失真，今以古文大小篆校正其經文，共四百六十三字，定爲夏時，而夏小正以爲傳，考其異同，釋其義例，名曰明堂陰陽夏小正經傳考釋。大戴禮盧辯注，周書本傳云：「盧辯字景宣，范陽涿人。博通經籍，爲太學博士。以大戴禮未有解詁，乃注之。其兄景裕謂曰：『昔侍中注小戴，今爾注大戴，庶纂前修矣。』累遷尚書右僕射。進位大將軍。卒謚曰獻。」北史同。北史儒林傳云：「永熙中，孝武釋奠於國學，又於顯陽殿詔中書舍人盧景宣講大戴禮夏小正篇。」魏書同。王應麟困學紀聞云：「大戴禮，盧辯注，非鄭氏。朱文公引明堂篇鄭氏注云『法龜文』，未考北史也。」夏小正闕不具。關澮本有注并音，傅崧卿所云舊注是也，亦間見於它書所引。今以某本某書注別之，未敢質爲盧注也。傅崧卿字子駿，山陰人。宋政和中爲考功員外郎。林靈素作神霄録，公卿以下羣造其廬拜受，崧卿與李綱、曾幾移疾不行，爲所譖，出爲蒲圻縣丞。後官至給事中。見王應麟困學紀聞及宋史曾幾傳。崧卿自序題宣和辛丑，蓋謫蒲圻時作也。重其掇遺經於廢墜之餘，以扶絶學，故備論其世云。

序二

述祖少失學，長習進士業。及舉於禮部，退歸後，乃求所以闚古人之學，莫得其階，不能自已，始從事於漢人所謂小學家者。先治許氏説文解字，稍稍識所附古文，以爲此李斯未改三代之制以前，倉、籀遺文留什一於千百者也，欲究心焉。偶憶夏小正納卵、蒜卵字與古文民字相近，蒜即説文祘數字之訛，由以知「納民祢」即周官禮司民之「獻民數」是也。周正建子，故以孟冬，夏正建寅，故以季冬，其事正合，然亦未敢質諸人也。於是盡取夏小正中經文重釐正之，以爲夏時明堂陰陽經文，爲之説義。數易寒暑，猶未盡其學。嗣以吏部選人，爲吏山左，日從事簿書，然車中枕上固未嘗少置也，亦時有所增益。迄終養歸，復爲修改。至嘉慶十四年之冬，始以所録夏時明堂陰陽經，及夏小正諸本異同，并所爲説義，先刻三卷。他若夏小正音讀考四卷、夏小正等例一卷、注補夏小正等例二卷、夏時雜義□卷，皆未卒業，以纂集古文甲乙篇中輟。今遭大故，草土餘生，僅留殘喘，恐旦莫填溝壑，乃取所未刻各種更加芟并，益以近日所見，與前所刻三卷往往多不合者。然今之所見未必盡是，昔之所見未必盡非，即一人之管闚蠡測，猶復歧出不倫如此，況敢質諸人而自信以爲必然者耶？言之不文，略舉前後之所以不相顧者以示兒曹云。

序三

夏小正音讀考四卷，往者考夏時經文爲之説義，頗以隸古校定，恐滋後來者之疑，復以世所傳韓元吉本大戴禮記夏小正坿於其後，備載傅崧卿所引集賢本大戴禮，及關澮本夏小正異同。蓋以古書之僅存，եմ爲後人所亂，校書者又别以其意定之，是其所是而非其所非，迄無所取正而亂益甚。於是伏而思之，春秋之義以三傳而明，而三傳之中又以公羊家法爲可説。其所以可得而説者，實以董大中綜其大義，胡母生析其條例，後進遵守不失家法。至何邵公作解詁，悉隱括就繩墨，而後春秋非常異義、可怪之論皆得其正。凡學春秋者，莫不知公羊家誠非穀梁所能及，況左氏本不傳春秋者哉！假設無諸儒之句剖字析，冥心孤詣，以求聖人筆削之旨，則緣隙奮筆者皆紛紛籍籍，以爲左氏可興，公羊可奪矣。夏時亦孔子所正，夏時之取夏四時之書，猶春秋之取魯史也，聖人之旨於是乎在。其以大正、小正、王事科爲三等，蓋出於游、夏之徒，高、赤之等。兩漢時猶有能言之者，故蔡中郎以爲有陰陽生物之候，王事之次。然吕不韋造月令，亂夏時之等并滅其書。其藏於民間者，簡斷字脱，不可句度，時各以意讀之，丹鳥玄駒菽麋卵蒜，瑣類農家，碎同小説，且改傳文前後以傅會之。又曰「小正者，以小著名也」，豈不謬哉！述祖病此久矣，欲疏通而證明之，而以一人之力，欲兼儒者數十輩之勤，亦不自諒之甚也。但不能默默而已，故先列其等次，求其例有不可通者，尋繹其次序，解剥其句讀，剔抉其古字古音，然後古聖王所以省躬，所以授時，所以敷政，皆可得而説，庶幾或附任城之後塵。如曰不然，以俟來哲。

説文古籀疏證自序 按：此書原名古文甲乙篇。

黄帝造甲子以通八卦之變而文字興，文字之於六畫，猶月之於日也。溯有文字以來，自童子束髮就傅，以至耄老，無一日可離，而其於道也若遠若近，忽明忽昧，亦猶晦朔弦望之隨日消息，終身由之，而莫知其所以然者。故執文字而即以爲道，不知道者也；習文字而終身不知道，不知文字者也。由文字以求甲子，由甲子以求八卦，知歸藏納甲之義，與周易相輔而行。八卦非文字，而八卦之名，有不能不假文字以明之者。余嘗考商、周彝器文，如震、兑、巽、艮，其字皆取象於月，是殷人歸藏之卦，猶流傳於吉金銘勒。推而廣之，一名一物，一動一植，有文字者悉寓至道於其中，非兵燹所能晦蝕，決可知也。聖世化成，人文大啟，承學之士無不唫誦編摩，發前人所未發不及。今舉小篆之偏旁條例，一爲變通，使倉、籀遺文，竟同弁髦之敝，誠有難已於言者。説文所收九千三百五十三字，有轉寫之訛，無虚造之妄。惟分析偏旁以篆文爲主，古籀从之，或有古籀爲部首者，亦必篆文所从之字。蓋古文自嬴秦滅學之後，久絶師傳，當時初除挾書之律，閭里書師，各以意指授，皆小篆也。相傳孔子壁中書藏於祕府，謂之中古文，能讀者尠。尚書家言今文者，皆自伏生。伏生爲秦博士，不得私習古文，至老而求得壁藏書，諒亦以意屬讀而已。張懷瓘云：「漢文帝時，秦博士伏勝獻古文尚書。」是伏生亦以今文讀古文，與孔安國同。王莽使甄豐改定古文，豐不能明，往往雜以小篆，今所傳刀布是也。又秦八體之大篆，即秦篆之繁者，其省者謂之小篆。在漢時，以秦大篆爲籀文，謂之史書。尉律云：「諷籀書九千字，乃得爲史。」漢藝文志有史籀十五篇。秦時先代之書埽地盡矣，安得籀文獨完，且首列於八體？此理所必無，特秦大篆間有從古籀增損者耳。古籀既亡，建武時大篆亦殘缺，故舍小篆無可徵信。至始一終亥，乃文字之所由起。其據形聯系，不以甲乙，但據偏旁，亦有不得已而然者。顧或謂説文之五百四十部，如易之六十四卦，不可略有增損。其然，豈其然乎？鶡冠子云：「倉頡作法，書從甲子。」今即許氏偏旁條例，正以古籀自甲至亥，分爲二十二部，條理件繫，觸類引申，至賾而不可惡，至動而不可亂，冀以通古今之變，窮天人之奥，辨萬類之情，成一家之學。桑榆景迫，一豎相侵，不能卒業。姑就舊稿中擇其稍可自信者，著於篇。思慮昏眊，繁穰無裁，俟後之君子匡其非，竟其緒焉。

條例：

正字。彝器文、説文古籀、魏三字石經、石鼓、汗簡、古文四聲韻，擇其信而有徵者，録之爲正字。

闕文。有字見於鍾鼎，以意説之而無確據者；有鍾鼎所不載，以偏旁推測而得者；有鍾鼎所載，而不得其説者，爲闕疑。

演篆。字見於説文、汗簡、古文四聲韻，相沿用之，其實從小篆羼入者，亦可以備采，用爲演篆。

辨誤。小篆相傳之字，沿譌日久，大底皆由漢時閭里書師習見，隸書傳授生徒，但取應用，又且不經見倉、籀古文，并非李、趙、胡母之舊，今備列之，爲辨誤。

復古。古文舊説，本無是義，斯、高之徒，附會以刑名家説者，今悉辨正，爲復古。

後世寫經，不能全用古文，以嬴秦滅學之後，久失其傳，僅拾掇於鼎彝銘文，又往往出於橅篆者之手。至説文所載，據云壁中書，宜信而有徵矣。又或傳寫失真，故以譌沿譌，校小篆誠難辨識。況倉、籀遺文十留二三，六經之字動多闕略，若概用假借，更增疑惑，故不得不兼用古、籀、篆三體，如太學石鼓之例，實爲盡善。是編雖以古籀爲主，古籀所無，則以小篆彌縫其闕。凡斯、高之逞臆，甄豐之妄改，支意怪文，悉爲辨正。又有漢初閭里書師所授，歷久相沿，以爲固然者，説文亦時有闕脱，證以古文，令皆可説。不敢借墨守許學之名，自藏其拙。蓋以鍾鼎校説文，非以説文校説文。然必以鍾鼎校説文，始能以説文校説文耳。

是編雖以鍾鼎校説文，然鍾鼎有橅篆之失，有傳寫之訛，有古器之贋，若據此以改説文，其弊更甚於沿譌襲陋者。蓋古篆自秦以後，久已失傳，惟小篆秦、漢相承，尚有九千三百五十三字，信而有徵，莫備於此。故說文敍篆文爲主，而合以古籀，蓋有所不得已者。今所編次，大旨欲明甲乙之部，分鍾鼎之確然可信者，足以證秦篆之失。其可疑者，仍闕之，以從小篆。小篆所無，而見於鍾鼎者，則補其闕略。總之，六經文字皆有足徵，間用假借，亦不違六書之旨，非有所好奇嗜僻而爲之也。

證鍾鼎文，所以證篆體之誤，若捨說文而言鍾鼎，是棄規矩而言方圓也。今采鍾鼎文有可與篆文相發明者，備載其同異而論列之，不使唐以後如李陽冰諸人所肊改雜厠其間，庶可爲許氏功臣與。

說文每部之字，有不能从舊部者，亦爲更正。雖不至如古韻今韻之河漢，然習實爲常，頗駭人觀聽，不得不一一剖晰之，不如說文之簡且要也。

有說文本闕者，有後人傳寫而闕者，如㫺字解云：「宀宀不見也。」是許氏曾見古文㫺从自从宂，其非本闕，明矣。篆文訛失，漢隸或又从旁，則附會邊字而誤。如此之類，急爲改正。

初意欲盡編彝器文爲一書，而所得拓本甚少，多从橅本録出，往往有與小篆無異者。及得拓本覆校，乃大不然，故不敢自信。蓋人之目力不同，而老少尤異，亦各以識其所得，求有合於古人之用心而已。

見所補偏旁，比舊幾倍，其中亦有不必改爲部首者。然既以彝器文校小篆之訛，如㚘㚔不分，山初相混；比敍之匕，非刀匕之匕；大言之吳，非吳、越之吳。如此類者，散在各部，難於尋檢。今皆補爲部首，展卷瞭然，亦舉隅之一也。

說文古文儿與人分部，籀文亣與大分部，今用其例。如中、𡳿、艸，古文、籀、篆各異，亦分爲三部，各从偏旁。餘皆放此。

說文以古籀合篆文，是編以篆文从古籀，其敍次不能不爲稍變。故先敍古文，次籀文，次篆文，然後解說其義。先敍許氏本義，次采諸家說，次附所見，用許氏五經異義例，以謹按別之。

大篆囟作𡿺，从籀文子字之首；小篆狃作内，从古文卍字之足，然亦各有解說。此三體所以不能不分也。說文合古籀於篆，舛駁甚多，今悉改正。又有小篆从古文，而許氏解偶有遺漏者。如艸部𦿿从叡得聲，叡即𣦼部叡古文省，而玉篇又以叡爲太息，亦音苦怪切。故小篆變而爲八分，八分又變而爲正書，字以日滋，而六書之義無从道古矣。

小篆有从古文而誤者，如古文毒，从古文屮作中，从古文母作毒，言毒屮觸之即害人，故戒之。而小篆乃从中从毒，於六書之義無所附。今以偏旁推測而正其誤。至古文毒从刀从𦍒，又與諧聲不合，亦録之以備考。餘放此。

說文所載古文，如奇字最爲不可解。此漢人不識古文之陋，非倉、籀有所謂奇字也。如水部「𣲡」，許氏以爲奇字「涿」，不知此古文「啄」字，當作「𠮛」，从乙从口。甄豐爲王莽造刀布，以爲涿郡之涿，誤从日，謂之奇字。今改从口部。餘放此。

世所傳泉布，攷其字體，皆是小篆，大底出於新莽之世。莽使甄豐改定古文，以校文書之部。其所造作，皆用古文。而當時古文，唯壁中殘簡，大約散亂不可別識。今見於說文者百不及一。而所造泉布，有郡國縣名，古文既不足應用，豐等遂改篆文，小變其筆法，或顛倒上下，省去偏旁，實無所謂古文者。唯即墨之墨，黑字从大从水从夕，田聲，與赤从大从火合，似勝小篆从囪从炎之曲説，諒非甄豐、揚雄等所能造也。故所采刀布文甚少，獨於是有取焉。

每部字間取可通借者，从其部。蓋古文諧聲字少，如丕字，彝器文皆作不。尚書丕、不往往誤讀。今改丕从不，即以古籀正篆之例，與舊例異，非从聲也。吏亦同。他皆放此。

古籀會意字多，諧聲字少，以諧聲字可假借也。小篆諧聲字多，會意字少，如艸、木、水三部字皆四百以上。然亦有必不可省者，所以便俗也。但注明某通作某，於是假借一門幾同虚設矣。

説文頗有重出之字，注明某字即某字重文，所以不敢徑并者，以今之音讀未必即許氏之音讀，今之篆文未必即許氏之篆文，或有相沿譌誤，留此疑似，尚可追尋，未可一概抹摋也。

古文象形字皆有偏旁，無虚造者，不獨形聲相附爲然也。舊説於難解之字輒以象形概之，如克字本會意，而以爲象形；長字亦會意，而以爲諧聲之類。此皆以篆文失真，從而爲之説，不必泥也。

字有隸無别而篆有辨者，亦有小篆無别而古籀有辨者。如篆以幕爲覆食巾，是以幕爲冪；訓幔爲幔，是以幔爲幕，由篆文闕冪字也。如皇字，或訓暀，或訓大，篆皆作皇。古籀則暀訓之皇，从賓省，从北，从収持豆；訓大之皇，則从自从王，或从𢼸省，但彼此皆可假借耳。自秦、漢變篆作隸，無从追溯造字之源流矣。

六經遭秦嬴之厄，幸而得存於今，其無缺誤者蓋少。毛詩最古，儀禮、周禮次之，禮記次之，公羊春秋次之。其餘若周易、尚書、左氏春秋、穀梁春秋，則多晉以後之俗字矣。論語尚多古字，孝經、孟子、爾雅大底爲後人妄改，而爾雅亦非完書，其羼入者更復不少。大戴記殘缺，逸周書無善本，管子、墨子、莊子、荀卿子、孫子、楚辭、吕氏春秋、戰國策皆周、秦古書，間有可采。西漢諸子，淮南鴻烈本最佳，以其爲漢人解漢人書也。凡古字古音皆有裨於六書之學，惜篇卷過隘，不能盡載耳。

左氏春秋經，劉歆私改者，如「壹戎殷」改「壹」爲「殪」。經杜預誤寫者，如不飧讀爲不夕食。此皆不明古義。劉之逞肊虚造，杜之襲陋傳訛，其失一也。至於舟鮫爲舟鮫，公鳥爲公鵅，説文猶有可考。至晉以後，古人無完書矣。

説文所載古籀，如宀部本有家字，篆文改以爲古文家；四字不从四畫，即篆文小變之，而一二三皆从弌，此蓋誤會古文參，不知參从彡不从三也。凡此類者，皆非倉、籀正字，不可不辨。玉篇宀部有家字，丑院切，蓋从㣇「彖」字，即「家」字之訛也。彑部彖字，玉篇無，廣韻有。

白虎通義考自序

漢中興初，五經立學官者，易，施、孟、梁丘、京氏；尚書，歐陽、大、小夏侯；詩，齊、魯、韓；禮，大、小戴；春秋，嚴、顔，凡十四博士。穀梁春秋，甘露中曾立之。光武欲立左氏，諸儒廷爭者累日，既得立而即廢。建初中，選高才生受左氏、穀梁春秋、古文尚書、毛詩，顧第以廣異義，此功令也。白虎通義雜論經傳，易則施、孟、梁丘經，書則伏生傳。及歐陽、夏侯，大指相近，莫辨其爲解故、爲説義也。經二十九篇外，有厥兆天子爵與五社之文在亡逸中。今本「亡」作「無」。或誤目爲周書無逸篇者，非也。詩三家則魯故居多，禮樂篇詩傳曰：「大夫士曰琴瑟御。」又傳曰：「天子食，日舉樂。」皆魯詩也。見公羊解詁。又辟雍篇及闕文「和鸞」皆引魯訓。藝文志所云「最爲近之者」也。韓内傳、毛訓故亦間入焉。宗族篇：「宗人將有事，族人皆侍。」今本作「禮曰」。通典引此作「毛萇曰」。嫁娶篇引傳曰：「陽倡陰和，男行女隨。」春秋則公羊而外間采穀梁。左氏傳與古文尚書當時不立學官，書且晚出，雖賈逵等以特明古學議北宫，而左氏義不見於通義。九族上湊高祖下至玄孫，書古文義也，在經傳之外備一説，不以爲尚書家言。詳見宗族篇。禮經則今禮十七篇，并及周官經、傳，則二戴有謚法、三正、五帝、王度、别名之屬，皆記之逸篇也。樂則河間之記。論語、孝經，六藝並録，傅以讖記。援緯證經，自光武以赤伏符即位，其後靈臺郊祀皆以讖決之，風尚所趨然也。故是書論郊祀、闕文。社稷、靈臺、明堂、封禪，悉隱括緯候，兼綜圖、書，附世主之好，以緄道真，違失六藝之本，視石渠爲駮矣。夫通義固議奏之略也，石渠論既亡逸，而白虎議奏當時已頗珍祕，學者罕能言之，使後之人概無目見兩代正經義、厲學官之故事。由略以求，其詳於是乎在，作白虎通義考。

校定白虎通義目録自序

漢石渠、白虎論五經，先詔諸儒考詳異同，作議奏。既篹輯其事，謂之通義。藝文志有宣帝時石渠論，書、禮、春秋、論語議奏及五經雜議，雜議亦石渠論也，皆亡逸。白虎議奏舊不著於簿録，今通義雖不備，猶行於世，此儒林之淵源，策府之祕奥也。流傳久失真，讎校家不知闕疑之義，雜擥他書相糅舛，卷帙混淆，妄加名目，類別失倫，脱簡閒編，文字譌者，無慮千百數，讀者難之。惜一代大業，重六藝舊聞，考迹傳記，博采事類，略揃補拾，裒異同，演正義，區真僞，按存佚，以綴闕文，以備經部之一，凡四卷爲四十三篇，入闕文一篇。

弟子職集解自序

弟子職在管子書，古者家塾教弟子之法，漢藝文志附石渠論爾雅後。蓋以禮家未之采録，故特著之六藝。有説三篇，今佚。案别録有子法、世子法，弟子職記弟子事師之儀節，受業之次敍，亦曲禮、少儀之支流餘裔也。漢建初論五經引弟子職，鄭康成每據以説禮，當時尤重之，與六藝同。今以附禮家之後，其説蓋闕焉。注管子者或云房玄齡，或云尹知章，要是唐人舊注，猶不失詁訓之恉。朱子儀禮經傳通解載弟子職，亦采舊注，間有與世所傳劉績補注同者，不能復爲别出。近洪北江編修所撰弟子職箋釋，徵引尤博，今並録之，稍有所增，演名曰集解，猶裴龍駒之史記本之徐廣也。又注疏所引弟子職，文與義多異同，彼此可以互證，取便童子講授，故不厭其繁委。至是書之有關於風化升降，昔者吾友論之詳矣，茲弗復云。

石鼓然疑自序

昔人論石鼓者多矣，至金馬定國以字畫考之云：「是宇文周時所造作。」辯萬餘言。見元遺山中州集。余未見馬定國所辯之是非，然近時好古博雅之儒多從其說，余頗疑之。偶檢後周書，其事有與詩辭適合者，非僅西狩岐陽迖以得鼓之地爲徵已也。姑識之以備一説。

論曰：石鼓自唐至今千百有餘年，十鼓僅存其九，文多殘缺，釋之者又時有舛駁。苟好學深思，試爲之拾殘補脱，尋其辭旨，亦未嘗不可得而説也。抑視二雅之文則褊矣。昌黎既云難曉，何所見而稱其詞嚴義密哉？吉日、車攻，言宣王能復文、武之業，會諸侯慎微接下，其所以至中興者，非僅畋獵云爾也。然必刻石以自紀，若後世之慮陵谷變遷，而爲久遠計者，何其陋與？蓋好名之習，盛於魏、晉，往往託之於古，以永其傳。由是以降，漸染餘風，日滋枝葉。宇文泰以梟雄之材，得宏達之佐，假空名於西魏，代鄴通梁，固有包舉宇内之概矣。及身未集，故命使臣作是詩以明其志，又得史、籀殘字，輯以成章，祕而藏之，以竢後人。尚論其世，彼其君若臣固好名之甚者哉！元和郡縣圖志云：「石鼓文在天興縣南二十里許，石形如鼓，其數有十，蓋紀周宣王畋獵之事，其文即史、籀之迹也。」貞觀中，蘇勖紀其事云：「虞、褚、歐陽共稱古妙，雖歲久訛缺，遺亦尚有可觀，而歷代紀地理志者不存記録，尤可歎息。」按石鼓至唐始出，元和中不及二百年。昌黎見其紙本，作石鼓歌，云「毫髮盡備無差訛，宜非尋常所易得」者，又云「年深豈免有缺劃」，則其初出土時已非完本矣。蓋勖即蘇綽之曾孫，吾意彼必聞之家牒，知是書作於何年，藏於何所，且知其欲託之史、籀之迹，故取顯然有涉宇文時事者劃去之，使讀者無從章分句絶，迖重其字而略其辭，遂梲後周之制作，幾與六藝同科。如昌黎所云者，是其缺劃不猶愈於完本乎？張懷瓘書斷亦疑之於大篆之外別爲籀文，云「其迹有石鼓文存焉。李斯小篆兼采其意。」蓋以石鼓間雜小篆耳。開元中，蘇氏方盛，言文章者悉宗之，依違其説，抑有由也。不然，唐時大篆久失傳，勖既知爲宣王史臣所造，何不言諸朝，使博士讀之，以備逸詩可也，顧第稱其字迹取重虞、褚、歐陽而已哉！是皆可疑者。記曰：「疑事無〔一〕質。」作石鼓然疑。

漢鐃歌句解自序

長夏養痾卻掃，每夕陽西下，幼子循博自塾中出，偶授以卿雲、擊壤古歌謡諺不至聱牙。次及漢樂府戰城南，曲云「朝行出攻，暮不夜歸」，詞旨複沓，難以强解。蓋暮夜字本作莫，俗增日作暮，而訓莫爲無，讀慕各反，用相識别。不知六書假借，無煩改字。「莫不夜歸」，正當讀慕各反，言古之用師者，無不完而歸也。及檢宋書樂志，暮皆作莫，益知坊本誤人不少。隨取鐃歌十八曲，舊所謂字多訛誤不可讀者，以古字古音細核之，即分刌其句。度其不可讀者，唯石留一篇，餘皆文從字順，意見言表，轉吻玲玲，天籟自合。余嘗論學者茍通古字古音，於書無不可讀，雖復真僞雜揉，編簡亂脱，以倉、籀定其文，以聲均辨其句，要不遠於人情，況乃趙、代、秦、楚之謳，與夫巡狩福應之見事，王褒、張子僑之倫之辭，悉根柢四詩，萌芽八代者哉！彼直以字多訛誤置之，抑弗思之甚也。劉彦和云：「詩爲樂心，聲爲樂體。樂體在身，瞽師務調其器；樂心在詩，君子務正其文。」又云：「陳思稱李延年閑於增損古辭，然則

〔一〕「無」，禮記作「毋」。

被之管弦者辭多增減，以合其聲樂。人但知有聲辭，固不暇復論。嘗試以其辭求六義之所在，深有合於變風、變雅之遺，未始非博依之一助也」。夫亦即其文以正樂之心而已。遂序所以作詩者之意，並譔其句解，姑以爲兒童初習詩者塵飯涂羹之戲云。

文鈔

尚書古今文序略

尚書今文，伏生所傳，藝文志云：「經二十九卷。大、小夏侯二家。歐陽經三十二卷。傳四十一篇。」鄭康成云：「玄始詮次爲八十三篇。」伏生以其學授張生、歐陽生，數子各論所聞於章句外，特選大義名之曰傳。五行傳，伏生本法，今存。歐陽、大、小夏侯之學盛於兩漢，儒林寖衰，下逮晉之永嘉，三尚書並佚，先儒舊學略盡矣。古文尚書有三，一藏於孔壁，一傳於杜林，一奏於梅賾。孔壁古文，藝文志云：「古文經四十六卷，爲五十七篇。」孔安國得其書，以考今文，多十六篇。獻之。遭巫蠱事，未列學官。書藏於祕府。盛漢時，名儒師傅既不見中古文，惟司馬遷從安國問故，而劉向及子歆校中祕書，故太史公書載堯、舜、禹、湯、武王、周公之事，微子去殷，箕子之鴻範，皆古文。其十六篇中則有湯征、湯誥，而大誓三篇同三家經。永始中，書奏録，以後值漢中微。王莽之誅，逸書嘉禾，佞邪傅會，文其姦言。五紀論、三統曆譜出於向、歆父子，載古文月采、伊訓、武成。武成，今文，蓋周書世俘篇也。或曰亡於建武之際。月采即周書月令，今逸。中興初，杜林傳漆書以授徐巡、衛宏，於是賈逵作訓，馬融作傳，康成注焉，而古文始行於世，與今文同二十九篇，惟辭義與析合爲異。隋以前鄭、孔並列，至唐而馬、鄭之學絶矣。東晉時，梅賾獻孔氏古文尚書及傳，校今文經多二十五篇，闕舜典。齊建武中，姚方興得之大桁市，奏上，又校馬、鄭多二十八字，遂列國學。宋、元、明以來，學者多疑之，竟莫得其要領。五代史志云：「晉世祕府古文尚書經，今無有傳者。漢以中書校張霸百兩篇，能辨其真僞。永嘉板蕩，典籍散亡，學官所傳，亡可徵信。故孔氏古文出，歷五代，及唐乃盛行，訖諸家廢而其書獨傳，非人力所能致也。」存其大體，略枝辭。考異同以求其長義，在好學者深思而自得之。謹記。

歲載祀年異名考

爾雅云：「載，歲也。夏曰歲，商曰祀，周曰年，唐、虞曰載。」李巡注云：「各自紀事，唐、虞、三代示不相襲也。」唐、虞、三代之事，莫備於書，以其紀事者驗之，知不然矣。其言載者，帝典曰：「九載績用弗成。」又曰：「五載一巡守。」禹貢曰：「作十有三載乃同。」言歲者，帝典曰：「歲二月東巡守。」洛誥曰：「王在新邑烝祭歲。」言祀者，洪範曰：「惟十有三祀。」多方曰：「今爾奔走臣我監五祀。」言年者，金縢曰：「既克商二年。」又曰：「周公居東二年。」洛誥曰：「惟周公誕保文、武受命，惟七年。」呂刑曰：「王享國百年。」皆紀事之文也。夫洪範之言祀，用商正也，故春秋傳謂之商書。多方以告殷侯尹民，故亦稱祀，義猶有可通者。虞夏傳云：「惟元祀巡守。」鄭氏注云：「祀，年也。元年，謂月正元日，舜假于文祖之年建卯之月也。」是虞亦稱祀。商書云：「降年有永有不永。」是商亦稱年。陸德明音義云：「禹貢十有三載，馬、鄭本載作年。」是夏亦稱年也。由此言之，年、紀、載固唐、虞、三代之通稱矣。至歲以紀事，與載、祀、年並用，所以正時明民也，唐、虞、三代以來，未之有改也。謹案：周官大史「正歲年以序事」，鄭氏注云：「中數曰歲，朔數曰年，中、朔大小不齊，正之以閏。」又案：公羊春秋傳云：「元年者何？君之始年也。春者何？歲之始也。」何休解詁云：「年者，十二月之總號，春秋書十二月稱年是也。歲者，總號其成功之稱，尚書以閏月定四時成歲是也。」此年與歲之別也。又案：白虎通義云：「所以名爲歲何？歲者遂也，三百六十六日一周天，萬物畢成，故爲一歲也。尚書曰：『朞三百有六旬有六日，以閏月定四時成歲。』」又云：「或言歲，或言載，或言年何？言歲者，以紀氣物，帝王共之，據日爲歲。年者仍也，年以紀事，春秋曰『元年正月』『十有二月朔』，有朔有晦，知據月斷爲年。載之言成也，載成萬物，始終言之也。二帝爲載，三王言年。」由此言之，歲以日紀，年與載以月紀，祀亦如之。帝典既云「五載一巡守」，又云「歲二月」者，明歲與載兼用也，言歲不言朔晦矣。月以序朔數，歲以序中數，示民不惑也。豳風「一之日」，日至也。傳云：「一之日，周正月也。」曰卒歲，曰改歲，是周正之歲矣。孔疏云：「改歲建子之月，卒歲謂度寒至春，二者意小異也。一篇之中，自相乖阻矣。」以「九月授衣」推之，卒歲當爲夏之十月；以「十月蟋蟀入我牀下」推之，改歲當爲夏之十一月。鄭氏周官小宰「正歲」注云：「正歲，謂夏之正月，得四時之正，以出教令者，審也。」大司徒「正月之吉」注云：「正月之吉，周正月朔日也。」凌人「歲十有二月」，鄭氏從杜子春讀爲正歲，注云：「正謂夏正。」鄭意言正歲乃夏之十二月，止言歲，則周之十二月也。賈疏云：「若歲字向下，即是周之十二月。」郊特牲記云：「蜡也者，索也。歲十二月，合聚萬物而索饗之也。」鄭氏注云：「歲十二月，周之正數，謂建亥之月也。」孟子云：「歲十一月徒杠成，十二月輿梁成。」趙岐注云：「周十一月，夏九月；周十二月，夏十月。」此周正言歲之徵也。大雅云：「以興嗣歲。」商頌云：「歲事來辟。」少牢饋食禮云：「用薦歲事。」國語有歲貢、歲飫、歲祀。明堂、月令言來年，又言來歲。明商、周以下通言歲矣，安得言唐、虞、三代不相襲乎？竊謂傳爾雅者失之也，爾雅題上事曰「歲名」，指「在丑曰赤奮若」以上。自「載，歲也」以下，皆後人羼入。當以漢建初論五經及何、鄭春秋、周禮注爲正。

禘說

嗚呼！禘之說之不可知也久矣。夫子屢歎之，而況三代以下乎？魯以祫爲禘，秦以禘爲郊，漢承秦弊，經典道喪，禘禮之廢，有由然也。禘之見於經者，周頌雝序曰：「禘，大祖也。」商頌長發序曰：「大禘也。」一代之興，必本於其祖德與天合，故天降命，佑其子孫，世有明哲，積仁累功，然後受命爲天下君。三代之先，出自五帝，授命而王，必以帝系明其世，以此見積厚者流澤光，積薄者流澤狹也。至郊以配天者必其祖，必稱先王，所以明三統有一，謂之三代。既改王，而帝則非其統矣。雖在二王，不改其郊可也。已改而復郊，未之前聞也。故虞祖顓頊，不郊顓頊，而用唐郊；夏亦祖顓頊，不以顓頊配，而郊鯀。即虞、夏之不郊顓頊，而周之圜丘不以嚳配，從可知矣。即禘黄帝、禘嚳之非圜丘，則禘其祖之所自出，非郊，亦可知矣。然漢儒必曲爲之說者，有不得已焉者也。何也？漢宗廟之禮有祫無禘，故不敢極言禘之爲大祭也。傳記言禘祭者，惟喪服傳小記、大傳、禮運、中庸、魯語，爲七十子後學者所記，其餘率以禘爲夏祭之名，故欲考禘之禮，莫能得其詳焉。今以意測之。禘之日，先事配主於明堂之太室，有祼，故論語曰：「禘自既灌而往者，吾不欲觀之矣。」蓋禘祭之祼與祫祭同，諸侯之禮也。自迎牲以後，則僭天子之禘，明堂位所謂「以禘禮祀周公於太廟」是也。是室事可觀，而堂事不欲觀矣。祼必於室，故郊不祼。祼者，宗廟之禮也，非所以事天也。故明堂祀上帝，祀祖所自出，皆奏樂以降神；而不祼，是以事天者事祖，故謂之禘也。既祼於太室，然後奏樂降神迎尸而事於堂，於是薦全烝，是謂肆祀；祀然後獻，是謂朝事；獻然後薦孰薦黍稷，是謂饋食。祫之所以小於禘者，爲無肆也。而鄭氏顧謂祫言肆、獻，祼、禘言饋食，互相備者，豈非以漢制爲周禮乎？論語曰：「或問禘之說。子曰：『不知也。知其說者之於天下也，其如示諸斯乎！』指其掌。」夫子所不知者，魯之禘也。春秋之時，王室禘禮僅存，及王子朝以周之典籍奔楚，而楚有周禮，故觀射父猶能言郊禘。其他國之所謂禘者，皆魯禘也，誰則知之！又曰：「三家者以雍徹。子曰：『相維辟公，天子穆穆，奚取於三家之堂？』」是即禘之説也。言助祭者惟明堂之事，不獨非大夫之事，非諸侯之事，并非天子七廟之事也。有穆穆之天子，有雝雝肅肅之諸侯，非聖人受命而王者，奚取焉？非傳所謂「禮不王不禘」之説乎？而謂「祫於太廟，禘各於其廟」者，非以魯禮爲周禮乎？明乎此，而雝非禘於文王之廟，又可知矣。傳記皆言禘嘗，嘗即祫也，故魯頌曰「秋而載嘗」，謂祫也；「夏而楅衡，白牡騂剛」，謂禘也。秋而祫，禮也；夏而禘，僭也。魯亦不自知其以祫而用禘禮，雖僭其禮，而實非禘也，遂以魯之祫爲周之禘，議禮者之失也，此以不知爲知也。秦以莫明其祖所自出，而以禘爲郊，漢不能改，其後諸儒又借魯禮以依違其閒，而禘禮遂不可復考也。唯鄭仲師知禘爲追享，即曰追享則禘其祖所自出，明矣。而禘之非圜丘，非郊，亦明矣。鄭大夫不爲讖，其子不失家法，豈非卓爾有所立者乎！推追享之義，作禘說。

河圖洛書考說

圖、書之說，始於讖緯。鄭康成注易「河出圖，洛出書」，引春秋緯云：「河以通乾出天苞，洛以流坤吐地符。河龍圖發，洛龜書感。」河圖有九篇，洛書有六篇，皆春秋說題辭文也。易乾鑿度亦言河圖、洛書之見，爲帝德之應。隋書經籍志有河圖二十卷，間見于羣書所引，大率言地理，又受命之符而已。漢書五行志載：「劉歆以爲虙羲氏繼天而王，受河圖，則而畫之，八卦是也；禹治洪水，賜雒書，法而陳之，洪範是也。」又以河圖、雒書相爲經緯，八卦九章相爲表裏。以八卦爲河圖，以洪範爲洛書，蓋始于此矣。宋劉牧作易數鉤隱圖，九數爲河圖，十數爲洛書。蔡元定以其易置圖、書，並無明驗，始定十爲河圖，九爲洛書，由是言理學者多從之。以數言圖、書者，自宋儒始也。河圖之數本之於易。易曰：「天數五，地數五，五位相得而各有合。天數二十有五，地數三十。凡天地之數五十有五，此所以成變化而行鬼神也。」又曰：「天一，地二；天三，地四；天五，地六；天七，地八；天九，地十。」虞翻注云：「天數五，謂一、三、五、七、九。地數五，謂二、四、六、八、十也。五位，謂五行之位。甲乾乙坤相得合木，謂天地定位；丙艮丁兑相得合火，山澤通气也；戊坎己離相得合土，水火相逮也；庚震辛巽相得合金，雷風相薄也；天壬地癸相得合水。言陰陽相薄而戰，故五位相得而各有合。或以一六合水，二七合火，三八合木，四九合金，五十合土也。一三五七九故二十五也，二四六八十故三十也。天二十五，地三十，故五十有五，天地數見於此。故大衍之數略其奇五而言五十也。」案：「略其奇五」，不如啟蒙「以五乘十，以十乘五，皆爲五十」之說爲允。虞注又云：「天一水甲，地二火乙；天三木丙，地四金丁；天五土戊，地六水己；天七火庚，地八木辛；天九金壬，地十土癸。此則大衍之數五十有五，句疑有誤。「有」或「以」聲之訛。蓍龜所從生，聖人以通神明之德，以類萬物之情。」按：虞仲翔所謂甲乾乙坤，丙艮丁兑，戊坎己離，庚震辛巽，天壬地癸者，納甲之五位也。一六水，二七火，三八木，四九金，五十土者，天地生數成數之五位也。鄭康成注云：「天一生水於北，地二生火於南，天三生木於東，地四生金於西，天五生土於中。陽無偶，陰無妃，未得相成。地六成水於北與天一并，天七成火於南與地二并，地八成木於東與天三并，天九成金於西與地四并，地十成土於中與天五并，亦生數成數之五位也。」漢時言易者，大底不出此二説。而虞氏以五爲蓍龜所從生，其義可推也。一二三四，易之形也；八六七九，易之气也，數卦象爻備矣。而其所以幽贊神明而生蓍者，五也。五與十相乘而得大衍之數，非天地之數略其奇五也。天地之數，五位相合；大衍之數，蓍所從生。言易術者開物成務，冒天下之道，如是而已。而必以是爲河圖之數，則宋以後之説也。至洛書之數，雖不見於易，其傳記之可考者，大戴禮盛德明堂記曰：「二九四七五三六一八。」盧辯注云：「記用九室，謂法龜文，故取此數以明其制也。」朱子易學啟蒙既引以證九數之爲洛書矣。易乾鑿度云：「陽動而進，變七之九；陰動而退，變八之六，故太一取其數以行九宮四正四維，皆合十五。」注云：「太一者，北辰之神名也，居其所曰太一，常行于八卦日辰之間，曰天一，或曰太一。出入所游息於紫宫之内外，其星因以爲名焉。故星經曰天一、太一，主氣之神。太一下行八卦之宫，每四乃還于中央。中央者，北辰神之所居，故謂之九宫。四正四維以八卦神所居，故亦名之曰宫也。天數大分，以陽出，以陰入。陽起於子，陰起于午，是以太一下行九宫，從坎宫始，而坤宫，而震宫，而巽宫，所行者半矣。還息於中央之宫。既入，自此而從乾宫，而兑宫，而艮宫，而離宫，行則周矣。上遊息于天一之星，而反於紫宫，行從坎宫始，終於離宫，數自太一所行之次爲名耳。按四正四維皆十五者，即明堂所謂二九四者十五也，七五三亦十五也，六一八亦十五也，此衡數也。從數則二七六、九五一、四三八，皆十五也。斜交之數則二五八、四五六，亦皆十五也。以七八九六之數，布於坎北、離南、震東、兑西、乾西北、巽東南、坤西南、艮東北方之位，然必以五居中，而九宫之數始備。亦由天地之數，八卦成列，一二三四，八六七九，象在其中，而五十相乘，乃得大衍之數。故九宫之數，與大衍之數，其義一也。劉子駿特以洪範五行之災異推之易災異，故有經緯表裏之説，未必即以易之九宫爲洪範九數。而蔡季通据以駁劉長民之河圖，而九數之爲洛書遂定。然洪範即有圖，洪範之圖即可通於易，而九宫之四正四維，八卦之方位也；從衡斜互之數，七八九六之數也，必曰此洛書之洪範，非河圖之八卦也，孰從而信之？以今之爲程、朱之學者，必言圖、書；爲鄭、虞之學者，必斥圖、書，故考其源流，以徹其藩云。

毛詩故訓傳序

余以毛詩故訓傳授子又朔，僅就注疏中所載傳文録之，未遑校正，嘗有疑義。嗣見余友段若膺所校毛傳，謂「引經附傳時多所芟并，傳既單行，當爲補正」。喜其先得意所欲言。及閱阮伯元毛詩注疏校勘記載宋槧本與所審定，剖析豪芒，商榷精當，益愜然於是書之有完本矣。今采諸家辨證，間以己意酌所去就。至唐人注疏本，其以傳爲箋，以箋爲傳，傳中兼雜王肅語者，悉爲是正。恐乖區蓋之義，寫以朱墨别之，庶讀者不疑於適從，且使逞肊妄改經、傳者知所誡云。

鄭氏家法序

孔子以詩、書、禮、樂教弟子，身通六藝者七十有二人。邇及荀、孟，博文隆禮，枝葉扶疏。嬴秦鴟誼，經典道喪。炎劉繼統，咠蘖頗存，詩、易權輿，逸禮逸書，累葉爰備。然微言絶，大義乖。建元以還，廣置博士，發策設科，儒林侯興。由是專門名家，五經嶽立，各相涇渭，通人不嘉。鄭君獨博稽六藝之文，爲之注述，剖析衆説，兼綜百家，略揃誤文，推廣疑義，揆厥原委，典禮以行。晉范武子傳授生徒，專以鄭氏家法。故蔚宗删東觀書，以鄭君與張純、曹褒合傳，贊曰：「鄭定義乖，褒修禮缺，孔書遂明，漢章中輟。」信乎知言！君所纂箋注已序入六藝。五代史經籍志有鄭志十一卷，魏侍中鄭小同譔。鄭記六卷，鄭君弟子譔。皆雜論五經，今佚。迺集疏釋事類散見者合爲一書，名曰鄭氏家法。不設强坿稽古之功，竊亦庶幾闕疑之義。而又咤先儒舊學廢絶，昧者擿埴，巧者偭規，故不自諱其寡陋，就所見者輯之，猶賢乎已云爾。

古音考序

昔之言古音者，分東、支、虞、真、侵爲五部，其説固已疏矣。又以四聲强附會，如東之入爲屋，寒之入爲曷，先之入爲屑，庚之入爲陌，舛莫甚焉。顧氏始分東、陽、庚、烝爲四，魚、歌、蕭爲三，支之半入戈，庚之半入陽，麻之半入虞，尤之半入支，上去入从之。其餘據詩、易本音以正今韻者，不可一二數，而古音始萌芽矣。近江君永於真已下十四韻，侵以下九韻，蕭、宵、肴、豪及尤、侯、幽各分爲二，得十三部。段君玉裁又爲十七部。古韻表分支、佳爲一，脂、微、齊、皆、灰爲一，之、咍爲一，真、臻、先與諄、文、殷、魂、痕各爲一，尤、幽與侯亦各爲一。支、脂、之諸部分，至段君始發之。余雖未見其書，其略具於戴君震之序，能補顧氏所未備。竊嘗按之詩、易及六書諧聲，唐人所分，淆亂已甚，不待脂、之并於支，皆并於佳，咍并於灰，然後古音盡失也。支、佳固爲一矣，如齊、之、圭、攜諸音亦支類也。脂、微、齊、皆、灰爲一，之、咍又爲一矣。灰則枝與梅、謀非一類，咍則哀與才、來非一類也。以今韻求古音，猶以史論經也，似是而實非矣。沈約、陸詞、孫愐及宋初之韻，蓋以建安爲祖而損益之，其去楚辭已遠，況三百篇乎？讀魚麗而知多、旨、有之有别也，讀泂、酌而又知饎、罍、既之不相淆。甘棠三章一均也，芣苢三章則又有别矣。揚之水楚、甫、蒲、許之相叶，其辨於音聲者甚微，而諧聲有不足以盡之者。今从段君所分爲支、之、脂三類，古音之部分略備，而今韻又未始不可以互相發也。戴君欲析今韻與古音可通者相附近，其説韙矣。然自詩、易以外，有韻之文，楚辭最古，而支、戈、東、陽往往相通。他若冬、侵、真、清，今則視猶秦、越，古則貫若塤篪。以此類推，何啻千里！今韻愈紛，而古音終不可得而明矣。不若今韻則存其隋、唐以來相沿之舊，古音則斷自三百篇及六藝所載韻語，附以楚人之賦，下至魏、晉其積漸變而爲今韻者，詳其條貫，勒爲一書。雖未敢謂遽合於古，其于六書諧聲之旨，或有當焉。

書校定太誓三篇後

始余編輯漢博士所讀尚書太誓與書傳所引太誓合一卷。歲乙卯，余自泲南北上，攜之行篋。途次偶讀尚書正義，云劉歆作三統譜，引太誓曰「丙午逮師」，疑「還師」之誤，識於左方，未暇是正。其後閲漢志亦作「還師」。及覆之詩正義所引漢志，「還」正作「逮」，知非觀兵時事，當爲太誓中篇，其疑始解。余又疑後得之太誓記月不記年。今更繹之，太誓不記年固也，其記月亦祇觀兵時之惟四月耳。至史記所云「惟十有二月戊午」，即書序之「一月戊午」也。書序據周正，史記據商正，非大誓文也。太誓，周書，則亦周正，故鄭氏注「惟四月」，以爲周四月。向固疑太誓同一記月，不應一用周正，一用商正，自相踳駮。知「十有二月戊午」之非太誓文，則四月爲周四月之疑，涣然冰釋矣。其去就之小異者，詩大明正義云：「太誓司馬在前。」相承以爲太誓文。竊謂尚書他篇皆曰司徒司馬司空，而太誓獨曰司馬司徒司空，則司馬在司徒前，故王肅解以爲「司馬，太公也」，意太公以太師攝司馬，主軍旅之戒命，故在司徒前也。方冬甚寒，喜於得閒，遂呵凍促成之，釐爲上中下三篇，以合書正義所云「上篇觀兵時事，中、下二篇伐紂時事」者。雖非全文，頗具首尾。但隨所校録之，覽者或諒其非妄云爾。

書武王戒銘後

武王戒銘者，武王受五帝之誡於師尚父，遂書爲銘辭，隨諸身以自戒者也，與大戴禮記武王踐阼篇詞恉相近。太平御覽五百九十。引之，以爲皇覽記陰謀「黃帝金人器銘」。今以其辭考之，師尚父陳五帝之誡，黃帝爲首，次及堯、舜、禹、湯。至所載銘辭，乃武王以之自戒者。而魏時作皇覽，見篇首有黃帝之誡，及金人三封其口云云，謂之「金人器銘」，其實非也。又太平御覽載武王踐阼諸銘，題曰隨武子銘，初不解其何以譌謬若是。及見是篇云「書爲銘，隨之身以自戒」，知隨武子銘，蓋「武王隨銘」之誤。易傳曰：「隨，无故也。」無時而不戒，斯無時而不新，「隨時之義」然也。文王繫易，隨備四德，而言「无咎」。易傳曰：「无咎者，善補過也。」隨時自戒，乃所謂隨而无咎者與？是武王隨銘，其本題也。其文散見於唐章懷太子賢後漢書注、歐陽詢等藝文類聚、徐堅等初學記〔一〕、宋李昉等太平御覽、王應麟困學紀聞武王踐阼集解諸書。或以爲太公陰謀，或以爲太公金匱。隋書經籍志：「太公金匱二〔二〕卷。

〔一〕「記」，原作「説」，形近而誤，今改。

〔二〕「二」，原作「一」，據隋書經籍志改。

太公陰謀一卷。梁六卷。梁又有太公陰謀三卷，魏武帝解。」劉歆七略云：「太公金版玉匱，雖近世之文，然多善者。」文選注四十六。考事類諸書所引金匱、陰謀，語多不經，疑非劉向父子所校諸子之舊。而是篇銘辭質雅，又見於皇覽記，則爲漢、魏以前書審矣。今敍次爲一篇，定著爲道家言太公書言之一云。

答孫季逑觀察書

承示所辨「周公稱王」屬宋人之見。宋人説經，類多憑臆。述祖嘗學尚書，病其無可依據，僞孔傳又陋且略，求之於伏生傳，馬、鄭、王諸家注，時亦有所去就，而一折衷於書序。書序所有傳注不同，則從書序。漢儒所言，孔、孟不言，則不敢從漢儒。彼謂「周公稱王」者，固非漢儒㮣説也。其説蓋本之孫卿子，而尸子已倡之於前。孟子之時，尸佼書未行於中國，故孟子辨益、伊尹，而不及周公。漢儒之學，多自孫卿，故不可不知所擇。如以大誥諸篇之王爲周公，康誥之孟侯爲成王，略説天子太子年十八曰孟侯，是周公稱王，成王爲太子矣。而酒誥「成王若曰」之「成王」，謂成王耶？抑謂周公耶？鄭氏以「成王」爲「成道之王」，則「成王」亦周公矣。又逸書「成王征，攝政三年」，伐管、蔡時事也，所稱「成王」者，又將何解耶？周公謀之成王，臨事乃往，事畢則歸，毋乃曲爲之説乎？書易失誣，不可不辨，非敢立異也。又示「説文無『琛』字，是『珍』字之誤」。按：爾雅：「琛，寶也。探，試也。」比次皆同文異訓，即六書之假借。蓋古文字少，琛、探皆借罙。魯頌泮水〔一〕「琛」與「林」音「金」韻，改字不如借偏旁也。敢以質之執事，幸賜教之。

又

前奉鈞誨，并賜示文王受命稱王考，徵引該博，足破唐人臆論。惟史記殷本紀：「周武王爲天子。其後世貶帝號，號爲王。」不無疑義。書大傳：「帝乃稱王，而入唐郊。」是稱王不始於周。董生書三代改制質文大略，以爲王者必受命而後王。同時稱帝者五，稱王者三。周人之王，絀虞曰帝。與尚書唐、虞稱帝，夏、殷稱王正合，顧說尚書者皆莫之及。太史公據漢立法，固宜稱周爲王，而以夏、殷爲帝。殷本紀乃謂「周自貶號爲王」，非經義矣。楚、吴、越稱王，徐、亳之等蠻夷之俗，故春秋不書楚、越之王喪，非不責其僭號也。尚書已刻竣否？急欲得一讀。歸途閲江叔澐尚書，頗緣以尋繹。有一二事，欲獻其疑。如「三亳」之「亳」，似當從說文在京兆杜陵亭者爲是。皇甫謐以爲西夷之國。其北亳、南亳、西亳之説，固屬無稽，似不必定以地名爲亳。即是湯舊都之民服文王者，左氏傳云：「肅慎、燕、亳，吾北土也。」豈有湯舊都民乎？又六宗之義，終未能決，幸閣下教之。尚書疏通知遠之教，三代帝王大經大法略具。竊不自量，欲採集西漢以前諸儒傳記爲一書，以留微言大義於萬分一。牽於吏事，不克卒業。

〔一〕「水」，原作「林」，涉下文「林」致誤，據詩經改。

儷幸得以屬吏趨幕下，或賜以朝夕之閒，教誨成就之，幸甚幸甚！

又

婁奉手示，雒誦再三，感佩奚似！述祖自去歲患潰瘍，遷延一載，已成癈疾，足迹不能逾户庭。然伯牛自牖，神明不澌；子輿鑑井，形骸非我。辱承垂問，未嘗不思距躍三百，曲踊三百也！大著尚書今古文義疏用古天文説釋堯典，可破祖沖之以來相循皮傅之論。皋陶謨「五服五章」，引據書大傳以改鄭義。案：續漢書輿服志云：「永平二年，詔有司采周官、禮記、尚書皋陶篇棄輿服辿歐陽氏説，公卿之下辿大、小夏侯氏説。」蓋今文已自不能無異同。而鄭氏本周官司服五冕以立説，與尚書不必盡合。閣下爲之折衷，使知定制，渴疛惠讀，禱切企切。又「祖考來格，虞賓在位」，竊謂馬季長所云「舜除瞽瞍之喪祭宗廟」説最爲近之。大傳所云「帝乃稱王而入唐郊，以丹朱爲尸」，述祖舊時曾據以駁祭法「有虞氏宗堯」之誤。國語曰：「有虞郊堯而宗舜。」此二王後所用之郊，即可以知舜之郊矣。蓋舜受堯禪，不改唐郊，以無配天之祖也。王者祖有功，宗有德，而四親廟以亞升，此百世可知者。書曰「祖考來格」，記曰「宗廟饗之」，其義一也，豈得以受禪於唐而爲異説哉！所以不郊顓頊者，以公羊春秋改制質文推之，有虞氏世，顓頊爲高陽氏之帝，其後已不得行郊禮。且諸侯不得祖天子，其子孫即爲天子，亦不敢追爲之立廟。故虞、夏始祖無廟，祫禘皆於中學明堂之位祭之。夏郊則鯀，商、周則不郊嚳，而郊冥、郊稷。虞自顓頊以下，無有功烈於民如鯀、如冥、如稷者，是以不改唐郊，亦非以堯爲有虞氏配天之祖也。又唐郊以丹朱爲尸，猶夏郊以董伯爲尸，鄭注甚明，與薦禹事無涉。蓋此在十有三祀，而薦禹則十有四祀。見竹書紀年注。又文選注作「十有五祀」。竊又以孟子所云「舜薦禹於天十有七年」，又史記所云「舜踐帝位三十九年」證之，非廿有三祀，即卅有四祀，不無傳寫之訛。路史以爲宅立三十有三載，則據東晉古文改也。惠定宇但見太平御覽所引，與「維五祀奏鍾石、論人聲」誤合爲一篇，且編録犇後失次，固不可以爲定本矣。聞閣下近采古天文說、石鼓文、尸子定本，此皆述祖所未見書，幸各賜一通，不啻百朋之錫也。又聞尸子逊魏鄭公羣書治要録出，未知所載古書尚有可拾遺補闕者否？病廢日久，所見益固陋，唯閣下憐其無成而時惠教之，幸甚幸甚！

與錢竹初大令書

昨承詢莊子至樂篇「得水則爲㡭」，歸檢陸元朗音義云：「此古絶字。徐音絶，今讀音繼。司馬本作繼，云：萬物雖有朕兆，得水土疑作「之」。气乃相繼而生也。本或作斷，又作續斷。」述祖按：當從「繼」讀。說文：「繼，續也。从糸、㡭。一曰反㡭爲繼。」此雍熙本也。今繫傳本同。韻會引說文云：「繼，續也。从糸，㡭聲。或作㡭，反㡭爲㡭。㡭，古絶字。」韻會所引說文，皆小徐本，是繫傳有「㡭」字。

檢玉篇、廣韻無之。唯古文四聲韻王庶子碑「繼」作「㡭」，或即「繼」字古文。然以許氏義例求之，當從今本爲正。闕疑可也。至樂云「種有幾？得水則爲㡭」，與養生主所云「火傳」，皆死生之說，是南華重言，司馬紹統注得之。管子水地、首楞嚴四大可以互相發明，但管則用其下流以爲養生治世之說，而首楞嚴最近莊。總之，金剛則無水繼，般若則爲火傳，其要旨一也。項君皇極經世鑰其三數於四分之外更言實秝，則知日之正行與差數不同，於是中西古今之法皆通者也。以易之三百六十當期之日爲天體，實用西法而託之於易。易明言當期之日，陸績曰：「日月十二交會，積三百五十四日有奇爲一會。」今云三百六十當期，則實十二月六日也。十二月爲一期，故云當期之日也。皇極經世曰：「體有三百八十四，而用止三百六十，乾、坤、坎、離之不用也。用止三百六十，而有三百六十六，乾之全用也。」皆不以當期之日爲天體也。其言甲寅者四分之元，甲子者實秝之元，必確有所見。述祖不能爲算，無由得其精微之詣。項君畢生絕學，至老而欲傳之，能爲刊行，以俟知者，甚盛舉也。容細讀再繳，不宣。

答錢竹初辨說文柅字書

檢說文雍熙本，「柅」字凡兩見：其一曰：「柅，木也，實如梨。从木，尼聲。」唐韻女履切。其一曰：「杘，籰柄也。从木，尸聲。重文柅。杘，或从木，尼聲。」唐韻女履切。故徐鼎臣以爲「重出」。又說文：「檷，絡絲檷。从木，爾聲，讀若柅。」唐韻奴禮切。今本徐楚金說文繫傳脱「柅木」之「柅」，於「杘」重文「柅」下釋云：「臣鍇案：周易『繫于金柅』是也。」黄公紹韻會：「柅，女履切。說文：『木名，實如梨。从木，尼聲。』一曰止輪木。」類編引說文作「止車木」。韻會所引說文，皆繫傳本。此十四字即繫傳之脱文也。玉篇：「杘，丑利切，籰柄也。重文作⿱尼木。」引說文「女几切」。是說文「杘」之重文作「⿱尼木」，與「柅木」之「柅」不同。然其「从木，尼聲」則一。周易音義：「『柅』，徐乃履反，又女紀反。廣雅云：『止也。』說文作『檷』，云：『絡絲趺也。讀若昵。』字林音乃米反。王肅作『抳』，从手。子夏作『鑈』。蜀才作『尼』，止也。」以所引説文考之，二徐本之誤自見。如「杘」，重文作「柅」，則「絡絲柎」與「籆柄」義本相近，不必異文作「檷」矣。又廣雅釋詁云：「柅，止也。」證以釋文，字當作「柅」。王肅欲易「止」訓，故破「柅」作「抳」，从手耳。「抳」蓋「柅」之重文，傳寫誤从木。玉篇又以同柅木之柅，故作「杘」以别之也。周易兼義云：「柅之爲物，衆説不同。王肅之徒皆爲織績之器，婦人所用。惟馬云：『柅者，在車之下，所以止輪，令不動者也。』李鼎祚集解，虞翻曰：『柅謂二也，巽爲繩，故繫柅。乾爲金，巽木入金柅之象也。』九家易曰：『絲繫於柅，猶女繫於男，故以喻初宜繫二也。』柅之異義略見於此。大底訓爲止車木。訓爲「止」，則从木作「柅」，或作「尼」。訓爲「絡絲柎」，訓爲「籆柄」，則从手作「抳」，或作「檷」，或作「鑈」。二徐本説文無「抳」字。玉篇、廣韻以爲「掎抳」之「抳」。集韻、類篇或訓「止」。皆不以爲「杘」重文，無「織績之器」義，與王説異。玉篇雖柅、杘有别，然釋「柅」與「檷」皆云「木名」。又「絡絲柎」文異義同，尤爲淆雜其實。説文「柅」爲木名，又爲止輪木；馬説所本。「杘」爲「籆柄」，又作「抳」，从手，尼聲；王説所本。「檷」爲「絡絲柎」，讀若昵，犂然各别。後人失其讀，俗字譌訓，日以滋多。述祖於易象未闚其奥，僅辨字體訛舛之由，以備采擇。牽綴複穴，不知所裁。

與趙億生司馬書

述祖日困於簿書，無可爲知己道。宵光秉燭，苦學之煩，欲觀諸要，轉益汎濫。竊怪漢用黄、老，而致文、景之治；孝武尚儒術，天下日多事。豈真儒者博而寡要，勞而少功，失其本矣？儒林之興，多自孫卿。其學先制作，趨時尚，雜功利，矜智能，所謂王道禮樂者，特以矯鞣人性，而爲之悼詭，以致其隆盛焉耳！大賢君子間有獨見大義，合於六埶之微言，如賈生、毛公、董相、韓太傅之倫。其餘專門名家，能出其範圍者，鮮矣！故漢之儒，其未能盡醇者，孫卿子之儒也。至謂周公屏成王而及武王，尤悖亂。尚書家據以説經，復子明辟，嘉禾延登，誰階之厲？藝文志敍諸子，以爲皆六經之支流餘裔，使遇明王聖主，得其所折中，皆股肱之材，韙矣！九家皆可曉合經義，故荀卿譏孟子略法先王，謂之俗儒。此正得其要，而易有功者也。董生言春秋，亦以爲損周之文，用夏之質。韓詩外傳獨明性善之旨，而賈生廉遠堂高之喻，見三代忠厚之遺。大戴記録之，今佚。傳記中如此類者，意欲輯爲一書，於孫卿以後諸儒之説，稍爲區别，明其得失，以傳六藝之末，未知能畢此願否？狂簡可裁，閣下幸教之。

與張茗柯編修書

昨獲暢談，深領教益。集註：「置，驛也。郵，馹也。」檢韻書，「馹」讀若日，「驛」讀若繹，聲雖不同，而義不甚相遠。「置」訓「驛」，本廣疋，但廣疋「郵」亦訓「驛」。訓「馹」，未知所本。釋言曰：「馹、遽，傳也。」郭注：「皆傳車。」馹馬之名，左氏有椉馹，又椉驛、椉遽；漢書有椉傳。必以爲馹與驛異，確據説文「驛，置騎也」；「馹，驛傳也。」似驛爲騎名，馹爲傳名。又説文：「郵，境上行書舍。」廣疋：「傳，舍也。」故集注以「郵」爲「馹」。爾疋釋文：「馹，而實反。郭音義云：『本或作遷，聲類云：亦馹，字同。』」

說文：「邇，近也。」唐韻人質切，亦讀若日。或古今字異，未及細考，姑就許氏解畫，依樣胡盧耳。孫定公音義鄭丁音尤，今之驛也。不釋「置」字，與閣下所説合。拌訓棄，見方言及廣雅，以破拼字，固確然可據信。王懷祖觀察廣疋疏證引士虞禮「尸飯播餘于篚」注，古文「播」爲「半」，以「拌」即「播棄」之「播」，其説爲近之。説文：「播，穜也。一曰布也。敽，古文播。」亦無「棄」訓。竊謂，半、拌、播、拚皆假借字，今本分拚。其正字乃説文「華」字，而許氏解爲箕屬。由誤以「華」爲「畚」，而闕説文「畚」字，故古文從畚之字，小篆多从華。又呂氏春秋古樂云：「瞽瞍乃拌五弦之瑟，作以爲十五弦之瑟。」高誘注：「拌，分。」是「拌」又有「分」訓，亦可爲「拌」即「敽」之證。或可酌取諸説而折中之否？

答張茗柯編修書

連日賜教，開誨勤勤。數日來，天寒手凍，未及作答，幸勿以罪。細讀大著，精於治注疏之學，當伯仲孔、陸、二顔，非近今所易覯。敬服敬服！來示申申於論韻，述祖性善忘，不能熟於古韻。唯平時讀書，及授童子讀，準以古韻，便覺章句截然，并能辨古書之真僞是非，如是而已。至其神明變化，則未之有聞也。其所言之或得或失，亦無足深議。而下問數及之，不可缺，然無以應命，即以冠辭明之。「三加」祝「醴辭」、「醮辭」非韻，知「字辭」亦非韻也。「吉月令辰」非韻，知「令月吉日」亦非韻也。醮辭末句「之」與「來」韻，字辭「之」既非韻，則非末句可知。「曰伯某甫」，以八士證之，猶言「曰伯達甫」；「仲叔季，唯其所當」，猶言「曰仲突甫」云爾。以下皆同。則「某」不與「之」韻，「當」不與「永」韻，亦可知。古人用韻，有同韻亦有同聲。同韻不必枚舉。同聲之相叶，「同」、「調」是也。廣韻：「同，徒紅切。調，徒聊切。」凡此類者，謂之雙聲，則「同」、「調」之非必不可叶者，亦可知。必舍此，而以「同」叶首章之「我馬既同」，四章之「會同有繹」；以「調」叶二章之「田車既好」，四章之「駕彼四牡」，此鄙見之所決不敢隨聲附和，以誣知己者也。至論語之「禱」與「奥」、「竈」韻，「芸」與「勤」、「分」韻，固無不可者，但不得以爲例耳，唯左右詳察之。

答王伯申問梓材書

昨承示校正説文古文「續」字，反復疏證，義甚精核。又惠周秦名字解故刊本，珍荷珍荷！下問梓材「斁」訓爲「終」，俾引伸其説。案：梓材曰：「惟其塗塈茨。」又曰：「惟其塗丹雘。」又曰：「用懌先生受命。」古文尚書「塗」與「懌」皆作「斁」。陸德明尚書音義「懌」字下云：「音亦。字又作斁。下同。」古無「懌」字，「和斁」之「斁」當訓作「説」，叚借也。經典通用「釋」字，音同。説文云：「斁，終也。」又見廣疋。孔穎達正義云：「室器皆云其事〔一〕終。而考田止言疆畎，不云刈穫者，田以一種，但陳修終至收成，故開其初與下二文互也。」義本明白。以作僞傳者讀「斁」作「塗」，故又傅會之云：「二文皆言『斁』即古『塗』字，明其終而塗飾之。」以下破碎經文，曲就其説。然賴此尚知古文本作「斁」字，後人從傳妄改耳。「塈茨」、「丹雘」爲室器之終

〔一〕「事」，原作「字」，據尚書正義改。

事，以喻周自文、武受命至作洛，毖殷致刑措，而後其事克終。先王封建規橅，及周公所以成文、武之德者，略具是篇。墨凍筆膠，草率奉復，不能暢所言。遲日面陳，不備。

與臧在東説虞庠四郊西郊異同書

承示大著孟子考，折衷至當，謹録副以識景行。至「西郊」讀「四郊」，據鄭注校正，固確不可易。以鄙意窺測，自熊、皇以來，已有兩説，故疏家并存之。如「天子設四學」，疏既云「四代之學」，又引皇氏説，以爲「四郊皆有虞庠」。其「祀先賢於西學」，注：「西學，周小學也。」疏云：「謂虞庠也。」又云：「瞽宗則在國，虞庠爲小學者則在西郊。」王制疏亦言：「西郊，以西序、虞庠與東序、東膠對文故耳。」然舍此則鄭祭義注所云「四學，謂周四郊之虞庠」又何所本？豈鄭注禮時，王制已有「四郊」、「西郊」二本？鄭注王制則從「西郊」，注祭義則從「四郊」，爲此騎牆之見邪？其實四郊皆有虞庠，而養庶老、祀先賢則在西郊之虞庠，非敢以此爲兩家調人。蓋漢學之存於今者，苟有一字一句之異同，要當珍若拱璧也。述祖昨夜忽患脇痛，不可忍，力疾奉復，餘言面悉，不備。

答丁若士説毛詩書

承示毛詩義數事，展函周覽，寔有心契。「乘彼垝垣」，以喻越禮，最合師法。毛公得子夏之傳，自宋以來，舍而別求新説，詩學殆絶。足下克究其業，追鄭軼王，甚盛舉也。車舝四章，改鄭義，美矣。僕請終其物，足下垂教之。毛公說詩，詳於序者略於傳。是詩謂「德澤不加於民」，箋疏皆不得其說。周南、召南，王化之基，本之后妃夫人之德，其「思得賢女以妃君子」在此。詩人之辭婁變，則其志婁進，而一寓於物，以興其事，令人發深長之思。「陟彼高岡，析其柞薪」，申上雖無德，與女言之。女，女民也。六義之興，一草一木皆無妄設。柞棫松柏，帝所以省岐山也。詩言柞棫者，皆以喻周高岡之木茂盛，庶民得而薪之。王者有賢后妃之助，則德澤必及下。葉以喻外戚，葛覃亦再言葉。故其包舉覞博，物類篸綏，各有攸當，不可以一端竟也。三百篇盡然。「雖無好友」，舊說尤屬支離。王者所𠬛，諸侯也。書曰𠬛邦，亦曰𠬛民。詩人蓋言，苟有其德，雖露屋草茅，亦足以配君子，而褒姒豈其人哉！「依彼平林」，林木之在平地者，喻大國也。鷸，耿介之鳥，非雎鳩黃鳥之和聲，而善有令德之教，則讒巧亦無自而進。黜申后而立褒人之女，檿弧箕服，險孰甚焉！可與白華之詩相發明矣。其卒章曰「高山卬止，景行行止」，思賢也；「四牡騑騑，六轡如琴」，治民也，不可以一端竟也。首章曰思，卒章曰慟，其言有文，其聲有哀，首尾貫通，顯然明白。久不談文字，辱下問，聊復言之。幸時惠閱近著，進僕以所不知。跂甚跂甚！

與劉甥申甫書

頃閱大著毛詩聲衍，部分較前益密，幸即成之。序次以不叶入聲者爲正紐，叶入聲者爲反紐，而以入聲撿押其間，仍不大異今韻四聲梗概。再細考其合韻之見於詩及傳記者，以通其變，亦不必拘拘於說文。諧聲之不可通者，以小篆多秦、漢人造，不必盡合古人也。斯、高雖變亂舊章，然是時書師尚有二三遺老未遭阬滅，自後則不知而作者多矣。至新莽甄豐，固無足論。但其時祕府古文新列學官，即或不免魯魚亥豕之訛，而劉歆、揚雄見聞頗異於太常老宿，故流傳刀布，間雜小篆，亦復不少可採，以裨古籀者。後周岐陽刻石亦然。蓋說文爲字學不祧之祖，但屢經傳寫，書體多訛，此又不能不歸咎於李陽冰之作俑耳，非敢操入室之戈也。吾甥以爲何如？衰年同志，眼前不過數人，每一開口涉筆，輒諄諄焉如叔孫之譏趙孟，亦可歎也。向云泰類無半聲，以其同用者少，亦非確論。今以各部入聲別爲一部，則此等枝辭，盡可删矣。吾甥識高思深，若得成書，必能信今傳後，拭目俟之。

答宋甥于廷書

别後得手札三次，差慰懸系。前日又晤洪孟慈，知吾甥就館大興相國處，可以肆力於學，甚善。愚景況如舊，唯精神日衰，然亦不敢廢學。近撰說文古籀疏證，頗有新得。竊謂連山亡而有夏小正，歸藏亡而有倉頡古文。今就許氏偏旁條例，以幹支别爲敍次，亦始一終亥，名曰黄帝歸藏甲乙經記字正讀，意欲以此書與夏小正等例，爲夏、商之易補亡，未知能竟其業否。如精力不繼而中輟，尚望吾甥與卿珊續成之。炳燭苦短，無可寄聞，特以此博吾甥一拊掌耳。

答族孫大久論許氏説文書

承示近著春秋及各經小學敍二首，究六書之源流，獨見其大，以此發前人所未發，美矣。述祖於許氏書亦嘗稍窺一二，其有功於六藝甚鉅。自二徐以來，爲其學者，往往殫畢生之力，猶不得其要領。而足下毅然以爲，於六書所由作，瞢乎未辨，恐不免驚世駭俗，且非持平之論也。蓋書之所以有六，本乎制作之意，缺一不可。象形、指事謂之文，會意、諧聲謂之字，轉注以通會意之窮，假借以廣諧聲之用。有假借，而諧聲之字固省矣。故古文字少，假借居多。象形、指事、會意、諧聲，説文所可言者也。轉注、假借，説文所不言，而學者可以類推者也。何也？「考老」即解説「令長」非本字也，豈可以許氏所不言，爲許氏所不知哉！總之，壁中書之存於説文者無幾，而鼎彝款識後世滋多，亦不能無贋託。試取許氏所説者正之，以拾遺補藝，是所望於好古博學之儒也。

復從子卿珊詢古文大小篆書

得手書析疑正誤，實契余心。詢張懷瓘於大篆之外別列籀文之説，前書辭不達意，兹復悉言之。古文大小篆之名，始於秦、漢之際。古文謂伏生、張蒼、竇公、孔安國所獻，及郡國間得鼎彝古器物銘文。大篆謂史籀十五篇。小篆謂李斯、趙高、胡母敬所造。至閭里書師，合爰歷、博學於倉頡篇，學者但謂李斯作小篆，不復知有趙高、胡母敬之説矣。此亦上蔡莫白之冤也，况可仞爲倉、史遺文邪？以小篆而有大篆之名，以今文而有古文之名。其實大篆亦古文也，故吕氏春秋謂倉頡作大篆，安得大篆之外別有籀文邪？余向時以石鼓多與大篆合，頗不信馬定國「宇文時物」之説。及檢後周書有數事可與石鼓相證，作石鼓然疑一篇。所云「不證以事而證以文」，亦彼此互見者也。詩辭蓋出於蘇令綽、盧景宣二人之手，故石鼓自唐始顯，即表章於綽曾孫勖，一時盛傳，皆以爲宣王時史籀書也。唯張懷瓘知其假託，又不敢顯然立異，書斷於大篆外，別爲籀文，且云：「其迹有石鼓文在焉。」李斯小篆兼采其意，則以石鼓間雜小篆故也。是其識過韋、韓諸公遠矣。許氏説文解字敘例云：「今〔一〕敘篆文，合以古籀，博采通人。」又云：「惜道之味，聞疑載疑，演贊其志，次列微辭。」蓋許氏之微指，在始一終亥之次第。至其分析小篆，推衍偏旁，聞疑載疑，爲之解説，固不必盡合古文述作之遺意。又小篆間雜趙高爰歷，尤爲悖理傷教。如冎、県皆近取諸身之字，又爲部首，悉以亡秦嚴刑酷法説之。史記云：「趙高教胡亥書及獄。」高之書即高之獄也。其意欲以漸漬其心，使不覺其慘毒，故以爲理固當然者。故余所述古文甲乙篇如此類者，皆以古籀文定之，冀爲許氏拾遺補闕。但鍾鼎不比五經古文有師説相授受，今以一人通其讀，竊恐斯事難專。況學植荒落，久病善忘，其不能卒業，可以逆料。幸吾姪有同好，他日可爲去其穿鑿，廣其陋略，刪其複重，是所深望也。力疾率復，不盡欲言。

〔一〕「今」，原作「余」，據説文解字敘例改。

莊先生綬甲

莊綬甲字卿珊，方耕孫。諸生。考取州吏目。道光八年卒，年五十五。克承家學，嘗取祖庭遺著，次第校刻。於經義無所不窺，每有所得，輒劄記之，往往見精詣。著有周官禮鄭氏注箋十卷，尚書考異三卷，釋書名一卷。參史傳、李兆洛撰行狀。

莊先生有可

莊有可字大久，方耕族曾孫。勤學力行，老而彌篤。精研傳注，嘗合諸儒之書，正其是非，而自爲之說。於易、書、詩、禮、春秋皆有撰述。爲書數十種，凡四百餘卷。其周官指掌五卷，爲德清戴望所稱。參史傳。

方耕弟子

邵先生晉涵

別爲南江學案。

孔先生廣森 別爲顨軒學案。

案：阮文達序方耕經説云：「通其學者，門人邵學士、孔檢討及子孫數人而已。然邵氏學派實不相同。孔氏同治公羊學，而三科九旨，别自爲説，宗旨亦異。」蓋莊氏之學，惟傳於家，再傳爲劉氏逢禄，宋氏翔鳳益著。而劉氏、宋氏生晚，亦非親炙也。

方耕交游

朱先生珪 別爲大興二朱學案。

案：方耕遺書中，未見與交游論學之語，同時諸儒亦少討論相及者。惟朱文正爲序春秋正辭云：「同官禁近，朝夕論思，無閒術業。」故僅録一人。阮文達雖序其遺書，云「與其孫雋甲同舉於鄉」，未及修相見禮。

清儒學案卷七十五

方耕學案下

方耕私淑

劉先生逢禄

劉逢禄字申受，一字申甫，號思誤居士，武進人，大學士綸之孫。嘉慶甲戌進士，改庶吉士，散館，授禮部主事。在部十二年，恒以經義決疑事，爲時所推重。道光九年卒，年五十四。先生爲莊氏之甥，幼時及見外祖方耕先生，賞其早慧。長聞從舅珍蓺先生緒論，學益進，盡得其外家之傳。於春秋獨發神悟，嘗謂：「諸經中知類通達，微顯闡幽者，厥惟公羊一書。董仲舒之所傳，何邵公之所釋，微言大義，一髮千鈞。」於是研精覃思探原董生，發揮何氏，尋其條貫，正其統紀，爲何氏釋例十卷。又析其凝滯，爲何氏解詁箋一卷，答難二卷，發墨守評一卷。又推勘左氏、穀梁氏之得失，爲左氏春秋考證一卷，箴膏肓評一卷，穀梁廢疾申何二卷。又斷諸史刑禮之不中者，爲議禮決獄二卷。又推其意，爲論語述何二卷，緯略一卷，春秋賞罰格二卷。凡爲春秋之書十有餘種。又以東漢經師有家法可尋者，今惟何、虞、許、鄭四君子。虞氏之易，雖惠、張創通大義，學者尚罕得其門而入，因别爲易象賦、卦氣頌、易言補、虞氏變動表、六爻發揮旁通表、象象觀變表、卦象陰陽大義、虞氏卦象觀變表各一卷，撮其旨要，約其義例，以便綴學之士。鄭氏於三禮外，於易、詩非專門，其尚書注已亡，乃掇拾殘闕，兼蒐衆説，爲今古文尚書集解三十卷，書序述聞一卷。許氏説文爲形書，而古韻未有專籍，乃研極精微，分爲二十六部，每部先收毛詩字，次説文，次廣韻，每字復推其本音，詳其訓故，爲詩聲衍二十七卷，條例一卷。又欲爲五經考異，仿陸德明經典釋文例，以存異文古訓，先成易一卷，春秋一卷。又取史記天官書及甘石星經爲之疏證二卷。其他所著，有毛詩譜三卷，詩説二卷，石渠禮議一卷，庚辰大禮記注長編十二卷，春闈雜録一卷，東陵勘地圖説一卷。又編輯八代文苑四十卷，唐詩選四十卷，絶妙好詞二十卷，詞雅五卷，皆藏於家。所著詩文，有劉禮部集十二卷。參史傳、李兆洛撰傳、子承寬撰行述。

春秋公羊經何氏釋例自序

敍曰：昔孔子有言：「吾志在春秋。」又曰：「知我者其惟春秋乎？罪我者其惟春秋乎？」蓋孟子所謂「行天子之事，繼王者之迹也」。傳春秋者，言人人殊。惟公羊氏五傳，當漢景時，乃與弟子胡母子都等記于竹帛。是時大儒董生下帷三年，講明而達其用，而學大興。故其對武帝曰：「非六藝之科，孔子之術皆絶之，弗使復進。」漢之吏治經術彬彬乎近古者，董生治春秋倡之也。胡母生雖著條例，而弟子遂者絶少，故其名不及董生，而其書之顯亦不及繁露。緜延迄于東漢之季，鄭衆、賈逵之徒，曲學阿世，扇中壘之毒焰，鼓圖讖之妖氛，幾使羲轡重昏，昆侖絶紐。賴有任城何邵公氏修學卓識，審決白黑，而定尋董、胡之緒，補嚴、顔之缺，斷陳元。范升。之訟，鍼明、赤之疾，研精覃思十有七年，密若禽、墨之守禦，義勝桓、文之節制，五經之師，罕能及之。天不祐漢，晉戎亂德，儒風不振，異學爭鳴。杜預、范甯，吹死灰，期復然，溉朽壤，使樹蓺。時無戴宏，莫與辨惑。唐統中外，並立學官，自時厥後，陸淳、啖助之流，或以棄置師法，燕説郢書，開無知之妄；或以和合傳義，斷根取節，生歧出之途，支窒錯迕，千喙一沸，而聖人之微言大義蓋盡晦矣。大清之有天下百年，開獻書之路，招文學之士，以表章六經爲首，于是人恥鄉壁虚造，競守漢師家法。若元和惠棟氏之于易，歙金榜氏之于禮，其善學者也。禄束髮受經，善董生、何氏之書，若合符節，則嘗以爲學者莫不求知聖人，聖人之道備乎五經，而春秋者五經之筦鑰也。先漢師儒略皆亡闕，惟詩毛氏、禮鄭氏、易虞氏有義例可説，而撥亂反正，莫近春秋。董、何之言，受命如嚮，然則求觀聖人之志，七十子之所傳，舍是奚適焉！故尋其條貫，正其統紀，爲釋例三十篇。又析其凝滯，强其守衛，爲箋一卷、答難二卷。又博徵諸史刑禮之不中者，爲議禮決獄一卷。又推原左氏、穀梁氏之失，爲申何難鄭五卷，用冀持世之志，覬有折衷。若乃經宜權變，損益制作，則聰明聖知達天德之事，槩乎其未之聞也已。

公羊春秋何氏解詁箋自序

余嘗以爲，經之可以條例求者，惟禮喪服及春秋而已。經之有師傳者，惟禮喪服有子夏氏，春秋有公羊氏而已。漢人治經，首辨家法，然易施、孟、梁丘，書歐陽、大、小夏侯，詩、齊、魯、韓，師說今皆散佚，十亡二三。世之言經者，於先漢則古詩毛氏，於後漢則今易虞氏，文辭稍爲完具。然毛公詳故訓而略微言，虞君精象變而罕大義。求其知類通達，微顯闡幽，則公羊傳在先漢有董仲舒氏，後漢有何邵公氏，子夏傳有鄭康成氏而已。先漢之學，務乎大體，故董生所傳，非章句訓詁之學也。後漢條理精密，要以何邵公、鄭康成二氏爲宗。喪服之於五禮，一端而已。春秋始元終麟，天道浹，人事備，以之網羅衆經，若數一二，辨白黑也。故董生下帷，講誦三年；何君閉户，十有七年。自來治經，孰有如二君之專且久哉！余自童子時，癖嗜二君之書，若出天性。以爲一話一言，非精微眇通倫類，未易窺其藴奥。何君生古文盛行之日，廓開衆說，整齊傳義，傳經之功，時罕其匹。余實持篤信，謂晉、唐以來之非何氏者，皆不得其門，不升其堂者也。康成兼治三傳，故於經不精。今所存發墨守，可指說者惟一條，然多牽引左氏。其於董生、胡母生之書研之未深，概可想見。而何君稱爲入室操矛，宏獎之風，斯異於專己黨同者哉！余初爲何氏釋例，專明墨守之學，因析其條例，以申何氏之未著，及他說之可兼者，非敢云彌縫匡救，營衞益謹，自信於何氏繩墨少所出入云爾。康成六藝論曰：「注詩宗毛爲主。毛義若隱略，則更表明；如有不同，即下己意，使可識別。」余遵奉何氏，竊取斯旨，以俟後之能墨守者董理焉。

左氏春秋考證 附箴膏肓評。 自序

敍曰：隋經籍志有何氏春秋左氏膏肓十卷，又有服虔膏肓釋痾十卷。今鄭氏所箴，尚存百分之一二，而服氏之書亡，無由盡見何邵公申李育之意，甚可惜也。然何君於左氏未能深著其原，於劉歆等之坿會，本在議而勿辨之科，則以東漢之季，古文盛行，左氏雖未列學官，而嚴、顏高才生，俱舍所學而從之久矣。左氏以良史之材，博聞多識，本未嘗求附於春秋之義。後人增設條例，推衍事蹟，强以爲傳春秋，冀以奪公羊博士之師法，名爲尊之，實則誣之，左氏不任咎也。觀其文辭贍逸，史筆精嚴，才如遷、固，有所不逮。則以所据多春秋史乘，及名卿大夫之文，固非後人所能坿會。故審其離合，辨其真僞。其真者，事雖不合於經，益可以見經之義例。如宋之盟，楚實以衷甲先晉，而春秋不予楚是也。其僞者，文雖似比於經，斷不足以亂經之義例。如展無駭卒而賜氏，單伯爲王朝卿，子叔姬爲齊侯舍之母，鄫世子巫爲魯之屬是也。事固有離之則雙美，合之則兩傷者。余欲以春秋還之春秋，左氏還之左氏，而删其書法、凡例及論斷之謬於大義，孤章絶句之依附經文者，冀以存左氏之本真。幸國語、太史公書時有以導余先路，而深惜范辯卿、李元春、何邵公諸老先生之書多佚，無能爲左氏功臣者。今援羣書所引何、鄭之論三十餘篇評之，更推其未及者證之，以質後之君子，未知其有合焉？否也？

穀梁廢疾申何自序

敍曰：穀梁氏之世系微矣。楊士勛云：「名淑，字元始，魯人。一名赤。受經于子夏。鄭玄六藝論云親受子夏。應劭風俗通云子夏門人。魏麋信云與秦孝公同時。桓譚新論云：『左氏傳世遭戰國，寑藏後百餘年，穀梁赤爲春秋，殘略多所違失。』」謹按：穀梁子之受業子夏，不可考。名俶名赤，蓋如公羊氏家世相傳，非一人也。其著竹帛，當在孫卿、申公之時。麋信以爲與孝公同時，見所引有尸子說也。桓譚以事說經，其言不足信。孫卿書多穀梁說，蓋穀梁不傳託王諸例，非微言口授，故可先著録也。漢孝武時，瑕丘江公受之魯申公，上使與董仲舒議，卒用董絀江。漢書「仲舒能持論，江公訥于口」。然後漢何邵公亦訥于口，而能著書傳于今，其賢遠矣。范甯序云：「公羊有何、嚴之訓，註中多采何氏，而嚴氏無一存者。」蓋何君能以胡母之例正嚴、顔之謬也。孝宣以衛太子好穀梁，愍其學且廢，乃立學官博士。東漢之世，傳者絶少。隋經籍志有段肅注十四卷。惠徵士棟據班固傳注，以爲即弘農功曹吏殷肅。然儒林傳不載，又無治穀梁者。竊嘗以爲春秋微言大義，魯論諸子皆得聞之，而子游、子思、孟子著其綱。其不可顯言者，屬子夏口授之公羊氏，五傳始著竹帛者也。然向微溫城董君、齊胡母生及任城何邵公三君子同道相繼，則禮運、中庸、孟子所述聖人之志，王者之迹，或幾乎息矣！穀梁子不傳建五始、通三統、張三世、異內外諸大旨，蓋其始即夫子所云「中人以下不可語上」者。而其日月之例，災變之說，進退予奪之法，多有出入，固無足怪。玩經文，存典禮，足爲公羊氏拾遺補闕，十不得二三焉。其辭同而不推其類焉者，又何足算也？兼之經本錯迕，俗師坿益，起應失指，條列乖舛，信如何氏所名「廢疾」，有不可强起者。余採擇美善，作春秋通義及解詁箋釋，因申何氏「廢疾」之說，難鄭君之所起。覃思五日，綴成二卷，藩離未決，區蓋不言，非敢黨同，微明法守。世有達士，霍然起之，亦有樂焉。

論語述何自序

敍曰：後漢書稱何邵公精研六經，世儒莫及，「作春秋公羊解詁，覃思不窺門，十有七年。又注訓孝經、論語、風角七分，皆經緯典謨，不與守文同説」。梁阮孝緒七録、隋經籍志不載何注孝經、論語之目，則其亡佚久矣。惟虞世南北堂書鈔有何休論語一條，大類董生正誼明道之旨。史稱董生造次必於儒者，又稱何君進退必以禮，二君者游於聖門，亦游、夏之徒也。論語總六經之大義，闡春秋之微言，固非安國、康成治古文者所能盡。何君既不爲守文之學，其本依於齊、魯、古論。張侯所定，又不可知。若使其書尚存，張於六蓺，豈少也哉！今追述何氏解詁之義，參以董子之説，拾遺補闕，冀以存其大凡。孔、鄭諸家所著，區蓋不言。其不敢苟同者，如魯僭禘妾母，不稱夫人，當亦引而不發之旨。九京可作，其不以入室操矛爲誚讓乎！

春秋公羊議禮自序 按：此書一名議禮决獄。

昔者，董子有言，「春秋者，禮義之大宗也」。蓋聖人之教，博文約禮，易象、詩、書皆以禮爲本。春秋常事不書，固非專爲言禮，然而變禮則譏之，辨是非，明治亂，非禮無以正人也。自子游、子思、孟子三賢，莫不以禮説春秋。而聖人所以損益三代以告顔子者，微言大義，博綜羣經，往往而在。後有王者，儀監于兹，所謂循之則治，不循則亂者也。何邵公氏以周官爲戰國之書，其識固已卓矣。至其撲文本質，引權取經，使春秋貫於百王之道，粲然明白，豈左丘明氏雜采伯國之製所可同日語哉！今以類纂輯，又引申其所未著，付弟子莊繽澍、潘準前後録成此卷。繽澍已通五經、天文之學，準敏又過之。十年樹木，冀其大成。獨余撫今追昔，官舍與味經堂相比也。繽澍與準皆名家子，能治經者也。而余學尚無以成，歲華之逝，已如斯也。後此者十年，其竟斯業乎？其仍如昔者之廢書不讀乎？茫茫前道，繄可問也？書于簡端，以自厲焉。

春秋賞罰格題辭

稗販素王，役使先靈，匪以呼盧，惟以玩經。經寓王法，格執聖權，猶賢博奕，吾無隱焉。鴻寶救時，小儒榮古，相才史才，披頭諷誦。

問曰：「天王操賞罰之柄者也，今下同于列國，且與大夫士庶同受賞罰，得無傎乎？」答曰：「論語云：『天下無道，則禮樂征伐自諸侯大夫出；陪臣執國命，而庶人之議作。』周平王倡亂臣賊子之禍者也，故改元之義法首及之。」

問曰：「盜不繫，國無所容也，可以洊升于三公大夫之位乎？」答曰：「昔管仲舉二盜爲公臣，孔子韙之。且東周以降，盜賊之世也。春秋之例，大夫相殺稱人；賤者窮諸盜；國君大夫有過，貶而稱人。盜本未命之大夫士也，不爲盜，則猶是大小國微者稱人之例也。」

問曰：「盛德之士，不名公卿之選也。位爲陪臣，賢者何以勸乎？」答曰：「自封建尚親之法久，乘田委吏，至聖不卑；仲弓、季路爲宰不恥。且古者貢士，三考黜陟，純盜虛聲，移郊移遂。又其甚者，如共工、驩兜，屏之遠方，可也。歸之國家，爲老爲宰，何嫌于屈才乎？」

問曰：「春秋法殷，制爵三等，公侯爲大國，伯子男爲小國。杞于周爲王者之後，本爵稱公；鄭本爵爲伯，今以杞爲小國，鄭爲大國何？」答曰：「以春秋當新王，黜杞之義著矣。陳，三恪也；蔡，懿親也，然其即楚而無善政，雖不黜猶黜也。鄭日卒月葬，有命大夫達，于春秋則取爲小國張法，何嫌于不進爵乎？」

問曰：「豹及諸侯之大夫盟于宋，一事也，在魯、宋、鄭臣遇此則偏下罰，在晉則中罰，在衛亦然，在陳、蔡則下賞，何參差不齊也？」答曰：「自此役也，晉、楚狎主齊盟，而晉常下楚。漸至京師，楚矣，趙武之過也。衛石惡爲惡人之徒，甚于豹及向戌、良霄一等。陳孔瑗、蔡歸姓亦亂賊也，然陳、蔡大夫無善可録，久不與中國會盟，兵連禍結無已時，自此盟而少弭，故進之也。」

易言補自序

初，張皋文先生述易言二卷，自震以下十四卦未成，而先生没。其甥董士錫學于先生，以余言易主虞仲翔氏，于先生言若合符節，屬爲補完之。先生善守師法，懼言虞氏者執其象變，失其指歸，故引伸文言舉隅之例，一正魏、晉以後儒者望文生義之失，于諸著述爲最精。禄學識淺陋，又未嘗奉教先生，僅僅窮數日之力，以先生所爲易説，竟其條貫而爲此，稍爲疏通證明之，庶于師法少所出入。其于先生之意有合有否，則不敢信焉爾。

易虞氏五述自序

余既補成張皋文先生易言二卷，蓋先生愳學虞氏者執象變而失旨歸，參天象而疏人事，故取以言尚辭之義，救其失也。而虞氏之易，究以象變爲宗，學易亦必從象變而入，義例糾錯，不其望洋！爰表五端，用資詔相。其敍曰：

在陽稱變，乾二之坤；在陰稱化，坤五之乾。津逮祕書、雅雨堂刊李氏易解俱誤作「乾五之坤二，坤二之乾五」。今据朱睦㮮本、祕册彙函本訂。不遠之復，用修厥身，成既濟定，知變化神。述虞氏變動表第一。

陽居大夏，陰積虛空。陽推五福以類升，陰幽六極以類降。剥窮反下，與復同功；張皋文云：「當爻交錯謂之發揮。」巽究爲躁，與震旁通。張皋文云：「全卦對易謂之旁通。」之正得位，乃可以化邦。述六爻發揮旁通表第二。

一陰一陽始遘復，剥、夬放此。三陰三陽始泰、否。臨、遯、壯、觀，二爻始起，著其形埒，毫釐千里。故觀其象辭，則思過半矣。述彖象觀變表第三。

善言人者，必有徵於天；善言天者，必有驗於人。六十四以象與天言，君子以純終令聞，先王以君國子民。述卦象陰陽大義第四。

總六爻之義，大象以明，彌綸天地，亦有主常，提要鉤玄，視修悖之方。述虞氏卦象觀變表第五。

尚書今古文集解自序

尚書今古文集解何爲而作也？所以述舅氏莊先生一家之學，且爲諸子授讀之本也。嘉慶初，先生歸自泲南，佘始從問尚書今古文家法，及二十八篇敍義，析疑賞奇，每發神解。忽忽數十年，久不省録。今年夏，先生子循博來京，旋卒旅寓。啟其行篋，而先生所爲書序説義一卷、尚書授讀一卷在焉。尋繹雒誦，音容如在。先生學通倉、籀，温故知新。其所創獲，近轢諸儒，遠質姚、姒。所恨記録過疏，引而不發。亦有親承口授，或反缺然。緒論微言，不箸竹帛，傳而不習，自古歎之。湮没駸尋，玩愒滋懼。爰推舅氏未竟之志，綴爲是編。其例凡五：一曰正文字。尚書已罹七厄，見段氏撰異序。故經文之下，必先審其音訓，别其句讀，詳其衍脱，析其同異。段氏旁徵蔓衍，煩賾爲患，芟蕪存英，什僅二三，從簡要也。二曰徵古義。馬、鄭、王注，采自後案，不復疏其出典，其差繆過甚。如以夏侯等書轉爲古文，孔壁本轉爲今文之類，悉爲釐正，嚴家法也。三曰祛門户。孫疏好古，雖史記周公奔楚，揃爪沈河之説，必篤信不疑。後案祖鄭，雖殛鯀在玄圭告成之後，金縢誅官屬黨與之誣，必曲申其是，遷周、孔以就服、鄭，實爲大惑。至僞孔傳于導渭條漆、沮亦曰洛水，顧命篇「夾兩階戺」爲「堂廉」，致爲精確，不可以人而廢言，集衆思，廣公益也。四曰崇正義。六宗四載，三江、九江諸家聚訟，詳載博辨，體同考索。至于因中星而及歲差之西法，説璣衡而詳後世之銅儀，有乖説經，概從薙汰，懼支蔓也。五曰述師説。凡聞自莊先生及外王父莊宗伯公者，皆别出之。獨下己意者，以「謹案」别之。其書序説義，亦詳爲引申，附諸其後，明授受也。予自束髮治春秋，所擬議禮決獄、答難諸書，至今未能卒業。又爲詩聲衍若干卷，以明六書音韻之學，創藁粗就，繕寫未遑。復以炳燭餘明，旁及是學。人壽幾何？蠡海難罄，望古寥闃，知後人能董而理之否耶？姑藏篋笥，以訓子孫云。

詩聲衍自序

劉子成詩聲衍條例一卷、表一卷、長編二十六卷，序曰：譚聲音之學於今日，三百篇其主也，羣經傳記、周、秦諸子之書其輔也；三百篇其原也，說文諧聲其委也。孫叔然、李登、呂靜、徐邈之倫，諧聲之變，而言韻之始也；沈約、周彥倫、陸法言之流，部韻之始，準于古而變通以趍時者也。至劉平水、黃公紹之徒出，去古日遠，師心變更，而言韻學者與古判若河漢，詩三百篇及他經傳諸子之書殆不可讀矣！天運循環，無往不復。有明三山陳第椎輪於前，我朝顧、江、段、孔、莊、張諸君子相繼發軔于後，幾可以行遠登高，而三代之聲音如在天上者，乃如接于耳而應于心也。然則詩聲衍何爲而作乎？曰：「將以推諸君子未竟之志，析其義類，考其離合，集其大成，以諧聲統六書之綱也。」其建類始冬終甲，何也？曰：「冬者，歲之終而音之元也。三百篇此部之字始于采蘩二章之中宮；切韻以此部字誤并東部者，亦始于中宮；太玄準卦氣，以中當中孚，首曰『陽氣潛萌于黃宮』，信無不在其中。此即歸藏首坤，周易首乾，而乾元用九之義，律中黃鍾之音也。」次以東，何也？曰：「冬之音寬閎而字少，故其部無上聲入聲。東之音峻上，故上聲之字悉隸之。又音近蕭、魚，故有一類與蕭、愚同入屋、覺而不通用，其與冬部通用最近，故次之。」次以蒸，何也？曰：「蒸者，冬之次近者也，其部亦無上聲入聲，故徵之上爲宮徵之徵，登之上爲等待之等，仍之上爲鼎鼐之鼐〔一〕，古今皆在灰部。切韻亦以職、德配之、咍，不以配蒸、登也。」侵、鹽有入矣，次于蒸，何也？曰：「侵亦冬之至近者也。鹽則雙聲近陽，故分于侵，而同入于緝。」不以緝次之，何也？曰：「緝部之字，反紐至侵、鹽、覃者較少。古詩小戎二章，或以爲通用，或以爲不通用。孔氏以古無入聲，猶獨立此部爲談聲之短，言王氏以此部並無去聲，今按：厭具四聲，砭有平聲，貶爲上聲，埶、監有去聲，說亦未的。故以殿衆音也。」陽次鹽，何也？曰：「青、陽之分，在古尤嚴于青、真。自許敬宗、劉淵、吴棫誤合切韻之庚、耕，而古音大亂。今吴中方言，于陽聲誤并青聲之字，庚、更、行、兄、橫、衡、觥、迎、羹、秔、盲、彭、傖、鎗、鐺、榜、鵬、蝱、甍、鍠、棠、杏、孟、梗、骾、硬、阬、祊、瞠、根、鑛。猶上與古合。其誤始于莊子胠篋篇，衡爭爲韻，而羣經諸子無是也。故以青次陽，猶淄、澠之既入，而知味者自能別也。」真次青，何也？曰：「古周易、屈、宋之文，合用之廣，較甚于東、冬也。」別之以文，何也？曰：「真清而文濁，猶冬濁而東清也。」次以元，何也？曰：「真、文近微、齊而無入聲，元近歌而反紐於微、齊，同在未、物，詩亦不合用也。支、佳聲近歌、麻，而反紐獨爲錫，故分錫于支。而歌、麻古無入聲字。由支分入歌、麻之數十字母，皮、爲、離、施、儀、宜、移、奇、罷、垂、吹、隨、池、馳、差。古今亦皆無入聲。既分皮、爲以下入歌，必次錫于其間以別之也。灰、尤聲近蕭也，尤，古音怡，今吴方言尚合。

〔一〕「之鼐」，原無，據文例補。

蕭，古音修，今音變爲肴、豪。而灰類之反紐獨爲職、德，蕭類與愚類之反紐同爲屋，故次職於灰、蕭之間，次屋於蕭類之後以別之，使人觀其委之異，而益知其源之分也。愚類與蕭、魚聲相類，清于魚而濁于蕭，孔云：「今湖、廣音最得其似。」故其入聲與蕭類同在屋類。而魚類之入聲獨爲陌。」不以肴類次蕭，何也？曰：「存古音也。」別藥于肴，何也？段氏、孔氏據此部謂古無入聲。曰：「以適今也，亦以證古蕭之入與肴之入不相假也。」微、尾、未、物，四聲通轉之最明者也，分爲二，何也？曰：「段、孔以古無四聲，而不能廢輕清重濁之別，長短緩急之辨。王、莊細審古音，確知微、尾爲一類，未、物自爲一類，古詩不相通用，故分之以志輕重清濁之別，次之以別于支與灰之委也。」次以質，何也？曰：「顧、江、孔、莊俱以質、物同合微部，段氏知其不可合而分之，以合真部。其意以爲，古無以委聲爲建首，而不統于平部者。王氏細審古音，以爲質部與未部各有去入，而無平上，故於未、物之外，別爲一類，而仍次于未、物，猶附庸之君與大國命卿同爲社稷之臣，而名實不同也。」終之以緝，何也？曰：「切韻以緝、盍以下九部，配侵、覃以下九部，審音之最得者矣。段氏本之，分緝、盍爲二。孔氏并爲合類，以爲談類之陰聲，別以肴類爲青類之陰聲，使侵、鹽二部如異類之不同入，不可也。王氏分緝、盍爲二，而絕不以配侵、鹽，亦未爲得也。今仍合之，以爲侵、鹽同入之部，表其中內、立、劦、盍、執、籥、枼聲之字以爲未部，雙聲相通，而與質部絕遠。此所以于諸家而外，酌古沿今，定爲二十六部者也。」其列字終于甲，何也？曰：「甲，于古文從入從个。或同十字。甲象萬物之首，內甲即乾元用九之義也。厭字既箸于侵，重隸于緝，以箸反紐在侵。侵最近冬，亦切韻始冬終乏，循環無端之例也。」曰：「若是，則取毛詩所用字爲表，足矣。今臚說文五百四十部之字，又補所不收之廣韻諸字，並其解説十餘萬言，又細攷其音轉之不合古詩者，疏通而證明之，何也？」曰：「將以一人之勞，省衆人之逸，俾承學之士爲樂律之事者，童而習之，皆可絃歌以合韶、武之音。且俾爲小學者，無以復加，庶得潛心於大義也。然而其志大，其思深，前人之啟予者，逝不可追矣。『將伯助予』，實難其人。董而理之，跂予望之。」

五經考異自序

余束髮誦經，感于司馬文正公之言，「凡讀書必先審其音，正其字，辨其句讀，然後可以求其義」，欲先校夫子所正。今所存者，易十二篇，尚書二十八篇、序一篇，詩三百五篇、序一篇，禮古經十七篇，春秋十一篇。仿陸元朗經典釋文之例，采輯舊本經籍所引，旁稽近代名儒深通經義小學者之言，彙爲一編，以爲童蒙養正之始基。奪于他務，未暇爲也。己巳之冬，乃與同里之學者臧庸、莊綬甲分經掇拾。二君以予向治易、春秋，屬饔次焉。臧君爲詩攷，幾成而逝。莊君爲尚書攷，將半而中輟。弟子潘準，夙慧嗜學，尤明禮經，獨與余窮數日之力，藁本裒然，惜不幸夭折。屬其父索之叢帙中，杳不可得。歲月如流，良朋難覯。壬申之夏，甘泉弟子張潤，見余舊稿而善之，手書付之梓人，以爲續攷羣經者倡。嘉其意，勿以未定阻也。詩攷可以校訂，書攷促莊君成之。禮經攷，陽童有靈，其不至人琴俱亡也，俟後出焉。

天官書星經補考自序

史記天官書云：「昔之傳天數者：殷商，巫咸；在齊，甘公；魏，石申。」故索隱謂天官書多用石氏星經。班固天文志兼用甘氏、石氏。鄭康成注周禮、後漢書郎顗傳皆引其文，而漢藝文志不載。今其文具見開元占經。又引黄帝五星占及巫咸星經，與甘、石而四。所載恒星名數，多出天官書、天文志之外，其同者亦時有參差出入。故取史記本文，與數家較其離合，補其闕略，存古法焉。

甘石星經正誣自序

僞本星經二卷，多引隋、唐郡縣文，亦疎舛殘缺。茲條其已甚，并據史記所見星經以正其誣。

文集

禘議

謹桉：禘從示從帝，言配帝之祭也。又禘者諦也，審諦其德而差優劣也。本劉向説苑修文篇。張純謂「審諦昭穆」，大繆。謂以人鬼配天神，丕視功載，以作元祀。其禮參於郊祀天地，其義通乎南郊定謚。故周禘嚳，稱天以禘祖宗之功德；禘文王，稱文祖以諦子孫之功德。天事尊而不親，故高圉、亞圉僅列報祭，大王、王季祧於四親，周公宗祀之典遇隆大舜。瞽瞍不得配帝。禮創夏，商，郁乎焕哉！自生民以來，未有盛於此時者也。魯干大禮，夫子不言；漢氏德衰，諸儒守缺。張純混昭穆之義，張純云：「禘者，諦諟昭穆尊卑之義。」杜預亦謂：「三年喪畢，祧廟致主，大祭以審昭穆。」夫昭穆尊卑，禮有定序，何煩審諦乎？康成訛大饗之文，禮器「大饗其王事與」，鄭以爲祫祭。陳祥道正之，以爲大諦以大饗及五帝。且諸侯亦有大祫，不得專言王事也。匪惟文獻不足，蓋亦有天運焉。子曰：「大旅具矣，不足以饗帝。」苟不固聰明聖知達天德者，其孰能行之？今本周易、詩、書、禮、春秋、孝經、論語之文，攷諸國語、周官、漢儒傳記之説，正其舛謬，志其大略。若夫圭幣服器獻酬之儀，則有司存。

問曰：「禘並于郊者何？」曰：「周語：『禘郊之事則有全烝。』韋注：「全具牲體而升之也。凡禘郊皆血腥也。」楚語：『郊禘不過繭栗，烝嘗不過把握。』郊以特牲，稷牛亦特禘於明堂上帝。文、武亦用特牲，洛誥「文王、武王騂牛各一」是也。功臣從祀，殺於天祖，當以太牢，故我將有牛羊。又曰：『天子禘郊之事，必自射其牲，王后必自舂其粢。』又曰：『天子親舂禘郊之盛，王后親繅其服。』則禘郊並重，明矣！然禘異于郊者，孝經：『郊祀后稷以配天，宗祀文王于明堂以配上帝。』鄭康成謂：『配天者，配感生帝靈威仰；案：當云配祈穀之帝。配上帝者，汎配五帝也。』禮大傳注。又何休云：「孝經上帝者五帝，在太微之中，迭生子孫，更王天下。」則是郊者專祭感生帝，就鄭意言之如此。其實非也。有虞氏郊堯，亦豈感生之義乎？穀梁所謂『三合然後生』，公羊所謂『自內出者無匹不行，自外至者無主不止』，是也。公羊宣三年傳「郊則何爲必祭稷。王者必以其祖配」云云。何注：「必得主人乃止者，天道闇昧，故推人道以接之。不以文王配者，重本尊始之義也。」明堂之法，上象太微，禘及五帝，不專感生。曲禮：『大饗不問卜。』鄭謂『祀五帝於明堂，莫適卜』，是也。儀禮喪服傳曰：『大宗者，尊之統也。諸侯及其太祖，天子及其始祖之所自出。』大傳：『禮，不王不禘。王者禘其祖之所自出，以其祖配之。』鄭注皆以祭天爲祭其祖所自出，而其爲説每濫郊於禘，故注周禮大司樂則有三禘之説，謂天神、地示、人鬼皆可言禘。箋商頌則有『禘者祭名，天人共云』之説。序云：「長發，大禘也。」箋：「郊祭天也。」疏引鄭志答趙商云云。案：長發禘及功臣伊尹，是禘非郊。又以南郊與圜丘爲二，以郊專祀感生帝，故謂『冥、稷德小，獨配感生帝爲寡；契與文王德大，汎配五帝爲衆』，而不知郊稷爲配祈穀之帝，此其所失也。」問曰：「禘異於祫者何？」曰：「春秋文二年傳：『五年〔一〕而再殷祭何？』注：『殷，盛也。謂三年祫，五年禘。禘所以異於祫者，功臣皆祭也。祫猶合也，禘猶諦也，審諦無所遺矣。』案：何君詁諦，但云「審諦無所遺失」，不云審諦昭穆，此一得也。禘及功臣，即詩長發頌卿士阿衡、書盤庚「大享先王，爾祖其從與享之」義。据詩、書而不据周官司勳「祭于大烝」之説，二得也。然禘乃審諦功德，上及天神，王者所獨，且必聖人爲天子，而以聖人爲祖父。苟非周公、成王其人，則道不虛行焉。祫雖大祭，止合毀廟。未毀廟之主，以序昭穆，僅及人鬼，故大夫士可以干祫。鄭君泥春秋以祫爲大事，遂謂禘小於祫。不知諸侯之祭，莫大於祫，而『禮，不王不禘』，諸侯莫敢干焉。禮運孔子曰：「魯之郊禘非禮也。」外傳屢以禘配郊言，鄭豈未之聞乎？」曰：「禘異於時禘者何？」據王制「天子祫禘、祫嘗，諸侯礿則不禘，禘則不嘗」注、疏，此論夏、殷天子諸侯大祭及時祭之事。曰：「殷禮四時之祭，春曰礿，夏曰禘。周則改之，春曰祠，夏曰禴，而別以禘專爲王者之大祭。『東鄰殺牛』，殷之禘也；『不如西鄰之禴祭』，周之禴也。易爻

〔一〕「年」，原作「帝」，據公羊傳改。

言禴者三，皆在二，體離，故虞仲翔注以夏祭釋之。故天保，文王詩，『禴祠烝嘗』，孔疏以爲文王改制是禮是也。王制以殷時祭之名，謂諸侯朝天子缺一時祭則可，混王者之大禘於諸侯則不可。禮中庸：『郊社之禮，所以祀上帝；宗廟之禮，所以祀乎其先。明乎郊社之禮，禘嘗之義，治國其如示諸掌乎！』宗廟通明堂言，禘，大禘也；嘗，大祫也。用是知禘常以春夏，祫常以秋冬。天子犆礿、祫禘、祫嘗，諸侯嘗祫、烝祫，三年一行，亦闕一時祭也。」曰：「禘異于吉禘者何？」據劉歆、韋昭以大禘爲終王吉禘之祭。曰：「春秋閔二年夏，『吉禘于莊公』。此謂犆祭於莊宮，左氏亦言禘於莊宮。襄宮非明堂位所謂『以禘禮祀周公於太廟』之比。禘本殷人夏祭之名，因王者大禘嘗行於春夏，記亦謂之春禘，此時皆未僭大禘也。劉歆、韋昭因國語『歲貢終王』之文，而爲『天子三年喪畢，大禘及嚳』之説，新安王氏遂以『不王不禘』之王爲『終王』之王。豈知國語終王未言禘也，且喪畢吉禘又非五年大禘也。何君于閔二年吉禘解詁，亦混舉禘祫，不辨天子諸侯之義，失之。解詁云：「禘祫從先君數，朝聘從今君數。三年喪畢，遭禘則禘，遭祫則祫。」僖八年秋七月，『禘於太廟，用致夫人』。此僖公僭禘之始，故傳以『禘』及『用致夫人』皆非禮。經不譏始者，與郊義同，所謂僭天子不可言也。何氏反謂因時祭而廟見夫人，譏『省煩勞，不謹敬』，亦失之。」曰：「許慎五經異義引古春秋左氏説，謂古者先王禘及郊宗石室，其説若何？」曰：「虞喜、裴樞本此，以爲郊宗之上，復有石室之祖。豈以周無嚳廟，且郊社及百神主藏明堂石室，理或然與？要與后稷配天、文王配上帝之禮無涉也。」

問曰：「魯語：柳下惠曰：『有虞氏禘黄帝而祖顓頊，郊堯而宗舜。』韋注：「禮祭法：有虞氏郊嚳而宗堯。舜在時宗堯，舜崩則子孫宗舜，故郊堯爾。有虞氏謂舜後，在夏、殷爲三王後，故有禘郊祖宗之禮。」夏后氏禘黄帝而祖顓頊，郊鯀而宗禹；韋注：「虞、夏皆黄帝、顓頊之後，故禘祖之禮同。」今案：郊鯀者，雖無德位，而功足以配天，非瞽瞍之無位無功德者比。韋昭謂「虞以上尚德，夏以下親親」者，非也。商人禘嚳而祖契，郊冥而宗湯；「嚳」舊作「舜」。韋昭云：「字之誤也。」今從祭法改。周人禘嚳而郊稷，祖文王而宗武王。』韋注謂：『四者皆祭天配食。祭昊天于圜丘曰禘，祭五帝于明堂曰祖、宗，祭上帝于南郊曰郊。』今不主其說，何邪？」曰：「太史公從孔安國問故，以文祖爲堯太祖。鄭注尚書『舜受終于文祖』，及『格于藝祖』，『格于文祖』，皆謂『文祖者，五府之大名，猶周之明堂』。蓋堯、舜同祖黄帝，文祖者，蓋以黄帝配上帝于明堂，而行禪讓之命，故虞氏以顓頊爲始祖，下立親廟四，禘黄帝仍配上帝于明堂也。何謂爲圜丘昊天之祭乎？舜命禹亦于文祖，故夏之禘因而不改。商、周皆高辛之後，受命異于文祖，故祧黄帝、顓頊而禘嚳也。其禘嚳之禮不可知，殆殷既禘嚳，周公未致太平，因而行之。洛誥所謂『肇稱殷禮，祀于新邑，咸秩無文』者與？鄭注：「殷禮，謂王者未制禮樂，恒用先王禮樂。自伐紂以來皆用之，非始成王也。」今按：始稱殷禮，蓋禘嚳也。鄭與韋昭比附大司樂之『冬至配享天于圜丘』，指爲禘嚳，然大司樂無禘嚳之文。且嚳非天神，樂六變，未可得而禮，非『内出者無匹不行』之義。又三王之郊，一用夏正，無容周建正朔別增一郊。且商何得亦有冬至圜丘之禘乎？五神者，月令之說，祭法鄭注「祭五帝五神于明堂，曰祖宗明堂。月令春日其帝大昊，其神句芒」云云。後人强以文王配五天帝，武王配五人帝，皆非雝詩義也。鄭又以『冥、稷德少，獨配感生帝爲寡；契與文、武德大，從配五帝爲衆』。又以世次，欲改虞、夏、商之郊。祭法注：「先後之次，虞、夏宜郊顓頊，殷人宜郊契。郊祭一帝，而明堂祭五帝，少德配寡，大德配衆，禮之殺也。」則顓頊之德小于鯀，契之德小于冥乎？皆拘于月令、周官而曲爲之說，于他經無攷焉，今固不得而從之也。」曰：「以祖文王、宗武王爲禘，何以徵之？且孝經又專言宗祀文王于明堂，與國語異，何也？」曰：「一徵之書，一徵之詩。洛誥周公曰：『王肇稱殷禮，祀于新邑，咸秩無文。』始稱殷禮者，蓋禘嚳也。『今王即命曰：記功。句。宗以功，作元祀』。則宗祀文王，直配上帝，既右烈考，亦右文母，損益二代，非復所因矣。故曰：『王命予來，承保乃文祖受命民，越乃光烈考武王宏訓。』鄭注：「文祖者，周曰明堂，以稱文王。是文王德稱文祖也。」又曰：『考朕昭子刑，乃單文祖德。』鄭注：「成我所用明子之法度者，乃盡明堂之法。明堂者，祀五帝、太皥之屬。周公制六典，就其法度而損益之。」此非以文王爲文祖與唐、虞禘黃帝爲文祖之同證與？又曰：『伻來毖殷，乃命寧。』鄭注：「周公謂文王爲寧王，成王亦謂武王爲寧王，此一名二人兼之。」又曰：『予以秬鬯二卣，曰明禋。拜手稽首，休享。』鄭注：「禋，芬芳之祭。曰明禋者，六典成，祭于明堂，告五帝之屬也。」予不敢夙，則禋于文王、武王。』鄭注：「既告明堂，則復禋于文王之廟，告成洛邑。」案：禘重祼禮，義見虞、馬、王易法。此非成王以祭器禮周公，周官：「王禮上公，再祼而酢。」周公不敢當王禮，遂以王命行禘禮于明堂乎？再徵之詩。『清廟，祀文王也。周公既成洛邑，朝諸侯，率以祀文王焉。』我將祀文王于明堂也。疏引雜問志云：「不審用以何月。于月令則季秋。」案：此以大饗帝爲宗祀，非也。禘行于夏，不以季秋。『雝，禘太祖也。』箋云：『太祖，謂文王。』箋謂「禘大于四時，而小于祫」，非是。案：此詩猶商頌長發大禘之歌，太祖猶文祖。鄭云：「文祖，明堂也。」荀子謂『王者天太祖』，故詩云『文、武維后，燕及皇天』。此非祖文王而宗武王並配上帝之證乎？辟公即顯相，周公也。天子，成王也。廣牡帝牲亦用騂犢也。既右烈考，亦右文母。馬、鄭以文母當十亂，則功臣配祭，无成有終之義也。廟中之祭，以文母配文王，雖皆位于明堂，而母不先子。禘之義，尊而不親也。至孝經，專言宗祀文王于明堂以配上帝。宗祀，祖宗通文，且以父統子也。洛誥明言以二卣禋于文、武，而詩序及書大傳皆止言周公成洛，祀文王于清廟。韋昭泥之，乃云：「周公初祖后稷，而後更祖文王，乃以武王爲宗。」其亦固矣。既率諸侯祀文王于清廟，復因反祀于方明，即舜「禋于六宗」，禮「大饗五帝于明堂」也。受覲禮于壇上。成王未至洛，周公不敢南鄉而立也。破漢儒說。因于明堂宗祀受之，以歸德于文王。故我將曰『儀式刑文王之典，日靖四方』，與清廟異地亦異樂章也。破鄭氏以大饗帝爲宗祀之說。非文王不足以配天，非周公之聖不能知其說。魏明帝詔，以漢承秦滅學四百餘年，廢無禘祀禮，所謂雖有其位，苟無其德，不敢作禮樂焉。踵而行之，亦虛器也。」曰：「然則周之禘其與前代異乎？」曰：「義同而禮異也。唐、虞之文祖，蓋禘黄帝、顓頊、帝嚳。殷、周之禘，及嚳而已。殷惟帝嚳以配上帝，下及有功德之君臣，長發是也。多士篇：「自成湯至于帝乙，罔不明德恤祀，亦惟天丕建保乂有殷，殷王亦罔敢失帝，罔不配天其澤。」配天者，蓋列于明堂，如三宗稱宗是也。如韋玄成説殷之三宗，宗其道而毀其廟，則五年之大禘，必敍其主于明堂，可知矣。周則禘嚳，以配上帝于明堂，故仍唐、虞文祖之名，以諦祖宗之功德，别創文王配帝之禘，亦在明堂，故亦曰文祖，以審子孫之功德。蓋諸侯之功德，王者審之，故不王不禘也。周公有其德而無其位，若阿衡之配食明堂稱也。僖公不知而作，誣天誣祖，莫甚焉！」

春秋論上

嘉定錢詹事論春秋曰：「春秋之法，直書其事，使善惡無所隱而已。魯之桓、宣皆與聞乎弑，其生也書公，其死也書薨，無異詞。文姜淫而與乎弑，其生也書夫人，其死也書葬，無異詞。公子遂弑其君，季孫意如逐其君，亦書卒，無異詞。」應之曰：「錢氏以春秋無書法也，則隱之不葬，桓之不王，宣之先書『子卒不日』，胡爲者？『公夫人姜氏如齊』去『及』，『夫人孫于〔一〕齊』去『姜氏』，『夫人氏之喪至自齊』去『姜』，胡爲者？仲遂在所聞世有罪不日，意如在所見世有罪無罪例日，皆以其當誅而書卒，見宣、定之失刑獎賊也。」錢氏又曰：「楚商臣、蔡般之弒，子不子，父不父也。許止以不嘗藥書弒，非由君有失德，故楚、蔡不書葬，而許悼公書葬，以責楚、蔡二君之不能正家也。宋襄公用鄫子，楚靈王用蔡世子，皆特書之，以惡其不仁，且明二君之強死非不幸也。」潛研堂問答。正之曰：「春秋之義，君弒，賊不討不書葬，未聞有責君不正家者。許止本未嘗弒君，故書葬以赦之。吴、楚之君，從無書葬之例。至蔡景公實書葬。三傳經文所同，而謂其不書葬，不知所見何經也？僖十九年：『夏，宋人、曹人、邾婁人盟于曹南。鄫子會盟于邾婁。己酉，邾婁人執鄫子，用之。』經文瞭然，故公、穀均指邾、鄫以季姬事相仇爲説。如果宋襄用鄫，而經歸獄邾婁，則春秋其誣罔之書與？左氏經文亦同公、穀，而錢氏謂經特書之，以箸宋襄之罪，又不知所見何經也？辨詳左氏廣膏肓。且錢氏不過欲以破綱目于夷狄賊臣書死之例，此例亦非綱目特創也。史記、漢書匈奴傳曰：冒頓單于死，老上單于死，軍臣單于死，伊稺斜單于死，烏維單于死，兒單于死，句黎湖單于死，且鞮侯單于死，狐鹿姑單于死，壺衍鞮單于死，虛閭權渠單于死，握衍朐鞮單于死，呼韓邪單于死，乃至匈奴之臣，則左、右谷蠡王死，左、右賢王死，休屠王死；其漢臣降匈

〔一〕「于」，原作「如」，據春秋莊公元年經文改。

奴之衛律等亦書死。又王莽傳云：太師王舜死，大司馬甄邯死，太傅平晏死，功顯君死。蓋一則本春秋吳、楚君卒不書葬之義而變其詞，一則本春秋君弒賊不討以爲無臣子皆當誅絶之義而變其詞。史家各自爲例，不必效春秋，亦無倍春秋也。錢氏又不過欲破綱目季漢、中唐正統之書法。夫綱目所書正統，其悉當與否，吾不敢知。若史家正統之例，則實本春秋通三統之義。太史公作五帝本紀，列黄帝、顓頊、高辛、堯、舜而不數少昊氏，斯義也本之董生論三統，繁露三代改制質文篇。孔子論五帝德，國語柳下惠論祀典。蓋少昊氏之衰，九黎亂德，顓頊修之，故柳下、孔子、董生、太史公論列五帝，皆祧少昊一代於不言，視月令郯子所論識殊霄壤。此正統本於三統之明徵，豈徒臚列紀載，體同胥史，遂並董狐乎？」錢氏又曰：「左氏之勝公羊，宜乎夫人知之，而范升抗議于前，何休申辨于後，漢儒專己黨同如此。」亦見答問。吾謂：「此非公羊之不及左氏，乃春秋之不及左氏也。左氏詳于事，而春秋重義不重事；左氏不言例，而春秋有例無達例。惟其不重事，故存什一于千百，所不書多于所書；惟其無達例，故有貴賤不嫌同號，美惡不嫌同詞，以爲待貶絶不待貶絶之分，以寓一見不累見之義。如第以事求春秋，則尚不足爲左氏之目録，何謂游、夏之莫贊也？如第執一例以繩春秋，則且不如畫一之良史，何必非斷爛之朝報也？」

春秋論下

春秋之有公羊也，豈第異于左氏而已，亦且異於穀梁。史記言春秋上記隱，下至哀，以制義法，爲有所刺譏褒諱抑損之文，不可以書見也，故七十子之徒口受其傳指。漢書言「仲尼歿而微言絶，七十子喪而大義乖」。夫使無口受之微言大義，則人人可以屬詞比事而得之，趙汸、崔子方何必不與游、夏同識？惟無其張三世、通三統之義以貫之，故其例此通而彼礙，左支而右絀。是故以日月名字爲褒貶，公、穀所同，而大義迥異者，則以穀梁非。卜商，高弟，傳章句而不傳微言，所謂「中人以下不可語上」者與？清興百有餘年，而曲阜孔先生廣森始以公羊春秋爲家法，于以擴清諸儒據赴告、據左氏、據周官之積蔀箴砭衆説無日月無名字無褒貶之陳羹，詎不謂素王之哲孫，麟經之絶學！乃其三科九旨，不用漢儒之舊傳，而別立時月日爲天道科，譏貶絶爲王法科，尊親賢爲人情科，如是則公羊與穀梁奚異？奚大義之與有？推其意，不過以據魯新周，故宋之文疑于倍上，治平、升平、太平之例等于鑿空。不知孟子言春秋繼王者之迹，行天子之事；知我罪我其唯春秋；爲邦而兼夏、殷、周之制。既以告顔淵「吾其爲東周」，又見于不狃之召；「夏、殷、周道皆不足觀」，「吾舍魯何適」，復見于禮運之告子游。故曰「我欲載之空言，不如見諸行事之深切箸明」；又曰「吾因其行事而加吾王心焉」，憂天憫人不得已之心，百世如將見之。後世杜預、范甯之徒，嘵嘵訾議，皆夫子所謂罪我者也。必如其説，春秋功則有之，何罪之有！又其意以爲，三科之義，不見于傳文，止出何氏解詁，疑非公羊本義。無論元年文王、成周宣榭、杞子、滕侯之明文，且何氏序明言依胡母生條例，又有董生之繁露，太史公之史記自序、孔子世家，皆公羊先師七十子遺説，不特非何氏肊造，亦且非董、胡特創也。無三科九旨則無公羊，無公羊則無春秋，尚奚微言之與有？且孔君之書，辟春秋當新王之名，而未嘗廢其實也。其言曰：「春秋有變周之文，從殷之質，非天子之因革邪？甸服之君三等，蕃衛之君七等，大夫不氏，小國之大夫不以名氏，通非天子之爵禄邪，上抑杞，下存宋，褒滕、薛、郳婁、儀父，賤穀、鄧而貴盛、郜，非天子之絀陟邪？內其國而外諸夏，內諸夏而外夷狄，非天子之尊內重本邪？辟王魯之名，而用王魯之實，吾未見其不倍上也！春秋因魯史以明王法，改周制而俟後聖，猶六書之叚借，說詩之斷章取義，故雖以齊襄、楚靈之無道，祭仲、石曼姑、叔術之嫌疑，皆叚之以明討賊復讎、行權讓國之義，實不予而文予。春秋立百王之法，豈爲一事一人而設哉？故曰：于所見微其詞，于所聞痛其禍，于所傳聞殺其恩，此一義也，穀梁氏所不及知也。于所傳聞之世見撥亂致治，于所聞世見治升平，于所見世見太平，此又一義也，即治公羊者亦或未之信也。孟子述孔子成春秋，于禹抑洪水、周公兼夷狄之後，爲第三治。」請引之以告世之以春秋罪孔子者。

戈戟解

戈，擊兵也，非刺兵，亦非句兵。其用主于援與胡，而助其力者在內援。兩畔有刃，其鋒鋭下垂，半入柲者，謂之胡。說文：「胡，牛顄垂也。」胡近援者，有刃在外，中鑿三孔，近柲，用時以金革約之，內如斧斨之銎，以向人身，而對援在外得名。或云：「即古文枘字，以横貫柲孔得名也。」其用主于擊。左氏春秋凡十餘見。倨句，猶云弇侈。內太長則援之力弱，故曰折前；內太短則援之勢不迅，故曰不疾。外對內而言，謂出柲外露刃者。但言外博，不言中矩，與戟互文見義。說文謂之「平頭戟」，簡而該矣。攷工記鄭注以爲句兵則誤。証之左氏，言戟句者多矣，言戈句者絶不見。蓋戈柲長六尺有六寸，此爲短兵，敵已在一二步之近，長戟不能施，不以擊而以句，則必爲敵所傷矣。戴氏震、金氏榜又以爲刺兵，顯與攷工記、說文相背。攷工列「車有六等之數」，云「戈柲六尺有六寸，既建而迤，崇於軫四尺，謂之二等」，並不兼援八寸數之，故知援是横設，不在上畔。戴氏、金氏圖注俱錯，反以宋伯思爲誤。左氏文十年傳言「舂其喉以戈」，則戈爲平頭甚明，故冶氏唯于戟言刺。左氏襄二十八年，「盧蒲癸自〔一〕後刺子之，王何以戈擊之」，「刺」文僅一見，蓋散文通用，且避下句重「擊」文也。「戟」爲有枝兵，故字從「倝」。其從「戈」者，即從戈上加一刺，刺別設。故冶氏言與「刺」注言戟胡横貫之，蓋不唯戟，胡亦然也。司農以刺爲援，更誤，故鄭注破之。戴氏以古戟形不可見，以意圖之爾。戟刺與胡縱横成十字，長皆一尺二寸，戈圖明則戟制亦明。而鄭注所謂「三鋒戟」者，亦明戟之制與戈異者，唯加一直刺向前，連其柲長一丈六尺也。今時土中多有出者，曲阜顔氏、嘉禾陸氏、揚州阮氏、陽湖孫氏、莊氏所藏，大小輕重不一。其大而重者爲戈。其小而輕者，蓋即戟而未得其刺者與？戈重三鋝，戟與刺重三鋝，則古之權衡又從可攷矣。劉侍郎鳳誥以戈戚題試温州士，罕能言其制者，因爲解之。

跋杜禮部所藏漢石經後

少得西安程氏所摹漢石經，心好之，但有志隸書。後從舅氏莊先生治經，始知兩漢古文、今文流

〔一〕「自」，原作「目」，據左傳改。

別。蓋西漢十四博士之學爲今文。古文自劉歆典校中祕得之，欲立博士，而太常老宿及大臣師丹等爭之，不得立。東漢初，世祖雅好左氏春秋，杜林、賈逵等亦篤守古文學，由是周官、儀禮、孔壁尚書、毛氏詩、費氏易漸顯于世。鄭康成兼綜今古之學，專長儀禮。其箋毛，箴何，注易、書，多舛駁，不可從。若春秋何邵公氏、易虞仲翔氏最有師法，皆今文也。蔡邕等承詔書七經立石以整齊學者，易不可見；書則歐陽、夏侯；詩則魯詩；春秋則公羊嚴氏，兼載顏氏異同；論語則兼載盇、包、毛、周異同；禮則兼書小戴，其可徵者，皆今文也。漢殘石拓本，唐世猶在祕府。宋人見拓本者，有鄱陽洪景伯氏、成都胡宗愈氏、越州石熙明氏三家，各重樵上石，胡氏字最多。吁！漢石雖亡，宋三家石紙本今有存者，即熹平之嫡孫，其距古豈不近哉！曩錢唐黄氏易得宋拓尚書三十字、論語五十九字，皆洪氏石。吾邑孫氏星衍得宋拓尚書五十餘字，亦洪氏石。滇杜君薇之爲禮部郎使長沙，得宋拓尚書九十二字，魯詩百十字、儀禮聘禮六十四字、公羊傳十八字、論語百三十五字，大都四百十九字，則未知其爲鄱陽本與？成都本與？仁和龔君自珍嘗得宋皇祐重摹魏邯鄲淳三體石經尚書三十九字、左傳三十八字。龔君盛稱淳親見祕府孔壁古文，且言「石經有今文、古文兩者之學，邕一字，今文家也；淳三字，古文家也」。爰牽連記以譎世之講求漢、魏經師家法者。

詩古微序

嘗怪西京立十四博士，易則施、孟、粱丘氏，書則歐陽、大小夏侯氏，詩則齊、魯、韓氏，禮則大、小戴氏，春秋則公羊、顔、嚴氏、穀梁、江氏，皆今文家學。而晚出之號古文者，十不與一。夫何家法區别之嚴若是！豈非今學之師承，遠勝古學之鑿空？非若「左氏不傳春秋，逸書、逸禮絶無師説，費氏易無章句，毛詩晚出，自言出自子夏，而序多空言，傳罕大義」，非親見古序有師法之言與？若「漢廣，德廣所及」；「白華，孝子之潔白」；「崇丘，萬物得極其高大」；「雨無正，衆多如雨，而非所以爲政」之類，皆望文爲義。其釋風之平王、齊侯，頌之成王、成、康，雅之「王命南仲」，及楚茨四十餘詩，皆刺幽王之類，又多不槩于人心，非若魯、韓佚説，每詩輒實以某人某事，其言徵實不誣，夫有所受之也。西漢專門傳受之學，至東京而漸決藩籬。鄭康成氏總羣儒而通六藝，其學則于禮深，于易、書、詩、春秋淺，故注禮用今文，采韓説。及解易、詩、書、春秋，乃皆舍今學而從古文，聊以創異門户，存一家之説。其後鄭學大行，于是齊詩漢代即亡，魯詩亡于西晉，與易、書之今文諸家同墜于地。韓詩、公羊雖存，自唐代已號絶學。而韓詩復亡于北宋。寧非東京諸儒階之厲哉！而世之説者，顧曰三家詩多述本事，猶之不修之春秋也。毛詩則財以聖人之義法，猶之君子修之云爾。果爾，則請以春秋義法覈之。詩何以風先乎雅？箸詩、春秋之相終始也。風者，王者之迹所存也。王者之迹息，而采風之使缺，詩于是終，春秋于是始。春秋宗文王，詩之四始莫不本于文王。首基之以二南，春秋之大一統也；終運之以三頌，春秋之通三統也；周南終麟趾，召南終騶虞，春秋之始元終麟也；變風始于邶、鄘、衛，春秋之故宋也；王次之，春秋之新周也；變雅始于宣王之征伐，春秋之内諸夏而外吴、楚也；魯頌先乎商頌，春秋之寓王也；頌以商爲殿者，謂救周之文敝，宜從殷之質也。託夏于魯，明繼周以夏，繼夏以商，三王之道若循環，終則又始，易終未濟之義也。王者因革損益之道，三王、五帝不相襲。

託王者於斯，一質一文，當殷之尚忠，敬、文迭施，當夏之教也，是春秋之通義也。孔子序書，特韞神恉，紀三代，正稽古，列正變，明得失，等百王，知來者，莫不本于春秋，即莫不具于詩。故曰：「詩、書、春秋，其歸一也。」此皆刪述微言之大義。毛序、毛傳曾有一于此乎，則所謂子夏傳之者，不足據矣！詩之爲用，在于禮樂，而二雅、小序莫能詳其祭祀燕饗之所用。間草蟲于采蘋，與儀禮樂章不合，其所謂太師次弟者，不足據矣！分邶、鄘、衛爲三，與左氏不合；以抑詩爲衛武刺厲；以昊天有成命之「成王」爲成其王業之王，與國語不合；以宣王、南仲伐玁狁爲文王詩，與大雅及周、秦傳記皆不合，則所謂「國史序之」者，又不足信矣！以齊、魯、韓遺説質之，則數者往往符合。「今文之師受，遠勝古文之鑿空」如此。鄭、許皆古學，而箋詩輒用韓義以輔毛，説文引詩，亦三家多于毛，古學之不能廢今文又如此。皇清漢學昌明，通儒輩出，于是武進張氏始治虞氏易，曲阜孔氏治公羊春秋，今文之學，萌芽漸復。惟書，則江、段、孫、王皆雜采馬、鄭、王、孔，無所決擇。王氏反主鄭説，以破古義，尤爲傎繆。詩則顧、炎武。閻、若璩。胡、渭。戴震。皆致疑于毛學，而尚不知據三家古義以正其源流。邵陽魏君默深治經，好求微言大義，由董子書以信公羊春秋，由春秋以信西漢今文家法。既爲董子春秋述例以闡董、胡之遺緒，又于書則專申史記、伏生大傳及漢書所載歐陽、夏侯、劉向遺説，以難馬、鄭；于詩則表章魯、韓墜緒，以匡傳、箋。既與予説重規疊矩，其所排難解剥，鉤沈起廢，則又皆足干城大道，張皇幽眇，申先師敗績失據之謗，箴後漢好異矯誣之疾，使遺文湮而復出，絶學幽而復明，其志大，其思深，其用力勤矣！予向治春秋今文之學，有志發揮成一家言，作輟因循，久未卒業，深懼大業之陵遲，負荷之隕越。幸遇同志，勇任斯道，助我起予，昔之君子，其亦有樂于斯乎？如曰不然，以俟來哲。

宋先生翔鳳

宋翔鳳字于庭，長洲人。嘉慶庚申舉人，官湖南新寧縣知縣。以老乞歸。咸豐己未，重宴鹿鳴，加知府銜。十年卒，年八十五。先生亦莊氏之甥，其舅氏珍藝先生謂：「劉甥可師，宋甥可友。」宋甥即先生也。通訓詁名物，志在西漢家法。微言大義，得莊氏之真傳。嘗以論語二十篇，素王之業備焉，自漢以來，諸家之説不能畫一，因綜覈古今，爲論語説義十卷。又漢初傳論語者凡三家，北海鄭君嘗就魯論之篇章，考之齊、古以爲之注，其書亡於五代之季，乃刺取古籍中所徵引者，爲論語鄭注二卷。孟子一書，惟趙岐注盛行於世，然學者所習，時病闊疏，因參考近儒論説，正其疏舛，爲孟子趙注補正六卷。又注孟子者，隋經籍志所載有鄭玄注七卷，劉熙注七卷，今康成之注不見，惟唐人書時引劉説，爰搜録得二十餘事，爲孟子劉熙注一卷。又以小爾雅一書爲爾雅之流别，經學之餘裔，其書甚古，而作者名氏闕如，後之作僞者，嘗捃摭以入之孔叢子中，殊多竄亂，今元本不可復見，李軌略解亦復失傳，因爲疏通證明，並補其佚文，爲小爾雅訓纂六卷。其他考證經義者，有周易考異二卷、卦氣解一卷、尚書略説一卷、尚書譜一卷、大學古義説二卷、四書釋地辨證二卷、爾雅釋服一卷、五經要義一卷、五經通義一卷、過庭録十六卷，及論語發微、經問、樸學齋札記，統名曰浮溪精舍叢書。參史傳。

論語説義自序

論語説曰：「子夏六十四人，共撰仲尼微言，以當素王微言者，性與天道之言也。」此二十篇，尋其條理，求其恉趣，而太平之治、素王之業備焉。自漢以來，諸家之説時合時離，不能畫一。蒙嘗綜覈古今，有纂言之作，其文繁多。別録私説，題爲説義，紬繹已久，有未著子墨者。年衰事益，倥偬尟暇，恐并散佚，遂以此數萬言先付殺青。引而伸之，或俟異日。

論語鄭注輯本自序

敍曰：漢初傳論語凡三家，魯論二十篇；齊論二十二篇，多問王、知道；古論二十一篇，兩子張。後安昌侯張禹攷校齊、魯二論，從二十篇爲定，號張侯論，後儒多爲之注，齊論遂亡。漢書禹傳稱太子太傅蕭望之奏「其經學精習有師法」，蓋望之與禹同爲魯論，皆傳二十篇者也。案：何平叔言「張禹本授魯論，晚講齊説，善者從之」。是張論非盡同魯，而爲當時所貴。後漢包氏、周氏章句出焉。孔安國傳古文論語，馬融續爲訓説。北海鄭君就魯論篇章攷之齊、古，爲之注。案：皇氏侃云：「康成攷校齊、魯二論，亦注於張論。」則鄭所校魯論爲張侯論。陸元朗音義言「鄭校周之本以齊、古，讀正凡五十事」。周之本即周氏之出於張侯者，其明徵也。大約張侯論出，而三家遂微；鄭君注興，而齊、古差見。攷隋經籍志載論語注十卷，鄭玄注。經典序録同。又言：「梁有古文論語十卷，鄭玄注，亡。」案：梁代鄭氏、何晏並立國學，故梁人阮孝緒爲七録，或以鄭君書多從古讀，不盡同張侯，遂定鄭所注爲古論。其實非古論也。又音義所載「讀正五十事」，多謂脱漏未全。今音義可攷者，云「魯讀某字爲某，今從古」，合計得二十三事，皆從古讀。「傳不習乎」，魯爲「專」。「崔子」，魯爲「高」。「未嘗無誨」，魯爲「悔」。「學易」，魯爲「亦」。「坦蕩」，魯爲「湯」。「弁衣裳」，魯爲「冕」。子罕、鄉黨二篇同。下如「授」，魯爲「趨」。「瓜祭」，魯爲「必」。「鄉人儺」，魯爲「獻」。「君賜生」，魯爲「牲」。「不内顧」，魯無「不」。「仍舊貫」，魯爲「仁」。「詠而饋」，魯爲「歸」。「折獄」，魯爲「制」。「小慧」，魯爲「惠」。「謂之躁」，魯爲「傲」。「饋孔子豚」，魯爲「歸」。「矜也廉」，魯爲「貶」。「天何言哉」，魯爲「夫」。「果敢而窒」，魯爲「室」。「已而已而」，魯讀「期斯已矣」。不知命章，魯無。此二十三事，皆從古讀正。其從齊讀正者，多不可得見。然音義又載「鄭本作某者」，又二十七事，亦異於張論者也。「衆星共之」作「拱」。「先生饌」作「餕」。「錯諸枉」作「措」。「十世可知也」作「乎」。「問社」作「主」。「無適也」作「敵」。「則吾必在汶上矣」無「則吾」二字。「燕居」作「晏子」。「疾病」無「病」字。「季康子」有「季」字。「毋吾以也」以作「已」。「饑饉」作「飢」。「異僎」，「僎」作「撰」。「子之迂也」作「于」。「直躬」作「弓」。「方人」作「謗」。「何爲是」無「爲」字。「絶糧」作「粻」。「義以爲質」有「君子」字。衛靈公篇有「父在觀其志」章。「邦内」作「封内」。「惡徼以爲知」作「絞」。「歸女樂」作「饋」。「滔滔」作「悠悠」。「朱張」作「侏」。「廢中權」作「發」。其「異撰」「撰」爲「詮」，「諒陰」爲「梁闇」二事，鄭自改讀不計外，共二十七事。以合二十三事，正有五十。私意推之，此或有從齊所讀。當元朗爲音義時，古論尚在，齊論久亡，故傳鄭本者遂删此注，是以音義云「鄭本或無此注」也。鄭注論語，於隋、唐之際盛於人間，魏徵、劉昫多見著録。其後蓋與易、書、孝經俱佚於五季。至今獨傳何解，異同莫究，君子病之。翔鳳自申佔畢，即思拾遺補執。以爲鄭氏論語參校三家，集其散文，差能津逮。乃就何氏集解及皇氏義疏、陸氏音義，又旁及注、疏編類之書，先後采獲凡如干條，爲卷二。隋書經籍志載孔子弟子目録一卷，鄭玄撰，書亦不傳，然史記仲尼弟子傳注頗引其文，今具采出，以其同科，亦坿斯編。所獲僅此，卦漏滋多，業竟殺青，事猶拾瀋。書中之義，唯存鄭訓，其所闕略，不爲坿益云。

孟子劉熙注輯本自序

隋書經籍志言：「孟子十四卷，趙岐注；孟子七卷，鄭玄注。」又：「孟子七卷，劉熙注。」蓋自趙氏章别其指，篇分上下，故有十四卷。鄭、劉不分篇，卷同數，注當少省矣。近世以來，唯傳趙注，其他則佚。康成之注，不見一詞，唯唐人書時引劉説。暇爲搜録，得二十餘事，文或殊焉。乃序之曰：孟子故在諸子書。漢孝文時，諸子傳説，廣立學官，皆置博士。孝武定爲五經博士，孟子遂微，時師道絶。後漢趙岐，逃難四方，藏迹複壁，始注此書，至今具在。學者所習，時病闊疏。以今輯劉注得千百之一二，較於臺卿，頗多同者。臺卿之注地理尤略，以劉考之，恒復相勝。如史記五帝本紀「舜讓辟丹朱於南河之南」，集解引劉熙曰：「南河，九河之最在南者。」漢書溝洫志：「許商以爲古説九河之名，有徒駭、胡蘇、鬲津，今見在成平、東光、鬲界中。自鬲津以北至徒駭，其間相去二百餘里。」孔穎達禹貢正義因是知九河所在，徒駭最北，鬲津最南。案：漢鬲縣在平原郡，爲沇州界。漢書地理志河東郡平陽，應劭曰：「堯都也。」在冀州界。九河八流入沇域，在冀州南，鬲津又爲九河之南，故曰南河也。史記正義曰：「括地志云：『故堯城在濮州鄄城縣東北十五里。又有偃朱故城，在縣西北十五里。』偃朱城所居，即『舜讓避丹朱於南河之南』處也。」案：漢志鄄城屬泲陰郡，在鬲津以南，故曰「南河之南」也。趙注遂云「遠地」。南夷有似荒僻，無可主名，烏知所避？越竟而已。鬲津之南，殆未可易。晉書段灼傳引孟子「舜避堯之子於河南」，中減二字，義亦可通。然係省讀，非由文異。又夏本紀陽城，集解引劉熙曰：「今潁川陽城是也。」此亦同漢志。又「益讓禹之子啟，而避居箕山之陽」，集解曰：「『陽』字一作陰。劉熙曰：『嵩高之北。』」正義曰：「孟子『陽』字作『陰』，箕山之陽即陽城也。『箕』字誤，本是『嵩』字，而字相似。其陽城縣在嵩山南二十三里，則爲嵩山之陽也。」案：張守節言「箕」本字誤者，水經注潁水云：「潁水逕其縣故城南，昔舜禪禹，禹避商均，伯益避啟，並於此。亦周公以土圭測日景處。」又曰：「縣南對箕山，是在箕山之陰。」史云箕山之陽，故知史文「箕」字爲誤。孟子則云「箕山之陰」，字自不誤也。史記正義又引括地志「陽城縣在箕山北十三里」。又引云：「嵩高山一名太室山，亦名外方山，在洛州陽城北二十三里。」而劉注顧訓「箕山之陰」爲「嵩高之北」，雖或周而不備，豈於南朔若斯違失？熟思其文，定有脱誤，當爲「嵩高之南，箕山之北」也。又後漢志注引孟子注云：「南小山曰牛山。」案：水經淄水注：「淄水自山東北流，逕牛山西，又東逕臨淄縣故城南，東得天齊水，下有缺字。□水出南郊山下，謂之天齊淵，五泉並出，南北三百步，廣十步，山即牛山也。左思齊都賦云：『牛嶺鎮其南者也。』」案：南郊山即牛山，牛山爲齊臨觀之阜，非過險峻，樹木宗生，斧斤易盡，故爲小山。韓詩外傳稱齊景公遊於牛山，而北望齊曰：「美哉國乎！鬱鬱泰山，參天入雲，視此小矣。」文曰「北望」，知山在齊南。史記管晏列傳正義引括地志亦云：「管仲冢在青州臨淄縣南三十一里，牛山之阿。」劉注左賦，其説並同。趙謂東南，殆乖目驗。至「書」之作「晝」，趙注必同，誤由傳寫。田單傳集解引劉注，言「齊西南近邑」。趙氏説同。而正義引括地志云：「晝即戟里城，在臨淄城西北三十里。」一書數説，吾從其朔。歸鄒之迹，又在西南，括地所言，定爲無據。如右〔一〕數條，纚爲證合，知其訓詁概非疎淺。望桂林而無從識一枝之足貴，搜集之業，曷云能緩。若文選景福殿賦注引劉熙孟子注曰：「獻猶軒，軒在物上之稱也。」酒德頌注引劉熙孟子注曰：「槽者，齊俗名之如酒槽也。」「獻」、「槽」二字，七篇不見，遂無坿麗，因而缺焉。至於劉君，史佚名氏，唯吴志韋曜傳曜言「劉熙所作釋名，信多佳者」。今本釋名題漢安南太守劉熙撰，或謂二漢無安南郡，當爲南安。要其傳聞所得，輒多譌舛，世既縣隔，史無見文，無從推斷。夫漢儒之傳經有數家，孟子一書，傳注頗少，因拓遺缺，校爲此卷，當得比坿於趙注，以助思誤之一適，是或可以朝益暮習，聊爲保殘守缺之倫，勝乎擿埴索塗而已矣！

小爾雅訓纂自序

敍曰：嘗攷七略有小爾雅一篇，蓋爾雅之流别，經學之餘裔也。説詩者毛氏，説禮者鄭仲師氏、馬季長氏，往往合焉。晉李軌作小爾雅略解，傳於唐世。書並單行，故隋、唐諸志並箸李軌解，而不箸撰小爾雅者名氏。顔注漢書，此亦蓋闕。蓋是書出西京之初，儒者相傳，以求佔畢之正名，輔奇觚之絶

〔一〕「右」，原作「石」，形近而誤，今改。

誼，則其來已古矣。迭更五季，兹書遂佚。晚晉之人，僞造孔叢，嘗剌取以入其書。宋人寫館閣書者，又就孔叢以録出之，當代書目遂題爲孔鮒所撰，而李軌之解不傳，則唐以前之元本不可復見。今既采自僞書，定多竄亂，根株粗究，涇渭易明。若夫條分縷晰，舉此證彼，兩漢諸儒門户不隔，烏可不知其同異，考斯雅訓乎？今之爲康成學者，恒謗譏此書，以爲不合鄭君，同乎俗説。然還按詩、禮，乃鄭君之改易古文，非小爾雅之偭違經義。據其後以疑其前，明者之所不取也。漢之經師，咸有家法，唯有小學，義在博通。就今所傳楊子雲、劉成國、張稚讓諸家之作，多資旁采，尟獲所宗，比之墨守，殆有殊涂。至於此書，則依循古文，罕見淩雜。檃括以就，源流合一，故中壘之録蘭臺之志，入於孝經一家，而不從小學之例，斯其足以貴寶者矣。余少識故訓，略求津逮，見此書之傳，獨遭厚誣，趨庭黔中，居多暇日，疏通證明，遂未敢後。爰閲編削，二時之久，五卷之説，甫能草剏，乃陳其旨趣，以爲敍云。

過庭録

子夏易傳子夏為韓嬰孫商之字

經典釋文敍録云：「子夏易傳三卷。卜商，字子夏，衛人。孔子弟子。」「七略云：『漢興，韓嬰傳。』中經簿録云：『丁寬所作。』張璠云：『或馯臂子弓所作，薛虞記。虞不詳何許人。』」文苑英華載唐司馬貞議云：「王儉七志引劉向七略云：『易傳子夏，韓氏嬰也。』今題不稱韓氏，而載薛虞記。又今祕閣有子夏傳薛虞記。」又劉子玄議云：「漢書藝文志易有十二家，而無子夏作傳者。至梁阮氏七録始有子夏易六卷。或云韓嬰作，或云丁寬作。然据漢書藝文志，韓易有十二篇，今本漢書志韓氏二篇，無「十」字。丁易有八篇。求其符會，則事殊隳刺者矣。」隋經籍志：「周易二卷，魏文侯師卜子夏傳，殘闕。梁六卷。」漢書儒林傳云：「韓嬰，燕人也。孝文時爲博士，景帝時至常山太傅。嬰推詩人之意，而作内外傳數萬言，其語頗與齊、魯閒殊，然歸一也。淮南賁生受之。燕、趙閒言詩者由韓生。韓生亦㠯易授人，推易意而爲之傳。燕、趙閒好詩，故其易微，唯韓氏自傳之。武帝時，嬰嘗與董仲舒論於上前。其人精悍，處事分明，仲舒不能難也。後其孫商爲博士。孝宣時，涿郡韓生，其後也，㠯易徵，待詔殿中，曰：『所受易，即先太傅所傳也。嘗受韓詩，不如韓氏易深，太傅故專傳之。』司隸校尉蓋寬饒，本受易於孟喜，見涿韓生說易而好之，即更從受焉。」翔鳳桉：漢儒林傳稱：「魯商瞿子木受易孔子，㠯授魯橋庇子庸。子庸授江東馯臂子弓。子弓授燕周醜子家。」則子家當爲六國時人，受子弓之易傳於燕地。韓嬰之以易授人，自必有所傳，蓋出於子弓，故張璠稱子夏易傳或馯臂子弓所作。子弓之易又五傳而至丁寬，故或以爲丁寬作。蓋嬰孫商爲博士，當亦爲詩博士。孝宣時，其後韓生始以易徵，待詔殿中，則韓氏之易至是始顯，子夏當是韓商之字，與卜子夏名字正同，當是取傳韓氏易最後者題其書，故韓氏易傳爲子夏傳也。

豳風七月備風雅頌

七月篇：「春日遲遲，采蘩祁祁，女心傷悲，殆及公子同歸。」箋云：「春，女感陽氣而思男；秋，士感陰氣而思女。是其物化，所以悲也。悲則始有與公子同歸之志，欲嫁焉。女感事苦而生此志，是謂豳風。」正義曰：「此章所言，是謂豳國之風詩也。此言是豳風，六章云是謂豳雅，卒章云是謂豳頌者，春官籥章云：『仲春，晝擊土鼓，吹豳詩，以迎暑。仲秋，夜迎寒氣，亦如之。凡國祈年於田祖，吹豳雅，擊土鼓，以樂田畯。國祭蜡，則吹豳頌，以息老物。』以周禮用爲樂章，詩中必有其事。此詩題曰豳風，明此篇之中具有風、雅、頌也。別言豳雅、豳頌，則豳詩者，是豳風可知。故籥章注云：『此風也，而言詩，詩，總名也。』是有豳風也。且七月爲國風之詩，自然豳詩是風矣。既知此篇兼有雅、頌，則當以類辯之。風者，諸侯之政教，凡繫水土之風氣，故謂之風。此章『女心傷悲』，乃是民之風俗，故知是謂豳風也。雅者，正也。王者設教以正民，作酒養老，是人君之美政，故知穫稻爲酒，是豳雅也。頌者，美盛德之形容，成功之事。男女之功俱畢，無復飢寒之憂，置酒稱慶，是功成之事，故知『朋酒斯饗，萬壽無疆』，是謂豳頌也。籥章之注，與此小殊。彼注云：『豳詩，謂七月也。七月言寒暑之事，迎氣歌之，歌其類。』言寒暑之事，則首章『流火』、『觱發』之類是也。又云：『豳雅者，亦七月也。七月又有于耜舉趾，饁彼南畝之事，是亦歌其類也。』則亦以首章爲豳雅也。又云：『豳頌者，亦七月也。七月又有穫稻釀酒，躋彼公堂，稱彼兕觥，萬壽無疆之事，是亦歌其類也。』兼以穫稻釀酒，亦爲豳頌。與此異者，彼又觀籥章之文而爲説也。以其歌豳詩以迎寒迎暑，故取寒暑之事以當之。吹豳雅以樂田畯，故取耕田之事以當之。吹豳頌以息老物，故取養老之事以當之。就彼爲説，故作兩解也。諸詩未有一篇之内備有風、雅、頌，而此篇獨有三體者，周、召陳王化之基，未有雅、頌成功，故爲風也。鹿鳴陳燕勞羣臣之事，文王陳祖考天命之美，雖是天子之政，未得功成道洽，故爲雅。天下太平，成功告神，然後謂之爲頌。然則始爲風，中爲雅，成爲頌，言其自始至成，别故爲三體。周公陳豳公之教，亦自始至成。述其政教之始則爲豳風，述其政教之中則爲豳雅，述其政教之成則爲豳頌，故今一篇之内，備有風、雅、頌也。」翔鳳謹案：七月一篇之詩，而籥章言豳詩、豳雅、豳頌，以其事各有宜。迎寒暑則宜風故謂之豳詩；祈年則宜雅，故謂之豳雅；息老物則宜頌，故謂之豳頌。鄭君於詩中各取其類以明之，非分某章爲雅，某章爲頌，故説各不同。籥章不曰豳風，而曰豳詩，以豳詩皆在國風之内，遂不言風，而言詩。豳風實不列於雅、頌，則必言雅言頌，以見一篇備此三體。況以籥吹之，則取其聲而不陳其辭，不嫌一篇而名以三體矣！或疑楚茨、信南山、甫田、大田爲豳雅，思文、臣工、豐年、載芟、良耜等篇爲豳頌，取雅、頌諸篇以分屬之，似矣。然於豳何涉？況思文、臣工之詩，非息老物可用也。

儀禮為本周禮為末

賈公彦儀禮疏序曰：「周禮、儀禮，發源是一理，有終始，分爲二部，並是周公攝政太平之書。周禮爲末，儀禮爲本，本則難明，末則易曉，是以周禮注者則有多門，儀禮所注後鄭而已。」桉：儀禮十七篇始於冠、婚，以重成人之事，謹人倫之始；終於喪祭，明慎終追遠之義。喪服一篇，所以定親疏，決嫌疑，人心風俗之所繫，不可變易，故謂之本。周禮設官分職，一代之書，有所損益，故謂之末。而賈氏序周禮則云：「周禮爲本，儀禮爲末。」此疏家各尊其經，非至論也。

月令五蟲所取

月令：「春三月，其蟲鱗。」鄭注云：「象物孚甲將解鱗，龍蛇之屬。」「夏三月，其蟲羽。」鄭注云：「象物從風鼓葉，飛鳥之屬。」「中央其蟲倮。」鄭注云：「象物露見不隱藏，虎豹之屬恒淺毛。」「秋三月，其蟲毛。」鄭注云：「象物應涼气而備寒，狐貉之屬生旃毛也〔一〕。」「冬三月，其蟲介。」鄭注云：「介，甲也。象物閉藏地中，龜鼈之屬。」謹案：春三月，斗建寅、卯、辰，上值東宮蒼龍，故其蟲鱗。易春分震用事，震爲龍。夏三月，斗建巳、午、未，上值南宮朱鳥，故其蟲鳥。易夏至离用事，离爲飛鳥。中央土，值未、申之間，未申爲坤維，坤爲虎；申宮直參，參爲白虎，故其蟲倮，鄭必以爲虎豹之屬也。秋三月，斗建申、酉、戌，上直西宮咸池。天官書不言白虎，言咸池，以白虎不主秋令。鄭以「其蟲毛」爲「狐貉之屬」者，西宮有大星曰狼，狼亦狐屬，狐亦類狗。易艮爲狗爲狐。秋分兑用事，不取兑象取艮象者，兑旁通艮，故取艮也。冬三月，斗建亥、子、丑，上值北宮玄武。南斗下有鼈十四星，故鄭注「其蟲介」爲「龜鼈之屬」。子爲天黿，丑爲鼈蟹。易象离爲鼈爲龜。冬至坎用事，而取离者，虞氏說：「易乾交坤爲坎，坤交乾爲离，坎戊离己，用三十日一會於壬。」又云：「乾坤生春，艮兑生夏，震巽生秋，坎离生冬。」是坎离交相爲用，故用坎時反取离象也。

〔一〕「也」，原作「出」，據禮記注改。

南方之强北方之强爲老聃墨翟

按：老子言「天下之至柔，馳騁天下之至剛」，此寬柔以教也。又言「報怨以德」，此不報無道也。老子，楚人，故云南方之强。淮南泰族篇：「墨子服役者百八十人，皆可使赴火蹈刃，死不旋踵。」又呂氏春秋上德篇：「墨者鉅子孟勝曰：『吾於陽城君，非師則友也，非友則臣也。不死，自今以來，求嚴師必不於墨者矣！求賢友必不於墨者矣！求良臣必不於墨者矣！死之，所以行墨者之義，而能繼其業者也。』孟勝死，弟子死之者百八十三人。」此衽金革死而不厭也。墨子，宋之大夫，宋在楚北，故云北方之强。至抑汝之强，則孔子之教也。

大學引書

書「克明俊德」，史記五帝紀作「能明馴德」，此古文説也。孔傳用之。正義引鄭注云：「俊德，賢才兼人者。」康誥：「克明德慎罰。」孔傳云：「顯用俊德，慎去刑罰。」此亦當本古訓也。如堯典「欽明文思安安，允恭克讓，光被四表，格于上下」，已具自明之義。推之以「克明俊德，以親九族」，則先賢後親之法也。康誥「明德慎罰」，即舉直措枉，故二者並舉。然必先有以自明，而後能明馴德之士；又必先有以自明，而後心與天通，乃能「顧諟天之明命」。故大學篇引康誥、帝典，固言能明有德之士矣。引太甲，固云天之明命矣。乃總而釋之曰：「皆自明也。」以爲非自明則未能「明德」，亦未能「顧諟天之明命」

也。帝王所以明於天人之際者，亦由斯道而已矣。若書意本言自明，則大學無庸更釋。孔氏禮記正義云：「康誥戒康叔明用有德，帝典言堯能明用賢俊之德。」此經所云康誥、太甲、帝典，皆是人君自明其德，與尚書異。其説非是。

康成注經與他書違異

大戴禮曾子天圓篇云：「毛蟲毛而後生，羽蟲羽而後生，毛羽之蟲，陽氣之所生也。介蟲介而後生，鱗蟲鱗而後生，鱗介之蟲，陰氣之所生也。唯人爲倮匈而後生也，陰陽之精也。毛蟲之精者曰麟，羽蟲之精者曰鳳，介蟲之精者曰龜，鱗蟲之精者曰龍，倮蟲之精者曰聖人。」又曾子事父母篇云：「孝子無私樂，父母所憂憂之，父母所樂樂之。孝子唯巧變，故父母安之。若夫坐如尸，立如齊，弗訊不言，言必齊色。此成人之善者也，未得爲人子之道也。」按：「若夫」爲語助。曲禮「若夫坐如尸」二語，與上下文義不屬，蓋自曾子脱文入之。康成注曲禮「若夫坐如尸」，爲「言若欲爲丈夫也」，注月令「其蟲倮」爲「虎豹之類」，俱與曾子所言異。淮南時則篇高誘注：「蠃蟲麟爲之長，毛蟲虎爲之長。」互易。漢志五行志：「劉歆思心傳曰時則蠃蟲之孽，謂螟螣之屬也。」素問五行政大論：「倮蟲靜。」王冰注云：「倮蟲謂人及蝦蟇之類也。」

尸子曰：「舜作五弦之琴以歌南風：『南風之薰兮，可以解吾民之慍。』」是舜歌也。按：南風之詩見尸子，文選琴賦注引。而鄭注樂記，以爲其辭未聞。

鄭注樂記，以「商容」爲商禮樂之官，與淮南人表異。説見前。禮運篇曰：「吾學殷禮，是故之宋，而不足徵也，吾得坤乾焉。」按：坤乾爲歸藏。莊子音義引世本云：「彭祖姓籛名鏗，在商爲守藏史，在周爲柱下史。」史記云：「老子，周守藏室之史也。」漢書張湯傳云：「老子爲柱下史。」蓋守藏、柱下同爲一官，以歸藏、殷禮所存，故曰守藏。彭祖子孫世世爲此官。至周，而老子繼其職守，故記稱商老彭。大戴禮。謂老子得殷歸藏之禮於彭祖。後人所謂「商容」，即守藏史掌禮容者，非一人，故謂之「商容」。老子傳商禮樂，孔子從而問禮，故春秋之經、儀禮經十七篇及七十子之徒所記並用殷禮也。

緇衣：「葉公之顧命曰：『毋以小謀敗大作，毋以嬖御人疾莊后，毋以嬖御士疾莊士、大夫、卿士。』」語見逸周書祭公篇。則記葉公當爲祭公，而鄭注以爲葉公子高。

周語：「景王二十一年將鑄大錢。」韋昭解曰：「鄭司農説周禮云：『泉始蓋一品也。周景王鑄大錢而有二品。』見周禮外府注。單穆公云：『古者有母平子、子權母而行。』則二品之來，古而然矣。」鄭君云錢始一品，至景王而有二品，省之不熟也。

按：鄭君敘五帝不用帝繫、五帝德，議七廟則異劉歆，尤其落落大者。鄭於諸書，豈皆未涉？誠以學問之涂，非一端可竟，耑門之學，非異説可移。況於百家蠭起，一貫殊難。或由鄉壁之書，或出違經之論，炫彼小言，改我師法，即非通人，奚名絶業？觀夫鄙淺，好援百家之言，以駁鄭君之注，吹毛洗垢，則有得矣。若鄭君之體大思精，何足損其豪末乎！

孔子生在襄公廿二年

公羊襄廿一年傳末云：「十有一月庚子，孔子生。」何休注云：「時歲在乙卯。」公羊疏引注作「時歲在乙卯」，解云：「何氏自有長曆，不得以左氏難之。」大衍曆議言：「傳所據者周曆也，緯所據者殷曆也。」又命曆序以爲孔子修春秋用殷曆。則何氏長曆即殷曆，故不與左氏同也。案：史記孔子世家云：「魯襄公二十二年而孔子生。」又云：「孔子年七十三，以魯哀公十六年四月己丑卒。」哀十六年左傳杜預注云：「魯襄二十二年生，至今七十三。」自襄廿二年至哀十六年正是七十三。若孔子生於襄廿一年，則七十四矣。而史記索隱曰：「若孔子以襄廿一年生，至哀十六年爲七十三；若襄廿二年生，則年七十二。」紕繆之至。案：公羊在廿一年，史記在廿二年，似各不同，其實無二也。蓋公羊先師欲記聖人生年月日，而襄廿二年經文之下無可附麗。廿二年冬，書會於沙隨，又不知在何月，故發此傳於廿二年之首，不係於廿一年也。案史記十二諸侯年表自共和元年庚申數至魯襄廿二年爲庚戌。何休以爲乙卯者，一紀太歲，一紀歲星也。鄭康成周禮保章氏注云：「歲星爲陽，右行於天；太歲爲陰，左行於地。」謂如歲星在丑，則太歲在子；歲星在子，則太歲在丑，子與丑合也。歲星在亥，則太歲在寅，寅與亥合也。王莽傳：「始建國五年，歲在壽星倉龍癸酉。」服虔曰：「倉龍，太歲也。」案：辰與酉合，故歲在壽星。如襄廿二年，太歲在戌，則歲星當在卯，乙與庚合，故何休以爲乙卯，蓋紀歲星也。若襄廿一年，太歲在酉，則歲星在辰矣。知何休亦謂孔子生在廿二年也。太史公亦傳公羊之學者，以爲廿二年。漢儒之傳，皆得其實也。穀梁傳於襄廿一年末作「十月庚子孔子生」，蓋范甯之徒據廿一年經冬十月爲庚辰朔，則庚子爲月之廿一日，故删去「有一」二字。陸德明公羊音義本「庚子孔子生」上無「十有一月」四字。音義云：「傳文上有『十月庚辰』，此亦十月也。一本作『十一月庚子』，又本無此句。」案：陸氏以廿一年爲孔子生年。所記公羊本無「十一月」，乃魏、晉後淺人删去。又案：春秋襄廿二年七月有辛酉，廿三年二月爲癸酉朔，則廿二年十一月亦無庚子。蓋廿二年歲終當有閏，七月之辛酉當作辛卯。古卯、酉音字俱相近，則庚子在十一月矣。以廿一年十月庚辰朔，至廿三年二月癸酉朔，連閏十七个月又一日，共五百零四日計，小建七月。尚質諸治曆者，果有合以否也？

孝經

孝經者，書篇名，故漢書藝文志云：「孝經者，孔子爲曾子陳孝道也。」夫孝，天之經，地之義，民之行也。舉大者言，故曰孝經。則亦猶曲禮、檀弓、中庸、大學之類，取篇中之語以題之，非如易、詩、書之爲經也。藝文志言：「孝經古孔子一篇，二十二章。」注師古曰：「劉向云古文字也。庶人章分爲二，曾子敢問章分爲三，又多一章，不言閨門章。凡二十二章。」志又言：「孝經一篇，十八章。」「漢興，長孫氏、博士江翁、少府后倉、諫大夫翼奉、安昌侯張禹傳之，各自名家。經文皆同，唯孔氏壁中古文爲異。『父母生之，續莫大焉』，『故親生之膝下』，諸家説不安處，古文字讀皆異。」注師古曰：「桓譚新論云古孝經千八百七十一字，今異者四百餘字。」陸德明經典敘録云：「孝經亦遭焚燼，河間人顔芝爲秦禁藏之。〔一〕漢氏尊學，芝子貞出之，是爲今文，凡十八章。又有古文，出於孔氏壁中，别有閨門一章，自餘分析十八章，總爲二十二章，孔安國作傳。劉向校書定爲十八。後漢馬融亦作古文孝經傳，而世不傳。世所行鄭注，相承以爲鄭玄。案鄭志及中經簿無，唯中朝穆帝集講孝經云『以鄭玄爲主』。檢孝經注，與康成注五經不同，未詳是非。古文孝經世既不行，今隨俗用鄭注十八章本。」唐司馬貞議云：「今文孝經是漢河間王所得顔芝本，至劉向以此參校古文，省除煩惑，定此十八章。」又云：「古文二十二章，中朝遂亡其本。近儒欲崇古學，妄作此傳，假稱孔氏，穿鑿更改，又作閨門一章。劉炫詭隨，妄稱其善。且閨門之義，近俗之語，必非宣尼正説。案其文云：『閨門之内，具禮矣乎！嚴父嚴兄妻子臣妾，由百姓徒役也。』是比妻子於徒役，文句凡鄙，不合經典。」按：司馬氏駁閨門之義甚當。況孝經已云「治家者不敢失於臣妾，而況於妻子乎」，是以妻子親於臣妾，茲又以妻子臣妾並舉，而比於百姓徒役。且百姓，百官也，即臣之類，豈可儕於徒役？聖人必無是言。孝經又云：「父子之道，天性也，君臣之義也。父母生之，續莫大焉。君親臨之，厚莫重焉。」又云：「居家理則治可移於官。」則閨門一章之義已備，出此尤爲重複。當時所傳之古文孝經，已非劉向所見之孔氏孝經。宋司馬温公所注者，即是此本。孔氏之傳，尤不可信。

〔一〕「之」，原無，據經典釋文敘録補。

徐氏孝經疏

公羊昭十五年疏云：「何氏之意，以『資』爲『取』，言『取事父之道以事君，所以得然者，而敬同故也』。以此言之，則何氏解孝經與鄭稱同，與康成異矣云云。之説在孝經疏。」卷廿三。又定四年疏云：「何氏之意，以『資』爲『取』，與鄭異。鄭注云：『資者，人之行也。』然則言人之行者，謂人操行也云云。」之説具於孝經疏。卷廿五。按此兩疏，則注孝經者又有鄭稱。公羊疏不著撰人名氏，隋經籍志同。宋董逌以爲徐彦，近人以爲徐遵明。詳疏則有公羊疏，又有孝經疏。隋經籍志有孝經講疏六卷，徐孝克撰。孝克或彦字，然不可考矣。

爾雅舍人注

經典釋文敍録：「爾雅犍爲文學注三卷。一云犍爲文學卒史臣舍人，漢武帝時待詔。」錢少詹事大昕。云：「廣韻有舍姓，蓋其人姓舍名人。」孫御史志祖。云：「案文選羽獵賦注引郭舍人爾雅注，是其人姓郭。漢書東方朔傳有幸倡郭舍人，正值武帝時，豈即其人邪？蓋本犍爲文學卒史，而入爲舍人，名則不可攷矣。」翔鳳案：孫君據選注斷爲郭舍人是矣。然舍人由文學卒史入爲待詔，非入爲舍人也。舍人，太子官屬，非近侍官名。又東方朔傳云：「朔高自稱譽，上偉之，令待詔公車。」蓋朔與舍人同待詔公車，同得省見。傳記之若爲倡優者，蓋失實也。則朔傳之郭舍人，正注爾雅者。「舍人」當是其名，釋文稱「文學卒史臣舍人」，猶注漢書者稱臣瓚。若是官名，則當云「舍人臣某」矣。蓋其成書奏上之時，尚未顯幸，故僅題文學卒史耳。朔傳稱「郭舍人爲諧語」，注師古曰：「諧者，和韻之言也。」可以爲舍人明小學、通諧聲之切證。魏孫炎爲反切之學，其原或出於舍人。

逸經

漢武表章六經，皆置博士。其出自屋壁，傳於民間者，謂之古文。凡不在博士所習者，皆謂之逸。如劉歆移博士書所云「逸禮有三十九、書十六篇」是也。易爲全經，惟經典釋文於說卦傳後載荀九家逸象，如乾後有龍、直、衣、言四象，坤後有牝、迷、方、囊、裳、黄、白、漿八象之類，凡逸象三十有一。此皆就卦爻辭引申之，或是經師所補，非逸文也。禮記經解引易曰：「失之豪釐，差以千里。」大戴、賈子新書並引之。此易通卦驗文。說文引易曰：「地可觀者，莫可觀于木。」亦是易說。他皆類此。至郭、京、王昭素所引易之佚文，並出附會，尤不足據。書今文家先有廿八篇，其後增大誓三篇，並序爲三十二篇。馬尚書序云：「逸十六篇，絶無師說。」則馬、鄭皆不爲十六篇作注。其所傳古文尚書篇第並同今文，但有十六篇之目存於書序注中而已。鄭注書序：舜典一，汩作二，九共九篇十一，大禹謨十二，益稷十三，五子之歌十四，胤征十五，湯誥十六，咸有一德十七，典寶十八，伊訓十九，肆命二十，原命二十一，武成二十二，旅獒二十三，冏命二十四。以九共同卷爲十六。見書疏。故尚書大傳引九共篇、三統術引伊訓、武成、畢命之文，皆在十六篇之內。後梅賾古文尚書出，別造廿四篇，又易去大誓三篇，即今所習者，而馬、鄭所傳大誓遂逸。今略見於史記周本紀。說苑又引「附下罔上」之文，漢書又引「立功立事」之語，史記又引逸湯誥，所謂古文説也，惟今文書多不備。如酒誥脱簡一，召誥脱簡二，古文稍勝者也。蓋書有百篇，而漢時僅有三十二，故周、秦引逸書者其文頗多。然詳書序之意，舜典即在堯典，大禹、益稷並合臯陶謨。大傳引孔子書有七觀，更無在廿八篇之外者。考所傳十六篇佚文，皆艱淺無足取，疑是孔子删存廿八篇之文，而存百篇之目於序，故漢代今文家以廿八篇尚書爲備也。詩以人所諷誦，不專在竹帛，以故得全，則三百篇亦完經也。中惟南陔、白華、華黍、由庚、崇丘、由儀六篇，鄭氏以爲戰國及秦世亡之。然考鄉飲酒、燕禮，此六篇並是笙奏，與他詩不同，恐當時已亡其辭。又燕禮記「升歌鹿鳴，下管新宮」，新宮用管，亦恐無辭。周禮樂師、儀禮大射禮記、樂記、射義並言貍首，鄭氏以射義引「曾孫侯氏」爲貍首之詩，漢書王式「歌驪駒」，云「在曲禮」，今見大戴記，並删於詩而存於禮者也。至左傳、國語及周、秦諸子所引詩，或非大師所陳，或在删餘之列。又凡有韻之文，皆可謂之詩。列子引詩「良冶之子」四語，此學記文也；國策引詩「大武遠宅不涉」，此逸周書大武篇也；又漢武帝詔引詩曰「九變復貫，知言之選」，顔師古以爲逸詩，蓋亦本諸傳記所傳而引之，要皆非三百篇中所逸。惟宋劉熹謂韓詩雨無極篇首有「雨無其極，傷我稼穡」二語，不特詞意不類，韓詩至宋已久亡，劉氏安得見之？禮有逸經，有逸記，漢藝文志云：「漢興，魯高堂〔一〕生傳士禮十七篇。訖孝宣世，后倉最明。戴德、戴聖、慶普皆其弟子，三家立於學官。禮古經出魯淹中及孔

〔一〕「堂」，原無，據藝文志補。

氏，與十七篇文相似，「與」本作「學」，「十七」作「七十」，今改正。多三十九篇。及明堂陰陽、王史氏記所見，皆天子諸侯卿大夫之制，雖不能備，猶瘉倉等推士禮而致于天子之說。」按：漢志則今文家，亦不謂禮經有逸，此守師法之過。按：鄭氏三禮注引王居明堂禮、中霤禮，是禮古經也。又鄭禮記奔喪目録爲曲禮之正經。又白虎通引親屬記、王度記、三正記、本命篇、别名記，風俗通引謚號記，周禮夏官鄭注引王霸記，蔡邕明堂論引太學志昭穆篇，並在二戴記之外，逸文也。然大戴之有夏小正，當是經文，而雜於傳記。管子之弟子職亦是經文，而存於諸子。又小戴中樂記不全，今采周官、吕覽、史記、新序、白虎通等書補之可具。周禮闕冬官，大射禮鄭注云：「工人、士、梓人皆司空之屬。」又國語有后稷、農正、司里之官，可依其例補之。孔子言「史之闕文」，然今春秋則亦全經。五經異義引春秋左氏説歲祫，及壇墠終禘，及郊宗石室，此説左氏者之言，非左傳也。猶引公羊説，非公羊傳也。齊論語多問王、知道二篇。「王」當作「玉」。説文引論語「玉粲之璱兮，其瑮猛也」，此問玉之文。古文孝經多閨門一章，今文則闕。沈約宋書樂志引爾雅釋樂，與今本詳略不同，當是以意增減，或雜用注文。趙岐孟子章句序云：「又有外書四篇：性善、辯文、説孝經、爲政。其文不能閎深。」論衡亦云：「孟子作性善之篇。」則性善一，辯文二，説孝經三，爲政四。秦、漢人引孟子而不在七篇者，皆外書之文。今俗傳孟子外書，則元以後人依託者也。要之，學官諸經，聖人之法已備，不必求之放失。況其文字附會每多，漢儒所以篤守師法，以不誦絶之，職此之由爾。

清儒學案卷七十六

艮庭學案

疑古文尚書之僞者，始於宋之吴才老。朱子以後，吴草廬、郝京山、梅鷟繼之。清代自閻百詩古文尚書疏證、惠定宇古文尚書考出，乃於其作僞之迹，勦竊之原，發明無遺。艮庭受學於惠氏，又爲之刊正經文，疏明古注，論者謂其足補閻、惠所未及焉。述艮庭學案。

江先生聲

江聲字鱷濤，改字叔澐，號艮庭，元和人。兄筠字震滄，乾隆壬午舉人。博雅好古，長於三禮、三傳。著有讀儀禮私記，多取敖繼公、郝敬、萬斯大諸家説異於注、疏者，訂其是非，而亦時出新意，戴東原、金輔之甚稱之。先生七歲就傅讀書，問「讀書何爲」？師以「取科第」爲言。先生求所以進於是者。年二十九，遭父疾，晨夕侍牀褥，不解衣帶。至自滌楲窬，視穢以驗疾，進退及居憂，哀毁骨立。逾三年，容戚然如新喪者。侍母疾，居喪，亦如父歿時。少讀尚書，怪古今文不類，又疑孔傳非安國所爲。

年三十，師事同郡惠徵君棟，得讀所著古文尚書考及閻若璩古文疏證，乃集漢儒之説，以注二十九篇，漢注不備，則旁考他書，精研故訓，成尚書集注音疏十二卷，附補誼九條、識僞字一條、尚書集注音疏前後述，外編一卷，尚書經師系〔一〕表也。經文注疏皆以古篆書之。嘗著六書説，自書勒石。其説轉注，以五百四十部爲建類一首，以凡某之屬皆從某爲同意相受，實前人所未發。時王侍郎昶、錢少詹大昕及畢督部沅雅重先生。督部延致家塾，先生爲刊釋名，爲之疏證，亦以古篆書之。又嘗舉經子古書，俱繩以説文字例，去其俗字，命曰經史子字準繩。又著論語質三卷，恒星説一卷，艮庭小慧一卷。嘉慶元年舉孝廉方正，四年卒，年七十有九。子鏐字貢廷，號補僧，世其學。參江藩漢學師承記、孫星衍撰傳。

尚書集注音疏述

六藝定于孔子，皆阨而後興，而尚書之阨爲尤甚。秦時燔書，伏生壁藏之。漢興，生求其書，獨得二十八篇，以教于齊、魯之間。張生、歐陽生傳其學。張生授夏侯都尉，遞傳至勝爲大夏侯，建爲小夏侯，由是有大、小夏侯之學。歐陽生授兒寬，寬又授歐陽生之子，歐陽氏世其業，至曾孫高爲博士，由是有歐陽氏學。夏侯尚書依伏生篇數，歐陽氏則分般庚爲三，爲三十篇，是爲今文尚書，于孔子所定才什三爾。武帝時，民有得太誓于壁内者，獻之，以合于伏生之書，共爲博士之業，故夏侯尚書二十九篇，歐

〔一〕「系」，原無，據漢學師承記補。

陽尚書三十一篇。而魯共王壞孔子宅，得禮記、尚書、春秋、論語孝經，皆古字也。其尚書多于今文一十六篇。孔安國以今文字讀之，皆起内九共分爲九，則出八篇爲二十四篇，是爲古文尚書，于孔子所定爲過半矣。當時列于學官，博士所課者，惟今文爾。古文則雖入于祕府，未列學官，博士不欲習之，故稱逸書，亦稱「中古文」。其傳之者都尉朝、兒寬，竝受學于安國。朝授膠東庸生，庸生授胡常，常授徐敖，敖授王璜、涂惲，惲授桑欽。成、哀時，劉向、劉歆相繼校理祕書，咸得見之。歆欲立古文之學，博士不可，歆移書太常切責之，卒不果立。後漢傳古文者，賈徽受學于涂惲，以傳子逵；孔僖者，安國後也，能傳其家數世之學；尹敏、周防、周磐、楊倫、張楷、孫期亦皆習古文。杜林又得西州桼書互相考證，以授衛宏、徐巡，而馬融亦傳其學。鄭君康成始先受古文于張恭祖，既又遊馬融之門，則固淵原于孔氏，而又津逮夫杜氏桼書者也。其作注者則有張楷，作訓者有衛宏、賈逵，作傳者有馬融，故康成書贊云：「我先師棘下生子安國亦好此學。」自世祖興，後漢衛、賈、馬二三君子之業，則疋材好博，既宣之矣。」乃馬融書敘云：「逸十六篇，絶无師説。」豈都尉朝、庸生等所傳，但習其句讀，而不解其文誼與？抑豈先有其説，而後亡之，與彼張楷之注，衛、賈之訓，竝止解二十九篇，而不解十六篇與？厥後康成作注，可謂集諸儒之大成矣。其書分般庚、太誓皆爲三篇，分顧命「王若曰」以下爲康王之誥，計三十四篇，合逸篇二十四，凡五十有八篇。然所注者三十四篇而已，豈二十四篇之誼，未有聞于師，而不敢以己意説與？抑豈殘缺失次，不可讀與？乃有王肅者，後鄭君而起，嫉鄭君之名而欲弃之，輒爲異説以詆毁，多見其不知量爾，于鄭君庸何傷哉！逮東晉元帝時，梅賾奏上古文尚書孔氏傳，析二十八篇爲三十三，增益二十五篇，以傅合于劉向別録五十八篇之目，散百篇之敍引冠篇耑，其亡篇之敍列次其間。雖未由知爲之者爲誰，而其説輒與王肅合。竊以爲，當作俑于肅也。于時師資道喪，哲人云亡，學者既无卓識，且喜新異，遂翕然信奉，以爲孔氏古文于今乃出。自是而西漢之古文寖以衰微矣！然猶未絶也。南、北兩朝之時，鄭所注者，與後出之孔傳迭爲盛衰。至唐貞觀，詔儒臣纂五經正義，孔穎達輩誤以梅賾所上之書爲壁中古文，而爲之正義，反斥鄭氏所述之二十四篇爲張霸僞造，斡棄周鼎而寶康瓠，由是孔氏之古文亡，而鄭氏三十四篇之注亦與之偕亡矣。於戲！尚書之阸，一至此哉！聲竊愍漢學之淪亡，傷聖經之晦蝕，于是幡閲羣書，搜拾漢儒之注，惟馬、鄭、王三家廑有存焉。外此，則許慎之五經異誼載有今文、古文家説，然其書已亡，所存廑見。它如伏生之尚書大傳，則體殊訓注，間有解詁而已。爰取馬、鄭之注，及大傳異誼，參酌而緝之。更傍采它書之有涉于尚書者以益之。其王肅注與晚出之孔傳，本欲勿用，不得已，姑謹擇其不謬于經者，間亦取焉。皆以己意爲之疏，以申其誼，然猶廑得什之三四也。自重光大荒落之秋，以迄玄弋敦牂之冬，成堯典、咎繇謨、禹貢、甘誓、湯誓諸篇，暨百篇之敍。至般庚，則以漢注絶少，而中輟者久之。既念一匱之覆，終不足以發古誼，存絶學，乃復以己見探討經誼，精覈詁訓，又自柔兆閹茂之夏，迄彊圉大淵獻之夏，周一歲而成般庚以後二十餘篇之注，并前所緝者亦重加釐正。其亡篇之遺文有散見它書者，則并其原注采之，各隨其篇弟而傅厠其間。其无篇名者，總列于後。爲書十卷，并百篇之序一卷，逸文一卷，凡十二卷，而疏則猶未皇也。將更須三載，庶幾卒業矣乎！若夫幽莠亂苗，武夫類玉，必區别而斥之，蓋祛異耑，闢邪説，所以尊聖經也。紹前哲，開來學，莫大于是。聲雖不敏，敢不力焉！是爲述。

尚書集注音疏後述

古人之文，古人之常言也。道之于口，聞者靡不知；筆之于書，讀者靡不解，无庸傳述爲也。乃音以方俗而殊，言以古今而異，或一字而解多涂，或數名而同一實。聖賢懼後學之河漢前言也，于是爾疋有作，而故訓興焉。兩漢諸儒，咸據之以解羣經，繇是傳注迭興，而經誼賴以明矣。于時風氣醇古，語雖達而未詳，意雖摘而未𢤱。後之學者，欲爲引申其說，故自南北朝以至唐初，誼疏迭出，而傳注又賴以證明矣。凡此皆後人疏前人之書，未有己注之而即己疏之，出于一人手者。有之，自唐明皇帝之道德經注疏始。吾師惠松崖先生周易述，融會漢儒之說，以爲注而復爲之疏，其體例固有自來矣。聲不揆檮昧，綜覈經傳之訓故，采摭諸子百家之說，與夫漢儒之解，以注尚書，言必當理，不敢衒奇，誼必有徵，不敢欺世，務求愜心云爾。顧自唐、宋以來，漢學微甚，不旁證而引申之，曷不以爲孟浪之言，奚以信今而垂後？則疏其弗可已也矣！歲在彊圉大淵獻之六月，尚書集注始成，擬更三載而成疏，乃距今昭陽大荒落之五月，六周寒暑而卒業焉。唯曰庶無負昔聞之師說云爾，敢竊比先師之周易述，睎附著述之林哉！聲又述簒疏之意云。

釋名疏證跋

制府畢公箋釋名疏證，會萃羣書以校正其文，援引經傳子史以證明其説，并補其遺，續其未有。刊本寄歸，招聲在其府中重加審正。聲幡閲其書，歎其精窜淵博，洵足垂範將來。謂「若用許叔重説文解字之字體重刊行世，俾有志者得藉此書以識字，則嘉惠後學之功豈不益大」？因修書以請于制府，願任鈔寫之勞，董剞劂之事。適制府復有删改之本，即以寄示，屬鈔于是書之帀，三月而竟。

附録

先生辨泰誓曰：「泰誓，今文古文皆有之，漢儒皆誦習之，馬、鄭皆爲之注。自東晉僞古文出，則有泰誓三篇，世無具巨眼人，遂翕然信奉，以爲孔壁古文，因目此爲今文，且反疑其僞，以故寖微而至於亡。顧其遺文記火流穀至之事，且無諸傳記所引之語，故馬融雖爲之注，不能無疑。今姑備録馬説而辨之。馬融書敍曰：『泰誓後得，案其文，似若淺露。』又云：『八百諸侯不召自來，不期同時，不謀同詞。及火復于上，至于王屋，流爲雕，五至，以穀俱來，舉火神怪，得毋在子所不語中乎？又春秋引泰誓曰「民之所欲，天必從之」；國語引泰誓曰「朕夢協朕卜，襲于休祥，戎商必克」；孟子引泰誓曰「我武惟揚，侵于之疆，則取于殘，殺伐用張，于湯有光」；孫卿引泰誓曰「獨夫紂」；禮記引泰誓曰「予克紂，非予武，惟朕文考無罪；紂克予，非朕文考有罪，惟予小子無良」。今之泰誓，皆無此語。吾見書傳多矣，所引泰誓而不在泰誓者甚多，弗復悉記，略舉五事以明之，亦可知矣。』馬此説具正義。辯之曰：案融之意，以泰誓非伏生所傳，故疑之爾。融獨不見伏生之尚書大傳乎！泰誓『維四月，太子發上祭于畢』云云，大傳既引其文矣，其所以不傳者，蓋生年老，容有遺忘，自所得二十八篇之外，不能記憶其全故爾。大傳引九共曰『予辨下土，使民平平，使民無敖』，引帝告曰『施章乃服明上下』，能録其片語，而不傳其全文，是其不能記憶之明驗也。然則泰誓雖不出於伏生，不得謂非秦火已前伏生所藏之舊文矣。且漢書藝文志云：『尚書古文經四十六卷，爲五十七篇。』計伏生書二十八篇，三分盤庚，則爲三十，加孔氏多出之二十四篇，才五十四，加太誓三篇，適五十七；無泰誓，則不符其數。又李顒集注尚書，於此泰誓輒引孔安國曰，則孔氏古文亦有此篇，安國且作傳矣。而兩漢諸儒備見今文古文者，未嘗疑泰誓有今古文之異，然則今文泰誓同乎古文，又可知矣。融獨以其後得而疑之，則五十四篇惡在其可信邪？若其所稱八百諸侯不期而會，則婁敬説高帝嘗言之矣，司馬子長亦録其文於本紀矣，不既信而有徵乎？又若火流爲雕，以穀俱來，斯乃符命之應，猶龜書馬圖之屬也。孔子繫易，曰：『河出圖，洛出書，聖人則之。』論語記孔子之言曰：『鳳鳥不至，河不出圖，吾已矣夫！』然則符瑞之徵，聖人且覬幸遇之，而乃以火流穀至爲神怪，謂爲子所不語，豈通論乎！且思文之詩不云乎：『詒我來牟，帝命率育。』即此以穀俱來之謂，融亦將斥詩爲誕乎！不然，詩則信之，書則疑之，進退皆無據矣。融又以書傳所引泰誓甚多，而疑此泰誓皆無有。又案湯誓篇傳自伏生，既又出諸孔壁，今文古文若合符節，而『予小子履敢用玄牡』云云，載於墨子兼愛篇，而湯誓未有其文。故孔安國注論語堯曰篇，不敢質言湯誓之文，而云『墨子引湯誓，其詞若此』。又墨子尚賢篇引泰誓曰，『聿求元聖，與之戮力同心，以治天下』，而湯誓中亦無之。然而謂湯誓有逸文可也，謂湯誓爲僞書則不可。以此相況，泰誓亦猶是耳，夫復奚疑哉！不獨此也，大傳引盤庚曰：『若德明哉，湯任父言，卑應言。』引無逸曰：『厥兆天子爵。』今盤庚、無逸具在，而皆無是言。經與傳俱出於伏生，不應傳録其文，經反遺其語。然則伏生既傳之後，歐陽、夏侯遞有師承，猶不能無闕逸，況泰誓經灰燼之餘，百年而出，反怪其有遺逸邪？且夫傳記諸書，夫人而見之矣，苟欲僞造，必不敢張空拳以自吐其胸臆，並不敢出神奇以駭人之觀聽，將摭拾典籍以襲補綴，依據誼理以爲干城，以求售其欺於後世，如彼僞孔氏之所爲矣，安肯故留此間隙，以滋後人之議哉！蓋惟當時實有其事，史官據事直書，而無所顧忌，故有火流穀至之文。逮其後遺文殘闕，傳之者謹守殘編而不敢補緝，故無諸傳記所引之語，斯何足怪乎！季長之説，吾不謂然，故爲此辨。」漢學師承記。

先生復孫淵如書曰：「閱堯典質疑，喜甚，蓋拙刻散布者多矣，其得之者，以字不通俗而不能閱者有之，其僅僅涉獵者亦有之，其能潛心閱竟，與夫愛之而反覆數四者亦皆有之，未有如足下精研討論，尋求間隙，以相駁難者。蓋所貴乎朋友者，貴其能箴規訓誨，匡所不逮也。所樂乎朋友者，樂其砭我之失，況我以善也。意見時有不合，固無取乎盡合。不合則辯論生，辯論生則誼理明，是此書之幸也。聲何幸而得此于足下乎！但拙刻已成，不能追改，惟冀足下刻此質疑，以弟所辯者分條散附其間，亦足勒成一書以垂後。顧今惟堯典一篇爾，以後悉求教正，陸續見寄，弟再辯焉。弟樂聞己過，決不護短，想足下必不吝教也。」問字堂集贈言。

先生既孤，不復事科舉業，獨好經義古學。得許氏說文，悅而習之，曰：「吾始知讀書當先識字也。」嘗爲說文解字考證。及見段大令玉裁所著，多自符合，遂輟筆，並舉稿本付之。孫星衍撰傳。

王光禄鳴盛撰尚書後案，亦以疏通鄭說，考究古學。爲書延先生至家，商訂疑義，始以行世。同上。

先生不爲行楷者數十年，凡尺牘率皆依說文書之，不肯用俗字。其寫尚書「灋水」字、「蘉」字不在說文，「灋」據淮南作「廛」，「蘉」據爾雅義作「孟」，人始或怪之，後服其非臆說。同上。

艮庭家學

江先生沅

江沅字子蘭，一字鐵君，艮庭孫，貢廷子。優貢生。金壇段大令玉裁僑居蘇州，先生出入其門者數十年。段著六書音均表，發明平上入分合相配，曰：「此表惟江叔澐祖孫達其意耳，外此恐無人知之。」先生先著說文釋例，後段屬以其十七部諧聲表之列某聲某聲者爲綱而件係之，聲復生聲，則依其次第，爲說文解字音韻表十七卷，凡段氏之譌者，亦加駁正焉。嘗從彭進士紹升游，得古文之法。又工填詞。先後一游閩、粤，餘則里居教授時爲多。卒年七十二。參蘇州府志。

説文解字音均表弁言

倉頡、沮誦爲黄帝史，庠興文字，鳥迹獸远，繼以蟲魚，古古相積，屢變而不可考。是以封禪大山七十二家，孔子多不識者。古文大篆蓋行于周之始衰，許氏以爲，漢代暴秦承用隸體，即大篆亦將廢棄，故因當時之體，采通人之言，溯古籀之迹，作説文解字。其意蓋尚書載堯以來，史記託始五帝之義，而以秦、漢小篆爲主，則郇卿子「法後王」之義，取其適於時用也。

六書之義，其始之也亦不同時，許氏敍既言之矣。蓋當造字時，無形可象而有事可指，則爲指事，以少御多之法也。如一二之爲數，凡數之一二統焉；上下之差，凡事之上下統焉。其所統既多，則其字必少，理固然也。象形則象一物之形而已，其不可以月爲日，以羊爲牛者，亦勢固然也，故其字較多於指事之字。此二者，其始造字之所用也。既而事不可勝指，形不能徧象，則合二者而爲會意，爲形聲，於是有半形而半意焉，有聲而兼意焉、不兼意焉，所以濟指事、象形之窮，而用之不勝用者也。而形聲尤便於滋益，故其體獨多。論説文解字者，不悟其所以然之故，以爲指事太少，形聲太多，凡象形會意之事，多傅會以爲指事，而形聲則又多傅會於會意，於是六書之義紊，而六書之體亦乖矣。

自造字已來，字體屢變。許氏説文解字出，而六書之義明，後雖屢變，其本可循也。至於聲音，亦有然者。楚語「於菟」，今無其語；吴言「矢胎」，兹少其音。閩語非燕，蠻言異缺，古音尚易識乎？許氏形聲、讀若，多得其本音。後人多疑其皮傅穿鑿。亦曾讀其所謂「博訪通人」，考之於逵，爲遠有端緒者乎！蓋其所從來者，與易、詩、書相表裏，是可藉以審古音也。據詩三百篇之音，而覈諸許氏每字之聲，以類次之，不復爲唐以後諸韻書所淆惑，段氏之功鉅矣。

所謂以秦、漢爲主者，如遷豐居岐，臨水依山也，而叚借「豐」字、「岐」字。周時以水名地，以山名邑也，「灃」、「酆」及「郊」，皆漢字也。許氏以爲庶務綦緐，叚之不勝叚，別造之而得理，故收列之。若因許氏而改經書之「豐」爲「酆」、「岐」爲「郊」，是據後以改前矣。至如「衰」之爲「縗」，因借雨衣而加「糸」爲別；「它」之爲「蛇」，因借自他而加「虫」以殊，皆識之，以見變古蔑理之所由也。

許氏有變例。一字建首，其下从某者皆由之得義，其常也。獨於鳥部不然，以所貴者皆象形而類列之，故「舄」與「焉」皆不云从鳥，而於「焉」字說解中明之也。段氏但申其所貴象形，不言變例，蓋以形聯，猶以義聯也。「豳」、「岐」之重文，亦重文之變例也。許氏欲明今之「邠」、「郊」，即古之「豳」、「岐」字，故詳說之。段氏遂以爲「馬腫背」，欲迻「豳」、「岐」二字入山部，則其於鳥部三字，亦未必悟其爲變例矣。

指事、象形、會意、形聲四者，用以造字之法也。轉注、叚借二者，字既造而用之之法也。數字一義爲轉注，一字數義爲叚借，其說不可易矣。轉注、叚借二者，不能見於錯畫之中，則其爲用字之法，又何疑哉！其不可以說文解字之部首當「建類一首」之義，凡某之屬皆从某當「同義相受」之義者，許氏「建類一首」二語，解古人轉注之意，非申己所作說文解字之例也。許氏遵古六書而作說文解字，非六書之義因說文解字而後有也。轉注、叚借之義在周禮保氏，說文解字之分別部居在後漢，安有周之保氏爲後漢許氏作説文解字例哉！是故爾雅之「始也」、「君也」等爲「建類一首」，「初、哉、首、基」，「林、烝、天、帝」等爲「同意相受」。東原戴氏之説，誠如日月之出，而爝火可息矣！

古人作字，所以利用也。有是物，有是事，因作字以命之。物日益衆，事日益緐，故字亦日益多，而取孳乳爲義也。許氏因「屈中」、「止句」、「馬頭人」、「人持十」之説甚倍六書，故作説文解字以辨之，明古人造字之恉，即教人以造字之法也，非禁人以説文解字之外不得復有字也。觀於部首以下有不列一字者，而仍曰「凡某之屬皆从某」，即可知也。

支、脂、之之爲三，真、臻、先與諄、文、欣、魂、痕之爲二，皆陸氏之舊也。段氏謂前此未有發明其故者，遂矜爲獨得之祕，故於説文解字嚴分其介，以自殊異。凡許氏所合韻處，皆多方改使離之，而一部之與十二部亦不使相通，故「皕」之讀若「祕」改爲「逼」，「肊」之「乙聲」删去「聲」字，「必」之「弋亦聲」改爲「八亦聲」，而於開章一篆説解，「極」、「一」、「物」三字即是一部、十二部、十五部合韻之理，於是絶不敢言其韻，直至亥字下重文説之也。十二、十三兩部之相通者，惟「民」、「昬」二字爲梗，故力去「昬」字，以就其説。而其尤苦心孤詣者，「畀」字田聲，田聲十五部也，而有「綥」字从之得聲，而「綥」即古「綦」字，在一部，遂改「畀」字爲由聲，以避十五部與一部之合音。凡此皆段氏之癥結處也。

「臼」从E彐，其形兩開；「瓃」僅三田，其聲半取，分形可明，不必全字，半體已足，無庸省聲可知。反「丮」反「邑」，都已闕音；「𣃔」聲「飢」聲，奚須析兩？「秋」得𤓯聲，明於籀體；「因」歸谷部，證以古文便悟。「家」之取豭，「哭」之从獄，必非强解，定有受之。「㝷」仍入寸，「羑」歸羗次。「羑」復列羊，一爲古籀，一爲小篆，部分雖隔，字必兩歸。或篆體未收，存諸他解；或重文不見，附在餘言。如「汫」、「皖」諸文，説中不廢，「燮」、「卣」等字，解下附存。又況「變」有兩音，「戀」、「嫡」同用；「軨」分雙部，革、鼓俱收。「矢」云似米，「典」爲大册，但存其説，不著其文。且有説解之内，體用互陳；聯貫之文，詳略殊致。是故所以之字不必贅增，渾舉之言無須畫一。「𣗥」本來音，「食」先粒讀，不應删去，以失古音。「𡴘」改从干，毋增多解，不如仍舊，以免鑿空。凡此之類，許無達例，段喜更張，今古代遷，難爲理董。

人隔數朝，無從面質，義有難釋，必當闕疑。自恃精淹，藐視古哲，改此就我，易彼作證，以己助己，古義遂亡。同我則標，不合斯諱，分韻無説，易古以通，戴已作俑，段遂效尤。凡此紕謬，略箋其失，非敢遂爲蠿蠹之摵，實恐古人受誣，後學滋惑。

既考古音，當究古籍。上據三百，中馮説文，下承陸氏，得其竅要，斧以斯之，偶有未諧，黄河一曲，舍此不講。求諸侌易，泥於喉舌，徵諸字母，信彼等音，七類九類，有入無平，不古不今，蓬心瓠落，難以程式。餉彼後賢，部分十七，大致已明，茲故不移，仍其舊貫。段氏論音，謂古無去，故譜諸書，平而上入。今次説文，得聲以貫，來流爲麥，特出於之，而爲亟音；丕得不讀，古今音異，輕重難分。即如譜中，來、猒在入，夕、惡在平，若以區分，必成矛盾，不如合之，以省穿鑿。沅意古音有去無入，平輕去重，平引成上，去促成入，上、入之字，少於平、去，職是故耳。北人語言，入皆成去，古音所沿，至今猶舊，非敢苟異，參之或然。

若膺先生由小學以通乎經學，功深力邃，擇精語詳，鑽仰彌年，高㝑莫罄，真集諸家之大成者。沅出入其門數十年，略窺豪末，所有異同之處，當時面質，親許駁勘，故敢以蚍蜉之撼，效涓埃之誠。凡疏中不言沅案者，皆先生所自注，或先生所説也。

説文解字注後敘

段先生作説文解字注，沅時爲之校讎，且慫恿其速成。既成，又日望其刻以行也。癸酉之冬，刻事甫就，而沅適游閩，至是刻將過半矣。先生以書告，且屬爲後敘。沅謂世之名許氏之學者，夥矣。究其所得，未有過於先生者也。許氏著書之例，以及所以作書之恉，皆詳於先生所爲注中。先生亦自信，以爲於許氏之志，什得其八矣。沅更何所言哉！先生命序之意，蓋謂沅研誦其中，十有餘年矣，作篆以正其體，編音均十七部以諧其聲，必有能以約而説詳者。沅於是即所見而㰿之曰：許書之要，在明文字之本義而已。先生發明許書之要，在善推許書每字之本義而已矣。經史百家，字多叚借，許書以説解名，不得不專言本義者也。本義明而後餘義明，引申之義亦明，形以經之，聲以緯之，凡引古以證者，於本義、於餘義、於引申、於叚借、於形、於聲，各指所之，罔不就理。蓺谥之謞衍，鼏衵之謞奪，罔不灼知列字之次弟；後人之附益，罔不畢見。形聲義三者，皆得其雜而不越之故焉。緜是書以爲的，而許氏著書之心以明；經史百家之文字，亦無不由此以明。孔子曰「必也正名」，蓋必形聲義三者正，而後可言可行也；亦必本義明，而後形聲義三者可正也。沅先大父艮庭徵君，生平服膺許氏，著尚書注疏既畢，復從事於説文解字。及見先生作而輟業焉。沅之有事於校讎也，先徵君之意也。今先徵君音容既杳，先生獨神明不衰，靈光巋然，書亦將傳布四方，而沅學殖荒陋，莫罄高深。瞻前型之邈然，幸後學之多賴，愉快無極，感概從之。至於許書之例，有正文附見于説解者，有重文附見於説解者，此沅之私見，而先生或當以爲然者也。附于此，以更質諸先生。

艮庭弟子

顧先生廣圻　別爲思適學案。

江先生藩　別爲鄭堂學案。

徐先生頲

徐頲字述卿，一字少鶴，長洲人。嘉慶乙丑一甲二名進士。官至内閣學士。少從艮庭游，傳説文之學。著有經進文及詩文。

鈕先生樹玉

鈕樹玉字匪石，吴縣人。居邑之洞庭東山，隱於賈。篤志好古，不爲科舉之業。精研文字聲音訓詁之學，謂：「説文一書，懸諸日月而不刊者也。後人以新附淆之，誣許君矣！」因博稽載籍，著説文新附考六卷、續考一卷。如「琡」即「琡」、「緅」即「纔」、「墊」即「墫」，乃後代增加；「刹」即「剎」、「抛」即「抱」，乃傳寫譌溷；「打」即「朾」、「辦」即「辨」、「勘」即「戡」，乃吏牘妄造，一一疏通證明之。而其字之不必附、不當附者，瞭然如視諸掌。又以段大令玉裁所注説文，與許氏原書不合者，約有六端，因著段氏説文注訂八卷，凡所舉正，皆有依據。他所著尚有説文考異若干卷，書成後未及刊布，今藏原稿於家。參史傳、説文新附考錢大昕序。

段氏説文注訂自序

段大令懋堂先生注説文刊成，余得而讀之，徵引極廣，鉤索亦深，故時下推尊以爲絶學。然與許書不合者，其端有六。許書解字，大都本諸經籍之最先者，今則自立條例，以爲必用本字，一也。古無韻書，今創十七部以繩九千餘文，二也。六書轉注，本在同部，故云「建類一首」，今以爲諸字「音恉略同，義可互受」，三也。凡引證之文，當同本文，今或別易一字，以爲引經會意，四也。字者孳乳浸多，今有音義相同，及諸書失引者，輒疑爲淺人增，五也。陸氏釋文、孔氏正義所引說文多誤，韻會雖本繫傳而自有增改，今則一一篤信，六也。有此六端，遂多更張，迥非許書本來面目，亦不能爲之諱也。余昔著新附考，又著說文考異，曾以就正。今注中多有采録。余於說文之學，自知淺陋，無足重輕，然專以玉篇諸書參校異同，實自余始。茲録其尤甚者若干條，竊加平議，釐爲八卷，曰段氏說文注訂。間有拈出余說者，以明余之非敢掠美也。

艮庭交游

王先生昶 別爲蘭泉學案。

錢先生大昕 別爲潛研學案。

王先生鳴盛 別爲西莊學案。

畢先生沅 別見蘭泉學案。

段先生玉裁 別爲懋堂學案。

孫先生星衍 別爲淵如學案。

余先生蕭客 別見研谿學案。

子蘭弟子

雷先生浚

雷浚字深之，號甘谿，吴縣人。歲貢生，候選訓導。性至孝。咸豐七年，父卒官山東，時羣盜如麻，道路梗塞，先生千里奔喪，奉柩以歸。少從子蘭游，通小學，工篆書。中年棄舉業，閉門著書，先後成説文外編十六卷，説文引經例辨三卷，韻府鉤沈五卷，睡餘偶筆一卷，乃有廬雜著二卷，道福堂詩集四卷、續集三卷，後八家文鈔二十八卷。光緒十五年，貴筑黄布政彭年剏建學古堂，聘先生主講席，嚴立課程，首經、史、説文、文選等書，升堂講論，如晦得月，門下士翕然以樸學相尚。十九年卒，年八十。參邵曾鑑撰傳、楊峴撰墓志。

説文引經例辨

説文引經之例有三：一説本義所引之經，與其字之義相發明者也；一説假借所引之經，與其字之義不相蒙者也；一説會意所引之經，與其字之義不相蒙，而與其「从某」、「从某某聲」相蒙者也。長洲潘茂才鍾瑞歸自湖北，以崇文書局新刻嘉定陳孝廉瑑説文引經攷八卷視予。予聞陳君名四十年矣，遺書幸出，欣然受而讀之。及展卷，則厥病有六：不知説文引經之例有三，而以爲皆説本義，一也。其尤紕繆者，欲改孟子「罔市利」爲「買市利」。推其由，蓋緣説文「買」篆下引孟子「网市利」語，説「買」字所以从网之意。陳君不知其説會意，而誤以爲説本義故也。異文有正假之異，有古今正俗之異。正假者，其字本非一字，特以音近相通，如大學引書「克明峻德」，書作「俊」；引詩「菉竹猗猗，有斐君子」，詩作「緑」、作「匪」是也。古今正俗者，如論語「不亦説乎」之「説」，孟子作「悦」；「出則弟」，孟子作「出則悌」是也。陳君不知，而一切以爲古今字，則如峻俊、菉緑、斐匪諸字，何字古，何字今乎？二也。有正字又有假字，謂之正假。而假字有無正字者，許君所謂「本無其字，依聲託事，令、長是也」。無正字之假借，其義從本義展轉引伸而出，故訓詁家謂之引伸，此特言其大凡。無正字之假借，亦有無義可引伸者。如「萬」之本義爲蟲，而假借爲千萬；「舄」之本義爲䧿，而假借爲履舄是也。然此類不多。而於六書則屬假借。元和朱氏駿聲譔説文通訓定聲，以此類爲轉注，蓋以引伸爲轉注也。翻許氏之案，非述而不作之義。曾文正公文集中有復朱太學孔揚書闢其説。有正字之假借，但取聲而義不必通，如左傳「鹿死不擇音」，其正字當作「蔭」，今作「音」者，杜注所謂「古字聲同皆相假借也」。朱氏專以此類爲假借。若「音」

之本義爲聲,「蔭」之本義爲艸陰地,豈可通乎?陳君不知,而一切曲説以通其義,三也。何謂本義?説文所定一字一義是也,其義多與其字之形相應,故謂之本義。從本義展轉引伸而出者,謂之引伸義。又有假借義,如「音」字本無茠蔭之義,因左傳借「音」爲「蔭」,故杜注不得不以「茠蔭之處」釋之,而「茠蔭之處」爲「音」字之假借義。陳君似亦不知,故其論義往往置説文本義不論,而泛引他書之引伸、假借義,以爲某字本有某義,四也。繁稱博引,既於義之不可通者曲説以通之,至穿鑿之無可穿鑿,則於字之明明聲通者曰不可通,不當假借,五也。稱引繁而無法,檢原書多不合,六也。而其書已版行,且以其有時名也,恐疑誤後學,故取説文引經九百六十有五條,分爲三科,與陳君各自成書,亦與山陽吴氏玉搢、丹徒柳氏榮宗各自成書。蓋吴、柳兩家書雖非陳君比,而於説文引經分三科,則均不知也。又元和陸氏嵩亦有一本,其書未刻,訪其後人,則其稿已於兵燹中散失,僅略談其體例與予書不同。此外又有一本,則予未見,亦不必見也。

韻府鉤沈自序

國朝字典三十六卷,補遺一卷,備攷一卷,約字五萬餘。今通行本詩韻僅可五之一,字不備則字之音義亦必不備,乃時俗尊信詩韻,雖幼所誦習之四子書、五經,其音讀有不見於詩韻者,亦舍所誦習而從詩韻。道光中,平江書院某山長以詩韻「風」字無仄聲,遂并「春風風人」下「風」字亦欲讀平聲,凡作仄用者概以失黏論。而詩小序「風,風也」,下「風」字實去聲。亡友劉明經禧延最精韻學,間與論此事,劉子曰：「今韻不特非沈韻，并非平水韻，乃元陰氏之韻府羣玉。陰氏著書之意，在韻脚不在韻，故聯緜字絪緼則有緼無絪，匍匐則有匐無匍，邂逅則有逅無邂，蠨蛸則有蛸無蠨，說文作「蟰」，亦無「蟰」〔一〕。蟋蟀則有蟀無蟋，蝙蝠則有蝠無蝙，帡幪則有幪無帡，㞑廖則有廖無㞑，此類不可以枚數。明初，洪武正韻不行，學者取此書便於押韻，遂沿用至今。夫用之取便押韻，古人著書之意也。某字詩韻無平聲，遂曰無平聲；某字詩韻無仄聲，遂曰無仄聲，豈古人著書之意哉！古人始慮不及此也。」雷浚曰：「然敦字十三音，今韻僅收其四，則其不求備，可知也。」茲距劉子之歿餘二十年，予亦年開八十，或長夏枯坐，或冬夜老鰥不寐，追憶十三經字，有今韻失收者，得如干字；泛覽史、漢、文選諸書，得如干字，勒成一書，用前人古經解鉤沈、小學鉤沈之例，名曰韻府鉤沈，非謂遂可施於場屋也，特學者不可不知耳。

雜著

說文同意諸字說

六書有會意而無同意，同意出許叔重說文解字敍。其說轉注也，曰：「建類一首，同意相受，考、老是也。」學者求其解而不得，謂考在老部，其義即訓爲老，考、老同意。果如其說，則木部从木諸字即訓木，水部从水諸字即訓水，皆同意，即皆轉注。然而彼固會意也，非轉注也。則許君所云「同意」，似不

〔一〕「蠨」，原作「蟰」，依正文改。

如此也。且爾雅釋詁黃髮、齯齒、鮐背、耇、老皆訓壽。耇、老、壽三字同意，固然矣。黃髮、齯齒、鮐背皆連二字爲義，若析之則髮有髮義，齒有齒義，背有背義，安得云同意？知許君所云「同意」，固不如此也。然則許君所云「同意」奈何？曰：許君之書，説文也，解字也，非如賈、孔諸家爲經注作疏也。請先以老部言之。老部：「老，考也。」「考，老也。」「耆，老也。」「耋，年八十曰耋。」「耇，老人面凍黎若垢。」「𦒿，老人面如點也。」「𦒻，老人行才相逮。」「壽，久也。」「孝，善事父母者。」老字爲考、耆八字之母，考、耆八字爲老字之子，而皆从老省。老字之形不全，獨其意則相承，是謂「建類一首，同意相受」。至「薹」雖同在老部，而其字从老不省，老字之形全，正與「止戈爲武」、「人言爲信」止字、戈字、人字、言字其形皆全者爲一類，會意也，非「同意相受」也。循是以推，其最顯白者莫如犛部「氂」、「斄」二字。今試執二字問人曰：「是何从？」人必曰：「从𠩺毛，从𠩺來。」此非其人之過也，其字之形本爾也。惟知「犛」爲「西南夷長髦牛」，「氂」爲「犛〔二〕牛尾」，「斄」爲「彊曲毛」，三字有相生之理，則「氂」、「斄」之形雖从𠩺，而其意實由「犛」而來，故説文不从𠩺，而从犛省。許君不立𠩺部，而立犛部也，其發揮同意相受之恉，至明顯也。循是以推，谷部：「谷，口上阿也。」「丙，舌兒，从谷省。」爨部：「爨，齊謂之炊爨。」「䰞，所以枝鬲者，从爨省。」「釁，血祭也，象祭竈也，从爨省。」畫部：「畫，界也，象田四界。」「晝，日之出入，與夜爲界，从畫省。」眉部：「眉，目上毛也。」「省，視也，从眉省。」冓部：「冓，交積財也。」「再，一舉而二也，

〔二〕「犛」，原作「氂」，據説文解字改。

从冓〔一〕省。」「爯，并舉也，从爪、冓省。」筋部：「筋，肉之力也。」「笏，筋之本也，从筋。」似奪一「省」字。「䈥，手足指節鳴也，从筋省。」高部：「高，崇也，象樓觀高之形。」「𠆳，小堂也。」「亭，民所安定也，亭有樓。」「亳，京兆杜陵亭也。」皆「从高省」。　畗部：「畗，滿也，象高厚之形。」「良，善也，从畗省。」稽部：「稽，留止也。」「𥠻，特止也，从稽省。」「𥡴，𥡴䅬而止也，从稽省。」橐部：「橐，櫜也。」「櫜，囊也。」「囊，櫜也。」「櫜，車上大櫜。」「𣝋，囊張大皃。」皆「从橐省」。㝱部：「㝱，寐而有覺也。」「寐，卧也。」「寤，寐覺而有信曰寤。」「𡪢，楚人謂寐曰𡪢。」「寐，寐而未厭。」「寱，孰寐也。」「寎，卧驚病也。」「寱，瞑言也。」「𡪫，卧驚也。」皆「从㝱省」。重部：「重，厚也。」「量，稱輕重也，从重省。」履部：「履，足所依也。」「屨，履也。」「𡳐，履下也。」「屝，履屬。」「屩，屐也。」「屐，屩也。」皆「从履省」。　㱃部：「㱃，歠也。」「歠，㱃也，从㱃省。」鹽部：「鹽，鹹也。」「盬，河東鹽池，从鹽省。」弦部：「弦，弓弦也。」「盭，弼戾也。」「紗，急戾也。」「[糸曷]，不成遂急戾也。」皆「从弦省」。」皆所謂「建類一首，同意相受」者也。　諸字略備於此矣，而亦有不能無疑者。　瓜部：「瓜，㼌也。」以下「从瓜」會意之字凡八，而「瓠」獨別爲一部，「瓢」字屬焉，「从瓠省」。　夫「瓢」獨不可入瓜部，「从瓜」會意，而必「从瓠省」乎？說文有鹵部，「鹺」、「鹹」二字入焉，皆「从鹵」會意。　而「鹼」獨入鹽部，「从鹽省」。　夫「鹼」不可入鹵部，「从鹵」會意，而「从鹽省」乎？又酉部：「酉，就也，象古文酉之形。」「酒，就也，从水从酉，酉亦聲。」夫古文「酉」之形作丣，所謂「丣爲秋

〔一〕「冓」上原衍「一」字，據說文解字删。

門，萬物以入」者也。當製字之始，丣義與酒義絶遠，後變丣爲酉，又加水爲酒，故酒之爲字，水意而酉聲，説文當云「从水，酉聲」，不必「从酉，酉亦聲」也。「酒」下「醿」、「醨」、「釀」、「醖」等凡六十五字，皆酒之屬，皆「从酉」會意。而「从酉」實不能會意，疑當於水部下别立酒部，「醿」、「醨」等字屬焉。不「从酉」，而「从酒省」，則「醿」、「醨」等字亦「同意相受」字也。然而許君未言也。或狃老部「老，考也」；「考，老也」，以是爲同部同意，而别舉衣部「裼，但也」，人部「但，裼也」，以是爲異部同意。如此則以互訓爲同意，是説也，竊未敢附和云。

清儒學案卷七十七

西莊學案

西莊與定宇游，其學亦出惠氏。平生奉康成爲宗旨，治尚書尤專家，漢儒家法，於兹復見。考史以事實、制度、名物、地理、官制爲重，而於治亂所關，賢奸之辨，及學術遞變，多心得焉。述西莊學案。

王先生鳴盛

王鳴盛字鳳喈，一字禮堂，號西莊，晚更號西沚，嘉定人。乾隆甲戌一甲二名進士，授編修。大考第一，擢侍講學士，典試福建，超擢内閣學士兼禮部侍郎。坐差後回京，多用驛馬，被論，左授光禄寺卿。母喪，歸。以父老，遂不復出。嘉慶二年卒。先生初從沈文慤德潛受詩法，既復與惠定宇棟游，博通經史。嘗言：「漢人説經，必守家法，亦云師法。自唐貞觀撰諸經義疏，而家法亡。宋元豐以新經義取士，而漢學殆絶。今士皆崇注疏，然注疏惟詩、三禮及公羊傳猶是漢人家法，他經注出於魏、晉人，未爲醇備。」乃撰尚書後案，專宗鄭康成。謂「東晉古文固僞，而馬、鄭所注實孔壁之古文；東晉所獻太誓固僞，而唐儒所斥爲僞太誓者實非僞也。古文之真僞辨，尚書二十九篇粲然具在」。徧採諸書所引鄭注，鄭注亡逸者，以馬、王補之。孔傳雖僞，其訓詁猶有傳授，非盡嚮壁虚造，間亦取焉。經營二十餘年，自謂存古之功與惠氏周易述相埒。又撰周禮軍賦説，考周王畿鄉遂之分，溝洫井田之制，卒伍徒役之法，次及邦國並春秋時魯、齊、晉諸國不悉遵周制。援引漢以來至近儒之説，考訂詳確，而一衷於鄭氏。其與鄭氏有異同者，必辨而正之。又撰十七史商榷，主於校勘本文，補正譌脱，審事迹之虚實，辨紀傳之異同，於輿地、職官、典章、名物每致詳焉。又撰蛾術編，其目有十，曰：説録、説字、説地、説制、説人、説物、説集、説刻、説通、説系。蓋仿王深寧、顧亭林之意，而援引尤博贍焉。詩文初刻爲西莊始存稿，別出爲日下集、竹素園詩，晚自定爲西沚詩文集。參王昶撰傳、錢大昕撰墓誌。

尚書後案序

尚書後案何爲作也？所以發揮鄭氏康成一家之學也。書本百篇，秦火後，伏生傳今文三十四篇，孔安國得壁中古文，增多二十四篇，餘四十二篇亡矣。三十四篇者，即二十九篇：堯典一，皋陶謨二，禹貢三，甘誓四，湯誓五，盤庚六，高宗肜日七，西伯戡黎八，微子九，太誓十，牧誓十一，洪範十二，金縢十三，大誥十四，康誥十五，酒誥十六，梓材十七，召誥十八，洛誥十九，多士二十，無逸二十一，君奭二十二，多方二十三，立政二十四，顧命二十五，費誓二十六，吕刑二十七，文侯之命二十八，秦誓二十九。

伏書本二十八，太誓別得之民間，合于伏書，故二十九。安國得古文，以今文讀之，又于其中分盤庚、太誓各爲三，分顧命爲康王之誥，故三十四也。二十四篇者，即十六篇，其目鄭具述之：舜典一，汩作二，九共九篇十一，大禹謨十二，益稷十三，五子之歌十四，允征十五，湯誥十六，咸有一德十七，典寶十八，伊訓十九，肆命二十，原命二十一，武成二十二，旅獒二十三，冏命二十四也。自安國遞傳至衞宏、賈逵、馬融及鄭氏，皆爲之注。王肅亦注之。惟鄭師祖孔學，獨得其真。但諸家衹注三十四篇及百篇之序，增多者無注。至晉又亡，好事者別撰，增多二十五篇，内有太誓，故于三十四篇删去太誓，又分堯典之半充舜典，皋陶謨之半充益稷，改爲三十三篇，并撰孔傳，蓋出皇甫謐手云。夫增多者已亡矣，目猶在也。三十四篇漢注猶在也，晉人所撰與真古文二者皆不合。孔穎達作疏用之，反誣鄭述增多爲張霸書，自是三十四篇漢注亦亡矣。予偏觀羣書，搜羅鄭注，惜已殘闕，聊取馬、王傳疏益之，又作案以釋鄭義。馬、王傳疏與鄭異者，條晰其非，折中於鄭氏。名曰後案者，言最後所存之案也。至二十五篇，則別爲後辨附焉。嘻！草創于乙丑，予甫二十有四；成于己亥，五十有八矣。寢食此中，將三紀矣。又就正于有道江聲，乃克成此編。予于鄭氏一家之學，可謂盡心焉耳矣。若云有功于經，則吾豈敢。

十七史商榷序

十七史者，上起史記，下訖五代史，宋時嘗彙而刻之者也。商榷者，商度而揚榷之也。海虞毛晉汲古閣所刻行世已久，而從未有全校之一周者。予爲改譌文，補脱文，去衍文，又舉其中典制事蹟，詮解蒙滯，審覈踳駮，以成是書，故曰商榷也。舊唐書、舊五代史毛刻所無，而云十七者，統言之，仍故名也。史家所記典制，有得有失，讀史者不必横生意見，馳騁議論，以明法界也。但當考其典制之實，俾數千百年建置沿革瞭如指掌。而或宜法，或宜戒，待人之自擇焉可矣。其事蹟則有美有惡，讀史者亦不必强立文法，擅加與奪，以爲褒貶也。但當考其事蹟之實，俾年經事緯，部居州次，紀載之異同，見聞之離合，一一條析無疑。而若者可褒，若者可貶，聽諸天下之公論焉可矣。學問之道，求于虚不如求于實。議論褒貶皆虚文耳，作史者之所記録，讀史者之所考核，總期于能得其實焉已矣。外此，又何多求耶？讀史之法，與讀經小異而大同。經以明道，而求道者不必空執義理以求之，但當正文字，辨音讀，釋訓詁，通傳注，則義理自見，而道在其中矣。讀史者不必以議論求法戒，但當考其典制之實；不必以褒貶爲與奪，但當考其事蹟之實，亦猶是也，故曰同也。治經斷不敢駁經。史雖子長、孟堅，苟有所失，無妨箴而砭之。抑治經豈特不敢駁經而已，經文艱奥難通，但當墨守漢人家法，定從一師，而不敢佗徙。至于史，則正文有失，尚加箴砭，何論裴駰、顔師古一輩乎？其當擇善而從，無庸偏徇，固不待言矣，故曰異也。要之，二者雖有小異，其總歸于務求切實之意則一也。予嘗謂，「好著書不如多讀書，欲讀書必先精校書」。二紀以來，覃思史事，購借善本，再三讐勘，又搜羅偏霸雜史、稗官野乘、山經地志、譜牒簿録，以暨諸子百家、小説筆記、詩文别集、釋、老異教，旁及鐘鼎尊彝之款識，山林冢墓祠廟碑碣斷闕之文，盡取以供佐證，參伍錯綜，比物連類，以互相檢照，所謂考其典制事蹟之實也。都爲一編，總九十八卷。别論史家義例崖略，爲綴言二卷終焉。予豈有意于著書者哉！不過出其讀書校書之所得，標舉之，以詒後人。初未嘗别出新意，如所謂「横生意見，馳騁議論，以明法戒」，與夫「强立文法，擅加與奪褒貶，以筆削之權自命」者，皆予之所不欲效尤者也。學者每苦正史繁塞難讀，或遇典制茫昧，事蹟樛葛，地理職官眼眯心瞀，試以予書置于其旁，疏通而證明之，或不無小助也歟！

蛾術編

南北學派不同

南人輕浮淺躁，北人沈潛篤實；南人虚夸誕妄，北人誠樸謙謹，故學尚不同。兩漢、三國經師林立，南人惟一虞翻，包咸、韋昭亦可備數，其餘大儒皆北人，此謂傳注也。若夫義疏之體起南北朝，而所宗主者，南北亦大不同。魏儒林傳敍首言立學、置生徒、幸太學、釋奠、講經等典故，而末段則略舉諸儒姓名，云：「漢世鄭玄並爲衆經注解，服虔、何休各有所説。玄易、書、詩、禮、論語、孝經，虔左氏春秋，休公羊傳，盛行於河北。」此段乃經學中第一緊要關目，何以從未有人理會到此？予爲拈出，學者急須著眼。周易當以孟喜、虞翻爲主，鄭康成于此經卻未爲精詣。然鄭易究與孟不甚相遠，北學既宗鄭易，則孟亦在其中。能發揮孟者，虞翻爲最善。翻實南人，若無挪于北，亦何能研究乃爾？至於北朝崇尚鄭注書、詩、三禮、論語、孝經，服注左傳，何注公羊，其擇取允當絶倫。並何注公羊疏亦疑徐遵明作。信乎！經學之在北不在南也。下文又云：「王肅易亦間行焉。」「肅」當作「弼」。又云：「晉世杜預注左氏。預玄孫坦，坦弟驥，于劉義隆世並爲青州刺史，傳其家業，故齊地多習之。」隋儒林傳敍首云：「南北所治，章句好尚，互有不同。江左周易則王輔嗣，尚書則孔安國，左傳則杜元凱。河、洛左傳則服子慎，尚書、周易則鄭康成。詩則並主于毛公，禮則同遵于鄭氏。南人約簡，得其英華，北學深蕪，窮其枝葉。」此段通論南北學尚之異，挈領提綱，亦頗能得其總要。然于何休公羊竟不齒及，則其標舉北學，已遠不及魏收。愚前論公羊疏必係北朝精于實學、篤守師法之人所爲，若徐遵明是。今觀魏收言何休公羊盛行於河北，愚説猶信。乃作隋書者，于此疏竟夷然不屑，置若罔聞，無識之甚。至其評斷云「南得英華，北得枝葉」，大有揚南抑北之意。殊不知王易、僞孔書、杜左，經中之蟊賊也，反以爲英華，何哉？此種議論，必出于劉焯、劉炫。隋書唐人所修，彼時徐學漸熾，古學漸微，幸而詩則並主于毛氏，禮則同遵于鄭氏，四經得以長留天地間，并公羊亦未蕩廢。然而十一經中，古學已亡其五，數千百年之下，撫卷三歎，能不深惜之！

南豈無良儒？皆衍北學之宗風。北亦有漫士，實中南人之蠱毒。

北齊儒林傳敍首云：「經學諸生，多出自魏末大儒徐遵明門下。河北講鄭康成所注周易，遵明以傳盧景裕及清河崔瑾，景裕傳權會，權會傳郭茂。權會早入京都，郭茂恒在門下教授。其後能言易者，多出郭茂之門。河南及青、齊之間，儒生多講王輔嗣所注周易，師訓蓋寡。」魏書云：「王弼易亦間行焉。」與此所云「師訓蓋寡」正合。王弼，三國魏志無傳，僅于鍾會傳末附綴六句，述其注易及老子而已。周易衆經之弁冕，其注若當時人皆尊信，雖陳壽亦不敢略之如此。弼，北人，而其學不能行于北，但能行于南，可見北人亂道，亦必須南人附和，方能行也。從曹魏直至李唐，方以弼注爲主，公然盡廢漢經師舊學，此真事之奇者。裴松之注采孫盛曰：「易之爲書，窮神知化，非天下之至精，其孰能與于此？世之注解，殆皆妄也。況弼以附會之辨，而欲籠統玄旨者乎？故其敍浮義則麗辭溢目，造陰陽則妙賾無閒，至于六爻變化，羣象所效，日時歲月，五氣相推，弼皆擯落，多所不闡。雖有可觀者焉，恐將泥夫大道！」盛乃有此侃侃正論，抑何明確。會嘗論易無互體，弼亦擯互體，故史家以弼附于會傳，繫辭曰：「雜物撰德，非其中爻不備。若無互體，六十四卦只説六十四事，何足以彌綸天地，經緯萬端乎？」南齊陸澄傳：「永明元年領國子博士，時國學置鄭、王易。」「國學」下當有「議」字。此下載澄與王儉書「王弼注易，玄學所宗，今若宏儒，鄭不可廢」云云，澄雖未能極口詆黜王弼，想彼時江左玄風大扇，故作巽詞。然其云「元嘉建學之始，玄、弼兩立。逮顔延之爲祭酒，黜鄭置王，意在貴玄，事成敗儒」。元嘉，宋文帝年號。延之，詩人文人，而談經學，宜其舛矣。澄又云：「杜預注傳，王弼注易，俱是晚出，並貴後生。杜之異古，未如王之奪實。」此兩節，澄之説精妙絶倫。説詳十七史商榷。玄學者，老、佛也。弼全用老、佛以説易，故澄爲此言。魏儒林李業興傳云：「天平二年，蕭衍親問曰：『聞卿善于經義，儒、玄之中，何所通達？』業興曰：『少爲書生，止讀五典，至于深義，不辨通釋。』」五典，五經也。深義，玄學也。「衍又問易曰：『太極是有無？』業興對：『所傳太極是有，素不玄學，何敢輒酬？』」北朝人好古守正如此，宜王易不能行于北矣。

前已引北齊儒林傳，「尚書之業，徐遵明兼通之，授李周仁等，並鄭康成所注，非古文也。諸生略不見孔氏注解。武平末，劉光伯、劉士元得費甝疏，乃留意焉」。武平，北齊後主年號。鄭所傳，正係古文。作史者無知，反稱爲今文，因其不注增多篇，只有二十九篇，故混稱今文。説文自序云：「其偁書，孔氏古文也。」此真孔，非僞孔。僞孔出皇甫謐，北人也，蓋本于王肅。予前言「北人中南人之蠱毒」是也。僞孔但能行于南，不能行于北。南人立學置博士歷四百餘年，始能流傳到北，予前言「北人或有亂道，亦必須南人附和方能行」也。南北朝信使交通，北豈不知南有僞孔？良由北人樸實，寧使保殘守闕，心惡孔書假託，不肯信也。

魏儒林李業興傳云：「天平四年，蕭衍、散騎常侍朱异問：『洛中委粟山是南郊邪？』業興曰：『委粟是圜丘，非南郊。』异曰：『北間〔一〕郊、丘異所，是用鄭義，我此中用王義。』業興曰：『然南北學尚託諸空言，亦見諸行事。』」

北齊儒林傳敍首云：「河北諸儒能通春秋者，並服子慎所注，亦出徐生之門。張買奴、馬敬德、邢峙、張思伯、張雕、劉晝、鮑長暄、王元則並得服氏之精微。」觀此，則服氏在北朝頗盛名家。魏儒林徐遵明傳云：「知趙世業家有服氏春秋，是晉世永嘉舊本，乃往讀之。復經數載，讙春秋義章三十卷。」遵明識之卓而取之精若此。梁儒林崔靈恩傳云：「清河武城人。先在北爲太常博士，天監十三年歸國。靈恩先習左傳服解，不爲江東所行，乃改説杜義。每文句常申服以難杜，遂著左氏條義以明之。時有會稽虞僧誕申杜難服，以答靈恩，世並行焉。」南史同。靈恩起北，雖歸南，猶崇北學。彼僧誕又何責焉？

〔一〕「北間」，原作「比聞」，形近而誤，據魏書改。

周儒林樂遜傳云：「字遵賢，河東猗氏人。魏正光中，聞碩儒徐遵明領徒趙、魏，乃就學左氏春秋大義。大象二年，位開府儀同三司大將軍，授東揚州刺史。隋開皇元年卒，年八十二。遜著左氏春秋序論，又著春秋序義，通賈、服説，發杜氏違。」服左出遵明，其傳授之盛若此，宜杜氏不能行于北矣。

劉焯劉炫會通南北漢學亡半其罪甚大

學皆北是南非，而易、書、左，唐人廢北用南，其端皆發于劉焯、劉炫。隋儒林傳敍首云「二劉拔萃出類」云云，已見前。又劉焯傳云：「少與河間劉炫同受詩于同鄉劉軌思，受左傳于廣平郭懋當〔一〕，問禮于阜城熊安生」云云，已見前。又劉炫傳云：「縣司責其賦役，吏部尚書韋世康〔二〕問所能。炫自爲狀曰：『周禮、禮記、毛詩、尚書、公羊、左傳、孝經、論語孔、鄭、王、何、服、杜等注，凡十三家義，並堪講授。周易、儀禮、穀梁，用功差少』」云云。又史臣論云：「劉焯道冠縉紳，數窮天象，既精且博，洞幽究微，鉤深致遠，源流不測，數百年來，斯人而已。劉炫學實通儒，才堪成務，九流、七略，無不該覽。雖探賾索隱，不逮于焯，裁成義説，文雅過之。」合各條觀之，凡作史者竭力推奉之語，皆二劉大罪案也。唐、虞以下，羣聖迭興，直至周衰，惟吾夫子爲生民未有之一人。故學無常師，自非夫子，誰敢祖述堯、舜，

〔一〕「當」，原作「常」，形近而誤，據隋書改。

〔二〕「康」，原作「惠」，據隋書改。

憲章文、武，金聲玉振，集其大成而删定五經乎？夫子没，七十子各守其家法。歷六國暴秦，東西兩漢，經生蝟起，傳注麻列，人專一經，經專一師。直至漢末，有鄭康成方兼衆經。自非康成，誰敢囊括大典，網羅衆家，删裁繁誣，刊改漏失，使學者知所歸乎？自有二劉，會通南北，而漢學遂亡其半矣。兩漢立學十四家，去取不公明。説見十七史商榷。唐人作九經疏，其去取亦謬。推其故，皆起于二劉。

諸儒姓名孔穎達序與各史異

孔穎達各疏序舉作疏諸儒姓名，予据毛鳳苞汲古閣板拈出，又從任太學兆麟、家秀才汝翰借明北國子監十三經注疏勘對相同，又購得惠徵士棟用宋刻纂圖互注禮記本、每葉板心有刻工姓名者挍毛板，並用宋本附釋音禮記注疏同挍，字句小有異者甚多，而孔序舉疏家姓名則同。考之各史，多與穎達異。穎達誤也。如庾蔚之，見隋經籍志。梁儒林司馬筠傳：「周捨議禮，引庾蔚之説。」新、舊唐書經籍、藝文志亦皆稱庾蔚之。穎達作庾蔚，誤。沈重亦見隋經籍志。周儒林有沈重傳，又見此傳敍首，北史亦有傳，皆稱沈重。穎達作沈重宣，誤。皇侃亦見隋經籍志。梁儒林有傳，其字作侃。攷「侃」字見説文川部「从㐰从川」外，口部、品部、人部皆無「偘」字。南史亦作「侃」。梁書「偘」字不知從何而來，謬甚。然此傳言「侃爲青州刺史，皇象九世孫」，則其姓皇甚明。穎達作皇甫侃，誤。徐遵明，魏儒林有傳，又見李業興傳中，北齊儒林傳敍首，李鉉傳中，周熊安生傳中。穎達作徐道明，誤。李鉉，北齊儒林有傳，云「字寶鼎」，然稱名不稱字。又見此傳敍首。惟周儒林熊安生傳中嘗一稱李寶鼎，其餘則未見。穎達直稱李寶鼎者，殆因南北朝人多以字行故邪？熊安生，周儒林有傳。此傳敍首稱熊生。此汎稱，非名。又見北齊儒林傳敍首，隋儒林劉焯傳中。北史儒林亦有熊安生傳，末一段云：「將通名，見徐之才和士開二人相對，以之才諱『雄』，士開諱『安』，乃稱『觸觸生』。」則此姓名甚著。穎達作熊安，誤。沈文阿亦見隋經籍志。陳儒林有沈文阿傳，南史同。穎達作沈文何，誤。

古書多亡于永嘉

經典釋文：「漢始立歐陽尚書，宣帝復立大、小夏侯博士，平帝立古文。永嘉喪亂，衆家之書並滅亡，而古文孔傳始興。」按魏儒林傳敍首云：「自晉永嘉之後，宇内分崩，生民不見俎豆之容，黔首惟覩戎馬之跡，禮樂文章埽地將盡。」隋儒林傳敍首云：「晉室分崩，中原喪亂，五胡交爭，經籍道盡。」德明云云，謂立學已久者盡亡，而魏書、隋書尤明切。隋經籍志亦云歐陽、大、小夏侯並亡于此時。詳見尚書後案。

采集羣書引用古學

古學已亡，後人從羣書中所引，采集成編，此法始于宋王應麟周易鄭康成注及詩攷。昔吾友惠徵士棟仿而行之，采鄭氏尚書注，嫁名于王以爲重。予爲補綴，并補馬融、王肅二家入之。後案并取一切雜書益之，然逐條下但采其最在前之書名注于下，以明所出，如此已足。若宋、元人書亦爲羅列，徒以炫博，予甚悔之。而書已行世，不及删改。門人嚴蔚豹人采集春秋内傳古注輯存三卷，所采家數，自服虔、賈逵、劉歆以下約如干家。豹人知有遺漏，實能補之，誠爲有功。若哀六年引夏書「維彼陶唐」六句，今在尚書五子之歌，以爲太康時。而本疏云：「賈、服、孫、杜皆以爲夏桀之時。」豹人既引本疏，足矣。而尚書疏堯典篇目下，疏亦云：「賈逵、服虔注左傳，亂其紀綱，云夏桀時。」豹人未之及也。此等如必重累舉之，無益于事，徒費筆墨，亦何爲哉！予既笑余蕭客之陋，又深悔己之未能免于陋，舉此一條爲例，戒集古者勿蹈此。若襄二十九年歌周南、召南，曰：「始基之矣，猶未也。」賈逵曰：「言未有雅、頌之成功。」見史記吳世家注。豹人既引，但周南關雎序疏以此句屬服虔，豹人未及。雖服用賈語，但左傳服爲主，此類卻不妨重累舉之。豹人嫌初刻有漏，補緝重刻，今觀二刻，皆無此條。若昭二十四年引泰誓「紂有億兆夷人」，杜預云：「言紂衆億兆，兼有四夷。」疏但舉僞孔泰誓注「夷人」謂「平人」爲孔、杜異解，他無所及，尚書疏卻言左傳服虔注以「夷人」爲「夷狄之人」。杜預攘竊服注極多，而忌其名重，擯黜不數，最爲無恥昧心。此條正攘竊者。豹人但采本疏，不參他經之疏，故此條初刻、重刻亦皆漏卻服虔。此類則必不可不補者。杜之竊服甚多，不能備見，舉一二以爲例。

尚書多士疏云：「漢書地理志及賈逵注左傳皆以爲遷邶、鄘之民于成周，分衛民爲三國。」攷襄二十九年左傳，吳札觀樂，歌邶、鄘、衛。杜預曰：「武王伐紂，分其地爲三監。三監叛，周公滅之，更封康叔，并三監之地，故三國盡被康叔之化。」疏云：「漢書地理志云：『周既滅殷，分其畿内爲三國，詩國風邶、鄘、衛是。邶，以封紂子武庚；鄘，管叔尹之；衛蔡叔尹之，以監殷民，謂之三監。故書序曰「武王崩，三監叛」，周公誅之，盡以其地封弟康叔，故邶、鄘、衛三國之詩相與同風。』此注取漢志爲說也。漢世大儒孔安國、賈逵、馬融之徒皆以爲然，故杜亦同之。」左傳此疏雖不引賈注，然亦言賈逵以爲然。若多士疏云云，則的係賈左傳注。且左傳疏引漢志，于「封弟康叔」下删「遷邶、鄘、衛之民于雒邑」句，賴多士疏方知此句出賈逵，且并知下文又有「分衛民爲三國」句，則漢志亦無。竊謂班固與逵雖同時，而逵稍在前。據後漢書，逵于顯宗永平中已獻所作左傳解詁。若固漢書，則于永平中方始受詔作之，至章帝建初中乃成。書出賈書之後約二三十年，志文同于賈注者，乃固取賈，非賈用固。抑又思邶既紂子武庚所封，鄘乃首倡逆亂，連結武庚之管叔所封，蔡叔但從之而已，故周公殺管叔，放蔡叔，其罪大有重輕。想邶、鄘民皆從亂，即所謂殷頑民也，是以遷之于雒而虚其地。衛民則不遷。康叔盡得三國地，而民則但得衛一國民，其情形如此。漢以下討叛平亂遷其民事，見史者甚多，皆法古也。嚴初刻、重刻于賈注此條皆漏。

偶見宋傅寅禹貢集解，于「荆州包匭菁茅」，引鄭注「菁，蔓菁也」。此乃鄭周禮注，疏因僞孔以「菁茅」爲二物，故引此説之。疏明言鄭以「菁茅」爲一，傅乃誤以周禮注爲尚書注，又妄改「蕒菁」爲「蔓菁」。近人余蕭客遂據傅摭入古經解鉤沈。書此以爲好古而不知所擇者戒。

各疏中所引他經注，非明眼不能採取。如周禮春官天府疏采鄭康成尚書顧命注云：「大訓者，禮法先王，禮教即虞書典謨是也。」愚案：王肅注以「大訓」爲「虞書典謨」，僞孔傳同。而鄭云「禮法先王，禮教典謨」，非專説禮也。先王多矣，不特虞也。鄭意明明與王、孔異，且又不云典謨之類，而云即此是也。此必賈公彦混取孔傳攙入鄭注中。殊不知王肅有心動與鄭違，僞孔專取王注，故以虞書實大訓，而豈可攙入乎？近日余蕭客輯漢人經注之亡者爲鉤沈，有本係後人語妄摭入者，有本是漢注反割棄者。書不可亂讀，必有識方可以有學。無識者，觀書雖多，仍不足以言學。

尚書古今文

尚書古今文，千古聚訟不休。其信晚晉梅賾所獻本者，皆無識陋儒。既有疑之者，直云：「書止今文二十八篇，而孔壁所得，遭巫蠱之難，遂以失傳。梅本乃後人假託。」此等議論，于真僞之辨，全不能得其要領。孔壁真古文，雖平帝暫立旋罷，然藏在祕府，劉向父子校書親見之，班氏載之蓺文志。至東漢，其學更盛，杜林、衛宏、賈逵、馬融、鄭康成諸大儒皆遞相傳授不絶。其中增多者，篇數則十六篇，内九共分出八篇，故亦稱二十四篇，而非今之二十五篇也。其篇目則有汩作、九共諸篇，而無仲虺、太甲、説命諸篇。即篇名之同者，舜典亦自别有一篇，而非今之分「慎徽」以下充之者也。其與今文同有者，則伏生二十八篇，連民間所得太誓爲二十九篇。又于其中分出盤庚二、太誓二、康王之誥一，爲三十四篇，而非今之分爲三十三篇者也。其篇總共五十八，乃是二十四與三十四合爲五十八，而非今之三十三與二十五合爲五十八者也。其卷數則四十六卷，乃是于三十四篇内，盤庚三篇同卷，太誓三篇同卷，顧命、康王之誥二篇同卷，實二十九卷；于二十四篇内，九共九篇同卷，實十六卷，共四十五卷，加序一卷爲四十六，而非今之引序各冠篇首，除序尚四十六者也。彼既爲真，則此自爲僞。自唐貞觀以後，無一人識破。直至近時，太原閻先生若璩、吴郡惠先生棟始著其説，實足解千古疑團。予小子得而述之，既作後案，遂取注疏、釋文及史記、漢書等臚列于卷首而辨之，學者從是攷焉，可以霍然矣。孔壁真書，兩漢雖班班具在，而不立博士。馬、鄭諸儒但注古今文同有之三十四篇，而增多二十四篇未及爲注，是以延至魏、晉之際，其學又微。皇甫謐名重晉初，見此學之將絶也，遂別爲改作，且代安國爲傳，即今本也。其意以有安國傳，則馬、鄭必爲所壓伏耳。未幾，而永嘉喪亂，真古文果亡。東晉元帝時，梅賾遂獻謐本，遽得立學矣。然鄭氏所注三十四篇，至唐尚存。舊唐書孔穎達傳云：「明鄭氏尚書。」乃其作疏，不用鄭氏。蓋僞本始盛于江左，至隋劉焯、劉炫尊信作疏，聲焰大張，穎達倘依鄭，則經且少其半，孰信而從之？不得已用僞本，漫指鄭所述古文逸篇，乃張霸僞書。此蓋昧心以徇俗，欺意而蔑古也。自宋至明，攻詆鄭學者徧天下，故辨孔之僞者猶有之，而識鄭之真者則無之。嗚呼！古聖經典，孔子手定，秦火既亡其半，幸而復出者，兵亂又從而滅之，而僞託之書，反得懸諸日月。經之或傳或否，其無定若此。吾輩著述，惟自適己事耳，不特當時無鍾期，敢必後世有子雲乎？

唐石經尚書并非梅賾本惟説文所引為真

真古文尚書已亡于永嘉，東晉梅賾忽獻僞古文尚書。案説文自序孔子書六經用倉頡古文，梅書既稱古文，又自言出于孔壁，則其字似當從古。然僞孔序云：「壁中得先人所藏虞、夏、商、周之書，皆科斗文字。科斗書廢已久，時人無能知者。以所聞伏生書攷論文義，定其可知者爲隸古定，更以竹簡寫之。」蓋科斗西漢已失傳，晉人安能假託？故初獻即假稱安國改經文爲隸書，更寫以竹簡，而不用古文。隋經籍志有「今字尚書十四卷，孔安國傳」，即此本也。穎達作疏，蓋用此本。此雖非古文，但云隸古，則亦必稍參以古字。後玄宗時衛、包又改從開元文字，開成石經用之，直傳至今，所以文字平易明順。所謂開元文字者，不但絶異古文，亦迥非梅書。宋薛季宣忽出書古文訓，苟逞胸臆，絶無據依，固不足信。若說文，許慎既自言書偁孔氏，皆古文也，子沖上書安帝云：「臣父本從賈逵受古學，攷之于逵，作說文。」而逵實傳孔壁真古文尚書者，慎必不肯欺人。且其時王肅、束晳、皇甫謐一班作僞人未出，故說文所引尚書與今本異者，的爲孔壁真本無疑。大凡古書，一經後人之手，必遭變亂。說文幸因小學放廢，人皆束之高閣，故未大遭改竄，遺經之引見其中者，誠至寶也。

羣書所引尚書逸文可疑者及誤者

史記河渠書首引夏書曰：「禹抑洪水十三年，過家不入門。陸行乘車，水行載舟，泥行蹈毳，山行即橋。」說文木部「楯」字下引虞書同。白虎通號篇引尚書曰：「不施予一人。」社稷篇：「社稷所以有樹何？尊而識之，使民望見即敬之，又所以表功也。故周官曰樹之各以土地所生；尚書曰大社唯松，東社唯柏，南社唯梓，西社唯栗，北社唯槐。」御覽引之，以爲尚書逸篇也。王者不臣篇：「王者臣有不名者，先王老臣不名，親與先王戮力共治國同功于天下，故尊而不名也。尚書曰『咨爾伯』，不言名也。」說文辵部引虞書曰：「怨匹曰逑。」案左傳桓二〔一〕年，晉師服曰：「嘉耦曰妃，怨耦曰仇，古之命也。」疑即指此逸書。攴部：「敭，棄也。从攴，咼聲。周書以爲討。詩云：『無我敭兮。』市流切。」今周書無「敭」字。亐部：「粵，亐也。審慎之辭。从亐，从宷。周書曰：『粵三日丁亥。』王伐切。」案：惟召誥有「越三日丁巳」，其餘並無同者。木部：「榗，木也。从木，晉聲。書曰：『竹箭如榗。』子賤切。」今無攷。心部：「懱，輕易也。从心，蔑聲。商書曰：『以相陵懱。』莫結切。」逸文無攷。後漢馮衍傳李賢注引「周書小開篇曰：『汝何敬非時？何擇非德？德枳維大人，大人枳維公，公枳維卿，卿枳維大夫，大夫枳維士，登登皇皇，君枳維國，國枳維都，都枳維邑，邑枳維家，家枳維欲無疆。』言上下相維，遞爲藩蔽也。其數有八。」此所引本誤，說詳後案。「德枳」以下，文尤不可知。以上各條，諸書雖皆以爲尚書，似是逸篇，然多可疑者及誤者，聊存以俟再攷。

鄭康成所據地理志伏無忌作

予采集羣書中尚書鄭康成注，又譔後案以疏解之。中一條云：「鄭注禹貢，引地理志間與班志不同，則非班書；卻多與續郡國志合，而是書晉司馬彪作，鄭不及見。」宋余靖序後漢書云：「明帝詔伏無忌、黃景作地理志。」劉昭注補續漢志序云：「推檢舊記，先有地理。」是東漢別有地理志，鄭據當代之

〔一〕「二」，原作「三」，據左傳改。

言漢記，不言地理，而靖斷然言之，靖雖趙宋人，恐別有所據。

碑、議郎蔡邕、楊彪、韓説等並在東觀，校中書五經記傳，補續漢記。」言補續，則是即無忌書。二處皆但嘉中，桓帝復詔無忌與景、崔實等譔漢記」。余靖説似即據此。但後漢盧植傳：「植與諫議大夫馬日物多識。順帝時，爲侍中屯騎校尉。永和元年，詔無忌與議郎黄景校定中書五經、諸子百家、藝術。元書，故不盡與班合。而司馬彪則取之以作志者，故與鄭合也。後漢伏湛傳：玄孫無忌，「亦傳家學，博

鄭康成説經會通衆家不拘一師

小雅十月之交以下四篇，毛以爲刺幽王，鄭改爲刺厲王。其上節南山、正月二篇已是刺幽王，故鄭以爲毛公作詁訓傳時移其篇第。疏引尚書中候「剡者配姬以放賢」，剡即豔妻爲證。漢谷永傳：「永舉方正直言極諫，對曰：『閻妻驕扇。』」師古注以爲魯詩，即引詩「閻妻扇方處」，「言厲王無道，内寵熾盛」。蓋魯作「閻」，毛作「豔」；魯作「扇」，毛作「煽」。然則豔與剡、閻皆通女姓也。下文永又並言「抑褒、閻之亂」，則以褒屬幽，閻屬厲尤明。後漢左雄傳載其疏亦云：「幽、厲昏亂，褒、豔用權。」上並舉二王，下並舉二后，正魯詩説。而李賢注乃以褒爲褒姒，豔爲色美，不知此與左傳「美而豔」之「豔」字不同。鄭康成先通魯詩，注禮記時尚未得毛傳，故坊記「先君之思，以畜寡人」用魯詩説，曰：「此衛夫人定姜詩。」觀其爲毛詩作箋，既得毛傳，後仍參用魯詩矣。鄭又以「番維司徒，幽王時，鄭桓公友爲司徒，非番」。歐陽氏詩本義駁之，謂「幽王在位十一年，至八年始以友爲司徒，其前七年安知無番」？此則疏

中代爲解云："「番爲司徒，在豔妻盛時。」則豔既爲后，番始爲司徒。鄭語："「桓公既爲司徒，方問史伯，史伯乃說褒姒事。」末云「竟以爲后」。則桓公初爲司徒，褒姒未爲后，知桓公不得與番相代，歐陽氏未察耳。宋人輕肆駁難，而于九經義疏未暇周覽，往往如此。要之，鄭毛詩箋既參用魯詩，則于他經亦皆會通衆家，不拘一師。大儒而必守家法，則學散末流，而妄效大儒，則學亂。

「煽」字在說文火部新附，此俗字也。魯俗學，毛乃古學，豈有古學反用俗字之理？明監板、毛板皆作「煽」。唐石經同，蓋唐人所改。

鄭康成意以左氏公羊為勝于穀梁

穀梁傳序疏引六蓺論云："「左氏善于禮，公羊善于讖，穀梁善于經。」康成之于禮深矣，又篤好讖。蓋讖書，七十子之微言大義具在焉，康成削其駤駁，而擇其精者以證經。故謂「左氏善于禮」者，左氏據禮以通春秋者也；「公羊善于讖」者，公羊援讖以定春秋者也；惟穀梁意取簡約，專以演繹經文爲事，而其他不復旁及焉，則「善于經」而已矣。康成蓋意以爲左氏、公羊皆勝于穀梁，乃俗儒反疑康成此言爲推尊穀梁，豈不謬乎！

尚書禹貢導山

禹貢「導岍及岐」，至「至于敷淺原」，僞孔分十二節。此皆言導山也。古本墜落，鄭注凋零。首節僞孔傳曰：「更理説所治山川首尾所在，治山通水，故以山名之。」疏曰：「上文每州説其治水登山，今更條説所治之山本以通水，舉其山相連屬，言此山之旁所有水害皆治訖也。」此非鄭康成義。鄭曰：「四列：導岍爲陰列，西傾爲次陰列，嶓冢爲次陽列，岷山爲正陽列。」案：鄭云「四列」者，鄭以下文導水就水之原委言，則此導山就山之首尾脈絡言也。「導岍爲陰列」云云者，西北爲陰，東南爲陽也。漢天文志云：「中國山川東北流，其維，首在隴、蜀，尾没于勃海碣石。」今鄭此注所分岍山、西傾山、嶓冢山、岷山皆在隴、蜀，王所謂維首，鄭順經文前後言之。其實當先正陽，次次陽，次正陰，次次陰列。而至于碣石，入于海，正居陰列之末。所謂「東北流」，「尾没于勃海碣石」者，鄭注與史、漢合，此古義也。馬曰：「三條：導岍爲北條，西傾爲中條，嶓冢爲南條。」馬云「三條」者，漢志有北條荆山，南條荆山。有北有南有中，可知是古有此説。但以嶓冢、岷山二列并爲一條，恐不如鄭義長也。據鄭義，則傳、疏不可用矣。且如前一段歷敘諸山，至「至于碣石」，而云「入于海」，傳曰：「此山連延，東北接碣石而入滄海，百川經此衆山，禹皆治之，不可勝名，故以山言之。」疏曰：「云此山連延，東北接碣石而入滄海，言山旁之水皆入海，山不入海也。又解治水言山之意，百川經此衆山，禹皆治之，川多不可勝名，故以山言之也。謂漳、潞、汾、涑在壺口，雷首、太行經底柱、析城，泲出王屋，淇近太行，恒、衛、滹沱、滱、易近恒山、碣石之類也。」案：傳云「百川經此衆山，禹皆治之」，導山本言山脈，傳言治山旁水，與鄭異。觀經言「逾于河」，又云「過九江」，自是言山之脈，江、河不能斷，而逾之過之。天文志云「尾没于勃海」，則經云「入于海」，亦是山脈盡于此，故云入，非言水入。傳非是。疏附會爲漳、潞諸水，皆非也。且導山諸節所舉之山在平陸，距水次絶遠者多矣，豈皆濱臨大川者？知馬、鄭古注不可易也。又知西傾、朱圉、鳥鼠，傳于西傾、朱圉牽引積石，疏申之以爲河所經，河自積石以東，勢皆向北，西傾、朱圉皆在河之南，相距數百里，安得爲河所經？又云「鳥鼠，渭水所出」，但言治渭之功而舉鳥鼠，雍州已言之，下文導渭又詳言之，此處言鳥鼠又爲治渭，何不憚煩耶？若依鄭、馬以山脈言，則非爲治山旁之水，何須妄引？總因僞孔廢四列、三條不用，別創新説，遂生支蔓。或又添出「導西傾之洮水、白水」，欲補經所不及，增成傳義，强作葛藤，尤贅説也。又鳥鼠在渭源，朱圉在伏羌，若從傳爲治山旁水，則自西而東，應先鳥鼠，後朱圉。或遂疑經文誤倒，亦是惑于導山即所以導水之故耳。若以山脈言，則通典天水郡上邽縣有朱圉山，九域志秦州成紀縣有朱圉山，岷州大潭縣有朱圉山，紛紛不一，是朱圉山脈緜亘于伏羌西南者，安知與鳥鼠不可錯舉耶？必執班志梧中聚，以爲村落中一小山，亦非。又如「熊耳、外方、桐柏，至于陪尾」，傳曰：「凡此皆先舉所施功之山于上，而後條列所治水于下，互相備。」愚謂「治山旁水」一語便已了然，何勞複舉？只因晉初真書已亡，皇甫謐一輩人造僞古文增多二十五篇，并造僞孔傳，無奈鄭注入人已深，恨不逐條皆與立異，而勢不能若此。「導山」改作「治山旁水」，自矜創獲，遂不覺言之重累至此。試思如陪尾在今安陸縣北六十里，淮水並不經此山，則經自據山脈言之，何得云「舉施功之山」「列所治水于下」耶？凡治水施功之次，先下流不先上源。九州之次，由東及西者，以九州之次即治水施功之次也。今導山則皆由西而東，明係指山脈言。若云治山旁水，則是施功先上源矣，豈可通也？

禹貢九州

禹貢冀州，鄭曰：「兩河間曰冀州。」案「兩河間曰冀州」者，爾雅釋地文。彼郭璞注云：「自東河至西河，東西皆據冀州。言河自積石、龍門南流爲西河；至華陰東經底柱、孟津，過洛、汭，爲南河；至大伾，北過降水、大陸，又北播爲九河；同爲逆河入海爲東河。」然則東河之西，西河之東，爲冀州。惟言兩河間，不言南河，南河之北從可知也。

「泲、河惟沇州。」鄭曰：「言沇州之界在此兩水之間。」案：泲自滎至菏，此沇州之西南與豫分界處；自菏至會汶，則南與徐分界處；自會汶後東北行，則東與青分界處；河自大伾，北過降水，至于大陸，又北播爲九河，同爲逆河入于海，此沇州之西北與冀分界處，故鄭云云也。

「海岱惟青州。」鄭曰：「今青州界，東自海，西至岱。」案：前志齊地皆屬青州。齊風釋文云：「齊地在禹貢青州。」僖四年傳，管仲曰：「召康公賜我先君履，東至于海。」襄二十九年傳：「表東海者，其太公乎？」是青境東自海也。爾雅九州無青州，而曰齊，曰營州。注云：「自岱東至海。」疏云：「營州即青州地。」彼從西數至東，故云「自岱東至海」；此從東數至西，故云「自海西至岱」也。

「海岱及淮惟徐州。」鄭曰：「徐州界又南至淮水。」案：蒙上「海岱青州」之文，故言「又」也。于青州既言「東自海，西至岱」，則于徐州亦必以海岱分東西。

「淮海惟揚州。」鄭曰：「揚州界自淮而南至海以東也。」案：海岸雖自東北迆而南，而篇末云「東漸於海」，則青、徐、揚之海皆主東言，故鄭云「至海以東」也。

「荆及衡陽惟荆州。」鄭曰：「荆州界，自荆山南至衡山之陽。」案：地理志「禹貢南條荆山」在南郡臨沮縣東北，衡山在長沙國湘南縣東南。今湖北襄陽府南漳縣有荆山，本漢臨沮地。湖南衡州府衡山縣有衡山，本漢湘南地。鄭意荆州北界起自荆山，不越荆山而北；自此而南，其南界則越過衡山之南也。

「荆、河惟豫州。」鄭曰：「豫州界自荆山而北，至于河。」案：南條荆山，其陰爲豫州，其陽爲荆州，乃豫之南界。

「華陽、黑水惟梁州。」鄭曰：「梁州界，自華山之南，至于黑水也。」案：鄭意非謂梁之黑水，但以爲南界。蓋黑水在西徼外，故梁、雍皆以是爲西界，但梁在華陽，雍在華陰，故雍但以爲西界，梁則兼以爲西南界，因對華山言，故云南也。

「黑水、西河惟雍州。」鄭曰：「雍州界，自黑水而東，至于西河也。」案：鄭意以黑水在西徼外，梁、雍二州之西境皆至此爲界。義已詳梁州也。

九州末言水道

鄭于冀州末注云：「治水既畢，更復行之，觀地肥瘠，定貢賦上下。」然則每州之下「浮于」云云，皆是巡行州境。荆州言「浮于江、沱、潛、漢」，則荆州之境巡行已徧，洛與南河是豫州地，非荆州地矣。逾洛至南河者，爲將治豫，故經敍荆州之下，即記豫州也。此篇九州先後之次，即是禹施功之次。水害大河尤甚，禹先治河，治所經地，冀、兖最下，兖既淪没，冀爲帝都，故先治冀，次及兖。次乃由青而徐、而揚。東方三州，皆瀕于海水之委也，故亦早治之。揚則跨大江而南盡東南之地矣。循揚而上，故及荆、豫，梁州之地少汎濫之水，其功可緩，故荆既治，次及豫，然後治梁。雍州田上上，故治之最後也。近儒之説，似以每州貢物皆會聚于州牧，而總共運載至帝都者。彼意蓋以一州土物，産不一處，必有總辦之人，自然是州牧總共斂集，用巨艦裝載。物既累墜，船又重大，必須代爲籌畫便近道路。無如禹時汳、漯未必相通，而近儒于兖、徐則鑿鑿尋出二水相通之道矣；禹時江、淮不通，故近儒于揚州則竟謂禹之貢舟用海運入淮矣；漢、洛不通，必須陸路，乃代爲籌畫，忽添出丹水一層，謂由漢入丹，由丹至冢領山，然後入洛矣；梁州沔、渭亦斷不能通，則硬説禹時褒、斜必有相通之道，并謂其必有巧妙之法，使舟可踰嶺而達，從沔溯褒入斜，以通渭矣；至雍州「至于龍門、西河，會于渭、汭」，只得强改孔傳「逆水西上」作「逆水而上」，謂是南北兩路貢船會于渭、汭，一并轉東進京矣。宋學之爲經害，甚矣哉！

附録

先生歸田後，遷居蘇州，學者望風麕至。鍵户讀書，不與當事酬接，偃仰自得，垂三十年。王昶撰傳。

先生登第時，公卿交禮致之。秦文恭蕙田方修五禮通考，屬以分修軍禮。後自編爲周禮軍賦説，阮文達收入學海堂經解中。同上。

蛾術編原分十目，其説刻十卷，詳載歷代金石，多爲王蘭泉采入金石粹編；説系三卷，備列先世舊聞，宜入王氏家乘，後校刻全書，僅列八門。蛾術編凡例。

先生因考史論學曰：隋書經籍志敍首云：「經籍也者，其爲用大矣。不疾而速，不術而至。今之所以知古，後之所以知今，其斯之謂也。」按：許氏説文自序云：「文字者，經藝之本，王政之始，前人所以垂後，後人所以識古，故曰本立而道生。」隋書本此。江式傳：「延昌三年，式表曰：『文字者，六籍之宗，王教之始，前人所以垂今，今人所以識古。』」又高允傳：「允答景穆帝曰：『史籍，帝王之實録，將來之炯戒，今之所以觀往，後之所以知今。』」語亦同。韓昌黎：「詩人不通古今，馬牛而襟裾。」欲通古今，賴有字，亦賴有史，故字不可不識，史不可不讀。十七史商榷。

又曰：聲音文字，隨時而變，此勢所必至，聖人亦不能背時而復古。文字雖易變，然説文不亡，則字學常存，此書殆與天地無終極乎！不虞其變也。聲音雖易變，皆變在未有韻書之前。李登、吕靜、沈約諸人，過小功大。既有韻書，亦不虞其變也。蒼頡古文，史籀大篆，李斯小篆，不可不知也。如用之，則吾從隸，吾從衆也。惟於隸書中去其舛謬太甚者，使不違古篆之意。且於唐、宋史鑑所無、徐鉉新附所無之字，屏而不用，亦足矣。古音不可不知也，如用之，則吾從唐、宋，亦吾從衆也。要惟讀周、漢以前書用古音，讀晉、唐以後書用今音，斯可矣。學問之道，當觀其會通。知今而不知古，俗儒之陋也；知古而不知今，迂儒之癖也。心存稽古，用乃隨時，並行而不悖，是謂通儒。同上。

又曰：通鑑釋文馮時行序謂：「司馬公不用紀傳法律，總敍歷代，以事繫年，粲然可考，雖無諸史可也。」愚謂馮氏此言妄矣！紀傳編年，横縱經緯，不可偏廢，司馬公雖欲上續左傳，究以十七史爲依藉，方能成通鑑，豈有正史可無之意在其胸次耶？大凡人學問精實者必謙退，虚僞者必驕矜。生古人後，但當爲古人考誤訂疑，若鑿空翻案，動思掩蓋古人，以自爲功，其情最爲可惡。司馬公秉性純篤，安有此事？時行極力推尊，反失其本旨。同上。

西莊家學

王先生鳴韶

王鳴韶初名廷諤，字夔律，號鶴溪，西莊弟。諸生。從西莊學，著有春秋三傳考、十三經異義考、祖德述聞、竹窗瑣碎、禮傳堂文集、翠微精廬小稿、鶴溪賸稿。西莊官翰林，先生家居奉父母，顔其堂曰逸野。旁闢一室，懸蓑笠以見隱居之志。工詩畫，爲文尚清簡。西莊次江左十二子詩，以先生居其一，論者不以爲私。參王昶撰傳。

王先生嗣穫

王嗣穫字斂夫，號實庵，西莊仲子。諸生。孝友，傳家學。著讀經隨筆，西莊嘗取其說入十七史商榷。西莊晚喪明，久之始復明，著述多出先生手校。參嘉定縣志。

西莊弟子

金先生曰追

金曰追字對揚，號璞園，嘉定人。諸生。受業於西莊，推爲高第。讀十三經注疏，每有所疑，隨條輒録。儀禮譌脱較甚，先纂成儀禮注疏正譌十七卷，以朱子通解爲主，附以宋楊復圖，元敖繼公說，元陳鳳梧、明鍾人傑兩鄭注本，並取吴江沈彤、山陰馬驌之說，考訂詳備。乾隆五十五年，詔刊石經，阮文達分校儀禮，多采其說。參嘉定縣志。

費先生士璣

費士璣字玉衡，號在軒，震澤人。嘉慶庚申舉人，大挑貴州知縣，權都勻通判。歸卒於家。少穎悟，過目成誦，五經、三禮注疏，背誦無遺，古禮異同，言之如指掌。兼治漢易。受業於西莊及錢少詹大昕。西莊尤賞之，曰：「吾門下以璞園爲第一，在軒次之。」惜著述多未就。參蘇州府志。

西莊交游

惠先生棟

別見研溪學案。

沈先生彤

別爲果堂學案。

秦先生蕙田

別爲味經學案。

王先生昶

別爲蘭泉學案。

錢先生大昕

別爲潛研學案。

曹先生仁虎

曹仁虎字來應，號習庵，嘉定人。本姓杭氏，其上世有幼孤依母居外家者，因以曹爲氏。先生少而好學，於所讀書悉能貫串。西莊先生自負才氣，俯視儕輩，獨稱錢竹汀與先生爲二友。乾隆二十二年，高宗南巡，召試列一等，賜舉人，授内閣中書。越三年，成進士，改翰林院庶吉士，散館授編修，累遷侍講學士。每遇大禮，高文典册多出其手。五十一年，督學廣東。明年，遭母憂，以毀卒，年五十七。所著有轉注古義考一卷，又有二十四氣七十二候考、蓉鏡堂文稿、宛委山房諸詩集。參錢大昕撰墓志銘。

轉注古義考

六書中，惟轉注之義古來説者判不相合，約有數家。自許慎説文以「考」、説文：「从老省，丂聲。」案：凡字首从耂者，説文謂之「老省」。「老」説文：「人毛匕爲老，言須髮變白也。」案：老字篆文作[illegible]，中从人，上从毛，下从匕。爲轉注，衛恒書勢謂：「轉注者，以老爲𦒱即壽字，篆文作[illegible]，上从老省。考也。」其意該而語簡，惟於説文「考老」之外添舉「𦒱」字以見義。徐鍇説文繫傳謂：「人毛匕爲老，𦒱、耆、耋亦老，故以老字注之。受意於老，轉相傳注，謂之轉注。」又謂：「老之別名，有耆，有耋，有𦒱，有耈，有耄。」並遵用許氏之説，而𦒱、耆、耋、耈、耄諸字，復從説文「考老」二字推廣之。賈公彦周禮疏亦主「考老」之説，而增一語曰：「左右相注，故名轉注。」未及詳舉「左右相注」之義。後人不知同意相受者，乃字義之相注，而但從字形求之。裴務齊切韻以爲，「考字左回，老字右轉」。陳彭年廣韻沿裴氏之説，亦爲「左轉爲考，右轉爲老，此轉注之一説也」。然説文於考字下从丂，音攷，亦作巧；丂，苦浩切。説文：「氣欲舒出，勹上礙於一也。」老字从人毛化。匕，呼跨切。説文：「變也，从倒人。」玉篇：「匕，今作化。」本各有取義，故徐鍇以左回右轉爲俗説，郭忠恕以左回右轉爲野言。毛晃謂：「考、老下各自成文，非反考爲老。」是左右轉形之説，雖似遵用説文，而已與説文之本義相違，誠未可爲定論。至於趙古則輩，因此遂詆説文考、老之非，而實非許氏之誤也。又有以轉注爲訓詁者，其説起於近世，謂説文於考字下訓「老也」，於老字下訓「考也」，以二字同義者轉相爲注，即名轉注。此又一説也。然轉注者，本流注之注，「注」字之解，見徐鍇説文解字繫傳。而誤以爲注釋之注。六書各有本位，必先有六書，而後訓詁隨之。是六書者，母也；訓詁者，子也。凡六書皆當有訓詁，豈獨轉注一種爲然！今乃以後起之訓詁，配五書之本位，于義既屬未安，況考之訓老，老之訓考，爲許氏之文，故謂之「説文解字」。而六書在周初已有定名，案：衛恒書勢曰：「黄帝始作書契，字有六義。自黄帝至於三代，其文不改。」顧野王玉篇表曰：「庖犧始成八卦，倉頡肇創六文。」是造字之初，即有六書之名。亦未可以漢儒之箋釋，爲造書之本旨也。且攷説文之言曰「建類一首，同意相受」，本從字首之相同者而言。今即以考、老互訓之例推之，如福字訓祐，祐字訓福，而凡禄祉之與福同意者，即以福訓之。咽字訓嗌，嗌字訓咽，而凡喉嚨之與咽同意者，即以咽訓之。遇字訓逢，逢字訓遇，而凡遭遘之與遇同意者，即以遇訓之。憂字訓愁，愁字訓憂，而凡怲惔之與憂同意者，即以憂訓之。凡若此類，似有合於「同意相受」之説。若踰、越之互相訓，待、竢之互相訓，問、訊之互相訓，謹、慎之互相訓，明、照之互相訓，始、初之互相訓，又非獨「同意」乎？然部首各别，字類各殊，顯與説文「建類一首」之語相背矣。蓋轉相爲注者，乃造字之義，而非解字之文。若專以互相訓爲轉注，施之「考、老」二字，説似可通，施之他字而已窒。即以「老」字之部而論，考可訓老，老可訓考，而耆亦訓老，勢不能於老之下再訓爲耆。是可以謂之注，而不可謂之轉也。推之耇、耈、耋諸字，益復格而難通矣。鄭樵之論轉注，就説文而復以己意推廣之，分爲四類，其前二類曰建類主義，曰建類主聲，大率從「建類一首」立論；其後二類曰互體别聲，曰互體别義，大率從「左右相注」立論。此亦從字形以論轉注者也。其前二類能宗「建類一首」之語，以求轉注，較之諸家之説，自爲有據。惟中多雜入諧聲之字，未盡精審。其後二類以一字之結體，或左右易位，或上下易位，各自有義，即爲轉注，雖非沿左回右轉之説，然多混入會意。衡以考、老之例，非轉注之本義矣。其於考、老之説，近是而非者，若戴侗、周伯琦之論轉注，則專主於字形，謂「因文而轉注之」。然如所列「側山爲𠂤」，即阜字。「反人爲匕」，音比，與音化者别。音比者，篆文作𠤎。音化者，篆文化匕。「反欠爲旡」，音既。「反子爲𠫓」，音突。「反㞢爲帀」，「反正爲乏」之類，本在會意之屬，豈可移以當轉注乎？楊桓、劉泰之論轉注，則兼主於字義，以爲「二文三文四文轉相注以成一字，使人繹之而自曉其義」。然合文成字之義，即鄭樵所謂「三體會意」，趙古則所謂「三四五體會意」，而乃以之當轉注，又將置會意於何地耶？其不從考、老之説者，如張有、毛晃、趙古則、王應電、吴元滿諸家之論轉注，又但主於字音，以爲「展轉其聲，而注爲他字之用」。

其大指以一字而同聲別義者爲假借，一字而轉聲別義者即爲轉注。俗儒多從之。然即以令、長兩字而論，號令之令與令善之令皆去聲。同聲別義也，使令之令平聲。則轉聲別義也，於假借與轉注果何所屬乎？長短之長與久長之長皆平聲。同聲別義也，長幼之長上聲。則轉聲別義也，於假借與轉注果何所屬乎？此必不可通之説也。楊慎作轉注古音略，極論轉注爲文字之變，而推之於雙聲叶音，並直指鄭樵爲謬。其論似爲辯矣，而主於轉音之説，則發端已誤。以之論通韻叶韻則可，以之論轉注則非矣。蓋轉聲之説，即説文所謂令、長，已包於假借之中。今乃移假借之義作轉注之義，明與説文相背，固未可爲訓也。至於趙宧光著説文長箋，於説文考、老之説，又出乎諸家所論之外。其論轉注，自以爲能守漢義，所言近是矣。乃惟以諧聲中之不轉聲者爲轉注，尚未爲盡合。即如耈、耆、耋等字與考、老並爲轉注，衛恒、徐鍇輩已言之。宧光以同聲者爲轉注，轉聲者爲諧聲，故但以考丂與考同聲。字爲轉注，而耈、耆、耋句與耈、旨與耆、至與耋皆轉聲。字皆爲諧聲，不得爲轉注。豈唐以前相傳之説，皆不足憑乎？且轉注與諧聲之辨，本不在轉聲與不轉聲。若以諧聲中之同聲者皆爲轉注，則是江、河工與江、可與河皆轉聲。之類爲諧聲，而瀟、湘蕭與瀟、相與湘皆同聲。之類將爲轉注矣，又豈可訓乎？蓋宧光之説，謂「考、老者，乃以丂注老，而非以老注丂。考與丂同聲，故得爲轉注，而老部所領之字皆諧聲也。」夫丂字與老字，在説文並爲部首，考字入於老部，而不入於丂部，則老字爲「建類」之首，明矣。以老爲母，注之爲考，即從丂得聲，凡同聲、轉聲皆得聲也。而仍合於老義，則所謂「同意相受」也。若論考、老而先違説文之部首，已與「建類一首」之語不合，而諸誤皆因之矣，是亦不可從也。此數説者，或以爲左右成文，則偏主於形體；或以爲彼此互釋，則偏主於訓義；或以會意中之反體者爲轉注，或以會意中之合體者爲轉注，而已與會意相混；或以諧聲中之不轉聲者爲轉注，而已與諧聲相混；或以假借中之轉聲者爲轉注，而又與假借相混，皆未合轉注之本旨。然此乃後人持論之歧出，而要未可以爲説文之咎也。夫説文考、老之説，最爲古義，晉、唐諸儒皆遵守之，而無有異説。然則欲定轉注之義，仍當以説文「建類一首，同意相受」二語求之。既曰「建類一首」，則必其字部之相同，而字部異者，非轉注也。既曰「同意相受」，則必其字義之相合，而字義殊者，非轉注也。説文於轉注，特舉考、老以起例，而考字從丂得聲，則必其字音之相近，而字音別者，非轉注也。故轉注近乎會意，而與會意不同。轉注者，以此合彼，而不離其原義。如以老凡字首从耂者，皆在老部，説文謂之「老省」。合丂爲考，而考字仍與老字同義；以老合𠷎音疇。爲𦒱，而𦒱字仍與老字同義。推之以老合毛爲耄，而耄字亦即老字之義；以老合旨爲耆，而耆字亦即老字之義；以老合句爲耇，而耇字仍有老字之義；以老合占爲𦒷，而𦒷字仍有老字之義。會意者，以此合彼，而各自爲義。如止戈爲武，而武字已非止字之義；人言爲信，而信字已非人字之義。此轉注與會意之分也。轉注又近乎諧聲，而與諧聲不同。轉注者，彼與此本屬同意，如丂字本有氣礙之象，老人之哽噎似之，故以老合丂爲考，从丂得聲，而仍與老同義。𠷎字説文𦒱从𠷎聲，而説文但有𠷎字，从口、𠃬，又聲，訓誰也。別無𠷎字。爾雅釋鳥及周禮染人註有𠷎字。爾雅𠷎音儔，周禮註𠷎爲直劉反。劉音壽，徐音疇，張參五經文字𠷎爲文牛反。皆但作雉名，而不詳𠷎字之本義。惟説文㽘字从𠃬、从田，象耕屈之形。又以𠃬即㽘之省文，而不別立𠃬字。據繫傳有之。本有屈曲之象，老人之傴僂似之，故以老合𠷎爲𦒱，从𠷎得聲，而仍與老同義。推之毛爲眉髮之義，與老人之頭白有合，故以老合毛爲耄，釋名：「七十曰耄，頭髮白耄耄然也。」从毛得聲，而即从老得義。旨有意指之義，與老人之指使有合，故以老合旨爲耆，曲禮：「六十曰耆指使。」釋名：「耆，指也，不從力役，指事使人也。」从旨得聲，而即从老得義。老人面黎若均，同垢。故以老合句爲耇，說文：「耇，老人面凍黎若垢。从老省，句聲。」从句得聲，而亦从老得義。老人面斑如點，故以老合占爲𦒷，說文：「𦒷，老人面如點也。从老省，占聲。」从占得聲，而亦从老得義。諧聲者，彼與此一主義而一主聲。如以水合工爲江，工字本無水義，而但取其聲。以水合可爲河，可字本無水義，而但取其聲。此轉注與諧聲之分也。至於以轉注爲轉音，尤易惑人。蓋轉注又近於假借，而與假借不同。轉注者，一義而有數文，故耇、考皆有老義，而老亦可稱耇、考；耄、𦒷皆有老義，而老亦可稱耄、𦒷。假借者，一文而有數義，故令爲號令之令，亦爲令善之令，又爲使令之令；長爲長短之長，亦爲久長之長，又爲長幼之長。此轉注與假借之分也。辨其所易混者，而轉注之本位自出，既與說文「建類一首，同意相受」之語正合，而於衞恒、徐鍇之說俱不至相背矣。

吴先生麦雲

吴麦雲字得青，號客槎，嘉定人。歲貢生。嘗與陳令華同校說文，竹汀養新録頗采其說。後館竹汀家，嘗謂「諸經所載，半屬名物象數、日用常事，是亦古之方言」，乃取注疏、釋文、訓詁之互異者，剖析義類，舉近事以明之。如詩「是刈是濩」，猶鄉人所謂濩網煮樗皮汁以漬之也；「飲酒之飫」，即今人以食哺兒曰飫」，書「越玉五重」，重即穜；禮「雖止不怠」，止即遲；左氏傳「痡生」之痡與遻通，即倒産。諸所解説，多前人所未發。嘉慶八年卒，年五十。所著十三經攷異若干卷，又有經説三卷，小學説一卷，廣韻説一卷。後人爲合刻之，曰吴氏遺著。參史傳、陳瑑吴氏遺著跋後。

經説

朵頤

頤初九「觀我朵頤」。鄭、王注及孔疏、釋文並訓「朵」爲「動」。案：説文：「朵，樹木垂朵朵也。」麦雲謂：朵，从木、从几，几音殊，鳥也。今人謂鳥集于木爲朵，音多果反。此古音也，亦朵之本義也。「朵頤」字本當作「垂頤」，作朵者，同聲通借也。説文：「垂，𠂹木華葉垂也。」大徐音是爲切。説文音切，並大徐增入，後不復識别。捶、涶、唾皆从垂得聲，知垂聲古與朵同。初九曰「垂頤」，取下垂象。其訓「動」者，望文生義。京作「揣」，亦同聲相借。本當作「耑」，禾旁譌爲手旁。説文：「耑，禾垂皃，讀若端。丁果切。」揣訓量也，一曰捶之，耑訓箠也，一曰耑度，並兜果切。从手从木，二字同義，捶即箠，耑度即量，許君特交互言之，無動摇義。又説文：「婇，量也。丁果切。」與揣同。「垛，堂塾也。丁果切。」與端同。爾雅：「垝謂之坫。」注：「坫，端也。」

亂于河

禹貢梁州：「入于渭，亂于河。」傳：「正絶流曰亂。」麦雲案：吾鄉俗語有曰「亂縱横」，亦曰「亂横」，蓋縱之中有横者爲亂。「亂」字本義始此。大雅：「涉渭爲亂。」又孟子：「一人横行於天下。」朱子亦曰：「横行，作亂也。」又説文：「𤔔，治也。讀若亂。」「亂，治也。」「䜌，亂也」，古文作「𢑀」，从𠬪，與𤔔同意。是𤔔、亂、𢑀三字同，故廣韻「灓」訓「絶水渡也」。䜌之言闌也，故有横渡之義。説文：「灓，漏流也。」疑是「亂流」之音譌。

芼之

關雎：「左右芼之。」傳、箋並云：「芼，擇也。」案：上文既云「采之」，采實有擇義，則芼不合又訓擇，明矣。麦雲謂：芼當讀如内則「雉兔皆有芼」之「芼」。鄭於禮注云：「菜，釀也。」正義謂：「皆有菜以釀和之。」則芼之云者，蓋謂以荇菜爲和羹之芼也。説文艸部「芼」，雖引此經爲證，而訓「艸覆蔓」，是不以爲「左右芼之」之「芼」，而以爲「維葉莫莫」之「莫」耳。古音「芼」讀如「無」。

牖民

板：「天之牖民。」傳：「牖，道也。」疏：「牖與誘古字通。」麦雲案：説文羊部：「羑，進善也。文王囚于羑里，在湯陰。」厶部：「羑，相詸呼也。」重文作「誘」，又作「𧦝」，古文作「羑」。徐鉉曰：「此古文重出。」蓋此四字，當以羑爲正。羑，从羊、从久，久象从後致之形。羊性很，不从引，則从後致之使前，故以爲羑進之羑。羐係後人所加。蓋既以「羑」爲「進善」，則世或有相引爲惡者，故又从厶爲「羐」。羑里之羑，古亦作牖。說文：「牖，穿壁以木爲交窗也。」譚長以爲，上从「日」，非「户」也。愚謂：牖在室户之西。詩「綢繆牖户」，牖亦户類，故从户。户所以啟明，牖亦所引堂上之明于室也，古即借「羑」。後人以从羊不類，故又作「牖」，音則仍同「羑」也。牖無交窗，故孔子「伯牛疾，自牖執其手」。若有木爲交窗，則不能矣。牖但於壁上開孔，以木爲匡，故从片。从甫聲者，小徐謂：「古音甫。蓋與父同聲，故云甫聲也。」今徐本「甫」下無「聲」字，此說恐未的。

五行之穀

臣工：「迄用康年。」箋：「五穀豐熟。」疏：「五穀者，五行之穀。月令春食麥，夏食菽，季夏食稷，秋食麻，冬食黍。」案：說文：「麥，金也。金王而生，火王而死。」「禾，木也。木王而生，金王而死。」其于黍、稷、麻、菽皆不言所屬。鄭注月令云：「麥實有莩甲，屬木。菽實莩甲堅，合屬水。稷，五穀之長。麻實有文理，屬金。黍，秀舒散，屬火。」然則春爲木，食木穀；夏爲火，食水穀；季夏爲土，食土穀；秋爲金，食金穀；冬爲水，食火穀。春與季夏及秋皆穀與時同行，獨夏與冬穀相反者，何也？麦雲以說文推之，當言麥屬金，菽屬水，稷屬木，麻屬火，黍屬土。各取所畏之行，制當王之氣，慮其太過，故制之使中和也。知之者，麥屬金，許説也。菽屬水，鄭説也。稷，五穀之長。禾，嘉穀也，嘉故得爲長禾，既屬木，則稷亦當爲木也。麻實上鋭下鈍，象炎上形，故以爲火。黍之爲土，未得其義，但以上四穀既各專一行，惟餘黍與土而已，故以黍屬土。又高誘淮南注云：「菽，火也，故夏生冬死。」

佛時

敬之：「佛時仔肩。」傳：「佛，大也。」案：説文：「⿱弗大，大也。讀若『予違汝弼』。」是古本有以「⿱弗大」爲「弼」者。弓欲其曲，不曲則弼；道欲其直，不直則亦弼。直者曲之，曲者直之，必大異於本來，故从大作⿱弗大而訓爲大。⿱弗大是弼之本字，説文既讀若弼，則⿱弗大與弼同。毛訓佛爲大，是佛與⿱弗大亦同也。錢少詹事曰：「佛之訓大，猶墳之訓大，取同位之轉聲也。」

互物

「鼈人掌取互物。」案：龜鼈之屬名互物，其義難知。予友張華坪云：「易説卦，離爲鼈、爲蟹、爲蠃、爲蚌、爲龜。此義與互物之互字可相發明。離之爲卦，上下皆陽，中藏一陰。龜鼈之屬，皆骨在外，肉在中。骨，陽也；肉，陰也。兩骨連結不解，正離卦兩陽外合、一陰中含之象也。然則於卦爲離，於文爲互，於物爲龜鼈之屬，其義一而已矣。」此説最爲精覈。又鄭注「⿱艹兩胡」二字不見經典，夌雲謂⿱艹兩當讀如左傳「曼伯」之曼，胡當讀如詩「狼跋其胡」之胡，謂龜鼈甲邊之緣也。

啓會

士昏禮：「贊啟會卻于敦南。」注不訓「會」字。案：會即蓋也。上文云黍稷四敦皆蓋，則此「啟會」即「啟蓋」，明矣。會，合也。蓋與敦相合，故即名蓋爲會。會、蓋亦疊韻字。

皋比

十年傳：「蒙皋比。」案：皋亦作㚖。宣二年「夷皋」，公羊作「夷㚖」。說文「嘷」或作「㚖」。襄十四年傳：「豺狼所嘷。」凡聲之大而長者曰嘷，皋其本字也。士喪禮：「皋某復三。」注：「皋，長聲也。」檀弓：「且號者三。」號、皋音義同。號从虎，号聲，蓋虎聲也。虎聲皋，因名虎爲皋，故地名虎牢轉爲成皋。比、皮音同。

雕幾

郊特牲：「丹漆雕幾之美。」注：「幾謂漆飾沂鄂也。」案：此注有脱譌。幾通畿，畿即圻，故少儀注作「圻鄂」。此當云：「雕，謂以丹漆飾之。幾，圻鄂也。」郭璞上林賦注：「彫，畫也。」彫、雕古通。又哀公問注：「雕幾，附纏之也。」

荅

憲問：「夫子不荅。」案：說文：「荅，小尗也。」以爲尗豆之名。釋言：「俞、盒，然也。」郭云：「盒者，應也。亦爲然。」蓋以盒爲對荅之荅。玉篇從之。後世學者不復置辨。爾雅釋文云：「盒，古荅字。」然說文無「盒」字。从田，義亦無取。麦雲謂：荅，古止作合，惟釋詁「合，對也」；左傳宣二年「既合而來奔」，尚存古文，餘皆借用荅矣。說文：「合，合口也。从亼、从口。」亼訓「三合」。是亼本有合義。合訓合口，蓋謂口與口相應合也。杜元凱云：「合猶荅也。」則亦謂古「荅」字作合矣。

清儒學案卷七十八

朗夫學案

朗夫通達治體，廉靜自持，論者以爲乾隆朝廉吏第一。雖不以講學名，而研易理，明禮制，覈性情，並切實用，無虚空迂廓之談。其爲切問齋文鈔一書，適作耐盦經世文編之先導。賢者舉措，終有益於世也。述朗夫學案。

陸先生燿

陸燿字青來，一字朗夫，吴江人。少寒苦，以古人自期。乾隆壬申舉人，甲戌會試明通榜，授内閣中書，充軍機章京。以户部郎中出爲登州府知府。調濟南府，遷運河道，晉按察使，署布政使。先是，補外時銓雲南大理府，繼遷甘肅西寧道，皆以親老告近，改官山東。至是母病，必得先生侍側，所苦少休，乃陳情解任。高宗鑒其至誠，温旨垂允。奉母南歸，夜不釋衣者六年。遭喪服除，四十八年，復爲山東布政使。逾年，授湖南巡撫。五十年，湖南亢旱，先生已病，猶强起治事，冒暑求雨，積勞，遂卒，年六十三。先生性澹泊，嚴義利之辨。初至長沙，鹽商進白金三萬兩，問其故，曰舊規也。先生不受，而命以其數平鹽價。於時爲地方長吏者皆有貢獻，爭以奇珍自媚，先生所貢，惟尋常土宜。當宁知其廉，必受之，以慰其意。而和珅方用事，能爲禍福，先生未嘗致一物也。生平不立講學名，而精析義理，洞達事物，讀書一歸於實用。嘗輯經世之文爲切問齋文鈔三十卷。其自爲文論禱祀曰：「士大歲時祭祀於祖宗之外，妄及天神，祆廟叢祠徧於民閒，賽會迎神繁費無度，巫覡卜祝妄稱鬼神以惑愚民，爲風俗害。」其論家祭曰：「宗法不行，廟制既失，人但當各祭其高曾祖考爲便於俗而宜於民，不當人自爲禮，家自爲尊，人人盡祭其始祖。以爲復古，而適以亂俗。」其言切於事理，如布帛粟菽之可衣食也。所著又有山東運河備覽六卷、濟南信讞四卷、任城漫録一卷、甘薯録一卷、大學合鈔六卷、切問齋集十二卷。

參史傳、吴江縣續志、松陵文録、馮浩撰墓志銘、張士元書陸中丞遺事。

切問齋文鈔序

道備於經，詳於史。經猶鵠也，史册所載，則古今射鵠之人也。讀經而知鵠之所在，讀史而知射者之得失，則固可無事於爲文矣。然自孔子之世即有老聃，孟子之世即有楊、朱、墨翟，遭秦焚書，經缺不全，九流百家，雜然並騖，學者惑於歧途，而六經始晦，經晦而史家之予奪亦不盡合乎聖人筆削之旨。迨唐昌黎韓子出，始闢老、佛、荀、楊，推尊孟子，以爲功不在禹下。其初也，由其學文者以見道；其卒也，舉其衛道者以成文，自是唐、宋諸儒之務爲文以談道也，而文遂不可以或已。然其弊也，有爲訓詁之文者，有爲講説之文者。夫經者，常也。道之常者，詎待解釋？既有漢之箋故、唐之義疏、宋之章句，微言大義已可無憾，而復撏撦細瑣，抉剔幽隱，人各一編，家著一集。承學之士，意在博觀，玩其枝葉，忘其本文，紛如聚訟，無益毫毛，此何爲者也？道猶路也，路有實徑，適越者必南轅，之燕者必北轍，九軌之途，參劇之市，蕩平正直，周道如砥。今舍而不由，閉户而談天道，高座而説明心，學案語録之書日出而不窮，異同宗旨之辨相攻而不已，高明者墮入禪宗，篤實者窘於應務，此又何爲者也？至如馳騖詞章，揣摩應舉，因循卑陋，又不待言。方將由文以見道，而乃耗費精神，爲此不急，道不終晦矣乎！故以今人之文，言古人之所已言與其所不必言，不若以今人之所欲言與其必當言者，以著之文。必也以經爲鵠，以史傳中人爲同射之耦。鵠有定也，所以置鵠之地無定，或南或北，或東或西，要以必赴乎所懸之的而止。及其命中，百步之外，或在正中，或在邊際，均之爲中，小有參差，亦非大失。又況事固有與古相違，而於道適合者。譬諸河焉，碣石其入海之路也，自屢徙而南，今在懷、衛、徐、邳以下矣。言道而必執古人之説，不猶入海而必循碣石之蹤乎！如謂今人之從事於前所云云，方竭其聰明才力，尚未足與古人爲役，而又安能恣其所欲言與其所當言，而且可無背於道，是則大不然也。方今名臣大儒，接跡熙朝，類能力破空虚之習，切求身世之宜，或已見諸施行，或尚俟諸百世。吾見其持弓矢審固，與史傳中人決得失於六經之圃，固不慮序點、公罔之裘之揚觶而廢然去也，而又於爲文乎何有？此則余切問齋文鈔之意也夫！

文集

原善

人莫不有本然之性，亦莫不有後起之情識。觀於人之慕善、恥不善，而知人性之本善。既本善矣，而復有性惡、善惡混之説者，據後起之情識陷溺既深者言之，而非人性之本然也。涉於事，交於物，而情識參焉。始或見善而不知慕，見不善而不知恥，善惡之間，若相混然。繼或以其慕善之心易而慕不善，恥不善之心轉而恥善，則似有惡而無善矣。然非真以不善爲可慕，善爲可恥也，直謂不善爲善而慕之，之心仍一慕善之心也；善爲不善而恥之，之念仍一恥不善之念也。故曰：「恥善慕不善，而慕善恥不善，本然之性，仍在人性皆善，益信吾儒之言性爲不誣也。」「善之與惡，至不同類，乃至以慕善之心易而慕不善，恥不善之心轉而恥善，何哉？」曰：「緣其視善在外，而不曰吾本然之性，是以其於善也，亦皆有所利焉。伯夷、比干，人之所同慕也，學伯夷而可以不餓，學比干而可以不死，則伯夷、比干接踵於時矣。如伯夷、比干而必餓且死，則何伯夷、比干之敢慕？荀彧、馮道，人之所共恥也，學荀彧而必不使冒爲聖人之徒蘇軾，學馮道而必不可奉爲因時大臣李贄，則荀彧、馮道絶跡於世矣。乃荀彧、馮道而猶有聖人之徒、因時大臣之目，則何荀彧、馮道之足恥！餓且死，人之所大不利也；身享富貴，而殁後有聖人之徒、因時大臣之目，人之所大利也，於是決然不爲伯夷、比干，而荀彧、馮道之歸，何怪乎以其慕善之心易而慕不善，恥不善之心轉而恥善也哉！視善善在外而有所利焉，其弊至於如此，安得尚有本然之性存乎？」曰：「是人也，度必有爲之説者。」曰：「父命當遵，遵而亂嗣不爲孝；君過宜諫，諫而傷體不爲忠。是人也，乃真以伯夷、比干之所爲爲未善，而學其非伯夷、比干者以爲善，是善爲不善而恥之，之念仍一恥不善之念也。帷幄與謀，使其主不親爲弑逆，可無慚於往聖；文獻攸屬，使其典不至於墜地，終不愧爲耇成。是人也，乃真以荀彧、馮道之所爲爲善，而不爲荀彧、馮道者乃非善也，是不善爲善而慕之，之心仍一慕善之心也。是故雖當陷溺既深之後，而本然之性如人身命門之火，介在兩腎之間，苟一星之未滅，尚生命之可圖。使當其情識之參，早爲警覺，灼然知善惡之攸分，如白黑之易明，方員之難合，南北之不可易位，而上下之不容倒置也，是必無見善而不知慕，見不善而不知恥之患，而後此者益無慮矣！子思子曰：『誠身有道，不明乎善，不誠乎身。』此之謂也。」「然則善何在？」曰：「本然之性，仁、義、禮、知、信五者是已。其涉於事，交於物，則爲君臣、父子、夫婦、昆弟、朋友之倫。是皆有藹然、秩然、確然不可移易之準則焉，無利害得失之見眩其中而奪其外，是謂明善。循而行之，適完我有善、無不善之本體，是謂誠身。讀吾説者，當益知人性之本無不善，而吾儒之言性爲不可誣也。」「仁、義、禮、知、信五者，人亦知爲本然之性，而求仁每得不仁，行義而每得不義，欲合於禮、知、信而每與禮、知、信相反者，豈皆有所利焉而出此？」曰：「固也。浮屠、老子以外君臣、去父母、屏妻子、斷諸昆弟朋友之緣，而謂可以仙，可以佛，於是有煦煦以爲仁，孑孑以爲義，虚浮任誕以爲禮、知、信者。而一二儒生，又以因果報應之説，爲作善降祥、作不善降殃之驗，爲之而效則怠於再進，爲之而不效則疑而自返。彼其於吾人之言善也，若飄風之過耳焉。是與於恥善、慕不善之甚者也，烏覩所謂本然之性者哉！作原善。」

肖屬

事有不可不尋其義者，亦有必不可强爲之説者。如世俗所云：「十二肖屬，謂取不全之物，鼠目少光，牛少齒，虎短項，兔缺脣，龍虧聰，蛇無足，馬虧膽，羊上視虧瞳，猴虧脾，雞無外腎，犬無大腸，猪無筋。」宋王逵非之曰：「子爲陰，極幽潛隱晦，以鼠配之，鼠藏跡。午爲陽，極顯易剛健，以馬配之，馬快行。丑爲陰，俯而慈愛，以牛配之，牛舐犢。未爲陽，仰而秉禮，以羊配之，羊跪乳。寅爲三陽，陽勝則暴，以虎配之，虎性暴。申爲三陰，陰勝則黠，以猴配之，猴性黠。卯、酉爲日月之門，二肖皆一竅，兔舐雄毛則孕，感而不交也，雞合踏而無形，交而不感也。辰、巳陽起而變化，龍爲盛，蛇次之，故龍、蛇配辰、巳，龍、蛇者，變化之物也。戌、亥陰而拘守，狗爲盛，猪次之，故狗、猪配戌、亥，狗、猪拘守之物也。謂取不全者，非也。庶類萬物，豈但十二，況無義理，何足信乎？」余謂王説亦非也。凡古人所以紀數與其取象，皆適然而遇之，適然而名之耳。昔有人以問王文恪公，公曰：「此非吾儒之所講也。雖然，嘗聞之於人，二十八宿分布周天，以直十二辰，每辰二宿，子午卯酉則三而各有所象。女、土蝠，虚、日鼠，危、月燕，子也。室、火猪，壁、水貐，亥也。奎、木狼，婁、金狗，戌也。胃、土雉，昴、日雞，畢、月烏，酉也。觜、火猴，參、水猿，申也。井、木犴，鬼、金羊，未也。柳、土獐，星、日馬，張、月鹿，午也。翼、火蛇，軫、水蚓，巳也。角、木蛟，亢、金龍，辰也。氐、土貉，房、日兔，心、月狐，卯也。尾、火虎，箕、水豹，寅也。斗、木獬，牛、金牛，丑也。天禽地曜，分直於天，以紀十二辰，而以七曜統之，此十二肖之所始也。夫二十八宿有二十八禽，今獨取此十二以相配，蓋天官家恐人難以推算，故於十二宫各立一宿以爲之主，且亦止以赤道十二定宫言之。若黄道有歲差，太陽之退度，則又於十二宫散星之形似者，取以象之，故子宫又有寶瓶象，丑宫又有磨羯象，寅宫又有人馬象，卯宫又有天蝎象，辰宫又有天枰象，巳宫又有雙女象，午宫又有獅子象，未宫又有巨蟹象，申宫又有陰陽象，酉宫又有金牛象，戌宫又有白羊象，亥宫又有雙魚象焉。凡此，皆不可以義理求之者也。近一儒者，好言格物致知之學，乃謂午爲馬，向左而行，則申酉金在焉，故征馬向金而驅馳；丑爲牛，向左而行，則歷金而至焉，故耕牛繫金而躑躅；卯爲兔，坎盡酉中，坎爲月，陰陽相照，故玉兔向西而望月；酉爲雞，離盡卯中，離爲日，陰陽相薄，故金鳳向東而朝陽。南北之氣正而長，故牛馬之形大；東西之氣偏而狹，故猪羊之形小。然尚屬方隅，未若酉雞卯兔東西正位更爲微也。鼠宜大而反小，土剋故也，故掘穴而藏於土。夫向金驅馳，繫金躑躅，與夫玉兔金鳳，詞既鄙俚，且何以處夫龍蛇虎狗？鼠爲土剋，何以便小？亥自爲土，何以仍大？於鼠既爲土剋，何以復藏於土？亦未能顯言其故。又曰：午爲火，寅午一氣，而午火出於三八之寅。三生數而八成數，木成然後火生，故馬八月而生。按家語、大戴禮皆言八九七十二偶以承奇，奇主辰，辰主月，月主馬，故馬十二月而生。今云馬八月而生，何所本耶？甚矣！世儒之膠柱而鼓瑟也。」

卦氣

諸家言易，莫不善於以卦爻配時令。蓋天有畸零，卦無增減，三百八十四爻，止可以配有閏之年，而不足以定無閏之歲。其術有以乾、坤二卦配十二辰者；有以十二辟卦配十二月者；有以八經卦二十四爻配二十四氣者；有以坎、離、震、兑分主四時，而六十卦畫配三百六十日，其五日四分日之一，均之六十卦，以爲六十七分者，支離牽合，總非確義。此卦氣直日之法，朱子所以不取也。而後之假易言數者，又嘗屢變其説，以求一當。如史繩祖學齋佔畢，欲依上下二經之次，謂卦氣非起於中孚，乃中孚起於甲子。蓋乾配甲而起於子，坤配乙而起於丑。故六十四卦，歷乾之甲子，泰之甲戌，噬嗑之甲申，至坎、離而上經三十卦盡。又歷咸之甲午，損之甲辰，震之甲寅，至節而周六甲。故曰天地節而四時成。餘中孚、小過、既濟、未濟四卦二十四爻配二十四氣，如震、離、兑、坎之例，則是中孚與乾同起於甲子也。朱載堉律法融通，則欲以邵子方圖中震、巽、恒、益爲羣卦之宗。震春分，巽秋分，以風雷爲驗也。益雷在内風在外，恒風在内雷在外，冬至夏至之象也。除此四卦，其餘六十卦，以冬至日爲復，初九而次之以頤、屯、既濟、家人；大寒日爲臨，初九而次之以明夷、賁、損、節；雨水日爲泰，初九而次之以大畜、需、小畜、中孚；春分日爲大壯，初九而次之以歸妹、豐、離、噬嗑；穀雨日爲夬，初九而次之以大有、睽、兑、革；小滿日爲乾，初九而次之以履、同人、无妄、隨；夏至日爲姤，初六而次之以大過、鼎、未濟、解；大暑日爲遯，初六而次之以訟、困、咸、旅；處暑日爲否，初六而次之以萃、晉、豫、小過；秋分日爲觀，初六而次之以漸、涣、坎、井，霜降日爲剥，初六而次之以比、蹇、艮、蒙；小雪日爲坤，初六而次之以謙、師、升、蠱。近時潘稼堂檢討又欲據邵子圓圖位次，以八純卦各統七卦，而七卦之下三爻，則於純卦中除出三爻，八卦共除二十四爻，適得三百六十爻。舊以震、離、兑、坎四卦之爻分主二十四氣，而坎初六主冬至，九二主小寒，六三主大寒，六四主立春，九五主雨水，上六主驚蟄。今則以震之初爻主冬至，二爻主小寒，三爻主大寒；離之初爻主立春，二爻主雨水，三爻主驚蟄；以逮坤之初爻主立冬，二爻主小雪，三爻主大雪。共三百六十爻，則自復初爻至屯三爻當冬至，屯四爻至噬嗑三爻當小寒，噬嗑四爻至无妄上爻當大寒，明夷初爻至既濟三爻當立春，既濟四爻至豐上爻當雨水，離四爻至同人上爻當驚蟄，以逮否初爻至晉三爻當立冬，晉四爻至觀上爻當小雪，比初爻至坤上爻當大雪。其爲説益巧矣！篤而論之，天運循環，節氣消長，自鴻荒開闢已然。伏羲畫卦，以聖合天，就天視之，已屬後起之端，有卦爻亦然，無卦爻亦然，天固無藉於易。聖人作易，所謂與天地準，彌綸天地之道者，亦止其大致如此，非必寸寸而度之，銖銖而稱之也。後儒談易，乃似弈棋，以天地爲枰，六十四卦爲子，黑白互爭，東西易位，卒之於子徒勞，於枰無補也。無論其他，即邵子皇極之數，學者莫不推尊，以爲精之又精，亦終不可施之於用。故黄梨洲嘗謂，皇極一元十二會爲三百六十運，一會三十運爲三百六十世，一運十二世爲三百六十年，一世三十年爲三百六十月，一年十二月爲三百六十日，一月三十日爲三百六十時，一日十二時爲三百六十分，一時三十分爲三百六十秒，自大至小，總不出於十二與三十之反覆相承。以挂一圖之二百五十六卦分配，凡一運一世一年一月一日一時各得四爻。其爲三百六十者，盡二百四十卦。餘十六卦，分於二十四氣，亦每氣得四爻。以寓閏法於其間，不論運世年月時莫不有閏。推求其說，多有可疑。夫自一年成數言之爲三百六十日，自十二月言之爲三百五十四日，自二十四氣言之爲三百六十五日三時，自閏歲言之爲三百八十四日。今以康節之術，按之於法，辰法三百六十，其數皆以秒言。日法四千三百二十，月法十二萬九千六百，歲法一百五十五萬五千二百，世法四千六百六十五萬六千，運法五億五千九百八十七萬二千，會法一百六十七億九千九百一十六，元法二千一十五億五千三百九十一萬，皆成數也。在一月爲三十日，於朔策强二千一百六十，於氣策弱一千八百九十。在一年爲三百六十日，於歲實弱二萬二千六百八十，於十二朔實强二萬五千九百二十。既已不可施用，乃於二氣相接之際，各增一日，以爲閏，以準一年三百八十四日之數。然三百八十四日，有閏之歲也。閏雖每月有之，亦必積之三歲兩歲而後滿於朔實，故有三百八十四日之歲。若一歲之閏策只四萬八千六百，今概之三百八十四日，是歲歲有閏也，豈可通乎？且所謂閏者，見之於年月日時者也。就如此說，增此四爻，亦當增之於三百六十之中，徒增之於卦，其爲三百六十者如故，是有閏之名，而無閏之實也。是故運世歲無閏，而月日時有閏，六者不可一例。一年之日三百五十四，以運準之則少六日。一月之時三百五十四，以世準之則少六時。康節必欲以十二與三十整齊之，其畸零可抹殺乎？如以康節之數而立法，歲實一百五十七萬七千八百八十，朔策一十二萬七千四百四十，氣策六萬五千七百四十五，閏法四萬八千六百。由此推而上之，爲元會運世，庶乎可通耳。易與天數，本難强通，其說雖煩，終於鶻突而不可用也。

天度

天無體，以列宿爲之體。無宮度之分，以歲月爲宮度之分。蓋一歲有十二月，故分天爲十二宮。十二月有三百六十五日三時，故分十二宮爲三百六十五度四分度之一。此人以歲月日時定天度，非天有宮度以示人。東宮蒼龍，角二星，亢四星，氐四星，房四星，心三星，龍尾九星，箕四星。北宮玄武，南斗六星，牽牛六星，須女四星，虚二星，危三星，營室二星，東壁二星。西宮白虎，奎十六星，婁三星，胃三星，昴七星，畢八星，參旗九星，觜觿三小星。南宮朱鳥，東井八星，輿鬼四星，柳八星，星七星，張六星，翼二十二星，軫四星。自南斗十二度，至婺女七度，曰星紀之次，於辰在丑，斗建在子。自婺女八度，至危十五度，曰玄枵之次，於辰在子，斗建在丑。自危十六度，至奎四度，曰娵訾之次，於辰在亥，斗建在寅。自奎五度，至胃六度，曰降婁之次，於辰在戌，斗建在卯。自胃七度，至畢十一度，曰大梁之次，於辰在酉，斗建在辰。自畢十二度，至東井十五度，曰實沈之次，於辰在申，斗建在巳。自東井十六度，至柳八度，曰鶉首之次，於辰在未，斗建在午。自柳九度，至張十七度，曰鶉火之次，於辰在午，斗建在未。自張十八度，至軫十一度，曰鶉尾之次，於辰在巳，斗建在申。自軫十二度，至氐四度，曰壽星之次，於辰在辰，斗建在酉。自氐五度，至尾九度，曰大火之次，於辰在卯，斗建在戌。自尾十度，至斗十度百三十五分而終，曰析木之次，於辰在寅，斗建在亥。其分度，則角十二，亢九，氐十五，房五，心五，尾十八，箕十一四分一，東七十五度。斗二十六，牽牛八，須女十二，虚十，危十七，營室十六，東壁九，北九十八度。奎十六，婁十二，胃十四，昴十一，畢十六，觜觿二，參九，西八十度。東井三十三，輿鬼四，柳十五，星七，張、翼各十八，軫十七，南百一十二度。此漢志之文也。據今時實測，則赤道角十二度一十分，亢九度二十分，氐十六度三十分，房五度六十分，心六度五十分，尾十九度一十分，箕十度四十分，斗二十五度二十分，牛七度二十分，女十一度三十五分，虛八度九十五分，危十五度四十分，室十七度一十分，壁八度六十分，奎十六度六十分，婁十一度八十分，胃十五度六十分，昴十一度三十分，畢十七度四十分，觜五分，參十一度一十分，井三十三度三十分，鬼二度二十分，柳十三度三十分，星六度三十分，張十七度二十五分，翼十八度七十五分，軫十七度三分。王奕曰：「天體沖漠，其度難別，故隸其度於二十八宿，用以紀日月所躔。日之所躔，或多或寡，適當其星者凡二十八，故度之多寡於是生焉。井、斗之舍非無星也，然不與日躔相當，故其度不得不闊。觜、鬼之旁非無星也，然與日躔相當，故其度不得不狹。夫其得度闊狹，非舉一宿全體盡占此度也。如南斗六星，舉全體而言之，合距杓星爲度，而今距魁爲度，杓二星則入於箕。蓋南斗六星之中，杓二星不當日之度，而魁第四星當度，故距於魁而得二十五度十九分强。古人假設是法，以步日躔而已。」

斗建

北斗七星，在中宮紫微之垣，一曰天樞，二曰璇，三曰機，四曰權，五曰衡，六曰闓陽，七曰瑶光。天官書謂斗爲帝車，運乎中央，臨制四鄉，分陰陽，建四時，均五行，移節度，定諸紀，皆繫於斗。故斗指子則冬至；加十五日指癸則小寒；加十五日指丑則大寒；加十五日指報德之維則越陰在地，故曰距冬至四十六日而立春；加十五日指寅則雨水；加十五日指甲則雷驚蟄；加十五日指卯中繩，故曰春分，則雷行；加十五日指乙則清明風至；加十五日指辰則穀雨；加十五日指常羊之維則春分盡，故曰有四十六日而立夏；加十五日指巳則小滿；加十五日指丙則芒種；加十五日指午則陽氣盛極，故曰有四十六日而夏至；加十五日指丁則小暑；加十五日指未則大暑；加十五日指背陽之維則夏分盡，故曰有四十六日而立秋；加十五日指申則處暑；加十五日指庚則白露降；加十五日至酉中繩，故曰秋分，雷戒；加十五日指辛則寒露；加十五日指戌則霜降；加十五日指號通之維則秋分盡，故曰有四十六日而立冬；加十五日指亥則小雪；加十五日指壬則大雪；加十五日指子，故十一月日冬至。周書惟一月既南至，昏昴畢見，日短極，微陽動於黃泉。是月斗柄建子，始昏北指，日月俱起於牽牛之初，右回而行，終則復始，是謂日月權輿。凡四時成歲，有春夏秋冬，各有孟仲季以名。十有二月中氣，以著時應。春三月中氣，雨水、春分、穀雨；夏三月中氣，小滿、夏至、大暑；秋三月中氣，處暑、秋分、霜降；冬三月中氣，小雪、冬至、大寒。閏無中氣，斗指兩辰之間。凡一節氣，又分三候，故曰立春之日東風解凍，又五日蟄蟲始振，又五日魚上冰；雨水之日獺祭魚，又五日鴻雁來，又五日草木萌動；驚蟄之日桃始華，又五日倉庚鳴，又五日鷹化爲鳩；春分之日玄鳥至，又五日雷乃發聲，又五日始電；清明之日桐始華，又五日田鼠化爲鴽，又五日虹始見；穀雨之日萍始生，又五日鳴鳩拂其羽，又五日戴勝降于桑；立夏之日螻蟈鳴，又五日蚯蚓出，又五日王瓜生；小滿之日苦菜秀，又五日靡草死，又五日小暑至;芒種之日螳螂生,又五日鵙始鳴,又五日反舌無聲;夏至之日鹿角解,又五日蜩始鳴,又五日半夏生;小暑之日溫風至,又五日蟋蟀居壁,又五日鷹乃學習;大暑之日腐草爲螢,又五日土潤溽暑,又五日大雨時行;立秋之日涼風至,又五日白露降,又五日寒蟬鳴;處暑之日鷹乃祭鳥,又五日天地始肅,又五日禾乃登;白露之日鴻雁來,又五日玄鳥歸,又五日羣鳥養羞;秋分之日雷始收聲,又五日蟄蟲坏户,又五日水始涸;寒露之日鴻雁來賓,又五日爵入大水爲蛤,又五日鞠有黄華;霜降之日豺乃祭獸,又五日草木黄落,又五日蟄蟲咸俯;立冬之日水始冰,又五日地始凍,又五日雉入大水爲蜃;小雪之日虹藏不見,又五日天氣上騰,地氣下降,又五日閉塞而成冬;大雪之日鶡鳥不鳴,又五日虎始交,又五日荔挺出;冬至之日蚯蚓結,又五日麋角解,又五日水泉動;小寒之日雁北鄉,又五日鵲始巢,又五日雉始雊;大寒之日雞始乳,又五日鷙鳥厲疾,又五日水澤腹堅。先儒固謂周書之説不無太泥,然五日一候,乃是甲子一週,凡三週而交一節氣,二十四節氣而成一歲。節氣之交否,雖有權土炭、候葭灰諸法,而要憑斗建爲準,故曰分陰陽,建四時,均五行,移節度,定諸紀,皆繫於斗也。沈果堂曰:「周初距今約二千七百年,今南至斗建亥中,而嬴辰三十度强,約七十年餘差一度。周初之建,當子中而不及,使上之數百年而南至昏建丑初,下之千餘年而南至昏建亥末,則中氣之月,斗轉指兩辰間,無中氣之閏月,斗轉指一辰中,皆與周初法象相反而不可用,所以虞、夏書不載斗建,而東漢以來亦但存用建之名耳。」

歲星

歲星一歲行三十度十六分之一，率日行十二分度之一，十二歲而周天。史記本文甚明。晉灼注乃據淮南子，以爲太歲在四仲，歲行三宿；四孟、四季，歲行二宿。二八十六，三四十二，而周二十八宿。邢氏壬登固嘗議之。而余以爲，此不待他説而明也。即二十八宿度分言之，蒼龍七宿，角十二度，亢九度，氐十五度，房五度，心五度，尾十八度，箕十一度；朱鳥七宿，井三十三度，鬼四度，柳十五度，星七度，張十八度，翼十八度，軫十七度；白虎七宿，奎十六度，婁十二度，胃十四度，昴十一度，畢十六度，觜二度，參九度；玄武七宿，斗二十六度，牛八度，女十二度，虛十度二十五分，危十七度，室十六度，壁九度。如謂四仲之歲必歷三宿，則卯年行三十九度二十五分，午年行四十一度，酉年行四十度，子年行二十五度，而四孟、四季之年，亦無不多寡懸殊，疾徐不等矣。推求其故，史元有歲陰在卯，星居子，以二月與婺女、虛、危晨出；歲陰在酉，星居午，以八月與柳、七星、張晨出；歲陰在子，星居卯，以十一月與氐、房、心晨出之文，遂誤以爲，必歷三宿，然後可以符十二年一周天之期。不知帝王世紀即以女八度至危十六度爲玄枵之次，胃七度至畢十一度爲大梁之次，柳九度至張十七度爲鶉火之次，氐五度至尾九度爲大火之次，不拘拘以三宿之全居子、午、卯、酉之一宫也。又二十八宿分經從赤道極出綫至赤道止，而諸宿自依黄道而行，每日每刻皆有參差，積之既久，各離本次平運之中，不免推移。故觀乎東井之多，觜觿之少，則知二宿三宿不得以定數强求。日月五星各有遲速，恒星之天亦積六十七年而差一度，二萬五千四百餘年而行一周，則知諸宿之行，亦且不常厥居。天官之書，本自明析，惜乎晉灼之誤引爾。

納甲

世有所謂納甲者，其術以八卦配一月之候，蓋邵子先天圖方位之所從出也。法以乾納甲壬，甲一壬九，陽數之始終也。坤納乙癸，乙二癸十，陰數之始終也。乾一索得男，爲震，納庚；坤一索得女，爲巽，納辛，陰陽起於下也。乾再索得男，爲坎，納戊；坤再索得女，爲離，納己，陰陽交於中也。乾三索得男，爲艮，納丙；坤三索得女，爲兑，納丁，陰陽極於上也。所以知者，坤初爻變而爲震，月初三夕見於庚方，故以震納庚。再變而成兑，月初八上弦夕見於丁方，故以兑納丁。三變而成乾，乾者，純陽之卦，當光滿之候，十五對日而照甲，故以乾納甲。乾初爻變而成巽，月十八平明見於辛方，故以巽納辛。再變而爲艮，月二十三下弦平明見於丙方，故以艮納丙。三變而成坤，坤者，純陰之卦，當晦朔之交，平明與日會於乙方，故以坤納乙。坎納戊，離納己，居中而無位，故離附乎陽而分納乾之壬，坎附乎陰而分納坤之癸。參同契曰：「故易統天心，復卦建始，蒙長子，繼父體，因母立兆基。消息應鐘律，升降據斗樞。三日出爲爽，震庚受西方。八日兑受丁，上弦平如繩。十五乾體就，盛滿甲東方。蟾蜍與兔魄，日月氣雙明。蟾蜍視卦節，兔者吐生光。七八道已訖，屈折低下降。十六轉受統，巽辛見平明。艮直於丙南，下弦二十三。坤乙三十日，東北喪其朋。節盡相輝與，繼體復生龍。壬癸配甲乙，乾、坤括始終。」又曰：「天地神明，不可度量。利用安身，隱形而藏。始於東北，箕斗之鄉。旋而右轉，嘔輪吐明。潛潭見象，發散清光。昴畢之上，震生爲徵。陽氣造端，初九潛龍。陽以三立，陰以八道。三日震動，八日兑行。九二見龍，和平有明。三五德就，乾體乃成。九三夕惕，虧折神符。盛衰漸革，終運其初。巽繼其統，固濟操持。九四或躍，進退道危。艮主止進，不得踰時。二十三日，典守弦期。九五飛龍，天位加喜。六五坤承，結括終始。韞養衆子，世爲類母。上九亢龍，戰德于野。用九翩翩，爲道規矩。陽數已訖，訖則復起。」此蓋牝牡汞鉛交媾烹煉之術，而託於易以爲説者。奈何言天者取之，言易者亦惑之哉？

納音

納音之説，或者以爲風后所遺，然不可考矣。其術以十干十二支納五音，而審其所屬之音，一言屬宫爲土，三言屬徵爲火，五言屬羽爲水，七言屬商爲金，九言屬角爲木。假令求甲子所屬，則子屬庚，從甲至庚得七，七言商，則甲子屬金矣。求丙寅，則寅屬戊，從丙至戊得三，三言徵，故爲火。求戊辰，則辰屬丙，從戊至丙得九，九言角，故屬木。五行之氣，始於甲子，甲子屬金，以金木土火水爲序也。王逵曰：「金爲氣母，天體金也。人肺管攝諸藏，亦金也。」大言天地，小言人身，莫不先受乎氣，故金爲五行之先，而一陽始出之震，亦先納乎庚也。羅泌曰：「甲、乙木，丑、未土，子水而午火，六者無一金，而風后配合，乃以甲子、乙丑、甲午、乙未爲之金。」此出乎數者然也。數之所合，變之所由出也。乾爲天，坤爲地，乾坤合而爲泰。德爲父，紅爲母，德紅合而爲東。干爲君，支爲臣，支干合而納音生。是故甲乙爲君，子丑爲臣，子丑甲乙合而爲金。蓋五行之在天下，各有氣性，有材位，或相濟，或相克，若成器，未成器，旺在受絶，絶中受氣，惟相配而取之爲不同耳。此金數之所以雖同，而又有海中沙中之異。或曰「甲乙以相克，取甲嫁庚，乙嫁辛，而甲乙遂有金氣，故凡木必受金胎。陽生於子，水旺之地，故甲子乙丑爲海中之陽金。陰生於午，火旺之地，故甲午乙未爲沙中之陰金。子，陽之始；午，陰之始。以甲加子，乙加丑，數之至午得庚，至未得辛，爲陽索陰。以甲加午，乙加未，數至子丑，亦得庚辛，爲陰匹陽從。甲至庚得七，七爲西方，西方素皇之氣，故甲子乙丑皆爲金。三爲火，九爲木，一爲土，五爲水，數其干不數其支。而今之術者，則又謂納音乃大衍之數，先布大衍四十九在地，次將甲己子午九，乙庚丑未八，丙辛寅申七，丁壬卯酉六，戊癸辰戌五，巳亥乃屬四，依數除之。除而不盡，又將五行之數除之。餘一爲水，二爲火，三爲木，四爲金，五爲土。一生木，二生土，三生火，四生水，五生金，是謂納音。且如甲子乙丑除三十四，尚餘十五，以二五除十則餘五，屬土，土生金，是甲子乙丑金也。丙寅丁卯除二十六，尚餘二十三，以四五除二十則餘三，屬木，木生火，是丙寅丁卯火也。婁景以前，初無金在海中、火在鑪中之説」云。

孤虚王相

龜策傳曰：「日辰不全，故有孤虚。」越絶曰：「太歲八會，壬子數九，王相之氣自十一倍。」此孤虚王相之所出也。注謂：「甲乙謂之日，子丑謂之辰。六甲孤虛法：甲子旬中無戌亥，戌亥即爲孤，辰巳即爲虛。甲戌旬中無申酉，申酉爲孤，寅卯即爲虛。甲申旬中無午未，午未爲孤，子丑即爲虛。甲午旬中無辰巳，辰巳爲孤，戌亥即爲虛。甲辰旬中無寅卯，寅卯爲孤，申酉即爲虛。甲寅旬中無子丑，子丑爲孤，午未即爲虛。」「王者，木旺於春，火旺於夏，金旺於秋，水旺於冬，土寄王於四季。相者，甲乙旺則丙丁爲相，木生火也；丙丁旺則戊己爲相，火生土也；戊己旺則庚辛爲相，土生金也；庚辛旺則壬癸爲相，金生水也。」朱子曰：「孤虛以方位言，王相以時日言。」饒雙峯則謂「木旺則火爲相，金爲孤，水爲虛，故兵家有依王、乘相、背孤、擊虛之説」。然如甲子旬中無戌亥，戌屬火，亥屬木，是不得爲孤矣。戌亥相對之辰巳，辰屬水，巳屬金，又一孤而一虛矣。而地理家言，又專以納甲方位爲説，謂「陽得陰而生，陰得陽而養。故乾以上爻爲成卦之主，上下二爻皆陽，是謂純陽不生，乾納甲，故乾甲皆爲孤。坤以上爻爲成卦之主，上下二爻皆陰，是謂純陰不養，坤納乙，故坤乙皆爲虛。離以中爻爲成卦之主，上下二爻皆陽，亦純陽不生，離爲火，納壬，十二支寅戌亦火，故離壬寅戌皆爲孤。坎以中爻爲成卦之主，上下二爻皆陰，亦純陰不養，坎爲水，納癸，十二支申辰亦水，故坎癸申辰皆爲虛。震以下爻爲成卦之主，下爻陽而上爻陰，陽得陰配而生，震爲木，納庚，十二支亥未亦木，故震庚亥未皆爲旺。兑以上爻爲成卦之主，上爻陰而下爻陽，陰得陽配而養，兑爲金，納丁，十二支巳丑亦金，故兑丁巳丑皆爲相。巽以下爻爲成卦之主，下爻陰而上爻陽，陰得陽配而養，巽納辛，故巽辛皆爲旺。艮以上爻爲成卦之主，上爻陽而下爻陰，陽得陰配而生，艮納丙，故艮丙皆爲相。所以乾甲離壬寅戌爲孤，坤乙坎癸申辰爲虛，巽辛震庚亥未爲王，艮丙丁巳丑爲相」，又與從古相傳之法大相徑庭，宜乎其無一驗也。

復戴東原言理欲書

來教舉近儒理欲之説，而謂「其以有蔽之心，發爲意見，自以爲得理，而所執之理實謬」，可謂切中俗儒之病。乃原其病之所起，則鶩名之一念實爲之。蓋自宋儒言理，而歷代推尊，以爲直接孔、孟者，程、朱數大儒而已。於是莫不以理名學，如前世所譏「太極圈兒大，先生帽子高」者，其來已非一世，繇理學之名可以虚附故也。夫理懸於虚，事徵於實，虚者易冒，實者難欺。惟言理而著之於事，證之以跡，空虚無實之談，庶不得而妄託，西山大學衍義，此其宗乎？至於朱陸、朱王之辨，近世尤多聚訟。其所訟者，皆在毫釐影響之間。若盡舉朱子之行社倉，復水利，蠲税銀，與象山之孝友於家，惠愛於民，陽明之經濟事功，彪炳史册，以爲理學真儒之左契，則矍相之圃，勵有存者矣。顧以此求之，詎易多得。則擇其言之切於今者，莫如顧崑山「行己有恥」，田簣山「利之一字，蝕人最深」，二語爲廢疾膏肓之藥石，沈迷大寐之晨鐘，而不貴言性言命、存天理、遏人欲之虚談，庶幾於風俗之盛衰，吏治之得失，民生之疾苦，在在與民同好惡而不私。於閣下之教，得毋近之，而不止以其名乎？

書昌黎原性篇後

荀悦申鑒：「或問天命人事。曰：有三品焉，上下不移其中，則人事存焉爾。性善則無四凶，性惡則無三仁，性無善惡則無周公、管、蔡，性善情惡則是桀、紂無性而堯、舜無情，性善惡混則是上智懷惡而下愚挾善。」昌黎韓子原性之篇，蓋本於此。或謂「諸子言性，惟公最得孔氏之旨」。或又言：「既知所以爲性者五，則性非善而何？」余竊以爲，皆非也。嘗聞之歐陽子曰：「性非學者之所急，而聖人之所罕言也。易六十四卦不言性，其言者，動靜、得失、吉凶之常理也。春秋二百四十二年不言性，其言者，善惡、是非之實録也。詩三百五篇不言性，其言者，政教興衰之美刺也。書五十九篇不言性，其言者，堯、舜、三代之治亂也。禮、樂之書雖不完，而雜出於諸儒之記，然其大要，治國修身之法也。六經之所載，皆人事之切於世者，是以言之甚詳。至於性也，百不一二言之。或因言而及焉，非爲性而言也，故雖言而不究。予之所謂不言者，非謂絶而無言，蓋其言者鮮，而又不主於性而言也。論語所載，七十二子之問於孔子者，問孝，問忠，問仁義，問禮樂，問修身，問爲政，問朋友，問鬼神者有矣，未嘗有問性者。孔子之告其弟子者數千言，其及於性者，一言而已。予故曰：『非學者之所急，而聖人之所罕言也。』書曰『習與性成』，語曰『性相近習相遠』者，戒人慎所習而言也。中庸曰『天命之謂性，率性之謂道』者，明性無常，必有以率之也。樂記『感物而動，性之欲』者，明物之感人無不至也。然終不言性果善果惡，但戒人慎所習與所感，而勤其所以率之者爾。予故曰：『因言以及之，而不究也。』」歐陽子之言如此。今使韓子不作原性，固無傷於韓子；與雖作原性，而不知所以爲性之五，即是至善，亦不足定韓子之優劣。蓋其大端在焚佛骨，驅鱷魚，折王廷，湊區區文字之得失，固有所不足深計者。崑山顧氏曰：「竊歎百餘年以來之爲學者，往往言心言性，而茫乎不得其解也。命與仁，夫子之所罕言也。性與天道，子貢之所未得聞也。性命之理，著之易傳，未嘗數以語人。其答問士也，則曰行己有恥；其爲學，則曰好古敏求；其與門弟子言，舉堯、舜相傳危微精一之説一切不道，而但曰允執其中，四海困窮，天禄永終。嗚呼！聖人之所以爲學者，何其平易而可循也！今之君子則不然，聚賓客門人之學者數十百人，譬諸草木，區以別矣，而一皆與之言心言性。舍多學而識，以求一貫之方；置四海之困窮不言，而終日講危微精一之説，是必其道之高於孔子，而門弟子之賢於子貢也。」是時姚江之學猶盛，故顧氏激論如此。今此風亦稍衰矣，然猶執原性一篇，妄議古人，故特述歐、顧兩家之説，以爲讀昌黎集者擇焉。

書日知録後

此書稱：「爾雅疏曰：『甲至癸爲十日，日爲陽；寅至丑爲十二辰，辰爲陰。』此二十二名，古人用以紀日，不以紀歲。歲則自有閼逢至昭陽十名爲歲陽，攝提格至赤奮若十二名爲歲名。後人謂甲子歲，癸亥歲，非古也。自漢以前，初不假借。史記曆書：『太初元年，年名焉逢攝提格，月名畢聚，日得甲子，夜半朔旦冬至。』其辨晰如此。若呂氏春秋敘意篇：『維秦八年，歲在涒灘，秋，甲子朔。』賈誼鵩賦：『單閼之歲兮，四月孟夏。庚子日斜兮，服集予舍。』許氏説文後序：『粤在永元困敦之年，孟陬之月，朔日甲子。』亦皆用歲陽、歲名，不與日同之證。漢書郊祀歌『天馬徠，執徐時』，謂武帝太初四年，歲在庚辰，兵誅大宛也。自經學日衰，人趨簡便，乃以甲子至癸亥代之。子曰觚不觚，此之謂矣。」近寶應王白田先生懋竑非之曰：「按書、詩、春秋傳、國語、戰國策，其紀年雖不以甲子，而亦無有以閼逢攝提格爲歲名者，惟呂氏春秋有歲在涒灘，賈誼鵩賦有單閼之歲之語，疑出於戰國時星家別爲之名，故史記曆書以是紀年，而他記傳則略無所見。甲子曆術篇與天官書亦有不同，而漢志所書亦小異，則爾雅所云已不盡可據。況爾雅博士立於王莽時，王莽最爲慕古，而其下書，云癸酉，云庚辰，云辛巳，不以歲陽、歲名，則可知古之不以歲陽、歲名紀歲也。索隱謂爾雅近代之作，故與史、漢志有不同者，則不知古人紀歲從爾雅所云乎？抑從史、漢志乎？爾雅亦有月陽、月名，史曆書歲名閼逢攝提格，月名畢聚，固一例也，可謂古人以月陽、月名紀月乎？古人簡質，紀年但以一二數，而不及甲子。且爾雅云太歲在甲曰閼逢，在寅曰攝提格，則是先有甲子乙丑，而後別爲之名，不知古人何以支贅若此乎？以顧氏之博學，而所引據，止呂氏春秋、賈誼賦及許叔重説文後敘，亦可知前之一無所據矣。」斯二説者，余懷之有年矣。今於楊升庵集中又得一條，其言曰：「歲陽名始見於爾雅，後世相傳，以爲古甲子，余疑其非。何也？簡册之古，莫如典謨，其次易卦爻辭，其次毛詩，其次諸子。尚書辛壬癸甲，易先甲後庚，詩吉日庚午，又朔日辛卯，殷人以生日名子，十干皆備。至春秋紀年，則昭然不紊，不聞有一字及於爾雅十干之異名也。獨史記曆書紀漢武帝以來見之，意當漢世術家創爲此名，藏用隱字，以神其術，而後人竄入爾雅，堯、舜、三代恐無是稱謂也。司馬公取以紀通鑑，亦信而好古之意。慎初以爲是，今疑其非，願與有定見君子商推。」按：楊氏謂漢世術家創爲此名，則不應先見於呂氏春秋，而王氏疑戰國時星家爲之，是也。又謂：「公羊傳曰：『天子三公稱公，王者之後稱公。』天子三公稱公，周公、召公、畢公、毛公、蘇公是也。王者之後稱公，宋公是也。杜氏通典曰：『周制，非二王之後，列國諸侯其爵無至公者。春秋有虞公、州公，或因殷之舊爵，或嘗爲天子之官，子孫因其號耳，非周之典制也。』東遷而後，列國諸侯皆僭稱公。夫子作春秋，而筆之於書，則或公或否。生不公，葬則公之；列國不公，魯則公之，於是天子之事，與人臣之禮，並見於書，而天下之大法昭矣。漢之西都有七相五公，而光武則置三公。史家之文，如鄧公禹、吴公漢、伏公湛、宋公弘、第五公倫、牟公融、袁公安、李公固、陳公寵、橋公玄、劉公寵、崔公烈、胡公廣、王公龔、楊公彪、荀公爽、皇甫公嵩、董公卓、曹公操，非其在三公之位，則無有書公者。三國志若漢之諸葛公亮、魏之司馬公懿、吴之張公昭、顧公雍、陸公遜，晉書若衛公瓘、張公華、王公導、庾公亮、陶公侃、謝公安、桓公温、劉公裕之類，非其在三公之位，則無有書公者。史至於唐，而書公不必皆尊官。洎乎今日，誌狀之文，人人得稱之矣，何其濫與？」又曰：「沙門亦有稱公者，必以其名冠之。深公，法深也；林公，道林也；遠公，惠遠也；澄公，佛圖澄也；安公，道安也；什公，鳩摩羅什也。當時之人，嫌於直斥其名，故加一公字。梁、陳以下，僧乃有字，而人相與字之，字之，則不復公之矣。」江西王于一猷定曰：「據云非三公不得稱公，然楚葉公、白公皆大夫也，而稱公。此而爲僭，則齊亦有棠公矣。齊未嘗稱王，而其臣得稱公，何與？如以爲楚之邑邊吴，而特重其號，則吴亦邊楚，何以不重其號耶？此説之不能相通者。漢高祖爲亭長時，送徒驪山中，道多逃散，謂衆曰：公等皆去，吾亦從此逝矣。此以卑稱公也。吕公欲以女妻高祖，其媪曰：公常奇此女，欲與貴人。是以夫稱公也。鼂錯議削六國，錯父謂曰：公爲政用事，人口議多怨公。此以子稱公也。毛遂指其十九人曰：公等碌碌。陸賈謂其子曰：無久溷公。古樂府題有公無渡河，非必皆三公然後稱公也。若所云沙門稱公，如深公、遠公類，必以其名冠之，是矣。然公既定爲三公之稱，公侯釋徒迥不相及，以王公之號加之緇素之列，豈謂得其例乎？至云梁、陳以下，僧乃有字，而人相與字之，不復稱公，則杜甫之稱旻公、贊公，又何以説耶？」嗚呼！著書若日知録者，猶不能無遺議，淺學之士，率然以操觚自命，豈可不深鑒於此乎！

蒿庵書院碑

齊、魯自伏生、轅固而還，至東京之末，康成鄭氏始爲諸經箋注，號爲經師。爰及北宋，乃有泰山孫明復、徂徠石守道特起，爲人倫師表。越六百餘年，而復有濟陽蒿庵張先生。先生名爾岐，字稷若，生於明季，際會興朝，當正學昌明之日，博綜載籍，篤志躬行。當是時，孫鍾元講學於蘇門，李中孚標宗於盩厔，類沿明人餘論，出入白沙、陽明、心齋、近溪之間。先生獨守程、朱，説不少變，海内君子，如桐鄉張考夫、太倉陸道威，各以韋布力行，任斯道之重。先生縞紵不通，而風期合轍，隱然有以開陸清獻、張清恪之先，故崑山顧寧人亦每以康成、泰山、徂徠三先生相勉。嗚呼！若先生者，其庶幾人師也已。或以先生釋迦院記作佛氏語，又有老子説略，皆未醇。不知釋迦記先生爲天下妄舍妄冀者指迷，説略亦推其治身以及天下，與外倫常、遺世事者異趨。昔司馬温公作潛虚，真西山跋遺教經，朱子注參同契、著調息箴，將盡不得爲聖人之徒耶？亦觀其維繫乎學術人心者何如耳！恭逢今天子重道崇文，搜羅遺帙，其鄉人以先生所著書上當事，進册府，海、岱經生，益知先生爲三先生以後一人。顧三先生皆得俎豆，瞽宗所在，講學舊址，亦多爲精舍奉祀，獨先生無專祠，聞其風者，引以爲憾。余自辛卯出守登州，數月，量移濟南行部，過先生里，輒低回留之。比承乏秉臬，署廨東偏有前使海州黄公炳所立振英書院，歲久傾頹，蕪廢不治，乃謀撤舊爲新，更名蒿庵書院，以祀先生，而顔其堂曰辨志，取先生所論著以立教也。會轉運使長洲章公，以濼口書院僻在市鎮，且無定居，移其經費，合併於此，冀與諸生講明先生之所以爲人，與其治經而弗徒以功利詞章靡費歲月，庶幾彬彬乎與省會舊有之濼源書院比盛。議既定，請於大中丞楊公，以爲可行。乃倡同僚捐俸，屬歷城令陳君玨成庀材鳩工。始事於丙申九月，越十一月報竣。諏良辰，具牲醴，虔奉先生主升於座。釋奠禮成，紳士耆孺咸相嗟歎，請予一言文諸石。予惟前使黄公，以問刑之官不忘典學，深有合於弼教之旨；今又得轉運章公，道義翕合，襄舉廢墜，且奉其鄉先生爲邦人士之導，皆不可以無述。來學之士，景仰先生之遺風，勿摭其細而舍其大。經師人師，胥於是在，於以溯三先生之學之行，豈有讓哉！

附録

先生嘗謂人曰：「君等營營，不自立，畏餓死耳。不知能餓死人已立矣。」吴江縣續志。

先生篋中藏敝絮衣一襲，既貴時，展視流涕曰：「此吾風雪中就塾師讀，吾母分己衣中絮足之以衣我者也。」同上。

乾隆三十九年秋，壽張奸民嘯聚，距濟寧二百里。總河率兵往勦，城中空虚，或議閉門以防賊至。先生曰：「鄉民入城者衆，何忍拒之？」乃洞開重闉，身坐其間，稽察容納。募民兵，授以守禦之方。賊偵知有備，不敢南嚮。金學詩撰行狀。

先生初至長沙，夜夢賦詩「能開衡嶽千重雲，但飲湘江一杯水」，至今士民揮涕誦之。同上。

程魚門曰：「先生於學問考訂，心平而識明，不爲爭辨叫囂，而析理分條，事之得失自見。其闢二氏，絀星命，譏讖緯，咸守正則。論易則宗輔嗣、伊川。而於先、後天圖，及漢儒飛伏世應之學，掃除殆盡。若其濬泉河，豫倉穀，設保甲，禦盜賊，諸書施之實用，旦夕可收厥效。文雖不多，而經術諸著，置之羅鄂州、金仁山及近賢陸陸堂、沈果堂集中，不讓後先也。經濟之文，置之宗忠簡、于忠肅、王文成集中，弗愧幹略也。」程晉芳撰切問齋集序。

朗夫交游

沈先生彤

別爲果堂學案。

王先生元啓

別爲惺齋學案。

戴先生震 別爲東原學案。

程先生晉芳 別見大興二朱學案。

趙先生佑

趙佑字啟人，號鹿泉，仁和人。乾隆壬申進士，改庶吉士，授編修，官至都察院左都御史。先生五歲而孤，家甚貧。有勸廢學者，其母執父命不可，遂能砥礪，以成素業。服官四十餘年，清敏自矢。充山東鄉試正考官，兩充江西鄉試正考官，歷任山東、江西、安徽、福建學政。使車所莅，甄録試卷，夜以繼日，晚年遂患目眚，然日晡時，猶於窗下映光校文，不少休。性嚴厲，每面斥人過，然自處則甚謙下。著有尚書質疑二卷，尚書異讀考六卷，詩細十二卷，陸氏詩草木鳥獸蟲魚疏校正二卷，讀春秋存稿四卷，春秋三傳雜案十卷，四書温故録十一卷，逸書考□卷，讀書雜識三卷，朱傳異同考三卷，清獻堂詩文集十卷。嘉慶五年卒，年七十有四。參史傳、杭州府志。

朗夫從游

胡先生祥麟

胡祥麟字仁圃，秀水人。嘉慶癸酉舉人。少從朗夫先生游，講求實學，好深湛之思。讀張氏惠言周易虞氏義，衍其義爲易消息圖說數萬言。謷石尤推重其所爲古今體詩。參嘉興府志、曝書雜志。